ERNST KANTOROWICZ

KAISER FRIEDRICH DER ZWEITE

Klett-Cotta

Greif-Buch 1991[1]
nach der Ausgabe 1985[6]
Verlagsgemeinschaft Ernst Klett Verlag –
J. G. Cotta'sche Buchhandlung
Alle Rechte vorbehalten
Fotomechanische Wiedergabe nur mit Genehmigung
des Verlages
© Ernst Klett Verlag für Wissen und Bildung GmbH,
Stuttgart 1980
Printed in Germany
Umschlag: Klett-Cotta-Design
Gedruckt auf säurefreiem und holzfreiem
Werkdruckpapier und gebunden von
Clausen & Bosse, Leck

Die Deutsche Bibliothek – CIP-Einheitsaufnahme
Kantorowicz, Ernst:
Kaiser Friedrich der Zweite / Ernst Kantorowicz. –
Stuttgart: Klett-Cotta, 1991 (Greifbücher)
ISBN 3-608-95807-X

WOLDEMAR
GRAFEN UXKULL-GYLLENBAND
DEM FREUNDE
GEWIDMET IN ERWIDERNDEM
DANK

ERNST KANTOROWICZ hat lange gezögert, ehe er, nur halb willig, seine Erlaubnis zu einer Neuauflage dieses berühmten Werkes über Kaiser Friedrich II. gegeben hat. Zweierlei Erwägungen haben ihm die Entscheidung schwer gemacht: neue Forschungsergebnisse und Aspekte, die seit dem ersten Erscheinen des Buches unserer Kenntnis eröffnet wurden, hätten, so meinte er, eine ausführliche Revision des Textes nötig gemacht. Das zweite, wichtigere Motiv aber war, daß seine menschlichen und politischen Überzeugungen sich infolge der deutschen Ereignisse und seiner amerikanischen Erfahrungen in der Zwischenzeit gründlich verändert hatten, und der Ton, in dem das Buch geschrieben war, seiner gewandelten Anschauung nicht mehr entsprach. Das ganze Buch, dachte er, müsse neu geschrieben werden, und dazu fühlte er sich nicht mehr geneigt. Alles das kann ich aus vielen freundschaftlichen Gesprächen in seinen letzten Jahren bezeugen.

Unter diesen Vorbehalten sollte das Buch gelesen werden, aber sie tun der bleibenden Geltung des bewunderungswürdigen Werkes keinen Abbruch.

Princeton 1964   ERICH VON KAHLER

INHALT

I. FRIEDRICHS KINDHEIT 9

II. PUER APULIAE 39

III. ANFÄNGE DES STAATSMANNS 72

IV. DER KREUZZUG 154

V. TYRANN VON SIZILIEN 195

VI. DER DEUTSCHE KAISER 340

VII. CAESAR UND ROM 402

VIII. DOMINUS MUNDI 471

IX. ANTICHRIST 550

ZEITTAFEL 633

REGISTER 635

I. FRIEDRICHS KINDHEIT

VERGILS viertes Hirtengedicht ist die berühmteste abendländische Heilandsprophetie in gebundener Sprache. In dem verhältnismäßig kurzen Lied hat der Dichter, ehe er noch in dem gewaltigen Epos die Zukunft des Römerimperiums besang, das Bild des künftigen Weltenbeherrschers aufgestellt. Er gab ihm die Züge des Messias: als ein Göttersohn werde er lachend das Licht erblicken, werde dem Erdenrund Frieden bringen und das goldne Zeitalter, das Reich des Apoll wieder heraufführen. Daß Vergils Verheißung auch auf den Friedenskaiser Augustus, den Gönner des Dichters, zu deuten sei, hat das Mittelalter niemals erwogen. Was hätten der christlichen Zeit die prophetischen Verse auch andres bedeuten können als eine wunderbare Ansage des Erscheinens Christi? Denn daß die Verse einen Herrscher verhießen, vermochte an der Deutung nichts zu ändern: den Christ als König der Welt und Lenker des römischen Weltreichs zu feiern war man gewöhnt, wie man ihn entsprechend auch darstellte: als den strengen Kosmokrator in einer Mandorla auf Wolken thronend, Weltenkugel und Gesetzbuch in Händen und das Diadem auf dem Haupte. Nur ein Wunder mehr war es, daß der Heide Vergil gleich den Propheten des Alten Bundes des Erlösers Kommen gewußt und gekündet hatte, und gerade das in dem kurzen Gedicht offenbarte Wissen trug dem Sänger die bewundernde und scheue Verehrung der mittelalterlichen Welt ein. Diese vergilische Heilandsverkündigung gab Stoff und Stimmung her für den Sang, mit dem ein kampanischer Dichter, Petrus von Eboli, die Geburt von Kaiser Heinrichs VI. einzigem Sohn überschwenglich feierte. An der Wiege des letzten und größten Kaisers im christlich-deutschen Römerimperium stand somit, bedeutungsvoll genug, Vergil.

Der gelehrte Petrus von Eboli war nicht der einzige Sänger und Weise, der dem am zweiten Weihnachtstage 1194 Geborenen mit prophetischen Sprüchen nahte. Gotfried von Viterbo, der Lehrer Heinrichs VI., pries gleichfalls das Kind als künftigen Retter, als den von den Vatizinien verheißenen, die Zeit erfüllenden Caesar und in einen Sibyllenspruch eingekleidet hatte er schon zuvor seinem kaiserlichen Herrn angesagt, daß dem Sohn als erwartetem Weltenkönig Osten und Westen zu vereinen bestimmt sei, wie solches die Tiburtina verhieß. Orient und Okzident, erzählte man daher später, hätten aufgejauchzt über die Geburt des Kaisererben. Indessen wußte man bald noch von andern weniger freundlichen Sprüchen zu berichten, welche die Geburt des jüngsten

Staufers begleitet hätten. Der bretonische Zaubrer Merlin habe nicht nur des Knaben „wundersame und unverhoffte" Geburt, sondern in dunklen Worten auch Unheil vorausgesagt: das Kind werde ein Lamm sein, zu zerreißen zwar, doch nicht zu verschlingen, und unter den Seinen ein wütender Löwe. Der kalabresische Cisterzienserabt Joachim von Fiore aber, des Heiligen Franziscus Johannes, erkannte alsbald in dem Neugebornen den künftigen Weltzüchtiger und Widerchrist, der kommen werde, die Welt zu verwirren. Beizeiten soll Abt Joachim, des prophetischen Geistes voll, dem Kaiser gemeldet haben, daß die Kaiserin — von einem Dämon beschlafen — schwanger gehe ohne von ihrer Schwangerschaft zu wissen. Doch gleich manchen andern Heldenmüttern: Olympias etwa, Atia, Mutter Augusts, und Herzeloide, die träumten ihr Schoß berge einen Drachen, war der Kaiserin durch einen Traum offenbart: sie werde den feurigen Brand, die Fackel Italiens gebären.

Überhaupt hat Konstanze wie wenige Kaiserinnen die Phantasie der Zeitgenossen beschäftigt. Das zurückgezogene Jugendleben der Erbin Siziliens, einer nachgebornen Tochter des genialen normannischen Königs und Staatengründers Roger II., des großen blondbärtigen Recken.. die späte Ehe der schon über Dreißigjährigen mit dem um zehn Jahre jüngren Sohn Barbarossas, dann nach neunjähriger Kinderlosigkeit die unerwartete Empfängnis der schon Alternden... das alles war oder erschien doch dem Zeitalter wunderbar genug und gab hinreichend Stoff zu Legenden. Der Sage nach sollen böse Träume schon Konstanzes Mutter Beatrix, Tochter des Grafen Günther von Rethel, verfolgt haben, als sie nach dem Tod König Rogers mit der späteren Kaiserin niederkam, und die Zeichendeuter des halb-orientalischen Normannenhofes erklärten: Konstanze werde ihr Vaterland in tiefstes Verderben stürzen. Wohl um dies zu verhüten sei daraufhin Konstanze zur Nonne bestimmt worden wie einst Roms Urmutter Ilia zur Vestalin, und daß die Königstochter tatsächlich lange Zeit in verschiedenen Klöstern Palermos zubrachte, mag solches Gerücht noch verstärkt haben. Auch hätte sich Konstanze nur ungern zur Ehe entschlossen, so hieß es, und das bestimmte ihr Bild noch für Dante: weil sie gezwungen, nicht freiwillig die „süße Zelle" ließ, fand die Kaiserin noch im Paradies ihren Platz. Die Sage, daß Konstanze den Schleier genommen, wurde ganz allgemein geglaubt und späterhin von guelfischer Seite aus Haß gegen den Sohn absichtlich verbreitet — aus einer der späteren Anschauung nahe verwandten Tendenz: den Antichrist werde eine Nonne gebären. Indessen gab die erste und einzige Schwangerschaft der damals vierzigjährigen Kaiserin Anlaß zu einem andern Legendenkreis. Man machte Konstanze noch erheblich älter als sie war, um das Wunder dieser späten Empfängnis den biblischen Vorbildern erst recht anzuähneln, und in der Überlieferung wird sie nur als ein runzliges altes Weib geschildert. Das Gerücht, der Knabe sei unterschoben, konnte daher gar nicht ausbleiben und man gab vor, in Wirklichkeit sei er der Sohn eines Schlächters. Solchem Gerede hätte jedoch die kluge Konstanze vorzubeugen gewußt: auf offnem Markte habe sie ein Zelt aufschlagen lassen, hier vor allem Volke entbunden und stolz ihre vollen Brüste gezeigt.

Nicht in Palermo, sondern in Jesi, einer kleinen Stadt aus römischer Zeit in den Marken, nahe Ancona, brachte Konstanze den Sohn zur Welt. Als Kaiser hat Friedrich II. seinen Geburtsort in einem merkwürdigen Schreiben gefeiert: Jesi nannte er sein „Bethlehem" und die „göttliche Mutter" die ihn hier gebar, stellte er in eine Linie mit der Mutter des Heilands. Nun gehört die Mark Ancona als Landschaft wirklich zu den heiligsten Bezirken des Renaissance-Italien, und das italische Volk hat, kaum daß es erwachte, diese sancta regio als solche erkannt und geweiht: seit 1294 — genau hundert Jahre nach der Geburt des Stauferknaben — stand das Haus der Gottesmutter aus Nazareth in der Mark Ancona, und Loreto, wo es schließlich blieb, wurde zum berühmtesten Wallfahrtsorte Italiens. So kann es nicht wundern, daß man den Landschaftsgrund zahlreicher Darstellungen der mit dem Knaben spielenden Madonna, soweit mythische Landschaften überhaupt an bestimmten Raum gebunden sind, in den Marken suchen darf, freilich der Heimat auch eines Rafael.

Von solch lichten Bildern weiß die Kindheit des Knaben, dem die Mutter zunächst den Namen Konstantin gab, nichts. Der „benedeite Sohn" ward schon nach wenigen Monaten von Konstanze nach Foligno nahe Assisi gebracht und hier der Obhut der Herzogin von Spoleto anvertraut, während die Kaiserin in ihr sizilisches Erbreich eilte. Nur der Niederkunft wegen war sie in Jesi zurückgeblieben, als Kaiser Heinrich nach dem Süden zog, um in Sizilien eine Empörung mit blutiger Strenge niederzuwerfen und das Erbland seiner Gemahlin nach jahrelangen Kämpfen und Mühen ganz in seinen Besitz zu nehmen. Was Barbarossa einst erträumt und mit der sizilischen Ehe des Sohnes bezweckt hatte: den lästigen Normannen, der es stets mit den italischen Kaiserfeinden gehalten, mattzusetzen... dann aber der staufischen Kaisermacht wie im Norden der Alpen so im äußersten Süden einen festen Stützpunkt zu geben, um von hier aus das zwischenliegende Patrimonium und das stets aufsässige Reichsitalien desto besser überschauen und in Schach halten zu können, unabhängig von Gunst und Ungunst der deutschen

Fürsten:.. das war einen Tag vor der Geburt des letzten Erben dieser Kaisermacht in Erfüllung gegangen: Heinrich VI. war von sarazenischen Posaunenbläsern geleitet mit unerhörter Pracht vorbei an dem erschreckt ins Knie sinkenden Volke als Sieger in das bezwungene Palermo eingeritten und am Weihnachtstag 1194 im Dome der Hauptstadt zum König Siziliens gekrönt. Wenig später konnte er in einem Brief zugleich den siegreichen Abschluß seiner Kämpfe und die Geburt des Sohnes melden. Erst als durch diesen die Nachfolge gesichert war, bekam die Erwerbung des südlichen Erb-, nicht Wahlkönigreiches den eigentlichen Sinn gleich allen andern gewaltigen Leistungen des rastlosen Kaisers Heinrich.

Nur sechs Jahre währte Heinrichs Herrschaft im Römerreich. Aber diese kurze Frist genügte ihm, die Welt vor seinem Kaiserthron in den Staub zu drücken. Hätte er gleich dem Sohne in den Sternen zu lesen gewußt und aus ihnen erfahren, welch kurze Dauer ihm für die Lösung einer ungeheuren Aufgabe zugemessen war: er hätte sein Tun nicht karger berechnen können als er ohne dies Wissen tat. Andre als dinglichtatsächliche Werte durfte er nicht kennen, Skrupel durften seinen beispiellosen Flug nicht hemmen, und alle Konventionen waren ihm Blendwerk, wo es um seine staatlichen Ziele ging. Das nüchterne staatsmännische Genie, das sich darin äußert, hatte er mit den übrigen Staufern gemein. Aber manche andere Eigenschaft dieses begnadeten Hauses fehlte ihm: wenig hatte er von der heiteren Leichte staufischer Sinnesart, nichts von dem Äußern der Staufer. Sein Körper war hager und schwächlich, sein stets ernstes Antlitz — ganz beherrscht von der mächtigen Stirn — bleich mit spärlichem Bart. Nie sah man ihn lachen. Seinem Wesen fehlte vollständig der bezwingende Zauber und das Liebenswürdige eines Barbarossa, seine ganze Art war finster und herrisch, zuletzt fast versteinert, seine Politik weitgreifend und weltumfassend, doch traumlos spröde und hart. Härte war überhaupt seines Wesens Kennzeichen.. eine granitene Härte und eine Geschlossenheit, wie sie dem Deutschen selten eignet, dazu ein gewaltiger Wille, eine überstarke aber eiskalte Leidenschaft und eine erstaunliche Klugheit und politische Begabung. All das läßt ihn in einem merkwürdigen Maße unjugendlich erscheinen, und man vergißt es leicht, daß Heinrich VI. schon mit zweiunddreißig Jahren seine Bahn beschloß.

Barbarossa hatte dem Sohn außer dem Reich noch das Gesamt der kaiserlichen Ansprüche und Forderungen hinterlassen, die ihm das römische Recht in die Hand gegeben: daß von Rechtes wegen der ganze Erdkreis dem vollen Umfang nach dem römischen Imperator untertan sei. Und Kaiser Heinrich fiel nun die Aufgabe zu, diese Ansprüche binnen wenigen Jahren zu verwirklichen. Fehlte ihm auch das aufschmelzende Feuer, der mitreißende Rausch eines Barbarossa und dessen ganz naive Begier — die ihn etwa den Sultanen gebieten ließ, ihre Länder ihm als dem Erben der Augusti zu unterstellen, weil diese östlichen Gebiete einst von der Caesarenahnen Feldherrn erobert seien — so war an Heinrich VI. vielleicht römischer eben seine grenzenlos nüchterne Sachlichkeit. Den hohen Schwung, den Barbarossa erregt, wußte Heinrich VI. geschickt zu nutzen und die noch von jenem durchglühten Anschauungen der Zeit dienten dem Welteroberer als notwendige Stütze für sein Handeln. „Gleichwie an Größe und Glanz die Sonne des Himmels gesamtes Gestirn überstrahlt, so leuchtet das römische Reich erhabener als die übrigen Königtümer der Welt. Beim römischen Reiche war einst die Alleinherrschaft, so daß wie die Sterne ihr Licht von der Sonne empfangen, so die Könige um herrschen zu können vom Kaiser." So schrieb wenig später der rheinische Cisterziensermönch Caesarius von Heisterbach, und wie er dachten auch Nichtdeutsche. „Kleinkönige" nannte alle andren Fürsten der Engländer Johann von Salisbury aus seinem schon fast humanistischen Gedankenkreis heraus, und wiederum aus der Ideenwelt des römischen Rechts kommend lehrte Huguccio von Pisa, daß es „zwar im römischen Reiche verschiedene Provinzen mit verschiedenen Königen gebe, jedoch nur einen Kaiser, welchem jene untertan seien".

Es ist die bekannte Reichsanschauung des staufischen Kaiserhauses, welcher später auch Walther von der Vogelweide den Ausdruck gab: „die armen Könige drängen sich" — und war diese Forderung auch nicht im Sinn einer unmittelbaren absoluten Herrschaft zu verwirklichen, so doch mittelbar mit Hilfe des Lehnsrechts: innerhalb weniger Jahre sah das Abendland — und nicht nur dieses — in Heinrich VI. tatsächlich den obersten Lehnsherrn. Den polnischen Osten und Dänemark hatte Heinrich VI. schon vor Barbarossas Tod beansprucht, England war durch Richard Löwenherz' Gefangennahme — das Meisterstück von Heinrichs staatsmännischer Rechenkunst — ein dem Kaiser tributpflichtiger Vasallenstaat geworden. Über Philipp August von Frankreich verlangte er eben durch Löwenherz als Oberlehnsherr anerkannt zu werden.. denn die großen englischen Besitzungen von der Normandie bis zu den Grenzen Navarras waren französische Lehen. Noch sollte Frankreich förmlich zum Lehnseid gezwungen werden und in des Kaisers Auftrag hatte es Löwenherz einem gewöhnlichen Unterfeldherrn gleich zu bekriegen, Frieden aber nur mit kaiserlicher Genehmigung zu schließen. Über das seit

Barbarossas Ehe mit Beatrix wieder zum Imperium gehörende Königreich Burgund erstreckten sich des Kaisers Ansprüche auch nach Kastilien hinüber, während diejenigen auf Aragon für ihn die Genuesen geltend zu machen hatten. Italien selbst war als Ganzes in der Hand des Kaisers. Zum Reich gehörten die italischen Inseln.. die lombardischen Städte wagten kaum einen Widerstand und der Papst, der kaiserlichen Macht in keiner Weise gewachsen, war auf ein Stück der Campagna beschränkt, „wo man indessen den Kaiser mehr fürchtete, als den Priester". Das ganze Patrimonium, Tuszien, die Mark und Spoleto sind im Besitze des Staufers, Rom erhält seinen Präfekten vom Kaiser, ja, noch die ganze rechte Tiberstadt wird in das Gebiet von Tuszien einbezogen und so gehorchte schließlich nach der Eroberung Siziliens, welche durch Jahre alle Kräfte des Kaisers in Anspruch genommen, das gesamte Italien einer einzigen allgewaltigen Kraft.

Mit Siziliens Besitz erschloß sich indessen Heinrich als erstem Kaiser eine ganz neue Welt: jetzt lag von den Säulen des Herakles bis zum Hellespont das Mittelmeerbecken im Strahlungskreis seiner Macht. Nicht nur in der Königsburg von Palermo und in der Königswürde verstand sich der Staufer als Nachfolger der Normannen, sondern er betrachtete sich ebenso als Erben ihrer Forderungen und Ansprüche. Seit Roger II. nannten sich die Normannen „Könige von Afrika" und die ihnen als solchen geleisteten Zahlungen der muslimischen Fürsten von Marokko bis Tripolis sollten nun auf den neuen Herrn von Sizilien, den deutschen Kaiser übergehen: schon sehr bald hatte sich der Almohadensultan zur Tributzahlung entschlossen, da nach der Eroberung Siziliens seine Balearen bedroht schienen. Weiter wußte sich Heinrich VI. als Erben der Fahrten Robert Guiscards und seiner Nachfolger gegen Ostrom. Die lebendige Vorstellung des einen, universalen römischen Erdrunds der Deutschen wäre ja von ihrer Verwirklichung weit entfernt gewesen, hätte Kaiser Heinrich neben sich noch einen zweiten, den griechischen Kaiser, geduldet — der Ring um das Mittelmeer ohne Byzanz wäre nicht geschlossen gewesen. Auf verschiedene Rechtsansprüche kann Heinrich VI. sich stützen, und wo diese versagen, ist es einfach die Furcht vor seiner Macht, welche die ohnmächtigen Griechen rasch gefügig werden läßt. Als normannisches Erbe verlangt er das Gebiet von Epidaurus bis Thessalonich und unnachgiebig fordert er durch seine Gesandten von dem schwächlichen Usurpator Alexius III. Zins, Gefolgschaft, Schiffe. „Als wäre er der Herr der Herren und der König der Könige", so verkehrt er mit dem Hof von Byzanz. Eine „Deutschensteuer" zur Aufbringung des Tributs muß Alexius III. ausschreiben, zu deren Bestreitung er nicht scheute, die Kaisergräber, selbst das des großen Konstantin, aufzudecken und die Toten ihres Schmucks zu berauben. Doch das alles waren erst die Vorstufen für die Bezwingung des Orients, der Kaiser Heinrichs weitgehende Entwürfe der letzten Jahre fast ausschließlich galten. Schon hatten einzelne christliche orientalische Fürsten sich freiwillig dem Schutze des Einzigen unterstellt, der solchen damals gewähren konnte, des kaum dreißigjährigen Kaisers: der Fürst eines der Kreuzfahrerstaaten, Boemund von Antiochia, hatte des Kaisers Lehenshoheit nachgesucht.. es hatten die Gesandten des Fürsten von Kilikien dem Kaiser gehuldigt und für ihren Herrn die Verleihung der Krone als „König der Armenier" erbeten, so die alte Lehensuntertänigkeit von Ostrom gegen die des neuen westlichen Weltherrschers eintauschend. Und bis hinauf nach Worms zogen die Boten König Amalrichs von Cypern, um die Belehnung ihres Herrn mit Reich und Krone zu erlangen. Was Heinrich indessen jetzt plante, war ein Kreuzzug, der ihm das Morgenland wirklich erschließen und unterwerfen sollte. Mit größter Sorgfalt wurden die Vorbereitungen getroffen und ob auch der Papst — es war der über achtzigjährige Cölestin III. — die wahren Absichten dieses Heiligen Krieges durchschauen mochte: als geistliches Oberhaupt der abendländischen Christenheit konnte er, wenigstens in damaliger Zeit noch, solchem Vorhaben gar nicht anders als wohlwollend und helfend gegenüberstehen. Wider seinen Willen wurde er in die kaiserlichen Pläne eingespannt und nur in einem Punkt widersetzte sich der Papst erfolgreich dem Willen des Staufers.

Heinrich VI. wußte sehr wohl, daß es seinem Riesenreich an organischer Einheit fehlte, denn jedes der Länder stand ja in einem anderen Verhältnis zum Herrscher: Deutschland war ein Wahlreich, Sizilien ein Erbkönigtum, die anderen Länder, vielfach höchst mittelbar, Lehensgebiete. So suchte Heinrich, soweit er konnte, das Ganze zusammenzugreifen und ihm ein einheitliches Gepräge zu geben: als ihm der Sohn geboren wurde, glaubte er die Zeit gekommen. Gegen Zusicherung der Erblichkeit ihrer Lehen suchte er die weltlichen, gegen das Zugeständnis freier Verfügung über ihren Nachlaß die geistlichen Fürsten Deutschlands für seinen Plan zu gewinnen: er wollte das deutsche Wahlkönigtum in ein römisches Erbimperium umwandeln. Dafür sollte sein persönliches Eigen, das sizilische Erbland dem Römerreich einverleibt werden. Mit Ausnahme des Kölner Erzbischofs und eines kleinen Anhangs erklärten sich die deutschen Fürsten mit diesem Vorschlage auch einverstanden und, um den letzten Widerstand zu beseitigen, begab sich der Kaiser nach Rom: wahrscheinlich sollte der Papst über den Einspruch der Fürsten hinweg Heinrichs VI. einzigen Sohn zum römischen Caesar und Mit-Kaiser krönen. Doch der Papst lehnte ab, und so blieb Kaiser Heinrich nur übrig, zu tun, was andre vor ihm getan: von den deutschen Fürsten den Sohn zum künftigen König wählen zu lassen und auf diese Weise wenigstens dem staufischen Hause das Reich zu sichern.

Den Erben seines ungeheuren Imperiums hat Kaiser Heinrich wohl nur zweimal ganz kurz gesehen: einmal suchte er ihn bald nach der Geburt in Foligno auf, das andre Mal dürfte er bei der Taufe des Sohnes, die erst spät vollzogen wurde, zugegen gewesen sein. Der Knabe war von der Mutter ursprünglich Konstantin genannt worden — wohl in Anlehnung an den eigenen Namen Konstanzes, die in dem Sohn nur den Erben der Mutter wissen wollte — und unter diesem fremdartigen Namen hatten ihn noch in Frankfurt die deutschen Fürsten zum König gewählt. In der Taufe jedoch, die schließlich im Beisein vieler Kardinäle und Bischöfe, doch nicht des Papstes, wie Kaiser Heinrich gehofft, begangen wurde, erhielt er die Namen der beiden Großväter, denen er in Wahrheit auch ähnlicher werden sollte als den Eltern, die Namen: Friedrich Roger. Sie hatte als Erster Petrus von Eboli in seinem Hymnus vorgeschlagen, und naheliegend genug war es, dem Enkel dieser beiden mächtigen Fürsten wie dem Sohne Heinrichs VI. für die Zukunft eine ganz ungeheure gottgleiche Macht zu verheißen. In dieser Voraussage hatten sich alle die Dichter und Weisen, die des Knaben Wiege umstanden, einig gezeigt — ob sie nun mit den Kaiserfreunden jubelten oder als Anhänger des Papstes für das Geschick der römischen Kirche bangten. Doch sehr bald sollte es scheinen, als hätten sich die Propheten alle getäuscht.

Kaiser Heinrich weilte im Sommer 1197 in Sizilien. Im Frühjahr hatte er hier eine gegen sein Leben gerichtete Verschwörung des sizilischen Adels entdeckt und war nur mit knapper Not dem Anschlag entgangen. Man erzählte, an der Verschwörung hätte sowohl Papst Cölestin als die Kaiserin Konstanze Anteil gehabt und es gibt wenig, was dagegen spräche: denn als der Kaiser die gefangenen Rädelsführer unter grausamsten Martern hinrichten ließ, zwang er seine Gemahlin dem furchtbaren Strafgericht an ihren schuldigen Landsleuten beizuwohnen, mit deren zuckenden Leibern die Hofnarren noch ihre Possen trieben. Bald darauf kam der vom Kaiser vorbereitete Kreuzzug in Gang. Ein großer Teil der Kreuzfahrer war während des Sommers von Sizilien aus ins Heilige Land hinübergesegelt und es erschien nicht als unmöglich, daß auch Kaiser Heinrich selbst an dem Zuge teilnehmen werde. Doch der hielt es für gut, vorerst die Entwicklung der Dinge noch zu beobachten und so blieb er mit wenigen Begleitern in Sizilien zurück.

Er sollte das gelobte Land nicht einmal gleich Barbarossa von ferne sehen. Wie so viele Nordländer war er in dem gefährlichen Sommerklima Siziliens während eines Jagdaufenthaltes an einer Dysenterie erkrankt, der er innerhalb weniger Wochen nach einer anfänglichen Besserung ganz unerwartet in Messina erlag (September 1197). Was ein Chronist rühmend berichtet: Heinrich habe der Welt die Überlegenheit der Deutschen gezeigt und mit ihrer kriegerischen Tüchtigkeit allen umliegenden Völkern Schrecken eingejagt.. das gehörte mit Heinrichs Tod sofort der Vergangenheit an. Die deutsche Weltherrschaft und Größe — stets auf dem einzelnen Genius beruhend, nicht auf dem Volk — brach gemäß ihrem Schicksal innerhalb eines Augenblicks zusammen. Die dem Reich drohende Gefahr hat Heinrich VI. selbst recht gut gewußt: sein Testament, welches überall zum Nachgeben auffordert, ja zum Entsagen sicherer Ansprüche, zeigt dies in erschütternder Weise. Auch im Reich wußte man, was Heinrichs VI. Tod in diesem Augenblick bedeuten mußte, da sein Werk noch unfertig, sein Nachfolger ein dreijähriges Kind war: die Gegenkräfte, welche bislang sich zu sammeln des Kaisers Übermacht und rasches Vorgehen verhindert hatte, sollten sich jetzt zum unvermeidlichen Gegenstoß ballen. Der wäre zwar auch zu Lebzeiten Heinrichs VI. nicht ausgeblieben, nun aber da der Einzige, welcher dem hätte widerstehen können nicht mehr am Leben war, stießen die Gegnermächte, Fürsten und Papst, in einen Leerraum, in dem sie sich ungehindert und darum desto verheerender auswirken konnten. Schon wenige Monate nach dem Tode des Kaisers hatte Deutschland in Philipp von Schwaben und Otto von Braunschweig je einen staufischen und einen welfischen König, während im gleichen Augenblick als wahrer Erbe kaiserlicher Weltherrschaft der in seiner Art größte und politisch erfolgreichste aller Päpste den Stuhl Petri bestieg: Innocenz III. In diesen Tagen wurden Einige an der Mosel durch eine Erscheinung geschreckt: auf riesigem schwarzem Rosse hatten sie Dietrich von Bern erblickt, der gekommen war dem römischen Reich Jammer und Unheil anzusagen. —

Während dieser Ereignisse weilte der dreijährige Sohn Kaiser Heinrichs noch in Foligno. Von hier hatte ihn Philipp von Schwaben, der Bruder des Kaisers, abholen sollen, um ihn zur Krönung nach Deutschland zu geleiten. Doch als Philipp eben in Radicofani (nahe Viterbo) angelangt war, erhielt er die Nachricht vom Tode des Kaisers und ein daraufhin in ganz Italien losbrechender Aufruhr gegen das kaiserliche Regiment und gegen die verhaßten Deutschen überhaupt, zwang ihn, unverrichteter Dinge schleunigst über die Alpen heimzukehren. Nur mit

Mühe vermochte sich Philipp den Rückweg nach Deutschland zu bahnen. Daß der Auftrag, den ihm der Kaiser erteilt, nicht zur Ausführung kam — ein Versäumnis von vielleicht nur wenigen Tagen — sollte jedoch für Friedrichs II. ganzes künftiges Geschick bestimmend werden: einmal blieb er dadurch in Italien zurück und wuchs schließlich in dem südlichen Königreiche der Mutter auf, statt im väterlichen Schwaben. Sodann — und das war wohl das Schlimmere — ging ihm wesentlich durch sein Fernsein von Deutschland die deutsche Krone, die ihm durch die Wahl schon zugesagt war, wieder verloren. Doch von den Ereignissen im Norden des Reiches, die solches herbeiführten, noch ganz abzusehen hat Friedrichs eigene Mutter das Ihre getan, dem Sohn die deutsche Krone zu nehmen.

Bald nach dem Tod Kaiser Heinrichs ließ Konstanze ihr Kind durch einige apulische Grafen aus Foligno abholen und nach Sizilien bringen. Noch in Trauerkleidern erwartete sie den Sohn in Palermo. Die Kaiserin schwer beschuldigende Gerüchte waren damals im Umlauf: sie habe Kaiser Heinrich vergiftet, so hieß es, und daß sie die Deutschen nicht liebte, war allgemein bekannt. So unberechtigt der Verdacht des Giftmordes war, so richtig verhielt es sich mit dem ihr nachgesagten Deutschenhaß, den sie mit ihren Landsleuten, den Siziliern, wie mit den von der römischen Kurie verhetzten Italienern nur teilte. Die Begründungen dieses Hasses sind auch damals die gleichen gewesen, wie zu allen Zeiten: die Maßlosigkeit „gepaart mit Unvernunft" stieß die Völker des Mittelmeers ab genau so wie die „Eigenwilligkeit und Rechthaberei" der Deutschen.. dazu versetzte ihre Körperkraft und ihre Wildheit die Südländer in Schrecken, ihre Zwietracht untereinander trug ihnen Spott und Hohn ein und als Herren der Welt erschienen sie überhaupt „plump, roh und unhöflich", während ihre noch ungeschmeidigte Sprache den Romanen wie „Hundegebell und Gekrächze" klang. Der Hauptgrund des Hasses war indessen die Furcht vor den Deutschen, der Einbruch „des Nordsturmes und Winters in den Rosengarten Siziliens", dazu die bisweilen wirklich grausame Behandlung der Sizilier durch Heinrich VI. Vielleicht hat jedoch Innocenz III. mit einem seiner biblisch-typischen Bilder den richtigen Gesichtspunkt für die damalige deutsche Sendung aufgestellt, wenn er gelegentlich schrieb: „Da Siziliens Volk und die übrigen Bewohner des Königreiches, durch Faulheit verweibischt, durch allzu langen Frieden zuchtlos und mit ihrem Reichtum sich brüstend den Freuden des Leibes allzu entfesselt frönten, stieg ihr Gestank gen Himmel und die Menge ihrer Sünden lieferte sie den Händen der Verfolger aus." Doch keineswegs aus Freundschaft für die Deutschen hatte Innocenz so gesprochen, im Gegenteil: der beim Tode des Kaisers im ganzen Italien auflohende Deutschenhaß war schon beizeiten von der Kurie sorgfältig vorbereitet, als national-italische Bewegung ausgegeben und als ein Mittel benutzt worden, die kaiserliche Herrschaft im Süden zugunsten eines päpstlichen Italiens abzuschütteln. In klingenden Schreiben hatte dabei gerade Innocenz III. den Haß zu schüren und wachzuhalten verstanden: „Des Nordsturmes Wut durchfährt die kalabrischen Berge mit einem neuen Beben der Erde und durch die Ebenen des flachen Apulien jagt er in Wirbeln den Wanderern und Wohnern Staub in die Augen," so schrieb er über die Deutschen Heinrichs VI., „des zweiten Sturms aus Schwaben", wie auch Dante den Kaiser hieß.

Im ganzen war eine derartige Reaktion gegen die Zwingherrschaft Heinrichs VI. unausbleiblich. Bedeutungsvoll wurde jedoch diese Bewegung in Sizilien erst dadurch, daß sich ihr auch die Kaiserin Konstanze anschloß. Für sie mögen noch persönliche Gründe maßgebend gewesen sein, da Kaiser Heinrich auch unter den Angehörigen des alten normannischen Königshauses furchtbar aufgeräumt und die Überlebenden nach Deutschland verbannt hatte. Gleich nach dem Tode des Kaisers übernahm Konstanze die Regierung ihres Erblandes und folgte damit sowohl dem Bestimmen des Kaisers wie auch dem Recht, das ihr als normannischer Königin zustand. Doch nur die Normannenkönigin herrschte fortan in Sizilien, nicht die Gemahlin Heinrichs VI., die unmittelbar nach ihrem Regierungsantritt den Truchseß des Kaisers, Markward von Anweiler, aus dem Königreiche verbannte und mit ihm alle andren deutschen Großen, die in beträchtlicher Zahl im Normannenland Lehen und Ämter erhalten hatten. Sie könnten der Ruhe und dem Frieden des Königreiches gefährlich werden — hieß es — und ganz besonders Markward, der bald mit Ansprüchen auf die Verweserschaft Siziliens hervortrat. Ferner ließ Konstanze den Kanzler des sizilischen Königreichs Walther von Pagliara, Bischof von Troja, einkerkern, der sich — ein Gegner der alten normannischen Dynastie — dem deutschen Kaiser unbedingt ergeben gezeigt hatte. Es bedurfte erst der Fürsprache des Papstes, um den Kanzler und Bischof wieder zu befreien und in sein früheres Amt einzusetzen. So heftig war im übrigen die deutschfeindliche Bewegung im Süden, daß sich die deutschen Kreuzfahrer bei ihrer Rückkehr vom Heiligen Lande hüten mußten, die Häfen des gefährlichen und ungastlichen Königreiches anzulaufen, nachdem die erregten Sizilier die ersten deutschen Pilger, die ahnungslos heimkehrten, überfallen und ausgeplündert hatten. Dabei sind es gerade die auf dem Kreuzzuge befindlichen deutschen Fürsten gewesen, die nach Empfang der Trauerkunde vom Tod ihres Kaisers in Akkon die Wahl Friedrichs zum römischen König nochmals bestätigten. Doch von dem allem wollte Konstanze nichts wissen. Ihr Deutschenhaß traf zusammen mit jener Besorgnis auch anderer Heldenmütter: in dem Besitz der deutschen Krone sah Konstanze für den Sohn nur eine unendliche Fülle künftiger Gefahren und Kämpfe. Ihrem Kind aber sollten solche nach Möglichkeit fernbleiben: König des reichen Sizilien sollte Friedrich werden und über dem südlichen Traumland mochte er die abendländische Kaiserwürde der Väter ruhig vergessen. So ließ Konstanze den Sohn einige Monate nach dessen Ankunft in Palermo zum König Siziliens krönen: am Pfingsttag 1198 wurde in dem feierlichen, dem byzantinischen Hofe entlehnten Zeremoniell die prunkvolle Handlung vollzogen, während das Volk nach alter Weise dem Gekrönten den Spruch zurief, der heute noch an jedem Kruzifix des südlichen Italien zu lesen ist und der bedeutungsvoll auch das frühe Siegel Friedrichs II. als Umschrift umgab: „Christ ist Sieger! Christ ist König! Christ ist Kaiser!" Seit dem Krönungstage aber ließ Konstanze in den Urkunden des Sohnes den bisher gebrauchten Titel eines „Rex Romanorum" fort. Nur noch die vielen Titel der „Glücklichen Könige", der „reges felices" aus normannischem Stamm hatte Friedrich der Staufer von nun ab zu führen. Ganz und gar sollte er Sohn der sizilischen Konstanze werden und allem verderblichen Ungewiß fernbleiben, welches das gefährliche staufische Blut des Vaters in ihm und von ihm fordern konnte. Der Jugend eines Achill, eines Parzival mag man da wohl gedenken.

Dem Willen der Kaiserin entsprach nun in mehrfacher Hinsicht das Planen der römischen Kurie. Beiden war gemein die Abneigung gegen die Deutschen, beiden der Wunsch, Friedrich den Besitz Siziliens zwar zu sichern aber ihn darauf zu beschränken. Sizilien war ja ein Lehen der römischen Kirche und es konnte dem Papst nur genehm sein, wenn dessen König ein vierjähriges Kind und dadurch das Königreich selbst auf Jahre hinaus dem päpstlichen Einfluß geöffnet war. Daß man ferner dem Knaben die ihm zustehende Kaiserkrone vorenthielt, war für die Kirche selbst nachgerade zu einer Lebensnotwendigkeit geworden: denn die Vereinigung des Imperiums mit dem sizilischen Königreich in einer Hand war für den von kaiserlichen Landen dann rings umklammerten Kirchenstaat eine unerträgliche Beengung, der sich die päpstliche Kurie nach den Erfahrungen unter Kaiser Heinrich nicht noch einmal aussetzen mochte. Dieser Gesichtspunkt wurde auch für die Reichspolitik des

Papstes allein maßgebend: über Anspruch und Recht hinweg hat demgemäß Innocenz III. in Deutschland dem welfischen Prätendenten den Vorzug gegeben, um die schließlich unter jedem Staufer, also auch unter Philipp von Schwaben, drohende Vereinigung von Imperium und Königreich zu verhindern.

So trafen sich in Hinsicht auf den jungen Friedrich die Wünsche der Kurie aufs beste mit denen der Kaiserin Konstanze, die im übrigen des Papstes Hilfe dringend benötigte. Das Königreich Sizilien geriet nämlich, großenteils infolge von Konstanzes deutschfeindlichem Verhalten, binnen kurzem in einen Zustand vollständiger Auflösung: statt daß sich Heinrichs VI. Anhänger, vor allen andern die Deutschen, nun für die Kaiserin einsetzten, waren gerade diese Ritter ihre und damit ihres Sohnes erbittertste und gefährlichste Feinde geworden, die sich dem von keiner Macht unterstützten Befehl, das Königreich zu verlassen, für ein Jahrzehnt mit Erfolg widersetzten und schließlich endlose Kriege über das Land bringen sollten. Der Papst war da der einzige Freund, der durch ein Bündnis der ohnmächtigen Kaiserin helfen konnte, und Innocenz III. wußte seine Bundesgenossenschaft teuer genug herzugeben. Was Kaiser Heinrich stets verweigert hatte: für Sizilien dem Papste den Lehenseid zu leisten, darum mußte Konstanze die römische Kurie nunmehr bitten. Die nachgesuchte Belehnung wurde ihr denn auch erteilt, jedoch erst nach Abschluß eines Konkordates, welches die außergewöhnliche Unabhängigkeit der sizilischen Kirche samt den meisten kirchlichen Vorrechten der sizilischen Könige aufhob. Konstanze suchte wohl sich dem zu widersetzen, aber es blieb ihr bald kein andrer Ausweg als sich zu fügen und zuletzt wurde gar noch ein weiterer Schritt notwendig: als sie ein Jahr nach dem Tode des Kaisers selbst auf dem Sterbebett lag, da setzte sie in ihrem Testamente den Papst ein als Verweser des Königreiches und als Vormund des Sohnes, wofür Innocenz neben der Erstattung aller Auslagen jährlich die Summe von 30000 Tarenen erhalten sollte. So glaubte Konstanze den Sohn in gutem Schutz. Die unmittelbare Sorge für Friedrich und für das Königreich überließ sie den königlichen Vertrauten, dem „Familiarenkolleg", der alten normannischen Oberbehörde, die sich beim Tode der Kaiserin aus vier Erzbischöfen zusammensetzte mit dem wieder zum Kanzler ernannten Walther von Pagliara, Bischof von Troja, an der Spitze. So war, als Konstanze im November 1198 starb, das sizilische Königreich unter der Hut von Bischöfen und Heinrichs VI. Sohn ein Mündel des Papsts und der Kirche. Die deutsche Krone aber war für Friedrich einstweilen verloren. —

Über welfisch-staufischen Thronwirren, Kämpfen und andern wilden Ereignissen hatte man in Deutschland den sizilischen Staufer bald vergessen. Nur ganz zu Anfang tauchte sein Name noch hier und da auf, wenn man sich daran erinnerte, daß außer den beiden Gegenkönigen, dem Schwaben Philipp und dem Welfen Otto, als dritter Anwärter der Kaiserkrone noch der fern im Süden weilende Knabe in Betracht kommen könnte. Doch im allgemeinen wurden die Stauferfreunde in Deutschland, die für Friedrich hätten eintreten können, einfach zu Anhängern des andern Staufers, Philipps von Schwaben. Der hatte anfangs, wie es ihm von Rechts wegen „nach Gesetz und Natur" auch zukam, nur im Namen seines unmündigen Neffen die Leitung des Reichs übernehmen wollen. Doch als die Fürsten, die in jener kritischen Lage einen Mann und kein Kind auf dem Thron wissen wollten, jetzt fast insgesamt den vor Jahresfrist gewählten Knaben ablehnten, als sich schließlich am Rhein unter Führung des Erzbischofs Adolf von Köln eine stauferfeindliche Opposition zusammenschloß, da erklärte sich Philipp auf Drängen seiner Anhänger nach einigem Zögern bereit, die Krone selbst zu tragen, um sie wenigstens seinem Hause zu retten. Mit welcher Anmut und Würde der schöne unselige Fürst den Kronreif zu tragen wußte, hat Walther von der Vogelweide besungen, als er den „jungen süezen man" mit der nicht weniger schönen und unseligen Irene, der Königin und wirklich geliebten Gemahlin des Staufers in Magdeburg „unter Krone" zum Dom schreiten sah:

> „Er ging gemessen, war nicht jach,
> Es schritt die hochgeborene Königin ihm nach,
> Ros ohne Dorn und Taube sonder Gallen....."

Scharf abgegrenzt waren die reichen und vielspältigen Anlagen der Staufer verteilt unter die beiden Brüder, Heinrich VI. und Philipp von Schwaben. Wie jener ihre Härte und Gewalttätigkeit verkörperte, so Philipp alle Anmut, Grazie und Milde, die sich im Gegensatz zu den andern Staufern bei ihm mit einer wirklichen Frommheit zusammenfanden: denn Philipp war ursprünglich für den geistlichen Stand bestimmt worden und oft sah man ihn unter den Chorknaben sitzen und die Horen und Responsorien singen. Es war vielleicht das sanfteste, mildeste Zepter, das je über Deutschland gewaltet, zu milde für jene Zeit: während Philipps zehnjähriger Teilherrschaft kamen ja die Waffen niemals zur Ruhe und Heerfahrt auf Heerfahrt mußte der junge König unternehmen, dem eine Friedenszeit soviel besser angestanden hätte. Denn unmittelbar nach seiner Wahl hatte eben die rheinische Gegenpartei Otto von

Braunschweig erhoben, den auch die päpstliche Kurie stützte, während sie Philipp von Schwaben fallen ließ und ihn ohne Grund als Gebannten behandelte. Die welfisch-waiblingischen Kämpfe in Deutschland sind hier nicht zu verfolgen. In ihnen spielte weder Friedrich II. noch auch sein Name mehr eine Rolle, nachdem Innocenz III. in seiner spitzfindigen „Erwägung der Reichsfrage" sich gegen alle staufischen Ansprüche und an erster Stelle gegen die des sizilischen Kindes erklärt hatte. In langer geschickter Rede wägt da der kluge Papst Punkt für Punkt das Für und Wider einer Erhebung Friedrichs zum römischen König ab. Zunächst — so meint er — scheine ein Einwand unzulässig, da Friedrich rechtmäßig gewählt sei, fast alle Fürsten ihm den Treueid und viele auch schon den Lehenseid geleistet hätten. Trotzdem aber sei die Wahl anfechtbar, weil sie unter anderer Voraussetzung erfolgte, der nämlich, daß Friedrich bei der Thronbesteigung tauglich, das heißt im gesetzmäßigen Alter sein werde. Doch das treffe nicht zu und überdies sei Friedrich bei seiner Wahl noch nicht einmal getauft gewesen. Man hatte ihn ja unter dem griechischen Namen Konstantin gewählt. Zweitens — so erklärte der Papst — scheine es nicht geziemend, daß der Papst seinem Mündel berechtigte Ansprüche raube, statt ihm als Vormund ein Helfer zu sein. Doch er, Papst Innocenz, sei zum Vormund ernannt, nicht um Friedrich das I m p e r i u m zu erhalten, sondern ihm das mütterliche Erbland Sizilien zu verteidigen und im übrigen erinnere er an das warnende Wort der Schrift: „Wehe dem Land, dessen König ein Kind ist." Nach Erledigung dieser beiden Einwände: des „Unzulässigen" und „Unziemlichen" der Fernhaltung Friedrichs vom deutschen Thron, wägt Innocenz Vorteil und Nachteil einer Erhebung des Knaben ab. In einer divinatorischen Hellsicht sagt da Papst Innocenz eigentlich das ganze Leben seines Mündels voraus: „Wenn dieser Knabe zu den Jahren der Einsicht gelangt und dereinst erkennt, er sei durch die römische Kirche der Ehre des Reiches beraubt, dann wird er ihr nicht nur die geziemende Ehrfurcht versagen, sondern sie sogar auf jede nur mögliche Weise bekämpfen, wird Siziliens Königtum von ihrem Lehensbande reißen und ihr den gewohnten Gehorsam verweigern." So genau Innocenz auch wußte, was der Kirche bevorstand: dennoch verfuhr er wider sein Wissen. Die Richtigkeit seiner Argumente war unmöglich zu widerlegen, und wenn er sich trotzdem genötigt sah, dagegen zu sprechen, so mußte das auf Kosten der Wahrheit geschehen. So erklärte er denn, die Gefahr solcher Rache des Knaben bestünde nicht, denn nicht er, der Papst, sondern Philipp von Schwaben habe dem Kinde das Reich und das Herzogtum Schwaben geraubt und König Philipp suche durch seine Mannen dem Kind selbst Sizilien zu nehmen, das die Kirche für ihr Mündel nach Kräften verteidige. Mit dieser Entscheidung des Papstes erledigten sich nunmehr auch alle diejenigen Ansprüche Friedrichs, die von deutscher Seite hätten erhoben werden können und damit verschwand der Knabe für Jahre aus dem politischen und diplomatischen Blickfeld der Deutschen. Nur ein halb-märchenhaftes Bild von seinem Leben im fernen Sizilien schwebte ihnen vor Augen, wie seit Jahrzehnten, ja länger alles Sizilien Betreffende für die Deutschen einen Märchenklang hatte. Schon zur Zeit, da die germanischen Stämme noch auf der Wanderung waren, übte Sizilien eine eigene Anziehung aus: es war für die Männer des Nordens die sich dem Eden zu nähern glaubten, je weiter sie nach Süden in immer reichere und üppigere Gegenden vorstießen, eine Art von Traumerfüllung und irdischem Paradies. Gleich am Anfang des Germanenzeitalters erhebt sich da die Gestalt eines jungen löwengleichen Königs, des Westgoten Alarich, der mit noch dumpfem Wissen aber tierhaft sicherem Trieb dem südlichen Paradies zustrebte und dabei den Tod fand. Und dem Anfang entsprach in dem Stauferknaben Konradin, der um Sizilien sein Leben ließ, das Ende der Germanenzeit. Auch das süditalische Königreich ward ein Schicksalsland der Deutschen. Fast alle Kaiser des Mittelalters haben auf die eine oder die andere Weise dieses Land in ihren Besitz zu bringen gesucht, bis es durch die glücklichen Staufer, durch Barbarossas Geschick Heinrich als Mitgift Konstanzes zufiel.

Mit dem verhängnisvollen Besitz der südlichen Welt aber wandelte sich etwas in Deutschland selbst: denn für die deutschen Ritter der Kreuzfahrerzeit war der Hort vom Rhein nach dem Süden gewandert und nach Sizilien verlegt. Auch hier umschillerten ihn sehr bald die Sagen, nicht von burgundischen Königen und hunnischen Kriegern, sondern die Heroengeschichten der Römer und Griechen, die damals anfingen, Eigentum auch der Deutschen zu werden. Was wußte etwa der Bischof Konrad von Hildesheim, der als Kanzler den Kaiser nach Sizilien begleitet hatte, dem Propst seiner heimatlichen Kirche alles zu erzählen über die Wunder Siziliens! Den Quell des Pegasus habe er gesehen, den Wohnsitz der Musen, und Neapel, das voll war der Wunder des Zauberers Vergil, der die Stadt in eine gläserne Flasche geschlossen. Zwischen Charybdis und Skylla sei dann der Bischof nicht ohne einige Furcht hindurchgefahren, und in Taormina habe er auf den Höhen des Dädalus Haus erblickt, wobei er sich der Schicksale des Ikarus und des von der Pasiphae geborenen Minotaurus erinnerte. Den Quell Arethusa, der den

Raub der Proserpina zuerst der bekümmerten Ceres enthüllte, den Alpheios, der in Arabien entspringt, und den Ätna habe er gesehen . für ihn die Gelegenheit, Mythen vom Juppiterschmied Vulkan und die Legende der heiligen Agathe einzuflechten. Freilich, nur das sah der gelehrte Bischof, was er schon vorher in seinen römischen Dichtern gelesen. Doch durch die Reise waren die Mythen lokalisiert und prägten sich fester ein, zumal da er voller Ehrfurcht alle jene Stätten und Wunder aufsuchte, von denen die Dichter erzählten. Stolz kann er dem Propst dabei schreiben: „Nicht einmal des Reiches Grenzen braucht ihr zu überschreiten, braucht nicht die Herrschaftszone des deutschen Volks zu verlassen, um das zu sehen, auf dessen Beschreibung die Dichter so viele Zeit verwandten."

Berichte wie dieser gaben Stoff und Farben genug her, mit denen die Phantasie der Deutschen sich das sizilische Königreich ausmalen konnte, wohin auch Wolfram das Zauberschloß Klinschors verlegte. So manches aber erblickte man auch im Norden mit eigenen Augen: im Jahre nach Friedrichs Geburt und nach der Eroberung Siziliens durch Heinrich VI. langte da eine Karawane von 150 Maultieren, beladen mit Gold und Seiden, Gemmen und Kostbarkeiten, in Deutschland an, die nach der Kaiserburg Trifels zog, und man erfuhr, daß dies nur ein Teil der Reichtümer sei, die der Kaiser in der normannischen Königsburg zu Palermo erbeutet. Und der ganze Schatz sei noch längst nicht gehoben: denn es habe den Kaiser, als er schon wieder in Deutschland war, ein Bote der Kaiserin eingeholt, um ihm zu melden, daß nunmehr auch der Schatz König Rogers gefunden sei. Hinter einer Geheimtür sei er aufbewahrt worden und eine alte Dienerin habe das Geheimnis verraten.

So verband man in Deutschland mit dem sizilischen Königreich die Vorstellung von einer fernen Wunderwelt und in einer solchen, so dachte man, verbringe auch Friedrich II. seine Kindheit. Andere freilich hatten erfahren, das Kind sei wegen der Wut der Sizilier gegen Heinrich VI. heimlich von einem Bischof entführt worden und werde bei diesem ganz im Verborgenen erzogen, aus Furcht, die Bewohner des Landes könnten ihn finden und töten. Nun hat es dem Knaben zwar weder an Nachstellungen noch an wunderbaren Begebenheiten gefehlt, doch was sich in Palermo in dem alten Königsschlosse Castellamare, wo Friedrich die Kindheit verbrachte, tatsächlich zutrug, war schließlich unwirklicher und phantastischer als alle Legenden erfinden konnten. —

Mit dem Tode der Kaiserin Konstanze blieb Friedrich II., ein vierjähriges Kind, ohne irgendeinen Verwandten oder wirklichen Freund zurück. Die wenigen überlebenden Angehörigen von seiten der Mutter, dem Stauferknaben ohnehin feindlich gesinnt, waren seit der Zeit Heinrichs VI. aus dem Königreiche verbannt und der einzige noch lebende Staufer, König Philipp, war durch die Kämpfe im Norden so sehr in Anspruch genommen, daß er für den Neffen so gut wie nichts tun konnte. Männer, die sich Freunde nannten, hatte Friedrich II. allerdings genug, aber alle ohne Ausnahme nutzten nur Königstitel und -würde des Knaben aus im Verfolg eigener Pläne: an erster Stelle Papst Innocenz III., der Vormund des Königs. Es ist nicht zu leugnen, daß Innocenz weder Kosten noch Mühen gescheut hat, in den über zehn Jahre währenden Kämpfen und Wirren in und um Sizilien für sein Mündel das Königreich zu verteidigen. Doch daß er immer wieder päpstliche Legaten mit Truppen nach Sizilien entsandte, geschah zunächst zum Schutze des päpstlichen Lehensstaates und erst danach auch im Interesse des Knaben. Wieviel wichtiger dem Papst seine eigne weltumspannende Politik war, als das Geschick seines Mündels, zeigte nicht nur sein Entscheid in der deutschen Thronfrage, sondern auch sein Verhalten gegen den bald auftauchenden französischen Grafen Walther von Brienne, der als Schwiegersohn des illegitimen letzten Normannenkönigs Tankred Ansprüche erhob auf die Grafschaften Lecce und Tarent. Daß Innocenz III. trotz weitgehender Garantien des Grafen Walther betreffs der Sicherheit Friedrichs II. die Lehensansprüche ohne rechtliche Notwendigkeit zugunsten des Franzosen entschied, und somit das sizilische Königreich der alten vertriebenen Normannendynastie wieder öffnete, wäre für einen wirklich besorgten Vormund zumindest gewagt gewesen. Doch auch hier war dem Papst die Durchführung eigner politischer Pläne wichtiger als alle Bedenken um Friedrich: den französischen Grafen konnte Papst Innocenz gerade gebrauchen. Da lag ihm wenig an dem Geschick des Stauferknaben. Gewiß nicht, daß er Friedrich des sizilischen Thrones jemals hätte berauben wollen! Aber ob Friedrich II. oder ein Agnat der normannischen Dynastie in Sizilien herrschte, war für den Papst ohne sonderliche Bedeutung, wenn nur die Gefahr einer Vereinigung des Reichs mit Sizilien verhindert wurde und im Königreich der kirchliche Einfluß in vollem Umfang erhalten blieb. Auch Papst Innocenz trieb nur sachlich berechnende Politik und das war seine Größe. Doch es wird damit auch begreiflich, daß Friedrich II. in späterer Zeit nur mit bitterem Zorn seines päpstlichen Vormunds gedenken konnte, obwohl dieser es ganz allein war, der durch seine Regentschaft dem Kinde das Königreich rettete. Menschlich blieb Innocenz seinem Mündel vollkommen fern, obwohl er an dem Schicksal des Knaben stets Anteil nahm, ihm, soweit er konnte, in seinen Legaten

Pfleger bestellte, in Fährnissen um den König bangte, seine Fortschritte lobte und seine ungefälschte Freude kundgab nach dessen Befreiung aus Feindeshänden. Doch er hat Friedrich erst in späterer Zeit als einen Siebzehnjährigen zum ersten und einzigen Male gesehen und die mehrfach beabsichtigten Reisen ins Königreich kamen gar nicht oder nur unvollkommen zustande.

Der andere Mann, dem Konstanze ihr Kind anvertraut hatte, war der sizilische Kanzler Walther von Pagliara. Dieser weilte zwar als Haupt des Familiarenkollegs und als der tatsächliche Regent Siziliens viele Jahre hindurch, wenn auch mit jahrelanger Unterbrechung, in der unmittelbarsten Nähe des Königs. Aber was von Papst Innocenz III. gesagt wurde, galt für den Kanzler erst recht: seine Vollmacht nutzte er für eigene Zwecke aus mit dem Unterschied freilich, daß diese Zwecke nicht gleich den päpstlichen weltbewegend waren. Im wesentlichen kam es Walther von Pagliara darauf an, seine Stellung als alleiniger Regent des Königreiches möglichst unangefochten zu bewahren und dabei zu seinen eignen, seiner Famile und seiner Anhänger Gunsten frei über den Besitz des Königs zu verfügen und ihn entsprechend zu verschleudern. Politisch war er, wie die von der Kaiserin Konstanze gegen ihn betätigte Feindseligkeit schon gezeigt hatte, ein Anhänger Kaiser Heinrichs und daher Gegner der normannischen Dynastie gewesen, und daß Konstanze ihn trotzdem als Kanzler des Königreiches zurückließ, geschah wohl aus der begreiflichen Scheu, den mächtigen Mann als Feind ihres Sohnes zu wissen. Walther von Pagliara blieb im übrigen stets bei seiner stauferfreundlichen Haltung, teils weil sie ihm praktisch schien, teils weil jede Veränderung ihm seine Unabhängigkeit als Regent neben einem kindlichen König geschmälert hätte. Daß er sich des Knaben besonders angenommen hätte, ist nicht überliefert und Friedrichs späteres Verhalten ihm gegenüber macht es auch nicht sehr wahrscheinlich. Jedenfalls aber war er, soviel wir wissen, niemals unfreundlich gegen das Kind.

Wenn der Kanzler innenpolitisch stets als Verteidiger der Dynastie Heinrichs VI. auftrat, so war seine Politik nach außen hin doch sehr beweglich. Die Interessen des jungen Königs, mehr noch die eignen hatte er zunächst gegen die Deutschen zu schützen, die Konstanze unglücklicherweise ausgewiesen und sich wie dem Sohne zu Feinden gemacht hatte. Als Anhänger Heinrichs hätte sich der Kanzler mit ihnen zwar verständigen können, wenn nicht der Führer der Deutschen, Markward von Anweiler, behauptet hätte, der Kaiser habe ihn zum Verweser Siziliens bestellt. An Markwards Behauptung ist zweifellos etwas Wahres gewesen: er stand jedenfalls mit Philipp von Schwaben in Verbindung und handelte vermutlich vielfach in dessen Auftrag.. Grund genug, ihm wegen dieser Verbindung mit dem deutschen Staufer die Feindschaft des Papstes und wegen seiner Ansprüche auf die sizilische Verweserschaft die des Kanzlers Walther von Pagliara einzutragen. Papst und Kanzler fanden sich daher auch sehr bald zu gemeinsamem Vorgehen gegen Markward und die Deutschen. Für Friedrich II. hatte Markward wenig übrig: denn dieser „unechte Sohn" der Konstanze, wie Heinrichs VI. einstiger Truchseß den Knaben gemäß den umlaufenden Gerüchten nannte, stand als normannischer Erbe einer Vereinigung Siziliens mit dem deutschen Imperium Philipps von Schwaben entgegen und auf diese „Union" arbeitete Markward hin, soweit nicht auch er nur eigenen Zwecken nachging. Päpstlicherseits hieß es allgemein, er habe dem Knaben sogar nach dem Leben getrachtet.

Die Gesamtlage in Sizilien noch weiter zu verwirren, trat schließlich jener Walther von Brienne auf, den Papst Innocenz hinsichtlich seiner Ansprüche auf die Grafschaften Lecce und Tarent zwar unterstützte, doch mitsamt seinen französischen Rittern sofort für den Kampf gegen die Deutschen verwandte. Diese Parteinahme für den Schwiegersohn des Normannen Tankred aber entzweite den Papst alsbald mit dem sizilischen Kanzler, der als geschworener Feind der normannischen Dynastie dem Kommen des französischen Grafen mit wohl nicht unberechtigtem Mißtrauen entgegensah. Bei der nächsten Gelegenheit ließ Walther von Pagliara daher den Papst im Stich und trat auf die Seite der Deutschen über. Die mannigfaltigsten Winkelzüge der Hauptbeteiligten, Meinungsverschiedenheiten im Familiarenkolleg, wenn es not tat Verrat und in jedem Fall die Macht der Waffen lieferten schließlich die Hauptstadt Palermo mit der Königsburg und dem königlichen Kind in die Hände Markwards von Anweiler aus.. dann, als dieser starb, in die Hände seiner Nachfolger, anderer deutscher Rottenführer, wie Wilhelm Capparone und Diepold von Schweinspeunt. Erst nach mehreren Jahren gelang es Walther von Pagliara, wieder in die Königsburg von Palermo einzuziehen, als er sich nach dem plötzlichen Tode des Grafen von Brienne mit dem Papst wieder hatte verständigen können.

Den Kämpfen, Intrigen, Feindschaften und Bündnissen während der zehnjährigen Regentschaftszeit im einzelnen nachzugehen, erübrigt sich. Sie sind fast unentwirrbar, denn außer den vier Hauptgruppen, welche hinter Papst und Kanzler, Markward und Walther von Brienne standen, gab es noch eine Anzahl Nebenspieler, die sich bald dieser, bald jener Partei anschlossen, je nachdem sie ihre Sonderabsichten am wirksamsten zu fördern meinten. Da waren zunächst die Sarazenen aus dem inneren Bergland der Insel. Diese versprachen sich als Muslims im allgemeinen von einer päpstlichen Herrschaft sehr wenig und waren infolgedessen auch dem päpstlichen Mündel feindlich gesinnt. Meist hielten sie es mit den Deutschen, obwohl auch der Papst sich um ihre Waffenhilfe eifrigst bemühte. Die allgemeine Anarchie bot überdies den Bergsarazenen — die der Städte verhielten sich gleichgültig — die beste Gelegenheit das Land bis an die Mauern der Städte auszurauben und zeitweise zu besetzen. Eine andere gleichfalls sehr begehrte und umworbene Gruppe in jenen Kämpfen stellten die Barone des sizilischen Festlandes dar. Ihre Politik war im ganzen einfach: da sie sich von keiner Ordnung etwas versprachen, so schlossen sie sich der Partei an, welche der Unordnung Dauer verhieß. Im Gefolge der Deutschen befanden sich ferner noch die Pisaner, die es ihrer Tradition gemäß stets mit dem Kaisertum hielten, nebenbei aber in Sizilien noch manche Handelsinteressen hatten, die ihnen hier wiederum die Genuesen streitig machten, bis sich schließlich nach mancherlei Kämpfen untereinander beide Seestädte in den verschiedensten Küstenorten Siziliens einzunisten verstanden.

Wenn es wahr ist, daß der Knabe in seiner Jugend der Spielball der gleichen Kräfte ist, die er später als Mann in ihrer Gesamtheit beherrscht und durchdringt, so war Friedrich wohl schon damals die Weltherrschaft bestimmt. Denn in dem kleinen Sizilien waren alle Kräfte des Morgen- und Abendlandes vertreten durch eine Auslese sämtlicher Mächte der damaligen Welt, die sich auf der Insel und in Apulien herumschlugen und tummelten und wie im Urchaos mit primitivsten Trieben durch- und übereinanderwogten: da waren die Deutschen Kaiser Heinrichs, die Franzosen des Grafen von Brienne, Sizilier und Apulier, Sarazenen, Pisaner und Genuesen, dazwischen tauchten immer wieder päpstliche Legaten auf mit italischen Truppen, bis zuletzt noch spanische Ritter eingreifen sollten. Nur ein einziger Trieb war diesen Parteien gemein: dem plattesten Gewinn nachzugehen und sich möglichst auf Kosten des wehrlosen Königs zu bereichern, der dadurch freilich mittel- oder unmittelbar zum Glutpunkt all dieser Kämpfe wurde. Der Person des Königs habhaft zu werden war das erstrebenswerteste Ziel, weil dieses Kind für den jeweiligen Machthaber und Sieger die legale Grundlage bedeutete einer mehr oder weniger gewalttätigen Herrschaft. Genau wie das sizilische Königssiegel, so wanderte daher Friedrich II. selbst als ein wertvoller aber gleichgültiger Gegenstand von Hand zu Hand, von jedem der Machthaber ausgebeutet, von den meisten ange-

feindet, oft mit dem Tode bedroht.. „unter reißenden Wölfen ein Lamm", wie ein Chronist ihn genannt hat.
Das war die Luft, in der Friedrich II. aufwuchs: unter Waffenlärm, bisweilen tatsächlich in Lebensgefahr, und durch Jahre in wirklicher Not. In der ersten Zeit allerdings, solange Walther von Pagliara noch in seiner Nähe war, mag alles einigermaßen erträglich gewesen sein. Als Friedrich aber siebenjährig Markward von Anweiler und dessen Genossen und Nachfolgern in die Hände fiel, begann für ihn eine schlimme und wüste Zeit. Schon die Vorgänge beim Wechsel der Regentschaft und bei der Eroberung der Königsburg versprachen wenig Gutes. Doch sie sind insofern bedeutungsvoll, als bei dieser Gelegenheit Friedrich erstmals als ein handelnder Mensch auftritt — trotz seiner sieben Jahre. Markward bemächtigte sich der Hauptstadt im November 1201. Den Angreifern öffnete ein verräterischer Kastellan auch das Königsschloß mit dem darin weilenden König, der sich bei der drohenden Gefahr begleitet von seinem Lehrer Wilhelm Franciscus in das Innerste des Palastes zurückzog. Doch noch einmal hintergingen die Wachen den König und verrieten den Häschern gar des Knaben Versteck. Die Unzuverlässigkeit der Leibwache und des Knaben kindliche Ohnmacht schlossen wohl jede Verteidigung aus: Friedrich sah plötzlich die Verfolger in sein Gemach eindringen. Als diese ihn aber greifen wollten, um ihn, wie er glaubte, zu fesseln, da sprang trotz des aussichtslosen Kampfes der kleine König voller Ekel über die unzeitige Berührung durch einen Unwürdigen auf den Eindringling los und suchte so gut er konnte, dem Häscher die Hände zu knicken, der es gewagt hatte, ihn, den Gesalbten des Herrn anzutasten. Als das mißglückte, nestelte er seinen Königsmantel ab, zerriß voller Schmerz seine Kleider und zerkratzte mit seinen scharfen Nägeln sein Fleisch: ein Ausbruch leidenschaftlicher Wildheit und abgründiger Wut dieses Kindes gegen den Verletzer der geheiligten Königswürde! So wenigstens faßte Friedrichs Verhalten der Briefschreiber auf, der diese Szene dem Papste schilderte, indem er hinzufügt: „Ein gutes Vorspiel für den künftigen Herrscher, der es nicht vermag, den Adel königlicher Gesinnung zu verleugnen und sich gleich wie der Berg Sinai entwürdigt sieht, wenn ihn ein Raubtier berührt."
In der Königsburg selbst scheint sich fortan niemand mehr um den Knaben bekümmert zu haben. So arg hatte man außerdem mit dem königlichen Gute gewirtschaftet, daß es dem Kinde buchstäblich oft an dem Nötigsten fehlte, bis sich die mitleidigen Bürger Palermos seiner ein wenig annahmen und ihn wenigstens beköstigten: einer eine Woche, ein

anderer einen Monat, je nachdem die Bürger selbst dazu in der Lage waren. Die Leute mögen den schönen Knaben, dessen heitere, strahlende Augen damals schon auffielen, gern in ihrer Nähe gesehen haben und unbeaufsichtigt streifte der acht-, neunjährige König durch Gassen Märkte und Gärten der halb-afrikanischen Hauptstadt am Fuße des Pellegrino, wo in verwirrend buntem Gemisch Völker Religionen Sitten sich wechselseitig durchdrangen: Moscheen mit ihren Minarehs und Synagogen mit Kuppeln standen da neben normannischen Kirchen und Domen, die wieder von byzantinischen Meistern mit Goldmosaiken geschmückt waren und deren Gebälk griechische Säulen trugen, in welche Sarazenen den Namen Allahs mit kufischen Lettern gemeißelt hatten. Rings um die Stadt lagen in den exotischen Gärten und Tiergehegen der Conca d'oro die Lustschlösser und Wasserspiele der normannischen Könige, welche einst die arabischen Dichter entzückten, und auf den Märkten ging in buntem Durcheinander das Volk den Geschäften nach: Normannen und Italiener, Sarazenen, Deutsche, Juden und Griechen. Auf den Verkehr mit ihnen allen war der geweckte Knabe angewiesen, der Gebräuche und Sprachen all jener Völker und Stämme sehr bald beherrschen lernte. Ob da wohl irgendein weiser Imâm die Stelle eines Chiron bei dem vereinsamten Knaben übernahm? oder ob die Kräfte der Erde und der Natur ein anderer den künftigen Weltenbeherrscher kennen beobachten nutzen lehrte, dessen Wissen um die Lebensgesetze von Mensch, Tier und Pflanze später die Welt ebenso in Erstaunen setzte wie seine unmittelbare Erdnähe schreckte? Wir wissen es nicht. Doch das eine ist sicher, daß seine Erziehung ganz ungewöhnlicher Art war, von der aller andern Königssöhne im innersten Grunde verschieden.

Friedrich II. ist nicht, wie etwa sein Vater von einem gelehrten Kaplan der Gattung eines Gotfried von Viterbo erzogen worden, auch nicht wie so viele andere Fürsten in klösterlicher Stille von einem weltflüchtigen Mönch. Gerade wegen seines späteren umfassenden Wissens und seiner staunenerregenden fremdartigen Gelehrtheit hat man angestrengt nach dem eigentlichen Erzieher des Staufers geforscht — den Aristoteles Friedrichs hat man nicht gefunden. Und das ist begreiflich. Denn einen Lehrer seiner Art, den er hätte übertreffen oder auch enttäuschen können, gab es damals nicht und die Schule bloß eines Waffenmeisters konnte für ihn nicht mehr genügen. Friedrich II. ist ein typischer Nicht-Schüler gewesen: niemandem hatte er etwas zu danken und was er war, war er „sua virtute". Die elementaren Kenntnisse freilich mag ihm etwa jener Magister Wilhelm Franciscus beigebracht haben, der in der Umgebung des siebenjährigen Knaben einmal erwähnt noch um 1208 nachweisbar ist, das notwendige Bibelwissen wiederum dieser oder jener der päpstlichen Legaten, die sich hier und da seiner annahmen. Auch in andern Dingen mag er, wenn auch unregelmäßig unterrichtet worden sein.. doch eine wirkliche Erziehung hat er niemals genossen und seiner späteren Gelehrtheit merkt man es sehr wohl an, daß sie nicht Erzeugnis einer „Schule" war, sondern ein Erzeugnis des Lebens, das ihn schon im zartesten Alter zwang, unmittelbar und ohne fremde Hilfe jeglichem Stoff die gerade ihm nötige Kraft zu entsaugen. Darum war sein Wissen auch von dem der Zeitgenossen der Sache wie der Anlage nach so durchaus verschieden. Denn erzogen hat den Stauferknaben einmal der Dinge Not, die ihn nach einem Worte des Papstes „in kaum richtig stammelnder Kindheit durch Klagen beredt werden ließ", dann aber Markt und Gasse Palermos, das heißt: das Leben selbst. Auf jenen Streifzügen, die ihn zum Freund aller Welt machten, wird er auch den Grund seiner späteren Lebensweisheit gelegt haben.

Niemals hat man die Wichtigkeit dessen unterschätzt, daß Friedrich II. seine Kindheit in Sizilien verbrachte. Konnte er schon durch die germano-romanische Mischung seines Blutes — schwäbisch-burgundisch von seiten des Vaters, normannisch-niederlothringisch von seiten der Mutter — zu einer gewissen geistigen Universalität veranlagt erscheinen, so hat Sizilien solche Anlagen nur gefördert durch die sinnliche Wirklichkeit, in der allein hier in Palermo die drei großen Bildungswelten nicht als Wunsch oder Traum sondern dinglich greifbar nebeneinander und gleichzeitig lebten: Antike Orient und Kirche. Nicht nur Geist und Luft, auch die Sprachen Riten und Sitten und mit ihnen die menschliche Haltung jener drei Welten nahm der Knabe in frühester Jugend in sich auf, und wenn Papst Innocenz einmal über Sizilien schreibt: „Sein Erbland, reich und edel unter den andern Königtümern der Welt, ist deren Hafen und Nabel".. so könnte man dieses Wort auch in einem fast körperlichen Sinne gutheißen: daß es Nabel war der neuen hier zu gebärenden Welt.

Fünf Jahre währte die Herrschaft Markwards von Anweiler und seiner Nachfolger und ebensolange die freie Ungebundenheit des jungen sizilischen Königs. Als dann zu Beginn des Jahres 1207 Walther von Pagliara seinen Schützling wieder übernahm, da mögen der Kanzler und seine Begleiter von der Reife des damals Zwölfjährigen überrascht worden sein. Sein Gebaren fand man freilich „ungehörig und unschicklich", doch gab man die Schuld dem „rüden Verkehr", den er gewohnt war, nicht seiner Natur, und war nur besorgt, daß sein „zu ausgedehnter öffentlicher Umgang und das allgemeine Gerede darüber" die Ehrfurcht barten Reichshälfte nach den Jahren der Wirren die Hand eines Herrn zu verspüren. Auf der Insel hingegen schien damals alles noch sehr im argen zu liegen, bis der junge König bald nach seiner Volljährigkeit hier selbst mit Eifer Geschick und Kraft eingriff.

Der eben erst 14 jährige Knabe zeigte nämlich, kaum daß er selbständig herrschte, eine gar nicht geringe Kühnheit: gleich nach mehreren Seiten nahm er gegen vermeintliche und wirkliche Minderer seiner königlichen Rechte den Kampf auf. Am 26. Dezember 1208, dem fünfzehnten Geburtstag des Königs, hatte der Papst die Regentschaft niedergelegt. Friedrich regierte von diesem Tage ab allein und: schon nach zwei Wochen erfolgte als ein vielversprechender Anfang sein erstes Zerwürfnis mit dem Papst, dem mächtigen Innocenz. Es hatte sich um die Neubesetzung des Erzbischofsstuhles von Palermo gehandelt. Mit Zustimmung des Königs hatte das Domkapitel zur Wahl schreiten wollen. Drei Domherren aber widersetzten sich aus unbekannten Gründen und appellierten an den Papst. Da griff der Knabe, der in dieser Appellation eine Umgehung seiner Person sah, zornig ein: er verwies die Domherren des Landes und schrieb dem erstaunten Papst, daß er sich nur mit Rücksicht auf ihn und den geistlichen Stand überhaupt so gemäßigt benommen habe. Innocenz, einer der gewaltigsten Herrscher der Weltgeschichte und damals schon von allen Königen Europas anerkannt als der „verus imperator" der Christenheit, teilte diese Auffassung seines eben erst aus der Muntschaft entlassenen Schützlings keineswegs. Nach dem Konkordat, welches die Kaiserin Konstanze mit ihm geschlossen hatte, beschränkte sich das Recht des sizilischen Königs hinsichtlich der Bischofswahlen auf einen einzigen Punkt: der vom Kapitel ohne Einfluß des Königs Erwählte bedurfte des königlichen Konsenses, um inthronisiert zu werden, das letzte Wort aber war der Kirche vorbehalten. Denn der nun zwar Inthronisierte durfte erst amten, nachdem in letzter Instanz auch der Papst seiner Wahl zugestimmt hatte. Selbst wenn also schon Kapitel und König in der Person des künftigen Bischofs einig waren, so stand dem Papst immer noch das Recht zu, eine persona ingrata zu verwerfen.. eine solche aber war die persona grata des Königs fast immer. Gemäß jenem Konkordat stand daher Friedrich nur das Konsensrecht zu, für eine Verhinderung der unmittelbaren Appellation an den Papst aber fehlte ihm jegliche Handhabe, wenn dies auch den älteren nun aber nicht mehr gültigen Bestimmungen der normannischen Könige so entsprochen hätte.

Papst Innocenz war klug genug, die Sache mit einer langen, in väterlichem Tone gehaltenen Ermahnung abzutun: Friedrich habe sich übel beraten lassen. Er möge sich mit dem Zeitlichen begnügen und nicht die

Königs Peter von Aragon, wobei der Papst damit rechnete, daß König Peter eine Anzahl spanischer Ritter nach Sizilien schicken werde, um Friedrich aus der Gewalt Markwards und der Deutschen zu befreien. Außerdem hatte er gehofft, daß die Königin-Mutter nach Sizilien übersiedeln würde, um hier den Knaben und das Mädchen zusammen aufzuziehen. Denn die allzu männliche Luft, in der Friedrich aufwuchs, mochte dem Papst nicht als sehr wünschenswert und geeignet erscheinen. Jedoch die Pläne des Papstes kamen damals nicht zustande, die Verlobung wurde gelöst. Innocenz ließ aber in den folgenden Jahren die auch für die Kirche nicht unvorteilhafte Verbindung — Aragon war wie Sizilien ein Lehensland des Heiligen Stuhls — nicht aus Augen und schließlich kam nach langem Hin- und Herverhandeln im August 1208 der Verlobungsvertrag zustande, aber — man wird dabei unwillkürlich an die Erzählungen der Erzväter und andere Märchen denken — an Stelle der Friedrich einst verlobten jüngeren Sancha sollte er jetzt die viel ältere Schwester Konstanze heiraten, die soeben als Gemahlin des Königs von Ungarn verwitwet war und den Stauferknaben an Alter mindestens um zehn Jahre übertraf. Der vierzehnjährige Friedrich war nicht ohne einige Mühe des Papstes für diese Ehe zu gewinnen gewesen, aber er fügte sich hier erstmals den unmittelbaren staatlichen Notwendigkeiten: die aragonesische Konstanze versprach nämlich — was schließlich eine große Enttäuschung wurde — ihm als Morgengabe fünfhundert spanische Ritter zuzuführen, die Friedrich helfen sollten, sein vollkommen zerrüttetes sizilisches Königreich neu zu erobern. Und diese Kriegerschar erschien dem Knaben wertvoll genug, auch die Gemahlin mit in Kauf zu nehmen: denn er konnte kaum hoffen, einer seit Jahren alles durcheinander wirbelnden Anarchie ohne fremde Hilfe jemals Herr zu werden — trotz einzelner vielversprechender Ansätze.

Zunächst hatte sich Papst Innocenz gerade während des letzten Jahres seiner Regentschaft außerordentlich bemüht, in Friedrichs Erbland wenigstens einen einigermaßen erträglichen Zustand herzustellen, obwohl auch er sich das Wesentlichste von den Aragonesen versprach. Innocenz war in eigener Person im Königreiche erschienen, hatte in San Germano (nahe Monte Cassino an der Grenze des Kirchenstaates) die sizilischen Großen um sich versammelt, einen Landfrieden erlassen und als dessen Hüter im festländischen Reichsteil die beiden mächtigsten Lehensträger zu Großkapitänen ernannt, deren gefährlicher Macht er durch diese Amtsübertragung zu begegnen hoffte. Waren die päpstlichen Maßnahmen auch nicht von einschneidender Bedeutung, so begann man doch zunächst in der nördlichen, dem Kirchenstaate benach-

— wohl römische — Geschichte der Waffentaten und Kriege. So zeigte er jene dauernde Aktivität und Gespanntheit, die er mit Seinesgleichen gemein hatte und die den Kaiser später oft unheimlich erscheinen ließ. Dabei aber bewahrte er doch die Möglichkeit einer gewissen Kontemplation, des ruhigen Betrachtens der Dinge.

Papst Innocenz sollte sich nicht mehr lange um den Knaben zu bekümmern haben. Mit den anderen Staufern hatte Friedrich II. die sehr frühe Reife gemein, ohne daß doch solch zeitige Wachheit, wie gerade bei Deutschen so leicht, eine Erschöpfung der Kraft gleich nach der Blüte bedeutete. Für das ganze staufische Haus mag jenes alte Wort gültig gewesen sein, welches Papst Innocenz einmal auf sein Mündel anwandte: „Der Caesaren Mannhaftigkeit ritt ein vor der Zeit." Das Land, in dem Friedrich II. aufwuchs und die harte Jugend, die ihn schon als Kind selbständig machte, haben diese natürlichen Gegebenheiten wohl noch gesteigert, jedenfalls konnte der Papst berichten, daß der Knabe mit beschwingterem Schritt die Schwelle der Reife überschreite und daß er von Tag zu Tag wie an Alter so an Weisheit und Tüchtigkeit zunähme. Auch seine Klarheit und seinen Scharfsinn hob man damals hervor und meinte, daß man bei Friedrich nicht die Zahl der Jahre nachrechnen dürfe, da er schon an Wissen ein Mann und an Majestät ein Herrscher sei. Trotz seiner fast übernatürlichen Begabung war Friedrich aber keineswegs ein überzüchteter Spätling, sondern genau die Erfüllung dessen, was man von bester Jugend überhaupt erhoffen konnte.. und so hat man an ihm auch gerade das Normale bemerkt, sein Ausgefülltsein und die allgemeine Durchbildung: er sei „completus" gewesen. Wie man von seinem Wuchse berichtete: „Den König hast Du Dir nicht gerade klein vorzustellen, doch auch nicht größer, als es sein Alter erfordert," so schrieb ein anderer: „So sehr habe der König durch Wissen und Kraft die Zeitstufe seines Alters ausgefüllt, daß man an ihm nur finden kann, was einen vollkommenen Mann ziere." So rückte der Augenblick, in dem Friedrich die ihn beengende Vormundschaft abschütteln konnte, rasch heran und als sizilischer König war er dem sizilischen Lehensrecht entsprechend bereits mit Vollendung des 14. Lebensjahres mündig.

Ehe Papst Innocenz aber sein Mündel entließ, wollte er ganz ausgesorgt haben: er vermählte den Knaben. Schon die Kaiserin Konstanze hatte eine Verbindung des Sohnes mit dem aragonesischen Königshause in Aussicht genommen und als Friedrich siebenjährig in die Hände Markwards von Anweiler geraten war, hatte der Papst aus praktischen Gründen den alten Plan wieder aufgegriffen. Im Jahre 1202 brachte er ein Verlöbnis seines Mündels zustande mit Sancha, der Schwester des der Sizilier vor ihrem König mindern könnte. Indessen fiel doch sofort die königliche Haltung, Miene und gebieterische Majestät des Knaben auf, ebenso seine vollkommene Unzugänglichkeit gegenüber jeder Ermahnung: er folge allein dem Antriebe seines eigenen Willens, so hieß es. Dieser riesenstarke ganz frei sich selbst überlassene Wille Friedrichs II., den niemals ein anderer als nur er selbst, seine Vernunft und allenfalls die Not gebändigt hat, mag die Ungebärdigkeit des Knaben hervorgebracht haben, daneben aber auch die jeden Widerspruch ausschließende Bestimmtheit des späteren Kaisers. Mit zwölf Jahren wollte Friedrich bereits jede Bevormundung von sich abschütteln, ja er empfand es in seinem kindlichen Stolz geradezu als „schimpflich", noch bevormundet und für einen Knaben, nicht für einen König geachtet zu werden. Denen, die ihn sahen, nötigte er damals schon Ehrfurcht ab, und man merkte, daß ihm sehr bald unweigerlich zu gehorchen sein werde. Gerade dieses Selbstbewußtsein, natürlich gewachsen und nicht gezüchtet, gestattete ihm schon als Kind, sich Freiheiten zu nehmen, die, wie man meinte, oft das Maß des einem König Erlaubten überschritten. Dagegen anerkannte die Umgebung doch seine vollkommene Sicherheit des Auftretens: der junge König habe ein untrügliches Gefühl für Richtig und Falsch, habe ein eigenes Urteil und einen sicheren Blick für die Artung der ihn umgebenden Menschen. Es ist sein angeborenes Königtum gewesen und der Adel seines Geschlechtes, der ihn, wie Innocenz einmal schrieb, „auf beiden Füßen fest einherschreiten ließ".

In den Jahren des wenig beaufsichtigten Umherstreifens hatte Friedrich auch seinen Körper gründlich geübt. Er war nur von mittlerer Größe, aber schon als Knabe widerstandsfähig und gelenkig, mit sehr kräftigen Gliedmaßen, die ihm bei jeder körperlichen Tätigkeit eine natürliche Ausdauer verliehen. In Handhabung und Gebrauch der verschiedenen Waffen fand man den Knaben gewandt und tüchtig. Daß er auch damals schon ein guter Pfeilschütze und ein leidenschaftlicher Reiter war mit einer besonderen Vorliebe für Pferde edler Zucht, wird man von dem großen Jagdfreund, der er später wurde, nicht anders erwarten können. Im Fechten mit dem Schwert war er besonders geschickt und seine Gegner, mit denen er übte, mögen oft keinen leichten Stand gehabt haben, da er bei seinem heftigen Temperament während des Fechtens leicht in hitzige Wut geriet. Als etwas ihm ganz Eigentümliches fiel damals auf, daß er „nimmer in Ruhe den Tag in beständiger Tätigkeit verbringe". Wenn er tagsüber seinen Körper geübt habe, dann arbeite der Zwölfjährige noch bis in die Nacht hinein, seine Kenntnisse zu erweitern.. und was ihn damals besonders fesselte, war die

Hände nach dem Geistlichen ausstrecken, das allein dem Papst zukäme. „Du hättest daran denken müssen," schrieb er, „und dich warnen lassen, wie durch die Vergehen deiner Vorfahren, welche die Spiritualien sich anzumaßen trachteten, solche Wirrnis über dein Königreich gekommen ist." Nach eingehender sachlicher Belehrung über das Konkordat der Kaiserin schloß Innocenz sein Schreiben mit der Aufforderung, die vertriebenen Domherren nur gleich wieder nach Palermo zurückzurufen. Friedrich befand sich unbestreitbar im Unrecht und es blieb ihm daher auch nichts übrig, als dem Papst zu gehorchen. Bezeichnend in dieser ganzen Angelegenheit ist das Eine: daß Friedrich bei seiner ersten Regierungshandlung sofort mit unfehlbarer Sicherheit auf die ganz zentrale Frage der sizilischen Bischofswahl stieß, die schließlich Jahrzehnte hindurch den äußeren Konfliktstoff darstellte für Friedrichs Kampf mit der Kurie. Dafür aber hatte Friedrich auf anderem Gebiet besseren Erfolg. Die ersten Maßnahmen des jungen Königs, in seinem Reiche die Ordnung herzustellen, lassen sich zwar nicht ganz deutlich erkennen, doch scheint er damals erheblich mehr geleistet zu haben, als man bis vor kurzem annahm. Soviel ist sicher, daß er im Frühjahr 1209, wie er selbst schrieb „mit großer Macht" einen Zug durch Sizilien unternahm, eine Art Königsritt, der ihn über Nicosia nach Catania und weiter nach Messina führte. Auch daß dieser Zug in dem aufständischen Lande keine friedliche Fahrt war hören wir von ihm selbst: „die Söhne des Aufruhrs, die den Frieden haßten, habe er zur Ruhe gebracht, daß sie sich unter das Joch seiner Herrschaft beugten." Innerhalb einiger Monate scheint der 14 jährige sich den Nordosten der Insel halbwegs gefügig gemacht zu haben und schon trug er sich mit weiteren Plänen: einzelne Befehle, deren Ton an herrischer Bestimmtheit nichts fehlen läßt, geben zu erkennen, daß er nach dem Festland überzusetzen gedachte, um auch hier die königliche Autorität wieder herzustellen. Dazu aber hatte er die Hilfe der Aragonesen nötig.

Noch zur Zeit der Minderjährigkeit hatte ein sizilischer Bischof als Vertreter des Königs im Dome von Saragossa Friedrichs Ehe mit Konstanze von Aragon geschlossen. Für den März 1209 war die Ankunft der Königin in Palermo vorgesehen, doch erst im August langte sie in der sizilischen Hauptstadt an, begleitet von ihrem Bruder, dem Grafen Alfons von Provence und den versprochenen fünfhundert Rittern. Friedrich, im August noch in Messina, eilte nach Palermo, wo die Hochzeitsfeierlichkeiten alsbald stattfanden. Gleich nach dem Feste wollte er mit den spanischen Rittern wieder nach Messina aufbrechen, um von hier aus den geplanten Zug nach dem Festland zu beginnen.

Schon vor Jahresfrist hatte der Papst auf dem Tage von San Germano mehrere hundert Lehensritter aufgeboten und diese hätten zusammen mit den Spaniern schon ein recht beträchtliches Heer abgegeben. Doch alle Hoffnungen des jungen Königs schlugen fehl. Die Spanier, von deren Hilfe Friedrich so viel erwartet hatte, wurden noch während der Vorbereitungen oder unmittelbar nach dem Abmarsch aus Palermo von einer Seuche ergriffen, die binnen wenigen Tagen mit dem Bruder der Königin, dem Grafen Alfons, auch die Mehrzahl der Ritter hinwegraffte. Damit war nicht nur das geplante Unternehmen unmöglich geworden, sondern was schlimmer war: die unzufriedenen Barone stifteten — ein Vorspiel späterer Ereignisse — eine Verschwörung an, um sich des ihnen schon jetzt unbequemen Herrschers zu entledigen, dessen gegenwärtige Verlegenheit sie erkannten und ausnutzten. Erstaunlicherweise gelang es Friedrich des Aufstandes Herr zu werden. Der Anstifter, ein kalabresischer Graf, wurde gefangengenommen und Friedrich ergriff nun seinerseits die Gelegenheit, den Verschwörern einen Teil des Demaniums, des Krongutes wieder abzunehmen, das sich jene in der Zeit der Regentschaft widerrechtlich angeeignet hatten.

Trotz dieser Erfolge, die wohl die Entschlossenheit und den Tatwillen des jugendlichen Königs, aber auch die ganze Hoffnungslosigkeit seiner Lage zeigten, wäre es ihm, dem noch dazu gänzlich Verarmten, ohne fremde Hilfe niemals möglich geworden, hier etwas Wesentliches auszurichten. Doch es war Friedrich nur nach dem Willen seiner Mütter: der Kaiserin Konstanze, seiner leiblichen, und der römischen Kirche, seiner geistigen Mutter bestimmt gewesen, im sizilischen Erbreich und in Palermo, der „glücklichen Stadt", sein Leben zu fristen. Es sollten aber ganz andere Aufgaben an ihn herantreten. Während er sich noch mutig dem sizilischen Chaos entgegenwarf, hatte sich in Deutschland schon vor Jahresfrist für ihn Wichtiges ereignet: im Juni 1208 war in Bamberg König Philipp von Schwaben durch den Pfalzgrafen Otto von Wittelsbach meuchlings ermordet worden. Friedrich II., des Papstes Mündel, war nun der letzte Staufer. Damit erschloß sich sein neuer Umkreis: ihn hielten nicht drunten die Mütter — er sollte zu den Vätern hinaufsteigen.

II. PUER APULIAE

PAPST Innocenz III. aus dem Hause der Grafen Conti waltete über dem christlichen Erdenrund mit einer tatsächlichen Machtfülle, die wohl mancher römische Bischof beansprucht, doch keiner vor ihm keiner nach ihm ausgeübt hat. Die Weltstunde ist diesem hoheitsvoll und überlegen blickenden gelehrten Priester mit dem schmalen edlen Römergesicht, der in Paris und Bologna seine theologischen und juristischen Studien getrieben hatte und das Wissen seiner Zeit vollkommen beherrschte, in ungewöhnlichem Maße günstig gewesen: als er kaum 37 jährig den päpstlichen Thron bestieg (1198), drei Monate nach dem Tode Heinrichs VI., da war die von dem großen Stauferkaiser für kurze Zeit zusammengegriffene Welt wieder in ihre Einzelteile auseinandergefallen und den vom Geiste Gregors VII. getragenen päpstlichen Ansprüchen vermochte sich ernsthaft keine der partikularen Gewalten zu widersetzen. Denn sich dem Papste entgegenzustellen galt zunächst als Sache der römischen Kaiser. Doch in dem von welfisch-waiblingischen Thronwirren zerspaltenen Imperium war damals kein Kaiser, und so herrschte, auf daß dem Erdenkreis ein Oberhaupt nicht mangele, Papst Innocenz III. auch im römischen Reich wirklich fast als der „verus imperator", wie ihn sein Zeitgenosse Gervasius von Tilbury nannte. Und des Gervasius Wort war nicht nur kuriale Schmeichelei: Innocenz selbst bediente sich noch weit anspruchsvollerer Bilder, wenn auch die klassische Formulierung päpstlicher Imperatorenhoheit: „ego sum Caesar, ego imperator", fast ein Jahrhundert später dem Dante-Papst Bonifaz VIII. vorbehalten blieb, mit dem die zwei Säklen päpstlicher Weltherrschaftsansprüche, heraufgeführt von Gregor VII., zu Ende gingen.

Innocenz III., zeitlich ziemlich die Mitte haltend zwischen Gregor und Bonifaz, war der eigentliche Erfüller des päpstlichen Universalanspruches. „Zu seiner Zeit hielt die Kirche, in Blüte und Kraft, die Herrschaft über das römische Reich und über alle Könige und Fürsten der ganzen Welt." So ein Chronist. Als Kardinal Verfasser einer Schrift „Über die Verachtung der Welt" war Innocenz stets tief durchdrungen von seiner priesterlichen Weihe und Würde, die ihm bei persönlich einfacher und anspruchsloser Lebensführung, auf deren Vorbildlichkeit er oftmals selbst hinwies, zuzeiten doch die Entfaltung majestätischen und imperatorischen Pompes gebot. So wartete er nach seiner Wahl gegen die Gewohnheit viele Wochen mit der Inthronisation, um an dem Festtage von Petri Stuhlfeier mit desto größerem Glanz den Stuhl Petri zu besteigen. Freilich wollte er gewissermaßen Petrus selbst an diesem Tage darstellen wie zuweilen sogar den Heiland. Man erzählte witzig, daß Innocenz sich einmal mit dem im Lateran aufbewahrten Rock ohne Naht bekleidet habe, um festzustellen, ob nicht der Herr kleiner gewesen sei als er: aber der Rock habe sich doch als zu groß erwiesen. Vollkommen fühlte er sich indessen als Imperator der Christenheit und er war es in der Tat auf eine besondere Weise: denn Herrscher wie Staatsmann größten Maßes hat er die Kirche — im engeren Sinn: als die Hierarchie der Bischöfe und Priester — erst zum wirklichen „Staat" gemacht, ja zu einer absoluten Monarchie, in welcher allein er als das Staatsoberhaupt gleich einem Quell Macht Recht und Gnade spenden konnte. Nicht das an Ereignissen so ungeheuer reiche Leben dieses Papstes, der die abendländischen Könige zu seinen Füßen sah, wenn er sie mit ihren Ländern belehnte, der die Albigenserkriege mit ihren Greueln heraufbeschwor um des rechten Glaubens willen und der nach der Eroberung von Byzanz durch die Kreuzfahrer, die zunächst seinem Banne verfielen, unter dem Schutze der rechtgläubigen lateinischen Kirche im Osten sein Lateinisches Kaisertum gründete.. nicht dieses Leben, sondern nur jener Staatsmann Innocenz geht hier an, der sich selbst einmal für den an Stelle des leiblichen Vaters gesetzten geistigen Vater Friedrichs II. ausgab, der in der Reihe mittelalterlicher Weltenregierer die zeitliche Lücke ausfüllte zwischen Barbarossas Sohn und Enkel und von dessen priesterlich-geistiger Zwischenherrschaft die Luft des Imperiums noch voll war, als der letzte Staufer zum Römerthrone emporstieg.

Der monarchische Hohepriester der christlichen Kirche, der verus imperator des christlichen Römerreiches und der oberste Richter der Christenheit sind Eines im Papste kraft gleichen Ursprungs. Das etwa ist die Grundanschauung, die wenn auch nicht als Forderung so doch als Tatsache und zusammengefaßt zu einem geschlossenen Ganzen, gewissermaßen zu einer „Summa", erstmals bei Innocenz III. erscheint. Innocenz ging davon aus, daß er — obwohl auch Nachfolger des Apostelfürsten — doch nicht dessen und überhaupt nicht eines Menschen Statthalter sei, sondern Statthalter Christi selbst und damit Statthalter Gottes. Als solchem war ihm unmittelbar von Gott die „plenitudo potestatis", das Gesamt der Macht übertragen und aus diesem Gesamt leiteten sich gleichfalls unmittelbar die irdischen Gewalten her: die priesterliche, die richterliche, die königliche. Daß dies sich nur so und nicht anders verhalten könne erklärt Innocenz unter anderm mit Hilfe einer unerhört steilen Ausdeutung seines päpstlichen Mittleramtes: alle Macht ist von Gott, der Papst aber ist gesetzt „als Mittler zwischen Gott und den Menschen, diesseits von Gott doch jenseits des Menschen, geringer als Gott doch mehr als der Mensch". Und entsprechend, um den Kreislauf der Kräfte auch rückwärts zu schließen, erklärt er weiter: „...in uns wird Gott verehrt wenn wir verehrt und mißachtet wenn wir mißachtet werden." Aus diesem letzten entsprang dann das spätere, wohl erstmals durch Thomas von Aquino formulierte Dogma: um des Seelenheils willen ist jeglichem Wesen die Unterwerfung unter den Papst notwendig. Indessen, der erst durch diese zwiefache Mittlerstellung des Papstes möglich gewordene Kreislauf der Kräfte steht in engstem Zusammenhang mit der durch Innocenz III. vollendeten Umwandlung der Kirche in einen Priesterstaat. Dieser Staat, die Hierarchie, ist zwar nicht seine Idee, wohl aber dank einer ihm glücklichen Weltstunde sein Werk. Damit die über den päpstlichen Mittler von Gott abzuleitende priesterliche Gewalt nun auch unmittelbar und ungebrochen auf die Bischöfe übergehe, war es zunächst notwendig, daß bei ihrer Erwählung jede andere Macht ausgeschaltet wurde, vor allem die ohnehin sehr gering bewertete weltliche Macht, gleichgültig auf welchen alten Vorrechten Kaiser und Könige dabei fußten. Klug und geschickt und notwendig skrupellos die politische Ohnmacht fast der ganzen Welt mit Ausnahme wohl Frankreichs für seine Zwecke benutzend, hat infolgedessen Papst Innocenz beinahe in allen Ländern die Bischofswahlen in seinem Sinne zu beeinflussen verstanden, durch Verträge bisweilen oder durch Konkordate und hat, indem er damit die ganze Frage des Investiturstreites erledigte, die Bischöfe der ganzen christlichen Welt zu seinen unmittelbaren Geschöpfen gemacht, die er und mehr noch seine Nachfolger nach freiem Ermessen wie nur irgendein Autokrat seine Kreaturen ein- und abzusetzen und zu versetzen begann. Dies konnte er: denn „nicht als Mensch, weil er nicht des Menschen, sondern als Gott, weil er Gottes Statthalter sei", durfte dieser Papstgott die an sich unlösliche geistige Ehe eines Bischofs mit seinem Bistum schließen oder auch lösen. Mit dieser „Freiheit der Bischofswahlen" war die Zusammenfassung der Kirche wirklich zu einem von der weltlichen Macht gänzlich unabhängigen eignen die profane Welt überlagernden Staate beschlossen, in welchem die Bischöfe nichts als gehorsame Beamte; Provinzialgouverneure und Statthalter des päpstlichen Imperators darstellen sollten. Die Lösung von der weltlichen Macht und ihrem bisherigen Patronat ganz zu vollziehen, dienten die päpstlichen Legaten, welche als Bevollmächtigte des Papstes selbst über den Patriarchen standen und die Tätigkeit der Bischofsbeamten überwachten, ohne daß die weltliche Macht, der damit die Aufsicht über die Kirche entzogen war, hiergegen Einwände erheben durfte.

Entsprechende Vereinbarungen über das Legationsrecht in den einzelnen Ländern schlossen sich daher gewöhnlich den Verträgen an. In diesen war als drittes meist noch das Appellationsrecht der Priester enthalten, daß nämlich die Priester ungehindert von der weltlichen Gewalt sich direkt an den Papst wenden konnten, wodurch erst der eigentlich staatliche enge Zusammenhang mit dem päpstlichen Staatsoberhaupt hergestellt wurde. Durch das alles war noch eine weitere Konsequenz gegeben, nämlich: wenn nicht das feste Gefüge des kirchlichen Staates gesprengt werden sollte, so durften fortan die „Beamten" des Papstes — von einzelnen Ausnahmefällen abgesehen — noch weniger als bisher weltlichem Gericht unterstehen. Mit all dem wurde ein weiterer Ausbau des kanonischen Rechtes notwendig, welchem Innocenz durch eine neue, erstmals von einem Papst veranlaßte und etwa zwei Jahrzehnte nach seinem Tode vollendete Dekretalensammlung entgegenkam. Wie fast alle großen Päpste des ausgehenden Mittelalters, vor ihm besonders Alexander III., war Innocenz ein ausgezeichneter Jurist und das war damals annähernd gleichbedeutend mit Staatsmann. Daß er im übrigen zur Aufrichtung seines Staates rücksichtslos und ohne Scheu der Mittel vorgehen mußte, versteht sich bei diesem großen Werke von selbst.

Die Bischöfe und Priester hatten bisher oft genug und meist mit Nutzen die päpstliche Macht gegen die königliche und umgekehrt ausgespielt. Was sie aber bei der Umwandlung der Kirche in einen monarchischen, fest gebundenen, auf Gehorsam beruhenden Priesterstaat an Freiheiten etwa einbüßten, das wurde ihnen in anderer Richtung ersetzt: gemäß der eignen hohen Auffassung des Papstes Innocenz von seinem priesterlichen Amt erfuhr auch die gesamte Stellung der Priesterschaft gegenüber der Laienwelt eine außerordentliche Steigerung. Alle alten Edikte, die einem erhöhten Ansehen der Priester dienen konnten, wurden neu in Erinnerung gebracht und aufs nachdrücklichste betont, etwa: daß der Laie an die Mittlung des Priesters unbedingt gebunden sei, daß dieser rechtmäßig ordiniert sein müsse, daß die sakramentale Gewalt des Priesters nicht abhänge von seiner persönlichen Würdigkeit, daß Simonie ein „Staats- und Majestätsverbrechen" sei.. begreiflicherweise gerade im staatlichen Sinne von Wichtigkeit, weil dadurch der Kreislauf der vom Papste zu spendenden Gnade gestört und die Gnade nicht von Gott oder dem Papst abgeleitet, sondern erkauft wurde. Bezeichnend für die neuerliche Entrücktheit des Priesters und seine strenge Absonderung von der Laienwelt sind gewisse sich gleichzeitig anbahnende Abänderungen des Kultes — erwachsen auch aus einer scharfen Opposition gegen die Ketzer, die damals im Aufkommen begriffen gerade den Abstand zwischen

Laien und Priestern verringern wollten. Dazu gehört etwa: daß der Priester nicht mehr dem Volke zugekehrt hinter dem Altar, sondern mit dem Rücken zum Volk, das Gesicht nach Osten zum Altar hingewandt die Mysterien vollzieht... „weniger als Gott aber mehr als der Mensch". Die Anwesenheit der Laiengemeinde war vollkommen gleichgültig geworden, denn den Zauber der Stoffverwandlung, der „Transsubstantiation" wie das Mysterium erstmals Papst Innocenz bezeichnete, erwirkte allein die priesterliche Begnadung. Im Jahre 1215 ließ Innocenz diese Lehre zum Dogma erheben.

Was einstmals das Reformpapsttum des elften Jahrhunderts, was Gregor VII. eingeleitet hatte: die Loslösung des Papstamtes und der Papstwahl von der Macht des Kaisers, das war unter Innocenz III. allmählich bis hinunter zu den Bischöfen durchgedrungen, deren Wahl und Amt gänzlich von der weltlichen Gewalt gelöst werden sollte. Damit war aber etwas ganz andres gegeben und zwar keine geringe Gefahr für die Kirche: daß nunmehr umgekehrt ein weltlicher Herrscher ohne große Schwierigkeit den von der Kirche gelösten, rein-weltlichen Staat zu errichten vermochte. Daß die Kirche, welche diese Trennung zuerst und zwar mit allen nur möglichen Mitteln herbeiführte, als Priesterstaat und damit als erstes selbständiges und in sich einheitliches Staatswesen auch für das weltliche Reich in mehr als einer Hinsicht vorbildlich wurde, hat man nur selten angemerkt. Das Eigentümliche aber ist, daß die Kirche für diese Anähnlung des weltlichen an das geistliche Reich gewisse Grundbedingungen selbst erst geschaffen hatte und zwar in gewissem Sinne auf „unrechtmäßigem Weg". Wenn Papst Innocenz die Unbedingtheit und Einzigkeit seines Mittleramtes hinsichtlich der priesterlichen Gewalt in Anspruch nahm, so erscheint dies gewiß als selbstverständlich. Aber darauf beschränkte er sich bekanntlich nicht: durch die ihm als Statthalter Gottes übertragene „plenitudo potestatis" waren an sein Mittlertum nicht nur die geistlichen, sondern ebenso die weltlichen Gewalten gebunden: die richterliche wie die königliche. Gerade jenen Worten aber, mit denen er fast in einer Selbstapotheose sein Mittleramt feierte, hat er in Wiederholung einer allbekannten Lehre den Nachsatz angefügt: ihm als Mittler stünde es zu, „über alle zu richten doch von niemand gerichtet zu werden". Durch den priesterlichen Geist, mit dem er seine Richterfunktionen durchglühte, hat Innocenz III. der weltlichen Macht eine neue Kraft zugeführt: nämlich die das Wesen jedes Mittlertums ausmachende Dynamik, das ununterbrochene virtuelle Einwirken und Hinüberfließen der göttlichen Gewalt durch den Mittler auch auf Richter und Könige, nicht nur auf die Priester. Diese D y n a m i k war bis dahin dem Mittelalter — auf weltlichem Gebiet zumindest — fremd insofern der Herrscher seine Macht zwar stets unmittelbar von Gott als Lehen, als beneficium empfing, nicht aber als weltlicher Fürst, als Laie, auch im Priestersinn Mittler war. Für Innocenz selbst kam die Scheidung in ein weltliches und ein geistliches Mittleramt naturgemäß gar nicht in Betracht, da ihm als Hohepriester eben die plenitudo potestatis, die Ganzheit der Macht innewohnte: desto bedeutungsvoller aber mußte es werden, wenn die weltliche Macht eines Tages jenes weltliche Mittlertum, das sich auf richterliche und königliche Funktionen bezog, von dem des Hohepriesters abspaltete und gar die Selbstapotheose des Papstes zum Vorbild nahm.

Innocenz III. hat ungewollt einem bis zur Priesterhöhe gesteigerten Richtertum und Königtum den Weg bereitet. In seinem Bestreben, als Papst die Unbeschränktheit seiner richterlichen Gewalt zu beweisen, hat er bewußt überall die Grenzen zu verwischen getrachtet. Als „sacerdos sive judex", als Priester oder Richter bezeichnete er den Apostel Petrus und als ursprüngliches Vorbild für die priesterlich-richterliche Einheit dienten ihm die Leviten. Daß aber die höchste richterliche Gewalt in Rom sich befinde, habe der Herr selbst anerkannt, als er dem aus Rom fliehenden Petrus auf dessen Frage: „Domine quo vadis?" geantwortet habe: „Romam venio iterum crucifigi." Rom, hier also der Papst, wurde damit wirklich zum höchsten Gerichtshof auf Erden und galt als zuständig auch im Weltlichen, sobald es sich um zweifelhafte und dunkle Rechtsfälle handelte. Gott selbst — so erklärt Innocenz immer wieder — habe den Papst auf den Thron der Justitia gesetzt, auf daß er auch über die Fürsten Urteil spreche. So wurde der Papst, ohne sich im übrigen in das weltliche Gerichtswesen einzumischen, auch zu dem höchsten Richter, der jede Streitfrage der christlichen Welt vor sein Forum ziehen konnte.

In einer ganz ähnlichen Weise vermischte Innocenz Priestertum und Königtum. Altes und Neues Testament, so sagte er, stimmten darin überein, daß das Königtum priesterlich und das Priestertum königlich sei und es sei daher der Heiland, der gleich dem Papst Mittler gewesen wäre zwischen Gott und den Menschen, als Sproß aus Davids Königsstamm ein König und als Gottessohn ein Priester. Und ein bisher wenig beachtetes, zumindest von der Kurie noch kaum ausgewertetes Bild der Bibel läßt dabei Innocenz neu aufleben: jene merkwürdige Präfiguration Christi, den Priesterkönig von Salem Melchisedech. Christus und als Christi Statthalter auch der Papst seien Priester nach der „ordo Melchisedech": das ist die in allen Schriften des großen Innocenz stets wiederkehrende Formel. In immer neuen Bildern wird dabei dargetan, daß gleich wie die Seele dem Leib, so der Priester dem König vorangehe und es wird das Schriftwort entsprechend auf den Papst angewandt: „Durch mich sind die Könige Könige und schreiben Gewaltige das Recht." Und immer neue Vergleiche sucht Innocenz anzubringen, um auch den Statthalter und Mittler des Herrn wie diesen selbst wirklich als verus imperator, als Priesterkaiser und Weltenherrscher erstehen zu lassen. Auch das war gewiß nichts absolut Neues und wurde nur wichtig, weil der Papst durch die fortgesetzten nachdrücklichen Hinweise die Welt auf das priesterliche Kaisertum und kaiserliche Priestertum der Statthalter Christi ganz besonders aufmerken machte.

Papst Innocenz erreichte wohl seinen Zweck: der Träger der Tiara thronte fortan in schwindelnden Höhen. Doch es wurde andrerseits auch das weltliche Kaisertum von neuem mit einer priesterlich-hieratischen Luft durchtränkt.. gegen den Willen des großen Papstes, der sich selbst so mancher Symbole und Zeichen der römischen Imperatoren bediente. Statt einer Schwächung erfuhr das Kaisertum im Gegenteil einen ungeahnten Zuwachs an Kraft eben durch den priesterlichen Geist, mit dem dieser Papst fast zwei Jahrzehnte hindurch die Welt erfüllt hatte.. und deshalb gehörte auch Papt Innocenz III., gerade als „geistiger Vater" neben Normannen und Staufern zu den unmittelbaren Vorgängern und Ahnen des jungen Königs Friedrich. — —

Von solchen Anschauungen getragen hatte Innocenz III. in den deutschen Thronstreit eingegriffen. Er hatte sich damals gegen den Staufer Philipp für den Welfen Otto entschieden: einmal weil „kein Papst einen Staufer liebte", dann weil unter einem Staufer, nicht aber unter einem Welfen stets die gefährliche Vereinigung von Sizilien mit dem Imperium drohte, ferner weil der Welfe, arm und mit geringerem Anhang, ganz auf die Hilfe der Kurie angewiesen war und damit eine gehorsame und brauchbare Kreatur des Papstes zu werden versprach. Und schließlich erschien der ungeistige und ungebildete, dafür aber körperlich außerordentlich kräftige Welfe dem Papst gerade als das geeignete „weltliche Schwert der Kirche". Trotz der päpstlichen Hilfe aber war es Otto nicht gelungen, in Deutschland gegen den Staufer aufzukommen: dem für den Sommer 1208 geplanten letzten Kriegszug des Schwaben Philipp wäre Otto wohl unfehlbar erlegen. Wie schlimm es um seine Sache stand, zeigt mit untrüglicher Genauigkeit das Verhalten der römischen Kurie: Papst Innocenz zog seine Hand von dem Welfen, löste den Staufer vom Bann, anerkannte diesen als König und versprach ihm für den Fall einer Romfahrt die Kaiserkrone. Die Ermordung Philipps durch den Pfalzgrafen

Otto von Wittelsbach aus einer rein persönlichen Rache — seit es ein deutsches Reich gab der erste Königsmord — hat schließlich kurz vor dem staufischen Sieg den Thronzwist zugunsten des Welfen entschieden. Denn des zehnjährigen Bürgerkriegs müde einigten sich die deutschen Fürsten sehr rasch auf Otto von Braunschweig, der durch eine vom Papst befürwortete Verlobung mit des ermordeten Staufers elfjähriger Tochter Beatrix schließlich die Ansprüche beider Parteien in seiner Person zu vereinen hoffte. Papst Innocenz aber hatte in Deutschland ohne sein Zutun gesiegt: er erklärte sich alsbald bereit, Otto, seinen Schützling, den er nur ungern preisgegeben, in Rom zum Kaiser zu krönen.

Die römische Kurie pflegte, seit sie zu Macht gekommen, die Kaiserkrone nicht mehr ohne Gegendienst zu vergeben. Von Otto IV. aber, ihrem Geschöpf, glaubte sie besonders viel verlangen zu können: einmal jene Freiheit der Bischofswahlen für Deutschland, welche die Staufer bisher stets verweigert hatten, dann die Anerkennung Siziliens als päpstliches Lehensland und eine Zusicherung der Unantastbarkeit dieses Landes und schließlich zu päpstlichen Gunsten den Verzicht auf gewisse mittelitalische Reichslande: die Mark Ancona, Spoleto, die sogenannten Mathildischen Güter und noch einiges andere. Bei der allgemeinen Verwirrung nach dem Tode Heinrichs VI. hatte nämlich Papst Innocenz hier rasch zugegriffen, unter dem Namen von „Rekuperationen" rechtlich oder widerrechtlich diese Lande dem Reiche entwendet und hatte sie dem Patrimonium Petri einverleibt, das sich nunmehr — in diesem Umfang erst von Innocenz begründet — als ein geschlossener Komplex quer durch Mittelitalien zwischen das päpstliche Lehensland Sizilien und die stets reichsfeindliche Lombardei einfügte. Der Traum eines päpstlichen Gesamt-Italien schien somit der Verwirklichung nicht mehr allzu fern.

Dem Welfen, der möglichst rasch zum Ziel kommen wollte, überdies schon im Jahre 1201 die territorialen Forderungen zugestanden hatte, blieb wohl nichts übrig als dem Papst das Gewünschte, freilich ohne schriftliche Zustimmung der deutschen Fürsten, zu verbriefen. Wenig später trat er die Fahrt über die Alpen an. Als er mit seinem glänzenden Gefolge an dem stillen Rivotorto vorbeibrauste, da habe zwar der Heilige Franziscus durch einen der Jünger den künftigen Kaiser mahnen lassen, der Vergängnis irdischer Größe zu gedenken. Doch das konnte den Welfen nicht aufhalten: im Spätjahr 1209 wurde er in Rom von Papst Innocenz zum Kaiser gekrönt. Innocenz III. aber — so mochte man glauben — hatte alles erreicht was er wollte: sein Schützling war Kaiser und die Trennung des staufischen Sizilien von dem welfischen Reiche schien endgültig geglückt.

Da traten plötzlich Ereignisse ein, welche die ganze fein berechnete päpstliche Politik zu erschüttern drohten. Der Welfe, kaum zum Kaiser gekrönt, hielt sich nicht mehr an die dem Papste gegebnen Versprechen: er lachte nur auf, als ihn Innocenz an frühere Abreden erinnerte.. ja, schon bei dem ersten Verhandeln in der Frage der mittelitalischen Lande erwies sich Otto keineswegs mehr als „gehorsamer Sohn" der Kirche. Den unmittelbaren Anlaß aber zu dem unheilbaren Zerwürfnis zwischen Kaiser und Papst haben die Barone des sizilischen Festlandes gegeben. Bei dem Erscheinen des Welfen Otto in Italien glaubte nämlich der apulische Lehensadel unter deutscher Führung den Augenblick gekommen, sich der Herrschaft des machtlosen jungen Königs für alle Zeiten entledigen zu können. Nachdem im September 1209 die gegen Friedrich gerichtete Verschwörung der Barone Siziliens und Kalabriens mißglückt war, versuchten es jetzt die Barone Apuliens mit Verrat. Ihr Führer war der Graf von Acerra, Diepold von Schweinspeunt, einer jener deutschen Machthaber, die als Nachfolger Markwards von Anweiler während Friedrichs Kindheit in der Königsburg von Palermo regiert hatten. Neben den persönlichen Vorteilen und der Aussicht auf Machtgewinn vertrat Diepold gleich jenem Markward die Ansicht: Sizilien gehöre unbedingt zum römischen Reich und der staufische Normannenerbe stehe dieser Verbindung nur hindernd im Wege. Als daher endlich nach mehr denn zehn Jahren mit Otto IV. wieder ein Kaiser in Italien erschien, suchte Diepold sofort, diesem als dem einzig rechtmäßigen Herrn das Königreich in die Hände zu spielen.

Bald nach der Krönung hielt sich Kaiser Otto (November 1209) in Pisa auf, der mit Diepold und den Deutschen lange Zeit verbündeten Stadt. Hier erschienen vor ihm die apulischen Magnaten, huldigten ihm und forderten ihn auf, sich des wehrlosen Königreiches zu bemächtigen, denn „in Sizilien dürfe nur der Träger der Kaiserkrone herrschen". Otto hatte zwar dem Papst die Unverletzbarkeit Siziliens zugesichert.. aber auch an dieses Versprechen hielt er sich nicht mehr. Ob dabei der Kaiser von jeher an die Wiedervereinigung Siziliens mit dem Imperium gedacht hat — darin etwa den Spuren Heinrichs VI. folgend — oder ob erst die Aufforderung der Apulier, unterstützt von den Bitten der Pisaner, ihn zu diesem Entschluß kommen ließen, ist schließlich gleichgültig: Otto willigte ein, ernannte bald darauf Diepold zum Herzog von Spoleto, was eine offne Feindseligkeit gegen den Papst bedeutete, und begann in den folgenden Monaten, während er die Verhältnisse in Mittel-

47

und Oberitalien ordnete, möglichst unauffällig den Feldzug gegen Sizilien vorzubereiten. Zu diesem Entschluß mochte ihn noch andres bestimmt haben: ihm, dem Welfen, konnte immer einmal der letzte Staufer gefährlich werden, der ihm jetzt schon lästig war .. denn Friedrich II., dem auch nach Philipps Ermordung die Kaiserkrone vorenthalten blieb, durfte zumindest auf das väterliche Schwaben Anspruch erheben, und tatsächlich war über eine Abfindung des jungen Königs zwischen Kaiser und Papst bereits verhandelt worden. So drängte den Welfen manches zu dem verhängnisvollen Unternehmen, dem Zug nach Sizilien.

Die päpstliche Kurie rühmte sich, „Vieler Augen und Ohren" zur Verfügung zu haben. Schon in kürzester Zeit wußte Papst Innocenz über Kaiser Ottos Vorhaben Bescheid. „Das Schwert, das wir uns geschaffen, schlägt uns schwere Wunden" mußte der Papst bald bekennen: nun sah er auch von welfischer Seite das ewige Schreckgespenst einer sizilisch-deutschen Union sich erheben und wissend, daß es jetzt für die Kirche um den nackten Besitz ihres Lehenslandes gehe, begann er bei den ersten Anzeichen der Gefahr sorgfältig seine Schlingen zu legen. Von seinem Lateranpalast aus setzte er sich sofort mit des Welfen Gegnern ins Einvernehmen. Zunächst machte Innocenz durch ein Rundschreiben die deutschen Bischöfe mit den Absichten des Kaisers bekannt. Sein Brief begann mit dem Worte der Schrift: „Es reut mich den Menschen geschaffen zu haben" und schloß mit der Ermahnung, daß im Falle einer durchaus noch nicht sicheren Exkommunikation des Kaisers die Bischöfe unverzüglich die Untertanen vom Treueid zu lösen hätten. Innocenz gab keine unmittelbaren Befehle: er klagte nur über den Kaiser — aber die deutschen Bischöfe waren über ihre künftige Haltung gegen den Welfen, wie sie zumindest Papst Innocenz wünschte, genau unterrichtet. Sie werden auch auf die weltlichen Fürsten einzuwirken versucht haben: denn eine fürstliche Opposition gegen Kaiser Otto war in Deutschland wenn noch nicht vorhanden so doch leicht zu schaffen und es galt nur diese alsbald zu einer brauchbaren Partei zusammenzuschließen.

Dem Schreiben an die deutschen Bischöfe ließ Papst Innocenz einen Brief an den König von Frankreich folgen, den bedeutenden Kapetinger Philipp II. „Augustus". Der war von je ein erklärter Feind des Welfen gewesen, weil Otto als Neffe seines größten Gegners, des englischen Königs Johann „ohne Land", immer mit England im Bunde war und Frankreich schon mehrfach mit Krieg bedroht hatte. Der König der Franken hatte sich daher schon von Anbeginn einem welfischen Kaisertum widersetzt, obgleich der Papst sich bemüht hatte, zwischen den beiden Herrschern zu vermitteln. Jetzt freilich schrieb Innocenz nicht mehr in solch versöhnlichem Sinn. Er bedauerte, den Welfen nicht so rasch durchschaut zu haben wie Philipp August, teilte diesem aber mit, was er den deutschen Bischöfen geschrieben, und hinterbrachte im Schluß seines Briefes sehr geschickt dem Kapetinger noch einige Äußerungen des Welfen, der da gesagt hätte: er könne vor Scham die Augen nicht aufschlagen, solange der französische König noch Gebiete eines englischen Oheims besetzt halte und dergleichen mehr. Auch hier machte Innocenz keine positiven Vorschläge, aber der Wirkung seines maßvoll eingegebenen Giftes durfte er sicher sein. Philipp August verstand auch sofort. Er setzte sich gleichfalls unter großer Vorsicht mit den deutschen Fürsten der Opposition in Verbindung und schon nach wenigen Monaten, im September 1210, waren sich Philipp von Frankreich, eine Anzahl mitteldeutscher Fürsten und Innocenz III. über die wesentlichsten Punkte einig.

Jetzt konnte Papst Innocenz handeln: als Kaiser Otto nach Beendigung seiner Rüstungen im Herbst 1210 auf dem Durchmarsch nach Apulien begriffen in das tuszische Patrimonium einfiel, wurde er nach kurzem ergebnislosen Verhandeln vom Papst wie vereinbart gebannt und die Untertanen vom Eide gelöst. Das hemmte zwar Otto vorerst noch wenig: schon nach einigen Wochen hatte er bedeutende Teile Apuliens besetzt und im Laufe des folgenden Jahres sollte sich das ganze unteritalische Festland in der Hand des Welfen befinden.

Nun aber drohte die unmittelbarste Gefahr dem jungen sizilischen König. Der Papst hatte ihn freilich als ersten von den Plänen des Welfen in Kenntnis gesetzt.. aber wie sollte Friedrich, nicht einmal der inneren Feinde Herr, sich nun des übermächtigen Kaisers erwehren, dem fast der ganze Lehensadel des sizilischen Reiches gehorsam und willig gefolgt war? Niemandem in seinem verwilderten und verwahrlosten Königreiche konnte der Knabe trauen und, wie es scheint, nicht einmal seiner nächsten Umgebung: denn auf die Nachricht von dem Verrate der Festlandsbarone unter Diepold, den er selbst zum Großjustitiar Apuliens gemacht, sah er sich genötigt auch den Kanzler-Bischof Walther von Pagliara abzusetzen. Obwohl Innocenz dem König solchen Schritt sofort verwies — der Kanzler war ja auch Bischof — mit der Bemerkung, zu „Knabenstreichen" sei jetzt nicht die Zeit, so widerrief Friedrich die Absetzung dennoch nicht: der Kanzler war mit den aufrührerischen Baronen eng verwandt und befreundet und bei Walthers Geschmeidigkeit in politischen Dingen, die Friedrich besser kennen mochte als Papst Innocenz, war dessen Verweilen in so einflußreicher Stellung gewiß nicht ohne Bedenken. Doch die drohende Gefahr wurde auch durch den Sturz des Kanzlers nicht gemindert.

Während des Jahres 1210, als Kaiser Otto noch mit Rüstungen beschäftigt war, und selbst in den ersten Monaten des darauffolgenden Jahres, solange das durch den Papst im Widerstande ermutigte Aversa Kaiser Ottos Lauf für einige Zeit hemmte, verfügte Friedrich außerhalb Palermos wenigstens noch in Catania und Messina über einiges Ansehen, und wenn er sich damals in diesen Städten vorübergehend aufhielt, so wird er wohl versucht haben, das nordöstliche Dreieck der Insel, das er zuerst unterworfen, nun als den letzten Rest seiner Herrschaft noch zu behaupten. Als aber der Welfe seinen Eroberungszug im sizilischen Festland fortsetzte und kaum noch auf Widerstand stieß, als in Apulien sich Städte wie Barletta und Bari ergaben, darauf die der Insel nächsten Provinzen: Kalabrien und die Basilicata sich dem Kaiser anschlossen, und als gar die Sarazenen des sizilischen Berglands Kaiser Otto einluden, nach der Insel selbst überzusetzen, ihm für diesen Fall ihre Unterstützung verheißend.. da mußte Friedrich wohl außer Palermo sein ganzes Königreich verloren geben. Keiner erwartete für den seiner Städte, Burgen und Länder beraubten „regulus, nicht rex" etwas anderes, als den gewissen Untergang und wenn auch Friedrich selbst noch stolz in Nachahmung des Kaisers damals Sonne und Mond, die Weltherrschaftszeichen, in sein sizilisches Königssiegel einfügte: auch er konnte kaum mehr ernsthaft auf Rettung hoffen.

Noch im Frühjahr hatte Friedrich mit dem Welfen zu verhandeln gesucht, hatte sich bereit erklärt, auf alle schwäbischen Ansprüche zu verzichten, die er kurz zuvor noch durch Beurkundungen für schwäbische Klöster dokumentierte, hatte schließlich dem Kaiser viele tausend Pfund Gold und Silber angeboten, die er freilich selbst kaum besaß — denn um seinem päpstlichen Vormund die während der Regentschaft verauslagten Gelder zu ersetzen, mußte er Innocenz die Grafschaft Sora überlassen —: es war alles vergeblich gewesen. Der losstürmende Welfe hörte auf nichts, und auf des Papstes wie des Knaben Angebote, die Otto ja doch nur verhießen, was er teils schon besaß teils sich holen konnte, habe er nur „gespieen". Nun stand er im September 1211 in Kalabrien, bereit über den engen Faro hinüberzusetzen. Lediglich das Eintreffen der pisanischen Flotte, die im gleichen Monat vom Arno aus in See gegangen war, wollte Kaiser Otto noch abwarten. Friedrich aber geriet währenddessen in solche Bedrängnis, daß er in Palermo neben dem Schloß Castellamare stets eine fahrtbereite Galeere liegen hatte, die ihm im letzten Augenblick zur Flucht nach Afrika verhelfen sollte. Wenn in dieser äußersten Gefahr das wohl Unerwartetste eintrat: daß nämlich der Welfe seine schon sichere Beute fahren ließ, den ganzen Feldzug abbrach und in plötzlicher Eile aus dem Königreiche abzog.. dann hatte diesen Umschwung das rastlose Wirken des Papstes herbeigeführt. Innocenz hatte das Vordringen Ottos voller Schrecken mit angesehen. Verhandlungen, in denen der Papst sich bereit erklärte, gegen die Anerkennung Siziliens als eines päpstlichen Landes seine „Rekuperationen" in Mittelitalien dem Kaiser preiszugeben, hatten höchstens zu einer kurzen Verzögerung geführt. Erreicht hatte er damit nichts: nur noch auf mittelbarem Wege war jetzt der Welfe zu stürzen. So ließ Papst Innocenz nochmals alle ihm zu Gebote stehenden Mächte der diplomatischen Kunst wie der Intrige spielen, die seine priesterlichen Bannsprüche wirksam unterstützten: Briefe an die deutschen Fürsten, an die italischen Kleriker, an den König von Frankreich gingen hinaus, Drohungen des päpstlichen Bannes gegen die Anhänger Ottos, ermutigende Worte für dessen Feinde.. alles mit dem gleichen Ziel: des Kaisers Stellung in Italien und vor allem in Deutschland zu untergraben. Den vereinten Anstrengungen war denn auch in allerletzter Stunde Erfolg beschieden. Nach mehreren geheimen Vorbesprechungen hatten sich die welfenfeindlichen deutschen Fürsten, wesentlich unter dem Einfluß des Königs von Frankreich, im September 1211 in Nürnberg versammelt, den gebannten Kaiser nunmehr auch ihrerseits öffentlich für abgesetzt erklärt und hatten weiter, gleichfalls auf Anstiften Philipps von Frankreich, der als Welfenfeind schon früher mit dem staufischen Königtum verbündet war, als neuen Gegenkönig den letzten Staufer gewählt: Friedrich von Sizilien. Wohl gab es in Deutschland reichere und mächtigere Fürsten als den sizilischen Knaben, aber man wußte, daß in diesem Kampf gegen einen Welfen dem bloßen staufischen Namen mehr Macht innewohnen konnte, als Reichtümern und Waffen der andern. Denn der Glanz der großen Staufercaesaren leuchtete damals noch so hell, daß einem Abkömmling dieses Hauses sofort ein ganz bestimmter viel weiterer Anhang sicher schien, als ihn ein Thüringer etwa oder ein andrer Fürst in so kurzer Zeit sich hätte schaffen können. Und auch die frühere Wahl von Kaiser Heinrichs Sohn war hierbei nicht ohne Belang. So schickten denn die in Nürnberg versammelten Fürsten in einmütigem Beschluß eilends Boten an den Papst, um sein Einverständnis, und an Friedrich, um die Annahme der Wahl zu erwirken. Gleichzeitig aber sandten auch die Freunde des Welfen Nachricht an ihren Herrn: daß sich in Deutschland alles im Aufruhr befinde, daß ein Gegenkönig gewählt sei und daß Otto so rasch er könne heimkehren möge, da jetzt in Deutschland seine ganze Herrschaft in Frage gestellt sei.

Kaiser Otto lag noch in Kalabrien, als die deutschen Boten nebst solchen der Mailänder und anderer befreundeter Lombardenstädte bei ihm anlangten und ihn um alles beschworen, den sizilischen Feldzug abzubrechen und heimzukehren, um das Wichtigste, das Imperium zu retten. Sie taten dem Kaiser mit ihren stark übertriebenen Berichten keinen guten Dienst. Der baumlange Welfe, der bei einer rasch durchgeführten Eroberung Siziliens am einfachsten des Gegenkönigs hätte habhaft werden können, war bei Empfang der Nachricht von dem schmachvollen Verrat und Treubruch der deutschen Fürsten fassungslos. Er verlor vollkommen den Überblick über die Lage: „..bis ins Innerste erschüttert" verließ er das Königreich und eilte nach Norden. Überdies hatte ihn ein Traum geschreckt: sein kaiserliches Lager habe ein junger Bär bestiegen, der von Augenblick zu Augenblick wachsend schließlich den ganzen Platz einnahm und ihn, den Welf, vom Lager verdrängte. Noch einen letzten glänzenden Hoftag auf italischem Boden hielt Otto IV. in Lodi ab, dann überschritt er mitten im Winter die Alpen: im März 1212 war er in Frankfurt.

Friedrich von Sizilien aber war gerettet, und nicht nur das: gleich nach dem Abzug des Welfen erschien der Abgesandte der deutschen Fürsten vom Nürnberger Tag, ein schwäbischer Adliger: Anselm von Justingen, dem Knaben die Wahl und Berufung zum römischen Kaiser zu melden. Es hatte in der Tat etwas völlig Unwahrscheinliches, daß dem eben noch auf Flucht, auf Rettung des nackten Lebens Bedachten nun ganz unvermittelt das Kosmokratoren-Diadem, die Krone der christlichen Welt angetragen wurde, und Friedrich selbst empfand dieses Geschehnis zeit seines Lebens als ein Wunder. Wenn er sich später als den von der Vorsehung unmittelbar zum Werkzeug Erkorenen feierte, so feierte er stets als der Voraussicht erstes sichtbares Zeichen diese von Gott selbst „gegen alles Meinen und Hoffen der Menschen" an ihn, den Knaben, ergangene Berufung. In Palermo freilich widerriet ein jeder dem jungen König, die Wahl anzunehmen, vor allen andern die Königin Konstanze, die eben mit ihrem ersten und einzigen Sohn Heinrich niedergekommen war. Doch auch die Großen Siziliens suchten ihren kaum 17jährigen Herrn von dem aussichtslosen Beginnen und vagen Abenteuer zurückzuhalten: sie witterten geradezu Gefahr für den König, da sie der „Arglist der Deutschen" mißtrauten, deren einer, Diepold, Friedrich ja soeben wieder verraten hatte.

Ganz grundlos waren diese Einwände gewiß nicht. Ganz abgesehen von dem gefahrvollen Weg, von der Machtlosigkeit und der Armut des Königs: welche Sicherheit hatte Friedrich, daß die deutschen Fürsten, die wankelmütigen und unzuverlässigen, bis zu seiner Ankunft nicht andern Sinnes sein würden? Und das traf wirklich zu: denn als Otto der Welfe wieder in Deutschland erschien, da verließ eine ganze Anzahl von Fürsten die eben noch verfochtene staufische Sache und hielt wieder zum Welfen — „dahin, daher" wie Walther dieses „fürstliche Spiel" nannte. Und wer versicherte Friedrich vor allem dessen, daß Papst Innocenz, nun da sein Sizilien dem Stuhle Petri gerettet war, sich noch für die Erhebung eines Staufers — und gerade des sizilischen Staufers — einsetzen würde? Denn undurchsichtig war das Tun des Papstes, der erst einen Staufer zu stürzen suchte, um einen Welfen zu erheben und kaum daß dies geglückt, nun wieder den Welfen stürzte zugunsten eines Staufers. Von päpstlicher Unwandelbarkeit schien solches Verfahren allzu weit entfernt und gerade den Besten war dieses Eingreifen der Kurie unbegreiflich, wie etwa einem Walther von der Vogelweide, der mit bissiger Anspielung auf des Papstes Ansprüche damals in einem seiner Reichssprüche meinte:

> „Gott gibt zu Königen wen er will"
> Des Wortes wundert's mich nicht viel,
> Uns Laien wundert nur der Pfaffen Lehre...
> Nun saget uns bei euer Treuen:
> An welchem Wort sind wir betrogen?
> Uns dünket eines sei gelogen.
> Zwei Zungen stehen schlecht in einem Mund.

Und mit der ganzen päpstlichen Politik, Sizilien vom Reiche getrennt zu halten, stand die Erhebung des sizilischen Königs zum römischen Kaiser am wenigsten in Einklang. Papst Innocenz war in der Königsfrage allem Anschein nach durch Philipp August von Frankreich fast vor eine fertige Tatsache gestellt worden und die Suche nach einem anderen Gegenkönig hätte, zumal die deutschen Fürsten sich in der Wahl Friedrichs schon einig waren, nur Zeit in Anspruch genommen. Die Ereignisse sind hier einmal über die päpstliche Politik rücksichtslos hinweggegangen — oder glaubte Innocenz durch eine Erhebung Friedrichs, seines Mündels und Lehensmanns, erst recht der päpstlichen Allgewalt zu dienen, indem dann der römische Kaiser in der Tat zum Lehensmann des Heiligen Stuhles wurde? Man mag da mit Friedrich II. glauben, der Papst habe unter dem Zwang der Vorsehung gehandelt, da den letzten Staufer, „der Herr wider menschliches Wissen für die Leitung des römischen Reiches auf wunderbare Weise erhalten habe".

So durchdrungen von der Schicksalhaftigkeit des an ihn, den „letzten Übriggebliebenen" ergangenen Rufes hatte Friedrich für all die klugen Einwände kein Ohr. Er wußte seine Sendung, er nahm die Wahl an, und nur freudigen Stolz seiner Einzigkeit zeigen seine späteren, die Annahme begründenden Worte: „... da kein anderer zu finden war, der des Reiches dargebrachte Würde gegen uns und unser Recht hätte annehmen.... wollen, als uns damals die Fürsten beriefen, aus deren Wahl heraus uns die Krone gebührte." Der wunderbaren Berufung aber sollte alsbald die nicht weniger wunderbare Bewährung folgen. — —

Einer seltenen Glückhaftigkeit, die immer das Traumhafte und Unwahrscheinliche streifte, auch dem eigenartigen Zauber, den er ausstrahlte, hatte es Friedrich zu danken, wenn trotz unzähliger Hinterhälte und Verfolgungen seine Fahrt ihn zum Ziele führte: ohne Heer ohne Geld, der deutschen Sprache kaum mächtig, angewiesen auf die Hilfe des Papstes, auf die wahrscheinliche Treue wenigstens einiger deutscher Fürsten und auf die Geltung seines staufischen Namens.. so zog er seiner Weisung gehorchend von Palermo und Messina aus, sich das römische Reich zu erobern. Mit den langen rötlich-blonden Locken der Staufer, seiner ganzen knabenhaften Erscheinung, seinem „schönen und anmutigen Antlitz, der heiteren Stirn und der noch strahlenderen Heiterkeit der Augen" glich der bräunliche sizilische Knabe weit weniger einem „erwählten römischen Kaiser", wie er sich nannte, als einem Abenteurer oder Märchenprinzen im Bettelrock: denn „arm und abgerissen wie ein Bettler" verließ er auf fremdem Schiff mit nur ganz wenigen Begleitern Mitte März 1212 sein Erbland. Auf Wunsch des Papstes, der sich mit allen Mitteln gegen die neue Gefahr der Vereinigung beider Reiche sichern wollte, war noch vor der Abreise Friedrichs Sohn Heinrich zum König Siziliens gekrönt worden, der Königin aber die Regentschaft übertragen worden. Auch das Konkordat seiner Mutter, sowie seinen Lehnseid hatte Friedrich dem Papst schriftlich erneuern müssen und das gleiche war jetzt noch persönlich zu wiederholen.

Rom war daher das nächste Ziel seiner Reise. Doch schon in Gaeta mußte Friedrich fast einen Monat verweilen, wahrscheinlich, weil ihm die pisanische welfentreue Flotte auflauerte. Erst Mitte April erreichte er die Stadt. Von Papst Innocenz und den Kardinälen, dem Senat und dem Volke von Rom, das ihm nach altrömischer, doch erst seit kurzem wieder neu aufgelebter Sitte als künftigem römischen Kaiser kollaudierte, ward der Staufer auf das ehrenvollste empfangen. Zum ersten und einzigen Male trafen hier Innocenz III. und Friedrich II. zusammen, aber nur wenig ist von dieser denkwürdigen Begegnung der einander ablösenden Weltherrscher überliefert. Als ein König „von Gottes und des Papstes Gnaden" stellte Friedrich seine Verbriefungen für den einstigen Vormund aus, dem er nach seinen eigenen Worten nächst Gott alle Macht verdanke. Außerdem mußte Friedrich gemäß der Gewohnheit der normannischen Könige für Sizilien Lehenseid und Mannschaft leisten. Doch die Interessen des Papstes und des Staufers waren jetzt die gleichen. Innocenz sprach dem Knaben Mut zu und half wo er konnte. Von dem Hohepriester noch mit einer Summe Geld ausgestattet verließ Friedrich, für dessen kurzen römischen Aufenthalt Papst Innocenz auch die Kosten auf sich genommen, bereits nach wenigen Tagen Rom. Rühmend gedenkt Friedrich in späteren Jahren seiner Ausfahrt aus der „Städte Stadt", gedenkt ihrer in einem besonderen symbolischen Sinn: nicht der Papst und nicht die deutschen Fürsten, sondern der römische Populus, ja die glorreiche Roma selbst habe ihn „gleichwie die Mutter den Sohn nach Germanien entsandt, den Gipfel des Kaisertums zu erreichen".. und damals mag es gewesen sein, daß ihn, „den Knaben, der Caesaren erlauchte Natur überkam", wie ein späteres Triumphschreiben meldet.

Doch von altrömischem Caesarenglanz war vorerst noch wenig an dem Staufer zu bemerken. Als „Sohn der Kirche", wie ihn der Papst, als „Pfaffenkaiser", wie ihn die welfischen Gegner nannten, setzte Friedrich die Reise fort. Auf gemieteten genuesischen Schiffen — der Landweg war infolge der kaiserlichen Besatzungen zu unsicher — gelangte er am 1. Mai nach Genua, das als Rivalin Pisas zu dem Staufer hielt.. hier wie überall mit hohen Ehren und aufs freudigste empfangen. Aber wochenlang mußte der Ungeduldige in Genua verweilen und den Weitermarsch verzögern, weil alle Wege besetzt waren. Dies sollte jedoch die letzte lange Unterbrechung der Fahrt werden. Gegen eine Anzahl von Versprechungen mit dem seltsam und phantastisch klingenden Zusatz: „für die Zeit, da er Kaiser wäre", erhielt Friedrich von den Genuesen Geld zu seinem Unterhalt, während die Kosten für die Überfahrt von Rom bis Genua dann noch Pavia übernahm, wohin der König Mitte Juli mit seinen wenigen Freunden, von den Genuesen begleitet, aufbrach. Der gerade Weg nach Pavia war indessen von den welfentreuen Städten verlegt: so zog Friedrich diese meidend von Genua aus zunächst nach Asti und gelangte auf diesem Umweg endlich nach Pavia. Als wäre er schon der gekrönte Kaiser, so empfingen ihn hier Klerus, Ritterschaft und Popularen, das Baldachin über ihm tragend, „wie es der kaiserlichen Erhabenheit Brauch fordert". Aber das Schwerste stand noch bevor. Von Pavia aus mußte sich Friedrich mitten durch feindliches Gebiet hindurchschlagen, um Cremona zu erreichen. Piacenza sperrte da den Weg und ein nördliches Ausbiegen hätte ihn wieder Mailand zu nahe gebracht. Überdies hatten Mailänder und Piacentiner von seiner Fahrt und seinen Plänen Kunde erhalten, sich gerüstet und sehr aufgeregt und zornig ihre Fahnenwagen zum Kampfe herausgezogen. „Aber — so heißt es — was sie mit Worten sagten, konnten sie nicht mit der Tat erfüllen." Die stauferfreundlichen Leute von Pavia hatten öffentlich geschworen, den künftigen Kaiser mit List oder Waffenmacht in Sicherheit zu bringen, und hatten zu diesem Behuf mit den Cremonesen vereinbart, sich auf der Mitte des Weges am Lambroflusse zu treffen. Ebendorthin aber zogen auch von Norden her die Mailänder, während die Piacentiner sämtliche den Po hinabfahrenden Schiffe aufhielten und nach dem Stauferknaben durchsuchten.

An einem Samstagabend Ende Juli beim Läuten der Vesperglocke verließen die Pavesen in der Dämmerung mit dem Knaben die Stadt und ritten die ganze Nacht hindurch, bis sie den Lambro erreichten. Zur gleichen Stunde waren verabredungsgemäß auch die Cremonesen unter Führung des Markgrafen von Este aufgebrochen und auch sie langten im Morgengrauen des Sonntags am Fluß an. Während man dort wohl noch kurz rastete, erschienen plötzlich die Mailänder, um den König zu fangen. Der aber warf sich — wie es heißt — bei ihrem Nahen rasch auf ein ungesatteltes Pferd, durchschwamm den Fluß, und die ihm nachklingenden Spottreden der Mailänder konnten ihm ebensowenig anhaben, wie die blutige Metzelei, die sie schließlich unter den heimkehrenden Pavesen anrichteten. Friedrich selbst war gerettet: wenige Augenblicke hatten alles entschieden. Man war erstaunt: „.. seine Wunder habe der Christ kundtun wollen" meinte man, und als Friedrich endlich in dem stets staufischen Cremona eintraf, da empfing man hier den Glückhaften mit lautem Jubel und feierte den Knaben „als sähe man den Engel des Herrn". Doch unaufhaltsam ging es nun weiter: über Cremona, wo man auch der überirdischen Erscheinung geschwind noch bedeutende irdische Schenkungen abverlangte, die rasch beurkundet wurden, eilte der Staufer nach Mantua und von dort nach Verona. Von Verona aus zog er das Etschtal hinauf bis Trient. Weiter konnte er die Brennerstraße nicht benutzen: die Herzöge von Meran und von Bayern hielten zum Kaiser. Daher bog Friedrich nun von der großen Alpenstraße nach Westen ab und suchte seinen Weg über die ödesten Stellen der Alpen hinüber ins Engadin. So erreichte er mit wenigen Begleitern Anfang September Chur.

Jetzt taten die päpstlichen Befehle, den Staufer überall zu unterstützen und ehrenvoll zu empfangen, auch auf deutschem Gebiet ihre Wirkung. Der Bischof von Chur nahm den Knaben sogleich gastlich auf und begleitete ihn selbst nach St. Gallen, wo sich durch den dortigen Abt und den Vogt von Pfäffers das spärliche Gefolge des Königs auf etwa 300 Reiter verstärkte. Mit ihnen machte sich Friedrich eilends nach Konstanz auf, und wieder blieb ihm sein Glück treu, wieder entschieden wenige Stunden sein und des Reiches Geschick. Während er noch von St. Gallen auf Konstanz zujagte, lagerte schon zu Überlingen am jenseitigen Ufer des Bodensees sein Gegner, Kaiser Otto der Welfe. Der hatte nämlich in den vergangenen Monaten seine Macht in Deutschland großenteils wieder hergestellt und war auf die Nachricht von Friedrichs Kommen nach Süddeutschland geeilt, um den Staufer gleich bei der Ankunft abzufangen. Gerade wollte er selbst nach Konstanz hinüber: die Stadt schickte sich schon an, den Kaiser zu empfangen, dessen Dienerschaft bereits eingetroffen, dessen Köche mit der Zurüstung des kaiserlichen Mahles bereits beschäftigt waren. Plötzlich erschien da statt des Erwarteten Friedrich vor Konstanz' Toren Einlaß begehrend. Der Bischof, eben noch bereit, Kaiser Otto in seiner Stadt zu empfangen, verweigerte anfänglich die Aufnahme. Alles stand für Friedrich auf dem Spiel. Da wiederholte der den König begleitende päpstliche Legat, Erzbischof Berard von Bari, die Verkündung der Exkommunikation Kaiser Ottos, der Konstanzer Bischof gab nach, wiewohl mit Bedenken, und gewährte dem Staufer den Eintritt in die für den Kaiserempfang wohl festlich geschmückte Stadt. Eiligst verschanzte man die Rheinbrücke, die nach Überlingen führte: drei Stunden später stand Kaiser Otto vor Konstanz, das ihm verschlossen blieb. Nur mit schwachen Kräften und spärlichem Gefolge anlangend, konnte er keinen Kampf wagen. „Wäre Friedrich, so heißt es, drei Stunden später in Konstanz eingetroffen, so wäre er niemals in Deutschland aufgekommen."

Mit erstaunlicher Schnelligkeit verbreitete sich nun aber die Nachricht von dem wunderbaren Erscheinen des Staufers. Friedrichs Erfolg war unverkennbar ein Zeichen und göttliches Wunder: seine Anhängerschaft wuchs von Stunde zu Stunde. Innerhalb weniger Tage ergriffen alle Fürsten und Adligen vom Oberrhein freudigst seine Partei.. Burgen Orte und Städte wurden festlich beleuchtet. Als er eine Woche später in Basel eintritt, geschah dies schon mit königlichem Gefolge: die Bischöfe von Chur und Konstanz, die Äbte von Reichenau und St. Gallen, die Grafen Ulrich von Kiburg und Rudolf von Habsburg gesellten sich mit vielen andern zu seinem anfangs so geringen Geleit und in Basel selbst stieß der Straßburger Bischof mit 500 Reisigen zu ihm, während des Böhmenkönigs Gesandte bei dem Siebzehnjährigen um die Verbriefung der Krone ihres Herrn nachsuchten. Nichts haftete dem Freudigen, Sieghaften mehr an von der Ohnmacht des Kindes und von der Not des durch den Welfen verfolgten Knaben: über Nacht hatte der ohnehin Frühreife nicht im Traum wie andere Heroen, wohl aber in nicht minder traumhafter Wirklichkeit die Sicherheit des jungen Streiters gewonnen, den man freilich bei seiner Jugend noch ganz als das „Kind", das „Kind von Apulien" empfand.

Mit Basel und Konstanz war für Friedrich ein erster fester Halt gewonnen. Zwar suchte ihm Kaiser Otto durch eine rasche Besetzung von Breisach das Rheintal zu sperren, doch Friedrich brauchte gegen ihn nicht selbst zum Schwerte zu greifen: die Breisacher, wegen mancher Übergriffe der im Süden überall ungern gesehenen Sachsen schon tief erbittert, übten auf die Nachricht vom Nahen des Staufers Selbsthilfe und verjagten den erschreckten Kaiser samt seinem Kriegsvolk. Und als Otto, schon von vielen verlassen, sich nach Hagenau warf, da vertrieb ihn von dort Friedrichs Vetter, der Herzog von Lothringen. Erst am Niederrhein, in Köln, das ihn einst erhoben, kam der Welfe dazu, sich und seine Kräfte zu sammeln. Das obere Rheintal aber stand damit dem Staufer offen.

Hier hatte man nicht lange zuvor einen Zug von Tausenden unter der Führung eines Knaben gesehen: denn in diesen gleichen leuchtenden Spätsommertagen, in denen der apulische König vom Glücke geleitet und seiner Berufung gewiß das Reich in Besitz nahm, traf jenseits der Alpen in Oberitalien auch ein deutscher Knabe ein, nicht unter dem Schutze des Hohepriesters, dennoch mit dem Zeichen des Kreuzes versehen und von einem Engel zur Eroberung des Heiligen Grabes berufen. Ihm war eine unübersehbare Schar rheinländischer Kinder, Buben und Mädchen gefolgt, die ergriffen von dem Taumel der Kreuzzüge in dunkel schwelender Leidenschaft und dumpfer Inbrunst dem sicheren Verderben entgegenging. Man war diesem Kreuzzug der Kinder, dem man nicht Einhalt zu gebieten vermochte, damals bedrückten Gefühles begegnet.. desto freier begrüßte man jetzt den festlichen Zug des staufischen Knaben.

Der zog, überall mit beispielloser Begeisterung empfangen und als der Deutschen König gefeiert, durch die geschmückten rheinischen Städte langsam talabwärts. Er durchquerte das Elsaß, „unserer deutschen Erbländer geliebtestes" wie er es nannte, und ward immer wieder begrüßt von jubelndem Volk und freudigen Rufen, unter deren Geleit der junge Staufer in einem einzigen Triumph mit der stets wachsenden Schar seiner Folger das Rheintal durchwallte. Was ein Italiener gesagt: den schönen Staufer nur anzuschauen, sei eine Freude... das mag man am Oberrhein nicht weniger stark empfunden haben. In den dürftigsten

Chroniken ist die Teilnahme und die Freude über die Erfolge des Königs zu spüren, dessen mühelose erste Siege als ein einziges Wunder erschienen. Schon in den äußeren Umständen seines überraschenden Auftauchens zeigten sich ja die allbekannten Legenden und Sagen einmal verwirklicht: der Bettelprinz, der in Konstanz Einlaß bittend ans Tor pochte, der das für einen anderen bereitete Mahl vorfand und der, weil er im rechten Augenblick kam, durch den winzigen Vorsprung weniger Stunden sein Reich gewann — das alles waren vertraute Dinge, die dennoch als tatsächliches Geschehen seltsam fern und raumentrückt schienen. Und dieses gleiche Gefühl beherrschte die Deutschen dem Knaben gegenüber, den noch die Traumluft der Kindheit und des fernen Sizilien umwehte und dessen Erscheinung — trotz der Fremdheit allen vertraut — ihn dennoch als einen der Ihren auswies... so etwa als wäre der schwäbische Herzog Ernst, von dessen Wunderfahrten man damals gerade zu singen begann, mit dem nun für den Staufer bestimmten funkelnden „Waisen" unter das Volk getreten.

Den „Knaben Apuliens", das „Kind von Pulle", „Unser Kind" — nur so, fast niemals mit Titel nannten ihn damals die Leute und noch nach Jahrzehnten fügten Chronisten dem Namen des gewaltigen Kaisers das „Puer Apuliae" bei, als wäre es ein Beiname Friedrichs gewesen. Als Erkorenen des Papstes mag ihn noch ein besonderer Glanz umschwebt haben, und gewöhnt, jede zeitliche Erscheinung unter den ewigen Bildern zu sehen, feierte man in dem Stauferknaben den Sieg des Kindes überhaupt, das mit unsichtbaren Waffen den viel Stärkeren bezwingt. Schon der Papst hatte den Knaben gegen den riesigen Welf als seinen „David" ausgesandt, dessen Geschichte sich, wie Innocenz meinte, auf die Gegenwart gut übertragen lasse, und in ähnlichem Sinn wie diese Entsendung verstand man nun auch den Sieg: als eine Art Unhold läßt einer den Welfen sich in den fernsten Schlupf zurückziehen vor dem Antlitz des apulischen Kindes. „Mit himmlischen eher als mit irdischen Kräften habe das Kind den Welf überwunden", das „sehr weise Kind von Apulien", so meinten andere. „Seht da des Kindes Macht!" sang ein Troubadour, und in ähnlichem Geiste berichtet auch kurz eine Reimchronik:

    Das chint von Pulle man chomen sach...
    der Chaiser hete groezer chraft
    doch wart das chint sigehaft
    gar âne swertes slac:
    diu gunst dem chint die menge wac.....

Um diese Zeit, vielleicht noch einige Jahre später, mag es gewesen sein, daß am Hofe der Markgrafen von Montferrat Aimeric von Peguilain, der Troubadour, behauptete: erst durch die Taten Friedrichs könne er den Taten Alexanders Glauben schenken, die er immer bezweifelt habe: denn durch den Staufer, den „Arzt von Salern", sei endlich auch die Freigebigkeit von ihrer Krankheit geheilt. Die Troubadours priesen wohl noch andere Eigenschaften Friedrichs: seine Jugendfrische und seine Freudigkeit, auch seine Schönheit — denn er entsprach ja durchaus dem Königsbild der Minnesänger: von seiner nur mittelgroßen Gestalt angefangen (man schätzte die „mâze") bis zu dem blonden Haar — doch nichts hat man damals an dem jungen Staufer so gepriesen wie seine „milte", als deren Muster eben der Makedonenkönig galt. Zwar als eine königliche Tugend war die Freigebigkeit erst ein Erzeugnis der in so vielen Dingen heidnischen Troubadour-Ethik. Denn das eigentlich christliche Mittelalter kannte, da ein biblisches Vorbild fehlte, keine „liberalitas" weder aus Lebensfreude und -fülle noch als menschliche Haltung, sondern nur die sich jeweils betätigende caritas um des eigenen Seelenheils willen. Doch seit den Staufern etwa gehörte die Freigebigkeit wieder zum Bilde des vollkommenen Königs, und wenn Friedrich II. in seinem ersten Schreiben auf deutschem Boden sagt, daß „durch Freigebigkeit die Fülle königlicher Würde sich mehre und nicht durch Geschenke Erhabenheit Minderung erfährt", so entsprach das wörtlich manchem Minnesangvers: denn auch das Kanzleidenken richtete sich nach der Zeit und dem Leben. Friedrich II. freilich handelte da, wie er immer wieder versicherte, „sowohl nach allgemeinem Königsbrauch, wie nach einer gewissen ihm besonders eigentümlichen Hochherzigkeit", und so pries man gerade seine „innata liberalitas", selbst wenn sie sich in späterer Zeit aus bestimmten staatlichen Gründen am wenigsten gegen die Troubadours mehr betätigte. Jetzt aber, kaum daß er in Deutschland Fuß gefaßt, grenzte des Kindes „milte" fast an Verschwendung. Mit vollen Händen gab der junge Fürst in diesem ersten Rausch väterliche Güter und Güter des Reiches an alle, die sich um ihn scharten, oder versprach, da ihm zunächst ja noch Geldmittel fehlten, Gaben für die Zeit, „sobald er mit Gottes Hilfe Geld haben werde". Hatte er aber welches, so gab er es sofort seinen Anhängern hin. Die Gesandten des Königs von Frankreich, die ihm gleich in den ersten Wochen eine größere Geldsumme brachten, mögen nicht wenig erstaunt gewesen sein, als Friedrich dem Kanzler auf dessen Frage, wo das Geld aufzubewahren sei, zur Antwort gab: dieses und alles andere Geld sei nicht aufzubewahren, sondern an die Fürsten zu verteilen. „Als man von dieser hochsinnigen Freigebigkeit des Königs hörte, da erhob sich ein allgemeiner Jubel zu seinen Gunsten"., alle habe er dadurch an sich gefesselt und allen ward er durch seine Freigebigkeit lieb: so melden übereinstimmend die Chronisten. Der Puer Apuliae aber wußte genau, was er tat und mit welchen Mitteln er die stets geld- und landgierigen Fürsten und Grafen auf seine Seite zwang.. und war ihm auch die Geste des Freigebigen ganz natürlich, so wollte er damit doch gegen den als karg und geizig verschrienen Welfen abstechen, wie der Knabe selbst gelegentlich erklärt: „Die Vernunft selbst rät uns dazu und es veranlaßt uns das Nachsinnen über unseren Gegner, der, weil er anders gehandelt, die Feindschaft der Menschen auf sich zog und die Ungnade Gottes."

So war Friedrich innerhalb weniger Wochen Herr des ganzen deutschen Südens, von Burgund bis nach Böhmen hinüber, ohne einen Schwertstreich und ohne irgendwelche Mühen. Unendlich viel hatte er dabei Papst Innocenz zu danken und man hat sehr richtig bemerkt, daß Friedrich zunächst vorwiegend geistliche Lande berührte: Chur, Konstanz, Basel und das Straßburgische waren wie fast die ganze obere Rheinebene Bischofssitze. Daneben war es der König von Frankreich, dessen Hilfe ihn wesentlich gefördert hatte und der ihm noch größere Dienste leisten sollte. Noch im November 1212 hatte Friedrich in Vaucouleurs, nahe Toul, eine Zusammenkunft mit dem französischen Thronfolger, wobei er angeblich nur mit genauer Not einem Mordanschlag des Welfen entging. Er schloß hier mit Frankreich ein Bündnis gegen England und den Welfen Otto, in welchem er sich verpflichtete, ohne Frankreichs Einwilligung mit keinem der Gegner einen Frieden einzugehen. Friedrich war in diesen ersten Jahren noch ganz von den Mächten abhängig, die ihn erhoben, und war insbesondere an Philipp August gekettet, der sich seiner vielleicht ein wenig zu eifrig annahm. Es fehlte daher auch gelegentlich nicht an französischer Anmaßung, wie solche etwa eines französischen Vasallen Lehenseid zeigt, der seinem König versprach, ihm und dem Staufer Friedrich beizustehen und, falls dieser sterben sollte, demjenigen, der „mit Zustimmung des Königs der Franken von den Wahlberechtigten zum römischen Kaiser erwählt würde".

Wie der Staufer von Frankreich so wurde der Welfe von England unterstützt und damit bereitete sich der Tag vor, an dem — ein Zeichen der furchtbaren Zerrüttung in Deutschland — schließlich zwischen England und Frankreich die deutsche Kaiserkrone ausgekämpft werden sollte. Französische Gesandte waren auch anwesend, als Friedrich II. am 5. Dezember 1212 in Frankfurt noch einmal förmlich von einer großen Fürstenversammlung zum König gewählt und vier Tage später in Mainz gekrönt wurde — freilich mit nachgemachten Insignien, da die echten noch in Händen des Welfen waren, auch nicht an dem rechten Krönungsort, weil in Aachen etwa zur gleichen Zeit Kaiser Otto mit seinen Anhängern zusammentraf.

Vorläufig kam es zwischen den beiden Gegnern noch zu keinem Kampf. Otto schlug sich am Niederrhein, im heimatlichen Sachsen und in Thüringen in planlosen kleinen Fehden herum und Friedrich hatte noch gar kein Heer versammelt. Dieses aufzubieten, gleichzeitig aber sich in den verschiedenen Provinzen den Vasallen zu zeigen und sich von ihnen huldigen zu lassen, dienten eine Reihe von Hoftagen, die Friedrich in der Folgezeit abhielt: so für Bayern und Böhmen in Regensburg, darauf in Konstanz für Schwaben. Indessen, soviel auch Friedrich dem Papst und dem König von Frankreich verdankte: hier im Süden Deutschlands, in Schwaben vor allem, zeigte es sich, daß doch noch andere Kräfte ihm zum Siege verhalfen: als dem Staufer, dem angestammten Herrn sollte ihm hier das Volk zujubeln. Zwar hatten seine Gegner bösartige Gerüchte in Umlauf gesetzt: Friedrich sei nicht Kaiser Heinrichs Sohn, sondern der eines päpstlichen Beamten — ein gleiches oder ähnliches Gerücht also, wie es sich gleich bei seiner Geburt erhoben hatte und öfters einmal wieder durchdrang. Daß aber schon seine bloße Erscheinung alles Gerede zum Schweigen brachte, erzählt am besten der Chronist: „Während nun dieses verhängnisvolle Geschwätz verschiedenster Lippen sich durchzusetzen begann: siehe, da erscheint mit der Menge seiner Schwaben Bayern und Böhmen der junge König als Triumphator über den Gegenpart und erweist seines Geschlechtes Adel durch Zucht und Anstand seines Wesens."

So begrüßte man Friedrich hier als den legitimen Erben, der in das väterliche Reich einzog, als den geborenen Herrn der Schwaben, den schwäbische Klöster gleich nach der Ermordung Philipps als schwäbischen Herzog anerkannt hatten.. und jetzt bei seinem Erscheinen erinnerte man sich wieder, daß einst zu Kaiser Heinrichs Lebzeiten Friedrich zum König gewählt war, daß nur seine Jugend, sein Fernsein und Einzelner Ränke ihm damals die Krone vorenthielten und wußte, daß des Reiches Krone nur einem Staufer gebühre. Denn, so erzählte man damals, es gebe nur Ein Geschlecht, Eine „regia stirps", welche die Imperatoren zeugte: das Geschlecht der Waiblinger, welches zwiefach königlichen Geblütes von den Karolingern und den Saliern und durch diese wieder von den Trojanern abstammte. Denn es hätte sich der Ahnherr der Staufer auf ein besonderes Geheiß Gottes mit einer Waiblingerin vermählt, so daß Barbarossa sich habe rühmen dürfen, der

„regia stirps Waiblingensium" zu entstammen. Das alles hat zu der Erhebung des letzten Staufers, den man sich aus dem fernen Sizilien geholt, nicht wenig beigetragen.. hatten doch einst, wie voller Staunen die Byzantiner erzählten, die Heruler Boten bis in das äußerste Thule gesandt, um Ausschau zu halten, ob dort noch ein Sproß ihrer alten regia stirps zu finden sei. Und nicht anders als die Heruler, die sich wegen des langen Ausbleibens der Boten einen neuen König setzten, den sie aber unmittelbar vor dem Kampfe bei Nacht verließen auf die Nachricht hin, daß ihre Gesandten mit einem Sproß des angestammten Königshauses unterwegs seien.. nicht anders hatten es die Schwaben gehalten: aus Italien in Eile zurückgekehrt hatte sich Kaiser Otto auf den Rat seiner Freunde mit der staufischen Erbherrin Beatrix vermählt — verlobt war er ihr schon seit langem — und hatte dadurch die bayerischen und schwäbischen Krieger zur Gefolgschaft verpflichtet. Doch als kurz nach der Vermählung die staufische Herrin starb und zugleich wohl das Gerücht von dem Nahen des letzten Staufers sich verbreitete, da schlichen sich diese Krieger bei Nacht unter Zurücklassung ihres ganzen Gepäcks von dem Heere des Welfen davon und kehrten in die Heimat zurück. Denn den Welfen, den „Sachsen", wie man ihn stets nannte, liebte man hier nicht.

Es ist nicht ohne Sinn, wenn Friedrichs kampfreiches Leben gegen fast alle Mächte der Welt anhebt mit dem Austrag einer uralten Geschlechterfehde: andre Gegner konnte sich der Knabe auch noch gar nicht geschaffen haben. Otto der Welfe aber, der als Sohn einer Engländerin ursprünglich für Europas nördlichsten Thron, den der Schotten ersehen war wie der Staufer für den südlichsten, erschien in jedem Zug als der geblütsmäßige Widerpart des Waiblingers bis in sein Äußeres hinein. Dem niedersächsischen Reckentyp gehörte der Welfe an mit seinem ungewöhnlich großen kräftigen Körper bei vollkommen ebenmäßigen Gliedmaßen: tollkühn und draufgängerisch, ein verwegener furchtloser Ritter, dessen Macht in seiner gewaltigen Faust lag, auf die vertrauend er barsch trotzig und herausfordernd auftrat: „wie ein Löwe dessen Stimme alle in Schrecken versetzte". Wenige Jahre vor Friedrichs Umzug durch sein schwäbisches Herzogtum hatte auch Kaiser Otto auf seinem Königsritt dieses Land besucht. Doch in Schwaben, das damals um das „schwäbische Meer" gelagert im Westen bis weit über den Rhein griff und noch das ganze Elsaß umfaßte, im Süden über die Alpen sich fast bis zum Comer See erstreckte und als ältestes Römergebiet in Germanien stets nach dem Süden hinneigte, war Otto von Braunschweig der „Fremde", der „Sachse" geblieben.

Zwar, auch das Welfengeschlecht stammte aus Schwaben. Es war erst mit dem Sturz von Ottos gewaltigem städtegründenden Vater, Heinrich dem Löwen, ganz auf Braunschweig beschränkt worden, und Otto selbst suchte mit einer kindlichen Pietät in Schwaben die Stätten auf, die seinem Hause teuer waren: Augsburg etwa und das Welfenkloster Weingarten. Aber seine am englischen Hofe des Richard Löwenherz, seines Oheims, verbrachte Kindheit mag ihn dem Land seiner Vorfahren gänzlich entfremdet haben und manches englische Erbteil ist da zu erkennen: nicht minder seine an Geiz grenzende Kargheit, die Walther gelegentlich höhnte: „wär er so mild als lang er hätte Tugenden viel besessen".. als seine auffallend geringe Bildung und geistige Armseligkeit. Wie sollte der Derbe dem feinen Intrigenspiel der römischen Kurie und gar einem Papst Innocenz gewachsen sein! In seiner Hilflosigkeit gegenüber diesen für ihn gar nicht zu packenden Mächten erweckt Kaiser Otto fast ein Bedauern, wenn er sich ahnungslos und unwissend in sein Verhängnis verstrickt.. ohne Vorstellung auch, welches Geschick er sich eigentlich wirkte und wirken wollte. Erst wenn das Geschehen selbst über ihn hereinbrach, wurde er dessen gewahr, und darauf nicht vorbereitet war er dann tief verstört — „perplexus" mit dem Wort des Chronisten. Ihn knickte der Rückschlag statt ihm nun erst recht neuen Schwung zu verleihen.

Überdies verscherzte sich Otto durch sein Wesen sehr rasch die Zuneigung aller Stände, zumindest im Süden: die der Fürsten durch unzeitige Härte, die man als hochfahrend, nicht als gerecht empfand.. die der niederen Kleriker durch die Tölpelei, daß er den schwäbischen Bittstellern die Pfründen zugunsten seiner Sachsen und Engländer vorenthielt.. die der hohen Geistlichkeit durch Formlosigkeit, weil er sie stets nur als „Pfaffen" bezeichnete.. kurz: durch lauter fast belanglose Kleinigkeiten verdarb er ohne Not sein Spiel, und selbst wenn er mit gewissen Anordnungen oftmals wirklich im Recht war, so zeigte es nur seine unbegnadete Hand, wenn er trotz allen Rechthabens sich wenig Liebe erwarb. Mit bissiger Freude wurde daher des Welfen Exkommunikation von allen denen aufgenommen, „die eine von Otto verschiedene Wesensart hatten". „Den Italienern eine Last, lästiger den Schwaben, den Seinen unangenehm" — das war im Süden das Urteil über den welfischen Kaiser, dessen Schroffe viel eher ein Zeichen der Unsicherheit schien als des wirklichen Stolzes. Denn jener echte Königsstolz, der gar einem Barbarossa ohne sich etwas zu vergeben gestattete, vor seinem mächtigsten Vasallen, dem Welfen, einen Kniefall zu tun, blieb diesem Hünen versagt: allzu leicht schlug sein Vasallenstolz, der nur gewaltsam zu brechen war, ins Gegenteil um: in einer grauenhaften Zerknirschung sollte der abgesetzte und entthronte kaum sechsunddreißigjährige Kaiser auf der Harzburg sterben, vor einem Abt der Länge nach auf den Boden hingestreckt, seine Sünden bekennend und von den widerstrebenden Priestern bis zur Erschöpfung mit Ruten blutig gepeitscht. Das war das Ende des ersten und einzigen Welfenkaisers der Deutschen. Das Zeitalter war eben geistig schon zu wach und zu hell, als daß ein bloßer Recke — und war er auch noch so löwenherzig und tapfer — genügt hätte, über das sacrum imperium als Kaiser zu walten. Mit erbarmungslos klaren Worten wies den beiden Geschlechtern bereits der uralte Mythos ihre verschiedenartige Aufgabe zu: immer — so heißt es — müßten die Waiblinger auch die Kaiser sein, die Welfen aber, wenn auch als die ersten und machtvollsten Herzöge, stets deren Vasallen. Denn im Waiblingerreich war wohl Platz für den welfischen Recken und Riesen, der noch Mächte der Urzeit bewahrte und nährte.. aber nimmer war im Welfenreich der geistige Raum auch für den ghibellinischen Heros. Seit den karolingischen Zeiten, seit die Wanderung aufgehört, blieb das rechte Verhältnis erhalten, doch seit damals hat sich auch das Welfengeschick mit unfehlbarer Genauigkeit wiederholt: dem stets erneuten Versuch das Gespinst jenes Spruchs zu durchschlagen, war immer das Brechen des Vasallenstolzes und -trotzes gefolgt und mit ihm das einsame Sterben. Alle die Welfen umwittert dabei Grauen und Schrecknis und die unheimliche Luft der nordischen Dichtung: beginnend mit einem der ersten Welfen, der voller Gram in die Bergöde verschwand, als der Sohn ohne Wissen des Vaters dem waiblingischen Frankenkaiser Lehenseid und Huldigung geleistet und so das Welfenschicksal erfüllte.. dann Heinrich der Stolze, der nach langem vergeblichen Kampf gegen den ersten Stauferherrscher plötzlich starb als er siegen konnte.. Heinrich der Löwe, der gestürzt in die Verbannung ging.. Otto, der einzige Welfenkaiser, der — gewiß nicht der größte der Welfen — den Spruch schon vernichtet zu haben schien und dann, statt nun wirklich eine nordische Welfenherrschaft zu gründen, was der Papst nur begrüßt hätte, den Übergriff in das staufische Kaisertum mit jener grauenvollen Zerknirschung büßte.. ja vielleicht bis zum ungekrönten Gründer des Nordreichs, dem einsamen gestürzten Vasallen im Sachsenwald, dem erhabensten dieser Riesen, der als Schicksal den Welfen so nahesteht.

Daß sich die Kirche stets gern der Welfen annahm — ihre kurze Verbindung mit dem sizilischen Kind war eine Ausnahme — ist wohl begreiflich: sie brauchte als Kaiser und „Schwert der Kirche" keinen geistigen Imperator, sondern nur einen fügsamen Krieger.. ja die freie weltliche unklerikale Geistigkeit der Staufer erschien ihr nur gefährlich.

Wenn sich gerade aus dem Kampf des Welfen Otto mit dem Staufer Friedrich — den freilich extremsten Typen beider Geschlechter — die Italien für Jahrhunderte durchhallenden Kampf- und Parteinamen: Ghibellinen und Guelfen herleiteten, so wird der Zufall, der Guelfentum und Papsttum gleichsetzte, im Grunde also höchst sinngemäß. Denn unter „Ghibellinentum" begriff man im dreizehnten Jahrhundert geradezu jene freie, oft bis ans Ketzertum grenzende weltlich-geistige Helle, die zwar noch in der Kirche Platz fand, aber dennoch schon außerhalb ihrer stehend die Kirche gleichsam von außen her als Gesamt überschaute. So konnte schließlich Boccaccio von Dante noch sagen: er hätte sein Werk schwerlich zu schaffen vermocht, wäre er nicht Ghibelline geworden. Die Parteinamen selbst erklangen wohl erstmals in Florenz aus Anlaß der Amidei-Buondelmontischen Hochzeit (1216), als sich hier der Familienzwist zu einem der innerpolitischen Parteikämpfe auswuchs. Als Anhänger des Kaisers nannten sich damals die Buondelmonti „Partei des Guelfen", die Amidei wiederum nach dem Gegenkönig „Partei des Ghibellinen". Von kaiserlich und päpstlich war noch nicht die Rede, schon weil der Päpstliche damals der Ghibelline gewesen wäre. Erst späterhin, als mit dem Kaisertum Friedrichs II. „ghibellinisch" dem „kaiserlich" und „caesarisch" gleichgesetzt wurde, erhielt Guelfentum die Bedeutung von: Papstpartei.

Der Kampf zwischen dem Welfen und dem Staufer griff nicht nur nach Süden über die Grenzen Deutschlands hinaus. Viel unmittelbarer noch waren England und Frankreich durch jenes Bündnis des Welfen mit König Johann und des Staufers mit Philipp August von Frankreich an dem Kampfe beteiligt. Für die beiden Westmächte war dieser Thronstreit nur eine Fortsetzung ihrer alten und langwierigen Auseinandersetzungen.. für Kaiser Otto aber, der gegen Friedrich innerhalb Deutschlands kaum mehr aufkommen konnte, barg das Hineinspielen der Mächte noch manche Aussicht auf Erfolg. Der Welfe rechnete dabei sehr richtig, daß ein englischer Sieg über Frankreich auch die noch ungefestigte Stellung des Staufers in Süddeutschland zumindest aufs schwerste erschüttern, wenn nicht einreißen mußte. Ein gemeinsames englisch-welfisches Vorgehen gegen Frankreich wurde daher beschlossen. Philipp August aber geriet jetzt in eine gefährliche Lage: im Frühjahr 1214 landete der englische König in La Rochelle und gleichzeitig hatte der Welfe im Bunde mit dem Herzog von Brabant von Nordosten her seinen Vormarsch gegen Frankreich angetreten. Auch Friedrich II. hatte, nach einer ergebnislosen Heerfahrt gegen Quedlinburg im Herbst des Vorjahres, zu Ostern 1214 auf einem Hoftage in Koblenz sein süddeutsches Reichsheer aufgeboten, um Otto am Niederrhein anzugreifen und dadurch den bedrohten französischen Bundesgenossen zu entlasten. Doch die Ereignisse kamen Friedrichs Eingreifen zuvor: an dem französisch-anglo-welfischen Kampf nahm er selbst nicht teil.. er brauchte nur die Früchte französischer Siege einzubringen. Nachdem der französische Thronfolger den englischen König Johann in Poitou vernichtend geschlagen hatte, gelang es auch Philipp August wenig später, sich der welfisch-niederrheinischen Koalition zu entledigen. Am 27. Juli 1214 kam es zu der denkwürdigen Schlacht von Bouvines, die dreier Länder Zukunft entschied: das siegreiche Frankreich, dessen Banner — der Oriflamme — damals schon die Aufgebote der Städte folgten, begründete seine innere Einheit.. in England führte die Niederlage zur Erhebung der Barone gegen den König und zu dem großen Freiheitsbrief, der „Magna Charta" von 1215.. und Deutschland zeigte zum erstenmal in dem Gesamt der großen europäischen Politik seine ganze innere Zerrissenheit. Nur noch eine einmalige kurze, dafür freilich glanzvolle Zusammenfassung war dem Reiche bestimmt unter dem Staufer, der jetzt aus Frankreichs Händen den erbeuteten goldenen Kaiseradler des geschlagenen Kaisers Otto empfing: wenig änderte daran, daß der aufmerksame Philipp August die gebrochenen Schwingen des Adlers schleunigst hatte wieder herstellen lassen.. „seit dieser Zeit sank der Ruf der Deutschen bei den Welschen" sagt ein Chronist. Kaiser Otto aber hat sich von dieser Niederlage nicht mehr zu erholen vermocht: die kleinen Feldzüge, die Friedrich noch hier und da gegen ihn unternahm, späterhin unterstützt vom König von Dänemark, sind ohne Interesse und ohne Bedeutung.

Neben Philipp August und Friedrich II. aber war der dritte Sieger von Bouvines Papst Innocenz. Auch seine Sache hatte hier gesiegt, und die Verbriefungen und Versprechungen seines Mündels gewannen erst jetzt für den Papst Gewicht, da Friedrich nun auch die Macht zustand, sie einzulösen. Denn ohne Entgelt hatte Innocenz III. seine wirksame Hilfe gewiß nicht hergegeben. Schon als Friedrich, etwa ein halbes Jahr nach seiner Ankunft in Deutschland, zu Eger das Pfingstfest beging, hatte er unter Zustimmung der zahlreich um ihn versammelten Fürsten, ein wichtiges Privileg ausgestellt, in welchem er dem Papst jene innerkirchlichen Rechte wie auch die strittigen Gebiete Mittelitaliens überließ, auf die schon Otto IV. vor seiner Kaiserkrönung verzichtet hatte. Denn Friedrich durfte seinem „Schützer und Wohltäter", wie er jetzt Papst Innocenz nannte, unmöglich etwas verweigern, was sein Gegner und Vorgänger schon zugesagt hatte. Das Bedeutsame aber war, daß die berüchtigte Goldbulle von Eger, welche die deutsche Kirche dem Papst auslieferte, auf Verlangen der Kurie die Form eines Reichsprivilegs erhielt, nicht eines persönlichen Versprechens: die Gesamtheit der Fürsten und jeder einzelne noch einmal besonders hatten dem Papst den Inhalt dieses Dokuments zu bestätigen. Denn daß persönliche Versprechungen selbst eines Kaisers nicht immer genügend Sicherheit boten, das hatte Kaiser Ottos Verhalten den Papst gelehrt.

Bei solchen Erfolgen war die päpstliche Macht langsam in ihren Zenith aufgerückt. Hiervon der Welt und sich selbst ein sinnfälliges Zeugnis zu geben, verlangte es wie jeden großen Herrscher auch Innocenz III. Nicht eindrucksvoller hätte er seine Macht zur Schau stellen können als durch die große allgemeine Kirchenversammlung, die er für das Jahr 1215 nach dem Lateran berief. Es sollte seit Bestehen der Kirche das größte Konzil werden, welches je ein Papst versammelte, und mit Befriedigung konnte Innocenz sehen, wie sich allmählich in ihren Vertretern die gesamte Christenheit in Rom einfand und ihn, den Statthalter des wahren Gottes, umscharte: 71 Erzbischöfe mit den Patriarchen von Jerusalem und Konstantinopel, über 400 Bischöfe, über 800 Äbte und dazu die Gesandten zahlloser Fürsten und Städte und fast aller abendländischen Könige. Sowohl der Welfe Otto als Friedrich II., den der Erzbischof Berard von Palermo vertrat, hatten ihre Boten entsandt: auch über die deutsche Thronfrage sollte das Konzil ja entscheiden. Daß der Konzilsbeschluß auf Absetzung des Welfenkaisers lauten würde, war im ganzen nicht anders zu erwarten.. diesmal ein für Friedrich II. günstiger Entscheid, zugleich aber ein gefährlicher Präzedenzfall der Absetzung eines römischen Kaisers durch eine Kirchenversammlung. Die übrigen Beschlüsse des Laterankonzils betrafen vor allem die innere Kirchendisziplin. Papst Innocenz sollte deren Auswirkung nicht mehr erleben: wenige Monate nach diesem Triumph der Kirche starb er 56jährig in Perugia (Juli 1216) und da erinnerte man sich wohl, daß er, wie in einer Vorahnung des nahen Todes das Konzil eröffnet hatte mit dem Worte der Schrift: „Herzlich hat mich verlangt, dies Osterlamm mit euch zu essen, ehe denn ich leide." Ein Jahrhundert später hat Giotto oder ein Giotto-Schüler der Franziskus-Legende folgend in den Fresken der Unterkirche den bekannten Traum dieses Papstes dargestellt, dem in der Nacht vor der ersten Bestätigung des damals nur keimhaft sichtbaren Ordens Franziskus erschienen war als Träger des Baues der christlichen Kirche. Es waren unter dem Schutz dieses gewaltigen Papstes die beiden Größten der kommenden Zeit gemeinsam heraufgewachsen: Franz von Assisi und Friedrich II. —

Noch bevor das Konzil im Lateranpalaste zusammentrat, war die Sache des Staufers in Deutschland zu einem gewissen Abschluß gekommen. Gleichzeitig hatte Friedrich der Kirche einen wichtigen Dienst erwiesen, den der Papst freilich geflissentlich zu erwähnen vermied. In seinem letzten Lebensjahre war des Papstes ganzes Sinnen auf das Zustandekommen eines neuen Kreuzzuges gerichtet, der diesmal nicht das Werk einer weltlichen Macht sein sollte, sondern der streitbaren Kirche. Ja, Innocenz hatte wohl daran gedacht, in seiner Eigenschaft als „verus imperator" sich selbst an die Spitze der Kreuzfahrer zu setzen. Sendschreiben waren für die Sache des Heiligen Landes an die ganze christliche Welt ergangen und allen Diözesen hatte der Papst Kreuzprediger bestimmt, durch ihr Wort die einst von Sankt Bernhard in den Deutschen entfachte Glut neu zu schüren. Wohl erschienen auch bei den Worten dieser neuen Kreuzprediger, wenn sie Städte, Dörfer und Flecken durchzogen und bei Messen und Märkten zum heiligen Zug aufforderten, himmlische Wunderzeichen, die Zögernden zu ermutigen. Doch die laut widerhallende Begeisterung blieb diesmal fort: nicht zuletzt durch die Ausartung des Kinderkreuzzugs war der Fanatismus in Lauheit umgeschlagen.

Immerhin hatten schon einige der Fürsten, wie der Herzog von Bayern, das Kreuz genommen, als Friedrich II. im Frühjahr 1215 zu einer Heerfahrt gegen Aachen und Köln rüstete. Denn als er im Vorjahr bald nach der Schlacht von Bouvines an den Niederrhein gezogen war, da hatte er trotz eines ansehnlichen Heeres Köln nicht anzugreifen gewagt und Aachen vergebens berannt. Nur Kaiser Ottos Verbündeten, den Herzog von Brabant hatte er damals für sich zu gewinnen vermocht. So wurde im Mai zu Andernach die neue rheinische Heerfahrt beschlossen. Doch als Friedrich im Juli vom Elsaß aus aufbrechen wollte, da hatte sich die Lage am Niederrhein plötzlich verändert: von den Bürgern Aachens selbst war der Vogt des Kaisers verjagt worden, und man lud jetzt den Staufer ein, in Frieden zu kommen, da man ihn als den wahren Herrn zu empfangen bereit sei. So war es nicht im Geklirr der Waffen, sondern im Krönungsglanze der römischen Kaiser, daß Friedrich in den letzten Julitagen 1215 mit allen Fürsten und Edlen in großer Glorie einzog in die heilige Römerstadt.. „Hauptstadt und Sitz des deutschen Königtums" wie Friedrich Aachen nannte und das er pries, weil „zuerst in dieser Stadt, die nach Rom allen Städten und Landen voranleuchtete, die römischen Könige geweiht werden und gekrönt". Nach der Anschauung der Zeit verlieh dem deutschen König die volle Rechtmäßigkeit und den Anspruch auf die römische Kaiserkrone in der Tat erst die

Salbung und Krönung in Aachen und die Erhebung auf den Stuhl des großen Karl. Auch Friedrich zählte daher seine Regierungsjahre erst von dem Tag seiner Krönung zu Aachen, die mit der Einsetzung auf den Thron Karls jetzt vollzogen wurde. Andere Feierlichkeiten schlossen sich den Krönungstagen an. Fünfzig Jahre zuvor (1165) hatte Barbarossa, obwohl damals ein Gebannter, in Aachen die Gebeine Karls des Großen erhoben und hatte sie von einem gleichfalls gebannten kaiserlichen Gegenpapst im Beisein von Fürsten und Bischöfen heilig sprechen lassen „zu Ruhm und Ehre Christi und zur Stärkung des römischen Reiches". Durch diese Kanonisation des ersten christlich-deutschen Imperators hatte Barbarossa eine Heiligung des erst von ihm wieder als „sacrum imperium" bezeichneten Römerreiches und eine Heiligung des Kaiseramts überhaupt aussprechen wollen, wie er schon vorher durch die Überführung jener Reliquien der Heiligen Drei Könige von Mailand nach Köln an die biblische Weihe des Königtums erinnert hatte. Damals in den Tagen Barbarossas war auch zu Ehren Karls und seiner Stadt jene feierliche Sequenz entstanden, deren preisende Worte

> Dies ist Christi tapferer Streiter
> Unbesiegter Truppe Leiter.....

nun verheißend und fordernd dem Enkel entgegenklingen mochten, als er das Gebein des ersten deutschen Kaisers beizusetzen den Dom von Aachen betrat. Einen herrlichen Silberschrein hatten die Aachener gearbeitet, dessen Wände ringsum die Kaisergestalten gleich Apostelbildern zierten: das Apostelamt der Heidenbekehrung gehörte ja mit zum Amte der Kaiser. Auch Friedrich II. war auf diesem Schreine dargestellt, der damals in seiner Gegenwart geschlossen werden sollte. An dem Tage nach der Krönung sah man da, wie der junge König den schweren Krönungsmantel ablegte, die Stufen des Gerüstes, das den Schrein trug, hinaufstieg und selbst die ersten Nägel in den Deckel schlug. Es ist kaum zu verwundern, daß das Bild des Heidenkämpfers Karl und das des greisen Barbarossa, der auf der Kreuzfahrt sein Leben ließ, dem Enkel in diesen Tagen gegenwärtig war wie zu keiner anderen Zeit seines Lebens und betonte auch damals, daß es ihm „angemessen und sinngemäß sei, dem Beispiel des Herrn und Heiligen Karl zu folgen und dem der anderen Vorfahren". Solchen Worten war indessen die Tat schon vorausgegangen: denn gleich nach Empfang des Diadems, mit dem ihn der Mainzer Erzbischof Sigfrid gekrönt, hatte Friedrich plötzlich zu aller Überraschung auch das Kreuz genommen und darauf unter den anwesenden Fürsten und Rittern durch Versprechungen und Geschenke wie durch eindringliche Worte und Bitten für den Kreuzzug geworben, zu dem die Kreuzprediger in diesen Tagen riefen. Viele der Fürsten folgten dem Beispiel des Königs, und als Friedrich noch den ganzen folgenden Tag vom frühen Morgen bis zum Abend im Dom die Kreuzpredigten anhörte, bewog er auch zahlreiches Volk, sich gleich ihm das Kreuzeszeichen an die Schultern zu heften. Ob man erwartete, daß der vor kurzem noch dem König David verglichene Knabe die Scharen wirklich nach Davids Krönungsstadt Jerusalem führen werde? Friedrich selbst traute sich dieses wohl zu. Es war ein ungemein geschickter, ja genialer diplomatischer Zug des jungen Königs, daß er sich selbst an die Spitze der Kreuzbewegung stellte, daß er dadurch dem päpstlichen Imperator die Führung und Leitung der Kreuzfahrt unversehens aus Händen nahm und daß er der allgemeinen Anschauung entsprechend diese vornehmste Aufgabe der Kaiser: Führer der ritterlichen Christenheit im Heiligen Lande zu sein, wieder an das römische Kaisertum brachte. Papst Innocenz war daher peinlich berührt von solchem Eifer seines einstigen Mündels und erwähnte die Kreuznahme Friedrichs mit keinem Wort. Doch auch die richtige Politik war nur eine notwendige und selbstverständliche Folge der richtigen menschlichen oder königlichen Haltung, und man sollte nicht einer dünnen politischen Pragmatik wegen das volle lebendige Bild jenes einzigartigen Augenblicks zerpflücken, in welchem nach dem wunderbaren Aufstieg nun in der erfülltesten Stunde dieser stolze feurige Knabe unmittelbar nach der Krönungsmesse, kaum daß er das Diadem empfing, durch das Kreuzesgelübde sich Gott und dem Kaisertum in jener adligen Frommheit der Jugend opferte. Und als ein Opfer, eine Hingabe an sein Kaisertum und an seine Berufung wollte Friedrich selbst dieses Gelübde gedeutet wissen: „...reinen und unbefleckten Herzens habe er seinen Leib und sein Können Gott nicht nur geweiht, sondern in allverzehrendem Opferbrand demütig dargebracht," als ein „Holokaust", wie er sagte. Der Berufung und Bewährung waren Weihe und Gelübde gefolgt. Für den nunmehr 21jährigen Staufer aber schloß mit Krönung und Opfer das Knabenalter, die Zeit des „Puer Apuliae".

III.
ANFÄNGE DES STAATSMANNS

DER Überfülle erster jugendlicher Entfaltung folgte für Friedrich II. in Deutschland eine Reihe von tatenarmen, wenn auch keineswegs untätigen Jahren. Dem römischen Imperium hatte er sich geweiht und damit wohl angedeutet, wohin sein künftiges Wesen und Wirken hinzielte. Doch wer nun von dem jungen Staufer sofort weithin sichtbare Taten erwartete, den mußte die Art des neuen Königs enttäuschen. Denn die äußeren Geschehnisse der folgenden Jahre waren von geringem Gehalt und ihnen im einzelnen nachzugehen wäre zwecklos und ermüdend. Allzuweit ab von den eigentlichen Aufgaben des römischen Kaisertums lagen Zwiste und Händel mit einem Herzog von Lothringen oder einem Egeno von Urach über gewisse nach dem Aussterben der Zähringer in Frage kommende Erbschaftsansprüche, die als rein innerdeutsche Angelegenheiten außerhalb der engsten Grenzen jede Bedeutung verloren. Selbst der Kampf mit dem Welfen, der eben noch eine Sache Europas gewesen, in welcher Weltprinzipien gegeneinander standen, war zu einer beiläufigen Fehde herabgesunken, seit Otto IV. Köln und den Niederrhein aufgegeben und sich nach Braunschweig zurückgezogen hatte. Zwar griff ihn Friedrich II. im Sommer 1217 noch einmal an, aber selbst das war kaum noch notwendig, denn ernstlich stellte keiner mehr die staufische Herrschaft in Frage. Trotzdem trug es wesentlich zur Klärung der ganzen deutschen Verhältnisse bei und bedeutete auch für Friedrich eine gewisse Erleichterung, als Otto IV. im Mai 1218 auf der Harzburg starb. Ein merkwürdiger Zufall wollte es, so wenigstens erzählt die Sage, daß wenige Tage vor dem Tode des welfischen Recken der Stauferkönig einen Knaben aus der Taufe hob, welcher dereinst in Deutschlands düsterster Stunde die Reste des zertrümmerten Reichs und mit diesen einen Abglanz der alten Herrlichkeit und Pracht für sein Haus retten sollte: Rudolf von Habsburg.

So kennzeichnen den äußeren Verlauf dieser Jahre nur kleine unbedeutende Fehden, deren Ursachen fast noch vergessener sind als ihre Namen, wichtigere und unwichtigere Hoftage, die sich der Anwesenheit des Königs in den einzelnen Reichsteilen anschlossen, Hoheitsakte, Privilegienerteilungen, Schenkungen und Besitzbestätigungen, daneben die Schlichtung von Zwisten und Streitigkeiten, wie sie das Amt eines deutschen Königs im Täglichen mit sich brachte. Gern verweilte Friedrich während dieser Zeit im Elsaß und am Rhein, in Worms und in

Speyer, in dessen Dom auf sein Geheiß von Bamberg her die Leiche des ermordeten Philipp von Schwaben überführt wurde, um neben der staufischen Mutter Beatrix — Barbarossas Gemahlin — beigesetzt zu werden. Vor den anderen deutschen Pfalzen aber gab Friedrich Hagenau den Vorzug, dessen weite Forsten seinen Jagdeifer und dessen reiche Sammlung von Schriften der Alten seinen Wissensdurst anziehen mochten. Auch in Franken und Schwaben, in Würzburg und Nürnberg, Augsburg und Ulm war Friedrich II. damals häufig zu sehen und besondere Anlässe führten ihn wieder nach Thüringen, Sachsen und Lothringen, so daß er Deutschland damals recht genau kennenlernte.

„Wanderjahre" hat man diese Zeit Friedrichs II. einmal genannt: ihr Sinn ist weniger abzulesen aus dem was er tat, als aus dem was er aufnahm, wie es auch seinem Alter entsprach. Doch nicht die Aufnahme persönlichen Bildungsstoffes ist hier gemeint: darüber wissen wir nichts. Auch nicht eine knabenhafte Suche nach dem ihm angemessenen Stoff, dessen Mangel etwa einen Napoleon in dem entsprechenden Alter philosophische Abhandlungen zu schreiben trieb: solcher Suche war der glückliche Staufer ja schon überhoben. Er wußte in jenen Jahren sehr genau, was er wollte, wie denn Unklarheit niemals seinem Wesen eignete, und man wird seinen späteren Worten daher glauben dürfen, daß schon von früher Jugend an sein Wille stets nach dem einen gleichen hohen Ziele gespannt war: sich ganz und gar für die Erhöhung des Römerreichs einzusetzen. Nur was dem Imperium Romanum dienen konnte, begann er deshalb in sein Planen einzubeziehen und von Anbeginn war auch seine Stoffaufnahme einzig und allein von den Notwendigkeiten des Gesamtreiches bestimmt, dessen Deutschland nur ein wie immer wichtiger Teil war. Auch seine ganze innerdeutsche Politik ist von diesem Gesichtspunkt geleitet: wenn er sich den deutschen Fürsten gegenüber meist passiv verhielt, sie gewähren ließ und ihnen bald ein Kronrecht nach dem andern preisgab, so geschah dies schließlich im Hinblick auf das Gesamtimperium. Denn die ohnehin recht geringe Teilnahme, welche die Fürsten im allgemeinen für das weite Römerreich bekundeten, wollte sich Friedrich II. dadurch sichern, wollte sich die Fürsten verpflichten und wenigstens einen Bruchteil ihrer Kräfte dem großen Gesamt zuführen.

Das war gewiß nicht viel. Aber Friedrich befand sich ja den Fürsten gegenüber in ungemein schwieriger Lage. Denn die Kronrechte zu behaupten oder gar zu vermehren — also möglichst unmittelbar und ohne die Zwischenstufe der Reichsfürsten zu regieren — das hätte Friedrich nur im Kampf gegen die Fürsten erreichen können, die freiwillig niemals ihre Selbständigkeit und die während der langen Thronwirren erworbenen Rechte hätten beschränken lassen. Aber gerade diese gleichen Fürsten hatten Friedrich auch nach Deutschland berufen, gerade sie waren es, auf die gestützt er gegen den Welfen hatte auftreten können, und unter ihnen wiederum waren es die auch der Zahl nach am stärksten vertretenen geistlichen Fürsten, die dem Schützling des Papstes ihre Hilfe gewährt hatten. Ein Vorgehen Friedrichs gegen die Fürsten hätte ihn also unfehlbar sogleich auch mit dem Papst überworfen, der anderen Macht, der er seine Erhebung verdankte. Das waren ungangbare Wege für Friedrich und irgendeinen Zwang oder Druck auf die Fürsten auszuüben, dazu war er, der als Bettler nach Deutschland gekommen, keineswegs in der Lage. Denn auch sein geschwächtes schwäbisches Herzogtum bot ihm allein nicht genügend Mittel, um mit der Gesamtheit der deutschen Fürsten einen Kampf aufzunehmen. Selbst wenn also Friedrich den Willen gehabt hätte, sich auf Deutschland zu beschränken und unter Hintansetzung des deutsch-römischen Gesamtimperiums nur ein starkes „nationales" deutsches Königtum zu errichten: zu jener Zeit bot sich ihm einmal rein machtmäßig hierfür kaum eine Möglichkeit und zweitens lag dem so stark auf das Universale gerichteten Geschlecht überhaupt dieser Ehrgeiz fern — und nun gar ihm selbst, dem sizilischen Staufer! Verschiedenes weist im Gegenteil darauf hin, daß Friedrich II. allen innerdeutschen Schwierigkeiten, die ihn zum Schluß ganz offensichtlich ungeduldig machten, vorläufig nur aus dem Wege gehen wollte, selbst wenn ihn das manches Privileg kostete. Auf dem mittelbaren Weg über ein machtvolles römisches Kaisertum konnte Friedrich II. eher als durch Fürstenkämpfe hoffen, auch die Königsmacht in Deutschland wieder zu stärken.

So griff Friedrich II. in jenen deutschen Jahren ganz triebhaft das auf, was dem Römerimperium unmittelbar frommte, was er in Deutschland an Weltweitem und Welthaltigem vorfand, alles das also was nicht nur innerhalb der deutschen Grenzen, sondern in der ganzen römischen Welt Gewicht und Geltung hatte. Nicht die deutschen Sonderheiten gingen Friedrich an, sondern nur die deutschen Weltkräfte.. und diese wieder dienten nicht nur dem Gesamt-Reich, sondern leiteten auch Substanzen nach dem allzu lockeren und weitmaschigen Deutschland zurück.. ja um „dicht" zu werden, mußte Deutschland damals „weit" sein und es mußte weit reichen, um genügend Stoff in sich aufzunehmen und zu einem überdeutschen Ganzen zu ballen. Denn noch gab es keinen deutschen, sondern nur einen römischen Geist, der die Germanen bildete, und noch war es keine deutsche, sondern römische Form, welche die Nordländer einte und einander anglich, und nur das Blut hatten die Stämme an Deutschem gemein. Das aber sprach als Gemeinsames selten genug, fast nur in dem Rausch weniger Gnadenstunden, und gerade in solchen Augenblicken der höchsten Feier, wenn sie wirklich eins waren und sich zu Kreuzzug oder Romfahrt rüsteten oder auf anderen Höhestufen die eigene Welthaltigkeit ganz unmittelbar begriffen: in solchem Aufglühen des äußersten Stolzes fühlten alle, die Sachsen und Franken, Schwaben und Bayern das Gemeinsame nicht als das D e u t s c h e , sondern wußten sich dem Römertum nahe als Erben des Caesarenreiches, wähnten sich selbst gar als Sprossen der Troer und nannten sich geradezu „Römer".. „Deutsche" dürften vielleicht erst wir heute sagen. Wenn also Friedrich II. in Deutschland das suchte, was ihm in irgendeiner Weise als „römisch" erschien im Sinne von Imperium und Kirche, so war gerade dieses „Römische" die tiefste damals mögliche Erfüllung auch des Nationalen.

Stoff genug bot in dem beginnenden dreizehnten Jahrhundert das erwachende junge Deutschland dar, welches sich in dem jungen König, dem „Kind von Apulien" gleichsam nur selbst gefeiert hatte. Denn in jener einzigen Stauferzeit sah, von römisch-südlichem Licht übergossen und durchwärmt, Deutschland zum ersten- und in dieser Allseitigkeit einzigenmal innerhalb der eignen Grenzen ein wirkliches Blühen mit Traum und Lied, Märchen und Epos, Bildern und Bauten, und zeigte mitten in den Lüften der weltumfassenden Kämpfe, der menschlich wie politisch weitesten Spannungen jene seltsame heitere Gelassenheit und freie Gelöstheit, die als eine kaum glaubhafte deutsche Lebensform dennoch aus Denkmälern der damaligen Zeit untrüglich spricht, durch ihr Dasein berechtigend zu dem verheißenden Wort aus verkrampftester Zeit: „Es ist etwas an ihnen, das hellenisch sein könnte, das erwacht bei der Berührung mit dem Süden."

Nicht immer war dieses südliche Aufschmelzen bedingt durch die Fahrt nach dem Süden: auch Klimata lassen sich durch den Geist verändern und Deutschland selbst konnte südlich werden bis hinauf zur baltischen Küste allein durch das römische Reich und die römische Kirche. Nicht daß um ihretwillen die Germanen ihr Eigenstes hergeben oder einbüßen sollten: ihr eigenstes Bestes schlossen jene Mächte eher ein als aus, wie das dreizehnte — römischste — Jahrhundert der Deutschen für einmal bewies. Denn fast alle Heldenepen haben in dem Mittelhochdeutsch der staufischen Epoche ihre endgültige Prägung erfahren oder sind gar damals entstanden: das Nibelungenlied wie das Gudrunlied, der ganze Epenkreis um Dietrich von Bern mit dem Wormser

Rosengarten, dem Laurin, der Rabenschlacht und dem Hugdietrich, dann die Epen vom Herzog Ernst und vom Ortnit — sie alle und noch etliche mehr gehören dieser Zeit an. Und neben diesen großen epischen Monumenten — Nachklängen des germanischen Heldenalters — finden sich die neuen bewegten Lieder der ritterlichen höfischen Minnesänger: eines Hartmann von Aue und Heinrich von Veldeke, eines Gottfried, Wolfram und Walther, die gleichzeitig erklangen mit den feierlich getragenen lateinischen Hymnen des christlichen Dienstes. Wiederum: in den höfischen Epen der Minnesänger: der Eneide, dem armen Heinrich, Tristan und Parzival ist die Einung von Heldensage mit christlichem Geist schon vollzogen. Doch sowohl germanisches Heldentum als christlicher Ritterdienst ward damals durch das Imperium in ein römisch Festes, Sicheres und Geformtes, in ein körperhaft Plastisches gezwungen, das Deutschland bis heute nicht wiederfand.

So manchem Zug mag man da nachspüren können. Es sei erinnert an jenes Wort des Kanzler-Bischofs Konrad von Hildesheim, der von Süditaliens Wundern erzählend damals schrieb: „man braucht das Herrschaftsgebiet der Deutschen nicht mehr zu verlassen, um alles das zu sehen, was die römischen Dichter mit so vieler Mühe beschrieben hätten." In der ganzen Weite des römischen Imperiums blieb der Deutsche eben im „Inland" und die römischen Dichter gingen daher plötzlich unmittelbar an und nicht mehr ausschließlich als Bildungsmittel und Lehrstoff der römischen Kirche. Auf die tatsächliche Eindeutschung solchen römischen Gutes weist denn auch nachdrücklich hin der seit Notkers Vergil-Übersetzung in karolingischer Zeit jetzt erstmals wiederholte Versuch, einen römischen Dichter ins Mittelhochdeutsche zu übertragen. Die Ovid-Übersetzung des Albrecht von Halberstadt, der erst im Humanistenalter Nachfolger fand, zeigt, daß damals in Deutschland auch in Kreisen, die nicht des Lateinischen kundig waren, eine Teilnahme für den antiken Stoff sich zu regen begann, und man wird da zunächst an die ritterlichen Laien zu denken haben, wie sie sich in der Umgebung etwa des Landgrafen Hermann von Thüringen fanden, in dessen Auftrag 1210 die Übersetzung entstand. Auch daran sei erinnert, daß mit den Staufern das römische Recht in Deutschland Eingang fand .. auf weltlichem Gebiet der vielleicht nachhaltigste Einbruch römischen Geists in Germanien.

Indessen bei weitem am merkwürdigsten brach in der Bildkunst von Bamberg, dann auch von Naumburg jenes römisch-antike Deutsche hervor, da sich als ein „Fremdester" zum erstenmal ein echter Deutscher im Bild zeigte. Das Überraschende und Erregende an dieser Plastik, die ganz und gar der Spätzeit Friedrichs II., des sizilisch-italischen Staufers angehört, ist ja dies: daß sich in Werken wie dem „Reiter" — dem von Bamberg, aber auch von Magdeburg — zum einzigsten Mal dem Auge im gemeißelten Stein, noch nicht in Lied oder Wort, jene Möglichkeit offenbart eines zugleich weltweiten und dennoch deutschen Wesens. Fast scheint es ein Wunder wie aus der vollkommenen Verschmelzung des bewegten schwingenden und musikreichen Deutschen mit jenem zwiefachen kaiserlich-päpstlichen Rom ein bei aller Gebundenheit freier und gelöster, fast mittelmeerischer Germanentyp hervorgehen konnte, für den — der deutschen Kunst sonst völlig fremd — späterhin nur noch Italiener ein Auge hatten. Daß der Bamberger Meister unter dem Einfluß der französischen wie der römisch-antiken Plastik gearbeitet hat, ist gewiß wichtig, besagt aber nichts gegen die Notwendigkeit, daß jener schöne und ritterlich adlige Menschentyp damals in Deutschland gelebt haben muß. Denn käme es nur auf die Vorlagen an, nicht auf die lebenden Menschen und solche, die sie s e h e n : welche erhabene Plastik müßte dann die Jetztzeit hervorzubringen imstande sein! —

Zwei Formen adligen Lebens gaben der ganzen Zeit das Gepräge und Deutschland Anteil am Geschehen der Welt: Ritter und Mönch. Beides waren Weltformen und beides deutsche Formen, ja dieses Letzte in so gefährlicher Ausschließlichkeit, daß daneben ein anderer ebenbürtiger und eigenbürtiger Typ in Deutschland gar nicht hervorgebracht wurde, wie etwa in Frankreich der des Gelehrten und in Italien der des Kaufherrn, dort seit den Tagen eines Eriugena Ivo und Abälard mit Hilfe der Schulen von Paris Chartres und Orleans, hier durch den Handel der Seestädte Pisa Venedig und Genua. Für Deutschland waren damals die Weiten erschlossen vornehmlich durch Ritter und Mönch, die sichtbaren Träger der beiden Mächte, die, wie Fürst und Bischof in territorialer Gebundenheit, so in freierer Bewegtheit auf volkhafter Basis gleichsam das Bild aufnahmen und spiegelten, welches Kaiser und Papst im Raume von Reich und Kirche herausstellten. Zum einzigen Mal in der Geschichte war damit für das ganze große vielspältige Deutschland die Lösung des so nie wieder gelösten deutschen Problems geglückt.. zum einzigen Mal wurde die adlige Jugend, die ja auch Stifter und Klöster füllte, auf eine Form hin erzogen, die nicht nur in den Grenzen der engsten Heimat, sondern überall in der Welt Geltung hatte .. das einzige Mal auch, daß die Deutschen wirklich etwas im besten Sinn „Weltmännisches" hatten. Da war denn der Boden bereitet für eine große deutsche Plastik, die freilich in dem Augenblick jäh abbrach, als mit dem Sturze des Reiches das Rittertum, von der Welt abgeschnitten, in bürgerlicher Enge verdumpfte oder aber Deutschland verlassend in fremdem Sold kämpfte.

Zwei Mächte waren es, um welche sich Friedrich II. in jenen deutschen Jahren bemühte und die er für sich gewann: ein Mönchs- und ein Ritterorden. Schon wenige Wochen nach der Krönung in Aachen fällt da als Erstes die damalige nahe Verbindung mit den Cisterziensern auf, dem Orden des Heiligen Bernhard, in welchem zu jener Zeit „die Kirche Gottes blühte". Bernhard, der Abt von Clairvaux, war zwar nicht der Gründer dieser Gemeinschaft, aber allein seinem glühenden Eifer verdankte sie ihre Bedeutung. Wohl hatte er strenge Zucht und harte Askese im neuen Orden verschärft, der aus dem gleichen Reformbedürfnis der Klöster und Kirchen hervorgegangen war, wie fast alle Orden der römischen Kirche, aber Bernhard, der „Doctor mellifluus", hatte der Härte und Strenge auch die Glut der einen großen Liebe entgegenzusetzen gewußt, um deretwillen ihn Dante als letzten Führer zum Gottesthron erkor:

„Die Himmelskönigin für die im feuer
Der liebe ganz ich glühe wird uns helfen
Voll huld, denn ich bin Bernhard ihr getreuer..."

Erst er hat dem Orden die schwärmerisch-verzückte Verehrung der Jungfrau eingehaucht, als draußen in der Welt die frühesten Liebeslieder der Troubadours ertönten, und erst er ist es gewesen, der „der keuschen Erde Arbeit" heiligte und so dem Mönchtum die neue Richtung wies: dem kontemplativen ein tätiges Leben zu verbinden. „Von zeitlichem Lärmen und Ungemach frei, erfreut sich der Orden auch zeitlichen Friedens," schrieb einmal Friedrich II. und in der Tat: es waren die stillsten und entlegensten Täler, welche der Orden für seine Niederlassungen, seine Klöster und weiten Wirtschaftsgehöfe sich suchte wie für seine schlichten, Bilderschmuck entbehrenden, turmlosen Kirchen, die zu Ehren der Himmelskönigin statt allen Prunkes die ersten Rosen burgundischer Gotik zierten. Maulbronn und Ebrach etwa sind Zeugnisse der frühen Zeit, in der die grauen Mönche wirklich „zwar unter den Menschen, dennoch über ihnen lebten".

Die räumliche Ausdehnung des Ordens schritt durch das Gebot des Landbaus rasch vorwärts: als eine stille stäte vordringende Macht haben die Cisterzienser die alten Gebiete kultiviert und, für Deutschland besonders, noch neue erschlossen: die Christianisierung und Besiedelung Preußens haben sie eingeleitet. Schon die Organisation der Klöster zielte auf Wachstum hin. Nie mehr als zwölf Brüder und ein Abt mit etwa der gleichen Anzahl Laienbrüdern sollten in einem Kloster leben und die mehr waren, wurden jeweils ausgesandt, sich neue Sitze zu suchen. Durch diese selbstgenügsame Beschränkung auf die Zahl der Apostel entstanden die unendlich vielen Tochtergründungen, welche den Mutterklöstern unterstellt waren, wie diese selbst schließlich in stammbaumartiger Verastung dem Urkloster von Citeaux. So blieb der Zusammenhang aller Klöster auch untereinander gewahrt und die Cisterzienser wurden zu einer einzigen weltumfassenden Macht, die niemals splitterte: auch dieses eine bis dahin kaum gekannte Straffung, da etwa bei den Benediktinern jedes Kloster ohne Zusammenhang mit den andern für sich bestand. Das feste gebundene Einssein und die monarchische Gliederung des ganzen Cisterzienserordens wurde noch weiter ausgebaut. Alljährlich traten in Citeaux die Äbte aller Niederlassungen von Syrien bis hinauf nach Schweden im Generalkapitel zusammen und diese strenge staatsmäßige Sammlung, welche die Kräfte aller in eines schießen ließ, und wiederum vom südlichen Burgund her die gleiche Kraft und den gleichen Geist bis nach Pommern und Preußen entsandte — die Cisterzienserkirchen im deutschen Nordosten, fast alle dem dreizehnten Jahrhundert gehörend, sprechen deutlich genug —: diese Zentralisation war ebenso eine Neuerung wie die Feld- und Gartenarbeit, welche die Mönche in den neu erschlossenen Gebieten die Äcker bestellen und wilde Gewächse veredeln ließ. Wie diese Fratres im Urbarmachen der Täler kolonisierend vordrangen und im Verbreiten der Lehre Christi immer neue Tochterkolonien aussandten, da mögen diese von der Jungfrau geleiteten Scharen etwas wie einen späten christlichen Nachglanz heraufbeschworen haben des ver sacrum der Vorzeit.

Der Cisterzienserorden war mit seinen ausgedehnten Ländereien, seiner strengen Verfassung und seiner ungeheuren Weitläufigkeit durchaus der adlige Mönchsorden des staufischen Kaisertums und der aristokratischen Kirche des Mittelalters — im Gegensatz zu den damals gerade aufkommenden plebejischen Bettelmönchen, die sich ja nur in den Städten wohlfühlten. Dieser Weite und dem monarchischen Aufbau des Ordens der Cisterzienser war gemäß, daß er den Lenkern der christlichen Welt unmittelbar unterstand, daß kein vom Landesherrn oder Bischof bestellter Klostervogt, sondern im Geistlichen nur der Papst, im Weltlichen nur der Kaiser über ihn waltete. Viele Schenkungen hatten den Cisterziensern frühere Kaiser erteilt, keiner aber soviel wie Friedrich II. und zu keiner Zeit so reichlich, wie in diesen deutschen Jahren. Die Gunstbeweise, mit denen Friedrich den Orden bedachte und zeitweise wirklich überschüttete, sind fast unaufzählbar, der Wärme und Verehrung, die er in den großen Urkunden für diesen Orden, „den Schattenhain Christi" bekundete, kann sich kaum eine andere Bruderschaft rühmen, und Friedrich liebte es, sich zu diesem Orden zeit seines Lebens bis zu seiner letzten Stunde eine ganz besondere Nähe zu geben. Unmittelbar nach der Kreuznahme ließ sich Friedrich II. in die Gebetsgemeinschaft der Cisterzienser aufnehmen und sein sonderbar demütiges bittendes Schreiben an die Äbte des mächtigen Ordens mag vielleicht von seiner damaligen Kreuzzugsstimmung eingegeben sein. Sicher aber entsprach der Andachts- und Erbauungsstil des Briefes, in welchem sich Friedrich II. als Sünder in des Fleisches Gebrechlichkeit darstellte, dem damaligen Zweck: die Aufnahme in die Gebetsgemeinschaft zu begründen, um die er in späteren Jahren noch einmal nachkam.

Das alles gehörte zwar zu den Bräuchen der Kaiser, denen Friedrich II. durchaus folgte, und dies um so mehr als er dabei von dem Wunsche geleitet war, sich im Lager der Kirche Anhänger zu schaffen: „als Hüter der Eintracht zwischen Kaiser und Papst" sollten die Cisterzienser wirken, wie das auch in früherer Zeit unter Barbarossa und Otto IV. mehrmals sich als vorteilhaft gezeigt hatte. Doch Friedrich II. suchte bei dem Orden noch ganz anderes. Die Cisterzienser waren ja dank ihrer Erfahrung bekannte Meister der Wirtschaftsverwaltung, und Caesarius von Heisterbach — selbst ein Mönch dieses Ordens — erzählt voller Stolz, daß man dem Erzbischof von Köln Laienbrüder der grauen Bruderschaft als die besten Haushalter empfohlen habe. Solche aber konnte auch Friedrich II. gebrauchen: mit Vorliebe und in ausgedehntestem Maße hat er cisterziensische Laienbrüder, die sich auf Landwirtschaft und Viehzucht verstanden, herangezogen und zur Einrichtung und Bewirtschaftung seiner kaiserlichen Domänen in Apulien und der Capitanata verwendet. Anderen wieder hat er Aufsicht und Leitung bei dem Bau von Kastellen und Lustschlössern übertragen, ja an seinen wichtigsten und schönsten Bauten in Süditalien sind cisterziensische Bauleute in ganz hervorragender Weise beteiligt gewesen. Für die Tätigkeit der Cisterzienser als Bauleute des Kaisers fehlt es nicht an schriftlichen Zeugnissen. Aus einem Statut des Generalkapitels geht hervor, daß dem späteren Kaiser Laienbrüder und Mönche stets in großer Zahl beigegeben waren, und der Papst beklagte sich gar darüber, daß Friedrich die Cisterzienser in übergroßem Maße zu seinen Bauten heranziehe. Deutlicher noch sprechen die Schlösser und Kastelle selbst, die Friedrich in Apulien aufführen ließ: ihnen allen ist — soweit sich das heute erkennen läßt — die neue gotische Bauweise der Cisterzienser gemein, durch die Friedrich II. den einheimischen normannisch-byzantinischen Baustil immer mehr zurückdrängte. Freilich, nicht die „gebrochenen Formen" später Gotik sind hier gemeint, sondern das Prinzip, Stützen und Träger auch als Strebung und Kraft auszunutzen.. wie es ja gerade den Zauber dieser ganzen Übergangszeit ausmachte, daß in ihr die spätromanischen Grundformen erstmals von der jungen Kraft der Gotik berührt und durchsetzt wurden, so daß während einiger Jahrzehnte der Spannung und Fülle beides, Frucht und Blüte zugleich nebeneinander bestand. Es war in jeder Hinsicht die „Zeitenfülle", die dem Staufer Friedrich zu beherrschen bestimmt war. — Man hat die ganze Kultur des staufischen Deutschland „ritterlich" genannt und ritterlich auch die herben frühgotischen Klosterbauten der Cisterzienser. Ja, in diesen Mönchen selbst lebte etwas vom Rittertum, wie überhaupt im Zeitalter der geistlichen Ritterorden die Gegensätze von Mönch und Ritter sich allenthalben verwischten. Nicht nur daß der Ependichter — etwas unzeitgemäß freilich — den Mönch Ilsan, der im Gefolge des Berners so verheerend in den Wormser Rosengarten einfiel, zum Cisterzienser macht.. sondern die Verbindung gerade der grauen Mönche mit den geistlichen Ritterorden reicht tatsächlich sehr weit zurück. Man erzählt sogar, daß den ersten Ritterorden des Abendlands spanische Cisterzienser gegründet hätten, die mutig zu den Waffen griffen, als Calatrava von den Mauren bedroht wurde. Und die Beziehungen der Orden sind leicht zu erklären. Denn wie das Mönchtum der Cisterzienser, so führte das geistliche Rittertum seinen Ursprung gern auf den heiligen Bernhard zurück, und wenn dieser vielleicht auch nicht, wie die Legende es will, den Rittern Hugo von Payens und Gottfried von St. Omer die erste Templerregel geradezu diktiert hat: dem Geist schwärmerischer Hingabe und strenger Nüchternheit, der den Heiligen und seinen Mönchsorden beseelte, standen die Templer ursprünglich ganz nahe. Bernhard war es denn auch, der zur Zeit des zweiten Kreuzzuges mit beredtem Eifer für den Tempelorden warb und der in einem eigenen Traktat „Über das Lob der neuen Ritterschaft Christi" sich ausließ: milder denn Lämmer und wilder denn Löwen seien diese Streiter, die des Mönches Sanftheit und des Ritters Trotz paarten, die man Mönch oder Ritter zu heißen im Zweifel sein könnte, die Salomos Tempel mit Waffen zierten statt mit Gemmen, mit Schilden statt mit Goldkronen, mit Zäumen und Sätteln statt mit Kandelabern, nach Sieg begierig nicht nach Ruhm, nach Kampf nicht nach Pomp, die nutzloses Reden, nutzloses Tun, maßloses Lachen, Geschwätz und Geflüster verabscheuten, wie sie Eitles verachteten, die ihrer Vielheit zum Trotz in Einem Hause Eines Geistes nach Einer Regel lebten, Eine Seele und Ein Herz..

Der heilige Bernhard hatte also, indem er die Templer auf das geistliche Leben verwies wie die Cisterzienser auf das aktive Leben, recht eigentlich das gleiche oder entsprechende Gemeinschaftsbild zweimal aufgestellt. Doch während er den Mönchen den verehrenden und hingebenden Dienst der Himmelskönigin anvertraute, war der Templerorden ganz und gar dem Dienst Christi selbst geweiht, für den gemeinsam die Brüder ihr Kämpfen und Dulden ertrugen: der Heiland selbst war ihr geistiges Staatshaupt. Man hat den heiligen Bernhard seiner Wundertaten wegen oft gepriesen: nicht das geringste der Wunder aber hatte sich in der Gründung des ersten Ritterordens offenbart. Denn welche Umwandlung war damit vollzogen! Der unstet schweifende und fahrende weltliche Ritter, der Abenteuer um die Abenteuer suchte oder um der Minne willen im Dienst der Geliebten und Herrin sich opferte, dieser im ganzen nur ein Eigenleben führende und dem festen Gefüge des Staats durchaus entgegenstehende Krieger war jetzt dazu gebracht, in den strengen und festen Ordensverband sich einzufügen, seinem Kämpfen nicht einen persönlichen, sondern einen gemeinschaftlichen Sinn zu geben und den Antrieb zu den höchsten Taten nicht mehr von der persönlichen Gebieterin zu empfangen, sondern von dem Herrn selbst, unter dessen Gesetz und in dessen Dienst der Orden unmittelbar kämpfte. Überdies geschah es zum erstenmal in nachchristlicher Zeit, daß in größerem Ausmaß Krieger und Männer der vita activa, nicht beschauliche Mönche, für eine Idee, für ein Geistiges und einen spirituellen Herrscher sich zusammenschlossen und einander anglichen: „uniformitas" war das schließlich vom Deutschritterorden, wenngleich wohl unter anderem Einfluß immer wieder betonte Prinzip, das sich nicht nur auf die Kleidung erstreckte: den Ordensmantel mit dem Kreuz. — Den Mönchen ähnlich einem gemeinsamen Herrn dienend, bildeten zuerst die Ritterorden jenes merkwürdige ritterliche männlich-strenge Staatswesen, an das in der Folgezeit wissentlich oder unwissentlich jeder Staatsmann auf seine Weise mit Notwendigkeit anknüpfen mußte, um es ganz in diesseitigem Zweck weiterzubilden, sich selbst dabei an die Stelle des transzendentalen Herrschers setzend. Die eine Form solcher diesseitigen Staatswerdung der Ritterschaft brachte zunächst derjenige Orden, der knapp ein Jahrhundert nach den Templern gegründet sich fast sofort mit noch ganz unverbrauchten Kräften und ungeteilt dem wirklichen diesseitigen Staat zuwenden konnte: der Deutschherrnorden.

Der Sinn des geistlichen Rittertums im Morgenlande war schon fast am Erlöschen, als sich um die Wende des 12. und 13. Jahrhunderts in Akkon die Pflegebruderschaft der deutschen Herren von St. Marien zu einem dritten geistlichen Orden zusammenschloß neben den meist französischen Templern und vielfach englisch-italienischen Johannitern. Den Deutschherren verlieh Papst Innocenz III. die Regel der Templer, denen sie im Geistlichen und Ritterlichen nacheifern sollten, wie in der Armen- und Krankenpflege den Johannitern. Doch der Orden war durchaus national gebunden: nur ritterbürtige Deutsche durften ihm beitreten.

Die Geschichte dieses neuen Ritterordens ist um vieles nüchterner als die der Templer: seinem Ursprung fehlt mit eines Sankt Bernhard Weihe auch die höchste Glut und die letzte Notwendigkeit, seinen Kämpfen die raumentrückte Ferne und Sagenluft des Orients, seinem Sterben das Mysterium frühen Untergangs, das den Mythenträger fast immer trifft.. der Deutschherrn Reichtum war nicht so üppig, ihre Versuchung nicht so groß, nie waren sie wohl so verderbt wie die Templer, doch nie hat sie Sage und Lied so hehr und dunkel umklungen, wie die Tempeleisen, die geheimen Hüter des Grals. Eben darum aber hat auch der Deutschritterorden eine wirkliche Geschichte, weil Anfang und Ende kein Mythos und kein Geheimnis verschleiert und sein Kämpfen in faßbar nahen Räumen sich abspielt.

Als Friedrich II. nach Deutschland kam, war der Deutschritterorden noch unbedeutend. Kaiser Heinrich VI. hatte zur Zeit der Kreuzzugspläne den Deutschherrn seine Aufmerksamkeit zugewandt, doch mit der Wirrnis im Reiche nach des Kaisers Tod war auch dieser rein-deutsche Orden in seiner Entwicklung gehemmt, trotz mancherlei Schenkungen. Kirche und ältere Rivalen sahen auf ihn scheel und sein Aufschwung begann erst mit der Zeit Friedrichs II. Nach dem Kreuzzugsgelübde eröffnete sich für die Verwendung der Deutschritter eine bestimmte Möglichkeit und alsbald trat Friedrich zu ihnen in nahe Beziehung. Eine Anzahl von Schenkungen im Laufe dieser und der nächsten Jahre zeugen zunächst für den Willen Friedrichs, den Orden mit allen zu Gebote stehenden Mitteln zu kräftigen: denn er bedachte ihn bisweilen selbst mit Privilegien, die gegen Reichsrechte verstießen oder dem König selbst nicht unbeträchtliche Reichseinkünfte entzogen. Doch hier kargte Friedrich noch weniger als bei den Fürsten. Zunächst geschah dies wohl in Anbetracht des Kreuzzuges.. über die nächsten Zwecke hinausgehend aber suchte Friedrich für weitere Aufgaben das Beste der deutschen Ritterschaft zu gewinnen: er schuf sich eine aus dem schwerfälligen Lehensverbande gelöste, von sonstigen Einflüssen, geistlichen oder weltlichen Fürsten, unabhängige und ihm unbedingt ergebene zuverlässige wenn auch kleine Macht, die bald auch dem Herrn des Imperiums als Schwert und als Waffe so unmittelbar unterstand, wie in geistlichen Dingen allein dem Papst. Die kirchlichen Befugnisse des Ordens durch Fürsprache beim Papst zu erweitern, ließ sich Friedrich alsbald angelegen sein mit dem Erfolg, daß in der päpstlichen Kanzlei von den

Notaren tagelang keine anderen Urkunden ausgefertigt wurden als solche für den bisher von der Kurie arg vernachlässigten Deutschritterorden. Auch sonst zeigte Friedrich II. für die Deutschritter stets eine große Vorliebe. Jungen Adligen, wie zum Beispiel drei Brüdern Hohenlohe, war er bei dem Eintritt in den Ritterorden ebenso gern behilflich wie er später gern junge Adlige den Bettelorden abspenstig machte. Wo es sich um Zuverlässigkeit und erprobte Treue handelte, verwendete Friedrich, besonders zu Anfang, häufig Deutschritter: ob es sich nun um die Aufsicht über den Bau von Schiffen oder um den Dienst als Kurier für wichtige Meldungen oder um anderes handelte. Im Heiligen Lande sollte er sich fast ausschließlich auf die Deutschordensritter verlassen können und in späteren Jahren übertrug er nicht nur die Verwaltung des Elsaß einem Ordensbruder, Berthold von Tannenrode, sondern unterstellte auch den deutschen Regenten eine Zeitlang weitgehend dem Einfluß der Deutschritter, so daß ein Chronist behaupten konnte: das Reich werde nur noch nach den Ratschlägen der Ordensstreiter verwaltet. Das war gewiß übertrieben, aber es ist doch auffallend, mit welchem Bedacht Friedrich den Orden an sich heranzog. Denn gleich in einer der ersten Privilegierungen bestimmte er, daß der jeweilige Ordensmeister, wenn er bei Hofe weilte, zum Hofstaat, zur familia, gehören und mit seiner Begleitung auch vom Hofe verpflegt werden solle, daß außerdem zwei Ordensbrüder sich zu ständigem Hofdienst beim König einzufinden hätten. Etwas Ähnliches hatte schon der Spanier Alfons VIII. hinsichtlich des Ordens von Calatrava bestimmt.. doch auch dieses weist nur darauf hin, wie hier allmählich die Ritterorden, und zwar gerade soweit sie national waren, in gewissem Sinne „höfisch" zu werden begannen, und bekanntlich waren die Ritterorden des Spätmittelalters, des 14. und 15. Jahrhunderts nur noch eine Sache der Höfe, eine Art höherer Lebensform, die sich nur hier noch erhielt.

Der Deutschritterorden, dessen Gründung Friedrich II. gern auf die früheren Staufer, ja auf Barbarossa zurückführte, um durch das Alter auch das Ansehen zu erhöhen, den er aber auch als seine eigene besondere Schöpfung ansprach, war in der Tat allein sein Werk und das des großen Hochmeisters: Hermanns von Salza. Mehr als zwei Jahrzehnte hindurch war am Hoflager Friedrichs II. Hermann von Salza als nächster Ratgeber und engster Vertrauter anzutreffen: nicht nur wegen seines Amtes als Deutschordensmeister, sondern wegen seiner hohen persönlichen Vorzüge, die ihn in zahllosen Angelegenheiten für Friedrich ganz unentbehrlich machten. Hermann von Salza war vermutlich Thüringer und etwas von thüringischer Art kommt in seinem ganzen Wesen zum

Ausdruck: er war nicht leichtblütig und flink, eher gewichtig und bedacht, und in allem Tun eignete ihm die ganze Zuverlässigkeit, Rechtlichkeit und Männlichkeit, die auch seinen Orden auszeichnete. Man hat besonders gern seine Treue gerühmt und in der Tat, sie war bei ihm nicht nur eine Eigenschaft, sondern — wie seit Urzeiten überhaupt nur bei Deutschen möglich — eine positive, zum Wirken treibende Kraft. Fast etwas Tragisches haftete gerade durch sie dem großen Deutschordensmeister an. Denn Hermann von Salza hatte ja zwei Herren, hatte Papst und Kaiser den Treueid geleistet, und jeder Konflikt zwischen diesen beiden Mächten setzte den Hochmeister selbst einer schier unerträglichen Spannung aus. So war es die Not, beiden Herren die Treue zu wahren, wenn wir Hermann von Salza in späterer Zeit unzählige Male zwischen Kurie und Kaiserhof hin und her jagen sehen, um in den bösen Jahren der unaufhörlichen Konflikte den Frieden zu bewahren oder wieder herzustellen. „Für die Ehre von Kirche und Reich zu wirken" hat er selbst als seine Lebensaufgabe bezeichnet und die Möglichkeit zu leben schien daher dem Ordensmeister tatsächlich in dem Augenblick erloschen zu sein, als der Bruch zwischen den beiden Mächten unheilbar wurde: an dem gleichen Gründonnerstag 1239, an dem für immer der päpstliche Bann über Friedrich II. verhängt wurde, starb auch Hermann von Salza. In der Umgebung Friedrichs vertrat der wohl erheblich ältere Ordensmeister alle Zeit die sachlich ruhige und ernste Besonnenheit, die den leidenschaftlichen und oft allzu heftigen jungen Herrscher mehr als einmal von nicht notwendiger Herausforderung der Gegner zurückhielt. Vor allem aber zeigte Hermann von Salza ganz außergewöhnliche diplomatische und politische Fähigkeiten, die ihn zum Vertrauten eines universalen Monarchen um so geeigneter machten, als ihm die Verhältnisse im Orient wie in Italien, an der päpstlichen Kurie wie in Deutschland durch eine lange Erfahrung bis ins Kleinste hinein bekannt waren, so daß er für alle Gebiete der kaiserlichen Politik wie kaum ein anderer verwendbar wurde. Die Zusammenarbeit Friedrichs mit dem Ordensmeister, der auf einem Hoftag in Nürnberg 1216 erstmals vor dem König erschien, sollte indessen am bedeutsamsten werden in Deutschlands Nordosten.

Den Angelegenheiten Nordostdeutschlands hat Friedrich II. ganz allgemein nur sehr bedingte Teilnahme entgegengebracht, weil er, nach dem Wort eines livländischen Chronisten, „mit den verschiedenen und hohen Aufgaben des Imperiums beschäftigt war". Doch dafür hatte e eben einen Hermann von Salza, dessen eigene Ordenspolitik sich sehr bald mit den nordostdeutschen Fragen verquickte, und so kam es, daß fast alle wichtigen Dinge, die sich im Bereiche des Baltischen Meeres von Dänemark bis Livland zutrugen, durch die Hände des Deutschordensmeisters gingen oder von ihm überprüft wurden. Als der nicht unbedeutende Dänenkönig Waldemar, der seine Machtsphäre gegen das Reich an der Ostseeküste entlang und weiter bis zur Dünamündung nach Livland und Estland ausgedehnt hatte, schließlich als Gefangener einem Reichsvasallen in die Hände fiel, da war Friedrichs Abgesandter bei den Verhandlungen Hermann von Salza. Hermann von Salza schloß auch mit dem Dänenkönig den Friedensvertrag ab und wohl auf des Hochmeisters Vorschlag machte Friedrich im Jahre 1226 den wichtigsten Ostseehafen: Lübeck zur Reichsstadt, um damit alle elbländischen Ansprüche der Dänen und der römischen Kurie, die Dänemark deckte, zu beseitigen. Und Hermann von Salza war es auch, der des Kaisers Aufmerksamkeit nach Preußen hinlenkte, wo bisher allein die römische Kirche eben mit Hilfe des Cisterzienserordens kolonisiert und missioniert hatte.

Ereignisse wenig späterer Jahre seien hier vorweggenommen. Im Winter 1225/26 bat der Polenherzog Konrad von Masovien, der sich der heidnischen Preußen nicht mehr erwehren konnte, den Deutschritterorden um Hilfe und zwar gegen ein vorerst noch nicht weiter verbrieftes Versprechen, dem Orden für seine Hilfe das Kulmer Land zu überlassen. Dieses Angebot kam dem Deutschritterorden, der eben im ungarischen Burzenland an einem ähnlichen Unternehmen gescheitert war, in einer glücklichen Stunde.. ebenso aber war es ein glückliches Erfassen der Gesamtlage, daß der Ordensmeister den Plan sogleich aufgriff, ihn mit Friedrich II. durchsprach und daß Friedrich mit einem schweren und gewichtigen Privileg dem ganzen Unternehmen sofort eine feste endgültige Form gab.. so endgültig, daß in der denkwürdigen Goldbulle von Rimini aus dem Jahre 1226 fast alle künftigen Aufgaben und Ziele des Deutschordens, auch das ganze Wesen des zukünftigen Deutschordensstaates schon bis in Einzelheiten hinein genau umrissen waren und dies alles, ehe man noch über irgend etwas verhandelt, ehe man mit dem Polenherzog sich geeinigt und ehe noch überhaupt ein Deutschordensritter das Kulmer Land betreten oder auch nur gesehen hatte. Nicht mit Unrecht hat man diese Gründungsurkunde des preußischen Ordensstaates ein „Aktionsprogramm" genannt: denn was darin verliehen war, mußte der Orden sich erst erobern, der daher für Jahrzehnte wußte, was er zu tun hatte. Mit diesem Privileg versehen, hatte der Orden in der Tat für sehr lange Zeiten ausgesorgt: es war so allseitig, daß, was immer der Orden auch tat, durch dieses Privileg unter dem besonderen Schutze des Kaisers geschah und durch den Kaiser gedeckt wurde. So wird in diesem Dokument festgelegt: daß alles geschenkte und alles neu eroberte

Gebiet dem Orden zu freiem Besitze gehören sollte, daß der Orden volle Landeshoheit habe und gegen niemand verantwortlich sei, daß der Hochmeister alle Rechte haben sollte, die sonst einem Reichsfürsten zustanden unter Einschluß sämtlicher nur in Betracht kommenden Regalien, und daß der Orden im Preußenland frei sein sollte von allen Diensten und Lasten gegen das Reich. Es war also dem Orden von Friedrich II. gestattet, ein autonomes Staatswesen zu schaffen, das als Landesherrn nicht einen Fürsten sondern den Ritterorden selbst erhielt und im übrigen, wie die Urkunde sagt „unter der Monarchie des Imperiums einbegriffen sei"... nicht nur weil der Orden als solcher kraft früherer Privilegien unter dem unmittelbaren Schutze des Reiches stand, sondern auf Grund einer recht bemerkenswerten Anschauung Friedrichs II.

Seit den Tagen Karls des Großen gehörte ja die Heidenbekämpfung zu den Aufgaben der römischen Kaiser und schon Karl hatte hierfür jene doppelte Richtung gewiesen: einmal durch seinen spanischen Feldzug die Richtung gegen den Islam und zweitens durch seine Sachsenkriege die gegen das heidnische Osteuropa. Die Kreuzzüge hatten wohl den Kampf gegen den Islam in den Vordergrund gerückt, aber auch die andere Aufgabe, die bis zur Zeit Barbarossas von höchster Bedeutung war, wurde darüber nicht vergessen und Friedrich II. nahm diese osteuropäische Mission neben dem Sarazenenkampf gleichfalls auf. Auch das Imperium sei zur Predigt des Evangeliums ersehen: das war die von Friedrich mehrfach wiederholte Anschauung, der er in dem Ordensprivileg ebenfalls Raum gab: „Zu solchem Zweck hat Gott unser Reich erhaben über den Königen des Erdrunds errichtet und über der Welt verschiedene Zonen die Grenzen unserer Macht geweitet, daß auf Mehrung seines Namens in dieser Welt und auf Verbreitung seines Glaubens unter den Völkern unserer Bemühungen Fürsorge sich richte, da Er zur Predigt des Evangeliums das Römische Reich bestimmt hat: daß wir also auf Unterdrückung nicht minder als auf Bekehrung der Heidenvölker unsren Sinn lenken mögen...". In diesen Sätzen ist dabei eine unverkennbare Spitze gegen den Papst enthalten. Denn in Preußen hatte ja schon die Kirche mit Hilfe der Cisterzienser zu missionieren begonnen und es bestand die Gefahr, daß Preußen ein Lehensland der römischen Kurie würde ähnlich Sizilien, das die Normannen im Heidenkampfe eroberten. Das hatte der Papst sogar schon angedeutet, indem er die Bekehrung der Heiden „Befreiung" nannte, insofern die Neubekehrten „niemand anders als Christus und dem Gehorsam der römischen Kirche" — nicht also dem des Reichs — unterworfen sein sollten. Demgegenüber trat Friedrich II. mit seiner imperialen Missionstheorie hervor, nannte daher auch das Ziel der Unternehmung eine „Unterdrückung" der Heiden im Sinn von Beherrschtwerden, gliederte das Ordensland ein in die „Monarchie des Imperiums" und stützte sich dabei noch auf ein anderes uraltes Königsrecht: Heidenland war herrenloses Land und als solches gehörte es nicht dem Eroberer, sondern dem Herrscher, der hier überdies gleich dem Papst als Kaiser Statthalter Christi war. Auf diese Weise suchte Friedrich II. das Preußenland dem Reich zu erhalten.

Was dieses Ansetzen der Deutschritter in Preußen bedeutete, darüber bedarf es kaum der Worte. Dem geistlichen Orden war damit gewissermaßen der Leib gegeben, aus einem raumlosen Überall war er an einen bestimmten Platz gebunden und wandelte sich hier rasch zum wirklichen Staat, der dem Rittertum einen Sinn bewahrte noch in Zeiten, in denen es im übrigen Deutschland verbürgerte oder verrohte. — Für Friedrich II. aber ist dieser ganz beiläufige Anteil an der Gründung des preußischen Staates doch sehr bezeichnend. Denn was späterhin immer wieder zu beobachten sein wird, begegnet hier zum erstenmal: daß in die Dinge, die er anrührte, wenn auch nur wie nebenher und wie zufällig, sofort für ein ganzes Zeitalter ein Lebendiges einschoß und daß ihnen binnen kurzem eine Wichtigkeit zukam, die auch für Friedrich gar nicht abzusehen war und die in keinem Verhältnis zu der von ihm aufgewandten leichten Mühe stand. Seiner Hand wohne eine belebende Kraft inne, hat man später einmal gesagt, und das Ordensprivileg, die Goldbulle von Rimini, die in bewegter Zeit gleichfalls ganz nebenher ausgestellt wurde, gerade als den Kaiser zahllose andere im Augenblick viel wichtigere Fragen beschäftigten, gibt solchem Worte wohl recht: der Pate Habsburgs ist auch der Pate Preußens gewesen. — —

Cisterzienserorden und Deutschritterorden: das waren die wichtigsten Beziehungen, die Friedrich in diesen deutschen Jahren angeknüpft hat und ihnen kam nichts anderes auch nur nahe. Das deutsche Städtetum war für ihn noch nicht kräftig genug, außerdem waren die fürstlichen wie die bischöflichen Städte seinem Wirken völlig entzogen und Freiheiten, die er einzelnen von ihnen gewährte, so Cambrai und Basel, mußte er gemäß der Entscheidung der Reichsfürsten mehrmals wieder aufheben, da diese sich zur Abwehr aller Eingriffe des Königs in fürstliche Rechte sofort gegen ihn zusammenschlossen. Nur die schwäbischen und reichsunmittelbaren Städte standen Friedrich offen und hier war er denn auch bemüht, den Bürgern wenigstens den Verkehr zu erleichtern und den Kaufleuten insbesondere sicheres Geleit im ganzen römischen Reich zu gewähren, wofür ihm diese ebenso Dank wußten wie für die Sicherung der Straßen gegen Räuber. Überhaupt verstand

Friedrich, seinen Städten ohne daß er Wesentliches für sie tat den Glauben zu geben, daß er es gerade mit ihnen besonders gut meine, und ein paar Freiheiten oder Schenkungen festigten solchen Glauben. Dazu erhob er einzelne Dörfer zu Städten, verlieh anderen Märkte oder faßte verstreute Rechte in eine große Urkunde zusammen, welche dann freilich sofort ein förmliches Stadtrecht darstellte. Später in den Zeiten der Not sollten es daher auch die Städte sein, die gegen die Fürsten zu den Staufern und zum Reich hielten.

Im ganzen aber war Deutschland mit seiner schwerfälligen Naturalwirtschaft nicht der Boden, auf welchem Friedrich etwa seine später in Sizilien so bewundernswert durchgeführte staatliche Wirtschaft hätte gedeihen lassen können, so wenig wie das Lehenswesen ihm hier den unmittelbaren Eingriff in die Verwaltung gestattete. Die Erledigung der kleinen innerdeutschen Angelegenheiten nahm im allgemeinen nur Friedrichs Kräfte in Anspruch, ohne für das Ganze wirklich nennenswerte Früchte zu tragen, und so scheint der König schon bald nach der Krönung in Aachen danach getrachtet zu haben, die nebensächlicheren Fragen Deutschlands anderen Händen zu überlassen und sich selbst nur den Entscheid der wichtigen Angelegenheiten vorzubehalten. Deutschland sei überall da, wo der römische Kaiser mit einigen Fürsten zusammenkomme — hieß der sehr bald ausgesprochene Grundsatz Friedrichs II., mit dem er andrerseits gerade dartat, daß das ganze Imperium, nicht nur die Lande nördlich der Alpen auch deutsch sein könnten durch den römischen Imperator.

Für die innerdeutschen Fragen also eine deutsche Nebenregierung einzurichten und sich dadurch für die großen Angelegenheiten der Welt freizumachen, darauf zielte jetzt manches hin. Doch Friedrich II. hat niemals ein Vorhaben überstürzt. Für alle seine großen Unternehmungen lassen sich die vorbereitenden Schritte viele Jahre zurückverfolgen und er selbst hat seine Absichten auch niemals vor der Welt eigentlich zu verschleiern gesucht: was er tat, tat er stets in aller Öffentlichkeit und was er plante, hat er stets vorher bekanntgegeben. Wenn seinen Schlägen dann doch immer etwas überaus Plötzliches und Überraschendes innewohnte, so deshalb, weil man ihm nicht geglaubt hatte oder weil er die lange vorher angekündete Lösung gerade in einem Augenblick durchführte, in dem sie keiner mehr erwartet hatte. Sein erster großer diplomatischer Sieg über die römische Kirche mag das veranschaulichen.

Seit dem Jahre 1216 hatte Honorius III. den päpstlichen Thron inne. Wer immer Nachfolger des großen Innocenz geworden wäre: er mußte

etwas unbedeutend erscheinen nach diesem Gewaltigen und das traf
auch zu für Papst Honorius III... Er war als Jurist insbesondere Verwaltungsbeamter. Vor seiner Wahl hatte er, der päpstliche Kämmerer Cencius Savelli, das berühmte Zinsbuch der römischen Kirche, den „liber
censuum" angelegt, und wenn die Kirche später als eine erste Finanzmacht den Kampf mit dem Kaisertum aufnehmen konnte, so hat Honorius III. daran seinen guten Anteil. Im übrigen war der neue Papst
alt und schon recht gebrechlich, daher eher milde und versöhnlich gestimmt als streitlustig, obwohl die hohen Ansprüche, die nun einmal das
Papsttum jener Zeit erfüllten, auch von ihm gelegentlich geltend gemacht wurden. Wenn die Welt auf dem Gleichgewicht der beiden
großen Gewalten beruhen sollte, dann war Honorius für den damals
noch so jungen Friedrich genau der richtige Gegenspieler und ein Jahrzehnt hindurch hielten sich die beiden denn auch die Wage. Die wichtigste Angelegenheit, welche während dieser Zeit die beiden Häupter der
Christenheit beschäftigen sollte, war unstreitig der Kreuzzug, und Honorius III. betrachtete die Wiedergewinnung Jerusalems als die höchste
und persönlichste Aufgabe seines Pontifikates.

Es hatte in Rom zunächst sehr geringen Beifall gefunden, daß Friedrich II. als römischer König das Kreuz nahm. Innocenz, der noch selbst
an der Spitze der Völker ins Heilige Land zu ziehen gedachte, hatte
über Friedrichs Kreuznahme gänzlich hinweggesehen und ohne Rücksicht auf seinen jugendlichen Rivalen als Aufbruchstag der Kreuzfahrer
den 1. Juli 1217 festgesetzt — einen Termin, der für Friedrich II. gar nicht
in Betracht kommen konnte, da Otto IV. ja damals noch lebte, der Staufer also Deutschland noch nicht verlassen durfte. Auch Honorius III.
erwähnte anfangs die Tatsache, daß Friedrich das Kreuz trug, mit keinem
Wort: als ein ausschließlich päpstliches Unternehmen wurde der Kreuzzug von einem Legaten des Papstes geleitet. Nicht nach dem Heiligen
Land ließ der Papst die Streiter führen, sondern nach Ägypten, durch
dessen Eroberung man auch Jerusalem zu Fall zu bringen hoffte. Das
ganze Unternehmen war indessen schlecht vorbereitet und ungeschickt
gelenkt: man eroberte zwar im ersten Anlauf Damiette, doch ein leichtsinniges weiteres Vordringen ins Nilland brachte das ganze Kreuzfahrerheer in größte Gefahr. Als die Kreuzfahrer sich bei beginnender Not
spontan an Friedrich II. um Hilfe wandten, da erinnerte sich plötzlich
auch die römische Kurie, daß Friedrich das Kreuzeszeichen trug. Papst
Honorius nahm den allgemeinen Ruf nach dem römischen Imperator als
Führer und Helfer auf und stellte dem Staufer die Erfüllung seines Gelübdes in den leuchtendsten Farben dar, nannte ihn schon den sieg-

reichen König, vor dessen Antlitz den Ungläubigen nur Flucht als Rettung bleibe und der sich, wenn er Gottes Kampf kämpfe, das ewige Heil erwerben werde. Friedrich II. aber war dem Schreiben des Papstes schon zuvorgekommen. Er hatte sich bereit erklärt, den Kreuzzug in Deutschland zu betreiben und auf einem demnächst abzuhaltenden Hoftag den Aufbruchstermin festzusetzen. Papst Honorius möge nur die säumigen Kreuzfahrer seinerseits in den Bann tun, denn wenn etwas verabsäumt werde, so falle das nur der römischen Kurie, nicht ihm zur Last. Im übrigen möge der Papst während Friedrichs Abwesenheit das Reich und den Reichsverweser, welchen er in kurzem zu bestellen gedenke, in seinen päpstlichen Schutz nehmen.

Friedrich II. hatte sich Papst Innocenz gegenüber fast stets als „König von Gottes und des Papstes Gnaden" bezeichnet. Das hörte bei Honorius III. auf — es hätte ja auch den Tatsachen nicht entsprochen. Darüber hinaus aber war der neue Ton, den Friedrich gegen die Kurie anschlug, bei aller Höflichkeit doch von einer derartigen Bestimmtheit, daß man in Rom damals nicht wenig aufgehorcht haben mochte. Doch der Papst brauchte Friedrich. Die Lage der Kreuzfahrer vor Damiette, unter denen sich auch Franz von Assisi befand, um dem ägyptischen Sultan das Christentum zu predigen, war immer bedenklicher geworden trotz neuen Zuzugs und es lag Papst Honorius alles daran, daß Friedrich so bald als möglich den Bedrängten zu Hilfe eile. Vor Antritt der Kreuzfahrt sollte der Staufer noch in Rom die Kaiserkrone empfangen und mit Ungeduld sehnte Honorius diesen Augenblick herbei. Doch obwohl auch Friedrich II. ein Gleiches wünschte, so mußte er doch den Tag der Romfahrt und damit den des Kreuzzuges immer wieder hinausrücken: von Johanni 1219 wurde ihm der Aufbruchstermin erst bis Michaeli, dann bis März 1220, dann bis zum Mai und schließlich ohne Frist verlängert. Denn Dispens für die Einlösung des Gelübdes konnte ja nur der Papst erteilen.

Was aber hielt Friedrich II. in Deutschland zurück? Von unwesentlicheren Dingen abgesehen, hatte er vor dem Verlassen Deutschlands noch manches zu erledigen: es war mit dem Papst eine Vereinbarung über die „sizilische Frage" zu treffen, dann für eine Regelung der deutschen Angelegenheiten während seiner Abwesenheit zu sorgen und schließlich die Wahl seines Sohnes Heinrich zum römischen König zu betreiben. Von einer befriedigenden Lösung dieser Fragen machte Friedrich trotz der päpstlichen Ungeduld Romfahrt wie Kreuzzug gewissermaßen abhängig.

Papst Innocenz III. hatte die gefährliche Verbindung des Reichs mit

Sizilien stets zu verhindern gesucht und demgemäß bei Friedrichs Erhebung sofort die nötigen Sicherheiten gefordert: Friedrichs Sohn Heinrich war auf päpstlichen Wunsch zum sizilischen König gekrönt worden, in mehreren Schriftstücken hatte der Staufer selbst die kirchliche Lehnshoheit über Sizilien anerkannt, hatte sich verpflichtet, das Königreich nicht mit dem Imperium zu vereinigen, ja sogar mit dem Tage der Kaiserkrönung auf Sizilien zugunsten seines Sohnes ganz zu verzichten. Für König Heinrich sollte während der Minderjährigkeit ein vom Papst und Kaiser gemeinsam zu bestellender Verweser das süditalische Königreich regieren. Mit Kreuzfahrt und Kaiserkrönung rückte nun auch der Tag heran, an welchem Friedrich die Regierung Siziliens niederlegen sollte... doch der künftige Kaiser, der hinsichtlich seines Erblandes schon ganz bestimmte Absichten hatte, machte dem Papst gegenüber gar kein Hehl daraus, daß er bei Anerkennung aller seiner früheren Verzichte dennoch wenigstens die Verwaltung des sizilischen Königreiches selbst übernehmen wollte. Aber die Kurie ging auf diese Wünsche des Königs nicht ein, im Gegenteil: Friedrich mußte alle seine früheren Versprechungen noch einmal wiederholen, was er auch bereitwillig tat. Deswegen aber hatte Friedrich seine Absichten auf Sizilien keineswegs aufgegeben: sein Erbkönigreich sollte ihm ja Anfang und Ende des ganzen Imperiums bedeuten. Nur mußte er einen anderen Weg einschlagen, und den rechten hatte ihm die allzu vorsichtige Kurie selbst gewiesen, als sie des Sohnes Krönung zum sizilischen König verlangte.

Das andere, das Friedrich zu ordnen hatte, war die Verwaltung Deutschlands während seiner Abwesenheit. Man hatte hierfür ein umständliches System ausgearbeitet, doch es war bald ganz offenkundig, was Friedrich eigentlich im Sinne hatte und mit großem Eifer betrieb. Gleich nach der Krönung in Aachen hatte er nämlich, was zunächst gar nicht auffallen konnte, seine Gemahlin Konstanze und seinen Sohn Heinrich zu sich nach Deutschland beschieden. Im Jahre 1217 belehnte er den Sohn und sizilischen König mit dem Herzogtum Schwaben, 1219 übertrug er ihm das Rektorat des Königreiches Burgund und seither war er bemüht, die deutschen Fürsten für die Wahl Heinrichs auch zum römischen König zu gewinnen. Das war gleichfalls nichts Außergewöhnliches und die Gefahren des Kreuzzuges, denen er sich aussetzen wollte, konnten dabei Friedrichs Wunsch hinreichend begründen: er wollte die Thronfolge zugunsten seines Hauses eben schon bei Lebzeiten sicherstellen, wie das frühere Kaiser oft genug getan hatten. Allein, Friedrich war noch nicht Kaiser und aus mancherlei Gründen stieß er auf Schwierigkeiten. Es kam aber alles darauf an, das Einverständnis der Fürsten für seinen Plan zu erhalten und dem galt daher jetzt sein wesentliches Bemühen.

Um die Jahreswende 1219/20 liefen also Verhandlungen: erstens über den Kreuzzug, zweitens über die Romfahrt, drittens über die sizilische Frage, viertens über die deutsche Reichsverweserschaft und fünftens über die Königswahl des jüngsten Staufers — Verhandlungen, die miteinander verknüpft alle innerhalb kürzester Frist erledigt sein mußten. Denn die Gesamtlage spitzte sich immer mehr zu: der Papst drängte Friedrich II. zum Aufbruch und begann über die immer neuen Verzögerungen schon unwillig zu werden, während die ganzen Unterhandlungen, je weiter sie gesponnen wurden, desto unentwirrbarer erschienen.. bis es schließlich Friedrich gelang, sie alle mit einem Schlage zu lösen und zwar in einem Augenblick, in welchem die Möglichkeit hierzu schon ganz geschwunden schien: durch weitere schwerwiegende Versprechungen und durch eine neuerliche Preisgabe von deutschen Kronrechten erkaufte er in letzter Stunde die Zustimmung der deutschen Fürsten zu der Königswahl und auf dem Hoftage in Frankfurt, den er zur Verabschiedung der Fürsten vor dem Aufbruch nach Rom im Frühjahr 1220 abhielt, wurde endlich der sizilische König Heinrich auch noch zum römischen König gewählt.

Damit hatte Friedrich sein Spiel gewonnen: die staufische Dynastie war gesichert.. es war für eine Verweserschaft gesorgt und insbesondere die sizilische Frage genau so gelöst, wie Friedrich beabsichtigt hatte. Eine staatsrechtliche Einverleibung Siziliens ins Reich war zwar auch jetzt nicht erfolgt, auch die Lehenshoheit der Kirche über Sizilien bestand noch zu Recht, aber jene Personalunion, auf die Friedrich mit dem Tage der Kaiserkrönung hätte verzichten sollen, war durch die deutsche Königswahl des ja schon längst zum sizilischen König gekrönten Heinrich plötzlich in dem Thronfolger wieder aufgelebt und zwar wieder als Personalunion, ohne daß dabei die päpstlichen Verträge verletzt wurden, die alle nur von Friedrich II., nicht aber von Heinrich sprachen. Alle Macht und alle Rechte, die Friedrich II. — durch Verträge gebunden — für sich selbst also nicht mehr in Anspruch hätte nehmen können, die hatte er nun insgesamt auf den Sohn übertragen. Die einzige Schwäche der Verträge war benutzt. Denn auch wenn die Kurie darauf bestanden hätte, daß nun der achtjährige Heinrich regierte, so war die väterliche „Beraterschaft" damit keineswegs ausgeschlossen und das hieß eben, daß Friedrich selbst doch beide Reiche: Sizilien und Deutschland verwaltete — kurz: es wäre von päpstlicher Seite ein vollkommen zweckloses Bestehen auf dem Schein gewesen, hätte man auch jetzt noch dem König Sizilien vorenthalten. Das sah die im ersten Augenblick tief verstimmte römische Kurie auch alsbald ein und fand sich schließlich mit der Tatsache ab, daß die Pergamente, die sie in Händen hielt und die Friedrich noch ganz zuletzt mit größter Bereitwilligkeit um ein weiteres Stück vermehrt hatte, vollkommen wertlos geworden waren. Friedrich aber hatte seinen ersten großen Sieg über die kuriale Diplomatie errungen: die Vereinigung des Imperiums mit Sizilien, die, unter welcher Form auch immer, zu verhindern einst Papst Innocenz wirklich die Welt in Bewegung gesetzt hatte, die ihn den Welfen erheben und den Welfen stürzen ließ, war wiederhergestellt, der Kirchenstaat wiederum von Norden und Süden umklammert, mit dem Unterschied freilich, daß Kaiser Heinrich die päpstliche Lehenshoheit über Sizilien selbst niemals anerkannt hatte, die Friedrich II. wenigstens vorerst noch aufrechterhielt, und auch nochmals verbriefte. Einem Verlassen Deutschlands stand nun nichts mehr im Wege und wenige Monate später trat Friedrich seine Romfahrt an.

Zum erstenmal zeigte sich hier etwas für Friedrich II. ganz Typisches, das schon einmal bei der Kreuznahme in Aachen, wenigstens andeutungsweise, hervorgetreten war: daß er es verstand — und schließlich mit einer wirklichen Virtuosität verstand — durch einen einzigen richtigen Zug sofort eine ganze Anzahl von Positionen zu gewinnen. Denn von dem bereits Erwähnten abzusehen: mit König Heinrichs Wahl war Friedrich, der sich der laufenden innerdeutschen Angelegenheiten zugunsten seiner großen universalen Unternehmungen entledigen wollte, nunmehr auch die Möglichkeit gegeben, in Deutschland am Hofe des jungen römischen Königs eine Nebenregierung einzurichten. Das geschah zunächst im Hinblick auf die Kreuzfahrt und hernach ließ man das Provisorium einfach zum Dauerzustand werden, so daß von nun ab Deutschland durch einen römischen König regiert wurde, während der Kaiser selbst die meiste Zeit im Weltzentrum Italien weilte. Alles das waren Folgen des einen richtigen Zuges. Zwar die Kreuznahme in Aachen hatte auch sofort nach den verschiedensten Richtungen hin ihre Wirkungen gezeigt: doch eingegeben in einer rauschhaften Stunde hatte sie noch nichts von jener fast klingenden Helle und Härte der kristallklaren Luft am Hofe Friedrichs II., in der man mit den geistigen Gegnern überlegen, oft genug mit leiser Ironie förmlich spielte. Das alles kam hier bei der Königswahl des Siziliers Heinrich und ihren Folgen erstmals ganz heraus, vor allem eben jenes spielend — nie spielerisch — Leichte und Zwanglose im Bewältigen auch der verwickeltsten Dinge.

Durch Jahrzehnte sollte es in solchen Lagen für Friedrich II. bei dieser mühelosen Leichtigkeit bleiben, und trotz größter Rücksichtslosigkeit im einzelnen, trotz festen gewaltsamen Zupackens gelang ihm doch alles mit einem Mindestmaß von wirklicher Gewalt. Einen gordischen Knoten etwa mit dem Schwert zu durchschlagen war weder Friedrichs Art noch Aufgabe, im Gegenteil: seine große Kunst bestand darin, daß er die losen Fäden sich unübersehbar verwirren ließ, um dann in dem einen entscheidenden Augenblick mit einem einzigen sicheren Griff alle Enden zu packen und die zersplissenen Fäden zu einem unauflösbaren Knoten zu schürzen, den wiederum nur ein Alexander zu durchschlagen vermocht hätte — und einen solchen hatte die Zeit nicht.

In diesem Zusammenhang mag Friedrichs erster Sieg über die Kurie noch etwas anderem als Beispiel dienen, obwohl hier die ganz hohe Lage der späten Jahre noch nicht erreicht war. Die römische Kurie hatte ja sehr genau gesehen, was Friedrich II. beabsichtigte. Er selbst hatte sie längst wissen lassen, daß er die sizilische Herrschaft gern für sich behalten hätte. Ebenso war die Kurie davon unterrichtet, daß Friedrichs Sohn in Deutschland zum König gewählt werden sollte, und die Folgen einer solchen Wahl hat man in Rom gewiß sofort durchschaut.. und trotzdem: man war in dem Gewebe Friedrichs II. verfangen ohne es zerreißen zu können. Und dabei durfte Friedrich selbst noch eine vollkommen unschuldige Miene wahren, da die Fürsten, nicht er für die Wahl König Heinrichs die Verantwortung trugen.. ja, um diesen Schein noch ganz besonders zu verstärken, hatte man zu Frankfurt die Wahl vorgenommen in einem Augenblick, in dem Friedrich gerade nicht anwesend war, so daß er wahrheitsgemäß erklären konnte: alles habe sich „ohne sein Wissen und nicht in seiner Gegenwart" abgespielt. Die Kurie hatte den schließlichen Ausgang wohl kommen sehen, doch sie mußte bekennen, daß diese deutsche Königswahl sie nichts angehe. Im stillen hat Honorius die Wahl wohl mit Hilfe der geistlichen Fürsten zu hintertreiben versucht, woraus jener anfängliche Widerstand zu erklären wäre. Ebensowenig aber konnte der Papst eine Verletzung der früheren Abmachungen vorwerfen: er hätte es sonst gewiß nicht versäumt. So waren der Kurie die Hände gebunden und für sie blieb nur zu hoffen, daß die Königswahl überhaupt nicht zustande kommen und daß auf diese Weise dem drohenden Verhängnis noch einmal gewehrt würde. Gerade darin aber deutet sich ein Friedrich ganz besonderes Eigentümliches an. Was nämlich den Staufer sehr bald umwitterte und in seiner Spätzeit geradezu ungeheuerliche Dimensionen annehmen sollte, war das schicksalsgleich Unerbittliche: daß in diesem Staufer das Verhängnis selbst leibhaft daherschritt und zwar — was es besonders unheimlich und erregend machte — nicht etwa nur dröhnend, drohend und grollend, sondern ebensooft mit ganz leichtem Tritt, wiederum fast nur unschuldig spielend und lächelnd oder in der Spätzeit: statt des Lächelns mit einem zynischen und bisweilen totentanzhaften Witz auf den Lippen. Dieses Verhängnisträchtige äußerte sich indessen bei Friedrich II. keineswegs nur in der Aktion, sondern war fast mehr noch Sache des Wesens und Seins. Schon als Puer Apuliae war er ganz ohne eigenes Zutun genau auf die gleiche Art für einen Giganten wie Innocenz III. zum Verhängnis geworden, der als der gewaltigste Gegner eines staufischen Imperiums schließlich keinen andern Ausweg aus den verschlungenen Geweben mehr wußte, als selbst den letzten und noch dazu: den sizilischen Staufer, den er hätte vernichten können, auf den römischen Kaiserthron zu erheben. Hier umgeistert den Staufer etwas Nur-Deutsches Germanisches, das einem Napoleon ganz fehlte, etwas von dem maßlos Gefährlichen einer Vorform des Mephisto, der nicht hinkt und nicht Bockshörner trägt, sondern die Lande durchwandelt als ein schöner goldblonder scheinbar unschuldiger Puer Apuliae und mit gottgeraubten Waffen kampflos siegt. —

Es ergänzt nur das Gesamtbild von Friedrichs deutschen Jahren, daß er um den Preis seines Sieges über die Kurie und seines sizilischen Erblandes unbedenklich die deutschen Fürsten wieder durch die Überlassung einer Anzahl von Kronrechten kaufte. Besonders die geistlichen Fürsten hatten anfangs der Königswahl widerstrebt, doch als Friedrich ihnen das freie Verfügungsrecht über ihren Nachlaß, als er ihnen in ihren Bischofslanden Zölle und Münzen überließ, ihnen ferner die freie Verfügung über die Lehen ihrer Gebiete zusicherte und als er sich selbst seines besonderen Hoheitsrechtes, der Reichsacht, zu ihren Gunsten wenigstens teilweise entäußerte, insofern als von nun ab dem Kirchenbann ohne weiteres und ganz selbständig die Reichsacht folgen mußte .. da konnten die geistlichen Fürsten doch nicht widerstehen und gaben um solche Vergünstigungen auch den Papst und seine sizilische Politik preis. Durch Ausnahmeprivilegien waren diese Kronrechte ohnehin schon vielfach durchbrochen, so daß Friedrichs tatsächliche Einbuße nicht einmal sehr groß war. Das immerhin Bedenkliche der „Constitution zugunsten der geistlichen Fürsten" war jedoch, daß die Ausnahmen jetzt rechtskräftig zur Norm wurden und man hat diesen Erlaß Friedrich daher häufig zum Vorwurf gemacht. Doch Siziliens Besitz wog ihm — und schließlich mit Recht — mehr als etliche Regalien und es wäre mit nicht weniger gutem Grunde wohl den deutschen Fürsten vorzurücken, daß sie sich für alles Große nur gegen Bezahlung gewinnen ließen und tatsächlich um einen Brauzoll ihrem Kaiser folgten oder ihn verrieten. Das alles aber waren keine Verhältnisse, in denen ein Friedrich II. als Staatsmann unmittelbar wirken konnte: er brauchte Rohstoff, in dem er bilden, und große Feinde, die er bekämpfen konnte — aber den fürstlichen Krämergeschäften war er vielleicht nicht einmal recht gewachsen. Die Manneskraft der Deutschen, die noch immer eine Welt darstellte, die zog er heran.. die Sorge für Fürstenwünsche und Fürstenzwiste aber überließ er jener Nebenregierung, die er während der Unmündigkeit des Königs Heinrich zunächst dem Erzbischof Engelbert von Köln als Gubernator Deutschlands anvertraute.

Ein Reichsspruch Walthers von der Vogelweide trifft mit bitterer Ironie und Schärfe die ganze damalige Lage. Durch die Verweigerung von König Heinrichs Wahl hielten die Fürsten Friedrich ab, nach Rom zu ziehen und weiter ins Heilige Land. Um nun auf die Königswahl in Friedrichs Sinn einzuwirken, weist Walther den Fürsten, die sonst ja immer „des Königs gerne wären ledig", einen Rat, wie sie — eben durch Heinrichs Wahl — imstande wären, den König „tausend Meilen und noch mehr nach Trani" zu senden:

> Ihr, Feinde, sollt ihn fahren lassen seine Bahn.
> Vielleicht daß hier daheim er nimmer mehr euch wirret.
> Bliebe er dort, deß Gott nicht gäb, so lachet ihr.
> Kommt er uns Freunden wieder heim so lachen wir.
> Der Märe warten beide Teil: und habt den Rat von mir.

Der Spruch sollte den Plänen Friedrichs, dem der Dichter keineswegs fernstand, unmittelbar dienen und für diese Hilfe empfing wohl Walther endlich auch „sin lehen", um das er Kaiser Otto lange vergebens gebeten hatte. So verband sich der Staufer den Minnesänger: Bestes blieb ihm eben auch in Deutschland nicht verschlossen. Im ganzen aber war es an der Zeit, daß Friedrich den Norden verließ. Noch im gleichen Jahre sollte er in Sizilien als Staatsmann seine Kunst bewähren können und jenem ersten Erfolg einen zweiten, größeren anreihen dürfen. — —

Begleitet von der Königin Konstanze und von einer Anzahl Fürsten, hauptsächlich solcher, die gleich ihrem König das Kreuzeszeichen trugen, brach Friedrich II. mit einem nur geringen Heer im August 1220 vom Augsburger Lechfeld, dem für die Italienzüge üblichen Sammelplatz, nach dem Süden auf. Langsam zog er die durch Romfahrten so vieler deutscher Kaiser geweihte Brennerstraße entlang, vorbei an Innsbruck, Bozen und Trient, wo er acht Jahre zuvor als ein Abenteurer in die unwegsamsten Teile der Alpen abgebogen war, weiter nach Verona zu.

Doch er berührte die Stadt nicht, sondern lagerte in jenen Septembertagen mit seinem Hofe am Gardasee in Zelten. Sein erstes Schreiben auf italischem Boden galt Papst Honorius, in welchem er für alle Wohltaten dankte und wissen ließ, daß er sich den um des Seelenheils willen über ihn verhängten kirchlichen Bußen unterzogen und sich sogar vom Bann habe lossprechen lassen, der ihn als säumigen Kreuzfahrer hätte treffen können — jedoch, wie er sofort hinzufügte: nur um dem Papst und der Kirche seine Ehrfurcht zu zeigen, nicht weil er schuldig gewesen sei. Bald wurde der Marsch durch die Lombardei fortgesetzt. Der Hofkanzler und Erzbischof Konrad von Metz war als Legat des Königs vorausgesandt und hatte in dem stets erregbaren Reichsitalien für die Ruhe gesorgt. Die Städte Lombardiens, selbst das den Staufern erzfeindliche Mailand, hatten Friedrich II. wohl anerkannt. Trotzdem war hier alles in Gärung und nur für den Anfang wollte man abwarten, wie Friedrich II. sich zu den verschiedenen Parteien Oberitaliens stellen würde. Ein Ruf von außerordentlicher Tatkraft, Tapferkeit und Klugheit war dem König vorausgeeilt, den die Lieder der Troubadours, die sich an den Höfen oberitalischer Adliger aufhielten, seit einigen Jahren verbreitet hatten. Ein wenig schien man enttäuscht von dem künftigen Kaiser, der in seinem Äußeren trotz der nun fast sechsundzwanzig Jahre auf die Lombarden noch gar zu knabenhaft wirkte. Friedrich II. vermied es außerdem, schon jetzt zu den einzelnen Städtegruppen Stellung zu nehmen und ging in seiner Zurückhaltung sogar so weit, daß er auf seiner ganzen Romfahrt keine der Städte besuchte, sondern stets außerhalb ihrer sein Lager bezog. Nur mit Bologna, der Stadt, in der das römische Recht blühte, machte Friedrich eine Ausnahme, und sehr bald tauchte auch in seiner Umgebung ein derzeitiger Aretiner und früherer Bologneser Rechtslehrer auf: der in jener Zeit weit berühmte Roffred von Benevent.

Man bemerkte damals, daß Friedrich, der wie es üblich war, bei seinem Eintritt in Italien den italischen Städten ihre guten Rechte verbriefte, ausschließlich die Bestätigung der das Reich betreffenden Freiheiten und Vergünstigungen gewährte, nichts jedoch was Sizilien anging. Daß damals über die Krone Siziliens noch keine päpstliche Entscheidung vorlag, mochte als willkommener und geeigneter Vorwand dienen für die von Friedrich II. sehr scharf beobachtete Zurückhaltung. In Wirklichkeit aber war es so, daß er für sein Königreich noch keine Privilegien hergeben wollte. Am tiefsten waren darüber die Genuesen enttäuscht, deren Gesandte voller Erwartungen in das Hoflager bei Modena geeilt waren. Denn Genua, die Stadt, die Friedrich auf dem Zuge nach Deutschland so eifrig unterstützt hatte, daß sie sich rühmte, ihm „Pforte" (Genua hieß „Janua") des Kaisertums gewesen zu sein, hatte gerade hinsichtlich Siziliens auf so manche Vergünstigung gehofft. Aber Friedrich bestätigte auch ihr nur die Reichssachen und ließ sie wissen, daß vor seiner Ankunft im Königreich unter keinen Umständen Sizilien Betreffendes verbrieft würde. Es sollte sich bald zeigen, was er plante.

In den ersten Oktobertagen hatte indessen Friedrich dem Papst sein Kommen angezeigt durch eine Gesandtschaft, der zum erstenmal der Deutschordensmeister Hermann von Salza zugeteilt war. Die alte Via Flaminia über den Apennin benutzend, folgte der König selbst langsam nach und als er einen Monat später Rom schon nahe war, empfing er eine päpstliche Gegengesandtschaft, die unmittelbar vor der Kaiserkrönung noch die letzten Zugeständnisse von Friedrich II. erlangen wollte: daß nämlich das Imperium selbst auf Sizilien keine Ansprüche habe, sondern daß es lediglich Erbland der Kaisermutter Konstanze sei und daß Friedrich daher in Sizilien keine fremdländischen Beamten einsetzen dürfe und ein besonderes Königssiegel führen müsse. Das alles kam Friedrichs Wünschen nur entgegen, und unter welcher staatsrechtlichen Form er Sizilien besaß, erschien ihm im Augenblick ziemlich gleichgültig. Viel wesentlicher war die Tatsache, daß die Kurie durch diese Übereinkunft sich also mit der Personalunion offiziell für einverstanden erklärt hatte. Noch einiges andere betreffs der Kreuzfahrt wurde verabredet und zum Schluß als Krönungstag der 22. November, der letzte Sonntag vor Advent festgesetzt.

Die Zeit des wunderbaren Aufstiegs lag nun schon zurück, doch noch oft sollte Friedrich II. die Welt an diese Jahre erinnern: schon als Knaben habe ihn die Vorsehung in allen Gefahren erhalten, um durch ihn in dem verwirrten Imperium gleichsam den Stürmen zu gebieten. Von früh ab begriff er sein Schicksal unter dem unmittelbaren Gesetz einer höheren Fügung und das sollte später noch besonders bedeutungsvoll werden. Denn hatten die früheren Kaiser die Gottunmittelbarkeit ihres kaiserlichen Amtes aus Theorien und Rechtsdoktrinen herzuleiten versucht — von den Päpsten seit Gregor VII. stets angefochten — so griff Friedrich II. verhältnismäßig nur selten auf solche Rechtsbeweise zurück, vielmehr verwies er mit viel größerer Wirkung einfach auf sein persönliches Geschick, welches ihn ganz offenkundig vor aller Welt als den Erwählten des vorsehenden Gottes zeigte. Damit freilich bewies er nicht so sehr die Gottunmittelbarkeit des Kaisertums überhaupt, desto eindringlicher aber die des gegenwärtigen Kaisers und das war schließlich wichtiger. Denn dadurch wurde jede Feier des Kaiseramtes zur Feier gerade seiner Person und die Sendung des Kaisertums überhaupt zur ganz persönlichen Sendung gerade dieses Kaisers... oder um das viel deutlichere Bild der kaiserlichen Prägung selbst zu gebrauchen: „Es wuchs unser unstillbarer Willen zusammen mit der nachfolgenden Kaiserwürde." Person und Amt also begannen einander auf diese Weise zu durchdringen.

Als Abschluß dieser Jahre des ersten Aufstiegs sollte jetzt Friedrich II. in jenem alten feierlichen Zeremoniell die Kaiserwürde empfangen. An dem hierfür bestimmten Tage zog Friedrich mit der Königin Konstanze vom Monte Mario den alten Krönungsweg, die Via Triumphalis der Caesaren, hinab nach Rom. Als künftiger Kaiser hatte er vor der Stadt an einer kleinen Brücke den Römern ihre guten Rechte zu bestätigen und empfing darauf an der Porta Collina nahe den Thermen des Diokletian die Huldigung des stadtrömischen Klerus, der ihn in feierlichem Zuge mit Kruzifixen und Weihrauchgefäßen zur Peterskirche geleitete. Kämmerer, die Almosen streuten, und der praefectus urbi, der das Schwert trug, schritten voran. Auf dem Platze vor der Peterskirche wechselte das Geleit: die römischen Senatoren schritten nun zur Rechten des Königs, um ihm an den Stufen von St. Peter das Pferd abzunehmen. Währenddessen war auch der Papst in feierlicher Prozession aus der Sakristei von St. Peter herausgeschritten und erwartete auf der obersten Stufe thronend den König, zur Rechten die Kardinalbischöfe und -priester, zur Linken die Kardinaldiakone, der übrige Klerus eine Stufe tiefer. Jetzt nahte sich dem Papste der König mit seinem Gefolge. Ehrfurchtsvoll küßte Friedrich dem Heiligen Vater die Füße und brachte ihm als dem Stellvertreter Christi Gold dar. Papst Honorius empfing ihn gütig mit Kuß und Umarmung, dann erhob er sich und man sah ihn, den König zu seiner Rechten, zur Kapelle Santa Maria in Turribus schreiten, wo Friedrich den Eid abzulegen hatte, in allen Nöten und Nützen Verteidiger und Schirmer des Papstes und der Kirche zu sein. Während der Papst zum Altar ging, dort betete und seinen Sitz einnahm, blieb der König noch zurück, um in die Bruderschaft der Kanoniker von St. Peter aufgenommen zu werden.

In früheren Zeiten waren die Kaiser bei der Krönung wirklich in den geistlichen Stand aufgenommen und als Priester eingekleidet worden: sie wurden Kleriker der römischen Kirche, indem man von der Anschauung ausging, daß der Kaiser auch in den Spiritualien „nicht ganz Laie" sein könne. Doch auch in dem Krönungszeremoniell hatte der Gang der Geschichte seinen Ausdruck gefunden: mit der wachsenden Macht des imperialen Papsttums waren die Priestereigenschaften der Kaiser zwar nicht ganz aufgehoben, doch bedeutend abgeschwächt worden.

Der Kaiser erhielt keinen Bischofsring mehr.. nicht mehr auf dem Haupt, sondern nur zwischen den Schulterblättern und am rechten Arm erfolgte die Salbung und man verwendete für diese nicht mehr wie ehedem Chrisma sondern einfach geweihtes Öl.. an die Stelle der Bischofsweihe aber trat die Aufnahme in die Bruderschaft der Kanoniker von St. Peter, der sich Friedrich II. eben jetzt unterzog. Trotzdem blieb das ganze Ritual in Gebet und Litanei dem einer Bischofsweihe immer noch sehr ähnlich. Mit dem kaiserlichen Ornat bekleidet, trat Friedrich nunmehr durch die Silberpforte in St. Peter ein, wo Kardinäle Segen und Gebet über ihn sprachen. Vor dem Grabe Petri erwies er die Ehrfurcht und vor dem Grabe des heiligen Mauritius wurde er von einem Kardinal gesalbt. Jetzt erst stieg er zum Altare Petri hinauf, sein Bekenntnis abzulegen und vom Papst den Friedenskuß zu empfangen, dann nahm er mit seinem Gefolge den ihm bestimmten Platz ein. Der Papst sprach das Gebet, dem sich noch ein besonderes für den König anschloß, worauf sich Friedrich, die Insignien zu empfangen, dem Papst näherte. Der krönte ihn mit Mithra und mit Krone und reichte ihm hierauf zunächst das Schwert, welches Friedrich dreimal kräftig schwingen mußte zum Zeichen, daß er nur ein „miles Beati Petri" sei, dann erhielt er Zepter und Apfel. Nunmehr respondierte auch der Chor zum erstenmal: „Friedrich, der Römer unbesiegtestem Kaiser, dem immer Erhabenen, Sieg und Heil!" Die Krönung der Kaiserin Konstanze vollzog sich in entsprechender Weise. Bei dem darauffolgenden Hochamt hatte der Kaiser, der Mantel und Krone ablegte, dem Papst als Subdiakon zu ministrieren, dann empfing er zusammen mit der Kaiserin aus der Hand des Papstes die Kommunion mit dem päpstlichen Friedenskuß. Der Papst erteilte darauf den Segen und verließ mit dem Kaiser zusammen St. Peter, um vor dem Dom zu Pferde zu steigen. Dabei hielt Friedrich dem Papst den Bügel und führte das Pferd einige Schritte weit, ehe er selbst seinen Schimmel bestieg. Bei Santa Maria Transpadina trennten sich Papst und Kaiser mit nochmaligem Kuß, und Friedrich kehrte in sein Lager am Monte Mario zurück.

Aus der Hand des Kardinals Hugo von Ostia, des späteren Papstes Gregor IX., hatte Friedrich II. bei der Krönung nochmals das Kreuz genommen und versprochen, im August 1221 ins Heilige Land überzugehn. Außerdem erließ Friedrich an dem Krönungstage eine Anzahl von Gesetzen: vor allem ein Edikt gegen die Ketzer und eines, das die Zusammengehörigkeit von Kirchenbann und Reichsacht festlegte. Für Friedrich II., der auf seiner Romfahrt von allen italienischen Städten allein Bologna besuchte, ist es dabei bezeichnend, daß er den Doktoren und

Studenten der „Heiligen Rechte" zu Bologna befahl, diese Krönungsgesetze in die Kodices des römischen Rechtes einzuschreiben und als gültig für ewige Zeit ihnen gemäß zu lehren. Tatsächlich sind die Krönungsgesetze in das Corpus eingefügt worden, wo sie den Gesetzen Barbarossas folgen: die beiden einzigen deutschen Kaiser, deren Namen im römischen Rechte verewigt sind. Im übrigen war die ganze Krönungsfeier ohne Störung verlaufen, was sich selten genug ereignete. Denn meist kam es zwischen den kaiserlichen Truppen und den Stadtrömern zu Reibereien: Barbarossa hatte heimlich gekrönt werden müssen, und bei der Krönung Ottos IV. war es zu richtigen Schlachten gekommen, weil beide Kaiser den Römern die üblichen Geschenke verweigert hatten. Doch solches widersprach der ganzen Art Friedrichs II., der sich überdies gelegentlich als den von den Römern selbst erwählten und nach Germanien entsandten Kaiser zu bezeichnen liebte: nicht minder stolz als jene Vorgänger hat er um der dinglichen Werte willen niemals aus einer Steigbügel-Zeremonie oder einem Krönungsgeschenk Aufhebens gemacht, da ihm Konflikte um ganz andere Dinge vorbehalten waren. — —

Gleich nach der Krönung wandte sich Friedrich II. seinem sizilischen Königreich zu. Sizilien zog ihn an, auch weil es die Heimat war, mehr aber noch, weil sich ihm als Staatsmann mit diesem Land endlich der Rohstoff darbot, den er genau so bilden konnte, wie er wollte. Gerade darin hatte sich ihm Deutschland versagt. Jeden Schritt, den er dort getan, hatte er den Wünschen der Fürsten auf die eine oder andere Art anpassen müssen.. nirgends hatte er richtig durchgreifen können, statt dessen überall Verwaltungsformen angetroffen, die nur bedingt die seinen werden konnten, da das Lehenswesen jede Unmittelbarkeit und Unbedingtheit des Herrschers ausschloß.. Formen, die durch den Brauch von Jahrhunderten schon viel zu weit gefestigt waren, als daß sie ohne ganz gewaltige Umwälzungen hätten verändert werden können. So hatte Friedrich dem allzu fertigen, wenn auch gewiß nicht vollkommenen Gebilde Deutschland nur bestimmte Kräfte entnehmen können, die zwar noch nicht ausgeschöpft waren, die aber in ähnlicher Weise doch schon zahlreichen Kaisern gedient hatten und denen gerade deshalb für weitreichende Pläne allein zu vertrauen mindestens ein zweifelhaftes Wagnis blieb.

Da lagen in Sizilien die Dinge viel günstiger. Nur zwei drei Menschenalter hindurch hatten hier die Normannenkönige, insbesondere Friedrichs Großvater König Roger II. gewirkt, mit äußerster Intensität freilich und einer genialen Staatsklugheit. Doch in den fast drei Jahrzehnten der ununterbrochenen Kämpfe und Wirren war deren Werk bis zur Unkenntlichkeit zertrümmert worden und das Land, das schon in Friedrichs Kindheit Schauplatz vollständiger Anarchie und grenzenloser Verwilderung gewesen, das der Puer Apuliae in der gleichen trostlosen Verwahrlosung verlassen hatte, zeigte auch jetzt nach Friedrichs langer Abwesenheit kein anderes Bild: in Sizilien herrschte das Chaos, das freilich die Möglichkeiten jeder Form in sich trug. Durch Jahrzehnte hatten sich hier sämtliche Kräfte der damaligen Welt getummelt und auch jetzt war hier noch alles in Bewegung und Fluß. Für den wirklichen Staatsmann, der wohl überhaupt nur in labilen Verhältnissen sich voll entfalten kann — alle Großen brauchten eine „Revolution" — mußten also die allergünstigsten Vorbedingungen gerade durch dieses Chaos gegeben sein, das ja niemals einen versammelten Widerstand kennt. Dazu kam noch etwas anderes. Für einen Kaiser, der zunächst römischer Imperator sein wollte, war schon der geographischen Lage nach Sizilien damals die gegebene Machtbasis. Wenn die drei großen Stauferkaiser sich mit solcher Ausdauer Sizilien zuwandten, so werden sie auch genau gewußt haben, was ihnen Sizilien bieten konnte und was ihnen in bestimmter Hinsicht Deutschland verwehrte: denn in der Kreuzfahrerzeit war Sizilien tatsächlich „Nabel und Hafen aller Königreiche der Welt", in ganz ähnlicher Weise etwa wie im Zeitalter der Entdeckungen das Spanien Karls V., dessen nördlicher Stützpunkt dementsprechend Holland und das „atlantische" Deutschland sein mußte, wie für die Staufer das „mediterrane" Schwaben und Süddeutschland überhaupt. Friedrichs II. persönliche Liebe für Sizilien ist unbestreitbar und war unter den gegebenen Verhältnissen nur ein Vorteil. Aber er liebte es auch, weil er es brauchte, und bezeichnend für seine Art der Liebe ist dies eine: daß sie nicht dem üppigen und halbtropischen Palermo galt, welches er die letzten Jahrzehnte zu besuchen sogar gänzlich vermied, sondern Apulien, Kampanien und der Capitanata, den Nachbarprovinzen des Kirchenstaats also und den Rom, dem Caput Mundi, nächsten Bezirken des Königreiches.

Wie nun die Materien im Norden und Süden grundverschieden waren, so auch die Art ihrer Behandlung. In Deutschland hatte Friedrich II. gerade im Hinblick auf das römische Reich nach Möglichkeit die welthaltigen Kräfte freimachen und lösen müssen. In Sizilien hingegen, das Weltsubstanzen genug und übergenug hatte und niemals Gefahr lief stockig und dumpf zu werden, eher am Leben selbst zugrunde zu gehen und sich zu zerfleischen, hatte Friedrich die nämlichen Kräfte, die in Deutschland zu lockern waren, zusammenhalten und binden müssen, auf daß sie sich nicht verflüchtigten. An Gesamtgehalt mochten beide Reiche einander dann nahekommen, beide auf ihre Art „römisch" werden, und durch seine feinfühlige Staatspädagogik erreichte Friedrich II. tatsächlich, daß in seiner Zeit das aufgelockerte und geweitete Deutschland so gefüllt ward, daß es eine Plastik hervorbringen konnte, während umgekehrt das stahlhart geschmiedete Sizilien so straff gespannt wurde, daß es — wohl zum erstenmal seit der Tyrannenzeit — schließlich im Liede zu tönen begann.. in beiden Fällen ein unvergleichlich kühnes, ja vermessenes Spiel, das nur dieser eine Meister — und auch er nur durch wenige Jahre — spielen durfte und konnte. —

Man hatte in Sizilien begreiflicherweise der Ankunft des Kaisers mit nicht geringer Besorgnis entgegengeblickt: denn Verrat hatten an dem Knaben einstmals fast alle geübt. Eine große Anzahl sizilischer Barone fand sich daher schon zur Krönung in Rom ein, um Friedrich zu huldigen und Vergangenes möglichst vergessen zu machen. Friedrich aber hatte schon von langer Hand jeden Schritt sorgfältig vorbereitet und damit noch während seiner deutschen Jahre begonnen. Worauf er ausging, hätte man in Sizilien wohl dem einen oder anderen Zeichen bereits entnehmen können. So hatte Friedrich II. einen der früheren Usurpatoren, den Grafen Rainer von Manente, von dem man behauptete, er habe Friedrich einst nach dem Leben getrachtet, noch in Deutschland festgenommen, als er sich unvorsichtigerweise ohne Geleitsbrief zum König begab. Auf Bitten des Papstes hat ihn der König zwar wieder freigelassen, doch das ganze Krongut, das jener sich angemaßt hatte, und das seine Verwandten mit Hilfe von Banditen noch zu halten suchten, mußte er herausgeben. Auch daß Friedrich auf dem Marsch durch Oberitalien keine Privilegien für Sizilien erteilte, ließ auf bestimmte Absichten schließen: das ganze Krongut nämlich, das in den vergangenen Jahrzehnten die jeweiligen Machthaber vertan und verschleudert hatten, galt es zunächst einzuziehen, dann aber alle kleinen Nebenmächte, die sich im Königreich eingenistet, zu beseitigen, und damit den Staat neu zu errichten. Mit seiner ganzen feurigen Tatkraft, die Papst Honorius eher tadelnd als lobend erwähnt, trat Friedrich II. an seine erste große Aufgabe heran.

Die Fähigkeit, durch einen einzigen richtigen Zug vielfache Wirrnis zu lösen, hatte Friedrich im diplomatischen Spiel mit der römischen Kurie schon bewiesen. In jenem Falle hätte man immerhin seinen Erfolg nur auf eine geschickte Kasuistik zurückführen können, nun aber sollte sich das Gleiche nicht am Geist, sondern am Stoff selbst erproben. Ein einziges, fast lächerlich einfaches Gesetz war es, mit dem Friedrich das ganze Durcheinander, das Gewoge und Gewühl Siziliens im Augenblick zum Erstarren brachte und zwar fast genau in der Form, die er persönlich für seinen Staat brauchte. Seit dreißig Jahren, seit dem Tode des letzten legitimen Normannenkönigs Wilhelms II. (1189) herrschte die Unordnung: Regalien, Kronrechte, Krongüter, Lehen waren seither teils von Kaiser Heinrich VI. in der Absicht, sie wieder zurückzufordern, teils von den zahlreichen Machthabern während Friedrichs Jugendzeit vergabt, verschenkt und vertan worden.. zum Nachteil der Krone, die dabei gänzlich verarmte und alle Macht einbüßte. Also mußten die Geschehnisse dieser dreißig Jahre rückgängig gemacht werden, um dem Herrscher wieder die starke Macht in die Hände zu geben, welche die Normannenkönige behauptet hatten und die großenteils auf dem ausgedehnten Demanium, dem Kronbesitz gegründet hatte. Durch das schon längst vorbereitete Gesetz: „De resignandis privilegiis" erklärte Friedrich II. daher alle Vergabungen, Schenkungen, Privilegien, Besitzesbestätigungen der letzten dreißig Jahre für ungültig und nichtig und ordnete an, daß ein jeder seine Dokumente, welche außerprivaten Besitz betrafen, innerhalb der nächsten Monate der kaiserlichen Kanzlei vorzulegen habe, wo diese geprüft und nur, wenn für gut befunden, erneuert würden. Für einen Augenblick also war jeder Besitzer von Kronländereien, Kronlehen, Regalien, Zöllen und besonderen Vorrechten besitzlos geworden und es lag ganz im Belieben des Kaisers, ob der Betreffende seinen Besitz behalten durfte oder ob er ihn hergeben mußte. Über die Verteilung solchen Besitzes läßt sich schwer etwas sagen, da ja gerade die hierfür maßgebenden Urkunden von der Kanzlei vernichtet wurden: jedoch waren sowohl die Adligen wie Kirchen Klöster Städte und selbst zahlreiche Bürger — etwa als Pächter kleiner Zölle oder als Nutznießer gewisser Freiheiten — hiervon betroffen. Als Gesichtspunkt für die Kassation der Privilegien war in weitestem Maße bestimmend, ob der Kaiser die Burg, das Land, den Zoll oder das sonstige Sonderrecht für den Aufbau seines Staates gerade brauchte oder nicht. War dies der Fall, so wurde der Besitz eingezogen, der ja zweckentsprechend durch die Vorlage der Urkunden an den prüfenden Augen der kaiserlichen Kurie vorbeizog .. andernfalls erhielten die Priviligienbesitzer ihre Diplome neu ausgefertigt, jedoch unter Hinzufügung einer Formel, durch die sich der Kaiser jederzeit den Widerruf auch der neuen Verbriefungen vorbehielt. Überdies gewann dabei die kaiserliche Kanzlei einen genauen Überblick über alles Vergabte und über dessen Verteilung, wobei sich das der Krone Notwendige jederzeit leicht herausgreifen ließ.. ferner war dem Kaiser die Möglichkeit gegeben, allen mißliebigen Personen und Mächten wenigstens ihre bevorzugten Sonderrechte zu nehmen... außerdem kam die Krone — also König und Staat, da ja eine getrennte Rechnungsführung unbekannt war — wieder zu ihrem außerordentlich umfangreichen Besitz und schließlich war dem Kaiser für sein ganzes Vorgehen gegen die verschiedenen Kleinmächte die legale Grundlage gegeben... auch dieses bezeichnend für Friedrich II., der dadurch nur als Gesetzesvollstrecker, nicht als Eroberer aufzutreten brauchte, wie er übrigens gleich selbst betonte: er warne irgendwelchen illegalen Wegen zu vertrauen... sie seien aussichtslos, da er gekommen sei, alles im Stand der Gerechtigkeit, die unter seiner Herrschaft zu leuchten beginne, wieder aufzurichten. Freilich, unter Gerechtigkeit verstand Friedrich II. weniger eine starre Satzung als vielmehr das Recht des lebendigen Staates, das bestimmt wurde durch die jeweils wechselnden Staatsnotwendigkeiten. Dadurch wurde aus der Gerechtigkeit selbst — im Gegensatz zu bestimmten mittelalterlichen Anschauungen -- ein Lebendiges, ja Bewegtes und aus diesem noch zu erläuternden Begriff einer wandlungsfähigen Justitia ging auch des Kaisers merkwürdiger legaler „Macchiavellismus" im Dienste des Staats, nicht des Fürsten hervor, der ungemein kraß in Erscheinung trat gleich bei der ersten Anwendung des Privilegiengesetzes, auf dessen vielspältigen Auswirkungen die ganze Neuordnung Siziliens fußte.

In beträchtlicher Anzahl hatten sich sizilische Barone zur Kaiserkrönung in Rom eingefunden. Auch der mächtigste der Magnaten, Thomas von Celano, Graf von Molise, der allein gegen vierzehnhundert Ritter und Knechte aufstellen konnte, hatte seinen Sohn dem Kaiser entgegengesandt, um Friedrich zu huldigen und dessen Gnade anzurufen. Denn wie die meisten anderen Großen, hatte auch der Graf von Molise Friedrich verraten, ja der Vater des Grafen war ein Hauptanhänger Kaiser Ottos gewesen. Doch trotz der gewichtigen Fürsprache des Papstes und der des Kardinals Thomas von Capua lehnte Friedrich die freiwillige Unterwerfung ab. Daß der Kaiser einen besonderen Haß gerade gegen diesen Grafen genährt hätte, ist nicht bekannt, aber wenn Friedrich die Machthaber des festländischen Sizilien allesamt niederzwingen wollte, so entsprach es genau jenen einfachsten Regeln, die später Macchiavell als Doktrin verbreitete, wenn er zuerst dem Mächtigsten Feindschaft ansagte und gegen diesen die kleineren Barone ausspielte. Denn war mit deren Hilfe der Große niedergezwungen, so konnte der Herrscher sich der Kleinen leicht selbst entledigen. Deren Huldigung nahm Friedrich II. in Rom auch entgegen, jedenfalls bediente er sich sofort der vor ihm erschienenen Grafen Roger von Aquila, Jacob von San

Severino, Richard von Ajello, Richard von Celano und noch mancher anderer, indem er ihnen auf Grund des in Kürze zu erlassenden Privilegiengesetzes und anderer Verordnungen unmittelbar nach der Krönung befahl, gewisse Kastelle, die sie besaßen, auszuliefern. Denn der Besitz von festen Plätzen im Königreich war derzeit für Friedrich II. das Wichtigste.

Es war sicher günstig für den Kaiser, daß die Barone Zeugen der Krönungsfeierlichkeiten und Zeugen des Einvernehmens von Kaiser und Papst gewesen waren.. denn dadurch wohl eingeschüchtert, gehorchten sie seinem Befehl ohne weiteres. Im übrigen galt dem Kaiser hier nirgends die Person, sondern nur die Sache: der ihm stets treue und ergebene Abt von Monte Cassino, der gleichfalls zur Krönung in Rom erschienen war, mußte auf Grund desselben Privilegiengesetzes nicht nur gewisse Gefälle, sondern, obwohl sehr gegen seinen Willen, zwei bedeutende Grenzburgen hergeben: die Rocca d'Evandro und Atina. Zusammen mit drei weiteren Kastellen: Suessa, Teano und Mondragone, die der Graf Roger von Aquila auszuliefern hatte, war Friedrichs Eintritt ins Königreich, der noch im Dezember 1220 bei Monte Cassino erfolgte, gedeckt und die Straße nach Capua gesichert. Die Wahl dieser ersten beschlagnahmten Kastelle hatte Friedrich II. also lediglich nach strategischen Gesichtspunkten getroffen: dieselben Punkte übrigens, an denen in ältesten Zeiten die Römer ihre Kastelle zum Schutz gegen die Samniten errichtet hatten, was auch bei den gleich darauf von Friedrich eingezogenen Burgen von Sora und Cajazzo zutraf. Und mit derselben Front gegen Süden und Südosten verwendete ja auch der von Norden kommende Kaiser zunächst diese Burgen: denn sein erstes Ziel war Capua.

Bevor also der Kaiser noch sein Königreich betrat hatte er schon eine feste Grundlage gewonnen. Weitere Kräfte, auf die er rechnen konnte stellten ihm einige wenige ganz zuverlässige, ihm treu ergebene Adelsfamilien: wohl neben den Cicala und Eboli vor allem die Herren von Aquino, deren einen, Landulf, Friedrich sofort beim Eintritt ins Königreich zum Justitiar der Terra Laboris (etwa des heutigen Kampanien) machte, während er einen anderen, den älteren Thomas von Aquino zum Großjustitiar des gleichen Gebietes und Apuliens ernannte, und ihm die Grafschaft Acerra verlieh. Außerdem verfügte er über die Streitkräfte jener vorher erwähnten Barone, die Friedrich einstens wohl verraten, jetzt aber gehuldigt hatten. Einzig auf die Barone gestützt ging also Friedrich daran, die Barone selbst zu bekämpfen. Denn hatte der Kaiser schon sehr wenige deutsche Truppen nach Italien mitgebracht, von denen dazu noch die meisten nur Kreuzfahrer waren, so sollte er in Sizilien fast ganz ohne Heer einrücken, dafür aber in Begleitung jenes früheren Bologneser Rechtslehrers, Roffreds von Benevent. Nur mit den Kräften des Landes wollte Friedrich sein Land unterwerfen. Er erschien noch im Dezember 1220 in Capua, wo er einen großen Hoftag abhielt und eine Anzahl Gesetze erließ. Unter diesen war das wichtigste das Privilegiengesetz, welches mit einer anderen, besonders gegen die Barone gerichteten Verordnung aufs engste zusammenhing: daß nämlich alle innerhalb der letzten dreißig Jahre von den Vasallen neu erbauten Kastelle und Befestigungen der Krone zu überliefern oder zu zerstören seien: denn auch das Befestigungsrecht galt als ein Regal des Herrschers und den Vasallen war darum von jeher verboten, selbst auf eigenem Grund eigenmächtig Kastelle zu bauen. Auch dieses war also ein nur rückgefordertes Königsrecht. Auf dem Hoftage von Capua wurde die gesetzmäßige Grundlage geschaffen für Friedrichs ferneres Vorgehen, zu dem der Kampf gegen die Barone und die Übernahme ihrer Krongüter und Kastelle nur den Auftakt bilden sollte. Der Kaiser leitete diese Unternehmungen nicht einmal selbst: soweit die Übernahme friedlich erfolgen konnte, genügten die eigens zu diesem Zweck eingesetzten Beamten, Widerstand hatten die dem Kaiser ergebenen Barone mit den Waffen zu brechen und den bald beginnenden Feldzug gegen den Grafen von Molise leitete Graf Thomas von Aquino. Friedrich II. selbst aber ward auf diese Weise frei für andere Unternehmungen: denn es geschah vieles gleichzeitig.

Die sich etwa zwei Jahre hinziehende Unterwerfung der Festlandsbarone sei im Zusammenhang verfolgt. Innerhalb weniger Monate war der Kaiser im Besitz einer ganzen Anzahl von Befestigungen im Norden des Königreiches. So hatte der Graf von Ajello sein gleichnamiges Kastell ausgeliefert. Die Rocca d'Arce, Grenzfestung gegen den Kirchenstaat, wurde vom Grafen Roger von Aquila rasch erobert. Die Burgen Cajazzo und Alife gab der Bruder jenes Diepold von Schweinspeunt heraus, der seit mehreren Jahren in kaiserlicher Gefangenschaft für die Hergabe der Kastelle wenigstens seine Freiheit erhielt und angeblich in den Deutschritterorden eintrat. Ferner wurde die einstmals Papst Innocenz III. verpfändete und von diesem seinem Bruder Richard überlassene Grafschaft Sora mit dem Kastell Sorella eingezogen. In den nächsten Jahren folgten noch eine ganze Reihe weiterer Kastelle, die teils erobert, teils zerstört, teils neu befestigt wurden, wie die Kastelle von Neapel, Gaeta, Aversa und Foggia — kurz: was die Elsässer von dem ersten Staufer dem Herzog Friedrich sagten: am Schweife seines Rosses schleppe er stets eine Burg mit, das konnte in gewissem Sinne auch von dem Nachfahren gelten. Schon im Frühjahr 1221 begannen die Kämpfe gegen den Grafen von Molise, der in zwei fast uneinnehmbaren Abruzzenkastellen, Bojano und Roccamandolfi verschanzt, von den kaiserlichen Heerführern belagert wurde. Bojano wurde erobert, Roccamandolfi mußte sich ergeben.. der Graf aber warf sich in eine dritte Burg, Ovindoli, deren Widerstand nicht rasch zu brechen war. Doch der Feldzug, der schon an zwei Jahre gedauert hatte, wurde schließlich durch einen Vertrag beendet und demzufolge auch Ovindoli ausgeliefert. Der Graf ging in Verbannung, seine eigenen molisischen Güter blieben ihm oder vielmehr seiner Gemahlin zunächst erhalten. Als aber der Graf den Vertrag angeblich verletzte, sich dann auf Vorladung dem kaiserlichen Gerichte nicht stellte, zog Friedrich auch die gesamten molisischen Güter ein, was er von Anfang an wohl beabsichtigt hatte. Celano aber, die wichtigste Stadt im Gebiete des Grafen wurde wegen eines verräterischen Überfalls auf eine kaiserliche Abteilung bis zu den Grundmauern zerstört, die Einwohner zerstreut, dann wieder gesammelt und nach Sizilien verschickt, wo Friedrich für sie eine bestimmte Verwendung hatte. Erst nach Jahren durften sie in die Heimat zurückkehren und Celano wieder aufbauen, das von nun an den Namen „Caesarea" zu führen hatte. Eine „Dies irae" hatte also die Heimatsstadt des gleichzeitig lebenden Franziskaners Thomas von Celano in nicht geringem Ausmaß erfahren.

Damit war der molisische Feldzug zwar beendet und der mächtigste der Festlandsbarone überwältigt, doch die Gesamtaktion gegen die Feudalherren trotzdem noch nicht abgeschlossen. Denn keineswegs durfte Friedrich II. von den kleineren Baronen weiterhin so abhängig bleiben, wie er es in diesen Jahren war. Auch sie mußten vernichtet werden. Die nächste Gelegenheit war dem Kaiser nach Beendigung des molisischen Feldzuges recht: als die Grafen Roger von Aquila, Jacob von San Severino und einige andere zum Sarazenenkrieg aufgeboten mit zu geringer Mannschaft, zum Teil wohl auch gar nicht erschienen, befahl Friedrich kurzerhand sie gefangenzunehmen und ihre Güter einzuziehen. Auf päpstliche Fürbitte ließ er sie dann frei, verwies sie jedoch des Landes. Sie gingen genau wie der Graf von Molise nach Rom. — Seit diesem letzten Schlag war, von Geringfügigkeiten abgesehen, jeglicher Widerstand der Lehensaristokratie für die ganze Dauer der Regierung Friedrichs II. gebrochen, woraus sich in der Tat ergibt, daß die härtesten und skrupellosesten Mittel auch die mildesten sind, wenn der sie Anwendende weiß, was er will, oder um Platons Wort anzuführen:

daß „unter den Reinigungen des Staates, die schweren, welche zugleich die besten sind, nur ein Mann durchzuführen vermag, der Tyrann und Gesetzgeber in einer Person ist.., der auch zu töten und zu verbannen sich nicht scheut.. Denn keinem Gesetzgeber bleibt es erspart, sein Werk mit einer Maßregel dieser Art zu beginnen." Im übrigen hat Friedrich II. mit verblüffender Genauigkeit nach den später von Macchiavell aufgestellten Regeln gehandelt, der gleichfalls das Beseitigen der ersten Helfer unter allen Umständen fordert: denn diese würden späterhin die gefährlichsten Gegner, weil sie sich gegen den Herrscher zuviel herausnähmen und doch nie befriedigt werden könnten. Dies alles war jedenfalls Kaiser Friedrich weit näher als die Ratschläge seines Zeitgenossen Thomas von Gaeta, eines alten sizilischen Beamten, der ehemals mit zahlreichen Missionen an den päpstlichen Hof betraut auch in seinen Anschauungen der römischen Kurie nicht fernstand. Denn der riet, entsetzt über die neuen Zustände, dem Kaiser, er möge statt auf Bergeshöhen Burgen zu errichten und Hügel zu befestigen lieber Kirchen und Klöster erbauen, was Friedrich bisher überhaupt ganz versäumt habe, und möge besser die Herzen als die Leiber gewinnen, da die Liebe der Untertanen das einzige unerstürmbare Bollwerk sei. Den Rat hat Friedrich II. sich jedenfalls nicht zu Herzen genommen: denn trotz einer ungeheuren Bautätigkeit hat er während seines ganzen Lebens nur eine einzige unbedeutende Kirche gebaut — und auch sie nicht ganz freiwillig.

Die Macht des großen Lehensadels im sizilischen Königreich war auf diese Weise gebrochen. Mit anderen Staatsmännern hat Friedrich II. gemein, daß er nun für seine Dienste den niederen armen Adel heranzog, den wesentlich zu bereichern er sich im allgemeinen hütete. All diese Maßnahmen hängen indessen noch mit etwas anderem zusammen, nämlich mit seiner grundsätzlichen Abneigung gegen das Lehenssystem überhaupt, das jedes unmittelbare Einwirken des Herrschers so gut wie unmöglich machte. Die größten Lehensträger waren jetzt zwar gewaltsam beseitigt, doch schon auf dem Hoftage von Capua war durch entsprechende Erlasse eine Umwandlung des gesamten Lehenswesens angebahnt worden, womit auch die Wehrkraft des Adels in erhöhtem Maße und unmittelbarer dem Herrscher verfügbar werden sollte. Nicht einmal, daß Friedrich II. wesentlich neue Gesetze „erfunden" hätte: aber er rief ganz bestimmte normannische Gesetze mit bestimmter Tendenz und Erweiterung wieder ins Gedächtnis. Er ging dabei zunächst darauf aus, möglichst viele Lehen zugunsten der Krone einzuziehen und diese möglichst gar nicht wieder auszugeben. Dem diente das Verbot der Ehe für alle Lehensleute ohne vorherige besondere Erlaubnis des Kaisers, ein Gesetz, das ebenso strenge gehandhabt wurde wie die Erbschaftsverbote: daß nämlich Kinder der Lehensträger gleichfalls nur mit kaiserlicher Erlaubnis die Erbfolge des Lehensbesitzes antreten durften. Auf diese Weise sollte der Heimfall der Lehen an die Krone beschleunigt werden. Ferner hatten die Lehensleute — ganz ähnlich wie der Kaiser überall seine verstreuten Kronrechte wieder einforderte — ihrerseits alle den Lehen während der Zeiten der Wirren entfremdeten Rechte wieder zurückzuverlangen, um die Zersplitterung des Lehens zu verhüten: auch dies mehr in Hinsicht auf den möglichst ungeschmälerten Heimfall des Großlehens an die Krone, als im eigenen Interesse der Lehensinhaber. Aus dem gleichen Grunde wurde jede eigenmächtige Weitergabe von Afterlehen ohne besondere Erlaubnis des Kaisers strengstens verboten, weil eine starke Belastung mit Aftervasallen die Lehen nur schwächte und bei Rückgabe des Großlehens der Krone nur Verpflichtungen gegen die Kleinvasallen erwuchsen. Im übrigen entsprach Selbständigkeit der Untertanen, also auch selbständige Weitergabe von Lehen, in keiner Weise den Regierungsgrundsätzen Kaiser Friedrichs.

Was dieser mit der ganzen neuen Lehensordnung erreichte, war kurz folgendes: da niemand mehr an dem einmal gesetzten Stand der Lehen und deren Verteilung, für welche das Todesjahr des letzten Normannenkönigs als Maßstab galt, etwas verändern durfte — ohne besondere Erlaubnis des Kaisers nicht heiraten, nicht vererben, nicht weiterverleihen durfte —, war das bisher ein Eigenleben führende, selbständig lebendige, flüssige Lehenswesen durch einen einzigen Befehl in einem bestimmten Zustand zur Erstarrung gebracht. Veränderungen konnte von jetzt ab also nur der Kaiser selbst vornehmen, der gleichzeitig durch die Unveränderlichkeit der Besitzesverhältnisse unmittelbaren Einblick wie Einfluß gewann bis in die entfernteste Verästelung des ganzen Systems. Jede selbständige Beweglichkeit war also plötzlich gebannt und — wie es Kaiser Friedrichs ganzer Anschauung entsprach: jegliches Leben, jede Bewegtheit durfte fortan nur von seiner Person und seinem kaiserlichen Willen sich herleiten, dem umgekehrt alles zu gehorchen hatte. Die lockere und nur mittelbar durch das Land gegebene Bindung des Lehensreiches sollte also dem fest geklammerten Gefüge des Staates weichen: nicht Land und Lehen verbanden den Adligen mit dem Kaiser — durch diese waren dem Lehensträger nur noch Pflichten geblieben, keine Rechte erwachsen — sondern allein persönlicher Dienst. Und so blieb es auch fortan: daß nämlich nicht der Lehensbesitz dem Adligen

Geltung verschaffte, sondern nur seine persönlichen Dienste, die er dem König unmittelbar als Krieger oder, was für Friedrich noch wichtiger war, als Beamter leistete .. das erstmals hier angebahnte Prinzip eines „Hofadels" etwa im Sinne des späteren Absolutismus. Diesem Staatlichmachen des Adels und der Ritterschaft ging eine andere Maßnahme parallel. Zum erstenmal wurden nämlich von Friedrich II. in weitestem Umfange Burgen und Kastelle in die unmittelbare Verwaltung der Krone, des Staats übernommen, was etwa bedeutete, daß aus Ritterburgen Landesfestungen wurden. Über zweihundert solcher staatlichen Kastelle Türme und Schlösser sind aus der Zeit Friedrichs II. bekannt, der entsprechend in seinen Staatsorganismus einen ganz neuen Beamtenzweig einfügen mußte, dem diese „Landesverteidigung" unterstand, der die Verwaltung der Kastelle, ihre Herstellung und Instandhaltung überwachte, die hierfür nötigen Beamten beaufsichtigte, die Besatzung löhnte und dergleichen mehr. Die Landeskastelle trugen wie das nirgends und niemals Brauch war, in Friedenszeiten selbstverständlich keine Besatzung oder doch nur einen Kastellan und ein oder zwei Bewaffnete. In Kriegszeiten dagegen hatten die umliegenden Lehensträger und Ortschaften, die im übrigen auch großenteils für Bau und Instandhaltung aufkommen mußten, gemäß ihren Verpflichtungen die Kastelle auf Anordnung zu besetzen und hierfür die Lasten zu tragen. Es war also eine Art staatlicher Landesverteidigung durchgeführt, die den alten, jedoch wesentlich vereinfachten Lehensunterbau nutzend in jener Zeit einzigartig war, vor allem als einheitlich durchdachtes und planmäßiges System.

Auf eine recht wichtige Folge dieser Umwandlung der Ritterburgen in Staatskastelle sei hier noch verwiesen: daß nämlich für die Neubauten kaiserlicher Kastelle, mit denen Friedrich II. schon sehr bald begann, ein ganz neuer Baustil heraufkam. Es handelte sich ja hier nicht um Wohnburgen, wie sie sonst üblich waren, in denen der Ritter mit Frau und Familie lebte, sondern um Verteidigungsanlagen des Staates, die nur Männern als Aufenthalt dienten. Infolgedessen konnten die Kastelle ähnlich den römischen Kastren nach einem einzigen, mit nur geringen Abweichungen gleichförmig durchgeführten Grundriß gebaut werden, der selbst das Äußerste an mathematischer Einfachheit Knappheit und schlichter Geradlinigkeit darstellte: ein steinernes Quadrat oder Rechteck mit einem Turm an jeder der vier Ecken, wie es etwa die bekannten Kastelle in Neapel zeigen. Gewisse Spielarten besonders im Innern und in den nirgends fehlenden Schmuckformen und Kunstbeiwerken sind freilich sehr wohl zu unterscheiden, wie auch die Anpassung an das

Gelände manche Abwandlung bedingte: doch das gleiche Grundprinzip blieb allgemein gewahrt und überall vorwaltend und ließ sich im Flachland wie an den Küstenplätzen auch ganz rein durchführen. Man hat wohl mit Recht in den Kastellen Friedrichs II. das Vorbild für die Deutschordensburgen in Preußen gesucht, die von allen sonstigen Stilen abweichend die gleiche einfache Anlage aufweisen.. und die Bedingungen des Deutschordensstaates entsprachen ja vielfach denen des süditalischen Stauferstaates: denn auch die preußischen Ordensburgen dienten ja keinen Familien als Aufenthalt, sondern nur Kriegern, und waren gleichfalls staatliche Wehranlagen. Was jedenfalls den preußischen wie den süditalisch-staufischen Kastellen fehlte, war das „Malerische" zugunsten einer strengen geradlinigen Monumentalität und einer planmäßigen Gliederung, die alles auf die mathematisch einfachste Form brachte. Im Innern fanden sich dann wohl die Kreuzrippengewölbe und spitzbogigen Arkaden der Höfe, auch Spitzbogenfenster und gotische Portale fehlten nicht: nach außen hin aber zeigten diese Kastelle mit ihren abgeplatteten Türmen und flachen Dächern fast nur rechte Winkel.. riesige steinerne Würfel und Blöcke.

Hatte man schon der Ankunft des Kaisers mit einigem Bangen entgegengesehen, so begann man Friedrich II. nach wenigen Monaten bereits zu fürchten: „Alle im Königreich beugten vor dem Kaiser die Nacken" so meldete der Chronist. Während Friedrichs Heerführer und die Barone den molisischen Feldzug einleiteten, setzte der Kaiser selbst wenige Monate nach dem Hoftag von Capua im Mai 1221 nach einem kurzen Aufenthalt in Apulien und Kalabrien über nach der Insel Sizilien. In Messina hielt er einen neuen Hoftag ab und verkündete auch hier neue Gesetze, diesmal jedoch nicht in der kurzen Assisenform, vielmehr schon in der ihm später eigentümlichen, die nicht nur das Gesetz selbst sagte, sondern auch dessen Begründung gab und Notwendigkeit erklärte. Hatten die Capuaner Assisen die Grundlinien und die erste Ordnung des sizilischen Staates herausgearbeitet, so galten die Verordnungen von Messina lediglich den außerhalb des eigentlichen Staatsverbandes stehenden Untertanen, gegen welche Friedrich II. die Seinen abgrenzte: Verordnungen über die Spieler und Gotteslästerer, über die Juden, die Huren und die fahrenden Sänger. Das Vorbild dieser aller war eine Gefahr und so setzte ihnen Friedrich II. Schranken. Spieler pflegten zu fluchen und Gott zu lästern: daher dürften solche am wenigsten unter Klerikern sein, welche „die Norm richtigen Lebens in Haltung und Wort übermitteln sollten". Die Juden mußten den gelben Fleck auf die Kleidung heften und den Bart wachsen lassen.. in Nachahmung der Muslims schon vom Laterankonzil (1215) befohlen. Denn ohne solches Erkennungsmal würden „wie die Pflichten so die Bräuche des christlichen Glaubens verwirrt". Die Huren durften nicht in der Stadt wohnen und mit ehrbaren Frauen zugleich die Bäder besuchen: „Denn ein krankes Schaf verdirbt die ganze Herde". Die Spielleute endlich und fahrende Sänger sollten vogelfrei werden, „wenn sie mit Schmähliedern des Kaisers Frieden zu stören wagten". Sie alle schied so der Kaiser gemäß der kirchlichen Satzung von seinem Volk, das er rein herauszuschälen sich anschickte.

Die Notwendigkeit, sein Land von fremden Gewalten zu reinigen, bestimmte Friedrichs nächsten Schlag, den er hier auf der Insel führte: auf Grund des Privilegiengesetzes entzog er den fremden Seemächten ihre Vorrechte und verjagte sie aus den Häfen Siziliens. Amalfi und Pisa, Genua und Venedig hatten sich einst zahlreiche Handelsrechte auf der fruchtbaren Insel erworben. Denn Sizilien war nicht nur noch immer eine der „Kornkammern" aus der man sein Getreide und vielleicht Zucker und Datteln, Hanf und Flachs, Seide und Wolle holte .. Siziliens Häfen waren auch wichtige Stapelplätze und Zwischenstationen der Levantefahrer, die hier auf dem Hinweg die Heimats-, auf dem Rückweg die Orientwaren absetzten oder gegen sizilisches Korn vertauschten. Amalfi war nach seiner Verwüstung durch die Normannen (1135) aus dem Welthandel ausgeschieden, Venedig brauchte allenfalls den Hafen von Brindisi — die Insel selbst lag ja abseits von Venedigs direktem Weg nach dem Orient — und so blieben vor allem Genua und Pisa, die den sizilischen Handel auszunützen bemüht waren. Die große Nähe der beiden mächtigsten oberitalischen Handelsrepubliken ließ sie überall zu Rivalen werden: in der Beherrschung des heimatlichen, des ligurischen Meeres, auf Sardinien und Korsika, in der Provence, im Heiligen Land und auch in Sizilien. Hier genossen ehemals beide fast die gleichen Vergünstigungen: ein besonderes Quartier in allen wichtigen Häfen, ein Konsulat, ein Lagerhaus — nämlich den von den Arabern überkommenen „Fondaco" — insbesondere aber die Handelsfreiheit, welche die Kaufleute von Zöllen, Abgaben und Gebühren entband. Politisch äußerte sich die Rivalität von Pisanern und Genuesen seit langem darin, daß der Lage gemäß die Genuesen es gern mit den Lombarden hielten und meist kaiserfeindlich waren, die Pisaner demgemäß kaiserlich. Von jeher hatte Pisa seine Flotte den Kaisern zur Verfügung gestellt. In Friedrichs Jugend neigte daher das kaiserliche Pisa dem Welfenkaiser Otto IV., das antikaiserliche Genua dem jungen König von Sizilien zu. Durch diese Verbindung mit dem sizilischen König hatten nun die Genuesen auf der Insel bald die Vormacht gewonnen und dafür in jenen Jahren dem jungen König als Helfer gegen Pisa gedient. Als Otto IV. dann unterlag und mit ihm die pisanische Politik, da schien Genuas Vorherrschaft in Sizilien endgültig gefestigt.

Wie die Seestädte dabei operierten, mag eine Episode aus den Kämpfen während Friedrichs Jugendzeit veranschaulichen. Streitbare pisanische See- oder Kaufleute, in jedem Fall gleichzeitig Korsaren, hatten die Wirren im Königreiche benutzt, sich der Stadt Syrakus bemächtigt und Bischof samt Einwohnern daraus verjagt. Syrakus wurde eine Piratenburg unter dem Schutze Pisas, das sich dieses Stützpunktes bediente und nur offiziell die Verantwortung für dortige Geschehnisse ablehnte. Da trafen im Sommer 1204 aus der Levante heimkehrende Genuesen zufällig in Kreta mit solchen zusammen, die auf der Rückfahrt aus Alexandrien begriffen waren, so daß in Kreta eine größere genuesische Kauffahrerflotte beisammenlag. Man beriet sich, was tun, und verabredete Syrakus den Pisanern abzunehmen. Der Anstifter dieses Planes war der gefeierte genuesische Korsar Alaman da Costa, der eben ein mit Waffen beladenes Pisanerschiff erbeutet hatte. Dieser übernahm auch die Führung der genuesischen Flotte. Man steuerte von Kreta auf Syrakus los, erhielt in Malta, das damals von Genua abhängig war, Verstärkung durch einige genuesische Kriegsgaleeren, griff darauf Syrakus an und war nach acht Tagen im Besitze der Stadt. Alaman da Costa wurde deren Herr, zeichnete die Urkunden als „von Gottes, Königs und der Stadt Genua Gnaden Graf von Syrakus und Familiar des Königs" und suchte sowohl sein syrakusanisches Territorium zu vergrößern, als Einfluß zu gewinnen auf die Politik Siziliens. Diese sizilische Korsarentyrannis unterstand der Mutterstadt Genua, die in der Tat aus einem Privileg Barbarossas gewisse Ansprüche auf Syrakus herleiten konnte. Infolgedessen hielt Genua mit Kreta Malta und Syrakus die wichtigsten Stützpunkte des Wegs nach dem Orient besetzt.

So hatte sich Genua auf Sizilien eingenistet. Friedrich II. war den Genuesen durchaus wohlgesinnt und daß diese ihm einst auf seiner Fahrt nach Deutschland behilflich gewesen, hatte er gewiß nicht vergessen. Dennoch war für eine genuesische Grafschaft Syrakus in seinem neuen Staat so wenig Platz wie für Handelsbevorzugungen irgendeiner fremden Macht, ob es nun Genuesen oder Pisaner waren. Das stets kaisertreue Pisa sah sich jetzt in gewissem Sinne besser gestellt: denn Friedrich, der die beiden rivalisierenden Seestädte ganz gleich behandelte, hatte nicht nur den Genuesen, sondern auch den Pisanern, als sie ihm nach dem Tode Kaiser Ottos huldigten, hinsichtlich des Imperiums ihre guten Rechte verbrieft und ihnen die sizilischen entzogen. Nur waren die an Sizilien weniger stark beteiligten Pisaner mit ihrem Reichsprivileg ganz zufrieden und verblieben einfach in ihrer stets kaisertreuen Haltung, die sie einst dem Welfen, jetzt aber für die ganze Epoche seiner Regierung Friedrich II. bewahrten. Den Genuesen hingegen, der in Sizilien meistprivilegierten Seemacht, sollte die bisherige Vormachtstellung außerordentlich teuer zu stehen kommen. Denn Friedrich II. griff hier sofort ein: aus Syrakus wurde der Graf Alaman da Costa samt den Genuesen verjagt, in Palermo wurde ein Palast, der Genua als Lagerhaus diente, im Sinne des Privilegiengesetzes eingezogen und ähnlich in Messina Trapani und anderwärts verfahren. Der bisherige Admiral Siziliens, ein Genuese Guillelmus Porcus, ergriff vorsichtshalber die Flucht. Das Privilegiengesetz, das sämtliche Freiheiten aufhob, traf die Genuesen schwer, schwerer ein Gesetz der Capuaner Assisen, welches jede Bevorzugung Fremder vor den Landesbewohnern, etwa durch Befreiung von Abgaben und Zöllen aufhob. Das alles war gewiß schmerzlich für die Genuesen, die Friedrich deshalb der Undankbarkeit ziehen. Aber um der bloßen persönlichen Dankbarkeit willen konnte der Kaiser nicht seinen Staat in Frage stellen und die sich immer mehr steigernde Mißstimmung der Genuesen mußte er eben hinnehmen, auch wenn diese schließlich, trotz wiederholter kaiserlicher Bemühungen, zur offenen Feinschaft anwuchs. Die Notwendigkeiten Siziliens gingen für Friedrich vor: die Staatseinkünfte aus Zöllen und Hafengebühren mußten nämlich auf ein Mindestmaß herabsinken, wenn gerade die wichtigsten Handelsstädte ganz von solchen Lasten befreit wurden. Wie beträchtlich die dem Staate bisher entgangenen Einnahmen waren, beweist am besten der genuesische Stadtschreiber selbst: zehn Prozent — so klagt er in seiner Chronik — zehn Prozent und noch mehr betrage jetzt die die Ware belastende Steuer im Königreich.

Friedrich II. hatte auf dem Festland die Macht der Lehensbarone gebrochen und dem sofort in der staatlichen Landesverteidigung ein Positives entgegengesetzt: entsprechend verfuhr er jetzt auf dem maritimen Gebiet. Die Austreibung der fremden Seemächte nötigte ihm förmlich sofort eine Neuschöpfung auf: nämlich selbst eine sizilische Flotte zu schaffen. Auch hier diente zunächst das Privilegiengesetz: bisherige Vergünstigungen wurden nicht wieder bestätigt und dadurch die alte normannische Seemannsordnung erneuert, welche bestimmten Ortschaften die Gestellung von Matrosen, andern sowie den Baronen die Lieferung von Schiffsbauholz auferlegte. Sehr bald errichtete der Kaiser auch staatliche Werften. Da jedoch der Bau neuer Schiffe Zeit in

Anspruch nahm, so wurde die erste Flotte vornehmlich aus gemieteten und gekauften Schiffen zusammengestellt. Rücksichtsvoll ging der Kaiser dabei gewiß nicht vor: Schiffer der italienischen Seestädte und sonstige Kauffahrer, welche sizilische Häfen anliefen, wurden zu freiwilligem Vermieten oder Verkaufen ihrer Fahrzeuge aufgefordert oder hierzu einfach gezwungen, so daß die Venezianer ihre nach Apulien fahrenden Schiffer eigens vor solchen Schiffsverkäufen warnten und die Verkäufer zur Rechenschaft zogen. Doch mit den Handelsschiffen allein war es nicht getan: diese bedurften zu ihrem Schutze der Kriegsfahrzeuge, der Galeeren, und auch deren Bau begann der Kaiser alsbald zu betreiben. Mit höchstem Eifer und mit allen Mitteln muß damals an der schnellen Bereitstellung von Schiffen gearbeitet worden sein, da noch 1221 zwei größere Geschwader zum Kreuzheer nach Ägypten segelten und Friedrich bis zum Jahre 1225 gar hundert Galeeren und fünfzig Transportschiffe fahrbereit haben wollte. Jedenfalls schuf der Kaiser allmählich eine starke Handels- und die ganz vorzügliche mächtige Kriegsflotte, die ihm in seinen italischen Kriegen unendliche Dienste leisten und manchen schönen Sieg einbringen sollte. Es war freilich zunächst eine sizilische Flotte, die erst später zur Reichsflotte des römischen Imperiums wurde. Aber von Anfang an führte sie das Banner des Staufers — den römischen Kaiseradler im goldnen Feld —, so daß zu Friedrichs Zeiten zum erstenmal eine deutsch-römische Kaiserflotte das Tyrrhenische und das Inselmeer durchfuhr und zum erstenmal Kauffahrer unter dem deutsch-römischen Kaiseradler Handel treibend nach Syrien, Ägypten und Tunis segelten — „Aquila" hieß eines dieser Schiffe, „Nusf-ed-Dunja", „Die halbe Welt" ein anderes. Erst dreihundert Jahre später unter Karl V. wiederholte sich ähnliches.

Die neue Flotte unterstellte Friedrich einem neuen Admiral, dem Grafen Heinrich von Malta, gleich seinem entflohenen Vorgänger Genuese von Geburt, einst ein kühner Korsar und wohl kein ganz ungefährlicher Mann, dessen möglicher Gegnerschaft der Kaiser durch die Ernennung zuvorkam. Gleichzeitig begann Friedrich auch auf der Insel Sizilien Burgen in Kronverwaltung zu übernehmen und einen Küstenschutz einzurichten sowohl als Bollwerk gegen feindliche Schiffe, wie auch zur Vorbereitung für den im ersten Jahre noch nicht möglichen Sarazenenkrieg.

Die Reinigung Siziliens von den Fremdmächten hatte einer Aufrichtung der Landeseinheit gedient, der Wiederaufbau der Flotte die Landeshoheit erweitert. Die durch die Flotte gewonnene Unabhängigkeit von fremdem Handel und fremder Schiffahrt ermöglichte alsbald auch eine neue Wirtschaftspolitik, einen aktiven sizilischen Handel nämlich, den Friedrich mit großer Klarheit und Allseitigkeit sofort aufzunehmen begann, nachdem nicht mehr in dem bisherigen erdrückenden Maße Privilegien fremder Seemächte den Handel lähmten oder gar unmöglich machten. Die vielbestaunte und wunderbar organisierte Wirtschaft Kaiser Friedrichs gehört freilich erst einer späteren Epoche an. Aber auch in der Frühzeit lassen einzelne Vorkommnisse das leidenschaftlich nur auf Einheit hinzielende Wirken des Kaisers erkennen und zeigen zugleich die geradlinige Gewaltsamkeit des kaiserlichen Vorgehens.

Trotz der strengen Durchführung des Privilegiengesetzes, das auf die letzten dreißig Jahre Bezug nahm, besaßen Pisaner und Genuesen noch von früher her manche Vorrechte und Vergünstigungen, so daß die Sizilier wohl auch jetzt den Handel gegen diese Mächte noch nicht recht aufnehmen konnten. Das wäre zu erreichen gewesen, wenn Friedrich durch entsprechende Privilegien und Sonderrechte die Untertanen ebenso günstig gestellt hätte wie die Seemächte. Doch dieses Hilfsmittel hätte Friedrichs Gesamtpolitik durchaus widersprochen, dergemäß im Gegenteil auch die Hafenstädte Siziliens die meisten Vorrechte einbüßten. Hatte es schon eine gewisse Schädigung des fremden Handels zur Folge gehabt, wenn Friedrich Schiffe der Seemächte aufzukaufen bestrebt war (weil er dadurch besonders dem fremden Getreidehandel Schiffsraum entzog, den er selbst verwenden konnte), so schlug er die Fremdmächte noch auf andere Weise ohne Verletzung ihrer alten normannischen Verbriefungen aus dem Felde. Die ungemein hohen Gewinne, die den fremden Seestaaten aus dem für sie immer noch besonders billigen sizilischen Getreide zuflossen, hat der Kaiser in späterer Zeit dadurch in seine eigene Staatskasse geleitet, daß er mit seiner Staatsflotte selbst das Getreide nach den fremden Märkten verschiffte und zu den dortigen hohen Preisen absetzte. In diesen frühen Jahren aber, in welchen die kaiserliche Flotte erst im Entstehen war, außerdem durch das Kreuzzugsunternehmen stark beansprucht wurde, entzog der Kaiser den fremden Verladern die allzu großen Gewinne auf andere Art. Im Jahre 1224 verbot er auf kurze Zeit jegliche Ausfuhr von Getreide, Lebensmitteln und Vieh. Die Handelsmächte durften nur von der Krone selbst das Getreide kaufen und Friedrich setzte für sie den Preis so hoch fest, daß ihnen die alten Vergünstigungen nichts mehr nützten, während die Krone selbst bei diesem Verfahren noch reichlich verdiente. Die vorübergehende Folge war zwar in Sizilien eine derartige Verbilligung der Lebensmittel, daß die Erzeuger kaum die Selbstkosten herausbrachten, was der Kaiser wiederum sofort zu großen Getreideankäufen der Krone ausnutzte. Doch dies war eine wie immer angenehme oder unangenehme Begleiterscheinung der Sperre, nicht der Zweck der kaiserlichen Maßnahme, die sich in erster Linie gegen die alten Vorrechte der Seemächte richtete. Daß dabei der Privathandel, der übrigens das Jahr darauf beträchtliche Verladungen nach Venedig zu verzeichnen hatte, unter diesem gewaltsamen Eingriff litt und benachteiligt wurde, war nicht zu ändern und wird den Kaiser nicht sehr berührt haben. Denn seine Gewaltmaßnahmen waren damals notwendig, um in einem bestimmten Augenblick dem Staat die größten Gewinne nicht entgehen zu lassen, die der Einzelne doch weder hätte wahrnehmen noch erzielen können.

Mit der Vertreibung der Seemächte, der Aufhebung ihrer Lagerhäuser und ihrer Einsprengsel im sizilischen Land wurden auch die sizilischen Häfen wieder richtig überwachbar, was der Kaiser gleichfalls sehr bald ausnutzte. Um nämlich während des Sarazenenkrieges möglichst viele Lebensmittel nach der Insel selbst hereinzubekommen, gewährte Friedrich im Jahre 1222 abgabefreie Einfuhr nach Palermo. Durch das Öffnen dieses einen Hafens, dem vermutlich ein Schließen der anderen nebenherging, lockte Friedrich einmal den Handel überhaupt an, zweitens aber lenkte er ihn auf den für die militärischen Operationen günstigst gelegenen Punkt hin und dies hatte auch durchaus den gewünschten Erfolg: die Lebensmittelversorgung des Heeres sicherzustellen. —

Ähnliche Gewaltmaßnahmen begegnen noch auf anderen Wirtschaftsgebieten, obwohl deren Sinn nicht immer ganz deutlich zu erkennen ist. Jedenfalls wurde die Ausfuhr von Edelmetallen sofort strengstens verboten und Zahlungen an Ausländer nur in den neu geschlagenen sehr groben silbernen „Imperialen" gestattet, die einen Zwangskurs erhielten. Daß dieser Kurs innegehalten werde, ließ Friedrich beschwören, außerdem aber sorgfältig überwachen. Auf die Zentralisation des Handels weist ebenfalls die Aufhebung zahlreicher Messen hin, die den Handel zersplitterten und nur einigen Großen des Landes Nutzen brachten. Ferner begann mit Friedrich II. die Erhebung einer direkten Steuer, erstmals im Jahre 1223, die nach Bedarf alle ein, zwei oder drei Jahre wiederholt wurde, bis sie schließlich in des Kaisers späteren Jahren die Form einer ganz regelmäßigen jährlichen Abgabe erhielt. Diese „Kollekte", ursprünglich eine außerordentliche Beihilfe, wurde derart gehandhabt, daß der Kaiser die aufzubringende Gesamtsumme festsetzte, allenfalls noch die Verteilung auf die einzelnen Provinzen selbst diktierte.. die weitere Umlage aber bestimmten dann die Provinzialstatthalter, die Justitiare, die zusammen mit Steuereinnehmern die Gelder einzusammeln hatten. — Diese spärlichen Einzelanordnungen geben erst zusammen mit der späteren Wirtschaftshandhabung des Kaisers ein vollständiges Bild, doch auch dies Wenige weist in die gleiche Richtung: auch im Wirtschaftlichen die Staatseinheit zu schaffen und den auswärtigen Handel möglichst durch den Staat selbst betreiben zu lassen.

Es wurde schon mehrfach der Sarazenenkrieg erwähnt, den Friedrich im Sommer seines zweiten sizilischen Jahres (1222) begann. Nicht gegen ein eigentlich selbständiges muslimisches Emirat aus der Zeit der Aghlabiten, die gleichsam als Enkelerben der Punier von Tunis aus im neunten Jahrhundert Sizilien eroberten, hatte Friedrich II. zu kämpfen — das hatten bereits die Normannen getan —, wohl aber gegen versprengte Reste ursprünglich unabhängiger Sarazenen, die sich in dem unzugänglichen Bergland des Innern noch gehalten hatten. Sie waren verstärkt worden durch zahlreiche Flüchtlinge aus Palermo, welche sich mit einigen sarazenischen Großen einem blutigen Gemetzel entzogen hatten, das die Christen der Hauptstadt einst (1190) gegen sie anzettelten. Auch entlaufene sarazenische Feldsklaven, vielleicht auch Stammesgenossen aus Afrika stießen zu ihnen.. jedenfalls war es eine recht beträchtliche Macht, die seit Jahrzehnten niemandem mehr gehorcht und allmählich das ganze Innere der Insel besetzt hatte. In den Kämpfen zur Zeit der Vormundschaft des Papstes Innocenz waren diese Sarazenen gleich den Rittern des Festlandes und den Korsaren der Küste gefürchtete Gegner wie begehrte Verbündete gewesen, die aber Friedrich, dem Mündel des Papstes, stets feind waren, ja ihm verschiedentlich nach dem Leben getrachtet hatten. Ähnlich den Genuesen in Syrakus hatten sich Sarazenen in Girgenti zeitweise festgesetzt, wohl um die Verbindung mit Afrika aufrechtzuerhalten. Auch sie hatten hier den Bischof gefangengenommen und einen Teil der Bewohner verjagt, und hatten schließlich selbst nach Norden hin ihre Raubzüge bis fast an die Küste, bis Monreale (südlich Palermo) ausgedehnt. Ein Kampf gegen sie war unvermeidlich, weil der Kaiser vorläufig von der ganzen sizilischen Insel eigentlich nur den schmalen Streifen der Küste beherrschte.

Friedrichs Feldzug gegen die im Gebirge Verschanzten wurde zu einem langen kostspieligen und mühevollen Kleinkrieg, dessen Einzelheiten wenig bekannt sind. Doch es wurde gleich im ersten Sommer die sarazenische Hauptfeste Jato belagert, die auch vorübergehend besetzt werden konnte. Der Emir Ibn-Abbad hatte die Hoffnung auf einen Sieg aufgegeben und sich mit seinen Söhnen zum Kaiser aufgemacht, ihn um Gnade zu bitten. Der Kaiser aber war, wohl weil sich Ibn-Abbad an kaiserlichen Boten vergriffen hatte, gegen den rebellischen Emir aufs höchste erzürnt und so aufgebracht, daß sich bei der Begegnung eine Szene abspielte, die durchaus an jenen leidenschaftlichen Wutausbruch des siebenjährigen Friedrich erinnerte. Als nämlich Ibn-Abbad das kaiserliche Zelt betrat, und sich dem Kaiser zu Füßen warf, stieß ihm Friedrich II., kaum daß er seiner ansichtig wurde, so mit dem Fuß gegen den Leib, daß er mit seinem scharfen Sporn dem Emir die ganze Seite aufriß. Friedrich ließ Ibn-Abbad aus dem Zelt hinausschaffen und ihn eine Woche später mit seinen Söhnen als Rebellen aufknüpfen. Zwei zufällig mitgefangene Kaufleute aus Marseille teilten das Los des Emirs: sie hatten zehn Jahre zuvor Knaben und Mädchen des Kinderkreuzzuges auf den Sklavenmärkten von Tunis und Kairo verschachert und jetzt gar die Absicht gehabt, Friedrich an den Emir zu verraten.

Nach diesem ersten Erfolg verbrachte der Kaiser den Winter auf dem Festland. Doch die von ihm als Besatzung nach Jato entsandte Mannschaft wurde durch Verrat von den Muslims bis auf den letzten Mann niedergemacht und der auf der Insel zurückgelassene Admiral Heinrich von Malta vermochte eine neue Zusammenrottung der Sarazenen nicht zu verhindern. Die Entschuldigung, seine Streitkräfte seien für einen Angriff zu schwach gewesen, ließ Friedrich nicht gelten: sie trug dem Admiral nur die kaiserliche Ungnade ein und außerdem den Verlust von Malta. Später nahm ihn Friedrich zwar wieder in Gnaden auf, gab ihm sogar seinen Besitz zurück, doch die Burg von Malta behielt sich der Kaiser selbst. Den Feldzug gegen die Sarazenen, dessen Fortsetzung notwendig geworden, mußte Friedrich im nächsten Sommer gleich wieder aufnehmen. Den Sarazenen die Verbindung nach Afrika abzuschneiden und auch hier die kaiserliche Autorität herzustellen, diente eine Streiffahrt bis an die Inseln Nordafrikas, wobei zum erstenmal die Flotte kriegerisch in Tätigkeit trat. Trotz weiterer Erfolge mußten jedoch mehrere Jahre hindurch kaiserliche Heeresabteilungen in Sizilien bleiben und auch der Kaiser selbst war durch diesen Krieg noch mehrfach in Anspruch genommen, wenn auch stets nur vorübergehend.

Das ist in Kürze der Verlauf der von allen Chronisten mit Bewunderung erzählten Unterwerfung der Sarazenen Siziliens. Bewundernswerter aber ist das, was Friedrich daraus machte. Bereits nach dem zweiten Feldzug hatte der Kaiser beschlossen, möglichst alle Sarazenen von der Insel zu entfernen: in den Bergen Siziliens gaben sie keine Ruhe, also wurden sie in die Ebenen Apuliens verpflanzt. Etwa 16000 Muslims, anfangs vornehmlich Feldsklaven — servi, Sklaven des Königs waren ohnehin alle Muslims genau wie die Juden — ließ Friedrich allmählich nach Lucera bringen, das er in eine sarazenische Militärkolonie verwandelte... womit er übrigens die Stadt ihrer ursprünglichen Aufgabe wieder zurückgab: denn Lucera war in ältester römischer Zeit Militärkolonie gewesen, in staufischer Zeit allerdings ein halb entvölkerter Ort des Demaniums, in der Capitanata gelegen nahe dem Monte Gargano und nahe Foggia, dem späteren Lieblingsaufenthalt Kaiser Friedrichs. Hier in Lucera, das Friedrich bald durch ein großes kaiserliches Kastell sichern ließ, blieben die Muslims ganz unter ihresgleichen. Sie lebten unter einem eigenen Oberhaupte, dem Kâid, mit eigenen Aufsichtsorganen, mit ihren Scheichs und Fakihs, und so entstand mitten im ältesten christlichen Land nahe der Grenze des päpstlichen Patrimoniums eine richtige Mohammedanerstadt mit ihren in dem flachen Apulien weithin sichtbaren Wahrzeichen, Moscheen und Minarehs. Die neuen Bewohner hatten das verödete Land zu bebauen und waren auch sonst noch einträglich durch die auf den Mohammedanern lastenden Abgaben: die Kopfsteuer, gezia, für die Duldung des Glaubens, und das terragium oder den canon für den Nießbrauch des Bodens. Da Friedrich, soweit er ihrer habhaft wurde, nach und nach alle sarazenischen Hörigen Siziliens, auch die nicht gekämpft hatten, nach Lucera schaffen ließ, so wurden die Grundherren der Insel auf diese Weise wohl der Arbeitskräfte beraubt und die an ihrer Stelle vom Kaiser entsandten Leute des zerstörten Celano, späterhin auch Lombarden reichten gewiß als Ersatz nicht aus. Doch der Kaiser brauchte für seinen weitläufigen Grundbesitz in viel größerem Maße Arbeitskräfte als andere und außerdem hatte er für die Bewohner der Kolonie Lucera noch eine weitere viel wichtigere Verwendung. Denn diese friedlichen Ackerer konnten im Augenblick zu den selbstgefertigten Waffen greifen, zu Bogen und Pfeil, und als sofort verwendbare, stets schlagbereite Heeresmacht ins Feld ziehen — als leichtes Fußvolk oder mit gleicher Bewaffnung als leichte Reiterei, die ihre vorzüglichen Pferde den eigenen Gestüten entnahm. Es war eine außerordentlich gefährliche, gegen päpstlichen Bann gefeite und nur dem Kaiser gehorsame Truppe, die Friedrich sich da heranzog, der den ersten wilden Haß der Besiegten erstaunlich rasch zu verwandeln wußte in die wiederum den Orientalen eigene fanatische Anhänglichkeit gerade an den Bezwinger, der sie schützte, der ihr Herr und dessen Sklaven sie waren. In ihrer Mitte fühlte sich Friedrich II. in späterer Zeit vielleicht am sichersten und so war es denn auch eine sarazenische Leibwache, die diesen deutschen Kaiser oder wie man ihn in Lucera nannte: den „Sultan" ständig umgab. Wohl seither fand sich auch immer zahlreiche sarazenische Dienerschaft in des Kaisers Umgebung, während in der kaiserlichen Kammer von Lucera, dem berüchtigten „Harem" Friedrichs II., die fleißigen Sarazenenmädchen Gewebe und anderes für ihren Gebieter herstellen mußten.

Es ist gewiß zu bewundern, mit welcher Weisheit der kaum dreißigjährige Kaiser überall die Gegenkräfte zu packen und aus ihnen die verborgenen staatlichen Kräfte freizumachen verstand: unbrauchbaren Stoff gab es anscheinend für ihn überhaupt nicht. Der Einfall aber, die Sarazenen zu verpflanzen, sie von allen Verbindungen mit einem Früher gewaltsam zu lösen, darauf ihnen zu zeigen, daß ihr nackter materieller Vorteil nur in blinder Anhänglichkeit an ihn, ihren Herrn, zu finden sei, und endlich durch den Geist der Resignation und durch die Lust am Sklavesein eine vollkommen fanatische Hingabe an seine Person planmäßig zu zeugen und zu züchten, das ist durchaus die Behandlungsweise des Menschenstoffs seitens eines östlichen Despoten, der ja in höchstem Maße in Friedrich II. Wesen hatte: es ist menschlich etwa das Prinzip, das, im Orient immer wiederkehrend, schließlich in den Janitscharen der osmanischen Sultane seine höchste Ausbildung erfahren hat. Nur zu begreiflich, daß der Kirche die muslimische Kolonie mitten im christlichen Lande ein Ärgernis war, was Kaiser Friedrich im übrigen hinnahm: denn der hatte in seinen Sarazenen, was kein Herrscher des Abendlandes in damaliger Zeit besaß: ein stehendes Heer, eine immer bereite und ihm als Schützer des mohammedanischen Glaubens restlos ergebene Kampftruppe. Das war nämlich ein weiteres Band, das die Sarazenen an Friedrich II. fesselte: nur bei ihm fanden sie in dem fremden Land, entwurzelt wie sie waren, Schutz für ihren Glauben und Friedrich hütete sich wohlweislich, dieses Band zu zerschneiden. Eine Taufe der Sarazenen war ihm außerordentlich unerwünscht, und nur für ganz kurze Zeit, in einer Epoche der gespanntesten Beziehungen zum Papst, gab er einigen Dominikanern widerwillig Erlaubnis, in Lucera zu missionieren, fügte aber hinzu, es sei kaum notwendig, da einige Sarazenen schon bekehrt seien. Die Taufe der Muslims war ihm noch in anderer Beziehung unwillkommen, denn er büßte damit die Kopfsteuer ein.. genau wie es die Heerscharen Mohammeds selbst, die Araber, gar nicht gern sahen, wenn die Besiegten zum Islam übertraten und den Siegern dadurch die Kopfsteuer entging, die ja in Sizilien nur sarazenisches Erbe war. Trotzdem hatte die Sarazenenverpflanzung, wie ein Chronist ausdrücklich bemerkt, zur Folge, daß dadurch Sizilien von „Heiden und Heidenhäusern" befreit wurde. Tatsächlich ist es erst Friedrich II. gewesen, der durch die Absonderung der Mohammedaner das sizilische Königreich nahezu einheitlich christlich machte — von den wenigen Juden abgesehen, da die Griechen nur als Schismatiker galten.

Damit aber war für den Staat Friedrichs II. ein anderes angebahnt: die Glaubens- ja auch die Rasseneinheit, eine Frage, über die Friedrich sich in späterer Zeit sehr merkwürdig äußerte. Sein Sarazenenkrieg aber bezeichnete das Ende des Kampfes mit dem Islam auf italischem Boden, der in Europa allein noch in Spanien fortgeführt wurde.

So hatte Friedrich II. in weniger denn drei Jahren das ganze sizilische Chaos einigermaßen zum Staate gewandelt. Seine Mittel und Waffen hatten sich mit den Gegnern geändert: skrupelloser als die unzuverlässigen und verräterischen Barone und wirtschaftlich weitblickender als die Seestädte, oder mindestens ihnen völlig gewachsen. Das Ziel aber war immer das gleiche: die Aufhebung ungemäßer Freiheiten zugunsten der Einheit des Staates. Was bei allen Unternehmungen des Kaisers hier erstmals auffällt, ist die Geradlinigkeit seines Handelns, die überall durch die Wirrnis mitten hindurch nur den kürzesten Weg wählte, das heißt: sämtliche moralischen gefühlsmäßigen oder sonstigen Reflexionen zurückstellte vor den gegenwärtigen Notwendigkeiten des Staates, die ihn allein leiteten. Diesen Notwendigkeiten des Staates dankte nun auch eine wichtige Institution ihre Gründung: denn kaum daß das Gröbste getan war, rief Friedrich II. im Frühjahr 1224 durch ein Edikt die Universität Neapel ins Leben. Auf dem Hoftage von Capua hatte der Kaiser geistlichen wie weltlichen Großen aufs strengste untersagt, die hohe Gerichtsbarkeit auszuüben, oder diese durch eine von ihnen ernannte Person ausüben zu lassen. Ausschließlich vom Kaiser selbst seien die Justitiare und ihre Gerichtshöfe einzusetzen und kein anderer dürfe es wagen, sich deren Geschäfte anzumaßen. Die Justitiare aber — so hieß es — sollten sich Kenntnis verschaffen von bestimmten Kapiteln, die zur Rechtsprechung gehörten. Ihnen diese Kenntnis zu ermöglichen, hatte nunmehr die Universität Neapel zu dienen.

Ausdrücklich erklärte der Kaiser in seiner Stiftungsurkunde, die neue Universität sei bestimmt, für die kaiserlichen Dienste kluge und gewitzte Männer heranzubilden, denen er die Rechtspflege in seinem Königreiche anvertrauen könne. Da jedoch nichts, was der Kaiser tat, im Teilhaften steckenblieb, so richtete er in Neapel nicht nur eine Rechtsschule ein, sondern sofort ein „Generalstudium", das bis auf die medizinischen Fächer, für welche das nahe Salerno allein maßgebend war, sämtliche Disziplinen umfassen sollte. Mit Neapel wurde daher dem Zwecke entsprechend zum erstenmal eine reine Staatsuniversität geschaffen, die sich von allen bisherigen Stadthochschulen und Kirchenuniversitäten dadurch unterschied, daß hier nicht um des Wissens, sondern um des Staates willen gelehrt wurde oder: daß es keine Schule für angehende

Kleriker war, sondern eine solche für kaiserliche Staatsbeamte. Daß derartige Schulen bisher gefehlt hatten, entsprach den geringen Bedürfnissen der Zeit: für die Landesverwaltung hatten Grafen und Bischöfe genügt, wofür etwa die beiden Paladine Barbarossas kennzeichnend waren: Otto von Wittelsbach und Erzbischof Rainald von Dassel. Daß aber die Verwaltung in Händen geistig durchgebildeter und juristisch geschulter L a i e n ruhen sollte, das erwies sich erstmals im Staate Friedrichs II. als notwendig. So ward hier neben kirchlichen und städtischen zum erstenmal die staatliche Universität geschaffen, deren Leitung ganz in den Händen des Staates lag, deren Lehrer allein vom Staat eingesetzt und vom Staat besoldet wurden.. und das alles zeigt, daß die neue Universität mit einer gewissen Front gegen die Kirche gegründet war, viel bewußter jedoch mit einer Front gegen Bologna.. nicht einmal um durch die Konkurrenz diese alte und auch von Friedrich bisher hochgeschätzte Universität zu schädigen, sondern um angehenden kaiserlichen Beamten den aufrührerisch-freiheitlichen Geist der oberitalischen Kommunen fernzuhalten, mit dem Friedrich sehr bald zusammenstieß. Es sollten also in Neapel Männer herangezogen werden, die geistig der Kirche und den Kommunen nicht nur gewachsen waren, sondern die geradezu den Gegengeist gegen diese beiden Mächte darstellen sollten, die sich wenig später erstmals als die Todfeinde des Kaisers enthüllten und mit denen Friedrich II. noch in der Frühzeit seine Erfahrungen machen sollte.

Doch von der großen Politik abzusehen: die Universitätsgründung ist auch aus dem engsten Staatsumkreis zu verstehen. Es zeigt sich hier, wie gewaltsam Friedrich II. auch den Geist zu binden und in Eines zusammenzuschließen bestrebt war, wenn es in der Gründungsurkunde heißt: das Generalstudium sei eingerichtet worden, damit die nach Weisheit Hungernden und Dürstenden im Königreich selbst, was sie brauchten, finden könnten und fürderhin nicht nötig hätten, ihrer Studien wegen außer Landes zu gehen. Von langen Reisen und Wanderungen befreit dürften die Scholaren nun unter den Augen der Eltern ihr Studium betreiben. Um die Studierenden jedoch gleich wissen zu lassen, daß diese Wohltat des Kaisers zu benutzen oder nicht zu benutzen keineswegs in ihrem Belieben stehe, ordnete Friedrich II. sofort an, daß von nun ab kein sizilischer Untertan mehr eine andere Universität als die von Neapel besuchen dürfe und daß die schon außerhalb des Königreiches studierenden Sizilier bis zu einem bestimmten Termin ihre weiteren Studien nach Neapel zu verlegen hätten. Dieses Gebot hatte natürlich zunächst den Zweck, der von einem auf den andern Tag gestifteten, nicht langsam gewachsenen Universität eine möglichst hohe Scholarenzahl zu sichern. Daher lud Friedrich II. auch die Fremden nach Neapel ein, ja suchte diese auf jede Weise anzulocken: alle Bewohner des römischen Reichs dürften an der kaiserlichen Universität studieren, die der Kaiser in dem „anmutigen Neapel" eingerichtet habe.. hier sei für Unterkunft, Geldleihe, Sicherheit und auch für billige Lebensbedingungen gesorgt, da das Land an Getreide und Wein, Fleisch und Fisch Überfluß habe. Die besten Lehrkräfte seien in Neapel anzutreffen, denn der Kaiser habe seinen Richter Roffred von Benevent neben vielen andern bedeutenden Männern als Lehrer für die neue Universität bestimmt. Während nun die auswärtigen Hochschulen für die Untertanen gesperrt wurden, sicherte Friedrich II. seiner Stiftung auch nach innen sogleich die Alleinstellung: niemand durfte sich unterstehen, im Königreich in den Disziplinen der Universität Unterricht zu erteilen. Bestehende Schulen dieser Art befahl der Kaiser zu schließen.

Bei allen diesen Bestimmungen kommt noch etwas anderes zum Ausdruck. Mochte dem Kaiser sonst im Reich die Fahrtfreude der Scholaren eher willkommen als unwillkommen sein: im Staat war ihm das gleiche durchaus unerwünscht, ja verhaßt. Fahrende Ritter, fahrende Schüler und selbst fahrende Sänger, die „durch Schmählieder des Kaisers Frieden störten" — sie alle konnte er in diesem konzentrierten und gestrafften Organismus nicht gebrauchen und soweit es daher in seiner Macht stand, hat er ihnen allen, außer in seinen kaiserlichen Diensten, die Fahrtmöglichkeit überhaupt abgeschnitten. Mit der Universität wollte Friedrich II. die Besten des Landes im Lande behalten und ohne Kräftezersplitterung sollten diese, erzogen im Geiste des Kaisers, ihm und nur ihm und dem Staate ungeteilt und uneingeschränkt dienen. Daß die Untertanen alles, was bisher allein das Ausland bot, von nun ab in Sizilien selbst fanden, dafür wollte Friedrich II. sorgen. Die gleiche Intensität also, die bei allen Maßnahmen hervortrat, dehnte Friedrich hier in Sizilien auch auf den Geist aus: der erste Kaiser, der willentlich und wissentlich eine Herrschaft auch über die Geister der Untertanen anstrebte. —

So hatte Friedrich II. in raschem Fluge alle Lebensgebiete des Staates umkreist und ihnen sein unverkennbares Mal aufgedrückt. Leben, das nicht er selbst spendete und das nicht unmittelbar in den Staat zurückfloß, durfte es da kaum geben: das Lehenswesen war zur Erstarrung gebracht, der Adel von Bedeutung nur noch im persönlichen Dienste des Kaisers, die Burgen in Landesfestungen verwandelt, der Handel weitgehend verstaatlicht, die Märkte und Messen auf wenige verdichtet, eine staatliche Flotte geschaffen, der gegenüber die Handelsschiffe Privater kaum in Betracht kamen.. es war die Glaubenseinheit annähernd hergestellt, die Sarazenen in eine einzige Kolonie zusammengeschlossen, ein stehendes Heer geschaffen, die selbständige Justiz unterbunden und nun zum Schluß noch die Stätte gegründet, die den kaiserlichen Geist verbreiten und die Helfer heranziehen sollte.. für den kaum Dreißigjährigen nicht wenig, der dies alles wesentlich auf Grund eines einzigen Gesetzes freudig und gleichsam spielend geschaffen hatte. Dabei geschah fast alles gleichzeitig, ja das sofortige Ineinandergreifen der einzelnen richtig angesetzten Kräfte, machte vieles erst möglich. Nur Eine Macht, freilich keine sizilische sondern eine Weltmacht widerstand vorläufig noch jedem Eingriff Friedrichs II. — die Kirche.

Friedrich II. trug zwar schon seit Jahren die römische Kaiserkrone, doch was er bisher gewirkt, hatte sich noch in engem Umkreis vollzogen: seine Taten waren durchaus noch „Königstaten", die wohl dem Kaisertum bald zugute kommen sollten, denen aber eine unmittelbare Bedeutung für die christliche Welt noch fehlte. Als der gekrönte römische Kaiser konnte Friedrich wohl einer Weltmacht wie Papst und Kirche die Wage halten, gegen sie aber vorzugehen, dazu mußte er selbst erst eine „Welt" sein. Dieses Stadium war nicht gewaltsam herbeizuführen und noch weniger konnte Friedrich die Stufe seiner Königszeit einfach überspringen: durfte ihm doch Papst Honorius in jenen Jahren noch schreiben, daß er gelegentliche Übergriffe des Kaisers der „Feurigkeit seiner Jugend" zugute halte.. eine Bemerkung, durch die er allen Angriffen Friedrichs sofort das Gewichtige nahm. Das politische Bild war nicht anders als das menschliche: ein geschlossenes einheitliches Weltimperium vermochte Friedrich der Weltkirche noch nicht entgegenzustellen. Auch das Imperium war erst im Werden: Deutschland hielt Friedrich nur mittelbar in Händen und als gekrönter Kaiser hatte er sich dort noch nicht gezeigt.. Sizilien hatte er zwar unterworfen, doch die Früchte seiner Neuordnung standen naturgemäß noch aus.. und in Reichsitalien hatte er überhaupt noch nicht eingegriffen. So kam es, daß jeder Versuch des Kaisers, auf die Kirche etwa einen Zwang auszuüben, vergeblich sein mußte, während er im diplomatischen Verkehr mit ihr fast stets erfolgreich bleiben durfte: und auch das war nicht wenig. Denn immer noch hatte er sein Kreuzzugsgelübde nicht eingelöst, doch dafür immer wieder verstanden, den Aufbruchstermin hinauszuschieben, um für seine sizilische Neuordnung Zeit zu gewinnen. Manches war ihm dabei günstig.

Friedrich II. hatte sich anläßlich seiner Krönung verpflichtet, im Spätsommer 1221 die Kreuzfahrt anzutreten. Doch nur zwei kaiserliche Geschwader unter dem Admiral Heinrich von Malta und dem ehemaligen Kanzler Walther von Pagliara, jetzt Bischof von Catania wurden nach Damiette entsandt: Friedrich selbst blieb zurück. Die kaiserlichen Hilfskräfte aber trafen in Ägypten zu spät ein, man beging außerdem Fehler — jedenfalls, die Katastrophe im Nildelta war nicht mehr zu verhüten. Ohne die kaiserliche Verstärkung abzuwarten hatten sich die Kreuzfahrer von Damiette aus nilaufwärts bewegt, um mit ihren ganz ungenügenden Mitteln Kairo zu erobern. Man geriet gerade in die Zeit hinein, in welcher der Nil zu steigen begann. Die Ägypter durchstachen die Dämme, und schließlich mußte das christliche Heer kapitulieren und Damiette herausgeben. Des Kaisers Überfahrt war nicht mehr vonnöten.

Durch die Niederlage des Kreuzheeres war die ganze Christenheit schwer getroffen, am schwersten Papst Honorius, als dessen eigenste Unternehmung dieser Kreuzzug eingeleitet war. Doch auch Friedrich II. blieb von dem Mißerfolg nicht unberührt: sein Briefwechsel und einige Zusammenkünfte mit Papst Honorius galten nun ganz besonders den Vorgängen im Orient. Es wurden mit dem Papst neue umfangreiche Rüstungen vereinbart, deren Durchführung einen weiteren Aufschub der Kreuzfahrt notwendig machte, wodurch Friedrich II. aber wieder für Sizilien Zeit gewann. Nicht mit Unrecht machte er dabei geltend, daß er ja auf der Insel genau so wie im Heiligen Land gegen Sarazenen Krieg führe. Von neuem mußte jetzt für den Kreuzzug geworben werden — in Deutschland durch Hermann von Salza — und Laien wie Kleriker hatten drei Jahre hindurch für das neue Unternehmen außerordentliche Abgaben zu leisten. Der Erfolg war allenthalben gering, der Kreuzzugseifer anscheinend für immer verflogen, langwierige Vorbereitungen wurden erforderlich. Durch die Vorstellungen des Deutschordensmeisters, dessen Angaben auch andere bestätigten, ließ sich Papst Honorius von der allgemeinen Unlust überzeugen und dazu bestimmen, dem Kaiser nochmals bis zum Jahre 1227 Aufschub zu gewähren. Dies wurde zu San Germano im Jahre 1225 vereinbart und vertraglich festgelegt, nachdem Kaiser und Papst schon 1222 zu Veroli, 1223 zu Ferentino sich über die Angelegenheiten des Orients beraten hatten. Bei jeder dieser Zusammenkünfte war es Friedrich II. gelungen, für seine Person einen neuen Aufbruchstermin zu erwirken, den ihm der Papst, wie die Dinge lagen, nicht verweigern konnte. Freilich zeigte sich Papst Honorius verdrossen, zumal da nur das Kreuzzugsunternehmen Leben und Sinnen dieses schon alten und kränklichen Mannes ausfüllte. Der Vertrag von San Germano aber gab Honorius die nötigen Sicherheiten für das Zustandekommen der neuen Kreuzfahrt, wenn er auch dabei mit ansehen mußte, daß das Unternehmen den Händen der päpstlichen Kurie völlig entglitt und, wie es nach der Anschauung der Vielen ohnedies sich gehörte, auf den Kaiser überging. Die Bedingungen des Vertrages waren für Friedrich, der die Verantwortung jetzt ganz allein auf sich nahm, gewiß nicht leicht.. doch es zeugt für die Leistungsfähigkeit seines Königreiches, daß er sich verpflichten konnte und in seine Seele schwören ließ, im August 1227 mit tausend Rittern ins Heilige Land zu ziehen, diese dort zwei Jahre zu unterhalten, ferner Schiffe zur Überfahrt von weiteren zweitausend Rittern bereit zu halten, jeden mit Begleitung und mit drei Pferden, endlich bis zum Tage der Überfahrt in fünf Raten 100 000 Goldunzen (ca. 5,2 Millionen Mark) zu hinterlegen, die zum Besten des Heiligen Landes verfallen sollten, wenn der Kaiser aus irgendeinem Grunde die Kreuzfahrt nicht antreten würde. Der Treuhänder dieser großen Summe sollte Hermann von Salza sein. Neben dem Verluste des Geldes aber erklärte sich Friedrich bei Nichtinnehaltung des Termins oder einer seiner sonstigen Verpflichtungen als säumigen Kreuzfahrer dem päpstlichen Bann für verfallen, den er schon jetzt über sich verhängen ließ.

Trotz aller Verpflichtungen war der Kaiser schließlich der Gewinnende: er hatte für seine eigenen Angelegenheiten in Sizilien wiederum zwei Jahre Frist gewonnen und konnte außerdem die Kreuzfahrt ganz im kaiserlichen Sinn ausnutzen. Diese Bereitwilligkeit Friedrichs ließ für kurze Zeit andere Verstimmungen der letzten fünf Jahre vergessen. Der Kaiser scheint nämlich bei der ersten Zusammenkunft mit dem Papst (1222) versucht zu haben, die früheren Reichsgebiete in Mittelitalien, die Rekuperationen, auf die er zugunsten der Kirche hatte verzichten müssen, vor allem die Mark Ankona und das Herzogtum Spoleto wieder der Reichsgewalt in irgendeiner Form zu unterstellen.. „unangebrachte Bitten", wie der Papst dies Ansinnen nannte, das er und die Kardinäle sofort ablehnten. Dieser mittelitalische Landkomplex, der Friedrichs Imperium zerriß und sich als Keil einschob zwischen Sizilien und Reichsitalien, war für den Kaiser eine schwer erträgliche Beengung und früher oder später mußte es wohl hierüber zu Auseinandersetzungen kommen: wenigstens die adriatischen Randprovinzen, die Mark und Spoleto, brauchte Friedrich als Durchgang von Sizilien zur Lombardei. Doch die Zeit, solches gewaltsam zu erzwingen, war für den Kaiser noch nicht gekommen und durch sein Ersuchen hatte Friedrich nur vorzeitig Pläne enthüllt: die römische Kurie wurde mißtrauisch und als wenig später der kaiserliche Statthalter Gunzelin von Wolfenbüttel in diesen Gebieten sich Übergriffe erlaubte, päpstliche Beamte verjagte und den

Bewohnern den Treueid für den Kaiser abforderte, brachte man an der Kurie den Worten des Kaisers, der seine Unschuld beteuerte und Eigenmächtigkeiten des Statthalters vorschützte, keinen rechten Glauben entgegen. Erst die Absetzung Gunzelins und die Vermittlung Hermanns von Salza ließen den Zwischenfall vorerst abgetan sein.

Wenn Friedrich II. in San Germano die wirklich schweren Verpflichtungen für den Kreuzzug auf sich genommen hatte, so entsprach das einmal dem ursprünglichen Sinne seines Gelübdes überhaupt: daß dem Kaiser als dem weltlichen Schwert der Kirche und Führer der Christenheit auch die Leitung der Kreuzfahrt zustehe. Anderes kam noch hinzu. Im Jahre 1222 war in Catania die Kaiserin Konstanze gestorben. Um nun „die Angelegenheiten des Heiligen Landes desto besser zum Ende zu bringen", war Friedrich auf einen Wunsch des Papstes und des Deutschmeisters eingegangen: er erklärte sich zu einer neuen Ehe bereit mit der Tochter des Königs Johann von Jerusalem. Die Absicht der Kurie war, durch diese Ehe den Kaiser mit den Angelegenheiten des Heiligen Landes desto fester zu verknüpfen. Und das gelang auch. Denn dem Kaiser war für die neue Ehe allein maßgebend, daß die sonst völlig verarmte Isabella von Jerusalem ihm als Morgengabe die Krone des Heiligen Landes einbrachte, die wie kaum eine andere dem Kaisertum ein besonderes Gepränge verleihen konnte.

Gemäß der Erbfolge des syrischen Königreiches war Isabella durch den Tod ihrer Mutter Erbin der Krone Jerusalems geworden, während ihr Vater, der Graf Johann von Brienne lediglich den Königstitel führte. Anfang November 1225 wurde in Brindisi die Vermählung gefeiert und schon die Erzählung der einfachen Geschehnisse läßt den vollen Glanz und das Flimmern der Kreuzzugszeit wieder kurz aufleuchten: wie der Kaiser ein Geschwader von Schiffen mit seinen Großen nach Akkon entsendet, wie dort in der Heiligkreuzkirche die Königstochter zu aller Verwunderung dem in Sizilien weilenden Kaiser angetraut wird und ein sizilischer Bischof ihr den Ring des Kaisers an den Finger steckt.. wie dann die Braut in Tyrus vom Patriarchen die Krone des Heiligen Landes empfängt und Jerusalems Ritter ihrer kaum vierzehnjährigen Königin huldigen.. wie die französische Syrerin endlich von einem Deutschordensritter geleitet, die kaiserliche Galeere besteigt und übers Meer fährt, dem Kaiser des Abendlandes vermählt zu werden: diesen Stoff hat die Zeit, bald um mancherlei Fabeln bereichert, wirklich zum Märchen ausgeschmückt und das deutsche Epos hat im „Ortnit", der auch sonst auf Friedrich II. hinzuweisen scheint, diese syrische Brautschaft in den Mittelpunkt gerückt: mit Hilfe des „weisen Heiden von Pülle" (Apulien), des sizilischen Sarazenenkönigs Zacharias, gewinnt da der Held unter vielen Abenteuern die syrische Braut, die zu Apollo und Mohammed betet. Durch das ganze Leben des Staufers, der als Kaiser des Endes auch alle Sagenmotive der mittelalterlichen Ritterwelt einmal wirklich gelebt haben mußte, zieht sich dieser schöne ritterliche Glanz — nur dem Anschein nach schwer zu verbinden mit dem nüchternen Staatssinn des sizilischen Autokraten — und wollte man nur die wunderreichen Züge des kaiserlichen Lebens, wie sie Geschichte und Sage überliefern, herauslösen und zusammenstellen: sie ergäben das Bild eines typischen Ritterlebens aus einem der vielen Kreuzfahrerromane.

Doch dem römischen Kaiser barg auch dieser gar nicht zu missende Zauber vor allem politische Realitäten, und das Hervorkehren dieser scheint schon das Hochzeitsfest stark beeinträchtigt zu haben. Denn noch am Tage der Hochzeit, nahm Friedrich, wie es sein Recht war, den Titel des Königs von Jerusalem an, den er in Urkunden von nun an stets dem des römischen Kaisers folgen ließ vor dem des sizilischen Königs. Darüber hinaus aber forderte er von Johann von Brienne, dem Titularkönig von Jerusalem, den förmlichen Verzicht auf alle königlichen Rechte. König Johann, bisher mit Friedrich befreundet, gleich diesem Dichter der frühesten Lieder in italischer Sprache und durch Monate des Kaisers Gast, hatte bestimmt wenigstens mit der Statthalterschaft von Jerusalem gerechnet. Er war daher durch Friedrichs Forderung auf Verzicht der Königsrechte zutiefst gekränkt und floh nach einem heftigen Wortwechsel mit dem Kaiser zum Papste nach Rom. Der Kaiser aber ließ sich bald darauf von den syrischen Großen huldigen. — Von Isabellas Geschick ist wenig bekannt. Des Kaisers Streit mit König Johann gab wohl Anlaß zu mancherlei Sagen: ein Franzose erzählt, die Brautnacht habe Friedrich mit einer syrischen Nichte König Johanns verbracht, Isabella aber geschlagen, einkerkern lassen und niemals berührt. Doch dem widersprechen alle Tatsachen: Friedrich wies seiner Gemahlin das Schloß Terracina bei Salerno zu und besuchte später gemeinsam mit ihr Sizilien. Einfluß hat dieses Kind nie auf Friedrich gehabt. Schon 1228 starb sie, als sie einen Sohn — König Konrad — gebar. Durch die Krone von Jerusalem aber hatte für Friedrich II. der Kreuzzug plötzlich einen greifbaren politischen Sinn erhalten: er sollte sich im Orient ein neues Königreich erobern. Erst als auf diese Weise Staatliches und Persönliches, Weltkirche Weltreich und Weltpolitik zusammenwuchsen, wurde das Kreuzzugsunternehmen allmählich für den Kaiser inhaltschwer und beziehungsreich genug, und es bedurfte nur noch des richtigen Augenblicks, um hier einen außergewöhnlichen Erfolg zu erzielen, der wieder rund herum nach allen Seiten hin seine Strahlen warf.

In der Frage des Kreuzzuges ganz aufeinander angewiesen zeigten sich Papst und Kaiser im allgemeinen einig, wenn auch diese Angelegenheit — dies konnte bei langen und zahlreichen Verhandlungen nicht ausbleiben — ab und zu Mißstimmungen veranlaßte. Doch solchen suchte man beiderseits auszuweichen, wie man auch die Klippe der mittelitalischen Rekuperationen vorerst umging. Nur hinsichtlich Siziliens kam es zu den ersten bedenklicheren Konflikten, als nämlich Friedrich II. bei der Neuordnung seines Staates auch die kirchlichen Angelegenheiten in seinem Sinne zu regeln begann. Auf dem Hoftage von Capua hatte er den Untertanen die Zahlung des Zehnten an die Kirche eingeschärft. Bald darauf brachte er ein normannisches Edikt wieder in Erinnerung, welches die Anhäufung von Landbesitz der „toten Hand" untersagte: die Kirchen und Klöster durften wohl Land kaufen und geschenkt nehmen — auch das war ihnen später vom Kaiser verboten — aber sie mußten es binnen Jahr Monat Woche und Tag wieder veräußert haben . . sonst hätte nämlich die Kirche — so meinte Friedrich später einmal — in kurzer Zeit das ganze Königreich aufgekauft. Das waren nur übliche Gesetze und sie haben dem Kaiser keine Feindschaft eingetragen. Anders wurde es schon, als Friedrich gegen den sizilischen Episkopat einschritt. Wie er überall Messer und Brenneisen ansetzte, um die Schwären und Übel auszuschneiden und auszubrennen — ein beliebtes Bild des Kaisers — so hatte er auch eine Reinigung des sizilischen Klerus vorgenommen. Den Bischof Arduin von Cefalù hatte er wegen Verschleuderung des Kirchengutes und wegen seines ganzen Lebenswandels suspendiert — wie die erhaltenen Prozeßakten zeigen: mit Recht — und aus ähnlichen Gründen folgte bald darauf Erzbischof Nicolaus von Tarent. Der einstige Kanzler Walther von Pagliara, Bischof von Catania, dem Friedrich von jeher mißtraute und den er deshalb gleich aus dem Königreiche fort mit Hilfstruppen zum Kreuzheer entsandte, wagte gar nicht mehr nach Sizilien zurückzukehren. Er ging von Damiette wohl erst nach Rom und starb schließlich — wie es heißt — zu Venedig in größter Armut. Tatsächlich mag die Zuchtlosigkeit der sizilischen Kleriker groß gewesen sein: denn nicht nur, daß eine ganze Anzahl niederer Priester von Friedrich eingekerkert wurde, auch der Papst selbst war genötigt, einzelne Bischöfe zu entsetzen wie die von Carinola und Squillace. Die von Friedrich II. abgesetzten Bischöfe aber gingen nach Rom, das so allmählich zum Asylort der vom Kaiser verjagten Sizilier wurde: außer den drei Bischöfen saßen dort Graf Thomas von Molise,

Roger von Aquila, Jacob von San Severino und die anderen Barone, vermutlich auch der Graf von Syrakus Alaman da Costa und der König Johann von Jerusalem. Trugen diese Ereignisse auch dazu bei, die Kurie zu verärgern, so hätte Papst Honorius wohl sogar das kaiserliche Vorgehen gegen die Bischöfe noch hingenommen, wenn er es auch dem Kaiser gelegentlich vorrückte. Was aber schließlich zu beiderseits heftigstem Briefwechsel führte, das war wie in den Tagen eines Innocenz III. die Frage der sizilischen Bischofswahlen.

Welche Bedeutung der sogenannten „Freiheit der Bischofswahlen" für das ganze System der Hierarchie zukam, wurde bereits ausgeführt Hier sei noch ein anderer Gesichtspunkt gegeben. Dem Bestreben der Kurie, die Bischöfe der ganzen Welt fester an sich zu ketten, sie zu unmittelbar abhängigen Statthaltern des Papstes zu machen, ging im Abendland eine andere Entwicklung genau parallel: die Erstarkung des „Nationalgefühls" in den einzelnen Ländern. Indem die Kirche die Episkopate der Einzelländer in unbedingte Abhängigkeit von Rom brachte, wirkte sie zweifellos mit aller Kraft dem drohenden Auseinanderfall der römischen Welteinheit in Einzelnationen entgegen. Andererseits aber hinderte sie in den Einzelländern den letzten Zusammenschluß zur Nation und damit zum Staate, indem sie selbst überall einen „Staat im Staate" bildete — und zwar nur deshalb, weil sie keine rein spirituale, sondern eine in ausgedehntem Maße mit Land und sonstigem Besitz begabte Macht darstellte, die sich in wichtigsten Dingen der staatlichen Aufsicht und Rechtspflege entzog. In allen Ländern Europas kam es daher früher oder später über diese Verhältnisse zu schweren Auseinandersetzungen, die im wesentlichen mit Friedrich II. begannen und bei ihm solches Ausmaß annahmen, da Friedrich II. als König Siziliens auch Kaiser war. Als Kaiser hatte er nun eine merkwürdige Doppelstellung zu halten: in der Bewahrung der Welteinheit trat die Kirche durchaus zusammen mit den Absichten des Kaisers, der sich als römischer Imperator für die Einheit des Erdenrunds genau auf dieselbe Weise verantwortlich fühlte wie die Päpste Doch unterschied er sich von diesen darin, daß er trotz Erhaltung der Welteinheit dennoch die Nationen nicht nur anerkannte, sondern sogar eben selbst im Begriffe war, ein neues Volk in dichtester Geschlossenheit auch als Nation erstehen zu lassen. Diese Doppelstellung Friedrichs II. — bisher noch latent — zeigte sich begreiflicherweise in vollem Umfang erst zu der Zeit, da er den sizilischen Staat zu errichten, die Frage also für ihn überhaupt wirksam zu werden begann. Zum erstenmal erscheint damit eine der immer gleichbleibenden Lebensspannungen des Kaisers, die sich hier benennen läßt durch die Formel: Römerimperium und dennoch Nationen.. die Einheit, welche späterhin Dante noch weiter gespannt hat zu der von: Individuum und dennoch Imperium Romanum.

Es ist wiederum sehr bezeichnend, daß Friedrich II. in Deutschland, wo die Frage des Nationalen als Gegensatz zu Rom noch nicht spruchreif war, die Kurie hinsichtlich der Bischofswahlen gewähren ließ, in seinem sizilischen Königreich hingegen, wo er nicht nur Imperator sondern auch Landesherr war, aufs heftigste gegen den Papst ankämpfte. Schon als Knabe hatte er gegen Papst Innocenz III. Stellung genommen wegen der Wahlen für Palermo. Fälle dieser Art sollten sich mit der Zeit häufen und welche Bedeutung den Bischofswahlen gerade in Sizilien zukam, zeigt ein Blick auf die Zusammensetzung der sizilischen Kirche. In keinem Lande waren Neuwahlen so oft notwendig wie hier: denn dieses kleine Land hatte 21 Erzbischöfe und 124 Bischöfe, eine riesige Zahl, die dadurch anschaulich wird, daß auf dem Laterankonzil von 1215, welches fast die ganze Geistlichkeit der christlichen Welt in Rom versammelte, von 405 Teilnehmern 105 aus dem sizilischen Königreich sich einfanden. Diese große Zahl besonders von Erzbistümern zu erklären, hat man wohl mit Recht darauf verwiesen, daß hierin Reste der byzantinischen Herrschaft in Unteritalien zu suchen seien: griechische Erzpriester wurden zu römischen Erzbischöfen, obwohl jene von diesen durchaus verschieden waren und der Titel der Erzpriester nur die Unabhängigkeit vom Patriarchen von Konstantinopel zum Ausdruck zu bringen hatte. Vakanzen kamen also in Sizilien außergewöhnlich häufig vor und es mußte dem Kaiser alles daran gelegen sein, die Bischofssitze in Händen ihm getreuer Prälaten zu wissen, die seinen Wünschen nicht entgegenarbeiteten, vielmehr den Kaiser unterstützten.. daß also auch die Bischöfe wie in der Normannenzeit nur Organe des Königs und des Staates waren. Gerade die überaus große Zahl der Bischöfe erleichterte dies: denn die sizilischen Bischöfe waren nicht wie in Deutschland gleichzeitig mit ungeheuren Landgebieten belehnte Reichsfürsten, sondern ihrer Natur nach kirchliche oder eben staatliche Beamte.

Den von Friedrich II. gewollten Bischofstyp vertrat etwa der Primas der sizilischen Kirche: Berard von Castacca, Erzbischof von Palermo. Um nach dem palermitaner Wahlstreit dem jungen Friedrich entgegenzukommen, hatte Papst Innocenz III. die Kirche der Hauptstadt an Berard, den früheren Erzbischof von Bari, übertragen. Keine glücklichere Wahl hätte er für Friedrich II. treffen können. Erzbischof Berard von Palermo sollte dem Kaiser ganz unentbehrlich werden, in gewissem Sinne als ein Widerspiel des Deutschordensmeisters, an dessen Staatsklugheit Berard zwar nicht herankam, den er aber an Bildung und Gelehrsamkeit übertraf: angesehen bei der römischen Kurie, dem Kaiser völlig ergeben, wie er war, ist schließlich keine wichtige Verhandlung mit dem Papst mehr zu denken, in welcher dieser kluge und ehrfurchtheischende Prälat den Kaiser nicht vertreten hätte. Ja es gab kein wichtigeres Ereignis, an dem Berard von Palermo nicht teilgehabt hätte, der stets des Kaisers vollstes Vertrauen genoß. Zahllos sind seine Verdienste um Friedrich: „.. in aller Fährnis stand er uns zur Seite und vieles hat er um uns erduldet," so schrieb der Kaiser selbst. Berard, der als einer der wenigen Prälaten in der geistigen Luft dieses Hofes ganz heimisch war und auch an dem literarischen Leben der Höflinge seinen Anteil hatte, ist sogar derjenige gewesen, der einen Petrus de Vinea aufgespürt und an den Kaiserhof gebracht hat. Doch sein größtes Verdienst — zweifellos keine geringe Aufgabe — war schon dieses allein: daß er in nächster Nähe das ganze Leben Kaiser Friedrichs hat mitleben müssen. Denn der als Bischof von Bari bereits dem Familiarenkolleg des jungen Friedrich angehört, der den jungen König auf der abenteuerlichen Fahrt nach Deutschland begleitet und auf dessen Einspruch der Konstanzer Bischof die Tore der Stadt geöffnet hatte, der dann seinen Herrn auf dem Laterankonzil vertrat und von nun ab fast stets am Kaiserhof weilte.. der sollte seinen Herrn noch überleben und ihm in der Sterbestunde die Sakramente reichen. Wenn wir auch über Berards Persönlichkeit keine Einzelheiten wissen — er war ein Werkzeug des Kaisers, dem er durch Bann und Fluch folgte und anhing — so ist der Erzbischof von Palermo doch als der treue und ehrwürdige Priester, der den Kaiser von den Knabenjahren bis zum Tode ständig umgab, menschlich eine der nicht zu missenden Nebenfiguren dieses großen Lebens gewesen, auch wenn sich keine staunenswerten Taten an seinen eigenen Namen knüpfen.. genug, daß er bei allem Großen zugegen war. —

Das etwa mag die Gattung Prälaten gewesen sein, die Friedrich II. sich wünschte und es gab deren immerhin eine ganze Anzahl in Sizilien, wenn auch keiner sich der Intimität eines Berard von Palermo erfreuen durfte. Solche Anhänger bei Vakanzen zu Bischöfen wählen zu lassen — vielmehr seine Zustimmung nur solchen zu erteilen — das war das einzige Recht, das dem durch die Konkordate sehr eingeengten Kaiser noch übriggeblieben war. Denn nach dem Konkordat der Kaiserin Konstanze, das die Wahlen regelte, beschränkten sich die Befugnisse des Königs allein auf den Konsens des vom Kapitel Erwählten, den jedoch erst der Papst mit der Ausübung des Amts auch beauftragte. Dieses geringe Recht wurde indessen noch dadurch geschmälert, daß der Papst das alte „Devolutionsrecht" für sich in Anspruch nahm, welches bei sechsmonatiger Vakanz dem Papste gestattete, von sich aus das Amt unmittelbar zu besetzen ohne Rücksicht auf Kapitel und König. Die Praxis der römischen Kurie war daher mit Vorliebe folgende: man schob die letzte Bestätigung, die nach dem Konkordate dem Papst vorbehalten war, unter nichtigen Vorwänden einfach sechs Monate hinaus, verschleppte die Angelegenheit und setzte dann dem König einen Bischof hin, den weder er noch das Kapitel gewollt hatten, der aber den Tendenzen der römischen Kurie möglichst entsprach. Umgekehrt suchte der Kaiser sein Recht zu überschreiten, indem er durch Versprechungen oder durch irgendeinen Zwang die Kapitel nötigte, einen von ihm vorgeschlagenen Kandidaten, etwa einen kaiserlichen Medicus oder Notar zu wählen, eine Wahlbeeinflussung, die wiederum die römische Kurie nicht zuließ.. ja es entwickelte sich in diesen Jahren allmählich der Brauch, daß schon eine bloße Empfehlung des Kaisers an die römische Kurie genügte, um diese zur Verwerfung des Empfohlenen zu bestimmen. So war in Capua ein dem Kaiser anscheinend unbekannter Dekan Hugo einmütig gewählt und von Friedrich dem Papst als ein „gebildeter, geeigneter und aus dem Lande gebürtiger Mann" empfohlen worden, woraufhin der Papst den Dekan ablehnte. In Nola wurde der Magister Perronnus gewählt, ein Notar des Kaisers, jedoch wegen des Einspruchs einer Minderheit nicht bestätigt. Umgekehrt dürfte die lange Vakanz in Salerno zu erklären sein: hier hatte der verstorbene Erzbischof Nikolaus von Ajello einen Nachfolger vorgeschlagen. Nikolaus von Ajello aber war einmal ein Verwandter des bei Friedrich II. nicht sonderlich beliebten Grafen Richard von Ajello, war ferner Anhänger Kaiser Ottos gewesen und hatte sich außerdem gegen das Privilegiengesetz aufgelehnt. Er war deshalb beim Kaiser zeitweise in Ungnade gefallen.. Grund genug für Friedrich, einen von diesem Bischof empfohlenen Nachfolger seinerseits abzulehnen. Am krassesten aber lagen die Dinge in Brindisi. Hier war einmütig die Wahl auf einen Notar und Familiaren des Kaisers gefallen, auf Johann von Trajetto. Friedrich hatte sich für diesen eifrigst beim Papste verwendet, eigens deshalb eine Gesandtschaft nach Rom geschickt, um die Bestätigung dieses auch der römischen Kurie wohlbekannten Anwärters zu erwirken. Doch es handelte sich in Rom um die Wahrung fast eines Prinzips, vom Kaiser Empfohlene abzulehnen: Honorius schützte einen formalen Fehler bei der Wahl vor — sie war verspätet, mehr als drei Monate nach dem Tode des Vorgängers erfolgt — und lehnte Johann von Trajetto ab, auch als Friedrich seinetwegen nochmals an Honorius schrieb. Ähnlich lagen die Dinge in Aversa, Acerno,

Sarno, Conza, Bari: niemals gelang es dem Kaiser, einen seiner Kandidaten durchzusetzen — soweit das heute zu beurteilen ist: entschieden eine Ungefälligkeit der Kurie.
Die Erbitterung wuchs auf beiden Seiten. Honorius warf Friedrich vor, er mische sich in die Wahlen ein und verwarnte den Kaiser mit ähnlichen Worten wie einstmals Papst Innocenz den Knaben: er möge nicht denselben Mißbrauch treiben wie seine Ahnen, von deren Geschlecht infolge solcher Übergriffe nur noch er, Friedrich, übrig sei. Der Kaiser wiederum schrieb zurück, daß Papst Honorius nur auf sein Verderben ausgehe: dieser päpstliche Schutz sei kein Schutz, sondern bedeute die Auflösung.. und mit außerordentlicher Schärfe erklärte er: wenn der Papst nicht die von dem Kaiser namhaft gemachten Bischöfe bestätigen wolle, so möge er davon absehen, jetzt andere Personen als Bischöfe ins Königreich zu schicken, weil er nun seinerseits die vom Papst Erwählten nicht annehmen würde. Er gebe Befehl, diesen nicht nur die Kirchen, sondern auch die Städte zu verschließen. — Das klang wie eine Kriegserklärung, doch Papst Honorius faßte das Schreiben nicht als solche auf, sondern wies alles ab durch die Bemerkung, daß der junge Kaiser durch falschen Rat verführt sei und sich von seiner Jugend habe hinreißen lassen, daß aber aus solchem Verfahren notwendig Ärgernisse entstünden. Er forderte zum Schluß den Kaiser auf, sich wegen der ungehörigen Sprache seiner Boten — gemeint war im Grunde: des kaiserlichen Schreibens — zu entschuldigen. Ob das geschah, wissen wir nicht. Der Papst aber schickte sich an, die vakanten Bistümer zu besetzen, nachdem er Friedrich nochmals gewarnt hatte, sich in Kirchendinge einzumischen: das sei für Laien gefährlich, wie die Bibel an dem Beispiel des Usa zeige, den der Tod ereilte, weil er die Lade des Herrn, die schwankte, als ein Unbefugter zu stützen wagte und dadurch berührte. Den Bistümern aber werde er, der Papst, nunmehr von sich aus Hirten bestellen. Trotzdem die Persönlichkeiten der Erwählten Friedrich im ganzen nicht unangenehm sein mußten — einer, Marinus Filangieri, war wohl ein Bruder des kaiserlichen Marschalls Richard Filangieri — so verbot er trotzdem die Einsetzung. Der Briefwechsel zwischen ihm und Honorius nahm immer feindseligere Formen an und schließlich entlud sich der ganze von beiden Seiten lange zurückgehaltene Zorn gerade in dem für den Kaiser unangenehmsten Augenblick: als Friedrich in der Lombardei die Ordnung herzustellen bemüht war —

Friedrichs II. Frühzeit sollte nicht vorübergehen, ohne ihm auch eine Kenntnis seiner anderen erbitterten Feinde zu vermitteln: der lombardischen Städte, denen er gleichfalls noch nicht gewachsen war... nicht zum wenigsten deshalb, weil hinter den Lombarden schon damals die römische Kurie stand. Durch den Vertrag von San Germano hatte Friedrich für die Kreuzfahrt noch zwei Jahre Aufschub erhalten. Diese Zeit wollte er dazu benutzen, im Abendland alle Angelegenheiten erst zu einem gewissen Abschluß zu bringen, ehe er sich mit den Dingen des Orients befaßte. Er hatte die Neuordnung Siziliens im ganzen beendet und die deutschen Fragen waren auf einem Hoftag zu regeln, den Friedrich II. in der Lombardei abzuhalten beschloß, um bei dieser Gelegenheit auch hier wieder die kaiserliche Autorität zu voller Wirksamkeit zu bringen. Er lud daher die deutschen Fürsten und König Heinrich für Ostern 1226 nach Cremona ein... „und wenn ihr aus keinem anderen Grunde erscheint, als nur um unsere Person zu sehen, die euren Anblick gern genießt" schloß sein Einladungsschreiben. Als Zweck des Hoftages wurden nur ganz allgemeine Dinge angegeben: Wiederaufrichtung der Reichsrechte in Italien, Ausrottung der Ketzerei und Betreibung des Kreuzzuges, wobei Friedrich auf die beiden letzten Punkte, welche Kirchendinge betrafen, ganz besonderen Wert legte. Angesichts der vereinigten deutschen und sizilischen Waffenmacht durfte er dann wohl hoffen, die Lombarden gefügig zu finden.

Doch die Lombarden hatten an der Erneuerung der sizilischen Königsrechte durch Friedrich II. deutlich genug gesehen, was es hieß, wenn der Kaiser „Reichsrechte wieder herzustellen" gedachte. Denn von dem Normalstand der Lombardei, als welcher allgemein Barbarossas Frieden von Konstanz (1183) galt, hatten sich die Lombardenstädte in den Zeiten, als ihnen kein Kaiser aufmerkte, ganz erheblich entfernt und es waren im Laufe der letzten Jahrzehnte in Oberitalien Reichsrechte und Reichsgüter mindestens in dem gleichen Umfang verlorengegangen und von den Städten usurpiert worden, wie in Sizilien Kronrecht und Krongut von den verschiedenen Kleinmächten. So hätte eine Art Privilegiengesetz, das die Lombarden befürchten mochten, im oberen Italien noch ganz andere Früchte gezeitigt, als im sizilischen Königreich. Derartigen kaiserlichen Maßregeln aber mochten sich die Lombardenstädte nicht aussetzen. Übertriebene Gerüchte von Friedrichs gewaltiger Heeresmacht, die er für den lombardischen Hoftag aufbiete, taten ein übriges: die plötzlich mißtrauisch gewordenen Lombarden schlossen sich wie in früherer Zeit alsbald unter Führung von Mailand zu einer Liga zusammen, der die Mehrzahl der oberitalischen Kommunen beitrat.

Friedrich II. wird zwar ein derartiges Privilegiengesetz schwerlich beabsichtigt haben, da er von Anfang an in Lombardien mit andern Widerständen rechnen mußte als in Sizilien: nicht eineVielzahl zusammenhangloser durcheinander wirbelnder Kleinmächte stand ihm hier gegenüber, sondern eine große Zahl unter sich gleichgearteter Gegner, die sich — den deutschen Fürsten nicht unähnlich — als Territorialmächte bei allem Zwist und Hader untereinander doch sofort zu geschlossenem Widerstand fanden, sobald ein fremder Eingriff drohte. Obwohl nun der Konstanzer Vertrag den Städten einen Zusammenschluß gestattete, so war die Erneuerung des alten Lombardenbundes doch eine offensichtliche Feindseligkeit gegen den Kaiser.. hervorgerufen jedoch durch Friedrichs Gesamthaltung, der sich in den Dingen der Lombardei allmählich ganz offenkundig als ein Parteihaupt gezeigt hatte. Tatsächlich lagen die Verhältnisse in der Lombardei so unglücklich — alles war in nur zwei Lager gespalten — daß ein überparteiliches Regiment für den Kaiser kaum noch in Frage kam, und Tradition sowohl wie Persönliches haben hier seine Stellung bestimmt.

Wie Genua und Pisa um die Vorherrschaft im westlichen Mittelmeer, so rangen um die Hegemonie in der Lombardei Cremona und Mailand. Von jeher war Mailand die mächtigste Stadt in Lombardien gewesen. Der Stolz der Bischöfe auf dem Stuhle des heiligen Ambrosius verstieg sich noch im elften Jahrhundert zu der alten Rivalität gegen Rom und an diese hat selbst Friedrich II. noch einmal erinnert — freilich nur als Aufforderung an die Römer, Mailands Hochmut zu brechen. Auch Mailand war eine alte Krönungsstadt und noch zuletzt hatte Kaiser Heinrich VI. in Mailand die Königskrone Italiens getragen. Früher als in anderen Kommunen hat das Mailänder Volk, von berechtigtem Stolze durchdrungen, um seine Freiheit gekämpft: hier zum erstenmal hatten niederer Adel und Bürgertum sich gemeinsam gegen die Großen erhoben, waren in der „motta" zur städtischen Einheit verschmolzen und die erste Stadt war Mailand, die schon früh einem der Kaiser erfolgreich zu trotzen wagte. Einmal zur Freiheit erwacht, drängte Mailand unter seinen Konsuln sich auch staatliche Selbständigkeit zu erkämpfen und nur unwillig fügte es sich dem Gesetz von geistlicher und weltlicher Obrigkeit. Diese zwiefache frühe Auflehnung der mächtigen Bürgerschaft gegen Kirche und Reich brachte es mit sich, daß Mailand bald zum Mittelpunkt wurde von Ketzertum und von Rebellion. An Ruhm Macht und Reichtum kam Mailand, dessen Landgebiet die Größe eines Herzogtums hatte, keine der anderen Lombardenstädte gleich und wenn auch in ihnen der Geist der Freiheit sehr bald erwachte, und damit das Verlangen nach Selbständigkeit und territorialer Vergrößerung, so vertrauten sie doch trotz endloser Kämpfe untereinander gern der „Stadt der Mitte" die Führung an, wenn ein von außen kommender Eingriff in die gemeinsame Städtefreiheit gemeinsamen Widerstand forderte — selbst wenn man sich gelegentlich auch zusammentat, um Mailands drückendes Übergewicht zu beseitigen und zu der Zerstörung der Stadt durch Barbarossa (1162) hilfreich die Hand bot. Doch solches Zusammengehen einzelner Städte entsprang nicht dem Willen zu Größerem: auch bei den Lombarden war die Polis das Eine und Alles und diese enge Begrenzung auf die Stadt hemmte jeden politisch großen Gedanken, also auch jedes Sichfügen unter die Herrschaft des römischen Reiches.

Nicht alle Städte aber hielten zu Mailand.. eine Anzahl folgte Cremona. Lange schien auf dieser Stadt als ein Fluch des Tacitus Urteil: „bellis externis intacta, civilibus infelix" zu ruhen.. doch seit dem neunten Jahrhundert wurde auch Cremona mächtig und reich und cremonesische Schiffe verkehrten den Po hinunter mit Venedig und weiter direkt mit Byzanz. Das älteste bekannte Stadtprivileg in Italien galt Cremona und die von Kaiser Otto III. beschützten Bürger haben seit damals fast immer zum Reiche gestanden. Ein Jahrhundert später (1098) ward diese reichstreue Haltung Cremonas für alle Zeiten entschieden: denn die große Markgräfin Mathilde, deren Schenken nichts als Hader entfacht und die zu Canossa den größten Zwist gesehen, warf auch zwischen Cremona und Mailand den Zankapfel, als sie eine Schenkung erweiternd den Cremonesen das Land zwischen Adda und Serio, die sogenannte „Insel Fulcherii" mit der Stadt Crema verbriefte. „In diesem Jahre zuerst entbrannte der Kampf um Crema" so schrieb der Chronist und seither war Cremona stets auf seiten der Kaiser zu finden: nur diese konnten nämlich der Stadt zu ihrem Geschenke verhelfen, indem sie ihr gegen die Übermacht Mailands Schutz gewährten, das gleichfalls auf Crema Anspruch erhob. Den Kaisern wiederum lag alles daran, die ihnen ergebene Kommune zu stärken, der diejenigen Städte folgten, die mit Mailand oder Mailands Anhang aus jeweils wechselnden Gründen verfeindet waren. Die politischen Ballungen in der Lombardei änderten sich oft und schnell. Doch wenn auch die Gefolgschaft der großen Rivalen sich wandelte, unwandelbar blieb in der Lombardei der Haß zwischen Cremona und Mailand.

Friedrich II hatte sich zunächst zu dieser politischen Parteiung zu stellen Grundsätzlich wären zwei Wege möglich gewesen: Friedrich konnte ohne Parteinahme über den Zwisten der Städte verharren, wenn er durch einen Spruch den alle Rivalen befriedigenden Ausgleich zu schaffen und damit alle lombardischen Städte für sich zu gewinnen gewußt hätte. Und das wäre tatsächlich möglich gewesen, wenn Friedrich, statt immer wieder eine Einigung mit der aristokratischen Kirche zu suchen, mit allen Lombarden gemeinsame Sache gemacht hätte gegen einen gemeinsamen Feind: das Papsttum. Doch die Verbindung von Kaisertum mit „drittem Stand" gegen den Klerus — auf ganz anderen Gebieten Friedrichs II. größte Leistung — kam aus mancherlei Gründen auf machtpolitischem Gebiet für den Staufer noch nicht in Betracht, und so blieb nur der zweite Weg gangbar: Partei zu ergreifen.. wie die früheren Kaiser mit Cremona zusammenzugehen.. mit Hilfe dieser Stadt und ihres Anhangs sowie mit den sizilischen Machtmitteln, die den Ahnen noch fehlten, und mit deutschem Zuzug womöglich ohne Kampf die Gegengruppe einzuschüchtern und so die Reichsrechte wiederherzustellen. Persönliches kam da noch hinzu: daß nämlich Friedrich schon als Siebzehnjähriger auf der Fahrt nach Deutschland, von Mailand verfolgt, in seiner Not sich den stauferfreundlichen Cremonesen verschrieben hatte, indem er ihnen den Besitz Cremas und der „Insel" bestätigte. Diese Verbindung mit Cremona erachtete der Kaiser jedenfalls auch für nützlich: denn, was keineswegs immer der Fall war, er hielt sich durch das Versprechen für gebunden und die „gleichsam in Erbtreue zum Reiche haltende Stadt", die angeblich später gar Patin wurde von Friedrichs Sohn Konrad, empfing Gunstbeweise in einem Ton, dessen sich vorher und nachher nicht viele Städte erfreuen durften. Und noch etwas anderes war von Belang: es trieb den Kaiser ein ganz ursprünglicher Haß gegen jegliche Rebellen und ganz besonders ein Erbhaß gegen Mailand: „Sobald wir nämlich in den uns reifenden Jahren, in der erglühenden Kraft des Geists und des Leibes zu des römischen Reiches Gipfel wider Erwarten der Menschen durch den einzigen Wink göttlicher Vorsehung aufstiegen....., war unseres Geistes Schärfe immerwährend darauf gerichtet....., die am Großvater und Vater begangene Beleidigung (der Mailänder) zu verfolgen und den schon in anderen Gegenden gezüchteten Setzling verruchter Freiheit niederzutreten." So schrieb der Kaiser zehn Jahre später.. und mit solch abgründigem Haß, solchem Dürsten nach Vergeltung ist nicht zu rechten: es ist als Tatsache hinzunehmen. Schon 1219 in Deutschland schwor er den Cremonesen, niemals ohne ihre Zustimmung Mailand in Gnaden zu nehmen, und bald verlieh er Cremona die Kontrolle fast aller Angelegenheiten Lombardiens.

Dies war die eine Parteiung Oberitaliens und zu ihr war des Kaisers Stellung klar festgelegt: daß er den Hoftag nach Cremona berief, mußte auch den Gegnern die Augen öffnen. Doch in dem Gehäufe von oberitalischer Zweiung und Fehde stellte die Rivalität der Städtegruppen nur eine der Spaltungen dar. Etwa seit der Jahrhundertwende klaffte im Innern aller Städte die Bürgerschaft selbst auseinander. Im elften Jahrhundert hatten sich zu gemeinsamem Kampf gegen Markgrafen und Grafen niederer Adel und Bürgertum zusammengeschlossen und hatten für ihre Städte die Territorien der Großen erobert. Jetzt standen gegen den niederen Adel und die städtischen Ritter überall die Popularen oder Plebejer auf. Fast überall hatten sich die beiden Stände zu Genossenschaften zusammengetan, zu den Ritter- und Popularenparteien, und schon hatten hier und da die gleichen Parteien verschiedener Städte untereinander Bündnisse geschlossen. Auch in diesen Zwist, der in anderer Richtung die Lombardei in zwei Lager schied, mußte der Kaiser eingreifen.. doch sein Verhalten war hier nicht einseitig bestimmt durch Unterstützung der Ritter, obwohl gewiß im allgemeinen diese kaiserlich, die Plebejer aber als das revolutionär-obrigkeitsfeindliche Element Gegner des Kaisers waren. Für Friedrich II. aber lagen trotzdem die Dinge nicht einfach und klar, da oftmals gerade die Ritter kaiserfeindlich und die Popularen kaisertreu waren.. ja es kam sogar gelegentlich vor — wie später einmal in Siena — daß sich ein Kaiserlicher geschickt an die Spitze der Popularenbewegung zu setzen wußte und daß dadurch die siegreiche Popularenpartei kaiserlich wurde. Dennoch sind gewisse Regeln in Friedrichs Verhalten wohl zu erkennen: nämlich in den durch Tradition vollkommen kaisertreuen Städten wie Cremona Parma Pavia suchte Friedrich zwischen Rittern und Popularen zu schlichten und Ruhe zu stiften, um diese kaiserlichen Städte als Ganzes für sich zu gewinnen. Anders verhielt sich Friedrich zu den Städten, die als unsicher galten und deren Bevölkerung er doch nicht als Ganzes gewinnen konnte. Hier nahm Friedrich Partei für die Ritter, wie etwa in dem unsicheren Piacenza, wo er die Plebejerpartei aufhob, für rebellisch erklärte und in die Acht tat.. die zur Treue gegen ihn bereite Ritterpartei aber anerkannte und schützte, indem er zugleich den Nachbarstädten Befehl gab, die piacentiner Ritter zu unterstützen. Tatsächlich kam auch ein kurzes Bündnis zustande zwischen den Rittern Piacenzas und der kaiserlichen Kommune Cremona. In den feindlichen Städten endlich suchte der Kaiser, wo es anging, eigens den Zwiespalt zu schüren.. im ganzen also ein recht verwickeltes Verfahren, da Friedrich II. jede Stadt individuell behandeln mußte und nirgends seine durchgehenden, geradlinigen Maßregeln in Anwendung bringen konnte, wollte er nicht sofort mit der Gewalt des Schwertes dreinfahren.

Die grundmäßig verschiedenen Anschauungen der kaiserlichen und der nichtkaiserlichen Städte mag dabei ein Musterbriefwechsel zeigen, dem wenn erfunden erst recht allgemeinere Bedeutung zukommt. Danach hätte in jenen Jahren Florenz dem kaiserlichen Siena geschrieben: „Zwar hat die kaiserliche Majestät, da sie ans Gesetz nicht gebunden ist, die Fülle der Macht inne. Dennoch lebt sie nach dem Gesetze und darf nicht nach Fremdem greifen, auf daß sie nicht das Gesetz breche und selbst der Unbilligkeit geziehen werde, wenn sie andere zum Gehorsam treibt." Darauf die Antwort des kaiserlichen Siena: „Wenn es auch die Eigenschaft des römischen Princeps ist, im Krieg und im Frieden als Sieger emporzuragen, so ist es dennoch nicht gestattet, daß nach dem ihm Gleichen gleicherweise auch die Untertanen lechzen. Denn wenn aller Bedingung die gleiche wäre, so wäre der Name des ‚Princeps' ein Hohles, da keine Höhe ist ohne Untergebene. Und nichts hätte das Völkerrecht gewirkt, welches Ungleichheiten festsetzte und Grade und Ränge bestimmte."

Schärfer werden sich die Gegensätze schwerlich formulieren lassen, die im übrigen die Frage nach dem Verhalten der Kurie zu diesen Parteien nahelegen. Denn der aristokratischen Kirche des Mittelalters mußte die Popularenbewegung, welche um der partikularen Selbständigkeit willen in gleicher Weise gegen weltliche und geistliche Obrigkeit ankämpfte, genau so entgegen sein wie dem Kaiser. Tatsächlich ist auch die Kirche den Plebejerparteien nicht immer wohlgesinnt gewesen, und noch jüngst hatte der päpstliche Legat in Lombardien, der Kardinal Hugo von Ostia, als sich das Volk von Mailand gegen den Bischof erhob, die Mailänder Ritterpartei gegen die Popularen unterstützt. Und Friedrich II. selbst war gleich den früheren Kaisern stets bemüht, die schwachen Reste bischöflicher Gewalt in den Städten Lombardiens, soweit er konnte, zu erhalten. Er ging in diesen Dingen mit dem Papst anscheinend durchaus einig, der selbst Mailand in den Bann tat und die Stadt als „vom Gifte der Ketzerei durchtränkt" bezeichnete. Seine Einhelligkeit mit der Kirche hatte Friedrich noch dadurch zum Ausdruck gebracht, daß er die schon bei der Krönung erlassenen Ketzeredikte im März 1224 noch wesentlich verschärfte: der vom Bischof als Ketzer Gebrandmarkte wurde vor ein weltliches Gericht gestellt und als Strafe für Ketzerei der Flammentod festgesetzt oder die Verstümmelung durch Ausschneiden der Zunge, auf daß den Ketzern fernere Verhöhnungen Gottes unmöglich würden. Diese Edikte waren keine bloße „Gefälligkeit" des Kaisers gegen den Papst, sondern sie entsprachen — wie noch zu zeigen sein wird — ganz und gar den eigensten Anschauungen Kaiser Friedrichs, für den der Rebell, der die gottgesetzte Majestät des Kaisers verletzte, sich damit eindeutig auch als Ketzer auswies. In seiner Stellung zu Rebellen und Ketzern mit der Kirche ganz einig, glaubte der Kaiser daher bei seinem lombardischen Hoftag mit weitgehender Unterstützung der römischen Kurie rechnen zu dürfen, zumal da von dem angesagten Programm zwei Punkte ganz besonders Angelegenheiten der Kirche betrafen: Ketzerbekämpfung und Kreuzfahrt.

Friedrich II. hatte sich insofern bei seiner Berechnung nicht getäuscht, als ihm die Kurie um des Kreuzzuges willen tatsächlich zur Seite stehen mußte. Das aber bedeutete noch lange nicht, daß sie sich einer Freundschaft für die Lombarden zu enthalten hätte.. im Gegenteil: die Kirche als politische Macht war durchaus auf die Lombarden angewiesen. Denn gelang es dem Kaiser, in Oberitalien eine ähnliche Macht aufzurichten wie in Sizilien, so war der Kirchenstaat wieder von Norden und Süden durch kaiserliche Gebiete verklammert und den nächsten Schritt Friedrichs II. konnte die Kurie dann im voraus berechnen: denn in demselben Augenblick waren auch die päpstlichen Rekuperationen, die mittelitalischen Provinzen der Kirche bedroht, zumindest die adriatischen Gebiete, die Mark und Spoleto, wahrscheinlich aber auch sonstige Teile des Kirchenstaates, die Friedrich den Durchzug von Süden nach Norden sperrten. Und daß Friedrich II. diese Länder nur schwer verschmerzte, hatte er selbst der Kurie schon zu erkennen gegeben. Solange sich aber die Lombarden dem Kaiser noch widersetzten und einer der sizilischen Monarchie ähnlichen Kaiserherrschaft in Oberitalien widerstrebten, solange war auch der Kirchenstaat außer Gefahr, und die Kurie hätte es daher vor sich selbst nicht verantworten können, diesen letzten Widerstand gegen den Kaiser, den Widerstand der lombardischen Städte, selbst zu brechen, statt ihn womöglich zu stärken. An dem Lombardenbund fand also die Kirche als politische Macht die sicherste Stütze. Man konnte es daher in Rom nur begrüßen, daß die Liga sich schon halbwegs staatsmäßig organisierte: der Bund war für fünfundzwanzig Jahre erneuert, alljährlich hatten die Bundesstädte den Schwur zu wiederholen, Einzelfrieden durften nicht geschlossen werden und Austritt aus dem Bunde galt fast staatsrechtlich als „Rebellion", die entsprechend gestraft wurde. Für den Kaiser war die Liga nichts als ein rebellischer Staat im Staate, für die Kirche aber ein festes Bollwerk, das gegen die drohende kaiserliche Umklammerung noch schützte.

Aber auch hinsichtlich der Ketzerei wie der Popularenbewegung deckten sich die Anschauungen des Kaisers und der Kurie keineswegs vollständig. Zwar war man bezüglich der aufsässigen autoritätsfeindlichen Plebejer in Rom vielfach einer Meinung mit dem Kaiser, dennoch hatte man mit ihnen noch manche Verbindung, die dem Kaiser fehlte. Und ebenso war die Ausrottung der Ketzerei durch das kaiserliche Schwert der Kurie zwar sehr erwünscht, aber man war durchaus nicht mit solcher Ausschließlichkeit auf des Kaisers Hilfe angewiesen, wie Friedrich wohl glauben mochte. Das alles aber hatte seine ganz besondere Bewandtnis. Denn gerade diese Kreise: Plebejer wie Ketzer der Kirche zurückzugewinnen oder sie unschädlich zu machen, war seit kurzem das Ziel der beiden Bettelorden, der volksnahen Franziskaner und der ketzerverfolgenden Dominikaner, die „in der schon alternden Zeit" dem Schoße der Kirche entsprossen. Sie erst gaben der Verbindung von Lombarden und Kurie einen Sinn noch jenseits des bloß Machtpolitischen. Ohne dem mannigfaltigen Wirken der Orden hier weiter nachzugehen, sei für die Gemeinschaft eines Franziskus mit den Schichten der Popularen nur an jenes Ereignis erinnert, welches die Legende erzählt: als eines Tages der Heilige in Perugia vor zahlreichem Volke predigte, da erschienen auf der Piazza die Ritter der Stadt und begannen hier zu turnieren und ihre Pferde zu tummeln und versuchten mutwillig, des Heiligen Predigt zu stören, worauf die Plebejer den Rittern entgegentraten. Denn die Predigt und Botschaft des heiligen Franziskus galt ja insbesondere dem niederen Volke der Städte, das dem Vermählten der Armut schwärmerisch anhing.

Das etwa war die verworrene Lage in Oberitalien, als Friedrich II. dorthin zum Hoftag aufbrach. Zu den schon herrschenden Schwierigkeiten kam noch hinzu Friedrichs derzeitiger Zwist mit der römischen Kurie wegen der sizilischen Bischofswahlen, und schließlich führte sein Marsch nach Oberitalien noch ein unvermeidliches neues Zerwürfnis mit der Kurie herbei, das von einem endgültigen Bruch nicht mehr weit entfernt war. Ohne die Kurie um Erlaubnis zu fragen, zog der Kaiser mit seinen Truppen durch das der Kirche überlassene mittelitalische Gebiet und bot sogar, ausgehend von der Auffassung, die Kirche habe diese Provinzen vom Reich nur zu Lehen, noch die Hilfskräfte dieser Gebiete für den lombardischen Hoftag auf. Das war zweifellos eine Brüskierung der Kurie. Doch Friedrich II. hatte mit Vorbedacht die Kurie nicht um Erlaubnis gefragt: denn wenn ihm vom Papste der Durchmarsch verwehrt worden wäre, so hätte sich der Zwist genau so wenig verhüten lassen, außerdem aber wäre damit vom Kaiser selbst ein gefährlicher Präzedenzfall geschaffen, daß nur mit päpstlicher Genehmigung kaiserliche Truppen von Sizilien nach Oberitalien marschieren dürften. Als nun Papst Honorius dem Kaiser den Durchmarsch verwies und ihn undankbar gegen die Kirche schalt, da kam endlich der von beiden Seiten lang genährte Groll zum Ausbruch. „Quousque tandem patientia mea abutetur pontifex!" Diese von einem Späteren dem Kaiser in den

Mund gelegte Erwiderung, welche den Papst einem Catilina gleichsetzte, entspricht zwar nicht dem Wortlaut, wohl aber dem Sinn der kaiserlichen Antwort. Alles, was Friedrich gegen die Kurie vorzubringen hatte, enthielt sein heftiges Antwortschreiben: daß er der Kirche keinen Dank schulde, da diese zu jeder Zeit bei jeder Hilfe nur den eigenen Vorteil gesucht hätte.. daß er trotzdem jedem Wunsche des Papstes nachgekommen sei, dieser aber alle Feinde des Kaisers und alle Verbannten aus dem Königreich bei sich aufnähme, des Kaisers Rechte in Sizilien verkürze, ihn am Einschreiten gegen zügellose Kleriker hindere, daß der Papst für die auf dem Kaiser ruhenden Lasten des Kreuzzuges „keinen Finger rühre" und viele andere Anklagen mehr.

In einem langen Schreiben antwortete Papst Honorius, Punkt für Punkt den kaiserlichen Brief widerlegend, einem Schreiben, das zugleich ein stilistisches Meisterstück war und mit den Worten begann: „Wunderbar erschien Deinen Sinnen unser Brief, so schriebest Du.. wunderbarer aber der Deine den unsrigen." Nichts überging da Honorius und als er auf Friedrichs Verhalten gegen die Flüchtlinge in Rom zu sprechen kam, insbesondere gegen den armseligen König Johann von Jerusalem, denen allen der Kaiser nur das Eine vorwerfen könne, daß sie überhaupt noch lebten, da erinnerte er Friedrich II. an sein großes Vorbild: „Solches wirst Du aus den Taten Julius Caesars nicht ermittelt haben, der den Domitius fast gegen dessen Willen rettete und den Metellus seines Zornes für unwürdig erachtete, selbst als sich dieser den Schwertern bot..." trotz aller Formvollendung ein böses giftgetränktes Schreiben, in welches sich die ganze Fülle päpstlichen Zornes ergoß. — Mit diesen Briefen hatte beider Groll seinen Höhepunkt, aber auch sein Ende erreicht. Friedrich antwortete dem Papste ganz kurz, ohne sich freilich einige Sarkasmen über das ungewöhnlich lange päpstliche Schreiben versagen zu können: des Papstes weitläufiger Brief hätte aus den päpstlichen Schatzkammern schon soviel Altes und Neues herausgeholt, daß eine von solchen Stoffen strotzende Gebärmutter aus der Empfängnis neuer kaiserlicher Erwiderungen nur einen neuen ähnlichen Fötus geboren hätte. Er hege daher die Gefühle eines ergebenen Sohnes gegen den scheltenden Vater und gebe hierin den Kampf auf, schon weil der Papst ihm durch die große Anzahl seiner Schreiber und Schriftgelehrten über sei. —

Dieses „Einlenken" des Kaisers erfolgte jedoch erst zu einer Zeit, als sein lombardisches Unternehmen vollkommen mißglückt war. Die Ereignisse sind mit wenigen Worten erzählt. Der überraschend feindseligen Haltung des Lombardenbundes suchte Friedrich zunächst zu begegnen, indem er seine friedfertigen Absichten betonte und seine Sorge um den Kreuzzug nunmehr ganz in den Vordergrund rückte. Sorgfältig vermied er es auf dem ganzen Marsch, mit irgendeiner der Städte zusammenzustoßen. Gerade aus dieser Zurückhaltung aber schöpften die Lombarden Mut... von den schweren Zwistigkeiten zwischen Kaiser und Kurie waren sie gewiß auch unterrichtet und so konnten sie sicher sein, daß ihre schwerste Bängnis diesmal der Begründung entbehrte: daß nämlich Papst und Kaiser gegen die Lombarden einig zusammenstehen würden. Ihrem Machtgefühl gaben sie alsbald Ausdruck: als sich das deutsche Heer unter König Heinrich auf der Brennerstraße näherte und gerade bis Trient gekommen war, sperrten die Bundesstädte, denen auch Verona angehörte, den engen Klausenweg und verwehrten jedem Bewaffneten den Durchzug. Die Sperre zu sprengen war das deutsche Heer, das nur aus Reiterei bestand, anscheinend nicht in der Lage, dann aber hätte die Gewaltmaßnahme des Kaisers Absichten widersprochen, der sich auf einen wirklichen Lombardenkrieg vorläufig weder einlassen wollte noch konnte und daher im Augenblick vorzog, die Lombarden nur vor dem Papst ins Unrecht zu setzen. Infolgedessen blieb König Heinrich abwartend in Trient liegen. Andererseits waren ohne die deutschen Ritter des Kaisers Streitkräfte zu schwach, um auch nur einschüchternd zu wirken, von einem ernstlichen Zwang ganz zu schweigen. So trat Friedrich mit den Rektoren des Bundes in Unterhandlung, ganz besonders wegen des Durchzuges der Deutschen. Für die Aufhebung der Sperre aber, die an sich ein unerhörter Übergriff der Städte war, stellten die Lombarden so unannehmbare Bedingungen, daß der Kaiser weiteres Verhandeln ablehnte und zwar laut einmütigem Spruch der um ihn versammelten Großen, auch zahlreicher Bischöfe aus Deutschland Italien Sizilien Burgund. Als die mehrfache Aufforderung, sich zu fügen, erfolglos blieb, ließ der Kaiser durch die anwesenden Bischöfe alle Städte der Liga in den Bann tun, weil sie die Kreuzfahrt behinderten, und verhängte seinerseits über die Lombarden als Majestätsverbrecher die Reichsacht, durch die er nicht nur jeden Verkehr mit ihnen verbot, sondern auch die Verfassungen und Schulen der Städte — darunter die Universität von Bologna — für aufgehoben erklärte. Das war aber nach monatelangem Aufenthalt auch das einzige, was ihm zu tun übrigblieb, und wenn er überhaupt noch leidlich aus dieser ganzen Angelegenheit sich herauszulösen wußte, so nur dadurch, daß er folgerichtig die Haltung des Kreuzfahrers annahm, der in Lombardien gar nicht seine Sache, sondern die Gottes und der Kirche hätte betreiben wollen, daß also die Lombarden sich weniger gegen ihn, als gegen die Kirche vergangen hätten. Tatsächlich zwang er dadurch die Kirche jetzt auf seine Seite. Doch mit Bannung und Ächtung der Lombarden mußte sich der Kaiser vorläufig begnügen und auch die Vergeltung für manchen Verrat — in Faenza hatte man einen Ritter getötet, weil man ihn für den Kaiser hielt — auf eine spätere Zeit vertagen. Der Hoftag selbst war nicht zustande gekommen.. nur wenige deutsche Fürsten waren auf dem Weg über Venedig zu ihm gestoßen, König Heinrich mit den meisten anderen hatte schließlich nach monatelangem Warten von Trient abziehen müssen. Die Lage in der Lombardei war verwirrter als zuvor, erreicht hatte Friedrich nichts. Im Juli 1226 trat er den Rückzug ins Königreich an, der schon gefährdet war. Pisanische Truppen kamen dem Kaiser schließlich entgegen und geleiteten ihn in ihre Stadt, wo er kurz verweilte.

Bei diesem Aufenthalt fand Friedrich II. trotz allen Ungemachs anscheinend doch Zeit, sich in seinem Pisaner Palast mit einem Gelehrten, dessen frühere Schriften ihm bereits bekannt waren, über eine Anzahl ihn beschäftigender Fragen aus dem Gebiete der Geometrie und Algebra ausführlich zu unterhalten. Es war Leonardo Fibonacci von Pisa, der größte Mathematiker seiner Zeit und des Mittelalters überhaupt, der hier von einem spanischen Gelehrten, Dominikus, beim Kaiser eingeführt wurde. Leonardo hatte in Ägypten und Syrien, Griechenland und Spanien seine Studien getrieben und versuchte eben in Europa eine neue Rechenlehre „nach Art der Inder" einzuführen: das Rechnen mit den arabischen Zahlen und mit der Null. Die ihm von Friedrich II. durch den Magister und Hofphilosophen Johann von Palermo vorgelegten Probleme sind so schwierig, daß sie auch heute ein Nicht-Mathematiker kaum versteht. Zur Verwunderung des Kaisers vermochte sie Leonardo leicht zu lösen. Er legte sie für den Kaiser in einem Buche nieder und blieb fortan mit den Gelehrten des Hofes in Verbindung, mit einem Magister Theodor und besonders mit Michael Scotus, der wenig später an den Kaiserhof kam.

Das Anknüpfen dieser gelehrten Beziehungen war jedoch trotz allem nicht das einzige Ergebnis des lombardischen Aufenthaltes. Auf dem Umwege über Venedig war ja eine Anzahl deutscher Fürsten bei Friedrich II. angelangt und das Zusammensein mit ihnen hatte dem Kaiser auch die Angelegenheiten Deutschlands wieder näher gebracht, in die er jedoch im wesentlichen nur bestätigend eingriff. Im Vorjahr (1225) war der Erzbischof Engelbert von Köln, der bisherige Gubernator Deutschlands, ermordet worden und zu dessen Nachfolger, gleichzeitig in der Vormundschaft des jungen Königs Heinrich, der Herzog Ludwig von Bayern ernannt. Ferner war ohne Zutun des Kaisers durch den Zusammenbruch der dänischen Macht Nordalbingien bis zur Eider ans Reich gekommen, und schließlich gehört in diese Zeit noch die Goldbulle von Rimini, durch welche der Deutschritterorden im Preußenland angesetzt wurde, um auch in diesem Gebiet die Macht des Reiches zu erweitern. Für Friedrich II. selbst aber war politisch jetzt nichts andres so wichtig wie die Erledigung der Lombardensache und dazu brauchte er die römische Kurie.

Die Behauptung mancher Zeitgenossen, daß an dem Mißlingen des Hoftages Papst und Kurie schuld seien, wird man in dieser Schroffheit schwer beweisen können. Daß man in Rom den Geschehnissen nicht ohne eine gewisse Genugtuung gefolgt war und dem Kaiser den Mißerfolg gönnte, ist begreiflich, zumal da man aus Friedrichs gegenwärtiger Verlegenheit nur Nutzen zog: denn der ging jetzt auf alle Wünsche des Papstes ein, zeigte sich in allen Stücken überaus zuvorkommend, ließ die Einsetzung der sizilischen Bischöfe zu, als habe es über die Frage niemals Meinungsverschiedenheiten gegeben, und als in Rom eine Hungersnot ausbrach, half er dem Papst bereitwilligst mit sizilischem Korn aus. Friedrich II. hatte also mit der ihm eignen Geschmeidigkeit seine Taktik von einem Tage zum anderen vollkommen geändert und war von der schroffsten Brüskierung der Kurie ganz unvermittelt übergesprungen zu einer nachgiebigen Vertrautheit. Trotzdem war auch der Papst in eine schwierige Lage geraten: an der Widerspenstigkeit der Lombarden konnte der ganze Kreuzzug des Kaisers scheitern, wenn dieser die neuen Verwicklungen als Grund für einen Aufschub der Kreuzfahrt vorschützte. Da nun dem Papst alles daran gelegen war, dem Kaiser auch die Scheingründe aus dem Wege zu räumen, so suchte er in der Lombardei einen erträglichen Zustand zu schaffen und nahm zu diesem Zweck alsbald eine Vermittlung auf zwischen Friedrich und den Lombarden. Das war keine leichte Aufgabe und am wenigsten für Honorius: denn er durfte die Lombarden nicht als Helfer der Kurie gegen den Kaiser verlieren, andrerseits war ganz eindeutig das Recht auf seiten des Kaisers, da die Lombarden zu einer Sperre der Klausenstraße nicht die mindeste Rechtshandhabe besaßen. Nach manchen Verhandlungen kam es schließlich dank der Nachgiebigkeit Kaiser Friedrichs zu einem vorläufigen Ausgleich: der Papst hatte die Bundesstädte vom Banne zu lösen, der Kaiser die Acht zurückzunehmen und die Lombardenliga wiederum sollte mit den kaiserlichen Städten, mit Cremona und Anhang Ruhe halten. Der frühere Zustand, der dem Kaiser nicht genügt hatte, war also im ganzen wieder erneuert, und zwar ohne daß Friedrich für die ihm widerfahrene Beleidigung Genugtuung geleistet wäre. Doch der

Kaiser sah vorerst über diesen Mangel des päpstlichen Schiedsspruches hinweg und erklärte sich im Interesse des Kreuzzuges mit dieser vorläufigen Reglung einverstanden. Die enge politische Gemeinschaft von Papst und Lombarden aber, die schließlich immer dichter miteinander verwuchsen, je mehr des Kaisers Macht stieg, konnte Friedrich jetzt nicht mehr verborgen sein. Mit Recht empfand er von seinem kaiserlichen Standpunkt aus diese Gemeinschaft des Papstes mit den lombardischen Ketzern und rebellischen Bürgern, den Reichs- und Kirchenfeinden, als einen Verrat des Papstes an der Kirche selbst, das heißt: an der aristokratischen Kirche des Mittelalters. Und Kaiser Friedrich durfte auch nicht anders empfinden: denn nur aus dem Zorn über diesen Verrat konnte er vor der Welt und vor sich selbst schließlich seinen Kampf gegen dieses Papsttum rechtfertigen, ja der Glaube an sein Recht und seine Sendung beruhte wesentlich darauf, daß diese „widernatürliche" Koalition von Kirche und Ketzern die gottgewollte Weltordnung untergrub, die eben durchaus aristokratisch auf der Einheit der beiden Schwerter begründet war, der Einheit der Monarchen: Kaiser und Papst.

Friedrich wäre ohne Einschränkung im Recht gewesen, von Verrat zu sprechen, wenn die tatsächlich unnatürlich erscheinende Gemeinschaft der römischen Kurie mit den lombardischen Bürgern, um derentwillen der Papst schließlich den Kaiser und damit die Einheit der beiden Gewalten und Welten preisgab, wenn diese Koalition keine andern Inhalte gehabt hätte, als die zufällige Nützlichkeit einer päpstlichen Machtpolitik. Ob diese freilich für die römische Kurie auch noch so sehr im Vordergrund stand: hinter den Werkzeugen, hinter Lombarden und Papsttum erhob sich gegen den Kaiser eben noch die andere Weltkraft, gegen deren sichtbare Streiter Friedrich II. wissentlich, gegen die selbst er ohne zu wissen sein ganzes Leben hindurch kämpfte und an der er groß wurde: Franz von Assisi und das von diesem neu erweckte Christusbild.

An Franz von Assisi sollte Friedrich II. wachsen und wie das geschah wird der Verlauf des kaiserlichen Lebens zeigen. Franz von Assisi, der größte Zeitgenosse des Staufers, war Träger der eigentlichen, der geheimen Gegenkraft, gegen die aufzustehen und alle Kräfte der Welt zu sammeln Friedrich II. schon in der Wiege bestimmt war. Abt Joachim von Fiore hatte das Kommen beider, der Kraft und der Gegenkraft schon vor Jahrzehnten verkündet: von einem Ordensgründer sollte das Zeitalter Christi und der Apostel wieder heraufgeführt, sollte die Kirche verjüngt und von einem Kaiser sollte sie gegeißelt werden. Und dem Mythos zufolge hat Abt Joachim den Sohn Heinrichs VI. als den künftigen Züchtiger, Verwirrer der Welt bezeichnet, als den kommenden Vorläufer des Antichrist. Das lag nahe genug: denn eine Erneuerung des Christ mußte notwendig auch den Gegenchrist zeugen. Die Legende weiß von einer Begegnung dieser beiden Gegenmächte. Sie erzählt, daß etwa im Jahre 1222, als Friedrich II. in Bari Hof hielt, Franziskus dorthin gekommen sei, um mit heiligem Wort das Volk vor den Sünden und die Edlen vor den Gefahren des Hofes zu warnen. Der darauf folgenden mythischen Begegnung des jungen siegreichen Kaisers mit dem der Armut Vermählten haftete menschlich vielleicht ein Ähnliches an wie der Alexanders des Großen mit dem Kyniker Diogenes. Gemäß seiner späteren legendären Rolle erschien Friedrich II. schon damals als der Versucher: er habe die ihm oftmals gerühmte Keuschheit des Heiligen durch eine Schöne zu versuchen getrachtet, dann aber, als dies mißlang und der Kaiser sah, daß jener „nicht anders lehrte als lebte", habe er sein kaiserliches Gefolge entlassen, habe viele Stunden allein mit Franziskus ernsthaft gesprochen und aufmerksam zugehört, was dieser zum Heil der Seele vorzubringen wußte.

Wenig später (1223) wurde von Papst Honorius die letzte Ordensregel der Minderbrüder bestätigt und als Franziskus drei Jahre darauf starb (1226), da war die von ihm entfachte Glut schon auf Zehntausende übergesprungen. Was er gebracht hatte, war gleichsam die Ketzerlehre in kanonischer Form: des Franziskus erstes Auftreten war ja dem der Ketzer, der „Armen von Lyon" wie der Albigenser im ganzen nahe verwandt, gegen die in der Provence die Kirche durch Jahre blutigen Krieg führte. Eine gefährliche Lehre hatten die Ketzer verbreitet, die etwa in jenem berüchtigten Wort gipfelte: „Es sei Gott mehr zu gehorchen als den Menschen", und die des Einzelnen Seele ohne Mittlung der römischen Priester und ohne Sakramente mit Gott einte. Gerade im Kampf gegen diese Ketzerlehre hatte Papst Innocenz III. die Stellung der Priester aufgehöht und den Grundsatz erneuert, daß der Laie gebunden sei an die Mittlung des Priesters. Doch von den Ketzern unterschied den heiligen Franziskus, daß er, der in Wahrheit weniger als irgendein andrer des Priesters bedurfte, dennoch dessen Mittlung als zu Recht anerkannte, ja daß er die „ketzerischen Triebe", die nun einmal da und nicht auszurotten waren, geradezu in den Dienst der Kirche stellte, indem er selbst das größte Opfer brachte: sich den Notwendigkeiten der päpstlichen Weltkirche zu beugen.

Franz von Assisi ist wenige Jahre nach seinem Tode heiliggesprochen worden (1228). Zahllos waren die Wunder, die er verrichtet. Das Wunder, das hier zunächst angeht, entbehrt scheinbar des himmlischen Zaubers und des seraphischen Glanzes, doch es zeigt dafür Franziskus als einen Mann, und zwar als einen ganzen Mann, der über dem zarten liebenden kindlichen Schwärmer heut fast vergessen ist.. trotz seiner, nach Dantes Wort: „königlich" freien Haltung vor dem Papst, trotz seines männlichen Auftretens gegen die Kirche, trotz seines Verbotes an die Brüder, die Heiligen Schriften auf Schönheit zu lesen, weil Heiliges jenseits von Häßlich und Schön ist, und trotz seiner Zugehörigkeit zu jenen Großen, denen Seligkeit eins ist mit Zucht Strenge und Härte gegen das „allzu feile Fleisch". Viel weniger schmerzhaft waren für ihn die Wundmale des Herrn, die er trug, als der furchtbare Druck, der auf ihm lastete, der seine freie schwärmende Gott unmittelbar nahe Seele zwang, in die festen starren Formen der römischen Hierarchie einzugehen. Die Spannung, welcher die Ketzer auswichen, indem sie Sondergruppen außerhalb der Kirche bildeten, hat Franziskus auf sich genommen, obwohl er sie tiefer empfand und schwerer unter ihr litt als die andern.. wissend nämlich, daß das persönliche unmittelbare Einssein der Seele mit Gott wohl das Erhabenste, daß aber dennoch die römische Papstkirche das Notwendige sei. Kaum einer der Zeitgenossen war so voll auch der kirchensprengenden Mächte wie Franziskus, und obwohl er anfangs von der Hierarchie nichts wissen wollte, obwohl er von ihr Privilegien entgegenzunehmen verbot und obwohl er seinen Brüdern die Annahme kirchlicher Ämter untersagte: dennoch hat er im Gegensatz zu den Ketzern die Eine Weltkirche anerkannt und sein weites naturhaftes allgöttliches Selbst eingezwängt in die engen und strengen Gesetze der Hierarchie.. eine Spannung, die an Dichte jener anderen ungeheuren Spannweite entsprach, die Friedrich II., sein Gegenpart, im Weltlichen jetzt erst heraufzuführen sich anschickte; das unvermittelte Gegenüber von Einzelwesen und weltweitem Römerreich. Dante erst sollte in sich selbst den Menschen zeugen, der wissend nicht nur die eine, sondern der beide Spannungen zugleich ertrug.

Durch Franziskus waren die bisher verfemten ichsüchtigen Triebe der Ketzer in das große Gesamt der römischen Kirche eingegliedert und in ihren Dienst gestellt Der Stifter selbst hätte solches wohl schwerlich allein durchzuführen vermocht.. ihm stand aber als Freund ein Kardinal der römischen Kirche zur Seite, der über den Orden als Protektor gesetzt war, Kardinal Hugo von Ostia. Der Kardinal, ein Später, ein von scholastischer Weisheit und gelehrtem Wissen fast überladener Priester, stand dem wieder aus Ursprüngen schöpfenden Franziskus zwar als Wesen fern. Was ihn mit dem Heiligen dennoch verband, war sein Sehnen nach Einfalt, Versenkung und schwärmerischer Verzücktheit, von der ihn das Kardinalsamt und das Getriebe der Welt freilich immer wieder und immer weiter entfernte. Der Trieb zum Mystischen aber war immer in Hugo von Ostia lebendig gewesen, der in seiner Jugend voller Bewunderung für Abt Joachim von Fiore, den eigentlichen Johannes der franziskanischen Lehre, aus eignen Mitteln zwei Florenserklöster gestiftet hatte. Hugo von Ostia war es auch, der durch Abfassung der letzten Ordensregel den Geist des Stifters in die römische Kirche hineinleitete und der den Oberitalien erfüllenden franziskanischen Geist in den Bußbruderschaften zu halten wußte, auf daß er sich nicht verflüchtige oder gar, was noch näher lag, auf dem gefährlichen oberitalischen Boden nicht wieder ins Ketzerische zurückschlug, aus dem er schließlich aufgestiegen war. Hier hat Hugo von Ostia ordnend und waltend eingegriffen und mit den Bußbruderschaften in allen Städten Stützpunkte geschaffen, durch die jene individuellen Triebe der Ketzer — ein Bedürfnis eben jener Zeit — schließlich der Kirche zugute kamen. Die Einheit von Papstkirche und Lombarden auch jenseits des Machtpolitischen ist also wesentlich ein Werk des Kardinals Hugo von Ostia, dessen Hand man in den späten Maßnahmen des alten Papstes Honorius oftmals zu spüren meint.

Honorius' III. letztes Werk sollte jene Friedensvermittlung zwischen Kaiser Friedrich II. und den Lombarden gewesen sein: wenig später im März 1227, während der Kaiser schon zur Kreuzfahrt rüstete, starb er. Ihm folgte als Papst der Kardinal Hugo von Ostia, der Freund des Franziskus, der einstige Legat in der Lombardei.. als ein Conti dem großen Innocenz nahe verwandt, in dessen Schule er aufgewachsen war. Jetzt als Papst wählte er den inhaltsschweren Namen: Gregor IX. Mit diesem Gegner, der alle kaiserfeindlichen Kräfte der Zeit in sich vereinte, als er, schon ein Greis, den päpstlichen Thron bestieg, hörte Friedrichs II. Frühzeit auf. Er durfte auf ein Äußerstes gefaßt sein und mußte alles daransetzen, eiligst diesem Gegner eine allumfassende kaiserliche Widerwelt entgegenzustellen. —

IV. DER KREUZZUG

DIE letzte Stufe der Weltherrschaft beschritt in allen Zeiträumen abendländischer Geschichte nur, wer auch den Orient bezwang und auch den Orient, die andere Welt in sein Reich einbezog. Jeder der Weltherrscher mußte vor dem Aufbau seines abendländischen Reiches — dies scheint ein Gesetz — die Monarchie im Ursprungslande erneuert haben, um sie von dort verjüngt und glanzerfüllt wieder nach dem Westen zurückzuführen. Den Weltmonarchen selbst, den Wenigen, war dies unerläßlich: denn ihnen verlieh nur der Orient die Unbedingtheit und den Nimbus des Gottes. Also ward mit Beginn des staufischen Weltherrschaftssinnens die Kreuzfahrt zum stolzesten Anspruch der deutsch-römischen Kaiser.

Gleich nach der ersten französisch-normännischen Fahrt der Gottfried, Boemund und Tankred trat in dem zweiten Zug, zu dem der heilige Bernhard gerufen, der Staufer Konrad III. als Führer der christlichen Heerschar neben den König von Frankreich, bis zwei Jahrzehnte später ganz bewußt Barbarossa Kreuzfahrt und Kaisertum ineinander schloß. Die Heiligsprechung Karls des Großen, die er veranlaßt, war ein erster Schritt und wenig später schrieb auf Barbarossas Geheiß ein Mönch von Aachen die „Legenda Karoli Magni", in welcher der Sage vom Kreuzfahrer Karl und seiner Pilgerfahrt ins Heilige Land ein breiter Raum gewidmet war. Denn die notwendige Fahrt nach dem Orient — in Wirklichkeit der spanische Maurenkrieg — war beim Weltherrscher Karl allmählich durch die Legende der Kreuzfahrt ersetzt und ihr hat trotz der ursprünglich französischen Herkunft in Deutschland Barbarossa den Eingang willentlich erzwungen, zumindest ward erst durch ihn diese Legende, ins Imperial-Christliche abgewandelt, in Deutschland allgemein verbreitet. Barbarossa kam damit manchen Träumen der Zeit entgegen, noch mehr führte er solche herauf. Denn daß in Jerusalem ein Kaiser des Abendlands seinen Einzug halte, erwartete die Welt mit einer von Jahr zu Jahr wachsenden Spannung, weil sich an dieses Ereignis immer neue Verheißungen anschlossen: der in Jerusalem als König einritt, sollte das ersehnte und erwartete Friedensreich bringen, ehe der Antichrist erschien, und bald wußten in Toledo, dem Hauptsitz mittelalterlicher Mantik, die Astrologen, daß nach Erdbeben und Seuchen dem Islam nur noch kurze Dauer bestimmt sei, während Sibyllen und Sagen verhießen: ein Kaiser des Westens werde sich in Jerusalem mit dem Kaiser des Ostens vereinen und es werde der „dürre Baum" wieder grünen, sobald der abendländische Kaiser seinen Schild daran hänge als Zeichen seines Gerichtes. — Seit Barbarossas Tagen gewannen solche Weissagungen immer mehr an Kraft und Eindringlichkeit und erwartungsvoll sah man den Kreuzfahrten der Kaiser entgegen. Trotz seines hohen Alters hat Barbarossa selbst nicht gezögert, das stolze Vorrecht der Kaiser und ihre höchste Pflicht auf sich zu nehmen, als der große Sultan Saladin Jerusalem (1187) eroberte. Doch dem Greis — beim Abzug gefeiert als „zweiter Moses", der die erwählten Scharen ins Gelobte Land führe — war es nur beschieden, von ferne das Land der Verheißung zu schauen.. und auch Heinrich VI., sein machtvoller Sohn, sollte nicht als Imperator der Christenheit in die östliche Königsstadt einziehen, deren Boden noch immer kein deutscher Kaiser betreten hatte.

Wo die Ahnen aufgehört, da begann Kaiser Friedrich II. Für ihn war die Kreuzfahrt nicht nur Kaiserpflicht und Dienst an der Kirche, sondern seiner harrte in Jerusalem eine neue Krone.. und weiter: ihm war der Osten kein fremdes Wunderland wie den Ahnen, sondern die Heimat seines schon in der Jugend an arabischer Weisheit gebildeten Geistes. Umfangreich waren die Vorbereitungen, die Friedrich II. für die kaiserliche Kreuzfahrt traf: als Statthalter seines syrischen Königreiches hatte er den Grafen Thomas von Aquino vorausgesandt und im Westen war es ihm dank seiner Mühen gelungen, den Kreuzzugseifer noch einmal anzufachen.. gewiß nicht durch befeuernde Predigt: sein Werber, Hermann von Salza, war kein heiliger Bernhard. Aber die Versprechungen und das Gold des Kaisers, das allen zugesagt wurde, die ihn begleiteten, war gleichfalls eine Macht, welche die Menschenscharen nach dem Heiligen Lande zog. Fürsten, Rittern und Herren verhieß Friedrich II. nicht nur die freie Überfahrt, sondern stattete sie auch reichlich mit Geld aus. Eine ganze Anzahl deutscher Fürsten hatte er auf diese Weise auch für sein Unternehmen gewonnen, vor allem den Landgrafen Ludwig von Thüringen, den Gemahl der heiligen Elisabeth, der mit einem ganzen Kreuzheer im August 1227 in Friedrichs sizilischem Königreich eintraf. Von allen deutschen Stämmen kamen Pilger in großer Zahl über die Alpen und zogen nach Brindisi, dem Einschiffungshafen, während die Friesen den weiten Seeweg um Spanien wählten, genau wie die Engländer, die zu Tausenden, von mehreren Bischöfen geführt, dem Rufe gefolgt waren. Die Kirche hatte freilich durch ihre reichlich gespendeten Indulgenzen dem Werben des Kaisers noch den notwendigen Nachdruck gegeben.. und so langten in Brindisi, verlockt durch die günstigen Bedingungen, unaufhörlich neue Pilgerzüge an. Die Wenigen, die unterwegs umgekehrt waren, hatten die Massen kaum merkbar verringert: die Pilger waren nämlich vielfach durch Rom gezogen und hier hatte ein Schwindler, verkleidet als päpstlicher Vikar, sich an der Pforte von Sankt Peter aufgestellt, um gegen vier Mark Silber die Kreuzfahrer von ihrem Gelübde zu lösen ohne Verlust ihrer kirchlichen Ablässe. Die Römer hatten an diesem Treiben ihren Spaß und hinderten den Schwindler nicht, bis der in Anagni weilende Papst nach Wochen davon erfuhr und dem „Vikar" nun schleunigst das Handwerk legte.

Es wäre vielleicht zu wünschen gewesen, daß sich in Rom noch viel mehr Wallfahrer losgekauft hätten. Denn im Pilgerlager von Brindisi hatten sich allmählich ungeheure Mengen von Kreuzfahrern angesammelt, ohne daß ihre Zahl auch nur annähernd zu schätzen wäre. In jedem Fall waren es sehr viel mehr als der Kaiser erwartet und vorgesehen hatte. Die Schiffe reichten anscheinend trotz umfassender Vorbereitungen nicht aus und es gebrach den Pilgern auch an Nahrungsmitteln, für die aufzukommen der Kaiser sich allerdings nicht verpflichtet hatte. Indessen sollte der Schiffsraum sich bald als vollkommen zureichend erweisen, ja zuletzt blieben Schiffe leer im Hafen zurück, denn schon Mitte August war in Brindisi eine furchtbare Seuche ausgebrochen, der die Kreuzfahrer in Scharen erlagen, während angeblich Zehntausende dem Pestlager entflohen und sich über Italien verstreuten. Für diese Seuche war gewiß niemand verantwortlich zu machen: schon manches deutsche Heer war in der glühenden Augusthitze Süditaliens auf die gleiche Weise umgekommen und den Heutigen ist die Zusammenscharung Tausender von Pilgern — an Klima, Nahrung und Lebensweise des Südens nicht gewöhnt — Erklärung genug für das Auftreten einer pestartigen Krankheit. Mancher der deutschen Großen erlag der Krankheit und selbst der Kaiser wurde schließlich angesteckt. Trotzdem leitete er noch die Einschiffung der beiden ersten Geschwader und begab sich dann kurz vor der Abfahrt der letzten Flottenabteilung, die ihn und den Landgrafen Ludwig von Thüringen aufnehmen sollte, nach der kleinen Insel St. Andrea außerhalb des Hafens von Brindisi, um hier der Pestluft entrückt mit dem Freunde noch Erholung zu suchen. Denn auch den Landgrafen, den Haupthelfer des Unternehmens, hatte die Krankheit gepackt. Trotzdem schifften sich beide am 9. September ein in der Hoffnung, die Seefahrt und die reine Seeluft könnten Heilung bringen. Doch als zwei Tage nach der Abfahrt der Landgraf Ludwig starb, folgte der Kaiser dem Rat seiner Ärzte wie dem des Deutschordensmeisters und des Patriarchen Gerold von Jerusalem und ging in Otranto wieder an Land, die Kreuzfahrt bis zu seiner völligen Genesung aufschiebend. Er übergab den Oberbefehl dem Herzog von Limburg, versprach im nächsten Frühjahr mit neuen Streitkräften nachzukommen und begab sich gleich in die Bäder von Pozzuoli, um dort Heilung zu finden. Zwei sizilische Hofrichter entsandte er zum Papst nach Anagni, das Vorgefallene zu melden und den Kaiser zu entschuldigen.

Des Kaisers Beziehungen zu Papst Gregor IX. waren innerhalb der wenigen Monate des neuen Pontifikates nur freundschaftlicher Art gewesen: Friedrich hatte mehrere Gelegenheiten wahrgenommen, sich dem Papste gefällig zu zeigen und Gründe zu Mißstimmungen lagen im Augenblick auf keiner Seite vor. Der Kaiser hatte ordnungsgemäß seinen Kreuzzug angetreten und Gregor IX. wiederum hatte sich schon als Kardinal dem einstigen Schützling der Kurie stets ganz besonders gewogen gezeigt: „Lieblingspflanze der Kirche" hat er den Staufer sogar noch wenige Jahre zuvor genannt. Des Papstes günstige Meinung über den Kaiser hatte sich aber seither wesentlich verändert. Mit außerordentlich feinen Sinnen, die der Umgang mit dem heiligen Franziskus für bestimmte Gegnerschaften noch besonders geschärft haben mochte, hatte Papst Gregor als erster die ganze ungeheure Gefährlichkeit Kaiser Friedrichs erwittert und zwar zu einem Zeitpunkt, in welchem noch niemand sonst etwas davon bemerkte. Gregor war kein eigentlicher Staatsmann, wohl aber ein alle Kabalen der Politik überschauender Diplomat, und als solcher erkannte er plötzlich — wohl zur Zeit des lombardischen Hoftages — das Heraufkommen einer ganz nahen Gefahr, die dem mittelitalienischen Kirchenstaat drohte. Denn das Patrimonium versperrte dem Kaiser den Durchgang von Süden nach Norden und gelangte der Kaiser zu größerer Macht, so war das päpstliche Land allerdings gefährdet. Da nun der Papst nach des Staufers Anfängen nicht mehr hoffen durfte, aus Friedrich etwa ein gefügiges Werkzeug der Kurie zu machen, so blieb nur eines zu tun: er mußte trachten den Kaiser niederzuhalten.. ja Papst Gregor kannte seit Beginn seines Pontifikates nur das Ziel: Demütigung, wenn nicht Vernichtung Friedrichs II.

Den Kampf, den er für notwendig hielt, scheute Gregor IX. nicht. Obwohl schon ein Greis war er noch kraftvoll und schön und ein Priester, der es verstand und liebte, den Eindruck seiner Person durch strahlenden Glanz und majestätischen Pomp zu erhöhen: in seinem Auftreten durchaus einer der tiaragekrönten Imperatoren. Überdies glühte in dem Alten noch ein wildes jugendliches Feuer, das ebenso in der mystischen Verzücktheit eines Franz von Assisi aufleuchten wie in leidenschaftlich ungebändigtem Haß gegen Friedrich II. lossprühen konnte. Diese Anlagen gepaart mit der Erkenntnis einer von Friedrich her drohenden Gefahr machten ihn in der Tat bald zum Angreifer: denn Friedrich hatte durch einen offenen Kampf mit der Kirche nur zu verlieren, nichts zu gewinnen. Papst Gregor aber wußte sich zur Vernichtung des Staufers ersehen und der Notwendigkeit gehorchend zögerte er keinen Augenblick, auf alle nur mögliche Weise den Gegner zum Kampfe zu zwingen. Seine Kampfformen und -mittel: kleine Unwahrheiten, Anwürfe und Verleumdungen waren im ganzen wenig ansprechend.. allzu durchsichtig wirkten sie oftmals peinlich und nahmen dem päpstlichen Vorgehen jeden Schein des Rechtes, zumal niemand sonst als er selbst des Kampfes höhere Notwendigkeit erkannte. Aber wie dieser haßerfüllte starrköpfige Greis bis zur letzten Stunde unbeirrt seinen Weg verfolgte, gleichgültig dagegen, daß man ihn einen „Ketzer" nannte oder daß die Nächsten ihn verließen, war er bei allen kleinen Unlauterkeiten dennoch nicht nur ein gefährlicher, er wurde auch allmählich ein großer Gegner.

Kaum bot sich jetzt die erste Gelegenheit, als Papst Gregor sofort zu einem wilden Angriff gegen Friedrich II. vorstieß. Am 12. oder 13. September mag der Kaiser den Entschluß gefaßt haben, in Otranto zurückzubleiben.. am 18. ernannte der Papst, um seine Stellung zu festigen, einige Lombarden zu Kardinälen.. zehn Tage später erklärte er Friedrich für gebannt. Die kaiserlichen Boten hatte er nicht einmal vorgelassen, geschweige denn angehört. Den Kaiser zu bannen war Papst Gregor vollauf berechtigt. Gemäß den Abmachungen von San Germano hatte Friedrich II. sich vorbehaltlos dem päpstlichen Bann für verfallen erklärt, wenn er den vereinbarten Termin: August 1227 nicht innehielt. In Anbetracht der Erkrankung hätte der Papst zwar Dispens erteilen können, jedoch war er zum Bannspruch ermächtigt und dieses Recht hat auch Friedrich II. stets anerkannt. Der Sachverhalt lag ganz klar: der Kaiser war nicht abgefahren, also verfiel er dem Bann, wobei die Gründe schließlich gleichgültig waren.. und gerade für Friedrich II. mußte es ganz verständlich sein, wenn genau wie ihm selbst so auch dem Papst Tatsachen höher standen als Gründe. Doch Papst Gregor hielt sich weder an das eine noch an das andere. Die Gründe, des Kaisers Erkrankung vornehmlich, ließ er ganz unberücksichtigt: ohne die vielen Zeugen gehört oder gesehen zu haben erklärte er sofort des Kaisers Krankheit für erlogen. An die Tatsachen aber hielt sich Papst Gregor ebensowenig, obwohl die einfache Wahrheit: daß der Kaiser seinen Verpflichtungen nicht nachgekommen sei, vollauf genügt hätte, den Kaiser zu bannen. Die ganze christliche Welt hätte das begriffen: man war wegen des wiederholten Aufschubs der kaiserlichen Kreuzfahrt für Friedrich II. ohnedies nicht sonderlich eingenommen, und die „öffentliche Meinung" war in jener schon sehr hellen Zeit eine ungemein wichtige Waffe, um die sich Kaiser wie Papst eifrig bemühten. Doch an wirklichen Geschehnissen enthielten die giftgetränkten päpstlichen Enzykliken sehr wenig, desto mehr aber an haltlosen Anklagen. Den Monat August als Abfahrtstermin hatte einst Papst Honorius in Gemeinschaft mit dem Kaiser festgesetzt. An die Gefahr der Spätsommerhitze wird man wohl weniger gedacht haben, als daran, für den syrischen Feldzug möglichst den ganzen Herbst und Winter ausnutzen zu können. Auch die Wahl Brindisis als Einschiffungshafen war ganz erklärlich: es war von jeher für die Orientfahrer ein beliebter Hafen, den auch die Venezianer als letzten Adriahafen vor der Ausfahrt ins Mittelmeer regelmäßig anliefen. Gregor IX. stellte nun der Welt die Sache so dar, als habe Friedrich II. infolge der Mißwirtschaft in seinem sizilischen Königreich — dem päpstlichen Lehensstaat! — nur Brindisi, den ungesündesten Hafen Siziliens, wählen können, ferner als habe er mit Bedacht den ungesündesten Monat des Jahres zur Abfahrt bestimmt und als habe er vorsätzlich zu wenig Schiffe bereit gehabt, vorsätzlich die Pilger zurückgehalten und damit das große Sterben veranlaßt. In späterer Zeit ging Gregor gar noch weiter: da hieß es schon, der Kaiser habe nicht nur die Pilger durch die Seuche, sondern den Landgrafen von Thüringen durch Gift umgebracht und die Krankheit des Kaisers sei lediglich eine des Geistes, nicht des Körpers gewesen.. Friedrich habe sich nur von den Lüsten und Köstlichkeiten seines Königreiches nicht losreißen können und das Heilige Land um ihretwillen unbekümmert preisgegeben. Doch Gregor verkündete der Christenheit noch anderes: auch an der Niederlage von Damiette sei der Kaiser schuld, die Katastrophe im Nildelta habe er herbeigeführt — in Wirklichkeit hatte gerade er gewarnt —, er habe Damiette von seinen Leuten ausplündern und darauf die Stadt dem Sultan ausliefern lassen. Für den neuen Kreuzzug aber sei er seinen Verpflichtungen von Anfang an nicht nachgekommen: nicht nur an Schiffsraum habe es gemangelt — was richtig ist — sondern auch an Verpflegung für die Pilger.. die tausend Ritter, die der Kaiser zu stellen gelobt, habe er nicht gestellt und die hunderttausend Goldunzen, die er zahlen sollte, nicht gezahlt. Gregor mußte sich zwar bald von sizilischen Bischöfen und dem sizilischen Admiral Heinrich von Malta darüber belehren lassen, daß ihr Herr erheblich mehr als tausend Ritter nach Syrien geschickt habe, daß auch das Gold bezahlt sei und daß der Kaiser wohl für die Überfahrt der Pilger, doch nicht für deren Verpflegung aufzukommen hatte. Und auch daran konnten sie den Papst erinnern, daß die Lombarden ihre vierhundert Ritter, die zu stellen ihnen nach päpstlichem Schiedsspruch als einzige Sühne für die Sperre der Klausen auferlegt war, nicht geschickt hatten. Doch die Einwände der Bischöfe fruchteten nichts und veranlaßten den Papst nur, die Exkommunikation des Kaisers alsbald zu wiederholen.

Kaiser Friedrich hatte sich indessen zu allen kirchlichen Bußen bereit erklärt und sein Versprechen erneuert, im kommenden Mai abzufahren. Er hielt den Bann nur für die übliche kirchliche Disziplinarstrafe, welcher die säumigen Kreuzfahrer verfielen, und diese war durch kirchliche Bußen wieder rückgängig zu machen. Tatsächlich hatte Papst Gregor auch keine Handhabe mehr, einem Reuigen und Bußfertigen die Absolution vorzuenthalten. Da er aber in Wirklichkeit ganz andere Pläne verfolgte, so mußte der Bann bestehen bleiben, und das erreichte Papst Gregor dadurch, daß er die ganze Angelegenheit bald auf ein anderes Gebiet hinüberspielte: binnen kurzem war von dem unterbliebnen Kreuzzug nur noch ganz nebenher die Rede, um die Sündenzahl des Kaisers aufzufüllen.. statt dessen handelte es sich plötzlich um die kaiserliche Verwaltung Siziliens, des päpstlichen Lehenslandes, um die Knechtung der sizilischen Kirche, um Differenzen, die schon Jahre zurücklagen wie die Niederwerfung und Verbannung der Barone, um andere Dinge, die längst geregelt waren und schließlich um eine ganze Anzahl neuer, haltloser Anschuldigungen, von denen sich einzelne geradezu als unwahr nachweisen lassen. Papst Gregor wollte also den Konflikt nicht beseitigen sondern im Gegenteil: er wollte den Riß nach Möglickeit unheilbar machen. Absolution konnte Friedrich II. nur erhalten, wenn er in Sizilien etwa eine päpstliche Oberaufsicht zuließ. Darauf konnte nun Friedrich wieder nicht eingehen und so war an eine Einigung zunächst nicht zu denken.

Was Papst Gregor im Sinne hatte war etwa dies: dem Kaiser im Abendland so viele Schwierigkeiten zu bereiten, daß auch im Mai des nächsten Jahres eine kaiserliche Kreuzfahrt unmöglich wurde. Blieb Friedrich II. dann nochmals zurück, so wäre dem Papst auch vor der Welt das Recht gegeben, das sizilische Königreich als Lehen der Kirche einzuziehen oder gar den böswillig wortbrüchigen Kaiser abzusetzen, wie einst Innocenz III. den Welfen abgesetzt hatte. Schwierigkeiten konnten nun mit Leichtigkeit in der Lombardei hervorgerufen werden: infolgedessen begann der Papst sich jetzt den Lombarden zu nähern. Er hatte nicht nur einige Lombarden zu Kardinälen ernannt und ganz dazu geschwiegen, daß kein lombardisches Truppenkontingent für den Kreuzzug erschienen war: der Zusammenschluß ging sehr bald noch viel weiter. Als nämlich Friedrich II. für den kommenden März einen Hoftag der deutschen Fürsten nach Ravenna berufen wollte, um sich mit ihnen über den großen Zwist zu besprechen, da waren die Lombarden auf päpstliche Veranlassung sofort bereit, den Klausenweg von neuem zu sperren, so daß der Kaiser sich genötigt sah, den Plan eines Hoftages sogleich wieder aufzugeben. Das Einverständnis gedieh schließlich so weit, daß es zwischen Gregor IX. und der Liga, welcher jetzt mit Ausnahme von Cremona und drei bis vier andern Städten fast die ganze Lombardei angehörte, zum Abschluß eines regelrechten Bündnisses kam.. und da dem Papst alles daran lag, Friedrichs Kreuzzug zu verhindern, ließ er es auch geschehen, daß seine lombardischen Bundesgenossen die Kreuzfahrer, welche noch zum Kaiser wollten, beim Durchqueren der Lombardei festhielten und ausplünderten.

Das waren des Papstes erste Vorbereitungen. Immerhin fehlte es auch nicht an unangenehmen Gegnerschaften. Als nämlich Papst Gregor am Gründonnerstag, dem üblichen Tage zur Verkündung der Exkommunikationen, den Bann über Friedrich II. erneuerte, war ein unerquicklicher Auftritt die Folge. Der römische Stadtadel unter Führung der Frangipani — ein Geschlecht, das Friedrich für sich gewonnen hatte — wußte die Römer sehr leicht zu einer Empörung gegen den römischen Bischof aufzuhetzen: am Ostermontag während der Messe drang das Volk auf den Papst ein und bedrohte ihn derart, daß sich Gregor den Beschimpfungen nur mit genauer Not entziehen konnte, indem er nach dem Lateran enteilte. Doch die Römer duldeten den Papst vorläufig nicht mehr in ihrer Stadt, so daß er unter Zusicherung freien Geleites weiter nach Rieti flüchtete. —

Lange Zeit hatte Friedrich II. zu allen päpstlichen Anschuldigungen geschwiegen, weil er anfangs noch hoffte, der Zwist werde sich rasch beilegen lassen. Schließlich aber war er genötigt sich gegen die vielen Vorwürfe zu verteidigen, und sandte daher nun auch seinerseits Enzykliken — seine ersten — in die Welt. Im Gegensatz zu den päpstlichen Schreiben waren die des Kaisers vollkommen ruhig und sachlich gehalten: sie eiferten kaum gegen den Papst, sondern brachten nur die Feststellungen der Ereignisse von Brindisi und des päpstlichen Verhaltens. Friedrich II. hatte kein Verlangen, den Riß zu erweitern, der — nach dem Wort des Chronisten — „fast die ganze christliche Welt durch Jahre mit neuen und ungewohnten Plagen verwirrte". Er hielt sich im ganzen sehr zurück. Nur gegen Ende seines ersten Schreibens wird etwas von dem späteren Pathos bemerkbar, wenn er feierlich „vor Himmel und Erdenrund" Verwahrung einlegt und die Empfänger, Könige und Fürsten Europas, Bischöfe und Große Deutschlands auffordert:

„Veranlaßt, daß in Ehrfurcht vor uns die gegenwärtigen Schreiben verlesen und angehört werden, auf daß allen aus ihrem Inhalt offenbar sei die Gewißheit unserer Unschuld und die Schmach, die uns und dem Reich widerfährt." In Rom aber, seiner „Hauptstadt", erfolgt die Veröffentlichung der kaiserlichen Schreiben in besonderer Weise: auf Wunsch des Senates und Volks von Rom mußte der dorthin entsandte Hofrichter Roffred von Benevent des Kaisers Schreiben vom Kapitol herab öffentlich verlesen. —
Mit seinen Manifesten verfolgte der Kaiser besonders einen Zweck: den Zwist auf die wirklichen Tatsachen zu beschränken. Nicht daß er ungerechtfertigt, sondern daß er ausschließlich wegen Nichterfüllung des Kreuzzugsgelübdes gebannt sei, hob Friedrich II. in seinen Schreiben hervor. Denn diese Hauptsache drängte der Papst mit der gleichen Absichtlichkeit, wie sie Friedrich hervorhob, in den Hintergrund. Vor aller Welt gelobte daher der Kaiser, um dem Papst die Waffen zu entwinden, für das Frühjahr die Überfahrt, „wenn nicht, was fern sei, des Ärgernisses erwachter Zwist uns wider Willen und gezwungen von solch heiliger Fahrt zurückhält". Damit spielte Friedrich auf die päpstlichen Umtriebe an, die er in zwei späteren Schreiben noch genauer erklärte: daß nämlich der Papst sich vor versammeltem Volk der Verräter des Kaisers, der Mailänder, angenommen habe, daß der Papst Befehle erlasse, gegen den Kaiser die Waffen zu erheben, und schon beginne, im sizilischen Königreich zum Aufruhr gegen den Herrscher zu schüren. In der Tat hatte Gregor IX. dem sizilischen Klerus verboten, für die neuen Rüstungen des Kaisers eine Beihilfe zu leisten, indem er schon jetzt damit drohte, die Untertanen des Kaisers vom Treueid zu lösen, wenn Friedrich nicht der Kurie gehorchte. Doch auch darüber wußte der Kaiser seinen Getreuen in der Welt zu berichten: denn der Papst habe ihm nicht nur den selbstverständlichen Kreuzfahrersegen vor dem Aufbruch ins Heilige Land versagt, sondern sogar dem kaiserlichen Boten, dem ehrwürdigen Erzbischof Albrecht von Magdeburg, eine Antwort verweigert auf dessen Frage, welche Genugtuung Friedrich denn nun eigentlich leisten solle. Die den Papst am schwersten belastende Klage aber, gegen die sich Gregor auch nicht verteidigen konnte, sparte der Kaiser bis zuletzt auf: „Von dem Gelde, das er gehalten ist für die Kreuzfahrer im Dienst Christi auszugeben, hält sich dieser römische Priester Söldner gegen uns, um uns auf alle Weise wie er nur kann zu befehden."

Doch Friedrich wußte sehr wohl, daß er mit seinen Worten die Dinge nur in ein bestimmtes Licht rücken konnte, daß er aber „nicht mit dem

Mund, sondern mit der Tat" seinen besten Willen beweisen müsse: nur dadurch wehrte er die päpstlichen Angriffe ab und kehrte gar die päpstlichen Waffen wider den Papst selbst, daß er durch sein Tun jenen vor der Welt bloßstellte und die päpstlichen Worte Lügen strafte. Nichts durfte ihn jetzt von der Kreuzfahrt zurückhalten, selbst dies nicht, daß Gregor, der „teuflische Eingebungen" fürchtete, dem Kaiser geradezu verbot, ohne Lösung vom Banne abzureisen. Doch die Machenschaften des klugen Papstes waren gar zu glatt und durchsichtig: ohne Lösung vom Bann überzufahren verbot er dem Kaiser, ihn vom Banne zu lösen, verweigerte er, sagte nicht einmal, welche Genugtuung er vom Kaiser fordere, und blieb Friedrich wirklich zurück, indem er dem Papste gehorchte, so hatte der gewonnenes Spiel: denn ein neues Zurückbleiben hätte nur das ganze Vorgehen Gregors gerechtfertigt. Unter diesen Umständen war es ein ungemein geschickter Zug des Kaisers, daß er sich durch keine Drohung des Papstes von der geplanten Kreuzfahrt mehr abbringen ließ. Nur die sichtbare Tat konnte ihn wieder zum Herrn der Lage machen: im Frühjahr schickte er seinen Marschall Richard Filangieri mit fünfhundert Rittern ins Heilige Land voraus, hielt in Barletta noch einen Hoftag ab, auf welchem er Rainald von Urslingen, Titularherzog von Spoleto, zum Verweser des Königreiches bestellte und bestieg nach Empfang günstiger Nachrichten aus Syrien Ende Juni in Brindisi seine Galeeren. „Schon haben wir uns von Brundisium glücklich nach Syrien gewandt und reisen mit Eile unter glückhaftem Wind, mit Christus, dem Führer".... so meldete der gebannte Kaiser den Antritt der Fahrt.

Niemand hatte des Kaisers Abfahrt erwartet, am wenigsten Gregor IX., der nun wie man hätte glauben müssen durch seine Unversöhnlichkeit in eine peinliche Lage kam: „Wir wissen nicht, wessen törichtem Rat er da folgte oder besser: welche teuflische List ihn verführte, ohne Buße und ohne Absolution den Hafen von Brindisi insgeheim zu verlassen, ohne daß man mit Sicherheit wüßte, wohin er ging", schrieb der Papst wenig später. Doch daß er sich ins Unrecht gesetzt sah, bestimmte Gregor noch keineswegs zum Einlenken, sondern im Gegenteil: nun er den Kaiser in Fernen wußte, meinte er im Abendlande die Bahn frei. Kaum also erfuhr Papst Gregor, daß Friedrich in Syrien gelandet, so daß eine plötzliche Rückkehr nicht mehr zu befürchten war, als er auch schon den längst vorbereiteten Krieg eröffnete: im Reich und in Sizilien ließ er die Untertanen vom Treueid lösen, alsdann suchte er in Deutschland einen Gegenkönig aufzustellen. Er fand auch wieder einen Welfen, der sich jedoch bald eines Besseren besann und meinte, „er wolle nicht einen ähnlichen Tod sterben wie sein Oheim, Kaiser Otto IV.". Die deutschen Pläne des Papstes mißglückten auch sonst. Die weltlichen Fürsten wie die Bischöfe standen diesmal hinter ihrem freigebigen Kaiser und wenn sie auch vorerst noch keinen Anlaß hatten, sich tätig für Friedrich einzusetzen: der päpstliche Bann, der sich auch auf König Heinrich, den Sechzehnjährigen, erstreckte, kümmerte sie überhaupt nicht, und als gar die ersten Siegesnachrichten aus dem Orient nach Deutschland drangen unterzog selbst das niedere Volk des Papstes Machenschaften einer bösen Kritik: „Vom Teufel sei der Papst besessen", das „Haupt sei krank und bleibe verstockt". Als ein verabscheuungswertes Zeichen des Sturzes der Kirche, bezeichnet ein andrer das Verhalten des Papstes und ein Dritter ruft aus: „Schaden wird das dem Christenvolk bis an den Jüngsten Tag!" Doch was in Deutschland wie überall sonst in der Welt größte Empörung gegen Papst Gregor hervorrief, das war sein Vorgehen in Sizilien. Denn als der Verweser des Kaisers, Rainald von Spoleto, die Lösung der Untertanen vom Eide mit Recht als Kriegserklärung des Papstes auffaßte und mit den Siziliern und Sarazenen in die Mark und in sein ehemaliges Herzogtum Spoleto eindrang — damit freilich seine Vollmachten überschreitend — brach der Papst, darauf längst vorbereitet, mit eignen Soldaten der päpstlichen Kurie, den „Schlüsselsoldaten" — dem ersten Heer unter Petri Zeichen — und unterstützt von den lombardischen Rebellen ins sizilische Königreich ein, ließ das Land von Franziskanern in seinem Sinne bearbeiten, streute die Nachricht aus, der Kaiser sei tot, so daß die Untertanen nicht wußten was tun, und in kurzem war ein großer Teil des Festlands in seinen Händen. Nun glaubte man freilich auch den Worten des Kaisers, daß Gregor die Kreuzzugsgelder für seine Söldner verwende, und war schon die Starrköpfigkeit des Papstes gegen einen Kreuzfahrer fast unbegreiflich: daß der Papst, der kein Bluturteil fällen durfte, nun gar ein päpstliches Heer unterhielt und dieses zum Kampf gegen einen christlichen Fürsten verwandte, ja sogar gegen einen Kreuzfahrer, der fern im Morgenland für den rechtmäßigen Glauben focht, dessen Land und Besitz nach uraltem Brauch geheiligt unter dem Schutze der Kirche stehen sollte — das brachte den Papst in einen solchen Ruf, daß man seinen im Letzten ganz gewiß begründeten Rechtfertigungen schwerlich geglaubt haben wird: „dieser Krieg sei um des christlichen Glaubens willen notwendig, auf daß ein so übermächtiger Verfolger der Kirche vom Gipfel des Kaisertums verjagt werde". Von solcher Notwendigkeit wußte wohl Gregor. Doch was die Welt sah, war sehr bald das gerade Gegenteil. —

Des Kaisers Entschluß, unter solchen Umständen das Abendland zu verlassen, war ein unvergleichlich kühnes Spiel um das Ganze. Als er abfuhr, war für ihn die Lombardei so gut wie verloren... daß der Papst die Untertanen vom Treueid lösen und Sizilien als erledigtes Lehen einziehen wollte, war dem Kaiser gleichfalls bekannt, und daß als nächster Schritt seine Entsetzung vom Kaiserthron folgen würde, das zu verkennen war Friedrich II. kaum mehr unerfahren genug. Seine ganze abendländische Herrschaft war also in Frage gestellt, und kam nun noch eine Niederlage im Orient hinzu — ein offensichtliches Gottesurteil gegen die Hybris des Gebannten, der als ein Verfluchter das Heilige Land überhaupt zu betreten wagte —, dann waren für Friedrich II. mit den Thronen auch die Träume vom Römerimperium unwiederbringlich verloren. Es blieb ihm gar kein anderer Ausweg: er mußte um jeden Preis im Osten Erfolg haben. Schwere Stunden sollten ihm dort noch bevorstehen und Friedrich mochte das sehr wohl wissen. Aber — wie er selbst sagte — er ließ sich davon nichts anmerken, sondern zeigte der Welt die gewohnte heitere und gelassene Miene. Tatsächlich gehört diese absonderliche Kreuzfahrt des gebannten Kaisers, dem Papst Gregors Fluch auch ins Heilige Land folgte, mit zu den schönsten Ereignissen dieses ereignisreichen Lebens. Denn für eine kurze Zeitspanne war Friedrich II. aller abendländischen Wirrnis entrückt und dazu frei wie ein Abenteurer oder „einem Piraten gleich", wie Gregor IX. gemeint hat.

Es war eine Flotte von vierzig Galeeren unter dem Oberbefehl des Admirals Heinrich von Malta, mit der Friedrich II. Brindisi im Juni 1228 verließ, begleitet wie stets von dem treuen Erzbischof Berard von Palermo und von dem kaiserlichen Kämmerer Richard, einem Sizilier, der seit der Fahrt des Puer Apuliae nach Deutschland immer beim Kaiser weilte, dann vom Erzbischof Jacob von Capua, der auch zu den Vertrauten des Hofes gehörte, während die anderen näheren Freunde: der Deutschordensmeister, Graf Thomas von Aquino und der Marschall Richard Filangieri den Kaiser in Syrien erwarteten. Zahlreich waren auch die Deutschen im kaiserlichen Gefolge, von denen einer: Konrad von Hohenlohe bald in den persönlichen Dienst des Kaisers trat. Unter der sarazenischen Dienerschaft aber, die den Kaiser wie üblich begleitete, befand sich auch Friedrichs II. Lehrer der arabischen Dialektik, ein sizilischer Sarazene. Und wichtiger als Krieger und Waffen sollte schließlich dem sprachkundigen Kaiser seine Fertigkeit im arabischen Gespräch werden.

Wenn Papst Gregor geschrieben hatte, man wisse gar nicht, wohin der Kaiser gefahren sei, so hatte das seinen guten Grund. Denn mit dem

Kreuzzug verband Friedrich II. gleich noch ein andres Unternehmen. Drei Wochen nach dem Verlassen Brindisis und nach einer Fahrt meist längs der Küste, vorbei an Korfu Kephalonia Kreta und Rhodos warfen die Galeeren des Kaisers Anker in Limassol, dem Hafen von Cypern. Einst hatte Amalrich von Lusignan, der Fürst dieser Insel, sich von Kaiser Heinrich VI. mit der Königskrone Cyperns belehnen lassen und seither galt Cypern als ein Lehen des römischen Reiches. In den Jahren der deutschen Thronwirren war indessen auch diese Insel dem Reiche verlorengegangen und so machte die von Friedrich längst geplante Zurückgewinnung von Cypern die Unterbrechung der Fahrt notwendig. Nicht nur weil es Friedrich als eine der Aufgaben seines Kaiseramtes ansah, die verstreuten Güter des Reiches wieder in einer Hand fest zu versammeln: als Stützpunkt für seinen syrischen Feldzug hatte Cypern erhöhte Bedeutung gewonnen. Mit Leichtigkeit konnte die große Insel Mittel aufbringen für tausend Krieger, durch die des Kaisers eigene Truppen entlastet und für andere Zwecke frei werden konnten. Es genüge hier die Tatsache, daß Friedrich, wenn auch nach einigen Abenteuern so doch ohne Kampf auf Cypern alles erreichte, was er wollte. Es kam ein Vertrag zustande mit dem Vormund des erst zwölfjährigen Königs, mit Johann von Ibelin, einem syrischen Adligen, der im ganzen christlichen Orient als ein bedeutender Rechtsgelehrter bekannt und wegen seiner Redegewandtheit, Spitzfindigkeit und Verschlagenheit berühmt war. Nach den Bestimmungen dieses Vertrages ging die vormundschaftliche Regierung, deutschem Lehnsrecht entsprechend, auf den Kaiser über, der alsbald dem Königreich einen sizilischen Statthalter, den festen Plätzen sizilische Kastellane und den verschiedenen Distrikten zur Eintreibung der Gefälle eigene Finanzbeamte gab. Ibelin aber und die cyprischen Ritter wurden zur Heerfolge ins Heilige Land verpflichtet.

Dies war das Ergebnis des mehrwöchigen Aufenthaltes auf Cypern. Einzelne Begebenheiten auf dieser Insel gehören wieder dem Ritterepos an, das vom Kaiser neben vielem anderem gelebt wurde und gern läßt man sich erzählen, wie Johann von Ibelin, das Parteihaupt von Friedrichs Gegnern, zunächst in Trauerkleidern um den eben verstorbenen Bruder vor dem Kaiser erschien, wie ihm dieser darauf kostbare Scharlachgewänder schenken ließ und ihn solche anzulegen bat, weil die Freude, den Kaiser zu sehen, die Trauer selbst um den Bruder überwinden müsse. An einem der folgenden Tage fand dann ein glänzendes Gastmahl statt, bei dem zur Rechten des Kaisers Ibelin saß, während dessen Söhne Pagendienste taten. Gegen Ende des Gastmahls aber begann sich das Schloß mit Bewaffneten und Matrosen von des Kaisers

Galeeren zu füllen, während Friedrich in barschem Ton von dem Vormund Rechnungslegung verlangte. Der erschrockene Ibelin fand zunächst keine Antwort. Als aber der Kaiser zornig bei seinem Haupte schwor, Ibelin in Haft nehmen zu lassen, ward der gefeierte Jurist zu einer seiner berühmten Reden gezwungen, denen man am syrischen Lehenshof genau so gespannt und bewundernd zuzuhören pflegte wie jetzt Kaiser Friedrich. Doch Ibelin war durch diesen Vorfall mißtrauisch geworden. In einer der folgenden Nächte entfloh er heimlich mit den cyprischen Rittern, die ihren Führer längst gewarnt hatten und die nun des Kaisers Gewalttätigkeit zu rächen gedachten. Durch den Lärm der Fliehenden aufmerksam geworden und einen Überfall befürchtend, verbrachte der Kaiser die Nacht bei den Schiffen, um am anderen Morgen den Flüchtigen zu folgen, die sich in die schwer zu nehmende Burg Dieu d'Amour geworfen hatten. Der Vertrag machte diesem Abenteuer schließlich ein Ende. Ibelin folgte dem Kaiser ins Heilige Land, leistete ihm dort auch noch gute Dienste, freilich um sich später desto ärger zu rächen. —

Die Nachricht von dem raschen Erfolge auf Cypern mag Friedrich nach Syrien vorausgeeilt sein. Bei seiner Landung in Akkon wurde er mit unbeschreiblichem Jubel begrüßt und die Pilger erwarteten von dem Gebannten „Heil für Israel", der uralten und stets lebendigen Verheißung gedenkend, daß aus dem Abendlande ein Kaiser kommen werde, Ost und West zu vereinen, Jerusalem zu befreien und die Zeit zu erfüllen. Auch der Klerus fand sich ein zur Begrüßung, verweigerte zwar dem Gebannten den Kuß, doch Johanniter und Templer sanken vor dem römischen Kaiser ins Knie. Die Muslims aber glaubten, daß der gewaltige Kaiser des Abendlandes, der „König der Emire" mit unendlichen Heerscharen käme, und fürchteten sich.

Sie erfuhren bald, daß die Furcht nicht begründet war: höchstens zehntausend Pilger und etwa tausend Reiter mochte Friedrich in Akkon versammelt haben und auch dieser geringen Streitmacht konnte er bald nicht mehr voll vertrauen. Denn wenige Tage nach der Landung in Akkon trafen zwei Franziskaner als Boten des Papstes ein mit dem Befehl, man solle dem Gebannten in nichts gehorchen. Damit war auch ins Heilige Land, wo man nach Erfüllung des Gelübdes eher die Lösung des Kaisers vom Banne erwartet hätte, der Zwist zwischen Kaiser und Papst getragen, des Kaisers Stellung als Führer der Christenheit unterwühlt und auch die Pilger in zwei feindliche Lager geschieden. Nur die Sizilier und die Deutschen mit ihrem Ritterorden, auch Pisaner und Genuesen hielten zum Kaiser, alles andere, Engländer und Franzosen, mit

Templern und Johannitern und vor allem der Klerus kannten von jetzt ab nur noch ein Ziel: den Kaiser nach Möglichkeit zu behindern und all sein Tun zu hintertreiben. Um der Sache willen hielt sich Friedrich II. außerordentlich zurück und suchte der Zwietracht die Gründe zu nehmen. Er ging so weit, daß er die Führung dem Namen nach an den Deutschordensmeister Hermann von Salza, an seinen sizilischen Marschall Richard Filangieri und an den syrischen Konnetabel Odo von Montbeliard abtrat, damit man nicht ihm, dem Gebannten gehorchen müsse. Selbst dem Verlangen der Templer fügte er sich um des Friedens willen, daß nämlich Befehle nicht mehr in seinem kaiserlichen Namen, sondern im Namen Gottes und der Christenheit erlassen würden. Doch alle Mäßigungen des Kaisers waren nutzlos, solange der Papst und dessen Legat, Gerold, der Patriarch von Jerusalem, in der ärgsten Weise gegen ihn hetzten. Und diese Aufwieglungen hörten nie auf, im Gegenteil, sie verstärkten sich von Tag zu Tag. Unter solchen Verhältnissen, bald noch verschlimmert um die Nachricht, daß Papst Gregor des Kaisers Untertanen vom Eide gelöst, begann Friedrichs ohnedies so schwieriges Unternehmen im Orient. Eine Waffenaktion gegen die Sarazenen verboten schon die Umstände selbst, auch wenn sie in Friedrichs Absichten gewesen wäre. Das aber war von Anfang an nicht der Fall.

Noch vor kurzem war die politische Lage im Orient für Friedrich II. ungemein günstig gewesen. Die muslimischen Fürsten lagen miteinander im Streit und deren Rivalitäten hatte der Kaiser zu nutzen gedacht. Schon seit langem waren Verhandlungen im Gange mit Al-Kamil, dem Sultan Ägyptens. Dieser, ein Sohn des ersten Ejjubiden, des ritterlichen Saladin, dessen großes Reich nach dem Tode aufgeteilt war, glaubte sich von seinem Bruder Al-Asraf, dem Sultan von Damaskus, bedroht. Gegen ihn suchte nun der Ägypter Al-Kamil Hilfe. Kaum hatte daher dieser Sultan Kunde erhalten von des Kaisers bevorstehendem Kreuzzug nach Syrien, durch den Friedrich II. gleichfalls Gegner des Damaszeners Al-Asraf werden mußte, als er sogleich Gesandte nach Sizilien schickte, die Friedrich ein Bündnis anboten, ihm Rückgabe des ganzen gemeinsam zu erobernden Königreiches Jerusalem versprachen und nur des Kaisers baldiges Kommen verlangten. Es folgten weitere gegenseitige Gesandtschaften, die für Friedrich der Erzbischof Berard von Palermo, für den Sultan der Emir Fahr-ed-Din führten, man tauschte beiderseits Geschenke aus, wobei Friedrich II. einen Elefanten erhielt, und so waren die Verhandlungen schon ziemlich weit gediehen, als Friedrich später denn beabsichtigt, in Akkon eintraf und alsbald dem Sultan durch seinen syrischen Statthalter, den Grafen Thomas von Aquino, seine Ankunft melden ließ. Man erzählte später, der Sultan habe für Friedrich II. die Straßen mit Teppichen auslegen lassen.. doch selbst im übertragenen Sinne eines großen Entgegenkommens traf das kaum zu. Al-Kamil lag damals mit einem großen Heere in Nablus. Er empfing des Kaisers Boten zwar mit großen Ehren, hielt eine Truppenschau ab und schickte seinerseits wieder Fahr-ed-Din mit kostbaren Geschenken, Stoffen und Steinen, Rennkamelen und Maultieren zum Kaiser. Von einer Abtretung Jerusalems aber war plötzlich nicht mehr die Rede, da sich die Gesamtlage wesentlich zuungunsten des Kaisers verändert hatte. Al-Asraf, der Sultan von Damaskus, der gefürchtete gemeinsame Feind war gestorben und dessen kleiner Sohn galt dem Sultan Ägyptens nicht mehr als ein gefährlicher Gegner. So hatte Al-Kamil, außerdem seit kurzem noch mit dem Sultan von Mesopotamien verbündet, schon einen großen Teil des Reiches Damaskus, auch Jerusalem selbst ohne Kaiser Friedrichs Hilfe erobert und der abendländische Bundesgenosse, den er zuvor selbst gerufen und dem er so viel versprochen, war ihm im Augenblick nur höchst lästig. Denn Friedrich verlangte da Land, das dem ägyptischen Sultan selbst gehörte und das dieser eben erst für sich erobert hatte. Al-Kamil griff daher zu dem Mittel, das bei solchen Gelegenheiten im Orient üblich ist: mit größter Höflichkeit, unendlicher Aufmerksamkeit und lebhaftester Freundschaftsbeteuerung die Sache selbst beharrlich totzuschweigen. Überdies war dem Sultan weder die Schwäche der kaiserlichen Streitmacht, noch der Zwist im christlichen Lager, noch das Zerwürfnis Friedrichs mit dem Papst unbekannt geblieben und so kam es, daß er sogar des Kaisers Anwesenheit bald förmlich „vergaß" und dessen neuen Boten, einen Notar, einfach übersah.

Friedrich geriet in eine wahrhaft verzweifelte Lage: er mußte Erfolg haben und dabei verschwor sich alles gegen ihn. Mit den Waffen konnte er Al-Kamils starken Heeren nicht zu begegnen wagen.. die Pilger und Streiter, die er trotzdem demonstrativ näher an Nablus heran, nach Jaffa gezogen hatte, waren am Verhungern, weil infolge von Stürmen die Schiffe mit den Lebensmitteln ausblieben.. die Verhandlungen, auf welche er von Anbeginn alles gesetzt, zerschlugen sich, aus Sizilien kamen die aufregenden Nachrichten von den Rüstungen des Papstes, und schließlich, fast das Schlimmste: im eigenen Lager nahmen die Wühlereien gegen den Kaiser immer mehr zu. Aufgefangene Briefe gaben Kenntnis von der Aufforderung der Päpstlichen an den Sultan, Jerusalem ja nicht dem Kaiser zurückzugeben. So weit verstieg man sich, weil ein Erfolg des Gebannten fast ein Gottesurteil gegen den Papst gewesen wäre. Daß man damals dem Papst selbst solchen Verrat zutraute, zeigen sowohl fingierte Briefe als die vielen Kreuzfahrersagen, die sich an jene Ereignisse geknüpft haben und die in den spätesten Fassungen sogar von einer Gefangennahme Friedrichs zu erzählen wissen. Danach hätte der Papst Friedrich „abkonterfeien" lassen und das Bild dem Sultan geschickt, damit dieser sich nicht etwa in der Person des Kaisers irre. — So kam Friedrich im Orient keinen Schritt vorwärts, seine Anwesenheit in Sizilien wurde dabei dringend notwendig und er selbst war gezwungen, kostbare Zeit untätig zu verlieren. Man wird seinen späteren Worten wohl glauben dürfen: er habe damals vor Zorn und Schmerz geweint und schon an die Rückkehr gedacht.. „doch meinen zehrenden Schmerz eilig hinter heiterer Miene verbergend, damit nicht die Feinde, wenn sie solches erführen, jubelnd triumphierten, fing ich an, über Frieden und Vertrag zu verhandeln und beschleunigte die Heimkehr".

Tatsächlich kam es in dieser aussichtslosen Zeit nochmals zu Verhandlungen und zwar durch Hilfe vom Feinde selbst. Der dem Kaiser in tiefer Bewunderung und persönlicher Freundschaft anhängende Emir Fahr-ed-Din, des Sultans Gesandter, gab Friedrich einen Wink, wie er durch Wechsel des dem Sultan nicht genehmen kaiserlichen Gesandten vielleicht zum Ziele kommen könnte. So ging wieder Graf Thomas von Aquino an Stelle des Notars zum Sultan, während Friedrich II. mit Fahred-Din verhandelte — im ganzen ein Zeichen, wie sehr die Verhandlungen von Persönlichem beeinflußt waren. In solchen Besprechungen war nun Friedrich II. ein Meister. Durch den Zauber seiner Person, durch sein überlegenes Wissen und seine dialektische Schlagfertigkeit von Anfang an jedem Gegner mindestens gewachsen, konnte ihm allenfalls sein leidenschaftlicher Stolz und sein oft beißender Witz gefährlich werden. Diese Gefahren waren hier, wo er nicht Ansprüche durchzusetzen, sondern Gefälligkeiten zu erlangen hatte, nicht zu befürchten und so mögen die Gespräche mit dem gebildeten Fahr-ed-Din nach all dem Gezänk im eigenen Lager für den gelehrten Kaiser eine wirkliche Erholung gewesen sein. Friedrich beherrschte ja die arabische Sprache vollkommen, kannte die arabischen Dichter und seine erstaunliche Kenntnis der Philosophie und Logik, der Mathematik und Arzneikunde wie jeder andern Disziplin wußte er durch seine Schulung in der arabischen Dialektik jederzeit in das bei den Orientalen so sehr geschätzte philosophische Gespräch umzusetzen. Verstand er schon, seine nach Lucera verpflanzten sarazenischen Untertanen richtig zu behandeln, so bewegte er sich zwischen den sarazenischen Fürsten erst recht mit der vollkommenen Sicherheit des wirklichen Weltmanns. So ließ er es auch mit Fahr-ed-Din zu Gesprächen über Philosophie und Staatseinrichtungen kommen und dieser wieder mag seinem Sultan manches vom Kaiser erzählt haben. Al-Kamil selbst vermochte solche Eigenschaften durchaus zu würdigen. Er wäre überhaupt das orientalische Spiegelbild des Kaisers gewesen, wenn nicht das umgekehrte Verhältnis den Tatsachen besser entsprochen hätte. Der Sultan liebte es, mit Gelehrten über Jurisprudenz und über die von den Arabern besonders gepflegte Grammatik zu disputieren, er war selbst ein Dichter, von dem noch Verse erhalten sind, und auf seinem Bergschloß, so heißt es, „saßen des Abends stets fünfzig Gelehrte auf Sesseln um seinen Thron, mit denen er sich unterhielt". Er gab viel Geld für gelehrte Zwecke aus, gründete in Kairo eine Schule für die Wissenschaft der Traditionen und ließ den Vertretern der Jurisprudenz Stipendien zukommen. Auch an ihm rühmt man sowohl die liebenswürdigen Formen als eine strenge und Respekt einflößende Haltung. Außerdem war er ein vorzüglicher Verwalter, der die Steuerlisten selbst prüfte und neue bisher nicht gekannte Steuern erfand. Gleich Friedrich war ihm wenig gelegen an unnötigem Blutvergießen, wenn auf gütlichem Wege das gleiche zu erzielen war, und so kam es, daß die Verhandlungen bald zu Ergebnissen führten.

Das wenige, was wir über diese selbst wissen, zeigt zur Genüge, daß Friedrich die Muslims vor allem von der Seite persönlicher Freundschaft her zu gewinnen suchte. Nicht um zu erobern sei er gekommen, sondern um die früher ihm zugesagten Gebiete friedlich zu übernehmen: „Wenn ich nicht den Verlust meines Ansehens bei den Franken befürchten müßte, so würde ich nicht solche Bedingungen vom Sultan verlangt haben," sagte er ganz offen zum Schluß der Verhandlungen und auf diesen Ton mag auch schon vorher alles abgestimmt gewesen sein. Über den politischen Inhalt aber drang nichts nach außen, solange die Verhandlungen im Gange waren. Man hat diese Undurchdringlichkeit des Kaisers, welche schon durch die Parteiung im christlichen Lager und die Wühlereien der Päpstlichen geboten war, dem Kaiser sehr zum Vorwurf gemacht. Den Anhängern Gregors war es ein Greuel, daß der Kaiser mit Ungläubigen überhaupt verhandle.. aber auch der den Staufer bewundernde schwäbische Dichter, der „Freidank", der am Kreuzzuge teilnahm, fand es an der Zeit, daß das „rûnen ende naeme", dessen Wert ohne „Hohen Rat" überhaupt fragwürdig sei. Weder die Päpstlichen noch die Deutschen konnten die allein auf seine Person gestellte autokratische Art des kaiserlichen Verhandelns ohne Beratung mit den Großen gutheißen.. und doch entsprach dieses Verfahren des Kaisers nur dem Al-Kamils. Denn von ihm heißt es, daß er die Staatsgeschäfte stets allein besorgte, ohne sich auf den Wesir zu verlassen, ja nach dem Tode seines Wesirs habe er keinen neuen mehr eingestellt, sondern sich mit einem Schreiber begnügt. Im übrigen war Friedrich einsichtig genug zu wissen, was alles auf dem Wege öffentlicher Verhandlungen unerreichbar blieb und wieviel anderseits auf dem Wege persönlicher gegenseitiger Gefälligkeit zu erlangen war. Auch ein für beide Teile notwendiges Nachgeben war durch die geheimen Verhandlungen erleichtert, wenn nicht erst möglich gemacht.. und auf das Nachgeben allein kam es jetzt an. Der Vertrag, den Friedrich schließlich am 18. Februar 1229 abschloß, zeigt denn auch deutlich die Färbung eines persönlichen Entgegenkommens von seiten Al-Kamils. Unter den Christen aber empfand man es als einen Mangel, daß eigentlich nur die Vertragstreue Friedrichs und des Sultans für die Einhaltung der ganzen Abrede bürgte. Nach dem Vertrage erhielt Friedrich Jerusalem zurück mit Ausnahme des Haran-esch-Scherif, des heiligen Bezirks, in welchem sich die Omar-Moschee und der Felsendom, der Tempel Salomos, befand. Doch es war den christlichen Pilgern gestattet, in diesem Bezirk ihr Gebet zu verrichten, wie den Muslims in dem gleichfalls an Friedrich abgetretenen Bethlehem. Auch Nazareth erhielt der Kaiser zurück und einen Streifen Landes von der Küste nach Jerusalem, ferner Sidon und Caesarea, Jaffa und Akkon und einiges andere. Fast alles durfte außerdem von den Christen befestigt werden, und wenn auch das Königreich Jerusalem in dieser Gestalt militärisch nicht zu halten war, so wurde doch gleichzeitig ein zehnjähriger Waffenstillstand geschlossen, den Friedrich nach Ablauf dank seiner Freundschaft mit Al-Kamil zu verlängern hoffte.

Der Vertrag hatte zweifellos auch seine Schwächen, doch die fanatischen Angriffe der Päpstlichen gegen dieses „Machwerk" waren dennoch unbegründet. Was kein Kaiser vor Friedrich II. erreicht hatte, was seit der Eroberung der Stadt durch Saladin allen andern Kreuzfahrern mißglückt war: das heilige Jerusalem zu befreien, das war dem Gebannten gelungen. Als Friedrich den zusammengerufenen deutschen Pilgern das Ergebnis mitteilte, brachen diese auch in unermeßlichen Jubel aus und auf den Rat Hermanns von Salza beschloß der Kaiser, an der Spitze der Pilger selbst als Erster nach dem befreiten Jerusalem zu ziehen. Der Freude seiner Anhänger entsprach freilich die Wut der Kaiserfeinde: den Päpstlichen war der Erfolg des Kaisers das Widerwärtigste, was sich hätte ereignen können. Der Patriarch Gerold verbot den Pilgern, wenn auch ohne Wirkung, zusammen mit dem Kaiser nach Jerusalem zu gehen, und erbost darüber, daß Friedrich ihn in nichts zu Rate gezogen hatte wie auch über die Freude der Deutschen schrieb er dem Papst: „Den Deutschen lag ja nichts anderes am Herzen, als das Heilige Grab besuchen zu können und sie als die einzige Nation stimmten Lobgesänge an und beleuchteten festlich die Stadt, während alle anderen in dem Geschehenen nur eine Dummheit sahen."

Gerolds Haß gegen den Kaiser verlor schließlich alle Maße und Grenzen. Er berichtete dem Papst ausführlich über den Vertrag, pharisäerhaft dessen Schwächen glossierend, die vorzüglich er selbst durch seinen vielfachen Verrat verschuldet hatte, und stellte den Kaiser als Toren hin, der von den Muslims sich hätte täuschen lassen.. besonders erbittert noch dadurch, daß der Vertrag nichts über eine Rückgabe des Kirchen- und Klosterbesitzes enthielt. Der Papst zögerte nicht, diesen Bericht noch verschwärzt der Welt weiter zu geben und in bösartigster Weise die Schändlichkeit Kaiser Friedrichs darzustellen, der mit Ungläubigen überhaupt verhandelt und die Heiden zum Gebet in Jerusalem zugelassen habe. Daß Friedrich schließlich mehr erreicht hatte als all die großen Kreuzfahrerheere der letzten Zeit, wußte Papst Gregor geschickt zu verschleiern.

Indessen zeigt der Eindruck des Verlustes von Jerusalem auf die Muselmanen, daß Al-Kamil sich zur äußersten Möglichkeit verstanden hatte und keinen Schritt weiter hätte gehen können. „Jerusalem — so hatte einst Saladin an Löwenherz geschrieben — ist uns ebenso heilig, ja heiliger als euch, denn dort machte der Prophet seine nächtliche Fahrt zum Himmel und dort versammeln sich die Engel." Al-Kamil wurde daher auch vom Kalifen in Bagdad zur Rechenschaft gezogen, die anderen Sultane zürnten ihm und die Trauer um den Verlust der Heiligen Stadt, den man als Unglück und härtesten Schlag für den Islam empfand, steigerte sich zu offenen Kundgebungen gegen Al-Kamil, schließlich zu einem Protestgottesdienst, den der Sultan allerdings einfach durch Wegnahme der Moscheekostbarkeiten strafte.. ein Mittel, das auf Friedrich II. den Eindruck wohl nicht verfehlte. Doch die Muslims gaben auch zu, daß Al-Kamil, der den Kaiser gerufen hatte, in einer Schlinge gewesen sei, und vertrösteten sich auf die Zukunft und den Willen Allahs. Des Sultans Vorteil bei diesem Vertrag war in der Tat sehr gering und bestand wohl nur darin, daß er weiteren Störungen seiner sonstigen Eroberungszüge durch einen neuen Kreuzzug vorbeugte, der bei einer Verweigerung Jerusalems wohl unausbleiblich gewesen wäre. Al-Kamils Beziehungen zu Kaiser Friedrich aber wurden immer herzlicher, obwohl man beiden Herrschern hüben wie drüben diese Freundschaft mit einem Andersgläubigen verübelte.

Friedrich II. hatte seinen unbestreitbar großen Erfolg: die Befreiung Jerusalems, vornehmlich dem Emir Fahr-ed-Din zu danken und die Überlieferung will, daß ihn der Kaiser zum Ritter geschlagen und ihm den Kaiseradler im Wappen zu führen gestattet habe. Das ist an sich nicht so absonderlich und Ähnliches wird auch von Löwenherz erzählt. Denn die Welt, Morgen- und Abendland, war damals eine einzige große ritterliche „Koine", in der bei dem vielen Gemeinsamen die Schranken der Religion nicht mehr unübersteigbar waren, am wenigsten für den Ritter. Ja die Normen adligen Rittertums waren, wie das Epos Firdusis, wie manches andere es ahnen läßt, im Orient, in Persien früher geprägt als in Europa. Das Gefühl der ritterlichen Gemeinschaft war hier wie dort durchaus lebendig und im Epos des Abendlandes zeigt sich der sarazenische Ritter stets als besonders edel und vornehm: man denke an Feirefiß, des Parzival gefleckten Bruder, an des Ortnit Helfer, den weisen Heiden Zacharias, auch noch an den Medor des Ariost und vor allem an Saladin, den Ruhm aller morgenländischen Ritterschaft, dem Dante den Platz im Elysium der großen heidnischen Dichter und Heroen gab, obwohl er es war, der den Christen Jerusalem nahm. In einem Gesamtkosmos durfte auch diese Heldenart nicht fehlen.

Sarazenische Ritterlichkeit sollte Friedrich II. selbst noch kennenlernen. Von Jerusalem aus wollte er mit wenigen Begleitern zur Taufstelle am Jordan pilgern. Die Templer aber, die zu blinden Werkzeugen des Patriarchen geworden waren, schickten — angeblich auf unmittelbare Veranlassung des Papstes — dem Sultan Al-Kamil Nachricht: jetzt habe er Gelegenheit, Friedrich zu fangen und wenn er wolle, zu töten. „Von diesem niederen Verrat angeekelt" und um die christlichen Ritter des Papsts zu beschämen, hat jedoch Al-Kamil das Schreiben mit einigen Begleitworten dem Kaiser geschickt, der fortan die Templer mit einem nie mehr verlöschenden Hasse verfolgte. Dem Sultan aber dankte Friedrich diesen Dienst und wahrte ihm für alle Zeiten die Freundschaft, die er nach Al-Kamils Tod auf dessen Sohn übertrug.

Überhaupt behielten die Araber den Kaiser in guter Erinnerung. Teils aus Politik, teils aus persönlicher Neigung zeigte sich Friedrich II. den Muslims stets fast als einen der ihren und wenn seine aufrichtige Bewunderung auch ganz besonders dem arabischen Wissen galt, so trug doch der Kaiser auch vor der fremden Religion und ihren Gebräuchen stets eine ungeheuchelte Achtung absichtlich zur Schau. Die Muslims erzählten da manche Geschichte vom Kaiser, die anderen Äußerungen

Friedrichs auch im Tone durchaus entsprachen. So wurde der Kaiser in Jerusalem von einem Emir des Sultans in die Omarmoschee geführt. Als er heraustrat erblickte er an der Tür dieses Heiligtumes einen christlichen Priester, der das Evangelium in der Hand die Pilger und auch den Kaiser selbst anbettelte. Der aber, die sarazenische Ritterlichkeit vergeltend, stieß jenen voller Wut vor die Brust, daß er zu Boden fiel und rief: „O du, wir alle sind nichts als Sklaven des Sultans, der uns so viel erlaubt, und du wagst es, die Grenzen, die er gezeichnet zu überschreiten! Wenn noch einmal einer von euch hier so eintritt, so werde ich ihn sicher umbringen." Auch die Handgreiflichkeit des zürnenden Kaisers ist nicht unbekannt.. über sie wird ja öfters berichtet. In Jerusalem wohnte Friedrich im Hause des Kadi Schams-ed-Din. Der Sultan hatte aus Höflichkeit gegen seinen Freund und um dessen religiöse Gefühle nicht zu verletzen ausdrücklich verboten, daß während des Kaisers Aufenthalt die Muezzins zum Gebete riefen. Ein Ausrufer aber hatte den Befehl vergessen und zur Zeit des Morgengebetes bestieg er das Minareh und begann die Verse auszurufen, die sich ganz besonders gegen die Christen wenden: „Nicht hat Gott einen Sohn angenommen" und ähnliches. Vom Kadi zur Rede gestellt, unterließ er es in der zweiten Nacht. Am Morgen aber ließ Friedrich den Kadi rufen und fragte ihn, warum der Muezzin nicht gesungen habe. Der Kadi sagte den Befehl des Sultans. „O Kadi — habe Friedrich da geantwortet — ihr tut Unrecht meinetwegen euren Kultus, eure Gebräuche, eure Religion zu ändern. Das brauchtet ihr nicht, selbst wenn ihr in meinem Lande wäret." Und in der Tat, als in späteren Jahren ein arabischer Gelehrter König Manfred besuchte, war er nicht wenig erstaunt, als von den Gebetstürmen Luceras die Muezzins in arabischer Sprache die Gläubigen zum Gebet riefen. — Daß der Kaiser, von dem man auch die Geschichte der drei Ringe erzählte, über die verschiedenen Religionen seine eigene, von der seiner Zeit in vielem abweichende Meinung hatte und sich über manche Schranke hinwegsetzte, erfuhren die Araber noch bei anderer Gelegenheit. An der Kuppel der Sachramoschee in Jerusalem las Friedrich II. die goldenen Buchstaben der Inschrift des Eroberers Saladin: „Es reinigte diesen Tempel Saladin von den Polytheisten." Der Kaiser stellte sich zunächst unwissend und ließ sich erklären, um die Muslims in Verlegenheit zu bringen, wer denn die Polytheisten seien. Man sagte ihm, daß die Muslims darunter die trinitätsgläubigen Christen verstünden. Da fragte er weiter: „Wozu dienen die Gitterfenster über den Türen der Sachramoschee?" Man sagte ihm: „Damit die Sperlinge nicht hineinkommen." Darauf der

Kaiser, sich des arabischen Schmähworts für die Unreinen, die Christen bedienend: „Und doch hat Allah zu euch ‚Schweine' gebracht."
Friedrich II. scheint mit solchen Äußerungen selbst die Sarazenen erschreckt zu haben, denn die meinten, er sei kaum ein Christ, sondern ein Materialist, der an keine Unsterblichkeit glaube. Von seiner äußeren Erscheinung — bartlos und nur mittelgroß — hielt man nicht viel und sagte: „wäre er ein Sklave gewesen, so wäre er keine zweihundert Drachmen wert," doch gefiel seine Freundlichkeit und sein vornehmes Wesen. Verblüfft aber waren die Muslims, als zur Stunde des Mittagsgebetes fast alle Diener, ja ein Lehrer des Kaisers sich erhoben, um als Rechtgläubige das Gebet zu verrichten: die sizilischen Sarazenen des kaiserlichen Gefolges. Auch nicht den Schein des Glaubenskrieges hielt Friedrich also aufrecht: sein Kreuzzug war eine ausschließlich staatliche Angelegenheit, eine Sache des Imperiums, nicht der Kirche, und deutlicher hätte das kaum gezeigt werden können als durch seine eigene muslimische Begleitung. Es war nur natürlich, daß Friedrich II. eben von diesem Staatlichen aus gesehen, sich hier in Syrien selbst als Orientale gab: Napoleon war in Ägypten als der „Sultan-el-Kebir" bekanntlich willens, darin sehr weit zu gehen und zieht man dabei auch die verschiedenen Jahrhunderte in Betracht: die menschliche Haltung ist bei allen den Großen die gleiche.. jeder von ihnen mußte auf irgendeine Weise auch im Orient einmal Orientale gewesen sein. Hierher gehört es, wenn Friedrich II. sich in Syrien ab und zu rein orientalischer Formen bediente. Beim Abschluß des Vertrages beispielsweise schwur er, „das Fleisch seiner linken Hand zu essen", falls er den Vertrag bräche, und als die Verhandlungen ins Stocken geraten waren und der Kaiser mit seinen Truppen nach Jaffa vorwärtsmarschierte, da schickte er — sich der sinnlichen Symbolik des Morgenlandes bedienend — dem Sultan seine kaiserliche Rüstung, Panzer und Helm, zum Zeichen daß dieses Mittel ihm immer noch bliebe.

Jedem der Großen hat der Orient etwas anderes bedeutet: bei dem Stauferkaiser aber stand eine uneingeschränkte Bewunderung des arabischen Geistes im Vordergrund. Denn Friedrich II. befand sich ja in dem Land, das damals Europa Quell allen Wissens war, und was etwa dem Nordländer Italien und die römische Form, was einst den Römern selbst Hellas, die hellenische Kunst und Philosophie bedeutete, das war dem im Formalen der mittelalterlichen Kirche gebundenen Geist des damaligen Abendländers die Lockerung durch orientalisch-hellenistisches Wissen: ein Wissen vornehmlich um die Gesetze der Natur. Mehr als irgendein anderer war Friedrich II. bestrebt, dem Abendland diese Quellen zu erschließen, und durch seine starke geistige Empfänglichkeit wie durch die sizilische Herkunft war er zu einem der großen Mittler und Einer von Osten und Westen gleichsam vorherbestimmt. Man findet ihn denn auch im philosophischen Gespräche mit Fahr-ed-Din, im Austausch geometrischer und algebraischer Fragen mit Al-Kamil, im Verkehr mit dem berühmtesten arabischen Astronomen, den er vom Sultan erbeten hatte. Über diese gelehrten Dinge hinaus nahm ihn, wie so oft die Baukunst gefangen: die regelmäßig achteckige Omarmoschee in Jerusalem etwa mit ihrer grüngoldenen Kuppel und der kunstvollen Kanzel, die er bewundernd ganz bestieg. Auch für seine Jägerei beobachtet Friedrich hier einiges: „Als wir im Orient waren, sahen wir, daß selbst die Araber bei der Falkenjagd eine Kappe benutzten.. denn die arabischen Könige sandten uns damals ihre in dieser Kunst erfahrensten Falkner mit vielerlei Arten von Falken." — Es ist selbstverständlich, daß er bei diesem Aufenthalt im Orient den staatlichen Dingen höchste Aufmerksamkeit schenkte: das Bruchstück eines Gespräches läßt da einiges erkennen. Mit Fahr-ed-Din unterhielt sich Friedrich über das Kalifat. Der Emir erklärte dem Kaiser, wie das Kalifat der Abbassiden in ununterbrochener Reihe auf Al-Abbas, des Propheten Oheim zurückgehe und somit in der Familie des Stifters geblieben sei. „Das ist gut — sagte der Kaiser — und der Einrichtung jener Toren, ich meine der Christen, weit überlegen. Denn diese nehmen als geistliches Haupt einen beliebigen Menschen ohne die geringste Verwandtschaft mit dem Messias und machen ihn zu dessen Stellvertreter. Der da, der Papst, hat keine Berechtigung solch einen Rang einzunehmen, wohl aber euer Kalif als Nachkomme von Mohammeds Oheim." Der ganze Geblütsstolz dessen, der sich späterhin gerade im Gegensatz zum Papst gern Sohn und Enkel von Kaisern und Königen nennt, bricht hier durch und dazu ein Überordnen des Natürlichen über das Geistige, einfach weil dieser Kaiser über das allzu Spirituelle des Mittelalters schon längst hinaus war. —

Auf all dem beruht der päpstliche Vorwurf, Friedrich II. habe sarazenische Sitten angenommen und die Legende hat — teils gutartig teils bösartig — diesen Glauben noch verstärkt. Sarazenische Tänzerinnen, die ihm der Sultan zur Belustigung gesandt haben mochte, wurden in dem päpstlichen Schreiben zu christlichen Frauen, die Friedrich vor Sarazenen zu tanzen gezwungen habe, ehe man „fleischlich sich an ihnen verging".. und ein englischer Pilger schrieb sogar nach Haus, der Kaiser habe des Sultans Tochter und fünfzig Sarazeninnen geheiratet. Teils mag seine Ehe mit Isabella von Jerusalem hierzu den Anlaß gegeben haben, teils die Tatsache, daß er einen natürlichen Sohn: Friedrich von

Antiochien hatte, über dessen Mutter man nichts wußte, die man aber dem Namen gemäß im Morgenland suchte. Späterhin erklärte man sogar die Tracht der muslimischen Frauen, den schwarzen Tscharschaf, durch Friedrich II.: als der Staufer den Orient verließ da hätten die Frauen so um ihn getrauert, daß sie seither schwarze Gewänder trügen.

Es leuchtet ein, daß gerade Friedrichs Aufenthalt im Heiligen Land die Phantasie der Zeitgenossen aufs äußerste erregt hat, ganz besonders aber Friedrichs Beziehung zu den Assassinen, mit deren einem Zweige, den Ismaeliten vom Libanon, er in der Tat Gesandtschaften ausgetauscht hat. Die Assassinen waren, wie Marco Polo ein Menschenalter nach Friedrich erzählt, eine fanatische Sekte, die von ihrem Haupte Hassan Sabbah, dem sogenannten „Alten vom Berge", zu unbedingtestem Gehorsam erzogen für allerlei Mordtaten gebraucht wurde, um dem reinen Islam zu dienen. Dieser Gehorsam wurde dadurch erzwungen, daß man sich geeigneter Knaben bemächtigte, diese jahrelang karg hielt, ihnen dabei aber immerwährend von den Schönheiten des Paradieses erzählte. War dann ihre Zeit gekommen, so erhielten sie eines Tages beim gewohnten Mahle einen Haschischtrank, aus dem sie in einem wirklichen Garten des Paradieses erwachten, den der „Alte vom Berge" in einem herrlichen Tal ganz nach den sinnlichen Schilderungen des Korans angelegt hatte, mit Bächen von Honig Milch und Wein, mit springenden Brunnen, mit Huris und Knaben. Nach wenigen Tagen des Genusses dieser Herrlichkeiten erhielten die Zöglinge einen zweiten Haschischtrank, aus dem sie dann wieder an der Tafel des Alten erwachten — mit einer rasenden Sehnsucht nach dem einmal genossenen Paradies, das sie, wie ihnen gesagt wurde, wiedersehen würden, wenn sie im Dienste des Alten den Tod fänden. Daß dieser Tod bald einträte, war daher der Assassinen einziges Trachten.

Mit dieser gefürchteten Sekte, deren Dolchen zahllose vornehme Kreuzfahrer erlagen, war also auch Friedrich II. vorübergehend in Verbindung getreten und man fabelte sogar von einem Besuche des Kaisers bei dem Alten vom Berge. Der hätte damals, um seiner Leute Gehorsam zu zeigen, zwei gerade auf einem hohen Turm stehenden Assassinen gewinkt, sich herabzustürzen, und froh wieder ins Paradies eingehen zu können gehorchten sie dem Befehle sofort. Eine spätere Sage läßt Friedrich II. gar für sich selbst mit ganz ähnlichen Mitteln „gehorsame Stecher" ziehen! Er habe Kinder in einen Keller gesperrt, sich ihnen nur ganz selten gezeigt, dafür aber angeordnet ihnen zu sagen, der Kaiser sei der Herrgott selbst. Als die kleinen Gefangenen dies hörten,

> Dô wânten die, im waer alsô,
> Er waer got von himmel dô..

Keinen Fürstenmord gab es zu Friedrichs Zeiten, den nicht des Kaisers Assassinen ausgeführt haben sollten, und selbst die Päpste verbreiteten solches Gerücht.

Entbehrt das alles auch jeder geschichtlichen Wahrheit, so ist es doch merkwürdig, wie die Wunder- und Schauermären einer Zeit sich alle auf den einen Großen herabsenken und an ihm Halt zu gewinnen suchen — teils um durch die Autorität des Namens glaubhafter zu werden, teils aus jener Lust, zwei sonst geschiedene Welten in einem Menschen zusammen zu sehen: die des Unwahrscheinlichen und des Wirklichen, oder hier die Welt Mohammeds und Christi, des Kaisers und des Kalifen. Doch jene Kalifenluft, die das Gesamtbild Friedrichs II. in einem stehenden und schwebenden Raum der fernen Träume festhält und in jeder Lebensstufe und Lebenslage unter anderen Sinnbildern und Zeichen wiederkehrt, ist unerläßliche Voraussetzung für die Unbedingtheit dessen, dem die Menschenleben nur Stoff sind für das eigene Wollen und Müssen, für die herrische Willkür, deren letzte Notwendigkeit keiner als der Sultan selbst weiß. Wiederum, doch auf eine unverhülltere Art als der Puer Apuliae ist hier unter dem Bilde des „Alten vom Berge" der seinen Kellerhäftlingen als „Gott" erscheinende Kaiser Verhängnis und Fatum — nicht mehr für einen einzelnen Menschen, wie der Knabe, sondern für ein ganzes Volk oder eine Gemeinde. Kein Zweifel, daß der unbedingte Gehorsam einerseits, dann die durch nichts beschränkte Herrschaft der östlichen Despoten und die sie umwitternde Fatumsluft Kaiser Friedrich sehr nahe berührt hat. Schrieb ihm doch wenige Jahre später der Papst voller Vorwurf: „In Deinem Königreiche Sizilien wagt keiner ohne Deinen Befehl Hand oder Fuß zu bewegen."

Was bei allen Erzählungen und allen Gesprächen Fragen und Handlungen des Kaisers während des syrischen Aufenthaltes und im Verkehr mit den Muslims immer wieder bemerkbar wird, ist die grenzenlose Bewunderung und Ehrfurcht, die Friedrich II. hier Menschen und Dingen entgegenbrachte. Gewiß, dies war ihm im Augenblick auch politisch wichtig.. doch es zog sich das Gleiche durch des Kaisers ganzes Leben hindurch. Wenn Friedrich späterhin besonders vornehmen Besuchern sein kostbares Planetarium zeigte, in welchem sich Sonne Mond und Sterne in geheimnisvoller Harmonie bewegten, so liebte er es zu sagen, daß dieses Geschenk seines arabischen Freundes, des Sultans, ihm nach König Konrad, dem leiblichen Sohne und Erben, das Liebste auf der Welt sei. Einem solchen Wort mag man die ungeheure Wertschätzung entnehmen, die dieser viel größere und bedeutendere Kaiser den muslimischen Fürsten zollte — er fast als einziger Herrscher des Abendlandes. Immer wieder wird dieses stolze Sichrühmen: Freund muslimischer Könige zu sein, bei dem staufischen Kaiser spürbar, etwa wenn er von dem ägyptischen Sultan eine kleine Truppenmacht gelegentlich erbittet zur Einschüchterung der lombardischen Rebellen oder wenn er meint, gewisse spätere Ereignisse im Orient hätten nimmer eintreten können, wäre ihm, dem Kaiser, ein Eingreifen möglich gewesen und dann seufzt: daß doch mein alter Freund Al-Kamil noch lebte... oder wenn er auf einem Hoftag der deutschen Fürsten im Friaul Gesandte seiner arabischen Freunde besonders ehrenvoll empfängt, mit ihnen in Gegenwart seiner Fürsten und Bischöfe das mohammedanische Fest der Hedschra durch ein großes Gastmahl begeht und sich dann von den Muslims nach Apulien begleiten läßt... oder wenn er den Tod seines Freundes Al-Kamil, mit dem er kaum jemals persönlich zusammentraf, lange Zeit beklagt und bitterlich beweint — wie wenigstens der Chronist erzählt und zwar mit der merkwürdigen Begründung der kaiserlichen Trauer: weil der Sultan ohne Taufe gestorben sei... so deutet sich in dem allen doch an, wie sehr hier zum einzigen Mal Friedrich II. selbst sich als der Nehmende fühlte. Im Orient und gegenüber den Orientalen verspürt er allein eine gewisse Überlegenheit der anderen, die er immer in schöner Form bewundert und anerkennt, und hier ist er auch Schüler... oder um sein stärkeres Wort zu gebrauchen: „Wir alle sind nichts als Sklaven des Sultans." Damit ist das meiste umschrieben. Überall kommt dabei jenes Bemühen zum Vorschein, es jenen bewunderten Fürsten gleich zu tun, sich als einen der ihren zu zeigen, etwa indem er den Sultanen mathematische und philosophische Fragen zuschickt oder den Kalifen um seine Vermittlung bittet, diesem und jenem Gelehrten ein kaiserliches Schreiben, ähnliche Fragen enthaltend, zuzustellen. Auch den Briefverkehr hält Friedrich II. noch nach seiner Rückkehr aufrecht und berichtet den Muslims über seine Kämpfe mit Papst und Lombarden, wobei er die berühmten arabischen Dichter zitiert und sich in seinen zahllosen Titeln den arabischen Bräuchen anschließt, indem er sich unter anderm nennt: Friedrich, des Kaisers Heinrich Sohn, Sohnes des Kaisers Friedrich.. Und bis in die Geschenke, die man austauscht, ist etwas von jenem Wettstreit mit den verehrten Sultanen wahrzunehmen: etwa wenn er Al-Kamil, der ihm den Elefanten geschenkt, als Gegengabe einen Eisbären sendet, der zur Verwunderung der Araber nur Fische frißt — unverkennbar dabei der Stolz des Kaisers, das kostbare Sultansgeschenk immerhin so erwidern zu können. Im Verkehr mit den Orientalen ist allein auch die Dankbarkeit des Nehmenden zu erkennen, welche die Päpste vom Kaiser im Grunde ohne Berechtigung verlangten: denn im höchsten Sinne Empfangender einer neuen geistigen Welt, war Friedrich nur gegenüber dem Orient. — Wenn es umgekert der Kaiser darauf anlegte, bei den Muslims für seine Person Bewunderung zu erregen, so ist ihm das gelungen: für keinen abendländischen Fürsten hat man im Orient so viel Teilnahme gezeigt wie für Kaiser Friedrich. Nicht nur, daß man das umfassende Wissen des Kaisers anstaunte, der bald mit den Gelehrten von Ägypten und Syrien, Irak Arabien und Yemen wie mit denen Marokkos und Spaniens in gelehrtem Briefwechsel stand: auch alle wichtigeren Ereignisse seines Lebens wurden im Orient bekannt und man verfolgte sie hier mit dauerndem Interesse. Man weiß von seinen Kämpfen mit den Lombarden, weiß von Verschwörungen, die der Papst angezettelt hat, spricht ganz geläufig von Toskana und Lombardien und zitiert bewundernd den ungeheuren Titel des Kaisers, in dem alle seine Reiche und Provinzen aufgezählt waren. „Ich habe (diesen Brief mit den Titeln) einschalten wollen — so schreibt ein arabischer Geschichtschreiber — um festzustellen, welche Reiche unter seinem Zepter der König und Kaiser vereinigt. In Wahrheit war niemals in der Christenheit seit den Zeiten Alexanders bis heute ein Monarch diesem gleich, wegen seiner Macht, wie auch vor allem deshalb, weil er wagt, den Papst, ihren Kalifen herauszufordern, und gegen ihn zum Kampfe zieht und ihn davonjagt." Noch ein Jahrhundert später begriff man die politischen Konstellationen Italiens unter dem Bilde Friedrichs II.: wer Italien beherrschen wolle — so hieß es — müsse mit dem Papste gut Freund sein, müsse Mailand in seiner Gewalt haben und dazu gute Astrologen besitzen.

Es war eine eigene Art, wie Kaiser Friedrich sich dem Morgenland hingab, eine höchst spirituelle „Hochzeit von Susa", die seit dem Makedonen jeder der Großen auf seine Weise erneuern sollte Ohne deshalb zu versinken verlor sich jeder von ihnen zu seiner Stunde im „Andern". Doch was den Staufer berauschte, war nicht so sehr die Weite des Raumes, auch nicht das sinnenhafte Zauberspiel des Ostens, das ihm, dem Sizilier, wie kaum einem anderen „von früh auf eigen war".. ihn überwältigte eher die alle scholastischen und kirchlichen Schranken aufhebende Weite und Unbegrenztheit des gelösten und freien Geistes, die er als der erste und einzige mittelalterliche Kaiser, der den Orient ganz unmittelbar aufnahm, nun bei der Heimkehr mit dem deutschen christlichen Römerimperium vermählen sollte, dem Reich der Ottonen Salier und Staufer.

Doch nicht die bloße Fahrt nach dem Morgenland, erst der Triumph im Osten verlieh dem Staufer den Strahlennimbus der Caesaren. Am 17. März 1229 hielt Friedrich II. seinen Einzug in die Königsstadt Jerusalem. Ihm folgte entgegen dem Verbote des Patriarchen Gerold die große Masse der Pilger, die wohl nicht weniger das Verlangen trieb, dem Heiligen Grab die Ehrfurcht zu erweisen, als der Wunsch Zeuge zu sein, wie sich der uralte Spruch erfüllte von dem messianischen Herrscher des Westens, der Jerusalem befreien sollte. Schon ein Jahrzehnt zuvor hatte eine verbreitete arabische Weissagung den König aus Kalabrien als den Befreier des Grabes genannt und schon glaubte man auch den König vom Osten nahe, der vom Rücken her den Islam angreifen sollte. Doch wenn man damals auch wußte, daß fern im Osten die Muslims, was in der Tat richtig war, schwer zu kämpfen hatten, so wußte man trotzdem nicht, was es in Wahrheit bedeutete. Denn das ferne Dröhnen rührte her von den Reitergeschwadern des Dschingiskhan, während die Christen noch an den alexandergleichen nestorianischen Priesterkönig Johann glaubten, mit dem der Kaiser angeblich bereits merkwürdige Gesandtschaften ausgetauscht hätte. — Daß nun der Staufer Friedrich II., dem jetzt die Pilger folgten, der wahre Erfüllungskaiser sei, dem wie durch ein Wunder „ohne Kampf und ohne Kriegswerkzeug" und ohne Blutvergießen die verheißene Befreiung Jerusalems gelang, das war den „Frommen", wie Friedrich seine Anhänger erstmals nannte, kein Zweifel. Die Päpstlichen aber gaben dem Kaiser jetzt schon die Züge des den Glauben verhöhnenden Antichrist, der wie ein Gott im Tempel des Herrn thronen sollte, um die Welt und die Rechtgläubigen zu verwirren.

Noch am Tage des Einzugs begab sich der Kaiser zur Grabeskirche, um — wie er schrieb — „als katholischer Kaiser ehrerbietig des Herrn Grab anzubeten". Alle Welt war der Meinung, daß nun der Kaiser, da er nicht nur das Gelübde der Kreuzfahrt, sondern sogar das der Befreiung Jerusalems erfüllt habe, auch vom päpstlichen Banne gelöst sei: „.. denn kein Bann geht vor Gott weiter, als die Schuld des Menschen", so sagte fast ketzerisch der „Freidank", damit allein schon die päpstliche Binde- und Lösegewalt in Frage stellend. Doch noch papstfeindlicher fügte er hinzu: „Gehorsam sei gut, solange der Meister das Rechte tue. Wolle der aber zu Gott Unrechtem zwingen, so solle man den Meister lassen und dem beistehen, der recht hat." Wie der Freidank, so dachten noch andere Pilger und in Deutschland nannte man bald den Papst selbst einen „Häretiker". Auch der Kaiser war der Ansicht, daß nunmehr wohl der Bann von ihm genommen. So wollte er am Sonntag in der Grabeskirche Gottesdienst abhalten lassen. Doch der kluge und vorsichtige Hermann von Salza riet dem Kaiser ab, eigenmächtig dem Papst vorzugreifen und diesen dadurch noch mehr herauszufordern, nachdem die vielen Aussöhnungsversuche, die Friedrich II. auch vom Morgenland aus wieder aufgenommen hatte, vom Papst unbeantwortet geblieben waren oder nur die Wiederholung des Bannes gezeitigt hatten. —

Doch die Unversöhnlichkeit Gregors IX. sollte ihren guten Sinn haben. Dank ihrer kam es am Sonntag Okuli, am 18. März in der Grabeskirche von Jerusalem zu der wohl bis auf Napoleons Tage denkwürdigsten Selbstkrönung eines Kaisers. Im großen Kaiserornat, von seinem Gefolge und den Freunden geleitet, betrat der gebannte und damit nicht mehr der Gemeinschaft der Gläubigen angehörende Kaiser die Grabeskirche und, wo in demütiger Ergriffenheit einst Gottfried von Bouillon, Jerusalems erster König, den Goldreif nicht tragen wollte, weil hier der Christ die Dornenkrone trug.. hier griff jetzt ohne Mittler der Kirche, ohne Bischof, ohne Krönungsmesse Friedrich II. stolz und ohne Scheu nach der Königskrone des Heiligen Jerusalem: auf den Grabesaltar zuschreitend, nahm er von diesem die Krone auf und drückte sie sich selbst auf das Haupt.. ungewollt, ja fast wider seinen Willen einen Akt von weittragender Symbolik vollziehend. Denn an der heiligsten Stätte der christlichen Welt erneuerte er das Gott unmittelbare Königtum und verband sich als ein Triumphierender ohne Mittlung der Kirche mit Gott.

Die Gottunmittelbarkeit des Kaisertums, von den Päpsten seit Ausbau der Hierarchie geleugnet, leitete Friedrich II. nicht so sehr aus Doktrinen und Theorien her, als aus dem aller Welt sichtbaren und offenkundigen Wunder seines Aufstieges, das mehr als alles andere zwar nicht des Kaisertums, wohl aber seiner kaiserlichen Person unmittelbare Erwähltheit bewies. Die Doktrinen wiederum konnten dieses mehr Persönliche stützen und dazu gehörte etwa die Lehre von einem gewissen übernatürlichen Charakter der kaiserlichen Majestät. Als Cherub habe Gott den Kaiser eingesetzt, so schrieb vor dem großen Zwist selbst Papst Gregor an Friedrich.. und der Kaiser sei erhöht worden „ein zweiter Cherub, nicht Seraph, als Wahrzeichen der Ähnlichkeit mit dem eingeborenen Sohn", schrieb man später. Diesen Engelscharakter, den auch Papst Innocenz III. für sich in Anspruch genommen hatte — „weniger als Gott doch mehr als der Mensch" — deutete jetzt Friedrich II. selbst mit seinen Worten an, durch die er den kaiserlichen Triumph in Jerusalem der Welt kundgab. Gleich nach der Krönung sprach er öffentlich zu den versammelten Pilgern, und Hermann von Salza wiederholte in deutscher und lateinischer Sprache des Kaisers Worte, die noch um vieles verstärkt aus einem Manifest aufklangen, welches die Glorie dieses Tages allen Völkern der Erde zu künden bestimmt war — erstmals in jenem großartig gesteigerten Pathos, das des Kaisers kaum noch irdische Stimme von Syrien aus über den ganzen orbis terrarum hin vernehmlich machen sollte. „Frohlocken mögen alle und jubeln im Herrn, die aufrichtigen Herzens, da es ihm wohlgefällt an seinem Volke, wenn es im Heile preist die Friedfertigen. Loben wollen auch wir ihn, den die Engel loben..." Gleich mit dem einleitenden Satze also rückte sich Friedrich II. in die ihm gebührende Gottnähe der Engel, denen gleich er sich über das Volk erhob, und nun ward es durch des Kaisers Mund die Stimme Gottes selbst, die des Kaisers Taten den Völkern als die eigenen göttlichen Taten kündete, die der Gesalbte des Herrn nur ausgeführt hatte — Taten, die von Gott selbst gewirkt, Wundertaten waren: „Gott der Herr ist es selbst, der allein die großen Wunder tut und der seiner alten Barmherzigkeit nicht vergessend in unseren Läuften die Wunder erneuert, die er in alten Zeiten vollbrachte, wie da geschrieben steht. Denn er, daß er seine Macht kundtue, prangt nicht immer in Pferden oder Wagen: jetzt gab er sich Ruhm in der kleinen Zahl der Männer, auf daß alle Völker erkennen und schauen, daß Er sei furchtbar in Herrlichkeit, ruhmvoll in Majestät, wunderbar in Plänen über den Söhnen der Menschen, nach seinem Willen die Zeiten wandelnd und getrennter Völker Herzen zum Einen wendend. Denn in diesen wenigen Tagen, durch Wunderkraft mehr denn durch Tapferkeit, ist jenes Werk glückhaft vollbracht, das seit langen rückliegenden Zeiten viele Fürsten und mancherlei Gewaltige des Erdenrunds nicht in der Menge der Völker und nicht durch Furcht noch durch anderes zu leisten vermochten.."

Was er selbst getan, läßt Friedrich II. hier also Gott gewirkt haben, dem es gefiel, Großes durch eine kleine Zahl von Männern zu vollbringen.. aber indem der Kaiser des Einen Triumph preist, preist er gerade dadurch zugleich mit Gott auch sich selbst. Darauf, nach einem Anruf der Völker: „Sehet, jetzt ist da jener Tag des Heiles...." leitet das Manifest über zu den wunderbaren Beweisen dessen, daß Gott selbst von Anbeginn durch Rat und Hilfe nicht mangelte. Weitläufig wird die Not der Kreuzfahrer in Jaffa geschildert, als es infolge der Stürme plötzlich an Lebensmitteln gebrach, und daß darauf, als unter den Pilgern schon Murren und Furcht überhandnahm, Gott den Winden und dem Meere gebot, so daß da große Stille eintrat und alles rief: „Wie groß ist Er, daß er Winden und Wassern gebietet und sie ihm gehorchen." Und nach diesem Wunder erzählt der Kaiser von den andern Schwierigkeiten, die wiederum Gott und der Gottessohn durch vielfache Wunder mittels des Kaisers behoben: wie die Heere der feindlichen Sultane eine Tagereise entfernt nur lagerten und wie schließlich Christus selbst, aus seiner Höhe des Kaisers Geduld und Ergebenheit anschauend, die Verhandlungen so gelenkt habe, daß dem Kaiser die Heilige Stadt überliefert ward, ja daß am Tage der Auferstehung des Herrn, den alle festlich begingen, auch der Vertrag beschworen werden konnte. Zum Schluß wird dann ganz kurz der Tag in Jerusalem geschildert, an welchem der gebannte Kaiser die Krone trug: „Denn da der allmächtige Herr vom Throne seiner Majestät sie uns zukommend voraussah, hat er aus der besonderen Huld seiner Milde unter den anderen Erdenfürsten uns wunderbar erhöht, damit es so, während wir uns dem Siegesjubel über diese große Würde hingeben, die nach dem Rechte des Königreiches uns gebührt, mehr und mehr offenkundig aller Welt aufgehe: die Hand des Herrn habe dies alles getan. Und weil sein Erbarmen über alle Dinge sein Werken darstellt, so sollen erkennen des rechten Glaubens Verehrer von nun an und sollen es verkünden weit und breit auf dem Erdenrund: daß jener, der benedeit ist für alle Zeiten, uns heimgesucht und Erlösung geschaffen hat seinem Volke und uns errichtet hat ein Horn im Hause Davids, seines Knaben."

Anscheinend Zeichen der Devotion diente doch die ganze Rückbebeziehung der kaiserlichen Taten auf Gott nur der Erhöhung des Kaisers selbst. Es geschah auch zum erstenmal, daß Friedrich II. hier die Worte der Heiligen Schrift, die dem Gottessohn galten, auf die eigene Majestät bezog, ja es war das Gottkönigtum Davids, das ihn dem Heiland nahe rückte. Das war an sich nicht neu. Aber wenn die Kaiser seit Karl dem Großen sich als Nachfolger und Erben des gotterwählten Königs David fühlten, so war auch dies eine Stütze für den alten Anspruch der kaiserlichen Gottunmittelbarkeit. „David, Deinen Knaben, hast Du durch des Königtums Gipfel erhöht," so erinnerte die Krönungsformel. Etwas andres als der Anspruch aber war dessen Verwirklichung. Denn Friedrich II. hat das David-Erbe nicht nur als Geistiges beansprucht, sondern hat auf wunderbare Weise und von Gott selbst hierzu ausersehen, das Erbe wirklich angetreten und als Jerusalems König sich der Welt gezeigt: „David warst Du in Jerusalem!" so pries man den Kaiser und: „auch daß unser Heiland, Jesus von Nazareth, aus Davids Königsstamm entsproß, erfüllt uns mit Freude," so schrieb Friedrich II. selbst. Und ähnliches hat auch ein deutscher Poet im Sinne gehabt, der in überschwenglichen Hexametern des Kaisers Triumph dieser Tage durch den Vergleich mit Jerusalems anderem König feierte:

„Jauchze, Jerusalem, den Namen des Herrn zu verehren ...
Weil als hehrer König einst Jesus jetzt Kaiser Friedrich,
Beide zu dulden bereit, in Deinem Glanze erhöht sind.
Opfer brachten sie beide: der Erste sich selbst für den Zweiten
Und für des Ersten Ruhm der Zweite sich und das Seine ..."

Als Jerusalems Könige — tatsächlich: in christlichen Zeiten jener der Erste und dieser der Letzte — sind Heiland und Kaiser hier zusammengesehen als die Nachfolger Davids, als die Gottessöhne, die engelgleichen Genien, die zwischen Gott und den Menschen wirkten. Diese Beziehungen fehlten einem Gottfried und seinen Nachfolgern auf Jerusalems Thron: denn sie waren nicht wie der römische Kaiser zugleich auch der Idee nach Kosmokratoren. „Christ ist Sieger, Christ ist König, Christ ist Kaiser" aber war schon des sizilischen Königs uralter Krönungszuruf, der — aus frühchristlicher, fast noch heidnischer Zeit stammend, als man Christus in der Gestalt des Herrschers Apollon darstellte — dem Weltenherrscher und Welttriumphator erst recht geblieben ist. Nur diesem königlichen Christ, demjenigen auch der Germanen, die einstens im „Heliand" den Herrn mit den Jüngern als Heerkönig mit seinen Kampfgenossen oder Gefolgsleuten begriffen, nur diesem Triumphierenden konnte sich Friedrich II. angleichen als der Genius mit dem Schwerte des Rechtes und der Macht. Damit aber war auch des Kaisers Grenze bezeichnet. Ausdrücklich heißt man diesen Gesetzeserfüller ein „Wahrzeichen der Ähnlichkeit mit dem eingeborenen Sohn als zweiten Cherub, nicht Seraph..." Doch auch der „Andere" war wieder Mensch geworden: den seraphischen Christ, den Erlöser und Dulder, hatte vor kurzem Franz von Assisi gelebt und erneuert. —

Als Knabe hatte sich Friedrich II. nach seinem ersten Triumph in Aachen Gott dargebracht. Vierzehn Jahre später in der Mitte des Lebens, im 35. Jahre hat er in Jerusalem sein Gelübde eingelöst und in dem zweiten Triumph sich mit Gott vereint. Ein dritter Triumph blieb ihm in seiner Spätzeit noch vorbehalten. Stets aber sind es Triumphe, die ihm den neuen Lebensraum öffneten. Wohl kannte auch die Kirche einen Triumph, ein „Gloriari in Christo" und eine „Ecclesia triumphans.." aber eben nur eine triumphierende Gemeinde, nicht den Triumph eines Einzelnen. Hier lag eine entscheidende Wendung. Denn hatte noch in dem Puer Apuliae die Kirche selbst, ja sie vor allem mit ihrem Papste Innocenz III. triumphiert: an dem Gottestriumph des gebannten Kaisers in Jerusalem hatte sie keinen Teil mehr — durch die eigne Schuld des grollenden Hohepriesters. Nicht mit einem Wort ist in Friedrichs Manifest der triumphierenden Kirche gedacht: der Triumphator war Gott, war der Heiland, und durch Gott der Kaiser. Deren Taten sind im Wesen nichts Verschiedenes und die Aufzählung der Wunder erbringt hierfür den sichtbaren Beweis: sie zeigen Friedrich im Einklang mit Gott wie etwa Caesars Aufzählung aller Wunderzeichen am Tage der Schlacht von Pharsalus den Einklang mit den Göttern zeigen soll. Nicht durch die Kirche, sondern neben ihr und außerhalb ihrer hatte Friedrich II. durch den Triumph gleichsam die unio mystica vollzogen, und hier mag man sich erinnern, wie des Kaisers Gegenpart, der heilige Franziskus, gleichfalls ohne Mittlung der Kirche jedoch durch tiefste Erniedrigung das Einssein mit Gott erzwang. Freilich, weder der höchst gespannte Triumph des Kaisers noch die äußerste Demut eines Franziskus hatten mehr recht Platz im Rahmen der bisherigen Kirche: als Genien, als Cherub und Seraph dienten sie wohl mit Schwert und mit Palme der Kirche in ihrem Kampf gegen Ungläubige und Ketzer, doch als Gottunmittelbare waren beide der kirchlichen Mittlung bereits entwachsen, beide daher auch gezwungen, sich die eigne Gemeinde, den Orden der eine, den Staat der andre zu schaffen.

Friedrichs II. Selbstkrönung am Grabe des Heilands mag als sinnfälliger Ausdruck dieser neuen Gottunmittelbarkeit gelten. Ihm war neben dem schimmernden Zauber und neben der Fatumsluft der Kalifen jetzt auch die strahlende Glorie, der göttliche Nimbus der östlichen Herrscher verliehen. Wie es der Spruch der Sibyllen verhieß — anders freilich als die Welt es erwartet — war in Friedrich II. der Herrscher des Ostens mit dem des Westens zu Jerusalem vereinigt und die Heilige Stadt befreit. Mit Friedrich aber, dem einzigen Kaiser, der in Jerusalem selbst Jerusalems Krone trug, war in der Tat die Weltzeit des christlichen Kaisertumes erfüllt. Eine neue Weltzeit brach an: denn vom Osten her hat Friedrich II. nicht das christliche Kaisertum, wohl aber die abendländische „Monarchie" erneuert und nur an ihn selbst, den Kaiser „mit dem letzten Throne" war noch einmal die ganze strahlende Doppelfülle gebunden: die alte christliche Kaiserherrlichkeit und Heiligkeit und der Glanz der neuen abendländischen weltlichen Monarchie. Das fränkisch-germanische Lehenskönigtum, welches Stamm und Geblüt heiligte, das staufisch-römische Kaisertum Barbarossas, welches das Amt heiligte, hat Friedrich II. nochmals erhöht durch die östliche Despotie, die den Träger der Macht als solchen, die des Herrschers Person als den Homo Dei, den Gottmenschen und Sohn Gottes heilig, ja göttlich erscheinen ließ. — Für Friedrich II. war mit dieser vierten und letzten

Krone das Ende seiner persönlichen „Entwicklung", seines rein persönlichen Aufstieges gekommen: ein Wachstum gab es für ihn jetzt nicht mehr nur als Person, sondern nur noch mit und durch seine Staaten, ja es kam darauf an, ob er in einem Volke den Widerhall wecken und finden und ob ein Volk ihn so fassen konnte, wie es die ihm übertragene göttliche Macht verhieß.

Mit dem Erfolge im Osten begann sich auch die erschütterte Stellung des Kaisers im Abendland wieder zu festigen.. zunächst freilich nur in Deutschland, wo die päpstlichen Umtriebe ohnedies wenig, des Kaisers Siegesberichte dafür aber desto mehr gewirkt hatten: der Herzog Albrecht von Sachsen etwa gab das freudige Manifest sofort weiter an die Deutschen in Reval, während der Graf Adolph von Holstein sogar seine Urkunden datierte: „Im Jahre der Rückerstattung des Heiligen Landes an Friedrich, der Römer unbesiegtesten Kaiser." In Sizilien hingegen war die Lage für Friedrich II. immer bedenklicher geworden. Trotz des Eifers der Herren von Aquino, des Großhofjustitiars Heinrich von Morra, des Verwesers Rainald von Spoleto und der sich erstmals jetzt bewährenden Sarazenen erwies sich das Königreich noch als längst nicht so widerstandsfähig, wie Friedrich II. geglaubt haben mochte, am wenigsten aber in Abwesenheit des Herrschers selbst. Die kaiserliche Heeresmacht war außerdem in zwei Gruppen zersprengt: eine lag in den Abruzzen, die andere bei Capua. Den Schlüsselsoldaten unter der Führung des ehemaligen Königs Johann von Jerusalem aber war es gelungen, ins Königreich einzudringen und die Mehrzahl der festländischen Provinzen zum Abfall zu bringen. Wie so häufig trat die Kirche dabei als „Befreierin der Unterdrückten" auf und die ganz gewiß schwer zu ertragende strenge Zucht Friedrichs II., dazu das vom Papst ausgestreute Gerücht vom Tode des Herrschers und die Lösung der Untertanen vom Eide beschleunigten den Zusammenbruch des kaiserlichen Regiments, wenigstens auf dem Festland. Trotzdem blieben dem Kaiser auch hier noch genügend Anhänger, die auf seine baldige Rückkehr hofften, wie die Päpstlichen eine solche befürchteten. Johann von Brienne, der päpstliche Feldherr, hatte daher insgeheim Befehl gegeben, die Häfen Apuliens zu bewachen, um den Kaiser gleich bei der Rückkehr abzufangen. Trotz dieser Vorkehrungen aber verbreitete sich plötzlich Anfang Juni 1229 das Gerücht, der Kaiser sei in Apulien gelandet.

Friedrich II. hatte im Heiligen Land noch üble Erfahrungen machen müssen. Wenn er an jenem Krönungstag in Jerusalem bei seiner Ansprache an die versammelten Pilger für den Papst nur Worte der Versöhnlichkeit vorgebracht hatte, das päpstliche Vorgehen gar noch entschuldigte, statt Gregor anzuklagen, was soviel leichter gewesen wäre, so entsprach das dem Gesamtverhalten des Kaisers seit Beginn des Zwistes. Ebenso aber entsprach es der Gesamthaltung der Päpstlichen, wenn sie mit den wachsenden Erfolgen des Kaisers ihre feindseligen Umtriebe und Anschläge verdoppelten. Der Papst hatte ja Friedrich II. gar nicht als Kreuzfahrer anerkannt, hatte ihn einen „Piraten" geheißen, und der Patriarch Gerold konnte daher sicher sein, daß Gregor IX. keine seiner Wühlereien mißbilligen würde, wie der Kaiser zur Entschuldigung des Papstes den Pilgern erklärt hatte. So kam es schließlich, daß Friedrichs ereignisreicher Aufenthalt in Jerusalem im ganzen nur zwei Tage währen sollte: an einem Samstag war er eingezogen, am Sonntag hatte er die Krone getragen und bereits am Montag verließ er die Stadt. Denn Gerold, der Patriarch, ließ nicht nur durch einen Dominikaner den Bann über Friedrich erneuern, sondern wagte es sogar, das heilige Jerusalem selbst mit dem Interdikt zu belegen — zur unbeschreiblichen Wut der Pilger, die nun an den ihnen vom Kaiser wiedergegebenen Stätten nicht ihr Gebet verrichten konnten und sich von Kirche und Papst genarrt fühlten. Der Kaiser verließ daraufhin augenblicks Jerusalem, nachdem er hier mit Klerus und Templern noch einmal heftig aneinandergeraten war.. der Verrat der Templer fiel wohl auch in diese Zeit. Im übrigen aber gab er den Pilgern den Rat, sich ihm anzuschließen und mit ihm in Akkon sich einzuschiffen.

Nichts konnte nunmehr den Kaiser, der in Akkon schlimme Nachrichten über die Lage in Sizilien vorgefunden hatte, im Heiligen Lande zurückhalten. Mit Ungeduld dachte er an die Heimkehr und hatte deshalb schon auf Ostern seinen Admiral Heinrich von Malta mit den Galeeren nach Akkon bestellt. Doch ehe er Palästina verließ, sollte es noch zu den wüstesten und beschämendsten Auftritten kommen. Der Patriarch hatte, trotz des an ihn ergangenen kaiserlichen Verbotes, in Friedrichs eigenem Königreiche Jerusalem Truppen geworben: ein durch nichts zu rechtfertigender Übergriff in die Hoheitsrechte des Kaisers, verschärft noch dadurch, daß die Werbung nur gegen Friedrich gerichtet sein konnte, da man mit den Sarazenen in Waffenstillstand lebte. Infolgedessen hatten die kaiserlichen Truppen den Patriarchen und die Templer in ihren Häusern zu Akkon eingeschlossen, ihnen die Lebensmittel abgesperrt, die Stadt blockiert und ein paar Bettelmönche, die gegen Friedrich predigten und zum Aufruhr hetzten, von den Kanzeln gerissen und verprügelt. Das war aber noch nicht alles: als der Kaiser an dem für die Abfahrt bestimmten Tage früh am Morgen sich auf seine

Galeere begeben wollte, lauerte ihm der von den Päpstlichen verhetzte Pöbel auf, eilte ihm nach und warf Kot nach ihm und seinen Begleitern. Mit einem Fluch auf den Lippen verließ der Kaiser das Heilige Land. — Wenige Wochen später ereignete sich in Apulien das Unerwartete: den anderen Kreuzfahrern weit vorauseilend, landete Friedrich II. am 10. Juni im Hafen von Brindisi — „Gott bewache es," wie er bald dem Emir Fahr-ed-Din schrieb. Seine Ankunft war so überraschend, daß die Leute von Brindisi beim Anblick der entfalteten kaiserlichen Feldzeichen sich nicht erklären konnten, was das zu bedeuten habe, da sie Friedrich II. schon als tot beklagten. Erst als sie den Kaiser selbst erblickten, durchschauten sie auch den Trug des Papstes und empfingen nun ihren Herrn mit jubelnden Zurufen. In kürzester Zeit verbreitete sich die Nachricht von Friedrichs Ankunft im Königreich. — Die ganze Lage ward rasch verändert. Der Kaiser ging von Brindisi sofort nach Barletta, erließ einen Aufruf, der seine unerwartete Rückkehr meldete, ermahnte die Heeresabteilung von Capua auszuhalten, ermutigte sie zur Treue, schickte den Grafen Thomas von Aquino dorthin zu Hilfe und versprach selbst sein baldiges Erscheinen. Indessen sammelte er in Eile, doch ohne Überhastung Truppen.. von allen Seiten strömten seine Anhänger herbei, bald erschien Rainald von Spoleto mit seiner Heeresabteilung aus den Abruzzen, der Großhofjustitiar mit den Sarazenen und allen anderen Siziliern, die dem Kaiser die Treue bewahrt hatten. Ein glücklicher Zufall kam Friedrich zu Hilfe: vom Sturm verschlagen landete in diesen gleichen Tagen in Brindisi eine große Anzahl deutscher Ritter, die von der Kreuzfahrt heimkehrend sich sofort bereit erklärten, dem Kaiser zu helfen. Auch Pisaner stellten sich noch ein. Wenn also der Kaiser wiederum auf die sichtbare Mitwirkung Gottes verwies, und auch hier wieder von den an ihm betätigten Wundern sprach, so hatte er dazu allen Grund.

Ein merkwürdiges Heer hatte indessen Friedrich II. um sich versammelt: neben den Siziliern kämpften deutsche Kreuzfahrer gemeinsam mit des Kaisers Sarazenen gegen die päpstlichen Schlüsselsoldaten und die Lombarden — oder vielmehr: gegen diese sollten sie kämpfen. Doch dazu kam es gar nicht. Die Furcht vor dem Kaiser, das Bewußtsein, vom Papste durch die ausgestreute Todesnachricht hintergangen zu sein, dazu mangelhafte Besoldung durch die Kurie, schlechte Führung und bei den Lombarden die geringe Neigung, sich auf der Tat der Empörung und der Treulosigkeit gegen ihren Herrn ergreifen zu lassen, jagte das Schlüsselheer in voller Auflösung zurück bis an die Grenze des Kirchenstaates. Das Erscheinen des Kaisers, ja sein bloßer Name hatte lähmend gewirkt. Hier und da gelang es zwar den Schlüsselsoldaten, nochmals festen Fuß zu fassen.. doch als der Kaiser Ende August nach Capua aufbrach, da waren die Krieger des Heiligen Stuhles auch nicht mehr in den festen Plätzen zu halten: ohne angegriffen zu werden flohen sie über die Grenze, obwohl der päpstliche Legat Pelagius, um ihnen den Sold zu zahlen, die Kirchenschätze von Monte Cassino und San Germano einzog.. welche Empörung, als Friedrich II. später ein Gleiches tat!

Das war die berühmte Vertreibung der „Schlüsselsoldaten" aus Sizilien. Der Feldzug selbst war damit beendet, die Welt voller Bewunderung für den Kaiser, der wieder ohne Schwertstreich gesiegt hatte: die Muslims verglichen ihn damals Alexander, während der griechische Kaiser von Nikäa erst eine Gesandtschaft, dann kostbare Geschenke und eine große Summe Geldes zur Beihilfe schickte. Gleichzeitig gelang es den Anhängern des Kaisers in Reichsitalien, über die Städte des Lombardenbundes zu siegen. Im Königreich aber haben angeblich innerhalb von vier Tagen 200 Städte sich wieder für den Kaiser erklärt: nur ganz wenige widersetzten sich noch. Für diese Abtrünnigen galt es ein abschreckendes Beispiel zu statuieren: die Stadt Sora, die sich noch auflehnte, wurde vom Kaiser selbst belagert, erobert und eingeäschert und sollte für alle Zeiten zerstört bleiben.. wie über Karthago solle der Pflug fortan über die abtrünnige Stadt gehen, erklärte später der Kaiser. Daß Friedrich gegen einzelne treulose Beamte und Verräter mit furchtbarer Strenge vorging, ist erklärlich: wer durch den Sturz des Kaisers auf Erhöhung gehofft habe, sei zur Erfüllung seines Wunsches an besonders hohem Galgen aufgehängt worden — so der Chronist. Als Rache für den Verrat der Ritterorden im Morgenland aber ließ Friedrich alle Güter und Besitzungen der Templer und Johanniter in Sizilien einziehen.

Wie aber verhielt sich der Papst zu dem allem? Er war in der schwierigsten Lage: aus Rom durch den Haß des Adels ausgesperrt, mit erschöpften Geld- und Kriegsmitteln, von den Lombarden im Stich gelassen, blieben auch seine Hilferufe an die abendländischen Könige ungehört. Dennoch vermochte zunächst keine der zahlreichen Friedensgesandtschaften des Kaisers bei Gregor IX. auch nur das Geringste auszurichten. Nicht er, der Besiegte, sondern der Kaiser sollte schließlich nachgeben. Es hätte Friedrich ja nunmehr freigestanden, den ganzen Kirchenstaat zu erobern und den Papst mit Gewalt zum Frieden zu zwingen, wie er es später einmal versuchte. Doch an der Grenze des Kirchenstaates angelangt, blieb er mit seinen Truppen stehen.. die gleiche

Haltung der Friedensbereitschaft und Mäßigung, die er während des ganzen Zwistes beobachtet hatte, klugerweise auch jetzt noch bewahrend. Er wußte, daß er dem Papst, wie damals die Dinge lagen, durch ein nachgiebiges Entgegenkommen fast mehr schadete als durch Waffengewalt: der Papst blieb dadurch von Anfang bis Ende der Friedensstörer Europas und daraus konnte der Kaiser in der Tat mehr Vorteil ziehen als aus einer vorübergehenden Besetzung des Kirchenstaates, einer Fortdauer des Bannes und einer Märtyrerschaft des geistlichen Oberhauptes der Christenheit — zumal jetzt, da das ganze Imperium dringend der Neuordnung und Zusammenfassung bedurfte. So wurde der Deutschordensmeister, der schon einmal wenn auch ohne Erfolg mit dem Papst über den Frieden zu verhandeln gesucht hatte, nochmals zu Gregor geschickt und, da auch ein Teil des Kardinalkollegs die päpstliche Politik mißbilligte, so kam es wenigstens zum Abschluß eines Waffenstillstandes, zu dem sich der Papst nur mit Mühe verstand, obwohl er der einzig Gewinnende war. Immerhin waren damit die ersten Wege zu Friedensverhandlungen angebahnt.

Die sich fast durch ein Jahr hinschleppenden Verhandlungen zeigen im ganzen ein merkwürdiges, für die übermächtige Stellung der Kirche kennzeichnendes Bild: Friedrich II., der Sieger, erschien als der um Frieden nachsuchende Teil, während der besiegte Papst halsstarrig jedes Entgegenkommen verweigerte und seinerseits den Frieden, den er gar nicht wünschte, zu diktieren suchte. Hier erwies sich, wie wenig der Papst ein bloß militärischer Gegner war und in welchem Maße das Oberhaupt der römischen Kirche unangreifbar blieb: in Gregors Hand allein lag es, den Kaiser vom Banne zu lösen oder im Banne zu lassen, und ihm war Friedrich so lange ein ungehorsamer Sohn der Kirche, als er nicht in allen Stücken nachgab. Daß der Bann wegen des nicht eingehaltenen Kreuzzugstermines verhängt und daher mittlerweile völlig sinnlos geworden war, berührte Papst Gregor wenig: er hatte mit dem Bann den verhaßten Kaiser stürzen wollen, und war das auch mißglückt, so mußte Friedrich durch Zugeständnisse in Sizilien die Lösung vom Bann desto teurer erkaufen. So war es nicht der Papst, sondern der Kaiser, der den Frieden überhaupt wünschen mußte.. denn Kriegsdrohungen konnten Gregor IX. nicht schrecken: sie durften ihm eher willkommen sein. — Während der ganzen Verhandlungen zeigte Friedrich II. daher eine kaum glaubbare Langmut, eine fast unbegreifliche Nachgiebigkeit und es lag nicht an ihm, wenn es fast zu einem neuen Kriege gekommen wäre. Da aber rief der Kaiser die deutschen Fürsten an, beim Papst für den Frieden zu wirken, und deren Bemühungen gelang es schließlich die

Verständigung herbeizuführen, nachdem sich für die Innehaltung des Vertrages durch den Kaiser die Fürsten selbst verbürgt hatten und Gregor keinen Grund mehr zur Verweigerung des Friedens ausfindig zu machen wußte. Ihm war die Lösung des Kaisers vom Bann noch in manchem anderen unangenehm, weil er damit die Irrigkeit seines bisherigen Vorgehens zugeben mußte. Es hat in der Tat einen merkwürdigen Eindruck hinterlassen, als Gregor den eben noch als „Schüler Mohammeds" geschmähten Kaiser im Sommer 1230 wieder als „geliebten Sohn der Kirche" ansprach. Der Welt blieb das auch nicht verborgen: eine „Schmach für die Kirche" nannte ein Zeitgenosse die ganze Angelegenheit des in San Germano eingeleiteten und in Ceperano abgeschlossenen Friedens. Und noch heftiger äußerte sich ein Troubadour, der dem Papste fluchte und der päpstlichen Hauptstadt drohte: „Es ist mein Trost, Rom, daß du demnächst ins Verderben gerätst, wenn der rechtschaffene Kaiser sein Glück herstellt und tut wie er soll."

Diese Herstellung seines Glücks, das heißt seiner Macht, war es denn auch, um deretwillen Friedrich auf den für ihn keineswegs günstigen Frieden einging. Daß er den Parteigängern des Papstes im sizilischen Königreich Straffreiheit gewährte und die während des Krieges eingezognen Kirchengüter, auch die der Templer und Johanniter, wieder hergab, war noch das geringste. Im Vordergrund standen wiederum die Fragen der sizilischen Geistlichkeit, da das Konkordat der Kaiserin Konstanze Papst Gregor nicht mehr genügte. Es schien allen Grundsätzen Friedrichs II. zu widersprechen, daß er sich um den Preis einer Lösung vom Bann zu den weitestgehenden Verpflichtungen bereit finden ließ: der sizilische Klerus sollte, von Ausnahmefällen abgesehen, nicht mehr weltlichem Gericht unterstehen und nicht mehr zu allgemeinen Steuern herangezogen werden, und in der Frage der Bischofswahlen ging der Vertrag wahrscheinlich so weit, daß Friedrich auch auf das bisher geübte Konsensrecht verzichtete. — Man hat diesen Frieden, der so gar nicht dem Siege des Kaisers entsprach, sehr verschieden beurteilt, indem man die preisgegebenen Rechte meist allzu hoch bewertete. Wie wenig das Konsensrecht bei den Bischofswahlen dem Kaiser bisher praktisch genützt hatte, war aus seinem Streit mit Papst Honorius III. deutlich genug hervorgegangen.. Besteuerung und Rechtszuständigkeit der Kleriker hingegen waren schon immer strittige Punkte gewesen. Solange der Kaiser mit dem Papste in Frieden lebte, war über derlei Fragen wohl hinwegzukommen.. im Kriegsfall aber, den Friedrich II. nach seinen Erfahrungen immer in drohender Nähe wissen mußte, verloren Abmachungen ohnedies ihre Gültigkeit. Für den Augenblick aber galt dem

Kaiser als das Wichtigste, daß er Zeit gewann, seine Reiche neu zu ordnen und seine Macht in Eines zusammenzufassen, um dann die Lombarden zu bezwingen. Und gerade in Hinblick auf diesen Kampf mußte ihm alles daran gelegen sein, nicht nur einige Jahre der Ruhe vor sich zu haben, sondern was noch viel wichtiger war: in diesem Kampf gegen Rebellen und Ketzer die Papstkirche selbst neutral oder gar auf seiner Seite zu wissen — trotz ihrer Gemeinschaft mit der lombardischen Liga. Auch hierfür war der Augenblick günstig: denn in dem sizilischen Feldzug hatten die Lombarden den Papst längst nicht in dem Maße unterstützt, wie er gewünscht hätte, und Friedrichs ganze Beziehungen zu Papst Gregor hatten in den nächsten Jahren nur den einen Sinn: der Kurie deutlich zu machen, wieviel vorteilhafter bei der vorhandenen Mächtedreiheit ein Zusammengehen von Papst und Kaiser gegen die Lombarden, als von Papst und Lombarden gegen den Kaiser sei. Die Einheit der beiden Gewalten, die Friedrich II. stets vertrat, war ehrlich gemeint und der Kaiser wußte damit auch die Welt hinter sich: es war die gottgewollte Ordnung der Welt. In dieser Beziehung war Friedrich II. durchaus reaktionär. Desto eifriger bemühte er sich daher, die Kurie um jeden Preis an sich zu ketten, sie von dem Lombardenbund fernzuhalten und alle aristokratischen Elemente der Kirche wieder wachzurütteln, um die uralte Einheit der beiden Mächte noch zu bewahren. Für eine kurze Zeitspanne mochte das wohl gelingen und dem Papst schien im Augenblick das Zusammengehen mit dem Kaiser noch aus andern Gründen nützlich. Denn auch er war, zwischen Kaiser und Lombarden stehend, keiner geringen Spannung ausgesetzt. Vorerst bedurften alle drei Mächte noch der Erholung.. je mehr aber Kaiser Papst und Lombarden wieder zu Kräften kamen, desto unheimlicher, desto unerträglicher wurde die der Welt den Atem raubende Gewitterluft. —

So endete Friedrichs II. erster großer Kampf mit der Kurie, um für beinahe ein Jahrzehnt nur noch latent geführt zu werden. Die wiederhergestellte Eintracht zwischen Kaiser und Papst aber wurde der Welt sichtbar vor Augen geführt, als Friedrich II. den in Anagni weilenden Papst Gregor in dessen Vaterhause besuchte, wo man mit „heiligen Küssen" — wie der Kaiser schrieb — den Frieden besiegelte. Ganz allein nahmen dann Papst und Kaiser das Mahl ein, in Gegenwart nur des einen Mannes, dessen Lebenssinn es war, für die Ehre von Kirche und Reich zu wirken und der an dem Friedensschluß seinen besonderen Anteil hatte: Hermann von Salza, der Deutschordensmeister. — Der Kaiser aber begann nunmehr mit dem Ausbau seiner Macht: in Sizilien zuerst, hernach in Deutschland.

V. TYRANN VON SIZILIEN

DIE Gründung der ersten absoluten Monarchie des Abendlandes durch Friedrich II. folgte auf den Triumph im Osten: gewiß kein beliebiger Zeitpunkt. Denn dieses Ereignis hatte jene grundmäßige Wandlung herbeigeführt, wie sie eintritt, wenn der Heros seiner göttlichen Herkunft gewiß wird und sichtbar der Gott in ihn einschießt. Sich selbst als Sohn des Zeus Ammon, Enkel der Venus Genetrix oder unter andern Zeichen als Emanation einer Gottheit kündend erzwingt er allmählich die eigne Vergottung, während mit der Stunde, da die göttliche Sohnschaft sich kundgibt, gleichzeitig die Lebensbahn des Monarchen wendet: von der Stufe persönlichen Tuns und Bewährens wächst er hinüber zu der des welthaltigen Schaffens und Wirkens, wenn er in Reich und Staat dem ewigen Gesetz, das ihm einwohnt, den Leib schafft.

Einen der Wendekreise hatte die Lebensbahn Friedrichs II. mit dem Krönungstag von Jerusalem ganz offensichtlich erreicht. Seit den Tagen des Puer Apuliae über Palermo Aachen und Rom Zone um Zone umkreisend hatte er als einziger der deutsch-römischen Kaiser schließlich mit dem Orient das All in sein Reich gezogen. Mit diesem letzten und äußersten Ring aber, der schon ans Traum-Unendliche grenzte, war der nur-persönlichen Aufweitung ein Ende gesetzt. Das Amt verhieß kein weiteres Steigen: es wartete keine neue Krone mehr, die den Herrscher nochmals hätte erhöhen können. Altersmäßig hatte Friedrich II. die Lebensmitte erreicht: er war damals im fünfunddreißigsten Jahre, seine persönliche Entwicklung also gleichfalls abgeschlossen. Ein Neues aber war schon sichtbar geworden: erstmals hatte der Staufer die Augen der ganzen Welt — des christlichen Abendlandes wie des muslimischen Orients — als Kaiser auf sich gelenkt, hatte als Imperator der Christenheit und als Führer des Kreuzheeres sich erstmals in einer Sache der Welt erprobt, und es hatte in dem großen Manifest von Jerusalem durch des Kaisers Mund erstmals Gott selbst die durch den Kaiser als Werkzeug gewirkten Taten verkündet und zu den Völkern des Erdrunds gesprochen. — So war Jerusalem für Friedrich II. zum Wendepunkt geworden: es war jener Augenblick der Umkehr, da er des Morgenlandes einmal erschaute Weiten in die bisher durchmessenen engeren Räume zurückdrücken mußte, um durch die in den Westen verpflanzte östliche Machtherrlichkeit von neuem zu wachsen — doch nicht mehr allein, sondern gemeinsam mit seinen Staaten.

Durch das gottunmittelbare Davidkönigtum des Ostens, auf germanische Lehenshoheit und römische Princepswürde getürmt, hatte der Staufer das mittelalterlich-christliche Caesarentum zu einer ganz einmaligen Steilheit emporgeführt. Da war es Friedrichs II. einzigartiges Glück, ein empfängliches und williges Volk zu finden, dem er sich trotz seiner Höhe mitteilen, welches ihn trotz seiner gefährlichen Majestät doch ganz zu fassen vermochte, ja daß er trotz des universalen Kaisertums überhaupt mit einem Volke wirklich verwachsen durfte. Denn eine merkwürdige Stellung hatten bisher die Kaiser des Mittelalters behauptet: sie, die als Herren des christlich-römisch-deutschen Imperiums allen Völkern voranzuleuchten den Anspruch erhoben, besaßen selbst weniger als die „Provinzkönige" ein eigenes Volk, das sie unbedingt und unmittelbar mit ihrem eigenen Wesen erfüllten, das sich wiederum ebenso unbedingt und ausschließlich in dem Herrscher ausgedrückt fand, sich mit allen Kräften des Geists und des Leibes ihm geben konnte, oder ihn selbst an der auch dem Herrscher so nötigen Erdgebundenheit und Erdschwere teilhaben ließ. Führer der Christenheit waren die Kaiser wohl, doch nur neben dem Papst, und nur in gewissen Beziehungen — etwa beim Kreuzzug — fand sich die Christenheit wirklich als Ganzes im Kaiser. Ein Christenvolk aber gab es nicht und wenn man ein solches damals auch nannte, so doch nur als Ausdruck des einigen Geistes und Glaubens der Welt. Römische Kaiser und Könige hießen die Imperatoren: doch der alte römische Populus, der einstens die Welt beherrschte, war tot und nur sein leer gewordenes Gehäuse gab die Form her für das Weltreich, für Kaiserformeln und -feiern. Und die Imperatoren als Beherrscher der Deutschen? Der Deutschen Einheit als Volk war stets nur ein Leuchten weniger Stunden: ein deutsches Volk als Eigennation aber ließ sich noch nicht einmal denken, geschweige denn leben und ein gemeinsames Deutsches war nicht zu bewahren als im Dienste des Reichs und der Kirche. Nicht an dem deutschen Volk, sondern an ihrem Stamm hatten die früheren Sachsen-, Franken- und Schwabenkaiser den Rückhalt gefunden.. doch ein Land und ein Volk, über das sie mit der Unbedingtheit des Gottes herrschten, das kannten die Kaiser nicht. Gesucht hat es mancher der Kaiser und stets in Italien, so jener Kaiserknabe, der wie kein anderer vor Friedrich II. die äußersten, fast priester-kaiserlichen Höhen erwitterte: Otto III. Doch ohne eines Volkes Widerhall und nährende Kraft zu finden, in dem verkommenen stadtrömischen Populus vergebens gesucht, dann von den Römern getrogen, verflatterte dieses Knaben hochfliegender vorahnender Traum in erdferne Räume, während er selbst, nur ein „Wunder der Welt", dem frühen Tode verfiel — dem letzten Staufer, dem sein Königreich suchenden Dichterknaben

Konradin, schicksalsverwandt als der Spätling des Hauses. Doch nur um der Welt des deutschen Kaisertraumes Dichte und Wucht zu beweisen, daß ihn zu verwirklichen Kinder mit unzureichenden Mitteln noch hoffen durften, war in den beiden Ausläufern Sehnen und Sinnen der gewaltigen Geschlechter noch einmal aufgeglüht: keinem der beiden ward die Erlösung im Volk und die Erfüllung als dessen Herrscher beschieden.

Einzig Friedrich II., der letzte germanische Staatsgründer auf italischem Boden, wurde der End- und Erfüllungskaiser der deutschen Träume. Freilich, auch ihn hat kein Volk zu jener Höhe getragen, sondern gleichfalls das Reich, das christliche Römerimperium als die überlieferte Idee einer Welt, die göttliche Voraussicht, wie er stets hervorhob, und schließlich im letzten: er selbst. Auch er wäre wohl zerflattert als ein hohes Schemen, ein erhabenes Kaisergespenst, das nicht auf Erden im Wirklichen wurzelte und unter den Füßen den Boden verlor, hätte er nicht trotz seiner gottnahen verderbenträchtigen Hoheit wieder zur Erde zurückgefunden, hätte der Weise es nicht verstanden zu den natürlichen Kräften der Erde immer wieder und immer tiefer hinabzustoßen, seinen Flug auf ein Volk hinabzusenken, um durch dieses gesichert desto höher zu steigen und wiederum aus den Äthern des Alls vom ewigen Feuer zu holen. Friedrich II. allein hat Land und Menschen gefunden, die seine aus fernen Regionen herabdrohende Majestät auch glaubten und faßten und zu unbedingter Gefolgschaft bereit wie geeignet waren — gleichgültig ob aus Furcht, ob aus Liebe.

Jeder Herrscher braucht solchen Grund, in welchem er wurzelt, der noch so beschränkt und begrenzt doch Männer hervorbringt, die er sich angleichen und zu Herren der Welt machen kann. So herrschte in Asien makedonischer Adel, so die spanischen Granden Karls in den weiten habsburgischen Landen, und für Napoleon hielten die Marschälle Frankreichs das ganze Europa im Zaum. Die früheren Kaiser hatten, wenn auch kein Volk, so doch ihren Stamm, die späteren die Hausmacht. Doch auch die Stammeskraft der Sachsen, Franken und Schwaben war am Verglühen — sie alle hatten schon einmal ihre Kraft in die Welt, ins Imperium verströmt, sie waren nicht willig, hatten nicht mehr den Drang und die Lust, wohl auch nicht mehr die Kraft frührer Wanderzeit, dem Kaiser überallhin und ständig zu folgen — wenigstens nicht als Stamm. Als Söldner freilich folgten sie dem Kaiser in stets wachsender Zahl, aber Söldner bilden kein Volk und ihr Gehorsam ist anderer Art, als die Hingabe einer festwurzelnden Stammesgefolgschaft.

Unbedingte und willige Hingabe, Gehorsam und versammelte Kraft eines Volks aber benötigte Kaiser Friedrich, um das Reich mit neuem Blut zu durchsetzen. Gerade für Friedrich II. persönlich war Volk und Staat insbesondere ein Fordernis — für ihn, dem in neuerer Zeit einmal ein Engländer nachsagt: der Staufer sei ein Mann gewesen, auf den seiner ganzen Art nach „eine große Gemeinschaft von Menschen: eine Sekte, Partei oder Nation wohl hätte zurückblicken können als auf ihren Propheten Begründer oder Befreier". Tatsächlich schien Friedrich, der Erbe des römischen Reiches, schon von Natur zum Begründer eines eigenen Staates ersehen, weil erst solch selbstgeschaffener Körper ihm die verhaltende zügelnde Mäßigung aufnötigen konnte, die dem elternlos in fremdem Land Aufgewachsenen in der Form von Sippe Heimat und Stamm versagt war. In dieser schicksalsmäßigen Ungebundenheit und Freiheit der Person, welche nicht einer der früheren Stammeskaiser gekannt hat, war freilich auch alles begründet, was Friedrich II. vor jenem geistig gebundenen Zeitalter voraus hatte: die Helle und Weite, die Wachheit und geistige Lockerung, die Vielsprachigkeit und Gelöstheit, auch jene Unmittelbarkeit zu Gott, die ihn noch den Banden der Kirche entwachsen, und die zu Menschen und Dingen, die ihn ungehemmt und unbekümmert um jegliche außerstaatliche Rücksicht überall den geradesten und kürzesten Weg schreiten ließ. Doch gerade die ungewöhnliche Begnadung dieses Kaisers, sollte sie nicht sinnlos ins Leere verwehen als eine gefährliche vielseitige Genialität, die ihm den Sprung über jedes Hemmnis ermöglicht hätte, bedurfte erst recht des auffangenden Gefäßes, bedurfte zum Schaffen und Wirken erst recht der denkbar festesten und straffesten Bindung in Form des selbstgeschaffenen staatlichen Fuges, dessen Gesetz das eigene Gesetz und dem zu gehorchen er selbst um seiner Schöpfung willen gebunden war. Denn ein Herrscher seiner Art konnte sich nur durch sich selbst in Fesseln schlagen: durch die eigenen Gesetze. Diese allerdings nach seinem freien Ermessen und Willen durchführen zu können, war ihm zuvörderst notwendig und die Möglichkeit dazu versprach ihm am ehesten das frühere Normannenreich: sein geliebtes Erbland Sizilien.

„Sizilien ist der Tyrannen Mutter." Dem Orosius folgend setzte Friedrich II. dieses Wort an die Spitze eines späteren Erlasses — fast zynisch: denn im christlichen Sinn war der „Tyrann" Satan selbst. Kaum aus Wissen, vielmehr aus sicherem Instinkt für das Gegebene hat der Staufer, haben schon die Nachfolger Guiscards in so manchem an die Staatskunst der alten Griechentyrannen Siziliens geknüpft, und mehr als zu irgendeiner andern Zeit sollte jetzt ein weiser Tyrann in diesem Land durchgreifen. Die geographische Einheit des dreiseits vom Meere umgebenen Königreiches, dessen Nordgrenze der Kaiser beizeiten durch Burgen verriegelt hatte, war fast die einzige Einheit, die er vorfand. Ihr stand unvermittelt gegenüber die Einheit des herrscherlichen Willens und der herrscherlichen Macht, des Herrschers überhaupt. Das wichtigste Zwischenglied zwischen Herrscher und Land aber fehlte noch: die Einheit des Volkes, die wiederum die Einheit von Sprache und Blut, Glauben und Fest, Geschichte und Recht zur Voraussetzung hatte. Die wunderbarste Aufgabe, die einem Schöpfer überhaupt gegeben sein konnte, wartete also hier des staufischen Kaisers: Erschaffung des Volks, das heißt: Erschaffung des Menschen. Eine fast unlösbare Aufgabe ohne „Tyrann" zu sein und sich Gott zu glauben — und wichtiger noch: als solcher geglaubt zu werden! Denn jedes Wort, jeder Befehl der gottgleichen Majestät mußte heilig sein und vor seinen Machtsprüchen, die Friedrich II. bisweilen „Orakel" nannte, hatte das Volk in den Staub zu sinken.

Nur in Sizilien war solches möglich.. denn Sizilien war dessen gewohnt, ja das paradiesisch fruchtbare reiche Land verkam und verdarb ohne Tyrannen, und wenn die Sizilier — nicht umsonst Halborientalen — die Herrschermacht göttlich verehrten, so hatten gerade sie dazu allen Grund: denn in diesem von Natur üppigen und faulen Land war der Tyrann auch wirklich der Heiland. Noch als Kaiser Heinrich VI., der Sieger, mit seinem Heer in Palermo den festlichen Einzug hielt, warf sich beim Anblick des Erhabenen das Volk mit dem Antlitz zu Boden. Auch unter den „Glücklichen Königen", den Normannen, war die Proskynese die Sitte und seit Narses, der Bezwinger der Goten, das Land an Byzanz gebracht, mag dieser Brauch sich erhalten haben, den der Araber Herrschaft nur stärkte. Wenn aber Sizilien schon vor jedem Gewalthaber zur Adoration ins Knie zu sinken gewöhnt war, so wird es verständlich, bis zu welchem Grade sich dieser Herrscherkult steigern mußte, als an Stelle eines Normannengrafen oder sonstigen Fürsten entsprechend der jetzt viel helleren Zeit mit Friedrich II. leibhaft der römische Kaiser selbst als König über Sizilien herrschte, den das römische Recht als Divus, den das ganze Imperium von alters als Gleichnis der Gottheit zu feiern pflegte, und vor dem selbst die christlichen Ritter, Johanniter und Templer, das Knie bogen. Hier konnte Friedrich II. der willigen Hingabe sicher sein, die ihm unerläßlich war.

Sizilien, das Traumparadies der Germanen, noch für Goethe „der Schlüssel zu allem", galt mit Apulien dem einen Kaiser, der alle Träume verwirklichen mußte, geradezu als das Land der Verheißung. Denn als Friedrich II. beim Kreuzzug jenseits des Meers Palästina und Syrien, das wahre „gelobte Land" der Heiligen Schriften erblickte, da habe er mit seinem so oft blasphemischen Spott nur geäußert: Jehova habe eben des Kaisers Erbkönigreich nicht gekannt, Apulien und die Terra Laboris, sonst hätte er das den Juden gegebene Land nicht mit solch hohen Worten gepriesen. Das süditalische Königreich, wo Friedrich II. die Kindheit verbracht, das Land mit dem er von früh auf vertraut und verwachsen war, blieb auch seine einzige wirkliche Liebe. Er sprach mit „seinem Apulien" wie mit einem leiblichen Wesen, wie mit einem Weib, und es war allein des Erblandes Schoß, der ihn ganz zu fangen vermochte. Wenn Napoleon sagte: „Ich habe nur eine Leidenschaft, eine Geliebte: Frankreich. Mit ihr schlafe ich, sie hat mich niemals im Stich gelassen, sie verschwendet Gut und Blut für mich".. so sprach sich bei Friedrich II. ein Nämliches aus, der dem Lande, das sich ihm gab und das er nahm, Liebesworte schrieb in Bildern, die der Bibel, die der Dichtung der Zeit und der morgenländischen Lyrik nicht fremd waren: sein „Augapfel" ist das südliche Königreich, „alle irdische Süße überschmeckt die Lieblichkeit seines Landes".. „ein Hafen ist es in den Flutungen und unter Dornengestrüpp ein Lustgarten", den er „voller Sehnsucht aufsucht, wenn er in des Reiches Meer umherschifft". „Eine kurze Zeitspanne noch, die unseren Titeln den höchsten Sieg, euren Lasten das Ende bringt, verheißt bei gemeinsamer Erwartung unzweifelhaft unsere Heimkehr: dann werden wir, der wechselseitigen Liebe froh, euch durch unseres Antlitzes Heiterkeit ständig verwöhnen, euch, die wir jetzt mit Unterbrechung in Briefen liebkosen," schrieb Friedrich einmal aus Oberitalien und ein andermal: „Wenn auch die Vielheit der Völker, die unter unserer Herrschaft beseligt im Friedensstand atmen, uns ohne Unterlaß Grund zum Nachdenken gibt, so werden wir dennoch durch ein gewisses Vorrecht der Liebe veranlaßt und überlegen in beharrlichem Sinnen, wie unseres Sondereigens Siziliens Volk, dessen besondere Sorge uns wachhält und dessen Erbe uns glanzvoller ist als aller Besitz, so durch der Ruhe Zier sich auszeichne, daß es sich mehre in den Läuften des Caesar Augustus."

Das war das Verhältnis Friedrichs II. zu Sizilien — „Sizilien" von ihm stets im politischen Sinn gebraucht als „süditalisches Reich", mit Einschluß also des Festlands, Apuliens — und ähnlich sprach er zum Volk, den Siziliern. Mit ihnen fühlt er sich ganz und gar eines. Wie der Judengott aus der großen Zahl der Erdenvölker sich ein Volk erwählt hat — man kann den Vergleich kaum eng und wörtlich genug fassen — so der Kaiser, der Könige König, der Herr des Imperiums, das Volk der Sizilier-Apulier. Sizilien ist ihm das gelobte Land, die Bewohner aber preist er als sein auserwähltes, sein ihm besonders gehöriges Volk, an das er sich lehnt „wie an ein Ruhekissen das Haupt". „Uns umstrahlt ihrer Treue Glanz gleich einem Gestirn, das immer helleres Licht gibt über den Umlauf der Zeit." Für die Sizilier hege er jenes Mitfühlen, „welches die Gnade zarter Liebe auslöst des Vaters gegen die Söhne" — ein bezeichnendes Wort, denn erst seit Friedrich II. gibt es überhaupt den „Landesvater", dieses verfratzte Wort noch im Ursinn gebraucht. Die lebendige Einheit mit seinem Volk aber kommt besonders in einem späteren Schreiben zum Ausdruck: „Deshalb erkoren wir Siziliens Besitz als unser Sondereigen unter den übrigen Ländern und nahmen des ganzen Königreichs Palast so als Sondergrund unseres Verweilens, daß wir, den des Caesarentitels Strahlen umsprüht, es dennoch nicht für unrühmlich halten, ein ‚Mann aus Apulien' zu heißen und so lange außerhalb des eigenen Hauses gleichsam zu pilgern glauben, als wir — überallhin von des Reiches Flutung gerufen — fern von den Höfen und Häfen Siziliens segeln.... Immer haben wir mit unseren eure Wünsche einhellig gefunden und immer war euer Wollen und Nichtwollen dem unseren gleich."

Das waren keine geringen Worte. Doch die vielen Beteuerungen der Liebe zu Sizilien, des Einsseins mit dem Volk wären nur Worte geblieben, hätte Friedrich II. nicht auch das Gleiche betätigt. Weniges war davon in der Zeit seiner Königsjahre zu spüren, in denen auch derartige Worte noch fehlten. Denn damals hatte er, dem Alter entsprechend, sein Königreich erst von den am Mark und Blut saugenden fremden und heimischen Schädlingen reinigen müssen.. hatte im ersten heftigen Anprall durch Gewalt und durch List, im Kampf gegen viele, wenn auch zersplitterte Kräfte in das Chaos eine erste Ordnung gebracht. Er hatte dem Staat auch schon Gerüste und Rahmen gegeben, die künftigen Wege schon vorgezeichnet, auf den verschiedensten Gebieten wenigstens die äußere Einheit des Staates angebahnt und für manches andere den Grund gelegt. Doch das alles war gleichsam erst die Bereitung des Schoßes, in welchem er jetzt, ein Jahrzehnt später zeugen sollte. Denn dieser „zweite Staat" ward das Werk des Gereiften, des Philosophen und Nomotheten, der des Ganzen „Gewebe verwebte", der den Staat als ein leibliches Wesen mit seinem Geist und Gesetz durchdrang und als sein Geschöpf auch beseelte — „gleichwie sich die Seele den Leib schafft" nach dem Wort eines Fürstenspiegels. Den damals geschaffenen Raum wollte Friedrich II. jetzt beleben, indem er sich selbst in ihm darstellte als der gesetzgebende Caesar, der dem Werk der Gewalt das der Liebe folgen ließ.. der „Ersten Liebe" im Sinn der christlichen Caesaren, wie sie Dante besonders in dem Gesetzgeber Justinian feiert. Als Gesetzgeber sollte dem Stauferkaiser jetzt auch erstmals die Möglichkeit werden, sich den römischen Caesaren jenseits von Würde und Amt durch eine Tat anzugleichen. Freilich, an Waffentaten vermochte Friedrich II. vorerst jenen nichts zur Seite zu stellen. Soweit aber die Caesaren im geistigen Werken und Tun erschienen — und durch die Formel: arma et leges begriff man ihr Wesen — sollte er sich ihnen nähern wie keiner der abendländisch christlichen Fürsten vor ihm. Von Anbeginn war Kaiser Friedrich eine Sonderstellung gegeben durch die Verbindung Siziliens mit dem römischen Reich. Staufer wie Normannenkönige waren ja lang vor den übrigen Fürsten Europas Folger der römischen wie byzantinischen Caesaren. Aber mochten sich die Erben Guiscards als Könige und absolute Despoten Siziliens auch mit justinianischen Kaiserformeln geschmückt haben: sie waren von dem fremden Prunk umkleidet wie von einem zu weiten prächtigen Mantel, der erst paßte, als den Normannenthron nicht ein König, sondern der römische Kaiser selbst innehatte. Anderseits: mochte ein Barbarossa noch so heftig die Geltung der absoluten Sätze des römischen Rechts beansprucht, ein Heinrich VI. sich das römische Erdrund lehenspflichtig gemacht haben: der beide Kaiser umschwebende römische Caesarenglanz ließ sie wohl zu den äußersten Höhen auffahren, aber nirgends im Erdreich Wurzeln schlagen. Denn in ihrem riesigen Imperium war nicht die kleinste Provinz, in welcher sie mit der Unbedingtheit eines sizilischen Normannenkönigs zu herrschen vermochten. Barbarossa folgerte wohl die kaiserliche Unbedingtheit aus dem römischen Recht, der Idee nach bestritt sie ihm keiner — doch es gab in Deutschland kein Dorf, in welchem er diese Ansprüche hätte verwirklichen können.

Friedrich II. hat niemals mit solcher Heftigkeit Anerkennung römischer Rechtssätze gefordert. Denn durch die Normannen war deren Gültigkeit im sizilischen Erbland ganz selbstverständlich geworden und daß sich jetzt ein Kaiser ihrer bediente, war erst recht unauffällig. Durch diese einmalige glückliche Kopplung: daß ein Nachfolger sizilischer Despoten römischer Kaiser war und daß ein mittelalterlich-christlicher Imperator über ein wirkliches Land und Volk die erdnahe Despotenmacht des absoluten Herrschers ausübte, nicht nur beanspruchte, war es Friedrich II. gegeben, sich römischer Gesten Formen und Titel zwanglos frei und natürlich zu bedienen. Er unterschied sich dabei von den Vorgängern weniger durch einen vermehrten Wissensstoff oder eine genauere Kenntnis antiker Autoren als dadurch, daß bei ihm einmal alles auch in den Voraussetzungen stimmte. So findet sich mit gutem Grund die erste dichte Annäherung dieses Kaisers an die Caesaren gerade in Sizilien. Drei römische Kaiser waren es da, deren Wesen er in gewissen Äußerungen zu folgen schien: Justinian Augustus Caesar.

Justinian, mit Scipio etwa, Cato und Trajan im Mittelalter Sinnbild der Gerechtigkeit, der „minister Domini" als Sammler des römischen Rechtes und als solcher auch für Dante eine geheiligte Person, war dem Gesetzgeber Friedrich selbstverständliches Vorbild. Gleich nach dem Frieden mit dem Papst ging der Kaiser daran, die sizilischen Gesetze zu vereinen, und es war die Frucht einer äußerst angespannten Tätigkeit des kaiserlichen Großhofs, als er im August 1231 zu Melfi seine berühmten Konstitutionen herausgab. Die Sammlung, eine Art Staats- und Verwaltungsrecht darstellend, war hervorgegangen aus alten Normannengesetzen, die man zum Teil von den ältesten Leuten Siziliens erfragt hatte, ferner aus eigenen kaiserlichen Erlassen der früheren Zeit und schließlich aus einer großen Anzahl neuer Gesetze, die späterhin um weitere vermehrt, von dem Kaiser und seinen Helfern zu einem Ganzen vereinigt wurden. Diese große Kodifikation eines staatlichen Verwaltungsrechtes — die erste seit Justinian, ja des Mittelalters überhaupt — wurde von der Welt gebührend bewundert und von den Gelehrten vielfach glossiert als ein Jahrhunderte hindurch im wesentlichen gültiges Werk, dessen Nachwirken in der Rechtsgebung der europäischen absoluten Staaten vorerst gar nicht zu übersehen ist. Nicht so sehr in der Tatsache der Gesetzessammlung selbst lag ein Nacheifern Justinians — obwohl auch dieses — als im Formalen des erstaunlichen Werkes. Der Geist Justinians schwebte hier über dem Ganzen und hatte sich dem staufischen Nachfahren mitgeteilt einmal als des Spätrömers noch lebendiges Gefühl für römische Formung und festen Bau, dann als ungeheuer gesteigerter byzantinisch-christlicher Pomp, der in den Einzelheiten wie im Ganzen des neuen Gesetzbuches auflebte. Wie Justinian in der Intitulation der Digesten seine Triumphatorennamen angeführt hatte etwa als „Alanicus Goticus Vandalicus", was man im Mittelalter für eine Aufzählung der beherrschten Völker hielt — und schließlich nicht mit Unrecht — so begann auch des Stauferkaisers Gesetzbuch mit dem großartig prunkvoll hoffärtigen Titel:

IMPERATOR FRIDERICUS SECUNDUS · ROMANORUM
CAESAR SEMPER AUGUSTUS · ITALICUS SICULUS
HIEROSOLYMITANUS ARELATENSIS · FELIX
VICTOR AC TRIUMPHATOR.

Das hatte ebensoviel Gewicht wie Stil und war neben dem stolzen Sichgleichfühlen mit dem Gesetzgeber Justinian noch ein Ausdruck dessen, wie wichtig der Kaiser sich und sein Werk nahm, obwohl das Gesetzbuch gar nicht dem Römerimperium, sondern nur dem Königreiche Sizilien dienen sollte. Auch daß Friedrich II. den Gesetzen selbst ein nicht minder feierliches Prooemium vorausschickte, welches den Ursprung von Herrscher- und Richtergewalten erklärte und das Werk selbst dem Staatsgott als Opfer darbrachte, daß er die ersten Gesetze den Ketzern und dem Schutze der Kirche gelten ließ, entsprach wie noch manches andere durchaus dem Rechtsbuch des Justinian.

Neben Justinian, dem Kaiser des Rechts, war für Friedrich II. Vorbild Augustus, der gepriesene Kaiser des Friedens. Gemäß dem Worte der Schrift war die augusteische Zeit die „Fülle der Zeit" und seit dem Paradiese die einzige „aurea aetas" des Friedens. Denn unter der Herrschaft des Friedefürsten Augustus hatte der Gottessohn zu erscheinen verlangt, um als Mensch unter dem Gesetze zu leben und vom römischen Kaiser gerichtet zu sterben. Unter diesem mit Christus gleichzeitigen Kaiser, den man selbst als den Soter, den Retter und Heiland gepriesen, war die Ordnung der Welt vollkommen, weil Augustus jedem das Seine zumaß, und darum herrschte damals der Frieden. Diese augusteische Friedenszeit und göttliche Ordnung der Welt zu erneuen, begriff Friedrich II. als seine besondere Sendung. War nämlich diese Ordnung wieder hergestellt, so war auch seine Zeit wieder Fülle der Zeit, in der Pax und Justitia — der einzige Sinn des irdischen Staates — über das Erdenrund herrschten wie zur Zeit des Augustus. Solcher Glauben lag nahe. Denn wie kein anderes erwartete jenes dreizehnte Jahrhundert täglich das Ende der Welt und die Sprüche verhießen: das Weltende werde Mitte und Anfang, werde Erlösung und Schöpfung gleich sein. Die paradiesische aurea aetas also und die Friedenszeit des Augustus glaubte man nahe, und daher strebte Friedrich II., daß sich sein Erbreich „durch des Friedens Zier auszeichne und sich mehre in den Läuften des Caesar Augustus".

Friedrich II. aber wußte sich noch durch anderes als durch die Welt-Pax gerade an Augustus gekettet. Denn nur ein einziges Mal hatte der Heiland selbst das römische Kaisertum als zu Recht bestehend anerkannt durch sein Wort: „Gebt dem Caesar was des Caesars ist." Feierlich leitete daher auch Friedrich II. sein Kaiseramt auf jenen Augenblick zurück, da dem Herrn „der Münze Bildnis gezeigt ward zur Erstattung des Zinses, der vor den andern Königen verwies auf den Gipfel des kaiserlichen Geschickes". Die Herrenmünze aber zeigte nach der Anschauung der Zeit wohl das Bild des Heilandskaisers, des Caesar Augustus, wie tatsächlich unter Tiberius Augustusmünzen geprägt wurden, die auf der Rückseite den römischen Adler aufwiesen. Als daher Friedrich II. jetzt auch das Münzwesen Siziliens neu ordnete, ließ er Goldmünzen schlagen, die er nicht nur „Augustalen" nannte, sondern sogar einer bestimmten Augustusmünze anglich. Die Prägungen zeigten des Staufers Bild im Caesarenmantel, den Lorbeer oder das Strahlendiadem auf dem Haupte, dazu die Umschrift: IMP ROM · CESAR AUG. Auf der Rückseite war neben dem römischen Adler, der fast wie ein Spiegelabdruck jener Augustusmünze wirkt, als Umschrift der Kaisernamen geprägt: FRIDERICUS. Bis in die Einzelheiten folgte also Friedrich II. dem Augustus, dessen Namen sich gleichfalls auf der Adlerseite fand. Doch Friedrich II. hat nicht aus ästhetischen Gründen auf die Antike zurückgegriffen, obwohl sein Formsinn ganz gewiß mitsprach, sondern aus einem merkwürdig spekulativen Denken gepaart mit nüchternem Wirklichkeitssinn: war nämlich seine Zeit die Fülle der Zeit und er selbst der Erfüllungskaiser, so mußte notwendig alles genau so sein wie im Zeitalter der Erlösung. Diese Erneuerung der Antike aus einem zur Verwirklichung drängenden und zur Wirklichkeit sich verdichtenden Spekulieren gründete nicht nur für Friedrich II., sondern für die ganze beginnende Renaissance auf der nämlichen Vorstellung: die Zeit Christi und damit die des Augustus sei jetzt wieder erstanden.

Daß Friedrich II. dabei die wunderbare Freiheit besaß, die Augustusmünzen nicht einfach kopieren zu lassen, sondern das Bild des Soter-Kaisers durch das eigne ersetzen zu lassen, das von Prägung zu Prägung immer klarer und reiner wurde.. auch dem Adler mit den zurückgerissenen Fängen etwas von der gebundneren Spannung seiner Zeit zu geben, das erscheint an allem als das Wunderbarste: auf die eigne natürliche Art römisch zu sein. Es wird späterhin noch zu erläutern sein, welcher Sinn der gewissen „Porträt"-Ähnlichkeit zukam, ja weshalb sie sogar notwendig war. Doch es ist jetzt schon ersichtlich, was es zu bedeuten hat, wenn auf diesen wundervollen reliefartig-erhaben geprägten Stücken — den schönsten Prägungen des Mittelalters überhaupt bis tief hinein in die Renaissance — wenn jetzt statt eines symbolhaft unkenntlichen Kopfes, wenn an Stelle des Christ oder des Lammes oder des Kreuzes wie auf sonstigen Münzen in klaren Zügen das wirkliche Bild des Caesar Augustus und das des hehren Adlers aus dem anderwärts nicht eben mehr viel zum Münzen verwendeten Golde herausgearbeitet war. Denn in allen glaubensfähigen Zeiten sicherte ja den Münzwert in irgendwelcher Form stets die Gottheit des Staates, der man glaubte: das Totemtier den Wert primitiver Geldzeichen, den der griechischen die Gottheit der Polis.. entsprechend war es im Rom der Gottkaiser und entsprechend bürgte für die Münzen des Mittelalters der Heiland unter irgendeinem der vielen Symbole und Zeichen. Nicht das mindeste christliche Merkmal, kein noch so kleines Kreuz auf Zepter Apfel Krone findet sich aber auf den Goldaugustalen Friedrichs II.: auch ohne Beziehung auf den Christ waltete hier ein Divus und forderte Glauben nur durch sich selbst als ein neuer Caesar Augustus.

Justinian der Kaiser des Rechts und Augustus der Kaiser des Friedens waren dem Staufer vorbildlich.. Frieden und Recht, pax et justitia, die in vielfacher Abwandlung wiederholte Formel, die den Sinn des Erdenstaates umschrieb, die „beiden Schwestern die sich umschlingen". Durch das ganze sizilische Gesetzburch geht naturgemäß diese Zweieinheit hindurch: das erste wichtigste Buch ist nach den einleitenden Erlassen sogar in zwei deutlich abgehobene Teile geschieden, deren erster — den Landfrieden betreffend — der Pax, deren zweiter die Rechtsordnung festsetzend — der Justitia galt. Das Gesetzbuch selbst nannte der Kaiser den „Libei Augustalis", zur Verehrung der augustischen Hoheit.. und das im September 1231 bekanntgegebene Werk ist vom August her datiert.

Justinian und Augustus waren also für Friedrich II. Verkörperungen und Sinnbilder gewisser Waltungen und Ordnungen des Staats. Doch jenseits von Pax und Justitia geistert hier schon das herrscherliche Menschbild: Caesar. Als den Trauernden. der um den toten Pompejus Tränen vergießt, ruft Friedrich II. in späteren Jahren „jenen herrlichen Julius, den ersten Caesar" auf. Wissend oder nichtwissend folgte Friedrich in Sizilien dem wunderbar heiteren festlichen Julier, als er befahl, im ganzen Königreiche den kaiserlichen Geburtstag, der dem Tage der Heilandsgeburt ja unmittelbar folgte, festlich zu begehen. Als erster hatte Caesar — angeblich bei Todesstrafe für die Ungehorsamen — geboten, seinen Geburtstag zu feiern, und es mögen dem Staufer überdies die sagenhaften Volksbewirtungen Caesars vorgeschwebt haben.. denn Zehntausende hat wohl der Kaiser an diesem Tage gespeist, wenn schon bei den Feiern in dem kleinen San Germano über fünfhundert mit Brot und Wein und Fleisch auf öffentlichem Platze bewirtet wurden, wobei man freilich auch an das biblische Vorbild denken darf. In jedem Fall aber war des Kaisers Geburtstag ein erstes, dem ganzen sizilischen Volk: Sarazenen und Griechen, Juden und Christen gemeinsames Fest.

Recht Ordnung Menschlichkeit wären also für Friedrich II. gleichsam versinnbildlicht in den drei Caesarengestalten und in dieser Dreiheit erschöpft sich der Sinn auch des Staates. Die Kräfte, die virtutes, welche diesen Zustand wirkten, lehrt nun des Kaisers sizilisches Gesetzbuch, der Liber Augustalis kennen. Freilich, sie sind verfangen in der scholastisch-juristischen Sagform der Zeit, jedoch von ungewöhnlicher Wuchtigkeit schon deshalb, weil diese Grundkräfte und Grundmächte den ersten von der Kirche gelösten rein-weltlichen Staat schufen und — Anfang jeder neueren Staatsbildung — über Absolutismus und Beamtenstaat, obschon verflacht und verstofflicht, bis heute nachwirkten. Das geistige Bild des sizilischen Kaiserstaates aber sollte eingehen in das Werk Dantes, in die erhaben-ewige Lehre von der monarchischen Einheit der Welt und der göttlichen Monarchie auf Erden, welche dieser spirituellste Dichter mit der gleichen Leidenschaft verfocht wie der ihm voraufgehende spirituellste Kaiser.

I.

Bei einem so wichtigen Dokument wie der Gesetzessammlung von Melfi, die man gar „Geburtsurkunde der modernen Bureaukratie" genannt hat, muß auch die Geburtsstunde beschäftigen. Der Sinn jeder weltlichen Herrschaft wurde im Mittelalter umschrieben durch die tausendfach wiederholte Formel: Pax et Justitia. Herrschte die Gerechtigkeit so war Frieden, und Frieden war wiederum das Zeichen, daß die Gerechtigkeit herrschte. Auf die Justitia hin war alles Regieren gerichtet: sie war der Selbstzweck, war als Gottesgeschenk ein Absolutes, und dem aus dem Sündenfall hervorgegangenen Erdenstaat erwuchs als einzige Aufgabe, dies Absolute zu wahren. Dadurch unterschied sich das mittelalterliche Gemeinwesen von jedem der Nachzeit: die Justitia diente keineswegs zur Erhaltung des Staates, sondern der Staat war um der Justitia willen da. Der solchermaßen auf die Justitia bezogene Staat wurde nun vollends transzendiert, etwa nach dem Satze des Augustin: „Die wahre Justitia herrscht nur in dem Staat, dessen Gründer und Lenker der Christ ist."

Man mag sich vergegenwärtigen, daß Friedrich II. am Ende des Jahrtausends lebte, welches als einziges Ziel des irdischen Staats die Justitia kannte — ein Ziel, nach welchem die Renaissance-Staatsmänner bekanntlich wenig mehr fragten —, und daß außerdem der Stauferkaiser in die höchste Blütezeit des „juristischen Jahrhunderts" hineingeboren wurde, welches jenes Jahrtausend der Justitia-Suche beschloß und auf Friedrich genau so bestimmend wirkte, wie umgekehrt er selbst auf die Jurisprudenz: an den Besuch in Bologna, an den Rechtsgelehrten Roffred von Benevent, an die Gründung der Universität von Neapel sei hier nur erinnert. Mit gutem Grunde hat man jenes das Mittelalter abschließende Jahrhundert von 1150 bis 1250 „juristisches Zeitalter" genannt: seit den Tagen eines Gratian und Irnerius und seit jener denkwürdigen Wiederaufnahme des römischen Rechtes durch Barbarossa, die zugleich für den ganzen Zeitgeist symbolisch war, hatte die Welt für kaum ein anderes geistiges Gebiet soviel wirklichen Sinn gezeigt, wie für die Rechtswissenschaft — was gewiß nicht hinderte, daß dieser Sinn sich allmählich zum Wahnsinn steigerte. Man begann nämlich im späten dreizehnten Jahrhundert die Institutionen des Justinian in Verse zu setzen, wie man in unsern Tagen Kants „Kritik der reinen Vernunft" versifiziert hat. Solche Entartung weist darauf hin, daß auf dem betreffenden Gebiete nicht allzuviel mehr zu tun war. Die Rechtswissenschaft hörte zwar nach jenem Jahrhundert keineswegs auf, doch es war einmal der Stoff durch die Emsigkeit der immer steriler werdenden Glossatoren bald weitgehend gesichtet, andererseits aber der beginnenden Renaissance schon so unendlich viel andere und wichtigere Wissensgebiete erschlossen, daß nicht mehr, wie in der Anfangszeit Friedrichs II. Profanbildung mit juristischer Bildung fast eins war. Die Rechtswissenschaft aber, das Wissen um Gesetze, bezeichnet den Anfang eines nicht theologisch, sondern weltlich gebildeten Geistes. Andererseits hatte die Kirche selbst in der Rechtswissenschaft eine führende Stellung behauptet: alle bedeutenderen Päpste dieses Jahrhunderts — Alexander III., Innocenz III., Honorius III., Gregor IX., Innocenz IV. — waren Juristen, ja die Kenntnis des kanonischen Rechts wurde bald zum Inbegriff der Theologie selbst oder besser: Theologie und Juristerei wurden zu gefährlichen Gegensätzen im Schoße der Kirche und die Rechtswissenschaft sogar zu einem schweren Schaden. Ergrimmt hat deshalb Dante der Dekretalensammlung geflucht, weil über dem Nachschlagen in den Dekretalen, deren Ränder sich schon bogen, Papst und Kardinal Nazareth vergäßen. Rechtssammlungen begannen jetzt mehrfach aufzutauchen. Die kleine aber bedeutende Assisensammlung des Normannen Roger II. hatte vor langer Zeit schon einen Anfang gemacht. Fast gleichzeitig mit Friedrichs großer Kodifikation eines ersten Staats- und Verwaltungsrechtes wurde die päpstliche Dekretalensammlung, schon von Innocenz III. begonnen, im Jahre 1234 von Gregor IX. herausgegeben „nach dem Beispiel Justinians" und „unter Ausscheidung des Zuvielen". —

Es ist seltsam, daß in jener Zeit, die Weltrichter, Jüngstes Gericht und Ende der Dinge fast stündlich erwartete, auch die Rechtsgelehrtheit überall aufschoß, als ob Gesetzeskunde das Weltgericht abwenden könnte, und daß in jenem Jahrhundert, welches sich wie kein anderes der Zeitenfülle gegenübersah, wirklich die Erfüllung gekommen schien des tausendjährigen Weltzieles: Justitia. Doch in dem ganzen Juristengetriebe brachte nur ein einziges Werk, wie das immer zu sein pflegt, einen entscheidenden Durchbruch: Friedrichs II. Liber Augustalis. Hier flossen gewisse Voraussetzungen so in Eines zusammen, daß in dem sizilischen Gesetzeswerk die Justitia selbst ihre Apotheose feierte. Denn kraft seines Kaisertums und höchsten Richteramtes warf sich Friedrich II. zum Führer und Vollender auf der ganzen Justitia-Bewegung, um durch sie den rein weltlichen Staat zu schaffen, der ohne die Geistigkeit der Kirche dennoch ein von geistigen Kräften durchwirktes Gebilde darstellen sollte. —

Entsprechend der das Mittelalter beherrschenden Zweiheit von Vergänglich und Ewig kannte man zwei schlechterdings unvereinbare Arten des Rechts: ein ewiges Gottes- oder Naturrecht und das von diesem stets abweichende positive oder menschliche Recht. Dieses Menschenrecht, in den Erdenstaaten gültig und wie alles Irdische unvollkommen, beruhte teils auf den überlieferten Gewohnheits- und Volksrechten, teils auf den in den Heiligen Schriften offenbarten Gesetzen, die als Offenbarung dem Göttlichen wenigstens nahekamen.. schließlich in jüngster Zeit noch auf dem römischen Recht, das geweiht war und als rechtsgültig anerkannt, weil sich ihm auch der Heiland unterworfen hatte. Aufgabe der Fürsten war zunächst, den Frieden zu erhalten, und da jede Veränderung der Rechte notwendig irgend jemanden schädigen und dadurch Unfrieden bringen mußte, so hatten die Fürsten als Schirmer des Friedens auch das bestehende Recht zu erhalten. Die notwendige Fortbildung des Rechts begründete man deshalb eher mit dem Hinweis etwa auf alte, in Mißbrauch geratene Rechte und betrachtete dann die herrscherlichen Verordnungen lieber als eine Durchführung und Wiederherstellung der vergessenen alten Gesetze, als daß man sich zu rühmen gewagt hätte: man habe selbst „neues Recht" gegründet. „Rechtserhaltend und rechtsbewahrend, kaum rechtsschöpfend" war also der mittelalterliche Staat, und damit wäre die Aufgabe der Herrscher im wesentlichen umschrieben: auch sie waren vor allem rechtserhaltend und rechtsbewahrend. Vor den andern Machthabern aber hatten gemäß der gestuften Ordnung der mittelalterlichen Welt ganz besonders die Kaiser dieses Schirmeramtes zu walten. „Was Gott im Himmel, ist auf Erden der Kaiser!" das war der gültige Satz. Ein Gleichnis Gottvaters waren daher die römischen Kaiser seit den Tagen Karls des Großen.. als Gipfel der Erdenordnung ein Gleichnis des Herrschers der Himmelshierarchie, und ebenso als Erhalter und Schirmer des irdischen Rechts ein Gleichnis des das ewige unveränderliche Naturrecht bewahrenden Gottes.

Als Gleichnis Gottvaters also, des Weltenregierers und Weltenerhalters erschien der mittelalterlich-christliche Kaiser. Wie aber, wenn in diese erhabene gleichnishafte Ruhe plötzlich eine junge bewegende Kraft einschoß, wenn auf den in Wolkenhöhen thronenden Kaiser aus den Himmeln herab plötzlich der Funken übersprang und der Kaiser, bisher nur Gleichnis Gottvaters, auch zum Gleichnis wurde des göttlichen Sohnes, des Mittlers und Richters, ja des Erlösers! Nicht mehr allein als Bewahrer und Hüter, nein auch als Mittler und Bringer, als Quell des göttlich-natürlichen Rechts mußte dann der Kaiser erscheinen, der seinem Staate das Gottesrecht brachte, der mit den himmlisch-ewigen Satzungen den Himmel selbst ins Diesseits hinabriß als heiliges Gesetz, als Justitia.. nicht als heiligender Geist, den als Gnade zu spenden immer dem Dienste der Kirche blieb.

Der Gott ist der Anfang allen Rechts, hieß ein alter germanischer Spruch, und: der Quell der Justitia ist Gott, so hatte Augustin gelehrt. Als den „Mittler zwischen Gottes- und Menschenrecht" aber begriffen den Kaiser die Staatstheoretiker der auf den letzten Staufer unmittelbar folgenden Zeit, und das wäre die genaue Umschreibung dessen, was Friedrich II. selbst in seinem Gesetzbuch gelehrt. Denn, daß der Herrscher kraft der Justitia — wie kraft der Gnade der Priester — Mittler sei zwischen Gott und den Menschen, oder anders gesagt: daß zwischen Gott und dem Kaiser wie zwischen Kaiser und Volk als Mittlerin die Justitia walte, da „das irdische Recht unter dem Herrscher steht, wie das göttliche über ihm".. das entsprach, weitschweifiger im Ausdruck, vollständig dem knappen alles erhellenden Satze der Konstitutionen, durch den Kaiser Friedrich die etwa siebzig Gesetze über die neue Rechtsordnung einleitete: „Es muß also der Caesar sein der Justitia VATER und SOHN, HERR und KNECHT." Das aber heißt nichts anderes — man denke etwa an die ganze Logoslehre — als daß der lebendige Gott vom Kaiser begriffen und dargestellt wurde als Recht und Gesetz, als Justitia. Und nach dem wiedererweckten römischen Recht galt ja der Kaiser ohnehin als die „lex animata in terris". Allerdings erst des Kaisers mystisches Einssein mit dem lebendigen Gott, dem Quell der Justitia, befähigte ihn auch, überhaupt Gesetze zu geben und das Recht auszulegen. „Aus einer vom Himmel gespendeten Gnadengabe gründe der Kaiser das Recht," so formulierte Friedrichs II. juristische Autorität, der Gelehrte Roffred von Benevent, und den justinianischen Kodices folgend verkündete mehrfach der Kaiser selbst, daß er „seinen Antrieb (motus) aus himmlischem Ermessen erhalte". So wird der Kaiser selbst zum Quell der Justitia im Staate: durch Gott und gleich Gott ist er Rechtsschöpfer, nicht nur Rechtserhalter, ist er „Gründer neuen Rechtes", der da erklärt, daß er „aus seinem Schoße täglich neues Recht gebäre" und verlangt, daß „wie von einem Quell die Bäche, so von des Kaisers Hof überallhin durch das Königreich der Justitia Norm abgeleitet werde". Erst ihm, dem Gesetzesverkünder, ist auch die Zunge gelöst. Da heißt es im Schlußwort der ganzen Sammlung: „Nicht mag die Nachwelt kommenden Jahrhunderts von uns glauben, wir hätten dieser Gesetze Buch zusammengetragen, nur daß wir dem Ruhme dienten, sondern mehr um in unseren Tagen das Unrecht zu tilgen früherer Zeiten, in welchen des Rechtes Zunge verstummt war." Und daß damit nicht etwa allein die Ungerechtigkeit früherer Zeiten, gegen die sich Friedrich II. hier abgrenzt, gemeint war, sondern die wirkliche Stummheit des Rechts, das Fehlen von Rechtsschöpfungen, das zeigen die Worte des Eingangs, die wie bei jedem Kunstwerk Anruf und Weihung der Gottheit bringen: „So wollen wir verdoppelt die uns vertrauten Pfunde dem lebendigen Gotte erstatten und beschließen zu Jesu Christi Verehrung, von dem wir alles empfingen, was wir besitzen, durch der Justitia Kult und Satzung des Rechts ein Opfer darzubringen der Lippen."

Daß Friedrich II. Lippen und Zunge gelöst waren, die Gesetze zu künden, ist fast eine persönliche Begnadung. In anderer Weise aber hat gerade er zur Gesetzgebung die besondere persönliche Eignung. Denn was ihn zu der Mittlerstellung zwischen dem göttlichen, dem Naturrecht, und dem positiven, dem Menschenrecht persönlich befähigte, das war sein ungeheures Wissen und unermüdliches Forschen um die ewigen Gesetze der Natur. Mehrfach rühmt sich der Kaiser stolz gerade dessen, daß im Gegensatz zu solchen Urteilen, „die nicht auf der Dinge Natur blicken", er selbst „die wahre Wissenschaft ihrer Gesetze erforscht habe".. und wie vielleicht schon das Einssein mit Gott, so begründete jetzt sein Wissen um die Natur des Kaisers Unfehlbarkeit, wenn er gleich darauf sagt: „Irrungen also verschmähen wir." Ist der Papst unfehlbar in Dingen des Glaubens als der vom Heiligen Geist Heimgesuchte, so ist der Kaiser als der „von der Justitia Übervolle" unfehlbar in Dingen des Rechtes. Der kaiserlichen Unfehlbarkeit war es durchaus gemäß, wenn Friedrich gleich den Normannen den Satz des römischen Rechtes aufnahm: „Über Urteile, Entschlüsse und Satzungen des Kaisers zu diskutieren ist Sakrileg" — ein Satz, der so sehr Grundlage des ganzen Staats war, daß ihn Friedrich kühn auch dem Papste entgegenhielt, als dieser an einer Maßnahme des Kaisers Kritik zu üben sich unterfing. Wenn auch der Kaiser als Gipfel des Weltbaus die Strahlen „der vom Himmel herabschauenden Justitia" unmittelbar auffing und in sich einsog, um sie über Richter und Rechtskundige in verzweigter Verästlung zu spenden — deshalb erließ er Siziliens Gesetze auch als Kaiser, nicht als sizilischer König — und wenn er durch sein Wissen um die Gesetze der Natur auch die der göttlichen und natürlichen Justitia zu lesen vermochte: allein durch die Beziehung von Kaiser und Gott war noch kein Kreislauf geschlossen — wie in dem polar-gespannten Verhältnis von Gläubiger und Schuldner ein Kräfteumlauf erst durch den Bürgen erzeugt wird. Als den dritten Quell neben Gott und dem eigenen Naturwissen fing Friedrich II. nun auch die der Erde entspringende Rechtsquelle des Volks auf, die er durch die römische Lex regia in seiner Person sammelte. In einem wohl seit Jahrhunderten nicht gehörten Latein: einem erhabenen Maestoso, kommt mit dem weiten tiefen rhythmischen Schwingen und Rollen des Christlichen auch die ganze gewichtige Schwere des römischen Caesar zum Ausdruck in den fast unübersetzbaren Worten: „Non sine grandi consilio et deliberatione perpensa condendae legis jus et imperium in Romanum Principem lege regia transtulere Quirites." Schon den Zeitgenosssen und Glossatoren fiel die prachtvolle Diktion dieser Worte auf, in denen der Kaiser daran erinnerte, daß nach römischem Königsgesetz das römische Volk, die Quiriten, auf den Princeps die Gesamtgewalt und das Gesetzgeberrecht übertrugen. Durch diese Berufung auf den entscheidenden Vorgang bei der Gründung des römischen Reichs hat Friedrich II. — als letzter Caesar dem Ersten gleich — des Volkes eigne Gesetzgeberkraft und Autorität beseitigt oder genauer: in sich aufgenommen, nicht anders als den göttlichen Quell der Justitia. Alle Mächte, Kräfte und Würden: die Gottes, der Natur und des Volks hat also Friedrich II. auf seine Person gehäuft und in sich vereinigt.

Gott Volk und Kaiser waren des Rechtes Ursprünge, die sich in Friedrich II. vereinten und diesen selbst spannten. Gott, der Kaiser als Strahlung, als Sohn Gottes, und die Justitia: das war die neue weltliche Trinität, die im Staate Friedrichs II. unbeschadet der Kirche Gültigkeit hatte und die sich lebendig darstellte im Kaiser, dem „beseelten Gesetze auf Erden". Auf dem Kult dieser Dreieinheit gründete der ganze juristische Beamtenstaat Friedrichs II. und hier beginnt von des Staufers großer Tat schon ein Weniges sichtbar zu werden: der ein Jahrtausend hindurch nur im Wunder sich zeigende und als Geist den Raum durchflutende

Gott war durch diesen Kaiser gebunden und in bezug auf den Staat von der unfaßbar waltenden Allgnade zum sagbaren und begreifbaren Staatsgesetz, zur Justitia verdichtet... ja war im strengsten Sinne zum „Staatsgott" geworden, wie etwa in konstantinischer Zeit nach Mithras Christus zum Staatsgott erhoben ward. Friedrich II. hatte den jenseitigen Gott mit dem einzigen absoluten Sinn des irdischen Staats, mit der Justitia vermählt, ihn dem einzigen Staatssinn des Mittelalters gleichgesetzt: „Deus et Justitia" ist die immer wiederkehrende Formel.. und dadurch allein war es überhaupt möglich, den Ein- und Allgott auch noch in staatlichem Sinn als die besondere Staatsgottheit zu begreifen und ihn ohne Hilfe der Kirche im irdischen Staat darzustellen anzurufen und zu zelebrieren, eben: Gott in den diesseitigen Staat herabzuzwingen, nicht nur den Staat auf den weltflüchtigen Allgott zu steigern.

War nun Gott als Justitia wirklich im engsten Sinne die Staatsgottheit, so mußte der kaiserliche staatliche Gerichtsdienst auch zum Gottesdienst werden. Papst Innocenz III. hatte verkündet: „In uns wird Gott verehrt, wenn wir verehrt werden" — und dem setzte der Kaiser entgegen, daß die Untertanen „durch den Kult der Justitia Gott und dem Kaiser dienten und gefielen", wie es ganz ähnlich das römische Recht formulierte: „Wer die Justitia verehrt, huldigt dem Heiligtum Gottes." Damit ergab sich Bestimmtes des äußeren Dienstes. Der vom „Kult der Justitia" handelnde Gesetzestitel beginnt mit den Worten: „Der Kult der Justitia heischt Schweigen." Und während Papst und Priester den Gläubigen Gott als Gnade im Wunder und Zauber spendeten, ward Gott als Gesetz und als Norm den Getreuen vermittelt durch den Kaiser und durch seine Richter und Rechtsgelehrten, die damit tatsächlich zu „Priestern der Justitia" wurden, was schon die Normannen den römischen Digesten entnahmen. Mit vollster Berechtigung sprach man daher sehr bald nicht nur vom Reich als dem „Tempel der Justitia", sondern geradezu von der „imperialis ecclesia", der kaiserlichen Kirche, und bis ins Kleinste hinein spiegelte tatsächlich dieser kaiserliche Justitia-Staat den kirchlichen Gottesstaat wider, den Innocenz III. mit dem Ausbau der Hierarchie errichtet hatte. Denn wie aus der päpstlichen „plenitudo potestatis" die dem Volke zu spendende Gnade über Bischof und Priester geleitet wurde, so floß vom Kaiser her über Beamte und Richter das zu spendende Recht. Auch den Staat durchströmte jetzt eine lebendige Kraft von unmittelbar göttlichem Ursprung.

Alle Bilder des Gesetzbuches weisen hier auf das Gleiche. Der Kaiser war alleinige Quelle des Rechts und auf dem Thron der Justitia, die er umarmt, hat er den Vorsitz, der der Justitia Gewebe webte. Überreichlich floß seine Justitia, mit der Justitia Wage wägt er den Einzelnen ihr Recht zu, er deutet das Recht und löst die Zweifel der Rechtsgelehrten und erläßt die Gesetze, um ihre Zwiste zu enden. Er hatte gegen neue Laster täglich neue Heilmittel zu erfinden, weil durch den Wandel der Dinge und Zeiten die alten Rechte nicht genügten, mit fortgesetzten Hammerschlägen die Lasterhaften mürbe zu machen. Von ihm fließt in Bächen die Justitia durch das Königreich, und die deren Norm im Staat zu verbreiten hatten, waren die kaiserlichen Beamten, die an Stelle des Kaisers der Verwaltung Steuerruder empfingen und des Kaisers Ebenbild darstellten, der selbst Ebenbild Gottes war. Doch diese Beamten waren nicht mehr die alten Lehensstände, sondern waren die durch kaiserliche Gnade Erkorenen der verschiedensten Grade, die nicht mehr ihr Amt als Beneficium, als Lehen in Besitz nahmen, sondern es als Officium, als Dienst und Funktion, in der Kirchensprache: als Gottesdienst verwalteten. Da bei diesen juristisch gebildeten Beamten die Übertragung einer besonderen Gnadengabe in Frage kam, die nur der Kaiser spendete — „unseres Wissens Mitwisser" nannte er sie — so ist im Staat der Ämterkauf als Simonie verboten, ist der Beamte Beamter, gleichgültig seiner persönlichen Würdigkeit, solange ihn der Kaiser für würdig erachtet und das Charisma auf ihm ruht. „Es ist Sakrileg, darüber zu streiten, ob der würdig sei, den der Kaiser erwählt und bestimmt!"

Die Beamtenwahl ist nur Sache des Kaisers, nur von ihm dürfen daher Beamte ernannt werden, deren Ämter auf andere nicht übertragbar, die nur persönlich waren. Erbliche Ämter gab es nicht. Des Kaisers alleiniges Recht ist die Beamtenbestellung, ein Recht, das ohne seinen Wink und seine Erlaubnis keiner wagen möge, sich anzumaßen, und die strengsten Strafen drohten daher für eigenmächtige Beamteneinsetzung: die Stadt, in der solches geschieht, wird für immer zerstört, die Bewohner auf ewig verfront, der das Amt übernahm wird enthauptet. So reichlich aber sollten Beamte sein, daß an Gerechtigkeit Überfluß sei, um des Kaisers „heiligen Willen" zu künden. Denn den „heiligsten Dienst" hatten die Beamten zu versehen, den Kult der Justitia, durch den sie Gott dienten, und der Gerichtsdienst, den die Beamten täglich, dreimal die Woche der Kaiser selbst, zu verrichten hatten, war eine heilige Handlung und drum heischte sie Schweigen, wenn durch die Officialen die Justitia verehrt und die Verehrte den Petenten dargereicht ward. Unentgeltlich hatte dieser Dienst zu erfolgen, wie der Priester unentgeltlich die Gnadenmittel der Kirche spendete, denn durch des Kaisers Gnade und Freigebigkeit erhielten die Officialen Gehalt, die selbst ihren Dienst als „der Justitia Mysterium" bezeichneten.

Nichts berechtigt dazu, die sakrale Feierlichkeit, die aus jedem Worte des Gesetzbuches spricht, nicht genau so ernst zu nehmen, wie es vom Kaiser gesagt ist, zumal da reichlich weitere Zeugnisse erhalten sind, die den Kaiser zeigen, wenn er selbst das „sacratissimum ministerium" zelebrierte, wie es erst in seinen späteren Jahren der Brauch wird. Jeder neue Kult schafft sich die neuen Riten und so begegnen hier Zeremonien Formen und Bräuche, die bisher im Abendland nirgends und in dieser Zusammensetzung sonst überhaupt nicht üblich waren. Denn auf unzugänglichen Höhen thronte dann in seiner Sacra Majestas der Kaiser, über dessen Haupt eine riesige Krone schwebte.. zum Fußkuß nahte man ihm in der Proskynese.. in Prosternation verharrte das Volk vor dem Divus Augustus, der selbst wie die Gottheit im Hintergrund blieb, fast niemals selbst sprach, sondern nur dem ihm zur Seite stehenden Logotheten die Weisung gab, der dann, vom Kaiser durch eine Handbewegung ermächtigt, als Mund und Mittler des Herrschers heiligen und vorausschauenden Willensentschluß als ein Orakel in Worte setzte, wobei in gewissen Fällen Glockenläuten des Kaisers Sentenz begleitete. — Das war in der Tat „allerheiligster Dienst" und Mysterium: Hochgericht als Hochamt des Justitia-Gott-Kaisers.

Hier ist es an der Zeit, auf die Wegbereiter Friedrichs II. und dieses merkwürdigen Kults zu verweisen. Für das eigentliche Ritual wie für den juristischen Staatsgeist wirkten zunächst König Roger II. und Barbarossa zusammen: der Normanne durch die Fortführung byzantinischer Zeremonien und durch sein Rechtsschöpfertum als Gesetzgeber eines neu eroberten Landes.. der Stauferkaiser durch die aus dem römischen Recht hergeleitete Heiligung des Reichs wie des Herrschers. Erst seit Barbarossa kam der allgemeine Brauch in Übung, das Reich als „heilig" zu bezeichnen, „heilig" Verordnungen Briefe Paläste des Kaisers zu nennen, ihn selbst aber „Sacra majestas", „Perennitas", „Numen", und „Divi" die früheren verstorbenen Herrscher. Der bei weitem wichtigste Vorgänger Friedrichs II. aber war Papst Innocenz III., an den hier zu erinnern ist. Denn erst dieser Papst, der der Welt einhämmerte: Richter und Priester sind eines.. das Priestertum ist königlich und das Königtum priesterlich — erst Innocenz hat Richter- und Königsamt mit jenem hohepriesterlichen Geiste durchtränkt, den Friedrich II. als weltlicher Mittler jetzt nutzte. Und erst dieser Papst, der selbst ein „verus imperator" den Kaiser zum priesterlichen Mittler umbildete, hat das Kaiserbild als Gleichnis Gottvaters verlöscht, das bis Barbarossa Gültigkeit hatte. Und schließlich: seine Loslösung des Priesterstaates von der weltlichen Muntschaft hatte wiederum dem Kaiser den Weg freigegeben, seinerseits den von der Kirche unabhängigen, geistig vollkommen selbständigen weltlichen Juristenstaat zu errichten — freilich indem er die Kluft noch vertiefte. Denn das Gebiet des Nicht-Stofflichen, bisher als geistig-seelische Einheit insgesamt von der Kirche beherrscht, spaltete Friedrich II. endgültig in die der Kirche verbleibende Seele und den jetzt vom Staate beanspruchten Geist. So erstand als Gegenbild der kirchlichen Gnadenhierarchie die weltliche geistige Juristenhierarchie. Und noch an ein andres sei hier erinnert. Zwar nannte schon das römische Recht die Richter auch Priester — aber sollte dem Staufer bei seinen Gesprächen mit Fahr-ed-Din, die das staatliche und kirchliche Leben betrafen, sollte ihm bei seiner ungewöhnlichen Kenntnis der muslimischen Bräuche jene merkwürdige Einrichtung entgangen sein, daß bei den Muslims die Ulemas, die Gottesgelehrten, Juristen und Priester zugleich waren! Und der abendländische Sprachgebrauch kam dem noch von anderer Seite entgegen: denn etwa seit dem Beginn des Juristenjahrhunderts bezeichnete „Laie" nicht nur den Gegensatz zum Priester, sondern auch zum studierten Juristen, den man zwar nicht „sacerdos", wohl aber „clericus" nannte, im Sinne von „geistig gebildet, gelehrt". Solche juristischen Kleriker heranzuziehen hatte daher Kaiser Friedrich die Universität von Neapel errichtet.

So hatte Friedrich II., was die Welt darbot, in einer bestimmten Stunde zusammengefaßt und zu jenem feierlich triumphierenden Kult der Justitia gebunden, der Gottheit des weltlichen Staates. Die Justitia war gewiß nicht der „ganze Gott", aber sie war Eine, nämlich die staatliche Beziehungs- und Erscheinungsform Gottes. Was das bedeutet, zeigt sich, wenn man etwa die scholastische Zeitfrage, den Gegensatz von Glauben und Wissen einbezieht: denn dann wird die Justitia die mit dem höchsten Wissen, mit der Vernunft faßbare Erscheinungsform Gottes, im Staate wirkend als lebendiges Gesetz. Daneben aber bliebe, faßbar allein durch den Glauben, die Gnade als kirchliche Erscheinungsform des gleichen Gottes. Damit wird die durch Friedrich II. hervorgerufene Umwälzung sichtbar: daß nämlich von den beiden geistig überhaupt möglichen Kultformen der Gottheit — Gesetz oder Wunder — nach einer über tausendjährigen Herrschaft des wesentlich im Wunder sich zeigenden, im Wunder geglaubten Gottes jetzt außerdem noch der durch die wache Vernunft als Gesetz zu erkennende Gott im taglichten Raum zu erscheinen begann, außerhalb und neben der Kirche. Die ganze Spannung von gottunmittelbarem Reich und gottunmittelbarer Kirche, gipfelnd in Dante, wird damit heraufgeführt.

Nicht mehr durch das Gnadenwunder der Priester allein war jetzt die

Gottheit als Leib gegenwärtig in der Civitas Dei, der Kirche, sondern sie war es außerdem noch im Erdenstaat, beschworen und zum Gesetze verdichtet durch den Kaiser, in ihm wie in seiner Priesterschaft auch verkörpert. Das wesentlich Neue war hierbei das Wirken der Justitia nicht als starres Schriftgesetz, sondern als lebendige allgegenwärtige Kraft. „Da wir zur Ausübung der Justitia nicht in allen Teilen der Welt als Person zugegen sein können, ob wir auch als Kraft überall sind, haben wir von den Getreueren des Königreiches einige erkoren,... damit das, was wir durch sie als unsere Vollstrecker kraftvoll betreiben, hinabgelange bis zum Vollzug der Justitia." So gaben Zeitgenossen, in Anlehnung an kaiserliche Schreiben, die Auffassung Friedrichs über den Sinn des Beamtenstaats wieder und diese Auffassung von der Justitia als einer weiterzuleitenden Kraft entsprach durchaus dem vom Kaiser anderweitig Gesagten: aus göttlichem Ermessen empfange er seinen Antrieb, den „motus" und gebe ihn weiter als Befehl und als Weisung, wodurch er bei dem Empfänger hervorrufe „eine Regung des inneren Menschen (motum interioris hominis), durch deren Mittlung die von der Einen Kraft ausgehenden Befehle zur Ausführung gelangten".

Diese eindeutig aristotelische Lehre: den Kaiser als Denk- und Kraftzentrum des Staats aufzufassen, war allen angeführten Gesetzesworten zu entnehmen. Die Durchdringung der „Civitas terrena" durch eine selbständige, gottunmittelbare Kraft aber läßt gleichzeitig die Unterscheidung von „Staat" und „Reich" erkennen, insofern das Reich als zuständliche Ordnung auf einer Idee beruhte und seine geistigen Kräfte durch die Kirche empfing. Der notwendig begrenzte Staat aber kennt weniger das Beruhen auf einer Idee als das bis zu seinen Grenzen und Rändern hin von einer lebendigen Kraft Durchglüht- und Durchwirktsein. Der Justitia-Gott, verstanden als die durch den Kaiser wirkende gesetzmäßige Kraft, wäre das Kennzeichen des sizilischen Staates. Hier löste sich gleich ein Geheimnis: daß nämlich der Kaiser im Hinblick auf das Reich, wo er vor allem Wahrer und Hüter von Pax und Justitia blieb gleich den früheren Kaisern, immer noch „mittelalterlich" erscheint, während man ihn in bezug auf den sizilischen Staat leicht als „modern" empfindet, eben weil er hier „Kraft" ist. Doch da hüte man sich wiederum: der „moderne Mensch" hat nichts mehr vom Gleichnis Gottes, und gerade dies war Friedrich II. auch noch in Sizilien. Denn die Dopplung: trotz der lebendigen Kraft in jedem Augenblick auch Gleichnis des Göttlichen zu sein — gerade sie gibt dem ganzen sizilischen Herrschertum Friedrichs II. die einzige Fülle.

In dieser neuen Bewegtheit: dem Erfassen der Gottheit als einer steten, von der Kirche unabhängigen Kraft liegt das Renaissancehafte des neuen Staates und hier mag man wiederum des heiligen Franziskus gedenken, der — überall Gegenspieler des Kaisers — in ganz ähnlicher Weise ohne Hilfe der Kirche Gott als Kraft verkündet hatte. Ihm, dem Einfältigen, hatte sich diese Kraft als die stetig wirkende Liebe, die als göttlich lebendiges Pneuma Mensch Tier und Pflanze im Allzauber durchseelte, offenbart, während sie der gelehrte und fast überwache Monarch im Welt- und Naturgesetz als göttlichen Fug erkannte.. beide auf ihre Weise: dieser durch den Geist, jener durch die Seele die Gottheit im Diesseits und schon auf Erden erschauend.

Wie sich das alles in der Staatspraxis spiegelte, mögen hier nur zwei wichtige Neuerungen des Kaisers erläutern. Des Kaisers Allgegenwart im Staate zeigt da ein merkwürdiges Gesetz, nach den Glossatoren ein „neues Recht", durch das der Kaiser den Schwachen zu Hilfe kommen wolle, die oft von den Stärkeren widerrechtlich bedrückt würden. Durch dieses Schutzgesetz gab nämlich der Kaiser jedem Untertanen die Erlaubnis, daß er — unschuldig angegriffen — „gegen seinen Angreifer sich verteidige durch den Anruf, durch Invocation unseres Namens, und dem Belästiger von seiten des Kaisers verbiete, den Angriff fortzusetzen". Der die Anrufung des kaiserlichen Namens mißachtet, wird dadurch unmittelbar vor das Hofgericht gezogen, das als höchste Instanz keine Berufung zuließ. Doch auch im Staat galt der Satz: der Name Gottes dürfe nicht mißbraucht werden. Denn wer des Kaisers Namen mißbräuchlich anrief, etwa um sich Vorteile zu verschaffen, wurde aufs schwerste gestraft. Welche Denkweise das voraussetzte: in höchster Not nicht Gott, sondern als die unmittelbare und wirksamere Kraft den Kaiser anzurufen, die leibhafte Justitia, den Helfer und Rächer, bedarf keiner Erörterung. Für dieses Gesetz hat sich ein Vorbild bisher nicht auffinden lassen.

Das Zugreifende, ja Angreifende der kaiserlichen Justitia zeigt sich indessen noch schärfer in der das ganze abendländische Prozeßverfahren umwälzenden Neuerung, die Friedrich II. zuerst ins weltliche Recht einführte: im Inquisitionsprozeß. Ganz allgemein galt nämlich im Mittelalter die Ansicht, daß die Einleitung jedes Strafverfahrens eine Anklage voraussetze: wo kein Kläger auch kein Richter. Mit diesem Grundsatz hat Friedrich II. für gewisse Kapitalverbrechen endgültig gebrochen: auch ohne Kläger wurde von Staats wegen die Untersuchung eingeleitet und zwar bei den schwersten Delikten, den Majestätsverbrechen, auf der Stelle und ohne besondere kaiserliche Ermächtigung einfach durch den zuständigen Beamten. Für andere schwere Vergehen war eine klägerlose Strafverfolgung von Amts wegen noch an die Erlaubnis des Kaisers gebunden. Es stand daher bei Kapitalverbrechen jetzt auch keineswegs mehr im Belieben eines etwa vorhandenen Klägers, das schwebende Verfahren abzubrechen und sich zu vergleichen: die schweren Vergehen wurden vielmehr selbst gegen den Willen des Klägers von Staats und Amts wegen untersucht und geahndet. Es handelt sich also um eine erste Andeutung der „Staatsanwaltschaft", ein dem ganzen mittelalterlichen Denken durchaus Entgegenstehendes, so daß der Glossator der betreffenden kaiserlichen Edikte mit Grund bemerkt: „Hinlänglich also kann man sagen: dieses Gesetz enthält neues Recht." Einen Tyrannen nennt er den Kaiser und tyrannisch muß es gewirkt haben, daß hier die kaiserliche Justiz waltete nicht um einem Geschädigten sein Recht werden zu lassen, sondern als Rache, ja als Selbstzweck: um der Staatsgottheit, der Justitia zu genügen oder um dem geschädigten Staat und der verletzten Staatsordnung Genugtuung zu verschaffen. Merkwürdig mag es erscheinen, daß gar nicht Friedrich II. der Finder dieses Verfahrens war, sondern Papst Innocenz III. Denn der hatte zuerst die Inquisition in die geistliche Disziplinar-Gerichtsbarkeit eingeführt, um jede Verletzung der Sakralien durch Ketzerei auch ohne Kläger sühnen zu können. Das Verfahren erhielt indessen sein ganz besonderes und völlig verändertes Gepräge erst dadurch, daß dieses außergewöhnliche, nur dem Schutze der kirchlichen Sakralien gegen Glaubensfrevler dienende Mittel nunmehr vorbehaltlos auf den weltlichen Staat und das weltliche Recht übertragen wurde. Man kann in dem allen eine Säkularisation des geistlichen Verfahrens sehen oder aber auf das Vorhandensein von entsprechenden Sakralien und Mysterien des Staates schließen, die derartigen Schutz erheischten und es ist nur folgerichtig, daß die staatliche Inquisition vorzüglich gegen Majestätsverbrecher Anwendung fand, die als „Ungläubige" des Staats den Ketzern der Kirche völlig entsprachen. Tatsächlich war der Inquisitionsprozeß „Hochgericht" und wurde mit besonders feierlichem Zeremoniell geführt. In jedem Fall aber besagt dieses „staatsanwaltliche" Verfahren im weltlichen Staat, daß von jetzt ab nicht nur die Ordnung der Kirche, sondern ebenso die des Erdenstaats Sinn in sich selbst trug als eine von sich aus heilige weil geistige Ordnung — nicht minder göttlich als die Civitas Dei, die Kirche.

Diese Begründung des irdischen Staates auf sich selbst stellt einen weiteren folgenschweren Eingriff Friedrichs II. dar. Denn wenn die Gottheit nicht nur innerhalb ihres kirchlichen Gnadenreiches auf Erden lebte, sondern sich als Justitia ebenso auch auf den profanen Erdenstaat herabsenkte, so war tatsächlich der Staat nicht mehr „sündig" und nur ein Relativ-Gutes im Gesamt-Erdenübel, sondern wies sich aus als ein Absolut-Gutes um seiner selbst willen: in ihn war ja der Gott eingegangen. Die Notwendigkeit der Erlösung wurde damit gewiß nicht aufgehoben: denn sie betraf das Fortleben der Seele im Jenseits und dieses berührte den nur auf das Hier und Jetzt wirkenden Kaiser sehr wenig — ja er nahm sein diesseitiges Wirken so wichtig, daß man mit gutem Grund von ihm sagte, er habe ein Jenseits überhaupt geleugnet. Aber neben die Erlösung hatte Friedrich II. durch den neuen „Gottesstaat" ein Andres gesetzt: nicht minder heilig und göttlich als die Erlösung nach dem Tode war zu Lebzeiten schon die Erfüllung im Diesseits, im Erdenstaat.

Es ist nun sehr eigentümlich, wie Friedrich II. den Selbstzweck des Staates folgerte, ja dem Staat eine göttliche Heilskraft beimaß, gleichfalls nicht geringer als die Heilskraft der Kirche. Mit einer noch zu erläuternden Kosmologie beginnend erzählte Friedrich II. im Vorwort seines Gesetzbuches wie auch späterhin in gewissen Ernennungsdiplomen der Statthalter die Schöpfungsgeschichte. Im wesentlichen folgte er dem Glauben der Zeit, um nach wenigen Sätzen bei dem Sündenfall anzulangen, der wichtigsten Stelle. Denn im Stande der Unschuld und der Unsterblichkeit, als das Naturrecht noch galt und die Menschen sich völliger Freiheit erfreuten, im goldenen Zeitalter des Paradieses also, waren Könige und Staaten nicht vonnöten gewesen, und erst der Sündenfall hatte dem einst freien Menschen das „Joch" der Knechtschaft auferlegt. Vom Sündenfall war der ganze Staat des Mittelalters hergeleitet, und vielleicht ist deshalb bei Dante im irdischen Paradies das römische Kaisertum symbolisiert durch den Baum der Erkenntnis. Dies wäre zumindest sehr beziehungsreich: denn für Dante galt als Aufgabe des Kaisers, den Menschen zur höchsten Vernunft, zu dem am Eingang des himmlischen Paradieses stehenden Baum der Erkenntnis zurückzuführen, zu dem Augenblick, in welchem der Mensch noch unsündig war, während von hier ab die weitere Rückführung in das himmlische Paradies und zur ewigen Seligkeit, die den Menschen vom Fluche der Sterblichkeit wieder erlöste, in den Händen der Kirche lag. — Hier, bei der Erzählung des Sündenfalls, begann nun Friedrich II. Mythos Legende und Dogma für seinen Zweck etwas abzuwandeln. Denn während die Kirche aus dem Sündenfall die Erbsünde folgerte, die den Menschen zur Strafe für des Urvaters Sünde unter das Joch der Knechtschaft von Fürsten und Königen gezwungen, ließ der Kaiser diese moralische Folgerung auf sich beruhen, kennzeichnete die ersten Menschen einfach als Übertreter einer „Gesetzesvorschrift" (nach der Bibel: eines Gebotes), wofür sie mit der Austreibung aus dem Paradies und dem Verlust der Unsterblichkeit bestraft wurden. Damit war der Sündenfall im ganzen erledigt. Zwar haftete den Menschen als Sterblichen, die sie jetzt waren, erst recht das gleiche Laster der Übertretung an wie dem von Gott selbst geschaffenen Urvater, und vor allem hatte der Haß wider einander die Menschen erfaßt, die jetzt zahlreich die Erde bevölkerten.. doch dafür gab es eben ein Heilmittel: die Justitia, also Herrscher und Staat. So zog Friedrich jetzt aus dem Sündenfall die ganz sachliche nicht moralisierende und auch antikem Denken ganz nahe Folgerung, die nur von der tatsächlichen Menschennatur ausging, von den „Dingen die sind so wie sie sind": daß die nach dem Paradiesesalter nun einmal auch lasterhaft und haßerfüllt gewordenen Menschen sich gegenseitig zerfleischt und vernichtet hätten ohne die zügelnde Hand eines Herrschers.

Man sieht jetzt schon das eine: nicht aus Moral zur Strafe für die Sünde, sondern aus Vernunft um die Selbstvernichtung zu hindern, sind die Fürsten gesetzt. Mit dem Menschengeschlecht aber — so folgert der Kaiser weiter — wäre auch „alles andere zugrunde gegangen, weil das Untergeordnete nun des Übergeordneten entbehrt und damit niemandes Bedürfnis mehr gedient hätte", die dem Menschen zu dienen bestimmte Natur also sinnlos geworden und darum untergegangen wäre.. eine geläufige und schließlich auf Aristoteles zurückgehende Anschauung: dennoch ein ungemein imperiales Weltbild. Denn die Anschauung fortgeführt heißt das nichts anderes als dies: daß schon ohne den Kaiser, den Höchstübergeordneten, das Menschengeschlecht und damit die ganze Natur ausstürbe, weil ohne ihn sich zunächst Könige und Fürsten gegenseitig vernichtet hätten und so fort, wobei man eine Ahnung erhält von der kaum ausdenkbar schwindelnden Höhe und Verantwortung so lebendig gefühlten Kaisertums. Von daher bekommt die strenge Bestrafung der Majestätsverbrecher noch einen besonderen Sinn: denn oft genug erklärt der Kaiser, daß „von seinem Leben der andern Leiber abhängig seien", so daß der Majestätsverbrecher demnach die ganze Welt gefährdete.

Die Menschen also hätten sich ohne Herrscher zerfleischt und es seien deshalb, das Menschengeschlecht zu erretten und die Gefahr jenes sonst drohenden Weltuntergangs zu bannen „die Herrscher der Völker geschaffen worden durch der Dinge zwingende Notwendigkeit nicht weniger als durch Eingebung der göttlichen Voraussicht" oder wie es später einfacher heißt: aus Notwendigkeit, das heißt: aus den eigenen natürlichen Bedürfnissen heraus statt zur Strafe für Sünde. Friedrichs II.

große Kunst, alles stets ins Bejahende zu kehren, kommt hier wieder zum Vorschein: nicht nur Zuchtrute für die sündige Menschheit sind Herrscher und Staat, sondern vor allem Träger eines welterhaltenden und weltrettenden Prinzips.. sie sind zu einem „Heilsgut" geworden, wie Kirche und Priester gesetzt waren zum Heile der Seelen. Nur die Seelen hatte ja der Herr erlöst, aber „weder der Sintflut Wasser noch die Welle der Taufe habe des Urvaters unvorsichtige Gesetzesübertretung abgewaschen", erklärte Friedrich II. einmal, der nicht die Erlösung damit leugnete, sondern sie auf die Seele und auf das jenseitige Leben beschränkte. Denn der diesseitige Mensch war ja noch unerlöst und war nur durch Herrscher und Staat gewissermaßen zum Stande der Unschuld oder besser: zum Stande der „Richtigkeit" zurückzuführen — durch die „Reglerin menschlichen Lebens", die Kraft der Justitia. Diese selbst aber wurde damit zur welterrettenden Macht.

So wäre der Kaiser, der Divus Augustus, als sichtbarer Träger der Heilskraft tatsächlich dem Römer Augustus entsprechend zum Soter geworden, zum Weltenretter und Weltenheiland — und was hatte doch Augustin gelehrt? „Die wahre Justitia ist nur in dem Staat, dessen Gründer und Lenker der Christ ist." Die Schlußfolgerung zu ziehen, schrak Friedrich II., als seine Stunde kam, nicht zurück: nicht nur als Mittler und Richter gleich dem Gottessohn, auch als Erfüller des Gesetzes und als Erlöser sollte er erscheinen. Denn sein Reich strebte ja nicht hin zu der Justitia im himmlischen Reich, sondern war von ihr selbst schon gegründet: „Vom Himmel herabschauend hat die Justitia unter den Völkern die Throne errichtet," zuhöchst aber gemäß dem göttlichen Spruch — „gebt dem Caesar was des Caesar ist" — den Thron des römischen Kaisers.

Fast als eine Frohbotschaft hatte Friedrich II. sein neues Gesetzbuch erlassen, in welchem die so lange verstummten Lippen des Rechts und des Rechtes Zunge die Sprache wieder gewannen. Als eine Art Ethik und Lebensreglung wollte er diese Sätze gelesen wissen und so rief er zum Schluß die Getreuen an: „Zu Lob und Ruhm unseres Gottes mag unsere Gemeinde das mit der Hoffnung göttlicher Gunst begonnene, unter dem Geleit ihrer Gnade vollendete Werk aufnehmen, welches mit der Aufschrift des Augustischen Namens geziert ist zur Ehrfurcht vor des Augustus Erlauchtheit und zur Ehre der Königswürde. Empfanget dankbar, ihr Völker, diese Gesetze, um sie euch in den Gerichten wie außerhalb der Gerichte anzueignen...., auf daß mit des Neuen Königs Sieg ein neues Reis aufkeime der Justitia." Und eine Frohbotschaft war es in der Tat, wenn der Kaiser die lebens-entrückte Starre der früheren Zeit für gelöst erklärte. Denn während die Vor- und Mitwelt den Sinn der staatlichen Zucht begriff teils als Strafe, teils als ein unvollkommenes Hinstreben nach einer auf Erden nimmer erreichbaren jenseitigen Vollkommenheit, einem ewigen Gottes- und fernen Naturgesetz, lehrte der Kaiser statt dessen, daß der Staat selbst das wahre und einzig gültige Gottesgesetz täglich gebiert, daß das lebendige Gesetz der zeitlichen Welt der lebendige Gott sei und daß auch das Ewige und Absolute sich wandeln müsse in der Zeit, um lebendig zu bleiben. Es war der entscheidende Bruch mit allem Bisherigen.

„Nichts entziehen wir dem Ansehen der früheren Herrscher, wenn wir gemäß der Eigenheit der neuen Zeit aus unserem Schoße neues Recht gebären und für neue Mißbräuche neue Arzneien erfinden. Aus einer Notwendigkeit des Dienstes nämlich besitzt die Würde der kaiserlichen Erlauchtheit dieses Vorrecht, daß sie, wenn durch der Dinge und Zeiten Wandel die alten Rechte der Menschen zur Entwurzlung der Laster und zur Pflanzung der Tugenden nicht mehr auszureichen scheinen, täglich neuen Rat erfinde, der die Tüchtigen reich an Lohn und die Lasterhaften unter dem steten Hammerschlag der Strafen mürbe mache." In einer neuen Bewegtheit zeigte sich hier die Justitia: sie strahlte nicht nur als lebendige Kraft von Gott her, um sich über den Staat zu ergießen, sondern sie wurde selbst wieder von einer andern Kraft bewegt, wurde veränderlich gemäß den täglich sich wandelnden N o t w e n d i g k e i t e n des Staates. Wie der Kaiser „Vater und Sohn der Justitia" war, so wäre diese selbst demnach Gründerin des Staates und zugleich vom Staate gegründet: denn wenn der Staat Selbstzweck, ja Heilsgut geworden war, dann mußten des Staates Notwendigkeiten auch göttliche sein und das Heil bestimmen. Damit aber wäre wieder der rückwärtige Kräftestrom geschlossen: die göttliche Justitia wirkte die irdischen Gesetze und die irdischen Notwendigkeiten wiederum wirkten die Gottheit Justitia. In der Tat, jene weltentrückte unbewegte Justitia verlor ihre Starrheit: vom Leben gefüllt, mit dem Laufe der Zeit verknüpft und dem Wandel der Natur verbunden konnte sie in Wahrheit den „Lebendigen Gott" des Staates darstellen und durch sie war der Kaiser wirklich: das „beseelte Gesetz auf Erden". Die zweite bewegende Kraft, die des Lebens selbst, wird damit sichtbar: Necessitas.

Aus der „Necessitas des Dienstes" sei es dem Kaiser gegeben, Recht und Gesetz zu wandeln. Allein darauf, daß gemäß den jeweiligen Notwendigkeiten der Menschen, des Staates die Form der göttlichen Justitia durch den Kaiser verändert werden konnte, beruhte der „legale Macchiavellismus" Friedrichs II. Es war das „Recht des Staates", das er vertrat und kündete. Während aber schon König Manfred, gestützt auf das Caesarwort: si violandum est jus, regnandi gratia violandum est.. von einer „Rechtsverletzung" sprach, bis schließlich Macchiavell die Lehre vertrat: des Staates und des Fürsten Nutzen und Notwendigkeit breche jedes Sittengesetz (das heißt: göttliches und natürliches Recht), war für Friedrich II. bei aller Skrupellosigkeit im Gebrauche der Mittel dennoch die Anschauung herrschend: die Staatsnotwendigkeit breche nicht das göttliche oder natürliche Recht, sondern sei es selbst. Das traf für Friedrich II. — und allein für ihn, nicht mehr für die Renaissancefürsten — auch zu: denn da an dem Beachten oder Nichtbeachten der geringsten Staatsnotwendigkeit damals wirklich noch das Schicksal des ganzen „kaiserlichen Europa" hing, mußte der Kaiser jede der gegenwärtigen Staatsnotwendigkeiten so ungeheuer wichtig nehmen, daß die aktuelle Not des Staates ganz unmittelbar zu einer unausweichbaren kosmischen Weltennotwendigkeit wurde, die nur dem Weltplanen Gottes, der göttlichen Voraussicht gleichkam. Auch die Lebensnöte des Staates waren damit absolut geworden: sie standen dem Göttlichen nicht entgegen sondern waren selbst göttlich und konnten daher das Recht bestimmen und die göttliche Justitia verwandeln.

„Ex Aristolelismo Macchiavellismus" hat späterhin Campanella erklärt und damit die wichtigsten Zusammenhänge tatsächlich aufgedeckt. Denn es ist ganz offenbar, daß in das mittelalterliche Weltbild auch ein Einbruch von außen hatte statthaben müssen, dem irgendeine grundsätzliche Wandlung des mittelalterlichen Denkens zur Seite ging. Mit dem Bilde des kaiserlichen Gesetzgebers steigt jetzt plötzlich das Bild auf des an arabisch-hellenistischer Weisheit gebildeten Philosophen. Es ist verblüffend, wie Friedrich II. fast mit einem einzigen Wort das ganze mittelalterliche Staatsbild verändert und mit bewegtem Leben erfüllt hat. Während nämlich die Zeit noch darüber stritt, ob der Erdenstaat seinen Ursprung in Gott habe oder in Satan, im Guten oder im Bösen, erklärt Friedrich II. höchst nüchtern: das Herrscheramt habe seinen Ursprung in seiner Naturnotwendigkeit. Die Necessitas als eine selbständige in den Dingen wirkende Macht, als lebendige Gesetzlichkeit der Natur entstammte dem Gedankenkreis des Aristoteles und der arabischen Aristoteliker: sie ist das neue Axiom, das der Kaiser in die abendländisch mittelalterliche Staatsphilosophie hineinwarf, um den Staat auf sich zu stellen. Da heißt es in dem Vorwort des sizilischen Gesetzbuches: die Fürsten der Völker seien geschaffen „**durch die zwingende Notwendigkeit der Dinge selbst** und nicht minder durch Eingebung der göttlichen Voraussicht". In den späteren Diplomen heißt es noch erheblich nackter: die Herrscherthrone seien von der Justitia errichtet „necessitate", aus Notwendigkeit. Und selbst bei der Herleitung des Kaiseramtes verzichtet der Kaiser an dieser Stelle ganz darauf, irgendwelche übersinnlichen unerforschlichen Entschlüsse der göttlichen Vorsehung walten zu lassen, sondern es wird einfach verwiesen auf das Herrenwort beim Anblick der Münze. Die „Naturnotwendigkeit" aber diente dem Kaiser mehrfach, um sonst nur glaubbare Dogmen und heilige Institutionen auch mit der Vernunft faßbar zu machen: wie den Staat so erklärt er beispielsweise auch das Sakrament der Ehe — unbeschadet der gottgesetzten Heiligkeit — einfach als „naturnotwendig" zur Erhaltung des Menschengeschlechtes. Und daß ihm die Naturnotwendigkeit der Ehe höher stand als ihr sakramentaler Charakter, das bewies er sehr bald durch die einschneidendsten dogmenfeindlichen Vergewaltigungen der sizilischen Ehen zu dem Zweck, in Sizilien eine bessere Rasse hervorzubringen! Das alles war folgenschwer genug: denn der Staat wurde durch die Einschränkung kirchlich-biblischer Vorstellungen und Theorien zugunsten der natürlichen nicht etwa wieder auf die bloße Gewalt und die Macht des Schwertes zurückgeworfen, sondern auf ein gleichfalls Geistiges hinübergeführt, das dennoch nicht der Kirche gehörte: auf eine als geistig und gesetzmäßig erkannte Natur. An die Stelle der Transzendenz — so könnte man sagen — war hier die Metaphysik getreten.

Die Necessitas war in der gesamten Heilslehre des Kaisers unentbehrlich als die eine Begründung des weltlichen Staates, die nicht den Glauben sondern die Vernunft ansprach. Die noch so pathetische Beteuerung früherer Herrscher, der Staat sei von Gott gesetzt, konnte zwar geglaubt werden, zwang aber nicht durch sich selbst zum Glauben. Die Notwendigkeit des Herrscheramtes hingegen war durch die Vernunft zu erfassen: das Menschengeschlecht hätte sich sonst vernichtet. Als Dante daher die Unerläßlichkeit der einen Weltmonarchie zu beweisen suchte, griff er des Kaisers Anschauungen in ganz ähnlichem Sinn wieder auf, da ja auch er den Glauben an die Heilssendung des Staates vertrat. Der Lehre nämlich des Papstes Bonifaz, daß um des Seelenheils willen sich jegliche Kreatur dem Papst unterwerfen müsse, stellte Dante — da ein wirklicher Kaiser fehlte, fast als Vertreter der Staufer-Caesaren — dem Papste kühn die große imperiale Heilslehre entgegen: daß um des Weltheils willen jegliches Wesen auch dem römischen Monarchen zu unterstellen sei. Dantes unbedingte Bejahung des Erdenstaates ist vielfach selbst in den Mitteln eine Fortführung der kaiserlichen Anschauung und Lehre, und das erste Buch der „Monarchie", in welchem er die

Heilssendung und Eigengöttlichkeit des Staates entwickelt, trägt die Überschrift: De Necessitate Monarchiae. In diesem Buch wird die Natur- und Lebensnotwendigkeit der Monarchie dargelegt und fast jedes Kapitel des ersten Teils schließt mit dem immer wiederkehrenden Ausruf: also ist zum Heil, zum Besten der Welt die Monarchie notwendig. Darin also trafen sich Kaiser und Dichter: entgegen Scholastik und Kirche den irdischen Staat so wichtig zu nehmen, daß sie ihn gar zum Heilsgut erklärten, notwendig zur Verwirklichung der gottgewollten „besseren Natur" des Menschen und der Welt überhaupt.

Was aber hatte damals die Lehre von der Necessitas zu bedeuten, die den Zeitgenossen so sehr als ghibellinische Eigentümlichkeit und als Schlagwort des staufischen Hofes erschien, daß Stilübungen und fingierte Briefe, die den Kanzleiton treffen wollten, selten die „necessitas rerum" vergaßen? Man hat den Staufer Friedrich II., den zweifellos vielseitigsten und neben allem andern wohl auch gelehrtesten Mann seiner Zeit, den an Scholastik und Römerwissen, an Aristoteles Avicenna Averroes geschulten Dialektiker und Philosophen oft einen Aufklärer genannt. Das maßgebende Losungswort jeder Aufklärung, das heißt: Durchbrechung einer als Zwang empfundenen und naturwidrigen Gebundenheit, ist in des Kaisers Staatsweisheit tatsächlich vertreten durch die Necessitas, die Naturnotwendigkeit der Dinge selbst, welche nach dem Gesetze von Ursache und Wirkung die Fäden des Verhängten knüpfen.. neben dem gott- und menschengesetzlichen also der naturgesetzliche Fug der Dinge. Das Umwälzende dieser Lehre bedarf kaum der Worte. Denn solange das Wunder allein als welterneuernd und welterhaltend geglaubt wurde, konnte man jede Ursächlichkeit zugunsten des Providentiellen aufheben und die natürliche Folge als Eingriff der Vorsehung begreifen.. nicht weil man nicht anders konnte, sondern weil man nicht anders wollte, weil an andrem nichts lag und der Gott, den man suchte und glaubte, nicht im Gesetz von Ursache und Folge, sondern im Wunder der Gnade sich zeigte. Solange das Wunder vorherrschte und die kausale Verknüpfung der Dinge selbst hinter dem Wunder verschwand, hatte man auch für das menschliche Verhängnis keine Organe: das bewegteste Leben war dann wohl wunderbar zauberhaft märchengleich — doch niemals erd- und schicksalsnahe, niemals von einem Eigengesetze besessen, niemals „dämonisch".

Aufklärerisch also war die Lehre von der Necessitas insofern, als die Erkenntnis von Naturgesetzen, die in den Dingen selbst lagen, die Herrschaft des Zaubers brach. Und in diesem Sinne war Friedrich II. als der die Natur- und Lebensgesetze Erforschende, der „vir inquisitor" wie der eigene Sohn ihn hieß, ein Aufklärer oder genauer: er hat aufklärend gewirkt, indem er neben Magie Erkenntnis setzte. Denn obwohl er mit dem Auflösen von Wundern, Zaubern und Mythen begann, schon indem er sie nutzte und verwirklichte, damit freilich auch neu zeugte, so war doch das bisher gültige Wunder deshalb noch nicht vernichtet, sondern nur ein Wissen daneben gesetzt und dadurch eine jener ganz wenigen unvergleichlichen Übergangsstufen gezeitigt, in welchen einfach alles und jedes lebendig ist, und Mythos wie Hellsicht, Glauben und Wissen, Wunder und Satzung sich gegenseitig bestätigen, aber zugleich befehden, sowohl mit- als gegeneinander wirken. Das etwa war die geistige Luft, in der Friedrich II. weste: erstaunlich gelehrt und dabei irgendwo fast naiv, kosmisch spukhaft und steinern-nüchtern, nackt und hart und leidenschaftlich zugleich. Es war die nämliche Luft, die auch Dante geatmet.

Erst das Wissen um die das Gesamt der Natur durchwaltende Necessitas unterstellte das Lebendige den gleichen Gesetzen, die auch im All wirksam waren. Denn indem Friedrich II. mit der Necessitas die Natur als Kraft in das Staatsgefüge einströmen ließ, umging er — ganz ähnlich wie bei der Justitia — die mittelalterliche Auffassung der Natur als Doppelzustand.. als Zustand nämlich der Vergängnis und Sünde, soweit sie dem Menschen anhaftete, oder als Zustand des Ewigen und Heiligen, soweit sie in Gott ruhte. Diese Auffassung selbst hat Friedrich II. niemals angetastet, aber er hat klar genug auf die das Ober- wie Unterreich gemeinsam durchwaltende Naturkraft und Naturgesetzlichkeit hingewiesen, die im Weltgesamt herrschte: die Necessitas. Nur wo diese Kraft die den Menschen dem Allgesetze verband, Wesen hatte, gab es aber auch ein menschliches Schicksal, und das ward zunächst sichtbar im Kaiser selbst, der den Sinn der jeweiligen Not kündete und deutete.

Wenn Friedrich II. die eigne Notwendigkeit als die des Staates so ungeheuer wichtig nahm, daß er sie zu einer Welten-Necessitas steigerte, so stieg er selbst damit auf zum leibhaftigen Weltverhängnis und Schicksal der Untertanen. Schon aus der imperialen Lehre: ohne den Kaiser gehe die Welt durch Selbstvernichtung zugrunde, trat deutlich hervor, in welchem Maße der Kaiser das Weltgeschick darstellte, und deutlich genug sagte es Friedrich II. selbst in seinen Gesetzen, daß „die Untertanen nach Gott allein durch die Sanftmut der caesarischen Erhabenheit atmeten". Ein Eigengeschick hatten die „Fideles", die Getreuen und Gläubigen, gewiß nicht: durch die lex regia hatten sie sich in die Hand des Kaisers gegeben und ihr Schicksal erfüllte sich in dem des Kaisers, dessen „Leben aller Leben war". Er war, wie das bei solcher Art Herrschaft notwendig eintrifft, in seinem Staate das einzige „Individuum", weil nur er — nach Dantes Wort — „ein Eines ist, das nicht Teil ist eines Andern".. denn als Einziger hatte er den unmittelbaren Zugang zu Gott. In seinen gefährlich-drohenden eisigen Höhen spürte auch er allein als der freiragende Gipfel der Welt sowohl die irdische Not und ihr Sichbereiten, wie die dünne Luft der Welten-Necessitas, das unentrinnbare gemeinsame Wirken der Mächte des Ober- wie Unterreiches, die sich in ihm zusammenschlossen. Keiner hat das von den Himmeln und Erden Verhängte so unmittelbar an der eignen Person erfahren müssen wie der sternkundige Staufer, der sich wie mit Gott so mit den in steter Gesetzmäßigkeit umschwingenden Gestirnen verbunden wußte — auch hier der Mittler Künder und Deuter, der die Bahnen der Himmelskörper verfolgte, um aus ihrem Lauf den des eignen Geschicks und durch ihn den der Welt zu erfahren und umgekehrt: den Lauf des Endlichen dem der Gestirne anzugleichen. Erst durch solches Verbundensein eines Einzelmenschen mit den Gesetzen des Universums beginnt auch Schicksal und Verhängnis wieder möglich zu werden und von allen den Großen, die den Kosmos als die eine riesige Einheit begriffen, war jeder auf seine Weise von der Anschauung Friedrichs II. durchdrungen, daß „der Planetenstand durch den Wink himmlischen Willens den Heilsstand der unteren Körper insgesamt wirke". Kaum wunderbar erscheint es, daß sich dieser Ausgleich der Himmels- und Erdennatur zuerst in dem Kaiser vollzog als dem Gipfel des himmelragenden Weltbaus, dem man eben wegen seiner Doppelnatur eine Art Genien- und Engelscharakter gewährte, den man einen Cherub nannte oder gar dem Heiland verglich. In dieser Verschmelzung der ewigen, der „besseren Natur", wie Friedrich II. sie hieß, mit der zeitlichen und vom ursprünglichen Bilde abgeirrten Menschennatur liegt denn auch der Sinn und das Ziel des irdischen Staates. Die von Friedrich II. gewollte Einheit von Menschengesetz, Gottesgesetz und Naturgesetz, die zuerst er selber lebte, bringt sehr deutlich das Wort eines Chronisten heraus: „Dieser Kaiser, der Welt wahrer Beherrscher, dessen Ruhm sich über das ganze Erdenrund dehnt, war des Glaubens, er könne seine Natur der der Himmlischen angleichen vielleicht durch seine Erfahrung in der Mathematik."

Zweifellos ist Friedrich II. dieses Glaubens gewesen, ja sogar das Umgekehrte hat er herbeigezwungen: die Natur Gottes seiner kaiserlichen Natur anzugleichen, indem er die Gottheit in ihrem Wirken weit menschenähnlicher begriff als die frühere Zeit. Seine Stellung zu den philosophischen Zeitfragen: ob die Welt von Gott geschaffen sei oder ob Gott nur den vorhandenen Urstoff geformt, ist eindeutig im Gesetzesvorwort festgelegt. Gott habe als der Werker den vorhandenen Urstoff geprägt, heißt es da — also: gleich dem Kaiser! Doch noch in anderem zeigte sich die Strebung, auch dem Gott seine Grenzen zu setzen. In seltsamer Gespanntheit standen ja in der Vorrede des Gesetzbuches als die das Herrscheramt begründenden Mächte nebeneinander: „Die zwingende Notwendigkeit der Dinge selbst und nicht minder die Eingebung der göttlichen Voraussicht." Das war gewiß kein Gegensatz: denn das Eigengesetz der Natur war von der göttlichen Voraussicht im Wirken gar nicht verschieden. Andererseits aber gehorchte die Natur doch ihrem eigenen Gesetz, der zwingenden Notwendigkeit der Dinge selbst, und wenn Gott seine Schöpfung nicht zerstören wollte, konnte er dem Naturgesetze nicht entgegenwirken: Gott also wäre an das Gesetz seines eignen Geschöpfes, der Natur, gebunden. Das war keine Leugnung der göttlichen Willensfreiheit: denn Gott fügte sich dabei keinem anderen Gesetz, als dem selbstgewollten und vorausgesehenen, dem eignen göttlichen Gesetz — das gleiche Mysterium also von Gebundenheit und Freiheit, das für den Kaiser Gültigkeit hatte: „Vater und Sohn, Herr und Knecht" der eignen Gesetze war ja der Kaiser, der niemals solche Bindung eingegangen wäre, hätte er dadurch aufgehört, Gleichnis der Gottheit zu sein. Denn des Kaisers Gesetze entsprachen genau so der Necessitas s e i n e s Geschöpfes, des Staates, wie Gottes Gesetz einer Necessitas der göttlichen Schöpfung glich: der Natur. Nicht an die Lehre der Alten: daß mit der Necessitas auch die Götter nicht kämpften, ist hier zu denken. Das Mysterium der Freiheit in der Gesetzesgebundenheit ist durchaus vom Christlichen her zu verstehen, wie da ein später Zeitgenosse des Kaisers manches erklärt: Der König — so heißt es — stehe zwar nicht unter einem Menschen, wohl aber unter Gott und dem Gesetz. Dem Gesetze aber schreibe der König nur das zu, was das Gesetz dem König zuschreibt. „Und daß der König unter dem Gesetz sein muß, obwohl er Gottes Stelle vertritt, zeigt sich deutlich aus der Ähnlichkeit Jesu Christi, an dessen Statt der König auf Erden regiert, da er (der Gottessohn)... unter dem Gesetze sein wollte."

In der Gesetzeserfüllung also liegt das Heils- und Erlösungsmysterium des weltlichen Staats und des Kaisers. Ein, wenn auch barmherzig, so doch willkürlich nur im Wunder wirkender und nicht dem Gesetz unterworfener Gott war da nicht zu ertragen. Denn eine willkürlich waltende, nicht an das Gesetz der Natur und damit an das der Vernunft gebundene Vorsehung mußte den Staat sprengen. Die Folgerung hat Friedrich II. alsbald gezogen. Obwohl nämlich der Kaiser für seine Person die wunderwirkende Vorsehung keineswegs missen konnte, die unaufhörlich als

Zeichen und Wink, als Antrieb und Eingebung im Leben des Kaisers sich dartat: im Staate wurde eine als Wunder sich äußernde, ungesetzmäßige oder gar dem Natur- und Vernunftgesetz widersprechende Vorsehung, die etwa noch unmittelbar und nicht durch den Kaiser in den Staat eingriff, von Friedrich II. verneint. Es wurden die Gottesurteile aufgehoben — nicht weil sie Gott versuchten, wie Papst Innocenz III. erklärt hatte, sondern weil sie den Gesetzen der Natur und Vernunft widersprächen. „Wie könne man vertrauen, daß des glühenden Eisens natürliche Hitze lau werde ja kalt ohne Hinzutreten einer rechten Ursache oder daß .. bloß wegen des versehrten Gewissens das Element des kalten Wassers (einen Verklagten) nicht aufnehme." Und spöttisch fügte der Kaiser hinzu: diese Gottesurteile, die man wahrheit-enthüllende Gesetze nenne, sollten besser wahrheit-verhüllende heißen. Ebenso wurde der gerichtliche Zweikampf, eine andre Art des Gottesurteils aufgehoben und — von einem Sonderfall abgesehen — nur noch zugelassen bei Majestätsverbrechen. Das war nur folgerichtig und dabei sehr bezeichnend: denn dieser Zweikampf, der eine Divinatio war, galt ja jetzt der göttlich-heiligen Person des Kaisers selbst, für die kein menschliches Wissen, sondern nur Gott selbst eintreten konnte. Aus schlichten Vernunftgründen wurden ferner Liebestränke verboten und manche andre Verordnung erlassen: im Staate durfte eben kein Wunder geschehen. Jegliche Gesetzmäßigkeit des Staates wäre ja durchbrochen worden, wenn Gottes Voraussicht statt selbst auch „Gesetz" zu sein, das Walten des Staatsgottes Justitia durch Wunder störte.

Gottes Voraussicht als Gesetz — das heißt: jene Providenz, die stetig wirkend auf eine gesetzmäßige Staats- und Weltordnung hinzielte, die sich deshalb vom Gesetz der Natur nicht unterschied, weil ja die natürliche Weltordnung auch die vollkommene göttliche war — diese Voraussicht hieß: die Vernunft. „Die Voraussicht ist die Vernunft der auf ein Ziel hin gerichteten Ordnung der Dinge" so definierte auch die Scholastik und wiederum: über den „Zweck in der Natur" disputierte man eifrigst am staufischen Hofe. Wenn aber die Voraussicht sich in ihrem Wirken nicht unterschied von dem Gesetz der Necessitas, so kann es nicht überraschen, schon in Schriftstücken Manfreds bisweilen die Ratio da anzutreffen, wo in den kaiserlichen Formularen — weiter und wirklicher und tiefer zugleich — noch die Necessitas waltete.

Die bereits bekannten Verhältnisse wiederholen sich jetzt noch einmal bei der Providentia — neben Justitia und Necessitas der dritten staatsgründenden Weltkraft. Einerseits wurde der unbewegte Gleichnis-Charakter gewahrt: denn der Provisio, dem Weltplanen Gottes, entsprach auf Erden die Provisio, das Staatsplanen des Kaisers. Aber während die Scholastik beides sorgfältig trennte und ausdrücklich jene als ewig, diese als zeitlich bezeichnete, ließ der Kaiser solchen Gegensatz wiederum auf sich beruhen und hob statt dessen besonders das virtuelle Übergreifen auch der Provisio hervor: „als Vollstrecker gleichsam der göttlichen Voraussicht begründeten die Herrscher den Völkern Schicksal Anteil und Stand, wie sie jedem gebührten." Auch hier also war der Kaiser Mittler und Deuter des göttlichen Planens, und wie Justitia und Necessitas so verkörperte sich in ihm auch die göttliche Voraussicht, soweit sie das Ordnen des Staats auf ein Ziel hin vorstellte. Auch die Providenz war hier in ihrer spezifisch staatsbildenden Wirksamkeit als stetige Kraft begriffen und auf den Kaiser bezogen. Dennoch hat Friedrich II. ganz gewiß nicht die im Gnadenwunder tätige Voraussicht beseitigt, und von „Gottes Gnaden" regierte er so gut wie jeder mittelalterliche Fürst: gerade ihn hatte die göttliche Vorsehung ganz unmittelbar zum Throne erhoben und das Wunder ihrer Gnade hatte den letzten Staufer mehr fast als irgendeinen andern Herrscher in einen magischen Goldglanz gehüllt und dem Profanen entrückt. Die Voraussicht aber als die planmäßig wirkende Kraft hat den Kaiser nicht umhüllt, sondern ging in ihn ein als die höchste Vernunft: „Führer auf dem Pfade der Vernunft" so wird er geheißen.

Eine Abgrenzung gegen den späteren Rationalismus erscheint fast als überflüssig. Denn die Vernunft begriffen als eine höchste Erleuchtung Begnadeter, insbesondere des Kaisers, kündigte sich hier eben erst an: ein fast noch scheu verhaltenes letztes Ziel des Menschen, in welchen jetzt unter diesem Zeichen auf Erden die Gottheit eingehen konnte. Doch die Vernunft war noch keineswegs bloßes Mittel, und das Weltziel noch nicht bloßer Wohlstand und Nutzen. Das „Mittel" war in Friedrichs Staat durchaus die Justitia, die selbst einstmals auch „Ziel" war. Sinn empfing daher die Ratio vor allem in ihrem Bezug auf Recht und Gesetz. „Gerecht und vernünftig" (juste et rationabiliter) ist eine uralte Verbindung und neu nur das Eine, daß wie die Justitia so auch die Vernunft jetzt verknüpft ward mit dem Gesetz der lebendigen Natur, der Necessitas. Die Zusammenhänge ergibt zunächst nur das Recht: die starke Betonung der Ratio eignete ganz den Juristen Bolognas und die Vereinigung von Natur Vernunft Voraussicht in der Justitia war durch das römische Recht gegeben. Alle diese Kräfte, die unter sich gleich waren, gingen oft genug ineinander über: seinen Antrieb empfange der Kaiser von der Vorsehung — so wird häufig erklärt, und ein andermal heißt es: daß durch die von der Natur nicht verschiedene Vernunft der

Kaiser zu einer Handlung getrieben werde. Doch worauf im letzten alles hinzielte, das war die Justitia als die lebendige Gottheit. Sie wandelte sich gemäß den jeweiligen Notwendigkeiten des Staates und ward dadurch mit dem zeitlichen Leben verknüpft. Und wiederum unterstand die Justitia der göttlichen Vernunft, die sie an das Ewige band — ein Widerspiel nur des Kaisers selbst: „Ob auch unsere Erhabenheit von jedem Gesetze gelöst ist, so ist sie dennoch nicht erhaben über den Spruch der Vernunft, der Mutter des Rechtes." So war der Kaiser ein Gleichnis Gottes auch durch die Gebundenheit an die Vernunft, über die sich auch der Gott nicht erhebt, weil er sie selbst ist. Mit der neuen Justitia aber, menschgeworden im Kaiser und wie dieser gespannt zwischen dem Gottesgesetz und dem des natürlichen Lebens war die Zweiung von positivem oder menschlichem Recht und ewigem Gottes- oder Naturrecht aufgehoben.. die erlösende Tat Friedrichs II.

Bevor das Ziel der kaiserlichen Heilslehre zu zeigen ist, wäre der großartige Staatsbau im ganzen zu überblicken.. wie jedes Kunstwerk ein einmaliges Gebilde. Denn dieses Staates Voraussetzung war: das mit der Tyrannis verbundene Kaisertum, die Zwischenlage zwischen zwei Zeitaltern und ein Philosoph als König. Wenig fruchtet darum die Erwägung, ob Friedrichs sizilischer Staat noch dem Mittelalter oder schon der Renaissance angehört: in dem Augenblick der Zeitenfülle gegründet gehört er beiden Altern und keinem von beiden. Vom mittelalterlichen Gemeinwesen scheidet: daß der Staat Zweck und geistigen Sinn in sich selbst trug, und daß ein Fürst, anstatt sein Reich allein auf das jenseitige Heil zu richten, den Gott wie das All auf den irdischen Staat bezog und im Staate darstellte. Es war ferner neu, daß in diesem Staat, von lebendigen Kräften durchwirkt, als eine der mittelalterlichen Zweiheit von Gottesgesetz und Menschengesetz fremde dritte Größe noch das Gesetz der Natur waltete. Erst dadurch bekam der Staat überhaupt Tiefenraum, und erst die körperhafte Dreigestalt ermöglichte auch den lebendigen Umlauf von Kräften. Das alles deutet auf die Renaissance hin. Doch dem Renaissancestaat fehlte gänzlich das Hieratische des priesterlichen Kaiserstaats Sizilien und nicht minder der Anteil an des Imperiums tatsächlicher oder gedachter Weltweite und universaler Bedeutung. Der Renaissancestaat war Mittel und umgriff keine Welt mehr: welttrachtig, kosmisch war in der Renaissance nur der Fürst, das Individuum, nicht mehr der Staat.

Es bleibt sich gleich, ob man in dem Staate Friedrichs II. die Anwendung römischer Rechtsgedanken oder den arabischen Einstrom aristotelisch-neuplatonischer Vorstellungen oder die Übernahme christlich-priesterlicher Elemente als das Hauptsächliche ansehen will: denn alle diese Stoffe sind umgeformt zu einer neuen Einheit. Hart und streng und klar erscheint der kaiserliche Gesetzesstaat, begründet von den drei Weltkräften: Necessitas Justitia Providentia. Von dieser Kräftedreiheit wird der Staat durchpulst in unauflösbarem Eintakt, der in jedem der Teile wiederkehrt als die Dreieinheit von Naturgesetz Gottesgesetz Menschengesetz. Das absolute Gleichmaß dieses Baues, in dem Ober- und Unterreich sich wie Spieglungen zueinander verhalten und dennoch zusammen ein Ganzes bilden, ließe sich in seiner strengen Gesetzlichkeit gleichsam graphisch darstellen und mag dann wirklich an Baugesetze der Renaissance erinnern. Denn jene drei Mächte herrschen nebeneinander im Weltall wie im Staat, stehen über und unter dem Kaiser, fließen als Kraft aufgelöst durch den Mittler vom himmlischen ins irdische Reich und strömen wieder zurück, gespeist vom Land und vom Volk.. jede die andere wirkend und von der andern gewirkt.

Nicht wegen des kunstvollen Verwaltungsgetriebes war dieser Staat ein „Kunstwerk". Vielmehr kam das gesetzmäßige Zueinander von Gott Mensch und Natur jedem ursprünglichen Staatsbilde nahe und gewußt oder nicht gewußt wirkte die neue Monarchie vorbildlich und maßgebend durch Jahrhunderte. Fast schien dieser Justitiastaat des staufischen Kaisers eine späte Verwirklichung des Bildes zu sein, das bei der Suche nach der Dikaiosyne Platon einst nach Sizilien getragen, das Jahrhunderte später Plotin nach dem platonischen Vorbild noch einmal in Kampanien zu verwirklichen trachtete. Der Boden war da auf seltsame Weise bereitet und Friedrich II. mochte glauben, selbst etwas wie den „idealen Staat" geschaffen zu haben, wenn er in sein Gesetzbuch eintragen ließ: „Sizilien soll sein: ein Spiegel der Ähnlichkeit allen, die es bestaunen, ein Neid der Fürsten und eine Norm der Reiche."

Friedrich II. hat nach der sizilischen Norm selbst noch Italien umgeprägt. Doch diese nämlichen Proportionen über das ganze Erdrund zu spannen, über das „bis zum Ozean sich dehnende Römerreich" — als Vorstellung sicher in dem Staufer lebendig — das hat erst Dante gefordert, als er das unermeßlich gewaltige Bild aufstellte der Einen römischen Weltmonarchie.. längst nicht so „utopisch" wie man bisweilen annimmt. Denn auch des Dichters Staatsbild war in der Wirklichkeit vorgebildet und war gelebt worden nicht anders als der platonische Staat vor Platon. „Monarchia", nicht: „Imperium" heißt sein Werk und in der Dreiteilung dieser Staatsschrift kehrt deutlich die Mächtedreiheit der staufischen Monarchie wieder. „Von der Notwendigkeit der Monarchie" handelt Dante im ersten Buch dieser staatlichen Heilsverkündung.. daß die Gerechtigkeit dem römischen Reich von Anbeginn einwohne, sucht er im mittleren Buch zu beweisen.. und im dritten: daß der Kaiser unmittelbar von Gott gesetzt sei als Vollstrecker der weltordnenden göttlichen Voraussicht und als Führer zur höchsten Vernunft. Dante sucht die Beweise, die Begründung für die Monarchie.. Friedrich hatte die Monarchie geschaffen, wenn auch auf kleinerem Raum. Doch die drei lebensmäßigen Grundkräfte: Necessitas Justitia Providentia sind in Dantes Staatsbild genau die gleichen wie in dem wirklichen Staate des Kaisers. Freilich, des Dichters Schrift zeigt nicht nur die Aufweitung jenes Kräftegesamts über die ganze Welt, sondern gleichzeitig deren Verdichtung auf den einzelnen Menschen, das Individuum. Das wäre dann das Äußerste: die Welt eine Staatseinheit von ungeheurem Umriß und dabei in jedem Einzelwesen die Einheit und Kräfteharmonie des Ganzen... nach Platon und Dante ist bis heute der Kosmos nicht so ursprünglich als lebendiger Staat und der Staat als Kosmos gesichtet und gesagt worden. Von Friedrich II., dem Täter, aber ist Aufweitung und Verdichtung nur angedeutet: jene führte ihn bald zur Gründung der gesamt-italischen Kolossal-Signorie.. die Verdichtung des Staatsganzen auf den einzelnen Menschen, das Individuum hat er so kaum gewollt noch weniger verwirklicht — außer in seiner eignen Person. Er selbst war ja der Erste, den das Sakrament des Staates erlöst hat.

Welcher Art war nun das Heil, das die weltliche Monarchie des Kaisers zu bringen verhieß — von Dante später in der großen Heilsverkündigung mit solcher Glut neu offenbart, vertieft und erweitert? In der Frühzeit Friedrichs II. hatte Franz von Assisi durch Wandel und Wort die selige Botschaft des Gekreuzigten erneuert, daß die Liebe zu allem vom Gotteshauche belebten Geschöpf und die Armut die Welt zur Erlösung zurückführe. Mit gleicher Eindringlichkeit predigte nunmehr Friedrich II. das Evangelium des Verklärten, der selbst ein König und königlichen Gebluts den Heilsweg wies, als er sich trotz seiner göttlichen Sohnschaft dem Gesetz unterwarf und als Mensch das Gesetz erfüllte. Daß auf Erden Gesetzeserfüllung Erlösung sei, Gesetzesgebundenheit Freiheit bedeute, und Gesetzesgehorsam zurückführe zu der gottgewollten Geradheit und Rechtheit der Menschen: das war das Mysterium des Kaisers. Denn Justitia bedeutete nicht nur die strafende und rächende Macht, welche die Menschheit vor dem Untergange bewahrte, sondern sie war außerdem das Korrektiv der entarteten Menschennatur, welche Gott ursprünglich „aufrecht und einfach" gewollt hat.. war die Kraft, die zu einem höchsten Ziel hinleitete: zur Verwirklichung der „besseren Natur" des vor dem Sündenfall gottgleichen Wesens. Daher stellt der

Kaiser für den „das himmlische Bild verkörpernden Menschen" das Dogma auf: daß „aus Notwendigkeit (Menschen-)Natur unter Justitia stehe und dem Gerichte die Freiheit hörig sei". Erst durch ein Sichbeugen unter das Gesetz der Justitia kam der Mensch zur wahren Freiheit.. nach christlichem Sprachgebrauch also: zur paradiesischen Sündenlosigkeit. Denn unfrei war allein der Stand der Sünde.

Den von Natur einfachen und aufrechten Menschen, das Ebenbild Gottes sollte also die Justitia wieder schaffen. Doch die Justitia, der sich der Mensch zu unterwerfen hatte, war keine gestaltlose Macht (wie etwa späterhin das „Gewissen").. „denn — so erklärte der Kaiser — es ziemte nicht, daß von außen eine andre Gattung von Geschöpfen herbeigeholt würde, der sich das durch den Menschen verkörperte himmlische Bild unterwürfe: sondern über den Menschen ward der Mensch gestellt...." Über allen Menschen aber thronte gemäß dem Herrnwort der Kaiser. Er war die menschgewordene Justitia, welcher der Mensch hörig sein mußte, und zur Freiheit gelangte daher, wer des Kaisers Gesetze erfüllte, der für ihre Richtigkeit allein vor Gott die Verantwortung trug: seinem Gericht über die Untertanen werde das Gericht Gottes über den Kaiser entsprechen. Da aber in der Justitia auch die Vernunft ruhte, so war der Kaiser auch Führer zu diesem Höchsten: „Ihn verlangte der Pfad der Vernunft zum Führer" schrieb Petrus de Vinea von seinem angebeteten gefeierten Kaiser, der als Erster von der Justitia erlöst auch das göttliche Ebenbild wieder darstellte. „Imago Dei" nannte man zwar von jeher den Kaiser.. Friedrich aber war es noch in besonderer Weise: denn ihm als Erstem ist durch die Justitia das Heil, das er kündete, auch zuteil geworden. Er vor allen andern war, obwohl doch „Gesetzeskraft hatte, was dem Kaiser gefiel", Knecht und Schuldner und Sohn der Justitia.. er war wie kein andrer an das Gesetz gebunden und dem Gesetz unterworfen.. und gerade deshalb war in ihm das ursprünglich gottgleiche Menschbild wieder verkörpert, das auch der Heiland dargestellt hatte: „Deutlich zeigt sich aus der Ähnlichkeit Jesu Christi an dessen Statt der König auf Erden regiert..., daß auch der König unter dem Gesetze sein muß..., da auch er (der Gottessohn)... unter dem Gesetze sein wollte," so hatte des Kaisers später Zeitgenosse erklärt, und man mag hier auch des Goethewortes gedenken: daß es auf der höchsten Stufe keine Freiheit gebe.

Sofern nun die Justitia zur wahren Freiheit, zum Stande der Unschuld zurückführte, durfte noch ein Weiteres gefolgert werden: daß nämlich der Kaiser dem ersten Menschen des Paradieses, den Gott nach dem eignen Bilde schuf, gleichfalls wieder entspreche, dem noch unsündigen

Adam, dessen bessere Natur einstmals der Engelsnatur kaum nachstand. Hier deutet die Kosmologie im Gesetzesvorwort einiges an. Da heißt es: „Nachdem des Weltalls Getriebe durch die göttliche Vorsehung geformt und der uranfängliche Stoff mit der Aufgabe, die bessere Natur zu verwirklichen, auf der Dinge Urbilder verteilt war, beschloß Er, der das zu Tuende vorausgesehen hatte...., von der Sphäre des Mondkreises abwärts (das heißt: auf Erden) den Menschen als der Kreaturen würdigste Kreatur, geformt nach dem eignen Gleichnis und Urbild, den Er wenig tiefer gestuft hatte als die Engel, nach wohlerwogenem Plan den übrigen Geschöpfen voranzustellen. Ihm, von einer Erdscholle genommen, gab Er Leben im Geist und krönte ihn mit dem Diadem von Ehre und Ruhm.." Adam, der von Gott selbst geschaffene erste Mensch, unsündig noch, ist dem Kaiser hier Sinnbild des ersten Kosmokrators: er ist Gebieter über alle Geschöpfe der Erde und gekrönt mit dem Diadem von Ehre und Ruhm, ist Sinnbild auch des ersten gottunmittelbaren makellosen Menschen, der frei war, solange er unter dem Gesetze lebte, Gottes „Gesetzesvorschrift" nicht überschritt. Gleich der erste Mensch, den Gott schuf, war also der Weltenkönig: Friedrichs Amt und Ebenbild demnach erschaffen, als Gott den Menschen schuf, und dieses Königsamt bestand schon v o r dem Sündenfall, war also nicht dessen Folge. Diesen makellosen ersten Weltenkönig Adam hatte auf Erden der Heiland erneuert, der zweite, der „neue Adam", wie man ihn hieß, den ja auch Gott selbst gezeugt hat, so daß er gleich dem Urvater Adam der Erbsünde ledig war: auch er ein Weltenkönig und auch er unter dem Gesetze lebend. In des Kaisers Worten klingt da ein Satz der Schrift an: „Du hast ihn um ein geringes tiefer gestuft denn die Engel: mit Ruhm und Ehre hast Du ihn gekrönt." Nur ein einziges wichtiges Wort hat Friedrich II. diesem Spruch hinzugefügt, der im Psalter auf Adam, im Hebräerbrief auf Christus sich bezog: das D i a d e m nämlich von Ehre und Ruhm, das Diadem des Weltenkönigs, welches er, der römische Kaiser, selbst trug! Und fast um jeden Zweifel zu beheben, daß Friedrich II. sich in den beiden einzigen ohne die Erbsünde von Gott selbst geschaffenen Menschen und diademgeschmückten Kosmokratoren vorgebildet fand — wie Innocenz III. in dem Priesterkönig Melchisedech die eigne Präfiguration erkannt hatte — nennt späterhin der vertrauteste Freund in einem Ruhmesschreiben seinen kaiserlichen Herrn geradezu: „... den reinen Fürsten,.... den des obersten Werkmeisters Hand zum Menschen geformt hat."

Frei und makellos und der Sünden ledig sind die drei Weltenkönige, weil sie als Menschen sich im Gesetze erfüllten. Doch es greift noch eine andere spekulative Anschauung ein, die den Staufer neben den paradiesischen Adam und den Heiland rücken läßt: der Glauben, daß das „goldene Zeitalter" nahe sei. Ganz allgemein galt, daß die Schöpfung: Adam im Paradies, und die Erlösung: das Erscheinen Christi, als Anfang und Mitte dem Ende der Zeit gleich sein sollte. Diese Zeitenfülle aber würde nunmehr unter dem Zepter des Justitia-Kaisers stehen, Friedrichs II., des erwarteten messianischen Herrschers, den die Sibyllen verhießen. Daß dieser angekündigte Weltenkönig dem Heiland gleichen mußte, ist nicht zu verwundern.. und über des Messias Wesensgleichheit mit Adam berichtet dem Kaiser wiederum ausführlich ein arabischer Philosoph. Hier schließt denn der Kreis der kaiserlichen Heilslehre: zur Sündenreinheit, zur Verwirklichung der besseren Natur des paradiesischen Menschen führt auf Erden die Unterwerfung unter des Kaisers Justitia. Wenn aber gleich dem Kaiser, dem ersten wieder im Stande der Freiheit lebenden Wesen, auch die übrige Welt der Justitia Gesetze erfüllte, dann war das irdische Paradies verwirklicht und das goldene Zeitalter brach an, dessen Gottheit nach den urältesten Mythen Justitia hieß.

Hier sei an Dante erinnert.. denn alle diese Vorstellungen greifen tief ein in die „Komödie", in welcher der Dichter seinen Weg vermeldet vom Stande der Sünde zurück zum irdischen, dann zum himmlischen Paradies und zu dem ursprünglichen gottgleichen und gottschauenden Menschen. Auch in seiner Weltsicht vermag das Kaisertum bis zur Sündenreinheit zu führen: zu dem irdischen Paradies war ja Vergil, der Caesardichter, als Vertreter des römischen Kaisertums und der höchsten Vernunft der Führer, bis Dante aller Sünden entledigt mit reiner Stirn als ein Makelloser den Garten mit dem Baum der Erkenntnis betreten durfte. Hier ward er zwar von Vergil verlassen, zuvor jedoch — als Sündenreiner nunmehr dem Kaiser gleichend — von Vergil mit des Kaisers beiden Zeichen gekrönt, „mit Mitra und mit Krone"

Für den mythischen Dante-Monarchen endete hiermit die Führerpflicht .. der wirkliche Friedrich aber ließ gar kein anderes als das irdische Paradies gelten und für seine Gleichgültigkeit gegen das ewige Leben ward ihm von Dante der Platz gewiesen in den Flammensärgen der Jenseitsverächter, der „Epikuräer". Dennoch hat Dante den Staufer aufs tiefste verehrt und bewundert: zeit seines Lebens war ihm Friedrich II. vor Augen als der Herrschende und der Richtende, als Gelehrter und als Dichter und als der vorbildliche Fürst, der — ein „Erlauchter Heros" — allerwegen, „solang das Glück ihm währte", dem wahrhaft Menschlichen, dem „Humanum" gefolgt ist und der als ein solcher Gekrönter die adligsten und strahlendsten Geister auf Erden um sich versammelte. Nicht so sehr als historische Figur, wohl aber als die Idee des Justitia-Kaisers west Friedrich II. in des Dichters Werken. Schon des Kaisers irdisches Ziel: auf Erden durch Gesetzeserfüllung und Erfüllung im Staat sich wieder dem göttlichen Ebenbild anzugleichen, war ja die genaue Vorbedingung für Dantes Glaubenssatz: daß in jedem Menschen das Kontemplative wohl der Erlösung durch die Kirche bedarf, das Aktive aber der nicht minder heiligen Erfüllung auf Erden, im Gesetz und im Staat. „Denn zwei Ziele hat die Voraussicht, jene unsägliche, dem Menschen zum Eifer gesteckt: dieses Lebens Glückseligkeit nämlich, die besteht im Werken der eignen Kraft und sich darstellt im irdischen Paradies.. und die Seligkeit ewigen Lebens, die das Genießen ist des göttlichen Anblicks, zu der eigene Kraft nicht aufzusteigen vermag ohne Hilfe vom göttlichen Licht und deren Begreifen sich bietet durch das himmlische Paradies."

Anders als für den Staufer aber ist für Dante auch das himmlische Paradies schon dem auf Erden lebenden Menschen geöffnet. Denn mit der Erfüllung in Werken der eignen Kraft und der höchsten Vernunft ist des Menschen letzte Möglichkeit nicht erschöpft: auch die Auen der Seligen, ja die Gottheit selbst sind kraft der verzückten Liebe zu schauen, wie sie die Beter beseelte: Franziskus und Bernhard vor allem, den letzten Führer zum Throne Gottes. Höchste Helle und höchste Tat waren erforderlich, sich selbst als Gottes Ebenbild zu wissen: sich in Gott zu schauen aber bedurfte es noch jenes Andern im Menschen, erleuchtet durch die Gnade des göttlichen Lichtes. — So war vom ersten bis zum letzten Gesang des Dichters Weg der Weg des lebenden Menschen. Der dem Kaiser gleich „Imago Dei" war und dann trotz höchsten Wissens dennoch fähig blieb der höchsten Glaubenseinfalt des seligen Beters: dem offenbarte sich in der Vision die Gottheit selbst, in welcher der entsündigte und Gottes Ebenbild darstellende Mensch wiederum die Züge schimmern sah „della nostra effige".

II.

Tiefstes Mißtrauen hatte des Kaisers Gesetzgebung bei Papst Gregor IX. ausgelöst. Noch vor der Veröffentlichung der Konstitutionen wandte sich der Papst mit einem Schreiben an den Kaiser, das deutlich zeigt, wie richtig er die Gefährlichkeit des ganzen Werkes einschätzte. „Es kam uns zu Ohren, daß Du aus eigenem Antrieb oder verführt durch die übel beratenen Räte Verderbter neue Gesetze herauszugeben im Sinne hast, aus denen notwendig folgt, daß man Dich einen Verfolger der

Kirche und Umstürzer der staatlichen Freiheit nennt, der Du solchermaßen Dir selbst entgegen gegen Dich mit Deinen Kräften wütest.... Wahrlich, wenn Du etwa von Dir aus dazu bestimmt wardst, so fürchten wir sehr, Dir sei die Gnade Gottes entzogen, da Du so offen den eigenen Ruf verwirkst wie das Heil. Bist Du aber von andern gestachelt, so wundern wir uns, daß Du zu solchen Beratern Dich verstehst, die vom Geist der Verderbtheit gepeinigt darauf ausgehen, Dich Gott und den Menschen zum Feinde zu machen." Nicht minder scharf ließ sich Papst Gregor aus gegen den Erzbischof Jacob von Capua, der bei der Sammlung der Gesetze mitgewirkt hatte. Er erteilte dem Bischof einen strengen Verweis, weil er statt öffentlich Einspruch zu erheben, sich gar als „Schreibrohr" vom Kaiser habe nutzen lassen für diese Gesetze, „die das Heil abschworen und unermeßliches Ärgernis heraufbeschworen" und die der Papst „keineswegs gleichmütig ertragen werde". Des Papstes Bedenken waren gewiß nicht unbegründet... Friedrich II. jedoch so wenig angreifbar, daß sich Gregor IX. sogar veranlaßt sah, den über das päpstliche Schreiben tief ergrimmten Kaiser alsbald zu beschwichtigen: es sei ja keine öffentliche, sondern eine ganz vertrauliche Zurechtweisung gewesen, wie sie der Sohn dem Vater nicht verargen dürfe. Was er von dem Gesetzbuch jedoch zu halten hatte, wußte Papst Gregor sehr genau.

Tatsächlich konnte es den Anschein erwecken, als sei der neue weltliche Staat, der auf Recht Natur und Vernunft gründete und durchaus in sich ruhte, ein so selbständig Ganzes und Geschlossenes gewesen, daß für die Kirche weder ein Bedürfnis noch überhaupt mehr ein Raum blieb. Jedoch auch hier galt das gleiche wie überall im Bezirke des Kaisers: weltlicher Staat und dennoch die Kirche. Denn aus einem sehr einfachen und sehr persönlichen Grunde — von tausend anderen abgesehen — war dem Kaiser die Autorität der Kirche nahezu unerläßlich: es war wohl die Naturnotwendigkeit des Herrscheramtes durch die Vernunft einzusehen, keineswegs aber die Notwendigkeit dessen, daß gerade dieser Staufer Friedrich II. auch das Herrscheramt innehatte. Der Glauben an seine Person war, wenigstens damals noch, an die Autorität der Kirche gebunden. Zwar hatte sich der Kaiser auch hierin von einer unbedingten kirchlichen Abhängigkeit schon weitgehend gelöst, indem er seine unmittelbare Berufung zum Herrscheramt durch die an ihm getätigten Wunder erwies, durch den seltsamen Aufstieg des Puer Apuliae, der auch im Gesetzesvorwort noch einmal in Erinnerung gebracht wird. Aber gerade der Glauben an das Providentielle seiner Berufung war von der durch die Kirche vertretenen Gläubigkeit gar nicht zu trennen, denn den Heros als solchen vermochte die Zeit nicht zu fassen und allein durch sich selbst vermochte der Kaiser dem Glauben an seine Person nur in engsten Grenzen die notwendige Unbedingtheit zu schaffen. Gerade zur Steigerung der kaiserlichen Unbedingtheit, vor allem aber für weitere Räume, wo man des Kaisers nur selten persönlich ansichtig wurde, waren Weihe und Bestätigung der Kirche erforderlich. Wunder genug und ein Zeichen der persönlichen Macht dieses Friedrich, daß nach dem zweiten Bann, als die Kurie vor allem den Glauben an die geheimnisvolle Person des Staufers mit allen Mitteln zu erschüttern trachtete, dennoch wenigstens eine Welthälfte gegen den Spruch der Kirche an die persönliche Erkorenheit Friedrichs II. glaubte. Aber wenn er auch in jener Spätzeit die zu Gebote stehenden Mächte um so gewaltiger anspannte, je länger ihm die kirchliche Weihe und Bestätigung fehlte, und wenn er von sich aus deren Bedeutung vor den Völkern herabsetzen mußte: sein ganzes späteres Verhalten zeigt, wie schwer der kirchliche Rückhalt für ihn zu entbehren war. Daß allerdings Friedrich II. für die tatsächliche Entbehrlichkeit kirchlicher Weihe den Beweis wider den eigenen Willen erbrachte, das war eine ganz schwere Erschütterung des Papsttums.

Den Glauben an des Kaisers Person also hatte die Kirche zu stärken. Aber nicht nur dies: auch die meisten Gesetze, ja der ganze Kult der Justitia hatten den kirchlichen Glauben der Untertanen zur Voraussetzung, wenn sich auch der Kaiser gern auf Natur und Vernunft, die über-dogmatischen Axiome berief, die doch auch wieder eines waren mit dem von der Kirche gefeierten Gott. So kam es, daß in gewissem Sinne dem Kaiser der Ketzer fast noch gefährlicher war, als der Rebell.. denn der Rebell verstieß in seiner Torheit gegen ein Gesetz der Natur und Vernunft, indem er sich gegen die Kaiserherrschaft überhaupt auflehnte, die jedem Einsichtigen als notwendig erkennbar sein mußte. Der Ketzer aber erschütterte mit den Grundlagen des katholischen Glaubens auch den Glauben an die Person des Kaisers und die Voraussetzungen der kaiserlichen Gesetze. Des Kaisers Amt als Verteidiger der Kirche, als ihr Schirmer und ihr Vogt war also gegeben aus einer unmittelbaren Staatsnotwendigkeit.

Ganz allein durch dieses Amt als Verteidiger des rechten Glaubens zeigte sich nun Friedrich II. in seinem Gesetzbuch mit der Kirche verbunden. „Von dem König der Könige und dem Fürsten der Fürsten wird aus den Händen der Herrscher dieses vorzüglich gefordert, daß sie die hochheilige römische Kirche, die Mutter des christlichen Bundes, durch die heimlichen Treulosigkeiten der Glaubensverzerrer nicht beflecken lassen und sie gegen Angriffe der Staatsfeinde durch des weltlichen Schwertes Macht schützen." So hieß es in der Vorrede und Justinians Beispiel folgend eröffnete Friedrich II. sein Werk mit einem Erlaß gegen die Ketzer, die Staatsfeinde. Auf den ersten Blick ist es kaum wahrzunehmen, mit welchem Geschick und Bedacht gerade diese Beziehung des Staates zur Kirche als einzige in dem Gesetzbuch herausgestellt ist, das sonst nur noch unwesentliche Bestimmungen über den sizilischen Klerus enthält. Denn der Ketzererlaß war alles andere eher als nur eine höfliche Reverenz gegen den Papst, wie man gemeint hat, sondern fast das Gegenteil: es sollte der Kirche gezeigt werden, daß sie ohne die Fürsorge des Staates nicht sein konnte. Gleichzeitig aber wurde mit dem Erinnern an das fürstliche Schirmeramt das einzige Verhältnis herbeigezogen, in welchem die Kirche eine Abhängigkeit vom Staate zeigte und sich dem Staat ein- ja unterordnete. Eine andere Beziehung zur Kirche auch nur zu erwähnen hat der Kaiser durchaus vermieden, weil alles andere die Ganzheit und Geschlossenheit des Staatsbildes gesprengt hätte. Kein größeres Mißverständnis, als aus dem häufigen Hervorheben des kaiserlichen Schirmeramtes eine schwächliche Gefälligkeit gegen den Papst herauszuhören.. oder es gar als einen geheuchelten Glaubenseifer zu deuten, wenn Friedrich II. wirklich mit Feuer und mit Schwert gegen die „Pest der Ketzerei" vorging.

Hierfür war noch anderes maßgebend. In einem fast antiken Sinne war nämlich der katholische Glauben von dem Staufer als „Staatsreligion" aufgefaßt worden, und mochte dieser Glauben auch gleichzeitig der der Welt sein: zunächst war es der Glauben des Staates. Wenn Friedrich einem Justinian darin folgte, das Gesetzbuch mit einem Ketzeredikt zu eröffnen, so war das bei dem Staufer wie bei dem Byzantiner nichts anderes als die Statuierung der Staatsreligion, auf der Staat und Gesetze gegründet waren. Und die im strengsten Sinne staatliche Auffassung der Religion kommt in der für Sizilien bestimmten Formulierung der Ketzeredikte ungleich stärker zum Ausdruck als in den für das Reich bestimmten Erlassen. Denn während Friedrich II. im römischen Reich stets das gemeinsame Nebeneinander von Imperium und Sacerdotium in den Vordergrund rückte — hier war ja die Kirche vor allem ökumenische Einheit, welche geistig das vielvölkische Reich zusammenhielt —, galt für den ganz in sich selbst ruhenden sizilischen Staat das bereits Erwähnte: weder war der Staat auf die Universalkirche bezogen, noch diese dem Staat auch nur nebengeordnet, sondern der Staat umgriff die Kirche als Schutzbefohlene und zog sie in sich ein. In dem sizilischen Edikt ist darum das Papsttum selbst gar nicht, die römische Kirche aber nur ganz beiläufig erwähnt als die rechtmäßige, die als das Haupt aller Kirchen erachtet wird, weil ja Ketzerei für Friedrich II. kaum noch ein Kirchenvergehen war, sondern als Gotteslästerung viel eher ein unmittelbares Majestäts- und darum Staatsverbrechen.

Schon Friedrichs II. großer Vorgänger als „verus imperator", Papst Innocenz III., der bis in das Innerste wahrhaft kaiserlich und unbedingt staatlich empfand, hatte Ketzerei und Majestätsverbrechen zueinander in Beziehung gesetzt, indem er sagte: es sei ärger, die himmlische als die zeitliche Majestät zu verletzen. In Friedrichs Krönungserlassen (1220) klangen diese Worte des Papstes bereits an, erst jetzt aber wurde diese Lehre vollständig ins Staatliche abgebogen. Es heißt in dem Erlaß für Sizilien: „Indem wir das Übergreifen der Ketzer auch nach Sizilien aufs schwerste verurteilen, befehlen wir zunächst: daß das Verbrechen der Häresie und das einer jeglichen verfluchten Sekte, unter welchem Namen auch immer die Sektierer zu begreifen sind, wie es in den alten Gesetzen (des römischen Rechts) aufgezeichnet ist, zu den Staatsverbrechen gezählt werde, ja sogar von allen greulicher als Verbrechen an unserer verletzten Majestät verurteilt werden muß, weil es als ein Attentat gegen die Materie der göttlichen Majestät sich dartut, wenn auch an dem Ausmaß des Urteils eines das andere nicht überschreitet." Von der Einheit der beiden Gewalten ist in dem ganzen Edikt nicht die Rede: das Ketzerverbrechen ist unmittelbar auf den Staat, auf Gott und auf die verletzte Majestät des Kaisers bezogen, ja mehr fast als sonst sind zwischen Gott und Kaiser die Grenzen so verwischt, daß selbst die leise Steigerung von der kaiserlichen zur göttlichen Majestät gleich wieder abgedämpft wird durch den Nachsatz, daß die Strafe in jedem Fall die gleiche wäre und schließlich: der kaiserlichen Majestät ist nicht einmal die Majestät Gottes unmittelbar gegenübergestellt. Denn es heißt: die Materie der göttlichen Majestät! War darunter nun Gott oder der Kaiser selbst zu verstehen? Die Beziehung auf den Kaiser muß man jedenfalls als so naheliegend empfunden haben, daß Papst Innocenz IV., als er 1254 das kaiserliche Ketzeredikt wieder in Erinnerung brachte, das Wort „materiam" veränderte in „injuriam", womit dem Ganzen die Spitze abgebrochen wurde. Denn nun hieß es einfach: ein Attentat zur Beleidigung der göttlichen Majestät, statt: gegen deren Materie. Hier zeigt sich im übrigen sehr deutlich, wie neben der einseitigen Beziehung des Staates auf Gott umgekehrt jetzt die Gottheit in den Staat einbezogen war: denn von dem Ketzer wird Gott und durch Gott der Kaiser beleidigt, wie der den Kaiser beleidigende Rebell ebenso unmittelbar an Gott sich verging.

Das alles kommt in der Reichsfassung der Ketzergesetze längst nicht so scharf zum Ausdruck, weil es da an der entsprechenden Stelle ganz unverfänglich und eindeutig heißt: „... wenn also schon gegen Schmäher unseres Namens unsere Erlauchtheit entbrennt, wenn wir die der Majestätsverletzung Beklagten in ihren Personen und in der Enterbung ihrer Kinder verdammen, so werden wir um so geziemender und gerechter gegen die Lästerer des göttlichen Namens und die Erniedrer des katholischen Glaubens herausgefordert..." Und selbst, wenn der Kaiser gleich darauf sich als Rachegott darstellt, der bis ins zweite Geschlecht die Schuld der Ketzer bestraft, „auf daß im Gedenken des väterlichen Verbrechens (die Kinder) im Kummer verrecken, wahrhaftig wissend, daß Gott ein Eiferer ist, die Sünden der Väter an den Söhnen machtvoll zu rächen...", so ist doch hier der Kaiser nur ein Gleichnis des „Deus zelotes", nicht aber die Materie der göttlichen Majestät selbst. Und die Praxis der Ketzerverfolgung zeigt deutlicher als alle Worte, daß nur in Sizilien die Ketzerei ganz unmittelbar als Staatsverbrechen gesagt und geahndet wurde: denn die Inquisitoren waren hier nicht Organe der Kirche, sondern kaiserliche Beamte, die ganz im Sinne des Kaisers den feinen Unterschied zwischen Ketzern, die durch Gott den Kaiser beleidigten, und Rebellen, die durch den Kaiser Gott beschimpften, gar nicht gelten ließen, sondern beide gemeinsam auf den Scheiterhaufen brachten, so daß sich der erschrockene Papst Gregor selbst diesem Eifer des Kaisers entgegenwarf. Für die Auffassung, daß der „freisinnige und liberale" Staufer nur unter dem Zwange der Kirche die unseligen Ketzer verfolgt und jene Edikte erlassen habe, bleibt demnach kein Raum: die „verfluchte Sektiererei, wie immer sie sich nannte", hatte nur den Flammentod zu erwarten, und wenn gerade dieses Gesetz des Kaisers als eines der ganz wenigen der Kirche besonders gefiel, so zögerte Friedrich II. allerdings niemals, auf diese Weise der Kirche gefällig zu sein. Im Jahre 1238 wurde das verschärfte sizilische Staatsedikt sogar zum Reichsgesetz erhoben und 1254 auf Befehl des Papstes den Statutenbüchern und Stadtrechten der italischen Städte einverleibt.

Die ganze Ketzergesetzgebung Friedrichs II. schloß sich eng den Auffassungen des römischen Rechtes an, was ja der Kaiser selbst hervorhob. Ketzerei war Majestätsverbrechen, sofern Gott und Kaiser eins waren. Auch im kaiserlichen Rom gab es kein „crimen laesae Romanae religionis" — den Begriff bringen erst die Kirchenväter, erst Tertullian auf — sondern auch die Religionsfrevel stellten sich in der Kaiserzeit ganz folgerichtig dar als Majestätsverbrechen und dementsprechend bezeichnete auch Friedrich II. die Ketzerei gar als „perduellio", als Hoch- und

Landesverrat.. und zwar allein im sizilischen Staat. Nur hier kommt das Wort vor und die kaiserliche Kanzlei wußte, wie man immer wieder erkannt hat, sehr genau die Worte zu wählen und ihr Gewicht zu bemessen.

Hochverräter also waren die Ketzer, „pestbringende" Staatsfeinde wie die Rebellen, was schon ihre Schriftauslegung erwies: es sei Gott mehr zu gehorchen als den Menschen... und eine solche Lehre im Staate Friedrichs II., dessen Dogma förmlich war: „Über den Menschen ist der MENSCH gesetzt!" Man hat hier einen der „inneren Widersprüche" des Kaisers bemerken wollen: „der Freigeist erläßt Ketzergesetze". Selbst wenn man in dem wunderbar freien und weiten Geist dieses Kaisers und in dem der Ketzer ein Gemeinsames erblicken wollte, etwa darin, daß beide bisher verschüttete Erd- und Lebenskräfte gelöst und gelockert haben, so blieb der Kaiser eben Herr dieser Kräfte, die in seinen Händen unter ganz bestimmten Voraussetzungen und gebunden an bestimmte Gesetze sich als staatsbildend und staatsbelebend, heilsam und wirksam erweisen konnten. Die gleichen Kräfte aber, von einem Unbefugten gelöst und gelockert, waren schlechterdings staatsgefährlich und staatsauflösend. Und wenn für den Kaiser persönlich der Satz allerdings Gültigkeit hatte: es sei von ihm, dem Kaiser, Gott allein zu gehorchen und nicht den Menschen, so durfte sich doch keiner unterstehen, weder dieses Vorrecht des Kaisers noch irgendein anderes für sich in Anspruch zu nehmen. Darum hat Friedrich II. zeit seines Lebens, selbst in seinem letzten schwersten Kampf mit der Kirche jegliche Gemeinschaft mit den Ketzern auf das entschiedenste abgelehnt, auch als diese sich bei einer Belagerung an den Kaiser heranmachten und ihm ihre Hilfe anboten. Augenblicks wies sie der Kaiser ab: sie waren ihm Spalter der Welteinheit, die er selbst stets vertrat, wenn er auch, um diese Einheit zu wahren, oft genug gerade dogmenfeindliche Mächte anrufen mußte. Nicht unter die Sektierer hat daher auch Dante den Kaiser versetzt, sondern unter die Epikuräer, die Verächter jenseitigen Lebens.

Noch einen anderen Widerspruch des Kaisers hat man in den Ketzergesetzen erkennen wollen: einen Widerspruch zu seiner gegen Mohammedaner und Juden, wie gegen die orthodoxen Griechen geübten sogenannten „Toleranz". Des Kaisers Verhältnis zu den Andersgläubigen im Staat ist eines der lehrreichsten Kapitel seiner Staatspraxis, besonders aber, wenn man dabei die Grenzen seiner Duldsamkeit zu bestimmen sucht. Gemessen an dem Völker- und Religionsgemisch zur Zeit der Normannen, an dem friedlichen Mit- und Beieinanderhausen von Christen Sarazenen Juden hat nämlich die Freiheit der Andersgläubigen durch Friedrich II. eine ganz außerordentliche Einschränkung erfahren — nicht um der Religion, um des Papstes und der Kirche, sondern um des Staates willen. Denn sein Verständnis für Fremdgläubige, das Friedrich II. ganz gewiß bei seiner geistigen Weite mit nur wenigen Zeitgenossen teilte, erstreckte sich dennoch nur genau so weit, wie sie dem Staate dienlich war und dessen Sakralien nicht berührte. Allerdings hatte er, um Übergriffen der Fremdgläubigen vorzubeugen, von Anfang an jene reinlichen Scheidungen vorgenommen, von denen bereits berichtet wurde: die Sarazenen etwa aus Sizilien entfernt und nach Lucera verpflanzt. Denn nachdem er durch die Sarazenenverpflanzung die staatsfeindlichen und staatsverwirrenden Gifte der Muslims paralysiert hatte, konnte er sich freilich gegenüber den religiösen Gebräuchen tolerant zeigen, wie er sich auch gegenüber den städtischen guten Gewohnheiten unterworfener Rebellen fast immer als tolerant erwies.

Genau das gleiche Prinzip beobachtete der Kaiser gegenüber den Juden: in einem seiner ersten Gesetze nach der Rückkehr aus Deutschland ordnete Friedrich II. an, daß sich die Juden durch ihre Kleidung von den Christen zu unterscheiden hätten und den Bart wachsen ließen, damit „des christlichen Glaubens Riten nicht verwirrt würden". Die Übertreter wurden mit Güterkonfiskation oder, wenn sie arm waren, durch ein Brandmal auf der Stirn bestraft — keineswegs aus religiöser Gehässigkeit, sondern wegen der Ordnung im Staat. Im übrigen durften, ja sollten die Juden nach ihren Religionsgesetzen leben, falls diese nicht dem Staate schadeten. Manche ihrer religiösen Bestimmungen waren dem Staat sogar dienlich und diese wurden daher in das Gesetzbuch ausdrücklich aufgenommen, in welchem es heißt: „Von der Verbindlichkeit dieses unseres Wuchergesetzes nehmen wir allein die Juden aus, die des unerlaubten Zinsnehmens, durch Gottesgesetz verboten, nicht zu zeihen sind, da sie — wie bekannt — nicht unter dem Gesetze der seligen Kirchenväter stehen." Die ganze Toleranz des Kaisers aber hörte im Augenblick auf, wenn dadurch dem Staate ein Schaden erwuchs. Als ein angeblicher Ritualmord der Juden vor den Kaiser gebracht wurde, der freilich dank seiner erstaunlichen Kenntnis auch der fremden Riten die Nichtigkeit der Anschuldigung alsbald durchschaute, habe er sofort erklärt: wenn es sich wirklich herausstellte, daß das Ritual der Hebräer derartiges fordere, so sei er willens, alle Juden im römischen Reiche auf der Stelle umbringen zu lassen. — Wenn sich andererseits der Kaiser tatsächlich gerade gegen die Kirche vielfach für die Juden einsetzte, so hatte dies auch wieder seine ganz besondere Bewandtnis. Denn in dem uralten Streit, ob die Juden als Landfremde unter dem Staat oder als

Ungläubige unter der Kirche standen, entschied sich Friedrich II. zum Ärger Papst Gregors selbstverständlich für das Erste. Wie die Sarazenen, so hat er die Juden verstaatlicht. Zur Zeit der Normannen waren sie nämlich größtenteils unter die Hörigkeit der Kirchen und Klöster geraten. Aus diesem Verhältnis löste sie Friedrich II. fast durchgehends heraus, indem er das Judenregal wie die anderen Kronrechte entweder gar nicht mehr oder doch nur sehr selten vergabte, dafür aber die unmittelbare Kammerknechtschaft desto schärfer betonte. Selbst im Reich wich in den Judengemeinden der selbstgewählte Judenbischof einem Judenmeister, der sich von einem staatlichen Beamten kaum unterschied. Auf daß die dem Staate gehörigen Juden aber dem Staate auch möglichst unmittelbar dienten, verknüpfte Friedrich II. in Sizilien mit einem einzigen richtigen Griff das staatliche Judenmonopol weitgehend mit den von ihm erneuerten Wirtschaftsmonopolen, insbesondere dem der staatlichen Färberei und der Seidenverarbeitung. Die staatliche Färberei also, die Seidenverarbeitung wie der Seidenhandel war vom Kaiser den — darin allerdings durch bestimmte Überlieferung besonders kundigen — Juden, den kaiserlichen Kammerknechten übertragen, womit beiden Teilen, dem Kaiser wie den Juden, in gleicher Weise gedient war. Doch man darf hier keineswegs die Haltung des Kaisers verkennen, die gar nichts mit Duldung zu tun hatte, sondern einzig darauf ausging, auch die geringste Kraft für den Staat abzufangen und nichts ins Leere fallen zu lassen. Denn es handelte sich bei dieser Lösung schließlich darum, daß die Kammerknechtschaft der Juden so straff angespannt und angezogen wurde, daß selbst ihr eigenes Erwerbsleben unmittelbar dem Staate zugute kam.

Andererseits genossen die Fremdgläubigen, die derart verstaatlicht waren, in Sizilien wie in den anderen Ländern des Kaisers einen staatlichen Schutz, wie er sonst kaum üblich war, etwa mit dem sehr klaren Hinweis: „In seinen Knechten wird der Herr verehrt" oder „.... es dürfe keiner deshalb, weil er Jude oder Sarazene sei, unschuldig bedrängt werden". Von einer völligen Gleichberechtigung war indessen nicht die Rede. Ein unaufgedeckter Meuchelmord etwa kostete die betreffende Gemeinde hundert Augustalen wenn der Ermordete ein Christ, fünfzig wenn er Jude oder Sarazene war. Abfall vom katholischen Glauben und Übertritt zum Islam oder Judentum wurde gemäß den alten Gesetzen streng bestraft. Daß Muslims oder Juden sich taufen ließen, war selbstverständlich gestattet. Ob Friedrich II. einen derartigen Übertritt jedoch gern sah, ist eine andere Frage: denn er verlor damit seine Kammerknechte und dazu die auf ihnen ruhenden Steuern: den Kopfzins, die Geburtssteuer, die Hochzeitssteuer neben manchen anderen Abgaben. Von den sehr verschiedenen Begründungen abgesehen, bleibt doch die Tatsache: Glaubenswechsel waren dem Kaiser im ganzen unerwünscht.. und was sich bei Friedrichs Sarazenen- und Judenpolitik zeigte, wäre daher nur dies eine: daß es für den wirklichen Staatsmann überhaupt keinen unbrauchbaren Stoff gibt, wie immer der Stoff auch geartet sei.

Seines Glaubens wegen hat Friedrich II. niemanden verfolgt.. denn er hatte vollauf zu tun, Rebellen und Ketzer wegen ihres Unglaubens zu verfolgen. Es ist nur eine merkwürdige Vorstellung, daß die Duldung von Andersgearteten auch eine Duldung von Entarteten nach sich ziehen müsse, und nichts anderes waren für Friedrich II. die Ketzer, die den „Rock ohne Naht" zerrissen und die Einheit auch des Staates spalteten. Der Widerspruch liegt nicht im Kaiser, sondern erstens in der Verkennung dessen, daß die Ketzer für Friedrich weniger Glaubens- als Staatsfeinde waren, zweitens aber in der falschen und willkürlichen Begriffsübertragung des nachreformatorischen Begriffs der Toleranz — geprägt nämlich als der Protestantismus schon selbständige Religion war, somit Sektierer miteinschloß — und der Anwendung dieses Begriffs auf Friedrich II. und sein Verhältnis zu den Sektierern einerseits, den Fremdgläubigen andererseits... im übrigen um so gefährlicher, als man infolgedessen verallgemeinernd den Staufer gern seinem Charakter nach überhaupt als einen liberalen und toleranten Fürsten begriff: ein ausgeklügelt falsches Bild, zu welchem dann alles Andere nicht passen wollte. Seiner persönlichen Artung nach und in bezug auf die Sakralien des Staates, an denen Rebellen und Ketzer sich in gleicher Weise vergingen, ist Friedrich II. in Wahrheit vielleicht der intoleranteste Kaiser gewesen, den das Abendland überhaupt hervorgebracht hat: denn kein Kaiser war dem Anspruch und dem Wesen nach so schlechthin der RICHTER, wie Friedrich II., der als Richter Jahrhunderte hindurch in der Vorstellung der Welt weitergelebt hat und dessen Wiederkehr man als Richter erwartete, als Rächer menschlicher Entartung. Ein toleranter Richter aber gleicht lauem Feuer.

Gegen Rebellen und Ketzer, Frevler an der Staatsgottheit Justitia, der geheiligten Ordnung des Staates, zeigte sich der gegen Fremdgläubige niemals gehässige Kaiser durchaus als „Eifrer", ja als Fanatiker, besessen von einem wilden Urhaß, der jeden Entarteten tatsächlich bis ins zweite und dritte Geschlecht erbarmungslos verfolgte. Gegen solche Empörer schienen ihm die fürchterlichsten Strafen fast noch zu milde. Jenes Edikt gegen die Ketzer, die — nach des Kaisers Worten — wie die Arianer von Arius oder die Nestorianer von Nestor sich Patarener zu

nennen gewagt hätten von der Passion der heldenhaften Märtyrer, schließt mit einer Wendung grauenhaften Hohnes: „So befehlen wir denn durch unser Gesetz, daß die verfluchten Patarener die Passion erleiden desjenigen Todes, nach welchem es sie gelüstet: daß sie bei lebendigem Leibe vor aller Augen verbrannt werden, verfallen dem Urteil der Flammen, und nicht soll es uns schmerzen, daß wir hierbei also willfahren ihrem eigenen Wunsche." —
Durch sein Amt als Schirmer der Kirche war dem Kaiser die einzige Möglichkeit gegeben, die römische Universalkirche in den Staat einzubeziehen, ja sie als des Schutzes bedürftig dem Staat sogar zu unterstellen. Andererseits war ihm die Kirche unentbehrlich, weil auf dem katholischen Glauben der Staat mit seinen Gesetzen beruhte. Dieses Verhältnis der Wechselseitigkeit entspräche völlig Friedrichs II. sonstiger Auffassung aller menschlichen und göttlichen Beziehungen, und wie er sein Schirmeramt hinaufsteigerte bis zur Höhe des Rachegottes und der beleidigten Gottmajestät, so stand er dennoch niemals an, dem Papste freimütig zuzugeben, daß dieser sich als Priester zum Kaiser verhalte, wie der Vater zum Sohn, ja wie die Sonne zum Mond. Denn auch solches räumte Friedrich dem Papst ein, mitten im größten Kampfe sogar, indem er freilich betonte, daß auch der Mond ein selbständiger Himmelskörper sei. Das war wohl kaum ein Zeichen der Schwäche. Denn es setzt eher ein Höchstmaß an innerer Freiheit Sicherheit und Erhabenheit voraus, in bestimmten Beziehungen auch ein Höher unbesorgt anzuerkennen, als ein solches zu leugnen. Friedrich entsprach damit völlig dem Bilde des danteschen Weltmonarchen, dessen Unabhängigkeit vom Papst und selbständige Gottunmittelbarkeit der Dichter durch ein eigenes Werk zu beweisen sucht, welches er aber dennoch schließt mit den Friedrich ganz gemäßen Worten: „Jene Ehrfurcht also erweise der Caesar dem Petrus, die der erstgeborne Sohn dem Vater erweisen muß, auf daß er durch das Licht der väterlichen Gnade erleuchtet kraftvoller den Erdkreis durchstrahle, über den er gesetzt ist von Jenem allein, der da ist alles Geistlichen und Weltlichen Lenker."

Die Einmaligkeit der kaiserlichen Staatsmetaphysik wurde bereits betont. Sie war durchaus gebunden an die Person gerade dieses Kaisers und möglich nur in jener einen Frist. Was die Welt indessen sehr rasch begriff und was jeder der europäischen Staaten früher oder später, mittelbar oder unmittelbar übernahm, das war die aus jenem Staatsgeist hervorgegangene Staatstechnik: der juristische Verwaltungskörper, die besoldete Beamtenschaft, die Finanz- und Wirtschaftspolitik. Das Weitergreifen alles dessen ist hier nicht zu verfolgen, noch weniger das allmähliche Verflachen... denn die entsprechenden Staatsmaximen wußten sich mit der Zeit überall durchzusetzen, zunächst wohl in den benachbarten romanischen Königreichen: neben dem zersplitterten Italien in Frankreich etwa und Aragon, vielleicht auch in Kastilien, und zwar noch gegen Ende des Jahrhunderts. Unabwendbar gehörte in die kommende Zeit das neue Verwaltungssystem mit den vom König besoldeten Beamten. Denn ein solches, vom Herrscher ganz anders abhängig als die selbstherrlichen Lehensstände, sicherte eine bisher nicht gekannte Gewalt und gewährte die Möglichkeit, bis in die untersten Sphären die von einem Mittelpunkt aus geleitete und nach einem einzigen Willen planmäßig durchgreifende Staatsverwaltung auszubilden. Nie hat sich dabei das Wissen ganz verflüchtigt, daß der Juristenstaat hervorgegangen war aus einem Gegensatz gegen die Kirche, deren Mittel er sich allenthalben bediente. Denn was eigentlich Friedrich II. mit dem Juristenstaat, der schließlich bis in die jüngste Zeit in Gültigkeit blieb, heraufbeschwor, welche unheimliche Gefahr der Kirche drohte durch die geistig selbständige, von kirchlicher Geistigkeit unabhängige juristische Beamtenschaft, das beleuchtet grell ein Wort noch Napoleons aus der Zeit seines Kampfes gegen Papst und Kirche: „Man muß die Gerichte in Bewegung setzen, Robe gegen Robe, Korpsgeist gegen Korpsgeist. Die Richter sind in ihrer Weise eine Art Theologen wie die Priester. Sie haben auch ihre Vorschriften, ihre Regeln, ihr kanonisches Recht..... Die Monarchie (des alten königlichen Frankreich) hat dem Klerus nur Widerstand leisten können, indem sie ihm die Gerichtshöfe entgegensetzte." Es ist der stets bis an die Ursprünge dringende Blick dieses Gewaltigen, wenn er — wie man gesagt hat — gegen den Klerus die Richter aufrief als die einzige Gruppe staatlicher Organe, die damals durch eine eigne geistige Ordnung zusammengehalten war. Hier ahnt man das Genie Kaiser Friedrichs II., der in seinem Kampf gegen die Kirche mit unbeirrbarer Sicherheit diese geistige Ordnung des weltlichen Staates erst schuf als einzig wirksame Gegenkraft — hier beim Entstehen noch ganz im Sakralen gebunden, im Geiste der christlich-priesterlichen Weltzeit, und aufgehöht zu jenem Triumph und Kult der Gottheit Justitia.

Noch in der Organisation dieser ersten abendländischen Beamtengruppe, in dieser Priesterschaft der Justitia kommt das Hieratische zum Ausdruck. Als „Orden der Justitia" oder „Orden der Officialen" bezeichnet Friedrich II. selbst den Beamtenkörper und die ordensmäßige Straffung tritt bei der wichtigsten Beamtenstaffel, den Justitiaren, noch ganz deutlich hervor, sobald die Titulaturen der höheren Grade, die man herkömmlich mit Großjustitiar und Großhof-Justitiar bezeichnet, dem Lateinischen wörtlicher angepaßt werden. Dann nämlich würde die Justitiarenstaffel gemäß der letzten Neuordnung vom Jahre 1239 drei Grade kennen: die Justitiare als Statthalter der zehn Provinzen, die Justitiarenmeister als Statthalter der beiden Reichshälften: Festland und Insel, und den Justitiaren-Großhofmeister als Haupt der gesamten Verwaltung, der gleichsam als Ordensmeister an Stelle des göttlichen Kaisers regierte, wie etwa der Deutschordensmeister an Stelle des Christ. Nicht daß hier in Sizilien eine „Entlehnung" aus dem Ordenswesen in Frage käme.. aber jede auf einem geistigen Prinzip beruhende Körperschaft von Männern der vita activa mußte sich damals wohl dem Bilde der Ritterorden nähern, und wenn tatsächlich der Deutschordenstaat in Preußen wie kein anderes Staatswesen der Zeit dem kaiserlichen Sizilien verwandt war, so auch deshalb, weil Sizilien und Preußen die beiden einzigen durch und durch staatlichen Gebilde waren, in denen sich damals unmittelbar ein Geistiges darstellte. Des fernen Deutschordenstaates zu gedenken ist keineswegs entlegen.. denn wenn umgekehrt wie in der sizilischen ordensartigen Bureaukratie bei den Deutschherren die wirklichen Ordensämter rasch bureaukratisiert wurden, so vollzog sich dies durchaus unter dem Einfluß des sizilischen Staates, der dem Ordensmeister Hermann von Salza ja sehr genau bekannt war. Von den Johannitern und Templern völlig verschieden, wurden im Deutschritterorden die Träger der hohen Ämter — Marschall etwa und Komtur — sehr bald gleichfalls zu „Officialen", zu Beamten, deren Tätigkeit sich ganz offensichtlich in bestimmten Dingen den sizilischen Beamten angeähnelt hat. Die sizilische Beamtenschaft selbst aber als die früheste staatlich-geistige Korporation des Mittelalters, stand dem Ordensritterlichen immerhin mindestens so nahe, wie dem Modern-Bureaukratischen, das man hinterher in des Kaisers sizilischen Staat hineingesehen hat.

Etwas dem Ordensgeist Ähnliches suchte nun auch Friedrich II. der neuen Beamtenschaft einzupflanzen. Keine andere Bindung durften die Justitiare kennen als die an den Kaiser und an den Dienst der Justitia, durften mit keinerlei privatem Belang in ihren Provinzen verhaftet sein, und aufs strengste war ihnen daher verboten: innerhalb des Amtsbezirkes sowohl der Besitz von Geld wie von Land, jegliches Handeltreiben, jeder Kauf oder Verkauf, Tausch oder Schenkung. Selbst der Sohn durfte in der Provinz des Vaters keinen Besitz haben. „Reine Hände" sollten die Justitiare wahren und daher nirgends auf Bereicherung ausgehen, weder durch Bestechlichkeit, käufliche Urteile, Unterdrückung des Volkes noch durch sonstigen Erwerb, sondern sich begnügen mit dem Gehalt, welches des Kaisers Gnade ihnen aussetzte. Selbst Mahlzeiten durften sie bei den Untertanen nur dienstlich einnehmen, wenn sie in den oft entlegenen Orten ihrer Provinz Gericht hielten. Ebenso wurde den Justitiaren für die Dauer ihres Amtes verboten, innerhalb ihrer Provinz ein Verlöbnis oder eine Ehe oder auch nur ein derartiges Versprechen einzugehen. Die Ehe selbst war, da die meisten Justitiare auch Lehen besaßen, ohnehin an die Erlaubnis des Kaisers gebunden. In ihren Amtsbezirk aber durften sie — wenigstens später im italischen Staat — ihre Frauen nicht einmal mitbringen.

Der Grundsatz, die Beamten aus allen privaten Verbindlichkeiten zu lösen, ist überall ganz schroff betont. Der Justitiar durfte aus der unterstellten Provinz nicht gebürtig sein, durfte aus ihr nach Antritt des Amtes kein Gesinde aufnehmen und um ein Seßhaftwerden in der Provinz zu verhüten, sollten die Ämter alljährlich wechseln. Ganz allgemein wurde daher späterhin — den altrömischen Gebräuchen, wie denen der lombardischen Städte entsprechend — festgesetzt, daß sämtliche Beamte nur ein Jahr ihr Amt versehen durften, an dessen Schluß sie Rechnung abzulegen hatten, wobei es dem Kaiser freistand, diese Prokonsuln oder Propraetoren seiner Provinzen noch für ein weiteres Jahr im Amte zu lassen.

Das alles hatte vielfachen Sinn: einmal wurde durch die Entrücktheit auch die Autorität der Statthalter gesteigert und ihre Stellung gehoben. Sie waren ja „Spiegelbilder" des Kaisers. Anderseits aber sollte jede Möglichkeit zu Untreue und Bestechung ausgeschlossen werden, wie „aus heilsamster Voraussicht" der Kaiser bestimmte. Die ganzen Einrichtungen waren so getroffen, daß die Beamten sich gegenseitig in ihrer Amtsführung überwachten, und diese gegenseitige Überwachung reichte hinunter bis zu den untersten Beamtenstufen. Auch auf sonstige Rückversicherungen für die Treue der im übrigen allmächtig regierenden Beamten wurde von Friedrich II. fast immer gesehen: die Beamten sollten Landbesitz oder Familienangehörige in anderen Provinzen haben, an die sich der Kaiser halten konnte, sobald ein Beamter Veruntreuungen beging.

Die Justitiare hatten, außer an Sonn- und Feiertagen, täglich, ehedem nur einmal im Monat zu Gerichte zu sitzen. Ein Standquartier kannten sie nicht, denn es war ihre Hauptaufgabe, ununterbrochen in ihren Provinzen umherzuziehen, Gericht zu halten, das Land zu überwachen und nach Verdächtigen, nach Verrätern oder geheimen Rebellen zu fahnden. Kaiserlicher Beamter zu sein war also ganz gewiß keine leichte Verpflichtung. Ein Privatleben hörte für die Dauer der Amtszeit eigentlich auf. Denn neben den laufenden Arbeiten ihrer Bezirke, deren höchste Beschleunigung Pflicht war — länger als zwei Monate sollte kein Prozeß sich hinziehen dürfen — erhielt fast jeder der Justitiare, zeitweise sogar fast täglich, vom Kaiser eine Anzahl Sonderbefehle und Sonderaufträge, die alle Lebensgebiete betrafen: Gericht Finanz Heer Verwaltung Universität Landwirtschaft Bauten Bestrafungen Untersuchungen Lehenssachen Eheangelegenheiten und schließlich in nicht geringem Maß auch persönliche Dinge des Kaisers, die mit seinen Jagdtieren, seinen Falken, seinen Pferden, dem Wildstand, der Ausrottung von Raubzeug und Wölfen und ähnlichem zusammenhingen. Nirgends gab es im ferneren und näheren Dienste des Kaisers Ruheposten: Friedrich II. hielt den ganzen Staat unausgesetzt in Atem, auch wenn er selbst fern war. Die Allmacht der Beamten und ihre weitgehende Selbständigkeit wurde durch die unmittelbaren Eingriffe des Kaisers einigermaßen beschränkt und gezügelt.. überdies waren sie für alles verantwortlich, ja mit Leib und Vermögen für alle Schädigungen des Staates persönlich haftbar. Neben der Überwachung der Beamten durch die Beamten selbst wurde ihre Tätigkeit sowohl von den Untertanen, die zweimal im Jahre ihre Beschwerde vorzubringen hatten, als auch von oben her seitens der Vorgesetzten kontrolliert. Denn eines jeden Funktionen waren genau abgegrenzt und es herrschte eine strenge Unterordnung.

Auf alle nur mögliche Weise suchte also der Kaiser Übergriffen der Beamten vorzubeugen. Ob ihm das gelang, erscheint — vor allem in der staufischen Spätzeit — fraglich, und man hat für die Verderbnis der Beamten das System, die Tyrannis, verantwortlich gemacht. Doch man vergißt, daß das Bestehen einer Tyrannis und das Bedürfnis nach einer solchen die Verderbnis und Zuchtlosigkeit eines ganzen Volkes zur Voraussetzung hat. Wenn daher trotz aller Maßregeln Friedrichs II. dennoch Unterschleife und Bestechungen der Beamten vorkamen, so will das in einem Lande, das dreißig Jahre herrenlos jeglicher Zucht ermangelte, gar nichts besagen. Welche Denkweise und Gesinnung setzte überhaupt dieses neue System bei den Amtsträgern voraus! Der aufreibende Dienst war nicht mehr die Gegenleistung des Vasallen für den Genuß eines Lehens — die Lehensverpflichtungen lasteten außerdem auf den Beamten, sogar die direkte Steuer — und die Gehälter waren im ganzen bescheiden. Es mußte also diesen sizilischen Staatsorganen ein anderer Anreiz zur Übernahme eines Amtes geboten werden als die Gewinnsucht: etwa die Ehre, im Königsdienste zu stehen.. die Möglichkeit, über andere zu herrschen.. die Aussicht auf Ruhm und die besondere Huld des Kaisers, die sich in Belobigungen und wohl auch Belohnungen äußerte, vor allem aber in der Gunst, der nächsten Umgebung des Herrschers anzugehören .. meist also immaterielle Gegengaben. Und dies alles im Lande einer durch und durch korrumpierten Adelsgesellschaft und eines unzuverlässigen Mischvolks! Das Gefühl für den Wert solcher unwägbaren Vorzüge mußte Friedrich II. überhaupt erst wecken und die Grundbedingungen jeglichen Beamtentums hier erst schaffen: die Beamtenehre etwa und die Beamtendisziplin. Es ist bezeichnend wie alle bekannten Erscheinungen des Beamtenstaates hier plötzlich auftauchen, freilich noch ganz in den urmenschlichen Bedingungen wurzelnd und stets noch verhaftet im Sakralen. Der Beamtenbeleidigung beispielsweise lag die Auffassung zugrunde, daß die Beamten Spiegelbilder des Kaisers seien. Infolgedessen — so hieß es — zielten Beleidigungen der Beamten auf die Würde des Kaisers selbst hin und seien deshalb um so schwerer zu strafen. Ganz allgemein galt, daß Vergehen gegen Personen, die im unmittelbaren Dienste des Kaisers standen — gleichgültig ob als Beamte Krieger oder in anderer Eigenschaft — doppelt so schwer zu strafen seien, wie die gleichen Vergehen gegen Private. Maßgebend war dabei etwa der römisch-rechtliche Grundsatz, daß der vom Kaiser mit einem Amte Betraute würdiger sei als der Privatmann. Ein gleicher Schutz des Beamten zeigte sich bereits in jenem Edikt: „Es ist Sakrileg darüber zu rechten, ob der würdig sei den der Kaiser erwählt." In dem Beamten war eben ein Intangibile verkörpert, welches der Kaiser als eine Begnadung auf seinen Beamten übertragen hatte.

Daraus aber erwuchs dem Beamten wiederum die Verpflichtung, dieses Besondere auch ganz besonders zu schützen durch eine der Würde entsprechende Haltung. Glücksspieler durften kein Amt bekleiden. Keiner durfte sich in seinem Amte vertreten lassen: für den Beamten wie für den Vertreter stand darauf Todesstrafe. Der Schutz der Beamten gegen Beleidigungen wurde vom Kaiser insofern wieder eingeschränkt, als der Beamte diesen nur genieße, wenn er sich im Dienste befand, keineswegs etwa bei Privatzwisten. Im Gegenteil: wenn nämlich der Beamte „unter der Hülle des ihm übertragenen Amtes Unrecht tue", seine Amtsgewalt also mißbrauche, so sei er „cum perpetua infamia" aus dem Amte zu jagen, weil er zur Verschleierung eigner Vergehen des Kaisers Person vor den Untertanen ins Unrecht setzte. Schon der dem römischen Recht entlehnte Begriff der „perpetua infamia" weist deutlich auf die Beamtenehre hin: es war die regelmäßige Strafe für Untreue der Beamten und stets verbunden mit Güterkonfiskation. Jedem Beamten ward vom Kaiser der Sinn seines Amtes genau erklärt. „Des Justitiars

Namen und Norm haben Jus und Justitia zusammengesetzt, und je näher ihnen die Justitiare durch den Namen verwandt sind, desto wahrer und eifriger müssen sie diese verehren." Ähnlich heißt es in bezug auf den höchsten Beamten, den Großhof-Justitiar oder Justitiaren-Großmeister: er sei „Spiegel der Justitia" und als solcher nicht nur dem Namen nach als der Meister über die andern Justitiare gesetzt, sondern auch als Vorbild, „auf daß die niederen Stufen in ihm erblickten, was sie in sich selbst beobachten sollten". Hier ist auch schon die Beamten-Subordination angedeutet, die der Kaiser an anderer Stelle ganz aus dem „Astralen" erklärt: „Um die gebührende und besondere Ehre unseres Großhofs zu wahren haben wir befohlen: wenn irgendwann der Großhof-Justitiar irgendeine Stadt betritt, um dort mit unsern Hofrichtern Hofgericht zu halten, daß dann die Justitiare der Provinzen, die dort anzutreffen sind, zu schweigen haben, gleichwie das kleinere Licht verdunkelt wird, wenn es das größere Licht überkommt." Damit wäre in der Tat ein Neues begründet und der Glossator dieses Gesetzes erhebt sofort den Einwand: das Gesetz verstoße gegen das gemeine Recht, weil ein niedres Amt keineswegs schweigen müsse in Gegenwart eines höheren.

Die Justitiare als Beauftragte und Bevollmächtigte, ja Vertreter des Königs in den Provinzen vereinigten in ihren Händen nicht nur die verwaltenden und rechtsprechenden Dienstzweige, sondern auch die militärischen: sie hatten die Lehensritter aufzubieten und die Soldritter anzuwerben, und in dem letzten Jahrzehnt Friedrichs II., als über das ganze Königreich infolge der großen Kriege gleichsam ein dauernder Belagerungszustand verhängt werden mußte, waren sie auch Befehlshaber in ihren Provinzen. Daß diese verschiednen Dienstzweige nicht getrennt waren, daß die Justitiare gelegentlich sogar Heeresabteilungen führten, kann nicht wundern: abgesehen davon, daß es überhaupt noch keine Kriegs-„Kunst" für sich gab, werden Provinzial-Statthalter dieser Art stets die Gesamtgewalt innehaben. Das war in Rom nicht anders als bei napoleonischen Marschällen und tritt immer wieder auf, sobald eine besondre Straffung der Staatsdisziplin notwendig wird: das „merum imperium", die volle Befehlsgewalt, ist von der „gladii potestas", der Vollzugsgewalt, gar nicht zu trennen, oder doch nur in bürgerlich-friedlichen Zeiten. —

Auch die oberste Polizeigewalt hatten die Justitiare wahrzunehmen. Polizeiliche Unterorgane waren vermutlich die Comestabuli. Daß Friedrich II. der politischen Polizei besondere Aufmerksamkeit zuwandte, hatte sein Staat gemein mit jeder diktatorischen Herrschaft. Das Spitzelwesen war selbstverständlich bis ins Kleinste hinein ausgebildet, so daß der Kaiser, auch wenn er fern von Sizilien weilte und im Felde lag, oftmals besser über die Vorgänge in den Provinzen unterrichtet war, als die Justitiare selbst. Der Nimbus des „Allwissenden" war ihm genau so unentbehrlich wie der des Allgegenwärtigen. Um die politisch Verdächtigen unter steter Staatsaufsicht zu halten, hatte der Kaiser ein ganz besonderes System eingeführt, das zwar den Vorzug der Öffentlichkeit hatte, gerade durch sie aber ungleich grausamer war, als die argwöhnischste Geheimüberwachung. Jeder nämlich, auf den ein politischer Verdacht fiel — Verbindung mit der römischen Kurie, mit Verbannten, Ketzern und Rebellen — erhielt von den Oberbehörden ein kleines Heftchen, in das der Verdachtsgrund eingetragen war, aber auch der Name des Denunzianten. Den Justitiaren wurde dadurch die Kontrolle der Verdächtigen zweifellos erleichtert, der Betroffene selbst über nichts mehr im unklaren gelassen — dennoch wird man dem Chronisten glauben dürfen, daß dieses öffentliche Verfahren für die Verdächtigten wie für die Verdächtiger der Anlaß wurde zu großer Zwietracht und gegenseitigem Hasse.

In bezug auf den Gerichtsdienst selbst waren die Justitiare Vertreter der königlichen Gerichtsbarkeit und Gerichtsherren. Neben ihnen hatte eine hohe Gerichtsbarkeit der Lehensstände keinen Platz mehr, von unbedeutenden Überbleibseln abgesehen. Obwohl nun die Justitiare sich vielfach Gesetzeskenntnis angeeignet haben mochten, so waren sie doch nur in seltensten Fällen studierte Juristen.. so wenig etwa ein Militärgouverneur Jurist sein muß, um höchster Gerichtsherr zu sein. Sie hatten kraft des Rechts Ordnung zu halten und den Gerichten vorzusitzen. Als Gesetzeskundige, die den eigentlichen Gerichtshof, die curia des Justitiars bildeten, waren ihnen Fachjuristen beigegeben: eine zweite Beamtenstaffel neben jener der Justitiare, die sich zusammensetzte aus der sehr großen Anzahl von Richtern und Sachwaltern sowie den dazugehörigen Notaren und Kanzlisten. Die Gerichtshöfe der unteren Grade waren dabei stets verkleinerte Abbilder der vorgesetzten Instanz. Der Kaiser selbst war stets umgeben von einer großen Anzahl Rechtsgelehrter, die seine ständigen Räte, seine „Consiliarii" darstellten und in jeder Art von Staatsaufträgen Verwendung fanden: Fachjuristen also an Stelle der Lehensstände! Dem Großhof-Justitiar als dem Vorsitzenden des Hofgerichts waren vier Großhofrichter zugewiesen, den Großjustitiaren wiederum zwei Richter und dem Justitiar ein Richter. Weitere beisitzende Richter konnte der Justitiar in dem jeweiligen Gerichtsort finden, da es in jeder Stadt drei Stadtrichter und sechs Notare gab — große Städte wie Messina Neapel Capua hatten deren mehr. Notare waren bis zu den untersten Beamten der Finanz-, Heeres-, Burgen-, Domänen-, Forst,- Hafenverwaltung in großer Zahl vorhanden, da sie die Schreibarbeiten der ganz auf schriftlichen Verkehr gestellten Verwaltung zu leisten hatten. Jeder der Beamten hatte eine beträchtliche Menge von Rechnungsbüchern, Listen, Journalen zu führen, vielfach in doppelter Ausfertigung, die sie zu bestimmten Terminen dem späterhin eingerichteten Oberrechnungshof zur Prüfung einzureichen hatten. Jedes Urteil mußte außerdem schriftlich niedergelegt werden, in deutlich lesbarer Schrift, nicht in Zeichen und Sigeln bestimmter, ausdrücklich verbotener Schriftarten. Da die Urteile aufbewahrt wurden, so durfte für diese nur Pergament Verwendung finden, während Papier für gewöhnliche Quittungen erlaubt war. Auch in der Juristenschaft gab es die entsprechenden Grade und Ränge: vom Großhofrichter und Consiliaren des Kaisers bis hinab zu den geringsten Ortsrichtern, die jedoch allesamt vom Kaiser oder in dessen Auftrage von den Statthaltern ernannt und vereidigt wurden. Keiner durfte sich selbständig als Richter niederlassen, ebensowenig als Notar oder Advokat. Die Richter mußten geschult und gebildet sein und der Kaiser wachte sehr genau darüber, daß kein Ungeeigneter ein Richteramt übernahm. Da über alle Beamten Personallisten geführt wurden, so war der Kaiser auch in den unteren Graden über die Persönlichkeiten jederzeit unterrichtet und konnte Mißgriffe in der Regel wohl verhindern. Aus dem Feldlager vor Lodi schrieb er beispielsweise nach Sizilien:

„An Thomas von Montenero, Justitiar des Principats und von Benevent.

Ein ungeheuerliches Gerücht kam jüngst unserer Erhabenheit zu Ohren, das Deine Trägheit schwer anklagt und unsere Mitwisserschaft mit Recht erregen kann: daß nämlich unser letztes Edikt über die Wahl der jährlichen Richter nichts gefruchtet hat in unserer Stadt Salerno, wo Du die Wahl des Matheus Curialis zum Richter zuließest, der ein ungebildeter (inlitteratus) Kaufmann ist und zum Richteramt vollkommen untauglich.. und dies, obwohl unter der Bevölkerung einer solchen Stadt, die hauptsächlich Gebildete hervorzubringen pflegt, bestimmt — wie wir glauben — ein anderer gebildeter Mann zu finden gewesen wäre, das Richteramt auszuüben. Dies mißfällt unserer Erhabenheit um so mehr, das magst Du wissen, weil daraus einmal der Stadt selbst Schaden erwachsen kann, ferner aber, weil demnach unser Befehl nicht beachtet worden ist, wie es sich gehörte. Da wir also nicht wünschen, daß die Rechtspflege unserer Getreuen von irgendeinem Kaufmann, der meist

flinke Finger zum Verdienen hat, verkauft werde um die Feilheit irgendeines Preises, so befehlen wir Dir, den genannten M., wie es sich gehört, von seinem Amt zu entfernen und einen andern tüchtigen treuen und ausreichend geschulten Mann an seinen Platz zu setzen....."
In dem ganzen sizilischen Staat gab es kein Lebensgebiet, in das die Regierung nicht unmittelbar ordnend eingriff. Die kleinen Gewalten verloren jede Selbständigkeit: nicht nur die Lehensstände und, nach dem zweiten Bruch mit dem Papst auch Kirchen und Klöster, sondern ebenso die Städte. Die Ortvorsteher, die Bajuli, wurden alljährlich vom Kaiser ernannt und wenn Friedrich II. schon in der Lombardei die städtische Selbständigkeit bekämpfte, so war es ganz folgerichtig, daß er erst recht den Städten Siziliens aufs strengste untersagte, sich eigne Stadthäupter zu setzen — bei Strafe der Zerstörung der Stadt. Daß er keinen Augenblick zögerte, diesem Gesetz die Anerkennung zu verschaffen, das bewies er sehr bald. Als sich nämlich ein Jahr nach dem Erlaß der Konstitutionen sizilische Städte empörten, schlug der Kaiser diesen Aufstand mit erbarmungsloser Strenge nieder, wobei ihm jegliches Mittel recht war. Die Rädelsführer, deren er habhaft wurde, indem er ihnen Straflosigkeit verheißen ließ, knüpfte er auf oder ließ sie als Ketzer-Rebellen verbrennen. Solches Strafgericht vollzog er in Messina, Syrakus und Nicosia, während die kleineren Städte, die am Aufstand beteiligt waren: Centorbi, Traina, Capizzi, Monte Albona vollkommen zerstört, die Bewohner — wie das Gesetz es verlangte — verfront und in einer neugegründeten Stadt angesiedelt wurden, die der Kaiser „Augusta" nannte und für die das aufrührerische Syrakus einen Teil seines Stadtgebietes abtreten mußte. Der Erfolg war der, daß ein zweiter Versuch, kommunale Selbständigkeit zu erringen, von den sizilischen Städten zu Lebzeiten des Kaisers nicht unternommen wurde.

Das ganze Königreich sollte eben von kaiserlichen Beamten gleichmäßig verwaltet werden. Hat man nun das Bild sonstiger mittelalterlicher Staatswesen vor Augen mit den unendlich verwickelten und schwerfälligen Rechts- und Wirtschaftsverhältnissen, den zahllosen kleinen und kleinsten Nebengewalten: Lehensherren Bischöfen Klöstern Städten, deren Zuständigkeiten sich fortwährend kreuzten und überschnitten und die sich auf allen Gebieten zwischen Herrscher und Volk eindrängten, nimmt man dazu das unübersehbare Gewirre von Privilegien und Ausnahmebestimmungen, von Sonderrechten jedes Standes, jedes Berufes, jeder Stadt und jedes Fleckens, die tausendfachen Gehemmtheiten und Bedenken jeglicher Art: dann erst begreift man die Notwendigkeit dieses vollkommen skrupellosen Aufräumens. Eine großartige Vereinfachung des ganzen Staats- und Weltbildes bedeuteten diese oft genug grausamen Maßnahmen, durch die Friedrich II. sein einheitliches Verwaltungssystem über ein ganzes Königreich, ja schließlich über ganz Italien spannte, womit er Sizilien wirklich zur „Norm der Reiche" machte. Dabei wirkte Friedrich II. auf das Rechtsleben des Staates nur von außen her ein, indem er den ganzen Wirrwarr durch das einheitliche Staats- und Verwaltungsrecht umklammerte. Das Privat- und Zivilrecht aber der verschiedenen Untertanen ließ er unangetastet und es war ihm durchaus gleichgültig, ob die privaten Rechtsgeschäfte sich nach fränkischem, langobardischem oder römischem, nach jüdischem oder sarazenischem Recht abwickelten, wenn sie nicht Staatsgesetzen widersprachen.

Es war das Neuartige an der kaiserlichen Verwaltung, daß sich erstmals über einen verhältnismäßig so großen Raum die „uniformitas" erstreckte, die sonst in jenen Zeiten nur auf kleinsten Gebieten zu verwirklichen war. Die geographischen Bedingungen des Erblandes kamen da dem Kaiser zugute. Denn schon von Natur aus war das Königreich ein festumgrenztes Gebilde mit nur einer einzigen Landgrenze, die der Kaiser auf jede nur mögliche Weise abzudichten versuchte. Nachdem er fast alle Grenzburgen in seinen Besitz gebracht hatte — oft genug auf recht hinterhältige Weise: etwa indem er einen Abt, der eine Burg besaß vorladen, festhalten und die Burg wegnehmen ließ — gründete er hier im Norden selbst einige Städte: Flagella etwa und Aquila, die er als Waffenplätze einrichtete. Die Gründung dieser nördlichen Städte war sehr einfach: ein bestimmter Landkomplex wurde abgesteckt, die verstreuten Bewohner dieses Gebietes in dem neuen Waffenplatz zusammengezogen, von allen Verpflichtungen gegen ihre bisherigen Herren abgelöst und waren als Entgelt für ihre Freiheit zum Bau der Befestigungen gehalten.

Die Wehrzone der nördlichen Festlandgrenze diente als Sperre nach innen wie nach außen: alle Grenzen des Königreiches waren jetzt überwachbar. Denn Friedrich II. konnte dank einer geeigneten und sinnreichen Hafenverwaltung auch sämtliche Häfen Siziliens abriegeln, so daß zuzeiten jede Verbindung des Königreiches mit der Außenwelt aufhörte — Verbindungen sowohl wirtschaftlicher als politischer oder geistiger Art. Die Sperren zu öffnen lag ganz im Belieben des Kaisers und wie bei einem großen Schleusenwerk oder einem Schloß mit hundert bewachten Eingängen war jede Verbindung nach außen zu regeln, ja das ganze Königreich durch einen Befehl in eine einzige Festung zu verwandeln oder wirtschaftlich gesehen: in einen „geschlossenen Handelsstaat". Sizilien kam dem Bilde der ummauerten mittelalterlichen Stadt demnach recht nahe und auch die ganze vielbestaunte Wirtschaftspolitik Friedrichs II. läßt sich daher am einfachsten begreifen als eine mittelalterliche Stadtwirtschaft, ausgedehnt auf ein ganzes Königreich. Die fiskalische Ökonomik, die Monopole, die Geldwirtschaft, aber auch in mancher Hinsicht die Verwaltung, etwa: die alljährlich wechselnden Ämter, die Einführung der Nachfolger ins Amt durch die Vorgänger, die Fremdheit des Justitiars in seinem Sprengel... alles dies hatten die italischen Kommunen in der verschiedensten Form bereits eingeführt und man mag daran denken, daß auch die Kommunen schon längst nicht mehr einfach übersehbare mauerumgebene Städte waren, sondern daß Gemeinwesen wie Mailand Cremona Piacenza Ravenna einen Landbezirk umfaßten von der Größe eines Herzogtums. Für die Staatstechnik waren dem Kaiser die lombardischen Städte in so manchem vorbildlich nicht weniger wie auf anderem Gebiete die Kirche. Denn er lernte vor allem bei den Feinden.

Nur die Grundzüge der oft behandelten sizilischen Staatswirtschaft sind hier herauszuheben. Ihr Kennzeichen ist die Überordnung staatlichen Wirtschaftens über das der Privaten, und des Kaisers Wort: „Sizilien ist der Tyrannen Mutter", läßt einen gerade in der Wirtschaft bisweilen wirklich an einen Dionysius von Syrakus denken, dessen Kunstgriffe einst nicht weniger Staunen erregt haben als die Friedrichs II. Die Geschlossenheit der fiskalischen Wirtschaft stand jener der Verwaltung kaum nach und der Grundsatz der Zentralisation trat im Laufe der Regierung Friedrichs II. immer schärfer hervor. Was stets ganz besonders auffiel, waren die vom Kaiser erst im Jahre 1231 eingerichteten Monopole. Normannische und byzantinische Einrichtungen mögen hier mitgewirkt haben.. im ganzen aber lag der Gedanke der Staatsmonopole dem Kaiser von seiner Regalienpolitik her sehr nahe: es war ja sein Grundsatz, alle Kronrechte wieder voll auszunutzen. So wird man die Fiskalität von Salz Stahl und Eisen letztlich aus dem Bergregal herleiten dürfen. Andere Gründe hatte zweifellos das Hanf- und Pechmonopol: der Bedarf der kaiserlichen Flotte war hier maßgebend. Die Färberei, die monopolisiert wurde, gehörte gleichfalls zu den alten Regalien, und nur das Seidenmonopol wäre einwandfrei aus byzantinischem Vorbild zu erklären. Die Handhabung der Monopole wird am deutlichsten sichtbar bei dem heute noch bestehenden Salzmonopol. Teils gab es staatliche Salinen, teils lag die Salzgewinnung in Händen Privater, die das Salz dem Fiskus abzuliefern hatten. Mit einem bestimmten Tage ging der gesamte Salzverkauf an den Staat über, in allen

Orten wurden geeignete Personen zum Verschleiß des Salzes angestellt und ein einheitlicher Salzpreis für das ganze Königreich festgesetzt, der im Großhandel das Vier-, im Kleinhandel das Sechsfache des Einkaufspreises betrug. Ähnlich war es bei Eisen und Stahl, während das Färberei- und Seidenmonopol den Juden übertragen war. Die Seidenbereitung, ursprünglich ein Vorrecht der byzantinschen Kaiser, hatte schon König Roger nach Sizilien verpflanzt, der auf einem Kriegszug Seidenweber aus Theben Korinth und Athen, darunter viele Juden, gefangen nach Palermo verschleppte, wo der Königliche „Tiraz", die Seidenmanufaktur, sich bald einen wirklichen Weltruhm erwarb. Den Handel mit Rohseide übergab Friedrich II. den Juden von Trani, die allein Rohseide kaufen durften, um beim Weiterverkauf mindestens ein Drittel des Einkaufs herauszuwirtschaften, da sie soviel dem Fiskus abzuliefern hatten. Auch die Seidenverarbeitung lag in ihren Händen und daran angeschlossen auch gleich die staatlichen Färbereien, deren Friedrich eine Anzahl neuer errichtete.

Organisatorisch lag auf dem Gebiete der Wirtschaft die bedeutendste Leistung des Kaisers zweifellos in dem großartigen Zollsystem, das er einheitlich ausbaute. Schon die Bezeichnung der Zollbehörde als „doana" weist auf das Arabische (diwān) hin und arabischen Ursprungs ist auch das vom Kaiser durchgeführte System der staatlichen Lagerhäuser, der Fondachi, die für die Erhebung der Grenzzölle besonders wichtig waren. Die Binnenzölle nämlich, die nur einzelnen Großen oder Städten zugute kamen, hat Friedrich II. nach Möglichkeit eingeschränkt und statt ihrer die staatlichen Grenzzölle in einer Weise gehandhabt, die für das ganze Abendland schließlich vorbildlich wurde. Denn die Zollgelder flossen jetzt nicht mehr dem einzelnen kleinen Binnenmachthaber, der See- oder Handelsstadt zu, sondern vor allem dem Staat. In sämtlichen Seestädten, ebenso aber an den Übergängen der nördlichen Landgrenze richtete Friedrich II. staatliche Fondachi ein. Jeder der auf dem See- oder Landweg, Einheimischer oder Fremder, Waren in das derart verschlossene Königreich einführen wollte, hatte diese in den staatlichen Magazinen einzulagern, wo unter Aufsicht kaiserlicher Beamter der Warenverkauf erfolgte. Den Einfuhrzoll, der durchgehends — von besonderen Handelsverträgen mit fremden Mächten abgesehen — drei vom Hundert des Wertes betrug, hatte der Verkäufer, die um einen Bruchteil höhere Lagerhausgebühr hatte der Käufer zu tragen. Wenn Zoll und Lagergeld für Sizilien einmal bezahlt waren, so konnte die Ware auf dem See- oder Landwege wieder in eine andere Stadt überführt werden, ohne einer neuen Verzollung bei Vorzeigen der Quittung zu unterliegen. Entsprechend wurde bei der Ausfuhr verfahren: die Magazingebühren waren die gleichen, für die verschiedenen Erzeugnisse aber wurde der Ausfuhrzoll nach besonderen und jeweils wechselnden Tarifen erhoben. Denn die Ausfuhr war den Bedürfnissen des Landes entsprechend geregelt und in Kriegszeiten traten auch Ausfuhrverbote in Kraft, etwa für Waffen Pferde Maultiere Großvieh.

Die Lagerhäuser, die gleichzeitig den Kaufleuten als Herbergen dienten, waren im Morgenlande längst üblich, wo zum Beispiel in Alexandrien Venezianer Pisaner Genuesen, später auch Florentiner ihre Fondachi besaßen. Schon vor Friedrichs Zeiten waren diese Lagerhäuser über ganz Seeitalien verbreitet: der bekannte Fondaco dei Tedeschi am Rialto wird erstmals 1228 urkundlich erwähnt. Im Binnenitalien hingegen waren sie noch am Ende des dreizehnten Jahrhunderts so gut wie unbekannt. Es scheint fast, daß diese Fondachi in den Kauffahrerhöfen der deutschen Hanse schließlich wieder auftauchen, die in der zweiten Hälfte des Jahrhunderts in naher Verbindung mit dem Deutschritterorden sich auszubreiten begann. Bislang waren nun diese Fondachi im privaten Besitz der auswärtigen Kauffahrer gewesen: Friedrich II. jedoch machte sie im Königreich insgesamt zum Staatseigentum, zwang alle Kaufleute die Staatsmagazine zu benutzen, indem jeder Warenverkauf außerhalb ihrer untersagt wurde, zwang ferner die Kaufleute, in diesen staatlichen Herbergen zu wohnen, indem die Bezahlung für Betten Licht und Holz in dem reichlich hohen Lagergeld mit eingeschlossen war. Als bei der Einrichtung dieses ganzen Systems die vorhandenen staatlichen Lagerhäuser nicht ausreichten, so daß die Kaufleute anderweitig Unterkunft suchten, mußte von ihnen trotzdem die Fondacatsgebühr voll bezahlt werden, wofür jedoch der Staat die privaten Quartiergeber entlohnte. Das ganze System hatte den Vorteil der Überwachbarkeit von Ausfuhr und Einfuhr, die genau registriert wurde und über die zu bestimmten Terminen Rechnung zu legen war — von den Unterbeamten an die Provinzial-Kämmerer und von diesen an den Rechnungshof. Alle Zoll- und Magazinbücher waren dabei in mehrfacher Ausfertigung zu führen. Da der Zollbeamte, der magister doanae, ein anderer war als der Magazinverwalter, der fundicarius, so überwachte auch hier ein Beamter den andern. Ferner mußte jegliche Ware im Lagerhaus auf den staatlichen Wagen gegen eine keineswegs geringe Gebühr verwogen oder bei Tuchen vermessen werden und außer Anker-, Landungs- und Hafengeld kamen noch mancherlei Nebengebühren hinzu.

Staatlich waren die Wechslerstuben, die Bäder, die Schlachtbänke, der Gebrauch von Maßen und Gewichten. Wie Friedrich II. mit den Goldaugustalen eine Einheitsmünze geschaffen hatte, so ordnete er auch Einheitsmaße und -gewichte an, dadurch in einer völligen Wirrnis Ordnung schaffend. Wie hier alles auf Zweckmäßigkeit und Vereinfachung ausging, zeigt etwa die Neuregelung der Märkte und Messen. Die herrschenden Verwirrungen, Zersplitterungen und das zeitliche Zusammentreffen von Messen zu vermeiden bestimmte der Kaiser: jeden Monat ist in einer andern Provinz Messe, angefangen mit der nördlichsten Provinz des Königreichs, Abruzzo, der dann die Messen in Campanien, dem Principat, der Capitanata, Apulien, Basilicata folgten, endend in Calabrien, worauf für ein paar Wintermonate die Messen aufhörten, während derer die Kaufleute ihre Waren ergänzen und wieder hinauf nach dem Norden ziehen konnten, um im Frühjahr den Jahreslauf wieder neu zu beginnen.

Das ganze festgeschlossene System der Grenzzölle ließ Ausnahmeprivilegien kaum zu: nur der Kaiser selbst, der Staat oder Fiskus, hatten Zollfreiheit. Diese kam praktisch in Betracht insbesondere für die Ausfuhr von Lebensmitteln, deren Sizilien ja übergenug hatte. Nun besaß aber der Kaiser nicht nur die Zollfreiheit, sondern er war gleichzeitig der größte Latifundienbesitzer des Königreiches und infolgedessen auch bei weitem der größte Getreideerzeuger. Da waren zunächst die vom Kaiser selbst bewirtschafteten Kronländereien, die Massarien, die ihm vielfach Cisterziensermönche zweckmäßig eingerichtet hatten und wohl auch verwalteten.. nur die Oberaufsicht hatten kaiserliche Prokuratoren. Die Erträge sowohl an Getreide als an Wolle — in den öderen Teilen wurde die Schafzucht in großem Umfang betrieben — mögen unter der sachgemäßen Leitung sehr hohe Erträge abgeworfen haben. Der Kaiser selbst war in der Landwirtschaft durchaus bewandert. So setzte er in der Lombardei einmal die Italiener in Erstaunen, als er ihnen je nach der Bodenbeschaffenheit angab, ob sie Getreide oder Bohnen oder sonstiges anbauen sollten. Außerdem machte er alle möglichen Versuche mit neuen Kulturpflanzen: er ließ beispielsweise Henna und Indigo anpflanzen, ließ Dattelhaine veredeln oder veranlaßte in Palermo die Verwertung des Zuckerrohres durch Einrichtung von Zuckersiedereien. Gegen Schäden ordnete er die geeigneten Abwehrmaßregeln an: als eine Raupenplage die Ernte bedrohte, befahl er, daß jeder Bewohner täglich ein bestimmtes Maß Raupen sammeln und abliefern mußte, indem er sich darauf mehr verließ als auf die Wirksamkeit des Gebetes der auf die Felder ziehenden Priester. Daß Ernteerträge durch die Witterung schlecht ausfallen könnten, leugnete er zwar nicht: den wesentlichen Schaden aber sah er in der Faulheit der Bevölkerung. Infolgedessen befahl er, daß die arbeitswilligen Leute die kein Land besaßen, von denen, die mehr hatten als sie bebauten, Land erhielten.

Durch solche Maßnahmen dürfte er die Erträge der eigenen Güter erheblich gesteigert haben. Indessen lieferten ihm nicht nur seine Massarien Getreide. Auch von den Gütern des Demaniums erhielt er ein Zwölftel der Erzeugnisse und außerdem war ein Teil des zur Ausfuhr bestimmten Getreides an den Fiskus zu liefern, wenn diese Abgabe nicht in Geld bezahlt wurde. In jedem Fall konnte mit der Masse des staatlichen Getreides kein Privater in Wettbewerb treten, zumal die Krone mit ihren großen Geldmitteln noch von den Privaten Getreide aufkaufen konnte. Und dieses Getreide war nicht nur vom Staate zollfrei auszuführen, sondern auch auf eignen Schiffen, denen der kaiserlichen Flotte, zu verladen. Daraus ergab sich, wenn auch kein tatsächliches, so doch ein verkapptes Getreide-Handelsmonopol des Staates, der außerdem noch über alle Machtmittel verfügte, jede Konkurrenz lahmzulegen. Wie Friedrich diese Möglichkeiten ausnutzte, zeigt ein Fall: während er in Oberitalien Krieg führte, erhielt er die Nachricht, daß in Tunis eine Hungersnot herrsche und in den sizilischen Häfen genuesische Kaufleute mit tunesischem Geld Getreide einkauften, um es nach Tunis zu verschiffen. Sofort schickte der Kaiser seinen Hofphilosophen, den arabisch sprechenden Magister Theodor, von Pisa aus als Gesandten nach Tunis, gab gleichzeitig nach Sizilien Befehl, alle Häfen zu sperren, kein Privatschiff herauszulassen, die kaiserliche Flotte schleunigst mit fünfzigtausend Last Getreide zu beladen, welches den kaiserlichen Getreidespeichern zu entnehmen oder von Privaten aufzukaufen war, und unverzüglich nach Tunis abzusegeln. Erst nach dem Auslaufen der kaiserlichen Flotte durften die Privaten ihre Verladungen fortsetzen und die sizilischen Häfen verlassen. Aber da war des Kaisers Flotte wohl schon in Afrika angelangt. Der Staat verdiente dabei etwa anderthalb Millionen Mark.. ein Fall, den wir zufällig wissen.

Es ist kein Zweifel, daß derartige Maßnahmen an den Merkantilismus eines Colbert erinnern können. Dennoch liegt eine Welt zwischen dem kühlen Staatsrationalismus der späten kapitalistischen Jahrhunderte und dem leidenschaftlichen Verfahren des Staufers, dessen Anordnungen stets aus einer aktuellen Staatsnotwendigkeit hervorgetrieben wurden. So hatte der Kaiser bei jener tunesischen Getreideverschiffung die Vergewaltigung des Handels zunächst abgelehnt.. aber seine Staatskassen waren damals leer, er selbst an die Römer schon tief verschuldet, der Krieg mit dem Papst in vollem Gange: so gab es für ihn gar keine Wahl.

Auch die Erhebung der direkten Steuer, der Kollekte, blieb stets etwas Außergewöhnliches, obwohl der Kaiser sie in der Spätzeit alljährlich erhob. Stets wurde sie begründet mit der gegenwärtigen „imminens necessitas" des Staates. Einem gegenwärtigen Bedürfnis also hatten die kaiserlichen Finanzoperationen abzuhelfen, nirgends dienten sie der Anhäufung von Kapitalien. Denn sobald die Lage des Kaisers sich günstiger gestaltete, ging er mit den Steuersätzen herunter oder ließ überhaupt keine Kollekte erheben. Die kühle Staatsvernunft kannte Friedrich II. selbstverständlich.. aber sie diente ihm nur dazu, eine Not abzuwenden, nicht planmäßig und dauernd Reichtum herbeizuführen.

In diesen Jahren war der Kaiser auch bemüht, sich durch Handelsverträge die fremden Märkte zu öffnen. Die Handelsverbindung mit Tunis wurde schon erwähnt. Hier hatte Abu Zakaria Jahya, bisher Statthalter des Almohadensultans, 1228 eine eigne Herrschaft, die Dynastie der Hafsiden begründet, welche Tunis, Tripolis und einen Teil Marokkos umfaßte. Drei Jahre später (1231) schloß Friedrich II. mit Abu Zakaria für zehn Jahre einen Handelsvertrag ab, der die beiderseitigen Zollabgaben auf zehn vom Hundert festsetzte und gegenseitige Unterstützung der Kauffahrer zusicherte. Dem Beispiel der Seestädte folgend ernannte der Kaiser für Tunis eigne sizilische Konsuln: es war das erstemal, daß eine monarchische Macht des Abendlands ständige überseeische Vertreter unterhielt. Der erste kaiserliche Konsul in Tunis war ein Sarazene, Henricus Abbas, später ein Christ, Petrus Capuanus aus Amalfi. Gesandtschaften nach Tunis waren sehr häufig. Man war gegenseitig bemüht sich gefällig zu sein und der Kaiser hat sich wohl nicht nur mit Berberpferden Jagdleoparden und Lastkamelen aus Tunis versorgt, sondern hier und da wohl auch mit tunesischen Kriegern, die des Kaisers sarazenische Schützen ergänzten. Gelegentlich übernahmen es andererseits kaiserliche Schiffe, tunesische Gesandte nach Spanien hinüberzufahren, und zum „Beherrscher der Gläubigen", zum Kalifen von Granada, gingen wiederum sizilische Beamte als Gesandte des Kaisers. Auch das muslimische Spanien kam wohl zuzeiten in Betracht als Absatzgebiet für sizilisches Korn.

Mit seinem Freunde Al-Kamil, dem Sultan Ägyptens hatte Friedrich noch in Syrien einen Handelsvertrag abgeschlossen. Es gelang zwar dem Kaiser anscheinend nicht, wie es von ihm beabsichtigt war, für die sizilischen Kauffahrer in den Häfen von Alexandrien und Rosette völlige Abgabenfreiheit zu erwirken, dennoch blieb der Handel mit Ägypten stets lebendig. Außerordentliches Aufsehen erregte bei den Ägyptern wegen seiner Größe ein kaiserliches Schiff, die „Halbe Welt", das mit einer Besatzung von dreihundert Mann in den Hafen von Alexandrien einlief. Im übrigen erzählte man, Friedrich II. habe über Ägypten auch mit Indien durch eigne Agenten in unmittelbarer Verbindung gestanden. Das läßt sich nicht nachprüfen.. aber daß Friedrich auch über Indien recht genau unterrichtet war, wird sich noch in andrem Zusammenhang zeigen. Jener Zauber, den das Wort Ostindien später auf die Entdecker ausübte, beginnt hier zu erwachen und wenige Jahrzehnte nach dem Ende der Staufer brach ja mit Marco Polo das entdeckungsfreudige Zeitalter an, mit dem freilich auch der römisch-mittelmeerische Erdkreis auseinanderbarst.

Indessen, die fiskalische Wirtschaft Siziliens erfüllte durchaus ihren Zweck: was aus dem reichen Lande an Mitteln herauszuholen war, das haben die kaiserlichen Beamten erfaßt. Friedrich II. galt vor dem Ausbruch der großen Kriege als der reichste Fürst Europas seit Karl dem Großen. Des Kaisers bekannter Grundsatz war: Germanien habe ihm die Krieger, Sizilien die Gelder für den Kampf zu stellen.. und dieser Kampf ging gegen die finanzkräftigsten Mächte der damaligen Welt: Kirche und italienische Städte. Das Wirtschaftssystem des Kaisers hat man stets bewundert, doch auch stets hervorgehoben, daß Friedrich II. durch Überspannung seiner Forderungen während der Kriege Raubbau getrieben habe. Doch da Friedrich II., wie jeder Herrscher seines Maßes, Raubbau trieb mit den Kräften der gesamten Welt, so konnte auch das sizilische Königreich, das sich dafür dauernden Friedens erfreute, nicht verschont bleiben.. und im übrigen: ohne einen derartigen Raubbau bis zur Erschöpfung des Landes ist noch niemals das Ungeheure geleistet worden — man denke an Frankreich während und nach den Kriegen Napoleons.

Mit dem kaiserlichen Prooemium beginnend hatte sich gleichsam aus den sublimsten Höhen des Geistes die neue Staatsordnung Friedrichs II. auf das Erbland gesenkt, hatte durch einheitliche Verwaltung, Rechtspflege, Wirtschaft von außen her das ganze Königreich fest verklammert: der Staatsbau war damit geschaffen. Daß aber die Sizilier sich nun auch als Volkseinheit fühlten, sich als Volk zusammengehörig wußten, das war damit nur angebahnt, noch nicht erreicht. Nur in wenigen Dingen stießen die Gesetze selbst durch bis zu dem eigentlichen lebendigen Kern, bis zu den elementaren Einheiten, welche Landesbewohner allmählich auch zum Volk, zur Nation zusammenschließen können und Volk und Nation überhaupt erst ausmachen: die Gemeinschaft von Sprache, Blut, Geschichte, Fest. Dem sizilischen Völkergemisch fehlten diese gemeinsamen Grundelemente mehr als den anderen Völkern und es kam dem Kaiser dabei nur das Eine zugute: daß auch in den übrigen Ländern Europas das Bewußtwerden der vorhandenen naturhaften Bindungen kaum erst begonnen hatte. Es war ja durch Jahrhunderte das Bestreben der Kirche gewesen, diese natürlichen Kräfte zurückzudrängen: die Sitten des Volkes ersetzten die Riten der Kirche, die Heiligen Schriften vertraten die Geschichte des Volks, die Feste waren die des kirchlichen Jahres, für jede geistige Äußerung hatte das heilige Latein die Stammessprachen verdrängt und für die Gemeinschaft des Stammesbluts setzte die Kirche das Blut des Erlösers. Das erwachende Nationalgefühl des 12. und 13. Jahrhunderts bedeutete jedoch nichts anderes als die Ablösung der kirchlich-spirituellen durch die natürlichen Bindungen der Völker.

Friedrich II. durfte nun, sofern er der Kaiser war, nirgends diese die Völker umspannenden kirchlichen Fesseln durchschneiden: denn nur sie verbürgten die Autorität seines Kaisertums und den Bestand des römischen Reiches. Sie mußten noch halten. Daneben aber rief er wie kein andrer die „nationalen" Gegenkräfte wach, und in Sizilien sollte gerade er diese noch schlummernden Kräfte aufspüren und erregen, ja vielfach erst schaffen, um sie für alle Zeiten in sein auserwähltes Volk einzusenken und dieses wirklich zur Nation zu machen. Jene früher schon erwähnte Spannung: Kaisertum und dennoch Nationen! wird hier wieder sichtbar.

Daß mit seiner Person für die Sizilier eine neue Epoche beginne, hat Friedrich II. oftmals betont: immer wieder nennt er sich im Gesetzbuch den „Neuen König" und zwar keineswegs ohne Absicht. Erst mit ihm beginnt das sizilische Gemisch ein Volk zu werden und als solches auch eine eigne Geschichte zu wissen. In einem merkwürdigen Schreiben dieser Jahre hält der Kaiser den Getreuen die Geschichte Siziliens vor Augen und beschwört die Vergangenheit mit der gegenwärtigen Absicht, den Siziliern auch die geschichtliche Gemeinschaft bewußt zu machen. Sizilien habe unter Griechen und Römern vielfache Unbill erlitten, da diese rücksichtslos die Gebiete aufteilten und zersplitterten.. erst die Normannen hätten hier ein Ganzes geschaffen. „Seitdem nun dieses adligen Landes Gebiet.... in der heldenhaften und ersten Festigung durch unsere Vorfahren zum Namen KÖNIGREICH gelangte, gewannen die Wohner des Königreichs Namen und den Thron der königlichen Würde lieb." Der Höhepunkt sizilischer Geschichte aber liege — „da die göttliche Macht unserm Zeitalter so große Glückseligkeit geschenkt hat, daß an euren König, von der Milch eurer Liebe genährt und an euren Brüsten entwöhnt, nach himmlischem Ratschluß des römischen Kaisertums Höhe gelangte" — in der Gegenwart, unter der Regierung des sizilischen Staufers, „des Sprossen neuer Züchtung, der mit den schon unter dem Königtume Gebornen zusammen aufwuchs....". Unter dem Kaiser müsse daher die Tapferkeit der Sizilier erst recht groß sein, „wenn schon in den Frühzeiten des erwähnten Heldentums sich unserer Vorgänger edle Anpflanzung reichlich befruchtet erwies". So spornt der Kaiser seine Getreuen zum Kampf an gegen lombardische Treulosigkeit: den Spuren der Eltern sollten sie nachgehen, die Afrika und andre ferne Völker unterwarfen und „neben den Entscheidungen des Schicksals zu Lande auch noch zur See das Ungewisse der Fahrt erprobten".

Solche Anrufe hatten zur Voraussetzung ein Volk, das in gewissem Sinne für den Kaiser schon da sein mußte, an das er solche Worte richten und auf das solche Worte wirken konnten. Die „erste Festigung" hatten freilich die Normannen geschaffen. Doch Guiscards Nachfolger hätten zu dem Gemisch von Arabern, Griechen, Lateinern, Juden so nicht sprechen können und hätten nur ihre wenigen adligen normannischen Stammesgenossen durch die Taten der Ahnen zu befeuern vermocht. Für Friedrich aber waren die Sizilier schon ein Volk mit eigner ruhmreicher Geschichte und er als Erster konnte dies geistig ausnutzen, konnte den Siziliern die gemeinsame Tradition vorhalten und sie des Gemeinsamen mahnen.. ja, er ganz besonders, der kein Usurpator war, sondern ein Sproß der neuen sizilischen Züchtung, der mit dem neuen Volk, mit den schon unter dem Königtume Gebornen zusammen aufgewachsen war, wobei noch die neue Blutsgemeinschaft von Herrscher und Volk, die bislang fehlte, als ein neues Band wirksam wurde. Daß aber des Kaisers Erinnern an Geblüt und an Züchtung kein zufällig gewähltes Wort war, das zeigt ein anderer Erlaß.

Das Sakrament der Ehe hat der Kaiser gelegentlich erklärt aus der natürlichen Notwendigkeit, das Menschengeschlecht zu erhalten. Doch nicht jede Ehe schien ihm auch der anderen Forderung dienlich zu sein: des Menschen „bessere Natur" zu verwirklichen. Infolgedessen erließ der Kaiser ein Gesetz, das so ganz auf die Züchtung Rücksicht nahm und so gar nicht auf den sakramentalen Charakter, daß noch lange Zeit später ein Glossator aufgebracht zu jenem Gesetze bemerkte: „Da ist die ganze Seelenzerrüttung dieses Kaisers Friedrich, der die von Gott im Paradies eingesetzte Ehe als eine gerechte und freie verhindert. Solches Gesetz ist vor dem Richterstuhl Gottes nicht bindend." Friedrich II. verbot nämlich bei Strafe der Güterkonfiskation allen sizilischen Männern wie Mädchen, ohne besondere kaiserliche Erlaubnis eine Ehe mit

Fremdbürtigen einzugehen, mit Leuten also, die nicht in Sizilien geboren waren, und zwar mit einer an die Ursprünge jeder Staatsweisheit gemahnenden tiefsinnigen Begründung: „Oftmals schon hat es uns schmerzlich überkommen, daß nach verschiedner Völker Mischung die Aufrichtigkeit des Königreichs aus fremden Sitten Verderbnis erlitt, so daß, seit die Männer des sizilischen Königreichs sich mit Töchtern Fremdbürtiger mischten, die Reinheit der Menschen verschwärzt ward, und es minderte sich, während das Übel und die Schwachheit der Sinne sich mehrten, unter den Völkern die Lauterkeit, befleckt von Reden und Bräuchen der andern, und von dem Samen Jener ward die Herde der Getreuen versudelt." Daher, so heißt es weiter, sei als Heilmittel „gegen die Schlaffheit der Stämme", gegen die „Buntheit der Menschen des Königreiches" das Eheverbot mit Auswärtigen erlassen.

Deutlicher als in diesem Gesetz läßt sich der Willen des Kaisers, auch dem Blute nach aus den Siziliern ein einheitliches Volk zu schaffen, schwerlich aussprechen, eine Maßnahme, die mit ihrer notwendigen und heilsamen Strenge zugunsten einer höheren Ordnung freilich jeglichem Kirchenbrauch widersprach und stets als eine Ungeheuerlichkeit empfunden wurde, wie schon der Glossator lehrte. Freilich fügte der nicht ohne einige Bewunderung hinzu: „Eifrigst aber trachtete dieser Kaiser, die Leute seines Königreichs durch Sitte und Schwatz der Fremden nicht beflecken zu lassen." Es zielte eben in diesem glasharten Staat, der nicht nur theoretisch auf der necessitas rerum gründete, alles auf die höchste Einheit hin: denn die Einheit war ja Gottes, die Buntheit des Teufels. Daß Friedrich II. erreichte was er wollte: bei seinem Volk das Gefühl der Achtung zu erwecken vor der Würde des eignen Bluts, das beweist die Geschichte. Denn als die Sizilier drei Jahrzehnte nach dem Tod ihres einzigen Kaisers sich gegen die Franzosen, die Anjous zur Vesper erhoben — das am meisten verraßte Volk von Palermo zuerst — und unter den wieder entfalteten Adlerzeichen mit dem Ruf: „Tod den Galliern!" in einem Blutbad ohnegleichen die Franzosenbesatzungen abschlachteten, da rissen sie den von Franzosen geschwängerten sizilischen Weibern mit dem Schwerte den Schoß auf, um die fremde Frucht herauszuholen und zu zertreten.

Was alles der Gesetzgeber durch Zwang und Gewalt an Gültigem schaffen kann, sofern er weiß was er will, das lehrt Friedrich II. Immerhin sind der unmittelbaren geistigen Wirkung des Herrschers auf die breiten Massen des Volks gewisse Grenzen gesetzt und des Herrschers Wollen Denken und Meinen werden hauptsächlich die Zwischenträger in der notwendigen Verdünnung an die Menge weitergeben: die unter dem persönlichen Einfluß des Herrschers stehenden Vertrauten, der Hof, die Umgebung, der „Orden" der kaiserlichen Beamten. Aus dem menschlichen Einfluß auf die Nächsten wird man daher am ehesten auch ein Bild des Kaisers selbst gewinnen können.

III.

Der neue weltliche Staat Friedrichs II. war, geistesgeschichtlich gesehen, ein Sieg der neuen Laienbildung, die seit einem Jahrhundert immer weitere Kreise durchdrungen hatte. Geschlossen aber manifestierte sich diese Profanbildung zum erstenmal im sizilischen Staat. Nicht mehr Kleriker, sondern gebildete Laien waren fortan des Staates geistige Träger und es ist durchaus begreiflich, daß der Staatsgründer selbst einer der gebildetsten Laien hat sein müssen. Erst durch die staatliche Zusammenballung des „säkularisierten", freigewordnen Geistes hat Friedrich II. endgültig jenen Ring gesprengt, den die Kirche als geistigseelische Einheit um das Gesamt des Nicht-Stofflichen gelegt hatte. Die vollkommene geistige Selbständigkeit des neuen Staatswesens erweist sich — deutlicher noch als aus der philosophischen Staatslehre — aus der einfachen Tatsache, daß der Klerus aus der eigentlichen Verwaltung Siziliens ausschied und in ihr sein geistiger Einfluß dahinschwand.

Daß im Jahrhundert Friedrichs II. die Laienbildung schon sehr weit vorgeschritten war, dafür zeugt der sizilische Staat selbst: denn der Kaiser konnte es wagen, auf ihr allein sein neues Königtum zu begründen. Daß ihm jedoch das Vorhandene noch nicht genügte und daß er nun erst recht gebildete Laien in großem Maßstabe heranzuziehen für notwendig hielt, dafür spricht wiederum die Gründung der Staatsuniversität von Neapel. „Durch der Wissenschaft Trank und Saat der Gelehrtheit wollen wir viele Kluge und Einsichtige heranziehen, die durch das Studium beredt in der Beobachtung gerechten Rechtes Gott, dem alle dienen, dienen und uns gefallen durch den Kult der Justitia... Gelehrte Männer fordern wir zu unserem Dienste heraus, um ihnen — gebildet durch den Eifer des Studiums von Jus und Justitia — ohne Sorge die Staatsverwaltung anvertrauen zu können." So hatte der Kaiser schon in seiner Stiftungsurkunde erklärt und damit klar ausgesprochen, welcher Geist seinen Staat lenken sollte: der juristische. Und das kann nicht wundern. Denn war dem Kaiser Mittlerin zu Gott die Justitia, so mußte dies auch für die Folger und Diener gelten.

Von Juristen war der ganze Staat durchsetzt. Die früheren Träger alles geistigen Lebens, die Kleriker, verdrängend hielten die bürgerlichen Juristen ihren Einzug am Kaiserhof und diese Ersetzung des klerikalen durch den freien, weltlichen Geist ist mit die folgenschwerste Veränderung des Bestehenden gewesen.. wichtig auch für die große Politik. Denn was die Kirche längst eingeleitet hatte: das neu erwachende Bürgertum der Städte für sich zu gewinnen, dem stellte Friedrich II. nunmehr ein Entsprechendes entgegen. Freilich: die Kirche gewann, unterstützt von den Bettelorden, die breiten Massen für sich, der Kaiser nur die Gebildeten, den geistigen Adel. Doch da dieser oft genug in den Städten die Herrschaft stützte, so war es von höchstem Belang, daß Friedrich II. in der Erkenntnis dessen, was lebendig und keimfähig war, sich mit dem freien Geist der städtisch-bürgerlichen Juristen zusammenschloß, ihm in weitestem Umfang in der Regierung, in der Kanzlei, in seiner Umgebung Eingang verschaffte und so innerhalb weniger Jahre die Zentralverwaltung nicht nur Siziliens, sondern auch des Reiches völlig umgestaltete. Denn die gemäß den Abmachungen mit der Kurie ursprünglich getrennten Verwaltungen des Imperiums und des Königreiches wurden späterhin zusammengelegt.

Fachjuristen also sollte die Universität Neapel heranbilden, Richter und die gleichfalls juristisch gebildeten Notare. Fest bestimmte „Karrieren", die durchlaufen sein mußten gab es zwar in dem Staate Friedrichs II. so wenig wie das geregelte Ersitzen eines Amtes. Schon die vorwiegend einjährige Befristung der meisten Ämter verhinderte das in gewissem Sinne und es war neben der persönlichen Befähigung des Einzelnen und der Gelegenheit sich hervorzutun vor allem das Glück, in die Nähe des Kaisers und des Hofes zu kommen, worin das „Karriere machen" bestand. Bei der noch verhältnismäßig leicht überschaubaren Zahl der Beamten mag kaum ein wirklich Befähigter dem Kaiser jemals entgangen sein, der die Brauchbaren dann in die Ämter einsetzte, für die sie geeignet und in denen sie notwendig waren, gleichgültig ob damit eine gewohnte Regel befolgt oder durchbrochen wurde. Dennoch lassen sich für die Laufbahnen der juristischen Beamten gewisse Grundzüge herausheben und zu diesen gehörte im allgemeinen die Trennung der richterlichen Laufbahn von der der Notare, obwohl auch hier Überführungen vorkamen.

Der Richter wurde nach Beendigung seines Studiums an der Universität Neapel, über dessen Dauer nichts bekannt ist — in Oberitalien waren drei bis sechs Jahre erforderlich — etwa von einer Stadt als Stadtrichter vorgeschlagen, worauf sich der Betreffende mit einer Beglaubigung an den Hof begab, um dort vom Kaiser selbst oder dessen Vertreter die Bestallung als Richter zu erhalten, den Diensteid abzulegen und nötigenfalls vom Hofgericht auf seine literarische Bildung wie auf seine Kenntnis des Rechts geprüft zu werden. Auf diese Weise lernten der Kaiser oder die Hofrichter den juristischen Nachwuchs einigermaßen kennen, soweit nicht bei Abwesenheit des Kaisers die Provinzial-Statthalter, die Justitiare, die Anstellung besorgten. Den Richtern war alsdann die Möglichkeit gegeben, in den engeren Staatsdienst einzutreten, etwa als Judex bei einem der Justitiare oder späterhin in Oberitalien bei einem der vielen kaiserlichen Vikare, Generalvikare und Podestà. Bestenfalls konnten sie endlich als Großhofrichter in die höchste erreichbare Stelle aufrücken. Doch zum Amte des Großhofrichters war dieser Weg offenbar nicht der einzige, da wir Großhofrichter kennen, die niemals als ordentliche Richter geamtet haben: der berühmte Thaddeus von Suessa, einer der nächsten Vertrauten des Kaisers, ist hierfür ein Beispiel. Bemerkenswert ist weiter, daß überhaupt eine ganze Anzahl nur den Titel eines Großhofrichters führte ohne jemals am Hofgericht teilzunehmen. Es waren die Ratgeber, die consiliarii des Kaisers, die auch in diplomatischen Missionen und in der Kanzlei Verwendung fanden, und überhaupt zum persönlichen Gefolge des Kaisers gehörten. Zum erstenmal treten damit am Hofe eines Kaisers Fachjuristen auf als ständige, nicht nur vorübergehend und zu bestimmten Zwecken herangezogene Räte. — Für die Richter niederen Ranges gab es noch zahlreiche andre Möglichkeiten im Staatsdienst unterzukommen. Richter finden sich als Kämmerer und Großkämmerer, in der Finanzverwaltung als Vorsteher der Rechnungshöfe als Steuereinnehmer, als Kustoden der kaiserlichen Schatzkammer und noch anderweitig.. Ämter, die freilich ebenso von nicht-juristisch gebildeten Adligen wie von Bürgerlichen besetzt wurden. Wesentlich ist hier nur die sich anbahnende juristische Durchdringung auch dieser Stellen.

Die zweite wichtige Gruppe juristisch Gebildeter war die der Notare. Auch für sie war ein Studium erforderlich, und man erwarb sich wohl den Magistertitel, ehe man nach einer weiteren Ausbildung etwa als Registrator einer Kanzlei und nach einer Prüfung vor dem Hofgericht die kaiserliche Ernennung erhielt und die Anstellung als Notar erfolgte. Wie für die Richter war für die Notare der Hofdienst das Erstrebenswerte. Man mag auch hier bisweilen bei dem Gerichtshof eines der Provinzial-Justitiare angefangen haben oder auf irgendeinem Gebiete der Finanz, kam dann an den Hof und wurde Hofnotar beim Hofgericht oder Vorsteher einer der kaiserlichen Kanzleiabteilungen, etwa der einlaufenden Sachen oder der Lehensangelegenheiten. Im allgemeinen freilich ergänzten sich die Hofnotare und Kanzlisten des Großhofs auf andre Weise, wovon noch zu sprechen sein wird. Daß der gesamte Staat von

Notaren durchsetzt war, die den immer mehr anschwellenden Schriftverkehr dieser — darum oftmals so modern erscheinenden — Verwaltung zu bewältigen hatten, wurde bereits erwähnt. Die Unzahl der vom Hofe ausgehenden Befehle, die meistens mehrfach auszufertigen waren, setzte sowohl hier wie an allen Dienststellen ein durchgeschultes Kanzleipersonal voraus, das dem jährlichen Beamtenwechsel nicht unterworfen war. Auch die Notare fanden noch Anstellung in anderen Verwaltungszweigen, vor allem als Finanzbeamte.

Die Durchdringung des weltlichen Staates mit juristischem Geist war nur eine Spiegiung dessen, was sich im Schoße der Kirche schon seit längerem angebahnt hatte: die Kenntnis des kanonischen Rechts war für jeden Kleriker der höheren Grade fast unerläßlich. Ebenso aber war die von den Notaren gepflegte Stilkunst ein ursprüngliches Gut der Kirche. Infolgedessen konnte das Studium an der Universität Neapel und die Tätigkeit in der kaiserlichen Kanzlei auch die Klerikerlaufbahn eröffnen. Hatte man beide Rechte studiert, so bestand die Möglichkeit in kirchliche Stellungen aufzurücken, erfolgte dies nicht, so war man an der Kanzlei geborgen. Des Kaisers Versuche, bei Bischofsvakanzen seine Notare anzubringen, war schon anläßlich der Bischofswahlen erörtert worden. Was jedoch in der Frühzeit stets mißglückte, gelang später desto besser, als nach dem zweiten Bann der Kaiser jegliche Rücksicht fallen ließ und einfach von sich aus oder durch den Erzbischof Berard von Palermo die sizilischen Bischöfe einsetzte, soweit er es nicht vorzog, die Sitze überhaupt vakant zu lassen. Auf diese Weise könnte die Kanzlei des kaiserlichen Großhofs als letzter Ausläufer der alten Palastkapelle erscheinen, die mit ihren Kaplänen einstmals im Deutschland der Ottonen und Salier die künftigen Bischöfe heranzubilden bestimmt war. Der wesentliche Unterschied von allem Früheren war jedoch, daß am Großhof Friedrichs II. diese klerikalen Kanzlisten, die übrigens nie sehr zahlreich waren, ein geistiges Element darstellten nicht weil sie Kleriker, sondern weil sie Juristen waren, gewissermaßen: trotz ihres Kleriker-Seins. Der Kaiser war auf sie nicht angewiesen und im übrigen wurde ihre Kleriker-Eigenschaft schließlich so gleichgültig und belanglos und dazu für Friedrich II. so ungefährlich, daß etwa Walther von Ocra, Notar und Kaplan des Kaisers und einer der meistbeschäftigten Beamten, späterhin sogar sizilischer Kanzler wurde. Doch den einstigen Bischofskanzlern glich er keineswegs: Walther von Ocra war ein kaiserlicher Beamter, der zufällig auch Kleriker war. Im übrigen blieb der hohe Klerus auch am Großhof noch immer vertreten, insbesondere durch solche Prälaten, die sich dem neuen Geist anzupassen vermochten. So gehörte neben dem Erzbischof Berard von Palermo auch der Erzbischof Jacob von Capua zur nächsten Umgebung des Kaisers . . ihn hatte Friedrich wohl bei Beratung der die Kirche und den sizilischen Klerus betreffenden Gesetzestitel zur Mitarbeit an den Konstitutionen von Melfi herangezogen. Noch einige andre Bischöfe standen dem Kaiser nahe, so der Erzbischof Berard von Messina und Bischof Petrus von Ravello. Doch wenn diese Prälaten für das geistige Leben am Hofe überhaupt noch etwas bedeuteten so auch nur deshalb, weil sie sich den geistigen oder literarischen Bestrebungen des Großhofs einfügten. Selbständige Bringer geistigen Lebens, was einst der Bischöfe Amt gewesen, waren diese Prälaten nicht mehr. Dennoch ist es nicht zu unterschätzen, daß in den universalen Geist dieses Hofes auch die kanonistische Bildung miteinfloß. Daß die Universität Neapel, die fast alle Fakultäten umgriff, auch von Klerikern vielfach besucht wurde, war selbstverständlich, da die sizilischen Untertanen zwangsweise hier studieren mußten. Neben anderen Großen der Kirche ist damals einer der Größten aus der Universität Neapel hervorgegangen: Thomas von Aquino, der Doctor Angelicus der römischen Kirche.

Friedrich II. hatte zwei Jahre nach Gründung seiner Universität anläßlich des mißglückten Hoftages von Cremona (1226) die Universität Bologna für aufgehoben erklärt. Er verband damit eine besondere Absicht. Denn damals schrieb er den Professoren sowie den Scholaren Bolognas: er wünsche nicht, daß unter der Widerspenstigkeit der rebellischen Bolognesen, die sich dem Lombardenbund angeschlossen hatten, auch die Gelehrten zu leiden hätten. Deshalb fordere er sie auf, Bologna zu verlassen und nach Neapel überzusiedeln, „wo das von uns mit vieler Sorgfalt eingerichtete Studium blüht..., die Anmut der Gegend lockt wie der Überfluß an allen Dingen und die verehrte Gemeinschaft der Doktoren". Doch dieser große Plan, die berühmte Rechtsschule Bologna selbst nach Neapel zu verpflanzen, gelang dem Kaiser nicht. Denn als durch die Vermittlung des Papstes ein vorläufiger Frieden mit dem Lombardenbunde zustande kam, mußte der Kaiser mit der Ächtung Bolognas auch die Aufhebung der Universität zurücknehmen, und die bolognesischen Scholaren spotteten damals über die kaiserliche Hochschule Neapel: dies neue Generalstudium sei nur ein Embryo und noch dazu ein recht schwächlicher, der nicht gedeihen könne. Denn sein Leben hänge ab von dem Willen des Gründers, der zu nichts verpflichtet sei und dessen Willen sich leicht ändern könne. Die Bolognesen hatten damit nicht unrecht: denn auf Gedeih und Verderb blieb das Geschick dieser Staatsuniversität, die da plötzlich gestiftet war, verbunden mit dem

Schicksal des Staats und des Kaisers, und als während des Kreuzzugs die päpstlichen Truppen ins Königreich einfielen, hörte in der Tat das Studium zu Neapel auf, wenn auch nur für einige Jahre. Im Jahre 1234 hat Friedrich II. die Universität erneuert und allmählich recht bedeutende Lehrkräfte nach Neapel gezogen. Das Zivilrecht hatte anfangs Roffred von Benevent gelehrt.. die Dekretalen der Kanonist Bartholomäus Pignatellus.. in den freien Künsten unterrichtete der Magister Terrisius von Atina .. ein Katalonier, der Magister Arnaldus las über die naturphilosophischen Schriften des Aristoteles. Ferner war der Grammatiker Walther von Ascoli für Neapel gewonnen, der hier sein in Bologna begonnenes Werk: eine etymologische Enzyklopädie abschloß. Schließlich wirkte noch in den Naturwissenschaften der Ire Petrus von Hibernia, Lehrer des Thomas von Aquino, von den Zeitgenossen gefeiert als „gemma magistrorum et laurea morum".

Friedrichs II. schwere Kämpfe mit der Kirche machten später wieder gewisse Einschränkungen des Studiums notwendig, doch bis zu seinem Tode kam es nicht mehr zu einer Auflösung der Universität. Ihre Verwaltung lag seit der Erneuerung von 1234 in den Händen eines Justitiars der Scholaren, so daß die Hochschule eine gewisse Selbständigkeit hatte. Trotzdem war sie noch unmittelbar mit dem Großhof verbunden und zwar vor allem mit der kaiserlichen Kanzlei. Denn wer für das Studium die maßgebende Persönlichkeit war, das wußten die Lehrer und Scholaren der Universität: als sie 1234 um Erneuerung des Studiums baten, wandten sie sich nicht unmittelbar an den Kaiser, sondern an die „Meisterlichkeit", die schon damals „für die Ohren des Kaisers als Ausleger der alleinigen Wahrheit" galt: an den Großhofrichter Petrus de Vinea.

Wenig genug ist es, was wir über diesen berühmten Gelehrten und Literaten wissen, der als ein anderer Petrus auf Erden „zum Herzen Friedrichs beide Schlüssel führte" und dann in der Hölle, im Geisterwalde der Selbstmörder vor Dante beteuert: nur der Höflinge Neid, die „Hure der Höfe" habe ihn gestürzt. Einen immer wiederkehrenden Typ glaubt man in Petrus de Vinea zu sehen, so sehr, daß Conrad Ferdinand Meyer sein Bild ohne Schwierigkeit auf den Engländer Thomas Becket übertragen konnte. Dennoch ist Petrus de Vinea von allen den Kanzlern der Art eines Cassiodor oder Rainald von Dassel in seiner ganzen Stellung und seiner menschlichen Beziehung zum Herrscher von Grund aus verschieden gewesen. Denn er war nicht der ergänzende Geist eines Kriegsfürsten, sondern ein Werkzeug, das sich der spirituellste Kaiser für seine Zwecke ganz bewußt geschaffen hatte: Sprecher und Künder des herrscherlichen Geists.

Als Logothet, „der die Worte setzt", und größter Stilist der lateinischen Sprache im Mittelalter war er in Wort und Brief der Mund des kaiserlichen Denkens und Handelns, der Schöpfer überhaupt des eigentlich kaiserlichen Sprachtums und des majestätischen Sprachtons, zugleich als der berühmte Jurist Verfasser wohl aller Gesetze des Kaisers, als der durch und durch gebildete Gelehrte und Humanist der Ratgeber, Vertraute, ja der Freund Kaiser Friedrichs II. Eben als der Meister aller Formgebung, der die für die Welt wirksame Sagform der kaiserlichen Fülle und Kraft wie kein andrer beherrschte, der dem Tun des Kaisers die jeweils wirksamste Deutung gab und dadurch nicht wenig das kaiserliche Auftreten selbst mitbestimmte, dessen ständiges Wechseln und Frontverändern er faßbar zu machen und zu verkünden hatte, war Petrus de Vinea dem Kaiser unentbehrlich. Friedrich hatte ihn aus dem Nichts aufgehoben und zur höchsten Stelle emporgeführt, ihn zum Mitwisser all seiner Pläne gemacht, und war gerade deshalb schließlich gezwungen, ihn zu vernichten, als der Diener auf unbegreifliche Weise zu straucheln begann. Bei jedem andern hätte wohl ein Verweis, eine Entfernung genügt, ein Fehltritt Vineas aber forderte gleich die Vernichtung.. es war ein Leben, welches das Schicksal mit in die Tragödie des staufischen Hauses hineinriß.

Nach der Legende soll Petrus de Vinea von niederster Herkunft gewesen sein: Sohn eines unbekannten Vaters, einer verworfenen Mutter, die durch Bettel ihr und sein Leben elend erhielt. In Wahrheit war er aus angesehener Familie, der Vater wohl Stadtrichter in Capua und Capua zweifellos der Geburtsort des Petrus. Er scheint sich allerdings ohne Unterstützung seiner Familie nach Bologna begeben und dort in wirklicher Not und Dürftigkeit seine Studien des kanonischen und bürgerlichen Rechtes getrieben zu haben, bis er sich schließlich mit einem Bittgesuch an den Erzbischof Berard von Palermo wandte. Es spricht für beide Teile gleich stark, daß nur auf diesen einen Brief hin, wie überliefert wird, Berard von Palermo den Bittsteller sofort dem Kaiser empfahl, der ihn denn auch bei der Rückkehr ins Königreich (1221) als Notar in seine Kanzlei einstellte und die hohe Begabung erkennend rasch zum Großhofrichter, dann zum Protonotar des sizilischen Königreiches aufrücken ließ, bis er späterhin für Petrus de Vinea das Amt des Logotheten schuf, der nicht nur in den Schreiben, sondern tatsächlich bei den Hochgerichten des Kaisers Mund sein sollte. Als Großhofrichter gehörte Petrus de Vinea zu jenen juristischen Räten in des Kaisers nächster Umgebung. Als solcher hat er im Jahre 1231 wohl sämtliche Gesetze der Konstitutionen-Sammlung formuliert, so sehr „der Tribonian dieses Justinian von Sizilien", daß die Nachwelt seinen Namen in das Schlußwort des Liber augustalis einfügte. Später übernahm Vinea vollständig die Leitung der kaiserlichen Kanzlei und sein Ruhm gründete ganz besonders auf seiner stilistischen Fähigkeit. Indessen hatte auch diese seine eigentliche Kunst ihre im Menschlichen wurzelnde Entwicklung: denn nur schrittweis und schritthaltend mit dem Wachsen des Kaisers wuchs auch Vineas Fähigkeit des Sagens. Erst als nach dem Kreuzzuge dem Kaiser der Weltraum geweitet war, begannen auch die Manifeste des Capuaners sich zu weiten und zu steigern und in dem ungeheuren Pathos zu schwingen, das von Jahr zu Jahr prächtiger und schauriger die Weltmajestät Friedrichs II. umdröhnte. Sein Latein war eine formvollendete Kunstsprache, oft schwer verständlich, so daß schon die Zeitgenossen Vineas Hochstil „gewollt dunkel" nannten. Doch nur durch diese Dunkelheit war es wohl möglich, dem durch Jahrhunderte mißhandelten Latein zuletzt noch einmal die nötigen Töne der Höhen und Tiefen abzugewinnen, ohne doch dieser Sprache ihr Lebendiges zu nehmen. Denn als wenig später die Humanisten die klassische Römersprache eines Cicero aufs neue belebten, da hatten sie — ein merkwürdiges Verhängnis — das Latein als eine tote Sprache neuentdeckt und wiedergeboren. Sprachschöpferisch ist nach Petrus de Vinea in der lateinischen Sprache niemand mehr gewesen. Mit seinem dunklen Stil klang das lebendige Latein aus, in feierlich gebauschtem Prunk und Pomp und in einer gleißenden prächtigen Fülle, die in ihrer allumfassenden Weite und ihrer Formfreude freilich auch die neuen Keime der klassischen Humanisten-Latinität schon in sich barg. Denn Vineas Sprache, auf diesem Gebiete gleichsam eine „Summa", umgriff als Abschluß noch einmal alle Möglichkeiten der lateinisch-christlichen Sprachwelt im Bereich von Imperium und Kirche.

Jahrhunderte hindurch blieben seine Briefe, die man gesammelt, Musterstücke einer vollkommenen Sprachform und lebten in den Kanzleien der Potentaten nach, als die zugehörige christliche Römerwelt schon längst erstorben war, Briefe, die zugleich das Bild des Kaisers bewahrten, das dieser dem Sager einst aufzwang. Was in diesen Briefen Friedrich II., was Petrus de Vinea ist, wird sich niemals entscheiden lassen und beider Einheit bestimmte auch die Sprachform der andern kaiserlichen Kanzlisten. Des Capuaners kunstvolle und pathetische Formen wären unwahrhaftig und hohl ohne die Wirklichkeit des hinter ihm stehenden und insgeheim die Feder führenden Kaisers und ohne das weite Rund des Römerimperiums — schon König Manfreds Briefe in Vineas Stil lassen den Riß oft peinlich empfinden.

Über Vineas Person erhält man nicht den Aufschluß den man begehrte.. aber seine Manifeste Briefe und Gedichte zeigen ihn als einen jener feingebildeten Literaten, wie sie der mit Petrarca erwachende Humanismus ähnlich und zahlreich hervorgebracht hat. Im frühen Dugento aber war Vinea unter noch Wenigen der Bedeutendste, der einerseits das ganze Späte, Formale der Zeit völlig beherrschte: die kanonische und zivile Rechtskunde, Scholastik und alte Philosophie, kirchliche und antike Autoren, Briefkunst Rhetorik und Dichtkunst.. und der andrerseits trotz der Späte mit einer ungebrochenen urwüchsigen Kraft, die feurig und leidenschaftlich aus den Schreiben spricht, für alles zu brauchen war: als Gelehrter und Richter, Philosoph und Künstler, Stilist Diplomat und Hofmann, als Gesandter und Unterhändler, ja selbst als Krieger, der gelegentlich die Schlachtreihen ordnet, wohl gar am Kampfe selbst teilnimmt. Der Dienst hat ihn verbraucht.. daß er früh gealtert war — im Gegensatz zu dem stets fast jugendlichen Kaiser — sagt Vinea selbst einmal. Über sein Aussehen ist wenig bekannt. Aber wenn auch die uns erhaltene sogenannte Vinea-Büste vom Capuaner Brückentor kaum den gefeierten Großhofrichter Friedrichs II. darstellt, sondern einen spätantiken Philosophen, so würde doch die zeitgenössische Deutung dieser Büste als die eines Richters vom Hofe des Staufers besagen, daß dieser Typ unter den Rechtsgelehrten des Großhofs vorhanden war und eben mit spätantiken Philosophen eine gewisse Ähnlichkeit hatte: ein schwerer ernster Gelehrter, mit einem überlegenen, vielleicht sogar spöttischen Ausdruck, aber wuchtig und stark und massig auch durch den mächtigen Bart, der diesem Männerkopf noch besonderes Gewicht gibt...... nach allem was wir wissen also dem Kaiser höchst unähnlich.

Die Beziehungen des Petrus de Vinea zur Universität Neapel sowie die der kaiserlichen Kanzlei und des Großhofes überhaupt beschränkten sich nicht auf die Verwaltung, sondern betrafen ebensosehr die Personen. Einmal weil Hofbeamte auch als Lehrer in Neapel Vorlesungen hielten: anfangs der Großhofrichter Roffred von Benevent, später ein kaiserlicher Hofnotar, Nicolaus von Rocca, der in Neapel rhetorische Kurse veranstaltete. Wichtiger war die Verbindung der Kanzlei mit den Studenten selbst, insofern die angehenden Juristen, vor allem die Notare auf der Universität zwar die Grundlagen, den eigentlichen Schliff aber erst am Hofe des Kaisers erhielten. Die literarische Ausbildung dieser Erwähltesten lag nämlich mehr oder weniger unmittelbar in den Händen des Petrus de Vinea, in dessen Kanzlei sie den „stilum supremum" erlernten. Petrus de Vinea war damit der Fortsetzer einer Tradition, die nicht am Hofe, wohl aber in seiner Geburtsstadt Capua heimisch war. Denn die Stilkunst, die ars dictandi, hatte in dieser Stadt eine so besondere Pflege gefunden, daß man durchaus von einer Capuaner Stilistenschule sprechen kann, deren Eigenart das unmittelbare Zurückgehen auf die spätantike Kunstprosa war. Petrus de Vinea mag selbst in Capua die Kunst des Diktates erlernt haben, während die Stilisten der ihm vorausgehenden Generation ihrerseits wieder den berühmten Briefstil der päpstlichen Kurie unter dem großen Innocenz aufgenommen hatten. Gerade dem Bestreben des Kaisers, seine Kanzlei auf die Höhe jenes kurialen Briefstils zu bringen, mag auch Petrus de Vinea seine Empfehlung durch den Erzbischof von Palermo wie die Aufnahme am Großhof verdankt haben, da vermutlich sein Bittbrief schon eine Probe außerordentlichen Könnens darbot. Der Wert, den Friedrich II. auf den Briefstil legte, und der Ehrgeiz, darin mit der Kurie zu wetteifern, mochte vielleicht mit dem allgemeinen Formgefühl des Kaisers zusammenhängen, vor allem aber war ihm dieses Können ein politisches Mittel. Denn mit seinen Manifesten mußte sich der Kaiser die öffentliche Meinung der Welt gewinnen, welche diesem Imperator des christlichen Universalreiches das antike Forum ersetzte, so daß hier die Briefkunst durchaus die forensische Rhetorik Roms und der hellenischen Städte vertrat. Mit gutem Grunde verglich man daher immer wieder den Capuaner Rhetor Petrus de Vinea mit Cicero.

Es war nun ungemein bedeutsam, daß Petrus de Vinea die zu Anfang des Jahrhunderts in Capua blühende Diktatorenschule, der er selbst noch entstammte, mit dem Großhof eng verband, ja sie in die kaiserliche Kanzlei verpflanzte. Die Kanzlei wurde damit selbst zur Diktatorenschule und das eigentliche literarische Leben am Hofe hatte hier den Mittelpunkt. Was am Kaiserhofe an den Humanismus erinnert: die Verknüpfung mit der Antike, der Romkult des Kaisers, das Caesarische in Formen und Titeln, Vergleichen und Bildern: das alles wurzelte in dem Kreise des Vinea und seines gelehrten Anhangs, dem wiederum die Gegenwart eines wirklichen Caesar die Augen öffnete. Hier war die Wirkung gegenseitig steigernd: Friedrich II. durfte sich als Caesar geben, weil die Seinen solches Bild aufnehmen konnten, und er mußte sich so geben, weil Rhetorenstil und Briefkunst ihn als Caesar sagten. Und das gleiche galt für seine christliche Haltung: denn die kaiserliche Briefkunst war aus dem kurialen Stil erwachsen, dem alle jene biblischen Vergleiche, auch solche mit Christus entstammten. Die renaissancehafte Einung von Christlichem und Römisch-Antikem, die bei Friedrich II. vorherrscht, ist gebunden an diese Gruppe der Stilisten, denen die Bibelkenntnis wie die der antiken Autoren um ihrer Kunst willen unerläßlich war. Das Lebendige selbst ist damit freilich nicht erklärt: denn aus den gar nicht wenigen uns erhaltenen Privatbriefen der kaiserlichen Kanzlisten geht überall hervor, welcher Wissensdrang diese Beamten, von der starken geistigen Luft des Kaiserhofes einmal berührt, für allezeit beseelte. Selbst aus dem Kerker bittet ein in Gefangenschaft geratener Notar die Freunde, ihm doch den Livius oder andere Geschichtschreiber zu senden — getragen dabei von dem Bewußtsein, jenen Autoren „auch nur die Schuhriemen zu lösen nicht würdig zu sein". Durchgehend ist dabei die vom Kaiser selbst genährte Anschauung herrschend, daß man „durch die Wissenschaft Ruhm erwirbt, durch den Ruhm anderen an Ehre zuvorkommt, und durch die Ehre sich Reichtum gewinnt".

Dieses Wissen, vom Kaiser so hoch gestellt und drum von den Höflingen begehrt, vermittelten nun in weitestem Umfang der Großhof und die Kanzlei selbst. „Am Kaiserhofe haben die Brüste der Rhetorik vielen hervorragenden Geistern Milch gegeben" schreibt Petrus de Vinea einmal einem jüngeren Freunde, den er später als Notar an den Hof brachte und mit dem er wie mit andern auch einen Briefwechsel unterhielt, der gleichzeitig stilpädagogischen Übungen diente. In dieser Form mag der Unterricht und die Erziehung zum Briefstilisten vielfach vor sich gegangen sein, so daß der Brief Selbstzweck und Mittel zugleich war. Es ist nicht weiter zu verwundern, daß der Nachwuchs an Stilisten größtenteils der Heimat des Petrus de Vinea entstammte: Kampanier meistens, wenn nicht gar Capuaner. Eine ganze Anzahl von Schülern Vineas ist bekannt, den man gelegentlich geradezu als den eigentlichen Erzieher der literarischen Jugend kennenlernt. Johann von Capua, der sich selbst den Schüler des Petrus nennt, gibt in einem Trostschreiben an zwei Sekretäre des Kaisers anläßlich des Todes eines dritten — sie alle drei gleichfalls Zöglinge des Großhofrichters — ein recht deutliches Bild von Vineas menschlichem Wirken: „Ich weiß wie unser einziger Wohltäter und Meister, Petrus de Vinea, durch den Tod eines solchen Freundes erschüttert ist, da er nicht ohne Grund im Herzen die größten Erwartungen genährt hat, daß sein Weinberg (vinea) also drei Schößlinge aus einem fruchtbaren Rebstock hervorgebracht hätte und daß er aus dem Schoß seiner Teueren drei würdige Zöglinge dem Kaiser vorstellen würde, drei Buhlen seiner eigenen Würde, drei Folger seines eignen Lebens. Es hätten dann wohl die Unwissenden zu erforschen getrachtet, die Wissenden es bewundert, wie alle drei von einem solchen Lehrer die gleiche Lehre in gleicher Weise empfingen und wie Eine

Liebe in Dreien zugleich zusammenwachsen konnte. Glücklich fürwahr die Gemeinschaft, diese Dreieinheit, die von Lehrern und heimischer Art in nichts abweicht." Das spricht deutlich genug für den schulmäßigen Charakter und für die capuanische Tradition. Sehr klar kommt auch der unausbleibliche Wetteifer der Höflinge untereinander heraus, wenn es heißt: Petrus de Vinea erwerbe sich zwar Ruhm und Lob, aber auch Neid, wenn seine Schüler „Gnade fänden in den Augen des Fürsten" und von ihm ein Amt erhielten, der „die Sekte der neuen Jugend liebe". Immer wieder wird Vinea im Hofkreis unter Anspielung auf seinen Namen in diesem Sinne der „fruchtbare Weinberg" genannt.. er war Mittelpunkt und Seele dieses höfischen Treibens, und an ihn wandte man sich um Aufklärung, wenn über dies oder jenes Problem die Höflinge „in den Schulen in lustigen Streit gerieten", wie das immer der Fall ist, sobald sich geistige Menschen zusammenfinden.

Wesentlich war für alles dies freilich auch Vineas Stellung zum Kaiser, dessen vollstes Vertrauen er genoß. Es blieb nicht aus, daß man dem mächtigen Manne, „dem Weinberg des Herrn" schmeichelte, indem etwa ein Prälat schrieb: Vinea sei der Petrus, auf dessen Fels des Kaisers Kirche sich gründe, wenn der kaiserliche Geist sich stärke beim Mahl mit seinen Jüngern. Des Kaisers Vikar nannte man ihn entsprechend dem Apostelfürsten Petrus, dem Vikar Christi, und als solchen auch „Schlüsselträger" zum Reiche von dieser Welt, zum Herzen des Kaisers — jenes Bild, dessen sich Dante später gleichfalls bediente. Des Petrus mittelbarer Einfluß auf die Hofgesellschaft war nicht minder groß. Man umbuhlte ihn freilich als den Günstling Friedrichs II., doch wenn die höchsten Prälaten und Würdenträger bei ihm nach der allgemeinen Stimmung des Großhofes fragten und nach der des „Dominus", des „Caesar", oder mit Vinea schmollten, weil er so lang keine Nachricht gab, oder ihm diese und jene Bitte um Befürwortung und Förderung beim Kaiser vortrugen, so suchten auch deren Briefe alle die hohe Sprachstufe des Meisters zu halten, dessen Antworten dann oft genug mit leiser Ironie sich in noch pompöseren Worten Bildern und Satzbauten bewegten. Auch der Verkehr mit den Lehrern des Rechts in Bologna war durch Petrus de Vinea eine Weile aufrechterhalten. Doch wenn ehemals römische Kaiser sich in Bologna Auskunft erbaten über die Auslegung oder Anwendung eines Gesetzes, so erschienen jetzt Doktoren Bolognas vor Friedrich II., ihn über die Handhabung gewisser, Sizilien eigentümlicher Rechte zu befragen, worauf ihnen der Kaiser auch bereitwilligst Rede stand. Petrus de Vinea selbst hatte ja mit den Konstitutionen von Melfi eine der größten juristischen Leistungen des

Jahrhunderts hervorgebracht. Schon sehr bald wurde der Liber augustalis glossiert und diese Glossatoren waren wiederum mehrfach Juristen, die die Universität Neapel hervorgebracht hatte. So griff da eines ins andere.

Als ein schulmäßig erlernbares Handwerk gehörte zur Rhetorik und Stilistik auch die lateinische Verskunst.. sie war daher fast ausschließlich in dem Kreise der Juristen und Stilisten vertreten. Lateinische Profandichtung breitete sich in Italien erst verhältnismäßig spät aus und eines der frühen italischen Erzeugnisse einer Goliardendichtung geht auf Petrus de Vinea zurück: ein langes satirisches Gedicht gegen die Habgier von Prälaten und Bettelmönchen, das jedoch vor den sonstigen Vagantenliedern die positive politische Bedeutung voraushatte. Auch bei seinen Schülern finden sich lateinische Verse und ein großes Gedicht stammt von dem Magister Terrisius von Atina, der gleichfalls zu Vineas Freunden zählte. Notar war auch der Chronist Richard von San Germano, der eine Anzahl Gedichte in seine Chronik eingeflochten hat. Aber er gehörte nicht zu dem eigentlichen Vineakreise, so wenig wie der Richter Richard von Venusia, der in Distichen eine Komödie verfaßte voller Anspielungen auf kaiserliche Beamte. Die Komödie war dem Kaiser gewidmet.. ein erstes Erzeugnis dieser Art.

Aus dem Kreise der Beamten sind indessen auch Dichtungen in griechischer Sprache hervorgegangen. Kalabrien war noch vielfach griechisches Sprachgebiet und diese Landschaft soll ja auch der Renaissance die Kenntnis des Altgriechischen wieder vermittelt haben: Barlaam, angeblich der griechische Lehrer Petrarcas und Boccaccios, war Kalabrese. Es wurden daher auch die Konstitutionen von Melfi sehr bald nach der Bekanntgabe ins Griechische übersetzt, und von Friedrich II., der auch diese Sprache beherrschte, sind eine Anzahl griechischer Briefe an seinen Schwiegersohn, den Kaiser von Nikäa Johann Vatatzes, erhalten, die wohl der gleiche griechisch sprechende Notar formuliert hat, der auch sonst griechische Urkunden ins Lateinische übersetzte: Johann von Otranto. Von ihm ist ein in Jamben verfaßtes Gedicht auf die Belagerung von Parma überkommen, ein Ereignis, das auch der Chartophylax Georgios von Gallipoli (in Kalabrien) zum Inhalt eines größeren Poems machte neben einem begeisterten Enkomion auf Friedrich II., in welchem der Kaiser als der Donnerer und Blitzeschleuderer des griechischen Götterhimmels erscheint. Auch diese Luft also umwitterte noch den Staufer, und im Humanistenalter hat man dafür auf eine sonderbare Weise Verständnis bekommen. Im Jahre 1497 nämlich will man in einem Teiche bei Heilbronn einen Karpfen gefangen haben, in dessen

Kiemen unter der Haut ein Kupferring befestigt war mit einer griechischen Inschrift, die besagte: Friedrich II. habe mit eigener Hand diesen Fisch in den Weiher ausgesetzt. Die Humanisten aber, die da spürten, daß „in der Hand Friderici II. eine sonderbahre Lebenskrafft gestecket", hat vor allem die griechische Sprache der Inschrift aufgeregt und man meinte, es sei wohl Friedrichs Absicht gewesen, das Studium der griechischen Sprache in Deutschland gerade durch einen sonst stummen Fisch zu neuem Leben zu erwecken.

Wie stark die geistige Bewegtheit am staufischen Großhof auf die fremden Länder wirkte, lehrt etwa das Gedicht eines Engländers, Heinrich von Avranches, der in diesen Jahren dem Kaiser seine Dienste anbot. Als einen in allen Zweigen der Stilkunst Erprobten gibt sich der Poet zu erkennen, vertraut mit der ganzen frühhumanistischen Bildung, wie sie in England schon Johann von Salisbury vertreten hatte. Weitläufig läßt er sich über den Ursprung der lateinischen Dichtung aus, die von den Hebräern durch Adonis und Sappho auf die Griechen und von diesen auf die Lateiner übertragen sei, und die er selbst ebenso beherrsche wie verehre. Der Vers galt ihm als die göttliche Art der Rede, und wer Prosa in Verse zu bringen wisse, der könne auch die Höhlen eines wüsten Königreiches in Häuser verwandeln. Darum wolle er, der Engländer, an den Hof des Kaisers und dessen Genosse in der Dichtkunst sein oder verschmäht seiner Würde als König der Lieder entsagen.

Daß der Kaiser in lateinischer Sprache gedichtet habe, entspricht zwar nicht den Tatsachen, wenn man von den Versinschriften an kaiserlichen Kastellen und Schlössern und einigen gelegentlichen Distichen absieht, die einer Überlieferung zufolge vom Kaiser selbst herrührten. Dennoch stand Friedrich II. dem Leben und Treiben auch jener Stilisten nahe. Ihr Wissen dürfte er weitgehend beherrscht haben, und daß er selbst, der Wortgewandte, Reden zu halten wußte, wird mehrfach berichtet. Allerdings bevorzugte er besonders in späterer Zeit, statt seiner den Petrus de Vinea sprechen zu lassen, der den großen Staatsreden ebensogut einen Vers des Ovid wie einen messianischen Bibelspruch zugrunde legte. Denn es lag dem Kaiser fern, seine Fertigkeit zur Schau zu stellen, und mit vielem Reden vor dem Volke hielt sich Friedrich II. wohlweislich zurück: „Er spricht wenig, weiß viel und vermag viel," urteilte die öffentliche Meinung. Um so ungeheuerlicher muß es dann gewirkt haben, wenn bei ganz wichtigen Gelegenheiten nach Petrus de Vinea der Kaiser selbst noch einmal das Wort ergriff, und den staunenden Schauer des Volks, wenn über den Häuptern der Menge die Sacra Majestas von erhabenem Throne herab selbst feierlich sich gegen den römischen Bischof verwahrte, wie es einmal geschah, läßt der Bericht noch erkennen. Vielleicht beginnt mit Friedrich II, den man als „Spiegel der Welt in Rede und Sitte" feierte, wirklich der Brauch der fürstlichen Prunkrede. Doch sie stieg bei dem Staufer noch aus den letzten Notwendigkeiten herauf und jenen geheimnisvollen Schauder vermochten die Fürsten der Renaissance und des Absolutismus kaum noch zu wecken. So natürlich dem Kaiser die ungeheure Geste der christlichen Weltmajestät war, ebenso selbstverständlich war seine freiere Entspanntheit und die Lockerung, wenn er sich im Kreise seiner Vertrauten befand und er sicher sein konnte, daß keines seiner Worte mißdeutet wurde. Friedrich II. habe das „dilicato parlare" über alles geliebt und das geistvolle wie geistige Gespräch, bei dem ein unbeschreiblicher Zauber von ihm ausgegangen sein muß, war ihm durchaus ein Bedürfnis. Doch der Staufer brauchte sich keinen Voltaire vom Ausland zu verschreiben, und die vielen fremden Gelehrten, die auch er an seinen Hof zog, hatten nur die Aufgabe, ganz bestimmte naturwissenschaftlich-philosophische Gebiete neu zu erschließen und zu bearbeiten, die vornehmlich durch den Kaiser auch den anderen Hofleuten bekannt wurden. Für das „dilicato parlare" die Resonanz zu finden, dazu bedurfte jedoch Friedrich II. nicht der Fremden. Des Staufers ganzer Hof war seines Geistes, kein einziger, der des Kaisers Wesen nicht dem eignen Fassungsvermögen gemäß hätte aufnehmen können, und auf jeden einzigen der Hofbeamten, Notare und Stilisten ging ein gehöriger Teil über von der Gesamtbildung und Weltanschauung des Kaisers. Noch viele Jahrzehnte nach seinem Tode läßt es sich fast mit unbedingter Genauigkeit sagen, ob ein Briefschreiber mit einem jener Geister in Beziehung gestanden hat, denen „am Kaiserhof die Brüste der Rhetorik Milch gegeben haben".

Denn bestimmte philosophische Anschauungen, die man später einfach als „ghibellinisch" bezeichnete und zu denen das Vorherrschen von Natur Vernunft Notwendigkeit in bestimmten Zusammensetzungen gehörte, späterhin insbesondere der Glauben an die Fortuna statt an die Vorsehung, ferner das Zurücktreten verbrauchter Bibelzitate zugunsten solcher aus antiken Autoren — das alles war Geist, der unmittelbar aus dem Geiste Friedrichs II. und seiner Runde floß, und für den die Zeit wie die Genossen des Kaisers durchaus reif waren. Wie sehr aber das Schaffen dieses geistigen Bodens planmäßig, gewollt und bewußt war, das hat schon Vineas Wirken recht deutlich gezeigt.

Etwas wie die Ausbreitung einer neuen Lehre ging von dem Hofkreise aus und dies wäre überhaupt eines der Kennzeichen: das Hereinbrechen eines jungen Geistes in eine Auflösungs- und Spätzeit, eines Lebendigen, das ganz von selbst alles Lebendige anzog. Geistig Überaltertes hatte in diesem Staate nirgends mehr Platz, ja die ganze kaiserliche Umgebung war nicht nur dem Geist, sondern auch dem tatsächlichen Alter nach unvergleichlich jung und vollblütig und lebendig. Dem steinalten Papst Gregor mochte da mit gutem Grund bange geworden sein, wenn er sich eigens über die allzu große Jugend der kaiserlichen Beamten beschwerte.. freilich nur mit dem Erfolg, daß der Kaiser diese Beschwerde kurz abtat: das ginge den Papst gar nichts an und er mache ihn darauf aufmerksam, daß nach dem sizilischen Gesetzbuch über die Eignung kaiserlicher Beamter sich zu äußern schon Sakrileg sei. Das war zynisch, wie überhaupt — ein Zeichen für das Positive und Lebendige aller dieser Freunde des Kaisers — am Hofe ein unsagbarer Zynismus geherrscht hat, mit dem man nach dem Beispiel des Kaisers die Gegenwelt bedachte.. und nicht nur diese. Friedrich II., der den eigenen, meist sehr scharfen und ätzenden Witz schwer unterdrücken konnte, mochte sich in seinem Vertrautenkreise nur wenig Zügel angelegt haben und sein Hohn ergoß sich dann nicht nur über den Papst, sondern machte auch vor den Freunden und sonstigen Zeitgenossen nicht halt.. etwa wenn er sich über die Gesandten seiner treuesten Stadt Cremona lustig machte und ihre komische Redeweise selbst nachahmte, wie sie sich bei den Audienzen immer erst gegenseitig zu loben pflegten, ehe einer von ihnen sein Anliegen vorbrachte. Oder wenn er von dem befreundeten Markgrafen von Montferrat bemerkt: man brauche einen Pickel, um aus ihm Geld herauszukratzen.. ein Wort, das ein Troubadour sofort aufgriff und in sein Sirventes einflocht. Selbst über seinen Zeitgenossen Dschingis-Khan spöttelte er, als der ihm den allerdings nur aus asiatischen Perspektiven begreiflichen Vorschlag machte: Friedrich II. solle sich ihm unterwerfen — er würde dann am Hofe des Groß-Khans ein Hofamt erhalten.. worauf der Kaiser schlagfertig geantwortet habe: das Falkneramt käme für ihn in Betracht. Andererseits belustigte es den Kaiser nur, wenn ein Witzwort seiner Vertrauten auch auf ihn hinzielte und der Chronist bemerkt dazu, daß ein Ezzelino da Romano solche Scherzworte nicht geduldet, vielmehr sofort mit dem Tode bestraft hätte.

Alles das sind indessen nur Zeichen für die geistige Gelöstheit und Freiheit sowohl des Kaisers selbst als des ihn umgebenden Hofes. Wesentlich sind hierbei die Dimensionen: jede der kaiserlichen Bemerkungen, zumal der Blasphemien, die ja doch auch nach außen durchsickerten, stellten sofort eine ganze Welt in Frage. Berechtigt waren die Zynismen nur, weil Friedrich selbst eine neue eigene Welt mit eigenen Sakralien aufzurichten imstande war. Wagte aber einer die Staatsheiligtümer zu treffen, so zeigte sich der Kaiser überaus empfindlich: „Wer ihn mit Worten reizt, den straft er mit Taten." Die Beamten freilich haben gerade den Zynismus ihres Herrn außerordentlich rasch gelernt und man hört deutlich Friedrich II. selbst sprechen, wenn einer seiner Beamten guelfischen Gefangenen vor ihrer Hinrichtung die Beichte verweigert mit den Worten: das sei für sie ganz überflüssig, weil sie als Freunde des Papstes doch allesamt Heilige seien und geradenwegs ins Paradies kämen. Einen derartigen Hohn hätte vor Friedrich II. schwerlich jemand gewagt: eine unsägliche Verachtung des ganzen Jenseitsglaubens, ein Nichtkennen der Todesfurcht muß dem vorausgegangen sein. Auch diese Wirkung des Kaisers war unvermeidlich und losgelöst von der staatlichen Bindung ganz gewiß äußerst gefährlich. Bei Friedrich II. selbst erschienen jedoch solche Bemerkungen, bestimmt durch die Gegenwehr, immer nur als eine Begleiterscheinung seines gelockerten, alle Weiten Höhen und Tiefen umspannenden Geistes.

Man hat Friedrich II. oftmals dessen gerühmt, daß er bei der Auswahl seiner Beamten wenig nach Herkunft und Stand gefragt habe. Nicht nur die Einstellung bürgerlicher Juristen, sondern noch eine andre Art der Beamtenergänzung scheint solche Anschauung zu bestätigen, obwohl hierbei der kaiserlichen Vorurteilslosigkeit nichts andres zugrunde lag als jener östliche Despotismus, der dem Herrscher gestattet, den Küchenjungen von Heute morgen zum Großwesir zu machen .. bei Friedrich II. nicht weiter erstaunlich. Es gehörte nämlich zum kaiserlichen Hoflager ein ganzes Heer von Sklaven und Sklavinnen — vielfach Mohren, die zunächst in den kaiserlichen Kammern auf mancherlei Art beschäftigt waren. Mit diesen Kammern, deren es eine ganze Anzahl gab: in Lucera Melfi Canosa Messina, hat es nun eine eigne Bewandtnis. Denn man hat bis vor kurzem in diesen Bekleidungs- und Waffenarsenalen die kaiserlichen Harems erkennen wollen, bestärkt noch in diesem Glauben durch einige Mandate des Kaisers, der da befahl, die in den Kammern beschäftigten Mädchen mit Kleidungsstücken zu versehen und sie zum Spinnen anzuhalten, wenn sie nichts andres zu tun hatten — worin man einen freundlichen und häuslichen Zug des Kaisers in seiner Beziehung zu den Odalisken zu sehen meinte. Aus jenen Mandaten ging gleichfalls ganz eindeutig hervor, daß die Sarazenenmädchen von Eunuchen bewacht waren .. genau so nämlich, wie es sich gerade der Züchtigkeit wegen für sarazenische Sklavinnen ziemte, die auch ohne gerade Odalisken des Großherrn zu sein, in den Zeughäusern und angegliederten Werkstätten für den Bedarf der kaiserlichen

Hofhaltung oder den des Heeres Kleidungsstücke anfertigten oder Wolldecken oder kostbare Behänge und Schabracken für Pferde Kamele und Jagdleoparden. Außerdem wurden in diesen Kammern Waffen und Rüstungen hergestellt, auch Kriegsmaschinen, Reit- und Tragsättel, und oftmals ließ Friedrich II. von fernher Handwerker kommen, um seine Sklaven anzulernen: einen syrischen Meister etwa zur Verfertigung von Armbrüsten oder Pisaner zur Herstellung von Kettenpanzern.

Neben diesen Provinzialkammern gab es noch eine weitere persönliche Kammer des Kaisers, die den Herrscher auf allen Kriegszügen begleitete, und etwa dem Troß gleichkäme oder dem Hofstaat mit allem was dazu gehörte.. ein gewaltiges Gefolge allerdings, das den Kaiser ständig umgab. Es war — ein im christlichen Abendland zuvor nicht gesehenes Bild — durchaus der Hofstaat eines morgenländischen Fürsten, ein seltsamer Festzug, den der Kaiser seit seinem Aufenthalt im Osten mit sich zu führen liebte. Denn von den Verwaltungsbeamten, dem Hofgericht, der sarazenischen Leibwache abgesehen folgte dem Kaiser stets sein ganzer Tierpark, den anzustaunen das Volk von weit her neugierig herbeilief: fremde, nie sonst erblickte Tiere, die dem Kaiser auch zur Jagd dienten, vor allem aber um die Majestät durch den fremdartigen Aufzug ins Unwahrscheinliche zu steigern. Geführt von zahllosen Sklaven, schön gekleidet in seidnen Tuniken und linnenem Zeug, sah man da die kostbaren Viergespanne vor schätzebeladenen Fahrzeugen, die reichgeschirrten Kamele mit ihren Lasten.. dann von Sarazenen an Ketten geführt Leoparden und Luchse, Affen und Bären, Panther und Löwen.. selbst eine Giraffe besaß der Kaiser, dazu die vielen Hunde, die Jagdvögel, Schleiereulen, Uhus, Adler und Bussarde, alle Arten von Falken, weiße und farbige Pfauen, seltene syrische Tauben, weiße indische Aras mit gelben Federkronen, afrikanische Strauße und schließlich den Elefanten mit seinem hölzernen Türmchen auf dem Rücken, darin sarazenische Schützen und Fanfarenbläser. Bei festlichen Triumphen, wie einmal in Cremona, ritt dann der Kaiser selbst diesem Zuge voraus: der sichtbar über alle Geschöpfe der Welt gesetzte Gottmensch.

Schon das Gewimmel von Tieren, die man zum Teil kaum dem Namen nach kannte, geschweige denn je zuvor sah, hat die damalige Welt ungeheuer erregt. Alle Chronisten berichten ausführlich über den kaiserlichen Aufzug. Brunetto Latini, der Lehrer Dantes, läßt sich eingehend aus über den Elefanten, der in Cremona einmal mit dem Rüssel einen Esel zu Boden schmetterte, und erzählt neben dem wirklich Gesehenen noch allerlei wunderbare Geschichten: daß der Elefant, dem Kaiser vom Priesterkönig Johann geschickt, niemals das Schiff betreten hätte ohne das Versprechen der Rückkehr und daß er vor der Begattung eine Mandragora-Wurzel fresse, die nur in der Nähe des irdischen Paradieses wachse. Und als der Elefant später einging, wartete alles darauf, daß sich seine Knochen in Elfenbein verwandelten. Andere beobachteten wieder andre Tiere und der Franzose Villard de Honnecourt, der auf seinen Reisen den Tierpark einmal sah, zeichnete einen Löwen ab und schrieb dazu: ci lions fu contrefais al vif.

Nicht weniger als die exotischen Tiere hat aber das sonstige Gefolge der kaiserlichen Kammer die Phantasie der Welt beschäftigt. Denn zu der Hofkammer gehörten auch Sarazeninnen und Eunuchen, wie man oft genug bemerkte, wenn der Troß durch die Städte Italiens zog. Nichts lag dann näher — von den Papstbriefen noch darauf hingewiesen — als in diesen verschleierten Mädchen die Favoritinnen, den damals schon legendären Harem des Kaisers zu sehen. Gerade das Ungewiß wirkte aufreizend. Denn ob diese Mädchen gleich den Seiltänzern Gauklern und Akrobaten, die dem Kaiser oft genug folgten, wirklich nur zur Belustigung und ihrer Geschicklichkeit wegen vom Kaiser gehalten wurden, wie dieser auf die ständigen Vorwürfe des Papstes hin ganz unschuldig-erstaunt behauptete, oder ob Friedrich II. sich der Sarazeninnen gelegentlich auch für andre Zwecke bediente — „hingerissen von ihren Verlockungen" wie es der Papst sich vorstellte — das ließ sich natürlich nicht ausmachen.. „wer könne das bezeugen!" sagte später des Kaisers Gesandter vor dem Konzil von Lyon. Im übrigen gehörten sie einfach zur Hofkammer, waren also jedenfalls Mägde und Sklavinnen, vielleicht auch Tänzerinnen und Singmädchen, wie das dem orientalischen Auftreten des Kaisers durchaus gemäß war.

Zu der Kammer des Kaisers gehörten aber auch zahlreiche männliche Sklaven, die zu allerlei Diensten verwendet wurden, angefangen von der persönlichen Bedienung des Monarchen bis zu den niedersten Verrichtungen. Bei den Fähigeren trug der Kaiser Sorge für eine angemessene Ausbildung, die sich auf die verschiedensten Gebiete erstrecken konnte. Manche erhielten Unterricht im Lesen und Schreiben des Arabischen. Ein andermal ließ er Negerknaben im Alter von 16—20 Jahren aussuchen, die geeignet waren, ein Musikantenkorps zu bilden: sie wurden prächtig eingekleidet und im Blasen von großen und kleinen Silbertrompeten unterwiesen. Da die Anjous und Aragonesen, die den Kaiser überall nachahmten, sich später von Trompetenbläsern zu den Mahlzeiten aufspielen ließen, so wird die Aufgabe der kaiserlichen Mohrenkapelle eine ähnliche gewesen sein. Oftmals werden auch schwarze Kammerknaben erwähnt — Musca und Marzuch hieß ein Paar solcher servitelli nigri — und sie mögen dem Kaiser wiederum den von päpstlicher Seite gegen ihn erhobenen Vorwurf der „kaum verborgnen Sodomie" eingetragen haben, den man später — durch den Kaiser hinlänglich wirr gemacht — wieder durch den Hinweis auf die Sarazeninnen und den „gomorräischen" Harem zu entkräften suchte. Einer von diesen kleinen Mohrenknaben wird nun wohl jener Sklave gewesen sein, der am kaiserlichen Hoflager selbst aufwuchs und später eines der höchsten Staatsämter bekleidete: Johannes Morus. Des Kaisers Auge mag einmal auf diesen im Hofdienst beschäftigten Sohn einer Sklavin gefallen sein: er wurde Kustode der persönlichen Kammer des Kaisers, nahm in dieser schon zu Lebzeiten Friedrichs II. eine bedeutendere Stellung ein, gehörte zur „familia", erhielt eine Baronie, wurde dann unter König Konrad Vorsteher dieser Kammer, Kommandant der Sarazenenfestung Lucera und schließlich Großkämmerer des sizilischen Königreiches, bis ihn das übliche Los solcher vom Palastdienst zu hohen Staatsämtern emporgestiegnen Sklaven ereilte: er übte Verrat und fand dafür den Tod. Von den Sarazenen selbst, die König Manfred treu geblieben, ward er ermordet, nachdem der Papst den Neger in Huld aufgenommen hatte. Auch dieser Typ fehlte also nicht am Hofe Friedrichs II. Sarazenische Beamte hat es wie unter den Normannen so auch unter Friedrich II. vereinzelt immer noch gegeben, am häufigsten bei der Finanzverwaltung und der Dogana. Aber sie verschwanden immer mehr und keinem andern war die glänzende Laufbahn beschieden eines Johannes Morus.

Neben den bürgerlichen Literaten um Vinea und den Exoten erscheint als dritte Beamtengruppe der ritterliche Adel. Denn obwohl Friedrich II. mehr auf Brauchbarkeit als auf Herkunft seiner Beamten sah: die Ämter der Justitiare, oder wie sie später im oberitalischen Staat hießen: der Vikare und Generalvikare blieben fast ausschließlich dem Adel vorbehalten, insbesondere dem niedren ärmeren Adel. Entscheidend war jedoch für die Amtsübertragung an Adlige nicht der Besitz von Lehen: denn nicht mehr an den Land- und Lehensbesitz waren die Ämter gebunden wie zur Normannenzeit, sondern lediglich an die Person.. nur im persönlichen Dienste des Kaisers war es dem Adligen je nach seiner persönlichen Eignung möglich, zu Ehren zu kommen. Es ist nun auffallend, daß nicht allein die Gruppe der Stilisten um Vinea, sondern daß sich auch der ritterliche Beamtenadel in überwiegender Mehrheit aus kampanisch-beneventanischen, allenfalls apulischen Geschlechtern ergänzte. Aus dem Beneventanischen stammte die Familie des Großhofjustitiars, die Morra, die sich — unbeweisbar wie jede italienische Genealogie — gern auf die Goten, angeblich auf einen Kapitän König Totilas zurückführten. Kampanier waren die Herren von Aquino, die sich langobardischer Herkunft rühmten.. die Familie, die wie kaum eine andre des Kaisers Sache führte, mit der sich Friedrich II. sogar verschwägerte und in der nur der heilige Thomas aus der Art geschlagen war. Eine dritte Adelsfamilie waren die Filangieri, angeblich ein bretonisches Geschlecht, das mit den Normannen nach Unteritalien gekommen und in dem einstigen Fürstentum Benevent ansässig war. Langobarden sollen auch die Eboli gewesen sein, und aus dem Fürstentum Benevent stammten die Montefusculi und Monteneri, ebenso die Grafen von Caserta, mit denen sich Friedrich II. gleichfalls verschwägerte. Neben diesen allen finden sich im Dienste des Kaisers die wohl ursprünglich genuesischen Cicala, die in den Abruzzen ansässigen Acquaviva, die neapolitanischen Caraccioli, die kalabresischen Ruffi. Doch die Kernkraft des Königreiches steckte zweifellos in dem kampanisch-beneventanischen Landstrich, der von Langobardenblut durchsetzt und von den Normannen sehr früh erobert wohl die noch am wenigsten verbrauchten und vermischten Blutkräfte enthielt.. man denke an die ähnliche Bedeutung des langobardischen Bestandes in der Kultur von Toskana. Aber maßgebend war für den Kaiser nicht die vielfach germanische Herkunft dieses Adels, sondern seine Unverbrauchtheit. Denn nichts mußte dem Staufer, der sich selbst einen „Sproß neuer Züchtung" hieß und nirgends im Süden als nordischer Fremdherrscher galt, ferner liegen, als durch ein Wachrufen des halb vergessenen germanischen Geblüts Gegensätze in seinem Königreiche zu schaffen, wo keine waren.

Der süditalischen Adligen mußte sich Friedrich anfänglich so bedienen, wie er sie vorfand. Erst allmählich und erst in späterer Zeit begann sich auch dieser Adel, von der Hofluft einmal berührt, nach einem bestimmten Bilde zu prägen, als schon mit und nach Friedrich II. neue Generationen heraufgekeimt waren. Die Heranbildung und Züchtung der adligen Beamten zu verfolgen, gibt nun den lebendigsten Einblick in das ganze ritterliche Treiben dieses immer noch ritterlichen Hofes. Denn die Männer, die später als Statthalter in die höchsten Stellen aufrücken sollten, haben fast alle im Knabenalter als Pagen in unmittelbarer Nähe des Kaisers jene ritterlich höfische Erziehung genossen, die aus der höfischen Dichtung jener Zeit bekannt ist. Hier freilich erhielt diese Erziehung einen besonderen Sinn, weil sich mit der ritterlichen Ausbildung noch der Zweck verband, Staatsbeamte heranzuziehen.

Allenthalben begegnet man in Friedrichs Umgebung den Edelknappen, oder wie sie hier in der von den Normannen überkommenen französischen Form heißen: den valetti imperatoris, den Valets des Kaisers.

Kein Adliger konnte ja Ritter werden, wenn er nicht zuvor einem Großen, dem Kaiser oder dem Papst, einem weltlichen oder geistlichen Fürsten als Valet gedient hatte. Für den sizilischen Adel aber gehörte es sich, diese Jugendjahre am Kaiserhofe zu verbringen. Mit vierzehn Jahren begann der Dienst als Valet. Vorher mögen die adligen Knaben in einem der Klöster Unterricht erhalten haben, jedenfalls hören wir von einem Aquino, diesmal von dem heiligen Thomas selbst, daß er „als kleiner Bube noch das Los der andern adligen Knaben teilen mußte, die in Monte Cassino, wie es in des Heiligen Heimat Brauch war, unterwiesen wurden". An den Hof gekommen, gehörten die Valets dann zur familia des Kaisers, erhielten vom Kaiser ein Gehalt von sechs Goldunzen im Monat, hatten Anspruch auf zwei Schildträger und drei Pferde, die gleichfalls wie sie selbst, vom kaiserlichen Großhof unterhalten wurden, und stellten im übrigen die unterste Stufe der Ritterschaft dar, als die sie auch im Gesetzbuch Siziliens genannt werden: wenn der Valet sich an einem Ritter vergreife, der ja einen höheren Grad hat, so werde dem Knappen die Hand abgeschlagen. Die Valets unterstanden, wenn sie sich am Hofe aufhielten und nicht für anderen Dienst bestimmt waren, dem Seneschall. Dessen Banner gehörten sie auch an und ihm hatten sie Abreise und Rückkehr mitzuteilen, auch wenn der Kaiser darum wußte. Der Kaiser selbst bekümmerte sich vielfach um sie: einen erkrankten Valet sendet er zur Erholung nach Apulien, einen andern auf Kosten des Großhofes in die Bäder von Pozzuoli und Salerno. Der Dienst der Valets war ein sehr mannigfaltiger. Einige gehörten der kaiserlichen Kammer an wohl zur persönlichen Aufwartung beim Herrscher.. einer wird als Ehrendienst des Hofes dem Boten des Michael Comnenus, ein anderer zum Empfang des Herzogs von Kärnten diesem entgegengeschickt. Besonders aber scheinen sie allem speziell Ritterlichen zugeteilt gewesen zu sein. So finden wir kaiserliche Valets im Marstall beschäftigt, andere bei der kaiserlichen Meute, wieder einen bei den Jagdleoparden des Kaisers, besonders viele aber bei dem Friedrich so sehr am Herzen liegenden ritterlichen Jagdvergnügen: der Falknerei. Die Leidenschaft des Kaisers für die Falkenjagd ist bekannt.. im Jagdkleide war man den Kaiser zu sehen gewöhnt, so daß die grüne Farbe bei den oberitalischen Ghibellinen später zur Modefarbe wurde, während ein päpstlicher Chronist spottete: Friedrich verwandle den Titel der Majestät in ein Jagdamt und nicht mit Waffen und Gesetzen geschmückt, sondern von Hunden Panthern und schreienden Vögeln umgeben werde der Kaiser zum Jäger, der das Zepter seiner Erhabenheit mit dem Jagdspeer vertausche und die Adler der Triumphe auf den Vogelfang abrichte. — Der kaiserliche Jäger bedurfte nun der Valets in großer Zahl und für diese gab es genug zu tun: da waren Habichte den apulischen Baronen zur Pflege während der Mauserung zu überbringen oder Gerfalken des Kaisers, die „sacri falcones", aus Apulien zu holen.. andere Valets werden nach Malta, wieder andere gar bis nach Lübeck geschickt, um dort bestimmte Falkenarten in Empfang zu nehmen. Daß diese jungen Leute bei der Jagd selbst wirklich schon Falknerdienst tun durften, war wohl nur ausnahmsweise gestattet. Denn äußerst hohe Anforderungen stellte der Kaiser an den „idealen Falkner", von dem er in seinem Falkenbuch ein Bild entwirft: Scharfsinnigkeit und Scharfsichtigkeit, gutes Gedächtnis und gutes Gehör, Mut und Ausdauer seien Erfordernis und dazu durfte der Falkner nur von mittlerer Statur sein — allzu lange Falkner seien unbrauchbar. Die nur Halb- oder Viertels-Geeigneten aber ließ der Kaiser gar nicht an die Falken heran, und die zu jung waren, mußten in des Kaisers Zucht erst noch tüchtig werden. Ausdrücklich heißt es da: „Der Falkner darf in seinem Gehaben nicht mehr zu knabenhaft sein, auf daß ihn seine Knabenhaftigkeit nicht verleite, gegen die Kunst zu verstoßen: denn Knaben pflegen schleckrig zu sein und entzücken sich am meisten daran, schöne Flüge zu sehen und möglichst viele. Dennoch halten wir die Knaben nicht gänzlich fern, da sie auch gewitzter sein können..."

Die Valets blieben bei Hofe, bis sie sich den Rittergürtel erwerben konnten, wozu ihnen der Kaiser oft genug behilflich war. Zum Teil verließen dann die Valets den Hof und blieben auf ihren Baronien oder ließen sich als Soldritter für die kaiserlichen Heere anwerben, wodurch sie unsern Blicken entschwinden. Andere aber traten in den Beamtendienst über und diese Möglichkeit mag ein besonderer Anreiz gewesen sein, am Kaiserhofe als Valet zu dienen. Die Söhne der sizilisch-apulischen Adelsfamilien fanden sich denn auch ziemlich vollzählig hier ein. Da dienten als Valets zwei Herren von Aquino, mehrere Morras, ein Caraccioli, ein Graf Caserta, ein Filangieri, ein Acquaviva, ferner Söhne von Burghauptleuten des Kaisers, von nicht beamteten Lehensbaronen und zahlreiche andere. Bisweilen wurden Valets vom Kaiser selbst zum Hofdienst befohlen und die „für die kaiserliche Zucht Empfänglichen" suchte sich Friedrich II. mehrfach selbst aus, um sie „in die Arme seiner Erziehung zu nehmen" und wie er schreibt, an ihrem Geschick teilzuhaben wie ein Vater, ob jene auch leiblich gezeugt seien von einem anderen Vater. „Die Anfangsgründe der Tugenden haben wir auf ihn gehäuft, daß er sich selbst wert sei, den andern nützlich und uns Früchte trage", so wird einmal dem Vater eines Valets geschrieben und weiter:

daß diese jungen Leute, „die in unsern Diensten ruhmvoll leben und tatfroh sterben, nicht unter weichen Lüsten und schwächlichen Sorgen dahinsiechen wollten". Aber nicht nur Sizilier waren als kaiserliche Valets am Hofe vertreten: auch Norditaliener fanden sich ein und als sich Friedrich II. in Cypern aufhielt, nahm er einen Sohn des Johann von Ibelin als Valet in seinen Dienst. Ebenso führte er später bei einem kurzen Aufenthalte in Wien zwei Söhne der Markgräfin von Hohenburg, Berthold und Gottfried, als Valets mit nach Italien, denen fast als einzigen Deutschen im italisch-sizilischen Staate des Kaisers eine glänzende Laufbahn beschieden sein sollte.

Von einer besonderen Schulung der Valets im Verwaltungsdienst wissen wir nichts und sie ist auch nicht sehr wahrscheinlich. Der Kaiser mochte der Ansicht sein, daß diese jungen Adligen während der Jahre des Dienstes in seiner unmittelbaren Umgebung genug zu hören und sehen bekamen, um ohne weiteres eines der obersten Ämter übernehmen zu können und wirklich dürfte ein Zwanzigjähriger, der als Valet Jahre hindurch sich am Kaiserhof aufgehalten hatte, auch wenn er nur Falken und Jagdleoparden betreute, nicht weniger Lebenswitz besessen haben, als mancher alte Bischof. Die etwa mangelnde Erfahrung war durch die völlige Ergebenheit und die Dienstfreudigkeit meist reichlich ersetzt, und man mag hier an Goethes Wort denken: „Wäre ich ein Fürst, so würde ich zu meinen ersten Stellen nie Leute nehmen, die bloß durch Geburt und Ancienniät nach und nach heraufgekommen sind.... J u n g e Männer wollte ich haben.... da wäre es eine Lust zu herrschen..." Auf den hohen Statthalterposten finden sich bei Friedrich II. in der Tat oft ganz junge Adlige, die eben noch als Valets gedient hatten. Die Brüder Hohenburg beispielsweise können kaum die Mitte der zwanzig erreicht haben, als sie in Oberitalien schon ihre Generalkapitanien erhielten. Noch wesentlich jünger waren der Graf Richard von Caserta und Thomas von Aquino d. J., als ihnen der Kaiser ähnliche Posten übertrug, und von Landolfo Caraccioli, späterhin Justitiar der Scholaren in Neapel, wissen wir mit ziemlicher Bestimmtheit, daß er 1239 noch ein sechzehnjähriger Valet war und dennoch schon zu Lebzeiten Friedrichs II. ein schwieriges Vikariat im Toskanischen, im oberen Arnotale verwaltete. Andere Adlige, die in der Spätzeit des Kaisers als Valets auftreten, begegnen dann unter König Manfred auf den wichtigen Posten: Berard von Acquaviva als Justitiar der Insel Sizilien, der jüngere Richard Filangieri als Kapitän des Festlandes und so noch eine Reihe von andern. Ob adlige Valets auch die Universität von Neapel besuchten, läßt sich kaum feststellen. Vorgekommen ist es, da beispielsweise der kaiserliche Valet

Nikolaus von Trani später in den Gerichtsdienst eintrat und zur Zeit Manfreds als Großhofrichter amtete. Es zeigt sich hier die Verschmelzung des ritterlichen Adels mit dem Geist der bürgerlichen Juristen erstmals an, wie umgekehrt späterhin Juristen in den Ritterstand erhoben werden.. deren Söhne erscheinen dann wiederum als Valets der angiovinischen Könige.

Unter dieser adligen Jugend des Hofes wuchsen vielfach auch die Söhne des Kaisers auf, die ehelichen wie die natürlichen, und auch fremde Fürstensöhne wurden hier aufgezogen. Was aus den beiden verwaisten Söhnen des Königs Johann von Jerusalem geworden ist, den Schwägern des Kaisers, welche dieser an seinen Hof nehmen wollte, scheint nicht bekannt zu sein. Dagegen kam auf des Kaisers Wunsch sein Neffe Friedrich, Sohn des kastilischen Königs, an den Großhof, um unter der kaiserlichen Zucht groß zu werden. Freilich, die Sprossen der staufisch-kastilischen Blutsmischung waren nicht zu bändigen: Friedrich von Kastilien, der dem Kaiser nach einigen Jahren davonlief, und ebenso sein Bruder Heinrich von Kastilien — einer verwegener und wilder als der andere — sollten nach einem wüsten und abenteuerlichen Leben in spätstaufischer Zeit noch sehr bedeutungsvoll in Italiens Politik eingreifen. Am sizilischen Hof dürfte auch König Enzio zumindest einige Jugendjahre verbracht haben, ebenso Friedrich von Antiochien, ein anderer natürlicher Sohn des Kaisers, und von Manfred — bei des Kaisers Tod ein Achtzehnjähriger und in den letzten Lebensjahren von Friedrich wie keiner der Söhne geliebt — wird etwas ausführlicher berichtet, wie er an diesem geistigen Hofe groß wurde. „Eine Schar ehrwürdiger Doktoren" habe Manfred unterwiesen und ihn belehrt „über die Natur der Welt, über das Werden der Körper, über die Erschaffung der Seelen, ihre Ewigkeit und Vervollkommnung, über die Vergänglichkeit des Stoffes und die Festigkeit der ewigen Dinge". Von Kindheit an habe Manfred der väterlichen Philosophie angehangen, die seine Mutter und Lehrerin gewesen, und nur auf unablässiges Bitten dieses Sohnes, der in allem Geistigen am meisten dem Vater ähnelte, habe schließlich Friedrich II. sein Falkenbuch abgefaßt.

Manfred sei von dem Kaiser später der besonderen Obhut Bertholds von Hohenburg, des früheren Valets, anvertraut worden. Der Erbe des Imperiums hingegen, König Konrad, der schon mit sieben Jahren den Kaiserhof verließ, um in Deutschland dem Namen nach die Regierung zu übernehmen, erhielt als Lehrer einen neapolitanischen Ritter, dem „wegen seines adligen Geschlechts, seiner großen Klugheit und Beredsamkeit wie seiner guten Sitten Konrads Erziehung anvertraut wurde, damit der

Knabe durch Beispiel und Anstand eines solchen Pädagogen in jeder Art Tugend Weisheit und Mäßigung durchgebildet werde". Dieser Neapolitaner war vermutlich ein Caraccioli, wie auch der sechzehnjährige Landolfo Caraccioli als Valet den jungen König nach Deutschland begleitete. Überdies wird von Konrad berichtet, daß er mit einer ganzen Anzahl adliger Knaben zusammen unterrichtet wurde und eine Novelle erzählt, daß, sooft der König untüchtig war, statt seiner die Lehrer einen der Knaben schlugen: denn es müsse den König, wenn er ein edles Herz habe, besonders schmerzen wenn andere unschuldig für ihn Strafe erlitten.

Einige Erziehungsbriefe des Kaisers an diesen Sohn sind erhalten, in welchen Friedrich II. dem Kinde die wahre Königswürde zu erklären sucht. Obwohl Konrad als „göttlicher Sproß aus Caesarengeblüt" angeredet wird, so zeigen die Briefe doch, wie schlicht und fern jeden Caesarenwahns man am Kaiserhofe bei aller Divinisierung des Herrschers über das Herrscheramt dachte. „Den Großen der Erde und Königen reicht die berühmte Abkunft allein nicht hin, wenn dem ausgezeichneten Geschlecht nicht adliges Wesen beisteht und erlauchter Eifer das Fürstentum verherrlicht.. nicht deshalb allein, weil sie höher gesetzt sind, unterscheidet man Könige und Caesaren von anderen, s o n d e r n w e i l s i e t i e f e r b l i c k e n u n d t ü c h t i g e r h a n d e l n ! Außer dem nämlich, daß sie den Menschen durch ihr Menschtum gleichstehen, durch ihr Leben gesellt sind, rechnen sie nichts besonders sich selbst zu, wenn nicht jeder durch die Tugend der Klugheit die übrigen Menschen überglänzt. So nämlich werden sie geboren wie Menschen und wie Menschen sterben sie." Nur durch die Weisheit des Geistes — schreibt Friedrich weiter — unterschieden sich die Könige von den übrigen Menschen, und der Weisheit nicht zu dienen, unwissend zu bleiben, sei für den Fürsten ungleich tadelnswerter als für den Privatmann, „weil der Adel des königlichen Blutes durch Einflößung einer feinen und adligen Seele vor den andern Menschen die Könige für die Lehre der Weisheit empfänglich sein läßt.... Deshalb gebührt es sich aus Notwendigkeit, daß Du die Weisheit liebst und ihrethalben kommt es Dir zu, die Caesarenwürde ablegend unter des Meisters Gerte, der Rute des Lehrers, nicht König und Caesar, sondern Schüler zu sein". Und in einem anderen Schreiben heißt es: „Die Falkenbeize und die den Königen gewohnte Belustigung der Jagd untersagen wir Dir nicht, sie an rechter Stelle und Stunde mit geübten Leuten zu üben. Dennoch mahnen wir Dich und wünschen Dich zu warnen, daß Du bei Ausübung der Jagd und dem Treiben der Vögel Dich mit den Jagdknechten Schützen und Treibern nicht derart vertraulich stellest, daß sie mit kecken Worten die königliche Erhabenheit angehen, mit ihrem Geschwätze herabziehen und die guten Sitten vergiften." — —

Man vergißt es leicht, daß bei aller Juristerei und Gelehrsamkeit der Großhof Friedrichs II. immer noch ein mittelalterlich-ritterlicher Hof war, ja daß ritterlich-höfisches Leben hier Jahrzehnte hindurch einen Mittelpunkt hatte. Dies war für Italien von besonderer Bedeutung, weil sich dadurch auch in diesem Lande einmal höfisches Leben und Treiben voll entfalten konnte. Denn weit mehr als der räumlich entrückte Normannenhof gehörte Friedrich II. und seine Umgebung Italien an: Jahre hindurch wanderte das kaiserliche Hoflager durch Ober- und Mittelitalien und selbst wenn der Kaiser in sein südliches Erbland zurückkehrte, blieb er noch ganz im Blickfeld Italiens, da er ausschließlich in Siziliens nördlichen Festlandsprovinzen weilte. Es mag überraschen, daß der Kaiser die so oft und in so hohen Worten gepriesenen Genüsse und Wonnen seines sizilischen Erblandes keineswegs in Palermo suchte, der normannischen Hauptstadt: denn die Geschichte eines glanzvollen staufischen Hofes von Palermo gehört ins Reich der Legende. Während der letzten Jahrzehnte seiner Regierung hat Friedrich II. nur ein einziges Mal noch die Insel betreten, um den Aufstand in Messina (1233) niederzuwerfen. Lediglich dem Namen nach war Palermo immer noch Hauptstadt des Königreiches.. die bevorzugte Stellung einer Residenz aber hat es mit den Tagen Friedrichs II. verloren und zwar aus einem ganz sachlichen Grunde: nur durch eine Seefahrt oder einen unendlich langwierigen Landmarsch zu erreichen, war Palermo für den Herrn des Imperiums viel zu entlegen. Wo die Kernkraft des sizilischen Staates zu suchen war, dahin verlegte auch Friedrich II. den Schwerpunkt des Staates: nach den nördlichen Provinzen.

Apulien, die adriatische Küstenprovinz, und die Terra Laboris, das heutige Kampanien, hatte Friedrich II. höher gepriesen als das Land der Verheißung, hatte sich selbst einen „Mann aus Apulien" genannt und seine eigentliche Heimat wurde die Landschaft, welche jene beiden Provinzen verband: die den Golf von Manfredonia umlagernde Capitanata. Bis zu Friedrichs Zeiten war die Capitanata bedeutungslos gewesen, und daß hier in dem weltvergessenen Tavoliere di Puglia fast durch ein Jahrhundert die Fäden der Weltpolitik zusammenliefen, daß im Abend- und Morgenland die Stadt Foggia allbekannt war, hatte seinen Grund lediglich in der persönlichen Vorliebe des Kaisers für diese Provinz. Für die Wahl dieser nördlichen Bezirke blieb gewiß das Politische entscheidend: Friedrich II. war hier den Schauplätzen seiner mittel- und oberitalischen Kämpfe am nächsten, immer bereit persönlich in die Ereignisse einzugreifen, nach dem Norden zu ziehen oder die Geschehnisse in Rom zu überwachen. Aber es sprach bei der Wahl dieser kargen Gegend wohl noch anderes mit. Zwar muß diesem Land — heute eine steinige Öde, nur als Schaftrift dienend — in den staufischen Zeiten, da alles noch waldreicher und fruchtbarer war, etwas von der „amoenitas" angehaftet haben, für welche die Antike einen Sinn hatte: jener gefällige Wechsel von Gebirge und Hügelketten, von Waldungen und Ebenen und dazu die Nähe des Meeres. Doch an das fast tropische, farbig-glühende Palermo mit seiner exotischen üppigen Pracht oder an die Wunder des Golfs von Neapel reichte die Capitanata niemals heran. Die Jagdgelegenheit, so könnte man meinen, habe Friedrich nach der Capitanata geführt, ihn für andres entschädigt.. und daran ist gewiß etwas Wahres: in Italien hatte man die Vorstellung, Friedrich weile der Vogeljagd wegen den Winter über in Foggia und verbringe den Sommer im nahen Gebirge. Aber es kam wohl hinzu, daß ihn gerade die Kargheit der noch unausgeschöpften Gegend anzog und ihn als Urstoff mehr zur Gestaltung lockte als die Buntheit des tausendfältig-geschwängerten Sizilien. Und wie hat Friedrich II. diese Nordprovinzen durchzuformen gewußt!

Der Schlösser wegen besuche er öfters als die andern Bezirke die Capitanata, schrieb Friedrich einmal. Er hatte die Schlösser hier nicht vorgefunden. Im Jahre 1221 betrat er die Capitanata zum erstenmal und muß sofort den Entschluß gefaßt haben, diesen Teil des Königreiches zu seiner Residenzprovinz zu machen: schon 1223 begann er mit dem Bau des großen Schlosses von Foggia, dessen Inschrift besagte, Friedrich habe die königliche Stadt zum weitberühmten Kaisersitz erhöht. Und bald reihten sich in mäßigen Abständen Lustschlösser Jagdhäuser und ländlichere Casalen aneinander, denen sich in der Regel noch ein Guts- oder Meierhof anschloß .. die „Solatia" des Kaisers, die von ihm erbaut aus der „großen Capitanata" — wie Enzio die Provinz nennt — fast mit der gleichen Schlichtheit und Natürlichkeit herauswachsen wie die benachbarten Heiligtümer der Vorzeit. Das hochgelegene Castel del Monte (nahe Barletta), als das besterhaltene auch das bekannteste der staufischen Schlösser, ist in seinem Grundriß vorbildlos und wie so viele andere Bauten wohl vom Kaiser selbst entworfen: ein regelmäßiges Achteck aus gelblichem Kalkstein, durch die sorgfältig geglätteten und fugenlos aneinander gepaßten Quadern wie ein Monolith wirkend.. an jeder der acht Kanten ein achteckiger in Mauerhöhe abgeplatteter Turm.. acht gleich große trapezförmige Räume in jedem der beiden gleich hohen Geschosse.. mit Antiken und nach Antiken gearbeiteten Skulpturen geschmückt ein achteckiger Innenhof, in dessen Mitte ein großes achteckiges Marmorbassin als Bad diente. Überall ist die Geistesmischung des staufischen Großhofs herauszulesen, ohne irgend die großen geraden Linien zu beeinträchtigen: östliche Monumentalität des Ganzen, ein renaissanceartiges Portal, gotische Fenster und zwischen Rippen gewölbte Räume. Der Trotz und die Düsterkeit der kleinfenstrigen Gemächer ward gemildert durch die Ausstattung: mit Mosaik waren die Böden bedeckt, die Wände bekleidet mit Platten von rötlicher Breccia oder weißem Marmor, die Rippengewölbe von Halbsäulen mit korinthischen Kapitellen getragen oder von zarten Pfeilerbündeln aus weißem Marmor. Majestät und Grazie waren hier ineinander gewachsen.

An erlesener Pracht hat es Friedrich II. nirgends fehlen lassen und der fremdartige Glanz und Luxus mag gerade in diesen kargeren nördlichen Teilen des Reiches viel stärker gewirkt haben, als in dem halbafrikanisch-sarazenischen Palermo. Welche Geheimnisse, welche unwahrscheinlichen Feste witterte bereits die damalige Zeit hinter den verschwiegenen Mauern dieser Schlösser, und welch festlichen Glanz bekam man hier und da schon zu sehen! In dem weitläufigen Schlosse von Foggia, das geschildert wird als ein marmorreicher Palast mit Statuen und Säulen von Verde-antico, mit marmornen Löwen und Wasserbecken, mögen jene sagenhaften Feste aufgerauscht sein, deren Schimmer bis heute das Bild der südlichen Staufer umspielt hat. „Alle Arten festlicher Freuden einten sich da und man ward heiter gestimmt durch den Wechsel der Chöre und die purpurnen Aufzüge der Spielenden. Eine Anzahl wurden zu Rittern gemacht, andere geschmückt mit Zeichen besonderer Würden. Der ganze Tag wurde festlich begangen und als er sich dem Ende neigte, wurde bei flammenden Fackeln, die hier und dort aufleuchteten, unter Wettkämpfen der Spielenden die Nacht zum Tage gewandelt." So erzählt ein Chronist und ein anderer weiß wieder etwas zu melden von den Wundern der inneren Höfe, die der englische Königssohn, Graf Richard von Cornwall, zu sehen bekam. Erst habe man den in sommerlicher Hitze vom Kreuzzuge heimkehrenden englischen Grafen durch Bäder und Aderlässe und ärztliche Stärkungsmittel die Strapazen des Kriegs und der Seefahrt vergessen lassen, darauf ihn durch allerlei Spiele erheitert. Staunend habe der Graf fremdartige Weisen auf fremdartigen Instrumenten gehört, habe die Gaukler gesehen, die ihre Künste zeigten, und sich gefreut an den Tänzen schön gewachsener sarazenischer Mädchen, die nach dem Rhythmus von Zimbeln und Kastagnetten auf großen Kugeln über den glatten farbigen Estrich der Halle einherrollten. Die Novellen und Märchen aber erzählen von den

Festen Friedrichs II. und den Prächten seines Hofes bereits in sagenhafter Verklärung: wie Hunderte von Rittern aller Nationen unter seidenen Zelten vom Kaiser bewirtet wurden, Spielleute von überall her am Kaiserhofe zusammenströmten und fremde Gesandtschaften vor dem Kaiser die seltensten Kostbarkeiten ausbreiteten: so die Boten des Priesterkönigs Johann, die dem Kaiser ein Asbestgewand, einen Verjüngungstrank, einen unsichtbarmachenden Ring überbrachten und dazu noch den Stein der Weisen. Und weiter erzählte man sich, wie des Kaisers Hofastrologe, der geheimnisvolle Michael Scotus, dessen Namen man mit neugierigem Grauen nannte, bei einem der Feste an heißem Tag auf des Kaisers Wunsch Gewitterwolken gesammelt und anderes Wunderbare vollbracht habe.

Ein ritterlich-höfisches Gepränge wie in den Tagen Friedrichs II. und Manfreds hat in solchem Glanze Apulien kaum mehr gesehen. Einmal war das Ritterliche selbst, gebunden an Kreuzzugszeit und Minnesang, schon in der spätstaufischen Zeit am Verglühen. Außerdem aber: die sizilischen Folger der Staufer, die Anjous waren so bigott wie unfroh und standen, obwohl selbst Provenzalen, dem heitren, fast heidnischen Geist und der Lebensfreude jener südfranzösischen Sänger erstaunlich fern, viel ferner als das ganze schwäbische Haus.

An dem ritterlichen, nicht an dem gelehrten Hofe Friedrichs II. brach die für Italien neue Minnedichtung auf. Müßig ist dabei die viel erörterte Frage, auf welchem Wege, durch wen Friedrich II. die Provenzalenlyrik kennengelernt und wie die „Uebertragung" an den sizilischen Hof zu denken sei: es mußte schwerer halten, von dem Dasein einer solchen Dichtung nichts zu wissen, als sie zu kennen. Überdies war dem Kaiser die ganze französische und provenzalische Bildungswelt genau so wenig verschlossen, wie etwa die des Orients: Friedrich II. beherrschte wohl seit seiner Kindheit beide Sprachen, war vertraut mit deren Schrifttümern und wird die Romane, die sein Hofkreis gekannt hat: den Tristan, den Lanzelot und ähnliches auch gelesen haben.. für den „Palamedes" des Giron de Courtois ist dies sogar bezeugt, ebenso für den „Merlin". Schon den Puer Apuliae haben ja die Troubadours verherrlicht und die Legende läßt gar die erste Dichterkrönung des Mittelalters, die Krönung eines fahrenden Spielmanns und späteren Franziskaners, am Hofe des etwa fünfzehnjährigen Königs statthaben.

Den Provenzalen war denn auch inhaltlich wie formal die Dichtung des Kaiserhofes nachgebildet. Doch nicht mehr die fremde provenzalische Sprache ward hier gebraucht, wie das an den Höfen norditalischer Adliger: der Saluzzo und Montferrat üblich war und wie überhaupt geistige

Höfe sonst gern fertige Sprachen übernehmen, sondern es wurde hier erstmals in italienischer Sprache gedichtet, in dem sizilisch-apulischen Volksdialekt. Zwar versprengte Vorläufer einer Dichtung im sizilischen Volgare — der sagenhafte Alkamo etwa — dürften kaum gefehlt haben.. dennoch beginnt jede Geschichte italienischer Dichtung mit den Liedern des staufischen Hofes, weil erst die Geschlossenheit der hier geschaffenen „sizilischen Dichterschule" der neuen volkssprachlichen Poesie zu jener Wirkung und raschen Ausbreitung verhalf, an die noch Petrarca erinnert „..in kurzer Zeit habe die Art zu dichten sich über ganz Italien und weiter verbreitet, die bei den Siziliern neugeboren wurde". Noch zu Dantes Zeiten hieß man alle nicht-lateinische Dichtung im italienischen Volgare „sizilisch", was Dante selbst in seiner Schrift „Über die Volkssprache" begründet: „Weil nämlich der königliche Thron in Sizilien war."

Für Friedrichs Beginnen erwies sich die Zeit gerade als reif. Von der Provence ausgehend, war die volkssprachliche Liebesdichtung durch die anderen europäischen Sprachgemeinschaften, Franzosen vor allem und Deutsche, schon seit langem aufgenommen worden und erst zuallerletzt, als der Höhepunkt der Minnedichtung schon fast überschritten war, fand sie auch nach Italien den Weg. Denn Italien war damals in der Ausbildung einer eigenen Sprache hinter den meisten Ländern Europas weit zurückgeblieben.. wahrscheinlich deshalb, weil kein anderes Land dem vollen Gehalt des Lateinischen noch so lange so nahe blieb wie Italien. Das Gefühl dafür, daß das gesprochene Idiom nicht mehr die Römersprache, sondern eine selbständige Sprache sei, erwachte hier kaum vor dem dreizehnten Jahrhundert. Aber auch ein italienisches Volksbewußtsein, dessen Künder schließlich Dante war, begann gleichfalls erst in dieser Zeit zu keimen, später als anderswo, weil auch hier jene Vorstellung im Wege war: Italisches und Römisch-Lateinisches seien schlechthin eins. Da nun Volkssprache und nationales Volksbewußtsein in jenem Jahrhundert überall in Wechselbeziehungen standen, so erscheint es keineswegs als besonders merkwürdig, daß gerade in dem süditalischen Staat Friedrichs II., dem Teil Italiens also, in welchem zuerst und am stärksten durch ein Staats- auch ein Volksgefühl gewaltsam ins Leben gerufen wurde, auch zuerst eine italische Mundart als Volkssprache erstehen konnte. Denn zur Volkssprache wurde die vorhandene Mundart erst dadurch gewandelt, daß sie dem unbestimmten Gewoge des bloßen Verständigungsmittels der Gassen und Märkte entrückt, wenn auch nicht sofort Sprache der Schrift, so doch Sprache der Dichtung wurde und zwar für eine geschlossene Gruppe von Menschen, nicht für versprengte einzelne Vorläufer.

Die Frage: wie der Kaiser wohl „auf den Gedanken" gekommen sei, für seine Dichtungen provenzalischer Art den heimischen apulisch-sizilischen Dialekt zu verwenden, ist daher gleichfalls müßig: daß er Staats- und Volksgründer war, ist Erklärung genug. Von den staatsmännisch so hoch begabten Normannen wird ja sogar berichtet, sie hätten — obwohl verfrüht und verfehlt — den Versuch gemacht, in Sizilien das Französische einzuführen „gens efficiatur ut una", auf daß Ein Volk geschaffen werde. Und das gedachten sie durch die Sprache des Hofs zu erreichen, der sich noch um die Mitte des zwölften Jahrhunderts in der Königsburg von Palermo des Französischen bediente. Es entsprach nun ganz und gar der Art Friedrichs II., daß er, der den Schwerpunkt des Königreichs von der sprachverwirrten Insel nach dem einsprachigen Festland verlegt hatte, nicht von außen eine fremde Sprache für die höfische Dichtung und Festlichkeit hereinholte, sondern daß er wie stets aus dem vorhandenen Rohstoff selbst das Notwendige herausgriff und für seine Zwecke umprägte. Und daß er dies tat, dafür zeugt wiederum der ihn preisende Dante: „Obwohl nämlich die eingeborenen Apulier gemeinhin roh reden, so haben doch einige ihrer Erlauchten geschmeidig gesprochen, indem sie ihren Sängen höfischere Wendungen einfügten." Durch das Glätten und Höfischmachen der ordinären Sprache hatte Friedrich II. mit seiner Schule den gemeinen Dialekt des Landes also zu jenem volgare illustre, der festlichen Sprache des Hofs und der Dichtung erhoben, hatte das Volgare dem niederen Bereiche entrissen, die Sprache des Volks als eine selbständige anerkannt und gleichzeitig die Gemeinschaft des Volkes in sich und die mit dem Herrscher „neuer Züchtung" hergestellt. Wieweit Friedrich II. dabei zweckbewußt vorging: aus „Staatsraison" wie die Rassen- so die Spracheinheit des Königreichs herzustellen, das wäre hier gleichgültig angesichts der Tatsache selbst, daß er zwar nicht Sprachschöpfer Italiens wurde — der war Dante — wohl aber Italiens wichtigster Sprachbereiter. Und auch eine solche Wirkung ist in Verbindnug mit einem Weltkaisertum vollkommen einzigartig in der abendländischen Geschichte: selbst unter kleineren Monarchen findet sich kaum ein entsprechender Vorgang.

Die Spannung der Zweisprachigkeit — in anderen Ländern längst üblich, so daß Friedrich in Deutschland als erster ein Reichsgesetz in deutscher Sprache erlassen konnte neben der lateinischen Fassung — herrschte nunmehr auch in dem südlichen Stauferstaat. Freilich, hier war und blieb die Sakralsprache das Latein, dem römischen Imperator der universalen Geltung wegen auch gar nicht zu missen, und der Kaiser hat sich wohl gehütet, für seine „heiligen Konstitutionen", seine „Offenbarungen", seine

„Hoheitsakte" sich schon einer anderen Sprache als der der Caesaren zu bedienen, die seine Kanzlei so wunderbar meisterte. Denn zum Sagen des Ewigen kam das noch wenig monumentale Volgare nicht in Betracht, wie ja selbst Dante unterscheidet zwischen dem ewigen und unveränderlichen Latein als dem Herrn und dem unbeständigen, veränderlichen Volgare, dem Diener. Die kaiserlichen Sakralien aber galten für die Ewigkeit. Dennoch waren auch in Italien schon Ansätze vorhanden, dem Volgare selbst eine Weihe zu geben, wenn auch erst Dantes „poema sacro" das Endgültige schuf. Denn fast gleichzeitig mit den ersten Liedern Friedrichs II. hatte der „Spielmann des Herrn", hatte Franz von Assisi gesungen. Seine Sprache war noch ein rohes und stark lateinhaltiges Volgare, aber ein Sagen m ü s s e n , eine „Seele" brach hier hervor, die Friedrich und den Siziliern fehlte. Für Friedrich II. war das Volgare nicht die Sprache, in der Tiefe und Größe und Feier zu künden war, sondern ihm galt es als die leichte lebendige Sprache höfisch-weltlicher Festlichkeit. Nicht mehr sind diese Lieder und wollen auch nicht mehr sein, als der Ausdruck weltlicher Festfreude und des heiteren ritterlich-höfischen Lebens, das die Gegenwart will und dem Augenblick dient. Darum kommt es gar nicht darauf an, daß im Vergleich zu den Provenzalen in den sizilischen Sängen kaum ein neues Denken und Fühlen enthalten ist: ihr Sinn war nur der, beim Fest schön zu sein, und wichtig war, nicht was hier gesungen wurde, sondern d a ß m a n ü b e r h a u p t s a n g und zwar in der Sprache des Volks und der Menschen, unter denen man lebte. Doch nicht nur Versmaß und Gedankengut hat der sizilische Hof, hat Friedrich II. selbst den Sängern der Auvergne Limousin und Provence entlehnt, sondern was nicht minder wesentlich war: deren Lebensfreude und Lebensstimmung ihr heitrer festlicher Glanz wurde erwidert von dem Hofe, dem Kaiser und seinem ganzen Geschlecht.

Weniges hebt den Staufer Friedrich aus der Reihe großer Herrscher so eigenartig heraus, als die durch alle Schrecknisse bewahrte gleichgewichtige Heiterkeit.. jene durchgeistete Heiterkeit des Allüberlegenen, der auf Erden aus göttlichen Höhen die ganze Welt überschaut und dazu noch sein eignes Sein: von Jupiter her darum „jovialitas" geheißen oder „serenitas" im kaiseramtlichen Sinne. Nicht nur an den großen fürstlichen Geist, auch an eine bestimmte Weltreife ist diese Heiterkeit gebunden, an eine überschaubare, fertige und gefestigte Welt, und darum ist sie beim Herrscher so selten: unter Monarchen dieses Maßes ähnlich wohl nur noch bei Caesar zu finden. Nach Friedrich II. blieb diese Heiterkeit, verbunden mit den entsprechenden Weiten Höhen und Tiefen,

den großen Tätern fremd. Geistreich witzige Könige gab es noch öfter..
fröhlich spielerische kannte wohl Frankreich: einen Heinrich IV., der
mit dem ersten Atemzug die Blume des Weins der Gascogne einsog.
Aber von jener caesarisch erhabenen Heiterkeit des Staufers sind sie so
weit entfernt, wie fröhliche Spielerei von festlichem Spiel. Freudigkeit
und Heiterkeit trotz der Verantwortungswucht, Sinn für Rhythmus und
Singen: auch kein deutsches Herrschergeschlecht hat je wieder diese
schöne freie Gelöstheit der Staufer verwirklicht, keiner der Staufer als
Friedrich II. diese nochmals in das Kaisertum einzubannen vermocht.
Auf die schönen Söhne, die nicht mehr Kaiser wurden, hat Friedrich II.
dies alles noch übertragen: alle haben sie gesungen, alle auch dann noch,
als über jedem von ihnen sichtbar schon das Verhängnis wirkte: Heinrich, der Erstgeborene und abtrünnige Sohn, der im väterlichen Kerker
sein Leben endend das Lied nicht abbrach, als ihn die Kämmerer der
verscherzten Königszeichen entkleideten, der „morgens sang und abends
weinte".. Manfred, der bis an die Grenze des Leichtsinns über den Liedern sein Königreich vergaß und dem des Kaisers alter Diener Occursius
kurz vor beider Tod in der Schlacht von Benevent grollend und doch
selbst ergriffen zurief: „Wo sind nun eure Geiger, wo eure Dichter, die
ihr mehr liebtet als Knecht und Ritter, daß sie versuchten, ob auch der
Feind nach ihren süßen Tönen tanzen möge!" Dann Enzio, der im bolognesischen Verließ die Wächter durch sein fröhliches Singen erheiterte und rührte. Und wie die Brüder, so sang auch der ritterlich liebenswürdige Friedrich von Antiochien, den man Toskanas König genannt,
und schließlich Conradin, dessen Sang das eigene Ende und das des
Hauses mit der gleichen süßen Trauer umspielte. Nicht Spielerei und
Königsmode zeigt das alles, sondern eine unvergleichliche Kraft des Lebens und des Blutes, die selbst im Untergang noch des feiernden Glanzes bedarf, ja sich dem Feind durch die eigene Schönheit verrät wie
Manfred und Enzio. Von diesem Lebensfest ist die ganze staufische
Kunst, ist auch das Dichten Friedrichs II. umschlungen: eine frohe Ernte
der Welt, die er beherrschte und die er darstellte, ein Dichten in dem dieser reichen und erfüllten Zeit geläufigen Denken der Minne, aus der Sangesfreude des Heitren, der „Kantilenen zu machen und zu singen verstand".

Doch auf die Begabung des staufischen Hauses blieb die neue Dichtung nicht beschränkt, ob sie auch ohne dieses nicht denkbar wäre. Gerade weil Friedrichs Dichten das eines Kaisers war und das eines Hofes
mit der leicht zu gewinnenden Gemeinschaft des Festes, war der neuen
Kunst weite Wirkung gegeben. Wie sehr aber Friedrich II. und später-

hin Manfred einfach durch ihre Person, durch ihr Dasein gewirkt haben, kann nicht schöner erklärt werden als mit Dantes preisenden Worten und seinem unvermittelt hervorbrechenden Zorn über die zeitgenössischen Großen Italiens, insbesondere über die Nachfolger der sizilischen Staufer, den Aragonesen Friedrich II. und Karl II. von Anjou: „Dieser (dichterische) Ruhm Trinakriens aber, wenn wir richtig das Zeichen betrachten, worauf es denn deute, scheint nur zur Schmach der italischen Fürsten geblieben, die nicht nach Heldenart, sondern wie Plebejer dem Eigendünkel folgten. Weil aber die Erlauchten Heroen, Kaiser Friedrich und Manfred sein wohlgeratener Sohn, Adel und Rechtheit ihrer Form offenbarten und, solange das Glück ihnen blieb, dem wahrhaft Menschlichen gefolgt sind, das Viehhafte verachtend: deshalb haben die adligen Herzens und die Begnadeten der Erhabenheit solcher Fürsten anzuhangen getrachtet, so daß zu ihrer Zeit, was immer an hohen Geistern unter den Lateinern erglänzte, zuerst am Hofe solcher Kronenträger aufgekeimt ist. Und weil der königliche Thron Sizilien war, so ist es geschehen, daß alles, was unsere Vorgänger im Volgare hervorgebracht haben, sizilisch genannt wird: und das behalten auch wir bei und unsere Folger werden es nicht ändern können. Aber Racha, Racha! was tönt jetzt die Tuba des allerneusten Friedrich? was das Schellengeklingle des zweiten Karl? was die Hörner Johanns und Azzos, der starken Markgrafen? wenn nicht: Kommet, ihr Schindknechte! Kommet, ihr Zweideutigen! Kommet, ihr Schüler der Habgier!"

Wenn ein Dichter vom Range Dantes und von seiner Strenge mit solchen Worten an den „erlauchten Heroen" gerade die menschliche Wirkung feiert, so muß diese wohl ungewöhnlich gewesen sein. Und in der Tat: vielleicht ist das Merkwürdigste die Dichterschule selbst. Friedrich II. hat ja nicht, wie dies sonst etwa an Höfen feinsinniger Fürsten der Fall sein mag, die „Dichtkunst gepflegt", indem er durch Freigebigkeit die Spielleute und fahrenden Sänger an seinen Hof lockte oder auf andere Weise anzog.. im Gegenteil: gegen die Fahrenden war Friedrich eher mißtrauisch, liebte sie in seinem Königreich gar nicht und gebot sogar bei einem Feste in Deutschland: man solle nicht so viel Geld an die fahrenden Leute verschwenden. Das Erstaunliche war, daß Friedrich II. die Dichter der frühen Schule ausnahmslos am kaiserlichen Großhof selbst hervorgebracht hat: dem Kaiser folgend begannen plötzlich die Beamten selbst zu dichten. Friedrich II. verfuhr nicht nach Art der Renaissance-Fürsten, die an Dichter Maler und Bildhauer Staatsämter gaben, wie noch zuletzt ein Karl August an Goethe. Das war schon die Umkehrung seiner ursprünglichen Ordnung: denn nicht, weil jene Männer Poeten waren, machte sie Friedrich zu Staatsbeamten, sondern aus den Beamten gerade dieses Kaisers wurde solches Können hervorgelockt gleichsam „durch der Dinge zwingende Notwendigkeit". Ein in der Geschichte wohl einziger Vorgang zeigt sich hier: daß einer der größten Staatsmänner und Gesetzgeber nicht nur die Dichtungssprache eines ganzen Volkes vorbereitet, sondern dazu noch zwei, drei Generationen hindurch die Dichter eines ganzen Landes gezeugt hat.. damit gleich im innersten Kern jenes Wort des Damon bestätigend: daß nirgends die Gesetze des Staates verändert werden ohne auch die der Musen zu wandeln.

Indessen, wenn der Anstoß der neuen Dichtung wirklich vom Kaiser ausging, so konnte es sich gar nicht anders verhalten, als daß kaum des Kaisers Altersgenossen, sondern insbesondere die jüngeren Generationen die neue Kunst übten. Tatsächlich scheint vor 1231 noch keiner der Beamten gedichtet zu haben und die Hoch-Zeit der Schule liegt sogar reichlich ein Jahrzehnt später. Dabei dürften die eigenen Lieder des Kaisers, auf deren Zahl es nicht so sehr ankommt als auf deren Wirkung, schon in der Zeit vor dem Kreuzzug entstanden sein. Damals weilte Jerusalems König, Johann von Brienne, am Großhof und von ihm als dem „Re Giovanni" ist ein Lied im sizilischen Volgare erhalten, das schwerlich einer späteren Zeit angehören kann. Am deutlichsten aber wird die Chronologie durch Beantwortung der Frage, wer denn die Dichter waren.. und da wird man, weil es sich nicht um gelehrte, sondern um ritterlich-höfische Kunst handelt, zunächst unter den adligen Beamten zu suchen haben, vornehmlich unter denen, die gerade in dem bildsamsten Alter ganz besonders stark unter dem Einfluß des Hofes standen.

Gleich drei Angehörige der oft genannten Grafenfamilie Aquino begegnen da unter den Dichtern: Rainald, Jacob und Monaldo Aquino. Rainald, aus dessen zahlreichen Gedichten Dante einmal einen Vers anführt, war um 1240 Valet und Falkner des Kaisers und hatte wenige Jahre später bereits eine gewisse Stellung bei Hofe. Sein Vetter Jacob ist selbst zwar nicht unmittelbar als Valet bezeugt, wohl aber dessen älterer Bruder, und da Friedrich II. ausdrücklich schreibt, er wolle sich der beiden Brüder, deren Vater im Dienste des Kaisers fiel, ganz besonders annehmen, so wird auch Jacob Aquino zu jenen Edelknappen des Hofes gehört haben. Über Monaldo d'Aquino ist nichts weiter bekannt als die Tatsache seiner Zugehörigkeit zur Dichterschule. Den bei weitem Begabtesten der Aquino, Thomas, an den Hof zu ziehen, gelang freilich nicht, obwohl Rainald den jungen Dominikanermönch, seinen Bruder, einmal zu entführen suchte.. und zwar mit Hilfe des Petrus de Vinea und unter geheimer Einwilligung des Kaisers, der junge begabte Adlige nicht ungern den Bettelorden abspenstig machte, in die sie scharenweise eintraten: hinsichtlich eines parmensischen Adligen ist ähnliches bekannt.

Der Name des Jacob von Aquino ist durch einen Canzonenwechsel verbunden mit dem des Jacopo Mostacci, eines anderen der jungen Dichter, der gleichfalls um 1240 zusammen mit seinem Bruder unter den kaiserlichen Valets genannt wird. Als Gesandter erscheint er noch im Dienst König Manfreds am Hofe von Aragon. Ein Morra, Sohn des Großhofs-Justitiars und älterer Bruder zweier um 1240 als Valets Dienst tuender Knaben fehlte ebensowenig unter den Dichtern des Hofes. Jacob von Morra, um diese Zeit schon kaiserlicher Kapitän des Herzogtums Spoleto, war gemäß der hohen Stellung seines Vaters einer der Allernächsten und Vertrautesten Friedrichs II., einer von denen, die der Kaiser „wie Söhne aufgezogen und denen nichts verborgen blieb". Jacob von Morra hatte sich eingehend mit der provenzalischen Sprache befaßt, für ihn schrieb ein Troubadour, wohl der bekannte Uc de St. Circ, den „donat proensal", die älteste provenzalische Grammatik, die wir besitzen, und mit die schönsten Lieder der sizilischen Schule tragen den Namen des „Giacomino Pugliese". Es war einer der höchsten Posten, auf der Kaiser den Vertrauten als Generalvikar der Mark Ancona späterhin stellte und auf dem dieser schließlich seinen Herrn verriet: Jacob von Morra wurde in eine Verschwörung verstrickt und gleich ihm wohl noch ein anderer der Dichter: Roger de Amicis. Auch er zählte zu den höchsten Beamten, war Großjustitiar oder Kapitän Siziliens, und von ihm ist unter anderen ein Gedichtswechsel mit dem an Jahren jüngeren Rainald von Aquino bekannt. Roger de Amicis, einer der Nächsten des Kaisers und gelegentlich als Gesandter an den Hof von Ägypten nach Kairo geschickt, war ein kalabresischer Adliger. Der gleichen Landschaft entstammte auch Folco Ruffo. Er wird in der Spätzeit Friedrichs II. mehrfach in der nächsten Umgebung genannt und dürfte noch sehr jung gewesen sein, als er, zugegen beim Tode des Kaisers, das kaiserliche Testament als Zeuge mitunterschrieb — auch er Dichter und Angehöriger einer großen Adelsfamilie, der Ruffi, deren einer kaiserlicher Marstallmeister war, während ein anderer auf Wunsch des Kaisers eine Hippiatrik, eine Veterinärkunde verfaßte. Als Valet des Kaisers lernt man schließlich um 1240 noch Rainald von Palermo kennen, einen sizilischen Lehensbaron, und auf ihn mögen die uns erhaltenen Gedichte des sonst gänzlich unbekannten Rainer von Palermo zurückgehen.

Zahlreiche höhere Beamte sind aus der beneventanischen Familie der Monteneri hervorgegangen. Rainald von Montenero gehörte zur Dichterschule und wird in einer Novelle, die ein in Sardinien spielendes Abenteuer dieses Adligen erzählt, als „kavaliere di corte" bezeichnet. Das Königreich Sardinien gehörte aber Enzio und so dürfte jener Montenero in irgendeiner Eigenschaft dem Kaisersohn unterstellt gewesen sein. Da die kaiserliche Verwaltung späterhin überhaupt Italien mit einschloß, sizilische Beamte überall regierten, so ist das Weitergreifen der Vulgärdichtung nach dem Norden keineswegs dunkel und es ist bezeichnend, daß anfangs fast nur kaiserliche, also ghibellinische Städte wie Pisa Arezzo Siena Lucca, auch Florenz Dichter hervorgebracht hatten. Man erzählt, daß bei dem in Bologna gefangenen König und Sänger Enzio die gebildeten jungen Bolognesen sich häufig eingefunden hätten, und Enzio wird den Inhalt seiner im Gefängnis bewahrten Liederhefte, deren er noch in seinem Testament gedenkt, seinen Besuchern wohl nicht vorenthalten haben, zu denen auch ein Guido Guinizelli gehört haben mag. Im übrigen wird Enzios Namen in Zusammenhang gebracht mit Liedern des Notars Semprebene da Bologna, den man als einen der frühesten Vulgärdichter im oberen Italien auch stets zur „sizilischen Schule" rechnet. Zu ihr gehörten noch einige wenige Oberitaliener, adlige Beamte des Kaisers, die zum Hofe in nahen Beziehungen standen. Da ist Arrigo Testa, ein aretinischer Ritter, der mehrfach als Podestà kaiserlicher Städte im Amt war, auch in Florenz, wo gleichzeitig mit ihm einmal Friedrich von Antiochien als Generalvikar von Toskana residierte, jener ungemein begabte Sohn des Kaisers, dessen Lieder als die des „Re Federigo" oft mit denen des Imperators verwechselt wurden. Genuese war Percival Doria, kaiserlicher Podestà in Avignon, später in Parma, dann im Dienste König Manfreds Kapitän der Mark, bis er als Manfreds Feldhauptmann bei einem Kriegszug ertrank. Von den vielen Liedern König Manfreds selbst, den stets eine Unzahl deutscher „Fiedler" umschwärmte — man sang damals in Toskana: Pferde habe man aus Spanien, Kleidung aus Frankreich und man singe und tanze auf provenzalische Art mit neuen Instrumenten aus Deutschland — ist keines auf uns gekommen, so wenig wie die Lieder seines Großkämmerers, des Grafen Manfred Maletta, „der mächtig und groß war am Hofe des Königs, reich und von Manfred geliebt..., der der Beste war und vollkommen im Erfinden von Canzonen wie im Erfinden von Melodien, der im Klingenlassen der Saitenspiele seinesgleichen in der Welt nicht hatte".

Neben diesen fürstlichen und ritterlichen Sängern waren an der Vulgärdichtung noch die bürgerlichen Juristen beteiligt, so daß die Dichtung als die einzige der am Hofe vertretenen Künste wirklich volkschaffend Fürsten Adel und Bürgertum vereinte. Der Zahl nach waren die Juristen freilich viel schwächer vertreten als die Ritterlichen, ihre Bedeutung aber war desto größer, schon weil Petrus de Vinea als einer der Ersten auch Lieder im Volgare dichtete. Ja er dürfte sogar der Mittelpunkt der eigentlichen Schule gewesen sein und zahlreiche der jüngeren Dichter haben mit ihm Gedichte ausgetauscht. Da Petrus de Vinea jedoch vor dem Kreuzzug noch sehr wenig hervortrat und gerade jene Gedichtswechsel auf seine späte Zeit verweisen, so ist es nicht unwahrscheinlich, daß auch für ihn eine Anregung vom Kaiser ausging.. jedenfalls: er ist einer der wenigen dichtenden Altersgenossen des Kaisers. Wie überall gehören hier Friedrich II. und Petrus de Vinea eng zusammen.

Durch Vinea wurde die neue Dichtung auf die Juristen ausgedehnt und diese als die geistig gewecktesten und sprachlich gewandtesten waren denn auch vor allem befähigt, sich die neue Art des Dichtens anzueignen und schließlich diese ritterlich-höfische Kunst weiterzuführen, als sie unter den Rittern selbst kaum mehr Nachfolge fand. Auch in Italien verbürgerte ja die Dichtung allmählich, nicht anders als in Deutschland, wo der ritterliche Minnesang durch den bürgerlichen Meistersang abgelöst wurde, um schließlich ganz im Handwerklichen zu verholzen. Die nämliche Gefahr bestand in Italien. Dem verfeinerten Formgefühl der Juristen mag es allerdings zuzuschreiben sein, wenn sie einen neuen Strophenbau erfanden — das erste Sonett soll Petrus de Vinea gedichtet haben —, der Gelehrtheit dieser Poeten aber war die zunehmende Verknöcherung und Verdünnung zu danken, bis die Öde der ober- und mittelitalischen Juristen- und Philosophendichtung überwunden ward durch Dante und den „neuen süßen Stil".

Außer Petrus de Vinea gehörte zu den dichtenden Juristen des Kaiserhofes als einer der bekanntesten Vertreter der sizilischen Schule der Notar Giacomo da Lentini. Auch er stand mit den meisten jungen Adligen in Verbindung, der Zahl nach übersteigt seine Produktion die aller andern und so sehr war er typisch für die Schule, daß Dante in dem wichtigen Gespräche mit Bonagiunta di Lucca gerade den „Notaro" als Muster der alten Richtung bezeichnet. Schließlich wäre noch aus späterer Zeit der Richter Guido Colonna zu nennen, dessen Gedichte Dante mit denen des Rainald von Aquino gelegentlich anführt.

So findet sich in dem berühmten und berüchtigten Staat Friedrichs II. — der „ersten modernen Bureaukratie"! — ein merkwürdiger Kern von

Beamten, die als Gelehrte Dichter oder Künstler dem Kaiser nahestanden.. alle mehr oder weniger geistig bewegte Menschen, die auch untereinander aufs engste verknüpft sich ihr mannigfaltiges Können mitteilten und voneinander annahmen. Wie sehr aber unterschieden sich die sizilischen Dichter von den Troubadours schon dadurch, daß sie die Dichtung nicht als Fahrende und nicht als Gewerbe betrieben! Die sizilische Dichterschule — später auch die kaiserliche Bildhauerschule — war durchaus an den Staat gebunden, war mit dem Staate eins.. und die Träger der neuen Dichtung waren auch die Träger des Staates, der seine Beamten mit der ganzen Person, mit allem privaten Können in Anspruch nahm dank der großen Kunst Friedrichs II., alles in den Staat einzubeziehen, nichts in den leeren Raum verflattern zu lassen: freilich eine nicht immer leicht zu ertragende Straffung des Einzelnen, die der fahrende Sänger nicht kannte. An dichterischer Rivalität hat es trotzdem der Schule nicht gefehlt.. aber sie war von höherer Art als der Brotneid der Troubadours, weil den Siziliern das Dichten nicht Unterhalt und Geldgewinn zu bringen hatte: sie waren ja insgesamt Beamte des Kaisers. Von den sonstigen Minnehöfen aber unterschied sich die kaiserliche Schule noch durch ein andres: am Kaiserhof war nicht die Herrin der Mittelpunkt des höfischen Treibens.. denn nach orientalischer Sitte lebte die Kaiserin mit ihrem eigenen Hofstaat meist fern vom Kaiser im „Harem" und auch die vielen Geliebten Friedrichs II. haben niemals eine Rolle am Hofe gespielt: wir wissen kaum deren Namen. Nur einen Mittelpunkt gab es: den Kaiser selbst.. was dem päpstlichen Hofe also wiederum viel eher entsprechen würde als den sonstigen Höfen der damaligen Zeit. Das Zusammensein des Kaisers aber mit seinen gebildeten Beamten und Höflingen zeugte bei aller geistigen Lockerung eine strenge, harte und geistig gespannte Atmosphäre wie nirgends sonst im Abendland, einen neuen männlichen Geist, der freilich alles zersprengen mußte, wenn er nicht durch die eisernen Klammern des Staates gebändigt wurde. Und diese geistige Spannung wurde weiter noch vermehrt durch die Kenntnisse, die Friedrich II. selbst, von zahlreichen fremden Gelehrten unterstützt, seinem Hofe neu zuführte: die Naturwissenschaften.

Schon das Auftauchen der Lehre von der Necessitas, der Lehre von eigenen natürlichen Lebensgesetzen der Dinge selbst, hatte gezeigt, bis wohin sich das Denken in der damaligen Zeit vorgewagt und dem Lebendigen genähert hatte. Noch auf andere Weise läßt sich der Stand des damaligen Denkens festlegen. Wenn nämlich einst die Alten aus der naturhaft-ursprünglichen Welt ihrer Götter und Helden durch das Erkennen der Naturgesetze und der Anagke weiter zur Erkenntnis des Nous empor und dann immer höher und höher stiegen, bis schließlich nur noch ein einziger, ein Weltnous regierte, so war es jetzt nach der vielhundertjährigen Herrschaft des Geistes ein Herabsteigen aus den schon jede Gestalt auflösenden, in sich ruhenden, durchgeisteten Höhen, ein erneutes Durchmessen des schon einmal in anderer Richtung, im Aufwärts geschrittenen Weges: wiederum ein Erkennen von lebendigen Gesetzen der Natur, solcher zunächst die das Universum durchwirkten, dann ein weiteres Hinab des Geistes zur Erde selbst und ihren Geschöpfen, bis sich Natur und Geist und Seele auf Erden wieder völlig durchdrangen in dem mediceischen Zeitalter von Florenz. Jede Epoche des Mittelalters fand von sich aus in der Vergangenheit die eigne Zeit vorgelebt: Kaiser Otto III. wollte noch die Zeit Konstantins erneuern und sein Lehrer Gerbert nannte sich daher als Papst entsprechend dem konstantinischen Bischof von Rom Sylvester II. Im ganzen dreizehnten Jahrhundert aber war bereits ein Gefühl nächsten Verwandtseins lebendig mit dem ersten christlichen Jahrhundert.. eingeleitet schon durch die Prophezeiung des Abtes Joachim von Fiore: der neue Zustand, der komme, werde dem der ersten Christen im apostolischen Zeitalter gleichen. Der heilige Franziskus erschien, als ein unmittelbarer Jünger des Herrn dies Wort zu erfüllen.. Friedrich II. wiederum suchte die Zeit des Augustus heraufzuführen, und die ganze Endschaftspekulation zielte ja darauf hin, daß die unmittelbar vor dem Ende der Dinge stehende Welt entsprechen müsse der Zeitenfülle im ersten Jahrhundert: im Zeitalter Christi. Dieser Augenblick freilich, der Tag der Erlösung, war in einem neuen Sinn erst erreicht am Karfreitag des ersten anno santo, des Jubiläumsjahres 1300, als Dante von Vergil geführt seinen Weg zum Paradies antrat.

Auf die frühchristliche oder spätantike Epoche wiesen auch die naturwissenschaftlich-philosophischen Regungen der Zeit. Die gleichen antiken Autoren, die einst hinaufgeführt hatten in die Geistwelt spekulativer Abstraktionen, dienten jetzt, an ihnen entlangtastend sich wieder hinab in die Körperwelt zurückzufinden. Vom Geist herkommend begriff man den ganzen Spuk der spätantiken Philosophie zuerst und am leichtesten und ihn hat man damals wieder entdeckt. Denn was sonst bei jedem organischen Wachstum sich zuletzt erschließt: vom Einzelnen abstrahiert das allgemeine Gesetz zu erkennen.. das war im Zeitalter der Scholastik das Gegebene und Erste: der stets auf das Universale gerichtete Geist und das an den täglichen Umgang mit den „Universalien" gewöhnte Denken erfaßte leichter ein allgemeines Gesetz des gesamten Kosmos als das kleinste einzelne Ding auf Erden, und erst vom Geist her über die Spekulation, über Gesetz und Gattung lernte man die Natur in den Einzelerscheinungen sehen. Was mit Ewigkeit und Universum zusammenhing, das war von dem geschulten Geist rasch zu erfassen: Astronomie und Mathematik daher früher und schneller als Botanik und Zoologie und diese wieder weit eher als die Kunde des Menschen. Die bildende Kunst zeigt jeden Schritt dieses Weges.

Wenn man neuerdings versucht, dem Mittelalter ein Naturfühlen oder Natursehen zuzusprechen, so ist das ein Spiel mit Worten. Als ewige Ordnung der Welt war die Natur gewiß das ganze Mittelalter hindurch heilig, sie aber nicht spekulativ und dennoch geistig als ein Lebendiges zu verstehen, von eigenem Leben und von eigenen Kräften bewegt und durchwirkt, das war dem Mittelalter bis mindestens 1200 durchaus fern. Es lag nichts daran und man zog vor, die Erscheinungen völlig vergeistet als Allegorie zu begreifen und mit dem spekulativen Wissen verbunden transzendental auszudeuten. Dem kam ein spätantikes alexandrinisches Werk zu Hilfe, der Physiologus, neben der Enzyklopädie des Isidor von Sevilla und vielleicht dem Plinius fast die einzige naturwissenschaftliche Quelle des Mittelalters, jedenfalls die bei weitem populärste, später in alle Sprachen übersetzte Tierbeschreibung. Neben kleinen Geschichtchen über die einzelnen Tiere und ihre Gewohnheiten nehmen darin die allegorischen Bedeutungen einen breiten Raum ein, und was Löwe Stier und Einhorn moralisch, astral oder kosmisch bedeuteten, erregte viel mehr Teilnahme als das, was sie waren.

Ein Beispiel für diese Art des Natursehens gibt in der Ottonenzeit Bischof Liutprant von Cremona, der als Gesandter an den Hof von Byzanz geschickt wurde. Man zeigte da dem Bischof einen kaiserlichen Tierpark, in dem sich eine Herde von Waldeseln befand, und sofort sann Liutprant nach, was diese Waldesel für das Weltall zu bedeuten hätten, worauf ihm auch gleich ein Sibyllenspruch einfiel: Löwe und Katze werden den Waldesel besiegen. Zunächst glaubte der Bischof, das verheiße einen gemeinsamen Sieg seines Herrn, Kaiser Ottos I., und des Byzantiners Nikephoros über die Sarazenen. Dann aber schien es ihm, als könnten die beiden Kaiser als gleich mächtige Herrscher nicht gut den großen Löwen und die kleine Katze darstellen, worauf ihm schließlich nach kurzem Besinnen die wahre Bedeutung des byzantinischen Waldeselparks aufleuchtete: Löwe und Katze waren seine Herren Otto der Große und dessen junger Sohn Otto II., der zu besiegende Waldesel aber, wie der Tierpark bewies, kein anderer als der Kaiser Nikephoros selbst! So sah Liutprant, einer der gelehrtesten Kleriker, die Natur. Und doch kannte er eine Unzahl antiker Autoren: Cicero Terenz Vegetius Plinius Lukrez Boethius, um nur einige zu nennen, ganz zu schweigen von den Dichtern. In diesen Dingen war eben die Antike wirkungslos und man entnahm ihren Schriften nur was man in sich trug: Moralia und allenfalls Aventüren. Denn auch die Abenteuer, die man erlebte, sah man derart vom Geist her, sofern man gelehrt genug war. Der Brief des Kanzlers Konrad, der seine sizilische Reise beschrieb und dabei Skylla und Charybdis, die Wunder des Zauberers Vergil und ähnliches sah, zeigt diese Übertragung des mit dem Geiste Gewußten auf die tatsächliche Körperwelt, und all die Fabeltiere und mythischen Wunderwesen des Ovid und Apulejus, der Alexandersagen, der Irrfahrten des Aeneas und Odysseus gaben der Phantasie im Kreuzfahreralter eine gewisse Richtung. Von der Phantasie her lernte man aber allmählich auch die Augen benutzen.

Es ist merkwürdig, was die Antike, die jedem Zeitalter das jeweils Notwendige vermittelt, jenen Jahrhunderten gab. Wohl zum einzigen Mal hat sie die Sinne wachrufen müssen auch für Fernzauber und Unform, ja geradezu formfeindlich hat sie vielfach gewirkt. Denn genug und übergenug des im Formalen und Formelhaften Gebändigten hatte das Mittelalter, welches das wirkliche Leben aus einer anderen Welt empfing, Leben, das in die fertigen Formen, die schön waren und heilig und ewig, im Wunder einging, nicht Leben, das sich selbst in seinen Formen darstellte. Keine neuen Formen hatte also damals die Antike zu binden, sondern in den vorhandenen die verborgnen und verschütteten Lebenskräfte zu lockern und zu wecken. Und so waren es merkwürdige Autoren, die jene Zeit bewegten und zur Antike in eine Beziehung setzten, Schriften, zu denen heute der unmittelbare Zugang beinahe fehlt, wie die zahllosen pseudo-aristotelischen Werke, die größtenteils einen durch neuplatonische Spekulationen „faßbarer" gemachten Aristoteles vermittelten. Denn da man, des Auges entwöhnt, nicht vom Menschen und Leben aus den geistigen Sinn der Dinge suchte, sondern vom universalen Denken her die Dinge anging, so war ein Verhältnis zur Antike nur durch solche Autoren zu erwarten, die möglichst viel den Geist, möglichst wenig das Auge beanspruchten .. und da waren die Araber freilich die vorzüglichsten Mittler. Sie hatten auf solches hin die antike Literatur förmlich gesichtet, hatten sie aufgenommen, soweit sie als eine Sache des puren Geistes letzthin auf jeden Boden verpflanzbar war, während alles, was die besondre Färbung gerade griechischen und römischen Lebens trug, ihnen gänzlich verschlossen blieb. Nicht einen Historiker haben sie übernommen, nicht einen Dichter! Was sollten ihnen die Tragiker, was die Hymnensänger, was ein Homer, von dem sie nur einen Vers für brauchbar erachteten und kannten: εἰς κοίρανος ἔστω · εἰς βασιλεύς. Dafür aber hatten sie alle Schriften der Natur- und der Heilkunde übernommen und fast alle Philosophen seit der Zeit Alexanders des Großen, von den Früheren aber nur noch Platons Timaios, Phaidon und Staat. Am nächsten waren ihnen neben den naturwissenschaftlichen Autoren die Neuplatoniker, in deren Bearbeitung sie auch als den großen Systematiker Aristoteles kennenlernten. Noch den großen arabischen Philosophen des zehnten und elften Jahrhunderts, Kindi Farabi und Avicenna war Aristoteles fast nur in neuplatonischer Klitterung zugänglich und erst das zwölfte Jahrhundert brachte den größten arabischen Interpreten des wirklichen Aristoteles hervor: den Spanier Averroës. Dessen gereinigteren Aristoteles nebst seinen Kommentaren dem Abendland durch Übersetzungen zu erschließen, zugleich aber noch andre antike Autoren aus dem Arabischen wieder in eine abendländische Sprache zurückzuübertragen, das war eine der wichtigsten Aufgaben der Gelehrten. Averroës selbst starb im gleichen Jahre in welchem der vierjährige Friedrich in Palermo zum König Siziliens gekrönt wurde. Die Legende aber erzählt, Averroës habe am Hofe Friedrichs gelebt.

Übersetzungen aus dem Arabischen wurden in ausgedehnterem Maße erst seit dem zwölften Jahrhundert angefertigt, vorwiegend ja fast ausschließlich in Spanien und dort in der Schule von Toledo, die im Hochmittelalter zugleich als Hauptsitz aller Geheimwissenschaften galt: der Astrologie, der Nekromantie, der Chiromantie, der Pyromantie und jeglicher sonstigen Mantik. Hier arbeiteten nicht nur Spanier wie Dominicus Gundissalinus, sondern auch Norditaliener wie Gerhard von Cremona. Aus Toledo dürften bereits um die Jahrhundertwende die ersten Übersetzungen averroistischer Schriften hervorgegangen sein und im Zusammenhang mit diesen die Physik und die Metaphysik des Aristoteles: schon 1209 wurden diese Werke von Papst Innocenz III. für einige Jahre verboten. Ein andrer, jedoch weniger bedeutender Sammelplatz derartiger Arbeiten war der Normannenhof von Palermo gewesen, die zweite Einbruchsstelle östlicher Kultur. Hier wirkten Männer wie Eugen von Palermo und der Admiral Heinrich Aristipp. Doch das einzige Werk, das hier aus dem Arabischen übersetzt wurde, war soviel bekannt die Optik des Ptolemäus. Viel wichtiger ist Palermo damals noch als Vermittlungsort für Byzanz gewesen und es waren vor allem griechische Werke, die man aus dem Griechischen selbst ins Lateinische übersetzt hat: neben Sprüchen der Erythräischen Sibylle etwa die Syntaxis des

Ptolemäus, des Euklid optische Werke sowie dessen Elemente, ferner Schriften des Proklus, die Pneumatica des Hero von Alexandrien, logische und meteorologische Schriften des Aristoteles, Platons Menon und Phaidon und noch einiges andere. Bekannt waren hier außerdem die lateinische Timaios-Übersetzung des Chalkidius und die nie verlorenen Übersetzungen der aristotelischen Topik Analytik und Kategorienlehre des Boëthius.

Es ist anzunehmen, daß Friedrich II. die Mehrzahl dieser Schriften gekannt hat. Ebenso ist es wahrscheinlich, daß er schon in seiner Jugend durch die enge Berührung mit den Sarazenen Palermos naturwissenschaftlich-philosophische Schriften der Araber kennengelernt hat, zumindest aber ward ihm der arabische Geist vertraut. In den Jahrzehnten der sizilischen Wirren, die mit dem Tode des letzten Normannenkönigs einsetzten, hörte die damals schon mit dem Hofe verbundene Übersetzungstätigkeit ganz von selbst auf und erst als Friedrich II., der ja überall auch an die alten Traditionen anknüpfte, aus Deutschland in sein sizilisches Königreich heimkehrte, besonders aber nach der Rückkehr aus dem Orient, begann am kaiserlichen Großhof eine Zeit der Tätigkeit, deren Ergebnisse hinter denen von Toledo kaum mehr zurückblieben. Da aber mit der Eroberung Konstantinopels durch die Kreuzfahrer (1204) und der Errichtung des lateinischen Kaisertums Byzanz wesentlich an Interesse verloren, durch Friedrich II. selbst aber das Arabische an Bedeutung gewonnen hatte, so trat entgegen der Tradition das Griechische zugunsten des Arabischen ganz wesentlich zurück. Was sich dem Kaiser selbst ganz unmittelbar erschlossen, das begann er nun durch zahlreiche Gelehrte dem Abendland zu vermitteln.

Als Friedrich II. auf seinem Krönungszuge Bologna besuchte, konnte er damals schon mit dem berühmtesten Gelehrten seines späteren Hofes zusammengetroffen sein: mit Michael Scotus. Über das Leben des Schotten ist wenig Sicheres bekannt: in jedem Fall hat auch er seine Laufbahn als Übersetzer in Toledo begonnen, wo er 1217 die Sphärik des Alpetragius übersetzte. Drei Jahre später tauchte er in Bologna auf, stand dann einige Zeit sogar mit der päpstlichen Kurie in Verbindung, die ihn dem Erzbischof von Canterbury empfahl, und um 1227 mag er zu Friedrich II. gekommen sein, den er möglicherweise bei jenem Gespräch des Kaisers mit dem Mathematiker Leonardo von Pisa kennengelernt hat. Michael Scotus: Übersetzer, Astrolog und Philosoph, Mathematiker und Zeichendeuter, galt dem Zeitalter als ein Magier, und Dante läßt den Meister „des Hexenblendwerks und der Zauberei" in der Höllenbolge als falschen Verkünder kommender Dinge mit rückwärts aufgesetztem Haupte einherschreiten. Zahllose wunderbare und unheimliche Geschichten von ihm und dem Kaiser waren im Umlauf, finden sich noch jetzt in Novellen und Märchenbüchern der Romantik, und das Grauen, das die Zeit vor Friedrich II. empfand, galt zum Teil auch diesem Hofastrologen, den man einen „zweiten Apollon" hieß und von dem man erzählte: er habe, die eigene Todesart vorauswissend, stets eine Eisenkappe getragen und sei dann trotz ihrer, genau wie er vorhergesagt, durch einen herabfallenden Stein getötet worden, wohl als er 1235 den Kaiser nach Deutschland begleitete.

Den Namen des Michael Scotus tragen erheblich mehr Schriften, als er wirklich hervorgebracht hat. Sicher aber ist es, daß er des Aristoteles „De caelo" und „De anima" mit den Kommentaren des Averroës übersetzt hat und außerdem die von Avicenna unter dem Titel des „Liber animalium" zusammengefaßten aristotelisch-zoologischen Schriften: die „Tiergeschichten" also, über die „Teile der Tiere" und noch andere Traktate, im ganzen neunzehn Bücher. Das Werk, wie die meisten andern, dem Kaiser gewidmet, hat die aristotelische Zoologie erstmals dem Abendland übermittelt, und von dem Exemplar des Kaisers nahm schon 1232 der Magister Heinrich von Köln eine Abschrift, die später vielleicht auch Albertus Magnus benutzt hat. Auch Übersetzungen der Physik und Metaphysik werden dem Scotus, wohl ohne Berechtigung, zugeschrieben.. wahrscheinlicher ist seine Autorschaft für einige obskure philosophische Traktate wie die „Fragen des Nicolaus Peripateticus" und eine philosophische Systematik. Weitere aristotelische Schriften waren am Hofe bekannt: neben der „Rhetorik" und der „Meteorologie" auch die Nikomachische Ethik, während die Politik erst Jahrzehnte später auftauchte. Dafür hatten aber pseudo-aristotelische Schriften in großer Zahl am Hofe Verbreitung gefunden. König Manfred ließ später erstmals den Traktat „De pomo" ins Lateinische übersetzen, der unter Friedrich schon ins Hebräische übertragen war, und schenkte die „Magna Moralia" der Universität von Paris. Friedrich selbst zitiert in seinem Falkenbuch die pseudo-aristotelische „Mechanik".. die sogenannten „Problemata", die ein in Griechenland weilender Gelehrter aus dem Griechischen übersetzt hat, waren dem Kaiser gewidmet, und man kannte vermutlich die sogenannte „Theologie" oder „$\pi\epsilon\varrho\grave{\iota}\ \beta\alpha\sigma\iota\lambda\epsilon\acute{\iota}\alpha\varsigma$" des Aristoteles.

Einen Auszug aus dem gleichfalls Aristoteles zugeschriebenen „Secretum secretorum" fertigte für den Kaiser ein andrer Gelehrter an, der Magister Theodor. Wie Michael Scotus führte er den Titel eines Hofphilosophen und wahrscheinlich hat Magister Theodor nach dem Tode des Schotten dessen Stelle bei Hofe erhalten, späterhin sogar noch ein

Lehen. Michael Scotus hatte den spanisch-toletanischen Geist vertreten, Theodor mehr den des arabischen Orients. Er kam vermutlich von Antiochien, hatte angeblich in Bagdad und Mossul studiert und war um 1236 dem Kaiser von dem „Großkalifen", wohl Al-Kamil von Ägypten, geschickt worden. Beschäftigung gab es für ihn zur Genüge: im Laufe weniger Monate wird er verwendet als Astrolog, der für den Kaiser die Horoskope zu stellen hatte.. als Kanzlist, der den Schriftverkehr mit den arabischen Herrschern erledigte.. als Gesandter wird er nach Tunis geschickt.. als Gelehrter hatte er einen arabischen Jagdtraktat zu übersetzen.. und schließlich — zwar weniger geistig aber nicht minder wichtig — hatte er für den Hof Veilchenkonfekt herzustellen, wovon der Kaiser dem erkrankten Petrus de Vinea zu schicken befiehlt.

Als einen Schüler des Magisters Theodor bezeichnet sich wiederum in einem medizinischen Traktat Petrus Hispanus, über dessen Person jedoch nichts weiter bekannt ist, so wenig wie über die zweier anderer Männer, die als „Hofphilosophen" genannt werden: Magister Johann von Palermo und den wohl spanischen Magister Dominicus. Fast alle diese Hofgelehrten standen zugleich in nahen Beziehungen zu dem Kreise des Lionardo von Pisa, der dem Abendland das arabische Zahlensystem vermittelt hatte. Friedrich II. selbst war bekanntlich in Pisa mit diesem größten Mathematiker des Mittelalters zusammengetroffen, mit dem er sich des längeren unterhielt. Zwar stand Lionardo nicht wie die anderen Philosophen im Dienste des Kaisers, aber sein bedeutendstes Werk, den „Abacus" übersandte er bei einer Neubearbeitung dem Michael Scotus, berief sich auf den „großen Philosophen" Magister Theodor und widmete den „Liber Quadratorum" dem Kaiser, der, wie es scheint, schon in frühen Jahren die andern Schriften des Mathematikers gründlich kennengelernt. Einen Mathematiker und Astronomen, den Gelehrten Al-Hanifi, hatte auch der Sultan Al-Kamil zum Kaiser geschickt, wie überhaupt die Mathematik vom Kaiser auch persönlich sehr hoch geschätzt wurde. Die Hofgelehrten aber waren alle auch Mathematiker und mußten es sein, schon weil es für ihre astronomischen und astrologischen Aufgaben unerläßlich war.

Die wirklich große Wichtigkeit der Astrologie für jenes Jahrhundert wird selten gewürdigt: denn in dieser Epoche eines noch völlig gebundenen Begriffes von „Zeit" erwuchs der astrologischen Zeitbestimmung die Aufgabe, das durch den Vorsehungsglauben vernachlässigte und noch unausgebildete Gefühl für den rechten Augenblick zu ersetzen oder doch die metaphysische Notwendigkeit eines Geschehens gerade in diesem Augenblick durch den Sternenstand unmittelbar vom Ewigen her zu bestätigen: für die Auffassung, daß auch die Dinge selbst den Augenblick herbeizwingen und diese selbst ihm den ewigen Sinn geben könnten, war damals kein Raum. Auch Dante vergewissert sich bei jedem wichtigen Ereignis des jeweiligen Planetenstandes, das Ewige so mit dem Augenblick verknüpfend, wobei er der Anschauung des Michael Scotus gar nicht fernstand, der erklärte: die Himmelskörper seien nicht Ursache der Geschehnisse, sondern deren Zeichen, wie der Zirkel vor der Taverne nur Zeichen sei, daß es im Innern Wein gebe.

Astronomie und Astrologie nahmen am Kaiserhof eine ganz besondere Stellung ein. Von einem der Sultane hatte Friedrich jenes kostbare Astrolab erhalten, das ihm neben seinem Erben Konrad der liebste Besitz auf Erden gewesen sei. Vom ägyptischen Sultan erhielt er ein arabisches astrologisches Werk zugesandt, das „Buch der neun Richter"... sein Sohn Manfred ließ später das „Centiloquium des Hermes" übersetzen, gleichfalls ein astrologisches Werk, und Michael Scotus verfaßte schließlich mit seinem „Liber introductorius" und „Liber particularis" eine wunderbare Enzyklopädie des astronomisch-astrologischen Gesamtwissens der Zeit. Nicht ohne Grund galt Michael als der Astrologe des Mittelalters überhaupt und die italischen Städte waren bald überschwemmt auch mit erfundenen Prophezeiungen dieses Gelehrten.

Wo immer sich der Kaiser zeigte, war er von einer Anzahl Sterndeutern begleitet, und weniges haben die italischen Fürsten dem Kaiser so rasch abgelernt, wie den Gebrauch der astrologischen Kunst. Wieweit allerdings Friedrich II. seinen Gelehrten da wirklich vertraute, bleibe dahingestellt. Obwohl er sich oftmals für die wichtigen Unternehmungen von den Astrologen die günstige Stunde angeben ließ, etwa bei Gründung einer Stadt oder bei Antritt eines Feldzuges, so mag auch er, den Renaissancefürsten ähnlich, gedacht haben: die Sterne lügen nicht, wohl aber die Astrologen. Immer wieder stellt er die Sterndeuter auf die Probe, so den Michael Scotus, der ihm nicht nur riet: „Wenn ihr von einem Weisen einen guten Rat begehrt, so verlangt ihn bei zunehmendem Mond," sondern ihm auch die alte ärztliche Weisheit in Erinnerung brachte: Aderlässe zu vermeiden, wenn der Mond im Zeichen der Zwillinge stehe. Der Kaiser wollte den Astrologen Lügen strafen und ließ an einem derartigen Tage den Bader kommen. Der Aderlaß ging auch ganz richtig von statten, aber als alles fertig war, ließ der Bader versehentlich seine Lanzette fallen, die des Kaisers Fuß durchbohrte und ihm für mehrere Tage eine schmerzhafte Schwellung eintrug. Ein andermal habe Friedrich seinen Astrologen gefragt, wie weit der Himmel von dem

Palaste entfernt sei. Was immer damit auch gemeint sein mochte: Scotus habe die Entfernung gleich errechnet. Darauf schickte der Kaiser den Gelehrten fort, ließ den betreffenden Raum oder Hof seines Palastes eine Handbreit senken und ersuchte den Michael bei seiner Rückkehr, die Entfernung nochmals festzustellen. Der habe nun sogleich bemerkt, daß der Himmel sich um eine Handbreit entfernt oder der Palast sich gesenkt habe. Für den Kaiser sind diese Anekdoten bezeichnend, insofern sie sein Mißtrauen erkennen lassen.. nicht gegenüber den Dingen, wohl aber gegen die Menschen. Seine Astrologenumgebung hatte wohl ähnlich wie der „Harem" häufig nur den Hintergrund abzugeben für sein ganzes Auftreten, das des Geheimnisvollen so wenig entraten konnte wie des strahlenden Glanzes.

Mehr astronomischen und philosophischen als astrologischen Interessen des Hofes dienten die hebräischen Gelehrten aus Spanien und der Provence, mit denen der Kaiser in Verbindung trat oder die er gar an den Hof zog, wodurch er gleichzeitig mit der jüdischen Philosophie, die damals durch Maimonides ihre Blütezeit hatte, bekannt wurde. Friedrich II., von dem man sagte, er habe sich in neun Sprachen verständigen und in sieben schriftlich ausdrücken können, mag auch des Hebräischen kundig gewesen sein, da er zahlreiche Werke in diese Sprache übertragen ließ. Schon mit achtzehn Jahren kam Juda ben Salomon Cohen an den Hof und verfaßte hier eine Enzyklopädie über Werke des Aristoteles Euklid Ptolemäus und des spanischen Alpetronjus. Ein Jude wird als Sekretär bei Michael Scotus genannt, wie es auch in Spanien üblich war, daß Juden die Lateiner bei Übersetzungen aus dem Arabischen unterstützten. Aus der Provence stammte Jakob ben Abbamari, der fünf Bücher Logik des Aristoteles mit der Einleitung des Porphyrius und den Kommentaren des Averroës übersetzte, in Neapel eine hebräische Ptolemäus-Übersetzung anfertigte und die Elemente der Astronomie des Al-Fargani ins Hebräische übertrug. Die Übersetzungen sind dem Kaiser gewidmet und schließen mit dem Wunsch, daß unter Friedrich II. diesem „Freunde der Weisheit, welcher mich erhält" der Messias kommen möge — ein keineswegs bloß rhetorischer Wunsch, da das Jahr 1240 nach hebräischer Zeitberechnung das Jahr 5000 war und man in diesem Jahre mit dem Erscheinen des Messias rechnete, andererseits aber Friedrich II. bei den Juden in solchem Ansehen stand, daß in einem hebräischen Sittenspiegel neben Anekdoten und Aussprüchen des Aristoteles, Alexanders des Großen, des Porphyrius und des Theophrast auch solche Friedrichs II. als vorbildlich aufgenommen wurden.

Die Werke des Maimonides (gest. 1205) lernte Friedrich II. durch einen anderen Gelehrten kennen: Moses ben Salomon aus Salerno hatte den „Leiter der Verirrten" kommentiert. Aber noch andere Schriften des großen hebräischen Aristotelikers waren dem Kaiser bekannt, und daß Friedrich II. mit dessen Werken wirklich vertraut war, zeigen einzelne seiner Gespräche. Als man einmal über Maimonides sprach, als dessen Hauptwerk die Interpretation des Alten Testaments und des Talmuds galt, äußerte der Kaiser: er habe eine Erklärung über die Herkunft jenes merkwürdigen Rituals der Juden vermißt, nach welchem durch die Asche einer roten Kuh die Reinigung vollzogen werde. Er seinerseits glaube, dieser Ritus habe seinen Ursprung in Indien, wo in ähnlicher Weise ein roter Löwe verbrannt würde und worüber er in dem „Buche der indischen Weisen" etwas gelesen habe. Wahrscheinlich habe jedoch der Gesetzgeber Moses wegen der großen Gefahr, einen Löwen zu fangen, für die Juden statt dessen lieber die Kuh als Brandopfer bestimmt, doch mögen — so meinte der Kaiser — auch astrologische Gründe mitgesprochen haben, die mit den ägyptischen Zauberern und Geisterbeschwörern vermutlich zusammenhingen...! Ein andermal unterhielt man sich darüber, weshalb nach biblischer Vorschrift nur Haustiere, niemals Wild, geopfert werden dürfte, worauf der Kaiser die Erklärung gab: Opfer seien gleichsam Geschenke an den Himmel, und man könne nur sein Eigentum verschenken, nicht aber das freie Wild des Feldes, das niemandem gehöre. —

Es ist bezeichnend, wie in dieser höfischen „Gelehrtenrepublik" jeder mit jedem bekannt war und wie man sich gegenseitig bei den Arbeiten unterstützte. So war der Jude Jacob ben Abbamari mit Michael Scotus befreundet, auf den er sich öfters berief. Er habe sich mit Scotus zusammengetan — so schreibt er — und von ihm über verschiedene Bibelstellen gelehrte Bemerkungen vernommen, meist über naturwissenschaftliche Fragen der Bibel. Moses ben Salomon von Salerno wiederum führte gelehrte Gespräche mit jenem Markgrafen Berthold von Hohenburg, der um 1240 als Valet im Dienste des Kaisers stand und dem später der junge Manfred anvertraut wurde.. auch auf diese Adligen also griff die wissenschaftliche Bewegtheit des Hofkreises über. Ein andrer Höfling befragte den Juden Jehuda ben Salomon über die Konstruktion der fünf Körper aus einer gegebenen Kugel und ward von dem Gelehrten auf Euklid hingewiesen. Der hebräische Gelehrte von Salerno wiederum disputierte mit Petrus von Hibernia, dem gefeierten Lehrer an der Universität von Neapel, der später ein außergewöhnlich inhaltsreiches Gespräch mit Manfred und seinen Freunden führte.

Was sich mit dieser schon ganz renaissancehaften „Akademie" deren

Haupt — gleichsam als primus inter pares — der Kaiser war, erstmals dartat, war der Nationen Religionen und Stände überwölbende freie menschliche Geist, der im Weltlichen — obwohl in ganz andrer Richtung — genau so ständeverschmelzend wirkte wie im Geistlichen der Glauben der Kirche. Schon in dem Stiftungsbrief für die Universität Neapel — einem Bologneser Schreiben in manchem Zug nachgebildet — hatte der Kaiser auf das Zusammenschließende auch des Geistes verwiesen: „Adel und Besitz hätten des Studiums dargebotene Güter im Gefolge und machten die Neigung und Gnade der Freundschaft erblühen." Den freien menschlichen Geist aber als freundschaftsbildend zu bezeichnen: das gehörte schon einer neuen, fast humanistischen Zeit an, die den klerikalen Geist bereits überwunden hatte. Es war eine neue Macht, die hier aufkam, und als solche galten dem Kaiser auch die Gelehrten und Scholaren, die — wie ein Höfling schrieb — „das Erdenrund von Meer zu Meer bewohnten". Als Friedrich den Lehrern und Scholaren Bolognas eine Handschrift logischer und mathematischer Traktate des Aristoteles übersandte, die mit andern Schriften die Schränke seiner Schatzkammern füllten und ihm, dem Kaiser, bei seinen sprachlichen und mathematischen Studien wieder in die Hände gefallen seien, da hieß es in dem Begleitschreiben: dankbar sollten die Empfänger diese Schriften hinnehmen als ein Geschenk ihres Freundes, des Kaisers.. „amici Caesaris". Sie verstünden es ja die Schriften zu nutzen und „aus den alten Brunnen neues Wasser heraufzuholen".

Dies ist gewiß die schönste Ausdeutung des gelehrten Treibens der beginnenden Renaissance am Stauferhof. Für den Hofkreis selbst aber stieg mit der hohen Schätzung alles Geistigen ein ganz andres Problem auf, das seit der Troubadourzeit, seit freier weltlicher Geist sich zu regen begann, vielfach beschäftigt hat: was ist der wahre menschliche Adel? Adel des Gebluts oder des Geistes? Am Kaiserhofe, wo bürgerliche Juristen und Gelehrte mit ritterlich-adligen Beamten gemeinsam wirkten, mit christlichen jüdischen muslimischen Philosophen verkehrten und disputierten, wurde die Frage besonders lebhaft erörtert und die Höflinge wandten sich einmal an Petrus de Vinea und Thaddeus von Suessa, die beiden Großhofrichter, mit der Bitte, den Streit zu entscheiden. Die vermittelnde Antwort mag mit einem Aristoteleswort der Kaiser selbst gegeben haben: Adel sei uralter Besitz gepaart mit edlem Verhalten. Ganz ähnlich hatte sich Friedrich auch in dem Stiftungsbrief für Neapel geäußert. Ihm, dem Enkel von Kaisern und Königen, war Geistesadel ohne den des Gebluts nicht vorstellbar und in der „Monarchia" nahm Dante die nämliche Haltung ein. In seinem „Convivio" freilich hatte er die

Nichtigkeit des „uralten Besitzes" zu beweisen getrachtet und dem großen Erziehungstraktat wie der dazugehörigen Canzone hatte er das Wort Friedrichs II. zugrunde gelegt, nur um es zu bekämpfen, obschon er den Staufer „einen großen Logiker und großen Gelehrten" nannte. Kämpfte man aber auch um die Definition: die Durchdringung von Geblüts- und Geistesadel war am kaiserlichen Großhof bereits vollzogen.

Ein Gespräch König Manfreds und seiner Freunde mit Petrus von Hibernia wurde eben erwähnt. Welche Art Fragen am Hofe beschäftigten, vermag dieses Gespräch recht klar zu veranschaulichen, welches zwar erst ein Jahrzehnt nach Friedrichs Tode stattgatte, dennoch aber dem Gedankenkreise auch des Kaisers ganz nahestand. Es handelte sich um ein bedeutsames Problem: um den „Zweck in der Natur". Man fragte, ob die Glieder der Funktionen wegen, oder die Funktionen der Glieder wegen geschaffen seien, also — wie einer der Anwesenden etwa fragte — ob die Krallen der Raubvögel, die Zähne des Wolfes, der Rachen des Löwen von der Natur dazu geschaffen seien, andere Tiere zu zerreißen. Eine teuflische und ungeheuer verfängliche Frage! Denn wurde sie bestätigt so hieß das: es gibt von Natur aus auch das vernichtende Prinzip — das Böse also — und zwar nach dem Willen der Natur und des Schöpfers selbst. Die Vorsehung würde demnach nicht das im christlichen Sinne „Gute" bezwecken, und jene ersehnte Ordnung, daß im Paradiese Löwe und Lamm zusammen im Grase spielten, wäre nicht mehr die von der Natur und damit von Gott gewollte Ordnung der Welt gewesen. Das ist begreiflich genug.. denn jedem Staatsmann mußte ein weltensabbatliches Durcheinander aller Tiere als grauenhafte Unordnung und Gleichmachung aller Geschöpfe erscheinen und gar einem Friedrich II., der selbst Adam zunächst als den „König" begriff. Wie sehr der Kaiser aber auf die Erhaltung der Ränge und Stufen auch in der Tierwelt hielt, das zeigt eine Anekdote: er ließ einmal seinen Lieblingsfalken, „den er mehr liebte als eine Stadt" auf einen Kranich los. Der Falke flog auf und war schon über dem Kranich, als er tief unten einen jungen Adler erblickte, hinabstieß und ihn tötete. Als der Kaiser das sah, rief er zornig einen Justitiar herbei und ließ seinen Lieblingsfalken köpfen, „perk' avea mortɔ lo suo signiore".... weil er den König der Vögel, einen jungen Adler, ein Tier höherer Ordnung und seinen Herrn, getötet hatte..! Daß Friedrich selbst die „aurea aetas" heraufführen wollte, widerspricht dem allem keineswegs. Aber nicht in der trägen friedlichen Sättigung des Idylls, sondern in der Gespanntheit einer höchsten Bändigung und Zucht durch die kaiserliche Justitia mußte, wenn es notwendig war, auch der Löwe neben dem Kaninchen aushalten, ohne es zu zerfleischen. Das war das Paradies des Kaisers, weil dann er selbst ganz entspannt sein konnte.

Petrus von Hibernia lehnte übrigens die gefährliche Fragestellung ab: ob Krallen und Klauen zum Zwecke des Zerreißens anderer Tiere geschaffen seien und fügte hinzu: „Wegen der geheimen Kraft dieser Frage haben manche zwei Prinzipien in den Dingen angenommen: das Prinzip des Bösen und das Prinzip des Guten, was aber Ketzerei ist und abgeschmackt dazu." Er weist statt dessen hin auf die in der Materie selbst liegende Notwendigkeit, die alles mit dem Notwendigen versehe. Bei der Ketzerei mag der Gelehrte an den damals sich ausbreitenden Neu-Manichäismus gedacht haben, wie ja überall Sekten auch von Teufelsanbetern damals entstanden, zum Beispiel die Luziferianer, die da behauptet hätten, Gott habe Satan ungerechterweise in die Hölle versetzt.. denn Satan sei der wahre Schöpfer aller Dinge.

Eine andere Gruppe von Problemen — wohl mittelbar durch Aristoteles angeregt — berührte ein Gespräch des Kaisers über die Auslegung einer Bibelstelle. Man sprach darüber, weshalb Maimonides die irdische Materie als Schnee bezeichne, worauf der Kaiser meinte: weil das Weiße jede Farbe so leicht annehme, wie die Materie die aufgeprägte Form.. Schnee sei daher nur ein Bild für die Bildsamkeit der Materie selbst. Die Formung der Materie ist eine den Kaiser vielfach beschäftigende Frage: schon im Gesetzesvorwort wurde sie gestreift, indem Gott nicht als Schöpfer, sondern nur als Former der Urmaterie dargestellt wurde. Dieses Problem aber hing eng zusammen mit jenem anderen: ob die Welt, wie Aristoteles lehrte, von „Ewigkeit her" oder ob sie von Gott erschaffen sei. Über diese und andere metaphysische Fragen, ferner über gewisse Unstimmigkeiten zwischen Aristoteles und seinem Kommentator Alexander von Aphrodisias, den der Kaiser also auch gekannt hat, suchte sich Friedrich II. bei den Gelehrten des Islams Auskunft zu verschaffen. Nach Ägypten Syrien und dem Irak, Kleinasien und dem Yemen schickte der Kaiser seine Fragen, die schließlich durch die Vermittlung des Almohadensultans auch an Ibn Sabin gelangten, einen marokkanischen Gelehrten in Ceuta, der — wie er selbst schreibt — „es lächelnd auf sich nahm, dem Kaiser zu antworten". Friedrichs zahlreiche Geschenke mochte er nicht annehmen: er habe „zum Triumphe des Islams" dadurch dem christlichen Kaiser dessen Minderwertigkeit ausdrücken wollen. Das hatte nun Ibn Sabin in seinen Antworten selbst schon reichlich getan. Der Kaiser hatte nämlich unter anderm gefragt: „Welches ist der Beweis für die Unsterblichkeit der Seele und ist ihr Sein ewig?" Darauf gab Ibn Sabin dem Kaiser in dünkelhaftester Weise zu verstehen, daß

Friedrich ja noch nicht einmal Fragen richtig zu formulieren vermöge. „O Fürst, der Du die Wahrheit suchest! — so schrieb der Gelehrte — Du hast Deine Frage über die Natur der Seele gestellt, ohne genau anzugeben, welche Art Seele Gegenstand Deines Fragens ist. So hast Du vernachlässigt, was unbedingt nötig war und hast in bedauernswerter Verwirrung mehrere Dinge durcheinander geworfen, die man hätte getrennt behandeln müssen. Aber was Dich verführt hat zu solcher Verwirrung, das ist Deine Unerfahrenheit spekulative Dinge zu behandeln, und Forschungen anzustellen in einer Sonderdisziplin der Wissenschaft. Hättest Du nur die Zahl der Arten gekannt, die man unter: Seele zusammenfaßt! Hättest Du die Dialektik gekannt und die Art zwischen Unendlich und Endlich zu scheiden, zwischen Allgemeinem und Besonderem, zwischen gleichlautendem zweifelhaftem Begriff und dem was geheiligt ist durch die Terminologie der Sprache! Niemals hättest Du Deine Frage auf diese Art formuliert. Denn wenn Du fragst: Was ist der Beweis für die Unsterblichkeit der Seele? so kann man Deine Frage verstehen im Sinne von: vegetativer Seele, animalischer Seele, rationaler Seele, Seele der Weisheit, Seele der Prophetie. Auf welche dieser Seelen also bezieht sich Deine Frage?"

In dieser Tonart fährt Ibn Sabin fort, stolz auf seine gewaltige Kenntnis der Quisquilien und unfähig, eine wirkliche Antwort zu geben. Über jede der Seelenarten schreibt er eine gesonderte Dissertation und setzt sich auseinander mit Platon wie mit Moses, mit Avicenna und mit den Brahmanen, um ziemlich schließlich banal den Islam für die wahre Religion zu erklären. Immerhin ist einiges Wertvolle auch in diesen Auseinandersetzungen enthalten, wie die Heranziehung brahmanischer Lehren.. denn auf solchen Wegen dürfte der Kaiser vielfach zu seinen Kenntnissen über Indien gekommen sein. Was den Kaiser veranlaßt haben mag, überhaupt derartige Fragen an die Gelehrten zu richten, ist gewiß nicht bloß ein geistiges Spiel gewesen. Er suchte Beweise für die Richtigkeit dessen, was er lebte, und solche Beweise zwang er oft auf eigenartige Weise herbei. So ließ er, um die Sterblichkeit der Seele zu beweisen, einmal einen Mann in ein ganz dicht schließendes Weinfaß sperren und darin umkommen zum Beweis, daß die Seele, die aus dem Faß nicht entweichen konnte, mit dem Körper untergehe.. so wenigstens wird erzählt. Auch Maimonides kam Betrachtungen dieser Art in gewissem Sinne entgegen, insofern er gleich den Averroisten, obwohl mit anderer Begründung, die allgemeine Unsterblichkeit leugnete und diese nur den wahrhaft Weisen zugestand. So unfruchtbar, wie der Briefwechsel mit Ibn Sabin von Ceuta war indessen des Kaisers Verkehr mit den orientalischen Gelehrten sonst ganz gewiß nicht. Daß Friedrich nach Mossul geometrische und astronomische Fragen schickte, berichten die Araber selbst, wobei es sich etwa darum handelte, ein Quadrat herzustellen vom Flächenraum eines Kreissegments. Es kam aber auch zum Austausch von Büchern. So habe der Kaiser angeblich für den Sultan von Ägypten die Prophetien des Merlin sammeln und ins Arabische übersetzen lassen, während er selbst aus Tunis den Roman „Sidrach", das „Buch des Gesamtwissens" erhalten hätte. Gesandte des Kaisers, welchen die ungeheure Weisheit des Beherrschers von Tunis auffiel und die schließlich erfuhren, daß die Weisheit aus dem Sidrach stammte, sollen den Kaiser auf dieses Werk aufmerksam gemacht haben, der alsbald vom Sultan von Tunis die Erlaubnis erwirkte, sich eine Abschrift zu nehmen..... ein Buch, das in der Tat Fragen und Antworten enthielt aus allen Sphären des Himmels und der Erde. Manches könnte da den Kaiser wohl angeregt haben, seinerseits nun wieder Fragen zu stellen. Und dies war Friedrichs gefährlichste Eigenschaft, weil er durch eine hingeworfene Frage ganz festgefrorne Selbstverständlichkeiten in Fluß zu bringen verstand. Wie er später die geistige Grundlage päpstlichen Herrschertums zu untergraben suchte durch die gehässig-harmlose Frage: ob denn Papst Gregor, genau so wie er, der Staufer, seine Herrscheransprüche vom Vater und Großvater herleiten könne.. so griff Friedrich II. tief ein in das mittelalterliche Weltbild durch eine Reihe ganz kindlich-gläubig klingender Fragen, die er gelegentlich an Michael Scotus richtete. Der erzählt nämlich in seiner Enzyklopädie folgendes:

„Als Friedrich, der Kaiser von Rom und immer Erhabene, sehr lange nachgedacht hatte gemäß der von ihm selbst gesetzten Ordnung über die Verschiedenheiten der ganzen Erde, wie sie sind und erscheinen auf ihr, über ihr, in ihr, unter ihr — da berief er einmal mich, den Michael Scotus, den treuesten seiner Astrologen, vertraulich zu sich und hat mir insgeheim, wie es ihm gefiel, eine Anzahl von Fragen vorgelegt über die Grundlagen der Erde und die Wunder der Welt, wie sie da sind, indem er folgendermaßen zu sprechen begann:

‚Mein teuerster Meister, oft und auf mancherlei Weise haben wir Frage und Antwort gehört über einen oder mehrere der Himmelskörper, über Sonne Mond und Fixsterne, über die Elemente, die Weltseele, über Heiden- und Christenvölker und über andres Erschaffene, das gemeinhin über der Erde und in der Erde ist wie Pflanzen und Metalle. Dennoch haben wir nichts gehört von jenen Geheimnissen, die da gehören zur Ergötzung des Geistes mit Weisheit gepaart, wie von dem Paradies, dem Fegefeuer, der Hölle und von dem Fundament und den Wundern der Erde. Deshalb bitten wir dich bei deiner Liebe zur Weisheit und deiner Ergebenheit vor unserer Krone, uns den Aufbau der Erde zu erklären.

Wie ist die Erde über der Hölle gefestet und wie steht die Hölle unter der Erde?

Gibt es etwas anderes, was die Erde trägt als Luft und Wasser?

Oder steht sie von selbst? oder ruht sie auf den Himmeln unter ihr?

Auch dies: Wieviel Himmel gibt es?

Wer sind ihre Lenker?

Wer verweilt hauptsächlich in ihnen?

Wie weit ist ein Himmel nach wahrem Maße vom andern entfernt?

Und was ist außerhalb des letzten Himmels, wenn es mehrere gibt?

Um wieviel ist ein Himmel größer als der andere?

In welchem Himmel ist Gott Substanz, das heißt in seiner göttlichen Majestät und auf welche Weise sitzt er auf dem Throne des Himmels?

Und auf welche Weise wird er von den Engeln und Heiligen begleitet?

Und was tun Engel und Heilige da ununterbrochen vor Gott?

Ebenso sage uns: Wieviel Höllen gibt es?

Wer sind die Geister, die in ihnen weilen?

Und wie heißen sie mit Namen?

Wo ist die Hölle, wo das Fegefeuer, und wo das himmlische Paradies? Unter der Erde, in der Erde oder über der Erde?

Und welches ist der Unterschied zwischen den Seelen, die dorthin gelangen und den Geistern, die vom Himmel stürzten? Und wieviel Höllenstrafen gibt es?

Und kennt eine Seele die andre in jenem Leben? Und kann eine Seele in dieses Leben zurückkehren, um zu sprechen oder sich jemandem zu zeigen?

Und wie verhält es sich denn damit: daß der Seele eines lebenden Menschen, wenn sie in das andere Leben übergeht, einen Grund zur Rückkehr weder die erste Liebe gibt, noch sogar der Haß, gleichsam, als wenn gar nichts geschehen wäre? Oder scheint es, daß sie sich überhaupt nicht mehr um die zurückgelassenen Dinge bekümmert, gleichgültig ob sie selig ist oder verdammt?"'

Man könnte zunächst an die so ähnlich scheinenden Fragen der Scholastik denken: doch diese sind meist ein rein gedankliches Spinnen der Art etwa: wie ohne Sündenfall die gottgewollte Ausbreitung der Menschen über die ganze Welt möglich gewesen wäre? oder: ob bei der Auferstehung den Zahnlosen wieder Zähne und den Kahlköpfen wieder Haare wachsen? Friedrich II. aber fragt nur nach dem Anblick jener Welt. Denn mit der gleichen eindringlichen Sachlichkeit, mit der er hier Erkundigungen einzieht über die Zustände im Jenseits, mag er oft genug die Gesandten muslimischer Fürsten ausgefragt haben über die Zustände in den verschiedenen exotischen Ländern, deren eines für ihn gewissermaßen das Gottesreich war. Diese Jenseitsfragen, welche Friedrichs Zeitalter bis ins Innerste erregten und die verängsteten Menschen schließlich aufjagten zu Bußandacht und Geißlerfahrt, sind dem Kaiser auf eine erstaunliche Weise lediglich ein schreckenloser Gegenstand des Wissens und eine „Ergötzung des Geistes". Er fragt, weil ihm die Tektonik des Weltbaues ungemein wissenswert erscheint.. er muß auch wissen, wie man sich Gott thronend denkt, weil er ebenso thronen muß.. als Richter ist es ihm unbedingt wertvoll, die Höllenstrafen zu kennen, und der Staatsmann wieder fragt sachlich nach der Ordnung der Geister, Engel und Heiligen.

Vollkommen fremd jeder Mystik ist diese Betrachtung, die nur nach gegenständlicher Anschauung verlangt: von eigenem seelischem Beteiligtsein an den jenseitigen Dingen, von einer beunruhigten kaiserlichen Seele ist schlechterdings nichts zu verspüren. Völlig reizlos erscheinen ewige Seligkeit und ewige Gottesschau: „was tun die Engel ununterbrochen vor Gott?" Jene andere Frage aber: ob eine Rückkehr ins Leben unmöglich sei, „nicht einmal des Hasses wegen".... entspricht wieder ganz und gar jenem Worte des Kaisers beim Abfall einer Stadt: „Und wäre ich schon mit einem Fuße im Paradies, ich zöge ihn zurück, dürfte ich Rache nehmen an Viterbo!"

Auf alle diese Fragen hat später Dante die Antwort gegeben, auch er sachlich und nüchtern, aber bis in die letzte Faser hinein beteiligt an jener Welt, die sinnlich-räumlich zu denken er Tag und Nacht nicht ruhte. Fragestellungen aber hat er mit dem Kaiser oftmals gemein. Man erzählt von Friedrich II., der so viele Sprachen beherrschte, er habe sich auch darum bemüht, die menschliche Ursprache zu erforschen. Zu diesem Zweck habe er eine Anzahl Kinder von Ammen aufziehen lassen, denen er aufs strengste verbot, mit den Kindern zu sprechen. „Er wollte nämlich ergründen, ob die Kinder die hebräische Sprache als die älteste oder griechisch oder lateinisch oder arabisch sprechen würden, oder aber die Sprache der Eltern, die sie geboren hatten." Der Versuch mißglückte, denn die Kinder starben.. das Problem selbst aber griff Dante auf und behandelte es gelegentlich in seinem Traktat über die Volkssprachen. Und ebenso bespricht Dante in einer andern kleinen Schrift „De aqua et terra" ganz ähnliche hydrologische Erscheinungen, über die auch Friedrich II. den Michael Scotus genauestens ausgefragt hatte. „Wie kommt es — fragte der Kaiser — daß die Meerwässer so bitter sind und an verschiedenen Orten Salze bilden? Und manche Wässer fern von der See sind süß, obwohl sie doch alle ausgehen von dem lebendigen Meer? Und hinsichtlich der süßen Wasser: wie kommt es, daß sie manchmal von der Erde ausgespieen werden und manchmal von Steinen und Bäumen tropfen wie bei Weinreben, wenn man sie im Frühjahr ausschneidet? Und wie ist es, daß manche von ihnen süß und mild sprudeln und klar, manche aber wild, andre wieder dick und klebrig? Wir wundern uns nämlich sehr über all diese Dinge, obwohl wir ja längst wissen, daß alle Wasser vom Meere kommen und daß sie, die durch vielerlei Länder ziehen und Höhlen, zum Meere zurückkehren, welches Bett und Schoß ist aller strömenden Wasser." Auch diese Auffassung der Einheit aller irdischen Gewässer teilt mit der ganzen Zeit Dante.

Das „Sichsehrwundern" des Kaisers aber ist wohl das Wichtigste. Ihm fielen Dinge auf, die seit Jahrhunderten jedermann sehen konnte, jedoch einfach als Tatsache hinnahm ohne den Trieb, die Erscheinung auch zu ergründen. Wenn aber Friedrich an einem Ort wie Pozzuoli oder Montepulciano weilte, so wollte er selbstverständlich sofort Näheres erfahren über die dortigen merkwürdigen Quellen: „Woher kommen die salzigen und bitteren Quellen, die an manchen Orten mit großer Kraft springen und die faulig-stinkenden Wasser, wie an vielen Badeorten und Pfuhlen? Kommen sie von sich her oder von anderswo? Ebenso jene Wasser, die an manchen Stellen heiß oder doch sehr warm oder gar kochend aufquellen, als ob sie in einem Gefäß über brennendem Feuer wären? Hat die Erde Hohlräume oder ist sie ein fester Körper wie ein lebender Stein?" Die ganze Welt ist da plötzlich wie neu entdeckt und voller Fragen. Beim Kreuzzug, auf der Seefahrt, mag er die Winde beobachtet haben: „Woher kommt jener Wind, der von verschiedenen Teilen des Erdrunds ausgeht?" Gemeint sind wohl die regelmäßigen Windströmungen des Mittelmeers. Die Vulkane sind für ihn gleichfalls Gegenstand der Frage: „Woher kommt das Feuer, welches die Erde ausspeit sowohl aus der Ebene wie aus den Bergen? Ebenso erscheint Rauch bald hier bald dort. Wo wird er genährt und was bewirkt seine Ausbrüche? Man sieht es in manchen Teilen Siziliens und bei Messina, wie am Ätna, Vesuv, den Liparen und dem Stromboli?" Und es werden wohl unterseeische Vulkane gemeint sein, wenn der Kaiser fragt: „Wie kommt es, daß solch flammendes Feuer nicht nur von der Erde her erscheint, sondern auch in manchen Teilen des indischen Meeres?" Was weiterhin den Kaiser beschäftigte, waren die geheimen Kräfte, die in der Materie, in den Dingen selbst lagen und die Friedrich II. in seinem Staat überall so wunderbar freizumachen verstand. Seine besondere Vorliebe für edle Steine, die er kaufte, selbst wenn der Staatsschatz gänzlich erschöpft war, hing auch damit zusammen, daß den Steinen geheime virtutes anhaften sollten. Nicht nur vom Priester Johann habe Friedrich da wunderbare Steine erhalten: auch die sagenhaften Edelsteine aus der Krone des babylonischen Drachens, die ein Fischer gefunden, seien dem Kaiser gebracht worden. Die Magnetnadel mit ihren geheimen Kräften war ihm genau bekannt, jenes merkwürdige Instrument, von dem gegen Ende des Jahrhunderts noch Brunetto Latini an Guido Cavalcanti schrieb: „Der Seemann kann durch diesen Magneten richtig steuern, vorerst aber nur im verborgenen .. denn kein Schiffsführer getraut sich, ihn zu gebrauchen, weil er in den Verdacht der Zauberei käme. Selbst Matrosen würden sich kaum anwerben lassen, wenn sie wüßten, ihr Kapitän habe solch teuflische Dinge bei sich." Die verschiedenen Eigenschaften der Mineralien und Metalle, die wiederum zur Alchimie hinführten, einer am Hofe keineswegs unbekannten Kunst, werden dem Kaiser von Michael Scotus genau erklärt: beispielsweise, daß Quecksilber — das merkwürdige „argentum vivum" — ins Ohr geträufelt taub mache. Weiter läßt sich der Kaiser von Michael Scotus die Eigenschaften von Drogen und Kräutern darlegen — das Pflanzenbuch des Dioskorides war in Sizilien bekannt —, ebenso die wunderbaren Eigenschaften ferner Seen und Flüsse: eigens sendet Friedrich II. Boten nach Norwegen, um sich über das Wesen einer Versteinerungsquelle zu unterrichten.

Einen Anhaltspunkt bot für alle Fragen das große Werk des Michael Scotus, das nicht nur eine astronomisch-astrologische Enzyklopädie sondern eine Zusammenfassung aller Geheimwissenschaften war, das in manchen Dingen auf gefährliche Quellen zurückging.. etwa auf einen „Liber perditionis animae et corporis", der die Namen Wohnsitze und Kräfte der Dämonen enthielt, oder auf den „Liber auguriorum", von dem Michael Scotus — sonst übrigens immer kirchengehorsam — schreibt: er habe das Buch gesehen und besessen, obwohl die römische Kirche den Gebrauch verbiete. Zahlensymbolik und -mystik fehlt in seinem Werk keineswegs: die Sieben beherrsche die Welt.. denn Sieben sei die Zahl der Planeten Metalle Künste Farben Töne Gerüche. Überall ist das Bestreben wahrnehmbar, im Kosmos alles mit allem nach bestimmtem Gesetz zu verbinden. So handelt Michael Scotus auch über die Sphärenmusik und erläutert dabei die alten Musiklehren des Boethius und die neueren des Guido von Arezzo .. bei andrer Gelegenheit wird wiederum der Kalender erklärt. Sein großes astrologisch-astronomisches Wissen schöpfte Scotus nicht nur aus dem Almagest und aus Al-Fargani, vieles auch aus der Antike, etwa den obskuren Germanicusscholien, in denen wiederum Nigidius und Fulgentius, Hygin, Plinius, Martianus Capella, Arat enthalten sind. Dabei übernahm aber Scotus auch die Zeichnungen der Sternenbilder aus den alten Scholien, und diese astrologischen Figuren des Mars und des Juppiter, des Schützen und des Kentauren, die den antiken Darstellungen folgten, wirkten wiederum auf die Malerei der Renaissance ein, wie es sich da und dort, so bei Giottos Paduaner Fresken, nachweisen läßt. Für die Astrologie beruft sich Scotus vielfach auf Araber, auf Abu Maschar vor allem, in dem wiederum antike Werke kompiliert waren: Hermes, Dorotheus, der Babylonier Teukros, aber auch Perser und Inder... kurz: es wurde am Kaiserhofe die ganze mittelmeerische Spukwelt der dem Einstrom des Ostens preisgegebenen spätrömischen Kaiserzeit wieder lebendig, ganz ähnlich wie bei den gleichzeitigen Ketzern die Gnostik.

All diese Dinge hat Friedrich II. gekannt oder hat doch das Wissenswerte bei den Gesprächen erfahren, wie manche Unterhaltung gezeigt hat. „O glücklicher Kaiser — schrieb Michael Scotus — wirklich ich glaube, wenn jemals ein Mensch in dieser Welt durch sein Wissen dem Tode entginge, dann müßtest Du jener sein, der vor den Übrigen dem Tode entgeht...." Friedrichs Wissen muß ungeheuerlich gewesen sein. Alle Bildungskreise der damaligen Welt umgriff sein Blick: den spanischen wie den provenzalisch-französischen, den römisch-italienischen wie den des Orients, in den sich Araber Griechen und Juden teilten. Dazu kam seine Kenntnis der Sprachen, der Jurisprudenz, der antiken Dichtung, der römischen Bildungsliteratur wie der Scholastik, deren Methode ihm, wie sein Falkenbuch zeigt, durchaus geläufig war. STUPOR MUNDI nannten ihn die staunenden und grausenden Zeitgenossen.

Bewundernswerter noch als die Fülle des Wissens war, daß der Kaiser darüber keinen Augenblick die klare Sicht verlor und selbst in den Wissenschaften genau wußte, was zu tun allein von Wichtigkeit sein konnte. In jenem Halbdunkel der Kosmosdeuter war Friedrich II. freilich auch ganz zu Haus, konnte es in gewissem Sinn als Nährboden gar nicht hoch genug schätzen. Aber worauf er eigentlich ausging, dahin konnte ihm keiner von jenen Übergelehrten folgen, weil das viel zu einfach und schlicht schien und lediglich auf den Wahrnehmungen des Auges beruhte. „Gewißheit erhält man nicht durch das Ohr!" das war ein Leitsatz des Kaisers und dementsprechend handelte er auch, wenn er einmal verstümmelte und geblendete Verschwörer durch alle Lande sendet, damit die Völker über des Kaisers Strafen belehrt würden „durch den Anblick des Auges, der den Menschen mehr Eindruck macht, als was durchs Ohr geht". Den geistigen Hilfsmitteln, die zur Schärfung des Sehens dienten, verschloß sich der Kaiser dabei ganz gewiß nicht. Ein arabischer Gelehrter, Schihab-ad-Din, hat in einer optischen Schrift: „Aufmerksame Beobachtung des vom Auge Erfaßten" auch einige Fragen des Kaisers aufbewahrt, der da wissen wollte, warum der Canopus beim Aufgang größer erscheine, als beim Kulminieren, warum starkranke Augen schwarze Striche und Punkte sähen, warum eine ins Wasser getauchte Lanze gebrochen erscheine.. lauter optische Täuschungen also, über die der Kaiser Aufklärung verlangte.. denn Sinnestäuschungen mußten für jemanden, der sich vorwiegend auf das Auge verließ, beunruhigend wirken.

Wie aber Friedrich Sehen und Wissen verbunden meinte, zeigt wieder seine Ärzte-Gesetzgebung. Da heißt es in den Konstitutionen von Melfi: „Da niemals die Wissenschaft der Medizin gewußt werden kann, ohne daß man vorher etwas von Logik weiß, so befehlen wir: daß keiner Medizin studiere, der nicht vorher mindestens drei Jahre Logik getrieben hat." Und alle Medizinschüler von Salerno mußten sich neben ihren chirurgischen und anatomischen Studien, für die ihnen gelegentlich auch Leichen zur Verfügung gestellt wurden, fünf Jahre hindurch der Lektüre des Hippokrates und Galen widmen. Erst dann konnten sie nach bestandenem Examen, „wenn sie noch ein volles Jahr an der Seite eines erfahrenen Arztes praktiziert hatten", vom Kaiser die Anstellung als Arzt erhalten. Denn sie waren Staatsbeamte wie die Apotheker, die ein Jahr Physik studieren sollten. Der Kaiser selbst kannte sich in der Heilkunde und Anatomie wie der Tiere so der Menschen sehr genau aus. Die Araber bewunderten gerade seine medizinischen Kenntnisse und den Hippokrates zitierte er in seinem Falkenbuch.. überdies hatte Scotus eine medizinische Schrift verfaßt, ebenso der Magister Theodor, der, als er eine neue Diätetik ausarbeiten sollte, dem Kaiser schrieb: „Eure Erhabenheit befahl mir, Euch zur Erhaltung der Gesundheit gewisse Regeln aufzuschreiben.. aber längst ist in Euren Händen jener uralte Brief aus den ‚Geheimnissen' des Aristoteles, welchen dieser an den Kaiser Alexander geschickt, als der ihn durch einen Brief bat, ihn über die Gesundheit des Körpers zu unterrichten. Was Ihr darüber zu wissen begehrt, findet sich insgesamt in diesem Briefe." Ärztliche Verhaltungsmaßregeln hatte dem Kaiser auch ein gewisser Adam von Cremona ausgearbeitet und unter dem Namen des Kaisers waren lange Zeit hindurch Pulver, Rezepte und Wundsegen in Italien bekannt. Neben der medizinisch-anatomischen Menschenkenntnis strebte aber der Kaiser noch ein physiognomisches Menschenwissen an und so hatte auf sein Verlangen Michael Scotus aus arabisch-hellenistischen Quellen als dritten Teil seines großen Handbuches eine Physiognomik zusammenzustellen, in deren Widmung er dem Kaiser versichert: mit diesem Wissen im Kopfe könne der Herrscher Laster wie Tugenden der ihn Umgebenden so scharf erkennen, als ob er selbst in ihnen wohne.

So stieg man langsam herab vom geistigen Geblinzel zum körperlich-dinglichen Sehen. Das Sehen aber wie das Beobachten Erforschen und Ergründen der Natur und ihrer Gesetze steigerte sich bei Friedrich II. zu einer merkwürdigen Leidenschaft. Die zahllosen Anekdoten, die vielen Fragen offenbaren alle die gleiche Sucht, die neu-geschaute lebendige Welt zu ergründen, zeigen auch die leidenschaftliche Wißbegier, das Wie und das Was und das gesetzmäßige Zueinander jeder Art Lebens zu erkennen.. eine Wißbegier, ja Neugier, die Friedrich II. in gewissem Sinne wirklich mit Lionardo da Vinci teilte, mit dem Nietzsche den Staufer zusammen nennt — freilich: er ein Anfang, jener ein Ende der gleichen Epoche. Wo das bloße Beobachten nicht mehr ausreichte, da ging Friedrich II. zu wissenschaftlichen Versuchen über — dem Mittelalter wie jede Versuchung ein Greuel oder Wahnwitz. So erzählt man, Friedrich habe zwei Männern, von denen der eine nach der Mahlzeit geruht, der andere sich bewegt hatte, den Leib öffnen lassen, um zu erfahren, welcher von beiden besser verdaut habe. Die Lebensdauer der Fische zu erforschen, habe Friedrich einen Karpfen mit einem Kupferring im Kiemen ausgesetzt. Auf den Kaiser geht auch die Erzählung vom „Taucher" zurück, den er in den Faro hinabgeschickt habe, weil er die Meerestiere und -pflanzen kennenlernen wollte. Auf seinen apulischen Gutshöfen, wo der Kaiser Pferdezucht betrieb und die Rasse durch Berberpferde verbesserte oder — wie in Malta — eine Kamelstuterei einrichtete, von der Hunde-, Hühner-, Taubenzucht ganz zu schweigen, stellte er die eigenartigsten Versuche an. So ließ er, um das Auskriechen der Kücken, ihre Lage im Ei, überhaupt die Bruten genau beobachten zu können, künstliche Brutöfen bauen, und da er gehört hatte, daß die Straußeneier im heißen Sande von der Sonne gebrütet werden, so ließ er sich von Al-Kamil Straußeneier und dazu einige erfahrene Leute kommen und versuchte, in der Hitze des apulischen Sommers die Eier brüten zu lassen. Al-Kamil hat ihm wohl auch zu indischen Kakadus und zu Pelikanen verholfen, Geschenke, die Friedrich wieder mit weißen Pfauen und dem Eisbären erwiderte. Ob die Raubvögel durch den Geruch oder durch das Gesicht die Beute wahrnehmen, suchte er festzustellen. „Das ist von uns mehrfach erprobt worden. Denn wenn die Falken ganz geblendet (d. h.: die Augenlider vernäht) sind, so spüren sie selbst das ihnen vorgeworfene Fleisch nicht, obschon sie im Geruche nicht behindert sind." Zum ersten Male wohl setzt eine durchdachte planmäßige Pflege des Wildstandes ein und es ist das genaue Beobachten und Wissen um die Zeiten von Paarung und Wurf, wenn Friedrich Schonzeiten festsetzt, wofür ihm in einem fingierten Brief die jagdbaren Tiere Apuliens danken. An mehreren Stellen des Königreiches besaß er Tiergehege.. der Hauptteil seiner großen Menagerie, soweit sie ihn nicht begleitete, war in Lucera untergebracht... gelegentlich aber ließ er eine Anzahl gefangener Kraniche auch auf seine anderen Schlösser verteilen. Symbolisch für Friedrich war sein großes „Vivarium", eine große durch gemauerte Wasserleitungen zu regelnde Sumpf- und Teichanlage dicht bei Foggia, die mit allerlei Arten von Wasservögeln belebt war.. welch phantastisches Bild: der mit Marmor- und Verdeantico-Säulen, mit Bronze- und Marmorstatuen geschmückte Palast und inmitten der deutsche Kaiser, der von Mohrensklaven und Edelknaben begleitet seinen Weiher aufsucht, um die Pelikane, Kraniche, Reiher, Wildgänse und fremdartigen Sumpfvögel zu beobachten!

Alle diese Triebe mündeten schließlich ein in die Jagdleidenschaft, die Friedrich II. mit der größten Niederlage seines Lebens bezahlte: der vor Parma. Die Jagd war für Friedrich nicht wie für die Ahnen Ersatz des Krieges in Friedenszeiten: sie war ihm eine Kunst, die „ganz aus der Liebe entspringt" (totum procedit ex amore), und wie er sie betrieb war sie geistig und eines mit seinen naturwissenschaftlichen Studien. Freilich nur die Falkenjagd. An ihr reizte des Menschen geheime Macht über das flüchtigste und freieste Tier: den Adler, den Bussard, den Falken. Denn wenn zu gleicher Zeit sechs, acht, auch zehn Falken frei in den Lüften kreisten, dem Auge fast entrückt und dennoch wie an unsichtbaren Fäden durch geheimnisvoll wirkende Mächte geleitet von dem Falkner, auf dessen Faust sie mit tödlicher Sicherheit zurückkehren mußten, die Freiheit die ihnen geboten verschmähend — so war das nicht nur ein erregendes Wunder, sondern zugleich das Höchstmaß jener Zucht, die Friedrich in gleicher Weise bei Menschen anstreben mochte. Er verachtete die Jäger, die mit Fallen und Netzen oder mit Vierfüßlern jagten: nur die Falkenjagd sei adlig, weil deren Handhabung nur durch einen Lehrer erlernbar sei, eben als Kunst. „Daher kommt es, daß zwar viele Adlige diese Kunst erlernen, doch nur wenige Ungebildete." Hunde und Jagdleoparden könne man durch Gewalt bezähmen, Falken ließen sich nur durch das menschliche Ingenium fangen und aufziehen. „Darum erkennt man durch die Falkenjagd mehr Geheimes von den Werken der Natur, als durch die anderen Arten des Jagens," so schreibt der Kaiser in seinem Falkenbuch und erklärt damit auch, warum nach dem Verkommen der Falkenjagd geistige Herrscher wie Friedrich der Große oder Napoleon die Jagd nicht liebten.. verblüfft aber gleichzeitig durch die Enthüllung dessen, was er beim Jagen suchte: das geheime Werken der Natur zu erforschen.

Aus jahrzehntelangem Beobachten der Vogelwelt ist schließlich sein großes Werk hervorgegangen: DE ARTE VENANDI CUM AVIBUS.

„Dank seinem ungeheuer durchdringenden Blicke, betätigt zumal bei der Naturerkenntnis, verfaßte der Imperator selbst ein Buch über Natur und Pflege der Vögel, in welchem er bewies, wie sehr er der Weisheitsliebe beflissen war," schrieb ein Chronist. Alles andere eher als eine fürstliche Laune und Spielerei stellt dieses umfangreiche zoologische Werk dar, das bis in die kleinste Kleinigkeit auf eignem Sehen beruhte oder auf Beobachtungen, die Freunde und Fachleute für ihn angestellt hatten. Mehrere Jahrzehnte hindurch trug sich der Kaiser mit dem Plan, diese Ornithologie — denn eine solche ist das Werk — zu schreiben und Jahrzehnte hindurch hat er dazu die Beobachtungen gesammelt, bis er sich auf des Drängen seines Sohnes Manfred schließlich zur Abfassung der sechs Bücher entschloß. „Er muß als einer der größten Kenner dieses Teiles der Zoologie betrachtet werden, die je gelebt haben," so urteilt Ranke gewiß nicht zu hoch über dieses Buch, das in den wesentlichsten Stücken bis heute nicht überholt ist. Das Erstaunlichste an dem Werk ist die absolute Sachlichkeit, in der tatsächlich mehr Geheimes von den Werken der Natur enthalten ist, als in den kosmisch-astralen Enzyklopädien der Hofphilosophen, über die der Kaiser, wenn er auch alles gelegentlich mitmachte, lächeln konnte. Denn was hieß das, wenn Friedrich II. jenem geistig so verdünnten Zeitalter, welches spekulierte, wieviel Engel auf einer Nadelspitze tanzen könnten, im Vorwort des Falkenbuches fast programmatisch die lapidare Erklärung hinwarf: „Unsere Absicht ist, sichtbar zu machen die Dinge, die sind, so wie sie sind (manifestare ea quae sunt sicut sunt)." Zu solcher Nüchternheit und Nacktheit, die nichts vor und nichts hinter den Dingen mehr sucht, sondern sie selbst, und die von einem Weisen geübt schließlich der Weisheiten Weisheit enthält: daß jedes Ding zunächst es selbst ist.. dazu verhalfen weder die Philosophen des Morgen- noch die des Abendlandes. Und man mag daran denken, daß vor einem Jahrhundert, als man im sonstigen Deutschland auf den Höhen von Philosophie und Gefühl schwelgte, manch einer enttäuscht aus Weimar abzog, weil dort alles „Käferbeine zählte".

Des Kaisers Buch „Über die Kunst, mit Vögeln zu jagen" enthält weit mehr, als der Titel verrät. Der erste Teil ist eine allgemeine Vogelkunde und gibt die Klassifikation der Vögel, ihre Gewohnheiten, Brut- und Nahrungssuche, ihre Verteilung über die Erde und die Art ihres Nistens. Ausführlich ist die Wanderung der Zugvögel beschrieben, ganz eingehend der Knochenbau, die Organe und ihre Funktionen.. jede Kleinigkeit des Gefieders ist vermerkt, Zahl und Stellung der Schwungfedern, dann der Flug selbst, beispielsweise: in welchem Verhältnis die Härte der Schwungfedern zur Häufigkeit des Flügelschlags steht, wobei es auffällt, wie Friedrich die ihm bekannten Schriften, beispielsweise die pseudoaristotelische „Mechanik" zu seinen Erklärungen heranzieht. Jeder Flügelschlag — so heißt es etwa — sei der Teil einer Kreisbewegung, bei der die äußersten Federn den weitesten Kreis beschrieben. Nach den Gesetzen der „Mechanik" aber hebe die größere Rolle ein größeres Gewicht. Da also die äußersten Schwungfedern mit dem größten Kreis auch die größte Last zu bewältigen hätten, seien sie entsprechend stärker gebaut und die Härte der Federn nähme daher in ganz bestimmten Verhältnissen ab.

Erst im zweiten der sechs Bücher spricht der Kaiser von den verschiedenen Arten der Jagdfalken, ihrem Fang, ihrer Abrichtung, der zeitweisen Blendung durch Vernähen der Lider, von der Art sie zu tragen und zu werfen. Aus allen Ländern der Welt erhielt Friedrich II. Falken geschickt oder ließ sich solche holen, wie er einmal einen zum Tode verurteilten Verbrecher in einen Abgrund hinabsandte, um ein Nest weißer Falken auszuheben. Wenn dann der Kaiser von den Raubvögeln spricht, die ihm aus Spanien und Bulgarien, dem nahen Orient und Indien, aus Britannien und Island, das er zwischen Norwegen und Grönland lokalisiert, zugesandt waren, so kommen wiederum seine großen tier- und pflanzengeographischen Kenntnisse zum Vorschein. Dabei beobachtet er, daß die dem Nordpol näheren, den arktischen Gegenden entstammenden Vögel stärker kühner schöner schneller sind als die der südlichen Regionen, und er setzt genau auseinander, warum und weshalb das so wäre, und erkennt, daß zwei als verschiedene Spezies bekannte Falken vollkommen die gleichen seien und daß nur aus klimatischen Gründen gewisse Abweichungen hervorträten. Aus allen Ländern hat Friedrich dabei Beobachtungen gesammelt. Aus Arabien und anderswoher habe er sich Sachverständige kommen lassen und was diese „besser wußten" habe er verwendet.. denn nur was „unsere Erfahrung gelehrt hat oder die anderer" das schildere er, und „Gewißheit erhält man nicht durch das Ohr". Was er nur vom Hörensagen weiß, sucht er wenn möglich zu ergründen. So spürte er beispielsweise der Fabel nach, der zufolge die Bernikelgans aus Würmern oder Muscheln an fauligem Schiffsholz der Nordregionen auskrieche. Eigens schickte er Gesandte nach dem Norden, um solches Holz zu holen, wobei sich die Haltlosigkeit dieses Märchens erwies und woraus der Kaiser wiederum schloß, daß diese Art Wildgans in ganz entrückten Regionen niste, die von Menschen kaum betreten würden. Erzählungen, die er nicht nachprüfen konnte, führte er nur unter Vorbehalt auf.. so fügt er, wenn er über den von Plinius beschriebenen Vogel Phönix spricht, hinzu: „Wir aber können das nicht glauben."

Den Aristoteles stellt Friedrich II. als Philosophen zwar sehr hoch, hält ihn aber für einen nur aus Buchwissen schöpfenden Gelehrten und wagt es, seine Behauptungen abzutun etwa mit der kurzen Bemerkung: „non sic se habet". „Dem Aristoteles sind wir gefolgt, wo es sein mußte. In mehr Fällen aber scheint er, wie wir durch Erfahrung gelernt haben, besonders bei der Natur gewisser Vögel von der Wahrheit abzuweichen. Deshalb sind wir dem Fürsten der Philosophen nicht in allem gefolgt.. denn selten oder nie hat Aristoteles die Vogeljagd betrieben, wir aber haben sie immer geliebt und geübt." So verbessert der Kaiser den Aristoteles auch häufig genug: „Dennoch glauben wir, die wir einige Übung in der Vogeljagd haben, ein anderes." Oder nachdem er eingehend den Wechsel des Führervogels bei den als Kette oder als Winkel fliegenden Wasservögeln beschrieben hat: „Es ist also nicht wahrscheinlich, wenn Aristoteles schreibt, daß der Führervogel nicht wechsle..."

So enthält das Werk des Kaisers Tausende von Einzelbeobachtungen, die formal klar und übersichtlich angeordnet immer vom Allgemeinen zum Besonderen übergehen, wie die Scholastik es lehrte. Der Satzbau ist meist durchsichtig, die Sprache — ganz anders als die rauschenden Manifeste der Kanzlei — ist schlicht einfach sachlich, immer aber von großer Form, immer auch der Geste nach im Pluralis Majestatis und von einer Bestimmtheit, die Widerspruch ausschließt. Dabei sei es — wie der Kaiser sagt — oft nicht leicht gewesen, für die wohl arabischen oder provenzalischen Kunstausdrücke synonyme lateinische Worte zu finden. Für den neuen Gesichtssinn zeugen die vielen hundert Vogelzeichnungen, die der Kaiser seinem Werk beigefügt hat und die zweifellos von des Kaisers eigener Hand stammten, da von ihm ausdrücklich überliefert wird, daß er zu zeichnen verstanden habe. Schon eine der ersten zweibändigen Prachtausgaben dieses Werkes, das 1248 bei Parma in die Hände der Feinde fiel und später an die Anjous kam, enthielt Illuminationen, die in den späteren Abschriften wiederkehrten. Die Zeichnungen sind „naturgetreu" bis in die Einzelheiten hinein, und die Art der Bilder: die Vögel im Flug und in den verschiedenen Phasen der Bewegung festzuhalten, weisen unbedingt auf den eifrigen Beobachter selbst hin, obwohl die prachtvollen farbigen Ausführungen durch irgendwelche Künstler des Hofes fertiggestellt wurden. Daß persische oder sarazenische Zeichnungen Einfluß hatten, vielleicht auch antike Kodices wäre wohl möglich.. jedenfalls beurteilen Sachkenner die Zeichnungen des Falkenbuches als ebenso erstaunlich „verfrüht" wie die sizilische Plastik.

Das Buch des Kaisers wurde bald mehrfach ins Französische übersetzt und drängte alle ähnlichen Schriften zurück. Denn Vorgänger in Form von kurzen Falknerinstruktionen, sowohl normannischer wie anderer Herkunft, hat das kaiserliche Falkenbuch schon gehabt, doch ohne die zoologische Allseitigkeit und Gründlichkeit und längst nicht so umfangreich. Friedrich nennt sie wohl mit Recht „verlogen und unzulänglich". Was sein Buch bezwecke, sei die Falkenjagd zur Exaktheit einer Kunst zu bringen, wovon keines der bisherigen Bücher weder hinsichtlich des Wissens noch des Könnens etwas aufweise. Orientalische Werke waren dem Kaiser zweifellos bekannt. Ein persisches Falkenbuch wurde auf Befehl König Enzios übersetzt, eine arabische Heilkunde der Jagdvögel blieb dem Kaiser sicher nicht fremd.. aber er hat diese Schriften kaum verwenden können, da sein Buch fast nur auf eigenem Sehen beruhte. Wo sich die Gelegenheit bot, habe der Kaiser „trotz der unsagbaren Inanspruchnahme" — wie er schreibt — an der Fertigstellung des Falkenbuches gearbeitet und gelegentlich erfährt man, daß er bei der Belagerung von Faënza einen vom Magister Theodor übersetzten arabischen Jagdtraktat des kaiserlichen Falkners Moamin korrigierte. Den gleichen Traktat übersetzte für König Enzio ein Cremonese ins Französische. Der Kaiser hat seine Arbeit erst wenige Jahre vor seinem Tode abgefaßt und manche Lücken hat noch König Manfred nachträglich aus eignem Wissen wie aus losen Blättern des Kaisers ausgefüllt.

Nicht die philologisch nachweisbare Wirkung des Falkenbuches ist wichtig: daß etwa Albertus Magnus es mehrfach benutzte. Auch nicht, daß bald noch andere Jagdbücher entstanden, wie das eines deutschen Ritters, der für seine Meisterschaft in der Jagd „besonders die Jäger des erlauchten Herrn Friedrich, Kaisers der Römer" als Zeugen aufruft. Wichtiger scheint, daß zunächst die Höflinge des Kaisers und die ihm so ähnliche Söhne für die lebendige Natur ein Auge bekamen, so daß sie gar nicht anders konnten als sich der kaiserlichen Art des Sehens anpassen, ob sie wollten oder nicht, gleichgültig auch, was sie damit anfingen. Daß die Fähigkeit überhaupt bestand, die Dinge zu sehen und sagen, „die sind so wie sie sind", ist das Neue an dem Falkenbuch, das wiederum nicht Werk eines ungekannten Siedlers oder Gelehrten war, sondern das des Kaisers der römisch-christlichen Welt — ein merkwürdiges Parergon des Staatsmannes. Der unmittelbare Einfluß des Kaisers aber machte sich noch in einem andern Werk geltend, das weitverbreitet, in viele Sprachen übersetzt und für die folgenden Generationen vorbildlich wurde: in der „Hippiatrik" eines kalabresischen Adligen und Beamten, des Jordanus Ruffus. Diese erste abendländische Veterinärkunde entstand auf Veranlassung des Kaisers und ausdrücklich erklärt der Verfasser, daß er über alle beschriebenen Dinge in hohem Maße vom Kaiser selbst Belehrung empfangen habe, der auch auf diesem Gebiete Expert gewesen sei.

Es ist bezeichnend, daß die großen Gelehrten, die des Vinea-Kreises, wie die von der Art eines Michael Scotus, sobald es auf das Auge ankam, gänzlich versagten: der Kaiser, König Manfred, auch Enzio, der adlige Beamte Jordanus Ruffus, der arabische Falkner Moamin sind hier die Gesichtigen. Wenn mit ihnen das Sehen wieder „beginnt", so heißt das gewiß nicht, daß diese Fähigkeit absolut verloren war: der Bauer und Jäger hat auch im Mittelalter genau so scharf gesehen, wie zu allen Zeiten. Doch die dem Gesehenen hätten Ausdruck geben können, die Geistigen und Gelehrten jeder Art, die „Gebildeten": sie alle hatten für die körperliche Welt damals kein Auge. Erst in Friedrich II., der dem Dominikaner Albertus Magnus und dem Franziskaner Roger Bacon, den großen Empirikern des dreizehnten Jahrhunderts, vorausging, erscheint erstmals ein Mensch, der die Gelehrtenweisheit wie nur irgendeiner beherrschte, dazu aber Jäger und als solcher ursprünglich gesichtig war. Daß das Falkenbuch einen Wendepunkt im abendländischen Denken bezeichnet: den Beginn der abendländischen Erfahrungswissenschaft, hat man des öfteren bemerkt. Auch hier sei noch an den Gegenspieler des Kaisers erinnert, von dem man so gern das neue Naturgefühl herleitet: an Franz von Assisi. Freilich nahm der die Natur mit ganz anderen Organen auf. Wenn Friedrich II. als der erste gesichtige Geist überall das ewig gleiche Gesetz der Natur und des Lebens aufsuchte in Stufung Gattung und Art.. so war Franz von Assisi vielleicht die erste gesichtige Seele, die ganz ursprünglich Natur und Leben als Zauber empfand und in allem Lebendigen das gleiche göttliche Pneuma verspürte. Mit Dante schoß beides zusammen. — —

VERWANDLER DER WELT! so wurde Friedrich II. von den Zeitgenossen geheißen.. „Verwandler" nicht zuletzt in bezug auf die Menschen. Denn eine neue Menschenartung zog dieser geistige Kaiserhof groß, an welchem die Philosophie wirklich im Lebendigen zeugte und nicht nur Laune des Königs war. Den geistlichen Ritter der Kreuzfahrerzeit ablösend wuchs hier langsam der geistige Ritter, der kriegerische geistige Mensch heran, dem durch die nächsten Jahrhunderte zu herrschen bestimmt war. Notwendig hat der Gründer selbst als Erster die neue Artung: ein durch Jahrhunderte vergessenes Kämpfertum dargestellt, welches dem staufischen Tyrannen von Sizilien in späterer Zeit den Namen eintrug eines „Herakles Musagetes".

Friedrich II. ist mehr Krieger und Streiter gewesen als Ritter und man mag an ihm den schönen Glanz der Turniere vermissen, der einen Barbarossa noch als Greis verklärte: denn „Spiel" war für Friedrich II. nicht das der ritterlichen Waffen, sondern jenes des adligen Geistes. Aber niemals hat er in notwendigen Kämpfen gescheut, sich jeder Gefahr auszusetzen: einen Schild ergreifend stürmte er in vorderster Reihe gegen eine belagerte Stadt und führte in offener Feldschlacht selbst seine Reiter in die Feinde hinein, zumal wenn Zorn und Rachdurst ihn jagten. Von Jugend auf hatte er seinen Körper im Gebrauche der Waffen geübt.. niemals und nirgends waren ihm Strapazen zu groß, und den vielfachen Anforderungen, die Jahre hindurch das Leben im sommerlichen oder winterlichen Feldlager an ihn stellten, blieb er bis zuletzt völlig gewachsen, ja ohne sichtbare Zeichen der Ermüdung. Denn trotz der nur mittelgroßen Gestalt sicherte ihm der völlig durchgearbeitete Körper, der nicht hager, sondern eher fleischig starkmuskelig war, stets die verläßliche Ausdauer, Leistungsfähigkeit und niemals geminderte Spannkraft. Von einem gelegentlichen Unwohlsein und jenem Seuchenfieber abgesehen blieben ihm schwerere Erkrankungen gänzlich erspart, und die bei allem sonstigen Luxus ungemein strenge, höchst einfache Lebensweise, die ihn täglich nur eine einzige Mahlzeit nehmen ließ, ferner die dem Zeitalter teuflisch erscheinende raffinierte Körperpflege der Orientalen (selbst an kirchlichen Feiertagen habe er sein Bad zu nehmen sich nicht versagt! nörgelt ein Bettelmönch).. alles das mag ihm stets eine gewisse Jugendlichkeit Elastizität und Frische erhalten haben. Seine Lebensführung hat dies noch unterstützt: denn sicher ein Dritteil seines Lebens hat er im Sattel verbracht und davon die Hälfte wohl auf der

Jagd. Bis zuletzt konnte sich daher Friedrich II. jede körperliche Gewaltleistung zumuten: zwei Jahre vor seinem Tod beispielsweise einen wenigstens vierundzwanzigstündigen Ritt auf seinem Rappen, dem „Drachen", der ihn im Morgengrauen zur Jagd, um Mittag in den Kampf und dann noch die Nacht hindurch in höchster Eile von Parma nach Cremona trug.. und so wenig war der Kaiser hiervon ermattet, daß er bei seiner nächtlichen Ankunft in dem aufgeschreckten Cremona fast ohne auszuruhen sofort wieder Truppen sammelte, mit denen er am dritten Tage wieder in den Kampf zog. Ähnliche Leistungen waren für ihn keineswegs selten. Wie der Puer Apuliae auf ungesatteltem Pferd einen Fluß durchschwamm, so hat später der Kaiser bei Beginn der Lombardenkämpfe mit seiner schweren Reiterei in einem Geschwindmarsch zweier Nächte und eines Tages über 20 Meilen (140 Kilometer) bewältigt, um am Ende dieses Rittes noch das überraschte Vicenza zu erobern.. von den Zeitgenossen nach Gebühr bestaunt.

Bei seiner Geistigkeit war also Friedrich II. alles eher als zart. Seine Gliedmaßen seien so kräftig wie ebenmäßig gewesen: dem rebellischen Sarazenen-Emir riß er ja mit einem Fußtritt die Flanke auf, und nicht minder fest werden die schönen und kräftigen Hände zugepackt haben, denen man eine große Geschicklichkeit und Fingerfertigkeit nachrühmte. Lang- und edelgefingert auf dem Schwertgriff ruhend sind sie auf einer Zeichnung zu sehen, die anläßlich einer Graböffnung vor 150 Jahren angefertigt im übrigen gewiß von geringem Zuverlässigkeitswert ist, dürfte man nicht gerade hierbei ein staufisches Erbteil erkennen: schon im zwölften Jahrhundert fielen den Menschen Barbarossas ungewöhnlich schöne Hände auf!

Wie sich das Aussehen Friedrichs II. im Laufe der Jahre gewandelt hat, läßt sich im einzelnen nicht verfolgen, zumal da das wichtigste Zeugnis, das große Marmorbild des thronenden Kaisers vom Capuaner Brückentor nur als Rumpf auf uns gekommen ist. Neben den spärlichen literarischen Bildern können nur noch die Münzbilder der Augustalen, und auch da nur die sehr vollkommenen Stücke der späten Prägungen überhaupt etwas aussagen. Aus jedem Zeugnis aber geht hervor, wieviel dem Kaiser zu allen Zeiten von dem Puer Apuliae mit der „heitren Stirn und der noch strahlenderen Heiterkeit der Augen" geblieben ist. Denn alle Chronisten rühmen bis in die Spätzeit hinein die Heiterkeit seines großen offnen Gesichts, wie auch alle Abendländer darin übereinstimmen, daß er schön gewesen sei mit einem ungewöhnlichen und edlen Antlitz. Alle suchen sie den eigentümlichen Zauber zu fassen, der von Friedrich II. ausstrahlte und der vielleicht durch die Blutsmischung mit bestimmt war: eine bräunliche Haut und dennoch lebhafte Wangenfärbung, dazu das rötlich-blonde Haar, welches in der Spätzeit freilich spärlicher wurde. Überhaupt: etwas Unbestimmbares haftete Friedrich an und, da er sich auch als Mann vollkommen bartlos trug, etwas Altersloses und stets noch Jugendliches, obwohl die Unverdecktheit des Gesichtes alle Züge ganz offen und scharf hervorspringen ließ: die hochmütig kurze kräftige Nase, das auffallend starke Kinn, den oft genug spöttischen Mund mit den — wenigstens auf den Münzen — leicht eingezognen und vollen Lippen. Ein meißelbares Caesarenbild also, an dem kaum noch etwas erinnert an den gewohnten Gottvatertyp deutscher Kaiser, wie ihn zuletzt noch ein Barbarossa verkörpert hatte und in den nach Friedrich II. die Renaissance-Kaiser bald wieder zurückfielen.

„Durchtrieben verschlagen sinnlich bös und jäh": so nennt den Kaiser einer der Feinde und fügt dennoch hinzu: „wollte er aber seine Huld beweisen, dann konnte er freundlich heiter und voller Anmut sein". Ein Gefühl der Unsicherheit hat jeden beherrscht in der Gegenwart Friedrichs II., der für ein Äußerstes an liebenswürdig bezaubernder werbender Freundlichkeit wie zurückschreckender Strenge Härte Grausamkeit nur den einen immer gleichen Blick des Auges hatte, vielleicht um eine unmerkliche Schattierung wechselnd. Denn das Faszinierende an Friedrich II. muß in seinem zeitfremden seellosen und darum verwirrenden beängstigenden Blick gelegen haben, der niemals wissen ließ, woran man bei ihm war.. viel zu harmlos als „Verstellung" gedeutet. Er habe Schlangenaugen gehabt, sagt einer der Freunde, wohl um das Fesseln und Bannen auszudrücken: kein saugend-flackerndes, stechendes oder bohrendes Auge, sondern wahrscheinlich jener ganz große offene ruhigleuchtende Blick, dessen Stetigkeit die Dinge festhielt und der — ganz unchristlich — nichts nach innen Gekehrtes hatte. Tausendfach unheimlicher, aufschreckender, auch grausamer als ein Sprühen Blitzen und Sengen muß gerade die sachliche Stetigkeit gewirkt haben.. vermutlich jene merkwürdige Ruhe völlig gleichlaufender parallel gestellter Augen, die bisweilen fast als „mal occhio" gelten und die bei Friedrich II. bezeichnenderweise gerade ein Orientale auch als „schielend" empfand.

Wie sich in diesen geheimnislos-unheimlichen Augen der die morgen- und abendländischen Weiten überfliegende verwegen-kühne Geist gefangen, wie der ungeheure Verstand den Kopf, die „heitere Stirn" geformt haben mag, läßt sich nicht sagen. Eigenartig aber bleibt an dem Gesamteindruck bei aller breitnackigen Festigkeit und stählernen Härte ein Schwingendes Liedhaftes, das selbst die halb-römischen Augustalen noch zeigen.. ein deutsches Erbe wohl, das einem Caesar so wenig eignete wie einem Napoleon.

VI. DER DEUTSCHE KAISER

ÜBER ein Jahr hatte Friedrich II. mit der Neuordnung und Festigung der sizilischen Monarchie zugebracht: im August 1230 war mit Papst Gregor der Frieden geschlossen, im August 1231 die Sammlung der Konstitutionen beendet und wenige Monate später konnte der Kaiser das Erbland bereits verlassen, um sich wieder ganz den Angelegenheiten des römischen Gesamtreiches zu widmen. Gesichert durch die Herrschaft im Süden, die gar nicht mehr zu erschüttern war, durfte er jetzt daran denken, das kaiserliche Ansehen auch im Reiche wieder zur Geltung zu bringen und seine Machtherrlichkeit nach dem Norden zu tragen, nach Oberitalien und Deutschland.

Notwendig erschien der Herr des Imperiums unter völlig anderen Zeichen als der Tyrann von Sizilien. Denn so gleichgültig Huld oder Feindschaft des Papstes sein mochten für den Umlauf der Kräfte im sizilischen Staat, welcher gerade im rücksichtslosesten Kampfe am besten gedieh: die vollkommene Ordnung des Reiches beruhte auf der Einheit der beiden Mächte, und des Reiches reinste Form zu vollenden setzte voraus, daß beide Gewalten in Eintracht und Frieden die Welt im Gleichgewicht hielten. Mit den geistlichen und weltlichen Fürsten als Trägern der Macht war ja das Imperium verkörpert nicht allein im Monarchen wie der sizilische Staat der Beamten, sondern in der Gemeinschaft von Kaiser und Papst, die nur zusammen, nicht jeder für sich, „eine Art Individuum" darstellten: „in einer Scheide zwei Schwerter", zwei Statthalter nur des wahren Königs der Welt.

Ein mit dem Papste in äußerer Freundschaft gemeinsam wirkender christlicher Imperator des Mittelalters: das war das Bild, welches Friedrich II. in den nächsten Jahren zu zeigen bemüht war und nie wieder schien er den deutschen Kaiserahnen so angeglichen, so sehr als Erbe der Karl und Otto und Barbarossa wie in diesen Jahren des Friedens, in denen seine Macht statt die Kräfte zum drohenden Stoße zu ballen, breit gelagert über alle Länder des ausgedehnten römischen Reiches walten durfte, das „an Länge weit war und in der Breite erst endete an den Grenzen der Erde". Es nahte der glanzvolle Abschluß der adligen Kaiserzeit, die mit Friedrich II. jäh abbrach. Doch noch einmal sollten jetzt die nach mittelalterlichem Denken „rechten Verhältnisse" der Welt hergestellt werden, wie die Einheit der beiden Gewalten oder des Kaisers Primat unter Seinesgleichen, den Fürsten.. und zum letztenmal sollten jene Wunschbilder, die jetzt auch in Worten ihre klassische Formulierung erhielten, in der Erfüllung und Reife sich zeigen, Ideale, die — hier noch mit vollem Gehalt — in den Zeiten der Hausmachtskaiser und tiaragekrönten mittelitalischen Teritorialherren nur als sinnlos leere Schlagworte weitertönten. Für einen Augenblick sah man in Friedrich II. noch die ganze Herrlichkeit des alten deutschen Römerimperiums erstrahlen, sah kurz vor dem Ende noch einmal in den Pfalzen am Neckar und Rhein den hellen Glanz der Kaiserpracht in einem südlichen Lichte aufglühen und dann rasch für immer verlöschen. Nur bei den Deutschen blieb von dem allen ein Sehnen zurück. Das Reich zu erfüllen aber schien der Sinn dieser Jahre des Friedens.

Von Foggia zog der Kaiser nach Norden, nach Ravenna. Sein sizilisches Geleit war gering, Berard von Palermo und Graf Thomas von Aquino die einzigen bekannteren Großen. Lombardische und deutsche Angelegenheiten galt es zu regeln und schon vor längerer Zeit waren die deutschen Fürsten für den November 1231 nach Ravenna zu einem Hoftag geladen. Friedrich hatte ursprünglich wohl geplant, mit Heeresmacht nach Oberitalien zu ziehen, doch im Einverständnis mit dem Papst, der ihm für die Ergebenheit der Lombarden gewisse Zusicherungen gab, sah er von einem kriegerischen Vorgehen zunächst noch ab, mit dem Erfolg, daß die Ereignisse des Jahres 1226, als er in Cremona den Hoftag abhalten wollte, sich nahezu wiederholten. Denn obwohl der Kaiser, um die Ketzerei zu bekämpfen, sich gleichsam als Abgesandten des Papstes ausgab und obwohl Gregor IX. tatsächlich auf die Lombarden einzuwirken suchte: die Städte dachten nicht daran, ihre Boten zum Hoftag zu entsenden, welcher „der Ehre Gottes, der Kirche, des Reiches und dem blühenden Stande Lombardiens" dienen sollte. Im Gegenteil: die Liga, die schon am Zerfallen war, schloß sich beim Nahen des Kaisers sofort wieder zusammen und wiederum wurde von den Rebellen die Klausenstraße gesperrt und den deutschen Streitkräften der Durchzug verweigert.

Im Augenblick war für den Kaiser ein wirksames Eingreifen unmöglich. Der Hoftag wurde um einige Wochen, auf Weihnachten, vertagt und zwecklos verbrachte der Kaiser die Wartezeit in der alten Stadt gotischer Könige und byzantinischer Kaiser. Denn wenn er auch damals kostbares Baumaterial, wohl antike Säulen und Bildwerke, hier auswählte und in sein Königreich schickte, ja aus einem merkwürdigen antiquarischen Interesse zum erstenmal eine richtige Ausgrabung vornehmen ließ, durch die das Grabmal der Galla Placidia freigelegt wurde, so daß die schönen Mosaiken dieses von angeschwemmtem Geröll völlig verdeckten Baus wieder zum Vorschein kamen nebst drei alabasternen

Sarkophagen mit den Gebeinen dieser Kaiserin, ihres Gemahls Theodosius II. und des Heiligen Elisäus: das alles war doch nicht der Zweck des kaiserlichen Aufenthaltes in Ravenna. Doch allmählich trafen deutsche Fürsten in größerer Zahl ein. Teils hatten sie den Seeweg über Venedig gewählt, teils waren sie in Verkleidung durch die Veroneser Sperre hindurchgekommen. Auch der Deutschordensmeister Hermann von Salza erschien und ebenso aus Mittelitalien kommend der erst vor kurzem zum Reichslegaten in Toskana ernannte Gebhard von Arnstein, ein thüringischer Adliger, der dem Kaiser schon seit langem bekannt war. Doch derjenige, um dessentwillen ganz besonders der Hoftag anberaumt war, fehlte: des Kaisers Sohn, König Heinrich.

Man wußte bereits seit einiger Zeit von Mißhelligkeiten zwischen Friedrich II. und dem jungen, etwa zwanzigjährigen deutschen König. Nicht daß Friedrich dem Sohn, den er seit mehr als zehn Jahren nicht gesehen, irgendein schweres Vergehen vorhalten konnte.. aber er hatte eine allgemein widerstrebende Haltung des deutschen Königs bemerkt, sowohl in persönlichen Dingen gegen den kaiserlichen Vater, wie in politischen gegen das Reich. Mit achtzehn Jahren der Pflegschaft erst des Erzbischofs Engelbert von Köln, dann nach dessen Ermordung der des Bayernherzogs Ludwig entwachsen, hatte Heinrich seit drei Jahren selbständig zu regieren begonnen. Vielleicht dem Kaiser selbst gar nicht unähnlich, der es mit zwölf Jahren für „schimpflich" hielt, noch bevormundet zu werden und das Glück hatte, schon mit vierzehn Jahren niemanden über sich anerkennen zu müssen, war König Heinrich vor allem darauf bedacht, jede Bevormundung abzustreifen und seine Selbständigkeit zu erweitern, zunächst wohl weniger gegen den Kaiser selbst, als gegen die freilich jeden deutschen König hemmenden Fürsten. Er stützte sich dabei notwendig auf deren Gegner: auf das städtische Bürgertum, das auch in Deutschland allmählich an Bedeutung gewann — die Zeit der großen Städtebünde war nicht mehr fern — dann aber auf die Ministerialen, die Geschlechter des niederen Adels, die neben ritterlichen Sängern stets zahlreich in König Heinrichs Umgebung anzutreffen waren. Hätte nun König Heinrich so aus politischem Scharfblick gehandelt, in der Erkenntnis etwa, daß in Bürgertum und Ritterschaft die noch kräftigsten und lebensfähigsten Triebe Deutschlands sich bargen, so hätte er sich darüber mit dem Kaiser wohl zu verständigen, wenigstens zu beraten vermocht. Seiner ganzen Art aber, der ein Unbestimmtes Flatterndes und Planloses anhaftete neben all den liebenswürdigen Zügen der Staufer, die man bei ihm „Leichtfertigkeit" nannte, entsprach ein so sicheres Herausspüren einer politischen Gesamtlage wenig und wenn er Ministerialen und Bürgern immer wieder seine besondere Gunst bewies, so geschah es vor allem aus Widerspruch und Widerstand gegen die ihn einengenden Fürsten.

Mit diesem Verhalten sollte der deutsche König sehr bald Verlegenheiten bereiten. Denn als die Fürsten im Jahre 1230 in Italien weilten, um hier zwischen Papst und Kaiser den Frieden von Ceperano zustande zu bringen, Friedrich also den deutschen Großen gerade zu Dank verpflichtet war, traf Heinrich eine durchaus fürstenfeindliche Entscheidung, als er bei einem Streite der Bürger von Lüttich mit ihrem Bischof die Bürger in seinen Schutz nahm.. gewiß keine sehr bedeutende Angelegenheit. Da es sich aber um eine grundsätzliche Frage handelte, so hatte er im Augenblick alle Fürsten geschlossen gegen sich. Im Januar 1231, gleich nach ihrer Rückkehr aus Italien, wurde von den Fürsten der König zu dem unseligen Hoftag von Worms (Mai 1231) genötigt, auf dem die Großen allen Hader untereinander vergessend, einig im Widerstand gegen den Herrscher und diesmal der Zustimmung des Kaisers gewiß, dem hilflosen König ein großes Privileg abzwangen, durch das — gerade auch in bezug auf die Städte — die nahezu unbeschränkte Gewalt in den Territorien auf die „Landesherren" überging, von einigen königlichen Ehrenrechten abgesehen. König Heinrich aber, der gerade die Rechte der Krone gegen die immer mächtiger werdenden Fürsten stärken wollte, hat wie kein anderer schließlich die Krone geschwächt.

Die Haltung des Sohnes widersprach nun in allen Stücken der Politik des Kaisers. Daß der König gegen die im Dienste des Kaisers abwesenden Fürsten überhaupt etwas unternahm, mußte Friedrich II. ebenso mißbilligen, wie das allgemein fürstenfeindliche Verfahren des Sohnes. Denn nichts konnte dem Kaiser unerwünschter sein, als eine Beunruhigung im Norden, und des Sohnes Verhalten war ganz dazu angetan, das Gespenst einer stauferfeindlichen Fürstenverbindung heraufzubeschwören. Andererseits aber hatte König Heinrich durch das abgetrotzte Wormser Privileg sinnlos kostbare Pfänder vergeudet und obwohl Friedrich selbst sonst zugunsten der Reichsfürsten Kronrechte preiszugeben keine großen Bedenken trug, so geschah das doch nie ohne Gegenleistungen und solche blieben durch das Ungeschick des Königs diesmal aus. Persönliches kam noch hinzu. Heinrich wollte sich von seiner Gemahlin Margarete von Österreich trennen, obwohl er schon Nachkommenschaft mit ihr hatte, um eine Jugendliebe Agnes von Böhmen, zu heiraten.. auch dies geschah gegen den Willen des Kaisers, der die österreichische Verbindung mit bestimmten politischen Absichten zustande gebracht hatte. Die Frage erübrigte sich zwar sehr bald, da Agnes von Böhmen, um allen Weiterungen zu entgehen, den Schleier nahm. Dennoch hatte die ganze Angelegenheit zu den Mißstimmungen beigetragen. Der Kaiser hielt infolge dieser Zwischenfälle eine Aussprache mit dem Sohn für notwendig und hatte ihn deshalb zu dem Hoftag nach Ravenna geladen. Daß König Heinrich der Aufforderung des Kaisers nicht nachkam, war — gleichgültig ob er sich im Recht oder Unrecht befand — eine Unüberlegtheit. Denn bisher mochte er dem Kaiser als ein wenig geschickter Staatsmann erschienen sein, durch sein Fernbleiben von Ravenna aber, das er schließlich entschuldigte, indem er die Sperre der Veroneser Klausen vorschützte, war König Heinrich zum ungehorsamen Sohn geworden und gerade mit Ungehorsam kam er, wie er wohl hätte wissen können, bei Friedrich II. schlecht an.

Der hatte indessen zu Ravenna mit den deutschen Fürsten und zahlreichen italischen Bischöfen über die Lombarden verhandelt und schließlich die Liga wieder in die Reichsacht getan, als diese die Öffnung der Klausenstraße auch weiterhin verweigerte. Daß die Bundestädte durch ihre Widersetzlichkeit, die sich durch nichts rechtfertigen ließ, schließlich auch den Papt in Verlegenheit brachten, der für sie gleichsam gutgesagt, insgeheim freilich ihren Widerstand gestärkt hatte, mag dem Kaiser nicht unerwünscht gewesen sein. Das Verhalten der Lombarden hatte ja offen gezeigt, daß er ohne Zwangsmaßregeln hier die Hoheit des Reiches nicht zur Geltung bringen konnte. Auf friedlichem Wege waren die undurchsichtigen Verhältnisse Oberitaliens nachgerade überhaupt nicht mehr zu lösen, zumal jeder Erlaß des Kaisers nur neue Verwicklungen schuf. So hatte Friedrich bei der Ächtung der Liga angeordnet, daß die übrigen Städte Lombardiens ihre jährlichen Stadthäupter, die Podesta, nicht aus bündlerischen Städten holen dürften, wodurch er alsbald einen Zwist mit Genua herbeiführte, das soeben den Kaiser durch eine besonders stattliche Gesandtschaft geehrt hatte. Kurz zuvor hatten nämlich die Genuesen einen Mailänder zum Podestà gewählt und gerieten nun in die peinliche Lage, durch Absage an den Mailänder sich mit der Liga, andernfalls aber sich mit dem Kaiser zu überwerfen. Eine Ausnahme konnte der Kaiser wiederum nicht gleich nach Erlaß der Verordnung zugeben und als trotz des Widerstandes der in Genua immer starken Kaiserpartei dennoch der Mailänder eingeholt wurde, traf der Kaiser sofort Gegenmaßregeln, indem er den genuesischen Handel in Sizilien schädigte, obwohl er es ungern mit Genua verdarb. In der Lombardei Politik zu treiben ohne eine Kriegsmacht war eben unmöglich.

Papst Gregor hatte wieder die Vermittlung zwischen Friedrich und der

Liga übernommen. Allzuviel wird sich der Kaiser von diesem Schritte kaum versprochen haben, denn wie päpstliche Vermittlungsaktionen und Schiedsgerichte auszufallen pflegten, war ihm nachgerade bekannt. Mißtrauen war da gewiß nicht unberechtigt. Obwohl nämlich Gregor vorgab, den Kaiser zu unterstützen, zeigten schon Auswahl und Verhalten der päpstlichen Unterhändler deutlich an, zu wessen Gunsten der sozusagen unparteiliche Schiedsspruch ausfallen würde: die päpstlichen Vermittler waren erklärte Gegner des Kaisers, aus ligistischen Städten gebürtige Kardinäle, die statt mit den Bedingungen des durch die Lombarden beleidigten Kaisers zu den Rebellen zu gehen, zuerst mit den bündlerischen Aufrührern verhandelten und schließlich mit deren fertigen Vorschlägen sich nach Ravenna auf den Weg machten. Doch der Kaiser ließ es gar nicht erst zu einer Mitteilung der Ergebnisse kommen — ihren Inhalt hatte er überdies längst in Erfahrung gebracht. Er wollte sich gerade jetzt mit dem Papst, den er noch brauchte, nicht verzürnen, und als daher die päpstlichen Unterhändler zu Beginn des März in Ravenna anlangten, fanden sie den Kaiser überraschenderweise dort nicht mehr vor. Friedrich war eines Nachmittags, wie er oftmals zu tun pflegte, zur Stadt hinaus geritten, hatte eine am Meeresufer wartende fahrtbereite Galeere bestiegen und war mit nur wenigen Begleitern entschwunden. Die nötigen Anordnungen hatte er längst getroffen. Da er wußte, daß er noch einige Zeit von Sizilien fern sein würde, hatte er Thomas von Aquino als Kapitän des Königreiches nach dem Süden zurückgeschickt, die übrigen Teilnehmer des Hoftages schon beizeiten entlassen und nur die deutschen Fürsten zurückbehalten, da er für diese auf Ostern einen neuen Hoftag in Aquileja anberaumt hatte. Nach Aquileja hatte er auch seinen Sohn jetzt nicht eingeladen, sondern befohlen, und er selbst begab sich auf dem Seeweg nach dieser Stadt.

Die in Ravenna zurückgebliebenen Fürsten erhielten sehr bald die ebenfalls unvorhergesehene Nachricht, daß der Kaiser sich zunächst nach Venedig begebe, wohin ihm nun die meisten Fürsten auf dem Landwege eiligst folgten. Da Friedrich es mit Genua im Augenblick verdorben hatte, so suchte er jetzt Venedig für sich zu gewinnen und gleichzeitig die Rivalität der beiden Städte im Orient für sich auszunutzen. Noch andere wichtige Gründe aber lagen vor. Da die Klausenstraße fortwährend bedroht wurde, blieb der Weg über Venedig und das Friaul die einzige Verbindung nach Deutschland und ein gutes Einvernehmen mit den Venezianern war daher für den Kaiser von großer Bedeutung. Die Seefahrt ging über Comacchio, Loreto und Chioggia. In Loreto hielt sich der Kaiser kurz auf, empfing die herbeieilenden Gesandten der selbständigen, gar nicht zum Reiche gehörenden Republik und teilte ihnen seinen Wunsch mit, Venedig zu besuchen, weil er San Marco, den Schutzheiligen, verehren wollte. Der sofort zusammenberufene Große Rat der Venetianer beschloß des Kaisers Wunsch zu erfüllen und so segelte der Kaiser weiter nach Chioggia. Obwohl jedoch Friedrich seine ganze Liebenswürdigkeit spielen ließ, als er schließlich an der Seite des Dogen Jacob Tiepolo am Gestade von San Marco landete, von den Venezianern festlich und ehrenvoll empfangen, obwohl er dem Schutzheiligen kostbare Geschenke an Gold und edlen Steinen darbrachte und von den reliquienfreudigen Venezianern als Gegengeschenk einen Holzsplitter vom Kreuze Christi erhielt, obwohl er ferner die Stadt fast gegen ihren Willen mit Privilegien und Handelsfreiheiten für Sizilien überhäufte: das Mißtrauen dieser Seefahrer und Handelsleute vermochte er nicht zu zertreuen, welches sich nur noch messen konnte mit ihrem unbändigen Hochmut.. dank ihrer ungeheuren Besitzungen in der Levante, vor allem im lateinischen Kaiserreich fühlten sich ja die Venezianer selbst fast als Kaisers Gleichen. Durch keinerlei Verpflichtungen wollten sie an den Staufer gebunden sein, ja als einmal ein venezianischer Goldschmied von Friedrich II. den Auftrag erhielt, ihm eine Krone zu arbeiten, wurde das vom Großen Rat nur gestattet, wenn daraus der Republik kein Schaden erwachse. Des Kaisers Macht erschien auch Venedig gefährlich, man wollte nichts mit ihm zu tun haben und bei nächster Gelegenheit stand die Republik auf seiten von Friedrichs lombardischen Gegnern, um freilich als erste Stadt wieder mit dem Kaiser Frieden zu schließen, als ein Genuese Papst wurde.

Um Ostern 1232 waren die deutschen Fürsten in außergewöhnlich großer Zahl zu Aquileja um Friedrich II. versammelt. Dem Befehle des Vaters hatte sich König Heinrich anfangs noch zu entziehen versucht, aber durch die dringenden Vorstellungen einiger von Ravenna zurückkehrender Fürsten, die den jungen König in Augsburg antrafen und ihm wohl von der Stimmung des Kaisers Bericht erstatteten, ließ sich Heinrich bewegen, wenn auch sehr wider seinen Willen, auf dem für ihn angesagten Hoftag zu erscheinen. Auf Befehl des Kaisers blieb indessen Aquileja selbst dem König noch verschlossen: ihm und einigen Begleitern wurde als Aufenthaltsort das nahe Cividale angewiesen. Sachlich, wie mit einem fremden Fürsten, verhandelte Friedrich von Aquileja aus mit dem Sohn und erst als dieser sich den kaiserlichen Bedingungen unterwarf, hat er — zum erstenmal nach über zehn Jahren — den Vater von Angesicht zu Angesicht sehen dürfen. Als Vater habe er den Sohn zurechtgewiesen, schrieb später Friedrich II., als Kaiser aber forderte er viel von dem ungehorsamen König. In Cividale, wohin der Hoftag nach einigen Wochen verlegt wurde, mußte König Heinrich in Gegenwart seiner fürstlichen Widersacher feierlich schwören, künftig allen Befehlen des Kaisers zu gehorchen und den deutschen Fürsten als „Leuchten und Schirmern des Reiches", den „Augäpfeln" des Kaisers, nunmehr mit Achtung zu begegnen. Der Eid erfuhr noch eine Rückversicherung durch ein Schreiben, in welchem Heinrich selbst für den Fall eines neuen Ungehorsams die Fürsten vom Treueid entbinden, ja sogar sie bitten mußte, sich alsdann gegen ihn für den Kaiser zu erheben. Doch der Kaiser, gleichzeitig jeden Vorteil nutzend, verlangte noch weiteres: auch dem Heiligen Vater mußte Heinrich schreiben, welchen Eid er dem „göttlichen Augustus" geschworen habe, und mußte Papst Gregor bitten, ihn, den deutschen König, ohne vorherige Ankündigung zu exkommunizieren, wenn er das dem Vater gegebene Versprechen bräche. Den römischen Kaisern sonst stets widerstrebende Mächte: Fürsten und Papst, hatte Friedrich II. damit in sein Wollen eingespannt und unmerklich in seine Richtung gezwungen.. freilich auf Kosten des ungehorsamen Sohnes. Denn unter Aufsicht von Fürsten und Papst war Heinrich, dem fröhlichen König, nur eine Art Bewährungsfrist zugebilligt — eine unerträgliche Stellung, im Vergleich zu der eine Absetzung milder und gnädiger gewesen wäre. Jede königliche Handlungsfreiheit war ihm, der unabhängig und selbständig hatte sein wollen, nunmehr genommen. Das Vorgehen des Kaisers aber war im Grunde kein anderes als das gegen eine rebellische Stadt: bedingungslose Unterwerfung unter den Willen des Monarchen, Gehorsamseid, Unterstellung unter die Aufsicht kaiserlicher Beauftragter. König Heinrich aber hätte kein Staufer sein dürfen, wäre dieses Ende seiner Träume nicht zum Anfang seiner Tragödie geworden.

Der Hoftag im Friaulischen, der sich bis Ende Mai hinzog und von Cividale erst nach Udine, dann nach Pordenone verlegt wurde, damit nicht alle Lasten einer einzigen Stadt sich aufbürdeten, war für die deutsche Verfassung ungemein bedeutsam und man hat oftmals bemerkt, daß die Folgen der dortigen Beschlüsse bis in unsere Tage zu spüren seien. Nachdem nämlich König Heinrich sich von den deutschen Fürsten jenes große Wormser Privileg einmal hatte abzwingen lassen, konnte auch Friedrich II. gar nicht anders, als diesem „Erlaß zugunsten der Fürsten" seinerseits jetzt die Bestätigung erteilen. Dadurch geschah es aber, daß mit Friedrich, dem letzten der deutschen Kaiser, der im alten Sinne noch als Stammesherzog gewählt war, auch das germanische Stammes- und Heerkönigtum zu Ende ging: denn verfassungsgeschichtlich bezeichnet man Deutschland seither als einen Fürstenbund oder eine fürstliche Adelsherrschaft. — Von jedem deutschen Staatsmann wird die Lösung der einen gleichen Aufgabe stets neu gefordert: zwischen dem Reich und seinen Gliedern das rechte Verhältnis herzustellen. Von allen bisherigen Lösungen erscheint jede einzelne als ebenso richtig für den Augenblick wie fragwürdig für die Dauer.. eine jede aber wurde verhängnisvoll. In den Tagen Friedrichs II. hatte das Problem etwa folgendes Aussehen: die überall heraufdrängende staatliche Unmittelbarkeit, der Absolutismus etwa eines sizilischen Königreiches, war mit dem bisherigen Stammes-, Lehens- und Heerkönigtum der Deutschen notwendig auf irgendeine Weise zu verbinden. Entgegen dem, was man gerade von Friedrich II. hätte erwarten müssen, hat er die Möglichkeit, das ganze Deutschland in eine sizilische Monarchie, in einen einheitlichen deutschen Beamtenstaat umzuwandeln, niemals auch nur erwogen. Zwar hat er in späterer Zeit von Italien aus sein sizilisches Beamtenregiment bis Burgund und Tirol und, wenn auch in gemäßigteren Formen, wohl sogar bis Österreich vorgeschoben, so daß man glauben könnte, Friedrich sei mit dem von Süden nach Norden vorschreitenden „Sizilianisieren" des Imperiums einfach nicht fertig geworden, weil er die Lombardei nicht genügend zu sichern vermochte und vorzeitig starb. Indessen ist kaum ein Anzeichen vorhanden dafür, daß der Kaiser geplant hätte, sein sizilisches Beamtensystem in der bekannten Form noch weiter nordwärts vorzudrücken, wo nicht nur alle geschichtlichen und geistigen Kräfte des Landes sofort versagen mußten, sondern wo insbesondere Eines fehlte: die italienische Laien- und Bürgerbildung, das heißt: jene große Schicht der Laienjuristen, auf denen der sizilisch-italische Staat beruhte statt auf dem Feudalsystem. Niemals hat daher Friedrich II. daran gedacht, auch in dem weiten und vielspältigen Deutschland die Feudalgewalten aufzusaugen und durch Beamte ohne das Medium der Fürsten zu regieren.. ganz abgesehn davon, daß deutsche Fürsten und Bischöfe keine sizilischen Barone und Duodezkleriker waren, sondern des Kaisers Gleichen.

Verzichtete also der Kaiser darauf, in Deutschland jene neue unmittelbare Regierungsweise selbst auszuüben, so mußte diese Aufgabe den Fürsten zufallen, die ohnehin nach Selbständigkeit drängten und deren Rechte gegen die Krone seit langem in stetem Wachsen begriffen waren. Wenn Friedrich II. nun die Fürsten gewähren ließ, ja sogar ihre Strebungen unterstützte, so hing das selbstverständlich aufs engste zusammen mit der universalen staufischen Kaiserpolitik, die sich allmählich zu einer bloßen Lombardenpolitik zugespitzt hatte. Friedrich II. war mehr als irgendein anderer Kaiser zunächst und an erster Stelle der übernationale römische Imperator und um sein großes mitteleuropäisches Imperium aufzurichten, das sich von Syrakus bis nach Friesland und ans Baltische Meer erstreckte, brauchte er vor allem eine unbedingt gehorsame Lombardei. Ohne deren Unterwerfung blieb das Reich zerrissen. Die Lombardei niederzuzwingen benötigte aber Friedrich einmal die Streitkräfte Germaniens, mehr aber noch — zur Sicherung auch gegen den Papst — eine verläßliche Ruhe im Norden und eine Rückendeckung durch die ihm ergebenen geistlichen und weltlichen Fürsten in Deutschland. Alles das konnte er von den sonst so leicht auseinanderstrebenden Großen, die den Siegeslauf so mancher Kaiser hemmten, durch Preisgabe eigener Rechte und Einkünfte erkaufen. Um der größeren Aufgabe willen tat er dies unbedenklich, zumal er dank seiner sizilischen Reichtümer und Machtmittel diese Einbußen unschwer verschmerzen konnte. Mit sizilischem Geld war in dem geldarmen Deutschland viel zu erreichen, außerdem aber kettete er durch sein Entgegenkommen die Fürsten fest an seine Person und dieses Band hat — in Anbetracht der späteren Wühlereien der Kirche — erstaunlich lange gehalten.

Daß Zweckmäßigkeit und höhere Notwendigkeiten des römischen Kaisertums Friedrich an erster Stelle zu jenen Fürstenprivilegien veranlaßten, daran ist nicht zu zweifeln. Was er aber damit herbeiführte — gleichgültig ob gewollt, ob nicht gewollt — war nahezu die souveräne Selbständigkeit der einzelnen Fürsten innerhalb ihrer Territorien. Die Zugeständnisse nämlich, die Friedrich in seiner Frühzeit den geistlichen Fürsten gemacht, waren durch die neuen Verbriefungen von Worms und vom friaulischen Hoftag auch auf die weltlichen Herren ausgedehnt worden, so daß jetzt unter den Fürsten Deutschlands eine gewisse Einheitlichkeit erreicht war. In ihren Rechten einander insgesamt ziemlich gleichgestellt begriffen sich die Fürsten mehr denn bisher auch als eine Körperschaft, ja als eine Interessengemeinschaft.. für den Kaiser vorteilhaft oder nachteilig, je nachdem er sich mit ihnen zu stellen wußte. Nach den neuen Privilegien hatte nun der Kaiser unter Zurückziehung der meisten Kronrechte aus den Territorien den Fürsten etwa das Folgende zuerkannt: er verzichtete sowohl auf das königliche Münzrecht in den fürstlichen Ländern wie auf das Recht, vom Reich aus in den Territorien Befestigungen anzulegen.. und er verzichtete selbst auf die königliche Gerichtsbarkeit in den Ländern zugunsten einer solchen der Fürsten oder der „Landesherren", wie diese vielsagend jetzt erstmals genannt wurden. Deren Autorität wurde auch gegen die Untertanen gesteigert, indem die niederen Gerichte den Fürsten fast unmittelbar unterstellt und sonstige nichtfürstliche Gerichtsbarkeit innerhalb der Länder eingeschränkt oder aufgehoben wurde. Andere Bestimmungen der Privilegien wiesen in die gleiche Richtung, so daß tatsächlich die Fürsten eine beinahe autokratische Gewalt ausübten oder doch auf dem Wege waren, sich eine solche zu erringen. Jene staatliche Intensivierung nach sizilischem Vorbild wurde demnach zwar auch in Deutschland angebahnt, jedoch nicht zugunsten der königlichen Zentralgewalt und nicht von ihr ausgehend, sondern zugunsten der Teile, der Fürsten. In ihrer Hand lag jetzt die Bildung fester Staaten, und die in den Territorien und Stämmen selbst gebundenen staatlichen Kräfte waren mittels der durchgreifenden Herrschaft der Teilgewalten zweifellos viel eher freizumachen, ganz anders heranzuziehen und zu nutzen, als durch die mittelbare Herrschaft eines von den Fürsten gehemmten Kaisers und der vom Kaiser durch zwischenstehende Kronrechte gehemmten Fürsten. Es war also mit einer reinlichen Ausscheidung der Zwischengewalten zwischen Territorien und Landesherren ein Anfang gemacht, wodurch den Einzelregierungen wiederum das feste Zufassen ermöglicht wurde.

Erscheint von diesem Gesichtspunkte aus des Kaisers fürstenfreundliche Politik als eine Vereinfachung des gesamten deutschen Staatswesens — wichtig auch für die Durchbildung des weiten lockeren Deutschland, wo Staatssinn und Kraft zum Staate von jeher bei den einzelnen Stämmen lag, nicht im Gesamt der Deutschen — so ist anderseits die ungeheure Gefahr dieser Politik Friedrichs II. gar nicht zu übersehen. Je mehr sich die Teilherrschaften befestigten, desto weniger war an einen deutschen Einheitsstaat zu denken und der Vielspältigkeit Deutschlands hat gerade sein Verfahren Dauer verliehen: den festen Zusammenschluß der Deutschen zu einem „deutschen Staat" hat Friedrich II. endgültig verhindert. Selbst für das Weltimperium wurde es nachteilig, daß die Fürsten, ganz beschäftigt mit dem Ausbau ihrer Territorien, jetzt wenig tätige Anteilnahme für die Geschicke des Reiches zeigten. Aber für Friedrich mochte das Wichtigste gewesen sein, daß die Fürsten Ruhe hielten und im Notfall mit ihrer ganzen Autorität geschlossen für ihn eintraten, was denn auch durch zwei Jahrzehnte und länger der Fall war. Wie unendlich verhängnisvoll jene gesteigerte Selbständigkeit der Fürsten sich in dem Augenblick ausgewirkt hat, als mit dem Römerimperium das Letzte die Teilgewalten Sammelnde, Einende zerbrach, jeder der Herren nur mehr Nutzen und Zwecken des eignen Landes nachging zum Schaden des ganzen Deutschland und ohne Kaiser, ohne Imperium von der Welt abgeschnitten im Provinziellen verstockte: das alles ist bekannt genug. Die vielköpfige fürstliche Macht mußte die Kopflosigkeit damals nur noch verschlimmern und mußte die vielen Risse und Spaltungen, die unter dem Druck des Römerreichs sich noch schlossen, erst recht aufreißen und noch vertiefen.

Indessen ist es schwer vorstellbar, daß ein Staatsmann vom Range Friedrichs II., mochte er auch noch so unbedingt Deutschlands Nutzen dem des Weltreichs unterordnen, nicht auch für das nördliche Königtum ein Gesamtbild vor Augen gehabt hätte, angepaßt den Gegebenheiten des schon weichenden Mittelalters. Mit einer Scheinherrschaft konnte ihm auch wenig gedient sein, und sollte diese verhindert werden, so mußte er, die neuen Zustände berücksichtigend, das ganze Königtum auf eine andere Grundlage hinüberführen. Daß er Bestimmtes im Sinne hatte, zeigen einzelne Maßnahmen, welche der übergeordneten kaiserlichen Zentralgewalt dienen sollten. Es ließe sich denken, daß der Kaiser bei einem raschen und glücklichen Ausgang der Lombardenkämpfe etwa eine gleichförmige Verwaltung aller Territorien angebahnt hätte, die Reichsfürsten bei Wahrung ihrer Souveränität dadurch zu einer Art von Statthaltern umwandelnd, ähnlich den späteren fürstlichen, ja königlichen Generalvikaren Italiens. Eine große Reichs-Gesetzessammlung und Reichs-Gesetzgebung, die man dem Kaiser nahelegte und an die er sicher selbst gedacht, hätte dann wohl die fürstlichen Landesregierungen in bestimmte Bahnen zu lenken vermocht, und die wenig später erfolgte Einsetzung eines Hofjustitiars für Deutschland wies darauf hin, daß des Kaisers oberste Gerichtshoheit mehr als bisher zur Geltung gebracht werden sollte, wenn auch die ausübende Gerichtsbarkeit innerhalb der Länder bei den Fürsten verblieb. Das Wesentliche aber war, daß der Kaiser eine positive Macht besitzen mußte, welche die preisgegebenen Rückversicherungen, die für die Treue der Fürsten bürgten, ausgleichen konnte. Es mußten ihm also anderweitig genügend Machtmittel zur Verfügung stehen, den fürstlichen Gehorsam und damit die Einheit des Reiches nötigenfalls zu erzwingen.

Da ist es nun von höchstem Interesse zu sehen, welche Folgerungen Friedrich II. aus der Umlagerung der deutschen Mächte zog. Unter den vielen Fürsten mußte jetzt der Kaiser, der sich so vieler Rechte entäußert hatte, der erste und mächtigste sein nicht kraft seiner Vorrechte, sondern seiner tatsächlichen Macht: an die Stelle von unpersönlichem Reichsgut und Kronrecht hatte somit die ganz persönliche „Hausmacht" des Monarchen zu treten. Die erste Andeutung dieses Wandels mag man in dem Bestreben der Staufer erkennen, sich im Süden des Reiches einen solchen Halt zu schaffen: mit Sizilien war erstmals einem Kaiser eine derartige persönliche Macht gegeben, die auch dem Zugriff der Fürsten gänzlich entzogen war, und auf Sizilien gestützt konnte der Kaiser daher auf manche deutsche Kronrechte verzichten. Freilich waren die Staufer bei der Erwerbung Siziliens noch nicht von einer Hausmachtspolitik geleitet: Sizilien diente wie die andern Länder des Reiches nur den Zwecken des Gesamtimperiums. Erst Friedrich II., auf der Grenzscheide der Zeitalter stehend, sah sich veranlaßt, im Norden innerhalb Deutschlands selbst sich eine Art Hausmacht zu gründen.. und, verblüffend genug: Friedrich II. schlug genau den Weg ein, den späterhin Habsburg so glücklich verfolgte. In jenem südöstlichen Winkel des Reiches, wo mit Böhmen Ungarn und dem Herzogtum Österreich allein noch große zusammenhängende Territorien vorhanden waren, suchte der Staufer, dessen schwäbisches Eigen auch im zersplitterten Altdeutschland immerhin noch beträchtlich war, eine neue Macht zu schaffen, damals als er im Jahre 1236 den letzten Babenberger, Friedrich II. von Österreich und Steiermark, der sich empört hatte, niederzwang. Dessen Herzogtümer wurden vom Kaiser entgegen dem Brauch nicht nach Jahr und Tag wieder vergabt, sondern Friedrich hielt dieses Gebiet zurück und unterstellte es unmittelbar der dauernden Verwaltung des Reiches. Der Krieg gegen den Österreicher war indessen nur eine Nebenaktion größerer Kämpfe und so gelang es dem Herzog, sich bald wieder fast seines ganzen Landes zu bemächtigen. Doch später kam es zu einer Verständigung und es sollte sogar das Herzogtum Österreich in ein Königtum umgewandelt werden. Dieser Plan wurde zwar nicht ausgeführt. Als aber Herzog Friedrich der Streitbare, der letzte Babenberger kinderlos starb (1246) und sein Land als erledigtes Lehen dem Reiche anheimfiel, griff Friedrich seine alten Pläne sofort wieder auf, behielt das Herzogtum für sich, gab es nicht wieder aus, ließ es durch sizilische Generalkapitäne verwalten und vererbte es als staufisches Lehen seinem Enkel. Die Kämpfe des Kaisers beschränkten sich freilich auf Italien und so blieb die Bedeutung des staufischen Hausmacht-Österreich noch gering. Erstaunlich ist nur die seltsam vorahnende Hellsicht dieses Weltpolitikers und seine unbeirrbare Sicht des Kommenden.

Auf solche Weise suchte der Kaiser jener Gefährdung des deutschen Königtums zu begegnen, die er mit der Kräftigung des Reichsfürstenstandes und der Preisgabe zahlreicher Sicherheiten heraufgeführt hatte. Seine ganze Persönlichkeit war freilich ein besonderer Machtzuwachs und da konnte es denn geschehen, daß in den Glanztagen Friedrichs II., als dieser römischste Kaiser über die tatsächliche Macht wie über die volle Fähigkeit verfügte, um die Fürsten nach seinem Willen zu leiten und ihren Blick immer wieder auf die großen Fragen der römischen Welt hinzulenken, daß in diesen Jahren gerade durch die Stärkung der fürstlichen Macht und durch den Doppelglanz des alten Heerkönigtums wie des neuen Fürstenreiches jene einmalige Fülle des Endes heraufgeführt wurde: ein starker Kaiser, starke Fürsten als letzte Vollendung des alten Reiches der Deutschen, dessen erhoffte Wiederkehr die Träume matter Jahrhunderte immer wieder füllte. Damals war Deutschland als „Imperium" wirklich Gleichnis und Abbild der großen Idee des alle Völker und Stämme der Welt einenden Römerreiches.. war Spieglung des großen christlichen Weltreichs und war beides zugleich selbst und sollte es bleiben, gerade weil in Deutschland durch der Dinge Ungunst oder Gunst die Vielzahl der Fürsten und Stämme sich hielt, die jener ideellen Gemeinschaft der Könige und Völker Europas ja nur entsprach. Im Gegensatz zu den staatsklugen Nachbarn im Westen blieb daher Deutschland immer „das Reich".

Wie nun das ideelle Weltenimperium des Mittelalters nicht auf die Unterjochung der Völker unter die Herrschaft Eines Volks deutete, sondern auf die Gemeinschaft aller Könige und Fürsten, Länder und Völker der Christenheit unter dem einen römischen Kaiser, der keiner Nation angehörte und jeder, der außerhalb aller Nationen in der einzigen Ewigen Stadt thronen sollte.. nicht anders war das Bild des vollkommenen Deutschland zu denken, für das — auf Fürsten und Stämme übertragen — erst recht jenes Wort galt: Römerimperium und dennoch Nationen. Auch für Deutschland mußte daher das Überwältigen der anderen Stämme durch einen Stamm eine Verfälschung des wahren Deutschen bedeuten, eine Verfälschung zugunsten sächsischer fränkischer schwäbischer, ja zuletzt noch preußischer Sonderart, weil in solchem stammesbeherrschten Reich — trotz eines alsdann wohl verwirklichten, aber im letzten unnationalen Einheitsstaates — niemals alle besten Kräfte aller Stämme gleichmäßig aufzublühen vermochten zu jenem Einen: dem weltenfassenden Deutschen. Denn — weniger glücklich vielleicht als Dorier und Ionier — nicht der einzelne Stamm, nicht Sachsen Franken Schwaben waren als Einzelne unmittelbar Träger des Weltsinns, obschon jeder für sich Träger des Staatssinns: sondern ein Weltträchtiges war allein verkörpert in der — des Staatsgefühls freilich baren — überstammhaften Gesamtheit der Deutschen. Jene Verfälschung hat Friedrich II. gewiß niemals versucht, hat niemals mit seinen schwäbischen Rittern und Knechten über Deutschland zu herrschen getrachtet, der kaum mehr schwäbischer Herzog, ja nicht einmal deutscher König mehr war, sondern einzig römischer Caesar und Imperator und Divus Augustus wie keiner vor und nach ihm. Doch als römischer Caesar, der das deutsche Gesamt auf sich und seine Person bezog, war gerade dieser Fremdeste Sinnbild jener einen möglichen Form der Erfüllung, der Deutschland damals entgegenschritt: der Erfüllung im römischen Reich. Das große Reich dieses großen Kaisers war kein deutscher Nationalstaat nach sizilischem oder·französisch-kapetingischem Muster, wie es ja niemals die Weise des wirklichen Staatsmanns sein kann, das einmal gefundene Schema nunmehr auf alle Länder zu übertragen. Dennoch hat Friedrich II. in einem höheren Sinne das deutsche Einreich vollendet und zu Ende geführt. Freilich: nicht als der priesterliche Kaiser und kaiserliche Mittler wie in dem Beamtenstaate des Südens und nicht als der vom Himmel entsandte Halbgott und Gottessohn durfte Friedrich II. den Deutschen erscheinen, schon weil diese östliche Form der Heroisierung den Germanen wesensfremd war, besonders solange der Heros noch Fleisch und Blut. Eher wirkte hier das Bild des zum Himmel auffahrenden Königs, welchen die Fürsten auf ihren Schultern erhöhten. Gerade durch die Unumschränktheit der Fürsten, welche mit dem Nachlassen der Lehens- und Königsbindungen jetzt erstmals schon jene „freie Einung" des Spätmittelalters zusammenschloß, war der staufische Autokrat im wörtlichsten Sinne unter Autokraten, „unter Gleichen der Erste". Und weiter: da er die königlichen Befugnisse und Rechte aus den fürstlichen Territorien zurückzog, stand sein Kaiserthron tatsächlich kaum noch auf Erden, sondern genau so, wie es beim friaulischen Hoftag die deutschen Fürsten verbrieften: „Der kaiserliche Thron, dem wir verbunden sind gleichwie die Glieder dem Haupt, ruht wie dieses auf unsern Schultern und wird gefestigt durch unseren Bau, so daß in erhabener Majestät das Kaisertum aufglänzt und unser Fürstentum jenen Glanz widerspiegelt." Es ist der alte Reichsgedanke, der hier am Ende der Zeit die endgültige Prägung erhielt und im Wortsinn Verwirklichung fand, für eine kurze Zeitspanne nur und vielleicht sogar gegen den Willen des Herrschers. Jedoch, wenn Friedrich II. den Vorgängern ungleich die fürstliche Macht nie geschwächt und bedrückt hat, um durch kleine Fürsten selbst größer zu scheinen, sondern im Gegenteil: die fürstliche Macht steigert und aufhöht, ja noch ein neues Herzogtum gründet, so ist da unter einer erhabeneren Art des staatlichen Blicks auch die vollkommenere Anschauung herrschend: daß nämlich die Macht und der Glanz und die Herrlichkeit des eigenen kaiserlichen Zepters nicht matter wird durch Vergabung von Licht, sondern an Glanz gewinnt und um so heller erstrahlt, je mächtiger herrlicher glänzender der Imperator und Caesar die Fürsten „an seinem Richterstuhl ringsum ebenbürtig erschaut". Nicht mehr Säulen, auf denen der Thron lastet, sind da die

Fürsten, sondern auch sie werden — ähnlich und anders als die Beamten im Süden — gleich Trägern und Pfeilern als strebende Kraft begriffen für die glorreiche Auffahrt „des Fürsten der Fürsten und Königs der Könige", der auf den Schultern von Seinesgleichen erhöht wird und damit selbst wieder Könige und Fürsten erhöht. Es ist wie überall bei Friedrich II. jene höchste Gespanntheit, ohne die für ihn Leben nicht denkbar wäre, jenes unvergleichlich kühne verwegene Spiel, bei dem die geringste Umlagerung der Kräfte den Sturz bringen mußte.. „die Fürsten Germaniens, von denen unsere Erhebung abhängt und unser Sturz" wie Friedrich wissend und offenen Blickes späterhin schrieb. Die Gefahr war nur der Höhe gemäß. Mit Friedrich II., von den Deutschen als Verhängnis und leibhaftes Schicksal gewußt, ersehnt und gescheut, stürzte das Reich. Doch bleibender als ein sicher fristendes Jahrhundert waren die wenigen Stunden, während derer ein deutscher Kaiser auf solchen gefährlichen Höhen schreiten durfte.. und unerläßlich schien dafür der Fürsten gesteigerte Macht. Denn wenn allenthalben in Deutschland das rechte Verhältnis hergestellt war, so durften nicht schwächliche Glieder ein übermächtiges Haupt tragen: in Fürsten und Kaiser, die zusammen jenes überstammhafte Deutsche darstellten, ward ja „der erlauchte Leib des heiligen Reiches" versinnbildlicht, das corpus mysticum des Gesamtdeutschen, das Friedrich II. mit Fug dem eigenen Leib gleichgesetzt hat. Denn erstmals war in diesem Fremden, dem Römer schwäbischen Bluts, jenes erträumte europäisch-deutsche Menschenbild verkörpert, in welchem Europas dreifache Bildungswelt sich schloß: Antike Orient und Kirche... auch die Kirche, die nur bei Friedrich II. als Ganzes und Abgeschlossenes schon überwunden in ihm und hinter ihm lag: „der e r s t e Europäer nach meinem Geschmack", wie Nietzsche „jenen zauberhaften Unfaßbaren und Unausdenklichen, jenen zum Siege und zur Verführung vorherbestimmten Rätselmenschen" genannt hat.. freilich gerade durch die römische Meißelung, das nirgends Offene, ganz in sich Ruhende für die Deutschen am schwersten als Eigen zu fassen.

Die feierliche Sprache im Friaul war der Auftakt für Friedrichs II. persönliches Eingreifen in die deutschen Verhältnisse, und deutsche Angelegenheiten waren es insbesondere, die hier beschäftigten. Doch auch über die andern Länder des Reiches wurde beraten und noch manches Wichtige erledigt. In der Lombardenfrage trat eine günstige Wendung ein dadurch, daß es dem Kaiser gelang, die Brüder Ezzelino und Alberich von Romano, die sich damals in der Trevisaner Mark schon mächtig zu regen begannen, auf seine Seite zu ziehen. Durch einen geschickt herbeigeführten Aufruhr machte sie Friedrich II. zu Herren des wichtigen, bisher aber bündlerischen Verona, so daß nunmehr der Klausenweg den Deutschen offen stand. Ferner wurde das Königreich Burgund, das mit dem Imperium nur in losem Zusammenhang stand, enger an das Reich herangezogen und wenig später sollte erstmals von Reichs wegen die burgundische Heeresmacht aufgeboten werden. Dann erschienen Gesandte des französischen Königs Ludwig IX. des „Heiligen", um mit Friedrich einen Freundschaftsvertrag abzuschließen.. und weiter trafen den Kaiser hier die Gesandten des Assassinenhauptes, des „Alten vom Berge" und solche des damaszenischen Sultans, die dem „Malik al-Amirun", dem König der Emire, ein Planetarium aus Gold und Juwelen brachten. Als dann das Fest der Hedschra sich jährte, beging der Kaiser zu Ehren der mohammedanischen Gesandten im Beisein von deutschen Fürsten und Bischöfen diesen Tag der Flucht des Propheten durch ein glänzendes Festmahl.

Nach monatelangem Fernsein von Deutschland wurden schließlich Mitte Mai die Fürsten reich beschenkt vom Kaiser entlassen und mit ihnen König Heinrich, von dessen Verhalten jetzt die Ruhe im Norden abhing. Friedrich selbst begab sich, von den Orientalen begleitet, zu Schiff nach Apulien zurück, wobei ihm unterwegs noch ein Handstreich gegen die dalmatinischen Seeräuber glückte, deren er viele gefangennahm und in Ketten legte. Was den Kaiser nunmehr beschäftigen sollte, waren mannigfache Verhandlungen mit dem Papst.

Das Bild äußerer Eintracht zwischen Kaiser und Papst vermochte an der Tatsache nichts zu ändern, daß der Frieden eher ein verdeckter Kampf war, geführt mit den Waffen einer unendlich verfeinerten Diplomatie. Die Spannung zwischen Friedrich II. und Gregor IX., im Augenblick noch eben gebändigt, hatte doch einen Grad erreicht, wie niemals zuvor in dem langen Kampf zwischen Kaisern und Päpsten. Denn die Mächte, die in Heinrich VI. und Innocenz III. sich zeitlich abgelöst hatten, standen nunmehr im gleichen Zeitraum gegeneinander, einer Entfeßlung des letzten Kampfes immer gewärtig, doch beide ihn immer noch scheuend und der Nützlichkeit wegen zu abdämpfender Mäßigung noch willig.. Todfeinde, die an wilder Leidenschaft einander nichts nachgaben, sich jedoch brauchten und aus dem gegenwärtigen Frieden nur Nutzen zogen — mehr als der Papst noch der Kaiser, dessen Wunsch nach Eintracht und Frieden mit Gregor zweifellos ehrlicher, ja allzu ehrlich war, obwohl er den Greis in Rom haßte.

So begann gleich nach dem Friedensschluß ein wunderbares diplomatisches Spiel zwischen Großhof und Kurie, das bei wachsender Erbitterung doch einige Jahre währte. In dieser Zeit erschienen die beiden Gewalten vor der Welt wohl als Vater und Sohn.. und während beide, vorsichtig jeden eigenen Schritt wägend, einander beobachteten, um des Gegners geringste Schwäche zu nutzen, waren sie wiederum beiderseits bemüht, einander gefällig zu sein und eilfertig sich Hilfe zu bieten, um sich den Gegner überdies zu Dank zu verpflichten. Schwierigkeiten gab es für beide Teile noch immer genug. Papst Gregor lag in offenem Kampf mit den Römern. Er hatte die Stadt verlassen müssen, weil auch in Rom, wie schon seit langem in den Kommunen Italiens, die Bürgerschaft sich gegen das Stadthaupt, den Bischof, empörte. Hier spielte freilich immer der Gedanke mit an die alte republikanische Freiheit Roms und man begehrte territoriale Erweiterung: immer war den Römern der Besitz der Campagna und des Patrimoniums vor Augen. Waren auch die Römer als Feinde ihres Bischofs die gegebenen Bundesgenossen des Kaisers, so hatte Friedrich doch auf Bitten des Papstes eine Heeresabteilung nach Viterbo gelegt, ihrem gewohnheitmäßig ersten Angriffsziele. Um weitere Hilfe aber mochte Papst Gregor vorerst den Kaiser nicht angehen, obwohl er den Tag kommen sah, an dem er sich auch dazu würde entschließen müssen.

Ebenso aber hatte Friedrich II. seine großen Verlegenheiten. Von der lombardischen Frage zunächst noch ganz abzusehen, mußte er sich für alle Fälle gegen seinen Sohn Heinrich des päpstlichen Einverständnisses vergewissern, um gegen jede Überraschung von seiten der Kurie gesichert zu sein. Und im syrischen Königreich gab es Schwierigkeiten ohne Ende. Nicht etwa, weil die Sarazenen den Vertrag gebrochen hätten, sondern weil dort die Christen gegeneinander wüteten. Von dem Patriarchen Gerold und dem Volk unterstützt, hatten die syrisch-cyprischen Adligen unter Führung des einstigen Verwesers von Cypern, Johanns von Ibelin, dem kaiserlichen Marschall Richard Filangieri nach dessen anfänglichen Erfolgen eine schwere Niederlage beigebracht, die schließlich über Jahresfrist zum Verluste von Cypern führte. Eben erst hatte Papst Gregor dem Staufer den bislang vorenthaltenen Titel eines Königs von Jerusalem zugestanden.. denn auf dem entlegnen, gleichgültig gewordenen östlichen Schauplatz für den Kaiser Partei zu ergreifen, kostete nicht viel und verpflichtete Friedrich zu Gegendiensten. Heftig tadelte also Papst Gregor den hinlänglich bekannten Patriarchen Gerold, ja berief Gerold kurzerhand ab, als endlich auch bei der Kurie Zweifel aufstiegen über das richtige Verhalten des Patriarchen während des Kreuzzuges. „Im Geheimen raunt und öffentlich schreit man, daß unserem geliebtesten Sohne in Christo, Friedrich, dem immer erhabenen Kaiser der Römer, Jerusalems und Siziliens König, das syrische Reich durch Deinen Eingriff erschüttert werde, weil in den Händen der Unruhestifter Deine Hand liegt".. so erklangen in dem neuen Ton des Papstes Briefe an Gerold, den er durch den Patriarchen Albert von Antiochien ersetzen ließ. Ebenso fand sich Gregor gegen König Heinrich zu allem bereit, aus durchsichtigen Gründen: ein Sturz des deutschen Königs konnte bei geschickter päpstlicher Politik vielleicht die ganze Herrschaft der Staufer im Norden der Alpen mitreißen. Von Friedrich II. hingegen war es wieder das gewohnte Spiel des Zusammenspannens der Gegenmächte, wenn gerade er den Papst bat, ja um gleichsam die Spannung noch zu erhöhen: durch König Heinrich selbst bitten ließ, den Sohn zu bannen, wenn er dem Vater nicht mehr gehorchte. Auch hier also konnten Papst und Kaiser, jeder froh der gegenseitigen Gefälligkeit und des Glaubens an die endliche Überlistung des andern, sich vor der Welt in liebevollster Eintracht zeigen.

Daß diesem ungetrübten Einvernehmen jedoch um keinen Tag längere Dauer beschieden sein würde als der gegenwärtigen Römernot Gregors, dessen war sich Friedrich sehr wohl bewußt, und diese vorteilhafte Lage, die dem Kaiser vielleicht auch in der Lombardensache nützlich sein konnte, gar zu schnell zu beheben, daran lag ihm sehr wenig. Indessen wurde durch die Römer selbst die dem Kaiser einträgliche Verlegenheit des Papstes bald so weit gesteigert, daß sich Ende Juli 1232 — also kurz nach Friedrichs Rückkehr von Aquileja — Papst Gregor entschloß, nunmehr den Kaiser um Hilfe gegen die Römer zu bitten, wissend, daß ihm die kaiserliche Bundesgenossenschaft irgendwelche Zugeständnisse auf anderem Gebiet kosten würde. Doch als den Kaiser das päpstliche Schreiben erreichte, welches ihn aufforderte, „mit der triumphierenden Rechten seiner Erlauchtigkeit den Stolz der frechen Römer niederzuschmettern, die Scharen der Dämonen zu zerstreuen und der Gottlosen Hörner zu brechen", da mußte sich Friedrich II. bedauernd dem Papste versagen, weil er in diesem Falle wirklich: das Glück hatte, daß gerade jetzt jene Empörung in Messina ausbrach, die ihn schließlich selbst nach Sizilien rief und des Königreichs Streitkräfte band. So konnte der Kaiser nur über die ihm im Grunde befreundeten Römer die Reichsacht verhängen .. aber er bot doch sofort die Deutschen auf und neben ihnen die Lehensritter der Provence und des ganzen Königreichs Burgund, daß sie dem bedrängten Papste zu Hilfe kämen. Damit gewann jedoch der kaiserliche Diplomat sofort mehrere Punkte: noch nie hatte ein Kaiser das burgundische Lehensheer nach Italien gerufen, und diesen wichtigen Präzedenzfall schuf der Kaiser jetzt wiederum nicht in seinem, sondern in des Papstes Interesse. Ferner gab dieses Aufgebot Gelegenheit, einen kaiserlichen Bevollmächtigten nach dem burgundischen Königreich zu entsenden, welches — nach den Worten des Kaisers — seit längsten Zeiten dem Reich keinen Dienst mehr erwiesen habe, woraus er indessen den Burgundern keinen Vorwurf machen wolle, da sie niemals darum ersucht seien. Drittens war zu erwarten, daß die Hilfe für den Papst nicht gar zu schnell anlangte, während Friedrich doch seine Hilfsbereitschaft gezeigt hatte.. ferner verfeindete er sich die Römer vorerst noch nicht, die er stets brauchen konnte und unter deren Adel er sich einen starken Anhang geschaffen hatte. Und schließlich konnte er selbst die Ordnung in Messina und andern Inselstädten in aller Ruhe wiederherstellen.

Obwohl der Papst gehofft hatte, Friedrich — als König Siziliens ein Lehensmann des Heiligen Stuhles — werde persönlich vor Rom erscheinen, so gab er sich doch mit der angekündigten Hilfe zufrieden, ja es entspann sich zwischen ihm und dem Kaiser ein merkwürdiger Briefwechsel, der herauswachsend aus den gegenwärtigen Ereignissen und der wechselseitigen Hilfe ganz grundsätzlich und in der vollkommensten Sagform das ideale Verhältnis von Priestertum und Königtum festlegte. Und es war ja das Großartige jener Zeit, daß man in jedem Augenblick des gegenwärtigen Geschehens stets die ewige Ordnung der Welten mit einbegriff. In einem Schreiben dankte Papst Gregor, daß „des Kaisers Geist durch einen Strahl göttlicher Klarheit erleuchtet und richtig geleitet sei durch die Eingebung Gottes, der den Sohn der Mutter (der Kirche) und die Mutter dem Sohne geeint habe, um der Kirche und des Reiches Rechte wiederherzustellen". Friedrich, der angesichts der Mächtedreiheit: Kaiser Papst Lombarden nichts sehnlicher wünschte, als ein Zusammengehen mit Gregor, um dessen verhängnisvolle Gemeinschaft mit den Städtern zu lösen, bekam da von dem schlauen Gregor genau die Worte zu hören, auf die er schon lange gewartet hatte und die er immer hören wollte, und so beeilte er sich, dem Papst in ähnlicher Weise durch einen langen Brief zu antworten, den der Schreiber, Petrus de Vinea, zusammen mit dem Großhofjustitiar Heinrich von Morra, beide auch Unterhändler in der Lombardensache, dem Papst überbrachte. In dem an Wortspielen reichen und meisterhaft stilisierten Schreiben war eine ganze Weltlehre aufgestellt: Gott als der vorausschauende Arzt habe die doppelte Bedrängnis der Kirche durch Ketzer und Rebellen rechtzeitig erkannt und diesen beiden Übeln nicht zwei, sondern eine doppelte Arznei entgegengesetzt: „die Salbe des priesterlichen Amtes, durch die das innerliche Gebrest falscher Diener geistlich geheilt werde, und des kaiserlichen Schwertes Gewalt, das die geschwollenen Wunden mit seiner Schärfe reinige und mit der geschliffenen Klinge weltlichen Kaisertums den niedergeworfenen öffentlichen Feinden alles Verseuchte und Dürre wegschneide". Und weiter schrieb er: „Dies, Heiligster Vater, ist in Wahrheit die eine aber doppelte Heilung unseres Siechtums, und obwohl beide, Priestertum nämlich und Heiliges Kaisertum, dem benennenden Worte nach getrennt erscheinen: dem wirkenden Sinne nach sind sie dasselbe, sind — gleichen Ursprungs, nämlich eingeweiht durch die göttliche Macht — auch von der gleichen Gnadenhuld zu behüten und, was uns graust auszusprechen, durch den Sturz des gleichen gemeinsamen Glaubens hinwegzuheben."

Man mag es beachten, wie der Kaiser auch hier gegen den Papst, ähnlich wie gegen die Fürsten, von dem Sturze des Reichs spricht. Denn auf welchem Feuerberg er thronte, hat Friedrich II. wohl immer gewußt und seine sizilische Staatsgründung darf man auch mit dem Wissen um die Unsicherheit des Bestehenden zusammenbringen. Die Wesenlosigkeit der einen Macht ohne die andere aber ist selten so klar und eindeutig ausgesprochen worden wie von Friedrich II. Es ist völlig das dantesche Staats- und Weltbild der beiden Sonnen Roms, welches auf der hier von Friedrich betonten und von kirchlicher Seite nie anerkannten Gottunmittelbarkeit des Kaisers beruhte, und es wird sich noch zeigen, daß auch das Bild des idealen Papstes, das Friedrich II. späterhin aufgestellt hat, völlig dem danteschen Papstbild entspricht. Für Friedrich indessen hatte diese Lehre neben dem allgemeinen ewig-weltgesetzlichen Sinn noch einen ganz gegenwärtigen Zweck, da er fortfuhr: „Also, seligster Vater, laßt uns, die wir eines heißen und gewiß das Gleiche empfinden, für das Heil des gemeinsamen Dienstes einmütig sorgen: erheben wir die bedrückte kirchliche Freiheit und, indem wir der Kirche wie des Reiches Rechte erneuern, laßt uns die anvertrauten Schwerter schärfen gegen die Umstürzer des Glaubens und die Rebellen des Kaisertums".. eine Wendung ganz ins Gegenwärtige, die bedeutete: der Papst möge — „es dränge schon die Zeit, die keine Klügeleien verlange!" — die lombardischen Rebellen so zum Gehorsam zwingen, wie er selbst die Ketzer verfolge.

Friedrich II. hatte ja die Vermittlung in der Lombardensache dem Papst übergeben. Da des Kaisers Gesamtlage nach dem Hoftag im Friaul, nach dem Bündnis mit Ezzelino und mit Verona, schließlich nach einigen Erfolgen der Kaiserpartei in Oberitalien außerordentlich günstig schien, so hatten die Lombarden sich bei ihren Vorschlägen zu manchen Einräumungen bequemt. Nur in zwei Punkten war eine Übereinkunft nicht zu erzielen: der Kaiser verlangte Genugtuung für die unberechtigte Sperrung der Veroneser Klausen und lehnte insbesondere ab, den Lombardenbund als solchen anzuerkennen. Denn der Bund war ihm ein Rebellenstaat im Staate, der das Reich in zwei Teile zersprengte: Sizilien und Deutschland. Die Lombardenfrage war ja eben deshalb der Quell aller Zwiste zwischen Kurie und Kaiser: Friedrich brauchte die unbedingt gehorsame Lombardei, um sein geschlossenes Weltreich herzustellen, während der Papst, um solche erdrückende Macht zu verhindern, einen Gegenblock wie den Lombardenbund immer begünstigen mußte, auch gegen Recht und Sitte. Da aber Papst Gregor im Augenblick des Kaisers Hilfe benötigte, ging er vorsichtig allen Mißstimmungen aus dem Wege und zog die Entscheidung der ganzen Lombardenfrage hinaus, was auch dem Kaiser willkommen sein konnte: ihm blieb auf diese Weise noch jede Möglichkeit offen. So war man selbst in der Lombarden- und der Rebellenfrage halbwegs einig und ebenso hinsichtlich der Ketzer, obwohl man in der Handhabung der Inquisition voneinander abwich. Denn während Friedrich aus Anlaß des sizilischen Aufruhrs in seinem Königreich die stark politisch gefärbte Inquisition durch kaiserliche Beamte und einige ergebene Prälaten betreiben ließ unter Ausschluß päpstlicher Organe, waren wiederum in der Lombardei ausschließlich päpstliche Inquisitoren, Dominikaner vor allem, tätig. So wenig dem Papst die kaiserliche Art der Ketzerverfolgung gefiel, ebenso unangenehm war für Friedrich die lombardische Inquisition ohne Beisein kaiserlicher Beamter, da er nicht grundlos Beunruhigungen in den stets kaisertreuen Städten befürchten mochte. Denn die Ketzeredikte waren nicht nur für den Kaiser, sondern ebenso für den Papst eine willkommene politische Waffe, und infolgedessen schwebte alsbald über dem eben kaiserlich gewordenen Verona und über dessen Machthaber Ezzelino das Interdikt. Ketzer war eben ein jeder, der sich dem päpstlichen oder dem kaiserlichen Willen nicht fügte: denn das war ja auch offensichtliche Auflehnung gegen Gott.

Während Kaiser und Papst, jeder auf seine Art, also die Ketzer verfolgten, trat plötzlich ein Ereignis ein, das wie ein Naturgeschehen hinzunehmen ist: das ganze obere Italien verfiel wie mit einem Schlage der Raserei und dem Taumel einer allgemeinen Bußbewegung. Die Ketzerverfolgungen, im Norden von Dominikanern geleitet, mögen mit der Bewegung in Zusammenhang stehen. Dominikaner waren die wichtigsten Führer der Bußfertigen und die Rivalität mit dem Orden des Heiligen Franziskus spielte wohl auch eine Rolle: Franz von Assisi war längst kanonisiert und im Juli 1232 wurde noch der Franziskaner Antonius von Padua heilig gesprochen, während Dominikus schon seit zwölf Jahren im Grabe ruhte, ohne daß man seine Heiligkeit erkannt oder durch die Kanonisierung gewürdigt hätte. Ein den Predigermönchen nahestehender Bischof habe sogar die Brüder aufgefordert: „Jetzt da die Minderbrüder einen Heiligen haben, schafft euch auch einen und wenn ihr ihn euch aus Pfählen zimmern müßtet." Man dachte eben in Italien auch über Heilige sehr real. Die Bußbewegung aber hatte den Erfolg, daß alsbald der andere Ordensgründer, Dominikus, gleichfalls kanonisiert wurde (1234).

Dieser begreifliche Ehrgeiz der Dominikaner, ihren Stifter als Heiligen zu wissen, mag nun einzelnen Führern der Bewegung ein bestimmtes Ziel gegeben haben. Was aber die Bußbewegung trug, waren denn doch andere Impulse. Prophetenworte hatten seit drei Jahrzehnten mit ihren Schauern Italien geschreckt und geschüttelt, und mehr als anderswo war hier das Volk in fortgesetzter Erregung gehalten durch das Erwarten der letzten Dinge. Mit fürchterlichen Endschaftsvisionen hatte die Zeitenwende Abt Joachim von Fiore eingeführt, dessen Sprüche das ganze dreizehnte Jahrhundert bis zu Dante entscheidend bestimmten. Am stärksten wirkte da seine merkwürdige Lehre von den drei Weltaltern: das erste Alter beginne mit der Schöpfung und der Erschaffung Adams, das zweite mit der Geburt Christi, das dritte sollte jetzt anheben. Derartige Einteilungen der Weltzeit waren nicht neu.. Abt Joachim aber bezog die drei Zeitalter auf den dreieinigen Gott und nannte demgemäß das erste Alter das des Vaters, das zweite das des Sohnes, dem jetzt als das dritte das des Geistes folgen sollte. Da nun die drei Glieder der Trinität unter sich wesensgleich waren, so mußten auch die drei Weltalter in ihrem Verlauf einander völlig entsprechen.. es mußte also der Weltzustand jetzt bei Anbruch des letzten Alters gleich sein dem Beginn der ersten und der zweiten Weltzeit, der Schöpfung also und der Erlösung. Das war jene Zeitanschauung, die auch Friedrich II. benutzt hatte, um Adam und Christus zur Seite gestellt selbst als der Bringer der dritten und letzten Weltzeit zu erscheinen.

Von dieser Anschauung ausgehend hatte man indessen begonnen, die Bibel neu auszudeuten. Denn sofern sich die drei Zeitalter genau wiederholten, mußten die Propheten des Alten Bundes, welche alle Schrecken des Untergangs zugleich mit des Heilands Kommen vermeldeten, wieder unmittelbar gültig werden für die den Messias erwartende Gegenwart. Plötzlich durchbrausten daher Untergang und Heil verkündend eines Jesajas Jeremias und Daniel Sprüche die Städte Italiens.. es fuhren die grauenerregenden Visionen der Offenbarung Johannes' und sonstiger, apokrypher Apokalypsen in jene aufgeschreckte Welt hinein, welche alle diese Worte unmittelbar auf sich und das nächste Geschehen bezog. Den Weg hatte auch hier wieder durch seine Ausdeutung der Apokalypse und den ihm zugeschriebenen Jeremiaskommentar Abt Joachim gewiesen, der zumal in Bettelmönchskreisen binnen kurzem zahllose Fortsetzer und Nachahmer fand. Es kam so weit, daß man in jedem Erdengeschehen die „Erfüllung" eines Bibelwortes erkannte und die Bettelmönchs-chroniken sind plötzlich voll mit Ausdeutungen dieser Art: das und das Wort der Schrift sei erfüllt in dem und jenem Ereignis, dem Gesetze Genüge getan. Wenn also Friedrich II. das Gesetz zu erfüllen gekommen war und das Weltheil in der Gesetzeserfüllung begriff, so entsprach er damit völlig der auf das Nämliche hindrängenden Zeit.

Wo Abt Joachim mit seinen Sprüchen nicht genügte, da erfand man weitere joachitische Verheißungen und Auslegungen. Falsche und echte Sibyllen, Zauberworte des Merlin, Vatizinien des Michael Scotus, orientalische Orakel, spanische Weissagungen kamen hinzu, die Zeit zu verwirren und zu erregen, die zwar von der Vorstellung des nahen Jüngsten Gerichts, des Weltendes und des baldigen Erscheinens des Antichrist verängstet war, dennoch aber die Hoffnung auf das Kommen des Messias, des Weltfriedens und des goldnen apollinischen Zeitalters nicht aufgab. Denn ob auch der Antichrist die Kirche furchtbar bekämpfen sollte: er werde ihr unterliegen durch das tatkräftige Eingreifen der in apostolischer Einfachheit lebenden Orden. Dies war die Verheißung.. und bald nach Abt Joachim erschien tatsächlich Franz von Assisi, diesen Spruch zu erfüllen.. Dominikus nahm mit ähnlichen Waffen den Kampf auf gegen die Ketzer.. in Padua ward Antonius als Heiliger verehrt.. friedensbedürftig und der immerwährenden Fehden überdrüssig war das italische Volk schon längst, kurz: die seelischen wie alle andern Kräfte waren in dieser aufgewühlten und von den Wehen der Wiedergeburt gepeinigten Krisenzeit wie nur einmal zuvor gespannt und gereizt und willig, sich jeglichem Besserung und Linderung verheißenden Wunder zu geben. Der neuen Erschütterung durch überall gleichzeitig auftauchende und zur Buße mahnende Prediger, deren schreckende und Frieden verheißende Worte die Menge zum Rasen und Wahnsinn stachelten, erlag das Volk in kürzester Zeit. „Berauscht waren alle von himmlischer Liebe.. denn sie hatten von dem Weine des göttlichen Geistes getrunken, nach dessen Genuß alles Fleisch zu schwärmen beginnt."

Das „Große Halleluja!", wie man die Friedens- und Bußandacht des Jahres 1233 nannte, weil mit diesem Ruf zum Lob der Dreieinigkeit die

Bußprediger das Land durchzogen, war in dem äußeren Verlauf fast überall gleich. In Parma etwa erschien in einem phantastischen Aufputz ein Prediger, der keinem Orden angehörte: schwarzbärtig, mit einer hohen armenischen Mütze auf dem Kopf, in ein schwarzes sackartiges Gewand gehüllt, auf Brust und Rücken ein riesiges rotes Kreuz. Der Frate bediente sich einer kleinen Kupfertrompete, der er bald schaurige, bald süße Töne entlockte. Wie dem Rattenfänger von Hameln folgten ihm mit Baumzweigen und brennenden Kerzen besonders die Kinder durch Gassen und Märkte, laut in das Halleluja des Frate einstimmend, bei dessen Ankunft plötzlich alle Feindschaften vergessen waren und die Kämpfe ruhten: „eine Zeit der Freude und des Jubels brach an, Ritter und Volk, Bürger und Bauern stimmten ein in Hymnen und Lieder zum Preise Gottes, weinend fiel man sich in die Arme, kein Zorn war mehr, keine Wirrnis, kein Streit: es herrschten nur Frieden und Güte".

Außer in Sizilien, wo kaiserliche Beamte einen derartigen Bußbruder sofort über die Grenze beförderten, und in Florenz, wo man nur Witze und Späße für das Treiben übrig hatte und das Wunderwirken der Prediger mit Eulenspiegeleien erwiderte, war fast das ganze Italien im Banne des Halleluja. In Mailand trat der Dominikaner Petrus von Verona auf, der später ermordet als Heiliger den Beinamen „Martyr" führte.. in Piacenza der Franziskanerbruder Leo.. von Bologna aus zog der Dominikaner Johann von Vicenza nach Norden und in Parma griff alsbald der Bruder Gerhard, ein Minorit, das Apostelamt auf, auch er vielfache Wunder verrichtend. Welcher Art diese Wunder waren, erzählt anschaulich sein Ordensbruder Salimbene von Parma: hie und da wären alle die großen Prediger zusammengekommen und hätten Verabredungen getroffen über ihre Predigten, über Tag Stunde Ort und Thema. Dann wären sie wieder auseinander gegangen und hätten gepredigt. „So stand einmal Bruder Gerhard, wie ich mit eigenen Augen sah, auf der Piazza von Parma auf einem hölzernen Tritt, den er sich für seine Ansprachen hatte bauen lassen und während das Volk lauschte, hörte er zu predigen auf und zog sich die Kapuze über den Kopf, als ob er sich in Gott versenke. Dann aber entfernte er nach langer Zeit zur Verwunderung des Volkes die Kapuze wieder und fuhr in seiner Rede fort, als ob er sagen wollte: Ich war im Geiste am Tage des Herrn." Und nun berichtete er der überraschten Menge, er habe den Bruder Johann in Bologna über dieses und den Bruder Leo über jenes Thema predigen hören, und als die Parmenser durch Boten sich von der Wahrheit seiner Visionen überzeugt hatten, traten viele in den Bettelorden ein. Was die Prediger, gleichgültig mit welchen Mitteln bewirkten, war tatsächlich ein ganz plötzliches

Aufhören jeglicher Zwiste. In einzelnen Städten kam es so weit, daß Bettelmönche, wie 250 Jahre später der Dominikaner Savonarola, die Regierung einer Stadt an sich rissen und die Stadtstaaten nach bettelmönchischen Maximen verwalteten, so in Parma jener Minorit Fra Gerardo, übrigens ein Bewunderer und Anhänger Friedrichs II., und so vor allem der kaiserfeindliche Bruder Johann von Vicenza, der, in Bologna als Heiliger verehrt, diese Stadt ganz in seinen Bann zwang, darauf sein Friedenswerk in der Trevisaner Mark fortsetzte und schließlich, als er auf dem Markt von Verona den Fahnenwagen der Stadt bestieg und vor dem aus Padua Treviso Vicenza Ferrara Mantua zusammengeströmten Volk — Tausende waren versammelt — predigte, zum Herzog und Rektor Veronas ausgerufen wurde. Keiner durfte es wagen, sich dem Willen der aufgeregten Menge und ihres Führers zu widersetzen. Die Obrigkeiten waren machtlos. Im Augenblick war die veronesische Herrschaft Ezzelinos vernichtet: er, der „leibhaftige Satan", mußte dem Frate Gehorsam schwören und tat es mit Tränen im Auge — vor Ergriffenheit, wie die Menge meinte.

Die Bußandacht von 1233 war nur ein Vorspiel der viel wilderen grausigeren Geißlerfahrten des Jahres 1260, die dem Legendenkreis um Friedrich II. nahestanden. Für den noch lebenden Kaiser aber hatte das große Halleluja politisch die unangenehmsten Folgen, und der einzige, der aus der ganzen Bewegung Gewinn zog, war Papst Gregor. Der Kaiser hatte mit Verona den Alpenweg nach Deutschland wieder verloren, der Papst aber die Gelegenheit wahrgenommen, mit den Römern Frieden zu schließen. Ohne des Kaisers Hilfe triumphierte er jetzt in Rom und dachte gar nicht daran, Friedrich nunmehr in der Lombardenfrage entgegenzukommen, in einem Augenblick da sich gerade in der Lombardei für den Kaiser die größten Schwierigkeiten ergaben. Die Lombarden selbst hielten sich nicht mehr an ihre Zugeständnisse, und wenn der Papst auch ihren übertriebenen Forderungen nicht Raum gab, so fand er doch einen Ausweg: der für den Kaiser im ganzen nicht günstige Vertrag, den Gregors Vorgänger Honorius III. vermittelt hatte, wurde im wesentlichen erneuert und statt eine Entscheidung herbeizuführen, blieb alles nach wie vor in der Schwebe. Das Verfahren des Papstes hat nicht nur bei Friedrich II., sondern auch bei einigen Kardinälen Unwillen und Verbitterung geschaffen, was die Kardinäle ganz offen bekundeten, indem sie dem Papst nicht nach Rom folgten, vielmehr in Anagni blieben, und als der Papst selbst nach Anagni kam, sofort diesen Ort verließen und mit Rieti vertauschten. Überraschenderweise aber nahm der Kaiser, freilich ohne den Bund der Lombardenstädte anzuerkennen, des Papstes Vorschläge an, teils aus Gründen der Nützlichkeit, teils weil er noch ganz andere Dinge plante. Eine Genugtuung für das Verhindern des Hoftages aber hatte Friedrich II. nicht erhalten.

Das Halleluja fand ein jähes Ende. Auf einem letzten größten Friedensfest zu Paquera sammelten sich angeblich vierhunderttausend Norditaliener um Bruder Johann von Vicenza. Feierlich wurde ein ewiger Frieden beschworen. Vier Tage darauf brach in der Trevisaner Mark und in der Lombardei der Krieg der Städte los. Alles geriet aneinander und Bruder Johann, der „Herzog" Veronas, saß schließlich im Kerker eines seiner zahllosen Feinde. Das Gleichgewicht zwischen Kaiser und Papst stellte sich allmählich wieder her, da auch die Römer sich von dem Friedensrausch ernüchtert fühlten: Lucas Savelli, 1234 zum Senator von Rom gewählt, erklärte das päpstliche Tuszien und die Campagna für Eigentum des römischen Volks und verlangte in den Städten dieser Gebiete die Huldigung. Der Papst floh nach Rieti, bannte die Römer, die den Lateranpalast und die Häuser der Kardinäle plünderten, und rief die ganze christliche Welt zu seinem Schutz auf.

Das war der Augenblick des Eingreifens für Friedrich II.: vor der ganzen Welt konnte er jetzt als Vogt von Rom und Schützer des Papstes erscheinen, das weltliche Schwert gezückt zum Schutze der Kirche — genau wie es dem Weltideal entsprach und wie er es selbst in seinem Briefe noch kürzlich aufgestellt. Er bot Papst Gregor sofort tatkräftige Hilfe an, begab sich zu ihm nach Rieti, brachte seinen sechsjährigen Sohn Konrad mit, um ihn dem Papste als Geisel für die Lauterkeit seiner Hilfe zu überlassen, und rückte selbst mit Truppen in Viterbo ein, um von dort aus die römische Festung Rispampani zu belagern. Die Haltung war hier das Wichtige. Denn der Papst nahm die Geiselstellung selbstverständlich nicht an und der Kaiser, dem ein Kampf mit den Römern im Grunde höchst unerwünscht war, zog es vor, in der Campagna seine Falken steigen zu lassen und auf päpstlichem Gebiete zu jagen. Ja, als die Belagerung nicht sehr rasch zu Ende ging, kehrte er nach Sizilien zurück, während seine Truppen nach einiger Zeit die Römer zum Frieden zwangen. Der Kaiser aber hatte erreicht, was er bezweckte und das war nicht wenig: denn wie die letzten Nachrichten aus Deutschland ihm gezeigt hatten, war es jetzt an der Zeit, dem Papst für die bevorstehenden Ereignisse seine Rolle zuzuweisen. —

Wenn das sizilische Gesetzbuch den Kaiser als das Verhängnis selbst darstellte, so war des Kaisers eigener Sohn der Erste, der unentrinnbar dem Verhängnis erlag. Seit König Heinrich das erstemal durch sein Fernbleiben von Ravenna sich dem Kaiser widersetzt, ihm auszuweichen versucht hatte, vollzog sich sein Geschick in einem unaufhaltsam geradlinigen Ablauf bis zum Untergang. In Cividale vor die Entscheidung gestellt, blieb ihm nichts, als sich bedingungslos der väterlichen Macht zu beugen, Gehorsam zu schwören und den Fürsten Achtung zu zeigen. Nach Deutschland zurückgekehrt, begann er alsbald unter dem Druck der Abhängigkeit die Fesseln zu spüren, die er auf sich genommen. Und als er sich ihnen, anfangs noch vorsichtig, zu entwinden suchte, zwangen ihn nach kurzem die Dinge selbst, dem Kaiser, dem Papst, den Fürsten offen zu trotzen. Rätsel gibt es da kaum zu lösen. Mit der Erschütterung des kaiserlichen Vertrauens hatte er seine Handlungsfreiheit eingebüßt. Seine Maßnahmen, von einer Schar fürstlicher Späher überwacht, vom Kaiser mit Argwohn beobachtet und häufig durchkreuzt, schienen in ihrer Planlosigkeit oftmals verdächtig ohne es vielleicht zu sein. Heinrich selbst wurde unsicher, unbestimmt, gab Befehle, widerrief sie gleich darauf, so daß, was immer er tat, ob an sich Richtiges oder Falsches, sofort zum eigenen Verderben und Unglück sich wandte.

Die einzelnen Phasen dieses Wegs sind hier nicht zu verfolgen. Nur ein Ereignis diene als Zeichen für das unglückselige Geschick, unter dem jetzt der junge König überall wirkte. Zur gleichen Zeit etwa, da in den Städten Oberitaliens das „Halleluja" der Bußprediger ertönte, tat sich in Deutschland der Inquisitor Konrad von Marburg, ein finsterer enger Fanatiker, im päpstlichen Auftrag als Ketzerverfolger hervor. Die Ausrottung der Ketzerei — in Deutschland anscheinend insbesondere die Sekte der Satan als Schöpfer der Welt preisenden Luziferianer — war durch die bekannten Edikte vom Kaiser befohlen, und König Heinrich wie die deutschen Fürsten standen zunächst ganz auf seiten der Inquisition. Doch als sich Konrad von Marburg wie ein vom Irrsinn Geschlagener aufführte, ganz unberechenbar Bürger für Ketzer erklärte und dem Flammentod preisgab, unterstützt durch ein Verfahren, das jegliche Anschuldigung und Denunziation als Beweis gelten ließ, so daß die rheinischen Städte ohne sich wehren zu können wie gelähmt diesem Wüten zusahen.. und als Konrad schließlich sinnlos mehrere der deutschen Großen wie die Grafen von Arnsberg und Solms und besonders Graf Heinrich von Sayn der Ketzerei anklagte und dabei in die Befugnisse der Bischöfe übergriff: da gebot König Heinrich im Einverständnis mit den Fürsten dem immer wüsteren Treiben des Inquisitors halt und schickte eine Beschwerde an Papst Gregor nach Rom. Das Schriftstück langte beim Papste an zugleich mit der Meldung, daß inzwischen Konrad von Marburg von seinen erbitterten Feinden ermordet sei. Wütend zerriß der Papst den Brief König Heinrichs, der unterdes auf einem Hoftag in

Frankfurt sich zum Gegner weiterer Ketzergerichte der Art Konrads von Marburg erklärte und selbst den Bischof von Hildesheim anklagte, daß er noch gegen Ketzer das Kreuz predige. So einwandfrei richtig hier des Königs Verhalten war: daß er gerade in diesem Augenblick den päpstlichen Zorn auf sich lenkte, kam dem Kaiser im höchsten Maße ungelegen. Denn eben jetzt hatte der Papst durch die Folgen der Bußandacht über den Kaiser ein Übergewicht erlangt und war in Rom eingezogen, während Friedrich in Oberitalien seine ganze Stellung durch das Treiben der Prediger erschüttert sah, so daß ihm das Einvernehmen mit Gregor ungewöhnlich wichtig war. So mußte er das Vorgehen des Sohnes aufs schärfste mißbilligen. Auch hatte König Heinrich zur gleichen Zeit sich in fast hochverräterischen Umtrieben betätigt, hatte die Feinde des Kaisers zu seinen Freunden gemacht und dessen besondere Freunde wie die Brüder Gottfried und Konrad von Hohenlohe und den Markgrafen von Baden unberechtigterweise zu schädigen gewußt, bis schließlich in Deutschland fast anarchische Zustände um sich zu greifen begannen. Ein von den Fürsten erzwungener Landfrieden, den Heinrich erließ, vermochte da nichts zu ändern. Und gerade als Friedrich gegen die Römer im Felde lag, hatte sich der Sohn, nach einer Zurechtweisung von seiten des Vaters, in Boppard mit einer Anzahl Getreuer, die aus allen Ständen zusammengewürfelt nur die verschiedenartigste Opposition verband, offen gegen Kaiser Friedrich empört. Neben Städtern und Ministerialen traten auch einige Bischöfe wie die von Augsburg, Würzburg, Worms, der Abt von Fulda und einige weltliche Herren auf seine Seite. Welchen Erfolg sich König Heinrich von diesem Schritte versprach, ist kaum zu erkennen. Denn alle wirklichen Mächte: Papst wie Fürsten, hatte der Kaiser jetzt hinter sich. „Knabenhaften Trotz" nannte Friedrich später des Sohnes Verhalten, „einen Wahnwitz, der sich gegen uns des Nordens Thron anmaßte".. aber es war schon das Tun eines Verzweifelnden, wenn sich Heinrich zu einem weiteren und letzten Schritt verleiten ließ, wenn er im Spätherbst 1234, um des Kaisers Rückkehr nach Deutschland über die Alpen zu hindern oder aufzuhalten, mit den Todfeinden seines Vaters, seiner Ahnen, ja des ganzen staufischen Hauses sich verbündete: mit Mailand und den übrigen Städten des lombardischen Bundes. Ein Einlenken war nunmehr unmöglich.

König Heinrich aber vermochte den Gang der Geschehnisse nicht mehr zu hemmen. „Des Reiches Kraft geht über den einzelnen Menschen" schrieb Friedrich II. einmal.. und in Voraussicht des Kommenden hatte er längst die Fäden des Netzes geknüpft, das er nun langsam ohne Eile, ohne Hast Masche um Masche über dem Sohn zusammenzuziehen begann. Des Königs Bündnis mit den Lombarden war wirkungslos gemacht, noch ehe es zum Abschluß kam. Bei den ersten beunruhigenden Nachrichten aus Deutschland hatte Friedrich II., als er den Papst in Rieti besuchte und ihm den andern Sohn als Geisel bot, bei Gregor bereits die Exkommunikation des Erstgebornen selber beantragt. Gern und vielleicht allzu bereitwillig war Gregor IX. auf diesen Wunsch des Kaisers eingegangen und den jungen König traf alsbald der päpstliche Bann.. aber damit war für Gregor das Spiel verloren: er konnte nicht mehr vor und nicht zurück, auch er saß fest in des Kaisers Maschen, die er — der Papst — noch zu knüpfen meinte. Denn als unmittelbar darauf die Verbindung seiner lombardischen Freunde, Mailands und seines Anhangs, mit König Heinrich zustande kam, da konnte der Papst die einzigartige Gelegenheit, durch Beitritt zu diesem merkwürdigen lombardisch-deutschen Bunde den Kaiser zu stürzen oder zumindest in die größte Gefahr zu bringen, nicht ausnutzen: durch die Bannung des Königs hatte er sich festgelegt, hatte sich gegen diesen erklärt. Und nicht nur das: statt den Lombarden helfen zu können, hätte er sie, die Verbündeten des von ihm gebannten Königs, von Rechts wegen gleichfalls verdammen müssen. Wenn auch dies nicht geschah und vom Kaiser nicht verlangt wurde: die Verlegenheit des Papstes, der seine hochverräterischen lombardischen Freunde nun unmöglich mehr verteidigen konnte, nutzte Friedrich sofort aus. Einen besseren Sachwalter für seine Interessen als den erstaunten Papst konnte er gar nicht finden und so übertrug er zu treuen Händen des Hohepriesters diesem selbst die Aufgabe, für die Kurie wie für den Kaiser Genugtuung und Bestrafung des neuen, nicht wegzuleugnenden Hochverrates der Liga einzuleiten. Des Kaisers Hilfe gegen die Römer war teuer bezahlt. Friedrich aber konnte unbesorgt nach Deutschland aufbrechen. Längst hatte er den deutschen Großen geschrieben: „an unserem glücklichen Kommen ist kein Zweifel."

Es genügte die Nachricht von des Kaisers Ankunft in Regensburg und schon brach der gar nicht unbeträchtliche Aufruhr in Deutschland zusammen: durch Hermann von Salza ließ sich selbst König Heinrich zu bedingungsloser Unterwerfung rasch bestimmen. Lähmend wirkte die Furcht vor dem ganz allein aus dem Süden herannahenden Richter. Denn ohne Heer, ohne Gefolge sizilischer Großer, deren Geleit er bis zur Grenze des sizilischen Königreichs gestattete, war Friedrich II. im Frühjahr 1235 aufgebrochen und zog, von Rimini bis Aquileja seine Galeeren benutzend, durch das Friaul und die steirische Mark nordwärts.

Nur den siebenjährigen Sohn Konrad hatte er mitgenommen und die persönliche Kammer, deren Schätze er durch den Ertrag einer neuen Steuer aufgefüllt hatte, genau wissend, womit er in Deutschland wirken konnte. Und wie ehedem, als der Puer Apuliae fast ganz allein in Konstanz anlangte und sich bald von Tausenden umringt sah, wuchs auch jetzt des Kaisers Gefolgschaft und die Zahl der ihm zuströmenden Anhänger mit jedem Tage. Wie bereits öfters: in Deutschland, in Syrien, in Sizilien, vertraute Friedrich II. auch diesmal nur dem Eindruck der eigenen Person, dem Glanz und dem Zauber seines Namens. Allerdings wußte er alle Mittel, welche in diesem und welche in jenem Lande die Menschen in seinen Bann zu bringen und zu bezaubern vermochten. Durch gelehrtes Gespräch über Mathematik und Astronomie hatte er in Syrien die Orientalen bezwungen, Sizilien hielt er im Banne durch die Furcht vor der gottnahen Macht als das beseelte Gesetz auf Erden... Zauber, die allzu nahe und unmittelbar in Deutschland nicht wirkten, das aber einem andern unfehlbar erlag: dem Zauber der Fernen. So hatte einst dem Puer Apuliae, den man einem David verglich, bei den Deutschen das Wunder südlich vertrauter Fremdheit zum Siege verholfen und als der leibhaft erstandene große Karl der fernen Sagen und Mären, als der unermeßlich prächtige reiche Weisheitskönig der Bibel, als der Kaiser des Endes mit seinem Zug fremdartiger Tiere siegte er jetzt.

Staunend berichten die deutschen Chronisten von Friedrichs Glanz. „Wie es der kaiserlichen Erhabenheit ansteht, so zog er daher in großer Glorie und es folgten ihm die vielen Quadrigen mit Gold und mit Silber beladen, mit Byssus und Purpur, mit Gemmen und köstlichem Gerät. Er führte mit sich Kamele, Maultiere und Dromedare, Affen und Leoparden, auch viele Sarazenen und dunkle Äthiopier, die sich auf mancherlei Künste verstanden und als Wachen dienten für Gelder und Schätze." All seine sagenhaften Prächte des Südens, die fremdartigen Kostbarkeiten und Wunder seiner Kammern, „an denen des Abendlandes Regionen nicht Überfluß haben", entfaltete da der Kaiser in den Städten der Donau, des Neckars, des Rheines.. und wenn der Unheimliche vielleicht einem Leopardenführer Befehle in arabischer Sprache zuwarf, so mochte die Deutschen solch ein exotisches Wort ebenso berücken, wie das ganze große Gefolge von Fürsten Edlen und Rittern. Unverlöschlich prägte sich den Deutschen dieses Kaiserbild ein: als in den Zeiten Rudolfs von Habsburg ein „falscher Friedrich" sein Wesen trieb, da wollte der seine Echtheit ausweisen durch drei Mohrenkämmerer und schwerbeladene Maultiere. Und auch durch die Predigten eines Berthold von Regensburg glaubt man bei der Schilderung der himmlischen Majestät einen Hauch jenes kaiserlichen Triumphzugs zu spüren.

Als nun Friedrich II. mit seinem prächtigen Geleit auf einem der edlen Pferde andalusischer oder berberischer Züchtung in die schwäbische Reichspfalz von Wimpfen einritt, da war auch König Heinrich dorthin geeilt, sich dem Vater zu Füßen zu werfen: durch Empörung und Aufruhr war jetzt sogar sein Leben verwirkt. Doch der Kaiser gestattete dem Sohn noch nicht, vor sein Antlitz zu treten: als Gefangener mußte Heinrich erst dem Triumphzug des Kaisers durch das Neckartal folgen hinunter nach Worms. Hier wurde Friedrich II. vom Volke festlich empfangen und zwölf Bischöfe erwarteten ihn am Portale des Doms zur Begrüßung. Als aber der Kaiser unter ihnen auch den Bischof Landolf von Worms erblickte, einen Hauptanhänger des rebellischen Königs, da hieß er den Prälaten ihm aus den Augen gehen und befahl, jenen des Bischofsgewands zu entledigen. König Heinrich aber kam in den Kerker und die Troubadours erzählen: morgens, als man ihm die Rüstung nahm, habe er noch gesungen, und als man ihm abends das Essen brachte, geweint.

Erst nach einigen Tagen hielt Friedrich zu Worms Gericht über den Sohn. In Gegenwart vieler Fürsten, Grafen und Adliger thronte da der Kaiser in seiner sacra majestas.. König Heinrich betrat den Saal, warf sich vor den Füßen des Richters nieder und neigte als ein Verletzer der Majestät, der jetzt um Gnade bat, vor dem starren Blick des Kaisers die Stirn zu Boden. Lange Zeit mußte er in dieser Stellung verharren, unter lautlosem drückendem Schweigen, da niemand ihn aufforderte, sich zu erheben. Erst auf den Einspruch einiger Fürsten ließ der Kaiser dem Sohn befehlen, sich wieder aufzurichten, der jetzt verwirrt und erschrocken dastand und sich der Gnade des Kaisers empfahl, auf die Königswürde verzichtend und auf alles was er besaß. Sein Leben hatte er durch die Unterwerfung gerettet, auf die Freiheit aber durfte er nicht mehr hoffen, um so weniger, als er die Burg Trifels, die seine Getreuen noch hielten und in der sich die Reichskleinodien befanden, anfangs herauszugeben verweigert und einen Fluchtversuch unternommen hatte. Er kam zunächst nach Heidelberg in Kerkerhaft und wurde dann nach Apulien verschickt. Die Aufständischen, soweit sie sich nicht ergeben hatten, wurden niedergezwungen. Doch Friedrich zeigte überall Milde: auch Bischof Landolf wurde wieder in Gnaden genommen, selbst die lombardischen Gesandten, die man in Trifels fing, bald entlassen und nur der Sohn hat die ganze Strenge des Vaters Kaisers und Richters erfahren müssen. Lange Jahre blieb er als Gefangener in Rocca San Felice nahe von Melfi.. dann wurde er nach Nicastro gebracht. Als er nach sechsjähriger Haft seinen Kerker nochmals wechseln sollte, machte er seinem Leben ein Ende. Es heißt, er habe die Freiheit erhalten sollen, davon jedoch nichts gewußt: eine härtere Behandlung fürchtend und des Lebens überdrüssig, hat König Heinrich auf dem Weg von Nicastro zu dem neuen Aufenthaltsort sich mit seinem Reittier von einem Berg in die Tiefe gestürzt. In der Kirche von Cosenza ward der Dreißigjährige in einem Marmorsarkophag beigesetzt, angetan mit einem gold- und silberdurchwirkten Gewand, in welches Adlerfittiche eingewebt waren. Ein Minorit hielt nach apulischer Sitte die Leichenpredigt und wählte das Thema: „Abraham ergriff das Schwert, um seinen Sohn zu opfern".. eine Rede, die ausklang im Preis der Justitia, der Gottheit des Staates, welcher Friedrich II. sein Erstgeborenes als Opfer hatte darbringen müssen. Man mag nicht vergessen, wie sehr auch er litt: noch in dem Trauerschreiben beim Tode König Heinrichs, als Friedrich die Exequien befahl, klingt jener Gerichtstag von Worms auf, da der Vater über den Sohn das Urteil fällen mußte, dem eigenen Gesetzesworte gemäß: daß aus einer Notwendigkeit Menschennatur unter Justitia stehe. „Mitleid des zärtlichen Vaters überwindet das Urteil des strengen Richters: Heinrichs, unseres Erstgeborenen Verhängnis müssen wir betrauern und aus dem Innersten heraus führt die Natur der Tränen Flut, die drinnen verschlossen hielt der Schmerz der Beleidigung und der Gerechtigkeit Starre."

Die Beschreibung des kaiserlichen Aufenthaltes in Deutschland heißt eine Reihe der glanzvollsten Festlichkeiten beschreiben. Denn wenn die Großen auf der Höhe ihrer Bahn zu wandeln beginnen, lieben sie es, festliche Heerschau zu halten über die ihnen vertrauenden Mächte und Geister. Die erste der Feierlichkeiten galt der Wiedervermählung des Kaisers. Die legitime Thronfolge war jetzt allein durch Konrad noch gesichert, den König von Jerusalem, und so war Friedrich zu einer dritten Ehe entschlossen. Papst Gregor hatte gleich seinen Vorgängern dem Kaiser die Braut gewählt: Isabella, die Schwester König Heinrichs III. von England. Bald nach der Zusammenkunft des Kaisers mit Papst Gregor in Rieti war Petrus de Vinea nach London entsandt, den Ehevertrag aufzusetzen.. politisch, und zwar hier einmal außenpolitisch ein wichtiger Schritt, weil Friedrich bisher aus innerdeutschen Gründen stets gegen das welfenfreundliche England zu Frankreich gestanden hatte. So war die Ehe mit der englischen Isabella gleichsam der Beginn jener feierlichen Beilegung des welfisch-staufischen Zwistes, die demnächst erfolgte.

Noch während König Heinrich in Worms als Gefangener sein Urteil erwartete, rüstete man in der Stadt das Fest. Denn es war schon Anfang Juli und bereits seit dem Mai erwartete Isabella zu Köln des Kaisers Ankunft in Deutschland. Nicht eingehend genug kann der englische Chronist mit jenem Sinn der Engländer für die „kleinen Züge" der Großen die ganze Vermählungsgeschichte der schönen, kaum einundzwanzigjährigen Kaiserin aus dem Hause Plantagenet beschreiben. Ausführlich erzählt er schon von der Verlobung: nachdem der englische König in die Vermählung der Schwester eingewilligt, hätten die kaiserlichen Gesandten gebeten, die Prinzessin sehen zu dürfen, und alsbald sei Isabella vom Londoner Turm, in dem sie wohnte, nach Westminster hinübergeleitet worden, um sich den Gesandten zu zeigen. Diese hätten sich lange an ihrem Anblick geweidet, sie des kaiserlichen Beilagers in allen Stücken für würdig erkannt, ihr in Friedrichs Namen den Verlobungsring an den Finger gesteckt und sie begrüßt als Kaiserin des römischen Reiches. In größter Ausführlichkeit wird nun weiter berichtet: von dem Schmuck und den einzelnen Kleidern der Kaiserin und von der Aussteuer bis zu den bunten seidenen Decken und weichen Kissen des Brautbettes und den Kochtöpfen, die von purem Silber waren „was allen überflüssig schien". Dann wird Reise und Meerfahrt der Kaiserin geschildert und insbesondere der festliche jubelnde Empfang, den ihr die Kölner bereiteten. Zehntausende seien ihr entgegengezogen mit Blumen und Palmenzweigen und Musikanten, Reiter auf spanischen Pferden hätten mit ihren Lanzen das hochzeitliche Stabbrechen vollführt, während in Schiffen, die scheinbar auf dem Trocknen ruderten, doch durch versteckte, von Seidendecken verhüllte Pferde gezogen wurden, die kölner Kleriker auf ihren Instrumenten neue Weisen erklingen ließen. Die auf den Söllern sitzenden Matronen aber hätten die Schönheit der Kaiserin gepriesen, als Isabella auf den Wunsch jener Hut und Kopfschleier abnahm und ihr Antlitz zeigte. Erst sechs Wochen später, am 15. Juli wurde mit aller Pracht in Worms die Vermählung gefeiert und mit Verwunderung erzählte man, daß der Kaiser in der ersten Nacht noch nicht die Ehe vollzog, sondern erst am frühen Morgen, als ihm die Astrologen die für die Zeugung günstige Stunde bezeichnet hatten. Dann habe Friedrich die Gemahlin, der er sagte, sie sei von einem Knaben schwanger, was er auch dem englischen König schrieb, der Obhut zahlreicher sarazenischer Eunuchen übergeben.. eine Staatsaktion, so wichtig wie irgendeine andere, aber auch nicht mehr. Nur Mütter der legitimen Nachkommen und Thronerben waren für Friedrich II. die Gemahlinnen, als Kaiserinnen kam ihnen niemals Bedeutung zu — im Gegensatz zu früheren Herrschern. Denn wenn die kaiserlichen Ahnen, besonders gern bei frommen Stiftungen, gemeinsam mit ihren Gemahlinnen als Kaiserpaar Verbriefungen ausstellten, wie Heinrich II. und Kunigunde, Friedrich I. und Beatrix, ja noch Heinrich VI. und Konstanze: in den Urkunden Friedrichs II., des letzten Kaisers, wird mit ganz wenigen das Heiratsgut betreffenden Ausnahmen die Gemahlin überhaupt nie erwähnt. Immer findet sich Friedrich II. allein, und das wirkte auf die Söhne nach. Denn obwohl sich Friedrich II. selbst oftmals auf die Eltern berief, ja die göttliche Mutter in einer Weise feierte, wie niemals zuvor ein deutscher Herrscher.. die Söhne nannten sich stets und ausschließlich allein nach dem Monarchen: Divi Augusti Imperatoris Filius. Für Friedrichs „Mangel an Gemüt" hat man oftmals diese sachliche Beziehung zu seinen Gemahlinnen verantwortlich gemacht — dem sei wie ihm sei: eine andere Beziehung wäre nicht denkbar gewesen. Denn Friedrich II. war in einer bisher nicht gekannten Art der Gipfel der Welt, den keiner mit ihm zu teilen vermochte.. und war das Bild des Kaiserpaares allenfalls für den deutschen Kaiser noch möglich, für den Tyrann von Sizilien, für den römischen Caesar war es das nicht. Selbst den Schein des Häuslichen und des Gemütes mußte dieser Monarch meiden, der sich wohl eher mit seinen sarazenischen Bellezzen als mit der legitimen Gemahlin zeigen durfte, so daß ihm der englische König grollte, weil die Kaiserin nach Jahren der Ehe noch niemals öffentlich unter Krone gegangen sei. Die Feinde aber verklagten den Kaiser: er verschließe die Gemahlinnen in „gomorräischem Labyrinth" (das heißt: im Harem, als Gegensatz zum sodomitischen Prinzip), mache sie fast unsichtbar und entfremde sie den Augen ihrer Kinder. Das alles war wohl auch so: um Friedrich II. gab es keinen Boden, in dem eine Frau wurzeln konnte.. alle seine Gemahlinnen starben nach wenigen Jahren der Ehe und selbst seine Geliebten, soweit wir sie kennen, teilten dies Los: keine hat ihn überlebt. In der dünnen Luft dieser glanzerfüllten, spannungsgeladenen Höhen konnte eben kein Wesen als er, auf die Dauer auch keiner der Freunde, am wenigsten aber eine Frau mehr atmen. Daher verschwand auch die englische Isabella, von Eunuchen bewacht und mit kaiserlichem Prunk und Hofhalt ausgestattet, alsbald im „Harem". —

In einer ungeahnten Sammlung und Dichte war in der glücklichen Stauferzeit das allen Stämmen gemeinsame eigenwüchsige und weltmächtige Deutsche hervorgebrochen, hatte sich die menschlichen Formen und Leiber in einer Vollendung geschaffen, wie sie seither nicht wieder erreicht ward: nur damals hat sich Deutschland in seiner Plastik von innen her und ganz unbewußt der Antike genähert. Nichts sollte nun den Ausgleich der großen ewigen deutschen Gegensätze, die Verwirklichung der „besseren Natur" auch der Deutschen so sinnfällig zeigen, wie der große Hoftag zu Mainz, den im August 1235 bald nach der Wormser Vermählungsfeier Kaiser Friedrich II. beging. An das große Reichsfest zu Mainz hat er da wohl oft die Erinnerung geweckt, an das „Fest ohne gleichen", mit dem Barbarossa die Schwertleite der Söhne in einem von Deutschland zuvor nicht gesehenen ritterlich edlen Aufwand beging. Selbst schon über sechzigjährig hatte sich Barbarossa noch an den Turnieren beteiligt, von den anwesenden Sängern einem Alexander, Caesar, König Artus zur Seite gestellt: jener lichte Glanz beginnender höfischer Ritterlichkeit auch in Deutschland, schön versinnbildlicht durch Gruß und Handschlag, den auf jenem Fest ein französischer Troubadour mit Heinrich von Veldeke austauschte, einem der frühesten deutschen Sänger. Verheißungsvoll hatten die fünf nächsten Jahrzehnte — die Zeit der Gottfried, Wolfram und Walther — jenes Beginnes Entfaltung gebracht, und mitten in dieses erste wirkliche Blühen der Deutschen ward vom Süden her der Puer Apuliae nach Deutschland verweht, des Glanzes vollen Schein noch fangend und von dem Schein als Knabe verklärt. Als Friedrich II., jetzt selbst schon ein Vierziger, Deutschland nach zwei Jahrzehnten wiedersah, war die Zeit der Blüte schon vorbei und für ihn gab es bereits die ersten Früchte zu ernten. So schien der rechte Augenblick gekommen, der eben gewonnenen schönen Form des römischen Deutschen auch die Möglichkeit der Erhaltung zu schaffen, sie zur schöneren allseitigen Vollendung zu bringen und das Ganze: Stämme wie Fürsten, nun als Volk zur bewußten Einheit zusammenzuschließen, den vom Römerreiche nunmehr geprägten deutschen Wuchs auch im staatlichen Bilde so bleibend zu festen und härten, wie er im steinernen Bilde damals zu fassen war — nicht durch Lösung von Rom oder Aufhebung fürstlicher Macht, sondern durch Einhämmern römischplastischen Staatsgeists in das Denken der Fürsten und Stämme.

Die große Mainzer „curia solemnis" Friedrichs II. war hierfür ein Beginn: Recht Sprache und Geblüt und in Deutschland auch die Mannentreue, die im Süden weniger wog, waren die Klammern, die der römische Caesar zusammengreifen ließ, als er mit dem fremdartigen Pomp und der ganzen Feierlichkeit des gottgesetzten Hüters, Wahrers und Bringers von Frieden und Recht vor die glänzende Versammlung trat, die fast ausnahmslos die deutschen Fürsten alle noch einmal vereinte. Mit der großen Landfriedensordnung eröffnete Friedrich II. den Hoftag und es klingt aus den Eingangsworten dieses Erlasses feiernd der

Stolz des Gesetzgebers, der erstmals Tafeln errichtet, „da man im ganzen Germanien in Rechtsfällen und Privatsachen nach den von alters her überlieferten Gewohnheiten und nach ungeschriebenem Rechte lebt". Alte und neue Gesetze enthielt die Mainzer Landfriedensordnung, die alle früheren Erlasse der Art an Bedeutung weit überragte und Grundlage bleiben sollte für jedes künftige Reichsrecht, auf der denn auch alle Späteren weiterbauen und auf die sie immer wieder zurückgehen mußten.. Städtebünde und Fürsten, auch Könige wie Rudolf von Habsburg, Adolf von Nassau, Albrecht von Österreich haben den Mainzer Landfrieden als Ganzes mehrfach erneuert. In den neunundzwanzig Titeln war Gerichtsbarkeit der Fürsten und Bischöfe, Münz- und Geleitsrecht behandelt, dann die Aufhebung ungerechter Zölle, Verbot der Selbsthilfe, Einschränkung des gerichtlichen Zweikampfs und vieles Andere. Da indessen der Kaiser als beseeltes Gesetz das eigene Tun stets als vorbildlich begriff, so erhob er auf dem Tage von Mainz sein persönliches Verhalten gegen den soeben zu immerwährendem Kerker verurteilten Sohn auch zum allgemeinen Reichsgesetz und es beginnt daher der Landfrieden mit der Bestimmung: „Welcher Sohn seinen Vater von seinen Burgen verstößt oder von anderem Gute oder es brennt oder raubt, oder wider den Vater zu seinen Feinden schwört, so daß er auf des Vaters Ehre oder Verderbnis geht...., der Sohn soll Eigen und Lehen und fahrende Habe verlieren und alles Erbgut von Vater und Mutter auf ewige Zeiten, daß ihm weder Richter noch Vater je wieder zum Gute verhelfen können." Und weiter heißt es — in einem durch das Mittelhochdeutsche besonders unheimlichen Ton: „Welcher Sohn an seines Vaters Leib gerät oder ihn freventlich angreift, ‚derselb si erloss und rechtlos ewiglichen, also das er nimer mer wider komen moge zu sinem rechten'."

Eine wichtige Neuerung, weil ein Nachbilden sizilischer Staatsregeln, war das Einsetzen des Reichs-Hofjustitiars, der als ein freier Mann in Vertretung des Kaisers täglich und umsonst dem Hofgericht vorsitzen mußte, mit mindestens einjähriger Amtsdauer, und dem ein besonderer Notar beigegeben wurde, der Laie sein mußte, „damit es ihm an den Leib gehe", wenn er Unrecht tat. Auch sonst sind Anklänge an sizilische Gesetze hier und da zu erkennen, doch nicht als Vergewaltigung deutschen Rechts, sondern eher im Sinne eines von der Wurzel ausgehenden Hineinwachsenlassens in die anderwärts erprobten Formen. Vermutlich diente der Landfrieden nur einer vorläufigen Regelung, wie einst in Sizilien die Landfriedensordnung des Hoftages von Capua nur Vorläufer war der großen Konstitutionensammlung von Melfi. Ähnliches mag, wie schon erwähnt, Friedrich II. auch für Deutschland geplant haben: sizilische Großhofrichter sind in des Kaisers Gefolge nachweisbar und daß der Gedanke einer großen Reichsgesetzes-Kodifikation zumindest der Zeit als naheliegend erschien, zeigt die Aufforderung jenes den Kaiser glühend verehrenden englischen Poeten eben aus diesen Jahren: Friedrich möge doch dem neuen kanonischen Rechte des Papstes (der Dekretalensammlung Gregors IX., die ein Jahr zuvor veröffentlicht wurde), eine ebensolche Summa der unübersehbaren Reichsgesetze zur Seite stellen und so sich dauernden Ruhm erwerben.

Von größter Bedeutung aber war es, daß mit dem Mainzer Landfrieden des „Italieners" Friedrich zum erstenmal ein Gesetz in deutscher Sprache verkündet und in deutscher Sprache schriftlich niedergelegt und erst aus dem Deutschen auch ins Lateinische übertragen wurde. Die Wichtigkeit dessen, daß damit die deutsche Sprache auch für Hoheitsakte des römischen Kaisers dem Latein ebenbürtig verwendbar wurde, bedarf kaum der Erörterung: es zeigt, daß der römischste Kaiser notwendig auch der deutscheste war — ein beginnendes Schaffen der deutschen Eigenform auch im Staate, nicht nur im Einzelwesen, ein erstes Festhalten des Deutschen im Deutschen selbst und das erste Niederlegen des zumindest für die Sprache schon überflüssig oder entbehrlich gewordenen römischen Gerüstes. Man wird dieses Zeichen nicht leicht überschätzen können als den ersten ansetzenden Versuch Friedrichs II., ein der bildenden Kunst und der Dichtung gleichwertiges deutsches Gebilde im Staatlichen aufzurichten, und zwar gerade mit Hilfe der Fürsten. Denn als das gewichtigste Ereignis des an Sinnbildern so reichen Hoftages fand diese allgemein-deutsche Gesetzgebung noch ein Gegenstück: in der Verschmelzung jener zwei deutschen Grund-Artungen durch die Versöhnung des Waiblingers mit dem Welfen, dem Neffen des Kaisers Otto. „Denn als auf dem feierlichen Hoftag zu Mainz, wo uns die Fürsten umstanden, unsere Erhabenheit thronte, da hat Otto von Lüneburg vor uns das Knie gebeugt, hat allen Hader und Haß vergessen, der zwischen den Ahnen noch hatte bestehen können und hat sich ganz in unsere Hand gegeben, unserm Befund und Befehl zu stehen." So verkündete Friedrich damals. Sein ganzes lüneburgisches Eigen hatte der Welfe dem Kaiser gelassen, das Friedrich nunmehr auf das Reich übertrug, damit es als Lehen ausgegeben werde. Darauf vermehrte Friedrich dieses einstige Welfengut noch durch Schenkung von Braunschweig, das er selbst soeben durch Kauf erworben hatte, und machte aus dem Ganzen ein neues Herzogtum: Braunschweig-Lüneburg. Als dann Otto der Welfe über dem Reichskruzifix seine Hände in die Kaiser Friedrichs legte und ihm den Treueid schwor, freiwillig sich mit allem Besitze dem Waiblinger anvertrauend, dem er auf jede Weise die Ehrfurcht erwies, da gab ihm Friedrich II. das neugegründete Herzogtum zurück als ein erbliches Lehen des Reiches und stattete den Welfen feierlich mit den Fahnen aus, wie es der Brauch heischte. In dem bis zum Ost- und Nordmeer vom römischen Caesarenthron überglänzten Deutschland war die Geschlechterfehde der Vorzeit sinnlos geworden: Welf und Waibling gab es fortan im Norden nicht mehr. Wörtlich war an diesem Tage die uralte Verheißung in Erfüllung gegangen, welche Deutschlands rechte Ordnung festsetzte: daß die Welfen immerdar mächtige Herzöge, Kaiser aber nur die Waiblinger sein sollten. Friedrich II. aber konnte mit Fug befehlen: Es solle dieser Tag in alle Annalen des Reiches eingezeichnet werden, weil er das Reich um einen Herzog gemehrt habe.. Grund genug auch, am nächsten Tage mit dem Kaiserdiadem gekrönt zu Mainz in den Dom zu schreiten und nach dem Hochamt allen deutschen Fürsten und den zwölftausend Rittern ihres Geleits ein festliches Mahl zu geben. Es war das letzte große Reichsfest des alten weiten adligen deutsch-römischen Kaisertums, knapp vor dem Anbruch einer bürgerlich-dumpferen Welt, die Friedrich durch Kräftigung des fürstlichen Adels noch aufzuhalten versuchte.. einer Welt, der des Imperiums weiter Raum versagt war und die himmelwärts aus der Enge heraus des andern Reiches Weiten zu gewinnen trachtete. — —

Als Richter war Friedrich II. nach Deutschland gekommen — erstmals der ganzen Welt in dieser Eigenschaft sichtbar — und bald sollte sich ihm Gelegenheit bieten, in einem aufsehenerregenden Rechtsfall, den er selbst zu einer Sache des Abendlands bauschte, als der höchste Gerichtsherr der christlichen Welt zu erscheinen. Es wird bald nach dem Tage von Mainz gewesen sein, als ihm zur Zeit eines Verweilens in der Reichspfalz Hagenau der Fall vorgetragen wurde: ein Ritualmord, den die Juden von Fulda anläßlich ihres Osterfestes an Christenknaben begangen hätten und dessen erste Folge ein Judengemetzel in Fulda und in vielen andern deutschen Städten gewesen war. Man hatte mit dem Entscheid dieser Unruhen bis zur Ankunft des Kaisers in Deutschland gewartet, und nun erschienen vor Friedrich II. zu Hagenau beide Parteien: Juden und Christen. Zum Zeugnis wider die Juden hatte man die Kindsleichen aufbewahrt und mit nach Hagenau geschleppt. Wie man erzählt, habe der Kaiser den Fall angehört und dann ein wahrhaft salomonisches Urteil gefällt: auf die Kindsleichen zeigend, habe er zu den Christen nur sachlich und trocken gesagt: „Wenn sie tot sind, dann geht und begrabt sie. Zu etwas anderm taugen sie doch nicht". Den Juden aber, von deren

Schuldlosigkeit er sich überzeugte, habe er dennoch die Zahlung einer großen Geldsumme auferlegt, weil sie — ob mit oder ohne Grund — zu Unruhen Anlaß gegeben hätten. Auf diese Weise sei die Ruhe in Deutschland bald wiederhergestellt worden.

Indessen, so rasch war der Fall doch nicht erledigt. Der Kaiser schwor, alle Juden des Reiches zu töten, wenn tatsächlich Ritualmorde vorkommen könnten, und deshalb ordnete er zur Erleuchtung der Wahrheit eine weitläufige Untersuchung an, indem er zunächst Fürsten Große und Edle, Äbte und verschiedene Kirchenmänner des Reiches zu sich berief, um ihre Meinung zu hören. Die ganze Verachtung des Autokraten, aber auch des Gelehrten gegenüber einem derartigen Konsilium kommt in des Kaisers späterem Entscheid zum Ausdruck: „Diese, da sie verschiedene waren, äußerten verschiedene Meinungen über den Fall, und da sie sich unfähig zeigten, über die Sache einen hinreichenden Beschluß zu finden wie es sich gehörte, so sahen wir aus unseres Wissens geheimen Tiefen voraus, daß nicht einfacher gegen die des genannten Vergehens beschuldigten Juden einzuschreiten sei, als durch solche Leute, die Juden gewesen und zum Kult des christlichen Glaubens bekehrt waren, die gleichsam als Gegner nichts verschweigen würden, was sie hierüber gegen jene oder gegen die mosaischen Bücher oder mit Hilfe der Reihe des Alten Testaments wissen konnten. Obwohl nun unsere Weisheit durch die vielen Bücher, die unsere Erhabenheit kennengelernt, die Unschuld genannter Juden vernünftigerweise für erwiesen hielt, so haben wir doch zur Genugtuung nicht weniger des ungebildeten Volks als des Rechts aus unserem voraussichtigen heilsamen Entschluß und im Einverständnis mit den Fürsten Großen Edlen, den Äbten und Kirchenmännern über diesen Fall an alle Könige der abendländischen Zonen Sonderboten entsandt, durch die wir aus ihren Königreichen im Judengesetz erfahrene Neugetaufte in möglichst großer Zahl vor uns beschieden haben."

Dies ist wirklich geschehen. Aus Windsor schrieb König Heinrich III., er habe des Kaisers Boten, einen kaiserlichen Marschall, freudig wie es sich ziemte und ehrenvoll empfangen, und es habe die kaiserliche Erlauchtheit zahlreiche Dankesbezeigungen ausgelöst, weil es ihr gefallen, ihm, dem englischen König, den bisher ganz unerhörten Fall mitzuteilen, der jüngst im Gebiete des Kaisers sich zugetragen hätte. Soweit es in seiner Macht stünde, wolle er des Kaisers Wünschen entsprechen, und er sende daher zwei der erlesensten Neugetauften, die in England zu finden und die allen kaiserlichen Befehlen gehorchen würden. — Ähnlich dürften sich die andern Könige Europas verhalten haben: es war ein

Fall, der alle anging. Dieser abendländische Untersuchungshof — sicher der erste, den ein Kaiser zusammenrief — verbrachte nicht geringe Zeit mit Beratungen, von deren Verlauf der Kaiser sich genau unterrichten ließ und die schließlich, wie der Kaiser vermutet hatte, zuverlässig ergaben, daß die Schriften der Hebräer nichts Derartiges enthielten, vielmehr jedes Blutopfer untersagten, ja daß sogar — wie der Kaiser schrieb — der Talmud und der Berechet hohe Strafen für blutige Tieropfer festsetzten. Auf Grund dieses Gutachtens stellte der Kaiser den Juden eine Sentenz aus, die fürderhin jegliche derartige Beschuldigung der Juden im ganzen Reich streng untersagte.

Für Friedrich II. hatte diese Untersuchung vor allem den Sinn gehabt, hier einmal als Kaiser einen abendländischen Gerichtshof einzuberufen, dann aber sein eigenes ungeheures Wissen, mit dem er nicht zurückhielt, vor einem derartigen Forum zu zeigen in der Gewißheit, daß auch die europäischen Könige durch ihre Boten davon erführen. In Deutschland war der Eindruck nicht gering, obwohl man es dem Kaiser vielfach verargte, daß er nicht den Christen recht gegeben habe. Aber mit welch neugierigem Staunen muß man dem Kaiser begegnet sein, der da nicht nur von exotischen Prächten umgeben sich zeigte, sondern auch über die Schriften des Talmud diskutierte, arabisch wahrscheinlich besser beherrschte als deutsch und der durch den Augenschein die Wahrheit jener Gerüchte bestätigte, daß er sich sarazenischer „Auguren und Vogelflugdeuter" bediene, „die man Mathematiker und Astronomen heiße"! Auch Philosoph bedeutete ja damals so viel wie Zauberer und Magier, Kenner aller Geheimwissenschaften, und selbst ein Albertus Magnus stand in dem Ruf, der Magie kundig zu sein. Spätere Märchen der Deutschen haben denn auch Kaiser Friedrich den Albertus in seinem Zaubergarten zu Köln besuchen lassen, wie man sich anderwärts wieder erzählte, Averroes selbst habe am Hofe des Kaisers gelebt. Unheimlich ward der Kaiser den Deutschen gewiß, im ganzen jedoch kein Grauen mit Abscheu, sondern eher mit tiefer Verwunderung gepaart und dem heimlichen Wunsch, ihn zu lieben.

Den Winter verbrachte Friedrich II. in Hagenau der kaiserlichen Pfalz, der er vor den andern allen den Vorzug gab, wie er das Elsaß überhaupt, den licht- und formenmäßig wohl südlichsten deutschen Bezirk, als seiner deutschen Erbländer liebstes bezeichnete. Hier weilte er, umgeben stets von zahlreichen Fürsten, mit kurzen Unterbrechungen durch Monate: Streitigkeiten schlichtend, Abreden treffend und Gesandte empfangend. Deren erschienen damals einige aus Spanien, die dem Kaiser kostbare Pferde brachten, und auch der russische Herzog (von Kiew?)

hatte an den Kaiser Boten mit Geschenken entsandt. In dieser Zeit scheint Friedrich II. auch innerhalb seines eigenen deutschen Territoriums, wo er selbst „Landesherr" war, einzelne Verwaltungsmaßnahmen durchgeführt zu haben, zumindest eine zentralisierte Steuerverwaltung, der sizilischen wohl nicht ganz unähnlich. Auch sonst war er bemüht, sein Haus- und Reichsgut zu mehren. Mit dem sizilischen Geld kaufte er dem Böhmenkönig gewisse schwäbische Ansprüche ab und in Uri hatte er Rechte für das Reich erworben, wichtig insofern, als er durch sie das Vorland des eben eröffneten Gotthardpasses in seinen Besitz brachte und sich damit einen weiteren Alpenübergang sicherte. Den Paß schon für Heere zu benutzen, etwa um Mailand auf diesem Wege in den Rücken zu fallen, war noch kaum möglich. Friedrich wird daher an den alten Weg über Septimer oder Julier gedacht haben, als er zu Beginn des Lombardenkrieges den Plan faßte, mit zwei Heeren gleichzeitig in die Lombardei einzubrechen: die rheinischen und niederländischen Ritter sollten sich in Basel, die andern welche die Brennerstraße benützten in Augsburg sammeln.. vielleicht erstmals im Mittelalter eine größere strategische Konzeption.

Der Lombardenkrieg war nämlich nicht mehr abzuwenden. Auf dem Hoftag zu Mainz hatten die deutschen Fürsten einstimmig den Feldzug gegen die Lombarden beschlossen, deren Bündnis mit König Heinrich ein Verrat am Reiche war, und hatten sich nach deutscher Sitte an Eides Statt durch Zuruf und Erheben der Hände verpflichtet, im kommenden Frühjahr zur Heerfahrt bereit zu sein. Nicht nur das Recht, sondern auch die absolute Macht hatte Friedrich damit auf seiner Seite.. Papst Gregor aber, durch einen Läufer über die deutschen Ereignisse unterrichtet, sah sich plötzlich ganz isoliert. Seine Lage war verzweifelt. Ein Anschluß an den Kaiser gegen die bedrohten Lombarden hätte das Papsttum als politische Macht erdrosselt: der Kirchenstaat wäre, in ein rein kaiserliches Italien gezwängt, wahrscheinlich bald eine leichte Beute des Kaisers geworden, der Papst selbst aber nichts mehr als ein Bischof in Rom. Ebensowenig aber konnte sich Gregor jetzt schon offen für die Lombarden erklären: durch ihr Bündnis mit Heinrich hatten sie unleugbar die Reichshoheit aufs schwerste verletzt, und um Befehle des Papstes, der mit ihnen zu verhandeln suchte, kümmerten sich die Städte des Bundes nunmehr gerade so wenig wie um solche des Kaisers, so daß selbst Gregor sich über ihre „Frechheit" beschwerte. Aber auch eine Neutralität verbot sich für den Papst, die, fast einer Parteinahme für Friedrich II. gleichkommend, die Städte rettungslos der kaiserlichen Rache preisgegeben hätte.

Papst Gregor versuchte daher zunächst, die drohende Züchtigung seiner lombardischen Freunde noch hinauszuzögern. Plötzlich gab es für die christliche Welt nichts Wichtigeres als einen neuen Kreuzzug, eine Regelung der Dinge im heiligen Land überhaupt, wo sich — eigentlich mehr zum Schaden des Kaisers als der Kurie — die Christen gegenseitig bekämpften. Papst Gregor schrieb den in Mainz versammelten Fürsten und bat, um des heiligen Landes willen von einem Lombardenkrieg abzusehen.. eine vergebliche Bitte, da Friedrich niemals den mit seinem Freunde Al-Kamil geschlossenen Waffenstillstand, der erst 1239 ablief, gebrochen hätte. Dennoch gewährte Friedrich dem Papst noch eine Frist: gelinge es ihm, dem Schiedsrichter, vom August bis Weihnachten 1235 die Lombarden zu einer des Kaisers und des Reiches Ehre angemessenen Genugtuung zu bewegen, so werde er von bewaffnetem Eingreifen absehen. Darauf stellte Papst Gregor an den Kaiser das unmögliche Verlangen: Friedrich solle sich unbesehen und bedingungslos jedem päpstlichen Schiedsspruch in der Lombardenfrage von vornherein bindend unterwerfen. Das mußte der Kaiser nach den gemachten Erfahrungen sofort ablehnen, aber er entsandte den Deutschordensmeister als Unterhändler zum Papst, wo seit langem Petrus de Vinea die kaiserliche Sache führte.

Hermann von Salza begann jetzt seine große Rolle der Vermittlung zwischen Kaiser und Papst. Er stand auch bei Gregor in hohem Ansehen, der des Ordensmeisters unbedingte Rechtlichkeit stets anerkannte, und für Friedrich II. war Hermann fast ein Freund. Wochenlang, jedoch vergebens erwartete nun der Deutschordensmeister die Boten der Städte, deren bedingungslose Bereitschaft, sich jedem Schiedsspruch zu unterwerfen, der Papst fälschlicherweise beteuert hatte, bis Hermann schließlich zum Kaiser zurückkehrte — freilich nicht ganz ohne Ergebnis. Papst Gregor hatte nämlich versucht, dem Kaiser Verona wieder abspenstig zu machen, indem er ohne den mindesten Rechtsanspruch plötzlich dort einen päpstlichen Podestà einsetzte. Da war Hermann von Salza in Begleitung des Reichslegaten Gebhard von Arnstein gerade rechtzeitig angekommen, um durch rasches Eingreifen dem Kaiser diese wichtigste Stadt zu retten, die nunmehr der Reichslegat besetzte. Als aber kurz nach Hermanns Abreise von Italien die Gesandten der keineswegs zur Unterwerfung bereiten Lombardenliga beim Papste anlangten und Gregor den Ordensmeister durch Boten zur Umkehr nötigen wollte, da gab der zurück: er habe vom Kaiser entgegengesetzten Befehl, und zog weiter seines Wegs nach Deutschland. Der von Friedrich II. bestimmte Termin für den Abschluß der päpstlichen Vermittlungen war überdies verstrichen und die Friedensaktion gescheitert an der Widerspenstigkeit der Lombarden, die sehr wohl wußten, wie dringend der Papst sie gebrauchte, und sich daraufhin auch gegen die Kurie manches herausnahmen. Nunmehr verlegte sich aber Papst Gregor auf ein anderes Mittel, erprobt schon beim ersten Banne des Kaisers. So wenig nämlich bei dem früheren Streit schließlich von dem eigentlichen Grund des Zerwürfnisses, dem verspäteten Kreuzzug die Rede war, sondern nur noch von sizilischen Dingen, ebensowenig gab es jetzt für den Papst mehr eine Lombardenfrage: unversehens beklagte er sich wegen gewisser Übergriffe sizilischer Beamter, wegen der Besteuerung von Kirchen und Klerikern in Sizilien, wegen der Sarazenenkolonie von Lucera und wegen anderer ähnlicher Dinge, das heißt: er spielte den ganzen Konflikt auf ein anderes Gebiet hinüber. Denn die von ihm angerührten Fragen waren solche, die mit der brennenden Lombardensache nichts zu tun hatten und die, gleichgültig ihrer Berechtigung, gewiß nicht Ereignisse erst der wenigen letzten Monate betrafen, seit Friedrich in vollstem Einvernehmen mit dem Papst Sizilien verlassen hatte. Als ob nie über die Lombarden, sondern seit langem nur über die Zustände Siziliens verhandelt wäre, schloß Papst Gregor drohend seinen Brief: „Ohne Beleidigung der Erhabenheit Gottes, ohne Schaden an unserm Ruf und unserm Gewissen können wir fürderhin solches nicht mehr in unserer Brust verschließen." Ein zweites Schreiben folgte sehr bald, in welchem jedoch statt der sizilischen Beschwerden wieder der Kreuzzug herhalten mußte, den Papst Gregor plötzlich für notwendig hielt, und schon hieß es da zum Schluß des Briefes: „die Kirche dürfe eine Belästigung der Lombarden, die sich ihr anvertraut hätten, nicht mit Gleichmut ertragen, da auf diese Weise sich der Kreuzzug verzögere".. bei einer Angelegenheit aber bei der es sich um den Ruhm des Erlösers handle, könne der Papst kein Ansehen der Person gelten lassen! Das aber war nur Spiegelfechterei: denn als späterhin der Kreuzzug wirklich zustande kam, der des Kaisers Macht im Osten stärken konnte, hat Papst Gregor als erster die Fahrt verhindert.

Dem Kaiser wie den geschlossen hinter ihm stehenden deutschen Fürsten hatte der Papst mit seinen Schreiben wohl doch zu viel zugemutet: in einem von ungeheurer Erbitterung getragenen Briefe ging der Kaiser Punkt für Punkt die sizilischen Beschwerden durch und suchte sie zu widerlegen. Doch selbst wenn in seiner Abwesenheit — so schrieb der Kaiser — Unregelmäßigkeiten vorgefallen seien: er könne doch nicht von Deutschland bis ins sizilische Königreich mit Luchsaugen schauen und sich nicht mit der Stimme des Donners vernehmbar machen! Bald genug käme er jedoch nach Italien, bereit, dann auch derlei Dinge zu besprechen. Die kaiserliche Antwort auf das zweite Schreiben sagte nur kurz: auswärtige Unternehmungen seien ausgeschlossen, ehe nicht der Frieden im Reich hergestellt sei. Damit aber war der Reichskrieg gegen die Lombarden beschlossen.

Gerade jetzt, da seine Beziehung zur römischen Kurie gespannter und fragwürdiger wurde, schien Friedrich jene stets geforderte Einheit von Kirche und Reich, Kaiser und Papst den Deutschen noch einmal sinnfällig zeigen zu wollen, die Einheit, die allein den Frieden der christlichen Welt verbürgte. Friedrich hatte als Knabe bei dem Krönungsfest in Aachen seinem deutsch-römischen Königtum die Weihe gegeben durch die unerwartete Kreuznahme und durch die Beisetzung des heiligen Karl. Jetzt, da er Deutschland zu verlassen bereit war, schloß sich der Kreis wieder in einer ähnlich heiligen Feier: die thüringische Landgräfin Elisabeth, die fast noch kindliche Heilige zu erheben und beizusetzen, zog Kaiser Friedrich nach Marburg.

Als die holde keusche Fürstin der Wartburg lebt die heilige Elisabeth im Gedächtnis fort. Hoheit und Adel mit hingebender Sanftheit und Demut gepaart, die einfache fürstliche Schlichtheit: das war das größte Mirakel der Heiligen, die ein Dasein voller Liebe für den Gemahl und die Kinder in leichter zauberischer Anmut zu einen wußte dem der Armenpflege und Wartung der Kranken geweihten Leben. Das Bild der sich kasteienden Bußschwester von Marburg, gehüllt ins strickgegürtete Gewand der Minderbrüder, ist so gut wie vergessen über dem der sanften fürstlichen Frau, die, eine ungarische Königstochter, ihre Kindheit am Thüringer Hofe verbrachte, ganz jung dem Landgrafen Ludwig verlobt. Schon in diese Frühzeit haben spätere Jahrhunderte Elisabeths Wunderwirken verlegt: wie des mildtätigen Kindes Korb voller Speisen, bestimmt für die Armen, sich unter dem bergenden Tuch mit duftenden Rosen füllte, als man einmal ihrem Spenden hart zu begegnen wagte. So hat auf Elisabeth, als sie wohl fünfzehnjährig in Eisenach die ersten Jünger des toskanisch-umbrischen Heiligen kennengelernt, die Lehre Franz von Assisis nicht eigentlich verwandelnd gewirkt, ob auch sein Fordern der Keuschheit und Demut und besonders der Armut der zartherzigen Landgräfin schließlich den Weg wies, den sie als Witwe wenig später beschritt. Denn als der Landgraf Ludwig, der ihrem Tun stets freundlich nachgesehen hatte, bei dem Kreuzzug Friedrichs II. in Brindisi der Seuche erlag, wünschte Elisabeth sehnlichst ihr Fürstinnenleben einzutauschen gegen das einer Bettlerin. Da aber war es ihr Beichtvater Konrad von Marburg — erst nach Elisabeths Tod der fanatisch wahnbefangene Inquisitor — der sie an allem Unmaß zu hindern wußte, wenn auch oft durch harte Züchtigung. Durch ihn blieb Elisabeth, obwohl sie von der Wartburg floh, der Kinder entsagte und sich in Marburg aus Lehm und aus Holz eine Hütte erbaute, wie es Franziskus den Seinen befahl, bei allem Verzicht dennoch die Fürstin, die auch weiterhin mit ihrem reichen Wittum sich der Armen und Leidenden annahm, ihnen half und sie speiste, auch aussätzige und blutflüssige Kinder bei sich beherbergte, ihre Wunden wusch und pflegte und zu küssen nicht scheute, den Ekel mit einem Lächeln besiegend. Auch ihr waren, erstmals in einer Karfreitagsverzückung, Visionen der Himmlischen beschieden. Aber sie schwelgte nicht in dem Geschauten und noch weniger machte sie sich darin der Menge bemerkbar. Sie verrichtete auch bei Lebzeiten keine Wunder und erst als sie vierundzwanzigjährig sich zum Sterben bereitete und schon von himmlischer Freude erfüllt im Zeichen höchster Ergriffenheit mit festgeschlossenen Lippen auf ihrem Lager ruhte, da seien ihrer Kehle die süßesten Töne einer Engelsmusik entquollen. Am Tage nach ihrer Bestattung aber begann die Verehrte Wunder zu wirken und von weit her eilte das Volk herbei, Stücke ihres Gewands, ihrer Haare und Nägel als Reliquien an sich zu nehmen. Wenig später wurde auf Bitten des Landgrafen Konrad von Thüringen, der selbst dem Deutschritterorden beitrat, Elisabeth vom Papst heilig gesprochen, und ihr Gebein zu erheben und königlich beizusetzen kam im Mai 1236 Kaiser Friedrich II. nach Marburg.

Es war eine unermeßliche Menge Volks — man sprach gar von zwölfhunderttausend! — die damals in Marburg zusammenströmte, als im Beisein vieler Bischöfe und Fürsten und zumal der Deutschherrenritter Friedrich II. vom Grab der ihm verwandten jugendlichen Heiligen den ersten Stein erhob. Und es ereignete sich damals das Wunder, daß aus dem heiligen Leib Öl zu fließen begann, welches Deutschordensritter auffingen und an Kirchen und Stifter verteilten. In einen kunstvollen mit Gold überzogenen und mit Silberfiguren und antiken Gemmen reich geschmückten Eichenschrein ward dann der Leichnam beigesetzt. Kaiser Friedrich aber schenkte der Heiligen seinen goldenen Becher, aus dem er zu trinken pflegte, und krönte das Haupt der Landgräfin mit einer goldenen Krone, so die Fürstin, die nahe Verwandte als Heilige verehrend. Auch die Glasfenster von St. Elisabeth in Marburg, deren Grundstein man damals legte, zeigen die Patronin nicht nur als die barfüßig, in demütigem Stolz Gaben austeilende Dienerin der Armen, umflossen von den weißen Falten ihres Gewandes, sondern ebenso als die Gekrönte, der hohen Himmelskönigin Tochter, die von der Jungfrau und Gottesmutter die Krone empfängt, wie ihr zur Seite von dem Gottessohn der heilige Franziskus gekrönt wird.

Tatsächlich wäre Friedrichs Teilnahme an der Erhebung eines beliebigen anderen Bettelmönch-Heiligen kaum angebracht gewesen und Ähnliches scheint man hie und da auch geäußert zu haben. Denn nicht ohne Grund verwahrte sich der Kaiser gegen den Glauben, daß sein Rühmen und Preisen weniger der Heiligen gelte als der blutsverwandten und fürstlichen Frau. Doch es sei — schrieb er damals — jene nicht von dieser zu unterscheiden.. „denn auch daß unser Heiland Jesus von Nazareth aus Davids Königsstamm entsproß, erfüllt uns mit Freude, und es bezeugen des Alten Testamentes Tafeln, daß die Bundeslade betastet wurde nur durch die Hand der Adligen" — so berichtete Friedrich an den Ordensgeneral der Franziskaner über die Marburger Feier.

Marburg war der Abschluß jener deutschen Tage Kaiser Friedrichs II., Tage einer feierlich-festlichen Höhe, eines licht- und glanzerfüllten Friedens, der mit der „magna gloria" des Kaisers über Deutschland gebreitet war wie fast über alle Länder des Römerreiches. Etwas von einer nahen Weltfriedensstimmung mochte man damals verspüren und wenn die Chronisten in diesem Jahre eine unermeßliche Weinernte meldeten und einen milden warmen Winter, so konnte das ein Zeichen sein, daß jetzt der wahre Friedefürst und Justitiakaiser über die Lande herrsche. Und so mußte es wirklich scheinen: denn immer hatte Friedrich II. ohne die Hilfe der Waffen zu siegen vermocht.. alle seine großen Erfolge, die ihn zu jenen Höhen geführt, hatte er auf friedlichem Weg, allenfalls mit einer drohenden Geste errungen, und auch wenn man jetzt auf dem sommerlichen Lechfeld das Waffenklirren der um den Kaiser sich sammelnden Krieger vernahm, so sollte gerade durch diese Streitmacht der Welt das ersehnte Heil des Friedens gebracht werden. Eine „Exekution des Rechts" nannte daher der Kaiser den kommenden Feldzug, und unbegreiflich wollte es ihm scheinen, wie Papst Gregor diese „das Heil bringende Absicht" des kaiserlichen Richters mit einem gewissen Worte wie „Krieg" verunglimpfen könne. Denn der Weltfrieden, den Gott unter dem Justitiakaiser dem Erdenrund als Erfüllung bestimmt, war jetzt nahe, da es nur im lombardischen Winkel noch hier und da aufzuckte. Aber auch diesem leicht erregbaren, stets blutbedürftigen und nun der Strafe des Richters und Rächers verfallenen Teile des Reiches galt es den Frieden zu bringen — freilich: mit der Schärfe des Schwertes, da die Lombarden es anders nicht wollten.

Alle Schreiben des Kaisers aus dieser Zeit sind von solchen Anschauungen getragen: die zehn zwölf Städte des Lombardenbundes sind die Weltfriedensstörer und sie zur Ruhe zu zwingen erscheint dem Kaiser als die von Gott selbst gestellte Aufgabe. „Da in der östlichen Welt das Königreich Jerusalem, Konrads unseres teuersten Sohnes mütterlich Teil, und weiterhin das Königreich Sizilien, unserer mütterlichen Nachfolge glanzreiche Erbschaft, und Germaniens machtvolle Obergewalt nach Befriedung der Völker ringsum auf den Wink himmlischen Willens in der Ehrfurcht unseres Namens verharren, so glauben wir, daß nicht für ein anderes des Erlösers Vorsehung so gewaltig, ja wunderbar unsere Schritte lenke, als dafür, daß jene Mitte Italien, die von unsern Kräften rings umgeben ist, zu den Diensten unserer Erlauchtheit rückkehre und zu des Kaisertums Einheit." Die Lombardei, jene Mitte des Reiches zu unterwerfen, ist ihm von der Vorsehung selbst bestimmt und auf dieses Ziel hin hat Gott seine Schritte gelenkt: „Den liebsten Dienst meinen wir also dem lebendigen Gott zu erweisen, wenn wir auf den Friedensstand des ganzen Imperiums um so freudiger sinnen, je sichtbarer die Vorzeichen sind, unter denen wir solches dem himmlischen Willen entnehmen." Es ist nicht gerade oft, daß Friedrich II. selbst sein politisches Handeln derart ausdeutet.. um so erleuchtender ist dieser eine Fall. Denn fast ein Gottesdienst ist ihm, dem Richter, der Strafvollzug an den Lombarden und auf wunderbare Weise entspricht das von Gott Vorgesehene den persönlichen leidenschaftlichen Trieben des Kaisers: die Erfüllung des göttlichen Weltenlaufes und die Erneuerung des Friedenszustands der Völker bringt ja zugleich seinem eigenen ureingeborenen Haß gegen Mailand Befriedigung, wie denn damals Friedrich II. dem König von Frankreich schreibt: „Sobald wir nämlich in den uns reifenden Jahren, in der erglühenden Kraft des Geists und des Leibes zu des römischen Reiches Gipfel wider Erwarten der Menschen durch den einzigen Wink göttlicher Vorsehung aufstiegen.., war unseres Geistes Schärfe immerwährend darauf gerichtet.., die am Vater und Großvater begangene Beleidigung (der Lombarden) zu verfolgen und den schon in anderen Gegenden gezüchteten Setzling verruchter Freiheit zu zertreten." Solch ein abgründiger Haß hat freilich selbst etwas Gottgewolltes Providentielles und es weist daher alles — die Vorsehung, das Weltheil und der persönliche Trieb — auf das gleiche Ziel hin: die Lombarden zum Frieden zu zwingen.

So ward der Lombardenkrieg gegen Rebellen und Ketzer zu einem heiligen Krieg nicht anders als eine Kreuzfahrt ins Heilige Land, und wieder erscheint es dem Kaiser unbegreiflich, wie Papst Gregor selbst um eines Kreuzzuges willen der kaiserlichen Justitia in den Arm fallen könne, deren Vollzug die notwendige Vorbedingung sei auch für die Kämpfe in Syrien: „denn die Absicht unseres Vorgehens zielt unsererseits ganz offenbar auf nichts anderes hin, als die Sache des Gekreuzigten auf uns zu nehmen, was aber unmittelbarer nicht geschehen kann, als wenn durch die Kraft der Justitia die Völker ringsum befriedet sind." So schrieb er an König Ludwig von Frankreich und auch sonst verwahrte sich der Kaiser dagegen, daß er um des eigenen Vorteils Kriege führe: „Wenn erst der Zwist im Busen dieses Italien zu Ehren Gottes und des Kaisertums durch ein rühmliches Ende beruhigt ist, dann hoffen wir, für das Heilige Land eine mächtige Hilfe herauszuführen." Ob hier der Kaiser noch an etwas anderes gedacht haben mag? an jene Prophetien vielleicht, die man schon längst auf ihn, den Befreier des Grabes bezog: daß nämlich nach der Befriedung des ganzen Westens der Messias-Kaiser ins Morgenland rücken werde, um dort an heiligster Stätte die Krone der Welt niederzulegen und Schild wie Lanze am dürren Baum aufzuhängen zum Zeichen seines Weltengerichts? Wollte Friedrich auch diese Verheißung wörtlich erfüllen?

Friedrich hütete sich wohl, solches ausdrücklich zu sagen und sich allzusehr zu binden. Aber die Nähe des Weltengerichts und des Friedensreiches klingt überall an. Es ging um den Frieden.. nicht nur um den des tatsächlichen römischen Reiches, sondern in diesem Zeitpunkt der Fülle, um den der römischen Christenwelt überhaupt. Der Lombardenkrieg erschien daher als Sache des ganzen Erdrunds und so entbot der Kaiser zu einem lombardischen Hoftag nach Piacenza diesmal auch die Gesandten der übrigen Könige Europas, um mit ihnen gemeinsam die wenigen Weltfriedensstörer zur Ruhe zu bringen.. hinter denen, wenn auch noch immer nicht offen, der Papst stand. Und Friedrich II. mußte da wohl eine richtige Saite angeschlagen haben, denn Europas christliche Könige traten schon jetzt für den Kaiser ein, wenn sie auch ihre bewaffnete Hilfe erst mit dem steigenden Kriegsglück des Kaisers entsandten. Der König von England schrieb damals an Friedrich: am liebsten hätte er sich selbst gegürtet, um dem Kaiser zu folgen.. und gleichzeitig sandte er unaufgefordert an den Papst und an einige ihm befreundete Kardinäle Briefe, man solle sich der Sache des Kaisers gegen die Lombarden annehmen, über deren Anmaßung er sich sehr entrüstet äußerte. Und noch schärfer klingt das Schreiben, welches König Bela von Ungarn in diesen Junitagen des Jahres 1236 an den Papst richtete: er habe erfahren, daß die Bosheit der Lombarden den Papst zu bewegen suche, dem kaiserlichen Vorgehen, das auf Erneuerung des Reiches ausgehe, unter dem Vorwand eines notwendigen Dienstes für die Sache des Heiligen Landes sich zu widersetzen. Er bäte den Papst, nicht auf die Lombarden zu hören, weil unauslöschliches Feuer der Zwietracht zwischen Kirche und Imperium die Folge sein würde, und fügt hinzu, daß ein derartiger Eingriff des Papstes in die weltlichen Rechte der Fürsten ihm wie den andern Königen Europas eine Warnung sein werde.

Die männlichen Worte des Ungarnkönigs bezeugen, wie sehr damals noch die Sache des Kaisers die der übrigen abendländischen Könige war, und in welchem Ansehen bei ihnen Friedrich II. stand — nicht nur durch die Kaiserkrone, sondern auch an tatsächlicher Macht bei weitem der Erste. Die Gemeinschaft der christlichen Könige des Abendlandes fest zusammenzuschließen: das wurde von nun an zum politischen Weltziel des Kaisers und es war gewiß nichts Hohles, wenn er jetzt, im Augenblick seiner äußersten Machtentfaltung daran erinnerte, daß „mehr denn je der ganze Erdkreis gleichsam durch den Geist des Kaisertums lebe, so daß er erschlafft, wenn dieses schlaff wird und Freude hat, wenn es gedeiht". Und weiter: daß jetzt „das römische Kaisertum um so vollkommener den Frieden erstreben, um so dringender sich der Gerechtigkeit unter den Völkern widmen müsse, weil das Kaisertum vor die Augen aller Obrigkeiten der Welt wie vor einen Spiegel gestellt sei". Mehr noch als sonst gibt sich daher der Kaiser jetzt, da das Friedensreich, die ersehnte aurea aetas winkt, als die leibhafte Justitia, und „unsere Gerechtigkeit" wird hier und da gleichbedeutend gebraucht, wie sonst wohl: unsere Erhabenheit, unsere Erlauchtheit. „Seine Justitia" wolle er rüsten und die Lombarden sähen seinem Gesicht, das er ihnen gern friedlich gezeigt hätte, nicht ergeben entgegen und :„sie können es auch nicht unbesorgt anschauen, aus Furcht vor der Justitia." Neben der ordnenden und zur Vernunft geleitenden Justitia tritt jetzt erstmals die strafende und rächende ganz groß hervor, hier noch gebunden an das Ziel des Weltfriedens und der vollkommenen Weltordnung. Erst ein Jahrzehnt später raste haßerfüllt die Rächerin um ihrer selbst willen durch Italien.

Sowohl die Weltfriedenshoffnungen als die Idee des universalen Römerimperiums kamen in dieser Zeit noch anderweitig zum Ausdruck: in einigen merkwürdigen Schreiben Friedrichs II. an das stadtrömische Volk. Auch diese Briefe stehen in engstem Zusammenhang mit dem Glauben, daß sich die Fülle der Zeit nahe und damit die Welt erneuere. Denn Erneuerung hieß: Wiederherstellung der Welt im Zustande der Erlösungszeit und des augusteischen Imperiums. Der erwartete Messias-Kaiser, der das Reich der Justitia errichtete, mußte sich also auch als Erneuerer des alten Römerreichs ausweisen, als Erneuerer des Friedefürsten Augustus und der alten Weltstellung des kaiserlichen Rom.

Schon in den Tagen Barbarossas hatte der Erzpoet, Früheren gleich, diese „Renovatio" vom römischen Recht her erwartet und seinem Kaiser gesungen:

> Ein AUGUSTUS läßt aufs neu allen Erdkreis schätzen
> Neu geordnet wird das Reich nach bewährten Sätzen.
> Frieden zieht auf Erden ein alle zu ergetzen
> Und der Böse wird nicht mehr gutes Recht verletzen.

Auch diese Vorstellungen, die dem erwarteten messianischen König erst das sinnliche Gepräge gaben: das Aussehen der alten Caesaren und der Augusti, griff Friedrich II. nunmehr auf und schrieb seine pomphaften Briefe an die Römer, um die „mit des großen Namens Schatten bereits Zufriednen" aufzurütteln, sie, „die neue Nachwelt", die jetzt Schlafenden „zu den Gipfeln der alten Würde zu erwecken". Dröhnend fahren des Kaisers Worte auf die Römer nieder, die zwischen häuslichen Sorgen und weichen Genüssen schlummernd die große Vergangenheit vergäßen: „Seht, jetzt hat sich der mailändische Übermut im Norden einen Thron gesetzt und nicht zufrieden damit, Rom ähnlich zu sein, kündigt es dem römischen Kaisertum auf. Seht, diese, die verhaftet waren, Euch — wie man erzählt — Tribute zu zahlen, bringen Euch Schmähungen statt der Tribute. O wie weit ist das von den Taten Eurer Vorgänger entfernt und den Tugenden der Alten, daß dem römischen Kaisertum eine einzige Stadt allein aufstünde: denen genügte es nicht, daß bloß die Nachbarn unterlägen, sondern alle Provinzen bändigten sie, besaßen das entlegene Spanien und haben das schöne Karthago zerstört!" Aber die Verschiedenheit des neuen vom alten Rom setze alle in Erstaunen, zu denen durch alte Erinnerung oder Kenntnis der Ereignisse der Ruf von der römischen Hoheit gelangt sei und die der Vorzeit Denkmäler gelesen hätten und die neuen betrachteten. Und die gegenwärtige römische Kommune meinend, schreibt der Kaiser: „Vielleicht aber werdet Ihr antworten, daß jene Großtaten Könige und Caesaren vollbrachten. Wohlan denn, Ihr habt den König und Caesar, der für des römischen Reiches Erhöhung seine Person dargebracht, seine Schatzkammern geöffnet und seine Anstrengungen nicht geschont hat! Einen König habt Ihr, der Euren Schlummer durch beständigen Anruf aufstört...."

So suchte der Kaiser alle geistigen Kräfte der Zeit wachzurütteln, daß die Welt sähe, was es bedeute, wenn er das Schwert zücke gegen die Lombarden, die dem sichtlich von Gott selbst gesetzten Ziel widerstrebten: dem Weltfrieden und dem Kaiserreich der Justitia. Mit Recht konnte daher Friedrich verkünden, daß jene lombardischen Rebellen nicht nur gegen ihn, den Kaiser, sondern unmittelbar gegen Gott, gegen den katholischen Glauben, ja gegen die Natur sich empörten. Während er selbst aber noch zurückhaltend allein von seiner kaiserlichen Friedenssendung sprach, nur gerade einen Satz einfügend: „Daß nicht nur im Zeitlichen über den Finsternissen der Glanz des Kaiserzepters von Rom leuchte", priesen ihn seine Freunde in Italien bereits als den nahenden „Retter". Vor dem Volk von Piacenza hielt Petrus de Vinea eine Ansprache, meldete das baldige Kommen des Kaisers und, ohne daß es Zufall, aber auch nicht ein abgekartetes Spiel zu nennen wäre, legte er seiner Rede den Vers aus des Jesaias Heilandsverkündung zugrunde, der im Weihnachtsevangelium wiederkehrt: „Das Volk, das im Finstern wandelt, sieht ein großes Licht und hell scheint es über die, so da wohnen im finstern Land."

Das waren die Zeichen, unter denen Friedrich II. sich vom Gesetzgeber zum Heerführer wandelte und seine neue Erscheinungsform vorbereitete, die Caesarenformel: arma et leges erfüllend. Eine „Exekution des Rechts" hatte der Kaiser den bevorstehenden Feldzug geheißen und schon die Vorstellung, daß die Heeresmacht nur als ein Werkzeug des Richters Rebellen und Gesetzesübertreter zu strafen habe, machte ein eigentliches Feldherrn- und Strategentum unmöglich. Friedrich II. hatte ja kein zusammenhängendes großes Territorium zu erobern, und für irgendwelche Feldzüge nach Art der Alexander Hannibal Caesar fehlten ihm wie fast allen mittelalterlichen Herrschern Räume sowohl wie Gegner. Feldherr war Friedrich nur, soweit ein solcher im Mittelalter überhaupt denkbar, das wohl heerführende Könige und Fürsten, aber keine Feldherrn und Strategen kannte — von Byzanz etwa abgesehen. Jeder Tapfere war auch zum Heerführer geeignet, jeder Kardinal und jeder Justitiar führte ein Heer so gut wie ein König, und weder konnte man ein guter noch ein schlechter Feldherr sein, einfach weil es kaum eine Kunst des Krieges gab, die erst mit den Kondottieren und den Berufsheeren überhaupt sich langsam zu entfalten begann. Friedrichs Heer, wie es sich in den endlosen Kämpfen des letzten Jahrzehnts herausbildete, zeigt zwar schon Ansätze zu einem Berufssoldatentum, indem die lehenspflichtige Kriegsfolge immer mehr zurücktrat hinter dem unmittelbar vom Kaiser geworbenen Söldnertum.. und Friedrich selbst wuchs mit der leichten Wandlungsfähigkeit aller Großen auch in eine Art Kondottierentum hinein. Dennoch war für große strategische Konzeptionen gar keine Gelegenheit, weder für ihn noch für seine Gegner: jeder Kampf hatte im Mittelalter etwas mehr oder minder Improvisiertes, Zufälliges und bedurfte der raschen Entscheidung. Die Vorteile, welche Schnelligkeit List Überraschung und überlegene Kräfte gewähren konnten, hat Friedrich II. wohl ausgenutzt. Aber selten konnte er die Gegner in einer Feldschlacht fassen, in der sie fast stets unterlagen, während sie hinter den festen Mauern ihrer Städte bei der mangelhaften Belagerungstechnik fast nur durch Aushungerung, selten durch Sturm zu bezwingen waren. Durch viele Monate zogen sich dann die Belagerungen hin, die der Kaiser nach Möglichkeit zu vermeiden suchte, schon der übergroßen Kosten wegen, die der Unterhalt eines Belagerungsheeres durch Monate verursachte. Winzig klein erscheinen die Heere der Zeit, vor allem im Vergleich zu den ungeheuren Ideen des universalen Kaisertums und Papsttums, die sich in ihnen darstellten. Aber gerade daß ein Geringstes an Substanz Weltideen tragen mußte, ist das Merkmal jener ganzen Epoche, die vom Allgeist zu den Dingen herabsteigend die unscheinbarste Tat mit einem Übermaß an Geist zu belasten vermochte. Friedrich II. dürfte „unter den siegreichen Adlern des römischen Imperiums" wohl niemals mehr als zwölf-, allenfalls fünfzehntausend Mann vereinigt haben, und diese Streitmacht war noch zusammengewürfelt aus den verschiedensten Bestandteilen: aus deutschen italischen sizilischen Lehensrittern neben den Sarazenen, aus Fußgängeraufgeboten kaisertreuer Städte neben Soldrittern und Soldschützen verschiedenster Herkunft. An Reiterei dürfte der Kaiser den Gegnern, deren Bundesheere etwa die gleiche Stärke aufwiesen, im allgemeinen überlegen gewesen sein. Aber während in offener Feldschlacht wohl alle Siege durch sie errungen wurden, blieben die schwer gepanzerten Reiter wertlos für den Belagerungskrieg.

Das Heer, welches dem Kaiser für einen mehrmonatigen Feldzug nach Lombardien folgte, war selbst für die damalige Zeit ungewöhnlich gering. Starke Kräfte der Deutschen hatte er gegen den Herzog von Österreich entsenden müssen. Der händelsüchtige Babenberger war auf keinem der für ihn angesagten Tage erschienen.. dafür aber hatte er kaiserliche Gesandte abgefangen, sich gegen alle benachbarten Fürsten Übergriffe erlaubt und schließlich dem Kaiser den Gehorsam aufgesagt. Es ward über ihn nun die Reichsacht verhängt, die zu vollziehen dem Böhmenkönig und dem Herzog von Bayern übertragen wurde. Binnen weniger Monate konnte von ihnen der Babenberger auch unterworfen und in seine letzten Befestigungen zurückgedrängt werden. Für diese Nebenaktion hatte der Kaiser mehrere der deutschen Heeresabteilungen bestimmt, so daß er wenigstens seine italischen Truppen nicht zu schwächen brauchte.

Der ganze Feldzug des Jahres 1236, der wenige Monate dauerte, war daher nur ein Vorfühlen und sollte vor allem in der Lombardei Luft machen und die Lage klären. Auch über das Verhalten des Papstes mußte sich Friedrich Gewißheit verschaffen und so ersuchte er den Papst, da der Kampf ja auch den Ketzern galt und überhaupt zwischen den beiden Gewalten der Frieden noch fortbestand, mit Kirchenstrafen gegen die Rebellen einzuschreiten. Daß die Kurie den Strafvollzug unterstützte, war gewiß keine unbillige Bitte. Gregor IX. indessen gab gar keine Antwort.. „gleichsam aus träumerischer Vergeßlichkeit" sei er die Antwort schuldig geblieben, wie er späterhin schrieb. Statt dessen aber sandte er dem Kaiser fast ohne die Lombardenfrage anzurühren eine neue Liste von Beschwerden über die Verwaltung Siziliens und schließlich, als die militärischen Aktionen des Kaisers einen Augenblick zu stocken schienen, enthüllte der Papst unversehens sein wahres Meinen, den Traum von der Einheit beider Gewalten jäh zerreißend: „die Nacken der Könige und Fürsten — schrieb er dem Kaiser — siehst Du unterworfen den Knien der Priester und christliche Kaiser müssen ihr Tun unterstellen nicht nur dem römischen Pontifex, sondern dürfen ihm nicht einmal den Vorzug geben vor anderen Priestern." Es ist der berüchtigte und berühmte Satz priesterlicher Allhoheit, mit dem Gregor jetzt erstmals und wohl allzufrüh gegen Friedrich II. hervortrat — gegen die Auffassung der Vorgänger noch übersteilt dadurch, daß er den Kaiser jedem geringsten Kleriker unterstellte und zwar offensichtlich nicht nur im Geistlichen. Denn der Richtspruch des apostolischen Stuhls sei über den ganzen Erdkreis gestellt, erklärte Papst Gregor, was hier soviel hieß wie: Friedrich habe sich der Entscheidung des Papstes in der Lombardensache widerspruchslos zu unterwerfen, obwohl dieser Streit zwischen Kaiser und Reichsrebellen letztlich den Papst gar nichts anging. Papst Gregor aber leitete die Befugnis des Päpstlichen Stuhls, über alle Angelegenheiten — vor allem solche Italiens — zu entscheiden her aus jener berühmten Fälschung, der sogenannten „Konstantinischen Schenkung", indem er ausführte: Konstantin, der Alleinherrscher über alle Zonen der Welt, habe in Übereinstimmung mit Senat und Volk von Rom, denen nicht nur die Herrschaft über die Stadt, sondern über das ganze römische Reich zustand, es für geziemend erachtet, daß der Statthalter des Apostelfürsten, der in der ganzen Welt die Herrschaft über Priestertum und Seelen führe, auch über die Dinge und Leiber des Erdenrunds die Obergewalt besitze. Und Konstantin habe geglaubt: daß derjenige, dem auf Erden vom Herrn die Leitung der himmlischen Dinge übertragen sei, auch alles Irdische am Zügel der Gerechtigkeit leiten müsse. Abzeichen und Zepter des Kaisertums seien daher von Konstantin dem Papst für alle Zeiten überlassen, die Stadt Rom mit dem ganzen Dukat und auch das Kaisertum selbst auf ewig dem Papst unterstellt. Italien habe Konstantin der Verfügung des apostolischen Stuhls ganz übergeben und sich selbst einen neuen Wohnsitz in Griechenland gesucht. Denn ruchlos sei es ihm erschienen, als irdischer Kaiser da Macht zu besitzen, wo vom himmlischen Kaiser eingesetzt das Haupt des christlichen Glaubens throne. Ohne von der Substanz seines Richtertums etwas zu mindern, habe der apostolische Stuhl schließlich das Kaisertum auf die Deutschen, auf Karl übertragen und ihm durch Krönung und Salbung die Gewalt des Schwertes bewilligt.

Die päpstliche Lehre ist hier nicht weiter zu verfolgen. Im Augenblick diente sie Papst Gregor dazu, seinen Schiedsspruch in allen italischen Angelegenheiten auch gegen den Kaiser als endgültig und bindend hinzustellen. Auf dieses Schreiben zu antworten erübrigte sich freilich für Friedrich II Wenn nicht schon längst, so wußte er jetzt, woran er war. Was sollten hier noch Worte! Den klaren Rechtsfall, daß die Lombarden durch ihr Bündnis mit König Heinrich einen Hochverrat begangen hatten, konnten keine Lehren von des Papstes oder des Kaisers richterlicher Obergewalt, keine Theorien von der Suprematie des Papstes über den Kaiser und einer päpstlicher Oberhoheit in Italien wegdisputieren. Obwohl die Verhandlungen mit dem Papst durch Hermann von Salza noch über Jahr und Tag fortgesetzt wurden und die gesamten Waffenaktionen begleiteten: hier konnten nur noch Taten entscheiden. —

Im August 1236 war Friedrich in der Nähe Veronas angelangt. Gebhard von Arnstein war mit fünfhundert Soldrittern und hundert Soldschützen vorausgeschickt, um Verona zu besetzen, und weitere tausend Ritter nebst einigem Fußvolk hatte der Kaiser nachgeführt. Erst in Italien sollten noch beträchtliche Streitkräfte zu ihm stoßen, vor allem die Aufgebote der kaiserlichen Städte. Die wichtigste Aufgabe war, den Paßausgang Verona nach allen Seiten zu erweitern. Ezzelino hatte nach Osten hin zur Trevisaner Mark zu operieren: gegen Padua Vicenza Treviso, die schon von Venedig unterstützt wurden. Der Kaiser selbst wandte sich nach Westen in die eigentliche Lombardei. Da Mantua sich für die Liga erklärt hatte, so war die Verbindung mit Cremona, Friedrichs wichtigstem Stützpunkt in Oberitalien, gesperrt, und die Streitkräfte der kaisertreuen Städte: Cremona Parma Reggio Modena konnten nicht herangezogen werden, zumal ein feindliches Bundesheer die Vereinigung der beiden Gruppen zu hindern suchte. Durch ein nördliches Ausbiegen und einen Einfall ins Gebiet des feindlichen Brescia gelang es den kaiserfreundlichen Städtern indessen, nahe der brescianischen

Festung Montechiaro die Verbindung mit dem Kaiser herzustellen, was man als einen großen Erfolg der Kaiserlichen begriff. Das Wichtigste war nun, die Straße von Verona nach Cremona zu öffnen. Zwei von den Bundestruppen besetzte kleinere Festungen, Mercaria und Mosio wurden erobert, dann wurde durch dreitägiges Lagern vor Mantua versucht, die Mantuaner aus ihrer Stadt herauszulocken, und als das nicht gelang, der Marsch nach Cremona fortgesetzt. Das eine Ziel war damit erreicht: der Stützpunkt Verona gesichert.

Abwartend verbrachte der Kaiser fast den ganzen Oktober in Cremona. Verhandlungen mit Papst und Lombarden waren im Gang, überdies sollte in Cremona jener Hoftag abgehalten werden, zu dem der Kaiser ursprünglich nach Piacenza geladen hatte. Das war indessen nicht mehr angängig. Denn einer päpstlichen „Vermittlungs- und Friedensaktion" war es gelungen, Piacenza zum Abfall vom Kaiser und zum Anschluß an die Liga zu veranlassen. Für mehr als ein Jahrzehnt blieb damit dem Kaiser die Stadt verloren. Dafür aber sagte sich jetzt Bergamo vom Bunde los und trat zum Kaiser über. Die Verhältnisse in der Lombardei waren eben stets wandelbar.

Zu dem angesagten Hoftag sollte es jedoch gar nicht kommen: Ende Oktober rückte der Kaiser von Cremona plötzlich ab. Ezzelino, der an der Etsch in der Gegend von Legnano ein feindliches Bundesheer der vereinigten Mannschaften von Vicenza Treviso Padua Mantua vorläufig noch festhielt, sah den Ausgang der Klausen von Verona wieder bedroht: er hatte daher Friedrich nach dem östlichen Kriegsschauplatz gerufen. In einem vielbewunderten Eilmarsch kam ihm nun der Kaiser zu Hilfe, wahrscheinlich in der Absicht, von Norden her über San Bonifacio—Arcole die Bundestruppen im Rücken zu fassen. Begleitet nur von seiner schweren Reiterei war Friedrich am Abend des 30. Oktober von Cremona aufgebrochen und hatte in einem Tages- und zwei Nachtmärschen die ganze Strecke von Cremona bis San Bonifacio (östlich Verona: 112 Kilometer) in höchster Eile „wie eine Schwalbe die Luft durchschneidend" zurückgelegt. Am Morgen des 1. November traf er in San Bonifacio ein, rastete so lange „wie man eilig ein Brot verzehren kann" und eilte sofort weiter, jedoch nicht nach Süden zu Ezzelino, sondern weiter nach Osten, auf Vicenza los. Die Lage hatte sich plötzlich geändert: als das Bundesheer von dem gänzlich unerwarteten Anrücken des Kaisers Nachricht erhielt, löste es sich auf, weil jetzt die Städte selbst bedroht schienen. Allen voran eilten die Vicentiner unter Preisgabe von Gepäck und Zelten fluchtartig nach ihrer Heimatstadt, die mehr als die anderen einem Angriff des Kaisers ausgesetzt war. Doch sie kamen zu spät. Friedrich hatte in wenigen Stunden Vicenza (weitere 30 Kilometer) erreicht. Noch am Nachmittag des ersten November langte er an, ließ die Stadt, die sich nicht ergeben wollte, stürmen und gab sie der Plünderung preis. Vicenza wurde dem Ezzelino, der inzwischen auch herangekommen war, anvertraut und einem kaiserlichen Kapitän unmittelbar unterstellt. Damit begann die Verwaltung lombardischer Städte durch kaiserliche Beamte. Man erzählt, daß Friedrich II. seinem Freunde Ezzelino in Vicenza eine kurze Anweisung gegeben habe, wie er das Stadtregiment geführt wissen wolle. Die Lage beredend seien die beiden im Garten des Bischofs von Vicenza auf und ab gegangen, als der Kaiser seinen Dolch zog und sagte: „Ich will dich lehren, wie du Herrschaft und Leitung der Stadt sicher behaupten kannst" und damit begann er, alle langen Grashalme zu köpfen. Ezzelino verstand. „Die Befehle des Kaisers werde ich mir sicher merken", habe er geantwortet und wenig später begann er mit einem Schreckensregiment Italiens erste Signorie auszubauen.

Der unmittelbare Erfolg der Einnahme von Vicenza war die Unterwerfung Salinguerras mit seiner Stadt Ferrara und die des Gebietes von Camino. Aber auch die andern Städte des östlichen Oberitalien waren so erschüttert, daß Ezzelino und Gebhard von Arnstein schon im Laufe des Winters Padua besetzen konnten, worauf sich auch Treviso mit dem Markgrafen von Este ergab. Damit war das obere Italien östlich der Linie Verona—Ferrara kaiserlich geworden, das Gebiet, in welchem nun Ezzelino unter dem Schutze des Kaisers seine Tyrannis einrichtete, was Venedig als schwere Bedrohung empfand. Eine Entscheidung hatte der kurze Feldzug des Jahres 1236 noch nicht gebracht, immerhin aber nennenswerte Erfolge, und vor allem: der Alpenausgang und die Verbindung mit Cremona waren nunmehr sichergestellt. Noch im November 1236 konnte der Kaiser die Lombardei für kurze Zeit verlassen, um sich nach Wien zu begeben, wo er überwinterte. Auch in Österreich war alles seinen Wünschen entsprechend geregelt.

Die wesentlichen Ereignisse im Österreichischen sind schon vorweggenommen. Die Unterwerfung des Babenbergers war zwar keine endgültige, da sich Herzog Friedrich noch an einzelnen befestigten Punkten hatte halten können. Dennoch war in Österreich vorläufig die Ruhe hergestellt. Wochen hindurch blieb der Kaiser in Wien: der Babenberger wurde für abgesetzt erklärt, mit jener Hausmachtsgründung des Staufers ein Anfang gemacht und der Stadt Wien ein großes Privileg ausgestellt, nach welchem fortan die Stadt unmittelbar beim Reich bleiben sollte. Ein Hoftag vereinigte in Wien nochmals eine große Anzahl deutscher

Fürsten und für Friedrichs II. gesteigerte Macht zeugt nichts deutlicher als die Tatsache, daß damals ohne irgendwelche Sondervergünstigungen die deutschen Fürsten sich sofort bereit fanden, den neunjährigen Konrad, König von Jerusalem, als Nachfolger Friedrichs zu wählen und zwar: als Nachfolger im Kaisertum, als „römischen König und künftigen Kaiser"... entsprechend den Zielen des Herrscherhauses. In einem stolzen Ton ist das Wahldekret der Fürsten abgefaßt, die sich der staufischen Tradition gemäß ganz unbefangen als Folger und Erben römischer Senatoren fühlten: „Obwohl in den Anfängen Roms, nach der Trojaner denkwürdigem Ausgang und der Zerstörung ihrer so erhabenen Stadt, bei den Senatoren der neuen Versippung des Königtums höchste Gewalt und die Stimmscherbe der Kaiserwahl ruhte, so konnte dennoch im allmählichen unaufhaltsamen Wachstum des Reiches, dann in der zunehmenden Kraft, der Gipfel solchen Geschickes nicht bei einer einzigen Stadt bleiben — und war sie auch königlich vor den andern. Aber nachdem (das Kaisertum) auch die entrücktesten Zonen in einer gewissen ringläufigen Wanderung durchpilgert hatte, blieb es endlich für immer bei Germaniens Fürsten — nicht minder zweckvollen wie notwendigen Sinns, auf daß aus ihnen, die für des Reiches Nutz und Schutz sorgen, des Reiches Ursprung komme."

So war die Thronfolge in Deutschland und im Römerimperium wieder gesichert. Von einer Königskrönung Konrads IV. sah der Kaiser jedoch ab: die Erfahrungen mit König Heinrich, an dessen Stelle Konrad gewählt war „wie David für Saul", hatten gelehrt, daß allzu große Selbständigkeit des deutschen Königs gefährlich sei und nur als Beauftragte des Kaisers hatten König Konrad oder die ihm gegebenen Verweser, zunächst der Erzbischof Sigfrid von Mainz, später Heinrich Raspe von Thüringen zu regieren. Im Frühjahr begab sich der Kaiser von Wien aus nach Speyer, um hier zu Pfingsten nochmals einige Fürsten um sich zu sammeln, welche die Königswahl bestätigten. Umfangreiche Rüstungen für die Fortsetzung des Lombardenkrieges nahmen den Kaiser hauptsächlich in Anspruch und im August lag er mit neuen Truppen auf dem Lechfeld. Ein kurzes Schreiben benachrichtigte wiederum die Römer von den Vorgängen: keine römische Angelegenheit dürfe dem Römervolk verborgen bleiben, da alles Beginnen des Kaisers besonders der Römer wegen geplant werde. Auf dem Felde von Augsburg breche er jetzt seine Zelte ab, um unter den ruhmreich entfalteten Feldzeichen, den Adlern des Reiches, mit der gesammelten Streitmacht der Deutschen Latiums Grenzen wiederzusehen. Wie niemals bisher fühlte sich Friedrich II. an der Spitze seiner Krieger als einer der Caesaren, und wie er den Lombardenkrieg eröffnet hatte, indem er selbst eines der römischen Adlerzeichen ergriff, so sollte jetzt mehr noch als im Vorjahr der Genius Roms ihn auf seinem Feldzug begleiten. Auch in diesem Jahre wurden auf Bitten des Deutschordensmeisters nochmals Verhandlungen eingeleitet. Hermann von Salza hatte jedoch einen schweren Stand. Denn auf einem großen Kapitel zu Marburg, wo über hundert Deutschherrenritter zusammengekommen waren, zeigten sich die Ordensbrüder genau wie die deutschen Fürsten sehr unwillig, daß ihr Meister immer noch verhandeln statt losschlagen wolle. Auch der Kaiser versprach sich wenig von solchen Bemühungen, obwohl Hermann von Salza diesmal weiter kam, als je zuvor. Friedrichs Erfolge in der Trevisaner Mark hatten sowohl die Lombarden wie den Papst eingeschüchtert, ja Gregor rief jetzt sogar den beim Kaiser sehr unbeliebten Kardinal Jakob von Palestrina als Legaten der Lombardei ab und ließ die Legation durch zwei dem Kaiser genehmere Kardinäle besetzen. Auch die Lombarden waren gefügiger geworden und vielleicht wäre es wirklich zu einem Vergleich gekommen, hätten nicht mittelbar die Venezianer die Friedensverhandlungen hintertrieben. Eine unter dem Kaiser geeinte Lombardei, vor allem aber: im Rücken ein Ezzelino in der Trevisaner Mark — das mußte den Venezianern als eine stete Bedrohung erscheinen. Nun hatte man in Piacenza nach dem Abfall vom Kaiser einen Venezianer als Podestà eingesetzt und dieser, vielleicht vom Dogen unterwiesen, ließ die Piacentiner schwören, niemals einen kaiserlichen Podestà in ihrer Stadt aufzunehmen. Da solches aber eine der wichtigsten Bedingungen des Kaisers war, so zerschlugen sich die Verhandlungen endgültig.

Mitte September 1237 traf der Kaiser mit etwa zweitausend deutschen Rittern in Verona ein, wenig später auch Gebhard von Arnstein, der dem Kaiser vorauseilend die toskanischen Mannschaften in höchster Eile aufgeboten und sich schon mit dem sizilischen Heere: siebentausend sarazenischen Schützen und den apulisch-sizilischen Rittern vereint hatte. Wenige Tage darauf stießen auch die Aufgebote der reichstreuen Städte unter Führung Cremonas zum Kaiser, dazu kamen noch die Hilfskräfte Ezzelinos, ferner die Ritterschaften einzelner Städte, wie die von Bergamo und Tortona und sonstiger Zulauf, so daß der Kaiser im ganzen wohl über ein Heer von zwölf- bis fünfzehntausend Kriegern verfügte. Es kam auch rasch zu Erfolgen. Noch im September wurde die Festung Redondesco (westlich Mantua) erobert, gleich darauf noch zwei weitere Kastelle im mantuanischen Gebiet, so daß sich am 1. Oktober Mantua selbst ergab. Verhandlungen mit Mantuas Stadthaupt, dem Grafen Richard von San Bonifacio, hatten die Unterwerfung dieser wichtigen Stadt schon vorbereitet.

Jetzt wandte sich der Kaiser nordwärts ins Gebiet von Brescia. Nach vierzehntägiger Belagerung fiel durch eine List das schwer befestigte und stark besetzte Montechiaro. Die Befestigungen wurden zerstört, die fünfzehnhundert hier gefangenen Fußgänger und zwanzig Ritter des Lombardenbundes nach Cremona gebracht. Der Weg nach Brescia lag jetzt offen. Jedoch ein lombardisches Bundesheer, wohl auch an zehntausend Mann stark, hielt sich dicht unter den Mauern dieser Stadt, und es galt zunächst die feindliche Hauptmacht möglichst in offenem Felde zu fassen. Einer Feldschlacht wichen die Lombarden aus, und das war ihnen leicht, solange sie sich an Brescia anlehnen konnten. Also suchte der Kaiser sie von ihrem Stützpunkt wegzulocken. Er zog das Gebiet von Brescia verwüstend wieder nach Süden, eroberte vier Kastelle der Brescianer und zwang die Lombarden ihm zu folgen, da diese ohne Fühlung mit dem kaiserlichen Heer stets eines Angriffs auf eine der andern, der Verteidiger entblößten Städte gewärtig sein mußten. Das Schicksal Vicenzas hätte sich leicht wiederholen können. Mitte November lagen schließlich beide Heere einander gegenüber in der Nähe von Pontevico, getrennt durch ein stark versumpftes kleines Flüßchen, das sich bei Pontevico in den Oglio ergießt. Die Operationen gerieten ins Stocken. In dem Sumpfgelände konnte der Kaiser seine Hauptwaffe, die schwere Reiterei nicht angreifen lassen, eine Herausforderung aber nahmen die Lombarden nicht an. So war der November schon fast vergangen, Verhandlungen blieben trotz bedeutender Zugeständnisse der Städter ergebnislos und es schien keine Möglichkeit mehr, in diesem Jahre gegen die Lombarden, die sich nicht stellen wollten, den entscheidenden Schlag zu führen.

Da griff Friedrich II. zu einer List. Der Oglio, ein die Lombardei von Norden nach Süden durchfließender linker Nebenfluß des Po, lag im Rücken seiner Stellung, die etwa den Winkel ausfüllte, welchen der Oglio mit jenem Sumpfflüßchen bildet. Jenseits des Oglio lag drei bis vier Marschstunden entfernt Cremona. Auf diese Stadt fingierte der Kaiser nun einen Abmarsch ins Winterquartier, was die vorgerückte Jahreszeit ohne weiteres glaubhaft machte. Während die Lombarden noch beobachtend hinter ihrer Sumpfdeckung liegenblieben, überschritt der Kaiser auf mehreren Brücken den Oglio, brach diese gleich nach dem Übergang ab, was der Feind bemerken sollte, und entließ tatsächlich einen großen Teil des Heeres: die städtischen Fußtruppen und den Troß, die nach Cremona gingen. Er selbst aber, von den Lombarden durch den

Oglio getrennt, zog mit dem schlagfertigen Heer: der gesamten Reiterei und seinen sarazenischen leichten Schützen statt nach Cremona südwärts, am jenseitigen Oglioufer flußaufwärts nach Norden. An irgendeiner Stelle mußten die Lombarden, zum mindesten die Mailänder, den Fluß überschreiten und hier wollte sie der Kaiser abfangen. Zwei Tage lag Friedrich bei Soncino im Hinterhalt, vergeblich wartend, bis er Nachricht erhielt: die sich ganz sicher fühlenden Lombarden seien weiter nach Norden ausgewichen, hätten den Fluß schon überschritten und sich bei Pontoglio gelagert. Sofort brach Friedrich am Morgen des 27. November von Soncino auf und am Nachmittag überfiel die aus den deutschen Rittern zusammengestellte Vorhut die überraschten Lombarden, die sich noch gerade um den bei Cortenuova aufgestellten Fahnenwagen der Mailänder zu sammeln vermochten. Die mittlerweile in mehreren Kolonnen heranrückende Hauptmacht, deren eine Abteilung der Kaiser führte, brachte alsbald die Entscheidung. Da es in der vorgerückten Jahreszeit schon frühzeitig dunkelte, gelang es zwar nicht, noch bei Tage Cortenuova zu nehmen.. doch während der Nacht räumten die Lombarden den Ort: unter Zurücklassung des mailändischen Fahnenwagens ergriffen sie die Flucht. Bei der im Morgengrauen einsetzenden Verfolgung büßten sie eine überaus große Zahl Gefangener ein, dreitausend Mann Fußvolk und über tausend Ritter, unter denen sich auch der mailändische Podestà befand: Pietro Tiepolo, der Sohn des Dogen von Venedig. Auch das Kreuz des Fahnenwagens, das die Mailänder noch bergen wollten, jedoch auf der Flucht verloren, wurde von den Siegern gefunden und in dem eroberten Lager eine gewaltige Beute gemacht. — —

Cortenuova, eine der wenigen großen Schlachten des Mittelalters, war ein vollkommener Sieg der kaiserlichen Waffen und zugleich der ruhmvolle Abschluß von Friedrichs deutschem Kaisertum, dem dieser Sieg noch ganz angehört. Zum letztenmal hatte im alten Reich, von den deutschen Fürsten beschlossen und unterstützt, eines Kaisers Italienzug noch die Form des Reichskrieges gehabt.. noch einmal war Friedrich II. den Ahnen gleich aus dem Norden kommend von den Alpen herabgestiegen und hatte in der lombardischen Ebene gesiegt. Der Sieg aber, erkämpft vor allem durch die deutschen Ritter, wurde von Friedrich sofort in die römische Form umgeprägt, die dem Erfolg den geistigen Sinn gab: „Germanensieg" hätte ein falsches Bild gezeugt.. „Deutschensieg" hatte noch kein Gesicht. So ward des Sieges Bedeutung zu einer Glorie der r ö m i s c h e n Waffen, errungen im Namen des kaiserlichen Rom und seiner Caesaren, wie Friedrich wahrheitsgemäß den Römern schrieb. Schon während der Schlacht begleiteten den Staufer die Manen der römischen Imperatoren, ja die siegreiche Roma selbst, als er seinen Streitern den neuen Sieges- und Schlachtruf ausgab: MILES ROMA! MILES IMPERATOR! Und den strahlenden Nimbus altrömischer Waffentaten festzuhalten und zu verdichten ließ der Kaiser dem unter Roms Anruf erfochtenen Sieg den Triumphzug folgen, wissentlich und willentlich die uralten vergessenen „Weihefeiern" erneuernd. Denn als Friedrich II. wenige Tage später mit seinem siegreichen Heer, den vielen Gefangenen und der großen Beute in Cremona einzog, das er — wie man erzählte — zu einem zweiten Rom erhöhen wollte, da geschah es nach dem Vorbild der triumphierenden römischen Imperatoren: in Fesseln folgte seinem Zug der gefangene feindliche Heerführer, der Dogensohn und mailändische Podestà Pietro Tiepolo, mit dem Rücken gebunden auf die bis zur Erde gesenkten Fahnenmast des Mailänder Bannerwagens. Diese hehrste Siegestrophäe aber rollte von einem Elefanten gezogen hinter dem Triumphator durch die Straßen Cremonas, von dem jubelnden Zuruf des Volkes begleitet. Mit den römischen Adlern geschmückt wallten die gelben Kaiserbanner vom Rücken des Tieres nieder, während von dem Holztürmchen herab Posaunenbläser den Triumph des neuen Divus Caesar Augustus verkündeten. Auf die Natur seines römischen Ursprungs werde der Triumph zurückgeführt, erklärte der Kaiser den Römern selbst.

Der Rausch dieser halb exotischen, halb römisch-heidnischen — in jedem Fall tief unchristlichen — Siegesfeier bedeutete für Friedrich II. auch lebensmäßig eine Wende. Alle die prunkenden römischen Caesarentitel, die er wie die Vorgänger führte, waren mit diesem Sieg wieder gerechtfertigt: das formelhaft gedankenlos gebrauchte „Imperator invictus" hieß wieder, was es ursprünglich hieß, und der Transzendenz entkleidet, ohne ein beziehungsweises Davor und Dahinter war er jetzt im ursprünglich nackten Wortsinn FELIX VICTOR AC TRIUMPHATOR. Die Schemen Roms, der Römer und ihrer Caesaren hatten Blut genossen: sie begannen sich wieder zu regen und im Fleisch sichtbar zu werden.. ein erster echter Anhauch des wiederkehrenden Altertums, erneuert aus dem Leben selbst.

VII. CAESAR UND ROM

ROM, das goldne ewige mächtige herrliche weltbeherrschende.. Rom, die Herrin, die Stadt der Städte, die glückliche, die königliche, die heilige Stadt, die Stadt überhaupt, Wohnsitz des Reichs und des Ruhmes! Kein Beiwort war zu hehr, das nicht wie in der Antike so im Mittelalter aufgeklungen wäre, die noch immer strahlende Glorie der einen Welthauptstadt zu verherrlichen. Unvermindert hat der Zauber der Stadt erst des Glanzes, dann der glanzvollen Trümmer durch Jahrhunderte fortgewirkt, deren Namen und viel umworbener Besitz gleichbedeutend war mit der Herrschaft über den römischen Weltkreis. Wollte man die Mächtigen verehren, so stellte man sie in Bild und Wort dar, wie ihnen gebeugten Knies die Roma diente, und jeder der Kaiser hat wiederum Rom die Ehrfurcht erwiesen durch die Pilgerfahrt zu der Stadt, in welcher die Krone der Welt vergabt ward.

Der Wille, Roms alten Glanz zu erneuern, war seit dem Verfall wohl immer lebendig. Das römische Kaisertum der Deutschen war selbst die Idee der „Renovatio", und „Renovatio Imperii" war die Inschrift eines karolingischen Siegels. Doch während anfänglich die Kaiser wenn auch nicht als die einzige, so doch als die bedeutendste Macht mit der Kaiseridee die der Rom-Erneuerung verfochten, erwuchsen ihnen alsbald zwei Rivalen: die Päpste erst, dann die Römer. Als Nachfolger der römischen Divi fühlten sich so gut wie die Kaiser auch die Caesaren-Päpste des Hochmittelalters, denen die konstantinische Schenkung die Kaiserabzeichen: Pallium und Purpur, Zepter und Fahnen und Phrygium überlassen hatte, dazu mit dem lateranischen Kaiserpalast noch die Herrschaft über Rom, Italien, ja über das ganze Imperium. Die Weltherrschaft des imperialen Papsttums sollte auch Roms alte Macht und Größe erneuern und von Gregor VII., dem Begründer des kaisergleichen Papstreiches, über Innocenz III., den „verus imperator" und Schirmherrn des byzantinisch-lateinischen Kaisertums, und Bonifaz VIII., der sich selbst Caesar und Imperator hieß, ist es ein gerader Weg zu dem Fürsten und Feldherrn und letzten der caesarischen Päpste, der nach Caesar den Papstnamen wählte: Julius II. Länger währte es, bis sich die Römer selbst wieder entdeckten: um die Mitte des zwölften Jahrhunderts in engem Anschluß an die Lehren des römischen Rechts und der lombardischen Freiheitsideen begann aber auch für die Römer eine neue Ära, nach der sie lange Zeit ihre Schreiben datierten. Im Jahre 1144 wurde in Rom Senat und Ordo equester erneuert und die römische res publica vom Kapitol her wieder durch einen sacer senatus regiert, der den damaligen Kaiser, den ersten Staufer Konrad III., erinnerte, daß nur kraft des Senates und Volkes von Rom einst die Caesaren über den Erdkreis geherrscht hätten. Das S.P.Q.R. sollte nun wieder die Welt regieren.

Trotz dieser beiden Rivalen blieb bis zum Sturze des staufischen Reiches im deutschen Kaisertum der Traum einer Rom-Erneuerung immer lebendig, bald matter bald stärker, bald verebbend bald wieder hochaufsprühend wie in den Tagen des romberauschten dritten Ottonen und dann Barbarossas. Die Wandlungsfähigkeit der Romidee zeugt für ihre Lebenskraft: jeder der Kaiser, der die Idee aufgriff, gab ihr den Sinn seiner Tage. Dennoch waren gewisse Inhalte beständig: so lebte von Anfang an in der Erneuerungsidee die Rivalität gegen Byzanz, die östliche Kaiserstadt. Hatte Karl d. Gr. gleichsam den nachkonstantinischen Weltzustand neu erstehen lassen, den die Reichsteilung zwischen Arkadius und Honorius geschaffen, so schien dem Sohn der Theophano, Kaiser Otto III., bestimmt Konstantin selbst zu erneuen, den Herrn beider Städte. Zur Zeit Barbarossas und der Wiederaufnahme des römischen Rechts, das die Unterwerfung aller Völker unter den einen römischen Caesar lehrte, hatte der Rom-Traum wieder zum Ziel: das römische Erdenrund der vorkonstantinischen Kaiserzeit in seiner ganzen ungeteilten weltumfassenden Weite neu zu begründen und die Kreuzzüge dehnten den Raum noch weithin nach Osten. Heinrich VI. schließlich, von dem man schrieb: „fast wäre er ein Erneuerer des alten Römerreiches gewesen", hatte auch als Erbe Robert Guiscards schon den Todesstoß gegen das matte Byzanz geplant. Der weströmische deutsche Kaiser sollte der alleinige Monarch der Welt sein: das war sein Wille. Doch erst dem Sohn war solches wirklich beschieden.

Die Rivalität gegen Komnenen und Angeloi kannte Friedrich II. nicht mehr. Noch ehe er zur Regierung kam, war Byzanz von den Kreuzfahrern erobert. Titularkaiser und Vasallen des Papstes herrschten am lateinischen Bosporus, ein machtloser Basileus regierte im Restreich Nikäa, durch eine Bastardtochter Schwiegersohn des staufischen Kaisers. Unbestritten war Friedrich II., der letzte Kaiser des alten Römerreichs, das einzige Haupt der christlichen Welt. Griff er die Romerneuerungsidee auf — und wie sollte er nicht! — so mußte ihr Friedrich statt gegen die äußeren, gegen die beiden inneren Rivalen einen neuen Sinn verleihen.

Der Triumph von Jerusalem hatte den Staufer zum Sohn des Gottes erhöht.. der blutigere von Cortenuova machte ihn zum Sohn auch der Erde. Jenem war der Aufbau der sizilischen Monarchie gefolgt.. der neuen Siegesfeier folgte Friedrichs „Renovatio Imperii". Eine Wandlung des kaiserlichen Gesamtbildes ging nebenher und als Triumphator „legibus et armis" war Friedrich II. in den Caesarenkreis eingetreten.. lebensmäßig sein Übergang zur Stufe des Weltmonarchen, wenn auch keineswegs zu der des Eroberers von Weltweiten. „Nach Befriedung der Völker ringsum die Mitte Italien zum Dienste des Kaisertumes zu bringen" hatte Friedrich den Zeichen der Vorsehung als seine besondere Aufgabe entnommen. Und wunderbar entsprach diese Weisung, Italien „die Provinz der Provinzen" zu unterwerfen, nur dem eigenen persönlichen Willen des Kaisers: „Seit der Caesaren erlauchte Natur mit glückhafter Kraft unsere königliche Veranlagung überkam, ehe noch ein höheres Los uns beglückte, hat immer von unseres Lebens Anbeginn unser Herz geglüht, den Stifter des römischen Reichs und Roma, die Stifterin, im Stande des alten Adels zu erneuern.. und der unstillbare Wille verwuchs mit der nachfolgenden Kaiserwürde."

Zurückblickend sieht man da wohl den Knaben und König, dann den Kaiser in Palermo, in Aachen Worms und Mainz, in Jerusalem thronen, von Jugend auf gespannt nach dem einen großen Ziel: durch seine Taten die alte Caesaren- und Römergröße neu zu gebären. Von diesem leidenschaftlichen Willen getrieben, hat Friedrich II. stolz seine Reiche durchwandert: David in Syrien, Guiscard in Sizilien, Karl in Deutschland.. meinte ein Poet jener Tage. Von jedem der Länder hat der Staufer zwar angenommen, aber jede der Herrschergestalten hat er im Durchgang auch mit caesarischem Anhauch und Auftrieb geschwellt und zur Erfüllung und Reife gebracht. Alles wuchs ihm entgegen aus den Räumen, die ihm andere bereitet: es war ja die Fülle der Zeit und Friedrich zur Ernte von Jahrhunderten ersehen. Nur eine der Herrschergestalten war weniger durch Zauber als durch Gewalt zu beschwören: Caesar bist du in Rom! hatte der schmeichelnde Dichter hinzugefügt. Und dieses Wort einzulösen verhieß vielleicht jener Sieg, der zumindest Italien erschloß, das Land der Caesaren, nicht nur ihre Provinzen: Sicilia Germania Syria. Latiums Grenzen wolle er wiedersehen, hatte Friedrich den Römern geschrieben und Caesar zu sein in der Heimat der Caesaren, dem Ursprungsorte des Reichs: das war die eigene letzte Erfüllung und zugleich die der Welt.

ROMA CAPUT MUNDI! Gleichsam als Aufforderung zierte der uralte Spruchanfang ein Siegel auch Friedrichs II... War diese Rune so sachlich und wörtlich gelöst wie der alte Kaiseranspruch auf die Nachfolge Davids, war Friedrich II. Imperator Italiens und mit dem Pontifex Maximus ein Caesar wieder in Rom, Rom nicht nur in der Verklärung die geistige, sondern im nüchternen Staatsinn die tatsächliche Hauptstadt Italiens und des römischen Reiches, dann war die in den Manifesten so oft besagte Caesarenherrschaft wieder mit Sinnen faßbar geworden und zugleich politisch das Reich vollendet, wie es der Zeit entsprach. Denn daß „Rom, das Haupt der Welt, des Erdenrundes Zügel hält", war die selbstverständliche Anschauung der Zeit und einem in Rom selbst triumphierenden Kaiser mußten des Abendlands Reiche auf mystische Weise von selbst zufallen. Rom aber war auch der Schlüssel zum Friedensreich des Endes: der Erneuerer des augusteischen Zustands auf Erden mußte in Rom thronen und nach römischem Recht über den Erdkreis richten. Denn auch vom römischen Recht erwartete man das Weltheil, von der Einen Justitia in allen Ländern: „Legibus antiquis totus reparabitur orbis" — war die Hoffnung seit langem und schon der Erzpoet hatte seinem Herrn, Barbarossa, Ähnliches gesungen. Noch jüngst hatte ein Poet überdies Kaiser Friedrich verheißen, die Sammlung der Reichsrechte werde ihn zu „des Erdrunds Salutifer" machen. Mit solchen Heilsspekulationen war die Idee der Renovatio wohl immer verquickt.. erst jetzt aber ward sie endgültig eingesenkt in den Endschaftsglauben, der jene Zeit so völlig beherrschte. Alles strebte ja zu den gleichen Ursprüngen zurück, zu den Ursprüngen von Kirche und Reich.. und der erwartete Friedefürst, der Justitiakaiser und der Erneuerer des Caesar Augustus waren im Letzten und Ersten nicht wesensverschieden.

„Nach nichts anderem schlug sein Herz als Herr und König der ganzen Welt zu sein".. erklärte später Brunetto Latini und Ähnliches raunten auch des Staufers Zeitgenossen. Doch das Weltkönigtum Friedrichs II. bedrohte nicht die benachbarten Herrscher: „Des kaiserlichen Glückes Gipfel, von höchster Seligkeit erfüllt und mit dem eignen Lose zufrieden, neidet nicht fremdes Leben".. denn dieses römische staufische Weltkönigtum war nicht zu gewinnen auf Schlachtfeldern Galliens und Spaniens, Ägyptens und Polens, sondern in Rom. Auf Rom allein hatte Friedrich II. sein Planen zu richten. Entgegen jedem modernen Gefühl für organisches Wachsen zog daher dieser letzte Kaiser im Aufstieg zum Weltherrschertum seine Kreise statt weiter und weiter im tatsächlichen Raum immer enger und dichter. Es galt, bis zum Innersten vordringend die geistige Weite des Römerreichs, durch das Amt längst gegeben, wieder auf den ursprünglichen Kern zu verdichten. Gerade mit zunehmender Macht durfte daher dieser Monarch sich nicht in die Weiten verströmen, sondern mußte im Größerwerden sich verdichtend dem Mittelpunkt zuwachsen.. freilich zum Schluß mit einer kaum noch zu tragenden Gespanntheit, die sich dennoch niemals nach außen entladen durfte, stets nach innen schlug: das einzige geschichtliche Beispiel für einen Weltmonarchen nicht der Ausdehnung, sondern der Intensität. Dante, der in verwandter Weise den ganzen Kosmos in Eines zusammenzog, und Dantes System aller drei Reiche weisen solchen sich stufenden Lebensweg vom äußersten Ring zum innersten und höchsten als den der Zeit aus.

Mit Cortenuova schloß für Friedrich II. das Tor zu den weiten Räumen des Imperiums. Wie oft er es auch versuchte, aus Italien wieder hinauszustoßen: er hat die Halbinsel nicht mehr verlassen dürfen. Italien verzehrte ihn ganz. Aber Cortenuova war auch Beginn seines Caesarentums, wie ja sein Übergang vom Gesetzgeber großer Reiche zum Anführer kleiner Heere gleichsam jenen Lebensweg spiegelt vom geistigen Weltreich zurück zu der einen Stadt der Städte oder zunächst: zur „Provinz der Provinzen", zum italischen Kernland. Schon während der Schlacht und nach dem Sieg im Triumph hatte Friedrich II. der Bräuche des antiken Rom und der Caesaren gedacht. Voller und wahrhaftiger klangen jetzt seine Titel: Viktor Felix Triumphator auf, seit sie nicht mehr bloß Zeichen waren für eine Idee, sondern Kunde eines faktisch gewordnen Bildes. Und die kaiserliche Kanzlei häufte nunmehr die caesarischen Titel. Gewiß war es uralter Brauch, das Kaisertum caesarisch zu sagen. Doch von Gewohntem unterscheidet sowohl die Fülle der caesarisch solennen Beiworte — immer sind die caesarischen Schwerter siegreich, siegreich und ruhmvoll die caesarischen Feldzeichen, die römischen Adler, das Heer — als auch jenes „unstillbare Wollen", durch Taten die römischen Caesaren wirklich wieder zum Leben zu wecken. Belanglos dabei die Frage, ob Cortenuova ein den Caesarensiegen gleichwertiger Sieg war oder nicht.. denn daß lebendiges Geschehen: Tat und Geste und Bild ganz in altrömischem Sinn gedeutet wurde, daß man gerade das Caesarische sehen wollte und konnte, hat mehr echte Caesarenluft in die Zeit getragen als noch so viele gelehrte Werke.

Eigentümlich war es, was man — wohl vom römischen Recht herkommend — neben Ruhm und Glorie und Triumph unter dem „Caesarischen" begriff: die Rache nämlich als Amt der Caesaren, ihr Hassen, ihr Wildsein, ihren Löwenzorn, ihre leidenschaftliche Kraft, den unbeugsamen Willen, die Hartnäckigkeit. In dem Siegesmanifest verkündet Vinea, wie „Ströme von Blut die caesarischen Schwerter verfärbten", wie „mit seinem Heere der Caesar wild einherschritt".. und ein andermal will der Kaiser die Welt sehen lassen, wie „gegen die Feinde der Augustus vorgeht und mit Eisen caesarische Rache bringt", der „Rächer Augustus".. das Bild einer glanzvoll zürnenden Furchtbarkeit der Caesaren, das

Friedrich vor allem den Feinden zeigte und das die ganze Renaissance hindurch im wesentlichen gültig blieb.

Mit den Caesaren hatte man freilich auch frühere Kaiser verglichen. Doch in neuer Weise begann nunmehr Friedrich II. sich in besonderen Eigenschaften an den Caesaren zu messen. „Der Caesaren Geschichte, geziert mit unvergleichlichen Großtaten und beschrieben in den Büchern alter Annalen und Chroniken mag man nachschlagen und durchforschen, der einzelnen Kaiser Taten mag man durchsuchen: nichts Derartiges einer von Gott eingehauchten Milde, das uns gleichkäme, wird selbst ein fleißiger Forscher aufspüren", so schrieb Friedrich an alle Welt, als er einen tiefverhaßten Kardinal aus kaiserlicher Gefangenschaft freiließ.. wie jeder Despot überzeugt von der eigenen überfließenden Milde. Und in jenem berühmten Trauerbrief beim Tod des entthronten Königs Heinrich stellte sich Friedrich II. selbst neben Caesar: David und Caesar, das biblische und das römische Vorbild, müssen des trauernden Vaters Tränen rechtfertigen: „Weder die Ersten sind wir noch die Letzten, die von Söhnen, welche sich vergingen, Schaden ertrugen und dennoch um nichts weniger ihr Grabmal beweinten. Trauerte doch David drei Tage über Absalom, seinen Erstgeborenen, und über seines Schwiegersohnes Pompejus Asche, der dem Glück und der Seele des Schwähers nachgestellt, hat weder Pflicht noch Tränen väterlicher Milde versagt jener herrliche Julius, der erste Caesar." Das ist fast eine neue Art, die Vergangenheit zu sehen: die großen Gestalten beginnen sich zu bewegen, da man statt des formelhaften Namens bereits den handelnden Menschen wahrnahm.

Das Bild, das Friedrich II. darstellte, die kaiserliche Kanzlei vermeldete, fing die nähere und fernere Umgebung rasch auf. Denn den Kaiser unter den Zeichen der Römercaesaren zu sehen, war die Zeit so bereit wie fähig, wenn auch ihr leer- und starrgewordenes Römerbild dem Lebensgehalt nach sich zu Friedrichs II. echterer Caesarensubstanz verhielt etwa wie der Klassizismus zu Napoleon. Doch die Schatten sogen wieder Blut und das Vorhandene genügte, den Kaiser in den Heroenraum der Caesaren zu stellen. Poeten Chronisten Literaten begannen Friedrich mit Caesar und mit Augustus zu vergleichen, auch sie bereits hie und da in besonderen Gesten. Ausdrücklich gedenkt ein Poet des Siegers im bellum civile und spricht Friedrich dann an: Du größer denn Julius, wenn dich das rebellische Volk zum Kampfe herausruft. Man zitiert den Lukan, um Friedrichs Soldatenbehandlung an derjenigen Caesars zu messen. Man schreibt wenig später in Florenz ein Geschichtswerk: „Vom ersten Imperator Julius Caesar anfangs Gajus Julius geheißen bis zu dem großmächtigen Herrn, dem allerweisesten Friedrich II., den der Merlin und die Sibyllen verhießen.." und man gewährt dem Staufer alle Superlative und Beinamen, welche die antiken Kaiser, die man namentlich aufzählt, geführt haben. Des Kaisers Verhältnis zu Petrus de Vinea vergleicht man wiederum dem des Augustus zu Vergil, des Theoderich zu Cassiodor, und auf einen Vergilvers geht der Lobpreis zurück: „Und mit Jupiter lenkt Caesar gemeinsam das Reich." Ganz in den ausgefahrenen Gleisen bewegt sich freilich der Poet, der — den Caesarnamen als Titulatur begriffen — endlose Strophen herunterleiert der Art:

> Nullus in mundo Caesare grandior.
> Nullus sub sole Caesare fortior...

Hatte Friedrich II. also den Raum, sich in der antiken Trümmerwelt noch und in der geistig erwachenden wieder als Caesar zu geben, so mußte das in ganz anderer Form möglich sein in der Beziehung zu Rom selbst und den Römern, die gleich dem Kaiser auf Erneuerung der alten Machtstellung ihrer Stadt drangen. In Roms Nähe jauchze dem Caesar Fortuna glückbringender zu als anderswo, schrieb Friedrich II. einmal, und mit dem Siege der kaiserlichen, der römischen Waffen bei Cortenuova rückte nun Rom selbst in eine greifbare Nähe, dem Triumphator ganz anderen Widerhall noch verheißend als eine Stadt wie Cremona. Voller konnte Friedrich II. gegen die Römer sein Caesarentum aufklingen lassen, hellere Töne zu ihrem und seinem Ruhm anschlagen. Noch war der Augenblick nicht gekommen, das Caesarentum selbst auf seinen Ursprungsort: Rom zurückzuführen. Aber etwas durfte Friedrich II. jetzt schon vorwegnehmen: auf Rom, den Ursprungsort der Imperatorentriumphe einen Abglanz seines eigenen Triumphes zu übertragen als Vorgeschmack künftiger Glorie. An Senat und Volk von Rom schickte er bald nach dem Siege, sich und seiner altrömischen Triumphatorengebärde die dichteste Fülle und Echtheit zu geben, mit erbeuteten Bannern Feldzeichen und Tuben den mailändischen Fahnenwagen als die spolia opima, die der siegreiche Caesar nach römischer Imperatorenart Rom darbrachte, und ein pomphaftes feierndes Schreiben begleitete die Trophäen:

„In den Zeiten unserer Obergewalt den Glanz der Stadt zu erhöhen, den durch die Glorie von Triumphen die Ahnen zu steigern glaubten, macht uns die übermächtige Vernunft, welche den Königen gebietet, und die Natur zur Pflicht und huldreich bekennen wir uns mit würdiger Stimme als solchermaßen Verpflichtete. Sehet, wenn notwendig auf die Natur seines Ursprungs der Triumph zurückgeführt wird, so könnten wir diesen Kaiserglanz nicht erhöhen, ohne vorerst die Ehre der Stadt zu erhöhen, die wir als den Ursprung unseres Imperiums einstens erkannten....

„Wirklich von der Beobachtung jeder Vernunft entfernte sich aber unser Wollen, wenn wir, den des Caesar Strahlen umsprüht, die Römer an dem Jubel eines römischen Sieges unteilhaft dulden wollten... wenn wir euch um die Frucht eines Beginnens trögen, das wir in eurem Namen geführt haben, als wir des römischen Reiches Rebellen besiegten unter dem Schlachtruf des römischen Namens.. wenn wir nicht Glanz und Glorie unseres Waltens auf die Königstadt übertrügen, die uns zur Erlangung des kaiserlichen Gipfels nach Germanien entsandte: gleichwie die Mutter den Sohn. Euren Titeln schreiben wir zu, was immer wir seither unter günstigen Auspizien vollführten, da wir uns mit dem Ruhme des glorreichsten Ausgangs zurückwenden zu der Stadt, die wir (als Knabe) mit der Bängnis zweifelhaften Geschickes verließen.

„Die alten Caesaren nämlich, denen für glanzvolle Waffentat unter siegenden Zeichen Senat und Volk von Rom Triumphzug und Lorbeer bestimmten, rufen wir auch auf die Weise ins Gedächtnis zurück, zu der wir euren Wünschen von altersher die Wege bereiten durch das gegenwärtige Vorbild unserer Erlauchtheit: indem wir nach dem Sieg über Mailand den Fahnenwagen der Kommune, ganz gewiß des Hauptes der Parteiung von Italien, zu euch entsenden als der bezwungnen Feinde Beute und Siegesgift und euch ein Unterpfand vorausschicken unsrer Großtaten und unsrer Glorie, willens, das übrige unversehrt zu erlegen, sobald wir Italien, u n s r e s r ö m i s c h e n R e i c h e s S i t z, befriedet sehen.

„So empfanget dankbar, Quiriten, den Sieg eures Imperators! Schönste Hoffnung mag daraus euch hold sein, weil wir, so wir auch gern den alten Weihefeiern folgen, noch lieber zielen auf Erneuerung des alten Adels in der Stadt.."

Wie Friedrich II. durch sein Vorbild, durch die Weihefeiern des Triumphs im neuen Rom alten Römergeist aufrütteln wollte, das sagen auch die das Triumphatorengeschenk begleiteten Verse des „gerechten Caesar Augustus":

Also magst du, o Stadt, der frühren Triumphe gedenken,
Welche die Führer im Krieg, die Könige, einst dir bestimmten....

Und in der stets vom Ruhme der Vorzeit zehrenden Stadt der Städte begriff man das Verlangen des neuen Caesar: den Beutewagen, den gleichsam als Spektakelstück zu Mailands Schmach statt weißer Stiere ein

Maultiergespann durch die eingeschüchterten Städte Italiens geschleppt, holten die Römer in feierlichem Zuge ein. Unter dem Jubel des Volks ward die Beute auf Befehl des Senats zum Kapitol hinaufgeleitet, wo man den Wagen auf fünf Marmorsäulen stellte. Dann ließ man ein Reliefbild des Siegeszeichens in Marmor meißeln und mit einer Inschrift anbringen, die in mehreren Distichen den Kaiser feierte und seine Liebe zu Rom, die ihm eingab, der Stadt seine Siegestrophäen zu schicken.

Nicht nur für Friedrich II. persönlich, sondern für die Zeit überhaupt beginnt mit diesem Triumph etwas Neues: die schon ganz renaissancehafte römisch-antike Siegesfeier und zugleich die Sucht nach „Trionfi", nach Lorbeer, nach persönlichem Ruhm und nach Verewigung des Menschen. Hatte Friedrich II. auch schon in Jerusalem, am Ursprungsort seines christlichen Königtums triumphiert, so war jener Triumph im Osten doch auf Gott, wenn auch nicht auf die Kirche, die zürnte, bezogen: eine mystisch-verklärte Glorie in Christo, bewirkt „durch Wunderkraft mehr denn durch Tapferkeit". Der neue Waffentriumph aber verherrlichte nur noch den römischen Imperator und Caesar, den Menschen als Sieger. Obschon Petrus de Vinea nicht verfehlte, in den für die christlichen Könige und für den Papst bestimmten Manifesten den Sieg in die Sphäre des Wunders zu erheben: der Triumph auf dem Kapitol, nach christlichem Glauben dem Sitz der Heiden-Dämonen, die Siegesfeier selbst, der die christliche Weihe fehlte, diente nicht mehr dem ewigen Ruhm Gottes, sondern allein dem ewigen Ruhm eines Sterblichen, der sich freilich fast als ein Halbgott gab. Doch da ohne stete Erneuerung des Menschen Glorie notwendig verblaßte, so trat auch bei Friedrich II. ein Bedürfnis nach Ruhm fortan immer stärker hervor. „Daß der Macht des Augustus nicht der Stoff ausgehe für neuen Triumph!" schreibt Friedrich in diesen Jahren der Kämpfe. Die Kämpfe selbst sollten den Untertanen das Ende bringen der Lasten, „unsern Titeln aber den höchsten Sieg".. der Sieg wiederum den Untertanen die ersehnte Ruhe, „uns aber aus der Schlacht den Kranz". Zu „Lob und Ruhm" seines Namens dachte Friedrich II. daran, Wasserleitung und Emissar des Fucinersees, ein Werk des Kaisers Claudius, wiederherstellen zu lassen, und „zu ewigem und unsterblichem Gedächtnis" ließ er in dieser Zeit sein Bild in Stein meißeln, daß es als freie Rundfigur das Capuaner Brückentor schmücke, dem wiederum Reliefs, des Kaisers Siege verherrlichend, ganz den Charakter einer Porta Triumphalis verliehen. Des Fleisches Vergängnis so wichtig zu nehmen, so schamlos zu feiern war ohnegleichen im Mittelalter.

Diese ganz aus dem persönlichen Willen des Kaisers gezeugte caesarische Gebärde trug gewiß ihren Sinn in sich selbst. Aber noch die persönlichste Haltung hat beim Staatsmann auch den politischen Zweck. Barbarossa, nach langen Jahren wieder der erste deutsche Kaiser, welcher wirksam in die italischen Verhältnisse eingriff, hatte vom römischen Recht unterstützt als Erster wieder dröhnend auf seine Caesarenwürde verweisen müssen, weil das deutsche Lehens- und Heerkönigtum der Ottonen und Salier ihn in Italien nicht mehr trug. Und was für Italien galt, galt in höherem Maße von Rom. Wer die Römer beherrschen wolle, müsse ihnen „et gestus magnificos et verba tonantia et facta terribilia" zeigen, erklärte in spätstaufischer Zeit ein Kardinal, und wenn die Römer solches Verlangen wenigstens seit einem Jahrhundert beseelte, seit sie sich selbst wiederentdeckten: die römischen Süchte nach großartigen Gesten und tönenden Worten und furchterweckenden Taten hat Friedrich II. noch gesteigert. Ihm waren die Römer das Volk seiner kaiserlichen Hauptstadt, an die er wieder die Herrschaft der Welt bringen wollte und überdies: er brauchte die Römer in seinem Kampf gegen den Papst.

Erst mit dem Jahre 1236, als die ganze italisch-römische Frage spruchreif geworden, setzte Friedrichs Werben um die Römer in jenen schwingenden pomphaften Schreiben ein. Aber längst hatte er sich in Rom eine starke Partei geschaffen, so daß er des Widerhalls sicher sein konnte. Während seines ersten Zwistes mit Gregor IX. anläßlich der Kreuzfahrt — damals als der Großhofrichter Roffred von Benevent des Kaisers Rechtfertigungsschreiben vom Kapitol herab verlesen mußte — waren wohl die ersten politischen Verbindungen mit den Römern geknüpft worden. Friedrich hatte die mächtigsten Geschlechter des stadtrömischen Adels unter Führung der Frangipani zu sich berufen und zu seinen Vasallen gemacht, indem er ihnen Liegenschaften im Gebiete von Rom abkaufte und als Lehen zurückgab: Ländereien Äcker Weinberge, vor allem aber die festen Bauten und Türme innerhalb der Stadt, die meist aus altrömischer Zeit stammten. So gehörte den Colonna das Mausoleum des Augustus, den Frangipani das Kolosseum, der Titus- und der Konstantinsbogen, das Septizonium des Severus.. alles Bauten, die wehrhaft gemacht seit ältesten Zeiten dem römischen Stadtadel als Kastelle dienten. Das alles hatte der Kaiser nun in seinen Besitz gebracht und den Römern gefiel diese Umwandlung von Eigen in Lehen: sie blieben ja im Genuß ihrer Liegenschaften und erhielten eine gewiß nicht geringe Geldsumme vom Kaiser als Kaufpreis, so daß noch in später Zeit römische Adlige ihre Besitzungen dem Kaiser verkauften und dessen Vasallen wurden. Ferner hatte Friedrich mehrfach römischen Adligen Lehen im sizilischen Königreich gegeben: ein Frangipane erhielt ein Lehen im Principat, Johann von Polo erhielt die Grafschaft Fondi, später Alba, und wahrscheinlich hat sich Friedrich mit diesem Parteigänger sogar verschwägert.. die Gemahlin Friedrichs von Antiochien hat angeblich der Familie der Poli angehört. Andere Römer wiederum bezogen regelmäßige Jahrgelder vom Kaiser und in Sizilien hatten sie — ein selten gewordenes Privileg — abgabefreien Handel. Der Anhang des Kaisers innerhalb der Stadt Rom war also keineswegs unbedeutend. Daß er für den Papst gegen die Römer hatte zu Felde ziehen müssen — ein unvermeidbares doppeltes Spiel, mit dem Friedrich damals die Ruhe in Deutschland erkaufte — war dem Kaiser wohl mißlich gewesen. Aber der Haß der Römer gegen das päpstliche Stadthaupt trieb ihm das Volk immer wieder in die Arme und schon ein Jahr nach seinem Feldzug gegen die Römer kam in Rom die Kaiserpartei wieder zur Herrschaft. Ob nun vom Kaiser veranlaßt oder aus eigenem Antrieb, um ihm zu gefallen, das steht dahin: jedenfalls hetzte der Adel das Volk von neuem gegen den Papst auf, als dieser der Lombardenfrage wegen mit Friedrich II. in Streit geriet. Im Jahre 1236 kam es in Rom wieder zur Wahl eines kaiserlichen Senators und an dieses kaiserliche Rom richtete Friedrich nun seine Schreiben. Kaum grundlos wird freilich Papst Gregors Beschwerde gewesen sein, daß der Kaiser durch verschwenderisch ausgeteilte Gelder den Aufstand in Rom noch schüre, worauf ihm allerdings Friedrich zur Antwort gab: ganz im Gegenteil, erst seit der Einsetzung eines kaiserlichen Senators herrsche Ruhe in Rom.

Es fällt auf, daß Friedrich II. in Rom sich jener gleichen obrigkeitsfeindlichen und freiheitlichen Regungen bediente, ja sie stützte, die er in der Lombardei mit Feuer und Schwert zu bekämpfen gekommen war. Aber in Rom war die Bewegung gegen den Papst gerichtet.. und waren die lombardischen Selbständigkeitswünsche partikularistischer Art, so gingen die der Römer auf die alte universale Weltherrschaft Roms aus. Die früheren Kaiser hatten Anstoß daran genommen, daß sie kraft des Senates und Volkes von Rom ihre Kaiserherrschaft ausüben sollten und waren deshalb zu Gegnern auch der Römer geworden. Die Aufforderung der Römer an Konrad III., in Rom, dem caput mundi, seinen Herrschersitz einzunehmen und den Zustand des Römerimperiums zu erneuern wie in den Zeiten der Konstantin und Justinian, die durch Senat und Volk von Rom den Erdkreis beherrschten, ließ Konrad unbeantwortet. Und Barbarossa, dem, als er zur Krönung nahte, die Römer einen ähnlichen Antrag stellten und gewisse Zusicherungen abfordern wollten, fuhr gegen die Gesandten Roms in seinem prachtvollen und dabei fast naiven Caesarenhochmut los: Senat und ordo equester gingen ihn nichts

an. „Wollt ihr den Glanz eures Rom sehen? die Gewichtigkeit der Senatorenwürde? Tugend und Zucht des Ritterstandes? Dann betrachtet unsere Obergewalt: bei uns steht das alles, bei uns sind eure Konsuln, bei uns euer Senat, bei uns eure Kriegsmacht! Ich bin der legitime Besitzer! Entreiße, der es kann, den Schlüssel aus der Faust des Herkules! Der Fürst hat dem Volk, nicht das Volk dem Fürsten Gesetze zu schreiben!"
Verwandtheit und Verschiedenheit von Ahn und Enkel können nicht deutlicher hervortreten als in ihrem Verhalten zu Rom. Bei dem gleichen unbändigen Stolz und Hochmut die grundverschiedene Haltung dort des kaiserlichen Ritters und Streiters, hier des kaiserlichen Staatsmanns und Diplomaten. Friedrich II. nämlich wehrte sich keinen Augenblick dagegen, daß ihm die göttliche Kaiserwürde von Senat und römischem Volk übertragen seien, im Gegenteil: er rühmte sich mit Vorliebe gerade dessen, daß es die Römer selbst waren, die ihn erwählten, die dem Siebzehnjährigen einst kollaudierten und ihn, „den mit der Bängnis zweifelhaften Geschicks ausziehenden Knaben einst nach Germanien entsandten zur Erlangung des kaiserlichen Gipfels". Nach der lex regia hätten ihm als dem Princeps die Römer aus eigenem Antrieb alle Ämter und Würden übertragen, so erklärte er immer wieder. Doch was er daraus folgerte, war gewiß nicht ein besonderes Recht, das sich die Römer gegen ihn nun anmaßen durften, sondern nur die aus der freiwilligen Übertragung der Kaiserwürde sich ergebende Pflicht der Römer, ihren König und Caesar, ihren Ritter und Imperator, den „Pater Imperii", den Princeps, den sie selbst wählten, nunmehr auch gebührend zu unterstützen. Was ihnen als Lohn winke, das sei der Anteil an ihres Kaisers Ruhm und Triumph, dessen sie schon eine Probe erhielten durch die Siegesgeschenke des Triumphators. „Die gleiche Felix Roma, die auf den römischen Princeps alles Amt und Eigen übertrug, möge mit Anteil auch an Lasten und Mühen helfend zur Seite stehen und nicht unteilhaft sein der Ehren, deren Anwachsen sie selbst gehäuft hat."
Mitverantwortlich machte Friedrich II. also die Römer für Unversehrbarkeit und Größe seines Kaisertums und worauf er ausging, war noch ganz anderes. Erfüllung ihrer Wünsche von altersher verhieß er den Römern.. Wünsche nach Erneuerung der alten römischen Macht. Seine Caesarentitel waren ihm gewiß wichtig, auch die Erneuerung antiker Bräuche und Formen, doch: „wenn wir auch gern den alten Weihefeiern folgen, noch lieber zielen wir auf Erneuerung des alten Adels in der Stadt!" Man kann diese Worte gar nicht wörtlich und sachlich genug nehmen. Was Friedrich II. unter der alten Idee der Renovatio ver-

stand, war weniger die Erneuerung von Riten und Titeln, als viel eher die
Erneuerung der Römer selbst, des römischen Menschen und römischen
Adels, der wieder wert war, das Kaiserreich zu beherrschen. „Römer"
waren wieder zu schaffen. Denn Friedrich II. konnte eine Erneuerung
Roms und des römischen Reiches nicht allein wirken, konnte auch nicht
allein einen römischen Staat im Sinne der Antike wieder leben, sondern
nur in Gemeinschaft mit einem römischen Adel, der den alten Fabiern
Corneliern Tulliern mindestens so ähnlich war wie er selbst einem Augustus und Caesar. Wohl ging der Kaiser auch darin den Römern voran: „Die alten Caesaren rufen wir ins Gedächtnis zurück durch das Vorbild unsrer Person!" Aber das war nur die Vorbedingung dessen was er
wollte: „daß in unsrer glücklichen Zeit die Ehre des Romulusblutes
wieder erscheine, die römische Kaisersprache wieder aufglänze, die alte
Römerwürde erneuert werde und das unlösbare Band unserer Gnade sich
knüpfe zwischen dem Römerimperium und den Römern selbst." Und
um durch die Mitverantwortung an den Geschicken des Reiches in den
Römern den alten Staats- und Herrschtrieb neu zu beleben, befahl nunmehr der Kaiser: man solle römische Adlige wie auch angesehene römische Bürger zu ihm schicken, denen er die verschiedensten Ämter übertragen wolle. Einige sollten am Caesarenhofe in des Kaisers unmittelbarer Umgebung Staatsämter erhalten, andern wolle er die Waltung und
Leitung von Landschaften Reichen und Provinzen übertragen, wieder
andere in den verschiedensten Stellungen unterbringen, wie sie dem
Adel und der Eignung des Einzelnen anstünden. Und mit Namen ruft er
zu seinem Dienst die „Proconsuln" auf aus den ihm befreundeten Adelsfamilien der Orsini und Poli, Frangipani und Malabranca.

Was Friedrich II. bei seinem Einrücken in die Lombardei geplant, das
zeigte sich jetzt: den neu zu errichtenden gesamtitalischen Staat, mit
dessen Ausbau er sich schon trug, sollten Römer, Stadtrömer von „romuleischem Geblüt" regieren, römische Proconsuln die Provinzen des italischen Reiches verwalten, wie ja auch ehedem das große Imperium Romanum von einer kleinen Zahl römischer Statthalter gezügelt wurde.
„Nicht länger wollen wir die Durchführung des einmal empfangenen
Planes hinauszögern: daß zu Ruhm und Ehre der Stadt vornehme Römer den Staatsgeschäften vorsitzen und in Würden erglänzen." Das
römische Reich, Italien „den Sitz des Reiches" den Römern, dem Romulusblut! das war die Renovatio-Idee Friedrichs II., und Mittelpunkt
wie Kraftquell des italischen Römerstaates sollte — nach Beseitigung
Mailands, des „Hauptes der Parteiung in Italien" — Rom selbst sein. In
Rom wolle Friedrich II. die Zeichen seiner Macht und Milde belassen,

auf daß die Kraft, die Virtus sich vom Haupte der Welt in die Glieder ergieße.. so deutet ein Zeitgenosse des Kaisers Absichten aus. Das war gewiß eine vollkommene Umlagerung des alten deutsch-römischen Kaisertums, dessen Schwerpunkt in Deutschland ruhte.. aber für Friedrich war jetzt wichtiger die Erneuerung des altrömischen Caesarenreiches von den Ursprüngen her: mit echtem Römerblut sollte das römische Reich wieder durchsetzt werden.

Für große Aufgaben hatte Friedrich II. also die Römer ersehen.. nur schlafen durften sie nicht, nicht für die höchsten Dinge die Zeit versäumen! „Schlaft nicht! Wacht auf!" das war der Sinn aller Anrufe voller Glut und Kraft, der Zweck allen Erinnerns an die Ruhmestitel der Vorzeit. Der Ruhm — zu erkämpfen einst schwer, zu erhalten so leicht — sei dennoch den Römern, den ihrem adligen Ursprung allzu Entfremdeten, verlorengegangen. Menschlich so nahe wie sonst nur zu den Apuliern läßt sich der Kaiser zu den Römern herab: bald nennt er sie „conromani", Miträmer, und erinnert an ihre Herkunft aus trojanischer Asche und Wüste, bald greift er auf die großen Namen der Vorzeit zurück und ruft die Schar der Quiriten auf, den romuleischen Tribus, die Patres conscripti und die Zehntausende des alten Populus.. bald wieder mahnt er an Triumph und Glorie der Ahnen zu denken, an die Lorbeern der Sieger, an die alten Fasten des Reiches, an die Rutenbündel der Gerichtsherren. Rom selbst ist ihm nicht nur die Stadt seines eigenen kaiserlichen Ursprungs: das Caesaren-Rom ist für Friedrich II., wie sonst nur die Kirche, auch g e i s t i g e Mutter, er selbst Romas Sohn. Und als in diesen Wochen nach dem Siege von Cortenuova dem Kaiser ein Sohn geboren wurde, dem „unter glücklichem Stern schon empfangen solche Triumphe als Vorzeichen bei seiner Geburt voraufgingen", da wird alle Welt von dem Glück verheißenden Ereignis in Kenntnis gesetzt und der junge König gepriesen, der „dem in den alten Rechtswahrzeichen, den Fasces, erneuerten Imperium die Kraft der ersehnten Pax und Justitia verbürge".

Der uralte Renovatio-Traum deutscher Kaiser flammte also in Friedrich II. noch einmal hoch auf und da er, der letzte Kaiser, nicht wie die Vorgänger nur römische Formen erneuern, sondern das Leben selbst, das staatliche Leben der Römer wiedererwecken wollte, so trug seine Renovatio schließlich unmittelbar hinüber zur wahrhaften Renaissance: denn von der Erneuerung des antiken Staates ward Italien auch hingeführt zu der Wiedergeburt des antiken Menschen. Rom als Haupt eines Gesamtitalien und dieses selbst wieder Mitte des Imperium Romanum: dieser Staatsbau sollte von Friedrich II. zwar nur teilhaft verwirklicht werden, sein Staatsbild aber verlosch nicht mehr, weil es ein anderer aufnahm und beseelte — Dante. Auch der Dichter begriff des Kaisers „Italia una" als Mitte des römischen Reiches, als der Provinzen Provinz, aber doch nicht nur als das Caesarenland, sondern als ein nationales Italien. Denn während Friedrich noch das tote Römervolk hatte wecken wollen, suchte Dante schon das Volk der Italiener selbst, welches der Monarch freilich zuvor durch ein Jahrzehnt gezwungen hat, den italienischen Kaiserstaat einmal zu leben. Gerade das aber brachte Friedrich den großen politischen Zwist mit der Kurie, die selbst bis in die Tage der Borgia- und Medici-Päpste die Herrschaft über das „Eine Italien" begehrte.

Friedrich II. hatte sich mit dem caesarischen Rom nicht begnügt: er suchte auch das päpstliche Rom für sich zu gewinnen und versetzte damit Papst Gregor in stete Unruhe. Dessen Lage schien nach des Kaisers Sieg bei Cortenuova ohnedies fast hoffnungslos. Schon die deutlich zur Schau getragenen Absichten Friedrichs auf Rom, den päpstlichen Bischofssitz, dann die Umtriebe unter dem römischen Adel hatten den erst vor kurzem nach Rom zurückgekehrten Papst aufs schwerste getroffen. Dazu enthielten die Schlußworte des kaiserlichen Triumphschreibens an die Römer eine nicht mißzuverstehende Drohung gegen die Kurie: die Römer sollten vor den Neidern des Kaisersieges, die auf Zerstörung der Siegesbeute sännen, das Imperatorengeschenk sorgfältig bewachen und sich wenn nötig ihrer Lex plebiscita bedienen, die in solchen Fällen die Todesstrafe vorschreibe! Und schließlich hatte Friedrich noch in einem pathetischen Manifest, das auch dem Papst zuging, seinen Sieg über die von Gregor beschützten Lombarden ausgelegt als einen Triumph des Herrn über Satan! Aber das war noch nicht alles. Friedrich II., dieser gefährliche Gegner, der alle Schwächen des Papsttums aufzuspüren und allen Feinden des Papsttums einen Mittelpunkt zu geben wußte, verstand auch sich einen Anhang zu schaffen in Gregors nächster Umgebung: im Kollegium der römischen Kardinäle.

Mit gutem Grunde haben schon Zeitgenossen das Verhältnis der Kardinäle zum Papst dem der deutschen Fürsten zum Kaiser verglichen: wie die Kaiser aus der Wahl der Fürsten, so war der Papst aus der Wahl der Kardinäle hervorgegangen.. und an consilium und consensus der Kardinäle war in gewissen Fällen der Bischof von Rom genau so gebunden, wie in gewissen Fällen der Kaiser an Rat und Zustimmung der Fürsten. Auch bei der römischen Kurie kam es daher ganz auf die Persönlichkeit des jeweiligen Papstes an, ob er mehr kollegial oder mehr absolutistisch regierte, und auch die Kardinäle wirkten allzu übersteigerten Ansprüchen der Papstcaesaren bisweilen entgegen, wie die Fürsten denen ihrer Kaiser.

Papst Gregor IX., Schüler und Verwandter des großen Innocenz, war freilich durch und durch Autokrat, und um sich ein gefügiges Kardinalskolleg zu schaffen, hatte er gleich bei seiner Erhebung sechs ihm ganz ergebene Kardinäle neu ernannt, die als ein fester Block seine Politik stützen sollten. Doch schon sehr bald begannen einzelne Kardinäle, besorgt um das Geschick der Kirche, Gregors allzu heftiges Vorgehen gegen Friedrich II. zu mißbilligen, weil auch sie das Heil der Welt nur in einem friedlichen Zusammengehen beider Mächte erkannten. Der Kaiser, über die Vorgänge am päpstlichen Hofe stets gut unterrichtet, trieb alsbald in den der Kurie selbst kaum noch sichtbaren Spalt vorsichtig einen Keil ein, indem er das beliebte Verfahren der Päpste, die deutschen Fürsten von ihrem Kaiser abzusprengen, nun seinerseits gegen den Papst anwandte. Er äußerte hier und da Zweifel, daß der Papst mit den Kardinälen im Einverständnis gehandelt hätte, und suchte mit allmählich wachsendem Erfolg die Kardinäle gegen ihren Herrn auszuspielen. Als sich jetzt seine Beziehungen zu Papst Gregor anläßlich der Lombardenkriege wieder verschlechterten, begann Friedrich in steigendem Maße sich der Kardinäle zu bedienen, ja über den Papst hinweg unmittelbar mit ihnen zu verkehren. In einer Streitfrage über die Zugehörigkeit einer italischen Stadt hielt er dem Papst vor, daß er gegen den Rat fast aller Kardinäle die Rückgabe dieses Orts an das Reich verweigere.. bei den Kardinälen selbst erhob Friedrich Einspruch gegen die Tätigkeit des päpstlichen Legaten in Lombardien, und auch der König von England schrieb im kaiserlichen Sinne an einzelne der römischen Kardinäle. Den endgültigen Riß innerhalb der römischen Kurie führten schließlich des Kaisers Waffenerfolge herbei: die Ereignisse sprachen zu deutlich gegen Papst Gregor, und die Mehrzahl der Kardinäle sah mit Besorgnis und Schrecken, in welche Gefahren ihres Herrn übersteile Politik die Kirche zu stürzen drohte. Infolgedessen gewann die Friedenspartei, die wenn irgend möglich Verständigung mit Friedrich II. erstrebte, an der Kurie schon ohne Friedrichs Zutun an Anhängern. Der Kardinal Johann Colonna etwa klagte einem in England weilenden Kardinal, daß „allzu heftig, ja unbesonnen" die Kirche sich in die Fluten geworfen habe.. daß man sich nicht an der Kardinäle und der Auswärtigen Ärgernis kehre.. daß die Fürsprecher des Friedens den Rückzug anträten, das Kardinalskolleg getrennt gehalten werde und daß man ihn, den Schreiber, schmählich habe stehen lassen, als er wie so oft die Ordnung herzustellen versucht habe.

So herrschte an der römischen Kurie eine für den Papst gefährliche

Stimmung. Doch die Verurteilung der päpstlichen Politik durch die „Pfeiler und Säulen der Kirche" fand unmittelbar darauf eine öffentliche Bestätigung, wie sie für Gregor IX. nicht leicht vernichtender hätte ausfallen können. Als nämlich der Mailänder Fahnenwagen von Friedrich II. an die Römer gesandt wurde — ein Zeichen der Niederlage auch des Papstes — da waren es neben Senat und Volk von Rom mehrere Kardinäle der römischen Kirche, welche den Fahnenwagen, dessen Einbringung Gregor mit allen Mitteln zu verhindern bemüht war, im festlichen Zuge aufs Kapitol geleiteten, welche der Aufstellung dieser kaiserlichen Trophäen beiwohnten und somit der altrömischen Siegesfeier gewissermaßen noch die kirchliche Weihe gaben. Papst Gregor aber, von den durch die Triumphatorengeschenke berauschten Römern wie von den unzufriedenen Kardinälen verlassen und darüber „zu Tode betrübt", war plötzlich vereinsamt in seinem Rom, dessen Erhebung zur Hauptstadt des Reichs und Italiens der Kaiser schon als nahe bevorstehend laut verkündet hatte.. „sobald erst Italien, unsres Reiches Sitz, befriedet ist". Diese Befriedung oder Unterwerfung Italiens war nach dem letzten Erfolge des Staufers gewiß nicht mehr allzu fern: sie zu verhindern — Anfang und Ende aller päpstlichen Politik — schien kaum noch möglich. Dennoch gab der tollkühne, fast vermessene Greis, der in seinen letzten Lebensjahren zu unheimlicher Größe emporwuchs, seine Sache noch nicht verloren. Nur die Gelegenheit: einen Fehlschlag des Kaisers etwa, wartete er ab, um sich durch einen Gegenstoß, durch Schwert und Bann von der kaiserlichen Umklammerung zu lösen.

Des Kaisers Sieg über das lombardische Feldheer hatte die Liga tatsächlich gesprengt. Zehn Tage nach seinem Triumph in Cremona konnte Friedrich II. in Lodi einziehen, wenig später im Januar 1238 nahm er auf einem Hoftag zu Pavia die Unterwerfung von Vigevano, gleich darauf die von Novara und Vercelli entgegen. Im Februar rückte Friedrich ins Piemontesische ein. In Turin hielt er einen zweiten Hoftag ab, auf dem ihm die Adligen dieses Gebietes wie die Savoyen Montferrat und andere huldigten. Darauf wurden Savona und Albenga mit andern Städten der Riviera besetzt, so daß die westliche Lombardei, das obere Pogebiet, nunmehr dem Kaiser gehorchte. Auch weiter südlich wirkte sich der Sieg sofort aus. Mit Florenz war durch den Legaten Gebhard von Arnstein eine Einigung erzielt: die Florentiner schickten ihren mailändischen Podesta fort und nahmen dafür einen Römer, Angelo Malabranca, einen jener „Proconsuln", die Friedrich für die Übernahme von Reichsämtern namhaft gemacht hatte. Auch Reichs-Toskana war damit fest in der Hand des Kaisers. Wie wenn in ein ausgetrocknetes Flußbett neue Wasser einströmen und alle Fische wieder zu leben beginnen, so hätten allenthalben des Kaisers Anhänger wieder aufgelebt.. meinte ein Chronist bei ähnlicher Gelegenheit, und der Waffenerfolg hatte im sonstigen Italien teils einschüchternd teils aufmunternd gewirkt.

Dennoch war der Krieg nicht beendet. Mit Mailand kam ein Frieden nicht zustande. Das Verhalten des Kaisers nach seinem Sieg hatte die Widerstandskraft dieser Kommune gestärkt, statt sie zu brechen. Als Triumphator hatte nämlich Friedrich II. geglaubt, mit den Rebellen nicht unterhandeln zu dürfen: bedingungslos sollten sie sich unterwerfen und um dieser Haltung willen, die eins war mit seinem abgründigen Haß gegen Mailand, verachtete er hier wohl zum erstenmal jede politische Nützlichkeit. Zwar hatte der Kaiser das mailändische Feldheer geschlagen und in der Stadt selbst war es nach der Niederlage zu schweren Unruhen gekommen: der ketzerische Pöbel hatte die Kirchen gestürmt, die Altäre verunreinigt und die Kruzifixe an den Füßen aufgehängt.. aber der Kern mailändischer Kraft, die schwer erstürmbare Stadt war noch unversehrt. Trotzdem hatte sich Mailand wenigstens zu bedingter Unterwerfung verstehen wollen, um endlich wieder Frieden zu haben: man hatte Lodi dem Kaiser auf dessen Verlangen sofort ausgeliefert, auch zur Aufnahme eines kaiserlichen Kapitäns, zur Stellung von Geiseln und zur Übernahme noch andrer Verpflichtungen hatte man sich bereit erklärt. Aber Friedrich II. ging, wie es scheint, auf keins der Angebote ein, sondern forderte beharrlich die vollkommen bedingungslose Unterwerfung: auf Gnade und Ungnade sollten die Besiegten ihre Stadt und ihr Leben in seine Hand legen. Und in rätselhafter Zweideutigkeit habe er den Mailändern sagen lassen: er werde nur tun, was er tun müsse.

Welche Strafe der kaiserliche Richter über Mailand verhängen wollte, war gewiß unerfindlich. Städte die sich dem Kaiser auf Gnade und Ungnade unterwarfen, hat Friedrich II. sonst zwar fast immer verschont und ihnen seine kaiserliche Milde gezeigt. Ob jedoch das besonders verhaßte Mailand auch auf Nachsicht rechnen durfte, war zumindest fraglich. Die Mailänder ließen es darauf nicht ankommen. In Erinnerung an das Zerstören ihrer Stadt durch Barbarossa und ausgehend von der richtigen Erwägung, daß ein solcher bedingungsloser Frieden jederzeit zu schließen sei, lehnte Mailand des Kaisers Fordern ab. „Durch Erfahrung gewitzt fürchteten sie des Kaisers Wildheit" hätten sie Friedrich durch ihre Boten erwidern lassen. Der Glaube an die eigene Kraft und an die Festigkeit ihrer Mauern ließ also die einzelne Stadt mit Erfolg sich dem siegreichen Kaiser widersetzen. Fünf weitere Städte, versprengte Reste des einstigen lombardischen Bundes, folgten dem Beispiel des mutigen Mailand: Alessandria Brescia Piacenza in der Lombardei, Bologna und Faenza in der Romagna. Der Krieg ging weiter und es stand nun dem Kaiser bevor, diese sechs Städte eine nach der andern zu unterwerfen oder zu erobern — mit den damaligen Belagerungsmitteln eine schwere, doch nicht unlösbare Aufgabe, hätte es Friedrich nur mit den Städtern zu tun gehabt. Was den Kaiser zu solcher Schroffheit gegen Mailand veranlaßte, weshalb er sich mit einer Demütigung der Stadt nicht begnügte, zumal er den weitaus gefährlichsten Gegner in Rom wußte, ist mit sachlich-politischen Gründen nicht zu erklären. Denn war Mailand unter welcher Form auch immer dem Kaiser untertan, so war ganz Italien kaiserlich und der Papst wirklich nur noch ein Bischof zu Rom. Doch der Haß gegen Rebellen überhaupt und gegen Mailand besonders, dazu die Unerbittlichkeit des Richters, der das Recht zu vollziehen gekommen war, und schließlich im Rausch des Triumphs die Schroffheit des Siegers, der sich selbst als der Vorsehung Werkzeug begriff: alles das mag des Kaisers Verhalten bestimmt haben, der im übrigen nicht ohne Grund hoffen durfte, mit einem neuen erfolgreichen Feldzug den Widerstand der noch übrigen sechs Städte brechen zu können. Blieben aber des Kaisers Waffen siegreich, so war der Papst nicht mehr zu fürchten, der gefährlich war nur in Verbindung mit den Lombarden.

Ungeheuerlich waren die Vorbereitungen, welche Friedrich II. alsbald für den neuen Feldzug traf. Die ganze Welt wurde aufgeboten um die wenigen rebellischen Städte zu züchtigen, gegen die Friedrich II. jetzt sogar die befreundeten fremdländischen Monarchen um Zuzug bat mit der merkwürdigen Begründung: es werde durch die Lombarden nicht so sehr der Kaiser selbst als das monarchische Prinzip überhaupt angegriffen und gefährdet. Denn war es auch häufig, daß ein unbotmäßiger Großer sich gegen den Lehnsherrn empörte: in einer Rebellion der bürgerlich-städtischen Untertanen, die nach Selbständigkeit trachteten, erkannte der Kaiser mit Recht eine viel schwerere Bedrohung. „Euch und die übrigen Könige des Erdrunds — so schrieb er dem König von Frankreich — geht dieses an. Drum habt eure scharfen Ohren und Augen offen und achtet sorglich, welches Vertrauen zum Aufruhr allen denen gegeben werde, die sich dem Joche der Herrschaft entziehen wollen, wenn das römische Reich von dieser Art der Empörung Einbuße erlitte." Nicht einfache Empörer waren ihm die Lombarden: Friedrich II. witterte da ein majestäts- und monarchiefeindliches Prinzip überhaupt, mit Ketzerlehren durchsetzt, das niederzukämpfen und auszurotten „Ehre und Wunsch der Herrschenden insgemein sei". Denn wehe, wenn sich solche Gesinnung, solches Verlangen nach „verruchter Freiheit" — jetzt noch auf Italien beschränkt — über die Welt verbreitete. Alle Monarchen müßten da zusammenstehen mit gegenseitiger Verpflichtung zur Hilfe gegen Umstürzer des Staates, und darum forderte der Kaiser von den Königen Zuzug, nicht weil er selbst zu schwach sei, sondern „damit heller Schrecken die rebellischen Untertanen allenthalben weit und breit verfolge, daß zu dem kaiserlichen Heere die königliche Streitmacht stoße und daher in ähnlichen Fällen die kaiserliche Hilfe den Königen geschuldet werde". „Wenn also der kaiserliche Arm — hieß es in dem Schreiben an Bela von Ungarn — mit der Könige Macht bewehrt wird, wenn zu gemeinsamer Hilfe mancherlei Bande die Fürsten verpflichten und sie aus freiem Willen zusammenwirken: dann weicht von den Völkern jeder Mut zum Aufruhr und der Untertanen Verschwörung hört auf, welche in den Zonen Italiens so anwuchs, daß die Rebellen — schnitte und risse sie unsere Kraft nicht an der Wurzel aus — des Lasters Beispiel vielfach in die fernsten und entlegensten Gegenden trügen, vollends aber zu den Nachbarn!"

Man wird kaum sagen können: Friedrich II. habe den tieferen Sinn des lombardischen Aufruhrs verkannt. Gerade weil er die Gefahr überblickte, hat er zu allen Zeiten gegen den aufkommenden „dritten Stand" ein Bollwerk aufrichten wollen durch die natürliche Verbindung von Adel und Klerus und darum stets auf die Gemeinschaft gedrängt mit der monarchisch-aristokratischen Kirche. Aber die Einheit der beiden Gewalten hat er nicht mehr zuwege gebracht: sie war nur noch in Briefen und Formeln lebendig, und gegen die Bedrohung zunächst nur des monarchischen Prinzips mußte sich Friedrich daher statt an die Kirche jetzt an die weltlichen Herrscher Europas wenden. Unter Führung des Kaisertums suchte der Staufer noch einmal das Imperium als die große Verbindung aller Monarchen des Erdrunds zusammenzuschließen und aufzubieten zu einem „Kreuzzug" gegen die Ungläubigen, die infideles des Staats und der Justitia. Auch bei dieser Unternehmung schwang zwar ein Religiöses noch mit, da die Rebellen sich dem gottgewollten Weltfriedensreich widersetzten — damit also wirklich Ketzer waren, so daß Friedrich jetzt seine früheren Ketzeredikte erneuerte. Dennoch war der Zusammenschluß aller Monarchen zur Bekämpfung jenes autoritätsfeindlichen Prinzips, das früher als anderswo in den geistig überhellten Lombarden, gleichsam: den „Alemannen" vom Südfuß der Alpen erwachte, die erste gemeinsame Aktion der ganzen Ökumene aus weltlich-politischen Gründen.. ein Vorläufer der monarchisch-legitimistischen Koalitionen gegen das Jakobinertum.

Tatsächlich fand Friedrich II. bei den Monarchen Gehör für sein Fordern und Warnen. Es sollten ihm alsbald außergewöhnliche Hilfskräfte zur Verfügung stehen, zunächst die Streitmacht des Reiches selbst, die er seit Jahresbeginn aufbot. Sizilien und Deutschland rüsteten, und Hoftage in Turin Cremona Verona hatten von Burgund bis zur Trevisaner Mark alles in Bewegung gesetzt. Im Frühjahr 1238 traf vom Norden her König Konrad mit den Deutschen in Verona ein, und bis zum Sommer hatte sich schließlich eine gewaltige Truppenmasse versammelt — das größte aber auch das bunteste Heer, das Friedrich jemals befehligte. Neben den Söldnern, Lehnsrittern und Sarazenen Siziliens, den deutschen Rittern König Konrads, den Mannschaften von Florenz und Toskana, den Rittern des oberitalischen Adels, Kriegern aus dem kaiserlichen Lombardien, aus Rom, den Marken, der Romagna, neben den Fußtruppen aus den kaiserlichen Städten und einem burgundischen Ritterheer, das jetzt erstmals im Reichsdienst unter dem Grafen der Provence kämpfen sollte, hatten fast alle Monarchen der Welt Hilfskontingente zum Kaiser entsandt: Truppen des Königs von England fehlten so wenig wie solche des Königs von Frankreich.. der König von Kastilien und wohl auch König Bela von Ungarn hatten Krieger geschickt.. und hinter den abendländischen Monarchen blieben die des Ostens nicht zurück: im Kaiserheer kämpften Griechen, welche der Kaiser von Nikäa, Johann Vatatzes, und Araber, welche der Sultan Al-Kamil nach Italien entsandten. Dieser Heeresmasse folgte als Troß noch der ganze exotische Hofstaat des Kaisers mit all dem fremden Getier, so daß man meinte: seit den antiken Zirkusspielen habe Italien dergleichen nicht mehr gesehen.. und man erinnerte sich der Kriegselefanten eines Alexander und Antiochius, von denen man im Roman und in der Bibel gelesen.

Es war nicht das Heer eines römischen Feldherrn, dem mit dröhnendem Schritt die festgefügten Legionen folgten, sondern der Aufzug des Kosmokrators, der über Menschen und Tiere jeglicher Zonen gebot, dem persischen Großkönig wohl vergleichbar, der einst seine Völker gegen die Griechenstädte führte, wie Friedrich II. mit seinen Scharen gegen das kleine hochgelegene Brescia zog, dem der erste Angriff galt. Eine Belagerung war vorgesehen und der Kaiser rühmte sich seines großen Geräteparks. Noch eine besondere Hilfskraft hatte sich Friedrich gerade für die Belagerung verschrieben, einen spanischen Ingenieur Calamandrinus, der im Bau von Sturmböcken und ähnlichem hervorragend erfinderisch war. In Ketten, damit er nicht entweiche, habe ihn Ezzelino zum Kaiser entsandt.. aber das Unglück wollte es, daß der Spanier dennoch den Brescianern in die Hände fiel. Er wurde, wie es heißt, in

Brescia sofort mit Haus und Hof beschenkt, erhielt eine Brescianerin zur Frau und hatte nun seine Kunst im Dienste der belagerten Stadt gegen den Kaiser auszuüben.

Mit einem Mißgeschick hatte der Feldzug begonnen und es gelang dem Kaiser nicht mehr, das Glück zu zwingen. Trotz erfolgreicher Scharmützel im Gebiete von Brescia, trotz großer Tapferkeit einzelner Truppenteile — die Engländer werden besonders gerühmt — kam man mit der Belagerung keinen Schritt vorwärts. Keiner der zahlreichen Angriffe glückte, die Wurfgeschosse des Calamandrinus, die mit größter Sicherheit trafen, zerstörten die kaiserlichen Belagerungsgeräte, und als der Kaiser zu deren Schutz gefangene Brescianer auf die Angriffstürme band und gegen die Stadt vorschickte, nahmen die Städter auf ihre Mitbürger keine Rücksicht und rächten sich in gleicher Weise an den gefangenen Kriegern des Kaisers. So wurde mit Grausamkeit durch Wochen gekämpft. Schon nach vierzehn Tagen begann der Kaiser, der angesichts seines gewaltigen Heeres auf raschen Erfolg gerechnet hatte, Verhandlungen anzuknüpfen, auf die aber die Städter nicht eingingen. Eine Viehseuche im kaiserlichen Lager, dazu Unwetter und Regengüsse ließen das Unternehmen immer schwieriger werden. Friedrichs Unterhändler, Bernardo Orlando di Rossi von Parma, der in die belagerte Stadt hineingeschickt wurde, scheint den Kaiser hintergangen zu haben: statt die Brescianer zur Übergabe zu bereden, ermunterte er sie zum Ausharren. Nach vielen vergeblichen Opfern nach einem letzten mißglückten Angriff brach der Kaiser schließlich im Oktober die zweimonatige Belagerung von Brescia ab. Die fremden Hilfsvölker wurden insgesamt entlassen, nur die deutschen Ritter noch zurückgehalten. Daß diese groß angelegte Unternehmung des Kaisers gänzlich erfolglos blieb, kam einer Niederlage fast gleich. Eine schwere Krise bereitete sich damit vor.

Hatte vor kurzem der Erfolg die Freunde, so hat jetzt der Mißerfolg die Feinde des Kaisers aufgerüttelt. Die Lombarden erkannten, welchen Streitkräften ihre Städte zu trotzen vermochten, und vertrauten mehr denn je auf ihre eigene Kraft. Gespannt hatte ganz Italien dem Ausgang der Kämpfe entgegengesehen, keiner aber mit größerer Aufmerksamkeit als Papst Gregor IX. Solange die Kämpfe vor Brescia noch im Gange waren, hatte er sich wohlweislich gehütet, offen für die Lombarden Partei zu ergreifen, ja er hatte sich sogar gegen Friedrich anscheinend versöhnlich gezeigt, hatte den Generalminister des Franziskanerordens, Fra Elia von Cortona, einen Freund Friedrichs II., an den Großhof geschickt und versichert, er wolle mit Friedrich „unus et idem" sein. Kaum aber war das Ende der Belagerung bekannt geworden, als der Papst sofort aus seiner bisherigen Zurückhaltung heraustrat. Hatte es Friedrich II. zuvor verstanden, alle päpstlichen Widerkräfte zu erregen und um sich zu sammeln, so vergalt ihm Papst Gregor nun solches gründlich mit Gleichem. Durch den kaiserlichen Mißerfolg aus der peinlichsten Lage befreit, zeigte er trotz seines hohen Alters eine erstaunliche Rührigkeit. Was Friedrichs Gegnern bisher gefehlt: der sammelnde Mittelpunkt und die große gemeinsame Idee, das mußte jetzt geschaffen werden und mit Feuereifer begann Papst Gregor das Versäumte nachzuholen. Unter der Oberfläche war ja schon längst alles vorbereitet. Die innere Gemeinschaft des Papstes mit den lombardischen Reichsfeinden, Rebellen und Ketzern war seit langem ein allbekanntes Geheimnis.. doch erst jetzt wurden die Lombarden planmäßig im päpstlichen Sinne bearbeitet, als zum Legaten der Lombardei des Kaisers ärgster Feind ernannt wurde: Gregor von Montelongo. Der geschickten Tätigkeit dieses Prälaten, der als Notar der römischen Kurie seine Laufbahn begonnen hatte und später als Patriarch von Aquileja endete, kriegskundig wie nur irgendeiner, verschlagen erfinderisch und in allen politischen Ränken und Listen bewandert, gelang es die dem Reich widerstrebenden Elemente der Lombardei zu sammeln und hier die mannigfaltigsten Interessen miteinander zu verknüpfen. Was dieser Legat vor allem schuf, war der Gegenblock gegen die einheitliche Kaisermacht in Italien. Alle kaiserfeindlichen Strebungen der Städte selbst und der städtischen Parteien, wie immer sie sich nannten, konnten seiner Hilfe sicher sein und ihre bisher eigenbrötlerischen und namenlosen Klein- und Großkämpfe erhielten plötzlich Namen und Gesicht, indem sie mit einer Weltidee, der des römischen Papsttums, verknüpft, ja ihr gleichgesetzt wurden. Nicht mehr Rebellen und Aufrührer waren jetzt die verschiedenartigen Reichsfeinde aller Lager Schichten und Stände, sondern Verteidiger und Vorkämpfer der bedrängten Kirche. „Guelfen" wurden alsbald die Gegner des Ghibellinenherrschers genannt, ein Sammelname für alle Feinde des Kaisers unter Führung der Kirche, bei denen sich Plebejer wie Adlige, Gläubige wie Ketzer, Priester und Laien zusammenfanden, so daß die Parteinamen der Ghibellinen und Guelfen keineswegs sich mit sozialen religiösen nationalen Spaltungen deckten. Im Gegenteil: der Riß ging durch alle Lager der Welt hindurch, wie man damals ganz richtig empfand.. kein Orden, keine Stadt, kein Stand und keine Familie, ja kein Einzelwesen, in welchem nicht Ghibellinen- und Guelfentum miteinander rangen und wechselweise zur Herrschaft gelangten.

Der Zusammenschluß des kaiserfeindlichen Blocks unter Führung der Kirche galt indessen durchaus nicht der bloßen Abwehr. Friedrich II.

war gewiß der herausfordernde Teil, schon weil seine Person Kampf und Krieg selbst war, ob er auch Frieden wollte. Dennoch: der Angreifer, der jede Verständigung ablehnte, der unbedingt auf den Krieg hinwirkte, war nicht er, sondern wie man immer bemerkt hat: der ungestüme heftige Papst Gregor. Noch ehe er sich offen als Gegner erklärte, hatte er im Lateranpalast einen Angriffsbund gegen den Kaiser zwischen Venedig und Genua zustande gebracht: auf allen Meeren sollten die oft genug feindlichen Seestädte jetzt zu gegenseitiger Hilfeleistung verpflichtet sein und mußten geloben, ohne den Willen des Papstes keinen Vertrag mit dem Kaiser zu schließen. In Genua hatte unter einem mailändischen Podestà die kaiserfeindliche Opposition damals die Macht in Händen .. und die Venezianer mögen, von der Bedrohung in der Trevisanermark abgesehen, gegen Friedrich II. besonders erbittert gewesen sein, weil er den bei Cortenuova gefangenen Dogensohn zur Schande Venedigs im Triumph aufgeführt und nun im apulischen Kerker festhielt.

Papst Gregor hatte die Verstimmungen gegen den Kaiser gut ausgenutzt. Auch in Rom selbst griff er jetzt durch. Als er im Juli 1238 seine Hauptstadt verließ um nach Anagni zu gehen, zur Zeit also, da das machtvolle Kaiserheer gerade gegen Brescia marschierte, war Rom noch fast unbestritten kaiserlich. Bei seiner Rückkehr im Oktober aber regierte bereits die Papstpartei. Kurz entschlossen ließ da Gregor IX., um sich Luft zu schaffen, eine Anzahl Kastelle der kaisertreuen Adligen zerstören, Paläste aus altrömischer Zeit, die im „Zeichen des Antichrist" standen und deren Mosaik- und Marmorwerke damals vernichtet wurden. Später gab Friedrich II. einem sizilischen Beamten Befehl, die zerstörten Bauten auf kaiserliche Kosten so gut es ging wieder herrichten zu lassen.

Obwohl der zum Kriege entschlossene Papst fast unverhüllt auf den Bruch hinarbeitete, nahm er dennoch die Verhandlungen mit dem Kaiser wieder auf.. allerdings nur um Zeit zu gewinnen, nicht der Verständigung wegen. Dem Kaiser indessen konnte nach dem Mißerfolge vor Brescia nichts unerwünschter sein, als ein Beginn offener Feindseligkeiten mit der Kurie. Er setzte alles daran, einen neuen Zwist zu vermeiden, ehe nicht ein neuer Sieg die Gesamtlage zu seinen Gunsten veränderte, und so zeigte er, wo es anging, die größte Zurückhaltung. Den Ausbau des italischen Staates, in der Westlombardei schon begonnen, stellte er ein und unterzog sich in Cremona bereitwilligst einem Verhör vor einer Anzahl Prälaten. Von den vierzehn Punkten jedoch, deretwegen Papst Gregor gegen den Kaiser Klage führte und von deren Erledigung angeblich die Beilegung der Streitigkeiten abhängen sollte, traf kein einziger die Sache selbst. Denn daß die Lombarden, die König Heinrich unterstützt hatten, Anlaß des neuen Streites zwischen Kurie und Kaiser waren, das hatte Papst Gregor gleich zu Beginn seines Schiedsrichteramtes vergessen und vorgezogen, unter Umgehung der berechtigten Klagen den Kaiser wegen der sizilischen Verwaltung zur Rede zu stellen. Den ursprünglich vollkommen klaren Sachverhalt hat Papst Gregor — wie einstmals die Kreuzzugsfrage — mit Erfolg zu verschleiern und zu entstellen gewußt, ja auch verstanden, die rein machtpolitische Frage: wer in Italien Herr sein sollte, ins Religiöse hinüberzuspielen.

Auch hier ist wiederum über die höhere Notwendigkeit des Kampfes wenig zu sagen, und bewundernswert bleibt immer Papst Gregors persönlicher Mut, der ihn trotz seines Alters mit allen Mitteln den Kampf suchen und herbeizwingen hieß. Daß die päpstlichen Mittel darauf abzielten, den von den Lombarden beleidigten Kaiser zum Beleidiger zu machen, und daß die Tatsachen völlig verdreht wurden, sollte schließlich mehr als dem Kaiser dem Papste selbst schaden. Jene vierzehn Punkte aber, deren Aufstellung das Vorgehen der Kurie verschleiern sollte, waren gänzlich nichtssagend. Es handelte sich um Unterdrückung von Kirchen Klöstern Klerikern in Sizilien, um die Behandlung der Templer und Johanniter im Königreich, ferner um einen muslimischen Fürstensohn, den Friedrich II. angeblich verhindert hätte, zum Christentum überzutreten, und noch einige andere wenig belangreiche Anschuldigungen, die der Kaiser zum Teil als unwahr zurückwies. Daß seine Freunde unter den Römern gegen den Papst gehetzt hatten, war freilich richtig, obwohl sich der Kaiser zu entschuldigen wußte: auch er habe Untertanen in Rom, die eben seinen Zwecken dienten. Den Kernpunkt des ganzen Zwistes aber, die Lombardenfrage, berührte Papst Gregor nur ganz beiläufig: er warf dem Kaiser vor, er schädige durch den Lombardenkrieg die Sache des Heiligen Landes .. die Klage also, die der Papst schon zwei Jahre zuvor zur Entrüstung der deutschen Fürsten erhoben hatte.

Immerhin wäre über diese Dinge eine Verständigung noch möglich gewesen, zumal der Kaiser für Sizilien baldige Abhilfe versprach. Doch das ganze Verhalten Gregors ließ erkennen, daß er gar keine Verständigung wollte, und die Auseinandersetzungen nahmen beiderseits einen immer bösartigeren Ton an. Hermann von Salza, der langjährige Friedensvermittler, begann dem Kaiser zu fehlen. Aber auf den Deutschordensmeister war nicht zu rechnen: schwer erkrankt war er mit den deutschen Truppen König Konrads nach Italien gekommen und in erzwungener Untätigkeit weilte er jetzt Heilung suchend in Salerno. — Stickig und schwül wurde währenddessen die Luft in Italien und schließlich trug Friedrichs eigenes Verhalten wenig dazu bei, die herrschende Spannung zu mildern: er selbst führte neuen Konfliktstoff mit der Kurie herauf, als er in jenen Oktobertagen, da die Anzeichen kommender schwerer Kämpfe sich mehrten, in Cremona zunächst das Fest der Schwertleite seines geliebten Sohnes Enzio beging.

Von allen Söhnen muß Enzio in seinem Äußern dem Vater am ähnlichsten gewesen sein. „In Wuchs und Antlitz unser Ebenbild" hieß ihn Friedrich wohl selbst, und der schöne stolze Knabe, Sohn einer deutschen Adligen, einer Geliebten Friedrichs aus seinen frühen deutschen Königsjahren, mag mit seinen lang herabwallenden goldblonden Locken und seiner geschmeidigen nur mittelgroßen Gestalt wirklich das Bild des Puer Apuliae erneuert haben, damit man es nicht vergesse: feingliedrig, leichtfüßig und behend, — man nannte ihn geradezu „falconello", das Falkenjunge — über alle Maßen kühn und beherzt, im Kampf stets der Erste, ein Held, der mit Freuden die Gefahr suchte und aus der Schlacht manche Wunde davontrug.. so wird Enzio geschildert. Wunderbar stimmte zu dem freien gelösten Körper die geistige Gelöstheit, welche damals höfische Schulung hervorzubringen vermochte: Enzio war nicht entfernt so gelehrt wie der Vater, aber durch und durch gebildet, für alles Geistige empfänglich und dazu ein Dichter, aus dessen Cantilenen Lebensfreude und -fülle klang selbst als der Sänger im Kerker sein Leben vertrauerte. Wie in dem Vater ein Caesarisches neuerwacht war, so schien in Enzio, dem einfach-schlichten Krieger König und Sänger, fast etwas Achilleisches aufzuleben, so daß man sich gern vorstellen möchte, wie auch Enzio in einer Kampfpause mit dem Saitenspiel vor dem Königszelt saß im Kreise der heitren Gefährten. Den eigenartigen Zauber, den man so oft an Enzio gerühmt, mag man in dieser natürlichen Anmut und einfachen Herzlichkeit suchen: selbst die Feinde konnten sich dem nicht entziehen und nur selten streift auch diesen Schönen eines der gehässigen Worte, mit denen die Gegner sonst alle Staufer überreichlich bedachten. Von epischer Schlichtheit sind auch die vielen Legenden und Märchen, die als ein dichtes Strahlengewebe schon zu Lebzeiten den Kaisersohn umsponnen: einfacher und lichter und weniger „tief" als die stets mit dem Unheimlichen verbundenen Anekdoten vom Vater.. ein deutsches Traumbild, wie es die Wirklichkeit gewiß nicht allzuoft sah.

Der Schwertleite Enzios folgte nach dem Wunsche des Kaisers die Vermählung des etwa Zwanzigjährigen mit Adelasia, der Erbin zweier sardinischer Judikate oder Provinzen, nach denen sich Enzio „König von Torre und Gallura" oder: König von Sardinien nannte. Die sardinische Heirat Enzios aber sollte den Zwist zwischen Friedrich II. und der römischen Kurie verschärfen. Denn Sardinien, das einst im päpstlichen Auftrag Pisa und Genua den Sarazenen entrissen, galt als Lehen der Kirche. Da aber Barbarossa während der Kämpfe mit der Kurie seinerseits wieder die Seestädte mit Sardinien belehnte, so erhob nun auch das Reich Ansprüche auf die Insel, so daß fortan Sardinien ähnlich den Mathildischen Gütern Gegenstand unaufhörlicher Streite zwischen Kaisern und Päpsten wurde. Durch die Ehe Enzios mit der Erbin des größten Teils dieser Insel glaubte Friedrich sich neue Ansprüche erwerben zu können und obwohl Papst Gregor die Ehe der Adelasia mit des Kaisers Sohn ausdrücklich verbot, ließ sich Friedrich von seinem Vorhaben nicht abhalten: er habe geschworen, alle dem Reiche abhanden gekommenen Besitzungen zurückzuerwerben, und es sei der Hauptgrund des päpstlichen Zornes über Enzios Verbindung darin zu suchen — so meinte der Kaiser — daß Papst Gregor den Schönen einer seiner Nichten zugedacht habe.

Wie immer auch die Rechtsfrage hier gewesen sein mag: des Kaisers Vorgehen erbitterte den Papst aufs neue und der Frieden war schwerlich zu retten. Mehrfach versuchte zwar Friedrich II. das Einvernehmen mit dem Papst noch aufrechtzuerhalten.. aber die kaiserlichen Boten —vornehmste Vertreter des Hofes wie Erzbischof Berard von Palermo, Graf Thomas von Aquino, Thaddeus von Suessa — wurden vom Papst nur hingehalten, der längst planmäßig den Bruch vorbereitete. Ergebnislos verlief die Gesandtschaft und was bevorstand, mußte Friedrich II. wissen. Zu Beginn des Jahres 1239 fand er sich zu längerem Winteraufenthalt in Padua ein, wo er mit seinem Hofstaat im Kloster Santa Justina verweilte.. für die Mönche zwar eine große Ehre aber auch keine geringe Belastung, wenn sie — wie später die Mönche von San Zeno in Verona — außer dem Herrscher noch einen Elefanten, fünf Leoparden und vierundzwanzig Kamele zu unterhalten hatten. Den Kaiser hatte Ezzelino nach Padua gerufen. Denn dessen Herrschaft in der Trevisaner Mark war durch die Umtriebe seines Bruders Alberich von Romano, ferner des Azzo von Este und andrer Adliger bedroht, die eifersüchtig das Wachsen von Ezzelinos Macht mit ansahen. Doch das persönliche Erscheinen des Kaisers, der vor Jahresfrist seine Tochter Selvaggia mit Ezzelino vermählt hatte, dürfte die Schwierigkeiten wenigstens vorläufig behoben haben, wie Friedrich kurz zuvor auch in dem unruhigen Parma durch sein Erscheinen, durch Befestigung des Kaiserpalastes und durch die persönliche Übernahme des dortigen Podestà-Amtes die Ruhe rasch hergestellt hatte. Sein Verhältnis zum Papst suchte Friedrich zum Bessern zu wenden, indem er die Ketzeredikte erneuerte, vermutlich doch selbst überzeugt von der Erfolglosigkeit auch dieses Schrittes. Denn zwei Wochen später schlug er einen ganz andern Weg ein, den drohenden Bann von sich abzuwenden: nicht mehr an den Papst, sondern an die Kardinäle richtete er jetzt seine Schreiben, die Spaltung an der Kurie benutzend.

Es war eine merkwürdige, halb vergessene und drum neuartige Theorie, die Friedrich II. entwickelte, um das Kardinalskolleg über den Papst zu stellen — ein Versuch, den Spätere wieder aufgriffen. Der Kaiser erinnerte nämlich die Kardinäle, daß sie, die Leuchten und wahren Vertreter der Kirche, auch Nachfolger der Apostel seien. Wie Petrus aber nur Sprecher und Sachwalter, nicht unumschränkter Herr der Apostel gewesen, so sei auch der Papst als Nachfolger Petri in allen Fragen der kirchlichen Politik und Gesetzgebung nur Sachwalter und Ausführer der ihm gleichberechtigten Kardinäle. Statt der strengen päpstlichen Monarchie suchte Friedrich damit einer Oligarchie der Kardinäle, in deren Reihen er zahlreiche Freunde wußte, das Wort zu reden. Sache der Kardinäle sei es — so schrieb er — das nahe bevorstehende Ärgernis zu verhindern. Denn auch auf sie falle es zurück, wenn der zur Verkündung der Evangelien gesetzte Papst zugunsten lombardischer Ketzer und Rebellen das geistliche Schwert wider den Vogt von Rom schwinge. Um ihrer selbst, der Kardinäle willen, an die er sich halten müsse, bäte er das Kollegium, den Papst von seinem unüberlegten Vorhaben abzubringen, von dessen Ungerechtigkeit und herrschsüchtiger Willkür die ganze Welt offenkundige Beweise habe. Denn auch sie, die für alles Geschehen mitverantwortlichen Kardinäle, würden seine kaiserliche Rache zu spüren haben: gerade gegen sie müßte er dann vorgehen, da „weder dieser Papst selber noch seine Sippschaft wert seien, daß gegen sie des Reiches Erhabenheit einschreite." Schon hier stellte Friedrich II. den Papst als „unwürdig" hin, und drohend fügt er hinzu: er sei zwar bereit, Unrecht zu ertragen, Gewaltsamkeiten des heiligen Vaters aber werde er mit den Mitteln zu vergelten wissen, „deren sich Caesaren zu bedienen pflegten".

Das hochfahrende Schreiben des Kaisers war zugleich sein letzter Versuch, durch Drohung den Frieden zu bewahren. Nur zu genau wußte Friedrich II., worum es jetzt ging: daß ihm Bann und Absetzung bevorstand, wenn es wirklich zum Bruch mit Papst Gregor kam. Auf dessen Entschlüsse vermochte der Kaiser freilich kaum noch einzuwirken: unabhängig von seinem Wollen nahmen die Dinge ihren Lauf und ihm blieb nichts, als nach außen hin wenigstens die gleichmütige Haltung zu bewahren. Seiner Lebensweise vermochte denn auch niemand den lastenden Druck anzumerken, der über dem ganzen Großhof lagerte.. im Gegenteil: es waren heitre, sorglos scheinende, fast fröhliche Wochen, die er in Padua den Bann erwartend zubrachte. Jagden und Feste lösten einander ab und als am Palmsonntag die Paduaner alter Sitte gemäß sich auf der Stadtwiese mit allerlei Spielen belustigten, erschien unter ihnen auch der Kaiser: von seinem erhöhten Thronsitz aus sah er freundlich und heiter dem Treiben zu, während Petrus de Vinea vor dem Volk eine seiner prächtigen Reden hielt, in der er Wohlwollen und Liebe des Kaisers für die Paduaner besonders hervorhob. Niemand konnte ahnen, daß auf dem Kaiser schon der päpstliche Bann ruhte.

Das Schreiben an die Kardinäle, von dem sich Friedrich wohl einigen Erfolg versprach, kam zu spät. Möglicherweise aber war der Papst davon schon in Kenntnis gesetzt und, ein Dazwischentreten der Kardinäle vielleicht wirklich befürchtend, hatte er den gewöhnlichen Termin für die Verkündigung von Exkommunikationen, den Gründonnerstag, nicht abgewartet. Entschlossen, noch einmal den Kampf mit Friedrich II. aufzunehmen, handelte er rasch, fast überstürzt. An dem gleichen Sonntag, an dem Friedrich II. in Padua den Volksspielen zuschaute, hatte Gregor IX. zum zweitenmal über den Kaiser den Bann verhängt. Bei Glockengeläut und bei brennenden Kerzen sollte fortan in allen Kirchen der Welt zu jedem Hochamt von jedem Priester der Ausschluß Friedrichs II. aus der Gemeinschaft der Gläubigen verkündet werden. Gleichzeitig wurden alle Untertanen des Kaisers vom Treueid gelöst. Daß die Lombarden Ursache des Streites gewesen, hat Gregor mit keinem Worte erwähnt: die sizilischen Beschwerden mußten zur Begründung des Bannes herhalten.

Damit waren die Würfel gefallen. Ein schicksalhaftes Zusammentreffen wollte es, daß an diesem Palmsonntag in Salerno der große Deutschordensmeister Hermann von Salza starb: sein Leben, das der Einheit beider Gewalten gedient, war sinnlos geworden.. denn das vielhundertjährige Bild der vollkommenen Weltordnung: die gleichgewichtige Einheit von Priestertum und Kaisertum war mit diesem Tage für alle Zeiten vernichtet. Der wütend verbissene Entscheidungskampf beider Gewalten begann, ob auch das Ungeheure, das hier wie dort die Kraft überspannte und der Jahrhunderte Güter in wenigen Jahren aufzehrte, ohne Entscheidung blieb. Denn im Zusammenprall verloren schließlich beide Mächte die Unbedingtheit, die sie ein halbes Jahrtausend besessen: Interregnum und Avignon sind des Mittelalters und der christlichen Weltherrschaft Ende.

Als nach mehr denn einer Woche die Nachricht der Exkommunikation den Kaiser in Padua erreichte, herrschte für einen Augenblick wohl Bestürzung. Friedrich versammelte die Paduaner in ihrem Stadthaus. Wiederum mußte Petrus de Vinea im Namen des Kaisers zu ihnen sprechen und kaum daß er geendet, ergriff zum Staunen des Volks der in der Höhe thronende Herrscher diesmal selbst noch das Wort, um sich gegen das übereilte Vorgehen des Papstes zu verwahren. Dann aber löste sich die dumpfe Spannung. Der Kaiser verließ Padua, und das lähmende Ungewiß, das ihn während der träge schleichenden Monate des Wartens zur Untätigkeit verdammt hatte, schwand im Augenblick und schlug über in eine immer mehr sich steigernde fast fiebrige Aktivität. Jetzt konnte er sich frei und unbehindert entwickeln... und wenn in den letzten Wochen des lastenden Drucks, in denen alles vorsichtig und gleichsam lautlos abrollte, Petrus de Vinea den sizilischen Großhofjustitiar gewarnt hatte: er möge sich hüten, ohne besonderen Befehl des Kaisers durch irgendwelche Maßnahmen die leicht erregbare römische Kurie zu reizen und Öl ins Feuer zu gießen, weil dadurch der Sache des ganzen Italien Gefahr drohen könnte — so gab es jetzt solche Bedenken nicht mehr. Der lang gestaute Groll brach hervor: dröhnend machte sich der Kaiser in leidenschaftlichen Manifesten und Flugschriften der Welt vernehmlich und rief damit nicht weniger wilde Anklagen und Antworten der Kurie hervor. Doch diese Fanfaren begleiteten nur Kämpfe und Handlungen, die sich bald in unendlicher Fülle überstürzten: erst jetzt bot sich ja für Friedrich die Möglichkeit, seine reichen Kräfte alle zugleich aufs großartigste zu entfalten.

Die kriegerischen Ereignisse: Fortführung der Kämpfe gegen die Rebellen waren dabei fast nebensächlich... aber sie zeigen deutlicher, wie trotz ihrer ein unerhörtes Organisationswerk binnen weniger Monate geleistet werden konnte. Kreuz und quer, nach allen Richtungen hin, durcheilte der Kaiser jetzt Oberitalien. Der Bannspruch hatte die Rebellen ermutigt, die Kurie mit ihren Legaten wühlte überall gegen den Kaiser und an verschiedenen Stellen lohte es schon auf. Von Padua war Friedrich nach Treviso geeilt, dann zurück nach Padua und wieder nach Vicenza, um sich hier der Großen in der Trevisaner Mark zu versichern, die unter Führung des Markgrafen Azzo von Este als Feinde Ezzelinos zum Abfall auch vom Kaiser neigten. Wenig vermochte hier der Kaiser mehr aufzuhalten. Der Markgraf, der noch eben Treue geschworen, verriet ihn: Mitte Mai wurde Treviso überrumpelt und der kaiserliche Podestà, Jacob von Morra, verjagt... Mitte Juni fielen dann Azzo von Este und andere Adlige ab. Über sie wurde in feierlicher Gerichtssitzung zu

Verona durch den Mund des zu Pferde sitzenden Petrus de Vinea die Reichsacht verhängt. Der Kaiser selbst ging nach Cremona, als plötzlich Ende Juni Ravenna, eine bisher völlig ergebene Stadt, abfiel. Kardinal Sinibald Fiesco, der spätere Papst Innocenz IV., hatte hier den Aufruhr geschürt, und Paulus Traversarius, Ravennas Stadthaupt, die Kaiserpartei verjagt, obwohl — wie es heißt — seine einzige Tochter als Geisel in den Händen des Kaisers war. Ravenna wurde dem Schutze Bolognas und Venedigs unterstellt. Friedrich eilte infolgedessen von Cremona aus in die Romagna zu einer Heerfahrt gegen die Bolognesen. Das Stadtgebiet wurde verwüstet, zwei bolognesische Festungen, Piumazzo und Crevalcore, innerhalb zweier Wochen erobert. Ende August war der Kaiser wieder in Parma, wo schon im Vorjahr Unruhen geherrscht hatten, um schließlich von Mitte September bis Anfang November unter schwierigsten Verhältnissen gegen Mailand und Piacenza, die neuen Verbündeten der Kurie, Krieg zu führen. Auf eine Eroberung dieser Städte hatte es Friedrich jetzt wohl so wenig wie bei Bologna abgesehen. Für lange Belagerungen hatte er keine Zeit.. es war Wichtigeres zu tun. Nach Möglichkeit suchte er die Städter in einer Feldschlacht zu fassen oder, wichen sie aus, ihr Stadtgebiet zu verheeren.. auch dies schon eine empfindliche Schädigung der Städter. Zu einer Entscheidung, einem neuen Cortenuova, das der Kaiser angesichts seiner beträchtlichen Übermacht wohl erhoffte, kam es freilich nicht. Allen Vorstößen, die er nach Eroberung und Einäscherung mehrerer Kastelle von verschiedenen Seiten gegen Mailand führte, gaben die Mailänder nach oder zogen sich hinter Gräben und eiligst abgeleitete Flußläufe nach ihrer Stadt zurück. Immerhin hatte Friedrich den Erfolg, daß bei dieser Gelegenheit Como nebst einigen Nachbarstädten sich von der mailändischen Hoheit lossagten und auf die Seite des Kaisers übertraten.. wichtig insofern, als Como „der Schlüssel des Eingangs von Deutschland nach Italien" war, wie der Kaiser seinem Sohn Konrad schrieb. Neben dem Brenner standen nunmehr auch die Straßen über Julier und Septimer, vielleicht auch über den Gotthard zur Verfügung. Eine Unternehmung gegen Piacenza, vor Anbruch des Winters noch rasch eingeleitet, und gegen einen von den Piacentinern neu erbauten Brückenkopf am Po mußte vorzeitig abgebrochen werden, weil infolge tagelanger Regengüsse der Po über seine Ufer getreten, die Brückenstellung daher unangreifbar war. Blieben hier im Norden auch die großen Erfolge versagt, so sollte ein siegreicher Winterfeldzug in Mittelitalien den Kaiser bald reichlich entschädigen.

Alle diese Kämpfe waren kaum eingeleitet — der Kaiser schlug sich noch im Gebiet von Bologna — als die Kurie selbst ihn zwang, noch auf ganz andere Dinge sein Auge zu richten. Jenes Bündnis zwischen Venedig und Genua, welches Papst Gregor vermittelt hatte, erfuhr eine Erweiterung durch den Beitritt von Piacenza und Mailand und schließlich der römischen Kurie selbst. Der Vertrag lautete dahin, daß keiner der Vertragschließenden, auch nicht der Papst ohne Zustimmung der andern mit dem Kaiser einen Frieden eingehen dürfe und ferner: daß Venedig und Genua eigne und päpstliche Truppen in Sizilien landen sollten. Ein großer Angriff auf Sizilien — die Grundlage der ganzen kaiserlichen Macht — war also geplant. Sechs Monate hatte man für diesen Feldzug als zureichend vorgesehen und auch die Teilung des Raubes schon vereinbart: der Papst wollte das ganze Königreich behalten, „quod est beati Petri patrimonium".. Venedig sollte mit den Häfen Barletta und Salpi, Genua mit dem nur schwer verschmerzten Syrakus, beide für ihre Auslagen noch auf andere Weise entschädigt werden. Dies war das Programm der festgefügten Mächtegruppe, auf die Friedrich II. nunmehr stieß.

Der Kaiser sah das sizilische Königreich in größter Gefahr. Selbst wenn ihm, was nicht sehr wahrscheinlich, diese geheimen Abmachungen vorerst noch unbekannt waren: mit dem Einfall eines päpstlichen Landheeres, das man freilich erst aufstellen mußte, durfte er nach den früheren Erfahrungen auf jeden Fall rechnen. Es galt, ohne die Kämpfe im oberen Italien abzubrechen, das Erbland nach allen Seiten hin so zu sichern, daß es nicht nur jeden Angriff abschlagen, sondern daß es ungestört seinen Gang weitergehen konnte... ja, die Leistungsfähigkeit Siziliens in der Lieferung von Kriegsmaterial und Geld war unbedingt noch erheblich zu steigern. Das Königreich in Kriegsbereitschaft zu setzen bedurfte es aber einer allgemeinen Neuordnung. Denn das Erbland wurde zur Zeit noch regiert von einem Familiarenkolleg, bestehend aus dem Großhof-Justitiar Heinrich von Morra, dem Grafen Thomas von Aquino, dem Erzbischof Berard von Palermo und zwei weiteren Prälaten, denen Friedrich II. für die Dauer seiner Abwesenheit die Regentschaft übertragen hatte. Dieser selbständige Familiarenrat war jetzt unbrauchbar. Mit Ausbruch des Krieges gegen die Kirche hatte Sizilien nicht mehr den eignen Bedürfnissen, sondern den stets wechselnden Anforderungen des im Norden kämpfenden Kaisers zu genügen, und welcher Art diese waren, konnten die Familiaren nicht übersehen. Der Kaiser mußte also die Regierung Siziliens unmittelbar selbst übernehmen. Dabei war erschwerend, daß Friedrich seit fast fünf Jahren, seit er im Frühjahr 1235 nach Deutschland aufgebrochen, sein Erbland nicht mehr betreten hatte...

weiter, daß der Kaiser vorerst an eine Rückkehr nicht denken konnte und schließlich, daß die Landverbindung Oberitaliens mit Sizilien durch den Kirchenstaat noch verlegt war. Unter schwierigsten Umständen mußte also nach kaiserlichen Anordnungen von Oberitalien aus die Umgestaltung und die Mobilmachung Siziliens erfolgen. Nur das sinnvoll durchdachte Gewerke und Getriebe des sizilischen Staates machte das möglich. Es zeigte sich bald, was der Wille eines Einzelnen, unterstützt von einer glänzend geschulten, willigen und noch völlig unverbrauchten Beamtenschaft in kürzester Frist, allerdings bei angespanntester Arbeit, zu leisten vermochte. Alle Anordnungen, mit raschem Blick für das Notwendige getroffen, verraten dabei den ganz großen vereinfachenden Zug des Kaisers. Das Familiarenkolleg wurde aufgelöst, die Zentralbehörden Siziliens: Verwaltung Hofgericht Kanzlei unmittelbar dem unter Kämpfen Italien durcheilenden Großhof angeschlossen. Die früheren Abmachungen mit der Kurie, des Imperiums Leitung und die des Erbkönigreiches getrennt zu halten, waren hinfällig geworden.. es gab nur noch eine einheitliche Reichsverwaltung: Ein Großhof- oder Reichsgericht, Eine gemeinsame Reichskanzlei und Eine kaiserliche Finanzbehörde, bald auch statt der sizilischen eine Reichsflotte unter einem Reichsadmiral. Der höchste Verwaltungsbeamte Siziliens, der Großhof-Justitiar Heinrich von Morra, hatte sich von nun ab als Vertreter des Kaisers nicht mehr in Sizilien, sondern ständig am Großhof aufzuhalten. Damit indessen die Justitiare nicht unbeaufsichtigt schalteten, wurden die sizilischen Justitiariate zu zwei Gruppen zusammengefaßt, deren jede von nun ab einem Kapitän oder Groß-Justitiar unterstand: das Festland dem tüchtigen und erprobten Andreas von Cicala, der dem Kaiser vielfach selbständige Vorschläge machte.. der Inselteil dem Roger de Amicis, der als einer der Dichter bereits genannt war. Zahl und Dienstzeit der Provinzbeamten wurde, um „der Verwirrung der Zahl" und der „Unendlichkeit der Amtsdauer" ein Ende zu machen, aufs einfachste normiert: Ein Justitiar, Ein Großkämmerer, bei jedem Justitiar Ein Richter, Ein Notar und diese alle mit nur einjähriger Amtsdauer. Noch fester als bisher hatten also die Beamten jetzt das Königreich im Griff.. noch durchsichtiger, noch klarer und straffer erschien des Königreichs Aufbau.. und hier fiel denn auch das Wort: Sizilien solle sein ein Neid der Fürsten, eine Norm der Reiche.

Die ganze sizilische Verwaltung lief jetzt in Oberitalien am Großhof des Kaisers zusammen. Entlastet wurde Friedrich durch die Kanzlei, die unter den beiden Kanzleileitern: Petrus de Vinea und Thaddeus von Suessa vorzüglich organisiert war. Eine ungeheure Arbeit hatte man hier zu bewältigen. Denn der schriftliche Befehlsweg war jetzt die einzige Möglichkeit, auch von der Lombardei aus die Gesamtleitung des Königreiches in der Hand zu behalten. Da die gesamte kaiserliche Befehlsübermittlung durch die Kanzlei ging, so hatte diese dem Herrscher überallhin auf allen Kriegsfahrten zu folgen, gleichgültig, ob der Kaiser in einer Stadt oder im Feldlager quartierte. Nicht einen Tag geriet dabei die Befehlsausfertigung ins Stocken: die Ortsdatierungen der Mandate zeigen, wie an Marschtagen die Kanzlei des Morgens bis zum Abrücken arbeitete und bei der Ankunft sofort die Arbeit wieder aufnahm. Zahllose Dinge hatten die Notare überdies zu erledigen, seit sizilische Kanzlei und Reichskanzlei vereinigt waren. Wenn man bedenkt, daß täglich Dutzende schriftlicher Befehle aller Art in zwei- bis dreifacher Ausfertigung, dazu noch leidlich stilisiert hinausgingen (manche Tage dreißig, vierzig und noch mehr) und dazu die häufigen Rundschreiben an alle Justitiare, so erhält man einen Begriff von der Arbeit, die sich hier auf sechs bis acht Schreiber und ebensoviele Befehlsübermittler häufte. Mit äußerster Anspannung muß in dieser kritischen Zeit gearbeitet worden sein und in einem Tempo, das von der Beschaulichkeit früherer Kanzleien gewaltig absticht. Rücksicht auf die Überlastung der Sekretäre kannte der Kaiser gewiß nicht: mindestens ein Drittel der ausgehenden Befehle betrafen lediglich seine persönlichen Liebhabereien: Pferde, Falken, Hunde, Jagd. Wenn aber Friedrich von sich selbst sagte: daß er Tag und Nacht arbeite, daß „seine Hoheit immer wach und aufmerksam nicht schlummere", so konnte er gewiß das Gleiche von seinen Beamten verlangen. „Non sit quiescendum, continue sit agendum".. das war das Losungswort und Kennzeichen der neuen Lebensbeschleunigung, und ihr entsprach das verwirrende Getriebe am Großhof. Unentwegt kamen und gingen die meist sizilischen Boten. Da der Landweg durch das päpstliche Patrimonium im allgemeinen noch zu unsicher war — größte Vorsicht wurde den zu Lande kommenden Boten angeraten —, so war zur See gewissermaßen ein Schnellverkehr eingerichtet, den von Pisa nach Neapel teils pisanische und kaiserliche Galeeren, teils schnellsegelnde Yachten versahen. Truppen Getreide Geld, auch Kuriere mit wichtigen Meldungen wurden auf dem Seeweg befördert, gleichzeitig Neapel und Pisa als Depotplätze eingerichtet. Schnelle Befehlsübermittlung wurde ungemein geschätzt und Beamte konnten für Schnelligkeit höchstes Lob ernten. Anderseits zögerte man nicht, zur rascheren Abwicklung des Ganzen das Unterpersonal und die Schreiber zu vermehren.

Mit diesen Mitteln wurden zunächst die notwendigen Anordnungen getroffen, um Sizilien gegen jeden Angriff zu sichern. Alle wichtigen Kastelle, die in Friedenszeiten nur einen Kastellan und wenige Mann Besatzung trugen, wurden teils von den benachbarten Lehensträgern, teils von Söldnern besetzt: Monte Cassino etwa, nahe der Kirchenstaatsgrenze, erhielt hundert Mann, andere Burgen wurden rasch noch mit Ballisten und Wurfgeschützen versehen. Weitre im Augenblick wichtige Burgen zu erwerben, wurde kein Mittel gescheut. Mit größter Vorsicht und unter Vermeidung jeglichen Skandals sollte man sich hier der Burg Cerro, dort einiger Grenzbefestigungen in den Abruzzen bemächtigen, die einem sizilischen Ritter oder Abt gehörten. Durch die Teilnahme von Venedig und Genua am Krieg erhielt die Küstenverteidigung erhöhte Bedeutung: die vielen Wachttürme, gegen Seeräuber zur Schiffahrtszeit ohnedies stets belegt, bekamen stärkere Besatzung, die Fertigstellung größerer Küstenkastelle in Bari Trani Otranto wurde in Eile betrieben.

Das ganze Königreich mußte nach außen hin fest verriegelt und in eine einzige große Festung verwandelt werden.. Vorbedingung für alle anderen Maßnahmen. Denn gleichzeitig wurde eine allgemeine Grenzsperre über Sizilien verhängt. Jede Verbindung des Erblands mit dem Feind war gefährlich und daher unbedingt zu verhindern. Personen, die ins Königreich hineinwollten, bedurften eines Passes. Der Kaiser dulde nicht, daß einer durch sein Gebiet gehe, dort kaufe oder verkaufe, wenn er nicht auf seiner rechten Hand das Malzeichen und die Nummer seines Namens führe.. so höhnten die Feinde über den Paßzwang. Schiffe durften nur in bestimmten Häfen einlaufen und jede Ausnahme, um die hier und da die Kaufleute der bequemeren Verladung wegen nachsuchten, wurde unbedingt abgelehnt. Die in den vorgeschriebenen Häfen ankommenden Schiffe wurden von kaiserlichen Beamten genauestens durchsucht, die gesamte Besatzung sowie die Reisenden sorgfältig ausgefragt, woher jeder stamme, herkomme, wohin er wolle und zu welchem Zweck. Keiner durfte vor der Untersuchung das Schiff, keiner wiederum das Königreich ohne Erlaubnis des Kaisers verlassen. Verdächtige waren sofort einzusperren. Vor allem wurde nach Briefen und Schriften gefahndet — sowohl bei den zu Schiff Ankommenden als bei den anderen. Briefe ins Königreich zu bringen, bedurfte von Fall zu Fall der kaiserlichen Genehmigung. Ohne eine solche wurde der Überbringer gehängt. Aufs strengste verboten war jede Verbindung mit Rom. Ein Mann aus Caserta, der seinem Bischof einen freilich harmlosen Papstbrief brachte — der Sohn sollte eine Pfründe halten — wurde „wegen seiner Frechheit" gefangengesetzt, die Güter sequestriert. Ein nichtsizilischer Bischof, der wichtige Schriftstücke auszuliefern bereit war, sollte diese an der Grenze dem Justitiar übergeben, ohne indessen einen Ort des Königreichs dabei zu berühren. Der Kaiser mußte vor allem jede geistige Vergiftung des Erblands verhüten. Daher wurde auch den Studenten aus Rebellenstädten das Studium in Neapel verboten. Der Absperrung Siziliens nach außen entsprach die Säuberung des Landes selbst von verdächtigen Elementen. Schon wenige Wochen nach dem Bann wurden die nötigen Befehle erteilt, die zunächst den verdächtigen sizilischen Klerus betrafen. Die Bettelmönche, des Papstes liebste Organe für geheime Nachrichten und für die Erregung von Volksaufständen, wurden verjagt — anfangs nur solche, die aus aufrührerischen italischen Städten gebürtig waren, später alle insgesamt. Die Güter von nicht-sizilischen Klerikern wurden eingezogen. Kein Geistlicher durfte ohne kaiserlichen Befehl nach Rom gehen. Die unverdächtigen, treuen sizilischen Kleriker aber, die in irgendwelchen Geschäften gerade in Rom weilten, mußten unverzüglich ins Königreich zurückkehren: bei Verlust ihrer Güter und Verbot spätrer Rückkehr. Die Justitiare hatten überdies Befehl, alle Kleriker und Bischöfe ihrer Provinz zu versammeln und ihnen im Namen des Kaisers zu sagen: die weitere Abhaltung des Gottesdienstes sei trotz des Bannes erwünscht, doch würde kein Priester zum Zelebrieren des Hochamtes gezwungen. Wer es jedoch unterlasse, gehe der weltlichen Güter seiner Kirche verlustig. Zudem war Nichtabhalten von Gottesdienst für den betreffenden Priester ein verdächtiges Zeichen — dafür, daß er dem Papst mehr als dem Kaiser gehorche, und das genügte oft schon, den Verdächtigen ausweisen zu lassen oder gar an den Galgen zu bringen. Einen niedren Pfaffen, dem der Kaiser auf seine Bitten hin die unehelichen Söhne durch Reskript legitimiert hatte und der dann bei Empfang des Schreibens jammerte: ob das Reskript denn jetzt nach der Exkommunikation des Kaisers noch rechtskräftig sei, ließ Friedrich „wegen seiner schamlosen Dreistigkeit" hinausjagen, sein Hab und Gut einziehen.

Hatte sich Papst Gregor über die Bedrückung der sizilischen Geistlichkeit beklagt und den Kaiser deswegen gebannt, so zeigte ihm Friedrich II. jetzt erst, was Bedrückung hieß. Immer hatte sich der Kaiser bemüht, seit er als Vierzehnjähriger mit dem großen Innocenz den ersten Streit gehabt, in Sizilien einen von Rom unabhängigen Episkopat zu schaffen: jetzt konnte er das rücksichtslos durchführen. Von den wohl 145 Bischofssitzen des Königreiches waren zur Zeit des Bannes 35 Sitze vakant. Entweder blieben sie es oder aber kaiserliche Getreue wurden als Bischöfe eingesetzt: hier ein Notar, dort ein Neffe des Leibkämmerers Richard an andrer Stelle ein andrer Vertrauter. Erzbischof Berard von

Palermo, als allertreuester Anhänger des Kaisers gleichfalls gebannt, wurde gewissermaßen das Haupt der sizilischen Kirche. Rom war hier völlig gleichgültig geworden und wurde es von Jahr zu Jahr, je länger der Bann währte, mehr. Ein Kleriker, der sich ohne den Willen des Kaisers um ein Bistum bewarb, wurde zur Verantwortung an den Großhof beschieden, wie überhaupt die Durchführung aller kaiserlichen Befehle aufs strengste überwacht wurde. Der sizilische Episkopat dürfte durch solche Maßregeln ziemlich rasch gereinigt worden sein. Was blieb, war unbedingt kaiserlich und erwies sich auch in Zukunft als durchaus verläßlich. Mehrere Bischöfe wurden allerdings erst noch verjagt und dies aus verschiedensten Gründen — mit Sicherheit aber alle diejenigen, die bei Friedrichs erstem Zwist mit der Kurie aus Anlaß des Kreuzzugs auf päpstlicher Seite gestanden hatten. Hier kannte der Kaiser weder für Kleriker noch für Laien etwas andres als Ausweisung und Güterkonfiskation. Unentwegt waren die Justitiare mit Inquisitionen nach derart Verdächtigen beauftragt, und jene kleinen Heftchen, welche die Verdächtigen bei sich tragen mußten, dürften diese Tätigkeit der Beamten wesentlich erleichtert haben. Auch der Lehensadel, der sich im Jahre 1229 am Aufstand beteiligt hatte, wurde jetzt unnachsichtlich verbannt.. doch nicht die Schuldigen allein, sondern auch deren Familien traf die Strafe. Wie Friedrich II. alle Ketzerverwandten bis ins zweite Geschlecht bestrafte, „daß sie wüßten Gott sei ein Eifrer die Schuld der Väter an den Söhnen zu rächen", so wurden auch alle Rebellenverwandten ausgewiesen, die der Kleriker wie der Laien.. nur wurden bei den Lehensadligen etwas andere Maßnahmen getroffen. Denn diese wurden teils zum kaiserlichen Heer nach Lombardien, teils zum Heer nach Palästina verschickt. Schon früher hatte sich Papst Gregor beschwert, daß Friedrich sein heiliges Königreich Jerusalem als Deportationsland für Verdächtige und politische Verbrecher mißbrauche und das hörte jetzt erst recht nicht auf. Ein Ritter, der sich ohne Erlaubnis vom syrischen Heer entfernt hatte, wurde sofort eingekerkert. Sein Los teilte ein anderer, der ohne Urlaub den Großhof verlassen hatte, während ein Dritter aus ähnlichen Gründen in Ketten nach Malta verschickt wurde. Immer hielt sich der Kaiser dabei auch an die Familien der Ausgewiesenen, während ihm andrerseits die Familien auch als Bürgschaft für die Treue der eignen Leute dienten. Formelhaft kehrt die Wendung wieder, Bewaffnete oder Unterbeamte nach Italien zu schicken, „die aus treuen Familien sind und im Königreich Brüder oder Söhne haben". Es waren seine Geiseln, auf die er gegebenenfalls zurückgriff. Daß Friedrich keinen Augenblick zögerte, sich an den Geiseln zu rächen, deren er von allen Städten eine genügende Anzahl besaß, versteht sich von selbst. Als ihn die Venezianer belästigten, ließ er den gefangenen Dogensohn Jakob Tiepolo sofort hängen. Die Tochter des Paulus Traversarius, des abtrünnigen Stadthauptes von Ravenna, habe er verbrennen lassen. Als sich die Möglichkeit bot, den Bruder Papst Gregors gefangenzunehmen, ging Friedrich sofort auf den Vorschlag ein und schrieb dem Beamten: der Vorschlag gefalle ihm und würde ihm noch besser gefallen, wenn er zum guten Ende geführt würde.. der Beamte selbst könne sich bei ihm durch keinen Dienst beliebter machen als durch diesen. Tatsächlich erzählt man — jedoch kaum mit Grund — er habe alle Blutsverwandten Papst Gregors hängen lassen. Daß er dessen „Sippschaft" haßte, sagt Friedrich selbst.

Zweifellos war ungeheuer viel Mißtrauen und Argwohn in diesem ganzen System. Doch ohne diese Eigenschaften, die er mit jedem ähnlich gefährdeten Großen teilte, wäre Friedrich II. verloren gewesen. Es war durchaus eine Tyrannis, die hier waltete.. aber wie es in Sizilien, in Italien ohne Tyrannen ausgesehen hätte, ist nicht zu denken. Daß bei diesem System die Denunziationen immer üppiger aufschossen, war Vorteil und Nachteil zugleich. Denn obwohl vielfach von den Bewohnern aus rein persönlichen Gründen, aus Blutrache einmal, denunziert wurde, so war doch jede Angeberei genau zu untersuchen. Man entdeckte dabei allerlei, auch Unterschleife und Bestechlichkeiten von Beamten, die sich vor allem in späterer Zeit von den Proskribierten kaufen ließen. Im übrigen gehörte auch diese Angeberei zu dem weit ausgedehnten Nachrichtendienst, den der Kaiser ganz dringend benötigte. „Ich habe überall Gesandte und Boten und erfahre alles was geschieht" hat Friedrich einmal zum Dominikaner-General gesagt.. und tatsächlich verfügte er über jene merkwürdige Allhörigkeit jedes Großen, der alles erfährt, auch wenn er viele hundert Meilen entfernt ist. Aus dem Lager vor Mailand konnte der Kaiser dem Justitiar der Abruzzen melden, daß in seinem Amtsbezirk eine Anzahl namentlich Genannter heimlich mit Rebellen Geschenke ausgetauscht hätte. Der Beamte solle die Angelegenheit untersuchen und die Schuldigen hängen... „ihnen zur Strafe, den andern zum Schrecken". Den Justitiar der Terra Laboris konnte er etwa zur gleichen Zeit aufmerksam machen, daß aus seiner Provinz noch ein Capuaner in Rom weile: er solle dessen Güter beschlagnahmen. Auch daß Templer in Verkleidung Gelder zur Unterstützung von Rebellen anbrachten, erfuhr er und ersuchte den Ordensmeister, das abzustellen.

Die Säuberung des Königreiches wäre unvollständig geblieben, wenn Friedrich nicht die päpstliche Enklave Benevent beseitigt hätte. Als der gegebene Agitationsherd der Kurie, wo man gegen den Kaiser den Aufstand schürte, muß Benevent wirklich „Stein des Anstoßes und Fels des Ärgernisses für Sizilien" gewesen sein, wie Friedrich meinte. Zudem hatten sich zahlreiche, zur Papstpartei gehörige Sizilier hierher geflüchtet, bis der Kaiser schließlich befahl: diesen allen sei die Rückkehr ins Königreich untersagt, Benevent sei einzuschließen, keiner herauszulassen und der Stadt seien die Lebensmittel abzusperren... „mögen sie vor Hunger zugrunde gehen und verrecken in ihrer pestbringenden Freiheit, die sie sich selbst gewählt haben.." 1241 wurde Benevent völlig zerstört.

Durch solche Maßnahmen wurde die Sicherung Siziliens nach innen und außen in kürzester Zeit durchgeführt. Indessen sollte das Erbland nicht nur den Frieden haben, sondern den Frieden benutzen, um dem Kaiser Kriegsmittel und vor allem Geld zu liefern. Mehrfach schrieb der Kaiser, daß die Kassen leer seien, daß er Geld gebrauche. Zu unglaublich hohen Zinsen hatte er schon allenthalben Geld aufgenommen: in Siena, in Parma, bei einem Kaufmann Heinrich Baum in Wien und besonders viel bei den Römern. Bei ihnen mag noch die politische Absicht mitgesprochen haben, in möglichst weiten Kreisen Roms an einem Sieg der kaiserlichen Waffen Teilnahme zu erregen. Denn siegte der Kaiser nicht, so liefen die Römer womöglich Gefahr, ihr Geld nicht zurückzuerhalten.. die solchermaßen an den Kaiser gefesselten Kaufleute aber konnten für die römischen Pläne vielfach nützlich sein. Es waren immer kleine Gesellschaften von drei, vier Kaufleuten, die dem Kaiser ein paar hundert Unzen (1 Unze = 52 Mark) vorstreckten. Da sich jedoch die von den Römern geborgten Summen auf Zehntausende von Unzen beliefen, so waren an diesen Geschäften entsprechend zahlreiche Kaufleute beteiligt: aus einer einzigen Abrechnung lernt man an achtzig Namen solcher Gläubiger kennen.

Der Geldbedarf des Kaisers, schon um die Söldner zu löhnen, war ganz gewaltig gestiegen, und da mußte vor allem Sizilien helfen. Zunächst wurde eine neue Kollekte ausgeschrieben, von der jetzt weder der Klerus noch — wie bisher — die Beamten befreit waren. Ferner wurden neue Münzen geschlagen, was jedoch keine Geldverschlechterung zu bedeuten brauchte. Denn das alte Geld mußte gegen neues eingetauscht werden und die Wechselgebühr brachte dem Staat beträchtliche Summen ein, da ja Geldwechsel Staatsmonopol war. Die Legierung der neuen Münzen befahl der Kaiser freilich ganz geheimzuhalten, damit die fremden Kaufleute nicht den bloßen Metallwert zahlten. Ferner hieß der Kaiser alle Steuerrückstände ausnahmslos eintreiben. Aus den vakanten Bischofssitzen flossen nach altem Recht die Gelder in die Staatskassen, soweit die Einkünfte nicht zum Unterhalt der Kirchen dienten. An der Neubesetzung der Episkopate war also dem Kaiser auch aus finanziellen Gründen nicht gar so viel gelegen, obwohl hier die politischen Rücksichten die wirtschaftlichen weit überwogen. Noch schärfer wie bisher wurde jetzt die ganze Finanzverwaltung zusammengefaßt. In Melfi wurde der Oberrechnungshof eingerichtet, wo alle Beamten mit Rückwirkung bis zum Jahre 1220 Rechnung zu legen hatten. Die ganze Amtsführung während der letzten zwanzig Jahre wurde also nochmals genau überprüft und für jeden Ausfall waren die Beamten bekanntlich mit ihrem Vermögen haftbar. Gleichzeitig war über alle Kassenbestände abzurechnen.. und einen Schatzgräber ließ der Kaiser außerdem nach verborgenen Schätzen suchen.

Eine andere Einnahmequelle wurde der Getreidehandel des Kaisers, der mit seinen Transaktionen schon ziemlich weit über die Welt griff. Jenes Verfrachtungsgeschäft mit Tunis, das dem Kaiser fast eineinhalb Millionen Mark einbrachte, wurde von Lodi aus angeordnet. Gegen bloße Anweisung auf sizilisches Korn lieh sich der Kaiser wiederum in Wien größere Geldsummen aus. Die Galeeren, die von Pisa lombardische Gefangene nach Apulien brachten, hatten auf dem Rückweg den leeren Schiffsraum für die Verfrachtung von Getreide auszunutzen, das teils dem Heeresbedarf diente, teils an die Pisaner verkauft wurde, obwohl der Kaiser an dem befreundeten Pisa nicht viel verdienen mochte. Mehr jedenfalls verdiente er an den Venezianern. Denn obwohl man mit ihnen im Krieg lag, wollte sich doch der Kaiser die Handelsgewinne nicht entgehen lassen, und so gestattete er die Lebensmittelausfuhr nach Venedig, „doch vorsichtig, damit es nicht den Anschein einer allgemeinen Erlaubnis erhalte". Die Venezianer wiederum nahmen ebensowenig Anstand, vom „Feinde" Waren zu beziehen. Auch die Genuesen durften anfangs noch die sizilischen Häfen anlaufen.. bei der strengen Aufsicht keine so große Gefahr für den Kaiser. Dennoch wurde späterhin der Handel mit den Seestädten ganz untersagt. Weiter verdiente der Staat an den Pilgern: denn ein Drittel des Fahrgeldes nach Syrien mußte an den Fiskus abgeführt werden. Pferde ins Ausland zu verkaufen war von nun ab untersagt. Auf die großen Rüstungswerkstätten, die Kammern, wurde bereits früher verwiesen.. auch in ihnen wurde jetzt angespannt gearbeitet.

So waren bald alle Kräfte Siziliens versammelt, um dem Kaiser für Italien Kriegsmittel zu liefern. Wenn nun die ganze Umgestaltung des Königreiches trotz der Abwesenheit des Herrschers sich ohne große Schwierigkeiten vollziehen konnte, so war das eben den gut gezogenen und tüchtigen Beamten zu danken, die sofort begriffen, was der Kaiser wollte und worauf es ihm ankam. Aber gerade den tüchtigsten Beamtennachwuchs konnte der Kaiser seinem Erbland nicht mehr lassen: auch Beamte brauchte er in großer Zahl für Italien. Es begann sich in Sizilien jener Zustand bemerkbar zu machen, unter dem das Wurzelland eines Weltherrschers immer leidet: die übermäßige Abgabe von Kräften, die nicht dem Staat selbst, sondern dem Weltreich des Monarchen zugute kommen. Friedrich II., der als ganz junger Kaiser sein verwahrlostes Erbland neu hatte erobern müssen, der dann zur Zeit der Gesetzgebung sich in jener wunderbaren gleichgewichtigen Einheit mit seiner Staatsschöpfung gezeigt hatte, war jetzt als Caesar über den ursprünglichen Wurzelstaat weit hinausgewachsen, und dessen Mittel und Kräfte nutzte er nur noch, um wie einst mit dem Staat, so jetzt mit der Welt zu verwachsen und eins zu werden. Bei andern Herrschern vom Range dieses Staufers hätte das alles, zumal auf dieser Lebensstufe, eine Ausgießung über Weltweiten bedeutet: anders bei Friedrich II. Sein Weltreich wurde Italien, und Menschen wie Mittel seiner Staaten ergossen sich nicht über die Weiten des Erdenrunds, sondern sie alle strömten zum Ursprungsland des Imperiums zurück, das sich mit den Lebenssäften des Erdkreises immer mehr vollsog.

In dem gleichen unheimlichen Tempo, mit der gleichen Gewaltsamkeit wie die Neuordnung Siziliens wurde jetzt die Groß-Signorie Italien eingerichtet, deren Hauptstadt Rom werden sollte. „Uns liegt es am Herzen, Italien im kaiserlichen Zeichen wiederherzustellen", so verkündete der Kaiser bald nach dem Bann. Rücksichten auf den Papst gab es nicht mehr, im Gegenteil: da Gregor nicht nur als Priester den Kaiser gebannt, sondern als italischer Landesfürst und Kirchenstaatsherrscher dem Kaiser durch das Bündnis mit Venedig Genua und Anhang den Krieg angesagt hatte, konnte Friedrich seinen italischen Staat noch viel weiter ausdehnen, als ursprünglich beabsichtigt war. Nun gab es auch keine Schonung des Kirchenstaates mehr, am wenigsten jener beiden Reichsprovinzen: Mark Ankona und Spoleto, auf die Friedrich einst als Knabe hatte verzichten müssen und die ihm — lästig genug — den Weg von Italien nach Sizilien versperrten. Friedrich erklärte daher die beiden „eingebornen Provinzen des Reiches" dem Imperium für anheimgefallen und begründete die Zurücknahme dieser einst dem Papste geschenkten Gebiete gemäß römischem Recht einfach mit: „Undankbarkeit des Beschenkten". Doch als Friedrich dieses bekanntgab, war er schon mitten im Einrichten seines neuen Reiches.

Gewaltsam und durchschlagend war schon das rasch zugreifende

Schöpfen und Bilden selbst: unversehens innerhalb weniger Monate stand der Staat fertig da. Während sonst im Mittelalter Jahrzehnte, wenn nicht Jahrhunderte nötig waren, um meist weit geringere Umwälzungen sich ganz allmählich vollziehen zu lassen, dekretierte hier Friedrich II. plötzlich eine neue, höchst rationale Reichseinteilung Italiens, die er auch sofort planmäßig in einem Zuge durchführte. Gewisse Vorbereitungen lagen freilich schon einige Jahre zurück. Das erste Generalvikariat (so oder Generalkapitanie hießen die neuen Provinzen, Generalvikare oder Generalkapitäne die Statthalter) hatte der Kaiser unmittelbar nach dem Siege von Cortenuova, der Italien erschloß, auf dem Turiner Hoftag eingerichtet: das Generalvikariat „Pavia aufwärts" (d. h. von Pavia Po-aufwärts), welches Westlombardien und Piemont umfaßte. Die Hauptsache aber geschah jetzt als Gegenmaßregel gegen den Angriff des Papsts.

Kaum schwieg mit dem Bann jedes Bedenken, als Friedrich sofort in höchster Schnelle das Begonnene zu Ende führte. Seine eiligen Kreuz- und Querfahrten durch Italien bezweckten nicht nur die Bekämpfung der Rebellen: wo er erschien, stand alsbald eine neue Provinz fertig da. Die Nachricht vom Bann hatte ihn Anfang April 1239 in Padua erreicht: am 1. Mai errichtete er das Generalvikariat der Mark Treviso .. im Juni, wohl bei seinem Aufenthalt in Cremona, das Generalvikariat „Pavia abwärts" etwa mit Cremona als Mittelpunkt. Zur gleichen Zeit wurde auch das Königreich Burgund in ein Generalvikariat verwandelt und damit dem italischen System, wenn auch nicht ganz so straff wie die andern Provinzen, eingeordnet. Noch im gleichen Monat Juni, gelegentlich der Heerfahrt wider die Bolognesen, schloß Friedrich die Romagna dem Ganzen an .. zunächst als ein unmittelbares Vikariat, dann als Generalvikariat. Die Heerfahrt gegen Piacenza und Mailand ließ eine kurze Unterbrechung eintreten, bis ein siegreicher Winterfeldzug Mittelitalien öffnete. Unter den gleichen Umständen wie die Romagna gliederte Friedrich im Dezember 1239 die ligurische Küstenprovinz dem neuen Staat ein als Vikariat der „Lunigiana", das später vergrößert um die Versiglia und Garfagnana zum Generalvikariat erhoben wurde. Es folgte im Januar 1240 das Generalvikariat Toskana, im gleichen Monat die Generalvikariate der Mark Ankona und des Herzogtums Spoleto, darauf im Februar das Generalvikariat „Von Amelia bis Corneto und durch die ganze Maritima", gebildet aus den indessen eroberten Teilen des Kirchenstaates, des päpstlichen Tusziens vor allem, mit Viterbo als Mittelpunkt. Ein Jahr später konnte Friedrich, gleichfalls aus Gebieten des Kirchenstaates, die Provinz Narni einrichten. Nimmt man dazu noch die beiden neuen Kapitanien Siziliens, die sich im Süden anschlossen, so stand das ganze Italien — mit Ausnahme der wenigen Rebellenstädte und eines kleinen Restes vom Patrimonium — klar und übersichtlich geordnet wie ein Block da, eingespannt unter ein einheitliches kaiserliches Verwaltungssystem, einheitlich regiert von dem einen eisernen Willen des italischen Groß-Tyrannen.

Der ganze Organismus dieses Staates, den der gebannte Kaiser im Kriegszustande geschaffen hatte, war bei aller Massivität und Festigkeit durchaus elastisch und unstarr und konnte jeder Veränderung der Kriegslage oder sonstigen Bedürfnissen nachgebend, umgruppiert werden. Die großen Generalkapitanien wie Toskana, Pavia aufwärts und andre waren je nach Bedarf in Kapitanien untergeteilt.. den Justitiariaten etwa entsprechend, wie sich überhaupt der neue Staat dem sizilischen eng anschloß. Nur unvergleichlich gewaltiger war die Neugründung und in diesem Caesarenstaat hat sich mehr noch als in Sizilien, das neben dem Machtgebilde wie ein feinziseliertes Kunstwerk, eine Spieluhr fast, erschien, Friedrichs Staat erst eigentlich auch als Weltordnung manifestiert. Wenige Andeutungen mögen für diese auf Italien beschränkte Weltmonarchie die Blickrichtung geben.

Den versammelten Weltwiderstand, auf den jeder der Großen einmal stößt, den aber sonst das Gesamt der sich bedroht fühlenden Völker entgegensetzt... diese Koalition der Gegenmächte fand Friedrich II. nicht außerhalb seines Reiches und nicht an den unbedrohten Grenzen des Römerimperiums, sondern in des Reiches innerstem Innern, in dem caesarischen Papsttum und den lombardischen Städten. Wenn daher andre Kosmokratoren mit ihren weiten Reichen den durch sie selbst geweckten Widerstand des Universums niederhielten und damit gleichzeitig eine Gesamtwelt zum Staate formten, so mußte der vom Universum schon herkommende Friedrich II. umgekehrt mit den Macht- und Menschenmitteln all seiner Völker und Länder ringsum, ja selbst der fremden abend- und morgenländischen Könige, seinen Weltstaat Stoff werden lassen in dem Ursprungsland selbst, mußte Reich und Gegenreich in dem Kernland des Römerimperiums, dem engen schmalen Italien ballen und türmen. Was hier im Staat sichtbar zu werden beginnt, ist jene renaissancemäßige Spannung eines Übermaßes an Kraft bei einem Mindestmaß an Raum, und aus dem heraus entstand mit der Welthauptstadt Rom als dem erstrebten Mittelpunkt jene völlig einzigartige caesarische Kolossal-Signorie Italien, die in ungeheuerster Verdichtung alle Merkmale aufweist etwa eines napoleonischen Weltreichs. Dieser Staat, von dem Weltherrscher auf seiner Machthöhe mit äußerster Gewaltsamkeit und größter Anstrengung gegründet, ist gleichsam die in die Enge Ober- und Mittelitaliens versetzte Neukonzeption des römischen Weltimperiums, dessen Erneuerung nicht in den Weiten der alten Provinzen, wohl aber in der Provinz der Provinzen als Bau auch verwirklicht wurde. Was daher diese Staatsschöpfung einem Weltherrscher angemessen sein ließ, was ihr gerade in der Gedrungenheit solch Riesenmaß und solche monumentale Massigkeit gab, daß hier die römischen Provinzen gleich riesigen Quadern von einer Gigantenhand aneinandergewälzt und in ein Geringstes an Raum zusammengepreßt schienen, war allein jenes Ungeheure an Lebensintensität, an Spannung und Druck einer im Engsten gestauten und geballten Gegenwelt, deren Windungen und Zuckungen zum Trotz Friedrich II. jetzt seine Gewaltherrschaft nackt und groß und einfach aufrichtete.

Der Geist des neuen Staates glich zwar im allgemeinen durchaus dem der sizilischen Tyrannis — die Statthalterdiplome etwa brachten die nämliche Staatsphilosophie und Heilslehre zum Ausdruck, wie das Vorwort des sizilischen Gesetzbuches —, doch eine neue Gesetzgebung zu schaffen erübrigte sich, wenn man von Gelegenheitsgesetzen absieht, die meist das Beamtentum betrafen. Denn wenn Friedrich II. mit jener Groß-Signorie das römische Imperium erneuert, Italien im kaiserlichen Zeichen wiederhergestellt wissen wollte, so war es das Gegebene, daß in den neuen römischen Provinzen wieder das römische Recht gültig wurde. Dessen hatten sich zwar die italischen Städte schon seit langem und vielfach bedient.. dennoch war durchaus neu, daß im Kernland des Imperiums wieder ein dem Geist des römischen Rechtes gemäßer großer Staat gelebt und in einem Gesamtitalien dargestellt wurde, daß Italiens Provinzen in ein monumentales Ganzes gebunden wieder ein Caesar mit seinen Beamten fest im Griff hielt und daß ein Augustus jetzt über Italien nach den alten Sätzen Recht sprach, von deren Herrschaft man das Weltheil erwartete. Im Bau, nicht in der räumlichen Weite war die Renovatio Imperii Romanorum auf dem Boden Italiens durchgeführt. Freilich, den ursprünglichen Plan, die Statthaltereien in den Provinzen vorwiegend Römern „romuleischen Bluts" anzuvertrauen, hat Friedrich II. nicht wieder aufgenommen. Als ein Gebannter bedurfte er der zuverlässigsten Kräfte, und solche bot nur Sizilien.

So gewaltsam wie die rasche Einführung, ebenso gewaltsam war auch die präzise Durchführung der neuen Herrschaft. Da — anders als in Sizilien — an Vorhandenes nicht anzuknüpfen war, so mußte das Bestehende großenteils beseitigt werden. Bisher hatten die kaiserliche Autorität in Italien Reichslegaten vertreten, ausschließlich deutsche Bischöfe und Adlige... ursprünglich ein einziger Legat für das ganze Italien, dessen viel zu großen Bezirk Friedrich II. schon 1222 in eine ober- und mittelitalische Legation zerlegte. Der Einfluß dieser deutschen Reichslegaten, die mit weiten Vollmachten ihre langfristigen Ämter sehr selbständig versahen, war naturgemäß ein bedingter, da sie ohne jeden Beamtenunterbau über dem Ganzen gleichsam schwebten. Diese Lockerheit paßte in die neue, scharf zusammenreißende, höchst intensive Verwaltung des Kaisers nicht mehr hinein. Die Reichslegationen wurden abgeschafft, die weiten Legationsbezirke in die vielen Generalvikariate zerschlagen, welche ein festes und unmittelbares Durchgreifen ermöglichten. An die Stelle der sehr selbständigen Legaten, Vertreter des Kaisers, rückten die völlig abhängigen Beamten ein, Organe des Kaisers, ausgestattet etwa mit den militärdiktatorischen Befugnissen der Justitiare. Und schließlich: statt der Dauerlegationen wurde die in Sizilien übliche kurzfristige Amtsdauer auch für die Generalvikare durchgeführt, Versetzung zumindest häufig vorgenommen, schon um das Vertrautwerden mit den Untertanen zu vermeiden. Sofern aber diese kaiserlichen Statthalter als Podestà einer wichtigen Stadt im Amt waren, wurde es bei strenger Strafe verboten, sich nach Ablauf des Amtsjahres neu wählen zu lassen, wie es auch italischem Brauche entsprach. Nur in einem Fall blieb der alte Legatentitel noch erhalten, wenn auch unter veränderten Bedingungen: für die Person König Enzios. Als Generallegat für ganz Italien war König Enzio an keine bestimmte Provinz gebunden, sondern hatte da einzugreifen, wo es nötig schien. Er hatte den Kaiser zu ersetzen, der, wie man bemerkt hat, durch den Sohn, durch sein „Ebenbild", einfach seine persönliche Einwirkung auf Italien verdoppelte. Enzio stand über den Generalvikaren, die von ihm wie von dem Kaiser selbst Befehle entgegenzunehmen hatten. Dennoch war seine Legation keine Zwischeninstanz zwischen dem Monarchen und den Provinzialstatthaltern, die ihre Machtbefugnisse genau wie Enzio selbst unmittelbar vom Kaiser herleiteten.

Auch die Bestellung von Beamten stand, von wenigen Ausnahmen abgesehen, allein dem Kaiser zu. Denn die allgemeine Beamtenernennung für das gesamte Italien durch den Kaiser war, wie in Sizilien, die Grundlage auch des italischen Absolutismus. Maßgebend durfte im ganzen Italien nur der Wille des Monarchen sein und den bis in die untersten Schichten zur Geltung zu bringen, überhaupt bis in die tiefsten Tiefen hinabzugelangen, dafür war nur dann eine Gewähr, wenn auch die wichtigeren Unterbeamten vom Kaiser ernannt wurden. Für eigenmächtig gesetzte, städtische oder feudale Organe war innerhalb des kaiserlichen Staates kein Platz. In Städten und Grafschaften hatte fortan überall die gleichförmige kaiserliche Beamtenregierung zu walten, die bei Berücksichgung gewisser örtlicher Verschiedenheiten doch allenthalben die Einheitlichkeit anstrebte. Die Mark- und Pfalzgrafschaften wurden, wenn es irgend ging, für das Reich eingezogen, zumal bei Widersätzlichkeit des Inhabers. Andre der Großen, vor allem im Norden, übernahm der Kaiser in den Staatsdienst und gab ihnen Ämter. Aber sowohl die Rechte der Feudalherren als die der Städte wurden grundsätzlich nur unter Vorbehalt anerkannt und auch das nur, soweit sie dem Gesamt nicht entgegenstanden. Das aber traf zu bei den selbständigen Podestà der Städte, welche die Kommunen bisher nach ihrem Belieben aus befreundeten Städten zu holen gewöhnt waren. Das wurde jetzt anders. Die jährlichen Stadthäupter wurden für die wichtigen Städte entweder aus der Reihe der Generalvikare vom Kaiser bestellt oder aber der Kaiser übernahm selbst die Podestarie einer Stadt und setzte dann einen Vertreter ein, und selbst wenn hier und da freie Podestàwahl zugebilligt wurde, dann doch mit solchen Einschränkungen, daß der Kaiser tatsächlich auch in solchen Fällen die Stadthäupter bestimmte. Die Wahl eines dem Kaiser mißliebigen Stadthauptes war völlig unmöglich.

Auf diese Weise hatte Friedrich II. schließlich in kurzer Zeit seine kaiserliche Beamtenschaft über ganz Italien ausgedehnt, so daß neben den Generalvikaren und kaiserlichen Podestà bald ein Heer von Untervikaren, Burghauptleuten, Finanzbeamten, Gerichts- und Kanzleipersonal und sonstigen niederen Beamten den neuen Staat im Zaum hielten. Die Beamtendisziplin war die üblich strenge. Zur besseren Übersicht hatten die Generalvikare Verzeichnisse der in ihren Provinzen zu besetzenden Vikariate Podestarien Burghauptmannschaften einzureichen, ebenso Gehaltslisten. Denn die Beamten erhielten ihr Gehalt vom Großhof unmittelbar oder aber, beispielsweise als Podestà, aus den ihnen anvertrauten Städten, jedoch gemäß kaiserlicher Normierung. Auch hier ward den Beamten befohlen, sich mit ihrem Gehalt zu begnügen und saubre Hände zu bewahren, wie auch gegen Simonie streng eingeschritten wurde. Im Ganzen wurde eben auch in Italien gegen oder jetzt vielmehr: über die kirchliche eine Beamten-Hierarchie gesetzt. Die Stellung zu Episkopat und Kirche war ja ganz unproblematisch geworden: den Staat hatte der von der Kirche verfluchte Caesar errichtet und eine andere Autorität als ihn konnte es daher grundsätzlich nicht mehr geben.

Die einschneidendste Veränderung aber brachte die Ämterbesetzung selbst mit sich. Bisher hatten in Italien den Reichsdienst ein oder zwei deutsche Legaten, das Städteregiment oberitalische Edle als Podestà versehen. Jetzt ergossen sich plötzlich in Scharen die Apulier über Italien. Alle Dienstgrade wurden zumindest von Apuliern durchsetzt, die geschult waren und für deren Treue die im Königreich verbliebenen Familien und Besitzungen bürgten, so daß Bologneser Studenten schließlich der Städte höhnten, die durch Bürgerzwiste gezwungen waren, „dem Caesar Tribut zu pflichten und im apulischen Joche zu weinen". Es war eine süditalische, keine deutsche „Fremdherrschaft", die sich ausbreitete, und die Deutschen hatten an der Verwaltung keinen Teil mehr.. mit Ausnahme der beiden früheren Valets, der Brüder Hohenburg, die sehr bald auf italische Statthalterposten gestellt wurden. Aber die Hohenburgs hatten eben gleich den jungen Apuliern wenigstens für einige Jahre die Schule in der nächsten Umgebung des Kaisers durchgemacht, und ganz allgemein betonte Friedrich jetzt, daß er den am Caesarenhofe Großgewordenen vorzugsweise diese wichtigen Ämter anvertraue, „weil diese vor allem der Eifer um die kaiserliche Ehre bewege, die ihnen angetragne Provinz zu übernehmen". Und auf die unbedingte Zuverlässigkeit, persönliche Ergebenheit und den blinden Gehorsam der Beamten kam doch jetzt alles an, da die Kirche durch Lösung der Untertanen vom Treueid förmlich zur Untreue aufforderte, ja mit Diesseits- und Jenseitsgaben belohnte.

So tauchen plötzlich in der italischen Verwaltung all die bekannten Namen der zum Teil hochbegabten jungen Sizilier wieder auf: die Filangieri und Eboli, Aquaviva und Aquino, Morra und Caraccioli.. und neben diesen die Söhne des Kaisers: Enzio und Friedrich von Antiochien, der wenig bekannte Richard von Theate und späterhin König Heinrich, Sohn der Isabella von England.. ferner die Schwiegersöhne des Kaisers, Große, denen die illegitimen Töchter vermählt wurden: Ezzelino von Romano, Herr der Trevisaner Mark, und Jacob von Caretto, Markgraf von Savona, Richard Caserta und Thomas d. J. von Aquino... und schließlich die durch den späteren König Manfred mit dem Kaiser verschwägerten Markgrafen Galvano und Manfred Lancia und der Graf Thomas von Savoyen. Aber es fanden auch Italiener aus den treu ghibellinischen Städten oder ghibellinischen Geschlechtern Verwendung, als Podestà vor allem und in sonstigen Ämtern, ganz selten freilich als Generalvikare: neben den italischen Verwandten des Kaisers wohl nur der früher unter den Dichtern erwähnte Percival Doria und vor allem der wilde Markgraf Uberto Pallavicini — mit Ezzelino später der erste Signore Italiens im Sinne der Renaissance.

„Fürsten", principes, nannte ein Zeitgenosse die kaiserlichen Generalvikare und das entsprach durchaus dem ganzen Auftreten dieser Unterdespoten, die sich selbst „Von Gottes und Kaisers Gnaden Generalvikar von Pavia aufwärts" oder nur „Von Gottes Gnaden Generalvikar von Toskana" hießen. Bei völligster Abhängigkeit vom Kaiser war ihre Stellung doch eine fürstlich-unumschränkte, zumal in spätrer Zeit, als fast ausschließlich kaiserliche Prinzen, Schwiegersöhne und nahe Verwandte Friedrichs II. als Generalvikare amteten. Diese sowie die später immer selbständiger werdenden Ezzelino und Pallavicini waren durchaus „Spiegel" des kaiserlichen Signore bis in Äußerlichkeiten hinein: von den Astrologen bis zum Tierpark und zu den sarazenischen Trabanten, von dem Luxus bis zu den geistigen Bestrebungen und dem Spötteln über kirchliche Dogmen. Und ihnen standen bald die Podestà der großen Städte wie Florenz Pisa Verona Cremona kaum noch nach. In einer anderen Zeit hätten diese Statthalter gleich den Nepoten Napoleons wohl als Könige über große Vasallenreiche regiert.. dem ins Intensive statt Extensive versetzten italischen Weltstaat des Staufers aber entsprach es nur, wenn jene weiten Königtümer zu kleinen Vikariaten und Despotien zusammenrückten oder besser: wenn diese kleinen Vikariate, von den Kaisersöhnen als wirklichen und nur titulierten Königen regiert, sich gleichsam zu Königreichen und Herzogtümern auswuchsen.. und auf einen in dieser Beziehung merkwürdigen Plan des Kaisers wird noch einzugehen sein.

Indessen, die weltgeschichtliche Bedeutung dieser letzten und größten germanischen Staatsgründung auf italischem Boden, Gründung zugleich des letzten Römerkaisers, mit dem das alte Imperium abschloß, wird nun schon einigermaßen erkennbar. Denn sowohl diese kaiserlichen Generalvikare wie die kaiserlichen Podestà, die mit ihrer unumschränkten despotischen Amtsmacht das städtische Podestàamt erst in jene gleichsam fürstliche Sphäre erhoben, zumal wenn sie späterhin zum Podestà auf Lebenszeit gewählt wurden.. diese Regenten und Statthalter leiten als Ahnherren unmittelbar hinüber zu den Signoren und Tyrannen der Renaissance-Staaten. Gleich den ersten Generalvikar-Signoren: Ezzelino und Uberto Pallavicini nannten sich jene noch Jahrhunderte hindurch „Vikare" des Reiches, bis um 1400 die Vikariate der Visconti Este Gonzaga und so fort von den deutschen Kaisern als Herzogtümer legitimiert wurden. Begreift man Friedrichs italischen Römerstaat nun als das, was er war: als die eine gewaltige gesamt-italische Signorie, welche alle Weltelemente, vornehmlich germanische römische orientalische für kurze Zeit in ein Staatswesen zusammenband, Friedrich selbst, den Weltkaiser, als den römischen Groß-Signore und Groß-Tyrannen, den als ersten und letzten dieser Fürsten noch Roms Kosmokratoren-Diadem zierte und dessen Caesarentum sich nicht nur — wie bei Barbarossa — mit germanischem Königtum, sondern auch mit orientalisch-sizilischem Despotismus vermählte: dann öffnet sich der Blick dafür, daß bis in die kleinsten Züge hinein all die Renaissance-Tyrannen, die Scala und Montefeltre, die Visconti Borgia und Medici Söhne und Ebenbilder Friedrichs II. sind, die Diadochen dieses die Kräfte bindenden „Gegenalexander". Ein Bettelmönch erzählt von einem wunderbaren Nußbaum, der in Apulien aus dem Altar einer verfallenen Kirche herauswuchs und der, als man ihn fällte, im Schnitt das Antlitz des Erlösers zeigte, das an der Bruchstelle jedes Astes wiederkehrte, auch als man den Baum in tausend Stücke zerschlug. Nicht anders war es, als nach dem Tode des kaiserlichen Großherrn die Groß-Signorie Italien in Splitter zerfetzte. Jeder der Teile, der Fürstenhöfe, glich wieder dem Ganzen, dem Großhof, und alle die Söhne, welche „Ausoniens heilige Erde" in den nächsten Jahrhunderten als Fürsten hervorbrachte, spiegelten wie edle und unedle Bastarde das Antlitz ihres ungekannten illegitimen Ahnherrn: Friedrichs II. wider, nachdem von diesem deutschen Kaiser die „Magd Italia, Herrin von Bordellen!" (Dante) einmal gepackt vergewaltigt und beschlafen war.

Die Gewaltherrschaft, welche Friedrich II. und seine Beamten in Italien ausübten, war bei aller oft despotischen Härte in ihren Grundsätzen den Italienern keineswegs wesensfremd. Die Stadtverfassungen selbst zeigten deutlich die Neigung zur Diktatur. Es waren entweder an Stelle der beiden Konsuln, die bis zur Wende des zwölften und dreizehnten Jahrhunderts die Städte regierten, oder über sie jene grundsätzlich stadtfremden Podestà gesetzt worden, deren Befugnisse immer mehr denen von Diktatoren glichen. Was dabei die Lombarden unter „Freiheit" verstanden, wäre einem partikularistischen Streben nach Selbständigkeit gleichzusetzen, das sich wohl gegen jede nicht selbst gesetzte Obrigkeit richtete, nicht aber gegen die eigenen strengen Behörden. Daher kam es, daß sich späterhin gerade Partikulargeist und Despotentum so gut verbinden konnten. So unbedingt Friedrich II. nun jedem Sonderstreben entgegenwirkte: dem Despotismus hat er mit seinen Beamten die Wege gewiesen. In vieler Beziehung brachte der Kaiser den Städten genau das, was sie selbst wollten, und für eine Weile konnte dadurch auch der Partikulargeist überwunden werden.. und zwar: bei den Städten im Gefolge von Mailand durch den gemeinsamen, auch sie zusammenschließenden großen Gegner, bei den andern durch das Imperium und die Hoffnung auf den allgemeinen Frieden, den man von der kräftigen Herrschaft des Kaisers erwartete. Wenn also Friedrich II. in jenen Jahren schrieb: „..die italischen Städte seien ihres eignen Vorteils uneingedenk, daß sie den Luxus einer unbestimmten Freiheit der Ruhe von Pax und Justitia vorzögen.." so traf er da bei vielen Städten ganz auf das Richtige. Denn die „unbestimmte Freiheit", durch die man nur in fortwährende innere und äußere Kriege verstrickt wurde, hatte man vielfach grenzenlos satt und sehnte sich nach bestimmter Ordnung, wie sie der Kaiser zu bringen verhieß. Die spekulativ-mystischen Hoffnungen der Zeit, der Glaube an die Heilssendung des Imperium Romanum und seines Kaisers, kamen Friedrich wiederum von andrer Seite entgegen und schon vor Jahren hatte er sich dieses Glaubens bedient, damals, als er den Lombardenzug, die „Exekution des Rechts" antrat und Petrus de Vinea des Monarchen Kommen mit den Worten des Schrift meldete: das Volk das im Finstern wandelt sieht ein großes Licht. Das aber waren nur Vorklänge gewesen. Erst als der Papst durch Bann und Manifeste den Glauben an diese Heilssendung des Kaisers zu erschüttern drohte, begann Friedrich gerade diese noch wenig genutzten Kräfte aufzurühren.. durch sie wußte er dem Banne entgegenzuwirken und dessen Wucht zu lähmen. Doch wenn Friedrich die Erinnerungen an den seit alters verheißenen Messiaskaiser jetzt plötzlich hell aufflammen ließ, so gelang ihm das nur, weil die höchste geistliche Obrigkeit, weil Papst Gregor IX. selbst den Kaiser in den apokalyptischen Raum zu stellen bemüht war.

Hätte jenes Zeitalter nicht schon in dem Glauben an die Nähe des Jüngsten Tages gelebt: der letzte wütende Entscheidungskampf zwischen den Lenkern der christlichen Welt, ausgetragen zunächst in Manifesten und Flugschriften von beispielloser Wildheit, hätte den Glauben wohl zeugen müssen, daß hier eine Welt sich zu Ende rase. Für die Dauer eines Jahrzehnts wurden die christlichen Völker insgesamt in Verwirrung gestürzt durch die dröhnenden Schreiben voll furchtbarer Anklagen beider Mächte, die beide als die höchsten Autoritäten in geistlichen und weltlichen Dingen den aufhorchenden Königen und Völkern versicherten: der Verderber selbst säße auf dem päpstlichem, säße auf dem kaiserlichen Throne.

Schon wenige Tage, nachdem Papst Gregor IX. mit dem Bannspruch „des Kaisers Leib Satan übergeben hatte, auf daß dessen Seele am Tag des Gerichts gerettet werde", eröffnete Friedrich II. von Treviso aus den geistigen Kampf durch eine große Enzyklika an alle Könige und Fürsten des Erdrunds: „Hebt auf ringsumher Eure Augen, spitzet, Ihr Söhne der Menschen, die Ohren! Des Erdkreises Ärgernis, den Zwiespalt der Völker, die Verbannung der Gerechtigkeit betrauert, da Babylons Nichtswürdigkeit von des Volkes Ältesten ausgeht, welche das Volk noch zu lenken schienen, während sie das Recht in Galle und die Frucht der Gerechtigkeit in Wermut verwandelten. Setzet Euch nieder, Ihr Fürsten, und ihr, Völker, vernehmt unsere Sache!" So begann Kaiser Friedrichs Schreiben, in welchem er eingehend sein Verhalten gegen den Papst während der ganzen Dauer seiner Regierung darlegte. Gleichzeitig unterzog er Papst Gregors Gebaren einer Kritik, der seit er den Stuhl Petri bestiegen den Kaiser aus unbekannten Gründen unablässig verfolgt und sich als persönlicher Feind des Kaisers erwiesen habe. Damit hatte der Kaiser die Grundlage aller seiner Angriffe gegen Gregor IX. geschaffen: nicht der Kirche und nicht dem Papsttum galten sie, sondern lediglich der Person des gegenwärtigen Papstes, den er nicht als seinen Richter anerkennen könne, da Gregor durch die Unterstützung der kaiserlichen Reichsrebellen sein Todfeind geworden sei. Und schließlich begann Friedrich Einzelheiten über die Amtsführung Papst Gregors der Welt kundzugeben und gewisse Mißstände an der Kurie zu enthüllen.

Friedrich II. kam da weit verbreiteten Volksstimmungen entgegen. Die Verweltlichung der geistlichen Herrschaft war den Besten von jeher ein Greuel gewesen, den andern das unaufhörliche Geldfordern der Kurie eine Last.. und was die öffentliche Meinung zu hören bereit war, was seit langem schon Lieder und Satiren, Parodien und Schmähschriften ganz unverhohlen in die Welt trugen, das fand jetzt Bestätigung durch die Worte des Kaisers selbst. Gerade in jenem lebhaften, überwachen Jahrhundert hatten sich die Spottschriften auf Papst Kardinäle und Kurie gehäuft, Schriften, welche Hymnen Litaneien Messen parodierend vor allem die Habgier der Kirche und des Kirchenhauptes geißelten. Witzige Geldevangelien waren verbreitet, in welchen Sankt Marcus zur marca wurde, wie in andern Travestien der Kardinal zum carpinal (Raffer) und zum höchsten Gott, zum rex regum das Geld. Die päpstliche Gemeinschaft mit Wucherern, die als Ketzer galten, war kein Geheimnis. Auf dem Konzil von Lyon wehrte des Kaisers Gesandter später den Vorwurf der Ketzerei von seinem Herrn ab mit dem Hieb: nicht Friedrich sei es, der in seinen Reichen die Wucherer dulde. Über die päpstlichen Forderungen waren auch die westlichen Mächte tief erbittert und vor allem das der Kurie zinspflichtige England beschwerte sich unaufhörlich über die Heimsuchungen durch päpstliche Geldjäger.

Diese Stimmungen gegen die römische Kurie und ihre Mißbräuche, für welche zu Beginn des Jahrhunderts erst die drohenden Worte des Abtes Joachim, darauf noch stärker der einfache Wandel des Heiligen Franziskus die Augen geschärft, griff Friedrich II. jetzt auf, verwendete sie aber nicht gegen Kirche Papsttum und Kurie, sondern ausschließlich gegen die Person Gregors IX., von dem er auch weiterhin Kardinäle und Kirche abzusondern bemüht war. Ohne Zustimmung der Kardinäle, dafür aber gegen Geld erteile der Papst Dispense. Er sitze bindend und lösend in seiner Kammer, wie ein Kaufmann sein eigener Schreiber und Siegler und vielleicht Zahlmeister. So wußte Friedrich zu melden und fügte noch einige Fälle hinzu, welche die Unwürdigkeit des gegenwärtigen Bischofs von Rom aufzuzeigen bestimmt waren.. Mittel, deren sich bald auch eine Flugschrift aus des Kaisers Umgebung bediente, die scharf und wirkungsvoll Papst Gregor angriff: „Der du nach Christi Gebot als Hirt der Kirche die Armut predigst: was fliehest du sie, zu der du mahnst..?"

Der wichtigste Anklagepunkt Friedrichs II. gegen Papst Gregor aber war dessen Gemeinschaft mit den lombardischen Ketzern, den Mailändern vor allem, die der Papst selbst ehedem der Ketzerei bezichtigt habe und deren Stadt nach dem Urteil zuverlässiger geistlicher Männer zum größten Teil von Ketzern bewohnt würde. Dadurch sei Gregor IX. jeglicher priesterlicher Gerichtsgewalt unwürdig geworden. Nur die Besorgnis, „daß die Herde des Herrn unter einem solchen Hirten auf Abwege gerate", mahne den Kaiser, durch die Kardinäle ein allgemeines Konzil einzuberufen, zusammengesetzt aus dem Klerus der ganzen Welt, aber unter Hinzuziehung auch der gesamten weltlichen Fürsten. Und diese Synode sollte sowohl über den Kaiser als über den Papst urteilen... ein damals ungeheuerlicher Vorschlag, da seit den Zeiten Gregors VII. die Konzilien nur noch Organe der Päpste waren, nicht mehr über den Päpsten standen. Immer wieder betont da Friedrich II., daß er sich nur gegen die Person dieses Gregor kehre: „Es mag sich nicht wundern die allgemeine Kirche und das christliche Volk, wenn wir eines solchen Richters Spruch nicht fürchten: nicht aus Verachtung des päpstlichen Amtes oder der apostolischen Würde, der alle Bekenner des rechten Glaubens und wir ganz besonders vor den Übrigen Ergebenheit bezeugen... aber die Verworfenheit der Person klagen wir an, die sich eines so erhabenen Thrones unwert gezeigt hat."

So hatte Friedrich II. sorgsam das Papstamt selbst von dem gegenwärtigen Inhaber des Amts abgespalten, was auch die Zeitgenossen bemerkten und als sehr geschickt empfanden, weil der Kaiser dadurch einen Kampf gegen die Kirche und ihre Institutionen vermied und nur gegen einen persönlichen Feind vorging. Und Feindschaft genug habe ihm Gregor durch den Bund mit Venedig Genua Mailand bewiesen. Andererseits aber geriet Friedrich mit dieser Trennung von Amt und Person bereits an die Dogmen der Kirche, nach welchen die sakramentale

Gewalt unabhängig ist von der persönlichen Würdigkeit des Priesters. Hier griff Papst Gregor auch alsbald ein.

Das kaiserliche Manifest war ohne Zweifel heftig gewesen. Aber im Vergleich zu der Antwort Papst Gregors erschienen des Kaisers wildeste Ausbrüche noch sanft. Alle Schreckensbilder der Apokalypse häufte Papst Gregor gegen diesen „aus dem Stachel seines Schwanzes Gift spritzenden Skorpion", gegen diesen Drachen und Hammer der ganzen Erde.. und schon die Einleitung seines ganz wüsten Manifestes mußte in der Welt ein Grauen vor dem jetzt Satan verfallenen apokalyptischen Ungeheuer erwecken: „Es steigt aus dem Meer die Bestie voller Namen der Lästerung, die — mit der Tatze des Bären und dem Löwenmaul wütend, an den übrigen Gliedern von Pardels Gestalt — ihren Mund öffnet zur Schmähung des göttlichen Namens und nicht aufhört, auf Gottes Zelt und die Heiligen, die in den Himmeln wohnen, die gleichen Speere zu schleudern. Mit eisernen Klauen und Zähnen begehrt sie alles zu zermalmen und mit ihren Füßen die Welt zu zerstampfen und, um die Mauer des katholischen Glaubens einzureißen, hat sie längst heimlich die Sturmböcke gerüstet... Darum hört alle auf zu erstaunen, daß auf uns.... Pfeile der Verleumdung zielen, da der Herr selbst von solcher Schande nicht verschont bleibt. Hört auf zu erstaunen, daß d e r den Dolch seiner Schmähungen wider uns zückt, der sich schon reckt, den Namen des Herrn von der Erde zu tilgen. Vielmehr, auf daß ihr mit offener Wahrheit seinen Lügen widerstehen und seine Trüge mit dem Beweise der Reinheit widerlegen könnet: blicket an Haupt und Mitte und Ende dieser Bestie FRIEDRICH, des sogenannten Kaisers..."

Unheimliche Mächte rief Papst Gregor zum Kampfe herbei gegen den Kaiser, dem er — in großartiger Weise alle Tatsachen umkehrend — Verbrechen über Verbrechen nachsagte, wobei es dem Papst nur um die Wirkung auf das christliche Volk, um nichts anderes zu tun war: absichtlich habe Friedrich II. die Kreuzfahrer im Pilgerlager von Brindisi dem Tode geweiht, den Landgrafen von Thüringen vergiftet, im Heiligen Land mit dem Sultan zum Schaden der Christen einen Vertrag geschlossen und in seiner Abwesenheit den zum Frieden geneigten Papst bekämpfen lassen, während er sein Königreich veröden mache und aus Habgier in Asche verwandle. Die gegen seine Person und Amtsführung erhobenen Vorwürfe wies Papst Gregor demütig zurück: „Freilich gestehen wir, daß wir bei dem Mangel unsrer Verdienste unwert sind, Christi Vikar zu sein. Wir gestehen unser Unvermögen vor solcher Bürde, welche die Menschennatur zu tragen nicht imstande ist ohne göttliche Hilfe." Dennoch führe er, soweit es die Gebrechlichkeit zulasse, sein Amt lauter und nach Gottes Gebot... nicht aber Friedrich II., der — nunmehr zwar mit seinen Künsten und Listen dem Untergang geweiht — zu seinem Königsamt die Priesterfunktionen erstrebe, er, der sich freue, ein Vorläufer des Antichrist zu heißen und ketzerisch die Binde- und Lösegewalt der Kirche geleugnet. In seinem Schreiben habe Friedrich jedoch die eignen Werke der Finsternis selbst ans Licht gebracht und die bergende Schutzwand seiner Scheußlichkeit mit eignen Händen niedergerissen. „Denn indem er hartnäckig behauptet, daß er durch uns, den Statthalter Christi, nicht mit der Fessel des Bannes geschnürt werden könne und damit versichert, daß nicht bei der Kirche die von dem heiligen Petrus und seinen Folgern überkommene Binde- und Lösegewalt sei... indem er somit die Ketzerei bestätigt, umstrickt er sich durch sein eignes Zeugnis und zeigt damit, wie übel er auch von sonstigen Sätzen des wahren Glaubens denkt..." Gegen den durch die eigenen Worte der Ketzerei überführten Kaiser aber schleudert Papst Gregor nunmehr die fürchterlichste aller Anklagen: „Offen hat nämlich dieser König der Pestilenz behauptet, daß — um uns seiner eignen Worte zu bedienen — alle Welt hintergangen sei von drei Betrügern: Jesus Christus, Moses und Mohammed, deren zwei in Ehren, Jesus selbst aber am Kreuze gestorben sei. Und weiter hat er mit lauter Stimme zu behaupten oder besser: zu lügen sich unterfangen, daß alle jene Narren seien, die da glaubten, aus einer Jungfrau habe der Gott geboren sein können, der die Natur und alles andere erschuf. Und diese Ketzerei erhärtete Friedrich durch den Irrwahn, daß niemand geboren werden könne, dessen Empfängnis nicht der Umgang von Mann und Frau vorangegangen sei, und der Mensch dürfe nichts anderes glauben als das, was durch die Kraft und Vernunft der Natur sich beweisen lasse."

Es war die stärkste Waffe, die sich Papst Gregor für den Schluß seines Manifestes aufgespart hatte. Daß aus dieser ungeheuerlichen Blasphemie, wenn auch verfratzt und verrissen, das Gesicht dessen herausleuchtet, der nur die Dinge der Natur sehen wollte, „die sind so wie sie sind", darüber besteht kein Zweifel, und ein Nachweis, daß Friedrich das berüchtigte Wort von den drei Betrügern gesagt oder nicht gesagt, ist nicht zu führen. An und für sich war er gewiß imstande, noch viel Schlimmeres zu sagen... aber wenigstens erfunden hat er das Wort bestimmt nicht, da schon ein Menschenalter zuvor ein Lehrer der Theologie zu Paris — Simon von Tournai — diesen Satz aufstellte, um an dessen Widerlegung die eigne dialektische Gewandtheit zu zeigen. Tatsächlich ist dem Kaiser auch von den Päpsten diese Blasphemie nie wieder zur Last gelegt worden und Papst Gregor selbst kam auch nicht mehr darauf zurück, nachdem seine Anschuldigung — gleichgültig ob wahr oder unwahr — gewirkt hatte und das gegen den Kaiser gestäubte Gift von der ganzen Welt aufgenommen war. Die Annahme, daß Friedrichs Freundschaft mit den Muslims ihn hätte zurückhalten müssen, auch gegen Mohammed etwas zu sagen, läßt sich gewiß nicht aufrechterhalten, obwohl Zeitgenossen der päpstlichen Beschuldigung gerade aus diesem Grunde mißtrauten: wie könne Friedrich — so fragte man — mit Christus und Moses auch Mohammed einen Betrüger genannt haben, da doch der gleiche Papst Gregor seinen ersten Bann gegen den gleichen Kaiser damit begründete, daß dieser Friedrich ein Knecht Mohammeds sei und sarazenischen, nicht mehr christlichen Sitten anhänge?

Papst Gregor IX. konnte seine Behauptung zwar nicht beweisen. Aber Friedrich II. war ebensowenig imstande, sie als Lüge zu widerlegen, und die Gefährlichkeit des päpstlichen Schreibens, das ihn als den Satan und Antichrist darstellte, mußte er also auf andere Weise aufzuheben suchen. Das Wort von den drei Betrügern wies er freilich sofort zurück: solcher Ausspruch sei nie über seine Lippen gekommen. Doch das bloße Ableugnen, selbst ein feierliches Bekenntnis zum rechten Glauben hatten nicht viel zu bedeuten. Hingegen waren die päpstlichen Anwürfe insgesamt viel eher dadurch zu entkräften, daß Friedrich des Papstes Glaubwürdigkeit überhaupt verneinte und seine eignen Anklagen wider ihn selbst kehrte, vor allem die äußerst gefährliche Beschuldigung der Ketzerei. Und da fiel es dem Kaiser nicht schwer, Papst Gregor als den eigentlichen Ketzer und Ketzerfreund hinzustellen, was die aller Welt bekannte Gemeinschaft des Papstes mit den lombardischen Ketzern ohnedies glaubhaft machte. Denn selbst die geistlichen Fürsten Deutschlands, die jetzt noch geschlossen hinter dem Kaiser standen, schrieben wenig später an Gregor: sie hätten die gesamten Banngründe geprüft und rieten dem Papst mit aller Ehrfurcht, einen solchen Sohn der Kirche wie diesen Kaiser nicht weiter zu erbittern, da aus solchem Ärgernis dem schon schwer genug bedrohten katholischen Glauben nur neue Gefahren erwüchsen. Außerdem bestätige der Papst durch sein Verhalten das offne Gerede und die allgemeine Anschauung, daß er nur zum Schutze der Mailänder Reichsfeinde und ihrer Gefolgschaft mit dieser Schärfe gegen den Kaiser vorgehe, und so wenig sie daran glauben möchten, daß der „Vikar der Wahrheit" die offensichtliche Niedertracht aufsässiger Reichsrebellen schütze, so spräche doch dafür, daß der päpstliche Legat in Lombardien auf alle mögliche Weise die Städte von dem schuldigen Gehorsam gegen das Reich abbringe. Offen sagten sie daher, daß sie, die Fürsten, die dem Reiche als Glieder nicht fehlen dürften, nur ungern dazu gebracht würden, die Kirche zu beweinen. Denn mit Recht behaupte der Kaiser, daß er für die Kirche sich und seine Güter dargebracht habe und daher bäten sie den Papst nunmehr Frieden zu schließen. Sie selbst seien bereit zu vermitteln. Friedrich II. war damals noch in den Augen der Welt vor allem der Befreier des Heiligen Grabes, der in der Tat sich und das Seine zum Heil der Kirche geopfert. Auch als Ketzerverfolger erschien Friedrich durchaus als rechtgläubiger Monarch, so daß es keineswegs leicht war, seine Stellung und den Glauben an ihn zu erschüttern. „Wir wissen — so schrieb man in England — daß er getreu für unsern Herrn Jesus Christus ins Feld gezogen ist, sich den Gefahren der See und des Krieges ausgesetzt hat. Soviel Frömmigkeit haben wir bis jetzt beim Papst nicht gefunden." In England müsse Friedrich II. noch als schuldlos und als keineswegs überführt gelten. Auch dürfe man nicht seinen Feinden Glauben schenken und man wisse, daß des Kaisers Todfeind Papst Gregor sei. Daß dieser aber die Reichsrebellen und Ketzer vor der berechtigten Strafe zu schützen wagte, ja den glückhaften und siegreichen Kaiser — wie alle Welt wußte — nur ihretwegen in den Bann tat, das erschien allerdings merkwürdig genug. Nachdrücklich verwies Friedrich II. auch gerade darauf, wie er selbst nur der glückliche Vollstrecker des göttlichen Willens gewesen: „In Wahrheit aber wird immer das Glück des Kaisers von päpstlichem Neid angefeindet, weshalb Simonides, befragt, warum ihm Neider fehlten, zur Antwort gab: ‚Weil ich nichts glückhaft vollführte.' — Weil aber uns mit Gottes Huld Alles gelingt, zumal wir die Lombarden, unsere Rebellen, zu Tode verfolgen, die er zum Leben bestimmt hat, so ist dieses der Grund, weshalb der apostolische Priester selbst seufzt und jetzt unserm Glück in den Weg tritt." Während so der Papst als Neider des Glücks und als Störer des Weltfriedens dargestellt wurde, mußte ganz von selbst der Kaiser als Vorkämpfer der bedrängten Kirche erscheinen.

Die vom Papst angerichtete Verwirrung darzulegen ging Friedrich von der Zweilichter-Lehre aus, dem bekannten Gleichnis von Sonne und Mond, die auf Erden durch Papsttum und Kaisertum versinnbildlicht wurden. Beide seien unmittelbar von Gott eingesetzt, auf daß der Mensch, den es stets nach zwei Seiten ziehe, von doppeltem Zaume gezügelt werde.. beide aber völlig selbständig erschaffen, so daß beider Bahnen einander nicht störten. Wie nun am Himmel Sonne und Mond nebeneinander bestünden, so auf Erden das Papsttum neben dem Kaisertum, welches Friedrich — eine kaiserliche Überordnung über den Priester garnicht erstrebend — dem Mond gleichsetzt. „Aber, o Staunen nie gehörter

Neuerung, die Sonne unterfängt sich, den Mond zu entfärben und seines Lichtes zu berauben, indem der Priester den Augustus reizt und den Glanz unsrer Majestät, der wir von Gott des Kaisertums Gipfel behaupten, die apostolische Großheit zu verbergen sucht!" Auf diese Weise bringe der Papst Verwirrung in die Welt: statt den vom Kaiser gewünschten Frieden zu lieben, wird Petrus zum Fels des Ärgernisses und Paulus in einen Saulus zurückverwandelt und so die ganze Welt verkehrt. „Aber der da sitzt auf dem Stuhl der verkehrten Lehre, der Pharisäer, von seinen Genossen gesalbt mit dem Öle der Bosheit, der römische Priester unserer Zeit: er vermißt sich sinnlos zu machen, was aus Nachahmung himmlischer Ordnung niedergestiegen ist, und glaubt vielleicht, so passe er zu den Dingen da droben, die von Naturgesetzen nicht vom hitzigen Willen gelenkt werden. Den Glanz unserer Majestät sinnt er zu verdunkeln, indem er die Wahrheit zur Lüge verkehrt... Denn er, der Paspt nur dem Namen nach, hat da geschrieben, wir seien die Bestie, die aus dem Meere aufsteigt, voll Namen der Lästerung, mit des Pardels Buntheit übermalt. Und wir behaupten, er selbst sei jenes Ungetüm, von dem man liest: es ging heraus ein ander Pferd, ein rotes, aus dem Meere, und der darauf saß, nahm den Frieden von der Erde, daß die Lebenden sich untereinander würgten." Der Papst selbst sei der große Drache, sei der Antichrist, zu dessen Vorläufer er den Kaiser gemacht, ein Fürst unter den Fürsten der Finsternis, welche die Prophetengabe mißbrauchten, ein falscher Statthalter Christi, der das Priestertum in ein Biestertum wandle.

So wurde von Friedrich Papst Gregor selbst zum Ketzer gestempelt. Doch ein päpstliches Ketzertum mußte in ganz anderer Weise noch als ein Ketzertum des Kaisers das Weltbild umstülpen... und wirklich: mit dieser neuen Sicht beginnt plötzlich eine Wandlung aller Beziehungen und Verhältnisse der ganzen Welt. Denn unversehens werden da die „Rechtgläubigen" zu Freunden des Kaisers und die „Ungläubigen" wie die lombardischen Ketzer zu Anhängern und Genossen des Papstes. Nicht der Papst vermag mehr die Kirche zu schützen, sondern ihr Ansehen hat als gottgesetzter Schirmvogt der Kaiser zu wahren, da der Hohepriester „wider den Glauben handelt, der Stellvertreter dessen, der nicht fluchte, als ihm geflucht ward". Der Papst selbst ist es, der in die Welt Zwietracht bringt und von der Erde den Frieden nimmt, den zu bringen des Reiches Heilssendung war. Die ganze Kirche wird jetzt auf den Kaiser bezogen. Die Kardinäle als „Senatoren von Rom" haben nicht mehr das Amt, Helfer des Papstes zu sein, sondern Helfer des die Kirche schützenden und rettenden Kaisers... sie haben geradezu als

Gegenkräfte zu wirken „wie die Planeten in entgegengesetzten Bahnen kreisen, um die Geschwindigkeit des Firmaments zu mindern". „Ruft ihn zurück unsern brüllenden Löwen von seinem Vorgehen, dessen Anfang abscheulich war," so schreibt der Kaiser den Kardinälen. Und ähnliches gilt für die christlichen Könige Europas: auch sie als Schützer des wahren Glaubens sollten sich um des Weltfriedens willen geschlossen gegen diesen Papst erheben und einmütig aufstehen zusammen mit dem Kaiser. „Ihr aber, Ihr, geliebte Fürsten, beklagt nicht allein uns, sondern auch die Kirche, die da ist aller Gläubigen Gemeinschaft: denn ihr Haupt ist schwach, in ihrer Mitte ihr Leiter gleichsam ein brüllender Löwe, ein Wahnwitziger ihr Prophet, ein Ungläubiger ihr Gatte, ein Besudler des Heiligsten ihr Priester, der unrecht handelt wider das Gesetz. Doch vor den übrigen Fürsten der Welt müssen wir eines solchen Hohepriesters Versagen nach Gebühr beweinen, wir die wir — räumlich gleichsam ihm näher und durch das Amt verwandter — Ehren genießen und Bürden tragen." Und daß Gregor die Reichsrebellen geschützt möge sie warnen: „Unablässig und dringend fordern wir Euch auf, Geliebte, unsere Schmach als Unrecht auch gegen Euch zu begreifen. Eilt zu Euren Häusern mit Wasser, wenn im Nachbarhaus Feuer aufflammt!" Und da keine Einrichtung der Kirche, kein Wort der Schriften, keine Legende war, woraus der Kaiser nicht neue Kräfte zog, da er jedem Ding durch neue Sicht neue Seiten abgewann, so wandelte sich schließlich selbst die Konstantinische Schenkung zugunsten des Kaisertums um: eine Dankesverpflichtung der Päpste gegen den Kaiser leitete man nunmehr auf kaiserlicher Seite aus dem gefährlichen Dokument her.

Mehrfach hat man bemerkt, daß in diesem Zweikampf der Kanzleien die kaiserliche Kanzlei der allein produktive Teil war.. denn während sich die Kurie in den schließlich seit Jahrhunderten gebrauchten biblischen Denk- und Sagformen erschöpfte, sprühten die Schreiben und Manifeste des Kaisers von neuen Ideen, die teilweise erst Jahrhunderte später reiften. Hierfür war einer der Gründe, daß der Kaiser nicht nur verdammte und auf Vernichtung des Gegners ausging wie Papst Gregor IX., sondern, daß hinter ihm ein Positives stand: ohne es in den Kampfschriften geradezu auszusprechen verwies er doch bei jeder Verneinung des Papstes zugleich auf sich selbst, den Justitia-Kaiser als Retter und Bringer des Heils in heillos verwirrter Zeit. Und Friedrich II., aus dessen Namen man schon die Friedenssendung zu lesen glaubte, konnte wohl seinen Taten wie seiner Macht nach als der erwartete Friedefürst geglaubt werden, er, der in Jerusalem Davids Königskrone getragen und auf den man seit langem Verheißungen und Prophetien bezog.. nicht aber Papst Gregor IX. Denn der messianische Papst den man erhoffte wie den messianischen Kaiser: der hätte Petrus, dem armen Fischer, oder dem schlichten Bettler Franziskus, dem Bräutigam der Armut, gleichen müssen, nicht aber den Imperatoren-Priestern vom Schlage der Gregor und Innocenz. Was Friedrich im Kampfe selbst nur andeutete, das sagte alsbald eine Flugschrift offen heraus, die den Kaiser als den Soter hinstellte und mit dem Heiland schon in Parallele brachte. „Es versammelten die Hohepriester und Pharisäer einen Rat und kamen zusammen wider den Fürsten und Imperator der Römer. ‚Was tun wir, sprachen sie. Da dieser Mensch so über seine Feinde triumphiert, wird er, hindern wir ihn nicht, den ganzen Ruhm Lombardiens sich unterwerfen und nach Caesarenart kommend nicht zögern soweit er vermag, uns von unserm Land zu verjagen und unser Volk auszurotten....'" So begann das Schreiben in wörtlicher Anlehnung an die Stelle der Schrift, da die Hohepriester und Pharisäer die Verurteilung des Heilands beschließen. Ziemlich weit wird die Parallele durchgeführt. Der Papst wird mit Pilatus verglichen, weil er Geschriebenes geschrieben sein ließ, und wird geschmäht wegen seines Friedensbruches, da er „als Freund der Spaltung.... wider das Recht und die Ehre des römischen Fürsten die Ketzer schützt, die Feinde Gottes und aller gläubigen Christen". Und den frommen Vorwand des Papstes: sein Schützen der Lombarden diene der Sache des Heiligen Landes, wird voller Hohn gegen Gregor selbst gekehrt. Durch seinen Bann habe er der Sache des Heiligen Landes so geschadet, daß jetzt Jerusalem wieder in die Hand der Ungläubigen fallen konnte. „Und du Statthalter Christi schläfst dabei und sorgst nicht, daß unser Erbe klagt, welches an andere übergegangen ist! Denn wüst liegt die Stadt, die einst des Volkes voll war und schön unter den Völkern.... und sie, die einst von Milch und Honig zu fließen gewöhnt war, fließt jetzt von Bächen der Bitternis." Schuld daran sei der Papst. Jerusalem aber, Christi Stadt, von päpstlichem Troste verlassen, harre eines anderen Herrn. „Den König der Könige erwartet sie ohne Unterlaß, den römischen Fürsten, ihrer Gefangenschaft Trost und Erlöser ihrer Vernichtung. Du Feind aber, gottloser Herodes, hast Furcht, dorthin zu gehen.. du Stein des Anstoßes und Fels des Ärgernisses, du hast auch der See und des Landes Pfade verwirrt, daß nicht dieser Caesar, der Welt wunderbares Licht und Spiegel ohne Sprung, dem Gottesland zu Hilfe eile nach Caesarenart." Der Papst, so schließt die Flugschrift, möge den Kaiser, den „eingeborenen Sohn" wieder in den Schoß der Kirche aufnehmen, „denn sonst wird unser hochherziger Löwe, der sich heute noch schlafend stellt, unter

dem furchtbaren Klang seines Brüllens von den Grenzen der Welt die fetten Stiere alle an sich heranziehen, wird die Justitia pflanzen und die Kirche auf den rechten Weg bringen, ausreißend und zerbrechend die Hörner der Stolzen".
Es sind Gesichte der letzten Dinge, die hier auf Friedrich II. bezogen werden. Wie er in dieser Flugschrift erscheint, so sollte durch Jahrhunderte sein Bild im Mythos fortleben, in jener Sage vom bergentrückten, messianischen Kaiser, der wiederkehren, die Könige um sich versammeln, das Reich der Justitia errichten, die Kirche züchtigen und das Christenvolk nach Jerusalem führen werde. Das ist denn auch, was jenseits der Anklagen wider den Papst zu einem Positiven überleitete: während Gregor von den Kaiserfreunden aus gesehen der Herodes war, der Hohepriester und Pharisäer, der Pilatus, der den Heiland verurteilte, stand der Kaiser vor ihnen als der Echte, von den Sibyllen Verheißne, der Gepriesne, „der Welt wunderbares Licht und Spiegel ohne Sprung", als der von Gott zur Erneuerung von Weltfrieden und -ordnung ersehene Retter, der um so eindringlicher auf die hehre und heilige Sendung seines Kaisertums und auf die Heiligkeit seiner eignen caesarischen Majestät hinwies, je lauter er die Würde gerade dieses Papstes zu verneinen gezwungen war. Dadurch aber verband sich Friedrich wiederum jenen vielspältigen Endschafts- und Erneuerungsgesichten der durch den Bann und die fürchterlichen Schreiben noch mehr erregten christlichen Menschheit. Von der päpstlichen Autorität selbst in die Sphäre der apokalyptisch-messianischen Spekulationen hineingestellt, hatte Friedrich seinem Tun nur den entsprechenden Sinn zu geben.

Das aber fiel dem Kaiser nicht schwer. Denn nicht nur seine Freunde und Nächsten, auch viele der Kirchengläubigen erkannten in Friedrich II. den Erwarteten und Gottgesandten, der gekommen war, den verderbten Klerus zu strafen. Man zitterte wohl vor dem Erscheinen dieses „Hammers der Welt", aber man wußte aus den prophetischen Sprüchen, daß ein Mann notwendig war, der mit harter Faust auf Klerus und Kirche niederfuhr, um die Welt in den gleichen Friedens- und Heilszustand zurückzuführen, der im Reich des Augustus zur Zeit von Christi Erdenwandel die Menschheit beglückte. Gerade in den mystischen Kreisen der Franziskaner, in denen Abt Joachims Lehren fortlebten, wuchsen diese Fürchte und Hoffnungen immer mehr zusammen mit der Person des staufischen Kaisers, der als erbitterter Feind des Papstes die Weissagungen zu erfüllen drohte. Und gerade in diesen franziskanischen Konventen, welche die Kirchenreform im apostolischen Zustand erwarteten, fand trotz der Feindschaft gegen den Staufer sehr bald der Glaube

Verbreitung, daß Friedrich II. als der Vorbote des Endes und der Gottgesandte nicht von einem Menschen, sondern nur von Gott selbst hinweggerafft und getötet werden könnte... wie es entsprechend im Kreise Friedrichs II. wenig später hieß: er sei von Gottes Hand selbst zum Menschen geformt.

So wirkten hier die mannigfaltigsten Spekulationen zusammen: die kirchlichen, welche durch eine Geißel der Völker Wiederherstellung der Urkirche im apostolischen Zeitalter erhofften.. die kaiserlichen, welche an die Erneuerung des augusteischen Imperium Romanum unter einem neuen Caesar Augustus dachten.. und schließlich jene auf ein Humanum gerichteten Wünsche, die an eine Rückkehr zum ursprünglichen Menschtum des paradiesischen unsündigen Adam glaubten unter der Führung des Justitiakaisers. Zum Träger all dieser Hoffnungen aller Lager wurde von Jahr zu Jahr mehr Friedrich II., an den plötzlich immer dichter und üppiger alle mystischen Träume anzuschießen begannen. Weltenrichter und Justitiakaiser, Erlöser des Heiligen Grabes und messianischer Friedefürst: das alles verschmolz wieder in dem Bilde des Caesar Augustus, das selbst Zug um Zug nur dem des idealen rex justus entsprach. Über das Persönliche und Politische hinaus hatte demnach Friedrichs Caesarengebärde noch einen ganz anderen Sinn, wie schon die Prägung der „Augustalen" gezeigt: je mehr er sich in Triumphen Worten Taten den römischen Caesaren und Augusti anglich, desto ähnlicher mußte er dem erwarteten Heiland werden, mit dem — von Vergil einst verheißen — sowohl römisches Kaiserreich wie christliche Weltzeit begannen und mit dem sie auch schließen sollten. In diesem eschatologischen Glauben liegen denn auch bestimmte Gründe der Renaissance, die zunächst nichts anderes bedeutete als: Verjüngung der Welt sowohl durch die kosmische Wiedergeburt des natürlichen Menschen als durch die Rückkehr zu den Ursprüngen des Bestehenden, den Ursprüngen von Kirche und Reich. Die aber lagen — auch für Dante — im r ö m i s c h e n Altertum, in der Zeit der Apostel und im goldenen Zeitalter Roms.

Den sich unentwirrbar überschneidenden, verschwommenen und dunklen, schreckhaften oder idyllischen Messiashoffnungen der Zeit hatte Friedrich II. bisher fast nur diejenigen Züge entnommen, die ganz nackt und hart für ihn im Staat darstellbar waren: einmal die Durchführung seiner weltrettenden kaiserlichen Justitia in allen seinen Reichen, auch in Italien, dann das Auftreten und die Haltung eines römischen Caesar Augustus... beides auch ohne Endschaftsbeziehung ihm durch Blut und Amt innewohnende Imperative. Die Ausdeutung war im wesentlichen Sache der Andern geblieben. Das änderte sich jetzt. Denn Friedrich II. ward durch den Papst geradezu genötigt, auch die religiösen Spekulationen in seinen Lebenskreis einzubeziehen. Und zudem: es genügte nicht dem kirchlichen Reiche des Glaubens das der staatlichen Vernunft entgegenzusetzen, wenn Friedrich als Retter der Kirche gegen den Papst marschieren wollte. Hier mußte Friedrich II. sich selbst jenen geheimnisvoll verklärenden Strahlenschein des Gottgesandten wirken, der stets das Haupt eines Beherrschers von Gläubigen umleuchtet. Wie dem Papsttum, so standen ja auch dem Kaisertum noch ungenutzte Mysterien zu Gebote, und was dem Caesar den göttlichen Nimbus geben konnte, das war eben die große Friedensbewegung der den Messiaskaiser erwartenden Krisenzeit, erfüllt von Friedensandacht Halleluja und Geißlerfahrt.. die große Bewegung, die Friedrich trug, zu deren Heros er sich aufwarf und deren Gott er wurde.. wie es etwa von der großen Revolution hieß: sie sei zur Religion der Franzosen geworden und zu deren Gott Napoleon.

Als Friedrich II. Anfang Dezember 1239 die Lombardei verließ, hatte er Monate angespanntesten Schaffens hinter sich. Aber je vielfacher die Aufgaben, je umfangreicher die Anforderungen, je rascher der Ablauf der Geschehnisse: um so gemäßer war es dem Kaiser und um so vollkommener mußte alles geraten. In der Romagna und Lombardei hatte Friedrich gegen die Rebellen gekämpft, aus den Lagern vor Piacenza und Mailand die Umwandlung seines Erbreichs in eine Festung angeordnet.. hatte von Lodi aus die sizilische Verwaltung einschneidend verändert, die raffiniertesten Verfrachtungsgeschäfte im Süden geleitet, Befehle gegeben diese zu ächten, jene zu hängen, andere zu enteignen und zu verbannen... hatte dabei noch die Muße gehabt, sich täglich über Wildstand Kranichbeize Pferdezucht und Raubzeugvertilgung eingehend zu unterrichten, sich mit seinen Falken Hunden und Pferden abzugeben, Zeichnungen zu entwerfen und zu besprechen für eines der schönsten und luxuosesten Schlösser des Mittelalters, für ein erstes Renaissanceportal, für ein Triumphtor, mit dessen freistehenden Rundfiguren erstmals eine profane Plastik beginnt.. hatte immer noch Sinn für den Ankauf von allerlei Kostbarkeiten: einer Onyxschüssel, edler Steine, andrer Seltenheiten.. hatte dazu antike Statuen durch Träger in seine Schlösser bringen lassen, für die Universität Neapel Anordnungen getroffen.. hatte schließlich innerhalb weniger Monate mit seiner italischen Signorie eine der großartigsten Staatsschöpfungen und dazu ein gewaltiges Organisationswerk hingestellt und konnte nach alledem einem befreundeten Fürsten schreiben: er erfreue sich der vorzüglichsten Gesundheit, es gelinge ihm alles nach Wunsch und er plane bereits wieder Neues. Dieses Neue aber war der Entschluß, nach den vielen aufreizenden Manifesten nunmehr gegen den Papst zum Angriff überzugehen und in den Kirchenstaat einzufallen. Von der Lombardei kommend zog der Kaiser durch Parma über den Cisapaß nach Toskana. Hier dürfte sich, die Verwirrung der Welt noch zu steigern und die Umdeutung aller Verhältnisse besonders deutlich zu machen, dem Gefolge des Kaisers noch der Generalminister des Franziskanerordens angeschlossen haben: Fra Elia von Cortona. Die geheime Verbundenheit von Ghibellinentum und Franziskanern — kennzeichnend sowohl für Dante wie für das ganze erste Jahrhundert der Renaissance — deutete sich hier erstmals an. Denn Fra Elia war einer der ersten und allernächsten Genossen des Heiligen Franziskus gewesen und Franz selbst soll den Freund zu seinem Nachfolger bestimmt haben. Dessen harter strenger Frommheit hat allerdings jegliches Schwärmen und alles Weiche gefehlt. Fra Elia war kaum noch ein Bettelmönch im ursprünglichen Sinne, viel eher ein Staatsmann und Fürst und Gelehrter, in dem sich mit Prachtliebe und Hoheit entschieden auch etwas Geniales einte. Von den Brüdern hielt sich der General stets in einigem Abstand, speiste selten mit ihnen, meistens allein in seiner Kammer, und wohl nicht nur, weil er dort Besseres aß, als die Brüder gewohnt waren. Er bewohnte entweder sein schönes Haus in Cortona oder den päpstlichen Palast zu Assisi, da er mit Gregor IX. innig befreundet war. Niemals zeigte er sich anders als zu Pferde, auch wenn sein Weg nur wenige Schritte weit führte, und es begleiteten ihn dann stets seine schön gekleideten Pagen. Den Vorwurf, solches Auftreten sei der Ordensregel entgegen, wies Fra Elia als echter Autokrat gemäß römischem Rechte ab: der Generalminister sei an die Regel nicht gebunden. Fra Elia war, wie es einem geistlichen Großen anstand, auch ein großer Bauherr und die herrliche Unterkiche zu Assisi, die er seinem Meister errichtete, war sein Werk. Das Geld hierfür habe er durch die Kunst der Alchimie, über die er anscheinend auch einen Traktat verfaßte, zu gewinnen gewußt. Wäre das wirklich der Fall gewesen, so hätten die religiösen Bedenken mancher Brüder wohl geschwiegen, obschon gerade der Abscheu vor dem in der Ordensregel verbotenen Geld damals noch lebendig war. Da er aber die Mittel für den Bau durch Provinzialkollekten aus dem Orden herausholte, so begann man bald sich gegen Fra Elia zu empören. Überhaupt war er als Despot und Tyrann verhaßt: teils sehnten die Brüder die freie Ungebundenheit der Gründungsjahre zurück, teils nahm man Anstoß an dem Leben des Generals, teils fürchtete man seine Strenge. Denn den Orden zu straffen hatte Elia zur Entrüstung der Brüder strenge Visitatoren eingesetzt, die den Orden in Zucht hielten.

Da aber kam es zur Rebellion. Die ganze Richtung des Generals, der nur die diesseitigen Zwecke des Ordens als Staat berücksichtigte — worin er freilich dem Papst nahestand — sollte schließlich seine Absetzung herbeiführen. Diese zu erzwingen, waren aus allen Provinzen Delegierte an Papst Gregor entsandt, unter denen sich besonders der Bote der sächsischen Ordensprovinz durch Übereifer hervortat. Denn höchst aufgeregt hatte sich Bruder Jordanus bei seiner Ankunft in Rom auf irgendeine Weise den Eintritt in das päpstliche Schlafgemach erzwungen, hatte dem Befehl, das Gemach zu verlassen, keine Beachtung geschenkt, war vielmehr fröhlich auf das Bett des Papstes zugelaufen, hatte des hochbetagten Gregor nackten Fuß unter der Bettdecke hervorgeholt, um den schuldigen Fußkuß anzubringen, und dabei zu seinem Begleiter bemerkt: „Solche heiligen Reliquien haben wir in Sachsen nicht!" So erzählt Bruder Jordanus selbst, der wohl auch an der großen Versammlung im Frühjahr 1239 teilnahm, auf welcher man den Ordensgeneral Fra Elia, obwohl ihn Papst Gregor noch zu halten suchte, seines Amtes als Generalminister enthob.

Der Sturz des allbekannten Minoritengenerals erregte in der ganzen Welt begreifliches Aufsehen. Welches Erstaunen aber, als Fra Elia, der nach seiner Absetzung zunächst büßend in Assisi geweilt hatte, plötzlich im Gefolge des gebannten Kaisers erschien! Daß auch Fra Elia alsbald der päpstliche Bann traf, war die unausbleibliche Folge. Für Friedrich II. aber mußte der Franziskaner gerade jetzt die erwünschteste Begleitung sein. Ihm war nicht nur des Frate intime Kenntnis Gregors IX. wertvoll, sondern vor allem seine und einiger Anhänger Gegenwart, weil das deutlich genug dafür zeugte, wie selbst die nächsten Jünger des Heiligen Franziskus sich von diesem Ketzerpapst abwandten. Es war eben gerade so wie ein Chronist damals sagte: Friedrich sprach los, die der Papst gebunden... und die Söhne der Kirche wurden zu Stiefkindern durch das Verfahren des Papstes. —

Unter solchen Vorzeichen nahm das vielleicht phantastischste Beginnen dieses Kaisers seinen Anfang. Ein kurzes Verweilen in Pisa leitete die Ereignisse ein. Schon hier gab sich Friedrich II. als Bringer des letzten, des Friedereiches, indem er zwischen den sich wild bekämpfenden pisanischen Grafenparteien, den Gherardeschi und Visconti, Frieden stiftete. Und eine merkwürdige Feier folgte. Denn als er, der Gebannte, in der durch seine bloße Anwesenheit gleichfalls interdizierten Stadt den Tag der Heilandsgeburt beging, dem sein eigener Geburtstag ja unmittelbar folgte, da ließ Friedrich II. nicht nur dem Interdikte zum Trotz dennoch Gottesdienst halten und die Mysterien vollziehen, sondern er selbst bestieg am Weihnachtstag im Dom zu Pisa die Kanzel und predigte vor allem Volk. Frieden und die Nähe des Friedensreiches wird er den erstaunten Gläubigen verheißen haben, und als der Friedefürst, der Messias und Heiland rückte er wenige Tage später in die Provinzen des Papstes ein.. von den Päpstlichen freilich wegen dieser Predigt der äußersten Gotteslästerung geziehen.

Schon vor einiger Zeit war König Enzio mit Truppen in die ehemals kaiserlichen, dann päpstlichen Provinzen: Mark Ancona und Spoleto entsandt worden und auf erhebliche Schwierigkeiten wird er hier nicht gestoßen sein. Denn der von Gregor IX. bestellte Verteidiger dieser Gebiete, der Kardinal Johann Colonna, war einer der unbedingtesten Anhänger Friedrichs II., was die Verwirrung wiederum mehrte. Aber auf diese Weise sollte dem Kaiser noch einmal, freilich zum letztenmal, ein kampfloser Sieg bestimmt sein. Wie bei allen großen Entscheidungen früherer Jahre hatte Friedrich nochmals die wirksame, einer weiteren Steigerung nicht mehr fähige Form des Auftretens gefunden, so daß bei seinem Nahen die Tore der Städte und Plätze wie durch einen Zauber aufsprangen. Denn als der Erlöser selbst und der Befreier, wie ihn die Seinen in der Gottesstadt Jerusalem erwarteten, als der caesarische Heiland, betrat er die Gebiete des Heiligen Stuhles. Aufrufe an die einzelnen Gemeinden waren dem unter dem Kreuzeszeichen einziehenden Caesar voraufgegangen, den freilich seine Sarazenen begleiteten.. Aufrufe, die bestimmt waren, dem Einzug des Erlösers den gewollten Sinn zu geben. Und so unverhüllt wie niemals wieder gab Friedrich II. sich selbst mit den Worten der Schrift als den Ersehnten, Erhofften dem Volk zu erkennen.

„Weil also die Zeit gekommen ist, da ihr, die uns und dem Reiche immer Genehmen, genehmer euch machen könnt, so bitten wir euch: stehet auf! richtet euren Sinn zu schauen des Reiches Weisheit und Kraft! und uns, euren Fürsten und gnädigen Besitzer, erkennet! Bereitet den Weg des Herrn und machet richtig seine Steige.. nehmet fort die Riegel eurer Türen, auf daß euer Caesar komme, den Rebellen furchtbar und euch hold, bei dessen Kunft die Geister schweigen, die euch solange plagten." Es sind die Worte, mit denen der Täufer das Kommen des Herrn und das nahe Himmelreich verheißt. Auch der die Plagegeister — jenen besonders, „den man den Papst nennt" — zum Schweigen bringt, kann nur der Gottgesandte selbst sein, der einer andern Stadt wieder zuruft: „Der Augenblick eurer Erlösung, eurem und unserm Sehnen gewogen, ist jetzt gekommen!" und deren Übertritt er als „Bekehrung" feiert.

Am unmittelbarsten aber erscheint die Gleichsetzung Friedrichs mit dem von den Königen aus Morgenland Gesuchten in dem oft gerühmten Schreiben an die eigene Geburtsstadt Jesi: „Nach dem Zuge der Natur sind wir getrieben und gehalten, JESI, der Marken adlige Stadt, unsres Ursprungs erlauchten Anbeginn, wo unsre göttliche Mutter uns zum Lichte gebracht, wo unsere Wiege geschimmert, mit innerster Liebe zu umfangen: auf daß aus unsrem Gedächtnis nicht entschwinde Seine Stätte, und unser Bethlehem, des Caesars Land und Ursprung, in unsrer Brust zutiefst verwurzelt bleibe. So bist du, Bethlehem, Stadt der Marken, nicht die kleinste unter unsres Geschlechtes Fürsten: denn aus dir ist der Herzog kommen, des römischen Reiches Fürst, der über dein Volk herrsche und es schirme und nicht gestatte, daß es fürder fremder Hand untertan sei. Stehe denn auf, erste Mutter, und entrüttle dich dem fremden Joch! Denn es erbarmt uns eure Beschwernis und die der andern Getreuen........"

Es ist ein Kult des Geburtsortes, wie er feierlicher als mit diesen Worten der Schrift kaum gedacht werden konnte und wie er seit Justinian, der den Geburtsort zum Bischofssitz, zum ersten nach Rom erhob, nicht mehr erhört war. Auch Foligno, „in dessen Glanz unsre Kindheit begann und das wir als Ort, der uns nährte, verehren", wird von Friedrich II. gefeiert. Aber die Verehrung seines Bethlehem hat gerade in Verbindung mit der „göttlichen Mutter", die dem Gerücht nach als Nonne ihn auf wunderbare Weise gebar, einen eignen Klang.

Mit der Ankunft des Kaisers in diesen Gebieten stürzte die päpstliche Herrschaft augenblicklich zusammen, in Spoleto wie in der Anconitaner Mark. Überall öffneten dem „im Geleite des Heils" nahenden Caesar die Städte bereitwilligst ihre Tore, ganz wenige ausgenommen, und wo der Erlöser einzog, ward er festlich empfangen.. denn „alle und jeder einzelne litten es gern, gleichsam unter Eines Herrn Hand Schutz zu finden". Eine tiefe Erregung zusammen mit einem Erstaunen muß das Volk des Kirchenstaats beim Anblick des Kaisers ergriffen haben, die päpstlich Gesinnten vor allem, deren einer über diese blasphemisch erscheinende Fahrt des Messias berichtet: „Er selbst aber ließ das Kreuz vor sich hertragen, der Feind des Kreuzes, während er durch die Länder der Gebannten schritt, und schamlos erdreistete er sich im Gebiet von Foligno und Gubbio die von der Kirche Verworfenen frech zu segnen, indem er — wie die, die es sahen, berichten — alle mit seiner gottlosen Rechten weihte, und ließ sich in diesen und anderen Gebieten trotz seines Banns mit lauter Stimme Messen lesen und die anderen göttlichen Ämter feiern.. er, des Widerchrist Vorbote." Wirklich hatte Friedrich II. in Foligno mit besonderem Glanze geweilt, hatte hier auf einer Sprache die Gesandten vieler Städte und viele seiner Großen, mit ihnen König Enzio, um sich versammelt und gemäß seinem Amt Frieden gestiftet zwischen Gubbio und einer andern Gemeinde. Und selbst mit den Segnungen des Volks durch den Kaiser hat es wohl seine Richtigkeit. Denn in dem feierlichen Zeremoniell wie es erst in jüngster Zeit, etwa seit Cortenuova, der Brauch geworden, ward in Foligno Gericht gehalten und ein fester und dauerhafter Frieden im ganzen Reiche geboten: in erhabner Höhe thronte der Kaiser über den Menschen, ihm zur Seite nur Petrus de Vinea, der stehend die Orakel der Kaisergottheit gleichsam als Priester den Übrigen mittelte, während das Volk vor dem Erlauchten ins Knie sank... jene im Abendland ganz ungewöhnliche Feier, die hier im Kirchenstaat doppelt Aufsehen und Staunen erregte, zumal sich Muslims im Geleite des Kaisers befanden.

Die Wiederbesetzung der Reichsprovinzen glich einem einzigen Triumphzug und der in diesem Maße kaum erwartete Erfolg ließ den Kaiser kurz entschlossen weiter in das eigentliche Patrimonium, in das päpstliche Tuszien eindringen, „wo die Bitten der Menschen allenthalben unsre Gegenwart und Ankunft ersehnen". Auch hier wieder das gleiche Bild: die Leute von Tivoli und Orta, Sutri und des festen Montefiascone und vieler anderer Städte gingen mit fliegenden Fahnen zum Kaiser über, und allen andern voran als die wichtigste Stadt: Viterbo. Kaum hätten die kaiserlichen Machtboten ihrer Aufgabe, überall den Treueid entgegenzunehmen, schnell genug nachkommen können, schrieb damals der Kaiser, der sich mit seinem ganzen Hoflager seit Mitte Februar in Viterbo befand, auch hier von den Bewohnern jubelnd begrüßt.

Immer enger und dichter hatte Friedrich II. seine Kreise um die Mitte des Reiches gezogen: unversehens stand er bereits vor Rom. Denn von Viterbo aus lag der Weg nach der Städte Stadt für ihn offen. Wollte er jetzt seinen phantastischen Siegeszug mit einem Sacco di Roma beenden, den Papst gleich einem gewöhnlichen feindlichen Feldherrn gefangennehmen und damit der Kirche einen neuen Märtyrer schenken? Das war nicht der für Friedrich II. gangbare Weg: nur als Friedefürst durfte der geweissagte Caesar Augustus ohne Schwertstreich in die Stadt der Städte einziehen und das war es, was der Staufer nun plante. „Eines bleibt noch übrig: wenn uns das ganze römische Volk geneigt ist und, wie es damit bereits begann, unserem Kommen zujubelt, dann würden wir uns bereiten, glücklich in die Stadt einzuziehen und des Imperiums alte Fasten und die Lorbeern des Triumphs, wie sie den siegreichen Adlern gebühren, zu erneuern.. dann mögen unsre Schmäher einer späten Reue erliegen, wenn sie von Angesicht zu Angesicht sehen und fürchten können, wen sie mit losen Lippen reizten." Und das römische Volk war dem Kaiser tatsächlich geneigt. Römische Adlige waren mit Friedrich von neuem in Verbindung getreten, der selbst wieder neue Schreiben an die Römer gerichtet hatte mit beschämenden Vorwürfen: in ehrlosem Schlummer verfangen habe keiner vom romuleischen Tribus, keiner von dem der Quiriten, keiner der vielen Adligen und der Zehntausende des römischen Volkes den Papst daran zu hindern gewagt, daß dieser römische Priester gegen den römischen Kaiser in Rom selbst den Bann spreche, obwohl doch der römische Imperator, der von dem Worte Rom seinen Namen herleite, gekommen sei, um Roms Namen so wieder aufglänzen zu lassen wie in den Tagen der Alten. Wohltäter und Vater des römischen Volkes nannte sich Friedrich, und den Bitten von Volk und Senat, das eroberte Sutri zu schonen, willfahrte der Kaiser sofort. Sein Einfluß in Rom war im Steigen und wuchs mit seinen Erfolgen.

Immer eifriger schürte dabei die römische Kaiserpartei gegen den Papst, dessen Lage unhaltbar war und immer unhaltbarer wurde. Allzu deutlich sprachen die Zeichen gegen ihn und sein Tun. Statt Friedrich in Sizilien anzugreifen, ihn in der Lombardei zu erdrücken, verlor Papst Gregor Provinz um Provinz des von den Vorgängern ihm hinterlassenen Kirchenstaats, und während er seine Städte vor den Betörungen des Antichrist warnte, mußte er sehen, wie eine Stadt nach der andern dem Heiland die Tore öffnete. Die Umkehrung der Welt, die er selbst heraufbeschworen, war nicht mehr zu bannen und siegte in allen Kämpfen. Und nicht nur die Römer wandten sich ab von dem besessenen Greis: den Kardinälen selbst war nicht mehr zu trauen. Die Mehrzahl war gegen ihn, einzelne hatten ihn schon verlassen, der durch seine leidenschaftliche Heftigkeit sich selbst und die Kirche an den Rand des Verderbens gebracht. Der Vereinsamte schien jetzt verloren.

Die Erregung in Rom stieg indessen aufs äußerste. Der Kaiser hatte Viterbo verlassen und mit seinem Heer den Marsch über Sutri auf Rom angetreten: ein, zwei Tagemärsche trennten ihn noch von der Stadt. Was nützte es, daß die Päpstlichen wilde Gerüchte verbreiteten! Der Antichrist, der Drache habe geschworen, Sankt Peter in einen Pferdestall zu verwandeln, den Apostelaltar zur Futterraufe für seine Rosse zu machen, den Leib des Herrn den Hunden zum Fraß vorzuwerfen.. mit wilden Sarazenen nahe er sich, wolle den christlichen Glauben, den Stuhl

Petri umstürzen... wolle mit neuen Riten die „drei Betrüger" noch überragen, Bräuche der heidnischen Vorzeit erneuern, sich im Heiligsten selbst als Papst oder als Gott feiern lassen! Keines der Schreckensgerüchte verfing: die Römer berauschten sich an den „tönenden Worten, den großen Gebärden und furchterweckenden Taten" ihres Imperators und Caesars und jubelten in Erwartung des nahenden lorbeergeschmückten Heilands: ECCE SALVATOR! ECCE IMPERATOR! VENIAT, VENIAT IMPERATOR! Das Schicksal der Welt stand auf des Messers Schneide: jene Vision „von überirdischem Zauber und Farbenreiz: Cesare Borgia als Papst!" schien damals vorweggenommen der Erfüllung schon nahe.

Doch nicht umsonst nat sich Roma — „die Hure, die sich geil jedem ihr nahenden Mann anbietet", wie ein zeitgenössischer Chronist bemerkte — auf Siegeln dargestellt als ein Weib mit der Friedenspalme in einer, der Weltkugel in der andern Hand, auf einem Löwen ruhend, dem Zeichen der christlichen Weltherrschaft, welche nur durch sie Kaiser und Papst ausübten. Wer zuerst um sie warb, war der Sieger. Papst Gregor IX. hatte bislang noch im Warten verharrt. Jetzt in der höchsten Not wandte er sich um Hilfe an Roms Heilige: die beiden Apostel. Es war der Tag der Stuhlfeier Petri. In feierlicher Prozession ließ der Papst trotz der Wirren wie üblich die Häupter der Apostelfürsten Paulus und Petrus, Holzsplitter vom Kreuze Christi und andre Reliquien des christlichen Rom nach Sankt Peter tragen. Er selbst, der Uralte, den man hundertjährig glaubte, schritt in Weihrauch gehüllt inmitten der ihm noch treuen Kardinäle und Prälaten einher. Die Menge empfing ihn mit lärmendem Hohn. Aber der sonst so wilde Papst Gregor bewahrte völlig die Ruhe des Königs. Er wies auf die Apostelhäupter: „Hier sind die römischen Altertümer, um deretwillen eure Stadt verehrt wird! Hier die Kirche und hier die Reliquien der Römer, die ihr bis zum Tode zu schützen habt! Ich kann nicht mehr tun als ein andrer Mensch: aber ich fliehe nicht, denn hier erwarte ich die Barmherzigkeit Gottes!" Und die Tiara vom Haupte nehmend setzte Gregor sie schützend über die Reliquien der Heiligen: ‚Ihr, Heilige, verteidigt Rom, wenn die Römer Rom nicht mehr schützen wollen!" Da riß sich die eben noch höhnende Menge schluchzend die Kaiseradler, die Zeichen des Antichrist, von den Kleidern und versah sich mit dem Zeichen des Kreuzes zum Kampf für die unendlich bedrohte Kirche. Der Caesar im Triumphatorenpurpur war in Rom vergessen. Friedrich II. zog an der Hauptstadt der Welt vorbei in sein apulisches Königreich.

VIII. DOMINUS MUNDI

MAG auch nicht überall unsre leibliche Gegenwart sein, unsre Zügel schwingen doch bis an die fernsten Grenzmarken der Erde." In vielfachem Sinn ist dieses Wort kennzeichnend für Friedrich II. und die Art seiner Herrschaft im weltumspannenden sacrum imperium. Während er politisch das Reich immer mehr auf das Ursprungs- und Kernland Italien verdichtete, wirkte er auf die Welt mit unsichtbaren Zügeln ein und zog sie an mit geheimnisvoller Kraft, daß er die ganze Welt in den Strudel seiner Kämpfe mit Rom hineinriß. Der Handstreich auf die Stadt der Städte, deren Besitz die magische Herrschaft der Welt verhieß, war freilich mißlungen. Was eigentlich sich im Fall des Gelingens ereignet hätte, wußte keiner.. aber das Geschehen selbst: der Kaiser vor Rom und der Papst in äußerster Not, hatte plötzlich die Welt mit Unruhe erfüllt und fühlig gemacht für irgendein Unausdenkbares, das von dem gebannten Kaiser noch zu erwarten war, dem die Kirche als Antichrist fluchte und die Seinen als Messias und Heiland die Steige bereiteten. Diesmal hatte Papst Gregor ein Verhängnis noch abgewehrt, aber die gesamte Christenheit ward nunmehr in fortdauernder Erregung und Spannung gehalten dessen, was morgen durch diesen Kaiser hereinbrechen konnte. Selbst der Dumpfeste begann jetzt hellhörig, der Stumpfeste gesichtig zu werden und ein Schicksalhaftes an Friedrichs Sendung zu ahnen. Unheimliche, prophetische Verse, von einem apokalyptischen Grauen durchzittert und — wie man glaubte — von Friedrich II. selbst verfaßt und an Papst Gregor gesandt, durchliefen damals mit dem heilsamen Schauder des Ungewiß das ganze Europa und machten der atemlos lauschenden Welt den Flügelschlag der Schicksalsvögel wieder vernehmlich, die einen Fürsten des Endes in Sternenhöhen umflatterten:

> Vorgeschick schweigt und Sternenlauf zeigt und Flug auch
> der Vögel:
> Bald fürwahr werde ich, Friedrich, zum Hammer der Welt.
> Roma wankend schon lang, erschlafft in alter Verirrung,
> Wird zerbrechen und bleibt nimmer des Erdenrunds Haupt

Welche Absichten las man da in Friedrich II. hinein, der freilich selbst gegen die „vom Kelche Babylons trunknen Römer" finstre Drohungen ausstieß! „Aufgelöst wird euer Babel, Damaskus wird fallen, der Blasebalg sich im Feuer verzehren, der Thron — gen Mitternacht aufgerichtet — stürzen und euren Schurz, um eure Lenden gehängt, wird zur Verwesung bringen der Eifer unsres erhabnen Glanzes, den das Gottesauge zu erhellen nicht abläßt, der die Schwären jeder Verdüstrung ausdörrt und dem fast das ganze Erdenrund sich beugt."

In keinem der Lager hat man das Weltbewegende der kaiserlichen Sendung verkannt: mit Jubel oder lähmendem Entsetzen sah man des Divus Augustus Macht noch immer im Steigen begriffen, sah die schwindelnden Höhen, welchen er, die gefährlichen Gründe, denen der Papst unaufhaltsam entgegenging, und Freund wie Feind waren zu dem Glauben gezwungen, daß der Träger des Weltdiadems als ein von Gott selbst Gesandter zum Heil oder Fluch der Christenheit durch die Welt schritt. Das Außergewöhnliche spürte jeder.. die Ausdeutung freilich des kaiserlichen Erscheinens beschäftigte durch Jahrzehnte die Welt: war er als Erfüller der Zeit der die Völker verwirrende Tyrannenkönig und Antichrist? oder der benedeite Friedenskaiser und Heiland, der das Reich der Justitia brachte? Nur diese zwei mythischen Denkbilder kannte die Zeit für einen Herrscher solchen Maßes und in deren fertige Formen zwängte man fortan alles Tun Sein und Sagen Friedrichs II. hinein, legte alles Geschehen aus als die Erfüllung eines Bibel-, Propheten- oder Sibyllenwortes, das zugleich auf den Heiland wie auf den Antichrist wies. Selbst die feiernde Anrede: DOMINUS MUNDI, jetzt häufiger gebraucht, war voller Zweideutigkeit.. denn „Herr der Welt" hieß auch Satan. So sah man in Friedrich II. je nach der eignen Stellung den Bringer des absolut Guten oder des absolut Bösen.. in jedem Fall aber erkannte man ihn als den „Erwarteten" und der Erwartete blieb er noch durch die Jahrhunderte im Glauben der Völker.

Wenn bereits jeder der Feinde das Besondre der Sendung Friedrichs II. verspürte und glaubte: er sei der Fürst, von dem selbst die Geringsten wüßten, daß es keinen Größeren gebe.. jener, dem keines Menschen Gegenwehr widersteht, den nur Gott selbst, der ihn gesandt, dahinzuraffen vermöge.. der Hammer der Welt, der Tyrann, der auf dem Lande herrscht, auf dem Meere befiehlt und über beide gebietet: dann wird erst recht die Verehrung der Getreuen für ihren Kaiser verständlich, der zur Erhöhung der eignen Person selbst zu den höchsten Bildern und Gleichnissen griff. Denn der die Drohungen gegen Rom mit den Worten schloß: „Uns dient die Erde, huldigt das Meer und auf einen Wink von uns geschieht alles Begehrte," verwies ja selbst die Getreuen auf die Art der ihm gebührenden Huldigung. Unbegreiflich erschien der kaiserlichen Umgebung ohnedies der Widerstand Roms. „Rom abgefallen von der mächtigen Tyche — so heißt es in einem langen griechischen Drohgedicht gegen die Römer — wehe! mit Jammern wird dies beklagt werden, seit die Not die Einherrschaft und die beste, die mächtigste Lenkung in schlimme Keinherrschaft stürzte, fortschickend die Caesaren, die dreimal Glücklichen.... Roma, die einst Glanz dem Glanze gab, Caesaren hatte, Könige und Satrapen.... Aber Er, der mächtige und dreimal glückliche Herrscher Friedrich, der Strahlende, das Wunder der Welt ($\tau\grave{o}$ $\vartheta\alpha\tilde{v}\mu\alpha$ $\tau\tilde{\eta}\varsigma$ $o\grave{\iota}\varkappa ov\mu\acute{\epsilon}v\eta\varsigma$), dessen Bogen ehern, feindblendend sein Blitzegeschoß: ihm dient die Erde und das Meer und das Himmelsgewölbe, ihm, dem im Ruhme Gerechten, dem Erlauchten.... Seine Stimme dröhnt und das Rasseln seiner Wagen... seine Blitze leuchten aus der Höhe, den feindlichen Übermut tilgend.... welch Zittern über solche Heerfahrt!... Flüstre drum, Rom, unverstellte Worte heilsamen gottbegeisterten Willens... erhöhe ihn über jegliche Zeder... und verjage ihm das ganze verderbte Geschlecht." Als zürnenden Donnerer, als Jupiter stellt der kalabresische Beamte den Kaiser dar, wohl in den durch die Sprache bedingten rauschenderen Bildern des byzantinischen Hofstils, wesentlich jedoch mit den Worten die auch die Kanzlei dem Herrscher zu spenden gewohnt war: „Wahrlich es verehren ihn Erde und Meer und ihn bejubeln geziemend die Lüfte, ihn, der der Welt als wahrer Kaiser von der göttlichen Hoheit verliehen ist, als des Friedens Freund, der Liebe Schutzherr, des Rechtes Begründer, der Justitia Bewahrer, der Macht Sohn, der die Welt in beständiger Einwirkung verwaltet."

In dem großen Kreuzzugsmanifest von Jerusalem hatte Friedrich II. den Gott gepriesen, der Winden und Wassern gebietet und dem diese gehorchen.. jetzt werden die gleichen Preisungen auf ihn, „der die Zonen bindet und die Elemente verknüpft", bezogen gleich als wäre er selbst der inkarnierte Gott. Eine übermenschliche Kraft — freilich zum Bösen — maßen ihm schon die Gegner bei.. gerade sie genoß bei den Seinen eine gottgleiche Verehrung: „Deine Kraft, o Caesar hat keine Grenzen, sie übersteigt die des Menschen, einer Gottheit gleich" so schreibt ein Höfling. „Trage den Kranz entsprechend deiner übermenschlichen Stellung" so ein andrer und als den „cooperator Dei", den Mitwerker Gottes, preist ihn ein Dritter. Freilich, solche Worte gehörten zum „Stil" dieses Stauferhofes, aber sie kennzeichnen ihn. Denn durch die oft grob aufgetragnen Adulationen der Höflinge schimmert schließlich doch als Wahres hindurch, wie der Kaiser gesehen sein wollte und vor allem: wie er von den Seinen gesehen werden konnte. Es ist ja stets das Wesen höfischer Koteriesprache, gleichzeitig zu verschleiern und zu enthüllen, da die Bilder der Adoranten im Augenblick zu lächelndem Spiel werden, wenn sie einer ernst oder gar wörtlich nimmt, und die wiederum sofort ernst werden und im Wortsinn gemeint, wenn sie ein andrer als bloßes höfisches Spiel ansieht. Alle die Huldigungen zeigen aber zunächst das Eine: welche allerdings übermenschliche und selbst für einen Kaiser ungewöhnliche einzigartige Verehrung Friedrich II. genoß. Nichts kann solches stärker bezeugen als die tiefe Beunruhigung, die man auf päpstlicher Seite über den ganzen Kaiserkult empfand. Keiner der zahllosen Vorwürfe wie der: er lasse sich gleich Gott verehren, befehle ihn heilig zu nennen, lasse sich die Füße küssen und wolle ein Priester-Kaisertum begründen, entsprach zwar den Tatsachen.. aber keiner widersprach ihnen ganz.

Das Bemerkensweteste ist indessen der Inhalt der Adulationen und Adorationen, die sich alle im gleichen Kreise bewegten und deutlich genug besagten, in welche Sphäre man den Kaiser stellte und zu stellen vermochte. Denn es war das Satanische und der Kirche so furchtbar Gefährliche, daß dieser letzte Staufer fast niemals auf die ziemlich harmlose antiquarisch-gelehrte Art der früheren Staufer etwa als „deus de prole deorum" gepriesen wurde, sondern daß man ihn, den „vom göttlichen Planen Belehrten", „vom Gottesauge unablässig Erhellten", viel wirklichkeitsnäher, christlicher und dabei scheinbar in Demut einen Schritt zurückgehend nur als Emanation, als Werker des wahren Gottes, als Gottes Sohn begriff und sich dann freilich getraute, ihn als solchen dem Erlöser fortwährend zur Seite zu stellen. Es war überdies die einzige Möglichkeit eines wahrheitsgefüllten, nicht hohlen Herrscherkultes im Mittelalter, da die christliche Zeit — anders als die heidnische — für den Gott in Menschengestalt nur das eine menschliche Vorbild hatte: den Heiland. Auch den früheren Kaisern hat solche Verehrung nicht ganz gefehlt: Vikar Gottes, zweiter David, Sanctus und Divus wurde vor allem im karolingischen Alter der Kaiser genannt, auch als der Gesalbte des Herrn: „Christus Domini" und „Salvator mundi" angeredet, und erklärt, daß sich im Kaiser der „typus Christi Salvatoris" verkörpere. Die Möglichkeit, den Kaiser so zu sehen, war also durchaus nicht weit hergeholt, und unbefangen nannten Friedrich selbst die Gegner einen „zweiten Cherub", ein „Wahrzeichen der Ähnlichkeit mit dem eingebornen Sohn". Dennoch erhielten diese Adorationen bei Friedrich II. sowohl durch die Häufung als durch die Stetigkeit einen besonderen Klang und dazu kam, daß die erregte Welt damals tatsächlich einen kaiserlichen christgleichen Messias erwartete. keiner der Kaiser lebte ja auch in dem Hoffen der Nachzeit als Heiland des Endes fort außer Friedrich II.

Der Kaiser selbst — und schon früher Petrus de Vinea — hatte den Höflingen diese Richtung gewiesen das Schreiben an Jesi, des Kaisers

Bethlehem, ist eines der stärksten Dokumente der Art. Und der Widerhall blieb nicht aus. Als wenige Jahre später ein kaiserlicher Statthalter mit seinen Truppen eingeschlossen in Not geriet, rief er in dem gleichen Stil seinen Kaiser an: „Nicht glühender haben die Ahnen das Kommen Christi erwartet wie wir das Eure, auf daß unsre vergangnen Übel das ersehnte Antlitz Eurer Erhabenheit lindere, Schmerzen beseitige und die durch den Stachel vielfacher Wirrung Bedrängten entsetze. Also flehen wir mit den bittenden Vätern in heißem Sehnen: Komm uns zu befreien und uns zu erfreuen, Du Fürst jeder Tugend! Zeige Dein Antlitz und uns wird das Heil sein! Das ist es, wonach wir stöhnen, das wonach unsre Seufzer begehren: unter dem Schatten Deiner Flügel zu ruhen." Und noch weiter geht ein in Gefangenschaft geratener kaiserlicher Notar in seinen zahlreichen Hilferufen an den Kaiser: „O Hafen des Heils den Gläubigen! auf Euch, Eure Heilshände richten wir unsre Hoffnung. Oh, unsres Lebens eingeborner Lebenshauch, der Ihr durch Eure Kraft und Gnade uns von den Toten erweckt! Es überkomme aus unsern Martern Barmherzigkeit Euer Herz: führet heraus Israels Söhne aus Ägypten, sendet Erlösung Euren Knechten.. Denn wie für Christus die Märtyrer Qualen ertrugen, so dulden für Euch wir...., die wir durch vielerlei Martern gekreuzigt werden. Schon wären unter den Qualen gewiß unsre Körper entkräftet, wenn nicht der Allerheiligste Thronsitz (des Kaisers) sie stärkte und die eine Hoffnung des Heils..." Und die nämliche Gleichsetzung mit dem Herrn läßt wiederum einen zum Hofe befohlnen Prälaten der Insel Sizilien, einen der treuen sizilischen Bischöfe, antworten: „über die Wasser schreitend werde er zu seinem Dominus kommen."

Erst in den Jahren nach dem Bann wurde es für die Höflinge der „Stil", auch wenn sie untereinander vom Kaiser sprachen, sich solcher Vergleiche und Bilder fast gewohnheitsmäßig zu bedienen, die eben in ihrer Häufung und Beharrlichkeit alles Übliche weit überschritten. Allein schon die Tatsache, daß man — den Oströmern ähnlich — gerade einem bestimmten Hofstil huldigend vom Kaiser immer wieder mit Anspielungen auf den Gottessohn zu sprechen pflegte, zeigt deutlich genug, in welche Ebene man den Herrscher rückte, wie man ihn im Hofkreis so sehr als geistigen Herrscher empfand, daß neben den Caesaren fast nur der Vergleich mit Christus erschien, nie etwa mit Karl dem Großen oder einem andern der mächtigen Kaiser. Petrus de Vinea, der nicht zum wenigsten dieses Bild seines Herrn selbst gezeugt, der auch gerade die geistige Herrschaft des Kaisers am ehesten begriff, dieser Sager war es denn auch, der solches Wirken des Kaisers in der geistigen Runde betonte, etwa wenn er von seinem Herrn verkündet: „... er, der allseits Glückselige, überall Tätige, jeder Wirrnis allergerechteste Befrieder, würde unfähig sein, ohne Sorge für das Volk als ein Vereinzelter zu bleiben" — oder der Worte des Jeremias gedenkt: „Ich will Dich mit Menschen füllen wie mit Weinbeeren, die sollen Dir ein Liedlein singen." Daß Friedrich II. überhaupt die Geister fand, die ihn feierten und seinen Rang erkannten, war schließlich das einzig Wichtige: daß er sich nicht nur selbst als den Gottgesandten wußte, sondern daß er — wenn auch nur von Zwölfen — als solcher geglaubt wurde.

Auch hier ist es Petrus de Vinea und sein Kreis der Juristen Stilisten und Literaten, der dem am ausdauerndsten Worte gibt. Wenn die Zeit des Glaubens war, daß nach dem ersten und zweiten Weltalter, dem Adams und dem Christi, nunmehr das dritte anbreche, so deutet Petrus de Vinea rückhaltlos offen auf seinen kaiserlichen Herrn als Bringer und Heros dieser Weltzeit hin. Er feiert ihn als den Herrscher, „den die Hand des obersten Werkmeisters zum Menschen formte".. er erkennt in ihm den König, „der alles unter der Ordnung des Rechtes begrenze".. er preist den Fürsten, „den schon der Tugenden Mysterien beneiden", „in dessen Brust alle Habe der Tugenden einströmt, auf den die Wolken Gerechtigkeit regneten und von oben die Himmel tauten". Und Vinea preist schließlich in diesem letzten Kaiser des alten Reiches „die Urform des Guten" überhaupt: „Und wie diese frei ist von Schielen, so bindet sie die Zonen und verknüpft die Elemente, und es kommt mit Flammen Frost zusammen, es paart sich Trocknes mit Feuchtem, Glattem gesellt sich Rauhes und dem Geradwegigen wird das Weglose vermählt."

Diese Verknüpfung der Gegensätze kennzeichnete von jeher die aurea aetas, das Paradiesische Zeitalter, in welchem mit den Widersprüchen Zank und Hader schweigen.. jene Friedenszeit, die von dem Heilandskaiser erwartet wurde. Daher fährt der Logothet auch fort im Preisen seines Herrn: „Unter seinen Zeiten werden die Verbände der Bosheit zerrissen, wird machtvolle Sicherheit gesät: nun schmiedet man die Schwerter zu Pflugscharen, da der Bund des Friedens alle Angst erstickt." Und in diesem Glauben an die Wiederkehr der Weltfriedenszeit unter Friedrich II. steht Petrus de Vinea keineswegs allein. „Cuius ad imperium redit aetas aurea mundo" singt ein Norditaliener, und klingt das schon gedanklich ein wenig an Vergils Verheißungen an, so reißt ein andrer italischer Poet in seiner Begeistrung über einen großen Seesieg der Kaiserlichen Friedrich gar als den „Puer Apuliae" plötzlich mitten hinein in den Wirbel der großen vergilischen Heilandsprophetie, welche die Kunft des friedebringenden Götterknaben verheißt. Den Papst werde die schwere Niederlage belehren — so sagt der Dichter — welcher Art Frieden seiner als Ende der Kämpfe noch warte...

„et Puer Apuliae terras in pace habebit".

Der drei Jahrzehnte hindurch vergessene Jugendname Friedrichs II.: „Puer Apuliae" mußte wieder aufleben, um die Anknüpfung an das verheißene messianische Götterkind zu ermöglichen, das man — statt der mittelalterlichen Tradition folgend in dem kindlichen Christ — hier in dem Caesar Augustus suchte oder erkannte. So verknüpften sich Mythen Dichtungen und Prophetien mit dem Leben desjenigen Kaisers, der auch das Heilige Grab befreit hatte und jetzt gegen den verderbten Klerus kämpfte. In gegenseitigem Durchdringen zeugten diese uralten Bilder, wieder mit einem Menschenleben verwoben, den neuen Kaisermythos, dessen Träger Friedrich II. blieb. Aber hier läßt es sich einmal erkennen, wie die nächsten Getreuen aus dem Stoff, den die Zeit bot, vor aller Welt Augen schon zu Lebzeiten des Heros die künftige Legende wirkten, welche dieser selbst freilich zuvor auf irgendeine Art gelebt haben mußte.

In der Verknüpfung des Messiaskaisertums mit dem sizilischen Kult der Justitia und der Beziehung von beidem auf die Person Friedrichs II. liegt nun der besondere menschlich-staatliche Sinn des Kaiserkults. Fast möchte man beim Durchblättern der Briefe, welche die Höflinge untereinander wechselten, eine Art von „Geheimlehre", von selbstverständlicher Übereinkunft erkennen, welche als das von Friedrich II. allein verwaltete Sakrament die Justitia feiert.. in so merkwürdigem Zusammenhang erscheint hier manches. Nicht etwa eine Laienkirche unter Petrus de Vinea, überhaupt nicht eine realpolitische Umwälzung deutet sich in dem Justitia- und Kaiserkult der Höflinge an, wohl aber eine allen gemeinsame Konvention oder Bindung, die um so fester und dichter wurde, je mehr man im Papst den „falschen", in Friedrich den „echten" Statthalter Christi zu erblicken glaubte, und nun für die Heilsgüter zumindest des Staates eine um so größere Verantwortung trug, als die Sakramente der Kirche durch des Hohepriesters Entartung gefährdet waren. Daß man zum Petrus und Apostelfürsten des neuen kaiserlichen Heilands den Petrus de Vinea machte, war naheliegend genug.. aber im Preis des Großhofrichters und Logotheten pries man wieder den Kaiser. Denn Vinea war „gleichsam der vom Sinai herabsteigende neue Gesetzbringer Moses, der die ihm zugebilligte Zahl der Gebote vom Himmel her den Menschen brachte".. war „ein zweiter Joseph, dem als treuem Deuter der allseits große Caesar, dessen Macht Sonne und Mond bewundern, die Lenkung der Reiche des Erdenrunds übertrug..." und er war der Petrus, „der gleichsam als des Reiches Schlüsselträger schließt, was niemand öffnet, öffnet, was niemand mehr schließt". „Petrus, jener geringste Fischer — so schrieb man — der Fürst der Apostel, der seine Netze verließ, folgte zwar dem Gott... aber dieser Gesetzbringer Petrus weicht nie von der Seite seines Herrn. Jener Galiläer hat dreimal seinen Herrn verleugnet.. aber fern sei es, daß einmal den seinen verleugne der Capuaner." Und noch mehr von dem ganzen Denken des Hofes enthüllt in jenem halbernsten Spiel der Brief eines Höflings an Vinea selbst: „Es sprach also der Herr: ‚Petrus, liebst du mich? Weide meine Schafe.' Und so wollte der Herr, der die Justitia liebt, auf diesen Fels die Justitia gründen und die Zügel der Rechtsleitung über sein Volk dem Petrus geben, indem er Euch als Inhaber der Justitia einsetzte. Dies deutlicher zu zeigen, stellte Euch darum der Herr jetzt gegen das Antlitz des Vorstehers, aber auch Verdrehers der Kirche, auf daß — solang der falsche Vikar Christi die ihm übertragene Statthalterschaft verdreht und viele an Ruf Gut und Leib schädigt — der wahre Statthalter Petrus durch die Justitia regiere.... Euch bleibt also nur, auch wenn solche Last Euch mißfällt, weil Ihr sie niemals gewohnt wart noch jemals erstrebt habt, und welche daher auch die Euren belastet, die Eure Sinnesart kennen, dennoch nur dieses zu antworten: ‚Herr, du weißt, daß ich dich liebe. Wenn ich deinem Volke von Nutzen bin, so versage ich nicht den Dienst: Dein Wille geschehe.'"

Das sollte nicht, wie man angenommen hat, die tatsächliche Erhebung Vineas zum Papst oder „Gegenpapst" befürworten.. wohl aber wird Vinea hier als ein „Gegenpapst" eigner Art gekennzeichnet, als Haupt der „kaiserlichen Kirche", der juristischen Priesterhierarchie. Durch die ganz unverhohlene, halb ernsthafte, halb scherzende Schmeichelei, mit der hier ein Höfling den Meister an seine hohen Pflichten erinnert und ihm erklärt: der Papst ist unbrauchbar, also versieh du jetzt als der wahre Petrus seine Pflichten... klingt wohl jene Spottlust der Höflinge durch, aber auch das hohe Verantwortungs- und Selbstgefühl, das den Hof beseelte, und das schon ganz wache Wissen, wie sehr die kaiserliche Juristen- und Beamtenhierarchie neben der Papstkirche und so gut wie diese eine selbständige geistige Ordnung darstellte. Jenes: Robe gegen Robe, Korpsgeist gegen Korpsgeist, mit dem Napoleon die Richter gegen die Priester ausspielte, ward — obschon notwendig unter andern Bildern — am Hofe Friedrichs II. dennoch ganz klar gewußt.

Freilich, alles dieses in Worte zu kleiden und sinnfällig zu machen, war damals nur möglich unter den Sinnbildern des einzigen geistigen Reiches, das man kannte: der Kirche mit Christus, ihrem König. Es waren daher die Mittel der Kirche, deren man sich zu der außerkirchlichen kultartigen Feier des geistigen Herrschers bediente, während man zur Feier der kaiserlichen Waffentriumphe sofort ins Heidnisch-Caesarische übersprang. So ist es auch zu verstehen, wenn man den Staat geradezu als des Kaisers Kirche, die imperalis ecclesia, bezeichnete und die Provinzen als Bischofssprengel auffaßte, wie den Ämterkauf als Simonie. Und da ging man denn bisweilen noch weiter und sprach davon, daß des Kaisers Kirche, auf Petrus gegründet, sich manifestiere, „wenn sich der Geist des Erlauchten (des Kaisers) stärkt beim Mahl mit den Jüngern". Man mag da an das Hochamt der Justitia denken, an das Mysterium und sacratissimum ministerium, wenn unter den fremdartig feierlichen Bräuchen des Hochgerichts der Geist als beseeltes Gesetz im Kaiser zum Bild ward, der selbst wieder durch seinen Spruch, dem Logotheten Petrus flüsternd vermittelt, beim Läuten der Glocke gleichsam die Einung mit der knienden Gemeinde vollzog. Das Wesentliche der Gleichsetzungen Friedrichs II. mit dem Gottessohn aber ist die Zurückdeutung des Abstrakt-Staatlichen ins Menschliche: daß die Bindungen des Staates durch den Glauben an Friedrichs persönliche Heilssendung wieder ganz und gar ins Menschlich-Persönliche übersetzt wurden, in den unmittelbaren Jüngerglauben an einen lebenden Menschen und an seine Sendung .. ein Glaube, den sonst wohl Heilige durch ihre Wunder fanden, nie aber Kaiser außer Friedrich II., der zwar keine Wunder verrichtete, selbst aber „Verwandler" und „Wunder der Welt" genannt ward. Und da konnte es auch nicht ausbleiben, daß man ihn geradezu als Heiligen bezeichnete, indem man ihm das Prädikat der byzantinischen Kaiser gab: „Es lebe also, es lebe des Heiligen Friedrich Name im Volk, es wachse ihm von den Untertanen der Ehrfurcht Glut entgegen, und des Glaubens Lohn, die Mutter Treue selbst, entflamme das Vorbild treuer Ergebenheit."

Den gebauschten und überladenen Huldigungsschreiben der Höflinge brauchte man vielleicht nicht solche Beachtung zu schenken, wenn diese Art der Feier Friedrichs II. auf den Vineakreis, überhaupt auf die Stil- und Redekunst beschränkt geblieben wäre. Dem aber ist nicht so. Gerade dieser erstmals außerkirchliche „Heiligenkult" eines lebenden Menschen hat zu etwas ganz andrem hingeführt: zu der Darstellung und Verewigung dieses Göttlichen auch im Bilde. Denn was die Briefe der Höflinge in einer gleichnishaften Verbrämung umschrieben, das sollte etwa zur gleichen Zeit unverhüllter und eindeutiger hervortreten in den Werken der neuen Kunst, jener merkwürdigen renaissancehaften Frühblüte süditalischer Plastik, die wie durch einen Zauber geweckt, plötzlich in dem sorgsam behüteten und verschlossenen Paradiesesgarten Friedrichs II., im sizilischen Erbland, aufzubrechen begann.

Auch die neue Plastik bildete keine Ausnahme des Gesetzes, daß bildende Kunst bedingt ist durch lebendigen Kult, zumal in beginnlicher Zeit. Die großen Werke der süditalisch-staufischen Bildkunst entstanden fast ausnahmslos erst in dem letzten Jahrzehnt des Kaisers, als nach dem Triumph von Cortenuova der Kaiserkult sich zu festigen, auch im Zeremoniell schon herauszutreten, ja sich im engsten Hofkreis zu einem mehr persönlich und menschlich begriffenen Friedrich-Kult zu wandeln begann. Sofern aber die Bildkunst zu dem Kult des staufischen Kaisergottes gehörte: in welcher Stunde wäre wohl der „von des obersten Werkmeisters Hand zum Menschen geformte Herrscher" den Getreuen sinnfälliger als Ebenbild Gottes und Gott ähnlicher erschienen als während jener feierlichen Handlung, da er in der Furchtbarkeit seiner göttlichen Majestät als höchster Richter und Gesetzgeber vor aller Augen die Vereinigung mit Gott vollzog.. wenn in ihm, dem makellosen Sohn, Gott als Gesetz Mensch ward! Die literarischen Nachrichten verweisen auf jenes Hochamt des Kaisers, das „Mahl mit den Jüngern" und auf die Gründung der imperalis ecclesia in Petrus, dem nächsten Vertrauten. Und die Bildwerke selbst — Darstellung des Menschen in seinem „idealen", das heißt: göttlichen Augenblick — können nichts anderes meinen. In jenen Jahren, als das feierliche Ritual aufkam und Vinea, schließlich mit dem seltsamen ungewöhnlichen Titel eines Logotheten ausgezeichnet, als Mittler und Sprecher des Kaisers amtete, entstand im Palast von Neapel eine Darstellung — wie es scheint: ein Reliefbild dieser Szene.. zwar nicht erhalten, aber leidlich genau beschrieben. Im Hintergrunde habe man den Kaiser in erhabner Höhe thronen sehen, neben ihm auf bescheidnerem Sitze Petrus de Vinea und im Vordergrund zu Füßen des Kaisers das kniende Volk. Justitia habe die Menge vom Kaiser gefordert, erklärt der Chronist, und das gleiche besagten die Verse der Inschrift:

CAESAR · AMOR LEGUM · FRIDERICE PIISSIME REGUM ·
CAUSARUM TELAS NOSTRARUM SOLVE QUERELAS.

Der so Angerufene, der des Streites Gewebe lösen soll und der sich selbst im Gesetzbuch als den der Justitia Gewebe Webenden bezeichnet, habe jedoch auf den Richter Petrus de Vinea gewiesen, den Überbringer der himmlischen Gebote, als wolle er antworten: „In eurem Streit wendet euch an diesen. Er wird euch Recht erteilen oder mich bitten, daß es von mir gespendet werde. Vinea ist sein Beiname.. Petrus, der Richter, so heißt er."

Auch ohne die erläuternden Verse der Inschrift hätte die Anordnung des Ganzen gezeigt, was hier dargestellt wurde: es war der Kaiser „in cultu Justitiae".. die Ausgießung gleichsam, die sich stufenweis vollzog. Denn wie zwischen Kaiser und Gott als Mittlerin die Justitia waltete, war hier der Judex Petrus als Mittler dargestellt zwischen dem Justitia-Kaiser und dem Volk. So war man den Herrscher beim Hochgerichte zu sehen gewöhnt.. und daß hier Leben, welches man mit Augen gesehen, nicht bloß Gedachtes dargestellt wurde, ist vielleicht von allem das Wichtigste.

Es ist nicht bekannt, wieweit sich die Darstellung im Palast von Neapel bereits der Antike näherte. Aber die gesamte Bildkunst Friedrichs II. — von seiner persönlichen Vorliebe noch ganz abzusehen — drängte mit innerster Notwendigkeit zum Altertum hin. Denn was hier in Sizilien, dem Lehen des Papstes, wie zum Hohne gegen die Kirche ins Leben gerufen wurde, war erstmals eine rein staatliche „profane" Bildnerei, die wie in den Zeiten altrömischer Divi lediglich der Feier des Staates und der Staatsgottheiten diente, als wäre eine Kirche gar nicht vorhanden.. die erste große profane Bildkunst des Abendlands überhaupt, wenn man unter „profan" hier den Gegensatz zu kirchlich-religiösen Darstellungen verstehen will. Denn „heilig" war ja die weltlich-staatliche Kunst im Stauferstaate nicht minder.

Hier liegt denn der entscheidende Durchbruch des neuen Bildens überhaupt, und auch der neue Stil: die überraschend enge Anlehnung an die Antike ist bedingt durch das Weltlich- und Staatlichwerden des im Mittelalter ja ausschließlich kirchlichen Kunstschaffens. Nachdem jede bildliche Darstellung ein Jahrtausend hindurch — mittelbar oder unmittelbar auf die Kirche bezogen — nur der Verherrlichung des jenseitigen Heilands und seiner Erneuerer, der Heiligen, gedient hatte (selbst Herrscherbilder, ohnedies meist in Kapellen und Domen, machten keine Ausnahme und dienten dem Ruhm des Erlösers), erhielt jetzt zum erstenmal eine große Monumentalplastik Sinn Leben Weihe Daseinsrecht allein vom weltlichen Staat... möglich nur durch den Kult Kaiser Friedrichs II., der außerhalb der Kirche in der profanen Welt zwar und dennoch den Heiligen gleich eben als ein Erneuerer des Heilands, als anderer Gottessohn gefeiert wurde. Des Kaisers Glorie im Bild aber noch durch Zeichen auf den übersinnlichen transzendentalen Heiland und Weltenregierer zu beziehen, erübrigte sich hier, weil er selbst ihn ganz unmittelbar und körperhaft im taghellen Raum darstellte.

Damit erscheint die enge Anlehnung an die Antike und deren Art des Menschensehens und -gestaltens noch von einer andern Seite her als folgerichtig. Denn es kam nicht mehr wie in jeder kirchlich-hieratischen

Kunst zuerst auf die Beziehung des Bildes zum jenseitigen Gott und erst hernach auf den Dargestellten selbst an, sondern hier war eine leibhafte Darstellung des Gottmenschen als Kosmokrator selbst möglich... des Menschen, der war wie er war. Das Wirklichkeitsnahe und Körperliche der Kunst — einst durch himmlische Feier gleichgültig geworden und ersetzt durch Symbole und Zeichen oder schematisch-starre Bilder — ja, das „Persönliche" ward nunmehr gerade das Wichtige, und es wiesen bereits die schönen Goldprägungen darauf hin, daß das Bild, daß sogar die „Ähnlichkeit" keineswegs gleichgültig sein konnte: „.... auf daß des neuen Geldes Form euch unsres Namens Gedächtnis und unsrer Erhabenheit Abbild immerdar vor Augen führe..., damit deren häufiger Anblick euch in der Treue stärke und zur Ergebenheit entflamme." Und über das Siegelbild heißt es: „Des innern Menschen Regung, mittels derer Befehle, von einer einzigen Kraft ausgehend, zur Ausführung gelangen, den Glauben auch an die Sendschreiben: dem gibt Berechtigung allein das in Wachs oder Metall geprägte Abbild des Befehlenden." Das Bild selbst — auf den Siegeln zwar immer noch vorwiegend „Zeichen" — also spricht gleichsam den Befehl und je ähnlicher es dem Befehlenden war, desto stärker mußte die Kräfte auslösende Wirkung sein, auf die es dem Kaiser ankam. Durch das Erkennen der P e r s o n also mußte gleichsam das Kaiserbild wirken und Kräfte strahlen wie sonst wohl ein Gnadenbild durch den kirchlichen Glauben.

Aus dem Bereiche kirchlich religiöser Symbolik und Starre einmal gelöst und mit dem Leben — dem Leben des Staates — wieder verknüpft, drängte jetzt in der staufischen Plastik alles gleichzeitig hin zur Antike, deren Werke in dem „profanen", ganz in sich ruhenden Staat keiner christlichen Umdeutung und Jenseitsbeziehung mehr bedurften um heilig zu sein: der Caesar war Caesar durch sich selbst, wurde auf den Darstellungen nicht mehr durch den Lebenspendenden gekrönt, sondern stellte ihn eher dar. Die Erkenntnis, daß jedes Ding auch durch sich selbst sua virtute lebendig, ja göttlich und gottgesetzlich sei, schoß freilich hier zusammen mit einem neuen Kunstsinn, der vom Kaiser selbst ausging. Denn Friedrich II., gesichtig für die Körper von Tier und Mensch wie kaum einer der Geister vor ihm, hatte allerdings aus innerster Wesensverwandtschaft mit den Caesaren auch für deren Kunst den eigentümlich unmittelbaren Blick. Überall spähte er aus nach antiken Bildwerken, die er in Hallen Höfen Gemächern seiner apulischen Schlösser aufstellen ließ. Aus Roms Nähe, aus Grottaferrata ließ er eine bronzene Kuh nach Apulien schaffen, ebenso ein männliches Bronzestandbild. Von Neapel aus hatten wiederum Sklaven auf ihren Schultern mit größter Vorsicht antike Skulpturen nach dem Schloß von Lucera zu tragen. Werke der heidnischen Zeit fanden sich wohl in fast allen Schlössern des Kaisers. Hoch oben im Innenhof des Castel del Monte ist ein Relief eingelassen, auf dem Pferde und Reiter noch zu erkennen sind: eine Meleagerjagd vielleicht, die auf antiken Sarkophagen ja häufig dargestellt ist.. so auch auf jenem, in welchem Friedrich die erste Gemahlin, Konstanze von Aragon im Dom von Palermo beisetzen ließ. Aber das Vorhandene genügte dem Kaiser nicht. Seine Bildhauer mußten nach den antiken Vorbildern neue Werke schaffen und manche Köpfe, Reste der Skulpturen vom Castel del Monte, dürften wohl einfach Kopien alter Werke gewesen sein. Aber es blieb nicht bei dem bloßen Nachbilden der Antiken. Die apulischen Steinmetzen erhielten ganz eigentümliche Aufträge und hatten, obwohl in steter Anlehnung an die Werke des Altertums, dennoch frei nach dem Leben zu arbeiten. Tatsächlich könnten hier und da Zweifel aufkommen, ob man nicht wirklich antike Stücke der römischen Kaiserzeit vor sich sähe, würden nicht gewisse Einzelheiten auf das XIII. Jahrhundert verweisen. Des Kaisers „unstillbarer Wille", die alte Caesarengröße zu erneuen, sich den Augusti zur Seite zu stellen, und sich mit und an ihnen zu messen, hatte jene Wunderschöpfungen hervorgebracht: freie Rundfiguren, die der Antike so nahe kamen, wie keine mittelalterliche Kunst der vorhergehenden Zeit. Man hatte aber auch seit der Antike, seit der römischen Kaiserzeit keinen von sich aus göttlichen Staat und keine eigenen außerkirchlichen Staatsgottheiten mehr gekannt, die eine Feier im Bilde verlangten, um wiederum durch das Bild für den Staat zu wirken. Denn wo hätte im Abendland ein christlicher Herrscher es bisher für nötig befunden, zur eigenen Verherrlichung und der des Staates ein mächtiges Triumphtor zu bauen und zum eigenen Ruhm mit den Bildern der Getreuen zu schmücken! Und wer hätte solches überhaupt zu wünschen, geschweige denn auszuführen gewagt!

Doch von der Kühnheit, sich selbst mit einem Triumphtor zu feiern in einer Zeit, da man nur Einen als Triumphator darstellte, ist hier nicht mehr zu sprechen. Schon seit Jahren, seit 1234, war man damit beschäftigt, vor der Stadt Capua einen stark befestigten Brückenkopf zu bauen, der den Übergang der Via Appia über den Volturno zu sichern hatte. Die Befestigung selbst, deren Entwurf der Kaiser eigenhändig gezeichnet, scheint im Rohbau um 1239 fertig geworden zu sein. Erst um diese Zeit, vielleicht da Friedrich als Triumphator in sein Königreich heimkehrte, dürfte er beschlossen haben, das Brückentor mit Skulpturen zu schmücken und zu einem Prachttor auszugestalten. Denn erst um 1247 habe man das „prachtvolle Marmorportal" vollendet, das vielgepriesne und selbst durch die ganze Renaissance hindurch bestaunte Kunstwerk der staufischen Herrschaft im Süden.

Nicht an den Trajansbogen des nahen Benevent wird man zu denken haben. Gerade die Verbindung von Festungswerk und Triumphtor muß an das Portal des Castel Nuovo zu Neapel erinnern, welches der edle Aragonese Alfonso I., in so manchem Zuge ein Erbe des Staufers, zwei Jahrhunderte später aufführen ließ. „Zwei Türme von erstaunlicher Kraft, Schönheit und Größe" hätten den Durchgang des Capuaner Tores flankiert, so wird berichtet. Alles war mit Marmor oder einem marmorähnlichen Stein bekleidet, die Quadern wie bei allen Bauten des Kaisers so sorgfältig aneinandergefügt, daß man die mit Blei ausgegossenen Fugen kaum wahrnahm. Reliefs schilderten die Siege und Triumphe Friedrichs II. Eine große Anzahl von Hermen und als Gewölbeabschluß ein lorbeerbekränztes Jupiterhaupt — dieses vielleicht aus dem nahen Amphitheater von Capua — zierten die Stadtseite des Tores. Prunkvoller war die Außenseite, zugewandt dem auf der Via Appia sich Capua Nahenden. Hier waren in Nischen die großartigen Statuen aufgestellt, welche insgesamt der kaiserlichen Bildhauerschule entstammten. Die Anordnung der Figuren ist nicht unbedingt sicher, doch weist alles darauf hin, daß zu oberst eine Frauengestalt in mehr als doppelter, wenn nicht dreifacher Lebensgröße stand, deren schönes mächtiges Haupt noch erhalten ist. Die Züge mögen an die erhabene Majestät, den sinnenden Blick und die Serenitas einer farnesischen Juno erinnern. Doch trotz des antiken Gesamts der Kolossalfigur: in den Einzelheiten wich sie wohl von antiken Vorbildern ab. Diese weibliche Gottheit wies mit der Hand auf ihre Brust, wo an Stelle des Herzens der Kaiseradler — wohl in der knapp gebändigten Wildheit der Münzadler — Schwingen und Krallen spannte.

Nicht allein durch den Adler wurde eine enge Zusammengehörigkeit dieser Göttin, die wohl freistehend das Gebäude krönte, und des Herrschers, der unter ihr in einer Nische thronte, angedeutet. Nur der Rumpf dieses Kaiserbilds ist noch erhalten — die französischen Revolutionsheere haben das Haupt zertrümmert — doch auch die Trümmer des in Lebensgröße gehaltenen Werkes lassen noch manches wissen. Wie auf den Augustalen mit dem römischen Imperatorenmantel bekleidet, sonst aber in der Gewandung der Zeit, thronte hier der Kaiser, das bartlose und, wie eine Gemme zeigt: sehr jugendlich gehaltene Antlitz geradeaus gerichtet, mit dem gleichmäßigen ruhigen Blick den Ankömmling musternd. Die Unterarme hielt der Kaiser mit jener halb drohenden, halb

segnenden Gebärde gewisser Christusbilder vorgestreckt, zwei Finger der einen Hand waren erhoben.. wie der Chronist meint: „als wolle dabei sein Mund die aufbrausende Drohung der Verse kundtun", die im Halbbogen über seinem Haupt eingemeißelt waren. Es ist ein Distichon, dessen obrer Vers — der Hexameter — sich freilich auf die den Kaiser überschwebende weibliche Gottheit bezog, die da sprach:
Auf des Caesar Geheiß verbürg ich des Königreichs Eintracht.
Den Pentameter hingegen sprach Friedrich:
Stürzen will ich in Gram, wen ich veränderlich weiß.
Auch das Verspaar verbindet neben dem Adler die Göttin mit Friedrich II. Wer diese Erhabne ist, die größer als der Weltenherrscher und über ihm stehend mit ihm dennoch ein Ganzes bildet, das deuten zwei weitre Figuren an, die rechts und links vom Kaiser und wohl ein wenig tiefer gestellt — vermutlich über den Türmen selbst — ihren Platz hatten.. gemäß der Abstufung des Ganzen nur noch Büsten und sicher mit Recht stets als zwei kaiserliche Großhofrichter bezeichnet: als Petrus de Vinea der eine, als Thaddeus von Suessa der andre. Auch an ihren Nischenbögen waren im Halbkreis Verse, je ein Hexameter angebracht:
Sicher trete ein, wer fehllos zu leben begehre!
so sprach auffordernd das eine Bild, während das andre wiederum drohte:
Wer nicht treu der fürchte verbannt und in Ketten zu enden!
Jene übermenschliche weibliche Gestalt, die spätrer Heimatstolz als eine Verkörperung der Stadt Capua deutete, kann wohl kaum ein anderer Genius gewesen sein als die „Justitia Augusti", die mit dem Caesar eins, doch größer als irgendein Mensch und den Kosmokrator noch überragend, durch den Kaiser sich den Hofrichtern mitteilte. Hier wäre denn Friedrich II. wirklich dargestellt als „Vater und Sohn der Justitia".

In der dreigestuften Gesamtkomposition weist das Capuaner Tor auf einen ganz ähnlichen Vorgang hin wie die Darstellung im Palast zu Neapel, wo das Volk vor dem Kaiser als der leibhaften Justitia in der Furcht des Herrn kniete. Das Volk, die „Gemeinde" darzustellen war bei dem der Menge unzugänglichen Palastbild gewiß notwendig.. bei dem Triumphtor wäre das Gleiche ein Widersinn gewesen: in den Kreis des Gesamts wurde ja das lebendige Volk miteingezogen, welches den Bogen durchschreiten und vor dem drohenden Jüngten Gericht, wenn auch noch nicht ins Knie sinken, so doch erschauern sollte. Denn daß Friedrich II. wie sonst durch das Wort der Gesetze so hier durch sein Bild dem Volk Furcht vor der kaiserlichen Gottmacht einflößen wollte — durch die Wirkung aufs Auge, „dessen Sehen dem Menschen mehr Eindruck macht als was durchs Ohr geht" — das wird durch den Chronisten bestätigt, der selbst ganz unmittelbar die vom Kaiser beabsichtigte Wirkung verspürte: „zur Furcht der das Tor Durchschreitenden seien die aufbrausend drohenden Verse eingegraben und zur Furcht derer, denen die Bilder selbst sie hersagten". An das „Ruhmvoll in seiner Majestät, furchtbar in seiner Herrlichkeit" mag man hier denken, welches auch jene süditalisch-sizilischen Darstellungen des „Pantokrator" oder „Immanuel" zeigen.. jene noch byzantinischen Christusbilder mit dem leicht schielenden unbewegten, fast grausamen Blick, der vielleicht zu einer scheuen schauernden Liebe zwingt — doch nur über die Furcht vor Schwert und Gesetzbuch, die der Drohend-Segnende in Händen hält. Solche Furcht war von Friedrich II. durchaus gewollt. Das sizilische Friedensreich, das Reich der Justitia, welches man durch dieses Weltgerichtstor betrat, konnte nach Vineas Worten nur heraufgeführt werden „durch die Furcht, die von dem Kaiser ausging, der durch die Zuchtrute seines Sieges alles zu richtigen und züchtigen wußte".. ein Geist, nächstverwandt dem Dichter jener Inschrift eines andern Verse sprechenden Tores, durch das man eintrat in das Reich göttlicher Gerechtigkeit.

Das antikische Triumphtor von Capua auch ins Kirchlich-Allegorische umzudeuten lag der Zeit keineswegs fern. In den „Gesta Romanorum", dem alten Legendenbuch der Kirche, wird das Portal mit seinen Bildern zunächst ganz richtig beschrieben, dann aber auf eine merkwürdige Weise ausgelegt: der Kaiser — so heißt es — der bedeutet unsern Herrn Jesus Christus. Das Marmortor ist die hochheilige Kirche, durch die man ins himmlische Königreich eintritt. Das weibliche Bild — die Justitia also — sei des dargestellten Heilands jungfräuliche Mutter..und folgerichtig wird die Vineabüste gedeutet als Johannes Evangelista. Kaiserlicher hätten wohl die Höflinge selbst den Bau nicht auslegen können. Doch die Absicht des frommen Beschreibers war eine ganz andre: dem Bau und den Bildern, die nicht ein einziges christliches Symbol aufwiesen — nicht einmal eine Krone mit Kreuz trug der Kaiser, sondern das schlichte römische Zackendiadem — sollte durch die Verkirchlichung gleichsam das Gefährlich-Heidnische genommen werden. Aber es wurde auch hier nur erreicht, was in anderm Zusammenhang ein Kardinal über Friedrich II. schrieb: an ihm verwandelten sich die Steine der päpstlichen Schleuder in Stroh, da er das Gold des päpstlichen Anathems wie Unflat verstreue, sich die Strahlen der Sonne unterwerfe und den Blitze schleudernden Gott so wenig fürchte wie den Bogenbewehrten... Der Kirche freilich war die neue Kunst im höchsten Maße verdächtig und es wuchs sich auf päpstlicher Seite bald zum förmlichen Wahn aus, die Ghibellinen überhaupt des Götzen- und Bilderdienstes zu bezichtigen und selbst ein Dante blieb davon nicht verschont: er habe Wachsbilder beräuchert, so hieß es. Allerdings, es mußte der Kirche als eine unsagbare Hybris erscheinen, daß der gleiche Kaiser, der da die allgemeine Unsterblichkeit der Seele verneinte, den verachteten Leib „zu ewigem und unsterblichem Gedächtnis" in Stein meißeln ließ. „Gesetze und Zeiten zu verändern, maße sich Friedrich an".. so sprach man auf päpstlicher Seite von dem „Verwandler der Welt".

Die sizilische Plastik wäre ohne die Verherrlichung des Weltenherrschers und Weltenrichters nicht denkbar gewesen und hatte diese so sehr zur Voraussetzung, daß von wenigen nachschwingenden Ausläufern abgesehen, mit dem Ende Friedrichs II. auch die antikisierende Monumentalkunst im Süden erlosch. Nach der ersten vom Staat ausgehenden Erweckung der Antike, die allein auch für die Feier des Staats ein Vorbild abgab, brach mit dem Ende der Staufer allenthalben die „gotische Reaktion" durch. Noch viele Jahrzehnte fehlte im Weltlich-Profanen die Notwendigkeit und damit die Möglichkeit zu immer erneuter huldigender Darstellung des göttlichen Menschen, die nur der eine Staufer kraft seines göttlichen Kaisertums hatte herbeizwingen und vorwegnehmen können. Noch war der Einzelmensch als solcher nicht wichtig genug und ohne den Kaiser, der als einziger außerdem noch „ein Eines war, das nicht Teil ist eines andern", fehlte der belebende Anhauch, es fehlte der Sinn für große Staatsmonumente der Plastik ohne den Weltbeherrscher.. und so geschah es, daß die zauberische Pracht dieses im Süden plötzlich aufflammenden Caesarenglanzes mit Friedrich II. auch versank und verglühte wie ein erschreckend schöner verführerischer Spuk Luzifers.

An dem allen war gewiß nicht das geringste der Wunder, daß Friedrich II. überhaupt die Künstler fand, welche solche Werke und so ungewohnte Aufträge in solcher Vollendung ausführen konnten. Denn die Arbeiten der kaiserlichen Bildhauerschule hielten sich in einer Höhe, wie sie in Italien so bald nicht wieder erreicht wurde, am wenigsten als Rundplastik. Das Erstaunliche war, daß Friedrich II. diese Meister seinem sizilischen Königreich selbst entnahm und wie die Dichter so auch die Bildhauer selbst zeugte. Wie es der Kaiser zustande gebracht hat, aus den einfachen apulischen Steinmetzen dieses Können hervorzuholen, ist freilich ein Rätsel. Zur Verherrlichung des Staats und der Staatsgötter brauchte er aber dieses Können und da es notwendig war, machte er es auch möglich. Die Namen der meist aus Apulien und der

Capitanata stammenden Meister sind zum Teil bekannt, tun aber nicht viel zur Sache. Nicht aus ihnen selbst kam die Schöpferkraft. Diese Bildhauer wurden vom Kaiser angehalten, sich eng an die Antike zu lehnen, und die erste wirkliche Schule, die planmäßig von einem einzigen Willen gelenkt nach Antiken arbeitete, war eben die kaiserliche Bildhauerschule in Apulien. Ohne diesen Zwang, den der Kaiser ausübte, hörte denn bei den sizilischen Steinmetzen auch eine Weiterführung des „Antikisierens" auf, selbst wenn noch ein Sohn des kaiserlichen Steinmetzen und Protomagisters Bartholomäus von Foggia ein so edles Werk fertigen konnte wie jene merkwürdige Büste der Sigilgaita zu Ravello. Nur eine einzige Ausnahme käme möglicherweise in Betracht: Niccolo Pisano.

Zumindest das Eine scheint heute nicht mehr zweifelhaft zu sein: daß Niccolo, später in dem kaiserlichen Pisa ansässig, aus Apulien stammte. Vasari, der mit ihm die italische Renaissanceplastik überhaupt beginnen läßt, bringt den Künstler auch in einen verworrenen Zusammenhang mit der sizilischen Kunst und dem Meister des Brückentores, und es wäre keineswegs undenkbar, daß Niccolo, bevor er im Jahre 1260 sein erstes großes Werk: die Kanzel im Battistero zu Pisa schuf, als ein noch Namenloser unter den kaiserlichen Bildhauern seiner Heimat gearbeitet und gelernt hat. Ob nun Niccolo Pisano mittelbar oder unmittelbar für Italien Bringer des neuen Sehens war: jedenfalls, auch die antikisierende Bildnerei griff, genau wie die Dichtung im Volgare, vom Süden her nach dem Norden, vom sizilischen auf den oberitalischen Staat über.. und es fiel von jeher auf, daß zuerst in kaiserlichen Städten Italiens sowohl die Dichtung als die neue Plastik zu wurzeln vermochte: in Pisa Siena Pistoja entstanden Niccolos erste Werke zu einer Zeit, als auf diesen Städten das päpstliche Interdikt ruhte.

Vasari berichtet, Niccolo Pisano habe seine Meisterschaft erworben durch das Nachbilden antiker Vasen und Sarkophage. Aber wo tat man dies sonst in Italien und wo sonst mit solcher Planmäßigkeit außerhalb der kaiserlichen Bildhauerschule in Apulien, der dieses von Friedrich II. einfach zur Pflicht gemacht ward? Und wer hat den apulischen und dadurch mittelbar wohl auch den italischen Meistern die Augen geöffnet, die Bilder des Altertums überhaupt zu sehen und zu würdigen, wenn nicht der Eine, der auch sonst „aus den alten Brunnen neues Wasser schöpfen" ließ? Friedrich II. hat zwar nicht Hammer und Meißel geführt.. trotzdem sind die Bildhauer allein seine Geschöpfe und Schüler, und wenn ein neuerer französischer Kunsthistoriker ausruft: C'est l'empereur qui a été le vrai sculpteur! so ist gewiß kein Grund zu zweifeln, daß der wahre Staatsmann neben einer neuen Dichtkunst und Baukunst auch eine neue Plastik zu schaffen vermag, zumal gerade der Zauber der Meißlung erst im Einssein mit der strengen Gebundenheit des lebendigen Staates, der Gemeinde auch zu sprechen beginnt. So wird der Staufer, dem man als Ebenbild Gottes huldigte und der als Erster leibhaft das menschliche Allgesetz verkörperte, durch die Verherrlichung seines Staates wie seiner Person zum Stifter der neuen bewußt aus dem Heidentum schöpfenden Plastik. Etwa zur gleichen Zeit beginnt in der kirchlichen Bildkunst jene neue Malerei, die wieder unmittelbar aus dem wiedergelebten Mythos des frühen christlichen Dienstes schuf. Die Verherrlichung des Heiligen Franziskus — so meinte man in neuerer Zeit — habe die neue „gotische" Malerei gewirkt, die von ganz andrer Seite — vom Christlichen her — auf die menschlichen Ursprünge zurückginge.

Friedrich II. war im März 1240 in sein sizilisches Erbland heimgekehrt, aber sein ganzes Sinnen und Planen galt nur noch dem Ausbau der italischen Monarchie. Trotz der fünfjährigen Abwesenheit, trotz der vier kampfreichen Kriegsjahre in Ober- und Mittelitalien gönnte er sich daher nur wenige Wochen der Ruhe in seinem geliebten Sizilien. „So große Liebe und Sorge treibt uns zur Befriedung Italiens...., daß keine Wonnen unseres Königreichs, keine Ruhe noch irgendwelche Erholung uns zurückhalten könnten. Nachdem wir im Königreich mit Stete und Emsigkeit große Aufgaben vollendet, die mit der Lösung dieser größeren Aufgabe verbunden waren, begaben wir uns Sizilien schleunig verlassend ohne Rast, die unseren Trieben nur feindlich, in Sommerhitze und Lagerstaub und mieden keine Gefahren unserer Person und unserer Getreuen."

Nach einem Hoftag in Foggia, nach einer Neubesetzung aller sizilischen Ämter und der Bekanntgabe einer Anzahl neuer Gesetze lagerte Friedrich II. tatsächlich schon im Mai 1240 mit dem neu aufgebotenen Heere des Königreiches bei Capua. Im Juni rückte er gegen die Grenze des Kirchenstaates vor. Seine Absicht war, durch eine Heerfahrt und einen Verwüstungszug in die römische Campagna vielleicht den Papst zu einem Frieden und damit die Römer zur Öffnung der Tore zu zwingen. Doch im letzten Augenblick mußte der Kaiser seine Pläne ändern: in Rom war der neue Deutschordensmeister Konrad von Thüringen eingetroffen und dies als Gesandter der geistlichen und weltlichen Fürsten Deutschlands, die wieder — wie einst nach dem Kreuzzug — den Frieden zwischen Kaiser und Papst zu vermitteln hofften.

Das päpstliche Vorgehen gegen Friedrich II. hatte bisher die Wirkung im ganzen verfehlt. Durch den allzu häufigen Gebrauch war der Bann nicht mehr die gefährliche Waffe von ehedem, so wenig wie die Lösung der Untertanen vom Treueid. Zwar sollte der Bannspruch allsonntäglich von allen Kanzeln der Welt bei brennenden Kerzen und unter dem Geläute der Glocken neu verkündet werden und das geschah wohl auch in den fremden Ländern, obwohl auch hier oftmals nur erzwungen. Aber gerade in denjenigen Ländern, in denen die Verlesung der Bannbulle Papst Gregor am wichtigsten schien, innerhalb des Imperiums selbst, gab es Schwierigkeit und Widerstand genug. Zahllose Gemeinden Italiens waren wegen der verschiedensten Vergehen in Bann, so daß hier kein Gottesdienst abgehalten wurde. Jede Stadt, die Friedrich II. berührte, verfiel gleichfalls dem Interdikt, und mag es noch zweifelhaft sein, ob in dem kaiserlichen Italien ein Bischof gewagt hätte, den Bann zu verlesen: im ganzen sizilischen Königreich dürfte sich schwerlich ein Priester solcher Gefahr für sein Leben und Gut ausgesetzt haben. Überdies waren die Anhänger des Kaisers, wie Erzbischof Berard von Palermo, gleichfalls gebannt, und erwies sich ein sizilischer Bischof nicht als Anhänger des Kaisers, so war er wiederum seiner Ausweisung gewiß. Aber auch in Deutschland weigerten sich zahlreiche geistliche Fürsten, die Bannsentenz von der Kanzel herab zu verkünden. So wenig wie die weltlichen Fürsten wollten die Bischöfe Deutschlands durch eine Parteinahme gegen den Kaiser ihre so bedeutend vermehrten landesherrlichen Rechte gefährden. Man ereiferte sich nicht gerade gegen den Papst — oder doch nur selten — aber erst recht nicht gegen den Kaiser: im ganzen sah man den Ereignissen mit Gelassenheit zu.

Gerade in Deutschland mochte Papst Gregor gehofft haben, die sonst zu Empörung gegen die Kaiser so oft willigen Fürsten für sich gewinnen und sich ihrer gegen den Staufer bedienen zu können, wie dies einst Innocenz III. mit Erfolg gegen den Welfen Otto vermochte. Aber diesmal wie auch bei dem Bann aus Anlaß des Kreuzzugs schlugen Gregors Erwartungen fehl: sein Versuch einen Gegenkönig aufzustellen scheiterte vollkommen und seine giftgetränkten Schreiben, in denen er sich als Schirmer fürstlicher Rechte, Friedrich aber als deren Verderber darstellte, der gar durch seine Assassinen alle christlichen Fürsten und Großen umbringen wolle um allein zu herrschen, fanden bei den deutschen Fürsten begreiflicherweise gar kein Gehör. Friedrich II. hatte sie doch fester an sich gekettet, als man glauben mochte und die Fürsten wiederum durchschauten damals die Gesamtlage mit großer Klarheit. Erst waren es die geistlichen, hernach die weltlichen Großen, die einmütig in überaus deutlichen Schreiben dem Papst den wahren Sachverhalt darlegten und offen heraussagten, daß nur Gregors Parteinahme für die lombardischen Hochverräter Ursache des ganzen Banns sei. Sie erinnerten an ihre Doppelstellung: daß sie als Prälaten Söhne der Kirche, als Reichsfürsten aber Lehensleute des Kaisers seien und daß sie, die als Glieder dem Reiche nicht fehlen dürften, nur ungern zu einem Beweinen der Kirche gebracht würden. Dagegen boten sie dem Papst ihre Hilfe an, zwischen ihm und dem Kaiser wieder einen Frieden zustande zu bringen, den sie sehnlichst erhofften. Alle Fürsten hatten außer in den gemeinsamen großen Erklärungen noch jeder für sich in Sonderschreiben dem Papst vorgestellt, in welche Verwirrung durch den von neuem heraufbeschworenen Zwist die ganze Welt geraten sei und baten, den Kaiser vom Banne zu lösen.

Nun war der Deutschordensmeister beim Papst mit den Vorschlägen der Fürsten angelangt, und den Erfolg der Vermittlungsaktion, die jetzt in Gang kam, durfte Friedrich II. nicht durch einen neuen Einfall ins päpstliche Patrimonium in Frage stellen. Freilich, daß der starrköpfige kriegswillige Papst ohne Zwang keinen Frieden eingehen würde, damit durfte der Kaiser wohl rechnen und die sich einige Zeit hinschleppenden Verhandlungen blieben denn auch erfolglos. Ganz ohne Scham erklärte Papst Gregor plötzlich: er könne den — angeblich wegen Kirchenverfolgung, Gottlosigkeit, Ketzerei — gebannten Kaiser nur dann vom Bann lösen und mit ihm Frieden schließen, wenn auch die lombardischen Reichsfeinde in den Frieden mit einbezogen würden. Während also dem Anschein nach Papst Gregor die Lombardenfrage als den eigentlichen Banngrund stets abstritt, sie in Bannmanifesten und -bullen trotz des kaiserlichen Einspruchs beharrlich verschwieg und statt ihrer alle möglichen hergeholten Verfehlungen des Kaisers vorgeschützt hatte — obwohl man in allen Gassen wußte: der Papst hat den Kaiser gebannt um die Lombarden vor ihm zu retten — so sollte nunmehr die Lösung Friedrichs II. vom Bann nicht erfolgen dürfen durch Sühne der öffentlich bekanntgegebenen Sünden, sondern durch machtpolitische Zugeständnisse in der als Banngrund stets verleugneten Lombardensache. Daß sich die Verhandlungen infolgedessen zerschlugen, selbst ein geplanter Waffenstillstand nicht zustande kam, ist kaum zu verwundern: an der Lombardenklausel der Kurie sollten auch alle spätren Friedensvermittlungen scheitern, da der Kaiser mit gutem Grunde die Verquickung von Absolution und Lombardensache nicht zuließ. Im übrigen starb der Deutschordensmeister schon wenige Wochen nach seiner Ankunft in Rom, und Friedrich hatte mittlerweile auch die Kämpfe wieder in vollem Umfang aufgenommen, zwar nicht im Patrimonium, wohl aber in der Romagna. Hier hatte sich seit dem Abfall Ravennas im Vorjahr des Kaisers Stellung verschlechtert. Unter Führung des päpstlichen Legaten Gregor von Montelongo hatten Venezianer Bolognesen und andre vor kurzem auch Ferrara erobert, und da Bologna so gut wie Faënza von jeher dem Lombardenbund angehört hatten, so war in der romagnolischen Provinz die kaiserliche Herrschaft tatsächlich aufs schwerste gefährdet. Durch die Mark Ancona längs der adriatischen Küste war nun der Kaiser nach Norden gezogen. Ein leichtes Fieber, das ihn in dem sommerlichen Sumpfland befiel, habe er „so mit der Kraft des Geistes besiegt, daß es nach dem Ende des kritischen Tages den siegreichen Fortgang nicht weiter zu hemmen sich anmaßte".. und Mitte August stand er bereits mit einem nicht übermäßig starken Heer: Deutschen Toskanern und Apuliern vor Ravenna. Ursprünglich war ein Vorgehen gegen Bologna geplant.. doch auf die Nachricht, daß in Ravenna das Haupt der Kaiserfeinde, Paulus Traversarius, gestorben sei und ein Umschwung sich in der Stadt vorbereite, ward der Plan geändert: Friedrich erschien vor Ravenna und die Stadt, der man das Wasser absperrte, mußte sich nach sechstägiger Belagerung ergeben und hatte Geiseln zu stellen. Sie ward wieder in Gnaden genommen. Nun hätte sich Friedrich gegen Bologna wenden können. Doch bei einer Belagerung dieser Stadt hätte das südlicher gelegene Faënza den Kaiser im Rücken bedroht und so schien es notwendig, sich zunächst noch Faënzas zu bemächtigen.

Friedrich II. wird mit einem ähnlich raschen Erfolg wie vor Ravenna gerechnet haben. Aber mit einer einfachen Belagerung war vor Faënza nichts zu erreichen: die sehr feste Stadt leistete einen unerwarteten Widerstand, die Besatzung war durch Venezianer und Bolognesen außerordentlich verstärkt und die Verteidigung vorzüglich geleitet durch einen jungen Florentiner, den 23 jährigen Grafen Guido Guerra. Das Pfalzgrafengeschlecht der Guidi war sonst zwar stets kaiserlich gesinnt, nur dieser eine Enkel der „guten Gualdrada", der bei Dante als tüchtiger Kriegsmann gepriesen unter den Sodomiten büßt, war aus der Art geschlagen: als einer der tapfersten Florentiner Guelfenführer spielte er in seiner Heimatstadt während der Kämpfe gegen die Staufer eine nicht unbedeutende Rolle.

Der Kaiser hatte sich sehr bald vor Faënza festgerannt. Unversehens war der September verstrichen, ohne eine Entscheidung zu bringen und als auch im Oktober noch kein Ende abzusehen war, entschloß sich Friedrich nunmehr Faënza ganz einzuschließen und vor der Stadt zu überwintern. Die Zelte wurden abgebrochen und zu aller Erstaunen feste Holzhütten gebaut, so daß binnen kurzem in einem weiten Ring, von Gräben umgeben, eine ganze Holzstadt entstand, welche die belagerte Festung umschloß. Solche winterlichen Unternehmungen war man wenig gewöhnt, noch weniger aber war ein langes zähes Ausharren bisher Friedrichs Art gewesen. Seine Erfolge hatte er stets fast mühelos im ersten Ansturm errungen und gelang ihm das nicht, so brach er lieber die Unternehmung ab, wie einstens die Belagerung von Brescia. Aber ein offensichtlicher Mißerfolg wäre jetzt für ihn verhängnisvoll geworden und so mußte die Belagerung und Einschließung bis zum erfolgreichen Ende durchgeführt werden, zahllosen Widerwärtigkeiten zum Trotz.

Des Kaisers Abneigung gegen langwierige kriegerische Unternehmungen, die zahlreiche Truppen erforderten, hatte einen sehr sachlichen Grund: die Kosten waren ungeheuer. Das kaiserliche Heer zeigte ja bereits sehr ausgeprägten Söldnercharakter. Unbesoldet waren vermutlich nur die Sarazenen, die auf andre Weise etwa durch Landbesitz entschädigt wurden. Alle andern sizilischen Krieger aber erhielten Sold, entweder vom ersten Tage an oder doch nach einer gewissen Frist. Das Lehenssystem war ja in Sizilien fast ganz beseitigt: bestenfalls dienten die Lehensleute innerhalb des Königreichs für kurze Zeit auf eigne Kosten, bei einer Verwendung in Italien aber oder nach Ablauf der Verpflichtungsfrist erhielten auch sie ihren Sold und zwar einen recht hohen. Der Unterschied zwischen nur besoldeten Lehensträgern und wirklich geworbnen Söldnern war daher im ganzen nicht mehr sehr groß. Etwas günstiger lagen für den Kaiser die Soldverhältnisse in den italischen Städten. Die städtischen Fußmilizen und Ritter erhielten für vier bis sechs Wochen ihre Löhnung von der Kommune. Wurde aber diese Frist infolge der Kriegslage vom Kaiser überschritten, was von jetzt ab beinahe zur Regel wurde, so fiel eine weitere Besoldung der kaiserlichen Kammer zur Last, und das beeinflußte naturgemäß die Kriegführung selbst in hohem Maße. Der Sturm auf eine Stadt wurde vielfach nicht mit Rücksicht auf die Kriegslage für einen bestimmten Tag, beispielsweise den 10. November angesetzt, sondern mit Rücksicht auf die Finanzlage.. etwa weil am 12. November die Dienstverpflichtung für mehrere tausend Mann ablief, eine Fortsetzung der Belagerung also mit hohen Kosten verbunden war. Bei dem sehr großen Heere vor Brescia dürften ähnliche Erwägungen den raschen Abbruch der Belagerung verursacht haben.

Auch vor Faënza herrschte alsbald einiger Mangel. Um die Stadt wirklich ganz einzuschließen war die Aufbringung von weiteren Streitkräften nötig geworden, insbesondere von Fußtruppen, welche größtenteils der italische Staat zu stellen hatte. Die Mannschaften der umliegenden Städte wie Imola Forlì Forlimpopolo Ravenna Rimini wurden zunächst herangezogen.. hernach Florenz und Toskana überhaupt, wo König Enzio die Kriegsbeihilfe betrieb.. schließlich Truppen selbst aus dem westlichen Lombardien, aus Lodi Vercelli Novara. Als sich nun die Belagerung immer mehr hinzog, wurden die Geldmittel knapp wie nie zuvor. Schon bei Beginn des Feldzuges hatte sich der Kaiser damit geholfen, in den italischen Städten die Steuern für das kommende Jahr im voraus zu erheben, indem er als Zins ein Fünftel nachließ. Dann wurden im sizilischen Königreich, wie es einst auch der Führer des päpstlichen Schlüsselheeres getan, die Kirchenschätze: Gold Silber Steine, auch die kostbaren brokatenen oder seidnen Gewänder gegen Quittungen eingezogen und in der kaiserlichen Kammer niedergelegt. Darauf griff der erfinderische Kaiser zu dem Mittel — vielleicht auf diesen Schatz hin — Ledergeld auszugeben, welches Kaiserbild und Adler der sizilischen Goldaugustalen zeigte. Tatsächlich wurde das Ledergeld überall anstandslos in Zahlung genommen und später von der kaiserlichen Kammer auch eingelöst.

An Lebensmitteln hingegen war keine Not, da die Wege nach Sizilien dem Kaiser offen standen. Freilich der sonst so beliebte Seeweg von den apulischen Häfen nach Ravenna war nicht ganz ungefährdet. Vor Faënza kämpfte ja der Kaiser nicht nur gegen die Faëntiner, sondern zugleich gegen Bologna und Venedig, und den Venezianern war es gelungen, zwei Küstenorte Apuliens, Termola und Vasto, einzuäschern und zu plündern und bei Brindisi eine kaiserliche Galeere, die aus Jerusalem heimkehrte, zu erbeuten. Friedrich II. traf sofort seine Gegenmaßregeln: er ersuchte den Kaiser Johann Vatatzes von Nikäa, die ihm erreichbaren venezianischen Besitzungen zu schädigen, und ersuchte den Sultan von Tunis, den Handel mit Venedig für den Augenblick abzubrechen. Ferner wurden die dalmatinischen Seeräuber in der Gegend von Zara unterstützt und von Ancona aus Schiffe gegen die Venezianer entsandt. Da der Kaiser außerdem in seinen apulischen Burgen und Verließen Geiseln fast aller italischen Städte überreichlich besaß, so hielt er sich an diese: damals wurde auch der bei Cortenuova gefangene Dogensohn Pietro Tiepolo gehängt. Die Angriffe der Venezianer fanden im übrigen damit ihr Ende.

So lag der Kaiser in unfreiwilliger Muße acht Monate vor Faënza, und während seine Truppen ihre unterirdischen Gänge an die eingeschlossene Stadt herantrieben, deren Lebensmittel allmählich knapp zu werden begannen, beschäftigte sich Friedrich damit, die Übersetzung eines arabischen Beiztraktats, die der Magister Theodor angefertigt, durchzusehen und zu verbessern. Jedoch er hatte von seinem Winterlager aus noch einiges Wichtigere zu beobachten als seine Falken: die Vorgänge in der Welt nahmen seine Aufmerksamkeit im höchsten Maße in Anspruch. Denn Papst Gregor bereitete Dinge vor, die Friedrich keineswegs hinnehmen durfte.

Friedrich II. hatte unmittelbar nach der Exkommunikation an die Kardinäle geschrieben, und sie, „die Beisitzer Petri, Senatoren der Stadt und Angeln der Welt", ersucht, zu einem allgemeinen Konzil die ganze christliche Welt einzuladen, Bischöfe und geistliche Große genau so wie Könige und Fürsten, welche ihre Gesandten schicken sollten. Er sei bereit sich diesem Konzil zu stellen, ja in eigner Person vor die Versammlung hinzutreten, um alle seine Anklagen gegen Papst Gregor zu beweisen, der die Reichsrechte in Italien aufs schwerste verletzt habe. Friedrich II. hätte wohl auf das uralte Kaiserrecht, selbst ein Konzil einzuberufen, zurückgreifen können. Aber um die Unparteilichkeit dieser Versammlung zu wahren, die über ihn und den Papst gestellt werden sollte, schien es ihm richtig, daß weder er selbst noch auch Papst Gregor in eigner Sache die Welt entböten: das Kollegium der römischen Kardinäle sollte die Einladungen ergehen lassen.

Dieses vom Kaiser dringend gewünschte Konzil kam niemals zustande. Papst Gregor hatte Grund genug, eine solche Versammlung zu hintertreiben: er durfte ja auch kein Konzil über den Statthalter Christi urteilen lassen. Statt dessen aber berief er nach Jahresfrist selbst eine Kirchenversammlung ein. Seine Schreiben begründeten die Einladung mit ganz allgemeinen Worten: es seien Dinge der Welt und der Kirche zu beraten, gleichsam als sollte in Rom nur eine der nicht gar so seltnen Synoden tagen. Die wirklichen Absichten des Papstes aber waren kaum zu verkennen: das Konzil — vom Papste berufen auch ein Werkzeug in der Hand des Papstes — sollte nichts andres tun, als die Absetzung Kaiser Friedrichs beschließen. Um einen Nachfolger des Staufers hatte sich Papst Gregor auch bereits bemüht, freilich bisher ohne Erfolg. Erst habe er an einen dänischen Prinzen gedacht, dann — als dieser ablehnte — habe er Frankreich für seine Pläne zu gewinnen versucht, mit jenem uralten Ehrgeiz Frankreichs auf die Kaiserkrone rechnend.. ein durch Karl den Großen stets wacher Traum, der noch in Ludwig XIV. lebte und mit Napoleon in Erfüllung ging. Den Grafen Robert von Artois, Bruder König Ludwigs IX. von Frankreich, habe Papst Gregor zum Nachfolger Friedrichs II. ersehen. Allein, auch Frankreich lehnte ab mit der stolzen Bemerkung: wen das königliche Geblüt zum Throne Frankreichs erheben könne, sei vornehmer als irgendein Kaiser, der nur durch Wahl zum Throne gelange. Im übrigen aber habe der Graf von Artois den befreundeten und in Frankreich ungemein verehrten staufischen Kaiser von dem päpstlichen Vorhaben unterrichtet, und voller Zorn habe Friedrich den Gott der Rache angerufen, dem Papst solches zu vergelten.

Über den Zweck des Konzils, das Friedrichs persönlicher Feind, der Papst einberief, zu dem auch die Mailänder wie andere Rebellenstädte geladen waren, um über den Kaiser ein Urteil zu fällen, konnte man nicht einen Augenblick im unklaren sein. Dieses Konzil, das so gar nicht das vom Kaiser gewollte war, durfte auf keinen Fall zustande kommen. Kaum hatte Friedrich von den Absichten Papst Gregors Nachricht erhalten, als er seine Gegenmaßnahmen zu treffen begann. In einer Unzahl von Schreiben, an Könige Fürsten und Bischöfe gerichtet, erklärte er: das von seinem persönlichen Feind einberufene Konzil habe nur zum Ziel, über die Lombardenfrage zu entscheiden.. niemals aber könne er zugeben, daß ein geistliches Gericht über die Fragen weltlicher Macht urteile. Mit der hochheiligen römischen Kirche habe der Kaiser keinen Streit, wohl aber mit dem gegenwärtigen Papst, und solange sich Gregor IX. als Reichsfeind zeige, werde Friedrich als Kaiser jedes Konzil dieses Hohepriesters verhindern. Er versage daher allen Konzilbesuchern das freie Geleit und warne die ganze Welt, dieses Konzil zu beschicken: zu Lande wie zur See habe er alle Wege besetzt und es werde keinem gelingen, wider den Willen des Kaisers Rom zu erreichen. Gleichzeitig erging an die Getreuen in allen Ländern des Imperiums der strenge Befehl, für die Konzilbesucher die Straßen zu sperren.. ja es wurden Belohnungen ausgesetzt für jeden, den es abzufangen gelang. Und an die Möglichkeit solcher Sperre muß man wohl glauben, da oft genug berichtet wird, daß auch an den Papst gerichtete Geldsendungen nur zur Bereicherung des kaiserlichen Schatzes dienten.

Daß Friedrich II. mit dem, was er plante, vor der Welt zurückhielt, kann man schwerlich behaupten. Immer war es seine Art, bis in die Einzelheiten hinein seine Absichten bekannt zu geben. Nur glaubte man ihm nicht oder traute ihm nicht zu, daß er das Angekündigte genau so eindeutig sachlich, wie es gesagt war, auch ausführen werde, und war hernach bei der Durchführung aufs höchste überrascht. Infolge der strengen Befehle des Kaisers kamen die Prälaten des Imperiums: Deutsche Italiener Sizilier als Konzilsbesucher nicht mehr in Frage. Nur die Westmächte: Frankreich England Spanien, die der päpstlichen Aufforderung gar nicht ausweichen konnten, wollten ihre Kirchenhäupter nach Rom entsenden. Da nun der vor Faënza lagernde Kaiser die Landwege nach Rom größtenteils selbst sperren konnte, so hielt Papst Gregor für diese westlichen Konzilsbesucher den Seeweg für den sichersten. Er setzte sich mit Genua in Verbindung: eine aus Lastschiffen und Kriegsgaleeren zusammengestellte Flotte sollte die Prälaten in Nizza oder Genua erwarten und sie dann zur Tibermündung geleiten. Entsprechende Weisungen gab er auch den Prälaten selbst: sie würden zur See sicherer reisen als zu Lande und sollten sich ruhig den Genuesen anvertrauen, mit denen er, der Papst, alles vereinbart und die nötigen Verträge abgeschlossen habe. Das war auch wirklich geschehen: die Überfahrt sollte der Seerepublik über dreieinhalbtausend Pfund einbringen, von denen der Papst tausend Pfund sofort anzuzahlen hatte. Das Geld für diese Anzahlung aber mußte der den Vertrag abschließende päpstliche Legat wiederum von genuesischen Kaufleuten entleihen, die dafür zweihundert Pfund als Zins verlangten. Der Rest war einen Monat vor der Abfahrt fällig und bei einem Vertragsbruch sollte Papst Gregor zehntausend Mark Bußgeld erlegen, für welche die Güter der römischen Kirche zu haften hatten. Um Gotteslohn also hat Genua gewiß nicht gearbeitet. Doch Gregor IX. war mit allem einverstanden, nur sollten die Vorbereitungen in größter Heimlichkeit vor sich gehen, damit der Kaiser nichts erführe.

In kaum einer andern feindlichen Stadt hatte indessen Friedrich II. so viele Anhänger wie gerade in Genua. Der große Adel wie die Spinola, Doria, Grilli, de Mari war fast durchgehend ghibellinisch.. ja der genuesische Markgraf Caretto sollte später gar des Kaisers Schwiegersohn werden, so daß Friedrich II. mit den Genuesen in steter Verbindung stand. Einmal wurde zwar ein kaiserliches Schreiben, das in einem aus Wachs nachgebildeten Brote verborgen war, von der Gegenpartei abgefangen, wodurch in der Stadt ein furchtbarer Aufruhr erregt wurde.. aber andre Nachrichten erreichten dafür desto sicherer ihren Bestimmungsort. Jedenfalls erfuhr der Kaiser in seinem Winterlager vor Faënza ganz genau, was Papst Gregor vorhatte.

In aller Ruhe traf Friedrich II. alsbald seine Vorkehrungen. Zunächst wurde nach Sizilien Befehl gegeben, die Flotte auszurüsten und zu bemannen. Der stets mit so großem Eifer betriebne Ausbau der sizilischen Seemacht sollte dem Kaiser jetzt die Früchte tragen. Seit Jahren hatten Schiff um Schiff die vom Kaiser neu eingerichteten Werften verlassen und Friedrich II. war jetzt fähig, im Höchstfall über eine Flotte von fünfundsechzig Galeeren zu gebieten. Vergleichsweise sei gesagt, daß etwa Genua einmal Mühe hatte, ein Geschwader von fünfzig Kriegsfahrzeugen zu bemannen. Die Mannschaften der sizilischen Flotte ergänzten sich aus der zur Gestellung von Matrosen verpflichteten Seebevölkerung, die dafür von andern Abgaben befreit blieb.. die Schiffskapitäne waren lehenspflichtige Seegrafen. Die ganze Flottenordnung Friedrichs II. war so vorbildlich, daß noch die sizilischen Aragonesen des Kaisers Flottendekrete wörtlich wiederholten, so etwa den alle Dienstzweige berücksichtigenden Erlaß über die Pflichten des Admirals. Der bisherige Admiral des Königreichs, der Genuese Nicolaus Spinola, war nämlich vor kurzem gestorben. Zu seinem Nachfolger ernannte Friedrich II. nun von Faënza aus im März 1241 wiederum einen Genuesen, Ansaldus de Mari.. vorläufig noch zum Admiral des sizilischen Königreiches, bis wenig später mit Übersendung des Reichsbanners die Ernennung zum Admiral des römischen Imperiums erfolgte, ein Amt, das Friedrich II. erst schuf. Dem neuen Flottenbefehlshaber, der erst im Februar 1241 als Anhänger des Kaisers Genua heimlich verlassen hatte, waren Stärke und Ausrüstung des für die Überfahrt der Prälaten bestimmten Geschwaders selbstverständlich aufs genaueste bekannt und seine Vollmachten als Admiral ließen ihn ganz nach Gutdünken schalten. Er übernahm sofort den Befehl der schon fahrtbereiten sizilischen Flotte und segelte noch im gleichen März mit siebenundzwanzig Galeeren nach Pisa, um sich dort mit etwa der gleichen Anzahl Schiffe der Pisaner zu vereinigen.

Indessen hatte Friedrich II. nicht aufgehört, vor dem Konzilsbesuche zu warnen. Auch die Pisaner rieten ihren Rivalen, den Genuesen, von dem Vorhaben ab, und auch sonstige Stimmen erhoben sich, die auf die großen Gefahren verwiesen, gegen den Willen des Kaisers nach Rom zu gehen. Besonders eindringlich geschah dies in einer Flugschrift, welche — vielleicht in der kaiserlichen Kanzlei verfaßt — unter der Maske eines wohlmeinenden Klerikers die befreundeten Prälaten warnte. Mit offenbarer Lust schildert der Schreiber seitenlang die allgemeinen Beschwerden einer Seefahrt überhaupt.. die Seekrankheit wird samt allen Folgeerscheinungen bis in die geringsten Einzelheiten hinein mit der satanischen Freude des Unbeteiligten beschrieben und darauf eingehend dargelegt, daß Friedrich II., jener „zweite Nero, zweite Herodes" sparsam sei mit Erbarmen, verschwenderisch mit Strafe, dazu von Grimm erfüllt und ohne jede Frömmigkeit. Von Meer zu Meer beherrsche er mit Ausnahme von Genua alle Häfen.. von Pisa Corneto Neapel oder Gaëta aus könne er allen Seglern im ligurischen Meer auflauern.. und wer könne denn wissen, ob dieser Mensch von hervorragendem Scharfsinn und höchster Verschlagenheit nicht gar die genuesischen Matrosen schon bestochen habe! „Ihr seid keine Götter oder Heiligen, daß in eurer Gewalt seine Gewalten ruhten" so rief der Schreiber den Prälaten zu. Überdies habe der Papst seine Händel ohne die Prälaten begonnen und er möge sie auch ohne diese zu Ende führen. „Doch da der Papst sieht, daß sein Unternehmen gegen den gewaltigsten Tyrannen ohne Erfolg geblieben ist, so sucht er des erlassenen Spruches Schärfe zu verschärfen oder über ihn die Absetzung zu verhängen und nach seinem Willen einen andern Kaiser zu setzen, wobei Ihr, ob es Euch gut scheint oder nicht, Rat und Zustimmung erteilen sollt, um die Rolle von Orgelpfeifen zu spielen, die ertönen nach Anschlag und Gefallen des Organisten."

„In diesem Jahre trafen die Stadt große Unglücksfälle, da es dem Herrn gefiel".. so mußte der genuesische Stadtschreiber das Jahr 1241 seiner Chronik einleiten. Ende März war die sizilische Flotte nach Pisa aufgebrochen und Ende April sollten die Prälaten Genua verlassen. Die dazwischenliegenden Wochen aber brachten zunächst eine andre Entscheidung: den Fall von Faënza. Schon mehrfach hatte Friedrich im Laufe des Winters die Eroberung dieser Stadt für das Frühjahr in sichere Aussicht gestellt. Die tapfere Stadt hatte sich verzweifelt gewehrt und ihre Widerstandskraft wurde gestärkt statt geschwächt durch die Angst vor Zorn und Rache des Kaisers. Als nämlich die Faëntiner aus furchtbarster Not an Lebensmitteln die Weiber und Mägde fortschicken wollten, hieß Friedrich diese auf der Stelle wieder umkehren und trug ihnen auf, die Belagerten an die früheren unvergessenen Kränkungen zu erinnern, die ihm Faënza angetan: vor einem halben Jahrhundert hätten sie seine Mutter, die Kaiserin Konstanze tödlich beleidigt, und ihm selbst hätten sie nach dem Leben getrachtet, als er von fünfzehn Jahren in die Lombardei zum Hoftag zog, nur hätten sie statt seiner einen Ritter in kaiserlicher Gewandung erschlagen.

So sprach wohl der Weltenrichter, der nichts vergessen kann und darf, um am Tage des Gerichtes gerecht zu sein, und dem vor der eignen Ewigkeit Zeit nichts gilt. Faënza aber hatte den Widerstand aufs höchste angespannt, da man vor Friedrichs Gericht auf keine Gnade hoffen durfte. Acht Monate hatte die Belagerung gewährt und erst als die Lebensmittel erschöpft waren, die Mauern ganz zerstört und als durch unterirdische Gänge die Kaiserlichen in die Stadt eindrangen.. erst da ergab sich die streitbare Stadt, ohne noch einen letzten Sturm des Kaisers abzuwarten. Dem Podestà und den Fremden in Faënza war zwar das Leben zugesichert, nicht aber den Faëntinern, die nun ängstlich die Strafe erwarten mochten. Aber Friedrich II. zeigte den Besiegten lächelnd seine kaiserliche Gnade, die er mit fast priesterlicher Würde den Seinen verkündete: „So schreiten wir einher in der Überfülle unsrer Sanftmut und

nehmen mit den gebreiteten Umarmungen maßloser Milde der Gläubigen Bekehrung entgegen..., daß sie erführen: nichts sei sanfter und gerechter und gütiger als das Joch des Reiches auf sich zu nehmen."
Am 14. April war Faënza gefallen. Noch einige Wochen blieb Friedrich II. in der schwer heimgesuchten Stadt, in der er den Bau einer Burg und eines Palastes anordnete. Mehrere glückliche Nachrichten trafen ihn hier noch an. So war um die gleiche Zeit im sizilschen Königreich die päpstliche Enklave Benevent erobert, zerstört und geschleift. Im westlichen Oberitalien aber beunruhigten des Kaisers Feldherrn das Gebiet der Stadt Genua, um die Vorbereitungen für die Konzilsfahrt zu stören. Von Norden her drang der Apulier Marinus von Eboli, Generalvikar von „Pavia aufwärts", ins Genuesische ein, und von Osten griff der Markgraf Uberto Pallavicini an, dem nach einigen Erfolgen und nach Eroberung zweier Burgen der jetzt überall siegreiche Kaiser jenes schöne Wort schrieb, mit welchem er nicht nur seine kaiserliche Macht, sondern vor allem die „Fortuna Augusti", des Kaisers unwandelbares Glück, auf die Statthalter übertrug: „Also fahre fort und unsere Dienste, die Du aufrichtigen Willens übernahmst, wirst Du mit günstiger Vollendung erfüllen, weil niemals glücklicher Erfolg bei allem Tun Dir fehlen kann, der Du von Klugheit geleitet in glückhafter Sache streitest und unter einem Fürsten des Glücks..."

Der größte Erfolg aber stand noch aus. Kurz ehe die belagerte Stadt sich ergab, hatte Friedrich II. seinen Sohn, König Enzio, in einem Sonderauftrag nach Toskana entsandt. „Die Person und das Bild des Vaters darstellend" empfing König Enzio in Florenz die Nachricht vom Siege des Kaisers, und in dem Jubel der Florentiner, die sich mit den Staufern als Sieger fühlten, weil Ritter und Fußvolk von Florenz so lange im Heere des Kaisers gekämpft, mag der Sohn für den Vater Gegenstand feiernder Huldigungen gewesen sein. Doch Enzio eilte nach wenigen Tagen weiter: über Prato, wo er Anordnungen zum Ausbau der Reichsburg traf — deren schönes renaissancehaftes Eingangstor erinnert an das vom Castel del Monte — ging es weiter nach Pisa. Hier muß Enzio kurz vor dem Auslaufen der vereinigten sizilisch-pisanischen Flotte angelangt sein. Nur die letzten Befehle wird er dem Admiral überbracht haben.. er selbst nahm an der Flottenaktion nicht teil, sondern erwartete in Pisa den Ausgang.

Am 25. April hatten sich die Prälaten in Genua eingeschifft. Nur wenige Kirchenfürsten, darunter die seekundigen Engländer, hatten beim Anblick der überfüllten und teilweise mangelhaft ausgerüsteten Fahrzeuge vorgezogen, den Warnern zu folgen: sie blieben zurück oder entsandten höchstens ihre Prokuratoren. Die übrigen aber: Franzosen wie Spanier und Italiener aus den Städten des lombardischen Bundes hatten unter dem Jubel des Volkes und unter dem Klang der Trompeten den Hafen von Genua verlassen. Glücklich war man an Pisa vorbeigekommen, hatte auch die gefährliche Straße zwischen Piombino und Elba schon passiert, Civitavecchia, der römische Hafen, das Ziel der Prälaten war nicht mehr fern.. da erfolgte nach achttägiger Seefahrt am Tage der Kreuzerhöhung, am 3. Mai, zwischen den Inseln Monte Christo und Giglio der Angriff der hier verborgnen Flotte des Kaisers. Ein kurzer blutiger Kampf und der Sieg war entschieden: drei feindliche Schiffe wurden versenkt, die auf ihnen reisenden Kleriker ertranken, darunter der Erzbischof von Besançon.. zweiundzwanzig Schiffe wurden erbeutet, und nur drei Seglern mit den Spaniern an Bord gelang es, nach Genua zu entkommen. Es war der vollständige Sieg für die Kaiserlichen, die über viertausend Mann und über hundert hohe Prälaten zu Gefangenen machten: drei päpstliche Legaten, darunter der dem Kaiser verhaßte Kardinal Jacob von Palestrina, die Äbte der berühmtesten Klöster: Cluny Citeaux Clairvaux Prémontré und eine Unzahl von Erzbischöfen und Bischöfen waren jetzt in Friedrichs Hand..

König Enzio empfing Gefangene und Sieger in Pisa. Für die hohen Prälaten ordnete er anfangs eine milde Haft an, bis ihn ein Befehl des Kaisers erreichte, mit äußerster Strenge vorzugehen. Die Prälaten hatten ja nicht seine Gnade erfleht, sondern seinem Warnen getrotzt. So blieben die niedren Kleriker in Pisaner Kerkern, die hohen Geistlichen aber wurden zunächst nach der Reichsburg San Miniato, hernach größtenteils nach Apulien geschafft, wo sie in strengem Gewahrsam gehalten wurden. Die kostbarsten Pfänder hatte somit Friedrich II. in seiner Gewalt und ihrer wußte er sich auch klug zu bedienen. Die Franzosen gab er nach kurzer Haft frei, obwohl er König Ludwigs stolzes Ersuchen um Auslieferung der französischen Prälaten zunächst so höflich wie bestimmt ablehnte: „Wo (des Imperiums) Verfolger nicht mangelte, durfte der Verteidiger nicht fehlen, zumal das Imperium über den Menschen hinausgeht und vor des Löwen Spur die einzelnen Tiere erzittern. Nicht also erstaune die königliche Erlauchtheit, wenn die Prälaten des Frankenreiches der Augustus in Angst hält, da sie für des Kaisers Beengnis wirkten."

Den Sieg selbst begriff Friedrich II. als ein Urteil des Gottes, „der von der Höhe herabschaut und streitet und nach Gerechtigkeit richtet", ein Urteil gegen des Reiches Todfeind: den von Gott selbst geschlagenen Papst Gregor. Und wie der Kaiser, so dachten auch die Getreuen. Ganz unverhüllt hatte sich jetzt das gottgewollte Amt Kaiser Friedrichs der Welt offenbart: Klerus und Kirche sollte er heimgeißeln und auf Erden die Justitia und mit ihr den Frieden erneuen. Man dichtete Preislieder auf das siegreiche weltbeherrschende Kind von Apulien.. ein Dominikaner berichtete, wie durch den Seesieg „der Gott der Erde und des Meeres Zeugnis abgelegt habe, daß er selbst dem glücklichen Caesar beistehe"... und man erinnerte sich eines prophetischen Spruches: „Das Meer wird gerötet sein von dem Blute der Heiligen", oder erfand ihn eigens für dieses Ereignis, das auf die Welt ungeheuerlich wirkte. Was immer auch frühere Kaiser getan hatten: etwas dem Ähnliches, eine Gefangennahme von Kardinälen und hundert Priestern der Kirche hatte kaum einer der Kaiser gewagt. Grenzenlos erschien jetzt die Macht Friedrichs II., obwohl sich in die Bewunderung das Grauen mischte. Denn die Feinde erkannten darin die Ruchlosigkeit Satans, und dem Glauben, daß Friedrich des Antichrist Vorbote sei, hat kaum etwas andres so sehr Vorschub geleistet als die Gefangennahme, besonders aber die Gefangenhaltung der Kirchenfürsten in den Kerkern des Kaisers. Mancher von ihnen starb im apulischen Verließ und wurde zum Blutzeugen gegen den Kaiser, der den Glauben bedrohte.

Friedrich selbst mag gehofft haben, durch diesen Gewaltstreich den Papst beugen und zum Frieden bewegen zu können. Gegen Auslieferung der Prälaten die Absolution zu empfangen: das war vermutlich sein Trachten. Die Gefangnen selbst baten den Papst, mit dem Kaiser endlich Frieden zu schließen, und auch sonst war man in Italien der Meinung: nach diesem Schlag werde Papst Gregor zum Frieden gezwungen sein. Doch obwohl Gregor IX., schon an der Schwelle des Todes stehend, unter den ihn fortgesetzt heimsuchenden Schlägen namenlos litt und sich persönlich für Tod und Gefangenschaft so vieler Priester vor Gott für verantwortlich hielt: in einen Frieden willigte er jetzt noch weniger ein als jemals zuvor. Nun erst recht mußte der Kampf weitergehen, der Drachen vernichtet werden! Die Gefangnen flehte Papst Gregor an, um Gottes und der Kirche willen ihr Leiden geduldig zu tragen und auszuharren.. aber selbst als jetzt noch neue Plagen hereinbrachen, welche die ganze christliche Welt bis ins letzte erschütterten und unbedingt zu Frieden und Einheit aller abendländischen Mächte drängten: auch da blieb der Hochbejahrte starr und unbeugsam in seinem Haß. Nichts konnte ihn wanken machen im Glauben an seine Berufung zum Kampf gegen Friedrich II., obwohl weiterhin Sieg auf Sieg sich an die römischen Adler heftete, welche der Kaiser bald gegen Rom selbst trug.

Wie durch ein Wunder war, indes Friedrich noch vor Faënza und die

Flotte noch im Pisaner Hafen lag, Europa der fürchterlichsten Gefahr entgangen. Seit langem schon durchliefen das Abendland die merkwürdigsten Gerüchte, von den Kreuzfahrern genährt, die selbst wieder von den Orientalen Vernommenes weitergaben: daß fern im Osten ein mächtiger König, der über ein riesiges Reich gebiete, sich nach Westen vorwärts bewege und die Fürsten der Muslims einen nach dem andern besiege. Die Christen glaubten in ihm den sagenhaften Priesterkönig Johann zu erkennen, jenen König nach der Ordnung Melchisedech, der die Phantasie nicht nur des Volkes, sondern selbst eines Papstes Innocenz lebhaft beschäftigt hatte: er komme Mohammeds Lehre auszurotten, sich in Jerusalem mit dem König des Westens zu vereinen und die Zeit zu erfüllen. Die Juden wiederum glaubten, dieser König des Ostens sei König David, der als Messias zurückkehre, um sie zu erlösen — in diesem Glauben noch dadurch bestärkt, daß das Jahr 1240 nach ihrer Zeitrechnung das Jahr 5000 war.. und in dem ersten Jahre des sechsten Jahrtausends mußte der Messias erscheinen. Auch christliche Quellen berichten davon und die Feier Friedrichs II. als Messias in diesem seinem siegreichsten Jahr war davon nicht unberührt. Die Juden aber, die ihrer Freude über das Nahen König Davids freien Lauf ließen, ja ihm Waffen, Schwerter und Schilde zuführen wollten, wurden in vielen Orten erbittert verfolgt und hingeschlachtet, da sie in diesem Glauben unerschütterlich blieben auch dann noch, als das erschreckte Abendland den Irrtum wahrnehmend sich eilend rüstete gegen die heranbrausenden Mongolenscharen Dschingis-Chans.

Es war bekanntlich nicht Dschingis-Chan selbst, der seine Myriaden gegen Europa führte. Diese an reiner Dynamis ungeheuerste Erscheinung, die in geschichtlicher Zeit die Welt gesehen, der Erschütterer Asiens, der das an Ausdehnung größte Weltreich, das je gewesen, eroberte, ordnete, der die Völker zusammengriff, ihnen Gesetze und Religion gab, der den an Menschenmassen größten Sturm entfesselte, den je eines Einzelnen Wucht beschworen.. der hatte seine einzigartige Siegesbahn damals schon abgeschlossen. Aber sein Wille schwang weiter, der jenen bekannten Befehl erließ an den Sohn, welcher den die Stadt Herat plündernden Horden Einhalt gebieten wollte: „Ich verbiete dir, jemals ohne meinen ausdrücklichen Befehl mit Milde gegen die Landesbewohner zu verfahren. Mitleid findet sich nur in Schwächlingen und nur die Strenge erhält die Menschen in ihrem Dienst. Ein bloß besiegter Feind ist nie gezähmt und haßt immer den neuen Herrn."

Im Jahre 1227, als Friedrich II. sich zur Kreuzfahrt rüstete, bestattete man den Groß-Chan in Karakorum. Schon zu Lebzeiten war das Reich unter die vier Söhne verteilt. Der den Westen erhielt war Batu, seine Hauptstadt war Sarai an der Wolga, er selbst der Gründer der „Goldnen Horde". Die Stoßkraft Dschingis-Chans wirkte in ihm noch ungebrochen fort. Die russischen Fürstentümer waren bis 1240 seinem Ansturm erlegen, Anfang 1241 nahte er Ungarn. Eine andere Heeresabteilung Batus hatte Polen unterworfen und zog gegen Schlesien. Die Gefahr erschien furchtbar. Zum einzigen Male war ja ganz Asien geeint, das spannungsgeladene Europa jedoch uneins, zersplittert, von tausend widerstrebenden Kräften zersetzt. Doch jetzt begann man im Abendlande zu rüsten, in höchster Eile vor allem in Deutschland, da die Mongolen schon über Ungarn hinschwärmten. Ein Heer, das der Böhmenkönig aufgestellt hatte, kam zu spät: am 10. April stand der Böhme in Liegnitz, am 9. April aber waren angeblich 30 000 Mann unter Führung des Herzogs Heinrich von Liegnitz auf der Walstatt fast bis zum letzten Streiter von den Mongolen niedergemacht. Mit deutschen polnischen slawischen Adligen hatte sich der Herzog, ein Sohn der Heiligen Hedwig, den Tataren entgegengeworfen.. sein Heer ward besiegt und er selbst erschlagen: Deutschland stand dem Feind offen. Doch das Opfer war nicht nutzlos: der Mongole war trotz seines Sieges erschüttert, so daß er einem sofortigen Zusammentreffen mit der Heeresmacht des Böhmenkönigs zunächst auswich, nach Süden hin abbog, den größten Teil Mährens verwüstete, bis Wien vorstieß, sich dann aber nach Ungarn verzog. Nur ganz kurz war das Eroberervolk über die Bezirke hinausgestoßen, die als Landschaft und Lebensbedingung dem Ursprungsland ähnelten. Der Tod des Groß-Chans Ogotai im fernen Asien machte dann der ganzen Gefahr ein Ende.

Die Kunde von den Ereignissen verbreitete sich mit größter Schnelle über das ganze Europa, das man jeden Augenblick einem neuen Einfall ausgesetzt glaubte.. in Deutschland mit dem Erfolg, daß über der größeren Gefahr die kleineren Händel vergessen wurden und sich zum letztenmal für Jahrhunderte alles zusammenschloß. König Konrad verkündete auf einem Hoftag zu Eßlingen (Mai 1241) einen allgemeinen Landfrieden, ließ das Kreuz gegen die Tataren predigen und heftete es sich selbst an, mit der Klausel jedoch, daß ihm daraus keine Verpflichtung gegen den Papst erwachse, sondern nur zum Kampf gegen die Tataren. Denn mit dem Kreuzeszeichen Versehene hätten die Päpstlichen, wie es jetzt üblich wurde, sonst wohl gegen den Kaiser geführt.

Diesen mag die Kunde noch im Mai erreicht haben, gerade als er von Faënza aus mitten im Vormarsch auf Rom begriffen war. Es hätte kaum des lockenden Angebotes König Belas von Ungarn bedurft — der in seiner Not Kaiser Friedrich die Lehensoberhoheit über sein bedrohtes Königreich antrug für den Fall, daß er ihn von den Mongolen befreie — um Friedrich auf den nordöstlichen Kriegsschauplatz zu rufen: in dem messianischen Jahr 1241 hätte er wirklich zum Heiland und Retter Europas werden können.. als der Einer des Abendlands wirklich auch dessen König. Zur Einheit riefen denn seine Manifeste auf, Meisterstücke der kaiserlichen Kanzlei, die damals an alle Könige und Großen der Welt verschickt wurden: wie Posaunenstöße des über Wolken thronenden christgleichen Imperators hallten da des Kaisers Rufe über das Abendland hin, „das übermächtige kaiserliche Europa" zu sammeln, vor dessen siegreichen Adlern mit geknicktem Stolz der Drache, der „Tartar" in den Tartarus stürze. Zu den Kaiseradlern und zum lebenbringenden Kreuzesbanner — den beiden Zeichen Europas — solle jegliches Volk seine Ritterschaft schleunigst entsenden: „Germanien, hitzig und wütig der Waffen.. Francien, behendester Ritterschaft Amme und Mutter.. das kriegerische kühne Hispanien.. England, das fruchtbare, reich an Männern und mit Schiffen bewehrt.. Allemannia, von ungestümen Streitern erfüllt.. das seestarke Dacien, das ungezähmte Italien, das friedensfremde Burgund, das unruhige Apulien mit der Adria und des Tyrrhener- wie Griechenmeers schiffsfreudigen und nimmer bezwungenen Inseln: Creta Cypern Sizilien.. das blutige Hibernien mit Ländern und Inseln, die an den Ozean grenzen.. mit dem lebhaften Wallien das sumpfige Scotien, das eisige Norwegen und jedes adlige ruhmreiche Land des hesperischen Himmels...."

Wäre Friedrich II. damals nach Norden geeilt, er hätte auch jene Stimmen zum Schweigen gebracht, die überall raunten: Friedrich selbst, der Drache, habe die Tataren gerufen, um sich durch die dem Tartarus Entstiegnen zum Herrscher der Welt, zum Dominus Mundi, zu machen und nach Luzifers Vorbild den Christenglauben zu stürzen. Und dieses dumpfe Gemurmel ward vielleicht mit hervorgerufen durch des Kaisers genauere Kenntnis der mongolischen Eigenheiten, über die er in seinen Manifesten ausführlich erzählte. Mit brennendem Interesse mag allerdings Friedrich II. Nachrichten eingezogen haben über dieses bisher nicht bekannte Volk der Mongolen, von dem man glaubte, daß es außerhalb der sieben Klimata lange unter brennender Sonne verborgen gelebt habe, ein Volk, „dessen Ursprung und erste Wohnsitze wir aber nicht kennen". Fast ethnographisch genau werden sie beschrieben und doch hier und da mit einer stummen Beziehung auf den Kaiser selbst: „Es ist ein wildes Volk und gesetzlos und kennt keine Menschlichkeit. Dennoch hat es einen Herrn, dem es folgt und gehorcht und den es verehrt und Gott der Erde nennt. Der Körperbau dieser Menschen ist klein und untersetzt, aber kräftig breitschultrig ausdauernd und abgehärtet. Tapfer und beherzt stürzen sie sich auf einen Wink ihres Führers in jede Gefahr. Ihr Gesicht ist breit, ihr Blick finster, ein scheußliches Geschrei ist ihnen eigen, das ihren Herzen entspricht. Sie tragen ungegerbte Häute von Ochsen Eseln und Pferden, die ihnen durch eingenähte Eisenplatten als Panzer dienen, deren sie sich bis jetzt bedienten. Aber bereits tragen sie, was wir nicht ohne Seufzer sagen können, aus der Beute besiegter Christen schönre und bessre Waffen. Diese Tataren, unvergleichliche Bogenschützen, haben künstlich bereitete Schläuche, mit denen sie Seen und reißende Flüsse durchschwimmen.. ihre mitgebrachten Pferde aber sollen, wenn es an Futter gebricht, sich mit Baumrinde, Blättern und Wurzeln begnügen und dabei sehr flüchtig und in der Not sehr ausdauernd sein." Indem der Kaiser so über ihre Kampfweisen spricht, gibt er den Rat, offene Feldschlachten zu vermeiden, die festen Plätze mit Lebensmitteln zu versehen und allgemeine Bewaffnung vorzuschreiben. Aber er selbst zog den Mongolen nicht mehr entgegen.

Die Einigkeit, zu der Friedrich II. die Völker Europas mahnte, konnte er im eignen Reich nicht erzwingen: selbst die Tatarennot brachte ihm mit der Kirche keinen Frieden. Mit Papst Gregor aber im Krieg konnte er nicht wagen, gerade jetzt, da er überall siegte, Italien zu verlassen. Zu böse Erfahrungen hatte er schon früher gemacht: „Denn es steigt das schmerzliche Bild eines vergangnen Geschehens auf, wie einst während unsrer Fahrt zur Stützung des Heiligen Landes und Stürzung der Sarazenen, die nicht weniger unseren Glauben verfolgen als die Tataren, dieser unser liebster Vater von den Mailändern und deren Gesellen, Untertanen des Reiches, Mannschaften berief, in unser Königreich Sizilien — während wir jenseits des Meeres tätig waren! — gewaltsam einbrach und durch seine Legaten allen Treuen Christi verbot, uns eben in der Sache des Gekreuzigten Hilfe zu bringen." So nahe dem endgültigen Erfolg, konnte der Kaiser die Frucht jahrelanger Kämpfe in Italien nicht preisgeben, wenn nicht zuvor Papst Gregor freiwillig oder gezwungen den Frieden gewährte. Doch den Priester ließen die Geschehnisse unberührt: weniger als je war er nach der Gefangennahme der Prälaten zu einem Frieden mit dem Kaiser geneigt. In den kaiserlichen Schreiben aber bekam es die Welt genügend zu hören, daß nur des Papstes unversöhnliche Hadersucht ein tätigeres Eingreifen Friedrichs II. in dem Mongolenkampfe verhindere.

Des Papstes Gebaren schien zweideutig auch in andern Fragen der Christenheit, und wenn Friedrich II. seine Getreuen als die „gläubigen

Christen" bezeichnete, die Päpstlichen aber Ketzer hieß mit Gregor IX. als ihrem „Häresiarchen", so gaben ihm zu solchen Äußerungen noch andre Ereignisse ein Recht: die Angelegenheiten des Heiligen Landes. Friedrich II. hatte sich vor Jahren bereits dahin erklärt, daß an einen neuen Kreuzzug nicht vor Ablauf des zehnjährigen Waffenstillstandes, also nicht vor dem Jahre 1239 zu denken sei. Im März 1239 war er von Papst Gregor gebannt worden unter anderm deshalb, weil er durch seine Lombardenkriege eine Kreuzfahrt zum Ruhm des Erlösers unmöglich mache. Die Kreuzfahrer waren von Papst Gregor für den gleichen Monat März nach Lyon entboten worden und hatten sich dort unter Führung des Königs von Navarra zahlreich versammelt. Plötzlich traf bei ihnen ein päpstlicher Bote ein, der die Kreuzfahrt in diesem Jahre verbot, den Pilgern in die Heimat zurückzukehren befahl und als Termin für die Überfahrt den März 1240 bestimmte. Auch sollte der Zug dann nicht ins Heilige Land gehen, sondern nach Konstantinopel, um das lateinische Kaisertum — jene päpstliche Schöpfung, die jetzt Balduin dem Zweiten von Flandern als Kaiser unterstand — wirksam zu stützen. Gegen Ungehorsame wurde mit Kirchenstrafen gedroht. Die genarrten Kreuzfahrer, die unter Verpfändung oder Verkauf ihrer Habe sich Ausrüstung und Waffen beschafft hatten, gerieten auf diese Nachricht in eine unbeschreibliche Wut und hätten sich fast an dem päpstlichen Boten vergriffen. Sie waren im Augenblick ratlos. Ihr Helfer wurde schließlich der Kaiser.

Es scheint, daß die Kurie grundsätzlich bestrebt war, eine Kreuzfahrt nach Syrien zu verhindern.. und diese Haltung änderte sie nicht mehr, solange Friedrich II. lebte. In Deutschland wurden von dem päpstlichen Legaten wenig später sogar diejenigen in den Bann getan, die sich einfallen ließen, gegen die Sarazenen oder die heidnischen Preußen zu kämpfen. Und ebenso suchte die Kurie in England durch allerlei Winkelzüge die englischen Kreuzfahrer von einem Zug gegen die Sarazenen abzuhalten.. kurz: es lag klar zutage, daß der Papst vorerst die von ihm selbst ausgeschriebne Kreuzfahrt hintertreiben wollte. Die Gründe waren durchsichtig. Gregor IX. hatte schon im Vorjahr das Offensivbündnis von Venedig und Genua gegen den Kaiser zustande gebracht. Beide Seestädte hatten große Interessen im Heiligen Land, waren aber jetzt mit dem Kaiser verfeindet. Eine Kreuzfahrt nach Syrien hätte nun Friedrichs II. Stellung im Königreich Jerusalem, die niemals sehr fest war, gerade jetzt gestärkt, wo ihn Venedig und Genua aus allen seinen Reichen, selbst aus Sizilien zu vertreiben gedachten. Das hätte die ganze Politik Papst Gregors durchkreuzt und so mußte die Fahrt nach Palästina ganz unterbleiben, auch wenn darüber das Heilige Land nicht nur dem Kaiser, sondern der Christenheit überhaupt verlorenging. Die Kreuzfahrer selbst konnte man mit den gleichen Ablässen viel besser gegen Friedrich II. in Italien verwenden, gegen den man ohnehin schon das Kreuz predigte. Es wird erzählt, daß Friedrich II. solche mit dem Kreuzeszeichen versehene Streiter, wenn sie ihm auf seiten der Rebellen in die Hände fielen, auch gekreuzigt habe, daß sie wüßten, wofür sie das Kreuz trügen. Mag das auch Erfindung sein: dem Kaiser wäre solches wohl zuzutrauen.. die Verantwortung aber fiele auf den Papst, der die Kreuzfahrer für die päpstliche Machtpolitik mißbrauchte.

Von dem Unternehmen gegen Syrien hatte Friedrich II. wiederholt grundsätzlich abgeraten, ehe er sich nicht selbst an die Spitze der Kreuzfahrer stellen konnte, woran ihn derzeit nur der Zwist mit Papst Gregor hindere. Und auch die Kreuzfahrer wußten, daß sie ohne den Kaiser „wie Sand seien ohne Kalk oder eine Mauer ohne Mörtel" Trotzdem machte Friedrich II. den Kreuzfahrern keine Schwierigkeiten, sondern half ihnen, wo er konnte. Er forderte sie auf, ihren Weg über Sizilien zu nehmen, wo sie reichlich Gelegenheit zur Überfahrt fänden, und gab auch sofort an die sizilischen Beamten Weisung, für die Pilger zu sorgen, von denen viele den Winter über bis zu dem neuen Termin im Königreich blieben. Auch der kaiserliche Marschall in Syrien, Richard Filangieri, erhielt die nötigen Befehle. Im Frühjahr 1240 segelten dann die Pilger nach Syrien ab, wo sie — wie vorauszusehen war — die Verwirrung nur steigerten. Der Mangel an einheitlicher Führung, die sprichwörtliche Uneinigkeit der Christen im Heiligen Land und dazu die Unzuverlässigkeit der Johanniter wie Templer führte im November 1240 zu einer schweren Niederlage, der gleich darauf die Eroberung Jerusalems durch den muslimischen Fürsten von Kerak folgte.

Friedrich II., damals vor Faënza lagernd, suchte zu retten, was zu retten war. Er setzte sich sofort mit den Sultanen von Damaskus und Ägypten in Verbindung, um wenigstens die Freilassung der Gefangenen zu erwirken. Nach Ägypten entsandte er seinen sizilischen Kapitän Roger de Amicis zum Abschluß eines Vertrags mit dem Sultan Malek Saleh, dem Sohne Al-Kamils. Denn Al-Kamil selbst war im Jahre 1238 gestorben, tief betrauert von Friedrich II., der nicht ohne Grund dem englischen König schrieb: im Heiligen Land wäre manches anders geworden, wenn sein alter Freund Al-Kamil noch lebte. Im übrigen sollte England des Kaisers Sache im Orient wahrnehmen. Richard von Cornwallis, des Kaisers Schwager, fuhr mit den englischen Pilgern, trotzdem Papst Gregor es zu verhindern suchte, nach Palästina hinüber. Vom Kaiser war er mit Vollmachten und Instruktionen versehen, und tatsächlich gelang es ihm dank der nicht minder großen Uneinigkeit auch im Lager der Sarazenen, den Waffenstillstand nochmals zu erneuern und Jerusalem dem Kaiser wie der Christenheit noch einmal zu retten. Die Welt aber mußte in Friedrich II. den Schirmer des Heiligen Landes sehen wie in Papst Gregor Jerusalems Verderber, und die Flugschriften der Zeit geben solchen Stimmungen laut genug Ausdruck.

Friedrich II. hatte indessen versucht, sich im Hinblick auf die drohende Mongolengefahr mit Papst Gregor zu verständigen. Als das mißlang, brach er in den Kirchenstaat ein, um den Papst mit Gewalt zum Frieden zu zwingen. Noch einmal schienen Verhandlungen möglich, als Graf Richard von Cornwallis aus dem Heiligen Lande zurückkehrte. Im Juli 1241 war er in Trani gelandet, erschien dann beim Kaiser und begab sich wiederum mit den nötigen Vollmachten versehen nach Rom, um zwischen Friedrich und dem Papst zu vermitteln. Obwohl der Kaiser von der Erfolglosigkeit dieser Mühen überzeugt war, hatte sich der Engländer von seinem Vorhaben nicht abbringen lassen. Aber nach kurzer Zeit kehrte er unverrichteter Sache von Rom zurück, verstimmt über die starrköpfige Unbeugsamkeit des römischen Bischofs. Am Kaiserhofe dürfte Richard von Cornwallis damals dem deutschen Grafen Rudolf von Habsburg begegnet sein.. ein merkwürdiges Zusammentreffen: denn beide Grafen waren später zur Nachfolge Friedrichs II. ersehen als Erben des glanzlos gewordenen römischen Kaisertums.

Jetzt aber setzte Friedrich II. alle Kräfte versammelt zum Stoß gegen Rom an. Seine Aussichten hatten sich gegen das Vorjahr eher verbessert, die Lage des Papstes war trostlos. Zu allem sonstigen Unglück war jetzt einer der Kardinäle, Johann von Colonna, offen abgefallen und zum Kaiser übergetreten, um gegen den Papst, dessen ganze Politik er seit langem mißbilligte, jetzt gar die Waffen zu erheben. Während sich Colonnas Angehörige in Rom in ihren Palästen und Türmen, den Thermen Konstantins und dem Grabmal des Augustus, gegen die Papstfreunde verschanzten, welche zur Zeit noch in Rom die Herrschaft behaupteten, begab sich der Kardinal nach Palestrina, besetzte einige Ortschaften für den Kaiser und rief dann Friedrich II. herbei, der dem Rufe auch eilends folgte. Er habe sich anfangs gewundert — so schrieb der Kaiser dem Kardinal — in ihm einen Förderer der kaiserlichen Pläne zur Erneuerung des Imperiums zu finden. Kein Kardinal und kein Priester habe dem Ritter und Imperator der Römer bisher solches angeraten und er führe das zurück auf den alten Adel der Colonna, „auf die adlige Sorge Adliger und das Feuer edlen Geblüts". Tatsächlich traten die Colonna in manchen

Stücken die Erbschaft an von Friedrichs II. Plänen zur Erneuerung Roms.

An dem ersehnten Triumph in Rom schien den Kaiser jetzt nichts mehr zu hindern. Er war wohl entschlossen, gegen den Papst — komme was wolle — jetzt auch offne Gewalt anzuwenden und seine Streitkräfte genügten vollauf. Im Juni hatte Friedrich Terni unterworfen, lag dann vor Rieti und rückte von dort aus näher an Rom heran. Im August zog er in Tivoli ein, das ihm freiwillig die Tore öffnete, seine Truppen verheerten Roms nächste Umgebung.. schon verglich sich Friedrich II. dem „Libyer Hannibal" vor den Toren Roms, an das der Staufer gleich darauf noch näher heranrückte: neun Meilen südlich von Rom, in Grotta Ferrata war Mitte August sein Quartier. „Den Weg des Friedens, den bisher schmutziger Eigenwille verschloß, wird schon die Not der über den Papst herfallenden Feinde öffnen", schrieb Petrus de Vinea. Da, als der Kaiser eben den letzten Schlag führen wollte, erreichte ihn die Nachricht, daß in Rom Papst Gregor IX. gestorben sei. Ein zweites Mal hatte der Papst dem verhaßten Staufer den schon sicheren Sieg über Rom aus Händen gerissen.. ein zweites Mal war Friedrich II. vor Rom ins Leere gestoßen: das Sterben war Papst Gregors letzter Streich gegen den Kaiser, der jetzt keinen Feind mehr hatte.. denn nicht Kirche noch Papsttum oder Rom bekämpfte er ja, sondern niemanden sonst als den einen Papst: Gregor IX. — und der war jetzt tot.

Bei dem hohen Alter des Papstes war mit seinem Ende schon seit langem zu rechnen gewesen. Die Fieberluft und die Gluthitze eines römischen August, die Unmöglichkeit wie sonst in Viterbo oder anderswo heilende Bäder aufzusuchen, mögen den Tod rascher herbeigeführt haben. Man verfehlte auch nicht, den Kaiser geradezu als den Mörder Gregors zu bezeichnen, obwohl andere meinten, der Papst sei gestorben „unvermögend, das selbst geschaffene Leid zu ertragen". Doch wie der Papst bis zum letzten Augenblick dem verhaßten Gegner den Frieden verweigerte, so währte auch Friedrichs Haß gegen den „Störer des Weltfriedens" über den Tod hinaus. „So sollte er, der Frieden und Verhandlung zum Frieden aufzunehmen abschlug und nur auf Allentzweiung sann, die Grenzen des Rächers August (des Monats) nicht mehr überschreiten, er, der den Augustus zu beleidigen sich unterfing. Und wirklich, er ist tot! Durch ihn fehlte Friede der Erde und war der Zwist gewaltig und wie viele sanken in Todesgefahr!"

Das war Friedrichs Nachruf für den toten Gegner, und er hatte gewiß keinen Anlaß anders als so über Gregor IX. zu urteilen, der ihn als das „Untier der Apokalypse" bis zum letzten Atemzug mit tödlichem Hasse verfolgt hat. Noch in einem der letzten Schreiben sprach der Papst den durch seine Schuld gefangnen Prälaten Mut zu, ob sie auch in den Händen des „schlingenlegenden Satan, des Pharao" schmachteten.. sein letztes beschwor die Genuesen, sich „mit der Macht der Galeeren zu erheben und die neue schwere Unbill, welche die Kirche erlitt, zu rächen". Auch Gregor IX. hat gehaßt und ist hart und unbeugsam bis zum Tode geblieben, ob auch die Kirche über ihm schon zu stürzen drohte. Der Haß war Gregors Größe, und Friedrich II. durfte ihn wohl in gleicher Weise erwidern. Doch in dem vierzehnjährigen Kampf, in welchem die beiden Monarchen ineinander verbissen um die Weltkrone rangen, war einer am andern nur größer geworden, nur noch gewachsen, da diese glühenden Todfeinde als inkarnierte Gegenwelten bei jedem Waffengang einander steigerten und übersteigerten. Nie war Gregor IX. so groß wie in seinen letzten Jahren.. nie wäre Friedrich II. ohne den abgründigen Haß des Papstes zu seinen Höhen aufgestiegen. Denn zur Entfaltung aller kaiserlichen Möglichkeiten hatte ihn nur Gregors Doppelmacht genötigt: Caesarenpapst und Jünger Francisci zugleich. Es ist kein Zweifel: diesem ungestümen starren wilden Greis, den man sich — uralt wie er war — doch nur funkelnden Auges in einer kaum gebändigten, Zorn sprühenden Leidenschaft vorstellen kann, war die selige Verzückung und mystische Versenkung Bedürfnis, die der Heilige Franziskus gelehrt. Doch sowohl dem päpstlichen Staatslenker, der die Dekretalen erließ, wie dem Freunde Franzens von Assisi, der zum Preise des Heiligen noch als Uralter schöne Hymnen dichtete, mußte Friedrich II. notwendig als der Drache, der vom Teufel gesandte Verdreher und Verwirrer der Christenheit gelten, und nicht überzeugender hätte Papst Gregor Welt und Gegenwelt zeichnen können als in jener Hymne, in der er seinen Meister Franziskus verherrlicht als Erzengel Michael, der den großen Drachen vernichtet. Freilich, des Heiligen lichte Waffen waren andre als die des päpstlichen Feldherrn und Königs, der nicht zum ersehnten Erlöserpapst, zum franziskusgleichen „papa angelicus" werden sollte, den die Welt erwartete. Daß sich aber Papst Gregor selbst der „Drachenwaffen" bediente, konnte einen Friedrich II. schließlich für die Welt zum „Heiligen" machen, und so hatte der Kaiser durch die Kraft solchen Hasses gestachelt in Wahrheit dem neunten Gregor die eigne Aufhöhung zu danken.

Der Tod Papst Gregors löste die ungeheure Spannung der letzten Zeiten. Friedrich II. brach seine Unternehmung gegen Rom ab und zog ins sizilische Königreich, das er für die nächsten zwei Jahre kaum verließ. Er hatte keinen Feind mehr, aber auch keinen Papst, der ihn vom Bann lösen konnte. Zweiundzwanzig Monate blieb der Stuhl Petri verwaist und während der Sedisvakanz war eine Absolution des Kaisers nicht möglich. In Italien wiederum machten kriegerische Ereignisse Friedrichs Gegenwart nirgends notwendig. Man hatte hier vor der Macht als solcher von jeher Respekt, und die Einnahme Faënzas, der Seesieg, die Eroberung eines weiteren Teiles vom Patrimonium, der Tod Papst Gregors.. alles das hatte einschüchternd gewirkt. Es genügte, daß König Enzio die Lombarden im Schach hielt und daß die kaiserlichen Seestreitkräfte den Handel Genuas schädigten. So war plötzlich nach allen Kämpfen eine seltsame Ruhe über Italien gebreitet. Doch von seinen apulischen Schlössern her beobachtete Friedrich II. weiterhin die Geschehnisse der abendländischen Welt. Ohne Papst war ja der Kaiser jetzt des Abendlandes alleiniges Haupt, der Dominus mundi. —

Als Dominus mundi bedurfte Friedrich II. einer Resonanz in der gesamten Welt. Ihm diente der weite faltenreiche Kaisermantel, in den die Zeichen des Makrokosmos eingewirkt waren, nicht als ein zufälliger Schmuck, der ihm, wie man hier und da meinte, wohl gar lästig gewesen. Denn hätte er auch nur über eine Quadratmeile Landes geboten: als der, der er war und verehrt wurde, hat er die ganze Welt mit allen ihren Kräften benötigt... von der Idee einer Rom-Erneuerung bis zur sizilischen Bildhauerei war ja alles bedingt durch das Kaisertum und durch die von der Welt auf den Imperator zurückschwingenden Kräfte. Kein Künstler und kein Herrscher kann fortgesetzt schaffen und Energien abgeben, ohne diese zu erneuern, und je intensiver er in das Eine Lebensstoff einsetzt, desto mehr muß er solchen aus dem All in sich aufnehmen. Jeder Große aber ist auch Umformer der Kräfte: was er aus dem Einzelwesen, dem Einzelstaat an Kräften herausholt, indem er bis zu den tiefsten Wurzeln hinabdringt, das strahlt er in der notwendigen Verdünnung über die Weltweiten aus.. und wiederum: was er mit feinfühligem Fangarm den Weiten entsaugt, setzt er im Einzelwerk oder im Staat als Dichte um. Das eine bedingt hier das andre. Indem Friedrich II. sich stets als christlicher Weltkaiser gab, wurde sein räumlich wie eng auch immer begrenzter Kaiserstaat welthaft, wurde im Staat die Feier als Weltheiland, die Darstellung als Weltrichter möglich. Umgekehrt aber konnte er sich auch in seinem eignen Lande als Kosmokrator nur geben, wenn er in irgendeinem Sinne der Kosmokrator auch war, wenn die Welt als das universale christliche Staatswesen auf irgendeine Weise den römischen Imperator noch als Oberhaupt anerkannte. Eine geistige Vorherrschaft konnte da vollauf genügen: „Unsre Zügel schwingen doch bis an die fernsten

Marken der Erde.." und die Herrschaft über den Makrokosmos ist ihrer Art nach notwendig geistig. Nur darauf kam es jetzt an, der geistigen Herrschaft im sacrum imperium ihren Wirklichkeitsgehalt, das heißt: ihren letzten Sinn zu geben.

Geistige Weltherrschaft kann im Zeitalter der Kirche gewiß nicht befremden.. befremdlich erscheint sie nur manchen bei einem Kaiser. Aber bei Friedrich II., dem geistigen Monarchen schlechthin, Mündel und Schüler des großen Innocenz, des Begründers der Kirche als Staat, wird man auch in der Reichsauffassung eine Art kirchlichen Widerspiels erwarten dürfen. Der ganze italisch-sizilische Staat, den ja die Päpste als „Patrimonium Petri" begehrten, wäre dann gleichsam nur das „Patrimonium Augusti" dieses spirituellen Monarchen gewesen, der wiederum aus der geistig-seelischen Einheit der Ecclesia die weltlichen und dennoch geistigen Kräfte herauszulösen bestrebt war, um auf ihnen das Imperium neu zu begründen. Genau wie die Päpste durch Enzykliken die ganze Christenheit zum Kampfe aufriefen, so rief wiederum Friedrich II. durch seine Sendschreiben den ganzen römischen orbis terrarum auf zum Kampf gegen den Papst.. doch während das Priestertum von den Königen Geld oder Krieger heischte, begehrte Friedrich II. viel eher einen moralischen Widerstand der europäischen Herrscher gegen den Klerus. Jede der Mächte suchte eben in der Welt die ihr fehlende Ergänzung, um „voll" zu sein.. nicht mehr Sonne und Mond darstellend, sondern „zwei Sonnen" wie Dante sie hieß. Was indessen bei der Kirche als Entartung erscheint, eben als „Verweltlichung", das wirkt bei dem Monarchen gerade als Steigerung: als Aufhöhung des Schwertreichs zum geistigen Staat. Gegen die weitgreifende Organisation der Weltkirche — seit Jahrhunderten ganz anders ausgebaut als die des Reiches — suchte daher der Staufer alle staatlichen Instinkte des Erdenrunds aufzuschrecken und um sich zu sammeln. Das Imperium als geistige, nicht als politische Einheit galt es gegen die Kirche ins Feld zu führen.. und einen solchen Zusammenschluß zu schaffen, war der Zweck aller kaiserlichen Botschaften an Europas christliche Könige.

Friedrichs II. Beziehungen zu den christlichen Herrschern des Abendlandes hatten sich im ganzen bis etwa 1236 auf zufällige Gelegenheiten beschränkt, und nur anläßlich des ersten Bannes und des Kreuzzugs — Ereignisse, welche die gesamte Christenheit angingen — erschienen die christlichen Könige bereits als eine Art Forum. Aber erst seit Friedrich II. mit dem Beginn der Lombardenkriege wirklich die Weltherrscherstufe beschritten hatte, begann sein Verhältnis zu den Königen Europas ein ganz bestimmtes Gesicht anzunehmen. Es begann jetzt der rege diplomatische Verkehr zwischen dem Großhof und den einzelnen Königshöfen .. ein regelmäßiges Mitteilen der verschiedensten Angelegenheiten setzte ein... kaiserliche Gesandte weilten oft lange Zeit an den fremden Höfen, und Friedrich konnte wiederum für alle seine Taten und Pläne bei den Königen auf Teilnahme rechnen, da nunmehr alles den Kaiser des Abendlands Angehende auch die abendländischen Könige mitbetraf. Das Theater hatte sich erheblich erweitert, und was sich um Friedrich II. herum ereignete, berührte alle Welt unmittelbar.

Friedrich II. hat keine „auswärtige Politik" getrieben. Er kannte sie nicht und wollte von ihr nichts wissen selbst da, wo sich eine Möglichkeit bot, weil es für ihn nur ein einziges, die ganze Christenheit umfassendes Imperium Romanum gab, Eine „res publica universae christianitatis", Eine „Europa imperialis". Den Händeln der Könige untereinander stand Friedrich II. fern: das Mißtrauen Englands gegen ihn, der mit Unterstützung Frankreichs durch die Schlacht von Bouvines zum Kaisertum aufstieg, war später so unberechtigt, wie das Mißtrauen Frankreichs, als er sich mit der Engländerin vermählte. Nicht einmal, daß Friedrich II. „Neutralität" gewahrt hätte. Auch dieser Begriff war für ihn gar nicht anzubringen, weil er als der abendländische Monarch und römische Imperator einen übernationalen Charakter hatte, den aufzugeben der Staufer sich wohlweislich hütete. Ein Sonderbündnis etwa mit einem der europäischen Könige einzugehen — England bot es ihm an — hat Friedrich II. stets abgelehnt: es wäre Verrat gewesen an der noch tragfähigen Idee des universalen Imperiums und unpraktisch dazu, weil er damit nur ein Gegenbündnis erzeugt und die Welt, die für ihn ein Eines sein sollte, auch im Rein-Weltlichen gespalten hätte. Durch ein Bündnis hätte Kaiser Friedrich II. sein Weltkaisertum preisgegeben und wäre auf die Stufe eines beliebigen Territorialkönigs von Deutschland Italien und Sizilien herabgesunken, wie das bei den Hausmachtkaisern, selbst bei einem Karl V. später auch notwendig eintrat. Friedrichs II. Aufgabe war viel eher die des Danteschen Monarchen: kraft seines tatsächlichen Übergewichtes an Macht den Weltfrieden zu erhalten und damit die Einheit der christlichen Monarchie. Diese Ideen waren damals noch stark, und ein Gefühl dafür, daß zwischen der Idee des Imperiums als einer weltumfassenden göttlichen Institution und der politischen Wirklichkeit des tatsächlichen kaiserlichen Machtgebietes ein Mißverhältnis herrschte, verlor sich in einem Zeitalter fast vollkommen, in welchem die Idee ebensoviel, wenn nicht mehr wog als das Faktische.

Die Hegemonie des römischen Kaisers war wie für den Staufer so für die Welt ein Selbstverständliches.. doch eben nur seine Vorherrschaft und Führerschaft, nicht etwa die Ausübung einer herrschaftlichen Gewalt. So natürlich sämtliche Zeitgenossen, die Könige eingeschlossen, das kaiserliche Übergewicht empfanden: jedem Eingriff in das Leben der Staaten von seiten des Kaisers hätte sich alle Welt sofort aufs heftigste widersetzt. Der Kaiser konnte den abendländischen Königen keine Befehle erteilen.. darin war er dem Papst unbedingt unterlegen, und dies bemerkte ein Chronist sehr genau, der — anläßlich der Konzilsfrage — den Kaiser sagen läßt: „Der Papst ist mein unersättlicher Feind und offner Gegner und überdies in der Lage, jeden, der seinem Willen entgegen ist, der Würde zu entsetzen, ja sogar den Abgesetzten mit den Fesseln des Anathems zu binden und ihn in den Abgrund noch schlimmerer Strafen zu stürzen. Ganz anders ist unsre Sache gefährdet und die Lage des Reiches wie die aller Fürsten, die ich allein zu schützen mich unterfange. Die Könige des Erdkreises und die Fürsten, deren Sache ich, zu ihrem S a c h w a l t e r gemacht, auch führe, würden auf meinen Ruf nicht kommen, noch mir gehorchen. Auch sind sie mir nicht unterworfen, daß ich sie zwingen oder die Ungehorsamen strafen könnte.."

Die früheren Staufer hatten wohl versucht, die Könige zum Gehorsam zu zwingen. „Provinzhäuptlinge" waren die abendländischen Monarchen für Barbarossa.. Lehensleute für Heinrich VI... beide Staufer mithin bemüht, die Kleinkönige niederzudrücken, um selbst größer zu scheinen. So lagen die Dinge für Friedrich II. nicht mehr: in seiner Zeit gab es schon die „Nationen" und je stärker sich das Nationalgefühl in den abendländischen Reichen ausprägte, desto schwieriger mußte es sein, ein universales Imperium überhaupt noch aufrechtzuerhalten — selbst als Idee. Hätte Friedrich II. gegen die nationalen Triebe angekämpft und versucht, der Könige Selbständigkeit einzuschränken, er wäre unfehlbar gescheitert und hätte außer dem Papst noch die ganze Meute der Könige im Nacken gehabt. Er mußte ganz anders verfahren, um die viel weiteren Spannungen zu bewältigen, die in der Forderung lagen: Römerimperium und dennoch Nationen.

Friedrichs II. Politik glich etwa der gegen die deutschen Fürsten oder gegen die Stadtrömer: er zog es vor, statt den stärksten lebendigen Gegentrieb zu bekämpfen, ihn für sich zu benutzen, sich von ihm tragen, ja erhöhen zu lassen. Keineswegs sollten zugunsten des universalen Imperiums die abendländischen Könige ihre nationale Selbständigkeit preisgeben, wie die Kaiserahnen solches wohl forderten.. im Gegenteil: in den flammendsten Manifesten und Aufrufen mahnt Friedrich II. die Könige geradezu, ihre Selbständigkeit zu wahren, ihre Nationen und Eigenstaaten zu schützen — gewiß nicht gegen das Imperium, das „von höchster Seligkeit erfüllt und mit dem eignen Lose zufrieden fremdes Leben nicht neidet", sondern in Gemeinschaft mit dem Imperium gegen den Feind aller Könige und Staaten: Rebellen- und Priestertum. Gemeinsamer Kampf gegen die Angriffe der Rebellen und Kleriker auf die Hoheit des Staates: dies ist Anfang und Ende aller politischen Beziehungen Friedrichs II. zu den Königen Europas.. dies auch die Lösung des Problems: Imperium und dennoch Nationen. Denn statt die Könige etwa niederzudrücken, suchte Friedrich II. ihr Selbstbewußtsein zu stärken, ja begriff sie als gottunmittelbar wie sich selbst.. und statt gegen die Könige aufzutrumpfen, suchte er sie mitzureißen — selbst Vorkämpfer nur, Führer und Sachwalter der weltlichen Königreiche. Dies war endlich auch die Lösung der Frage des Friedens, den die Könige untereinander zu halten hatten. Denn da Friedrich II. die Könige fortgesetzt nötigte, auf Weltfragen, die jeden Monarchen in gleicher Weise angingen, den Blick zu richten, ließ er gar keine Möglichkeit zu Zwisten untereinander aufkommen, so daß selbst der ewige Krieg zwischen Frankreich und England — von einem peripheren Streit abgesehen — damals ruhte. „Bei Gott, geliebtester Bruder — schrieb er dem König von England, als dieser Geld an die Kurie abführte — nicht mag solches bei Euch den Anfang nehmen und am wenigsten gegen uns, daß freiwillig von Königen Könige bekämpft werden und nicht drücke so sehr den Königsnacken das Joch päpstlicher Herrschaft!"

Gegen die gemeinsamen Feinde rief Friedrich II. die Könige auf: gegen die Rebellen zunächst, welche die Monarchie überhaupt gefährdeten.. gegen den Papst hernach, der mit den Rebellen im Bund war und außerdem die Selbständigkeit der weltlichen Macht untergrub, weltliches Gericht durch das geistliche gar in Frage stellte. Kein Herrscher des Abendlands, der mit seinem Klerus und mit der römischen Kurie nicht in ähnliche Händel verwickelt war und sich gegen ähnliche Übergriffe der Kurie zu wehren hatte wie Friedrich II., bei dem durch die Frage der italischen Herrschaft der Streit nur zuerst und am heftigsten ausbrach. „Wir alle haben, wir, der Erde Könige und Fürsten, und vorzüglich wir Eiferer um die wahrhafte Religion und den Glauben, offenen und geheimen Haß mit unsern Völkern und mit unserer Kirche Fürsten besondren, aber heimlichen Zwist. Denn jene trachten nach dem Mißbrauch der pestbringenden Freiheit, die Priester aber mißbrauchen die Wohltaten, indem sie uns an unseren Besitzen und Vorrechten schädigen." Die gleichen Interessen also hatten Kaiser und abendländische Könige zu verteidigen und um ihretwillen sollten sich alle Monarchen zusammenschließen, sollten unter des Kaisers Führung eine „Sodalität" bilden. Mit imperatorischen Machtansprüchen und Rechtstiteln hätte Friedrich II. nicht nur nichts erreicht, sondern allein Widerstand geweckt.. auf dem Weg, den erwählte, erreichte er immerhin Vieles. Er hatte den Dynasten eine neue Idee zugeworfen, die der „Standeseinheit" aller Monarchen. Die Idee des alten römischen Imperiums schwang freilich noch hell genug mit und gab dem Ganzen Weite zugleich Sinn und Halt.. die Bindung der Königsgenossenschaft aber war eine neue, nicht-hieratische und nicht-feudale und nicht-machtmäßige, sondern beruhte auf den gemeinsamen weltlich-staatlichen Interessen, auf jener Stärkung der einzelnen nationalen Königsmacht, die unter Umständen den ideellen Verband des übernationalen Römerimperiums ebensogut hätte zerreißen können. In jedem Fall hat es Friedrich II. damit verstanden, der zu Beginn des Jahrhunderts kaum noch lebensfähigen Universal-Monarchie noch einmal und zwar zum letztenmal, den vollkommen wirklichen und vielleicht wahrsten Gehalt zu geben.. fast möchte man sagen: den einer „freien Einung". Allerdings konnte das nur gelingen, indem er den Gegensatz von Kirche und Staat gewaltsam erweiterte und alles Weltliche an sich riß.

Die Gemeinschaft aller weltlichen Monarchen: das war die Grundlage, von der aus Friedrich II. überhaupt zu den abendländischen Königen die Stimme erheben konnte, und diese Gemeinschaft zu einer wirklichen Korporation, einer Standeskorporation zusammenzuschließen, war einzig des Kaisers Bemühen. Eine Kränkung des Kaisers galt daher notwendig als Kränkung auch der andern Könige. „Eilt mit Wasser zu Euren Häusern, wenn bei dem Nachbarn das Feuer aufflammt.. fürchtet für Euch in Euren Dingen die gleichen Gefahren. Denn für leicht mag aller andern Könige und Fürsten Demütigung gelten, wenn die Macht des römischen Caesar, dessen Schild die ersten Geschosse aufhält, im steten Anlauf der Gegner zerbröckelt.... Euch Edle und Fürsten des Erdrunds beschwören wir und schrecken wir auf, nicht weil zur Abwehr solcher Schmach unsre Waffen nicht reichten, sondern daß da erkenne die ganze Welt, wie aller Ehre berührt wird, wer immer auch Kränkung erfährt aus der Gilde der weltlichen Fürsten."

Wie in Deutschland der „Eine erlauchte Leib des heiligen Reiches" in Kaiser und Fürsten sich darstellte, so stellte sich für Friedrich II. das Universum als ideelles Imperium dar in dem „corpus saecularium principum" unter Führung des Kaisers, welches er erst geschaffen! Die säkularen geistigen Instinkte des Abendlands suchte der Kaiser also wachzurütteln und sie, wie in Sizilien als Staat, so hier als universales Ganzes gegen die Kirche aufzustellen. Immer wieder mahnt er: „Die

Dinge der weltlichen Gewalt dürfen nicht der Kirche unterstellt werden".. darum hindere er auch das päpstliche Konzil, das über die Lombarden entscheiden sollte. Und es entspricht dem ganzen Weltbild der Zeit die Anschauung, daß mit dem Sturze des Kaisers, des Übergeordneten, die ganze Welt stürzen müsse. „Mit uns wird begonnen, aber seid dessen gewiß: geendet wird mit den andern Königen und Fürsten, deren Macht die Priester, wie sie sich rühmen, gar nicht mehr fürchten, sind Wir erst bezwungen. Darum verteidigt mit unsrer Sache Euer Recht." Zu schärferem Auftreten gegen die Umtriebe des Papstes fordert Friedrich II. die Könige auf, denn alle Reiche der Gläubigen wolle der Papst sich unterwerfen.

Unbegründet war solche Mahnung gewiß nicht.. denn als Papst Gregors Nachfolger Innocenz IV. in Frankreich Aragon und England auf einigen Widerstand stieß, da habe er „die Augen verdrehend und die Nase rümpfend" zu dem aus England kommenden Boten gesagt: „Es ist besser, daß wir uns mit Eurem Fürsten vertragen, um diese widerspenstigen Königlein zu zerschmettern. Wenn erst der große Drache vernichtet oder zur Ruhe gebracht ist, werden die kleinen Schlänglein bald zertreten sein." Und auch sonst in der Welt fürchtete man derartiges von seiten des Papstes, war erst der mächtige Kaiser Friedrich II. besiegt. Dann würde es bei der Kurie heißen: „Wir haben selbst den großen Friedrich niedergetreten und wer bist nun du, der du verwegen glaubst, uns widerstehen zu können." Die Schuld aber an solchen Verfahren des Papstes trügen nur die Könige selbst. Bös klingen da des Kaisers Worte: „Weder die Ersten sind wir noch die Letzten, welche der Mißbrauch priesterlicher Macht anficht und von der höchsten Würde zu stürzen sucht. Und das verschuldet Ihr, die Ihr gehorchet Heuchlern der Heiligkeit, deren Ehrgeiz da hofft, daß in ihren Schlund der ganze Jordan fließt."

Was der Kaiser als die schwerste Gefahr ansah, die nicht von der Kirche, wohl aber von der neuen Hierarchie drohte, war das freilich notwendige Verletzen ursprünglichster Bindung durch die römischen Priester. Erbost schreibt er da an einen der Könige: „Nun unterdrücken diejenigen, die jetzt für Geistliche gelten, fettgemacht durch die Almosen der Väter, die Söhne, und obwohl sie selbst Söhne unsrer Untertanen sind, halten sie weder den Kaiser noch einen König irgendwelcher Verehrung für wert, sobald sie zu apostolischen Vätern ordiniert werden." Es ist das Gleiche, was Napoleon so tief erbitterte: daß mit der Priesterordination die Landeskinder dem Staate verlorengingen und aufhörten, Untertanen zu sein.. in dieser Schärfe erstmals von Friedrich II. empfunden und gesagt, der dann freilich in teuflischer Weise den Spieß umkehren und die ganze Idee der geistlichen Herrschaft in Frage stellen konnte, wenn er den christlichen Königen schreibt: er erachte es für eine Nichtswürdigkeit des Papstes, ihn, den Kaiser, an dem Einmarsch in die Lombardei, urväterlichen Besitz des staufischen Hauses, zu verhindern, obwohl der Papst kaiserliche Hilfe in Anspruch nahm gegen die Römer, die doch Gregors Vater oder Großvater oder seinen Verwandten in nichts verpflichtet wären. Eines der Argumente des Kaisers hat im übrigen ungemein stark auf den nationalen Adel Frankreichs und Englands gewirkt. Eine gegen den Klerus gerichtete Baronenbewegung in Frankreich machte sich die Ideen des Kaisers vollständig zu eigen und heftig begehrten die Barone gerade dagegen auf, daß Kleriker, „einst Söhne von Sklaven, nach ihren kanonischen Satzungen die Freien und Söhne der Freien richten". Die Gerichtsgewalt sei dem Klerus zu entziehen zugunsten des Königs.. so forderten sie.

Trotzdem nun Friedrich II. stets und ständig die Gemeinschaft des Imperators mit den Königen betonte, so hat er doch in seinen Schreiben an die Dynasten niemals verfehlt, die überragende Sonderstellung des römischen Monarchen und die allumfassende Weite des römischen Kaisertums gebührend hervorzuheben. Was war neben ihm der einzelne König! Von der großen Weltgemeinschaft des Imperiums gesehen erschien ihm alles Einzelstehende kümmerlich und dazu von allen Seiten gefährdet. „Was müßt Ihr, einzelne Könige einzelner Länder, nicht von einem solchen Hohepriester befürchten, der sich erkühnt uns abzusetzen, die wir... von Gott mit dem Kaiserdiadem ausgezeichnet andre erhabene Reiche gewaltig regieren." Die hier ausgesprochene Hoheit des Imperiums kommt nicht minder scharf und hochmütig zum Ausdruck, wenn Friedrich etwa an einem Gleichnis den schweren Übergriff des Papstes recht sinnfällig zu machen sucht. So wenig der englische oder französische Bischof, der seinen König kröne und salbe, deshalb ein Recht hat, seinen König abzusetzen.. genau so wenig habe der römische Bischof, weil er den römischen Caeser kröne und weihe, ein Recht diesen abzusetzen. Damit war denn der Abstand zwischen dem Kaiser und den Königen deutlich genug gekennzeichnet, wie sich Friedrich ja auch gern als „dem Papst räumlich näher und im Amte verwandter" bezeichnet im Vergleich zu irgendeinem der sonstigen Dynasten.

Wie verhielten sich nun die abendländischen Könige zu diesen Anschauungen des Kaisers? Obwohl er seine Neidlosigkeit gegenüber den Reichen der Könige immer hervorhob, so hat man ihm dennoch nicht ganz getraut. In England hielt man es nicht für unmöglich, daß Friedrich im Falle der Widersetzlichkeit Englands und einer Fortdauer der englischen Zahlungen an den päpstlichen Lehensherrn den schmalen Kanal überschreiten könnte, um England zu züchtigen. Und der König von Frankreich war bei allen Freundschaftsbeteurungen doch jederzeit bereit, gewappnet an seinen Landesgrenzen zu stehen. Vor einer erobernden Machtpolitik glaubten sie sich erst ganz zuletzt völlig gesichert. Wie stark aber dennoch das Gefühl der Verbundenheit mit dem Imperator war, zeigte sich bei Beginn der Lombardenkriege, als die Könige für den Kaiser beim Papst eintraten und zwei Jahre später tatsächlich Hilfstruppen für den Zug gegen Brescia entsandten. Dagegen fand die Idee des weltlichen Monarchenbundes wider die Kirche unmittelbar wenig Anklang und zu einem aktiven gesammelten Widerstand gegen den Papst kam es nicht, obwohl in allen Ländern der Adel mit dem Kaiser sympathisierte. Keiner der Könige mochte sich ohne Notwendigkeit mit der Kirche überwerfen, obwohl jeder mit ihr in offnem oder verdecktem Kampf lag. Dennoch war es schon ein außerordentlicher Erfolg der kaiserlichen Politik, daß keiner der Könige sich vom Papste gewinnen ließ, keiner dem Kaiser in den Rücken fiel und keiner Bann und Absetzung Friedrichs II. anerkannte, so daß wenigstens passiv die Solidarität der Könige gewahrt wurde.

In Frankreich wäre jede Parteinahme für den einen oder den andern Teil gescheitert an der strengen und unbeirrbaren Rechtlichkeit König Ludwigs IX., des „Heiligen". Er war bei weitem der bedeutendste königliche Zeitgenosse Friedrichs II. und überdies eine der edelsten Erscheinungen der französischen Königs-Geschichte. Seine einfache Demut und Ehrfurcht machte ihn zum Heiligen.. daneben aber zeigte er mit dem ganzen ritterlichen Stolz des westlichen Franken jenes schöne echte Königtum, das bis zu den Tagen des Sonnenkönigs kein Land in solcher Vorbildlichkeit prägte wie Frankreich, das Land der Könige neben Deutschland, dem Lande der Kaiser. Es mögen an königlichem Gepränge Valois und Bourbons den heiligen Ludwig übertroffen haben, der fast noch ein Knabe gern jeder Pracht entsagte.. aber an königlichem Stolz stand er keinem nach und an königlicher Lauterkeit übertraf er wohl die meisten der Folger. Als Gründer des französischen Rechtsstaates scheint er mehr als bekannt von Friedrich II. gelernt zu haben.. und wie nur die Größten überschaute er die Fragen der christlichen Welt mit klarem Blick, an der Verworrenheit oftmals schwer leidend. Niemals verlor er den universalen Sinn der abendländischen Gewalten aus den Augen, niemals leiteten ihn, der nachts auf seinem hölzernen Lager die Ewigkeit übersann, platte Nützlichkeitsdinge des Augenblicks, und niemals vergaß er, was die Ehre seines Königreichs forderte. Ludwigs IX. Weltbedeutung liegt darin, daß zu einer Zeit, da die christliche Ritterschaft sich schon aufzulösen und ins Kleinlich-Alltägliche zu zerbröckeln begann, er, der Frankenkönig, sie wieder und wieder vor gemeinsame und universale Aufgaben stellte, daß er die Trägen noch einmal zum letzten großen Kreuzzug des Abendlandes entflammte, wie er selbst die eigne Körperschwäche, der ungeachtet er sich stets zum mitternächtigen Gebet wie zur Matutin erhob, durch Glut und Schwung überwand. Was in ihm, dem König, noch einmal der Welt erschien, war etwas von dem Geist des frühen Templertums: jene Einung von Tatfreude Demut und Stolz durchglüht von dem einen Glauben. Ein Menschenalter nach ihm ward der Orden, dessen Verirrung den König oftmals erbitterte, aufgelöst: sein letztes Sinnbild aber war schon mit Ludwig dem Heiligen am Gestade von Tunis erloschen.

Für Friedrich II. hatte auf der Weltherrscherstufe König Ludwig eine ähnliche Bedeutung wie in den kleineren Maßen der früheren Zeit der Deutschordensmeister Hermann von Salza. Als allerchristlichster König war Ludwig IX. der gegebene Vermittler des Friedens zwischen beiden Gewalten und durch ein Jahrzehnt hat er unermüdlich für diese Aufgabe gewirkt. Die Erfolglosigkeit seiner Mühen hat ihn am schwersten getroffen: denn die Wiederbefreiung des Heiligen Landes, des Königs höchste Aufgabe, scheiterte an der herrschsüchtigen Starrheit der Kurie. Dennoch gab er mit strenger Unparteilichkeit dem Papste was des Papstes und dem Kaiser was des Kaisers war. Er erlaubte wohl in Frankreich die Verkündigung des Banns, aber verbot jede Waffenhilfe für den Papst, und drohte seinen Prälaten mit Einzug der Kirchengüter, als sie in Frankreich Gelder zum Kampf gegen Friedrich erhoben. Den zum Konzil fahrenden Prälaten Frankreichs scheint er befohlen zu haben, selbst wenn es Papst Gregor verlange, nichts gegen Friedrich II. zu unternehmen. Anderseits zürnte er dem Kaiser, als der auch die französischen Geistlichen in seinen Kerkern zurückhielt: „das Königreich Franken ist nicht so geschwächt an Kräften, um zu erlauben, daß es mit Sporen gepreßt wird". So schrieb König Ludwig dem Kaiser. Gerade als der Vertraute beider Mächte war er auch jederzeit bereit, vor beiden das Visier zu schließen, sobald von irgendeiner Seite ein Heraustreten aus seiner Überparteilichkeit gefordert wurde: ein unbedingtes Übergewicht des Papstes wie des Kaisers wußte er stets zu verhindern.

Neben Ludwig IX. verlieren die andern Könige an Bedeutung. Schlaff und armselig erscheint an ihm gemessen König Heinrich III. von England. Er war ein Popanz im Spiel der Mächte, unfähig sich zu helfen zwischen den Forderungen von Papst Kaiser und Pairs. Dabei war er an jede der Mächte gebunden wie keiner der andern Könige: der Kaiser war sein Schwager, der Papst sein Lehensherr und die Pairs trotzten auf den Rechten' der Magna Charta. Heinrich III., selbst feig und unentschlossen, stimmte gewöhnlich dem gerade zu ihm Sprechenden bei und sein Wort: „Ich habe nicht den Willen und wage es nicht, dem Papst irgendwo zu widersprechen" könnte ebensogut nach der Seite des Kaisers oder der Barone geprägt sein. Gelegentlich fügte er sich dann auch dem Kaiser, als dieser — unterstützt freilich von den Pairs und deren Führer Richard von Cornwall — Aufsagung der päpstlichen Tribute verlangte. Denn zur Empörung Vieler in England hatte Heinrich III. die päpstlichen Gelderhebungen gestattet und dadurch einmal das Land furchtbar ausplündern lassen, anderseits aber dem Papst zu seinem Kampf Gelder gegeben und auf diesem mittelbaren Weg den Kaiser geschädigt. Von Friedrich und den Baronen gezwungen trotzte er dann einige Zeit der Kurie. Für den Kaiser war neben Sancho II. von Portugal, den der Papst abgesetzt hatte, Heinrich III. das Beispiel dafür, wie der römische Priester weltliche Königsmacht unterdrücken wolle, und mehrfach wies er die andern Könige darauf hin, wie sich Priesterherrschaft an England räche.

„Das corpus saecularium principum" unter Führung des Kaisers war durchaus eine Schöpfung Friedrichs II. und eine völlig neue Art, die Welt als eine Art Genossenschafts-Staat zu begreifen. Die Voraussetzung hierfür war eine schon weitgehende Selbständigkeit der einzelnen Könige, anderseits die überall bereits einsetzende Loslösung des weltlichen Staats von der Kirche. Aber indem Friedrich auch bei den Königen jenen ständischen Genossenschaftsgeist, der damals überall im Abendland durchbrach, zu erwecken suchte, indem er die Könige als solche gleichsam „korporativ" zusammengreifen wollte, schuf er die letzte Möglichkeit, die Eine Weltmonarchie zu erhalten. Wenn man indessen glaubt, jener gleichberechtigten Völkergemeinschaft, welche Friedrich II. nicht anders als Dante im Sinne hatte, heute wiederum näher zu sein, so vergesse man nicht, daß das gemeinsame Band damals Hoheit Adel und Würde der Würdigsten war.

Indessen hob Friedrich II. neben der monarchischen und säkular-geistigen Gemeinschaft der abendländischen Herrscher gern noch ein anderes Gemeinsames hervor, gültig bis in die jüngste Zeit: die Blutsgemeinschaft der Könige. Auch sie war eine Bindung, die, weil außerhalb der Kirche, für Friedrich wichtig wurde. Der Staufer selbst preist sich, fast allen abendländischen Königsgeschlechtern durch die Bande des Blutes, durch Heiraten oder Verschwägerungen verbunden zu sein. Das staufische Blut aber sei mit dem Imperium Romanum schon beinahe eins: längst hätten sich die Völker abgewöhnt, nach einem andern Geschlechte Umschau zu halten, welches das römische Imperatoren-Diadem tragen könnte. Und tatsächlich regierte Friedrich II., obwohl das Imperium ein Wahlreich, schon als der fünfte Staufer und des Sechsten, Konrads, Nachfolge war gleichfalls gesichert.

Zu einer einzigen großen Fürstenfamilie faßte also Friedrich II. die abendländischen Königshäuser zusammen. Doch innerhalb dieser Blutsgemeinschaft bedeutete das staufische auch das abendländische Kaisergeblüt schlechthin, das „Reichsgeblüt", wie es Manfred nannte. Eine besondere Begnadung sei in dieses Blut gelegt.. denn die ihm entsprossen, denen sei es gegeben, „des Gottesreiches Mysterien zu wissen.. den andern aber nur sie in Gleichnissen" zu schauen. „Welcher Deutscher, welcher Spanier, welcher Engländer, welcher Franzose, welcher Provenzale oder wer sonst welchen Geschlechtes, welcher Nation könnte dir, o Rom, gebieten ohne unseren Willen und zum Heil deiner Waltung das Kaiseramt versehen? Es antwortet des Weltalls gebietende Notwendigkeit: niemand als des größten Caesars Sohn, dem jene Natur, die dem Reichsgeblüt überhaupt entkeimt ist, beisteht zu glückhafter Tat."

In diesen Worten Manfreds ist die Wandlung ganz zu erkennen, die Friedrich II. angebahnt. Nicht mehr die alt-germanische fränkische Königssippe der Waiblinger, die regia stirps herrscht in den Staufern über die Welt — was hätte sie England Frankreich Spanien Ungarn bedeutet? Sondern das Stauferblut hatte sich mit Friedrich II. zur römischen „stirps caesarea" gewandelt, zum Kaisergeschlecht der Römer! Es ist das Götterhaus der römischen Caesaren, das in den Staufern von neuem erscheint, das „himmlische Haus der DIVI AUGUSTI, dessen Gestirne immerdar leuchten", das von Aeneas, dem Vater des römischen Volks, hinführe hinweg über Caesar zu Friedrich und seinen Sprossen in unmittelbarer Deszendenz. Göttlich werden daher die Angehörigen dieses Kaiserstammes genannt. Und nicht nur die verstorbenen Vorgänger auf dem Kaiserthron heißen Divi, sondern schon die Lebenden, ja späterhin überhaupt alle Mitglieder des staufischen Kaisergeschlechts. Seit dem Tage von Cortenuova — ein zufälliges Zusammentreffen — stellte König Konrad, der sich bisher des „ruhmreich Erhabenen Sohn" nannte, in Deutschland die Urkunden aus als: „Konrad, des göttlich erhabenen Kaisers Friedrich Sohn, von Gottes Gnaden erwählt zum König der Römer"... Und hatte schon in jenem Briefe an Jesi, die Beschwörung der göttlichen

Kaisermutter zu Bethlehem in den Marken einen fast beängstigend realen Sinn gehabt, so spricht Friedrich II. seinen Sohn Konrad selbst an als „göttlichen Sproß caesarischen Blutes". Aber noch Jahrzehnte nach Friedrichs Tod wird der Markgraf von Meißen, dessen Gemahlin eine Stauferin war — Friedrichs Tochter Margarete — gerühmt als der „Vater von Göttlichen".. und ebenso wird noch am Ende des Jahrhunderts die Tochter König Ottokars II. von Böhmen gepriesen als „ein Sproß, den das glückliche Böhmen mit dem Blute der Göttlichen zeugte", weil des Königs Mutter eine Tochter Philipps von Schwaben war und noch eines Staufers Urenkelin zum Hause der römischen Divi gehörte. Bei den Ghibellinen Italiens aber war diese Vergottung des Staufergeblüts so unausrottbar tief verwurzelt, daß noch Boccaccio — Erzguelfe der er war — es für nötig hielt, sich zu verwahren gegen die herrschende Auffassung: es sei das staufische Kaisergeschlecht das edelste, das jemals gewesen.. denn „Barbarenblut" — so meinte Boccaccio — könne nimmer dem Stoff überlegen sein, aus dem die Natur Italiener gemacht!..

So war allmählich nicht mehr das Kaiseramt allein als solches göttlich wie schon zur Zeit Barbarossas, selbst nicht die Person nur Friedrichs II., sondern das staufische Geschlecht und das staufische Blut war an sich caesarisch und göttlich. Noch ein halbes Jahrhundert staufischer Herrschaft, noch der ersehnte und von den Sibyllen verheißene DRITTE FRIEDRICH.. und das Abendland hätte wieder leibhaft den „Gott Augustus" durch die Römertore ziehen sehen und seinem Standbild auf Altären Weihrauch gestreut und geopfert. Zum letztenmal war dem Abendland in den Staufern ein „Göttergeschlecht" erschienen.

Die römische Kirche indessen wußte sehr wohl, weshalb sie nicht rasten noch ruhen durfte, ehe nicht dieses ganze Haus bis auf den letzten Bastard-Enkel des Verfemten getilgt war. Auch der Kirche galt der staufische Stamm als ein ganz besonderes Geblüt, dem eine geheimnisvolle unfaßbare Kraft innewohnte.. aber ihr waren die Staufer das Geschlecht der „Verruchten", der Pfaffenfeinde und Kirchenverfolger, das Haus, auf dem für alle Zeiten der Priesterfluch ruhte, auf jedem einzelnen Mitglied, und nicht für des Einzelnen persönliche Schuld, sondern für die bloße Zugehörigkeit zu dem „Stamm der Verworfenen"! „Vernichtet Namen und Leib Samen und Sproß dieses Babyloniers!" war durch Jahrzehnte die Losung der haßerfüllten rächenden Priesterschaft Christi. Erstmals seit der Antike sollte an den Staufern ein Geschlechterfluch wieder wirksam werden, grauenhaft unerbittlich vollzogen von den Priestern eines erzürnten und beleidigten Gottes. Und die Priester mußten so handeln: hatte sich doch die Hybris einer ganzen sich stetig verjüngenden verschönenden Sippe von Stufe zu Stufe immer mehr dem Gott und den Göttern genähert.

Ein Konklave währt oft geraume Zeit, und nicht immer stellt es sich dar als eine feierlich-ernste Versammlung ehrwürdiger Kardinäle, die eingeschlossen in einem der schönen Gemächer päpstlicher Paläste in Ruhe über die Person des neuen Papstes verhandeln. Die Geschichte der römischen Kirche kennt manches langwierige und manches wild-erregte Konklave, aber kaum eines, bei dem es von Anfang an so wüst herging wie bei dem des Jahres 1241 — dem ersten wirklichen „conclave".
Als Papst Gregor IX. starb, waren Rom und die Kirche in höchster Gefahr: vor den Toren der Stadt Kaiser Friedrich „mit einem Heere wie der Libyer Hannibal".. die Kirche führerlos.. zwei Kardinäle seit der Seeschlacht in kaiserlicher Gefangenschaft.. der Kardinal Johann Colonna als Abtrünniger im kaiserlichen Lager.. die übrigen Kardinäle zwar in Rom, aber in zwei Parteien gespalten: eine stärkere Friedenspartei, die zum Kaiser hinneigte, und eine schwächere Kriegspartei, die den Kampf fortsetzen wollte. Es war vorauszusehen, daß eine Einigung der Wähler schwer zu erzielen sein würde und somit eine längere Wahlhandlung bevorstand. Gerade das aber war nicht nach dem Sinn des damaligen römischen Senators, der um Roms und der Kirche Sicherheit willen schleunigst einen neuen Papst gewählt haben wollte. Alleiniger Senator war Mattheus Orsini, ein Anhänger der Papstpartei, dem Gregor IX. noch zur Macht verholfen und der nun einem Diktator gleich über Rom herrschte. Die Wahl zu beschleunigen, schien ihm ein möglichst unangenehmer Aufenthaltsraum das sicherste Mittel und demgemäß handelte er.
Gleich nach dem Tode des Papstes ließ Mattheus Orsini von seinen Trabanten die Kardinäle aufgreifen und zum Wahlort schleppen „wie Diebe in einen Kerker". Schon dabei ging es roh genug zu: mit Fußtritten und Faustschlägen wurden die Kardinäle vorwärtsgetrieben.. ein schon gebrechlicher Kardinal zu Boden geworfen und an seinem langen weißen Haar über die spitzen Steine der Gassen geschleift, so daß er bereits ganz zerschunden im Beratungsraum ankam, dessen Türen sich nun für viele Wochen hinter ihm schlossen. Der Wahlraum selbst befand sich, wie schon bei früheren Papstwahlen, auf dem Palatin in dem sogenannten Septizonium des Severus.. einstmals ein Prachtbau mit Wasserkünsten und -spielen nach Art der Nymphäen, damals eine turmartige Ruine, die in jüngster Zeit durch Erdbeben wohl noch besonders stark

mitgenommen war. Hier stand den zehn Kardinälen nur ein einziger Raum zur Verfügung, von einer Nebennische abgesehen, und des Senators Krieger hielten die Prälaten so streng abgeschlossen, daß der Aufenthalt eher einem Gefängnis glich: trotz großer Bestechungsgelder, die die Soldaten annahmen, durften weder die Diener zu den Kardinälen noch auch Ärzte, die sehr bald notwendig wurden. Denn der ganze Bau war schadhaft und durch die Ritzen der Decke triefte weniger der Regen, als eine abscheuliche Jauche, da die über dem Konklaveraum schlafenden Wächter den schadhaften Boden zum Scherz als Abtritt benutzten. Durch improvisierte Zelte hielten sich die Kardinäle zwar die Schlafstätten noch leidlich rein und trocken, aber — ohne hier ins Einzelne zu gehen: der Gestank in dem Konklaveraum, dazu die Fieberhitze des römischen August, mangelhafte Verpflegung, Verbot ärztlicher Hilfe und Drangsalierung durch die Krieger brachte es in kurzer Zeit dahin, daß von den zehn Kardinälen fast alle heftig erkrankten und drei von ihnen an den Folgen der Einschließung starben.

Insofern hatte der Senator richtig gerechnet: den Kardinälen selbst mußte viel daran liegen, sich so schnell wie möglich über die Person des neuen Papstes zu einigen und diesen Höllenraum zu verlassen. Aber die Schwierigkeiten waren außergewöhnlich groß, da es der an sich stärkeren Friedenspartei nicht gelang, einen Anhänger der schwachen aber rabiaten Kriegspartei zu sich hinüberzuziehen, und dadurch bekam man nicht die notwendige Zweidrittelmehrheit. Die Folge war eine zwiespältige Wahl: fünf Kardinäle der Friedenspartei hatten ihre Stimmen einem sechsten gegeben, dem Mailänder Gotfried von Sabina, während die Gegenpartei zu dritt den Kardinal Romanus von Porto gewählt hatte, der dem Kaiser besonders verhaßt war.

Jetzt griff Friedrich II. ein. Alte kaiserliche Rechte im Fall einer zwiespältigen Wahl wieder aufnehmend verwarf er Romanus von Porto und billigte die Wahl Gotfrieds. Vielleicht wäre es den Kardinälen der Friedenspartei gelungen, die eine fehlende Stimme schließlich zu gewinnen, da aber starb im Konklave einer der ihren, der Engländer Robert von Somercote... unter scheußlichen Umständen, wie sich denken läßt: noch lebend wurde er in den Totenwinkel geworfen, von den Soldaten, die ihm höhnende Totenlieder sangen, bespien und ohne Beichtgelegenheit noch Pflege liegen gelassen.. ja, der sterbende Kardinal wurde, als die Purgative, die er genommen, zu wirken begannen, auf das Dach des Septizoniums geschleppt, wo er vor aller Augen im Anblick der Ewigen Stadt seine letzte Notdurft verrichten mußte. Mit dem Tode des Engländers war die Möglichkeit, zu einer Zweidrittelmehrheit zu kommen, wieder geschwunden, und schließlich einigte man sich auf einen Auswärtigen. Dagegen aber verwahrte sich wieder der Senator Mattheus Orsini. Er wollte dem römischen Volk sofort den Gekrönten zeigen, begann furchtbar zu toben und zu fluchen und drohte: wenn nicht bald die Wahl auf einen der Anwesenden falle, so werde er die Leiche Papst Gregors ausgraben lassen, und sie in den Konklaveraum setzen, damit durch den Verwesungsgeruch die ohnehin schon halbtoten Kardinäle gleich ganz zugrunde gingen. Außerdem werde er draußen in der Stadt unter Vorantragung des Kreuzes alle Anhänger der Kaiserpartei niedermetzeln lassen. Da die Kardinäle nach dem Vorangegangenen an der Aufrichtigkeit dieser Drohung nicht zweifeln konnten, so einigten sie sich nach zweimonatigem Konklave endlich auf jenen auch dem Kaiser genehmen Mailänder Gotfried, der als Coelestin IV. den päpstlichen Thron bestieg.

Ob wohl schon damals an den Namen Coelestin sich solche Hoffnungen knüpften wie an den frommen Einsiedler Petrus Murrone, der als Coelestin V. gegen Ende des Jahrhunderts dem gewaltigen Bonifaz voranging? Denn in diesem Siedler, der von strengstem Franziskanergeist beseelt so fromm war, daß es ihm gelang seine fadenscheinige Kutte vor den Augen des Papstes an einem Sonnenstrahl aufzuhängen, hatte die Welt den seit Joachim von Fiore verheißenen „Engelspapst" begrüßt, der — dem Messiaskaiser entsprechend — durch Entsagung und Armut die Welt erlösen und die Urkirche erneuern sollte. Doch die Hoffnungen die man auf den „papa angelicus" gesetzt, schlugen fehl: Coelestin V. dankte nach wenigen Monaten ab, noch von Dante als ein Lauer verflucht

„Che fece per viltate il gran rifiuto.."

und Coelestin IV., den „Gott vom himmlischen Mahle herabgesandt", wie Friedrich II. späterhin schrieb, starb am 17 ten Tage seines Pontifikates, ehe er noch die Weihen empfing. Er war schon im Konklave erkrankt und seine einzige Tat war die erfolglose Bannung des Senators Mattheus Orsini.

Ein neues Konklave wurde damit nötig. Doch die Kardinäle warteten das nicht ab: Entsetzen packte sie bei dem Gedanken an eine Wiederholung der ausgestandenen und noch keineswegs überwundenen Leiden und fluchtartig verließ ein Teil die Stadt, um sich nach Anagni zu begeben. In Rom blieben wohl drei kaiserfeindliche Kardinäle zurück, außerdem Kardinal Johann Colonna, den der Senator gleich nach Abschluß des Konklave ergreifen und in den Kerker werfen ließ. Der Kampf zwischen Orsini und Colonna setzte sich seither noch durch Generationen fort.

So war das ganze Kardinalskolleg zersplittert. Wohl vier Kardinäle waren in Rom.. ebenso viele in Anagni.. zwei andere noch in der Haft des Kaisers. Wie sollte da ein Konklave zustande kommen? Schon über den Ort der Papstwahl konnte man sich nicht einigen. Monatelang gingen die Verhandlungen hin und her zwischen der Gruppe von Anagni und der von Rom über die Frage, wo man wieder zusammentreten sollte. Denn die in Anagni weigerten sich entschieden, nach Rom zurückzukehren, und die in Rom wieder wollten oder konnten die Stadt nicht verlassen. Man kam keinen Schritt vorwärts, wobei der Hauptschuldige niemand anders war als der Senator Mattheus Orsini. Die Welt freilich sah nicht die Gründe der langen Sedisvakanz, sondern nur die Tatsache selbst, daß die Kardinäle keinen Papst wählten. Allenthalben begann man deshalb die Kardinäle heftig zu schmähen: in Spottliedern schlug man den Vätern vor, doch einfach um die Tiara zu würfeln.. ein andrer scheint gar auf Friedrich II. als Papst verwiesen zu haben, der gleichfalls den Kardinälen Vorwürfe machte, daß sie die Wahl nicht zum Abschluß brächten. Der Kaiser selbst unternahm indessen einen Vorstoß gegen die Römer (Sommer 1242), um seine „Freunde, die Kardinäle" zu befreien.. denn da zwei Kaiserfreunde im Kollegium gestorben waren, so mußte dem Kaiser viel daran liegen, wenigstens den gefangenen Johann Colonna freizubekommen. Doch die Unternehmung gegen Rom hatte keinen weiteren Erfolg und die Lage war nach Jahresfrist noch unverändert.

Unter diesen Umständen erhielten nun die beiden vom Kaiser gefangenen Kardinäle eine große Bedeutung. Das Kolleg war nicht nur zersplittert, sondern auch stark zusammengeschmolzen, zumal auch ein Anhänger der Kriegspartei, Kardinal Romanus von Porto wohl an den Folgen des Schreckens-Konklave starb. Sowohl die beiden Kardinalsgruppen von Anagni und Rom als die Gefangenen selbst verlangten nun vom Kaiser Freilassung zur Erledigung der Wahl. Damit war aber für Friedrich II. der Augenblick gekommen, seine kostbaren Pfänder langsam wohlüberlegt und zweckmäßig einzusetzen. Von den beiden gefangenen Kardinälen war der eine, Jacob von Palestrina, Friedrichs erbitterter Feind — der andre Otto von St. Nikolaus, zwar anfänglich auch ein Gegner des Kaisers.. aber Friedrich II. hatte es verstanden, diesen Kardinal so völlig in seinen Bann zu zwingen und für sich einzunehmen, daß Otto von St. Nikolaus ähnlich dem Kardinal Colonna fortan für einen ganz besonders nahen Vertrauten und Freund des Kaisers zu gelten hatte. Über die Freilassung der beiden Kardinäle hatte man anscheinend bereits zur Zeit des ersten Konklave verhandelt und Friedrich war wohl auch willens, wenigstens Otto von St. Nikolaus zu entlassen.. freilich mit der Verpflichtung, zu ihm zurückzukehren, wenn Otto nicht selbst zum Papst gewählt würde. Diese Verhandlungen wurden jetzt wieder aufgenommen mit dem Erfolg, daß Friedrich sich entschloß, Kardinal Otto freizugeben und dies um so lieber, weil durch die Einkerkerung Colonnas die Kaiserpartei ihren Führer verloren hatte. Otto sollte nunmehr im kaiserlichen Sinne auf das Kardinalskolleg einwirken: vom Kaiser reich beschenkt verließ der Gefangene seine Haft.

Zu einem Konklave aber kam es immer noch nicht. Die Verhandlungen schleppten sich noch den ganzen Winter 1242/43 hin. Im Frühjahr unternahm der Kaiser wiederum einen Zug gegen Rom, um den dortigen Kardinälen Luft zu machen, brach aber die Heerfahrt unverzüglich ab, als die dort Weilenden behaupteten: sie könnten nicht sicher nach Anagni gelangen, weil die kaiserlichen Truppen alle Wege sperrten. Obwohl diese Klage völlig ungerechtfertigt war, so zog Friedrich dennoch seine Truppen sofort zurück, um nicht als der die Papstwahl Hindernde zu erscheinen. Aus dem gleichen Grunde entließ er schließlich auch den Palestrinenser aus der Gefangenschaft, jedoch erst nachdem ihm das Kardinalskolleg bestimmte Zusicherungen gemacht hatte.

Des Kaisers Sachen standen infolgedessen über alle Maßen günstig. Für die Freilassung der Kardinäle — „ohne Lösegeld" wie ein Chronist rühmend hervorhob — hatte man die sofortige Abberufung des dem Kaiser verhaßten lombardischen Legaten Gregor von Montelongo zugesagt, der soeben Vercelli zum Abfall vom Kaiser gebracht hatte.. ferner dürfte man sich über die zu wählende Person mit dem Kaiser geeinigt haben, während Friedrich seinerseits wieder nach erfolgter Wahl einer persona grata die Rückgabe des Patrimoniums verhieß, dazu die Entlassung auch der übrigen Gefangenen. Beruhigt konnte Friedrich dem Ausgang der Wahl entgegensehen: alle erdenkbaren Vorteile hatte er, wie es schien, ausgenutzt. Es war daher für den Kaiser keine große Überraschung, als nach einem ganz kurzen Konklave zu Anagni am 25. Juni 1243 die einmütige Wahl erfolgte. Sie fiel auf den Genuesen Sinibald Fiesco, Grafen von Lavagna.

Freudig schrieb der Kaiser wenige Tage später, daß nunmehr der allgemeine Frieden der christlichen Welt gesichert, der gute Stand des Reiches wie die Freundschaft von Vater und Sohn verbürgt sei, da der Erwählte „einer der adligen Söhne des Reiches und in Wort wie Tat uns immer wohlgesinnt". Gleichzeitig ordnete Friedrich II. für das sizilische Königreich Dankgottesdienste an und beglückwünschend schrieb er dem neuen Papst, der den Namen Innocenz IV. annahm, in ganz ähnlichem Sinn: aus des Reiches adligen Söhnen sei er entsprossen, ihm ein alter

Freund jetzt zum neuen Vater erwählt, und der von Gott eingegebene Name Innocenz möge für den Schutz der Unschuld bürgen. Eine kaiserliche Gesandtschaft, bestehend aus den vornehmsten Vertretern des Hofes: dem neuen Deutsch-Ordensmeister Gerhard von Malperg, dem Reichsadmiral Ansaldus de Mari, Petrus de Vinea und Thaddeus von Suessa hatte die Glückwünsche Friedrichs II. zu überbringen.

Einer von den adligeren Söhnen des Reiches! Das war der neue Papst ganz gewiß, obwohl die genuesischen Fieschi nicht gerade zu den kaiserlich gesinnten Familien gehörten. Aber Sinibald Fiesco, der vorzeiten in Parma seine Kanonikerjahre verbracht hatte, nachdem er in Bologna studiert und doziert, war eng verwandt mit den bekanntesten Parteigängern Friedrichs II. in dem stets ghibellinischen Parma, dessen Podestarie der Kaiser selbst bekleidete. Ein Schwager des Papstes, Bernardo Orlando di Rossi von Parma, war sogar ein Gevatter Friedrichs II. und konnte damals geradezu als Ghibellinenführer gelten.. und Sinibald Fiescos Lieblingsneffe Hugo Boterius, Sohn einer zweiten in Parma vermählten Schwester, hing dem Kaiser bis über den Tod hinaus in wirklich aufrichtiger Liebe und tiefer Bewunderung an. Bei der großen Bedeutung, die Friedrich II. blutsmäßigen Bürgschaften mit Recht stets beimaß, dürften für ihn des Papstes ghibellinische Angehörige geradezu von entscheidendem Belang gewesen sein.

So sah Friedrich II. einen Papst mit ghibellinischem Anhang auf dem Stuhle Petri, und mit einem gewissen Recht durfte er den von ihm selbst Erkorenen auch persönlich für einen Freund halten, zumindest nicht für einen Feind. Denn im Vergleich zu den Rabiaten der Kriegspartei war der geschmeidige glatte Genuese mit seinen weltmännisch-urbanen Umgangsformen und der stets verbindlichen Unverbindlichkeit tatsächlich eher den befreundeten Kardinälen zuzurechnen, obschon kein leidenschaftlicher Parteigänger wie der Römer Colonna. Solche Parteinahme konnte gar nicht die Art dieses stets auf seinen Vorteil bedachten Handels- und Seestädters sein, der berechnend, unbeirrbar vernünftig, von einer Eiseskälte des Herzens die Dinge dieser Welt, die ihn allein angingen, sachlich klar nüchtern zu beurteilen fähig war.. überdies einer der glänzendsten Rechtsgelehrten, ungemein gebildet und Verfasser eines berühmten Dekretalenkommentars. Alles das mag den Kaiser für Sinibald Fiesco eingenommen haben, in dem er endlich einen völlig unbigotten Priester erblickte, der ohne eine Spur von mystischer Übersteigerung die Dinge ganz nackt sah, so wie sie waren, gänzlich bar auch jenes leidenschaftlich ekstatischen Fanatismus eines Gregor, dem er vielleicht als Kardinal gelegentlich sogar entgegentrat — überhaupt das genaue

Gegenteil Gregors IX., der bis in die letzte Faser hinein Glut und Feuer war. Freilich die königliche Gebärde und Haltung, die gebietende Majestät eines Gregor fehlte dem Fiesco, der auch den hohen persönlichen Mut des kriegerischen Alten nicht kannte, dafür aber auf jene Art wagemutig tollkühn und skrupellos war, wie jeder unsoldatische und körperlich eigentlich feige Spieler Mut zeigt, sobald er den eignen Leib in Sicherheit weiß. „Sedens ago" war der vielsagende Wappenspruch des verschlagenen Genuesen.
Es ist begreiflich, daß Friedrich II. nach vierzehnjährigem Kampf gegen einen fanatischen Priester vom Schlage Gregors IX. eine Wiederkehr dieses wild-gehässigen Typs unter allen Umständen zu verhindern suchte, und da durfte ihm der zugängliche Kardinal Fiesco tatsächlich als ein Freund erscheinen, der — viel mehr Politiker als Priester — so manchen der diesseitigen „ghibellinischen" Züge aufwies. Darin hat sich Friedrich II. gewiß nicht getäuscht. Seine furchtbare Täuschung war vielmehr die, daß er einen nüchtern denkenden „Ghibellinen" auf dem päpstlichen Thron für harmloser hielt als einen besessenen Fanatiker, und einen halben Freund für weniger gefährlich erachtete als einen ganzen Feind. Wenn er in zu spätem Erkennen sagte: „Kein Papst kann Ghibelline sein!", so zeigt das, was der Kaiser erwartet hatte. Aber hier hätte wohl eher gegolten: wehe, wenn ein Papst Ghibelline ist! weil der mit den gleichen Waffen rang, wie Friedrich II. selbst. Oft genug hätte der Kaiser von diesem letzten Gegner — wie Napoleon von Blücher — sagen können: „Er hat gelernt!".. und vielleicht ist Innocenz IV. in gewissem Sinne sogar Friedrichs bedeutendster Schüler gewesen. Freilich, aus des Staufers ungeheurem Lebensgesamt hatte der Papst nur einen einzigen Splitter herausgebrochen, hatte dem Genie nur eines der vielen Mittel abgesehen, das er nun zur Virtuosität ausgebildet zielbewußt zum Stoß gegen den Staufer kehrte: die jeder frommen Scheu, jeder Rücksicht und jeden Skrupels bare Verwendung aller Kräfte für den einen Zweck. Was jedoch dem Kaiser, dessen Skrupellosigkeit eins war mit der heißen Leidenschaft des Schaffenden, zum Aufbau einer neuen Welt diente, das wandte Innocenz IV. schon als „Methode" ganz kühl und sachlich an zur Vernichtung des einen Menschen, der eine uralte Institution zu erschüttern drohte.
Der Kampf gegen das einseitige Virtuosentum des Genuesen führte in kürzester Zeit notwendig eine ungeheure Verflachung des gewaltigen Ringens herbei, der Friedrich II. nur mit Mühe entgegenwirkte. Es war kein Kampf mehr gegen ein Lebensgesamt, wie es Papst Gregor IX. dem Kaiser entgegengestellt hatte, und das wirklich Fruchtbare: der sich

wechselseitig steigernde, hier der eigentlich priesterliche Gegensatz fehlte fortan dem Kampf gegen den Politiker Innocenz. Das Ringen verweltlichte und büßte sein hochgespanntes Geistiges fast ganz ein. Ja, es hörte selbst die Möglichkeit einer geistigen Spannung zwischen Kaiser und Papst allmählich auf: nur zwischen dem Kaiser und den Seinen war diese schließlich zu finden. Eine weitere Folge war, daß sich dem Kaiser sehr bald die bisherigen Angriffsmittel versagten. Und bald kündigte sich auch das andere Kennzeichen der letzten Kampfesphase an: Friedrich II. wurde plötzlich in die Defensive abgedrängt. Die Waffengänge mit Gregor IX., obwohl auch aufgezwungen, lagen immer noch auf der Linie der Kämpfe, die Friedrich II. zu kämpfen willens war.. ja seine großartigsten Leistungen waren eine Frucht dieses Zweikampfs, der seine eignen Fähigkeiten erst voll zur Entfaltung brachte. Jetzt aber ward der Kaiser von dem Gegner unaufhörlich gestellt und zu Kämpfen genötigt, die er keineswegs vorgesehen hatte und die er durchaus nicht wollte. Und da Friedrich II. jetzt nicht mehr allein dem eignen Wollen und Planen, das ihm Schwung lieh, folgen konnte, verloren die Kämpfe für ihn den unmittelbaren Sinn: sie zielten nicht mehr auf Herstellung einer bestimmten gottgewollten Ordnung, sondern erschöpften sich in persönlicher Abwehr. Was aber Friedrich jetzt als Einziges begehrte, war Frieden.. und den erhielt er nicht.

Friedrich II. hatte mit dem ganzen feinen Gespinst seiner Diplomatie die Papstwahl zu beeinflussen gewußt — das Unerlaubteste was es gab. Jetzt sah er auf dem päpstlichen Thron den von ihm selbst gewünschten Kardinal, für den die ghibellinischen Angehörigen in Parma zu bürgen schienen. An die Möglichkeit, daß auch diese vermeintlichen Bürgschaften zum Verhängnis werden konnten, wenn der Papst in Parma einen Gesinnungswandel herbeiführte, scheint der Kaiser zunächst nicht geglaubt zu haben. Überhaupt: erstmals anläßlich der Wahl des neuen Papstes beginnt bei Friedrich II. etwas andres ganz Typisches sichtbar zu werden: Friedrich hatte seine eigensten Mittel, die des geistigen Kampfes, erschöpft. Denn die Mittel des Individuums erschöpfen sich notwendig rascher als die eines Systems, wie es das römische Papsttum war. Um so verhängnisvoller muß auf dieser Stufe der notwendig fanatische Caesarenglauben an den eignen unwandelbar glücklichen Stern, an die eigne gottgewollte Sendung sein.. ein Glauben, der an Kraft nicht verliert, auch wenn die Sendung schon vollbracht ist und nun — nach Goethes Wort — „die Dämonen dem Genie, das auf Erden in dieser Gestalt nicht weiter vonnöten ist, ein Bein nach dem andern stellen".

Schon der Papstname „Innocenz" hätte dem Kaiser über die Richtung des Neugewählten ziemlich viel sagen können: aber es dauerte lange, ehe sich Friedrich II. wider seinen Willen davon überzeugen ließ, daß Innocenz durchaus nicht der Freund war, den er um jeden Preis in ihm sehen wollte, und aus praktischen Gründen in ihm sehen mußte. Die Hauptwaffe hatte ja Friedrich II. schon verbraucht: daß er nicht gegen die Papstkirche, sondern gegen die „Nichtswürdigkeit des gegenwärtigen Bischofs von Rom" kämpfe. Einmal, im Kampf gegen Gregor IX., hatte er die Welt davon vielleicht zu überzeugen gewußt, ein zweites Mal war es nicht möglich, Amt und Amtsträger voneinander abzuspalten. War aber der Papst nicht mehr persönlicher Feind des Kaisers, so mußte er eben um jeden Preis der persönliche Freund sein und mit Emphase steigerte sich Friedrich II. in diese angeblich alte Freundschaft mit Sinibald Fiesco hinein, die er der ganzen Welt verkündete. Damit hatte er sich nach allen Seiten hin festgelegt und suchte zugleich durch das übermäßige Betonen der Freundschaft die Freundschaft selbst zu erzwingen. Er wollte in dem neuen Papst den Freund sehen, suchte ihn durch seinen Willen zur Freundschaft zu zwingen und versteifte sich auf seinen Glauben, daß dieser Genuese ihn vom Bann lösen und ihm den Frieden bringen werde. Selbst als die Ereignisse schon deutlich gegen Sinibald Fiesco sprachen, beharrte der Kaiser in seiner günstigen Meinung und suchte die Gründe für das Scheitern mancher Verhandlung lieber in anderem als in dem Papst, dessen Erhebung er selbst zuwege gebracht. Freilich, als er später die ganze Ironie erkannte, die er sonst immer für andre bereit hielt und die sich diesmal gegen ihn selbst kehrte, fand Friedrich II. geistvoll auch für sein eignes Schicksal alsbald die witzige und tiefsinnige Formulierung: er habe unter den Kardinälen einen Freund verloren, dafür aber als Papst einen Feind gewonnen. Und ohne Feind konnte jemand wie Friedrich II. schließlich nicht sein.

Es scheint, daß Papst Innocenz anfangs tatsächlich einen Frieden gewollt hat. Denn der Krieg, der durch seine Dauer schon des Kaisers Kräfte übermäßig anspannte, hatte die Kirche noch viel mehr mitgenommen, wie die Geschehnisse der letzten Jahre bewiesen. Sehr bald nach der Thronbesteigung des neuen Papstes begannen daher die Besprechungen, für welche schon vor der Wahl eine gewisse Grundlage geschaffen war durch die mit den Kardinälen getroffenen Abreden. Aus den langwierigen und nicht immer leicht überschaubaren Verhandlungen ist nur das Wesentliche herauszuheben.

Die Verhandlungen zeigten einerseits eine überraschende Nachgiebigkeit des Kaisers, der, um endlich von dem lästigen Banne gelöst zu werden, Schritt für Schritt Zugeständnisse machte. Anderseits schien auch der Papst — zu Anfang wenigstens — durchaus friedensbereit. Doch als sich dann bald herausstellte, daß eine befriedigende Lösung schwerlich zu finden sein würde, begann der Papst sein doppeltes Spiel: er gab zwar die wirklich ernsthaft gemeinten Verhandlungen nicht auf, rang mit den Unterhändlern um jeden Punkt, doch er versuchte zugleich, um den ganzen Frieden herumzukommen. Von seiten des Kaisers waren Petrus de Vinea und Thaddeus von Suessa als Unterhändler zum Papste entsandt, die bei weitem geschicktesten und allen Ränken gewachsenen Diplomaten des Großhofs, denen für die rein-kirchlichen Fragen noch der uralte getreue und für seinen Herrn stets unermüdliche Erzbischof Berard von Palermo beigegeben war. Diese drei Vertrauten des Kaisers wurden vom Banne gelöst, um mit dem Papste verhandeln zu können.. denn Friedrichs Vorschlag, die Unterhandlungen am Kaiserhofe zu führen, wurde von Innocenz abgelehnt, der die Dialektik des Kaisers und seine Macht über die Menschen wohl kennen und fürchten mochte.

Vieles konnte ohne Schwierigkeiten sofort erledigt werden. Die päpstliche Autorität in geistlichen Dingen hatte der Kaiser ja stets anerkannt und ihr unterwarf er sich bedingungslos. Zu jeder kirchlichen Genugtuung: zu Almosen, frommen Stiftungen, selbst zur Buße des Fastens erklärte sich Friedrich II. in weitestem Maße bereit. Auch zur Herausgabe des Kirchenstaates nach erfolgter Absolution verstand er sich, allerdings wollte er diesen als Vogtei zurückerwerben gegen einen die Einnahmen daraus weit übersteigenden Zins oder aber gegen die Verpflichtung, auf eigne Kosten das ganze Heilige Land zu erobern. Das wäre nun in der Tat nichts als ein neuer Sieg des Kaisers gewesen und Innocenz lehnte den Vorschlag daher sofort ab. Das Schwierigste war hier wie noch bei jeder Verhandlung zwischen Kaiser und Papst die Lombardenfrage. Friedrich vertrat den unanfechtbaren Standpunkt, daß Gregor IX. ihn nicht der Lombarden wegen gebannt habe, daß daher auch die Absolution mit dieser Frage nicht verquickt werden dürfe. Demgegenüber wußte Innocenz sehr wohl, daß er rechtlich dem Kaiser nicht beizukommen vermochte und daß in jeder Erörterung der Rechtsfrage er selbst stets der Unterliegende sein mußte. Anderseits konnte er so wenig wie ein anderer Papst die lombardische Bundesgenossenschaft aufgeben, ohne gleichzeitig das politische Papsttum als solches aufzugeben, und außerdem hatte sich Innocenz schon den Mailändern gegenüber, die einen vorschnellen und für sie ungünstigen Frieden witterten, dahin festgelegt, daß er ohne sie in keine Verhandlungen eintreten würde. Durch Gregors Pakt mit Venedig Genua Piacenza und Mailand war Innocenz tatsächlich gebunden, den Frieden nur mit Einwilligung aller Teile zu schließen. So verlangte der Papst jetzt vom Kaiser, daß er dem Gesamt, nicht nur einem Teil des christlichen Volkes den Frieden gewähre. Der Kaiser war auf dieses Ansinnen vorbereitet und nach einigem Zögern erklärte er, damit an dieser Angelegenheit nicht alles scheitere, er wolle hinsichtlich der Lombarden auf den Zustand im Augenblick der Exkommunikation von 1239 zurückgehen. Doch gerade als man sich hierüber dank dem kaiserlichen Entgegenkommen zu verständigen anschickte, trat ein Zwischenfall ein, der jegliche Unterhandlung augenblicks unterbrach. Das bisher durchaus kaisertreue Viterbo war durch Machinationen der päpstlichen Kurie plötzlich abgefallen.

Dem Papst mag gerade zu diesem Zeitpunkt der Abfall Viterbos ungelegen gekommen sein. Er selbst hatte ihn nicht unmittelbar veranlaßt, doch war ihm das ganze Vorhaben durchaus bekannt. Wie er nämlich den Lombarden gegenüber in einer für das Zustandekommen des Friedens sehr schwierigen Lage war, so noch hinsichtlich einer anderen Gruppe, die einem Frieden gerade so mißtraute: der Gruppe der kaiserfeindlichen Kardinäle. An ihrer Spitze stand der wilde Rainer von Viterbo, der noch aus der Schule eines Innocenz III. und Gregor IX. stammte und den Kaiser mit der ganzen Glut und Leidenschaft des verstorbenen Papstes haßte. Seiner Veranlagung nach war er kriegerisch: als einer der ersten Kardinäle der römischen Kirche hatte sich Rainer von Viterbo Krieger- und Feldherrnruhm erworben und was er allein fürchtete, war ein Friede. Mit den Verhandlungen des neuen Papstes, die eine friedliche Lösung des Zwistes verhießen, war er daher sehr wenig einverstanden und betrachtete es als seine höchste Aufgabe, den Riß so aufzuweiten, daß auch in Zukunft eine Verständigung mit dem verhaßten Kaiser, den Rainer einstmals sehr verehrt, ja geliebt hatte, unmöglich würde. Auf alle nur denkbare Weise gab er sich dieser Aufgabe hin: nicht nur die übelsten Vertragsbrüche der Kirche, auch die giftigsten und gehässigsten Pamphlete, an denen der große Kampf ja reich war, haben den Kardinal Rainer von Viterbo zum Urheber.. und: er hat das Gewollte erreicht.

Kardinal Rainer hatte seit längerem geplant, in seiner Vaterstadt Viterbo mit Hilfe einiger Freunde eine Empörung gegen die kaiserliche Herrschaft, obwohl diese dort gar nicht unbeliebt war, anzustiften. Papst Innocenz, der von dem Plan erfuhr, mißbilligte zwar das alles, doch gab er dem Kardinal die unklar gehaltene Vollmacht, im tuszischen Patrimonium zum Nutzen der Kirche zu wirken. So war er selbst gedeckt und hatte sich doch mit den während der langen Sedisvakanz allzu selbständig gewordenen Kardinälen nicht überworfen. Außerdem konnte ein Gelingen des Anschlages auch ihm Nutzen bringen. Die Überrumplung gelang denn auch. Die kaiserliche Besatzung hatte sich — vielleicht zu früh — in die Burg von Viterbo geworfen, wo sie sich viele Wochen zu halten vermochte. Das Volk selbst blieb den Geschehnissen gegenüber gleichgültig.. nur die Anhänger des Kaisers unter den Bürgern wurden nach heftigen Kämpfen niedergezwungen.

Friedrich II. empfing in Melfi die Nachricht vom Abfall Viterbos. „Wie eine Löwin der man ihr Junges genommen und wie eine Bärin, der man die Kinder geraubt, fuhr er auf. Wie ein Wirbelsturm von Mitternacht brausend eilte er, in das Feuer des Zornes gehüllt, herbei zur Vernichtung der Stadt, wie ein Schnelläufer ohne allen königlichen Pomp. Er kam aber auf rotem Roß, um der Erde den Frieden zu nehmen." So schilderte Rainer das Kommen des Kaisers. Mit einem schnell gesammelten Heer von Apuliern und den stets schlagbereiten Sarazenen eilte Friedrich II. nach Viterbo. Gleichzeitig wurden die Generalvikare der umliegenden Provinzen alarmiert, mit dem Fußvolk der Städte sofort zu Hilfe zu kommen. So mochte in kurzer Zeit ein leidliches Heer gesammelt worden sein, immerhin dauerte dies lange genug, um den Viterbesen, deren Eifer Kardinal Rainer zu steigern wußte, für starke Verschanzungen Zeit zu gewähren. An einem Sonntag wurden die kaiserlichen Truppen zum Sturm angesetzt. Petrus de Vinea, der Vielseitige, half die Heerhaufen ordnen. Eine Abteilung führte der Kaiser selbst gegen die Verschanzungen, die zweite der junge Graf von Caserta. Doch trotz heftigster Angriffe — der Kaiser selbst sprang zornentbrannt vom Pferde und stürmte einen viereckigen Schild ergreifend voran — war durch einfachen Sturm gegen die feste Stadt kein Erfolg zu erzielen. So mußten erst Belagerungsmaschinen heran. Einige Wochen später wurde bei Morgengrauen der Angriff wiederholt. Als man dabei griechisches Feuer verwendete, ging ein Angriffsturm in Flammen auf. Der Wind, der eine Zeitlang die Flammen gegen die Stadt getrieben, sprang aber jäh um, so daß auch die übrigen Türme der Angreifer Feuer fingen und schließlich verbrannten. Es blieb also auch der zweite Angriff ohne Erfolg.

Diesen Augenblick benutzte der Papst, um die unterbrochenen Verhandlungen seinerseits wieder aufzunehmen. Er sah sich dazu genötigt, da Freunde des Kaisers wie der Graf von Toulouse und Kaiser Balduin von Konstantinopel am päpstlichen Hof für den Frieden wirkten und die ganze Frage von Viterbo schließlich dem Papste zur Last fiel, ja seine Rechtlichkeit in Zweifel rückte. So wurde der Kardinal Otto von

St. Nikolaus, des Kaisers neuer aufrichtiger Anhänger, zu Friedrich II. entsandt um die Viterbeser Angelegenheit zu ordnen. Er mag dem Kaiser die Absolution unter günstigeren Bedingungen in Aussicht gestellt haben, wenn er die weitere Belagerung aufgäbe. Eine lange Belagerung war ohnehin kaum in des Kaisers Absicht, der ein neues Faënza scheute. Außerdem aber hätte er das im Kirchenstaat gelegene Viterbo nach der Lösung vom Banne ohnedies herausgeben müssen und der Abschluß des Friedens stand ja nahe bevor. So verständigte er sich mit dem ihm lieben Kardinal Otto sehr rasch: er selbst kehrte nach Apulien zurück und die kaiserliche Besatzung von Viterbo, die immer noch halb-verhungert das Kastell hielt, sollte freien Abzug erhalten. Der Vertrag wurde auch von den Viterbesen beschworen. Da geschah das Empörende: als nämlich die kaiserliche Besatzung Viterbo verlassen wollte, fielen, von Kardinal Rainer verhetzt, der wieder das Schreckgespenst eines Friedens aufschimmern sah, die Einwohner von Viterbo über die ermatteten Kaiserlichen her und obwohl Otto von St. Nikolaus sie mit seinem eigenen Leib zu schützen suchte und der Menge entgegentrat, wurden doch die meisten niedergemetzelt.

Der plumpe Eidbruch des Kardinals — Friedrich II. wußte Rainer von Viterbo als den Alleinschuldigen — hat den Kaiser als Symptom des Wankens aller menschlichen Satzung tatsächlich zu tiefst erschüttert. Nicht das Gemetzel an seinen Leuten und der Schade, den er erlitten, habe ihn so bewegt — schrieb er dem Kardinal Otto — aber er frage ihn und bäte um Antwort: „Welches Ziel unsrer Erwartungen können wir denn erhoffen, wenn die Treue der Menschen so vollständig verachtet wird, wenn die Scham abgeworfen, das Gewissen nicht gewahrt, wenn schließlich den väterlichen Würden keine Ehre erwiesen wird! Welche Bande unter Menschen sollen wir noch suchen, mit wem sollen wir über die Schlichtung eines so großen Zwistes, über fast der ganzen Erde Zusammenbruch verhandeln, nachdem eines heiligen Legaten, ja sogar eines Kardinals Versprechen — ein Name, ehrwürdig unter den Völkern — jählings vergewaltigt wird?" Die Ungeheuerlichkeit des Geschehenen, ihm zunächst beinahe unfaßbar, durfte dem Kaiser wohl eine Warnung sein für das, was noch kommen sollte. Gegen Rainer und die Viterbesen raste er freilich vor Zorn. Er, der zehn Jahre zuvor den Michael Scotus befragte, ob es nach dem Tode nicht wenigstens eine Rückkehr gebe um des Hasses willen, habe jetzt gefleht: noch nach dem Tode möge sich sein Gebein erheben zur Zerstörung Viterbos. Denn an dem Blute der Viterbesen könne er sich nicht satt trinken, wenn er nicht mit eigner Hand an die Stadt den Brand anlegte, und stünde er schon mit einem

Fuß im Paradies, so würde er ihn zurückziehen um einer Rache an Viterbo. Nur wegen des Friedens der Welt — über den man gerade verhandelte — schließe er jetzt mit dem Schlüssel der Scham in seinem Herzen die Klagen ab und zwinge seine gerechten Wallungen nieder. So schrieb er dem Kardinal Otto, den er von aller Mitschuld freisprach, ihn wie den Papst auch.

Dem waren die Vorgänge in Viterbo anscheinend überaus peinlich. Er belegte Viterbo mit einer Geldstrafe und auf daß diese auch sicher eingezogen würde, übertrug er die Strafausführung keinem andern als: Kardinal Rainer von Viterbo. Auch die Freilassung der gefangenen und mißhandelten Kaiserlichen ordnete er an. Aber als man dem Befehl in Viterbo unter dem Schutze des Kardinals nicht nachkam, entschuldigte sich Innocenz beim Kaiser damit, daß er gern dieses Vergehen berichtigen wolle, wenn er nicht fürchten müsse, dadurch die — durch Erschleichung gewonnene — Stadt wieder zu verlieren. Ob angesichts dieser Unverfrorenheiten Friedrich II. den Papst immer noch für seinen Freund hielt? Es muß wohl so gewesen sein, denn noch immer vertraute er des Papstes Aufrichtigkeit und hoffte noch immer, es werde durch jenen der Friede und die Lösung vom Banne kommen.

Tatsächlich waren, auch durch mittelbares Eingreifen König Ludwigs von Frankreich, die Friedensverhandlungen wieder in Fluß gekommen. Man beeilte sich beiderseits, die strittigen Punkte zu erledigen, damit am Gründonnerstag — dem Tag, an welchem der Papst die Liste der Gebannten verlas — des Kaisers Name nicht mehr als der eines verstoßenen Sohnes der Kirche erscheine. In der Lombardenfrage hatte man sich auf einer umständlich verklausuliert gehaltenen Formel geeinigt: der Papst sollte da die Genugtuungen festsetzen, ohne doch über die kaiserlichen Rechte in der Lombardei zu entscheiden. Am Gründonnerstag 1244 wurde der vorläufige Friede, dessen endgültige Formulierung noch ausstand, beschworen. Das geschah öffentlich durch den Grafen von Toulouse, Petrus de Vinea und Thaddeus von Suessa in Gegenwart der Kardinäle, des Kaisers von Konstantinopel, des Senators und des Volkes von Rom. Darauf nannte der Papst seinerseits in öffentlicher Predigt den Kaiser einen „ergebenen Sohn der Kirche und einen rechtgläubigen Fürsten". Beide Teile hatten sich damit gebunden und Friedrich II. zeigte beglückt das Ereignis seinem Sohne Konrad an. Auch die deutschen Fürsten benachrichtigte er und lud sie für einen noch nicht bestimmten Termin zu einem Hoftag nach Verona.

Damit schien nun alles im Gleichgewicht zu sein. Doch Papst Innocenz stand noch die Auseinandersetzung mit den Lombarden bevor.

Deren Gesandte erschienen an der Kurie, sahen den Friedensentwurf ein und lehnten ihn ab. Sie verlangten, daß der Papst über alle ihre Differenzen mit dem Kaiser ohne Einschränkung zu entscheiden hätte. Friedrich II. weigerte sich, den beschworenen Vertrag noch einmal umzustoßen. Darauf nahm Innocenz in der zur Ratifikation bestimmten Reinschrift eigenmächtige Abänderungen vor, die Friedrich II. mit Recht nicht gelten ließ. Das Nächste waren Verzögerungen auf seiten des Papstes, bis plötzlich der Wind ganz umschlug: nicht mehr um die Lombarden handelte es sich mit einemmal, sondern darum, daß der Kaiser den Kirchenstaat vor der Absolution räumen solle. Das konnte nun wieder der Kaiser bei allem Entgegenkommen nicht bewilligen. Wer bürgte ihm dafür, daß er nach der Räumung noch vom Bann losgesprochen würde? Für den Papst bedurfte es da keiner Bürgschaften, denn es stand ihm doch jederzeit frei, den Kaiser sofort wieder zu bannen, wenn er wider den Vertrag den Kirchenstaat nicht räumte, und damit wäre der derzeitige Zustand wiederhergestellt. Aber sein wichtigstes Faustpfand vor der Lösung vom Bann herauszugeben, wäre Wahnwitz gewesen, vor allem nach den Erfahrungen von Viterbo. Diese Phase der Verhandlungen ist insofern bedeutsam, als Innocenz aus der Besetzung des Kirchenstaats, vielmehr der Weigerung des Kaisers, diesen vor Empfang der Absolution zu räumen, seine Anklage auf „Eidbruch" herleitete: der Kaiser habe den beschworenen Frieden und seinen Eid, das Patrimonium zu räumen, gebrochen. Doch über den Zeitpunkt der Räumung war bisher niemals verhandelt worden, weil er sich ganz von selbst verstanden hatte.

Jetzt verlangte Friedrich II. mit dem Papst persönlich zusammenzukommen und schlug dafür die Campagna vor. Diesen Teil des Patrimoniums wolle er dann ungesäumt herausgeben. Innocenz witterte dahinter einen Verrat: er fürchtete, der Kaiser wolle sich seiner Person bemächtigen. Er lehnte daher zunächst ab, ging dann aber plötzlich auf den Vorschlag ein, wollte jedoch nicht in die Campagna kommen, sondern nach Narni. Der Kaiser ging also in das benachbarte Terni, während Innocenz mit seinem Hofe Rom verließ, zunächst in Civita Castellana blieb und zu Friedrich II. den Kardinal Otto entsandte. Die weiteren Verhandlungen wurden indessen vom Papst nur zum Schein geführt. Er willigte ein, sich auf des Kaisers mehrfach geäußerten Wunsch nach der Campagna zu begeben. Wahrscheinlich hatte Friedrich II. irgendwelche beunruhigenden Nachrichten erhalten und wollte Papst Innocenz in seiner Nähe wissen. Er versprach sich ja alles von den persönlichen Unterredungen. Doch ehe es zu solchen kam, lösten sich die Schwierigkeiten auf eine ganz andere Weise.

Seit Innocenz erkannt hatte, daß keine Verhandlung zu einem die Kurie befriedigenden Ergebnis führen würde, war sein Planen nur noch auf Flucht gerichtet. Er liebte keinen Waffenlärm in seiner Nähe. Scheiterten aber die Verhandlungen endgültig, so daß der Krieg weiterging, während er selbst noch in Rom saß.. dann war eine Wiederkehr der Ereignisse zur Zeit Gregors IX. wie Einschließung in der Hauptstadt zu befürchten und diesen zu trotzen war nicht die Sache des Genuesen: der hatte ja — obwohl Papst — sich schon vor den römischen Gläubigern wegen der Zahlung von 60 000 Mark in die hinterste Kammer des Lateranpalastes eingeschlossen und tagelang nicht gewagt, wie gewohnt bei den Mahlzeiten an der Tafel zu erscheinen. Wie hätte er sich da wohl beim Nahen von Kriegern verhalten! Durch die Verhandlungen mit dem Kaiser hatte Innocenz nur Zeit gewinnen wollen, um gewisse Vorbereitungen zu treffen. Kaum aber hatte der Papst die nötigen Nachrichten erhalten, als er, den der Kaiser in Narni erwartete, von Civita Castellana nach Sutri eilte, von dort bei Nacht in Verkleidung, nur von Wenigen begleitet, nach Civitavecchia floh, wo er eine Anzahl genuesischer Galeeren fahrbereit vorfand, die er für eine heimliche Flucht schon seit Wochen bestellt hatte. Im Morgengrauen stach man in See. Es hieß, daß kaiserliche Reiter den Papst bereits suchten. Am 7. Juli 1244 landete Innocenz, von den überstandenen Aufregungen und Ängsten wirklich schwer erkrankt, in seiner Vaterstadt Genua, die ihn begeistert empfing. Hier blieb er einige Monate, um sich zu erholen. Doch auch in Genua fühlte er sich nicht sicher genug. Im Spätherbst verließ er die Stadt und langte nach beschwerlicher Winterreise Anfang Dezember in Lyon an. In dieser Stadt, die zwar dem Namen nach dem Imperium gehörte, in Wirklichkeit aber so gut wie selbständig war, blieb Innocenz IV. bis über den Tod seines Gegners. Es war das Vorspiel von Avignon. —

„Als ich mit dem Papste Schach spielte und mein Spiel so stand, daß ich ihm schachmatt ansagen oder zumindestens ihm einen Turm nehmen konnte, kamen die Genuesen, fuhren mit ihren Händen über das Schachbrett und warfen das ganze Spiel um." Mit diesen Worten erklärte Friedrich II. wenige Wochen nach des Papstes Flucht den Pisanern die Geschehnisse. In Wirklichkeit war er über das Entweichen des Gegners tief betroffen. Entgegen seinem sonstigen Mißtrauen hatte er diesmal zu lange vertraut und war zum erstenmal auf seinem eigensten Gebiet, der diplomatischen Unterhandlung, hintergangen und geschlagen worden. Daß es kein Sieg war, den Papst zum Verlassen Roms und Italiens genötigt zu haben, wußte Friedrich II. nur zu genau. Diesmal hatte Innocenz mit einem einzigen Zuge eine ganze Reihe der wichtigsten Positionen gewonnen und die Flucht — seine vielleicht größte persönliche Tat — mußte sich sofort nach allen Richtungen hin auswirken. Nur durch rasches und geheimes Entweichen habe sich der Papst den Nachstellungen des rasenden Tyrannen entziehen können... so wenigstens sah man vielfach des Papstes Flucht an und Innocenz selbst tat das Seinige, diese Meinung zu festigen, indem er sich als ein armer Verjagter, als Flüchtling gebärdete, dem der wahnwitzige Kaiser nach dem Leben getrachtet. Immer war er in Lyon von zahlreichen Wachen umgeben, die ihn vor Attentaten, vor vermeintlichen Assassinen des Kaisers bewahren sollten. Aber Friedrich II. hatte — im Gegensatz zu dem was später der Papst tat — niemals mit Dolch und Gift vorzugehen beabsichtigt: die Kirche stand nicht wie das Reich auf den zwei Augen des Kaisers.. ein neuer Papst wäre an die Stelle des Beseitigten getreten und Friedrich II. hätte nur zum eignen Schaden die Kirche um einen Märtyrer bereichert. „Wer mit gesunden Sinnen sollte das glauben, daß wir jenem den Tod bringen wollen, dessen Tod diesen Streit uns und unsern Nachkommen unsterblich machen würde!" Und auch jetzt noch war dem Kaiser alles daran gelegen, den Streit zu beenden. Aber viel weniger noch als in der Umgebung Roms war Friedrich nun in der Lage, irgendeinen Druck auf die Kurie auszuüben.

Die Flucht nach Lyon hatte den Papst nicht nur dem aussichtslosen Hin und Her der Verhandlungen entrückt, er war jetzt frei, war in seinem Exil für den Kaiser fast unerreichbar. Lyon wurde an Roms Stelle zum Mittelpunkt der römischen Kirche und ohne behindert zu werden, konnte der Papst jetzt nach allen Seiten unmittelbar Verbindung mit aller Welt aufnehmen, was in Rom durch die Straßensperren des Kaisers nicht immer möglich war. Von Lyon aus konnte Innocenz auch das Konzil berufen, das vier Jahre zuvor Kaiser Friedrich verhindert hatte. Schon wenige Wochen nach seiner Ankunft lud der Papst also die Kirchenfürsten und die Gesandten der Könige auf Johanni 1245 zu der Synode, die Kaiser Friedrichs Absetzung beschließen sollte.

Aber noch einmal schien sich die Möglichkeit zum Frieden zu bieten. Durch die törichte Politik der Ritterorden im Heiligen Land war Jerusalem im August 1244 von den Chorasmiern, einem Turkvolk, nochmals erobert und damit der Christenheit für immer entrissen worden. Dieses Unglück verlangte mehr als alles andre die Eintracht der beiden Gewalten und der Patriarch Albert von Antiochien, allseits unterstützt, übernahm die schwierige Aufgabe, den Frieden zwischen Kaiser und Papst herzustellen. Was Friedrich II., der unbedingt Frieden wollte, dem Papst jetzt anbot, glich einer völligen Unterwerfung: die Lombardensache wollte er ganz dem Spruch des Papstes unterstellen, wollte das Patrimonium räumen, wollte für drei Jahre ins Heilige Land gehen, um es zurückzugewinnen.. nur mit Einwilligung des Papstes wollte er früher zurückkehren, jedoch aller seiner Reiche verlustig gehen, wenn er seine Versprechungen nicht halte.. und er verpflichte sich Könige wie Fürsten als Bürgen zu stellen. Auch König Ludwig IX., der selbst einen Kreuzzug gelobt hatte, legte sich für den Kaiser ins Mittel, während er dem Papst nicht gestattete, im Königtum Frankreich seinen Wohnsitz zu nehmen. Es blieb Innocenz nach all dem kaum anderes übrig, als die Vorschläge anzunehmen, wollte er nicht selbst jetzt als der Friedensstörer erscheinen. Am 6. Mai 1245 gab er dem Patriarchen von Antiochien, der beim Kaiser weilte, den Auftrag, Friedrich II. vom Banne zu lösen, wenn die Bedingungen erfüllt seien.

Weshalb Friedrich II. plötzlich zu einer derartigen Unterwerfung bereit war — wenig später dachte er sogar daran, zugunsten König Konrads abzudanken und für alle Zeiten nach dem Orient zu gehen — ist trotz der für ihn immer schwieriger werdenden Lage nicht völlig ersichtlich: das Friedensbedürfnis des jetzt fünfzigjährigen Kaisers muß übermächtig gewesen sein und das immerwährende Spielen mit dem Gedanken, für lange Zeit oder sogar für immer nach dem Morgenlande zu ziehen, läßt deutlich genug die Lebensphase erkennen. Überdies mußte es um der Nachfolger willen zum Frieden kommen, eben damit nicht dieser Streit auch für die Erben unsterblich werde. Denn konnte auch Friedrich II. selbst noch der Welt trotzen: von seinem Nachfolger durfte er das Gleiche schwerlich erhoffen, und so sah er das Ende des Reiches vor Augen, wenn es nicht gelang, selbst unter schwersten Bedingungen dem Zwiste ein Ende zu machen.

Aber Friedrich II. sollte sich nicht demütigen müssen. Wachsen konnte er nicht an einem verschlagenen, sondern nur an einem unmäßig hassenden Gegner, und da sollten noch einmal die kämpferischen Manen Papst Gregors IX. erwachen, ihm den notwendigen Widerstand entgegenzusetzen. Kardinal Rainer von Viterbo, der den Staufer mit der ganzen Glut Papst Gregors IX. haßte, hat es verstanden, auch die letzte Friedensmöglichkeit zu vernichten. Für den gleichen Monat Juni, in welchem Papst Innocenz in Lyon sein Konzil abzuhalten gedachte, hatte der Kaiser die deutschen Fürsten zu einem Hoftage nach Verona geladen. Im April 1245, während der Antiochener Patriarch um den Frieden rang, brach der Kaiser mit seinem ganzen Hofstaat und einem großen Heere von Apulien auf und zog nordwärts. Sein Marsch führte durch den Kirchenstaat an Viterbo vorbei.. da konnte es sich Friedrich II. nicht versagen, zwei Wochen hindurch das Gebiet von Viterbo wenigstens zu verheeren, anscheinend sogar eine kurze Belagerung einzuleiten. Auf die Bitten des Patriarchen, die Feindseligkeiten um der schwebenden Verhandlungen willen einzustellen, zog der Kaiser schließlich weiter — an dem gleichen 6. Mai, an dem Papst Innocenz seine Absolution schon angeordnet hatte.

Nun war aber Kardinal Rainer als Vertreter des Papstes in Italien belassen und mit tiefem Mißbehagen hatte er schon die Tätigkeit des Patriarchen beobachtet, dessen Mühen um den Frieden erfolgreich zu werden versprachen. Als jetzt Friedrich II. Viterbos Landgebiet verwüstete und als die kaiserlichen Truppen, wie es leicht geschehen konnte, hier und da gar in päpstliches Gebiet übergriffen: da hatte Kardinal Rainer von Viterbo, das Haupt der Kriegspartei an der römischen Kurie, den Vorwand gefunden, den drohenden Frieden noch einmal zu hintertreiben. Er berichtete dem Papst, und unter seiner Feder schwollen die ziemlich geringfügigen Übergriffe an zu einem schweren Vertragsbruch des Kaisers. Gleichzeitig aber sandte er zahlreiche Flugschriften an die schon in Lyon sich sammelnden Prälaten.. Schreiben, welche deutlich die Schule Papst Gregors IX. verrieten.

Die Flugschriften Rainers von Viterbo sollten das feindliche Bild Friedrichs II. genau so für alle Zeiten bestimmen, wie die Vineabriefe das Gegenbild. Denn in seinem Dekret über die Absetzung des Kaisers gab schließlich Papst Innocenz in gemäßigterer Form und besser gegliedert nur den Inhalt von Kardinal Rainers maßlosen wutschäumenden Flugschriften wieder. Gegen sie aber war selbst Papst Gregors grauenerregendes Bannmanifest ein harmlos mildes Schreiben gewesen: der Papst hatte ja erst versucht, Friedrich II. in den apokalyptischen Raum hineinzustellen.. Rainers Flugschriften aber bewiesen unter allen Schreckbildern der Offenbarung und der Propheten, daß Friedrich II. tatsächlich der Vorläufer des Antichrist sei. Ins Ungeheuerliche und Unmenschliche sind alle früheren Anklagen verzerrt und gesteigert, jede einzige hergeleitet schon aus Worten der Propheten, jetzt hervorgebracht mit wildester Wut: kein einziger Zug zum Bilde des Antichrist sollte da fehlen, den nicht das Leben Friedrichs II. geliefert hätte. Von des Kaisers Freundschaft mit den muslimischen Fürsten, von denen er trotz der Vernichtung der Christen Geschenke annehme, angefangen, durchläuft Rainer im Fluge alle Ausstrahlungen Kaiser Friedrichs und alle stehen sie im Zeichen des Antichrist: die Ketzerworte der Höflinge wie des Kaisers werden berichtet, die Sarazenenkolonie samt den Greueln und Schandtaten ihrer Krieger gegeißelt, die mit Vorliebe vor den Altären des Herrn christliche Frauen und Mädchen stuprierten.. die Ermordung Papst Gregors IX. wie des eignen gefangenen Sohnes wird dem Kaiser zur Last gelegt.. es wird erzählt, wie Friedrich II. die drei Gemahlinnen — auch die dritte war vor kurzem gestorben — in gomorräischem Labyrinthe gefangen halte und zum Schluß vergifte, und wie er mit seinen Kriegern Tod und Verderben über die Welt bringe, er, der mit seinen Schiffen selbst die Prälaten so grimmig verfolgte. „Weil aber sein verruchtes Rasen und sein halsstarriger allzu furchtbarer Grimm nicht ruhen konnte wie das schäumende Meer, ohne daß seine Fluten allen Sehenden Kot und Schlamm aufrührten, rannte er gegen den Herrn mit dem aufgestellten Halse des Stolzes wie mit dem breiten Nacken des Reichtums und der Macht, zerstörte die Städte, entvölkerte die Orte und mißachtete so sehr die Menschen, die er anrannte, daß er sie schlachtete wie die Lämmer. Aber noch zu Schlimmerem reckte der Feind und Verfolger die Hände: gegen die Heiligen trug er den Krieg und bezwang sie. Gegen den Himmel erhoben schleuderte er von der Feste des Himmels und von den Sternen herab die Heiligen des Höchsten und zerriß sie, der da hat drei Reihen Zähne im Rachen: wider die Mönche, die Kleriker, die unschuldigen Laien, und riesige Klauen von Eisen, und einige fraß er, die er dem Tode anheimgab und tötete andre durch andere Strafen und die übrigen zertrampelte er in den Kerkern mit Füßen..... Hündischer als Herodes sollte er heißen, der nur den Christ zu töten gedachte: der aber lästert den Leib des Herrn und müht sich des Herrn Gesetz umzustoßen und hat schon erlauchte Glieder des Klerus gemordet. Grausamer auch als Nero wird er genannt, der die Christen getötet, weil sie den Dienst seiner Götzenbilder abschaffen wollten: er aber ist grausamer und gemeiner als Julian Apostata, der da trachtet, den Glauben, zu dem er selbst sich bekennt, zu vernichten."

Alles was Friedrich II. getan, kennzeichne ihn als den Antichrist: selbst die Sperrung Siziliens und der Paßzwang galt als ein Zeichen des Satans.. und nun erst die Feier der eignen Person. „So hat dieser neue Nimrod — rasender Jäger der Unzucht vor dem Herrn, der nur Worte der Lügen liebt — nur Ruchlose zu Dienern, die mit ihrer Bosheit den König ergötzen und mit Lügen den Fürsten.. Denn er selbst höhnt den Bann, schlürft vielmehr seine Strafen aus vollen Bechern wie Wasser, und verachtet die Schlüsselgewalt, er, der Tyrannei Fürst, der Umstülper des kirchlichen Glaubens und Kultes, der Vernichter der Satzung, der Grausamkeit Meister, der Zeiten Verwandler, der Verwirrer des Erdrunds und Hammer der ganzen Erde.. Dem abgefallnen Engel gleicht er, der dem Höchsten ähnlich sein wollte und sitzen wollte auf dem Berge des Stifts.. Wie

Luzifer unterfing er sich, zum Himmel der Kirche zu steigen, über den Sternen des Himmels und den Leuchtern der Braut seinen Thron aufzurichten und seinen Sitz gen Mitternacht, daß er ähnlich ja höher sei als des Höchsten Statthalter.. Und während er im Tempel des Herrn sitzt, wie der Herr selbst, läßt er sich von Bischof und Priester die Füße küssen, und während er gebietet, ihn heilig zu nennen, läßt er als Staatsfeinde und Lästerer alle enthaupten, die über seine offenbaren Verdrehungen etwas Wahres zu äußern wagen.. Als daher der apostolische Sitz längere Zeit leerstand, da erhob sich zu der Kirche Verderben das Herz des frevelnden Fürsten und wollte nach der Art des Fürsten von Tyrus, als wär er Gott selbst, auf Gottes Stuhl sitzen, der da versuchte, den höchsten Priester zu wählen und seinem Befehl den apostolischen Stuhl zu unterjochen, und gedacht hat, das göttliche Recht zu knicken und des Evangeliums ewige Satzung zu ändern. Und da er das freche Stirnhorn der Macht hat und einen Mund, der Ungeheuerlichkeiten hervorbringt, so glaubte er, Gesetze und Zeiten verwandeln zu können, daß die Wahrheit im Staube liege, und deshalb schwatzte er gegen den Höchsten und stieß Schmähungen aus gegen Moses und Gott."

Der Zweck dieser halb wahnsinnigen posaunenden Schmähungen aber war, die in Lyon versammelten Priester jede Friedensmöglichkeit vergessen zu machen und sie unter allen Umständen zur Absetzung Friedrichs II. zu bestimmen. „Heilige Gefäße und geheiligte Stätten, dem Gotte geweiht gab er preis den schändlichsten Zwecken, wie einst der Babylonier Belsazar die Gefäße des göttlichen Tempels beschmutzte, der — als gegen ihn die prophetischen Finger: M e n e t e k e l u p h a r s i n an die Wand geschrieben — noch in der gleichen Nacht sein Leben verlor, und sein Reich. Nach dessen Beispiel verdient dieser Frevler zumindest das Königreich der Kirche zu verlieren." Dutzende von Beispielen aus der Bibel führt Kardinal Rainer als vorbildlich auf: „Die Betsomiten wurden vernichtet, weil sie wider das Gesetz die nackte Lade des Herrn gesehen.. Oza, der unrein die Lade des Herrn stützen wollte, ward erschlagen.. Usia, der König, der auf dem Räucheraltar gleichnishaft Weihrauch darbringen wollte, ward an der Stirn mit Aussatz gezeichnet und der Priesterspruch stieß ihn vom Thron.. Korah mit den Seinen ward vom Feuer verzehrt, weil er des Priestertums Vorrecht schamlos sich aneignen wollte.. Wahrlich wer immer überführt ward, des Mose Gesetz übertreten zu haben, ward ohne Mitleid mit dem Tode gestraft!" Und wieviel mehr verdiene das jetzt Friedrich II.: „Habt kein Mitleid mit dem Ruchlosen! Werft ihn zu Boden vor der Könige Antlitz, daß sie ihn sehen und fürchten, im Handeln diesem zu folgen! Werft ihn hinaus aus dem Heiligtum

Gottes, daß er nicht länger herrsche über das christliche Volk! Vernichtet Namen und Leib, Sproß und Samen dieses Babyloniers! Die Barmherzigkeit möge seiner vergessen..!"

Kardinal Rainer wußte, womit er Wirkung erzielen konnte: in den Pamphleten ist nichts Doktrinäres, nichts von Suprematie des Papstes über den Kaiser, nichts von spitzfindiger Gelehrtheit. Sie enthielten im Ganzen nur Ausdeutungen des wohlbekannten kaiserlichen Auftretens, wie es jedermann gesehen.. alles Caesarische freilich ins Antichristliche gewandelt. Und wie empfänglich die Zeit für alle diese Schreckbilder war, bedarf keines Wortes. Für das Jahr 1260 war ohnedies mit Bestimmtheit das Erscheinen des Antichrist prophezeit und die wahnsinnige Angst vor diesem Ereignis, die schließlich im ganzen Europa mit Anbruch des Schreckensjahres die Geißlerfahrten hervorrief, hat Rainer von Viterbo zu nutzen gewußt für das Ziel seines Lebens: die Vernichtung des Kaisers. In Lyon aber schenkte man den maßlosen Ausbrüchen willig Gehör, als Ende Juni dort das Konzil zusammentrat.

Auch Friedrich II. war aufgefordert in Lyon zu erscheinen. Aber davon abgesehen, daß ihn der Papst nur beiläufig in einer Predigt eingeladen hatte: als Situation war es undenkbar, daß der römische Kaiser als Angeklagter vor einem Konzil erschien, das sich zudem fast nur aus feindlichen Bischöfen zusammensetzte. Hätte ihn aber ein Heer begleitet, so hätte das die ganze Lage nur desto mehr verschärft. Außerdem wußte Friedrich von der durch Rainers Berichte und Schreiben veränderten Stimmung an der Kurie nichts und hielt seine Lage daher noch für günstig. Ende Mai 1245 traf er auf seinem Marsch nach Verona in Parma ein und entsandte von hier aus seinen Stellvertreter und Verteidiger nach Lyon: den schon vielfach erprobten Thaddeus von Suessa. Über diesen stets bewunderten Juristen und Rhetor ist schlechterdings nichts bekannt. Er mag ein verkleinertes Abbild des berühmteren Petrus de Vinea gewesen sein, auch er ein Kampanier wie sein Name besagt und stets einer der Getreuesten Kaiser Friedrichs, für den er schließlich im Kampf das Leben ließ. Jetzt war Thaddeus von Suessa betraut mit der schwersten und verantwortungsvollsten Aufgabe, die überhaupt zu denken war: mit der hoffnungslosen Verteidigung seines Herrn vor einem feindseligen Priestergericht.

Während Thaddeus von Suessa nach Lyon zog, begab sich Friedrich II. nach Verona. Hier traf er nach langen Jahren wieder mit Ezzelino zusammen und hier erwartete auch König Konrad mit den deutschen Großen den Vater. Im Mittelpunkt der Veroneser Besprechung stand die Angelegenheit Österreichs. Friedrich II. gedachte mit der

Tochter des letzten Babenbergers eine Ehe einzugehen und Österreich sollte dafür zum Erbkönigtum erhoben werden. Doch die päpstliche Kurie hatte mit der Herzogstochter anderes im Sinn, und es scheint, daß man Gertrud von Österreich vor dem gebannten Widerchrist Furcht zu machen gewußt hatte. Auch eine der Flugschriften Rainers, in der Friedrich II. einem Blaubart gleich als dreifacher Gattenmörder dargestellt war, wurde ihr durch einen Legaten wahrscheinlich zugespielt.. jedenfalls weigerte sich die Siebzehnjährige im letzten Augenblick, dem Herzog nach Verona zu folgen. So zerschlugen sich die österreichischen Pläne, doch als der Herzog ein Jahr darauf (2146) starb, wurde Österreich als erledigtes Reichslehen eingezogen und von kaiserlichen Generalkapitänen verwaltet.

Es war der letzte Hoftag Friedrichs II., auf dem deutsche Fürsten erschienen, und schon klafften in ihren Reihen schwere Lücken. Auch den Sohn und Erben, König Konrad, der noch einige Wochen beim Kaiser blieb, sollte Friedrich II. nicht wiedersehen. Dem jetzt siebzehnjährigen Knaben, früh gereift wie alle Staufer, standen in Deutschland Jahre der traurigen, glanz- und freudlosen Kämpfe bevor, in denen er sich bei aller Gewandtheit doch nur mit Mühe einigermaßen zu behaupten vermochte. Alles Leuchtende Friedrichs II. war merkwürdigerweise nur auf die Bastardsöhne übergegangen und lichtarm erscheint neben Enzio Manfred Friedrich von Antiochien das Schicksal der legitimen Söhne, Schultern wohl in zu früher Zeit zu schwere Lasten gewälzt waren.

Noch von Verona aus schickte der Kaiser eine Gesandtschaft nach Lyon, die neue Friedensvorschläge überbringen sollte. Anscheinend war mit Thaddeus von Suessa auch verabredet, daß der Kaiser anfangs Juli sich in Turin aufhalten würde, um für den Fall einer Aussöhnung mit dem Papst, auf die Friedrich II. immer noch hoffte, Lyon näher zu sein. Doch als der Kaiser am 8. Juli, später als vereinbart, in höchster Eile Verona verließ, um nach Turin zu gehen, da hatten die beiden ersten Sitzungen des Konzils schon stattgehabt.

Das Konzil war nicht stark besucht: kaum 150 Prälaten waren versammelt gegen 405 des Laterankonzils unter Innocenz III. Es fehlten die deutschen und ungarischen Bischöfe fast ganz, ebenso die Sizilier, da Berard von Palermo nur als Vertreter des Kaisers zu gelten hatte, und auch von den Italienern waren nicht viele erschienen. So blieben vor allem die Kleriker Englands und Frankreichs, die über den Kaiser urteilen sollten, und die Bischöfe Spaniens, die seit dem Seetreffen von 1241 eine unbeschreibliche Wut gegen den Kaiser nährten, obwohl sie als die einzigen damals entkamen. Doch noch von Genua aus hatten die Spanier seinerzeit an Papst Gregor IX. geschrieben: er solle mit allen Mitteln gegen Friedrich II. vorgehen, der den übrigen Königen nur ein schlechtes Beispiel gebe. Dennoch war das Konzil ein „allgemeines" zu nennen, obwohl dies hernach von Friedrich II. stets bestritten wurde. Thaddeus von Suessa hatte auf den beiden ersten Tagungen seinen Herrn nach dem Zeugnis von Freunden und Feinden glänzend verteidigt. Die verschiedenen Anklagepunkte waren schon von Kardinal Rainer zusammengefaßt worden unter dem seltsam erscheinenden Begriff des „Majestätsverbrechens", was etwa derart gefolgert wurde: Kleriker seien Glieder der Kirche, mithin auch Glieder des Leibes Christi.. die Majestät Christi stehe über jedem Menschen.. wer also einen Kleriker verletzt, ist Majestätsverbrecher. — Auf die Verteidigung des Großhofrichters ist im einzelnen nicht einzugehen. Das Wichtigste, was er am zweiten Verhandlungstage erreichte, war ein zwölftägiger Aufschub der Schlußsitzung: er erwarte noch Vollmachten des Kaisers, ja sogar ein persönliches Kommen, da Friedrichs Ankunft in Turin schon erfolgt sei. Um nicht den Schein der Unversöhnlichkeit auf sich zu laden, erklärte sich Papst Innocenz mit dem Aufschub einverstanden. Aber die Ankunft der Gesandten wartete er nicht ab: in geheimer Sitzung war mit den Prälaten das Notwendige bereits besprochen und am 17. Juli sollte der Schlag geführt werden.

Der letzte Sitzungstag wurde wie die vorangegangenen durch ein feierliches Zeremoniell eingeleitet. Der Papst saß auf erhöhtem Platze im Chor der Kathedralkirche von Lyon, deren Schiff die Erzbischöfe und Äbte füllten. Einige schwere Anklagen der englischen Prälaten gegen die Geldeintreiber der Kurie — dem Papste sehr unerwünscht — wurden ihrer Wichtigkeit wegen rasch vertagt. Die Ablehnung des Konzils als eines „nicht-allgemeinen" durch Thaddeus von Suessa wurde vom Papst „demütig und wohlwollend" widerlegt. Einwände der Gesandten des französischen und englischen Königs, die für Friedrich II. wirken sollten, fanden gleichfalls kein Gehör, und dem für den Kaiser eintretenden Patriarchen von Aquileja wurde von Innocenz mit Entziehung des Ringes gedroht, wenn er nicht schweige.

Darauf verlas der Papst das Absetzungsdekret: Friedrich habe sich schuldig gemacht des Meineids, des Friedensbruchs, des Sakrilegs und der Häresie. Er sei meineidig, weil er den in Rom beschworenen Friedensvertrag nicht erfüllte.. er habe den Frieden mit der Kirche mehrfach gebrochen.. er habe ein Sakrileg begangen, als er die Prälaten gefangennahm.. und schließlich sei er ein Häretiker, der den sarazenischen Königen immer noch in Freundschaft verbunden sei, die Gemahlinnen von

Eunuchen bewachen lasse, der in Jerusalem die Anrufung Mohammeds im Tempel des Herrn geduldet habe, Sarazenen als Krieger wider die Christen verwende, sich mit dem Schismatiker-Kaiser Johann Vatatzes verschwägerte, durch Assassinen Fürsten aus dem Wege räume, trotz des Bannes die heiligen Mysterien in seiner Gegenwart feiern lasse.. der, von den Ausschweifungen seines Haremslebens ganz zu schweigen, Sitten und Handlungsweise eines katholischen Fürsten mißachte und sich nicht bemühe, durch fromme Werke das Heil seiner Seele und seines Rufes zu fördern.. er gebe keine Almosen, zerstöre wohl Kirchen und bedrücke die Kleriker, habe aber noch keine Kirchen Klöster Hospitäler und andre frommen Zwecken dienende Bauten errichtet. Kraft seiner päpstlichen Binde- und Lösegewalt erkläre daher der Papst den in seinen Sünden verstrickten Kaiser für abgesetzt, die Länder seien vom Treueid gelöst, ein neuer Kaiser sei zu erwählen. — Darauf löschten Papst und Prälaten die Fackeln die sie in Händen trugen, und während sich Thaddeus von Suessa weinend Brust und Schenkel schlug und mit den andern Vertretern des Kaisers die Kathedrale verließ, stimmten Papst und Prälaten das Tedeum an.

Der Kaiser empfing die Nachricht in Turin mit Schmerz Zorn und Hohn. Wie könne der römische Imperator, der Herr aller Majestät, des Majestätsverbrechens verurteilt und abgesetzt werden! Finster habe er darauf befohlen, ihm seinen Kronschatz zu bringen. Dem habe er wählend eine seiner vielen Kronen entnommen, habe sich diese selbst aufs Haupt gesetzt und drohend gesagt: noch habe er seine Kronen nicht verloren und werde sie weder durch päpstliche Niedertracht noch durch Konzilsbeschluß verlieren ohne blutigsten Kampf. Besser als zuvor sei jetzt seine Lage: denn bisher habe er dem Papst noch gehorchen müssen, nun sei er — ein Freibeuter — jeder Verpflichtung ledig.

Vor einem zweiten Canossa, vor einem demütigenden Frieden und einem Abstieg von der Kaiserhöhe hatte Papst Innocenz selbst Friedrich II. bewahrt.. die Flugschriften aber hatten dem letzten Kaiser des römischen Reiches wider Willen auch den Endweg geöffnet, den zu beschreiten der Staufer jetzt nicht mehr zögerte. Er, den man in Lyon einen „Proteus" genannt, der nicht zu fassen sei, weil er immer wieder die Gestalt wechsle, war auch zu der letzten Metamorphose bereit, zu der man ihn zwang. Etwas von jenem nordischen Trotz und jenem nordischen Grauen, das mit so vielem andern dem Staufer innewohnte, kam jetzt zum Durchbruch, als Friedrich II., den man Antichrist und Hammer der Welt hieß, seinen Getreuen den neuen Ton angab: „Lange genug war ich Amboß.. jetzt will ich Hammer sein!"

IX. ANTICHRIST

„Nemo contra Deum
nisi Deus ipse."

„JETZT will ich Hammer sein!" Es ist das Kennwort, das Nietzsche aufblicken ließ auf den Staufer als „einen seiner Nächstverwandten", der erste Deutsche, der in den nämlichen Äthern wieder hauchend diesen Schreckenston fing und erwiderte. Mit dem neuen Ton war Friedrich II. in eine schon außermenschliche Welt eingegangen, in der kein andres Gesetz mehr galt als das des eigenen Müssens und der persönlichen Not. Daß er gezwungen sein würde als Gottesgeißel die Widerspenstigen „zwischen Hammer und Amboß zu legen und mit so dichten Schlägen auf ihre Verstocktheit zu schmettern, daß sie unter das Joch des Befehls die Nacken fügten und welcher Gesinnung immer ihren wahren Herrn erkennten...", daß er auch zur Entfeßlung der wildesten furchtbarsten Kräfte genötigt sein werde, das hat Friedrich II. wohl seit langem gewußt, aber hat es gescheut und durch demütigendste Friedensangebote, durch förmliche Unterwerfung unter den Papst zu verhüten gesucht.. bereit selbst zur Abdankung. Doch Innocenz hatte es nicht begriffen, daß ein Mann wie Friedrich II. nur durch eigne Fesseln zu binden, nur durch sich selbst ins Joch zu spannen war.. hatte seiner priesterlichen Kraft des Bindens und des Lösens, hatte Bannspruch und Absetzung mehr getraut und hatte gerade dadurch den vom Herrn für ein Tausendjahr gebundenen Widerchrist selbst aus den Fesseln befreit, als er die dünn und schadhaft gewordenen Ketten allzu straff spannte: freiwillig und zum Schein konnte der „Herr der Welt" sich mit den abgeschliffenen und schon wie Gold glänzenden Spangen noch behängen und schmücken, nicht aber wider seinen Willen gebunden sein, der solcher Feßlung nur höhnte.

Friedrich II. fügte sich seinem Geschick, auch als es ihn das Gesicht des Antichrist annehmen hieß: früheres Geschehen empfing jetzt das Gepräge von dieser Bereitschaft, das Verhängte auf sich zu nehmen, ja es sich selbst zu wirken und ihm wissenden, sehenden Auges zu folgen. Obwohl er unwandelbar geglaubt habe — schreibt Friedrich in diesen Jahren — es werde auch dieser Papst Innocenz wie jeder andre ihm entgegen sein, so habe er doch in der Zeit der Sedisvakanz sich um dessen Erhebung bemüht. Und weshalb? „Nur aus dem Grunde haben wir das getan, daß unsre Hand hätte, den sie besiegte, oder — wenn es die Faten besser gewährten — den sie liebte!" Das heißt: mit hellstem und wachstem Verstande sich auch sein dunkles Geschick selber wirken, auch den Feind selber schaffen, nur weil es das eigne Fatum so forderte.. jener sehende aktive Fatalismus des Täters, der aus der Heroenzeit herüberzuwalten schien. Freilich, nach einem Tausendjahr Christentum mangelte auch hier nicht eine leise christliche Tönung: fast bis zur Selbstaufgabe hatte Friedrich gehofft, vielleicht den Gegner lieben zu dürfen. Aber die nordischen Schicksalsgöttinnen, denen das Leben auch dieses Staufers noch unterstand, kannten solche Lösung nicht, und nun ihm die Liebe versagt war, mußte er sich im Hassen des Gegners erfüllen. Konnte er nicht in Gemeinschaft mit einem „Engelspapst" als der Heilandskaiser die Völker unter das sanfte Joch des Endreiches beugen, so war er ebenso auch bereit, mit Peitsche und Strang, Schwert und Beil, die Abtrünnigen unter das Joch des Römerimperiums zu zwingen. „Darum begehren wir sie um so eifervoller und heftiger zu verfolgen, um so mächtiger für ihren Untergang unsere Kräfte zu Sicht und Gericht zu bringen, und um so grausamer das Racheschwert wider sie zu schwingen, je mehr sie selbst vor andern unser HERZ am schärfsten gestachelt haben.. und es werde so der Haß gegen sie in unsern Geweiden einzig durch ihre Vertilgung getilgt."

Daß solcher Urhaß gegen Verletzer seiner heiligen Ordnung von jeher in Friedrich II. brannte, hatte jede Epoche seines Lebens gezeigt: denn Haß und Rache — von Friedrich II. durchaus als Tugend begriffen — sind Eigenschaften des Priesters, der die Verletzer eines geistigen Adyton in ganz anderer Weise straft als der Krieger die Beleidigung.. sind Zeichen auch der Justitia und jenes Richters, von dem es heißt: „Der Gerechte ist Glut und Kohle." Friedrich II. aber ist in einem Maße der heilige Richter gewesen, wie kein Kaiser vor und nach ihm.. Erklärung genug, daß Dank Güte Duldung, selbst Großmut so wenig wie deren Gegensätze Eigenschaften des Richterkaisers sein konnten. Allenfalls Milde und Gnade durfte er kennen als Wirkkräfte der Justitia neben Rache und Haß. Doch fast nur die strafende Kraft der ehedem die Staaten gründenden Justitia ward fürder herausgestellt, und notwendig wurde jetzt für den Kaiser das Hassen gleichsam zum Lebenssinn, ja in besondrer Bedeutung zu einem rein persönlichen Imperativ, als der Gegner nicht mehr des Kaisers Ordnung, sondern nur noch des Kaisers Person zu stürzen versuchte. Nur das galt daher noch für Friedrich II., was ihm persönlich nutzte und frommte, der als Gottesgeißel unter eignem außermenschlichem und übermenschlichem Gesetz stand. Keiner sah, keiner ahnte als vielleicht er selbst, um welches Erreichbare nun noch sein Kampf ging, wenn nicht allein um die Behauptung der eignen Person, die hüben und drüben zum Kriegsruf des Abendlands wurde. Um nichts andres mehr als allein noch um seinen Leib war blutiger und grausamer als jemals zuvor der Kampf der christlichen Welt entfesselt, die Friedrich diente oder gegen ihn sich erhob. Nie war bisher in christlicher Zeit ein einzelner Mensch so wichtig genommen wie Friedrich II... als Wesen, nicht als der Träger des Amtes.

Vieles hatte sich jetzt gewandelt. Jene großen und hohen Ideen, um die Friedrich II. ehedem die Waffen geführt: Erneuerung des Römerimperiums, die Errichtung des Reichs der Justitia, die Weltfriedenssendung.. sie klangen wohl noch in Fernen mit wie etwa bei dem späten Napoleon die Ideen der Revolution und Aufklärung, doch sie waren nicht mehr das Treibende und waren nur mehr mittelbar zu begreifen aus der Person dieses Kaisers, der selbst die Weltidee war. Und hätte Friedrich vielleicht von sich aus allein solche Steigerung nicht zustande gebracht, so gab die Kurie selbst dem Kampf die wahrhaft ökumenische Bedeutung: indem sie den ganzen weitgreifenden Organismus der Weltkirche in einer grandiosen Einseitigkeit von den eignen Aufgaben ab ausschließlich gegen den Kaiser hinwandte, machte sie selbst des Staufers Person ins Gigantische wachsen. Denn nicht gegen Kaiser und Kaisertum focht das Papsttum mit den Kräften aller Länder Europas, sondern nur gegen Friedrich II., den Staufer, den einen Dämon, in dem sich das Weltübel kundtat. Nur Einmal sah die Welt noch solchen Kampf um einen Einzigen, mit dem Aufwand wohl größerer Massen, doch kaum größerer Kräfte: im Endkampf Napoleons.

Das war die Stufe Friedrichs II., als er seinen neuen Ton aufdröhnen ließ. Es war Attilas Luft, die ihn umfing und die keiner denn er noch atmen konnte, und es war Attilas Sendung, die ihm jetzt zuteil ward und die keiner denn er begriff. Triebhaft gaben ihm die Zeitgenossen die gleichen Namen wie jenem: „Geißel der Völker" und „Hammer der Welt", und scheu hießen die Seinen jetzt ihren Herrscher nicht mehr nur den, der über Erde und Meer gebietet und den die Lüfte bejubeln, sondern den, „dessen Macht die Berge zerstampfe und beuge". Furchtbar litt unter ihm ganz Europa, Freund wie Feind, Italien und Deutschland besonders, und für die, welche nicht zu ihm beteten und ihm nicht folgten, wurde Friedrich II. jetzt in der Tat zum Inbegriff alles Bösen. Die Fähigkeit zum „Bösen" besaß allerdings Friedrich II. wie kaum einer der Herrscher seines Maßes.. und gewiß kannte keiner so wie er die Lust auch am Bösen, welche die Kirche als Gegenwelt notwendig von ihm erzwang. Schon immer war Friedrich II., wo es um den Staat ging, jeder Grausamkeit, jeder Tücke Gewalt und List, jeden Trugs und jeder Härte, jeder Bösartigkeit und dazu jeden Hohnes und Spotts fähig gewesen: „Ich habe nie ein Schwein aufgezogen, dessen Fett ich nicht gegessen hätte" ist ein Wort des Kaisers. Aber das Böse, welches bisher noch der Staat rechtfertigte, erhielt jetzt Sinn nur durch das Weltringen um die Person des Staufers, die allein noch der Staat war. Denn hatten früher die Staatsnotwendigkeiten das Recht bestimmt, so jetzt nur des Kaisers persönliche Nöte: Recht war was ihm persönlich im Augenblick nötig und als Waffe nützlich war .. und Rechtsbeugungen, ehemals staatsnotwendig und dem Weltganzen dienend, erschienen nunmehr als Ausfluß kaiserlicher Willkür. Von seinem persönlichen Wohl und Wehe und nur von diesem hing eben, wie die Theorien so oft verkündeten, das Heil des Imperiums ab, das der andern Völker und Könige und derer, die an ihn glaubten. Tyrannischer gewalttätiger ungeheuerlicher und tatsächlich auch härter und grausamer ward jetzt jedes Eingreifen und jedes Geschehen, weil es nur der rücksichtslosen Erhaltung eines einzigen Wesens zu dienen schien. Gerade weil Friedrich II. der Heiland hätte sein können — und in den Augen der Getreuen immer noch war — konnte er auch der leibhaftige Antichrist sein .. und da er, selbst ein Priester, alle Mysterien kannte, war wiederum keines vor seinem spottenden furchtlosen Zugriff sicher wie seinem weltweiten Geist keiner der tausend Dämonen dieser Welt noch ein Fremder war: denn mit dem Grauen verband er ja alle Süße des Herrn der Welt, alles Verführen Berücken und Locken, alles zarte Wecken der von heiliger und frommer Scheu solange gebannten erdnahen Mächte .. alle die dämonischen Zauberwesen des Ostens, die den Menschen äffen, hatten Platz in ihm und alle die flüchtigen Dschinne, alles bösartig satanisch-teuflische Gift der Welschen, und alles maßlos gefährlich Kühne des deutschen Mephisto, der über die Alpen steigt „und glaubt, daß ihm dort alles gehöre". Auf ihn als Ersten wäre das große Wort eines der deutschen Reformatoren mit Fug anzuwenden: „Ein welscher Deutscher ist ein ‚diabolo incarnato'!"

Daß kirchliche Glaubenssätze, daß Bann und Entthronung durch ein Konzil an diesem Genius und Herrscher der Widerwelt sich wirkungslos brachen, an dem sich „die Steine der päpstlichen Schleuder in Stroh wandelten", bedarf kaum noch der Worte. Zahllos sind die Blasphemien, die man ihm zuschrieb und von ihm glaubte .. gleichgültig ob mit Recht oder Unrecht. Denn waren es auch maßlose Übertreibungen und seichte Lügen, welche die Kirche in ihrer Abwehr verbreitete — und weiter verbreitete als es Friedrich II. im Gespräch mit den Freunden vermocht hätte. die Wirkursache war dann doch der Kaiser, der eben auch ungewollt und nur mittelbar zum Auflöser und Antichrist wurde, weil man ihm überhaupt solche Blasphemien nachsagen konnte und für sie Glauben fand. Nicht nur jenes Wort über die drei Betrüger der Welt: immer wieder sind es Verhöhnungen der Sakramente, die man wie von allen Häretikern so auch von ihm erzählt. Da habe er beim Anblick eines Kornfelds, anspielend auf den Herrenleib ausgerufen: „Wieviel Götter reifen hier!" oder ein andermal geäußert, daß Gott, wäre er auch größer als der größte Berg, längst von den Priestern aufgezehrt sein müsse.. und als er einen Geistlichen mit der letzten Wegzehr zu einem Sterbenden eilen sah, habe er geseufzt: „Wie lange wird solcher Schwindel noch währen?!" Daß er über die unbefleckte Empfängnis, weil sie den Gesetzen der Natur widersprach, lächelte und daß er ein Fortleben nach dem Tode verneinte, ist bekannt. Nicht ohne einiges Recht durfte daher Kardinal Rainer in seinen Flugschriften fragen: was denn den Kaiser von der verruchtesten Teufelei abhalten sollte, da er doch kein Verlangen trage nach ewiger Seligkeit, die er um seine Rache zu kühlen und sich am Blute der Viterbesen sattzutrinken gern preisgab, und da er auch keine Furcht vor der Hölle mehr kenne: „Denn die Seele — so habe Friedrich II. seine Höflinge zu denken gelehrt — verweht wie ein Hauch und wird verzehrt wie ein Apfel, den man vom Baume abpflückt und der gleich dem Menschen aus den vier Säften zusammengesetzt ist." Und was konnten ihm die Gnadenmittel der Kirche sein — Beichte Reue und Absolution — da er mit seinen Astrologen an das sternenbestimmte Geschick glaubte und solcher Glauben an die Faten Reue über ein Geschehenes ausschloß! Wo also war der zu fassen, dem das menschliche Blut nichts galt, der straflos Bischof und Mönch und Kleriker hängen köpfen ertränken einkerkern durfte, dem man vorwarf, Latrinen zu bauen, wo Kirchen standen und die Steine zu verwenden für Burgbauten seiner braven Sarazenen!

In der Tat: Konzilien und Päpste konnten hier keine äußeren Grenzen mehr setzen, vor deren Überschreitung Friedrich II. hätte zurückschaudern müssen, wenn er nicht selbst andere Grenzen gekannt hätte. Wohl war er der Hammer der Welt und die Gottesgeißel und hatte auch dieses Amt auf sich genommen als neue Sendung: gewiß nicht ohne die dämonische Lust des schöpfenden Genius, einreißen zu dürfen.. aber auch nicht ohne die schmerzhafte Not des erhaltenden Genius, einreißen zu müssen. Gern höre er sich Antichrist nennen, hat einmal Papst Gregor behauptet.. aber bis zum Äußersten hat es Friedrich II. hinausgezögert, der Antichrist auch wirklich zu sein. Sicher war er jedes Sakrilegs, jeder Schmähung und jeder „Verderbtheit" fähig, doch was er bei allem für den Schutz seiner Person stets notwendigen, nie sinnlosen Wüten und

Richten vollkommen wahrte, das war die stolze freie Caesarengeste, war die unnahbar adlige Haltung und die immer erhabene Würde, die sich niemals gemein machte, war die Fassung, die Form des römischen christlichen Caesar. Wehe dem Ketzer, der etwa gewagt hätte, sich ihm als „Mitketzer" zu nahen! Immer blieb er der christliche Kaiser in Haltung und Art, wobei seine persönliche Dogmatik ganz gleichgültig blieb: auch das dogmatische Rechthaben werde falsch wo die rechte Haltung fehlt, schrieb er einmal. Und gerade das ist das Wunderbare: mit welch elementarer Heftigkeit auch immer seine tatsächlich furchtbare und erdnahe Gewalt zum Ausbruch kam: immer war sie gebunden und gemeistert durch die Form des römischen Caesar Augustus, die vielleicht Unzucht, aber nicht Zuchtlosigkeit vertrug: „des Geistes höchst gerechte Wallungen niederzuzwingen und von tugendhafter Zucht als ein Caesar gebändigt still zu bleiben".. so nannte er einmal die eigne Artung. Und so mag man sich den Kaiser auch vorstellen dürfen: eine Gottesgeißel nicht in der Verzerrung eines „schrecklichen Iwan" und nicht verdüstert in einem finsteren Brüten, sondern in der viel unheimlicheren windstillen Ruhe und entrückten Erhabenheit eines schon zeitfremden Gottes. Nur unter dieser Form eines Caesar Augustus aber spiegelten sich Tun und Sein Kaiser Friedrichs in dem doppelsichtigen Bilde des Antichrist und des messianischen Richters der Welt.

Caesar Messiaskaiser Antichrist: das sind die drei untereinander vollkommen unverschiedenen Erscheinungsformen Friedrichs II. seit dem Beginn seines wirklichen Weltherrschertums, seit Cortenuova. Er blieb der gleiche und nur die Wandlungen der Zeitlage ließen sein Bild in jeweils neuer Färbung aufglühen. Je mehr er sich wirklich einem römischen Caesar Augustus anglich, von dem man das Weltheil erwartete, desto ähnlicher wurde er auch dem Gegenbild: denn ein wirklich wiedergeborener Kaiser römischen Stils, der sich Standbilder errichten ließ, ward mit Notwendigkeit gegen den Galiläer zum Nero und Antichrist.

Überdies war das ganze Leben Friedrichs II. wie im messianischen so im antichristlichen Sinne zu deuten. Der Antichrist — so wollte man wissen — empfangen schon im Zustand der Sünde, werde Magier, Beschwörer, Zeichendeuter und Zauberer um sich haben.. werde den Dämonenglauben wieder einführen, werde Eigenruhm erstreben und sich den allmächtigen Gott heißen. Nach Jerusalem werde er kommen und im heiligen Tempel seinen Sitz aufschlagen. Er wird den schon zerstörten Tempel Salomons wieder herstellen und lügen, er sei der Sohn des allmächtigen Gottes. Die Könige und Fürsten wird er zuerst bekehren und durch sie die übrigen Völker. Über den ganzen Erdkreis wird er seine Boten und Prediger schicken und seine Predigt wie seine Macht wird von Meer zu Meer reichen, von Osten nach Westen, von Süden nach Norden. Das Römerreich aber sollte mit ihm zu Ende gehen. Und er wird Zeichen und Wunder und nie gehörte Taten vollbringen, auf Erden herrschen aber wird Verwirrung, wie niemals zuvor. Denn wenn man seine Taten sehe, dann würden selbst die Vollkommnen und Erwählten Gottes im Zweifel sein, ob er der Christus sei, der am Ende der Welt gemäß den Schriften kommen sollte, oder der Widerchrist. — Beide mußten einander ja völlig gleich sein. Und das Auftreten Friedrichs II. war immer zwiefach zu deuten. Wenn der Kaiser mit seinem seltsam exotischen Hofstaat und Tierpark sich zeigte, so konnten die einen an den Weltkönig denken, der über alle Völker und Rassen und Tiere herrschte, und an den Messias, unter dessen Zepter alles Getier friedlich beisammen lagert... andere wieder sahen in dem oft genug eilig die Städte Italiens durchjagenden Zug von Pardeln und Eulen und dunkelhäutigen Korybanten die apokalyptische Heerschar. Kein Pferd durfte Friedrich II. reiten, dem man nicht symbolischen Sinn beilegen konnte und beilegte: ritt er einen Schimmel, so war er der Heiland und man zieh ihn der Blasphemie, auf einem Fuchs war er der Reiter auf rotem Roß, der den Unfrieden bringt, ein fahles Pferd war der Tod und ritt er den Rappen so fürchtete man den Reiter mit der Wage, den Richter. Manches mag Friedrich selbst noch gefördert haben: sein Leibpferd hieß er den „Drachen". Wenn ferner Kardinal Rainer von dem „Stirnhorn der Macht" sprach und wenn bald nach der Absetzung Cistercienser ihre Schreiben datierten nach den Regierungsjahren des „Fridericus cornutus", so ist hier die Gehörntheit ein Zeichen des Satan. Doch der Zwiegehörnte war auch der Messias und die Hörner sind dann nicht ein Zeichen der Bosheit, sondern der Erdkraft, wie Alexander, wie Moses es zeigt. Wenn man Friedrich II. für unverwundbar hielt, so wäre das in späterer Zeit unbedingt der Beweis gewesen für den Bund mit dem Teufel.. damals glaubte man auch: nur Gott selbst könne seinen Gesandten abrufen. Man nannte Friedrich den gefallenen Engel, der Gottes Antlitz am ähnlichsten war.. aber die Gottähnlichkeit traf auch für den Messias zu und als den Gottähnlichen feierte Petrus de Vinea seinen Herrn. Auch die Reichtümer zeigten den Antichrist, ebenso aber gebot der Messias über die Schätze der Welt.. und daß Friedrich II. so viele Sprachen beherrschte und „in vielen Zungen mancher Art zu reden wußte", war nicht minder zwiespältig. Wo aber der Kaiser ganz unzweideutig als der christliche Herrscher sich zeigte, da konnte man sich erst recht ereifern: gerade Verstellung und Maske war ja das Hauptkennzeichen des Antichrist. Und vielleicht war Friedrich dann wirklich am allergefährlichsten: denn es klingt fast wie Hohn, daß er, dem man den Mißbrauch der Pönitenz des Fastens vorwarf, weil er täglich nur eine Mahlzeit zu sich nahm zur Erhaltung eines gesunden Leibes, die Lösung vom Banne erwirken wollte durch eifriges Fasten.

Aus dieser vollkommenen Einheit, die zwiefacher Deutung fähig ist, hat man merkwürdigerweise eine „Zerrissenheit" Friedrichs II. selbst konstruiert, ja diese durch das ganze Leben verfolgt: der Freigeist habe Ketzergesetze erlassen, der die Sarazenen liebte nahm gegen sie das Kreuz, der das städtische Bürgertum bekämpfte zog gerade dieses an seinen Hof, der wie kein andrer den freien Geist selbst zeugte, mußte ihn im Aufkeimen selbst vernichten, dem die Weltherrschaft zugefallen war, verdichtete sich ganz auf Italien, der für die Priester nur Gift hatte und Hohn, gab sich selbst als Priester, der christlicher Kaiser war, untergrub durch sein forschendes Fragen die Grundlagen des christlichen Weltbildes, und schließlich: der gleichsam der Messias sein wollte, war zugleich selbst bereit, Gottesgeißel und Hammer der Welt zu sein. Doch man verlangt von dem Genius zu wenig, wenn man auch von ihm Eindeutbarkeit will. Die römisch-christliche Caesarenform ertrug auch zweier Welten Einssein und litt die Spannung extremster Kräfte ohne zu bersten.. und wenn auch eine die andre ständig verriet, so gab doch jede der andern erst die lebendige Fülle. Jeder Geringere freilich als Friedrich II. hätte diesem gewaltigen Druck, dieser Spannung wohl erliegen müssen.. aber auf jenen nur ahnbaren Höhen der Caesaren vollzieht sich immer wieder das nämliche Wunder, das man wohl anstaunen darf: daß „die von der heißesten Sonne beschienenen Gletscher nicht warm und nicht weich werden, sondern nur glänzend". Und alles das war vom Kaiser selbst schon gesagt durch das Grunddogma des weltlichen Staates: wahre Freiheit gebe es nur unter dem Joch des Imperiums.

Indessen, mit gutem Grunde konnten hier einmal die Gegensätze: Kaiser und Galiläer, Heide und Christ, Heiland und Antichrist in einer Gestalt erscheinen, ohne daß diese an geschlossener Dichte auch nur das geringste einbüßte. Denn der Christ, den Friedrich der Staufer darstellte, der in dem Deutschen Kaiser zum letztenmal auflebte: war der fast noch heidnische Christ des germanischen Heliand, war der Jesus Rex aus Davids Königsgeblüt, der gekrönt mit dem Kosmokratendiadem von Ehre und Ruhm das Germanenweltjahr hindurch geherrscht und das neue Imperium der Christen gestiftet hatte, welches mit dem Stauferkaiser jetzt abschloß.. diesen sowohl germanisch- wie griechisch-christlichen Heiland, der mit Strahlenkrone Weltkugel Lanze und Buch in der raum- und zeitlosen Entrücktheit der Mandorlen thronte, ihn hat Friedrich II. tatsächlich erlöst und erfüllt, indem er ihn lebte und ihm mit seinem Blut irdische leibliche Gegenwart gab. Freilich, wieder zum Menschen geworden, war dieser Gott auch zu töten. Seit den Tagen des italischen Heiligen, Franziskus, den man besonders gern als den Drachenkämpfer Michael feierte darstellte und besang, war das neue Bild des gleichen Gottes gesichtet, war der Mildere und minder Strenge, der Dulder mit Wundmal und Dornenkrone zum Leben erstanden, und der unnahbar strenge Richter- und ruhmgekrönte Königsgott, den die Zeit nicht mehr ertrug, ward unter der Herrschaft des „Anderen" notwendig zum Widerchrist: denn stets wird der gestrige Gott zum Satan von heute.

Fast durch dreihundert Jahre — das Zeitalter der Renaissance — nährte und spornte die Menschen der Kampf des Divus und Sanctus, des einen gedoppelten Gottes, den als Erster Dante im Menschen selber austrug und als Gegensatz überwand. Mit ihm, der Adler und Kreuz, das Reich dieser und das Reich jener Welt nur als Eines wußte, als die ursprüngliche menschliche Einheit, schloß das tausendjährige Doppelreich wieder zusammen, das sich seit Vergil immer weiter geöffnet. Sinnvoll geht die Spannung der Reiche Caesars und Christi, wieder auf zwei lebende Wesen — Franziskus und Friedrich — verdichtet, dem das Imperium beschließenden Sänger voraus.. war doch einst dem das Imperium kündenden Sänger Vergil, den Dante als Führer erkor, die Spannung und Spaltung der Welt gefolgt: der Doppelheiland Christus-Augustus.

Nicht minder zwiespältig als das Bild war die Auswirkung Friedrichs II. auf dieser Stufe. Damit der „Neue" und „Andere" nicht kampflos und ungehemmt einschoß und im Übermaß die Seelen, die er löste, aufweichte, hatte der Kaiser die Gegengifte zu zeugen, der Liebe den Haß, dem Verzeihen die Rache entgegenzusetzen. Das „Terribile" war des Staufers Vermächtnis für das italische Reich.. jene mit Staunen und Grauen vermischte Bewunderung des Dämonischen in seinem nur-erdhaften Schöpfen und Zeugen, das „Stupende" in Wille und Wort, das Caesarisch-Böse und Majestätische in Geste und Tat, das Erschüttern und Lähmen durch feste Macht und nackte Gewalt. Nur auf Italien blieb das beschränkt, wo Friedrich II. die für solchen Kampf erkorenen Geschöpfe selber heranzog, und nur in Italien währte das Ringen als ein Götter-Agon, dessen Spannung das Leben selbst werden sollte, für drei Jahrhunderte fort. In Friedrichs nächster Umgebung aber gediehen die neuen Giganten, die düsteren Bekämpfer der befreiten schwärmenden Seele, am sichersten.

Ahnherr der Sigismondo Malatesta und Cesare Borgia wurde Friedrich II. durch seinen Schwiegersohn Ezzelino von Romano, den Teufel der Trevisaner Mark. Auch Ezzelino, Bewundrer des Staufers und sein Geschöpf, war einer der Vielen, die aus des Kaisers Lebensgesamt einen einzigen Zug herausbrachen und diesen verfratzend ins Ungeheuerliche, ja Kolossale auftrieben.. bei Ezzelino: das rücksichtslose Durchsetzen der eignen Person und der schrankenlose brutale Wille nach Macht, die Selbstzweck wurde und damit „an sich bös". Zwar erst nach dem Tode des Kaisers, den der genau gleichaltrige Ezzelino um neun Jahre überlebte, wirkte sich dieser Tyrann hemmungslos aus. Aber schon lange zuvor war der Romano der Allgefürchtete und Gehaßte des oberitalischen Ostens, den er dem Namen nach dem römischen Kaiser, in Wirklichkeit nur der eigenen Macht unterwarf. In dem städtischen Parteigezänk großgeworden hatte sich Ezzelino im rechten Augenblick zur Stauferfahne bekannt und unter dem Schutze Friedrichs II., der den Ehrgeizigen ohne wirkliches Amt in jenen Gebieten frei schalten ließ, bildete Ezzelino, auf Padua Verona und Vicenza gestützt, eine völlig in sich geschlossene Tyrannis aus. Stadt um Stadt reihte er seinem Herrschaftsgebiet an, erhob selbständig Steuern, erließ Gesetze und machte seine Nepoten zu Statthaltern selbst gegen den Willen des Kaisers, gegen den er hier und da auch seine Machtgebiete erweiterte, das Regiment dabei mit „schneidender Einseitigkeit" nur durch den Schrecken behauptend. Da aber Ezzelino dem Kaiser die Treue stets wahrte, obwohl nur aus Nutzsucht, und da er zudem der verläßlichste Schirmer des Brennerwegs war, so ließ ihn Friedrich II. ruhig gewähren. Trotz dieses Rückhalts an der kaiserlichen Autorität aber kam mit Ezzelino dennoch ein neuer Herrschertyp auf, dem Manfred später die Form wie die Weihe gab durch die Berufung auf Caesars Vorbild: der illegitime Herr und Fürst, der sich im Letzten doch nur aus eigner Kraft mit Gewalt und List seinen Thron errichtet und mit tyrannischer Härte Grausamkeit Strenge die Schreckensherrschaft behauptet, die nur auf ihm selbst, auf seiner Persönlichkeit ruhte.

In einem Strome kochenden Bluts läßt Dante „die Stirne mit dem schwarzen Haar", den Tyrannen Ezzelino büßen, den — wie man berichtet — über und über schwarzes Gehär wie ein Fell bedeckte. Das Äußere Ezzelinos war düster.. fest und selbstsicher sein Schreiten und der Anblick des nur Mittelgroßen, der vor Stolz Zorn und Hochmut immer zu beben schien, flößte Entsetzen ein. Obwohl aus politischen Gründen mehrfach vermählt, blieben ihm Frauen fremd: er verachtete sie und hat kaum je eine Frau berührt.. doch einen deutschen Krieger, der bei der Erstürmung Vicenzas ein Weib vergewaltigte, stach Ezzelino augenblicks nieder. Er selbst nannte sich eine „Geißel gesandt zur Strafe der Sünder", die er mehr unter dem Adel als unter dem Volk gesucht hat, das er mit eisernen Griffen im Zaum hielt. Ezzelino wußte sein Schicksal mit den Sternen verknüpft und neben dem gelehrten Guido Bonatti hatte der langbärtige Sarazene Paul von Bagdad des Tyrannen Geschick aus den Sternen zu deuten. Auch prachtliebend war Ezzelino.. doch sein Hof zu Padua zeigte die finster lastende, düstere Pracht des Tyrannen, dessen sarazenische Wachen weniger dem Glanz als dem Schrecken dienten. Den Staat rein zu halten war der Grundsatz des immer mehr versteinernden Machthabers.. und der leiseste Verdacht genügte, durch Kerker und Kastration, Folter und Feuer die Reinigung vollziehen zu lassen. Fünfzigtausend Menschen habe Ezzelino in seinem Bezirk umbringen martern hinrichten lassen, um seine Macht zu behaupten. Sein Leitsatz war wohl der seines Schwagers Salinguerra: „Den Himmel dem Herrn des Himmels.. die Erde aber ist den Söhnen der Menschen gegeben!" Und solcher Anschauung blieb Ezzelino getreu: als er, der Tapfere Kampferprobte, fünfundsechzigjährig von zahllosen Feinden umzingelt, durch einen Keulenhieb betäubt in Gefangenschaft fiel, verschmähte er sowohl ärztliche Hilfe als Nahrung, so daß er nach wenigen Tagen starb.. erst recht die Beichte und Wegzehr verschmähend: er habe nur eine Sünde zu bereuen, die nämlich, daß er sich habe überwinden lassen und nicht mehr Rache nehmen könne. Damit schickte er die Priester hinaus. Durch den freiwilligen Tod mag Ezzelino einem ähnlich grauenvollen Ende entgangen sein, wie es seinen Bruder Alberich von Romano ereilte, der — ehemals sein Feind — zuletzt mit ihm im Bund war.. grausam wie jener, dazu aber lüstern. Auf allen vieren mußte Alberich von Romano zum Richtplatz kriechen, mit einem Gebiß im Mund dem Pöbel als Reittier dienend, mußte die Folterung der Seinen mit ansehen, bis man ihm selbst mit Zangen das Fleisch vom Leibe riß, um dann den noch Lebenden von einem Pferde zu Tod schleifen zu lassen.

Ezzelino war zweifellos Gigant, aber keineswegs der einzige seiner Art in Friedrichs Umgebung. Neben einem Guido von Sessa, der den Verurteilten zynisch die Beichte verweigerte, weil sie als Papstfreunde gleich ins Paradies kämen und der dann bei einer nächtlichen Flucht mit seinem Roß in die Kloake der Aussätzigen stürzte und im Unrat erstickte, wäre hier der einäugige Markgraf Uberto Pallavicini zu nennen... anfangs Freund Ezzelinos bis er den Rivalen verriet·und gefangennahm. Er stand Ezzelino nur wenig nach: den skrupellosen Gebrauch der Gewalt, um seine Tyrannis zu halten, kannte auch Pallavicini, der freilich minder besessen oder dämonisch als Ezzelino immer der schlaue Rechner blieb, der es gewissenlos mit jeder Macht hielt. Unheimlich war auch Uberto Pallavicinis ganze Erscheinung: von einem Hahn war ihm in der Wiege ein Auge ausgepickt, aber das noch erhaltene glänzte „wie schwarze Kohle" aus einem Antlitz, das von tiefschwarzem Haar und Bart umrahmt war. Auch der Markgraf war nur mittelgroß, aber ungemein kräftig und zäh. Über die Kirche und ihre Dogmen spottete er wie dieser ganze Kreis der kaiserlichen Getreuen: er betrachtete sie als eine rein-politische Macht und den Papst als einen dem Pallavicini kaum gleichwertigen lächerlich kleinen italischen Landesherrn — eine realistische Anschauung, die in der Renaissance bei seinesgleichen üblich wurde. Noch vom Kaiser mit dem Generalvikariat um Cremona betraut und in diesem heimatlichen Gebiete mit zahllosen Ortschaften beschenkt, setzte der Markgraf nach Friedrichs Tod seinen Kampf gegen Papsttum und Guelfen fort. Er kämpfte wie Ezzelino dem Namen nach für das Reich, doch die eroberten Teile der Lombardei schlug er zu seiner sich rasch vergrößernden Signorie und nannte sich „Generalvikar in Lombardien und ständigen Herrn von Cremona Pavia Piacenza Vercelli". Aber auch Crema und Mailand, Alessandria Tortona und Parma gehorchten dem strengen Signore, dessen ungeheures Gebiet, so schnell es erwürfelt war, auch zerfiel. Nur das Schloß Busseto bei Cremona, von dem aus er die Geschicke Lombardiens geleitet, war dem Markgrafen Uberto Pallavicini geblieben, als er über siebzigjährig starb, auch er — wie es heißt — die Gnadenmittel der Kirche verschmähend.

Gigantische Frevler waren diese Genossen Friedrichs II., Verächter der himmlischen Seligkeit wie der höllischen Qualen, die sie verlachten. Und jeder von ihnen, wenn auch meist ins Unmaß verzerrt, zeigte Züge des staufischen Kaisers. Aber nur Friedrich II. selbst trug mit dem Teufel auch noch den Gott in sich und des Kaisers ganze unfaßbare Weite zeigt seine andere Auswirkung als Hammer der Welt und Geißel der Völker: denn Friedrich konnte ebensogut Franz von Assisi zur Seite treten und mit ihm den gemeinsamen Gegner bekämpfen, die verweltlichte Kirche. Hatte sich Friedrich bisher stets gehütet, die Kirche selbst anzugreifen, da er doch nur mit dem Papste Streit haben wollte, so vertauschte er mit der gewohnten Geschmeidigkeit blitzschnell die Waffen und begann mit dem Zorn des Elias, der „als Eiferer des Gesetzes die habgierigen Baalspriester im Sturme des Geistes schlachtete", gegen den verweltlichten Klerus überhaupt den Kampf zu eröffnen. Bald nach dem Konzil von Lyon kam sein großes Reformmanifest: „Immer war es unsres Willens Absicht, die Kleriker jeglichen Ranges — und am meisten die höchsten — dahin zu führen, daß sie, wie sie in der Urkirche gewesen sind, als solche auch ‚am Ende' verharrten: das apostolische Leben führend, die meisterliche Demut nachahmend. Denn solche Geistlichen pflegten die Engel zu schauen, von Wundern zu schimmern, Kranke zu heilen, Tote zu erwecken und durch Heiligkeit, nicht durch Waffengewalt Könige und Fürsten sich dienstbar zu machen. Dagegen diese, der Welt ergeben, von Genüssen trunken, setzen Gott hintan: ihnen wird aus dem Zustrom von Schätzen die Frommheit erstickt. Solchen also die schädlichen Schätze entziehen, mit denen sie sich fluchwürdig beladen: DAS IST WERK DER LIEBE." So schrieb Friedrich II. an die Könige Europas und schloß mit der Aufforderung, den Knechten Gottes alles Überflüssige zu entziehen. Friedrich II. kam mit diesen Ideen der Weltstimmung nur entgegen. Es war die Lehre, deretwegen man einen Franz von Assisi fast als Ketzer verurteilt hätte, die Lehre von der Rückkehr der Kirche in den Stand der apostolischen Zeit und ihre neue Vermählung mit der vergessenen Armut. Und der Augenblick dafür schien nunmehr gekommen: dem Anfang sollte das Ende ja gleichen, wie Friedrich ausdrücklich hervorhob.

Doch mit seinem Fordern ging der Kaiser noch weiter. „Wo haben es diese unsre Priester gelernt, Waffen zu führen gegen die Christen, Panzer anzulegen statt der heiligen Gewänder, statt des Hirtenstabs Lanzen zu führen und statt des Schreibrohrs Bogen und Bitternis bringende Pfeile, die Heilswaffen des Kreuzes jedoch für gering zu achten? Welches allgemeine und welches besondere Konzil machte solches zur Vorschrift? Welche Gemeinschaft gottträchtiger Männer hat solches befohlen und solches besiegelt? Wenn aber jemand dieses nicht glauben will, dann sehe er nur die heiligen Kardinäle und Erzpriester, wie sie in dem unsrem Befehl unterworfenen Land ritterliche, ja kriegerische Waffen ergreifen! Herzog nennt sich der eine, Markgraf der andre, Graf ein dritter gemäß der Provinz, deren Leitung er da erlangte... Haben solches die ersten Jünger Christi verordnet? O Dummheit der Menge! die ihnen augenblicks und ohne Zögern Heiligkeit zuschreibt und auf der Stelle Heilige erdichtet wie der Mythos Giganten!"

Was Friedrich II. in diesen Schreiben verlangte, war nichts andres als „Säkularisation" der römischen Kirche sowohl ihres weltlichen Besitzes als ihrer weltlichen: der Herzogs-, Markgrafen-, Grafen-Würden... Forderungen, die im allgemeinen erst die Revolution verwirklichen sollte obwohl im sizilischen Königreich der gewollte Zustand fast durchgeführt war. Denn in Sizilien waren die Kirchenschätze tatsächlich großenteils eingezogen und Beamtenwürden kannte der Kaiser für seinen heimischen Klerus seit langem nicht mehr. Daß Friedrich im Übrigen nicht aus der Frommheit und Glaubensnot eines Franziskus die Armut der Kirche gefordert, das ist gewiß, und man hat den Kaiser da auch durchschaut: Friedrich habe die Kirche arm machen wollen, jedoch nicht aus Eifer für Gott, sondern weil er kein guter Katholik war. Allein wenn der Kaiser auch nicht in fanatischem Eifer um der bloßen Kirchenreform willen kämpfte, so gehörte doch die Reform notwendig zu seinem Amt, und hier griff der Staufer wiederum kühn dem Kommenden vor. Dem Heiligen Franziskus schien der „Reformkaiser" plötzlich ganz nah verwandt: denn wer die Augustuszeit erneuern wollte, benötigte eine Kirche, wie sie im frühesten Kaiserreiche gewesen... und wenn der Heilige wiederum die Urkirche verlangte und stärker als er noch sein Orden, der dem verderbten Weltklerus als „neues Menschengeschlecht" im Amte zu folgen hoffte, so erneuerten sie mit der apostolischen ungewollt auch die augusteische Zeit. Der Heilige, der nur auf Gesundung der Kirche sann, hatte für solche Folgerung gewiß keinen Sinn.. Friedrich II. aber überblickte bereits das geschlossene Bild und sah, daß sein Reich die größte Bewegung der Zeit noch aufnehmen konnte, ja daß das Römerimperium nur noch zu halten war in Gemeinschaft mit einem franziskanischen, einem Engelspapst. Es ist die große Dantesche Weltsicht, die Friedrich II. hier schon vorwegnahm: die Forderung des petrusgleichen besitzlosen Papstes neben dem augustusgleichen alles besitzenden Kaiser, beide unmittelbar von Gott eingesetzt. Und einem Papste, der durch Heiligkeit, nicht durch Waffengewalt die Könige dienstbar machte, konnte auch Friedrich II. — wie Dante es heischte — „jene Ehrfurcht erweisen, die der erstgeborne Sohn dem Vater erweisen muß, auf daß er durch das Licht väterlicher Gnade erleuchtet kraftvoller den Erdkreis durchstrahle..."

Auf eine merkwürdige Wendung in einem der „reformatorischen" Manifeste sei noch kurz verwiesen. „Des Gewissens Reinheit haben wir und folglich Gott mit uns".. erklärte Friedrich II. den abendländischen Königen. Eine andre Art der Einbeziehung, der „Verinnerlichung" Gottes wird hier erkennbar als die, um deretwillen man einen Franziskus preist.. die Verinnerlichung nämlich kraft des Gewissens, welche der aufs höchste gesteigerten imperialen Lehre entspringt, daß für sein Tun der Kaiser nur Gott verantwortlich sei. Es ist die priesterlose Gottunmittelbarkeit des Laien — nicht ohne Grund erstmals von dem letzten Kaiser des Mittelalters verwirklicht —, die mit Notwendigkeit gewisse Anklänge an Reformationsdoktrinen hervorbringen mußte. Und doch ist ein schärferer Gegensatz zu diesen kaum denkbar. Denn die Berufung auf die Gewissensreinheit, die später im Herabstieg zur Menge gerade der Aufhebung aller Stufen und Ränge diente, war hier noch ein Vorrecht des allverantwortlichen Kaisers, das er im Bewußtsein seiner Einzigkeit wohl sich selbst, doch niemandem sonst zuerkannte: im Urteil gegen alle andern blieb auch für Friedrich II. maßgebend nur deren Tun, nicht das Gewissen. Wie aufreizend aber selbst die kaiserliche Haltung wirkte, zeigt der Satz, mit dem ein erstaunter Mönch jene Berufung auf das Gewissen glossierte: „Den Taten glaubet!"

Ein „Werk der Liebe" hatte Friedrich II. sein Wüten gegen die Kirche genannt und es kann nicht wundern, daß gerade Bettelmönche des Kaisers Walten als ein gerechtes Gericht begriffen, nach dessen Abschluß das letzte Zeitalter von Ruhe und Frieden heraufleuchten sollte. Der sich immer mehr verschärfende Gegensatz zwischen Weltgeistlichen und Ordensleuten kam dem Kaiser dabei zu Hilfe, und wie bei den Franziskanern so war bei den Dominikanern eine Richtung vertreten, die sich für Friedrich gegen den Weltklerus erklärte.. ja, entgegen der herrschenden Auffassung, daß der die Kirche bekämpfende Antichrist von außen her kommen müsse, sahen einige den Verderber mitten im Schoße der Kirche. In einer Schrift mit dem Titel „Über Innocenz IV. den Antichrist" weist ein Bettelmönch nach, daß „Innocentius papa" die Zahl 666 ergebe, der Papst mithin der Antichrist sei. Und in einer andern tief erregten Flugschrift ergriff der gleiche Predigermönch Partei für den Kaiser. Gott habe ihm, dem Bruder Arnold, in einer Vision offenbart, daß es der göttliche Wille sei, die hochheilige Kirche zu erneuern und in den ursprünglichen Zustand zurückzuführen. Also belehrt habe sich daher Bruder Arnold zu Kaiser Friedrich II. begeben, der in der Fülle seines Scharfsinns diese Vision mit dem Rat kluger und schriftkundiger Männer erörtert und als ein katholischer Mann frei von allem Unglauben die Erneuerung der Kirche als ein sehr frommes Werk gebilligt habe. Nach vierzigtägiger mystischer Versenkung habe dem Mönch schließlich Christus selbst offenbart, daß der Papst und seine Anhänger die eigentlichen Widersacher Christi und Verletzer des Evangeliums seien, und sie habe darum der Herr selbst aus der Gemeinschaft der Gläubigen verstoßen.

Den Glauben des Bruders Arnold teilten damals etliche und der Ruf: papa haereticus! sollte bis zur Reformation nicht mehr verstummen, am wenigsten in Deutschland, wo es zu seltsamen Kundgebungen kam. In Schwäbisch-Hall und wohl noch anderwärts hatten Wanderprediger unter großem Zulauf der Menge verkündet: der Papst sei ein Ketzer, die Prälaten seien Simonisten, die Geistlichen unwürdig zu lösen und zu binden. Die päpstlichen Ablässe seien wertlos und man dürfe nicht wagen des Papstes zu gedenken, der ein verkehrtes Leben führe und ein schlechtes Vorbild gebe. „Betet — so hätten dann die Prediger geschlossen — betet für den Herrn Kaiser Friedrich und für Konrad, seinen Sohn, denn die sind vollkommen und gerecht!"

Die Reformmanifeste des Kaisers hatten gerade in Deutschland Beifall gefunden. In wilden Schmähschriften ließ man sich gegen die Geistlichen aus, „die Gatten der Üppigkeit die die Ehe meiden", und ein gegen den Klerus furchtbar wetterndes Flugblatt griff durchaus den Ton kaiserlicher Erlasse auf, indem es schloß: „O über deine ungebildete blinde Einfalt, du christliches Volk, daß du nur nicht getäuscht werdest durch solche Trüge! Stehet auf also, stehet auf, ihr der Erde Könige! Stehet auf, ihr andern Fürsten der Erde! Stehet auf insgesamt alle Völker, öffnet die Augen und seht! Ertraget nicht länger die Schmach solcher Feindschaft! Rottet sie aus von der Erde diese verseuchte Schar, welche das ganze Erdrund verwirrt und befleckt! Reformieret die durch solche Frevel deformierte heilige Kirche... und wenn der alte Sauerteig der Bosheit und Schalkheit ausgefegt ist aus dem christlichen Glauben, möge ein neuer Teig werden in ungesäuerter Lauterkeit und Wahrheit des Glaubens!"

An dem Ausgang des Kampfes konnten solche Stimmen gewiß nichts ändern und an eine Erhebung der Massen war damals noch nicht zu denken. Aber daß Friedrich II. — wie man öfters behauptet — als ein „Unverstandener" durch sein Jahrhundert gewandelt sei, solche Anschauung läßt sich schwerlich aufrechterhalten, selbst wenn seinem Fordern die Erfüllung versagt blieb, die zu erleben den Großen selten ein Glück ist. Daß Friedrich mit seinen reformatorischen Manifesten das Papsttum nicht würde aus den Angeln heben können, wußte er selbst ganz genau und wird es schwerlich gewollt haben: denn ohne Weltkirche auch kein Weltimperium. Dennoch hat er diese Beziehung aufs äußerste gespannt.. und wesentlich ist allein, daß der von ihm gestreute Same schon zu seiner Zeit Wurzel schlug, da der Staufer mit seiner Witterung für alles Lebendige auch diese Ideen aufgriff und für Jahrhunderte in den Weltkampf der Geister und Mächte hineinwarf. Mit dem Namen Friedrichs II., des ersehnten Reformkaisers, sollte sich auch das Hoffen der reformsuchenden Gläubigen gerade in Deutschland für alle Zeiten verknüpfen: hier sollte der Antichrist der Erretter werden. In seiner ganzen Herrlichkeit — so hoffte man später — werde Friedrich II. zurückkehren, werde die verderbte Kirche reformieren und so wild die römischen Geistlichen verfolgen, daß sie ihre Haarkränze und Tonsuren, wenn sie sonst keine Bedeckung hätten, unter Kuhmist verstecken würden, um nicht als Tonsurierte kenntlich zu sein.

Vielleicht mußte Friedrich II. nur um der Deutschen willen mit den Schrecken des Würgeengels und Antichrist einherjagen: sonst hätte man hier, wo man eher das Gute als das Schöne wahrnahm, in dem Kaiser wohl nimmer den Heiland erkannt. Freilich, das Verfahren des Papstes Innocenz gab solchen Stimmungen überall neue Nahrung und dies besonders in Deutschland, das jetzt ganz anders als bisher in den Kampf hineingezogen wurde und unter den Quälereien der Kurie furchtbar zu leiden hatte.

Bis zum Konzil von Lyon hatte Deutschland von dem großen Ringen der beiden Gewalten verhältnismäßig wenig gespürt. Auch die kirchliche Agitation war hier fast erfolglos geblieben, obwohl im Jahre 1239 — kurz vor dem Banne des Kaisers — der päpstliche Legat, Albert von Böhmen, im Südosten des Reiches eine Fürstenopposition zustand gebracht: Böhmen Bayern und Österreich hatten den Passauer Bund gegen Friedrich II. geschlossen. Aber schon nach wenigen Monaten brach dieser Bund auseinander: Böhmen und Österreich verständigten sich mit dem Kaiser und der Bayernherzog war plötzlich ganz isoliert. Nicht einmal der bayerische Klerus hatte sich für den Papst gewinnen lassen, schon weil aus Opposition gegen den Herzog die Bischöfe wiederum zum Kaiser hielten: der Bischof von Regensburg verhöhnte öffentlich die Legaten des Papstes, der Bischof von Brixen sperrte den päpstlichen Boten die Straße, der von Freising sprach dem Papst überhaupt jedes Recht innerhalb Deutschlands ab, und der Erzbischof von Salzburg trat ein päpstliches Schreiben mit Füßen. Fürsten wie Städte aber sandten dem Kaiser Hilfstruppen und -gelder nach Italien. Als schließlich auch der Bayernherzog seine Gegnerschaft aufgab, zumal der Mongolensturm schon die Nachbarn: Böhmen Ungarn und Österreich bedrohte, da schienen alle Bemühungen der Kurie gescheitert.

Indessen begann an einer andern Stelle Deutschlands eine zunächst nur leise Aufweichung bemerkbar zu werden: am Rhein. Der große Erzbischof von Köln, Konrad von Hochstaden, ist bekannt als erster Bauherr des Kölner Doms, dessen Grundstein er 1248 legte. Sein Ruhm als Krieger aber war einst kaum geringer, ein wilder raufsüchtiger Herr, der wie alle deutschen Fürsten nur seine Territorialpolitik im Sinne hatte und darüber mit den benachbarten Fürsten vom Niederrhein in ununterbrochene Händel geriet. Diese Händel brachten ihn bald in einen Gegensatz zur Reichsregierung, die den Beschwerden der Fürsten Gehör schenkte, und binnen kurzem mußte der Kölner als Reichsfeind gelten.

Anfangs noch allein auf sich angewiesen, fand Konrad von Hochstaden schließlich einen Verbündeten in dem nicht minder großen Erzbischof Sigfrid von Mainz, den Friedrich II. sogar zum Verweser Deutschlands bestellt hatte. Der Mainzer jedoch lag seit langem in Streit mit dem Bayernherzog um die Abtei Lorsch, welche Mainz zu erhalten hoffte, solange der Bayer zu den Gegnern des Kaisers gehörte. Als jedoch der Herzog sich dem Kaiser näherte, mußte der Erzbischof von Mainz für die Abtei Lorsch wieder fürchten und demgegenüber wog auch die Verweserschaft wenig: er wie der Kölner konnten der päpstlichen Hilfe sicher sein, wenn sie vom Kaiser abfielen und so schlossen sich die beiden größten deutschen Kirchenfürsten zusammen: beide verkündeten fortan den Bann gegen Friedrich und brachen sengend und plündernd in die Wetterau ein, die dem Gebannten gehörte.

Innocenz IV. fand also in Deutschland bereits eine stauferfeindliche Gruppe vor, die sich zunächst noch auf die rheinischen Erzbischöfe und einige ihrer Suffragane beschränkte. Doch deren Anhang zu vergrößern war fortan eines der wesentlichen Ziele päpstlicher Politik und ganz systematisch begann Innocenz IV. die deutsche kaisertreue Kirche bis hinab zu dem niederen Klerus zu zersetzen, der fast überall zu den Staufern gehalten hatte. Die päpstlichen Mittel waren rigoros. An den großen Kirchen wurden die kaiserfreundlichen Domherrn einfach degradiert, die Bischöfe nach Möglichkeit abgesetzt. In Absetzungsprozesse waren nach dem Konzil von Lyon verwickelt: die Erzbischöfe von Salzburg und Bremen, die Bischöfe von Passau Freising Brixen Utrecht Prag Worms Konstanz Augsburg Paderborn Hildesheim, die Äbte von St. Gallen Ellwangen Reichenau Kempten Weißenburg. Auch über den Bischöfen von Magdeburg Chur Trient schwebten Verfahren, ebenso über einer Unzahl von Geistlichen. Manche wurden abgesetzt wie die Bischöfe von Olmütz und Passau, andre traten freiwillig zurück, um nicht Verrat zu üben. Ihre Sitze erhielten Organe des Papstes. Wieder andre traten zu Innocenz über, der seine Anhänger entsprechend belohnte. Der deutsche Klerus kam rasch in völlige Abhängigkeit von der römischen Kurie, so wie es einst der große Papst Innocenz geplant: eine freie Wahl der Kapitel und Konvente ward jetzt ausdrücklich verboten und die Bischöfe wurden vom Papste ernannt wie etwa die Generalvikare und Podestà von Friedrich II. Und wie der Kaiser das Ernennungsrecht bis in die untersten Beamtenstufen ausübte, so überwachte auch Innocenz die Ernennung der unteren Priester: lange vor Erledigung einer Pfründe designierte er oftmals schon deren künftigen Inhaber.

Diese „Provisionen" auf Kirchengüter wurden vielfach nur gegen eine

Taxe verabfolgt, was schließlich der Simonie sehr nahe kam. Andre Maßnahmen führten wieder zu dem berüchtigten Ablaßhandel. Es wurden in Massen genau unterrichtete Bettelmönche ausgeschickt, die einmal die Bannsentenzen und das Absetzungsdekret im Volk zu verbreiten hatten, wobei die Mönche alle Gelegenheiten, wo sich die Mengen zusammenfanden: also Prozessionen Messen Märkte ausnutzen sollten. Außerdem waren sie verpflichtet, jeder Predigt die Aufforderung folgen zu lassen: man möge gegen Friedrich II. das Kreuz nehmen. Um aber die Kreuzpredigt gegen den Kaiser und seine Söhne nicht zweckwidrig zu schwächen, untersagte Papst Innocenz in einem Geheimbefehl aufs strengste etwa auch für das Heilige Land das Kreuz zu predigen — und das in dem Augenblick, wo Ludwig von Frankreich seine Kreuzfahrt vorbereitete. Schon für das Anhören einer gegen Friedrich II. gerichteten Kreuzpredigt erteilte der Papst einen vierzig- bis fünfzigtägigen Ablaß und wer gar das Kreuz nahm erhielt die gleichen Ablässe wie Kreuzfahrer, die gegen Sarazenen kämpften. Wurde nun dieses Kreuzzugsgelübde durch Geld abgelöst, so blieben dennoch die Sündenerlasse bestehen und viele nahmen daher das Kreuz nur, um sich gleich wieder loszukaufen und durch den Loskauf sich ihrer Sünden zu entledigen. Dieses Verfahren war nicht ganz neu: denn schon seit langem war eine Ablösung des Kreuzzugsgelübdes durch Geld gestattet worden. Doch dieses Geld ward eben für den Kreuzzug verwendet, während es jetzt lediglich eine neue Einnahmequelle für Kirche und Klerus bedeutete, und ein Kampfmittel gegen den Kaiser. Mit dem Augenblick aber, wo man von der Fiktion des Kreuzzuges absah und unmittelbar für Geld die Ablässe erteilte, war der Ablaßhandel im Gange, der schließlich den äußeren Anstoß gab zu dem Schisma des XVI. Jahrhunderts.

Des Papstes Maßnahmen griffen jedoch über Deutschland weit hinaus: es stand ihm ja der ganze weltumspannende Organismus der römischen Kirche zur Verfügung und mit Versprechungen fürs Diesseits und Drohungen fürs Jenseits waren aus allen Ländern Europas bisher noch ganz ungenützte Mittel zur Kriegführung herauszuholen oder Parteigänger zu gewinnen. Kein kanonisches Gebot, von dem Innocenz IV. nicht Dispens erteilt, kein Kirchengesetz, das er nicht umgangen, kein kirchliches Vergehen, das er den Seinen nicht nachgesehen hätte, wenn es ihm für den Kampf gegen den — oder genauer: die Staufer nützlich schien. Um Anhänger zu werben, begann der Papst die Kirchengüter auszugeben wie ein souveräner Fürst seine Lehen: wer ihm einen Dienst erwies, empfing etwa eine Anweisung — „Zahlungsanweisung" möchte man sagen — auf die erste erledigte Prälatur oder Pfründe, die frei wurde, gleichgültig in welchem Lande sie lag. Es konnten also Spanier in England und Deutschland eine Kirche oder vor allem: deren Einkünfte erhalten, und die meisten Benefizien im Ausland erhielten naturgemäß die Italiener, die der Papst für die unmittelbare Kriegführung gegen den Kaiser selbst benötigte. Vielfach haben diese Italiener ihre Pfarren niemals gesehen, da es ja nur auf die Einkünfte ankam, und die Pfründenanhäufung, welche kanonischen Satzungen von jeher aufs strengste zuwiderlief, wurde jetzt eines der bevorzugten Mittel des Papstes, um sich Anhänger zu schaffen oder sie fester an sich zu ketten. Die Fünften, Zehnten, Zwanzigsten, die der Papst ausschrieb, nahmen kein Ende.. aber die päpstlichen Organe, denen als Fremden das Geschick der ihnen überwiesenen Kirchen ganz gleichgültig war, nahmen daran keinen Anstoß: sie haben sich willig den Geldforderungen gefügt, weil bei solchen Erhebungen für sie selbst noch manches heraussprang.

Die willkürlichen Eingriffe des Papstes haben zwar auch in England und Frankreich tief erbittert. Aber Innocenz IV. vermochte in diesen Ländern doch nicht so frei zu schalten wie in Deutschland, wo die geistlichen Fürsten wie nirgend sonst in der Welt „Säulen des Reiches" waren und wo daher ein geschlossener Widerstand kaum jemals in Frage kam. Aber man litt schwer unter der päpstlichen Fuchtel. Da in Bistümern, deren Inhaber nicht päpstlich gesinnt waren, oft Jahre hindurch jeglicher Gottesdienst aufhörte, so gab es in diesen Bezirken keine Kindstaufe, keine Eheschließung, keine Firmung und kein Leichenbegängnis.. kein Angehöriger einer kaiserlich gesinnten Familie durfte hier in den geistlichen Stand eintreten und ebenso hörten für Stauferfreunde Kirchenlehen und Pachtungen auf. Das alles zermürbte in Deutschland viel stärker als etwa in Italien, wo gleichfalls Jahre hindurch die Interdikte in Kraft waren, wo man aber die religiösen Dinge ungleich realer und nüchterner sah, als man sie nördlich der Alpen dachte, so daß man im Norden und Süden schließlich ganz andere Folgerungen zog.

Diese Anordnungen der Kurie wurden einheitlich von Lyon aus getroffen, wo jetzt die Fäden der kirchlichen Welt zusammenliefen, von Papst Innocenz IV. meisterhaft geknüpft. Hier zeigte sich dieser Papst in der Tat als ein Virtuose.. auch er ein Umformer der Energien, der aus allen geistigen Kräften Stoff zu gewinnen wußte und die Spiritualien in Temporalien umzuwandeln verstand: in politische militärische finanzielle Machtmittel. Die Voraussetzung hierfür war freilich eine vollkommen berechnende skrupellose Verwendung aller vorhandenen Gewalten, und sieht man die Kirche nur als eine politische Macht an, die als solche vor ganz neuartige militärisch-politische Aufgaben gestellt war, dann erscheint der Genuese zweifellos als einer der glänzendsten Politiker auf dem päpstlichen Thron. Denn indem er vollkommen unbedenklich mit dem geistlichen Pfunde wucherte, erschloß er für den Augenblick der Kirche wirklich zahllose neue, noch nie angeschöpfte Quellen. Wie sich Papst Innocenz über jedes Bedenken, jedes nur-geistliche Sentiment hinwegsetzte, um sein einziges Ziel: die Vernichtung des Staufers zu erreichen, hat unbedingt etwas Großartiges. Es lag ihm nicht einmal daran, irgendeinen seiner Züge, die allen kanonischen Satzungen Hohn sprachen, zu bemänteln: heuchlerisch ist Innocenz IV. nicht gewesen und ihm kam es wenig darauf an, den Schein zu wahren. Die Selbstverständlichkeit, mit der er jeden Kanon brach umging änderte, hat den „Macchiavellismus" ins Papsttum hineingebracht, dem um den diesseitigen Zweck göttliches und menschliches Recht gleichgültig wurde.. zweifellos ein neuer Papst-Typ, der mit den kriegerischen Papstcaesaren nicht mehr viel gemein hat. Bezeichnend aber ist die verschiedenartige Wirkung dieser neuen Richtung im Papsttum. In Deutschland sah man nur die Entartung und hier ward Abscheu Trauer und Erbitterung ausgelöst über die Veräußerlichung der Kirche, um alsbald zum Gegenteil: zur Verinnerlichung des Religiösen hinzuführen, zur Reformation, zur Erneuerung des Christentums. — In Italien hingegen sah man darin auch das Positive und da weckte das gleiche Verfahren der Päpste jenen bodenlosen, wenngleich erhabenen Zynismus, der auch zur Erneuerung des Heidentums hinführte und zwar innerhalb der Kirche selbst: eben zur Renaissance. —

Indessen, der Hauptkampfplatz blieb dennoch wieder Italien, wo die ungeheure Gestalt Kaiser Friedrichs II. nach der Flucht des Papstes allein das Feld noch beherrschte und um Reich und Leben kämpfte. Papst Innocenz suchte im Norden der Alpen wohl des Kaisers Herrschaft zu stürzen, im Süden aber waren seine versteckten Angriffe unmittelbar gegen die Person des Staufers gerichtet. Hier führten die päpstlichen Wühlereien und Machinationen, die von innen her und schwer bekämpfbar des Kaisers Stellung untergruben, ganz andere persönliche Gefahren herauf, und das nötigte wiederum den Kaiser zu furchtbarster Strenge. Den päpstlichen Organen fiel es in Italien nicht schwer, die Gegenkräfte zu erregen: selbst in normalen Zeiten bedurfte es einer ganz ungewöhnlichen Kraft, um dem italischen Parteigewirre überhaupt eine staatliche Ordnung aufzuzwingen. Als aber jetzt die mühsam beruhigten und niedergezwungenen Gewalten von päpstlichen Agitatoren allenthalben neu aufgestört wurden: jede politische soziale religiöse wirtschaftliche Spaltung und Gegensätzlichkeit Rückhalt und auch Unterstützung an der Kirche fand, und neben dem Gold Versprechungen in Hülle und Fülle einwirkten, da war es dem Staufer nur mit schneidender Härte und oftmals tatsächlich grausamsten Mitteln möglich, diesen Staat auch nur einigermaßen zusammenzuhalten. Aber immer schwerer wurde es hier, die Mächte zu bändigen, da jetzt Verrat und Abfall wie niemals zuvor und, vom Papst angezettelt, selbst Mordanschläge das Leben des Kaisers bedrohten. Unzuverlässig waren mit wenigen Ausnahmen alle Kommunen. Überall waren, auch in den Ghibellinenstädten, starke Guelfenparteien und gewannen diese in einer Stadt die Übermacht, so daß die Stadt abfiel, dann riß ein derartiger Abfall sofort eine ganze Anzahl befreundeter und verwandter Städte mit, wie umgekehrt der Übertritt einer wichtigen Stadt auf die Seite des Kaisers sich gleichfalls sofort in die Weite auswirkte. Dennoch, wenn mit Mühe eine Stadt gezüchtigt war, flammte in drei andern, vom Papste geschürt, die Rebellion wieder hoch, und sobald der Kaiser für eine größere Aktion stärkere Kräfte gesammelt hatte, rief ihn ein unvorhergesehener Aufruhr in eine andere Gegend und ließ ihn in fruchtlosen Kämpfen seine Macht verzehren. Er schwor, „das aus der Scheide gerissene Schwert, welches Untergang predige, nicht eher wieder einzustoßen, als bis die das Imperium aufreizende Hydra der Rebellion, welche der wiedergeborenen Köpfe Verderben im Übermaß aufbläht, machtvoll gestraft sei.." aber er konnte nicht verhindern, daß für Zeiten ganze Provinzen wie die Romagna oder die Marken ihm verlorengingen. Bisweilen war freilich während der letzten fünf Jahre des Kaisers Gesamtlage in Italien günstiger als jemals zuvor. Aber wie schwer war solche Konstellation dann erkauft!

Immer härter wurden die Repressalien des Kaisers, das Mißtrauen des ohnehin mißtrauischen Monarchen steigerte sich nach mancher üblen Erfahrung von Jahr zu Jahr. Eine Stadt, die er betrat, hatte ihm sofort Geiseln zu stellen, und diese wurden nach den apulischen Kerkern geführt, um bei dem geringsten Aufruhr gerichtet zu werden. Wer Papstbriefe zu zeigen wagte, verlor Hände und Füße. Da der Kaiser nur noch Rebellen, nicht Feinde kannte, wurde jeder mit Waffen in der Hand angetroffene Nicht-Kaiserliche als Empörer gehängt. Verdächtige Gegenden durften auf alles gefaßt sein, wobei gelegentliche Mißgriffe keineswegs ausblieben: ein paar Ritter aus den Marken, die man unterwegs aufgriff, wurden gehängt.. dabei wollten sie zum Heere des Kaisers. Andre Verdächtige trugen angeblich auf dem Rücken ein kleines Zeichen, ohne daß sie selbst darum wußten, und wurden von kaiserlichen

Häschern bewacht. Ein Adliger fiel in Verdacht, weil sein Turm nicht zerstört wurde, als seine Vaterstadt vom Kaiser abfiel, und ironisch meinte da Friedrich II.: bei den Abtrünnigen müßten sie beide sehr beliebt sein, da auch der Kaiserpalast verschont sei. Der Adlige lachte etwas gezwungen auf, überhörte aber die Warnungen der Freunde und bei dem nächsten Anlaß fand er sich mit einem Mühlstein um den Hals am Meeresgrund. Die Treue selbst von Städten wie Pisa und Lucca mußte sich der Kaiser erkaufen, indem er ihnen die König Enzio versprochenen Gebiete der Lunigiana und Garfagana überließ.. und den Cremonesen habe er gar verheißen, ihre Stadt an Stelle von Rom zur Hauptstadt Italiens zu machen. Auch mit den Gefangenen wurde rücksichtslos grausam verfahren: in seinen Manifesten verkündete Friedrich II., daß er dreihundert Mantuaner längs der Ufer des Po habe hängen lassen, oder daß er einen Abfall in Reggio erstickte, indem er hundert Empörer öffentlich enthauptete. Nur durch Schrecken war das Regiment noch zu halten.. das Wort Gnade kannte der Kaiser zum Schluß nicht mehr: adlige Florentiner Guelfen, die sich in der toskanischen Festung Capraio verteidigten und sich nach kurzer Belagerung ergaben, wurden teils sofort aufgehängt, teils in Ketten nach Neapel gebracht, geblendet, verstümmelt und dann ins Meer geworfen. Nur einer der Vornehmsten erhielt nach der Blendung die Freiheit, um als Mönch auf der öden Insel Monte Cristo sein Leben zu beschließen.

So suchte sich Friedrich II. der zahllosen kleinen Gegner durch den Schrecken allein zu erwehren. Ihm fehlte seit des Papstes Flucht der „große Feind" in Italien, wodurch schließlich der ganze Kampf ein andres Gepräge erhielt: denn es kämpfte nicht mehr wie in den Tagen Gregors IX. der Kaiser gegen den Papst in Person, sondern Friedrich II. und das staufische Haus gegen Papsttum und Kirche.. mit Waffengewalt kaum zu fassende Gegner. Auch das Spannungsfeld war damit anders gelagert: denn hatten sich ehedem in dem engen italischen Raum die beiden Weltmächte beinahe erdrückt, so füllte den gleichen Raum jetzt Friedrich II. allein aus, während Innocenz, der den Kampfplatz geräumt, von Lyon seine unterirdischen Gänge vortrieb und statt im Gefecht mit dem Kaiser zusammenzuprallen, den Boden unter ihm wanken machte. Da fehlte denn dem Kaiser der Angriffspunkt gegen den sichtbaren Feind, obwohl er stets eines Angriffs von innen gewärtig sein mußte. Nicht mit dem Papst kreuzte er mehr die Waffen, sondern der Kampf tobte weiter zwischen dem Kaiser und seinen Untertanen, welche der Papst verführte. Sooft es aber Friedrich II. versuchte, durch einen Zug nach Lyon, nach Deutschland sich den äußeren Feind wieder zu schaffen, den Gegner zu finden und sich durch ihn von der kaum mehr erträglichen inneren Gespanntheit zu befreien — „daß unsre Hand hätte, den sie besiegte!" — jedesmal riß ihn auf halbem Weg eine Empörung wieder in den Strudel der italischen Kämpfe zurück. Für immer blieb Friedrich II. an den Apennin gefesselt, niemals mehr konnte und durfte sich seine Kraft nach außen in die Weiten des Reiches entladen, und ob er auch unter dieser Feßlung aufstöhnte: „O felix Asia!" — der Brand fraß erbarmungslos nur in den Geweiden weiter und weiter.

Aus dieser übergroßen Gepreßtheit, aus der Enge der seiner selbst noch kaum würdigen Kämpfe gegen Ränke und Tücken von Rebellen und Priestern brach dann ganz jäh das Verlangen hervor, dem Abendland überhaupt den Rücken zu kehren und die lockere lockende Weite des Morgenlands wieder zu suchen.. jenes Verlangen, das auch in dem späten Napoleon immer wieder aufstieg: „Ich hätte besser getan, in Ägypten zu bleiben. Ich wäre zur Stunde Kaiser des ganzen Orients" hieß es beim Anblick Sankt Helenas. Und Friedrich II. schrieb damals dem nikäischen Kaiser Vatatzes nach mancherlei Klagen über Empörer und hinterlistige Priester, die einen Herrscher abzusetzen gewagt: „Solches aber wird am meisten im hesperischen Lande begangen, in unsrem Europa! O glückliches Asien! O glückliche Herrscher des Ostens, die der Untertanen Waffen nicht fürchten und die Erfindungen der Priester nicht scheuen!" Solch Ausbruch persönlichsten Fühlens ist sonst in den Staatsbriefen selten... doch es stimmt das mit der Nachricht überein, Friedrich II. habe abdanken wollen, um für immer ins Morgenland überzufahren und hier, wie er versprach, ganz Syrien zu erobern. Ein neues Reich im Orient, nachdem das enge Hesperien für ihn erschöpft war, der Verkehr mit den muslimischen Freunden, die Herrschaft über Untertanen, die nichts kannten als blinden Gehorsam und den Tod für den Herrscher... das mochte den Kaiser noch locken. Aber eine Entrückung nach dem Orient, wie er sie ersehnte, blieb Friedrich verwehrt: auf andre Art, die schmerzhafter war als ein Entsagen des Throns, ein Entweichen nach Osten, sollte für ihn die allmähliche Ablösung von Staaten Menschen und Dingen des Diesseits erfolgen.

Schon wenige Wochen nach dem Konzil von Lyon mußte Friedrich II. erkennen, aus welcher Richtung die Gefahr heraufzog. Im September 1245 wurden in dem Kloster Fontevivo nahe Parma verräterische Schriften entdeckt, aus denen hervorging, daß man den Kaiser wie auch König Enzio zu ermorden plante. Die Spuren wiesen nach Parma und als Friedrich eilends dorthin zog, um den befürchteten Abfall der wichtigen Stadt zu verhindern, machte er dort die weitere Entdeckung, daß Bernardo Orlando di Rossi, der Schwager des Papstes mit einer Anzahl guelfischer Ritter aus Parma entflohen war und sich nach Piacenza und Mailand gewandt hatte. Orlando di Rossi war bisher einer der erklärten Parteigänger Friedrichs II. gewesen... eine gewichtige, im ganzen Oberitalien gekannte Persönlichkeit, da Orlando überaus häufig in kaiserlichen Städten das Amt des Podestà bekleidet hatte. „Nie sah ich einen Mann, der besser als er die Person eines erlauchten Fürsten dargestellt hätte" so schildert ihn sein Landsmann Fra Salimbene, der Bettelmönch von Parma. Orlando habe apparentia und existentia besessen und wenn er in Waffen zum Gefechte einherschritt, mit schwerer eiserner Keule rechts und links ausholend und die Feinde niederstreckend, daß sie vor ihm wie vor dem Angesicht des leibhaftigen Teufels flohen, dann habe Fra Salimbene, wenn er sich diese Erscheinung wieder ins Gedächtnis rufen wollte, immer an Karl den Großen denken müssen, „nach dem, was von Karl überliefert ist und nach dem Bilde, das ich von Orlando mit eignen Augen gewann". Orlando di Rossi gehörte aber auch zu den Gebildeten seiner Zeit. Als Podestà von Siena hatte er eine Art Stadtgeschichte angelegt, in die „zu ewigem Gedächtnis die Siege und Triumphe" einzutragen seien, wie auch die Scipionen die Taten ihrer Ahnen an die Türpfosten gemalt hätten, um durch deren Anblick gespornt sich den Erdkreis zu unterwerfen.. eine Geschichte, die Orlando etwas mißverstanden dem Sallust entnommen hatte. Bei dieser Gesinnung Haltung und Art konnte es nicht wundern, daß Orlando — überdies ein Gevatter des Kaisers — immerhin zu Friedrichs näheren Freunden gehörte, und es hatte den Kaiser seinerzeit zur Erhebung gerade Sinibald Fiescos mitveranlaßt, daß Orlando di Rossi des Papstes Schwager war. Ein leises Mißtrauen gegen des Papstes Anhang in Parma mochte den Kaiser zwar sehr bald nach der päpstlichen Flucht beschlichen haben: jedenfalls hatte er damals schon den Petrus de Vinea nach Parma geschickt, um sich dieser Stadt zu versichern. Aber trotz seines Mißtrauens hatte Friedrich II. die Wahl des Orlando di Rossi zum Podestà von Florenz für das Jahr 1244 genehmigt. Denn gerade während der damaligen Friedensverhandlungen konnte es nur einen günstigen Eindruck hervorrufen, wenn des Papstes Schwager in einer der bedeutendsten kaiserlichen Städte amtete und Friedrich II. suchte in seiner gewohnten Weise hier wieder die Extreme zusammenzubinden. Doch diesmal mißglückte das Spiel: statt daß Orlando den Papst für den Kaiser gewann, machte der Papst den Schwager zum Guelfen. Orlando hatte nun öffentlich den Kaiser verraten, und die Entdeckung mag Friedrich hart getroffen haben. Aber dieses erste warnende Zeichen war nur der Auftakt zu der großen Verschwörung kaiserlicher Vertrauter, die wenige Monate später folgen sollte.

Es ist kein Zweifel, daß der Dienst bei einem Herrscher vom Schlage Friedrichs II. alles andre eher als leicht war. Wie für die Marschälle Napoleons so hatte für die kaiserlichen Statthalter ein Eigenleben vollständig aufgehört.. ihr Leben wurde aufgezehrt im Dienste des Staats und des Kaisers, und der Dienst selbst war schwierig gefährlich und aufreibend. Auch die Stellung zum Kaiser erforderte großen Takt: denn hatten die Statthalter einerseits bei höchster Verantwortlichkeit die weitestgehenden Vollmachten, so schwand andrerseits doch niemals und gegen keinen von ihnen ein gewisser Argwohn des Kaisers, der alle Beamten überwachen ließ und selbst in die Amtsführung unmittelbar eingriff. Bei der bedrohten Höhe Friedrichs II. und der großen Selbständigkeit der Beamten war dies erklärlich genug.. Gereiztheiten blieben dabei nicht aus: der Kaiser war hier und da heftig und die Beamten wiederum überempfindlich. Sie, die fast alle seit frühester Jugend ihren Herrn kannten, kannten auch sein Mißtrauen und seinen stets wachen Argwohn und so beargwöhnten die Beamten ihrerseits wieder, wenn auch oft genug unbegründet, jede Äußerung des Kaisers.. dem Nörgeln und der ewigen Unzufriedenheit napoleonischer Marschälle in vielem entsprechend. Bisweilen hat dann das empfindsame Querulieren der sonst sehr tüchtigen Vertrauten mitten in den schwersten Zeiten auch den ungeduldigen Zorn Friedrichs II. erregt. Petrus de Vinea etwa, dem der Kaiser in einem Auftrag bezüglich der Rechnungskammern die ganz harmlosen Worte geschrieben hatte, er solle sich „nach gewohnter Art beflissen und aufmerksam verhalten", war über diese Wendung so tief gekränkt, daß er zurückschrieb: es gehe bei allem Lob aus dem kaiserlichen Brief auch das Gegenteil hervor, daß ihn nämlich Friedrich II. für träge und nachlässig halte, was nur auf Verleumdung zurückzuführen sei.. worauf Friedrich dem Freunde nun allerdings mit seinem wirklichen Zorn drohte, weil Petrus es wage, den Kaiser in so lächerlicher Weise zu verdächtigen.

Indessen mag der Kaiser gegen den einen oder andern Beamten bisweilen wirklich allzu scharf gewesen sein, wie das in jenen Jahren der höchsten Gespanntheit nur selbstverständlich erscheint, und es herrschte oftmals eine gefährliche Stimmung am Hofe, nach der sich Besucher vorsichtig und beizeiten erkundigten. Aber Friedrich II. — durchaus nicht rechthaberisch — verharrte niemals im Irrtum und es hat etwas beinah Ergreifendes, wenn in dieser furchtbaren Zeit der Kaiser etwa den sonst sehr beliebten Kapitän von Sizilien, Andreas Cicala, mit freundlichen Worten wieder zu beschwichtigen sucht, ihm ermunternd zuspricht und dabei den eignen Mißgriff mit der ihm angebornen Hoheit und Grazie unumwunden bekennt: „Zornig genug und einigermaßen erregt war unser Zustand, aus dem jene mißratenen Worte, die Dein Gefühl verletzten, hervorgehen und die Ausgeglichenheit Deines festen Sinnes so plötzlich erschüttern konnten. Doch um so mehr haben wir uns gefreut, daß die erprobte Aufrichtigkeit Deiner Treue bei solch eitlen Worten sich nicht beugen ließ. Je stärker Du aber wesenlose Wendungen derart empfindest, desto mehr steht in unsern Diensten sicher und gefestet Deine Beständigkeit, die mit eine Stütze ist Deiner unbestechlichen Treue, für welche sowohl die Probe Deiner löblichen Taten als unsres Beharrens Reinheit eintritt — ein feierlicherer Zeuge als irgendein fremder Angeber! Kann und muß denn von uns noch ausgesprochen werden... oder kann in Dir ein Zweifel Platz haben, da Du — außer den Zeichen verborgner Liebe, die vor den Augen zwar nicht zu sehen sind — wenigstens aus der Erfahrung das Vertrauen spüren solltest, wenn wir unsre Sorgen Dir überlassen und Dir wie einem zweiten Teil unsres Leibes vertrauensvoll anhängen! Verjage also alle die Reste, wenn Dir des Ärgers einige deswegen überblieben, und vertraue, sobald Du jeglichen Zweifels Dunkel und Rost abgewischt hast, der Beständigkeit unsrer unveränderlichen Gesinnung: wie wir trauen, daß Deine Stete gegen uns nicht wandelbar sei, so solltest Du nicht zweifeln dürfen, daß gegen Dich die Huld unsrer Gnade umschlagen könnte."

Die Zweifel der Beamten! Und daß Zweifel überhaupt möglich waren: darin sah Friedrich II. mit Recht die Gefahr. Aber von der Trauer des Kaisers, der bei den kleinlichen Gereiztheiten seiner Getreuen die tieferen Gründe gewiß überschaute, wird nichts berichtet, und noch weniger, wie oft er durch solch ein Schreiben, öfter noch durch ein Gespräch, durch einen bloßen Blick die Vertrauten besänftigt und für eine Zeit wieder an sich gekettet haben mag, indem er so den Zauber erneute, mit dem er einst die Getreuen gewann. Aber auch das gehört zu jenen großen Schicksalswesen, daß gerade auf die vertrautesten Freunde, die stets in der Nähe weilen, eben der Zauber als ein Gewohntes am leichtesten an Kraft einbüßt und bei Unbereitschaft auch der Bann versagt, welchem die Fernstehenden unfehlbar verfallen. Noch nie ist ein großer Monarch dem Verrat der Vertrauten entgangen. Denn dieser Verrat gründet nicht auf Gegensatz Feindschaft und Haß, sondern auf Schwäche und Feigheit. Den Anforderungen des Amts nur für eine Zeitlang gewachsen.. zu schwach die stets den Gesamtmenschen fordernde Gegenwart des Gewaltigen auf die Dauer zu ertragen.. zu feig Unzulänglichkeit und Schwäche einzugestehen und wiederum zu eigensüchtig und eitel, dem Dienste zu entsagen, dabei keineswegs ohne wirkliche Liebe Verehrung Bewunderung für ihren Herrn, entwinden sich dann gerade die Nächsten der furchtbaren Last solchen Zwiespalts durch Betrug und Verrat. Und ein einziger Abtrünniger, der im geeigneten Augenblick die letzte Hemmung beseitigt, wird für die Zweifler unschwer zum Verführer. Diese Rolle fiel denn Orlando di Rossi zu.

Friedrich II. hatte von Parma aus Vorkehrungen gegen den gleichfalls drohenden Abfall von Reggio getroffen, war dann zu einem Verwüstungszuge gegen Mailand aufgebrochen, ohne das mailändische Heer fassen zu können, und nahm darauf während des Winters 1245/46 einen mehrmonatigen Aufenthalt in Grosseto an der Küste Toskanas. Das Maremmen-Gebiet versprach eine gute Vogeljagd, und gleichzeitig konnte der Kaiser von hier aus die Provinz Toskana schärfer beaufsichtigen. Denn es waren einige Unregelmäßigkeiten in der Verwaltung und Bestechungen mehrerer Behörden vorgekommen, so daß sich Friedrich II. veranlaßt sah, den Apulier Pandulf von Fasanella, langjährigen Generalkapitän des schwierigen Toskana, vorerst abzuberufen und ihn durch den kaiserlichen Bastard Friedrich von Antiochien zu ersetzen, den man bald „König Toskanas" nannte.. ein damals wohl zwanzigjähriger Jüngling, tüchtig energisch umsichtig, den schwierigen Verhältnissen von Toskana vollauf gewachsen, ein tapferer Krieger und Dichter zarter Kanzonen, dessen liebenswürdiges anmutiges Wesen wohl vergessen ließ, daß er hinkte. Man wollte wissen, daß seine Mutter die Schwester Al-Kamils gewesen sei, die sich dem Kaiser auf seiner Kreuzfahrt erst gab, als Friedrich in den syrischen Hafen ein Schiff mit schwarzen Segeln einlaufen ließ, das ihm den Tod der Kaiserin gemeldet habe.. eine Sage, da man von der Mutter Friedrichs von Antiochien nichts wußte.

Die Amtsentsetzung Pandulfs von Fasanella, der das Vorjahr hindurch gemeinsam mit Orlando di Rossi, damals Podestà von Florenz, in Toskana gewirkt hatte, stand mit den folgenden Ereignissen in engstem Zusammenhang. Wie es bei den hohen Beamten, die im Augenblick kein Kommando innehatten, der Brauch war, hielt sich Pandulf nach seiner Abberufung am Großhofe auf und blieb dort im Gefolge zur Verfügung des Kaisers. So vergingen einige Wochen. Da, im März 1246 langte in Grosseto ein Eilbote des Grafen Richard von Caserta, des kaiserlichen Schwiegersohnes, an, der dem Kaiser eine weitverzweigte Verschwörung gegen sein und König Enzios Leben entdeckte.. in letzter Stunde, da die Verschwörer den nächsten Tag für das Attentat ersehen hatten. Das

Ungeheuerliche, das auch der Astrolog Guido Bonatti von seinem Turm in Forlì aus erkannt haben wollte, kündigte sich schon durch Naturereignisse an. Mond und Sonne erschienen nicht, man sah die Sterne erbleichen, Blutregen ging nieder, die Erde war in dichte Finsternis gehüllt und das Meer wallte unter Blitz und Donner hoch auf. Die am Hofe weilenden Verschwörer packte die Furcht. Noch ehe der Kaiser die Untersuchung einleiten konnte, entflohen die rechtzeitig Gewarnten nach Rom, unter ihnen zwei der vornehmsten Führer, Pandulf von Fasanella und Jakob von Morra.. auch dieser einer der Vertrautesten, zuletzt noch Generalvikar der Mark, ein Sohn des erst vor kurzem verstorbenen Großhofjustitiars Heinrich von Morra.

Durch die Flucht der beiden Großen fand der Kaiser die Warnung des Grafen Caserta bestätigt, entdeckte aber gleichzeitig, daß die Verschwörung noch viel weitere Kreise gezogen hatte. Orlando di Rossi, der Anstifter des ganzen Komplotts, hatte nicht nur in Florenz bei Pandulf von Fasanella vorgearbeitet, sondern hatte den kaiserlichen Podestà von Parma, Tibald Franziskus, für die Verschwörung gewonnen.. ja dieser Beamte, als langjähriger Generalvikar der Trevisaner Mark gleichfalls einer der hervorragendsten Statthalter und nächsten Vertrauten Friedrichs II., galt allgemein als das Haupt der Verschworenen. Als Tibald die Nachricht erhielt, daß der Anschlag in Grosseto mißglückt sei, floh er, der im geheimen Einverständnis auch mit Andreas von Cicala, dem Kapitän von Sizilien handelte, nach dem Königreich, wo anscheinend auch der Kapitän der Insel, Roger de Amicis — wie Jakob von Morra als einer der ersten Poeten im Volgare bekannt — mit den Verschworenen im Bunde stand. Die Verschwörer waren also insgesamt Männer, die seit Jahren die höchsten Ämter bekleideten, die wichtigsten Provinzen regierten, dem Kaiser auch menschlich ganz besonders nahestanden und dessen vollstes Vertrauen genossen. Nur wenige Unterbeamte: vorwiegend Verwandte der Empörer wie Richard und Robert von Fasanella, Wilhelm Franziskus, Gottfried von Morra, hatten an dem Verrate noch teil, während im Königreich selbst die nie beamteten Grafen von San Severino aus persönlichsten Gründen sich den Verschworenen anschlossen. Sie waren vom Kaiser in der Tat stets schlecht behandelt worden.

Die Entdeckung, daß seine nächsten Freunde ihm nach dem Leben getrachtet, hat auf Friedrich II. begreiflicherweise niederschmetternd gewirkt. Es habe ihn gegraust, so schrieb er, daß jene Männer den Plan zu dem scheußlichen Anschlag schon in sich getragen, als er noch mit ihnen am gleichen Tische speiste und mit ihnen einträchtig in den Hallen des

Hofes plauderte. In väterlicher Wonne habe er sie wie Söhne großgezogen, habe sie aus erbärmlichster Niedrigkeit zu den höchsten Ehrenstellen am Caesarenhofe emporgeführt und sie mit solcher Liebe in seiner Nähe gehalten, daß kein Geheimnis ihnen verschlossen blieb, daß er ihnen wie leiblichen Söhnen alles anvertraute und — was noch schlimmer: sie gerade habe er zu Wächtern seines Lebens erkoren und in ihrem Schoße so häufig sein Haupt gebettet. „Vatermörder" nannte der Kaiser daher die Abtrünnigen, Stiefsöhne nicht Söhne, gelöst von jedem menschlichen Band, Wichte, die frevlerisch auf den Tod ihres Bildners gesonnen, die eine neue Gattung Mensch in die Welt gesetzt hätten, die zwar von Menschengestalt nur die Triebe niederer Tiere nachahmten.

Doch angesichts der Gefahr zeigte sich der Kaiser im Besitz seiner vollen Spannkraft, was jetzt ganz unerläßlich war. Denn der Plan der Verschworenen war weit angelegt: neben Friedrich II. und Enzio hatte auch Ezzelino bei einem Gastmahl ermordet werden, Parma hatte abfallen sollen, und schon war des Kaisers alter Widersacher Kardinal Rainer von Viterbo, von einem der Verräter zu Hilfe gerufen, mit einem päpstlichen Heere in kaiserliches Gebiet eingefallen. Bei Spello wurde er jedoch unter schweren Verlusten durch den treugebliebenen Generalvikar von Spoleto, Marinus von Eboli, aufs Haupt geschlagen. Das Schlimmste aber war zunächst, daß die Verschwörer im sizilischen Königreich durch die überall ausgestreute Nachricht, der Kaiser sei tot, neben allgemeiner Verwirrung einen lokalen Aufstand erregt und sich der Burgen Sala und Capaccio, ferner der Stadt Altavilla bemächtigt hatten. Im Kernland des Königreiches, im südlichen Kampanien, zwischen Salerno und Paestum lag also das Zentrum des Aufruhrs.

Sofort war Friedrich von Toskana nach dem Königreich geeilt.. „sein Augapfel dürfe nicht verletzt werden!" Aber schon vor der Ankunft des Herrn hatten die treuen Bewohner selbständig jene Burgen eingeschlossen, so daß Sala nach wenigen Tagen sich dem Kaiser ergab.. auch Altavilla wurde erobert, dem Erdboden gleichgemacht, und wer mit den Verschwörern noch im vierten und fünften Grade verwandt war, wurde geblendet und verbrannt. Der sonstige Aufruhr war mit dem persönlichen Erscheinen des Kaisers sofort zusammengebrochen: nur die Burg von Capaccio, in der sich die Rädelsführer verteidigten, hielt noch stand, obwohl die Stadt bereits in den Händen des Kaisers war. Als hier aber in der glühenden Julihitze das Wasser ausging und die Wurfmaschinen der Belagerer immer heftiger zu spielen begannen, war die Burg nicht mehr zu retten. Die Eingeschlossenen ergaben sich, wobei der Kaiser zu seiner Überraschung unter den hundertfünfzig Gefangenen auch die

Häupter der Verschwörung, insbesondere Tibald Franziskus, mitfing. Friedrich schien erwartet zu haben, daß sie den Tod durch das eigne Schwert oder durch einen Sturz vom Felsen herab der Rache und Strafe ihres Herrn vorziehen würden. Nun sie das nicht getan, verfielen sie dem Gericht des Kaisers.

Die Bestrafung der Verräter entsprach dem Vergehen. An Nase Hand und Beinen verstümmelt und mit glühenden Eisen geblendet, daß sie ihren Herrn nicht mehr anblickten, wurden die einstigen Freunde dem erbarmungslosen Richter vorgeführt. Nach der Lex pompeia ließ sie Friedrich wegen Gewalttat verurteilen und als „Vatermörder" behandeln. Als solche hatten sie sich „gegen die Natur" vergangen und wurden demgemäß durch alle vier Elemente hingerichtet. Einige ließ Friedrich von Rossen über die steinige Erde zu Tode schleifen.. andre lebendig verbrennen.. die dritten wurden gehängt... die übrigen in Ledersäcke eingenäht und ins Meer geworfen, wie das dem römischen Recht bei Vatermord entsprach, von Friedrich jedoch dadurch verschärft, daß er in die Ledersäcke nicht ohne symbolischen Sinn Giftschlangen mit einnähen ließ. Nur bei Tibald Franziskus, dem Hauptradelsführer, wollte Friedrich II. eine Ausnahme machen: er sollte mit fünf andern geblendet und verstümmelt durch alle Klimata der Erde geschleift werden, von Stadt zu Stadt, zu allen Königen und Fürsten, auf daß der Erdkreis dieses Ungeheuer anschaue: „Laßt die Strafe dieses Verruchten durch des Auges Anblick, der den menschlichen Sinnen mehr Eindruck macht als was durchs Ohr geht, Eure Geister und Sinne belehren, damit kein Vergessen hinwegnehme, was Ihr gesehen, und Ihr des rechten Gerichtes Erinnerung für später bewahrt." An die Stirn aber wurde dem Verräter eine päpstliche Bulle gebunden, die man bei den Verschworenen gefunden hatte und die aller Welt offenbaren sollte, wer der eigentliche Urheber des ganzen Mordplans gewesen: Papst Innocenz IV.

Daß letzten Endes der Hohepriester der Alleinschuldige war und daß die Fäden der Verschwörung, in Lyon gesponnen, dort auch zusammenliefen, darüber bestand für Friedrich II. längst kein Zweifel mehr. „Des Gegners Namen und Titel — so schrieb er — möchten wir am liebsten verschweigen, außer wenn die öffentliche Meinung aufdeckt, und die Durchsichtigkeit der Tatsachen anklagt, den wir durch unser Schweigen verbergen oder durch Verkleidung der Worte entschuldigen möchten." Denn der Kaiser konnte berichten, daß schon die ersten Gefangenen nicht unter der Einwirkung der Folter, sondern bei der letzten Beichte freiwillig gestanden, sie hätten von Bettelmönchen gegen Friedrich II. das Kreuz empfangen und Briefe des Papstes hätten sie zu ihrem Handeln ermächtigt. Und weiter wußte der Kaiser zu melden, daß der ihm feindliche Bischof von Bamberg geradenwegs, vom Papst aus Lyon kommend, schon vor längerer Zeit in Deutschland verkündet habe: Friedrich II. werde in kurzem durch seine Vertrauten und Freunde eines schimpflichen Todes sterben. Weitre Indizien wie: die führende Rolle Orlandos di Rossi.. die Beteiligung des Stadthauptes von Parma.. das rasche bewaffnete Eingreifen des Kardinals Rainer und manches andre hatten ohnehin deutlich genug auf die päpstliche Kurie gewiesen und das Schreiben eines Kardinals läßt heute kaum mehr einen Zweifel aufkommen, daß Innocenz IV., der soeben noch aufgefordert hatte, „die Hände im Blute des Sünders zu baden", um den ganzen Mordplan zumindest genau Bescheid gewußt hat. Nur er konnte auch den Tod des Kaisers sofort richtig auswerten.

Es ist in der mittelalterlichen Papstgeschichte wohl ein alleinstehender Fall, daß ein Papst tatsächlich darauf ausging, einen Kaiser ermorden zu lassen. Im Rahmen von Innocenz' Gesamtpolitik aber bedeutete der Anschlag gegen Friedrich II. nur ein einzelnes Glied eines großen einheitlichen Planes: das Frühjahr 1246 hatte eine päpstliche Generaloffensive bringen und die staufische Herrschaft gleichzeitig in allen Ländern des Imperiums brechen sollen, in Sizilien wie in Italien und Deutschland. Unter dem Schlagwort: „zur Befreiung der unglücklichen Unterdrückten" sollten gleich nach der Ermordung Friedrichs II. — so war vereinbart — päpstliche Legaten mit den Truppen der Stadtrömer ins sizilische Königreich einfallen.. kein schwieriges Unternehmen, da die Statthalter und höchsten Beamten zu den Verschworenen gehörten. Für Italien wiederum war Parma Mittelpunkt der Verschwörung, wo man dem ungetreuen kaiserlichen Podestà, Tibald Franziskus, angeblich im Namen des Papstes, die Herrschaft Siziliens versprochen hatte. Die geplante Ermordung Enzios und Ezzelinos aber zeigt, daß in Italien der Sturz der staufischen Herrschaft überhaupt das Ziel war. Die Ermordung des Kaisers selbst blieb Aufgabe der am Hofe weilenden Großen.. und in Deutschland endlich war die Erhebung eines Gegenkönigs und der Sturz des Staufers Konrad vorgesehen. Mit einem Fehlschlag scheint man gar nicht gerechnet zu haben.

Des Papstes ganzer großer Plan war indessen durch die rechtzeitige Aufdeckung des Komplotts vereitelt worden, zumindest soweit Sizilien und Italien in Frage kamen. In Deutschland aber hatte der Papst wenigstens einen kurzen Erfolg. Die Versuche Gregors IX., einen Gegenkönig aufzustellen, waren alle gescheitert. Jetzt hatte Innocenz IV. die Königswahl betrieben, nachdem er schon das Absetzungsdekret mit der Aufforderung geschlossen hatte, die Wahlberechtigten sollten an Stelle des abgesetzten Kaisers einen neuen Fürsten wählen. Einen Anwärter fand Papst Innocenz IV. auch: den thüringischen Landgrafen Heinrich Raspe, den der Kaiser wenige Jahre zuvor als Nachfolger des Erzbischofs Sigfrid von Mainz zum Reichsverweser ernannt hatte. Heinrich Raspe widerstrebte anfangs. Doch seinen letzten Widerstand scheint Innocenz durch die Nachricht von der bevorstehenden Ermordung des Kaisers besiegt zu haben: der Landgraf erklärte sich schließlich einverstanden mit seiner Erhebung und im Mai 1246, während Friedrich noch in Kampanien gegen die Verschwörer focht, wurde Heinrich Raspe in Veitshöchheim bei Würzburg zum römischen König gewählt.. oder wie das Volk spottend meinte: zum rex clericorum, weil an der Wahl kein einziger weltlicher Fürst und nur eine ganz geringe Zahl geistlicher Fürsten teilhatte.

Zu einer Salbung und Krönung des Landgrafen ist es niemals gekommen. Für die Annahme der Krone aber hatte der Gegenkönig vom Papst die beträchtliche Summe von 25000 Mark Silber erhalten War auch des Landgrafen Anhang nur unbedeutend, so verhalf ihm doch weiteres Geld der Kurie zu einem überraschenden, wenn auch kurzen Erfolg. Wenige Monate nach seiner Erhebung kam es zu der „Königsschlacht" bei Frankfurt, in welcher der Thüringer-König Heinrich Raspe und der Staufer-König Konrad IV. miteinander rangen. König Konrads Heer war dem des Gegners wohl überlegen. Aber unmittelbar vor dem Zusammenstoß traten zwei Drittel des staufischen Heeres, geführt von einigen schwäbischen Großen zu dem Thüringer über: für 6000 Mark hatte der Papst sie gekauft und ihnen das Herzogtum Schwaben versprochen wie dem unglücklichen Tibald Franziskus das Königreich Sizilien. So blieb der Landgraf bei Frankfurt Sieger und alsbald ging an das „getreue Mailand" nach kaiserlichem Muster die Siegesbotschaft, in der Heinrich Raspe den baldigen Sieg auch über Konrads Vater verhieß und mit einer nicht unbekannten Wendung schloß: „er werde triumphieren nach der Art wie die Kaiser der Römer zu siegen pflegten". Auch der Gegenkönig hatte „gelernt".

Mit dem Siege aber war nichts entschieden: die Anerkennung des Landgrafen als König blieb eine ganz eng begrenzte, und wenige Monate später, im Februar 1247, ist zum großen Schaden der Kirche Heinrich Raspe gestorben. Wesentliches hätte er kaum noch erreichen können. König Konrad vermählte sich damals mit Elisabeth von Bayern, um den bayerisch-staufischen Gegensatz endgültig zu beheben, und im gleichen Jahre starb der Herzog von Österreich, dessen Länder der Kaiser einzog:

dem Landgrafen war somit der Weg nach Italien durch eine geschlossene staufische Barre vom Elsaß bis Österreich verlegt. Dennoch sollte König Konrad nicht zur Ruhe kommen: die Schwierigkeiten in Deutschland wurden von Jahr zu Jahr größer und bei den endlosen Kämpfen konnte sich der Staufer fast nur noch auf die Städter verlassen, die natürlichen Gegner der geistlichen und weltlichen Großen. Denn in Deutschland standen den Städten jene inneren Kämpfe erst noch bevor, welche Italiens Kommunen schon hinter sich hatten, und im Norden suchte man gerade am Reiche den Rückhalt, strebte danach „Reichsstadt" zu werden und auf diese Weise die Selbständigkeit zu erringen. König Konrad aber bedurfte dringend solcher Hilfe. Denn es war im Oktober 1247 ein neuer Gegenkönig gewählt worden, wiederum erhoben von dem großen Erzbischof Sigfrid von Mainz, auf dessen gewaltigem Grabstein — genau wie es der Wirklichkeit entsprach — rechts und links je ein schmächtiger Königszwerg dargestellt ist, denen der stolze Kirchenfürst mit gespitzten Fingern ohne hinzusehen ganz kleine Krönchen aufsetzt. Der neue römische König war Graf Wilhelm von Holland, mit dem zum erstenmal in Deutschland ein einfacher Graf, der nicht einmal Reichsfürst war, regieren sollte. Wenn es dem Grafen auch an Mut und andern ritterlichen Eigenschaften nicht fehlte, so erstreckte sich dennoch auch seine Macht niemals weiter als über die Rheinlande, die Gebiete der großen Erzbischöfe, von wo aus er allerdings Konrad genügend zu schaffen machte. Was konnte aber der Welt ein neunzehnjähriger Graf Wilhelm von Holland bedeuten als Gegenmacht gegen die riesige Erscheinung Friedrichs II.!

Dessen Stellung im Süden der Alpen war nach der überstandenen Gefahr beinahe fester denn zuvor und von nun ab galt Friedrich II. wirklich für „gefeit" gegen Attentate der Menschen. Sizilien hatte die Verwirrung weniger Wochen sofort überwunden und die Art, wie Friedrich die päpstlichen Machenschaften durchkreuzte, hatte auch auf Italien den Eindruck nicht verfehlt. Die ganze Angelegenheit ward hier als ein Sieg des Kaisers angesehen und selbst bei den Muslims zeigte man große Teilnahme für die jüngsten Ereignisse in Toskana und Kampanien. In Oberitalien aber gewann der Kaiser jetzt erheblich an Macht. Schon seit langerem neigten ihm die Venezianer zu, die von einem Papst, der Genuese war, wenig für sich zu erwarten hatten und in der Westlombardei wie im Piemontesischen verfügte Friedrich durch den Übertritt mehrerer adliger Machthaber bald über einen großen zusammenhängenden Länderkomplex. Diese Gebiete, die an Lyon heranreichten, waren jetzt für den Kaiser von größter Wichtigkeit geworden und so beeilte sich Friedrich II., die Adligen dieser ganzen Ländergruppe durch verwandtschaftliche Verbindungen noch fester an seine Person und Sache zu schließen: er vermählte dem genuesischen Markgrafen von Caretto eine seiner natürlichen Töchter.. Manfred, den Sohn der Bianca Lancia, seiner Geliebten, verheiratete er mit der Tochter des Grafen Amadeus von Savoyen.. und Thomas von Savoyen erhielt ein Jahr später eine Bastardtochter des Kaisers zur Frau. — Auch im Mittelitalischen lagen die Dinge für Friedrich II. günstig. Toskana war fest in der Hand der Kaiserlichen und in Florenz selbst regierte Friedrich von Antiochien nach Beseitigung der Volkskapitäne gleich einem Signore. Und schließlich unterwarf sich noch aus freien Stücken Viterbo der Herrschaft des Kaisers. Die Viterbesen, bei denen die kaiserliche Regierung immer beliebt war, hatten zaghaft die Vermittlung Friedrichs von Antiochien angerufen, auf dessen Bitten der Kaiser dieser ehemals so verhaßten Stadt, weil sie doch nur vom Kardinal Rainer verführt worden sei, wieder seine Gnade gewährte. Doch um einer Wiederholung früherer Geschehnisse vorzubeugen, ließ er seinen neunjährigen Sohn Heinrich, den ihm die verstorbene Isabella von England geboren hatte, fortab in Viterbo residieren und zwar, wie es heißt: als „König".

Diese Maßnahme ist insofern auffallend, als sie mit einer allgemeinen Veränderung der gesamten italischen Verwaltung zusammenhing, eine unmittelbare Folgeerscheinung der großen Verschwörung, die damit gleichsam ihren Abschluß fand: der Grundsatz nämlich kam auf, die Generalvikariate möglichst nur mit Verwandten des Kaisers zu besetzen. In dem nun ganz auf den primärsten persönlichsten Bindungen beruhenden Herrschaftssystem hatte mit Ausnahme etwa eines Uberto Pallavicini nur selten noch ein Statthalter Platz, der nicht zum Kaiserhause gehörte, und Italien erscheint in den folgenden Jahren einfach als staufischer Familienbesitz. Die „Italia imperialis" hatte fortan etwa folgendes Aussehen: im Nordosten Ezzelino.. in der mittleren Lombardei König Enzio, späterhin Pallavicini, der zur Zeit noch die ligurische Küstenprovinz verwaltete.. in der Westlombardei Thomas von Savoyen, dessen übergroßer Bezirk demnächst aufgeteilt werden sollte zwischen dem Markgrafen Lancia und dem Markgrafen Caretto.. in Toskana Friedrich von Antiochien.. in Spoleto, der Romagna und der Mark — die später sehr zusammenschrumpften — Richard von Theate, ein natürlicher Sohn des Kaisers.. und im Bezirk von Viterbo der neunjährige Heinrich. Zum Generalkapitän Siziliens, wo ein durchgeschulter Beamter unerläßlich war, wurde Walther von Manupello ernannt. Da sich aber Friedrich hütete, einem noch so erprobten Beamten allzu große Selbständigkeit einzuräumen, so gab er dem neuen Statthalter als „Räte" seine beiden blutjungen Schwiegersöhne bei: den jüngeren Thomas von Aquino, den er später als Statthalter der Romagna und Spoletos verwendete, und den Grafen Richard von Caserta, dem er gelegentlich schrieb: der Graf als Blutsverwandter des Kaisers müsse ja doch ohne Falsch sein. In den Händen der Mitglieder des Kaiserhauses bedeutete nunmehr auch die Selbständigkeit der Statthalter kaum noch eine Gefahr und dieses System hielt denn auch bis zum Tode des Kaisers.

Indessen traten damals noch andere Veränderungen ein: Richard von Montenero wurde zum Großhofjustitiar ernannt und Petrus de Vinea zum Logotheten des Königreichs. Im übrigen scheint beim Kaiser noch ein andrer einheitlicher Plan bestanden zu haben: jeden der Söhne mit einem eignen Hofstaat auszustatten, ihnen Dotationen zukommen zu lassen und manche von ihnen wirklich als „Könige" über bestimmte Generalvikariate zu setzen. Das Fragment eines kaiserlichen Testaments vom Jahre 1247, anscheinend unter dem Eindruck der Verschwörung oder auch im Hinblick auf einen bevorstehenden Zug nach dem Norden aufgesetzt, dazu gewisse Überlieferungen der Chronisten zu dem gleichen Jahre würden nämlich zeigen: Friedrich von Antiochien mit der Dotation der Grafschaft Alba als „König" von Toskana.. König Enzio in der Lunigiana.. König Heinrich in Sizilien und der viterbesischen Provinz.. ferner des Kaisers Enkelsohn Friedrich, Sohn des früheren deutschen Königs Heinrich (VII.), als König der Generalkapitanien Österreich und Steiermark . . und schließlich sollte im gleichen Jahr Manfred belehnt werden mit den Generalvikariaten Burgund und Westlombardei. Kam dieser Plan auch nicht zur Ausführung, so erkennt man doch, wie Friedrich II. sein italisches Imperium, das er wohl wanken spürte, noch einmal ganz fest zu packen versuchte, wie er aber gleichzeitig durch diese Erbteilung sich selbst schon langsam von dem Erdboden löste, mit dem die „Gottesgeißel", den „Antichrist" von Jahr zu Jahr weniger verband, und so konnte Friedrich damals seinen Getreuen melden: daß er „die italische Mühsal seinen Söhnen überlassen habe". Er selbst aber plante noch einmal einen ganz großen Schlag.

Im Frühjahr 1247, nach mehrmonatigem Aufenthalt in Sizilien sah Friedrich II. die Gesamtlage südlich der Alpen für so gesichert an, daß er glaubte, Italien verlassen und nochmals nach Deutschland ziehen zu können, wo Heinrich Raspe als Gegenkönig noch Unruhe schuf. Längst hatte der Kaiser dem kaum zwanzigjährigen Konrad, der von dem Vater und den Brüdern getrennt einsam auf aussichtslosem Posten kämpfte, sein baldiges Kommen versprochen und die Vorbereitungen zu der deutschen Heerfahrt nahmen Friedrich während des Winters 1246/47 in Anspruch. Diesmal sollte nicht nur die fremdländische Pracht und der kaiserliche Reichtum Deutschland bezwingen wie damals, als der Kaiser allein mit dem achtjährigen Konrad über die Alpen stieg. Neben dem Hofstaat sollte ihn ein großes Heer begleiten und da fiel es auf, daß Friedrich — wie es heißt: auf den Rat des Petrus de Vinea — auch die Ritter der italischen Städte zu dieser Heerfahrt entbot. Das war etwas Unerhörtes! Denn die Kaiser waren wohl sonst mit deutschen Kriegern nach Italien gezogen, aber seit den Zeiten der Caesaren waren niemals mehr Italiker im Kriegsdienst jenseits der Alpen in Germanien verwendet worden. Doch es scheint, daß man sich dem kaiserlichen Befehl ruhig gefügt hat.

Im März 1247 verließ der Kaiser sein Erbland. Er zog auf dem gewohnten Wege durch Toskana nordwärts, traf in Siena mit Friedrich von Antiochien zusammen, marschierte dann weiter über San Miniato nach Pisa, ohne jedoch Florenz zu berühren. Friedrich II. habe diese Stadt immer gemieden, so wird erzählt, weil ihm nach den Voraussagungen der Astrologen „sub flore" zu sterben bestimmt sei und dieses Orakel habe man auf Florenz bezogen. Von Toskana ging der Marsch weiter nach der Lombardei. Nur ein einziger Übergang über den Apennin stand dem Kaiser zur Verfügung: der Cisapaß, den im Süden Pontremoli, im Norden Parma deckte. Denn die andre Straße: über Pistoja das Renotal abwärts wurde von dem feindlichen Bologna beherrscht. Im April langte Friedrich in Parma an, um gleich nach Cremona weiterzuziehen. Dem ursprünglichen Plane hätte es entsprochen, von Cremona aus nach einem Hoftag geradenwegs über Verona und den Brenner nach Deutschland zu marschieren. Aber schon in Toskana hatte der Kaiser die Nachricht vom Tode des Landgrafen Heinrich Raspe erhalten und diese Meldung, die am Großhof überaus freudig aufgenommen wurde, mag eine Veränderung der Marschpläne veranlaßt haben. Statt über den Brenner wollte Friedrich jetzt durch das Arelat nach Deutschland ziehen, wollte von Burgund aus am Oberrhein erscheinen und bei dieser Gelegenheit nicht nur seinem burgundischen Königreich, sondern auch Papst Innocenz IV. in Lyon einen Besuch abstatten. Auf die Vermittlung Ludwigs von Frankreich rechnend dachte er, den Papst entweder auf gütlichem Wege zu einem Frieden zu bestimmen oder aber den Frieden in einer ähnlichen Weise zu erzwingen, wie er das einstens versuchte, als er Papst Gregor in Rom einschloß.

Es war ein kühnes Unternehmen, das aber entschieden Erfolg versprach. Schon daß Friedrich II. am Oberrhein auftauchen wollte, zeigt seine Umsicht: hier konnte er auf zahlreiche Anhänger rechnen und sofort nach dem Niederrhein, dem Mittelpunkt des deutschen Aufruhrs, durchstoßen. Auch das arelatische Königreich, dem er — alte Pläne wieder aufnehmend — anscheinend in Manfred einen eignen König geben wollte, hätte er durch einen Besuch mehr als bisher zu seinem Dienst heranziehen können, obwohl verwaltungsmäßig keiner der früheren Herrscher in diesem westlichen Grenzreich schon so durchgegriffen hatte, wie Friedrich II... Und schließlich: eine Unternehmung gegen Lyon war nicht weniger aussichtsreich. Durch die neuen Verbindungen mit dem Grafen von Savoyen und den andern Großen reichte des Kaisers Macht bis unmittelbar vor die Tore Lyons, so daß Papst Innocenz IV. tatsächlich in schwerste Bedrängnis geraten mußte, wenn Friedrich II. wirklich in Burgund erschien. Gegen einen bewaffneten Angriff hätte ihn zwar der König von Frankreich mit seinen Brüdern geschützt.. aber Lyon gehörte nicht zu Frankreich sondern zum Imperium und einem Übertritt über die französische Grenze hätte wiederum König Ludwig nicht zugestimmt.

Papst Innocenz IV., in jenem Frühjahr 1247 schon ein halber Gefangener, war in nicht geringer Not: das Schicksal seines in Rom eingeschlossenen Vorgängers, dem gerade er hatte entgehen wollen, schien sich nun doch zu wiederholen. Und eifrig rüstete man schon für das Kommen des Kaisers: den Übergang über die Alpen — die Paßstraße südlich des Mont Cenis kam in Betracht — hatten der Graf von Savoyen und der Dauphin von Vienne schon vorbereitet.. für die zweite Woche nach Pfingsten waren die gallischen Großen zu einem Hoftag nach Chambery geladen und die transalpinen Völker hätten bereits freudig das Kommen der „Caesarea Fortuna" erwartet. Friedrich selbst, der in Cremona noch kurz mit Ezzelino zusammengetroffen war, hatte sich Mitte Mai westwärts gewandt, war mit großem Pomp durch Pavia gezogen und traf in den ersten Junitagen in Turin ein. Während die kaiserliche Kammer und der große Troß gleich weiter in das Gebirge hineinmarschierten, blieb Friedrich am Fuße der Alpen in Turin noch für einige Tage zurück, um mit dem Grafen von Savoyen zusammenzutreffen. Da, als der Kaiser eben bereit war, seinen Vortruppen nachzufolgen, hielt ihn ein Hilferuf König Enzios zurück: Parma, von den Guelfen überrumpelt, war abgefallen.

Wieder hatte Orlando di Rossi seine Hand im Spiele gehabt. Etwa siebzig guelfische Ritter Parmas, die zwei Jahre zuvor mit Orlando nach Piacenza geflohen waren, hatten die günstige Gelegenheit abgewartet, um unvermutet an einem Sonntag vor ihrer Vaterstadt zu erscheinen.

Den Kaiser wußten sie in Turin.. König Enzio, zu dessen Bezirk Parma gehörte, belagerte gerade eine Burg im Gebiet von Brescia.. die ghibellinischen Ritter Parmas aber waren zu der Hochzeitsfeier eines der Ihren versammelt und schon „des Weines und reichlicher Speisen voll". Trotzdem sprangen die Ghibellinen sofort zu Pferde, als ihnen die nahenden Guelfen gemeldet wurden. Geführt von dem kaiserlichen Podestà Arrigo Testa von Arezzo, dem ritterlichen Dichter und Freunde des Kaisers, stürmten sie den Guelfen entgegen, die sie noch außerhalb der Stadt erreichten. Doch gleich bei dem ersten blutigen Zusammenprall wurden die Kaiserlichen geschlagen: „wie ein König" streitend fiel Arrigo Testa und mit ihm zahlreiche andre, so daß die Guelfen ungehindert in die offen vor ihnen liegende Stadt einziehen konnten. Denn Friedrich II. hatte die Befestigungen Parmas schleifen lassen.. aus einer fein erklügelten Vorsicht, da er voller Mißtrauen gegen Parma stets den Verrat von innen her gefürchtet hatte, nie aber einen Angriff von außen. Infolgedessen vermochte sich auch die ziemlich starke deutsche Besatzung nicht mehr zu halten und andern Widerstand fanden die Sieger nicht vor: denn das Volk selbst blieb gleichgültig. Kaum war aber die Überrumplung geglückt, als Parma auch von allen Seiten, wie es verabredet war, Hilfe erhielt: sowohl die andern guelfischen Städte wie die aus kaiserlichen Städten verjagten Guelfenparteien eilten nach Parma und unter Führung des päpstlichen Legaten Gregor von Montelongo nahte gleich darauf aus Mailand ein starkes Hilfskorps, bei dem sich auch Orlando di Rossi befand. Allen Feinden des Kaisers, die lange genug zur Untätigkeit verurteilt waren, bot sich jetzt Gelegenheit, an einem Punkt die gesammelte Kraft einzusetzen: innerhalb kürzester Frist sollte das Ringen um Parma zur Sache des gesamt-italienischen Guelfentums werden.

Friedrich II. erkannte sofort die ganze Gefahr. Der Zug nach Lyon, die Heerfahrt nach Deutschland wurde aufgegeben und in Eile der Rückmarsch angetreten. Das kaiserliche Ansehen verlangte strengste Bestrafung der abtrünnigen Stadt, die überdies strategisch von höchster Bedeutung war, weil sie die einzige Verbindung mit dem Süden beherrschte.. und wichtiger als alles andere war dem Kaiser die Herrschaft über Italien: „Nur eine Sorge wohnt unserm Herzen inne: Italiens schwer erschütterten Staat wiederherzustellen." Zwei Wochen nach dem Abfall erreichte der Kaiser Cremona, wo er sich mit Ezzelino, den er hier nebst 600 Rittern antraf, vereinigte. Zwei Tage später lag er vor Parma, wo ihn schon König Enzio erwartete. Der hatte seinen unglückseligen Streifzug gegen Brescia abgebrochen, war nach Cremona geeilt und von dort mit allen Waffenfähigen gegen Parma gezogen. Doch mit den wenigen

Truppen hatte er keinen Angriff gewagt, obwohl nach dem Zeugnis der Chronisten damals die Stadt für den Kaiser noch zu retten war: Enzio hatte vor Parma ein festes Lager bezogen, in welchem er die Ankunft des Kaisers abwartete. Warum auch Friedrich II. zögerte, die in so kurzer Zeit noch kaum befestigte Stadt anzugreifen, ist nicht zu erkennen. Er scheint die Stärke der Gegner überschätzt zu haben und zog daher zunächst von allen Seiten Verstärkungen heran. Als einer der ersten erschien mit dem Aufgebote Pavias Hugo Boterius von Parma, Neffe des Papstes und des Orlando di Rossi, der jedoch den beiden Oheimen zum Trotz in allen Zeiten dem Kaiser anhing. Sehr bald war auch Friedrich von Antiochien mit den Truppen Toskanas zur Stelle, und da der Kaiser selbst ein großes Heer nach Turin geführt hatte, das sich vornehmlich aus Siziliern, Sarazenen, italischen und deutschen Soldrittern zusammensetzte, außerdem Ezzelino bei ihm war und auch burgundische Ritter herangeführt wurden, so muß Friedrich II. damals über eine recht beträchtliche Streitmacht geboten haben. Nachdem er jedoch gleich zu Beginn versäumt hatte, die Stadt ohne Belagerung zu stürmen, war es ihm hernach nicht einmal mehr möglich, sein großes Heer geschlossen vor Parma zusammenzuhalten.

Der Abfall von Parma war das Signal zu einer fast allgemeinen Erhebung der Guelfen Italiens. In allen Provinzen war plötzlich die Herrschaft des Kaisers bedroht: nicht ein einziges Generalvikariat, in dem sich nicht die Guelfen, meist unterstützt von päpstlichen Heeresabteilungen, offen gegen den Kaiser empörten, und selbst Sizilien schien durch die Genuesen gefährdet. Das ganze Italien stand binnen weniger Wochen in Flammen und zahllose kleine Nebenkriegsschauplätze zehrten an den Kräften des Hauptheeres: die Gefahr jeder Großmacht in ihrem Endkampf. Niemals zuvor war Friedrichs II. Lage so mißlich gewesen, und daß er trotz der grenzenlosen Zersplitterung seiner Kräfte der allgemeinen Rebellion im Ganzen noch Herr werden konnte, war keine geringe Leistung.

An eine starre Umschließung Parmas war unter diesen Umständen wohl von Anfang an nicht zu denken. Stets mußte der Kaiser für die Nebenaktionen Truppen freimachen können. So ging Friedrich darauf aus, in einem weiten Bogen der Stadt alle Zufahrtsstraßen abzuschneiden, während seine starken Reitergeschwader Parma umschwärmten. Die Verbindung mit dem guelfischen Piacenza sperrte der Kaiser selbst, der westlich von Parma am Tarofluß lagerte. Der östliche Weg nach Bologna war den Belagerten verlegt durch die kaiserlichen Städte Reggio und Modena. Die Verbindung nach Norden und damit die zum Po führende Straße mußte zunächst noch offen bleiben, weil für den Augenblick nichts wichtiger sein konnte, als den südlichen Verbindungsweg, den Cisapaß, zu sichern. Denn diese Straße über den Apennin war schon so gut wie verloren. Den nördlichen Paßausgang hatte Friedrich II. zwar sofort durch den Markgrafen Lancia besetzen lassen, doch jenseits des Apennin ging jetzt alles drunter und drüber. Die Garfagnana und Lunigiana waren gleichzeitig mit Parma abgefallen, der kaiserliche Untervikar in Gefangenschaft geraten und die dort ansässigen Markgrafen Malaspina hatten sich infolgedessen auch empört, da sie hofften, nun wieder in den Besitz ihrer vom Kaiser eingezogenen Ländereien zu kommen. So war für den Kaiser jetzt die Verbindung nach Toskana tatsächlich unterbrochen. König Enzio, der soeben zusammen mit Ezzelino und Uberto Pallavicini von einem Streifzuge zurückgekehrt war — er hatte Modena und Reggio gegen Bologna sichern müssen — erhielt nunmehr den Auftrag, den Cisapaß zu reinigen. Zusammen mit Uberto Pallavicini gelang es ihm, unterstützt von dem treugebliebenen Pontremoli, die Paßfestung Berceto zu erobern und bis weit über Pontremoli durchzustoßen. Einer der Markgrafen Malaspina unterwarf sich aufs neue, so daß wenigstens diese wichtigste Straße dem Kaiser wiederum zur Verfügung stand.

Nunmehr durfte Friedrich daran denken, Parma auch nach Norden hin abzuriegeln. Denn so lange den Belagerten die Straße zum Po offen stand, konnten sie sich vom Fluß her mit Lebensmitteln versorgen, die ihnen Mantua und Ferrara auf Schiffen zuführten. Enzio und Ezzelino, die jetzt fast immer gemeinsam vorgingen, erhielten den Befehl, westlich Guastalla durch einen Brückenkopf am Po sowohl die Schiffahrt zu unterbinden als die vom Fluß nach Parma führende Straße zu sperren. Sie eroberten Brescello, eine Festung flußaufwärts von Guastalla und schlugen hier über den Po eine Brücke, die sie stark befestigten. Damit aber wurden die Mantuaner und Ferraresen, die Parma entsetzen wollten, unmittelbar in den Kampf gezogen, und Enzio und Ezzelino hatten nun den neuen Feind abzuwehren. Das sollte ihnen nicht schwerfallen, obwohl bald von einer großen Flotte begleitet ein starkes Heer aller möglichen Guelfenstädte heranrückte. Auch Ezzelinos Bruder Alberich von Romano befand sich im guelfischen Lager. Aber man griff die Kaiserlichen nicht an: zwei Monate lang blieb das feindliche Heer bei Guastalla liegen, während Enzio und Ezzelino keine Veranlassung hatten, ihrerseits den Feind anzugreifen. Sie hielten ein ganzes Heer in Schach, und erfüllten dabei ihre Aufgabe: Parma die letzte Zufuhrmöglichkeit zu unterbinden.

Weshalb das guelfisch-päpstliche Heer den Kampf nicht wagte, ist nicht zu erkennen. Unvermeidlich aber verbreitete sich in dem belagerten Parma das Gerücht: der päpstliche Heerführer, der ebenso verwöhnte wie reiche und charmante junge Kardinal Ottaviano degli Ubaldini halte es insgeheim mit dem Kaiser. Das traf insofern nicht zu, als dieser Angehörige des mächtigen toskanischen Geschlechtes, dem in der Florentiner Geschichte keine unbedeutende Rolle zufiel, es grundsätzlich niemals mit niemandem hielt. Denn der hochbegabte „unpriesterlichste Priester", den man mit 26 Jahren über das Bistum Bologna gesetzt und den, als er im vorgeschriebenen Mindestalter von 30 Jahren endlich auch die Bischofsweihen empfing, Papst Innocenz sofort zum Kardinaldiakon kreierte, war weder Guelfe noch Ghibelline, sondern nichts andres als er selbst: nämlich „DER KARDINAL"! Jedes Kind im ganzen Toskana kannte ihn unter dieser Bezeichnung und einfach als „Kardinal" führt ihn auch Dante in die „Komödie" ein: in den Flammensärgen der nur das Diesseits genießenden Epikuräer hat der Dichter den Kardinal als Nachbarn Friedrichs II. erblickt — wohl nicht nur deshalb, weil der gotteslästerliche Ottaviano, als er durch die Ghibellinen eine Summe Geld verlor, seufzend bemerkte: „Wenn es überhaupt eine Seele gibt, so habe ich sie an die Ghibellinen verloren.." sondern der Kardinal gehörte wie Ezzelino und wie mancher andre durchaus in den Bannkreis des Staufers, der ihm in vielem vorbildlich war. Nicht die rücksichtslose brutale Macht und Gewalt ward für den Ubaldini zum Selbstzweck, der eben jetzt als Heerführer völlig versagte, sondern er verabsolutierte ein anderes Mittel des Kaisers: das politisch-diplomatische Spiel. Er trieb nicht Reichs-, nicht Kirchenpolitik, nicht einmal immer eine ubaldinische Familien- oder Kardinalspolitik, sondern Politik „an sich": bald für, bald gegen die Guelfen, bald mit, bald gegen Florenz, und dabei war wieder keine Ghibellinenpartei, keine politische Gruppe, mit der er nicht stets in Verbindung stand, keine Intrige, bei der nicht der Kardinal seine beringte Hand im Spiele hatte, die stets noch eine letzte Karte zurückhielt. Denn weit über Imperium und Sacerdotium stand dem Kardinal die eigne, freilich höchst reizvolle kapriziöse und anziehende Person, der aber jedermann in Italien mißtraute. Alle Reizungen, welche die Zeit bot, griff der kunstsinnige genüßliche heitere Kirchenfürst auf: als einer der frühesten toskanischen Dichter im Volgare stand er dem Stauferkreis nicht nur in Glaubensdingen nahe, und wenn der schöne Kardinal Ottaviano in formvollendetem Sonett „Amor, seinen Herrn" besingt, so war das gewiß nichts bloß Gedachtes, da man überall sowohl seine Geliebten wie seine Nachkommen kannte. Der Luxus aber, den der nicht nur sangesfrohe und liebebedürftige, sondern auch überaus jagdfreudige Kardinal auf seinem prachtvollen Herrensitz im Mugello trieb, konnte sich mit dem des Kaisers messen: sein silbernes Tafelgeschirr hatte der Kardinal in Paris arbeiten lassen, Schmuck und kostbare Stoffe ließ er aus Spanien, Tripolis, Griechenland kommen, die Gewandschließen waren mit Kameen, Perlen, Edelsteinen besetzt, in seinen Gemächern brach sich das Kerzenlicht in Kandelabern von Bergkristall und in seinem berühmten Schatz fand sich neben den erlesensten und seltensten Stücken wie einem ersten in Niello gearbeiteten Becher, sogar eine herrliche Krone, bestückt mit Saphiren Rubinen Karfunkeln. Der Glanz des Ubaldini zog später die vornehmen jungen Adligen fast so an, wie ehedem der Hof des Kaisers, und auch der Kardinal wußte seinen jungen Kaplänen hohe Stellungen zu verschaffen. Die für einen Kirchenfürsten der damaligen Zeit immerhin erstaunliche religiöse Gleichgültigkeit, das averroistische „Epikuräertum", welches Ottaviano im Flammensarg büßte, übertrug sich selbstverständlich auch auf seine Geschöpfe: er war es, der seinen Kämmerer Otto Visconti als Erzbischof von Mailand auf den Stuhl des heiligen Ambrosius erhob, als diese Stadt ghibellinisch wurde, und Otto Visconti, von dem sich die Macht der Galeazzo und Bernabò herleitet, war ein so vollkommener Ketzer, daß sogar sein in rotem Marmor gemeißeltes Grabmonument sich noch schwarz färbte, ja als sein Neffe Matteo Visconti es wieder rot überstreichen ließ, nochmals schwarz wurde. Im ganzen zeigte Kardinal Ottaviano degli Ubaldini einen Kardinalstyp, wie er etwa mit Ippolito Medici dem Ende zuging.

Die Angriffsunlust des Kardinals, der in seinem Lager bei Guastalla ruhig liegenblieb, führte in Parma bald zu unangenehmen Folgen. Denn nun wurde die Absperrung allmählich fühlbar, welche die Unternehmung Enzios und Ezzelinos bezweckt hatte. In weitem Umkreis war Parma von allen Hilfskräften abgeschnitten und aus der nächsten Umgebung war für die Belagerten erst recht nichts zu holen: Reiterei und Streiftrupps des Kaisers durchschwärmten unablässig die Gegend und verheerten und verwüsteten alles, was sie nicht für sich selbst brauchen konnten. In Parma wurde die Not bald so groß, daß man aus Leinsamen Brot buk und schwer litt man unter dem Mangel an Salz. In der Stadt verlor man allmählich den Mut, als das Entsatzheer des Kardinals Ottaviano, mit dem man gerechnet hatte, ausblieb.. nur durch alle möglichen Listen gelang es dem tapferen und ungemein gewandten Verteidiger Parmas, dem päpstlichen Legaten Gregor von Montelongo, der wie kein andrer die Lombarden kannte, die Bewohner noch zu weiterem

Ausharren zu bewegen. So richtete es beispielsweise Gregor von Montelongo ein, daß gerade bei einer Zusammenkunft der angesehensten Ritter Parmas plötzlich staubbedeckt und gänzlich erschöpft ein Bettelmönch erschien, der sich durch die kaiserlichen Wachen in die Stadt eingeschlichen hatte und aus seinem Briefbeutel ein Schreiben hervorholte mit der freudigen Meldung, daß baldigst Hilfe und Entsatz eintreffen werde. Den Brief aber hatte am Abend zuvor der Legat selbst verfaßt. Trotz solcher Verheißungen glaubte man allgemein, daß Kardinal Ottaviano die päpstliche Sache verrate und Fra Salimbene, der damals aus Parma entwich, verbreitete dieses Gerücht sogar in Lyon, wo man die Ereignisse vor Parma mit höchster Spannung verfolgte: „Denn von der dortigen Entscheidung hing wie bei einem Duell die ganze Lage der römischen Kirche und aller Kleriker ab".. und die Rotbestrumpften, die sich zu Lyon in Mengen herumtrieben, hätten den von Parma ankommenden Fra Salimbene in solcher Zahl umdrängt, daß einer auf der Schulter des andern lag, weil sie alle die neuen Nachrichten aus Parma hören wollten.

Doch von einer raschen Entscheidung war man trotz größter Anstrengung von beiden Seiten weit entfernt. Überall in ganz Italien hatte der Kaiser während des Winters 1247/48 zu kämpfen und vor allem der Dezember brachte in den Provinzen schwere Gefechte. Im Piemontesischen war der Markgraf Bonifaz von Montferrat, der sich erst vor kurzem dem Kaiser unterworfen hatte, von neuem abgefallen und hatte sich, von Vercelli und Mailand unterstützt, Turins bemächtigt, wo sich nur die kaiserliche Palastbesatzung noch hielt. Dorthin entsandte der Kaiser seinen etwa zwanzigjährigen Enkel Friedrich, dem es denn auch gelang, den Markgrafen wieder aus Turin zu verjagen und dem Kaiser die Stadt zu retten. Etwa zur gleichen Zeit schlug ein Sohn des Kaisers, Graf Richard von Theate, bei Interamna ein päpstliches Heer unter Hugo Novellus, während Robert von Castiglione, kaiserlicher Statthalter in der Mark, bei Osimo (südlich Ancona) dem päpstlichen Legaten Bischof Marcellin von Arezzo eine vernichtende Niederlage beibrachte, hauptsächlich mit Hilfe deutscher Soldritter: der Bischof wurde gefangengenommen, angeblich viertausend Päpstliche niedergemacht, zahlreiche Fahnen und Feldzeichen erbeutet, unter anderen auch ein Banner, welches der Komnene Manuel den Anconitanern, als sie von Barbarossa abfielen, geschenkt hatte. Außerdem bereitete Uberto Pallavicini zusammen mit Jacob von Caretto, dem Schwiegersohn des Kaisers, einen Angriff auf Genua vor, an dem sich auch die Flotte beteiligte.

Sehr bedenklich waren jedoch für den Kaiser die Zustände in Florenz und weiterhin in Toskana überhaupt. Dem Kardinal Ottaviano fiel es nicht schwer, ohne daß er selbst etwa nach Florenz gekommen wäre, die hier wie überall von allen Ämtern ausgeschlossenen und mißtrauisch überwachten Guelfen zur offnen Empörung zu treiben.. und zwar vor allem den guelfischen Adel. Denn das Volk, Handwerker und Kaufleute, war in Florenz nicht etwa unbedingt guelfisch und kaiserfeindlich gesinnt. Dank einer geschickten Politik hatte sich nämlich in Florenz unter ghibellinischer Führung der berühmte „primo populo" gebildet, der mit den ghibellinischen Adligen auch die Popularen umfaßte. Das war keineswegs ein alleinstehender Fall: auch in Siena war vor Jahren schon die Popularenbewegung ins Kaiserliche abgebogen worden, indem sich dort ein Ghibelline an die Spitze des Volkes gestellt hatte. In Florenz warben jetzt beide Parteien um das Volk, und obwohl Orlando di Rossi während seines Florentiner Podestats unter dem Schein der Kaisertreue im guelfischen Sinne gewirkt haben mag, so werden bei der jetzigen Erhebung der Guelfen dennoch nicht eben viele der Popularen unter dem guelfischen Lilienbanner gegen den staufischen Adler gekämpft haben.

Friedrich von Antiochien hatte bisher die Florentiner Guelfen schonend behandelt und ihnen erlaubt, in der Stadt zu bleiben. Das erleichterte deren Unternehmen, sich mit Hilfe der Bolognesen der Stadtherrschaft zu bemächtigen und auch Florenz zum Abfall vom Kaiser zu bringen. Es kam am Arno zu den fürchterlichsten Straßenkämpfen, in denen sich die Wut der Guelfen vornehmlich gegen das kaiserliche Geschlecht der Uberti richtete, die jedoch in ihren mächtigen Türmen allem Anrennen trotzten und schließlich selbst zum Angriff übergingen. Freilich: das Haupt der Uberti war der gewaltige Ghibellinenführer Farinata, in Dantes Hölle Nachbar Friedrichs II. und des Kardinals, der später nach dem Sieg von Montaperti seinen ghibellinischen Freunden, die Florenz vom Erdboden tilgen wollten, entgegentrat und damit den ewigen Ruhm erwarb, Florenz gerettet zu haben. Als ein gigantischer Schatten sollte Farinata — nach seinem Tode noch des ghibellinischen Epikuräertums halber verflucht — später einem Dante das künftige Geschick enthüllen, als er an der Sprache des Dichters den Florentiner erkennend trotzig mit Stirn und Brust dem Flammensarg entstieg

„so als ob er die Hölle tief verachte.."
Farinata hatte gegen die Florentiner Guelfen schon vorgearbeitet, als Friedrich von Antiochien, der in Prato Streitkräfte gesammelt, heranrückte und in Florenz eindrang. Er hatte die Stadt rasch wieder in der Hand, und während die Guelfen aus Florenz auszogen und sich auf meh-

rere kleine Stützpunkte im Gebiete Toskanas warfen, hörte man in der Stadt das Krachen der stürzenden Türme des guelfischen Adels, die Friedrich von Antiochien niederlegen ließ. Haarscharf am Battistero vorbei sauste damals der siebzig Meter hohe Turm der Adimari auf die Piazza nieder.

Wie in Florenz so gärte es jedoch überall unter den Guelfen, und selbst wenn es den kaiserlichen Beamten gelang, der Empörer Herr zu werden und sie aus der Stadt zu vertreiben: die „Vertriebenen", die jetzt in Italien eine eigene Klasse darstellten, zu der später auch Dante gehörte, waren außerhalb der Stadtmauern kaum minder gefährlich als im Innern. Denn sie waren, mit den guelfischen Leidensgenossen anderer Ghibellinenstädte verbunden, eine stete Bedrohung jeder kaiserlichen Stadt, wie umgekehrt die aus Guelfenstädten vertriebenen Ghibellinen im Kaiserheer fochten und damit wieder ihre Heimatstädte bedrohten. Mit dem Abfall von Parma hatte in Italien der Kampf Aller gegen Alle begonnen, der für Jahrzehnte mit unverminderter Heftigkeit weitertoben sollte. Man könne weder pflügen noch säen noch ernten, klagt der Chronist, keinen Weinbau könne man treiben und keine Weinlese halten und nicht auf den Villen wohnen, weil alles zu unsicher sei.. nur in der nächsten Nähe der Städte ließe sich unter dem Schutz Bewaffneter das Land ein wenig beackern und auf den Landstraßen begegne man einem fremden Wanderer gerade so gern wie dem leibhaftigen Teufel, weil jeder den andern im Verdacht habe, er wolle ihn fangen um Lösegeld zu erpressen. Nur in größeren Karawanen zogen daher die Kaufleute aus und auch dann waren die als kaiserlich geltenden Florentiner keineswegs sicher etwa vor den päpstlichen Leuten von Piacenza, die gelegentlich einen ganzen toskanischen Warenzug erbeuteten. Diese allgemeine Unsicherheit aber war nach mittelalterlicher Anschauung nur Zeichen dafür, daß der Antichrist, der „rex tyrannus" die Zeit regiere und „das alles — so fügt der Chronist hinzu — ist wahr geworden zu seiner Stunde, von der Zeit nämlich, da Parma von Friedrichs Partei abfiel zur Partei der Kirche".

Dem Rex Tyrannus wurde Friedrich II. allerdings von Tag zu Tag ähnlicher. Er sah, während er vor Parma lag, den hellen Aufruhr in seinem italischen Staat, wo von der Kirche aufgepeitscht alles dem Verrat zutrieb. Wie sollte Friedrich dieser gespenstischen unfaßbaren Geister Herr werden! Dank der Tüchtigkeit seiner Söhne und Statthalter blieb er vorerst noch in den Provinzen siegreich, aber immer schwerer waren die Gegner wirklich zu packen. Florentiner Parmenser Ferraresen Mantuaner und andre kämpften sowohl im Kaiserheer wie auf seiten der

Guelfen.. und schon focht Friedrich II. nicht mehr gegen die feindliche Gesinnung ganzer Kommunen, sondern gegen die einzelner Wesen und Personen, deren Zugehörigkeit zu dieser oder jener Partei durch die kleinen Nützlichkeiten und Zufälle des Alltags bestimmt wurden. Undurchschaubar, vielspältig und nicht zu berechnen waren diese Triebe, die jeder umfassenderen Politik höhnten: denn Tausende von Einzelverrätern und Einzelfeinden ergaben keine kommensurablen Größen für einen Kaiser. Und dabei war Friedrich, wie die große Beamtenverschwörung gezeigt hatte, selbst seines Lebens nicht mehr sicher. Von seiner sarazenischen Leibwache umgeben, glich er wider seinen Willen in der Tat dem „Tyrannen", der mit dem fortwährend weiterfressenden Verrat, dem überall drohenden Abfall der Freunde von gestern, immer mißtrauischer und in seinen Strafen stets härter, ja bösartiger wurde.. und vielfach konnte nur die Furcht vor Strafen den Einzelnen von Empörung und Treubruch zurückschrecken.

So begann Friedrich II. jetzt zu allen jenen grausamen oder raffinierten Zwangsmitteln zu greifen, die einer von Verrat bedrohten Herrschaft unerläßlich sind. Das System der Geiselstellung verdächtiger Städte war längst im Gebrauch.. doch jetzt wurde das System sorgfältig ausgebaut. Man gab, da nicht alle Geiseln gleich nach Apulien zu schaffen waren, den einen Städten Geiseln der anderen zu überwachen, gab also beispielsweise Geiseln von Como nach Siena oder Spoletaner nach Poggibonsi und San Gimignano, so daß jede Stadt für die andere haftete und die Städte gewissermaßen durch ein Geiselnetz ineinander verflochten wurden. Ferner schritt man massenhaft zur Verbannung der Verdächtigen, soweit sie nicht als Guelfen von selbst die kaisertreuen Städte verließen, und es war selbstverständlich jeder ghibellinischen Stadt untersagt, solche Verbannten aufzunehmen. Eine unausbleibliche Folge war auch hier die Denunziation, da man sich jedes Widersachers auf diese Weise leicht entledigen konnte. Die von Verrat umwitterten kaiserlichen Beamten durften es wiederum nicht wagen, Angebereien unbeachtet zu lassen. Jedem Verdacht mußten sie nachgehen und um Aussagen nötigenfalls zu erzwingen, trat wiederum ein anderes Mittel in Kraft: die Folter. Im sizilischen Gesetzbuch war die Folter als Untersuchungsverfahren auf ganz wenige Fälle beschränkt worden.. aber so vorsichtig verfuhr man in Italien nicht mehr und es mußten schon Wunder geschehen — der Folterstrick etwa mehrmals reißen — um ein Opfer wieder freizulassen. Die Folterungen zogen wiederum anderes nach sich: daß man sich als Folterknechte „der Zyklopen des Avernus und der Knechte des Vulkan" bediente, der kaiserlichen Sarazenen, und den Gerichtshöfen der Statthalter waren anscheinend ganz allgemein sarazenische Henker beigegeben, die sich vor Priestern und Heiligen nicht fürchteten.

Wie diese „Trabanten des Satan" ihres Amtes walteten, zeigt etwa der Fall des Bischofs Marcellin von Arezzo, der in dem Gefecht bei Osimo gefangen wurde. Der Kaiser hatte den allgemeinen Befehl erlassen, keine Gefangenen mehr zu schonen und gegen Lösegeld freizugeben, sondern sie ausnahmslos zu hängen. Daß Marcellin von Arezzo Priester und Legat des Papstes war, konnte in den Augen des Kaisers gewiß kein mildernder Umstand sein.. im Gegenteil: oft genug hatte er sich entrüstet, daß Priester Waffen führten, und Marcellin hatte außerdem als Lehensmann dem Kaiser die Treue gebrochen. Immerhin wurde sein Fall genauer untersucht und erst nach mehrmonatiger Kerkerhaft gab der Kaiser Befehl, den Bischof zu hängen. Über die Hinrichtung des Bischofs und Legaten, die großes Aufsehen erregte, berichtet ausführlich ein wüstes Schreiben des Kardinals Rainer von Viterbo, dessen haßerfüllte Seele kurz vor dem eignen Tod noch in einer grauenerregenden Flugschrift ausklang, die mit dem Martyrium des Bischofs Marcellin nochmals die Verworfenheit Friedrichs II. in flammenden Worten der Welt verkündet. Die sarazenischen Teufel hätten zunächst die heiligen Hände und Füße gefesselt und darauf den Bischof an den Schweif eines Pferdes gebunden, um ihn durch den Kot zum Richtplatz zu schleifen. Doch der Bischof habe ein Tedeum gesungen und da sei das fromme Pferd auch durch Schläge nicht vorwärts zu treiben gewesen, bis die Sarazenen das weitere Singen verhinderten. Dann habe man unter verschiedenen Qualen den Bischof gehängt, den nach drei Tagen Bettelmönche bestatteten. Aber die Sarazenen gruben die Leiche wieder aus, besudelten sie und knüpften sie wieder an den Galgen. Dieses Spiel wiederholte sich, bis der Kaiser Einhalt gebot. Aber in der ganzen Welt gab dieser Vorfall Stoff zu kaiserfeindlicher Agitation: in Würzburg hielt man daraufhin eine Kreuzpredigt gegen Friedrich II., während man in England der Ansicht war, der Eindruck dieser Schandtat wäre noch furchtbarer gewesen, wenn nicht die Päpstlichen durch Flecke andrer Art noch mehr besudelt wären.

Daß die Gebeine Marcellins von Arezzo später Wunder taten, wird dem Kaiser gleichgültig gewesen sein, während noch am Leben befindliche Heilige ihm mit gutem Grunde stets äußerst verdächtig waren. In Florenz hatte Petrus „Martyr", der spätere Schutzheilige der spanischen Inquisition, einen Aufstand erregt, und in Viterbo trieb die heilige Rosa ihr Wesen, bis sie der Kaiser samt ihrem Anhang ausweisen ließ. Gegen die Priester und Mönche Italiens erließ Friedrich II. jetzt ähnliche Befehle, wie einst gegen den Klerus Siziliens. Kein Geistlicher dürfe sich unterstehen, seinen Wohnort ohne schriftliche Erlaubnis des zuständigen Podestà zu verlassen. Ferner werde jeder Bischof unter Beschlagnahme seines Besitzes verbannt, der dem Befehl des Papstes gehorchend keinen Gottesdienst abhalte und die Sakramente verweigere. Eine zehntägige Frist, innerhalb derer der Gottesdienst wieder aufzunehmen war, wurde ihnen gewährt. Die Priester gerieten damit in eine schwierige Lage.. doch den päpstlichen Rat, auch ein Martyrium geduldig zu tragen, werden nicht viele befolgt haben. Die Bettelmönche hingegen, die Innocenz von allen andern Orden streng absonderte, zeigten schon ein durchaus Jesuitisches: sie durften Gottesdienst abhalten und sich der Geleitbriefe kaiserlicher Beamter bedienen, um ihren Aufgaben nachzugehen. Infolgedessen verschärfte Friedrich die Maßnahmen gegen diese Ordensbrüder: Bringer Mitwisser Empfänger päpstlicher Briefe waren sofort zum Feuertod zu verurteilen, und einen verdächtigen Prokurator der sizilischen Minoriten ließ Friedrich ergreifen und über ihn achtzehn verschiedene Folterungen verhängen. Die Chronisten können sich nicht genug tun, Untaten und Grausamkeiten des „vom Blute der Heiligen berauschten Pharao" zu schildern, der es vor allem auf den Klerus abgesehen habe. Doch von einem blutberauschten Tyrannen zeigte Friedrich II. nicht viel, auch wenn er vor Parma allmorgendlich eine Anzahl parmensische Gefangene im Anblick der Stadt köpfen ließ, um die Belagerten einzuschüchtern. Die Schreckensherrschaft war kein Wahnsinn, sondern furchtbarste Not.

Indessen entwickelten sich die Dinge vor Parma für den Kaiser günstig. Mit Anbruch des Winters hatte Friedrich II., ähnlich wie einst vor Faënza, doch weit großartiger, eine feste Lagerstadt aufführen lassen, zu deren Bau man aus der ganzen Umgebung Holz und Ziegel herbeischaffte. Parma, so hatte der Kaiser beschlossen, sollte nach der Eroberung vom Erdboden verschwinden und statt dessen die neue Stadt bestehen bleiben, die — nach einem einzigen großen Bauplan angelegt — von Friedrich II. in Vorwegnahme des Sieges „Victoria" genannt ward... ein Name, der sich würdig denen der anderen Städtegründungen Friedrichs II. anschließt, einem Caesarea, Augusta, Aquila. Der Kaiser verfuhr bei dem Bau Victorias vollkommen nach dem Vorbild antiker Städtegründer: unter dem Sternbild des Mars sollte die neue Stadt erstehen und die Astrologen und Vogelschauer hatten die Gründungsstunde anzugeben, während mit einem Pflug der Raum der neuen Stadt umzirkt wurde. Nichts fehlte an dieser mit Mauer Graben Zugbrücken versehenen achttorigen Stadt: durch einen Kanal wurde Wasser zu ihr hingeleitet und an dem neuen Fluß Mühlen gebaut.. ferner wurde in Victoria eine der wenigen Kultstätten errichtet, die Friedrich zum Stifter haben. Der „Tempel" wurde Sankt Victor geweiht und die Münzen der neuen Stadt, die auf der einen Seite das Antlitz des Kaisers, auf der andern die Stadt zeigten mit der Umschrift „VICTORIA", wurden Vittorinen genannt. Einer seit alters bestehenden Stadt sollte die Neuanlage gleichen: Straßenzüge und Häuser, Markt und Palast, Kaufläden und was sonst zu einer Stadt gehörte, wurden eingerichtet, während der Kaiser vor der Stadt Villen mit Gärten und Weinhängen und Fruchthainen für seine sarazenischen Mädchen anlegen ließ, die von einer Eunuchenschar überwacht wurden. Denn Friedrich war mit seinem ganzen Hofstaat: Kanzlei und Staatsschatz, Gericht und Kammer, Tierpark und Jagdgefolge nach Victoria gezogen, um in dieser Residenz in aller Ruhe die Aushungerung Parmas abzuwarten. Die Welt staunte über dieses Beginnen des Kaisers und geriet in eine begreifliche Erregung: kaum eine Chronik, die nicht wenigstens den Bau von Victoria berichtet. Aber, meinte ein in astrologischen Dingen erfahrener Chronist, der Kaiser habe bei Gründung der Stadt nicht beachtet, daß dem Mars Cancer nahe gewesen sei und so habe die Stadt schließlich „krebsen" müssen.

In Victoria fühlte der Kaiser sich für den Winter geborgen und hatte mit Beginn der kalten Jahreszeit, wie das üblich war, einen Teil der städtischen Fußmilizen entlassen oder auf die anderen Kriegsschauplätze entsandt, wo gerade im Dezember überall Kämpfe statthatten. Im Frühjahr sollte dann die, bis dahin wohl ausgehungerte, Stadt gestürmt werden. Die Not in Parma war indessen immer größer geworden. Ein einziges Mal freilich gelang es den Mantuanern und Ferraresen, der bedrängten Stadt einen Getreidetransport zuzuführen. Denn diese Bundesgenossen Parmas hatten während einer kurzen Abwesenheit Enzios und Ezzelinos jene befestigte Brücke bei Brescello zerstört und hatten, als Enzio dafür das am Parmaflüßchen gelegene Colorno einschloß, die Schleusen geöffnet, so daß alles unter Wasser gesetzt wurde und Enzio diese Stellung aufgeben mußte. Doch der sardinische König glich diesen Schaden sehr bald aus: er schlug bei Bugno, zwischen Colorno und Brescello eine neue Brücke über den Po und hier wehrte er die Angreifer von nun an erfolgreich ab. Parma war damit wieder vollkommen eingeschlossen und die Übergabe in der Tat binnen kurzem unabwendbar. Friedrich konnte des Erfolges gewiß sein und als aus der Stadt Boten kamen, um seine Gnade anzuflehen für den Fall, daß sich Parma ergebe, wies sie der Kaiser ab, indem er ihnen — wie es heißt — „ironisch und vertraulich den bissigen Rat gab, mit dem Getreide sparsam und vorsichtig umzugehen, weil Parma, solange er, Friedrich II., lebe, niemals mehr als das Vorhandene essen würde".

„Aber die Sicherheit ist immer die Mutter von Schäden" bemerkt ein Chronist, und im kaiserlichen Lager verführte sie zu unbegreiflicher Sorglosigkeit. Trotz allen Mißtrauens war der Kaiser anscheinend doch nicht mißtrauisch genug gewesen.. jedenfalls hatten die Parmenser im kaiserlichen Heer ihre Späher, durch die sie über alle Vorgänge unterrichtet wurden. So wußten sie am 18. Februar 1248, daß durch mehrere kleine Unternehmungen die Besatzung Victorias geschwächt war, daß Enzio nicht im Lager weilte und daß der Kaiser wie gewohnt im Morgengrauen mit seinen Falken Habichten und Bussarden zur Jagd geritten war, begleitet von seinem sechzehnjährigen Sohn Manfred, den übrigen Freunden und einigen fünfzig Reitern: die vielen Sümpfe in der Umgebung Parmas boten zur Jagd auf Wasservögel reichlich Gelegenheit. Nur der Markgraf Lancia war als Befehlshaber des Lagers zurückgeblieben. Da machten die Parmenser, wie das wohl öfters vorkam, einen Ausfall und zwar nach Süden auf den Apennin zu. Sofort brach der Markgraf mit einem Teil des Heeres zur Verfolgung auf. Doch die Parmenser hatten den Befehlshaber nur durch einen Scheinausfall weglocken wollen. Denn kaum war der Markgraf fort, als die Parmenser gefolgt von Weibern und Kindern sich plötzlich auf das fast unbewachte Lager stürzten, über die heruntergelassenen Zugbrücken in Victoria eindrangen, die Stadt anzündeten und die gänzlich Unvorbereiteten in Massen niedermetzelten. In der Ferne hörte der Kaiser, der auf die Silberglöckchen seiner Falken lauschen mochte, plötzlich das Läuten der Sturmglocke von Victoria. Er jagte mit den Seinen in das Lager zurück, wo schon der Markgraf in heftigem Kampfe lag. Der Kaiser kam ihm zu Hilfe, drang noch in Victoria ein und suchte zu retten, was zu retten war. Aber mit seinen wenigen Jagdbegleitern kam er selbst in Bedrängnis: er konnte nur noch den Feind von sich abwehren, und — als er alles verloren sah — sich mit vierzehn Reitern knapp nach Borgo San Donnino durchschlagen.

Es war die schwerste Niederlage seines Lebens. Fünfzehnhundert Kaiserliche waren erschlagen, die doppelte Zahl gefangen, Thaddeus von Suessa, sein gefeierter Freund und Großhofrichter tot, mit ihm andre der Besten, wie es scheint: ein Aquino, ein Hohenburg. Verloren war der ganze Staatsschatz: Gold Silber Perlen Gemmen Solitäre Prachtgewänder Purpurstoffe.. verloren war das Zepter, das sizilische Königssiegel, die riesige schwere Prunkkrone, die mit ihren vielen erhabenen Bildern einem Bildhauerwerk gleichend bestimmt war, bei feierlichen Gelegenheiten über dem Haupte des Weltenherrschers zu schweben. Sie hatte jetzt ein ganz kleiner Parmenser, den man wegen seines trippelnden Gangs „Cortopasso" nannte, erbeutet und der brachte sie im Triumph nach Parma. Manche andere Beutestücke der fröhlichen Lagerstadt: Jagdpark, Eunuchen und Harem haben die Parmenser bestaunt.. anderes erregte ihr neugieriges Grauen: eine Bildsäule etwa, angefertigt — wie man meinte — aus eingeschmolzenen Kirchenschätzen, die der Kaiser angebetet hätte. Doch man fand, daß dieses Kultbild weder Lahme noch Blinde heile, sondern lediglich die heiligen Schriften verhöhne. Und weiter waren da magische Zeichnungen, Himmelskarten und Tierkreisbilder, deren sich „Beelzebub und Astharoth, die Konsuln der Finsternis" die Astrologen und Magier bedienten. Das wichtigste Beutestück aber war der Fahnenwagen Cremonas, der zu Cremonas Schmach von einem Eselgespann gezogen im Triumph nach Parma eingebracht wurde.. dem kaiserlichen Vorbild ganz angemessen.

Der Eindruck, den die Welt von dieser Niederlage empfing, war für den Kaiser vernichtend. Jetzt sei es mit der Macht des Kaisers zu Ende, so meinte man, und in zahlreichen Liedern haben Kleriker Städter und Vaganten den glänzenden Sieg der Parmenser besungen. Es war die erste wirkliche Niederlage des Kaisers: bisher war ihm wohl manches mißglückt, aber niemals war er von den Städtern besiegt worden, und so stand jetzt das Kostbarste auf dem Spiel: der Ruf der kaiserlichen Unbesiegbarkeit. Friedrich II. erkannte seine Lage genau. Aber durch den fanatischen Glauben an sein Glück, an die Fortuna Augusti, die jetzt immer mehr zur Gottheit des ganzen Großhofes wurde, holte der Kaiser, statt gebeugt zu werden, selbst aus der Niederlage neue Kraft: auch die Niederlage mußte sich zum Guten wenden, da ihm die Fortuna innewohnte, und so spornte ihn wie sonst ein Sieg so jetzt die Niederlage erst recht zum Einsatz aller Kräfte. Gerade im Unglück zeigte der schon über Fünfzigjährige die ganze Spannkraft seiner besten Jahre. Mit den wenigen Begleitern, die ihm nach Borgo San Donnino gefolgt waren, jagte er gleich weiter nach Cremona, wo er — seit dem Morgengrauen im Sattel — noch spät in der Nacht eintraf „keineswegs entmutigt". Erschreckt stürzte hier das Volk, Weiber und Kinder, auf die Gassen und eilte zum Kaiser, den man weinend umdrängte, Gott dankend, daß wenigstens er der Gefahr entgangen sei. Friedrich II. aber sprach den Cremonesen gütig Mut zu, sammelte innerhalb von drei Tagen ein neues Heer vornehmlich aus den Mannschaften von Cremona und Pavia und nahm am vierten Tage die Offensive wieder auf: am 18. Februar hatten die Parmenser Victoria gestürmt, am 22. überschritt der Kaiser im Vorgehen gegen Parma wieder den Po.. und so stark wirkte auf die Sieger noch immer der bloße Name des Kaisers, daß die Parmenser, die unter Führung Gregors von Montelongo die Pobrücke von Bugno, die Enzio hielt, besetzen wollten, von Furcht gepackt nach Parma flüchteten, als sie hörten, Friedrich nahe mit einem neuen Heer. Infolgedessen gelang es König Enzio, an hundert Schiffe der Mantuaner und Ferraresen, die dem halbverhungerten Parma jetzt Lebensmittel bringen wollten, zu erbeuten und dreihundert Gefangene zu machen, die er sofort allesamt rechts und links des Po hängen ließ.

Friedrich II. hätte jetzt ohne weiteres die bisherige Lage wiederherstellen können und das war wohl auch die ursprüngliche Absicht, da er schrieb: die Stadt Parma, deren Umgebung er jetzt mit Feuer und Schwert verwüste, während er den Seinen durch die Nähe seiner Person Mut einflöße, werde ihrem Untergang nicht entgehen. Doch zu einer neuen Belagerung kam es nicht mehr: auf den Trümmern von Victoria sprach man sich in einem Kriegsrat gegen die Wiederaufnahme der früheren Stellung aus. Dennoch hielt sich Friedrich II. in der Nähe von Parma auf, um zunächst die Paßstraße nach Pontremoli, die wieder bedroht war, zu sichern. Und dabei glückte es, an Parma wenigstens eine vorläufige Rache zu nehmen: die dem Kaiser nachdrängenden Parmenser wurden vom Markgrafen Lancia mit den treuen ghibellinischen Rittern Parmas angegriffen, sechzig Guelfenritter gefangen und über hundert erschlagen, unter ihnen Bernardo Orlando di Rossi, den man in Stücke hieb.. „unser berüchtigter langjähriger Verräter, Haupt und Schwanz der ganzen Gegenpartei". Das Gefährlichste an der Niederlage von Victoria aber war wie bei allen diesen Kämpfen die Fernwirkung. Denn hatte schon Parmas Abfall die Guelfen überall ermutigt, so erst recht Parmas Sieg. Fast die ganze Romagna ging dem Kaiser jetzt verloren. Ravenna hatte sich dem Kardinal Ottaviano ergeben und der Abfall Ravennas riß wiederum eine ganze Anzahl weiterer Städte dieses Gebietes mit, die von Ravenna abhängig waren. Es heißt: hier habe ein kaiserlicher Vikar im Einverständnis gehandelt mit Pandulf von Fasanella und Jacob von Morra, den beiden geflüchteten Verschwörern, die nun auf päpstlicher Seite gegen den Kaiser fochten.

Dennoch gelang es dem Kaiser, den ganzen ins Wanken geratenen italischen Staat noch einmal ins Gleichgewicht zu bringen. Bei Cittanuova in der Mark Ancona geriet der Kaisersohn Richard von Theate anscheinend ein zweites Mal an den päpstlichen Heerführer Hugo Novellus, der besiegt wurde und zusammen mit Mattheus Fasanella, dem Bruder des Verräters, das Leben einbüßte. In Reggio wurde eine Verschwörung entdeckt, von Enzio aber gleich im Keim erstickt, wobei an hundert Verschwörer öffentlich enthauptet wurden. Ein mailändisches Hilfsheer für Parma aber kehrte um, als sich der Kaiser gegen die Mailänder wandte. Gleichzeitig unterwarfen sich im Nordosten Feltre und Belluno dem Ezzelino und vor allem bereitete sich in Vercelli ein Umschwung vor zugunsten des Kaisers. Hier im Piemontesischen sollte Friedrich II. noch im Laufe des Sommers erscheinen, um Vercelli in Besitz zu nehmen. Den Getreuen in Sizilien aber meldete er, daß „die Fortuna, die ihm eigne und ihm gefälliger zu lächeln pflege, wenn er sie herausfordre, ihm jetzt wieder ein heitres und fröhliches Antlitz zeige, obschon sie sich den Anschein gegeben, als habe sie ihm in letzter Zeit ein wenig den Rücken gewandt". Und den Freunden erklärte er zuversichtlich: trotz allem habe er „dreimal die Sechs" gewürfelt, da seine Fortuna ihm nicht nur Unbesiegbarkeit, sondern auch den sicheren Sieg verheiße.

Des Kaisers Zuversicht war nie zu erschüttern, obwohl sich gerade jetzt noch zahlreiche kleine Widerwärtigkeiten einstellten. Überaus mißlich war zum Beispiel, daß bei Parma die ganze kaiserliche Kammer und der kaiserliche Schatz verlorengingen. Dadurch geriet der Kaiser in eine solche Geldknappheit, daß er behauptete, für ihn wie für seinen Hof sei im Augenblick selbst das Dringlichste nicht zu beschaffen, und es fehle ihm fast zum Leben das Notwendige, geschweige denn zum Siegen, so daß er eine neue Kollekte erheben müsse. Die Steuer, die jetzt in Sizilien ausgeschrieben wurde, betrug denn auch reichlich das Doppelte einer Durchschnittskollekte: gegen 60000 Goldunzen (zirka 3,12 Millionen Mark) im Jahre 1242, wurden jetzt in Sizilien 130000 Unzen (zirka 7,8 Millionen Mark) erhoben. Ferner gab Friedrich durch Rundschreiben an die italischen Statthalter Befehl, allen Kirchen und Klöstern eine außerordentliche Steuer aufzuerlegen. Doch so wenig der Kaiser auch auf die Steuerkraft der Zahler Rücksicht nahm: das Angebot einer sizilischen Stadt, zur Wiederherstellung des Staatsschatzes einen angemessenen freiwilligen Beitrag zu leisten, lehnte er ab. Bei der schweren Bedrängnis und unsagbaren Belastung, der auch diese Stadt ausgesetzt sei, danke er für den guten Willen, wolle aber das Opfer als geschehen betrachten. Dagegen wurde, wie schon früher einmal, das Silberbergwerk von Montieri bei Volterra verpfändet und zwar erhielt der Kaiser oder Friedrich von Antiochien von Sieneser Kaufleuten 12000 Pisaner Pfund Silber (1 Pfund = ca. 10 Mark), wogegen die Gläubiger Silber fördern durften bis zu einem Betrage von 22000 Pfund, eine Verzinsung also von 80 v. 100. Aber der Kaiser brauchte bares Geld und mußte sich daher auch zu solchen Maßnahmen verstehen. Außerdem wurden in Sizilien wieder neue Münzen geschlagen, wobei die Verteilungs- und Wechselgebühren wiederum etwa 8000 Goldunzen (ca. 420 000 Mark) einbrachten. Durch diese Maßnahmen mag die Geldknappheit bald behoben worden sein und man erfährt auch, daß ansehnliche Geldtransporte sowie eine Beihilfe des Griechenkaisers Johann Vatatzes damals bei Friedrich II. eintrafen. Das war auch an der Zeit, denn schon begannen vielfach die Soldritter zu murren, die Friedrich II. aus allen Teilen des Reiches, vor allem aber aus Deutschland, in Italien zusammengebracht hatte.

Das deutsche Soldrittertum, das Friedrich II. in steigendem Maße nach Italien zog, war in diesen letzten Jahren des Kaisers fast das Einzige, was ihn noch mit dem Norden verband. Seit dem Hoftag von Verona, den der Kaiser zur Zeit des Konzils von Lyon abgehalten, fehlten die deutschen Standesherren gänzlich im Hoflager Friedrichs II. und auch die Lehensritter, die sie zu stellen gebunden waren, blieben aus. „Zur Eroberung Italiens wollen wir unsre Fürsten nicht in Person oder Sachen ermüden, einige ausgenommen, die begierig unsrer Gegenwart und dürstend nach des Imperiums Ehre mit uns gemeinsam die gleiche Mühe für alle Zeit auf sich genommen haben".. schrieb einmal der Kaiser. Doch außer den Brüdern Hohenburg hatte keiner die Mühen des Kaisers zu teilen gewünscht, und die Zustände in Deutschland: der päpstliche Druck, der auf den geistlichen Fürsten lag.. das Gegenkönigtum, das die Kräfte der Weltlichen zersplitterte.. die Kämpfe in Deutschland selbst und die allgemeine Not machten wohl für die Fürsten ein Fernsein von Deutschland fast unmöglich, selbst wenn sie den Willen gehabt hätten. Aber so leicht wie auf die Hilfe der Fürsten konnte der Kaiser nicht auf Deutschlands Ritterschaft verzichten. Denn die gepanzerten Reiter bildeten trotz des in steigendem Maße verwendeten städtischen Fußvolks noch immer den Kern jedes Heeres: Glanz und Macht des kaiserlichen Oberbefehls ruhe auf der Vielzahl der Ritter, erklärte der Kaiser und von allen Rittern stellte er naturgemäß die Deutschen am höchsten: „Deutsche wollen wir als Ritter haben, deren Kriegserfahrung wir am meisten vertrauen und ohne Abzug noch Unterbrechung mögen sie ihren Sold und alles Nötige empfangen." Soldritter neben der Lehensreiterei hatten zwar auch schon die früheren Staufer für ihre wie immer kurzen Romfahrten und Italienzüge verwendet. Aber Friedrich II. war ständig in Italien und ein deutsches Soldrittertum als eine Dauerinstitution südlich der Alpen hat erst der letzte Stauferkaiser geschaffen gemäß dem Prinzip: Sizilien habe das Geld, Deutschland die Streiter zu liefern. Und Friedrich kam damit, wie das immer zu sein pflegt, auch den Bedürfnissen des andern Teils entgegen: der Abenteuerlust und manch andrem Triebe, welcher deutsche Ritter über die Alpen zog zum Heere des Kaisers. Massenweis und in stets steigender Zahl begann der niedere Adel: Ministerialen von Grafen und Herren nach Italien zu pilgern, um sich hier zu verdingen.. zunächst nur dem Kaiser, dann den übrigen Ghibellinen und nach dem Sturze des Reichs auch den Guelfen. Und bald folgten als Führer starker Soldritterscharen Grafen und Herzöge, deren Kräfte in Deutschland brach lagen, den Knechten nach. In diesen selbständigen „Marschällen" ist schon ganz deutlich der Typ der großen Söldnerführer vorgezeichnet, eines John Hawkwood etwa oder eines Herzogs Werner Urslingen (Guarneri) mit seiner „Großen Kompagnie" von 3000 deutschen Helmen, auf dessen silbernem Brustschild der Wahlspruch stand: „Feind Gottes, des Mitleids und der Barmherzigkeit." Schon unter Friedrich II. aber erschien ein solches deutsches Geschwader von angeblich 1800 Helmen unter einem Grafen Jordan als Marschall, dem wohl noch der Kaiser das Kommando übertragen hatte.

Man mag es bedauern, daß soviel deutsche Kraft nach Italien geflossen ist, oder mag es begrüßen, daß wenigstens etliche zehntausend Ritter der trostlosen Enge Deutschlands nach dem Zusammenbruch des alten Reiches entrissen wurden: an beidem haben Friedrich II. und die Staufer überhaupt ihr volles Maß an Mitschuld. Aber gerade durch die Soldritter hatte auch Deutschland einen nicht geringen Anteil an der italienischen Renaissance, schon weil die Erscheinung dieser nordischen Krieger in Italien so eindringlich wirkte: was ein wirklicher Ritter war, hätten die Italiener bereits des ausgehenden dreizehnten Jahrhunderts, geschweige denn der späteren Zeit, gar nicht mehr gewußt ohne die französischen und ohne die Tausende von jungen adligen deutschen Reitern, die zunächst die Staufer dorthin zogen. Und welchen Eindruck hinterließen schon König Manfreds deutsche Sieger von Montaperti! „Gut in Waffen, gut zu Pferde, kräftige Gestalten, erschienen sie wie losgelassene Löwen, mit Hengsten gleich wandelnden Hügeln im Scheine der Waffen." Singend seien sie in die Schlacht an der Arbia gezogen, den Namen Gottes und des Heiligen Georg, ihres Schutzpatrons, auf den Lippen.. Ausführlich wird beschrieben, wie diese Deutschen unter dem schwarz-silbernen Banner König Manfreds gegen die rote Lilie der Florentiner angestürmt seien: „Nie hat Hektor so unter den Hellenen gewürgt, wie Marschall Jordan an diesem Tage unter dem Volk von Florenz." Nach dem Sieg aber seien hinter den Trompetern und dem königlichen Banner die 800 deutschen Reiter mit Olivenkränzen auf den Helmen im Triumph in Siena eingezogen, um vor dem Dom abzusitzen und der Jungfrau für den Sieg zu danken. Stärker noch wirkten die deutschen Ritter in späterer Zeit. Als etwa zu Beginn des Trecento eine Schar von 1500 Reitern in die Lombardei einzog, wie alle Deutschen „vorzüglich bewaffnet und wie angegossen auf ihren Pferden", da hieß es bei den Italienern: „dies sei das schönste Volk gewesen, das jemals die Lombardei betrat und alle bis auf den Letzten Deutsche.. mannhafte Ritter von hoher Gestalt, noch im Jünglingsalter, aber waffengeübt und unerschrockenen Muts.."

„Das schönste Kriegsvolk der Welt" konnte damals auch ein römischer Kardinal die Deutschen noch nennen, die in allen größeren Städten ihrem Schutzheiligen „San Giorgio" Kirchen Kapellen Altäre errichteten, und da kann es nicht wundern, wenn noch zu Beginn des 15. Jahrhunderts ein Donatello seinen Heiligen Georg unversehens als einen adligen deutschen Knaben aus dem Marmor herauslöste. In diesen Gestalten klingt Deutschlands heroische Zeit, die Stauferzeit der königlichen Reiter von Bamberg und Magdeburg in Italien aus.. Erscheinungen, für deren adlige Gelöstheit und freien Stolz das zergrübelte zerknirschte und zerquälte Deutschland der späteren Gotik kein Auge mehr hatte. Fast scheint es, daß diese jungen Kämpfer nur nach dem Süden zogen, damit ihre Schönheit nicht sinnlos, ungesehen und unverewigt, verdarb. Denn verderben und verkommen mußten die heimatlosen Kühnen, wo immer sie blieben: „wenn sie länger mit Italikern verkehrten, so ward ihnen alle Bosheit eingeimpft.. aber einfach fromm und ohne Trug kommen sie aus ihrer Heimat". Und gerade ihre Einfachheit wirkte ja auf das überraffinierte maßlos verderbte Italien der Renaissance, nicht anders als ehedem die Germanen auf das Rom der Caesaren. So schloß mit den Soldrittern das Germanenzeitalter wie es begonnen: einzeln erst, dann truppweis, dann in immer wachsender Zahl waren sie einst als Krieger und Legionare der Divi nach Rom gezogen, hatten dann Rom selbst unterworfen, in Italien — mit Dietrich von Bern beginnend, endend mit Friedrich II. — eigene Staaten gegründet, um dann wieder nur als Söldner weiterzukämpfen, bis gegen Ende der Renaissance auch dieser Strom allmählich versiegte.. zum Schaden Italiens.

Vier Monate nach der Niederlage von Victoria hatte Friedrich II. Italien wieder einigermaßen beruhigt, ja er hielt die Lage doch für soweit gefestigt, daß er sich anschickte, den Plan vom Vorjahr wieder aufzunehmen: er wollte nach Lyon gehen. Es schienen neue Möglichkeiten gegeben, mit dem Papste zum Frieden zu kommen. Denn König Ludwig von Frankreich war gerade im Begriff, seinen Kreuzzug anzutreten und, damit nicht heimische Zwietracht dieses große Unternehmen jenseits des Meeres gefährdete, suchte er zwischen Kaiser und Papst den Frieden herzustellen. Ludwig IX. hatte ja des Kaisers Absetzung nie anerkannt und stand nach wie vor mit Friedrich II. in brieflichem Verkehr, trotz seiner Frömmigkeit und obwohl der Papst versicherte: Friedrich wolle jeden Gottesdienst beseitigen, auf daß er selbst allein auf dem Erdenrund angebetet würde als ein Idol scheußlichster Verderbtheit. Überdies brauchte der heilige Ludwig die Hilfe des Kaisers, weil für alle überseeischen Kriege Sizilien immer der Hauptstützpunkt blieb. Auch andre Große bemühten sich um den Frieden.. aber aller Bestrebungen schlugen fehl: der Papst verweigerte jeden Frieden, der das Reich den Staufern ließ, und über den Mißerfolg betrübt trat schließlich der französische König von dem Hafen Aiguesmortes seine unselige Kreuzfahrt an. Die Verhandlungen sowie der Plan, gegebenenfalls nach Lyon zu ziehen, hatten im Juli 1248 eine Fahrt des Kaisers ins Piemontesische veranlaßt, wo durch den Übertritt von Vercelli die Gesamtlage sich wieder günstiger gestaltet hatte. Papst Innocenz IV. sah wieder den Kaiser nahe den Alpen und ließ sich in Lyon von reichlichen Wachen beschützen. Doch ein päpstlicher Versuch, Sizilien angreifen zu lassen, sollte trotz der dorthin statt ins Heilige Land entbotenen Kreuzfahrer mißlingen. Mehrere Monate, bis Ende 1248, blieb der Kaiser, der in Vercelli einen Hoftag abhielt, in der westlichen Lombardei, dann ging er über Pavia zurück nach Cremona, wo ihn die furchtbarste Enttäuschung seines Lebens treffen sollte. — —

Wenn sich Friedrich II. von den Seinen dem Gottessohn gleich verehren ließ, wenn seine in Parma gefangenen Getreuen ihn anflehten, durch die Kraft seiner Heilshände sie zu befreien, die für ihn unter Martern gekreuzigt würden wie für Christus die Märtyrer, so ergab sich jetzt gegen Ende seines Lebens mit unerbittlicher Folgerichtigkeit, daß Friedrich nicht nur von Glanz Ruhm und Ehre, sondern auch von dem Schicksal des Weltenkönigs sein Teil tragen mußte. Wohl noch aus Cremona schrieb er dem König von Frankreich, wie er besonders bitter empfinde, daß der Papst gegen ihn nach Sizilien Kreuzfahrer entsende, „gleich als wäre das Mysterium des lebenspendenden Kreuzes vom Heiligen Land nach Sizilien gerückt und als wäre ein zweites Mal der Christ in Apulien gekreuzigt". Diesem durch die Wirklichkeitsnähe unheimlich düsteren Vergleich war freilich gerade vorausgegangen der Judasverrat seines vertrautesten Freundes: Petrus de Vinea.

Die Ereignisse von Cremona sind im einzelnen dunkel geblieben: der

Kaiser hat das Meiste verschleiert, das Gerede der Zeitgenossen das Meiste entstellt. Die Mitwelt erfuhr kaum mehr als die Tatsache von Vineas plötzlichem Sturz und seiner Verhaftung. Das Nächstliegende war die Vermutung, daß auch der Protonotar und Logothet Siziliens gleich so vielen andern Verrätern vom Papste gewonnen war. Es läßt sich jedoch mit einiger Sicherheit sagen, daß eine Konspiration Vineas mit dem Papst nicht in Betracht kommt. Seinem Verrat ging kein Gesinnungswandel zur Seite, ihn trieb auch kein plötzlich erwachender Guelfengeist, kein Freiheitsfanatismus gegen den Tyrannen, den er dennoch verehrte und liebte: das hätte allenfalls einem Brutusverrat gleichkommen können.. doch ein Brutus ist Vinea nicht gewesen. Keineswegs aber war Vinea schuldlos und nicht nur der Neid, die „Hure der Höfe", hat den Capuaner zu Fall gebracht. Er ist gestrauchelt nicht als Verteidiger einer hohen Idee, sondern als Einer, der in trauriger persönlicher Nutzsucht den Kaiser betrog.

Soweit die Nachrichten ausreichen scheint sich das Unbegreifliche wiederholt zu haben: daß nämlich auch Vinea gleichsam um eine Handvoll Silberlinge den Leib seines Herrn preisgab, indem er die Justitia um Geld verkaufte. Nur ein einziges Mal spricht der Kaiser in einem ganz vertraulichen Schreiben an seinen Schwiegersohn, den Grafen Richard von Caserta, ganz kurz über die Schuld des Vinea, den er einen „zweiten Simon" nennt, „der, daß er Geldbeutel hätte oder sie füllte, der Gerechtigkeit Stab in eine Schlange wandelte". Die Versuchung war für Vinea immer groß gewesen. Durch seine Hände gingen alle Briefe und Bittgesuche an den Kaiser, er entschied was vorzulegen und was selbständig zu entscheiden war, und an ihn, den Vertrauten und Mitwisser aller Geheimnisse, wandten sich Fürsten und Könige, Prälaten und Päpste, die bei Friedrich II. etwas durchsetzen wollten. Hier hat wohl Petrus de Vinea seine Vollmachten mißbrauchend um Geld Dinge geschehen und durchgehen lassen, die das Reich gerade in jener bedenklich drohenden Zeit an den Abgrund bringen konnten. Auch in seiner Eigenschaft als Überwacher des gesamten Rechnungswesens im sizilischen Königreich könnte er Unterschleife der Beamten gedeckt oder gar selbst begangen haben. Tatsächlich hat Vinea ein ungeheures Vermögen hinterlassen und wieweit das auf rechtlichem Wege erworben war, mußte der Kaiser einigermaßen übersehen können. Unterschleife in jener geldknappen Zeit aber waren tatsächlich Hochverrat, und von der Untreue noch abzusehen, dürfte Vinea — wie Friedrich II. weiterhin an den Grafen Caserta schrieb — wirklich „durch gewohnheitsmäßiges Prellen das Imperium jener Gefahr zugejagt haben, durch die der Kaiser wie das Reich nach Art der ägyptischen Streitwagen zugleich mit der Heerschar Pharaos in die Tiefe des Meeres verschwunden wäre".

Petrus de Vinea wird mit solchen Unterschleifen und Bestechungsgeldern die gleiche Schuld auf sich geladen haben wie die Mehrzahl der Beamten. Aber das minderte sein Vergehen nicht, sondern mehrte es beinahe. Denn die andern Beamten waren dadurch nur ungehorsam gegen die Gesetze... Vinea aber hatte alle Gesetze im Namen des Kaisers selbst erlassen, hatte sie formuliert und definiert, hatte mit seinen eignen Worten als Sager und Sprecher des Kaisers die Feilheit der Justitia verdammt und als Simonie gebrandmarkt, und hatte das Mysterium der imperalis ecclesia, das auf dem „Vikar Petrus", dem „Gesetzbringer Moses" mitruhte und das er selbst wie kein andrer als ein „Apostelfürst" ausgebaut und vor der Welt vertreten hatte, leichtfertig um irgendwelche Geldsummen verraten. Ganz anders als das gleiche Vergehen eines Justitiars und Vikars mußte es in der Welt den Glauben auch an den Kaiser erschüttern, wenn selbst ein Vinea nicht die manus mundas, die reinen Hände, zu bewahren, und die Gesetze, die er verkündet, zu leben vermochte. Was daher für einen Beamten eine einfache Amtsentsetzung, die nicht weiter auffiel, zur Folge gehabt hätte, wurde bei Vinea zum Aufsehen erregenden Sturz.

Es ist kein Zweifel, daß Friedrich II. seinen nächsten Ratgeber und fähigsten Vertrauten solange es anging, noch gehalten, auch über manche Unregelmäßigkeiten noch hinweggesehen haben wird. Wahrscheinlich erst, als Vineas Treiben in jeder Beziehung staatsgefährlich wurde, erfolgte die Verhaftung — und da mag zum Schluß vielleicht wirklich der Neid der andern Höflinge das Letzte herbeigeführt haben. Das Unfaßbare aber ist das Mißverhältnis des durch den Verrat Preisgegebenen und des Gewonnenen.. ja, es haftete der Spannung: hier der als Heiland Verehrte und vielleicht nur von Vinea selbst im Letzten auch als der Heiland Erkannte und Gesagte, dort die Silberlinge in größerer oder geringerer Zahl etwas Unglaubhaftes an, wenn nicht gerade in dieser grotesken Inkommensurabilität ein tief Unheimliches läge.. daß Macht und Zauber der Gewaltigen sich brechen nicht an den großen Widerständen der Welt, an denen sie nur wachsen, sondern an der nichtigsten menschlichen Schwäche.

Für Friedrich II. ist die Entdeckung des Treubruchs, die Verhaftung Vineas furchtbar gewesen, furchtbarer noch, weil er in denselben Tagen nur knapp einem Giftmord entging, ausgeführt wiederum von einem der Nächsten. Sein Leibarzt, dem er voll vertraute, den er soeben erst aus parmensischer Gefangenschaft ausgelöst, weil er ihn nicht entbehren mochte, hatte dem Kaiser bei einem leichten Unwohlsein ein vergiftetes Bad gerichtet und einen Gifttrunk bereitet. In letzter Minute hatte man den Kaiser gewarnt. Als dann der Arzt ihm den Becher reichen wollte, sagte Friedrich — so wird erzählt — man solle sich vorsehen, ihm nicht statt eines Heilmittels Gift zu verabfolgen, worauf der Arzt den Kaiser zu beschwichtigen suchte. Da aber habe Friedrich jenen angeblickt und finster gesagt: „Trinke mir zu und teile den Trank mit mir!" Erschrocken habe da der Arzt ein Stolpern fingiert und zu Boden fallend den Becher fast ganz verschüttet. Sofort ergriffen ihn die Wachen des Kaisers, während man den Giftrest einem zum Tode Verurteilten zu trinken gab, der augenblicks starb. Der Kaiser aber hätte dann, das Vorgefallene übersinnend, die Hände gerungen und aufgestöhnt: „Weh mir, gegen den seine eignen Geweide kämpfen! Auf wen kann ich noch vertrauen! Wo kann ich noch sicher, wo noch froh sein!" Und um ihn her hätten die Freunde gesessen und geseufzt und wie er Tränen vergossen. Seither aber habe der Kaiser oftmals des Hiob Wort im Munde geführt: „Alle meine Getreuen haben Greuel an mir und die ich liebte haben sich wider mich gekehrt."

Schon die Zeitgenossen haben den plötzlichen Sturz des allmächtigen Logotheten und den Anschlag des Arztes in Verbindung gebracht: es sind aber zwei von einander unabhängige, wenn auch gleichzeitige Geschehnisse. Der in Parma gefangene Arzt war nämlich dort durch den Legaten des Papstes für den Mordplan gewonnen worden. „Nicht wenig wurde da des Papstes Ruf verschwärzt" schrieb ein Chronist, und in einem Manifest teilte Friedrich den Königen und Völkern der Welt dieses neue Attentat des Papstes mit, „dieses Priesters, dieses Hüters, dieses unsres Glaubens friedfertigen Lenkers, der, nicht zufrieden mit den zahllosen Anschlägen und würdelosen Aufwieglungen, mit denen er über seines Standes Regel hinaus.. uns befeindet, jetzt versucht hat, durch geheime Anschläge — o Schande! — unser Leben zu vernichten!" Nach den Geschehnissen dieser jüngsten Tage zweifle er, der Kaiser, nicht, daß der Zeiten Ende jetzt nahe sei. — Das Gericht über den Arzt entsprach dem Vergehen: unter fortwährenden Martern, so daß ihm weder an Sonntagen noch an Festtagen Ruhe gegönnt werde, sollte er geblendet und verstümmelt nach Sizilien geführt und dort gerichtet werden.

Dem Petrus de Vinea würde wohl ein gleiches Schicksal gedroht haben, und fast hätten schon die Cremonesen, als sie von seinem Verrat erfuhren, den eben noch Gefürchteten zerstückt und zerrissen. Aber Friedrich verhinderte solche Justiz und ließ den Gefangenen bei Nacht in das nahe Borgo San Donnino schaffen. Als der Kaiser dann im März

1249 nach Toskana aufbrach, führt er Petrus de Vinea auf einem Esel sitzend im Troß mit sich. Vinea wurde nach San Miniato gebracht. Man erzählt, Friedrich II. habe sich des einstigen Vertrauten noch zu einer List bedient. Die Guelfen in San Miniato hätten den Einmarsch kaiserlicher Krieger nicht zugelassen, worauf ihnen gesagt wurde, es sollten nur die Gefangenen und die kaiserliche Kammer nach der Reichsburg gebracht werden. Die Tragtiere aber bargen statt der Schätze Waffen und die angeblichen Gefangenen waren kaiserliche Krieger, die ihre Fesseln leicht abstreifen konnten. Um aber bei den Guelfen keinen Verdacht aufkommen zu lassen, habe der gefesselte Petrus de Vinea den Zug der Gefangenen eröffnen müssen. Das wäre Friedrichs II. letzte Rache an dem Freunde gewesen. Denn Petrus de Vinea, der seinen Herrn gut genug kannte, um zu wissen, daß ihm ein fürchterliches Ende beschieden sein würde, entzog sich weiteren Mißhandlungen: auch er „ging hin und hängte sich auf". Man erzählt, daß der Geblendete, ins Verließ von San Miniato geführt, die Wache gefragt habe, ob zwischen ihm und der Wand sich irgendwelche Gegenstände befänden. Die Wache verneinte. Da sei der blinde Petrus de Vinea gegen die Kerkermauer angerannt, daß ihm der Schädel zerschmetterte. — Friedrich II. aber zog nach diesen Schreckenstagen von San Miniato weiter nach Pisa. Am Arno bestieg er seine sizilischen Galeeren, um in sein mütterliches Erbland heimzukehren.. für immer: denn Italien sah er nicht mehr wieder.

Mehr denn ein Jahrzehnt hatte Friedrich II. als der Weltenrichter, der Caesar und Antichrist in Italien gerichtet gewaltet und gewütet und hatte dem Land unverlöschlich das kaiserliche Gepräge aufgedrückt: das Maestoso und das Terribile hat er dem Land als Vermächtnis gelassen. In diesem Jahzehnt hatte sich Italien verändert wie sonst nicht im Lauf eines Jahrhunderts: die Zeit war durch die Lebensintensität, den unmäßig großen Kräfteverbrauch ins Rasen gekommen, und das Italien, das Friedrich II. jetzt verließ, stand -- schon von Dante überschattet — im Zeichen der nahenden Renaissance. An dem Wandel hatte der Staufer nicht nur einen Anteil: er selbst war der „Immutator mirabilis", der sich erkühnte, Gesetze und Zeiten zu ändern, wie die Kirche ihm vorwarf, und es war wohl an der Zeit, daß er ging. Seine Sendung hatte er erfüllt. Jetzt waren die veredelnden stärkenden Säfte schon im Umlauf und barst auch gleich darauf das Ganze, so hatten doch Freund und Feind soviel aufgenommen, daß auch beim Zerfall jeder der Splitter das ursprüngliche Lebensbild widergab und erneute: die Kondottieren Signoren und Tyrannen so gut wie die prächtigen gelehrten weisen Herzöge von Florenz Urbino Ferrara und schließlich Städte und Stadtstaaten selbst waren Erben Friedrichs II. —

So lebte Friedrichs II. Staats- und Herrscherbild im tatsächlichen Raum nur in den verkleinerten Spiegelungen fort.. im geistigen aber erfuhr es jene ungeheure Aufweitung durch Dante: in der Monarchie so gut wie in dem Staats- und Weltbau der Komödie. Es ward oft genug gezeigt, wie Dante immer wieder das Nämliche kündete, was Friedrich II. gelebt, und da der Ketzer Friedrich II., sein Leben Handeln Denken, auch das Dantesche Staatsbild mitbestimmte, so konnte es nicht ausbleiben, daß der Dichter selbst schließlich als Ketzer galt. Die Hinterhälte seiner Dichtung erfaßte man nicht so schnell.. aber die der Monarchie verstand man sehr wohl, zumal da die gefährliche ghibellinische Schrift — sieben Jahre nach dem Tode des Dichters — durch Ludwig den Bayern sich zu erfüllen schien. Da wurde durch den päpstlichen Legaten die „Monarchia" als ketzerisch verdammt und öffentlich verbrannt und selbst die Gebeine des Dichters wollte man „zur ewigen Schande und Vernichtung seines Andenkens" aus der Franziskanergruft von Ravenna herausreißen und verbrennen. Die Monarchie aber kam auf den Index der verbotenen Bücher, von dem sie erst (1897) Papst Leo XIII. entfernen ließ.

Mit Sizilien, dem „Spiegel der Ähnlichkeit denen, die es bewundern", hat Friedrich II. den sichtbaren Fürstenspiegel der kommenden Zeiten geschaffen. Wesentlich war allein das B i l d des Staates, nicht das Königreich Sizilien selbst, das für die Welt alsbald völlig belanglos wurde. Denn dieser letzte Imperator war nicht berufen, wie ein Caesar oder ein Karl Heros eponymos eines neuen Reiches zu werden, sondern viel eher der Heros anonymos einer neuen Zeit, die im Weltlich-Staatlichen Sein Gepräge trug und von Seinem insgeheim wirkenden Bild bis zu ihrem Ausgang durchstrahlt wurde. Anonym und illegitim hat Friedrich II. die Renaissance regiert, von der das Glück oder der Fluch des Illegitimen auch nimmer wich. Illegitim war ja schon die Gründung des Normannen-Machtstaates selbst und damit wurden es auch die kleinen italischen Stadtstaaten als Filiationen des sizilischen Urstaates. Und illegitim waren als geistige aber auch als leibliche Bastardsöhne und -enkel des Staufers die Tyrannen, deren jeder des Kaisers Gottunmittelbarkeit „sua virtute" neu erwerben mußte, da auch Friedrich II. sie nur durch ein illegitimes Priestertum kraft seines Genies usurpiert hatte. Die italische Herrschaft des Kaisers hätte im übrigen gewiß legitim sein können, hätten sich die Lombarden gefügt.. tatsächlich aber beruhte sie nicht auf Privilegien und Rechten des gebannten Monarchen, sondern auf seinem Genie, seiner „virtù", wie Machiavelli diese Einung von Kraft und Talent, die auch das Böse verträgt, genannt hat. Virtù oder Genie mußte seither jeder der Renaissance-Tyrannen wieder aufbringen, um seine illegitime Herrschaft über einen winzigen Stadtstaat behaupten zu können, bis schließlich einer von ihnen, ihr Letzter, der dem Zeitalter eines Papst Julius genau so nahe und fern war wie der staufische Caesar, gar das illegitime Kaisertum „sua virtute" schuf. Friedrich II. aber, Staatsmann und Philosoph, Politiker und Krieger, Heerführer und Jurist, Dichter Diplomat Bauherr Zoologe Mathematiker, der sechs oder gar neun Sprachen beherrschte, antike Kunstwerke sammelte, Bildhauer anleitete, die Natur selbständig erforschte, Staaten organisierte, war in dieser Allseitigkeit durchaus das Renaissance-Genie auf dem Kaiserthron und zugleich der geniale Kaiser. Und nicht ohne tieferen Sinn hat dieses erste Renaissance-Genie das wirkliche Diadem der Kosmokratoren auf dem Haupte getragen, das die Späteren in einem andern Sinn wohl noch krönte aber nicht mehr im Reiche band.

Die unerhörte Spannweite Friedrichs II. und die Weltgeltung eines Kaisers hat den Renaissance-Tyrannen freilich gefehlt. Nur der Staufer, mit dem das Reich schloß und die Frucht aufsprang, reichte als Priester noch in die Himmel Gottes hinauf, dröhnte als Kaiser über das Erdenrund hin und stieß als Tyrann bis in die tiefsten Höllen hinunter, um mit den himmlischen und irdischen Mächten auch die von der Kirche für ein Tausendjahr gebannten Dämonen und Kräfte der unteren Welten aufzurühren und in sein Gesamt einzubeziehen: Gottessohn Weltenrichter Widerchrist zugleich. Doch göttlich zu sein, ohne „Satan", das Leben selbst zu fesseln, war ja die Grundspannung der Renaissance überhaupt und Friedrich II. hat als Erster diese Spannung von Himmel und Hölle gezeigt und damit als Erster die Kluft geschlossen. Er, Heiland und Antichrist zugleich, der erste Gottlose und der erste von sich aus göttliche, nicht durch die Kirche heilige Mensch, hatte diese zwiegesichtige Einheit herbeigezwungen durch die Gottheit Justitia, durch das kaiserliche Weltrichter- und Welträchertum.. und nur durch dieses Richteramt bezwang die noch weitere Spannung Dante, der als Mensch — auch er „sua virtute" — dieses geistige Kaiseramt übernahm. Bis ans Ende der Renaissance blieb der dämonische Richtergott und hassende Heiland wirksam, den zuletzt nur noch der Sturz der Verdammten, nicht der Seligen Erlösung in Anspruch nimmt.. auf den Lippen vielleicht das furchtbare Wort des späten Kaisers, der da Heiland sein wollte und Hammer sein mußte: „Velle quod nolumus et nolle quod volumus cogimur."

So verließ Friedrich II. Italien. Aber das Jahr des Grauens war auch mit dem Tode des Freundes noch nicht vorüber. Seine beiden besten Staatsmänner und vertrautesten Gefährten, mit denen er sich an dem Triumphtor von Capua, Vineas Heimat, zu ewigem Gedächtnis hatte darstellen lassen: Thaddeus von Suessa und Petrus de Vinea, hatte er innerhalb eines Jahres verloren. Nun verlor er noch zwei Söhne. Bald nach der Ankunft des Kaisers in Neapel ist wohl Graf Richard von Theate gestorben, der sich als Generalvikar der Romagna Mark und Spoletos vor kurzem erst durch seine Siege über Hugo Novellus hervorgetan hatte. Es ist nicht bekannt, ob Graf Richard dem Kaiser sehr nahestand.. viel schlimmer war jedenfalls die Nachricht, die Friedrich II. wenig später erhielt und die König Enzio betraf.

Enzio war wie gewöhnlich als Vertreter des Kaisers in der Lombardei zurückgeblieben. Da seine Ehe mit der sardinischen Adelasia für nichtig erklärt worden war, so hatte er sich — gerade in jenen Tagen, als Petrus de Vinea verhaftet wurde — zu Cremona im Beisein des Vaters mit einer Nichte Ezzelinos vermählt: der Waffenbrüderschaft der beiden Kühnen war damit die Versippung gefolgt. Dem rastlosen jungen König aber bedeutete Leben nur Kämpfen: ein Jahrzehnt hatte er mit den Lombarden die Waffen gekreuzt und schon sehr bald nach der Hochzeit (Januar 1249) zog er gegen die Guelfen von Reggio, um dann eine Kriegsfahrt ins Gebiet von Parma zu unternehmen. Nach Cremona, seinem Hauptquartier zurückgekehrt, rief ihn Modena zu Hilfe, das die Bolognesen bedrängten. Enzio war mit seiner Leibwache, seiner „Kohorte" und den Rittern Cremonas über die von ihm selbst erbaute Po-Brücke von Bugno nach Modena geeilt, geriet an der Grenze des modenesischen Gebietes bei Fossalta in ein kleines Scharmützel, in das unversehens die Hauptmacht der Bolognesen mit eingriff. Dem König wurde im Getümmel des Kampfes das Pferd unter dem Leibe erstochen, seine Truppe begann zu weichen und mit 400 Rittern und 1200 Mann Fußtruppen geriet er in Gefangenschaft. Sein Los teilte mit vielen anderen der als Statthalter und Podestà oft erprobte Marinus von Eboli.

Für die Lage Italiens hatte das Gefecht keine Bedeutung.. aber der Verlust König Enzios bedeutete für Friedrich II. mehr als der eines Heeres und einer Provinz, und die Kämpfe der staufischen Epigonen hätten wohl ein anderes Aussehen gewonnen, hätte König Enzio noch in der Lombardei die ghibellinische Sache weitergeführt. Der Kaiser bemühte sich sofort um Enzios Freilassung, zunächst in jenem schönen Schreiben an die Bolognesen, in welchem er über die Fortuna spricht. Freilich, die Göttin ist nicht mehr ganz die vom Caesar bezwungene Fortuna

Augusti, sondern ihr haftet schon der Hauch der Vergängnis an. „Mannigfaltigen Ausgang kennt Fortuna, so liest man in verschiedenen Schriften. Die jetzt den Menschen drückt, hebt ihn bald in die Höhen und oft schmeichelt sie einigen, die sie erhöht und zuletzt dennoch niederwirft und mit heilloser Wunde wieder und wieder durchbohrt und geißelt. Wenn Euch also dieser Tage mit klarem Antlitz eine heitere Fortuna zu lächeln scheint, so müßtet Ihr nicht, wäret Ihr weise, Euch überheben, weil häufiger wer in die Höhen sich hebt, im Sturz desto stärker zermalmt wird. Oft nämlich scheint Fortuna zu Anfang Erfolge zu melden.. aber Mitte und Ende erfüllt und beschließt sie mit vielerlei Unglück." Doch an stolzen Worten fehlte es dem Kaiser auch jetzt nicht, da er die Herausgabe Enzios fordert. „Fragt Eure Väter und sie werden Euch erzählen, wie unser Großvater glücklichsten Angedenkens, der allersiegreichste Friedrich, als er es wollte, das Euch voraufgegangene Geschlecht der Mailänder von ihren Laren vertrieb und verjagte und ihre Stadt selbst dreiteilte in Flecken. Wenn Ihr Enzio unsern geliebten Sohn, Sardiniens und Galluras König, aus seinem Kerker befreit, dann wollen wir Eure Stadt über die andern Städte Lombardiens erhöhen. Unterlaßt Ihr aber, den Befehlen unsrer Macht zu gehorchen, dann erwartet unser triumphierendes und unzählbares Heer.. und nimmer werden Euch aus unsern Händen Liguriens Verräter befreien können, sondern Ihr werdet sein eine Fabel und eine Schmach der Nationen und Euch wird dies vorgerückt werden in Ewigkeit."

Aber des Kaisers Schreiben blieb ohne Wirkung. „Oft werde von einem kleinen Hund ein Eber gepackt", gaben die Bolognesen zur Antwort, und Friedrich möge wissen, daß sie Enzio gehalten hätten, hielten und halten würden. Auch der Plan, König Enzio gegen den Sohn des Grafen von Montferrat, den der Kaiser gefangenhielt, auszutauschen, zerschlug sich, und das Anerbieten, für die Freigabe des Königs als Lösegeld einen Ring von Silber um Bologna zu legen, lehnten die Sieger ab: niemals mehr sollte König Enzio die Freiheit sehen und des Tapferen früherworbener Ruhm verklärte fortan einen königlichen Häftling. Goldne Ketten hätten die Bolognesen dem Kaisersohn angelegt, als sie ihn nach kaiserlichem Vorbild im Triumphzug in ihre Stadt einbrachten und die Legenden erzählen, wie der in vollem Königsprunk mit dem strahlenden Kronenhelm auf dem langen goldblonden Haar einreitende König das Volk von Bologna für sich entflammte.. nicht nur die schönen Bologneserinnen. Denn auch die Männer Bolognas begegneten dem Heldenhaften, der mit Recht einen Löwen im Wappen führte, in bewundernder Achtung und seine Haft war wohl streng, doch niemals unwürdig. Ihm ward im Palazzo del Podestà ein großer Saal angewiesen, in welchem er und seine vornehmen Mitgefangenen sich tagsüber aufhalten durften. Nur des Nachts wurde Enzio in eine Kammer von Holz und Eisen, die in der Mitte des Raumes errichtet war, eingeschlossen und daher kam die Legende auf, daß man den König in einem eisernen Käfig gefangenhalte. Mit der Außenwelt durfte Enzio ungehindert brieflich verkehren und in seinem Kerker soviel er wollte Besucher empfangen. Seinen Unterhalt bestritt in späterer Zeit die Kommune, da Enzio mit seinen großen Mitteln so verschwenderisch umging, daß er bald völlig verarmte. Die Mitgefangenen verließen ihn freilich bald und nur ein deutscher Graf, Konrad von Solimburg, teilte noch seine Haft. Aber Graf Konrad, den die Bolognesen selbst einen unerträglich läppischen Menschen nannten, wurde dem König so lästig, daß er bat, man möge ihn von dessen Gesellschaft befreien. So blieben Enzio außer einigen Dienern nur die Freunde der bolognesischen Ghibellinenpartei der Lambertacci, die ihn viel besuchten und mit deren einem, Pietro Asinelli, ihn eine engere Freundschaft verband. Auch an Besucherinnen hat es nicht gefehlt. Man erzählt, wie sich seiner die schöne Lucia Viadagola angenommen habe und zwei natürliche Töchter Enzios mögen der Zeit seiner 23 Jahre währenden Gefangenschaft entstammen. Es war eine anfangs noch erträgliche Haft, die Enzio durch Jahre mit unerschütterlicher Heiterkeit ertrug, so daß er die Besucher und Wachen noch aufheitern konnte, wenn er ihnen seine Lieder sang. Wie einen Schatz hütete der Gefangene seine Romanzenhefte, deren er noch in seinem Testament gedenkt. Doch auch die Lieder, die nicht tief aber schön waren, wie es diesem zwar geistvollen doch dabei fast göttlich-einfachen König Sänger und Krieger entsprach, verloren allmählich das Fröhliche, als sich gar keine Hoffnung auf Freiheit mehr zeigte. Traurig klingt ein Sonett über das stets wechselnde Fordern der sich wandelnden Zeit.. trauriger noch eine Kanzone, die Enzio nach dem edlen Toskana entsendet, dem Lande adligen Lebens, wo er in der glanzvollsten Zeit seines Vaters gewirkt, damals als Faënza fiel und man zur See die Prälaten abfing:

    Va, cansonetta mia..
    Salutami Toscana
    Quella ched è sovrana
    In cui regna tutta cortesia.
     E vanne in Puglia piana
     La magna Capitana
    Là dov' è lo mio core nott' e dia..

Auch Apulien und die Capitanata waren Enzio wohl aus der Kindheit vertraut, diese Lieblingsprovinzen seines Vaters, in denen bald des gefangenen Königs Brüder und Neffen um die Reste des väterlichen Reichs gegen Franzosen und Pfaffen kämpfen sollten, um einer nach dem andern fast noch als Knaben dahinzusinken. Den ganzen grauenhaften Untergang des staufischen Caesarenhauses mußte ja Enzio in seinen Kerkermauern durchleben, immer wieder auf eine Befreiung hoffend und dann doppelt enttäuscht und getrogen. Schon ein Jahr nach dem Tode des Kaisers drang da die Nachricht zu ihm, daß sein Halbbruder, König Konrad, der Erbe des Reiches nach Italien komme. Der war erst im Regensburger Kloster St. Emmeram, wo er in einer Weihnachtsnacht herbergte, einem schnöden Mordanschlag des Abtes wie durch ein Wunder entgangen, hatte dann den aussichtslosen einsamen Kampf im Norden des Reiches aufgegeben, in Eile allen deutschen Besitz verkauft vergabt und verpfändet und war nach dem Süden gezogen, um dem Vater gleich auf Sizilien gestützt den Krieg um das Reich gegen die Kirche weiterzukämpfen. Aber der Kampf war von allem Anfang hoffnungslos. Der durch die übergroße Verantwortung frühzeitig düster und bitter gewordene junge König war mit den Verhältnissen im Süden wenig vertraut und dieser in Apulien geborene einzige Sohn der syrischen Isabella war wohl selbst des südlichen Klimas entwöhnt: nach wenig mehr denn zwei Jahren ruhm- und freudloser Taten starb der kaum Sechsundzwanzigjährige am Fieber und die Leiche, die man nach Messina gebracht, ward noch vor der Einsegnung von einer gewaltigen Feuersbrunst verzehrt. Andre freilich sagen, der eifersüchtige Manfred habe den Bruder vergiftet und Feinde hätten die Leiche ins Meer geworfen. Und gleich die ersten Jahre, da nicht mehr der Kaiser aller Schicksal trug, forderten noch andere Staufersöhne als Opfer. König Heinrich, der Sohn der englischen Isabella, war schon als Fünfzehnjähriger gestorben, und hier sprach man davon, daß König Konrad den Bruder durch den schwarzen Großkämmerer Siziliens, Johannes Morus, habe umbringen lassen. Zwei Jahre nach König Konrad aber ist Friedrich von Antiochien, der sich in Toskana nicht mehr hatte halten können, im Kampfe um Foggia gestorben (1256), das Ottaviano degli Ubaldini, der Kardinal, besetzt hatte.

In dieser Zeit aber begann schon das Gestirn Manfreds, des Fürsten von Tarent, leuchtend aufzusteigen. Von den Verwandten und Freunden gestützt, eroberte er durch Gewalt List und Genie, mit Recht oder ohne Recht, Siziliens Königskrone und der Sternenäugige mit der schneeigen Haut und den roten Wangen, den „blond und schön von edlem Schnitte"

Dante preist als fürstliches Vorbild Italiens, gab dem sizilischen Großhof des Vaters noch einmal den alten Glanz wieder. Noch einmal glühte der heitre staufische Geist, die Lebensfreude und staufische Festlichkeit in dem südlichen Königreich auf: wieder sah man des Kaisers Falken steigen, wußte von den morgen- und abendländischen Philosophen und Weisen, mit denen der König Gespräche geführt, und zahlreicher fast als die Krieger umschwirrten Fiedler und Sänger den leichtsinnigen prächtevollen Verschwender, der mit dem Freunde Manfred Maletta selbst Kanzonen und Melodien erfand.. eines ganzen Lebens Fülle in den Raum weniger Jahre drängend. Aber nicht nur der Glanz des Hofes, auch die sizilisch-italische Herrschaft der Staufer schien durch Manfred erneuert zu werden und der verheißungsvolle Sieg bei Montaperti an der Arbia ließ Manfred sogar der römischen Kaiserkrone gedenken. Doch er wußte den Sieg nicht zu nutzen und wenig später sollte er sein Königreich gegen den Anjou verteidigen müssen, den die Kirche herbeirief. Hier half dem jungen König auch nicht der Zauberring, mit dem er Dämonen beschwören konnte und den später Papst Bonifaz trug: aber die Hohenstaufen, da sie zu leben wußten, wußten für ihr Reich auch zu sterben. Bei Benevent war die Schlacht schon so gut wie verloren, als Manfred von dem weinenden uralten Diener des Kaisers gewappnet sich in den Kampf stürzte, in dem er das Leben ließ. Erst nach Tagen ward unter den vielen Toten die Leiche des Königs, die man an der Schönheit erkannte, gefunden und mit zitternden Händen holten sie die gefangenen Freunde unter den Gefallenen hervor, Hände und Füße ihres toten Königs mit Küssen bedeckend. An der Liris-Brücke bei Benevent gab der siegreiche Anjou dem Staufer ein Grab. Doch der rachsüchtige Papst — so wird erzählt — ließ das nicht zu: der Erzbischof von Cosenza grub die Königsleiche wieder aus und scharrte sie dicht am Ufer im Sande ein, so daß der Fluß die Gebeine entführte..

> „Jetzt treibt sie regenschutt und windes tücke
> Zum Reich hinaus — zum fluß wohin er wollte
> Daß mit verlöschten lichtern man sie rücke.."

So klagt Manfred im Fegefeuer dem Dichter. Seine Gemahlin, die vierundzwanzigjährige Helena, die mit den drei Söhnen und der Tochter in die Hände Anjous fiel, starb nach fünfjähriger Kerkerhaft.. Beatrice, die Tochter, ward nach achtzehnjähriger Haft im Castel dell'Ovo zu Neapel durch die sizilische Vesper befreit.. die Söhne aber wuchsen tatsächlich in Ketten auf, die ihnen zwar nach dreißigjähriger Gefangenschaft abgenommen wurden, ohne daß man ihnen jedoch die Freiheit gab. Halb verhungert, heruntergekommen wie Bettler, vom Wahnsinn geschlagen, starb oder verreckte nach vierzig Jahren im Kerker einer nach dem andern der Manfred-Söhne, der „giftgeschwollenen Natternbrut".

Deren Ende hat König Enzio freilich nicht mehr erlebt, doch von einem andern grauenvollen Schicksal bekam er bald nach Manfreds Tod noch zu hören. König Konrads Sohn, gezeugt, als Konrad von Deutschland aufbrach und die Gemahlin Elisabeth in Bayern zurückließ, Konradin, Enzios Neffe, kam nach Italien. Noch einmal schöpften die Ghibellinen Hoffnung: begeistert wurde der hohe schlanke Knabe „das schönste Kind, das man nur finden kann", der fünfzehnjährig mit dem um drei Jahre älteren Freund, Friedrich von Baden und Österreich, die schwäbische Heimat verließ, in den einstigen kaiserlichen Städten Oberitaliens empfangen, in Verona und Pavia, dann in Pisa und Siena. „Daß jenes herrliche Geschlecht, dem wir angehören, in unsrer Person nicht entarte," war der Stolze nach dem Süden gezogen und als ob in dem Kind die Träume des uralten Stauferhauses wahr werden sollten, glückte dem jungen Konradin, was von ferne vorklingend wohl einst dem Puer Apuliae, dem riesigen Imperator und Caesar Friedrich II. aber niemals mehr gelang: an der Seite des Freundes zog Konradin als Felix Victor ac Triumphator in das ghibellinische Rom ein, das ihm sein Vetter Heinrich von Kastilien, Senator der Ewigen Stadt, übergab. Von der Engelsbrücke bis zum Kapitol zogen sich die Triumphbögen hin, von Haus zu Haus spannten sich Schnüre, an denen Teppiche, Seiden und Purpurstoffe hingen, Chöre von Römerinnen sangen dem letzten staufischen König Begrüßungslieder, während die Römer ihm bereits als Kaiser akklamierten, als der Knabe aufs Kapitol geführt ward. Es war das ghibellinische Rom, das den Staufer empfing, und die von dem Ahnen oftmals mit Donnerstimme aus dem trägen Halbschlaf geschreckten Römer entsannen sich jetzt ihres romuleischen Blutes, der Triumphe und Lorbeern der Vorzeit, und huldigten dem kindlich-machtlosen Enkel. Im Erbland aber empörten sich die Sarazenen Luceras gegen den tödlich gehaßten Anjou, als sie vernahmen, ein Staufer käme wieder ins Königreich.

Keine vier Wochen nach diesem Triumph erfolgte die Katastrophe. Bei Tagliacozzo, gleich nach dem Eintritt in das sizilische Erbland, durch List besiegt, auf der Flucht verraten, geriet Konradin in die Hände Anjous, und mit ihm der Rest seines Hauses: Konradin von Caserta, Thomas Aquino, Heinrich von Kastilien, dessen Bruder Friedrich einstens der Kaiser am Großhof erzog, und mehrere Lancias. Nur Konrad von Antiochien war entkommen und führte als Freibeuter einen unablässigen grimmigen Kleinkrieg gegen den Anjou. Die andern alle gingen einem grausamen Schicksal entgegen. Der Aquino wurde zum Tode verurteilt, Konradin von Caserta blieb zweiunddreißig Jahre im Kerker auf Castel del Monte, Heinrich von Kastilien saß zwanzig Jahre gefangen, die Lancias — Friedrich, der Sohn, vor dem Vater Galvano — wurden hingerichtet, ein Halbbruder Konradins — auch Konradin geheißen — in Lucera gehängt.. und Konradin selbst erfuhr, während er mit dem Freunde Friedrich von Baden beim Schachspiel saß, welches Los ihnen beiden beschieden. Das unerhörte Urteil des Anjou: einen im Kriege gefangenen König auf dem Schafott enthaupten zu lassen, ein Urteil, dem sich die Mehrzahl der Richter versagte, ist bekannt. Auf dem Markt von Neapel vor der sich drängenden Menge, die noch nie eines Königs Enthauptung gesehen, ließ der Franzose das Todesurteil in seiner Gegenwart vollstrecken. Doch als des letzten Stauferkönigs Haupt am Boden rollte, da stieß — so wird erzählt — in eiligem Fluge vom Himmel ein Adler herab, zog tief über den Boden dahinstreichend seine rechte Schwinge durch das Blut Konradins und schwang sich so befleckt von dem Blute der Divi pfeilschnell wieder hinauf in den Äther.

„Wie können Deutsche — sang ein venezianischer Troubadour — wie können sie nur leben, wenn sie an dieses Ende denken! Ihr Bestes haben Sie in den Beiden verloren und Schmach geerntet! Nehmen sie nicht bald Rache, so sind sie entehrt!" Aber die Deutschen spürten nicht das Beben der Erde, das der Nacht nach dem Tode Konradins folgte, und auch an Rache dachten sie nicht, ja Rudolph von Habsburg mußte selbst den Gedanken einer Rache an Anjou dem Papste abschwören. Weder haben sie jemals den blutgetränkten Adler gereinigt noch jemals der sizilischen die deutsche Vesper folgen lassen. Auch daß die Königsleiche am Strande verscharrt wurde „als habe das Meer sie ausgespien".. „das alles — gesteht der deutsche Chronist fast erstaunt — schien die südlichen Völker mehr zu rühren und zu schmerzen als die Deutschen". Freilich, den deutschen Fürsten hat es „geeiset", und am Oberrhein: in Straßburg und Worms hat man um Konradin auch getrauert. Aber das übrige große Deutschland blieb stumpf träg teilnahmslos, und das war vielleicht sogar noch die bessere Haltung. Denn ein deutscher Sänger, der Meißner, hat mit jener abstandslosen Moral in einem Poem dem König gleichsam auf die Schulter geklopft: Hochmut kommt vor dem Fall, und: wozu in die Ferne schweifen.. während ein Schulmeister mit jener grauenhaften, allen andern Völkern fremden Fühllosigkeit für Größe Adel Schicksal Menschenwürde gar in einem „Scherzgedicht" auf Konradin witzelte: der Staufer habe das Spiel „Puff" und „Kopf ab" gegen Anjou verloren.. damit freilich das Wunder nur mehrend, daß diesem Volk diese Heroen entsteigen können.

In seinem Bologneser Verließ vernahm der unselige vergessene Enzio auch noch die Kunde von Konradins Ende. Nun war er selbst der Letzte dieses strahlenden Geschlechts. Jetzt war es an ihm den Faden aufzunehmen und weiterzuspinnen, das Blut der Erschlagenen zu rächen, sich zu opfern und gleich jenen zu sterben. Jetzt mußte Enzio hinaus da kein Staufer mehr war als er. Nach zwanzigjähriger Haft, selbst schon ein Fünfzigjähriger, versuchte König Enzio zu fliehen. Er verständigte sich — so heißt es — mit seinen Freunden und bestach einen riesigen Küfer, Filippo, ihn des Abends in einem leeren Faß aus dem Kerker zu tragen. Pietro Asinelli sollte mit Pferden auf den König warten. Alles ging wie verabredet vor sich. Der Küfer hatte mit seiner Last schon die Straße erreicht — da erblickte ein Weib eine lange blonde Locke, die zum Faßspund herausquoll. Solch Haar hatte in ganz Bologna nur König Enzio! Sie stieß einen Schrei aus... alles wurde entdeckt, der Küfer enthauptet, König Enzio desto strenger bewacht. Nur für kurze Zeit: zwei Jahre später starb er (1272). Als dem Einzigen der jüngeren Staufer ward ihm ein königliches Leichenbegängnis zuteil, das ihm die Bolognesen gaben: in Scharlachgewänder gehüllt, mit Diadem Zepter und Schwert wurde Enzio gemäß seinem Wunsch in San Domenico zu Bologna bestattet. Aber war auch von ihm im Tode der staufische Geschlechterfluch genommen, so doch nicht von seinem Blut, das hineingerissen wurde in die Tragödie eines andern Geschlechtes. Enzios einzige legitime Tochter war vermählt mit Guelfo da Donoratico della Gherardesca aus Pisa. Ein Verwandter dieses Edlen, ein Greis, hatte in Neapel schon das Schicksal Konradins geteilt. Nun sollte Stauferblut das Geschick von Guelfos Vater teilen: ein Enkel König Enzios verendete zusammen mit dem unseligen Grafen Ugolin in dem fürchterlichen Hungerturm von Pisa.

Staufer zu sein war eben der Urfrevel selbst. Wohl niemals hat in geschichtlicher Zeit mit gleicher Furchtbarkeit ein beleidigter Gott durch seine Priesterschaft Sühne gefordert: „Rottet aus Namen und Leib, Samen und Sproß dieses Babyloniers!" Friedrich II. durfte freilich nicht ahnen, welches Geschick seinen Söhnen bevorstand. Er hätte sonst schwerlich nach dem Gefecht von Fossalta und Enzios Gefangennahme sich zu der Hybris verstiegen, den Seinen aufmunternd zu schreiben: „Wenn also der Unfall selbst, so es Unfall genannt werden muß, wodurch unsre Sachen nicht umfallen, märchenartig schwer und gemeinhin fürchterlich erscheint, so erachten wir ihn doch als leicht oder für

nichts und unsres Sinnes Erhabenheit beugen wir deshalb noch in keiner Weise. Denn da der Kriege Geschehen zweifelhaft sind und u n s r e r Erlauchtheit Schoß überfließt von der Menge der Söhne, nehmen wir solche Nachricht mit Gleichmut auf und stacheln unsre machtvolle Rechte nur desto heftiger an zur Vertilgung unsrer Rebellen."
Da erscheint denn der Ausgang des staufischen Hauses dem Niobidengeschick vergleichbar.. doch das Martyrium der Söhne mit eignen Augen zu sehen, blieb Friedrich II. erspart. Ja, es ist das Unheimliche und das im Letzten so tief „Antichristliche", daß trotz der furchtbaren Schläge dieser Jahre an ihm, dem Frevler selbst, eine Gleichung von „Schuld und Sühne" durchaus nicht aufgehen will.. denn das Leben dieses Strahlenden blieb bis zum Ende gleich. Dem Spruche gemäß, mit dem das Volk von Palermo einst dem Dreijährigen bei der ersten Krönung zujubelte: Christ ist Sieger! Christ ist König! Christ ist Kaiser! sollte des Kaisers Leben auch im Endkampf an Glanz nicht verlieren.

„Unseres Sinnes Erhabenheit beugen wir trotz der Unfälle in keiner Weise".. hatte Friedrich II. den Seinen geschrieben und tatsächlich zeigte er auch in seinem letzten Jahr nirgends etwa eine müde Gedrücktheit oder ein Nachlassen seiner außerordentlichen Spannkraft. Im Gegenteil, fast scheint es, als sei gerade zuletzt in immer steigendem Maße eine Regeneration aller Kräfte eingetreten. Freundlich schrieb er damals dem gleichaltrigen Ezzelino, wie genau er wisse, daß dessen Treue durch die Zahl der Jahre sich nicht kühle, eher an Glut gewinne und wie dem Älterwerden des Leibes eine Verjüngung des Geistes entspräche.. und auf Ezzelinos Anfrage nach seinem Befinden könne er dem Freunde mitteilen, daß er selbst, obwohl er dauernd des Reiches und der Rebellen gedenke, glücklich lebe und des Leibes Glieder, lang durch die italische Kriegsmühsal mitgenommen, nun an den Labungen des Erblands wieder erquicke. — Sogar an eine neue Ehe mit der Tochter des Herzogs Albrecht von Sachsen dachte damals der Kaiser und seine Heimkehr nach Sizilien hatte nicht nur den Zweck, die durch Petrus de Vinea in Verwirrung geratene Verwaltung und Rechnungsführung im Königreich wiederherzustellen, sondern Friedrich gedachte die nötigen Vorbereitungen zu treffen, um im kommenden Jahre wie er schrieb, „glücklich nach Deutschland die Schritte zu lenken". Schon seit langer Zeit habe er König Konrad einen Besuch in Aussicht gestellt.

Die politische Lage schien solche Pläne von Monat zu Monat mehr zu begünstigen. Es waren zwar der Gefangennahme Enzios zunächst noch einige böse Nachrichten gefolgt: der Abfall von Como, die Kapitulation des von den Bolognesen belagerten Modena, der neuerliche Verlust des Cisapasses.. aber mit dem beginnenden Jahre 1250 wandte sich unversehens das Kriegsglück wieder dem Kaiser zu. In der Romagna begann der Umschwung. Ravenna, das zweimal zum Abfall vom Kaiser gebracht war, wurde durch kaiserliche Getreue, die Grafen von Bagnacavallo wiedergewonnen, und bald änderten sich auch die Verhältnisse in der Anconitaner Mark. Der päpstliche Legat der Marken, Peter Capoccio, hatte von hier aus ins Königreich einfallen sollen, aber ehe er noch mit den Schlüsselsoldaten die Grenzen Siziliens erreichte, wurde er vollständig geschlagen, büßte zweitausend Tote ein, zwei seiner Neffen wurden gefangen, und als die Kaiserlichen wenige Monate später Cingoli in den Marken eroberten, entging der Kardinal selbst mit genauer Not der Gefangenschaft. Eine ganze Anzahl von Städten trat wieder zum Kaiser über, so daß Friedrich II. seinem byzantinischen Schwiegersohn melden konnte, daß die Mark, die Romagna und Spoleto wieder bekehrt seien.

Weniger günstig war allerdings die Lage Friedrichs von Antiochien in Florenz. Nur mit größter Mühe bei fortgesetzten kleinen Kämpfen im Toskanischen vermochte sich hier die kaiserliche Verwaltung zu behaupten und als bei einer Heerfahrt ins Gebiet von Arezzo die im Dienste Friedrichs von Antiochien stehenden florentinischen Truppen durch die Guelfen überrumpelt wurden, da vollzog sich im Spätjahr 1250 in Florenz selbst ein entscheidender Wandel. Nicht etwa daß die Florentiner sich dem Papst angeschlossen oder sich gegen den Kaiser empört hätten, sondern sie begründeten als die erste Kommune jenseits von Guelf und Ghibellin ihren eignen, überparteilichen Populo. Fortan sollten alle die Kräfte, die Florenz bisher im Dienste des Reiches geopfert hatte, der Stadt selbst zugute kommen. Immerhin blieb noch der kaiserliche Podestà in Florenz, und dies genau so lange wie Friedrich II. am Leben war: in der dem Tode des Kaisers folgenden Nacht stürzte ein Teil des Podestà-Hauses ein und begrub den Beamten unter den Trümmern.

Dafür aber kam es in der mittleren Lombardei zu ganz großen Erfolgen. In Uberto Pallavicini, dem einäugigen Markgrafen, hatte Friedrich II. tatsächlich einen hervorragenden Nachfolger König Enzios gefunden, und vielleicht hat die einseitige despotische Härte Ubertos, den man als Erfinder neuer Martern fürchtete — er ließ etwa den nackt an den Füßen aufgehängten Opfern Zahn um Zahn ausbrechen — durchgreifender und schreckender gewirkt als König Enzios ritterliche kampffrohe Kühnheit. Friedrich II. aber wußte den überaus ehrgeizigen Mann auch richtig zu fassen. Wie Ezzelino als ein persönlich fast Unabhängiger den Brennerpaß schützte und der Graf von Savoyen den Übergang nach Burgund, so sollte Uberto Pallavicini den Cisapaß decken. Infolgedessen schenkte Friedrich II. ihm in diesem Bezirk etwa fünfzig kleine Dörfer und Ortschaften, so daß Uberto des Kaisers Sache zu der eignen machen mußte. Eine ganze Anzahl der neuen pallavicinischen Güter lagen im Gebiete von Parma und gegen diese verhaßte Stadt zog der Markgraf mit seinen Cremonesen ins Feld. An der Stelle, wo einst Victoria, des Kaisers lustige Lagerstadt gestanden, kam es zu einer Schlacht, in der die Parmenser neben dreitausend Gefangenen und Toten auch ihren Fahnenwagen einbüßten, so daß die Cremonesen für ihren bei Victoria verlorenen Caroccio jetzt Rache genommen hatten. Als der „schlimme Donnerstag" blieb den Parmensern der Tag noch lang im Gedächtnis und auch Dante hat in einem Brief an die Florentiner, die er ermahnt, sich dem nahenden luxemburgischen Heinrich nicht zu widersetzen, an dieses Ereignis erinnert: „Nicht möget Ihr Eure Keckheit hernehmen von dem unvermuteten Glück der Parmenser, die in übelberatener brennender Gier... in des Caesars Lager vorbrachen, als der Caesar selbst fern war. Denn auch sie, ob sie schon von Victoria victoria heimtrugen, haben sich nicht weniger beherzigenswert dort Kummer von Kummer geholt." Die Folgen des Sieges wirkten sich auch nach Bologna aus: die Bolognesen hätten damals Boten an Friedrich geschickt, um über einen Frieden zu unterhandeln. Doch Friedrich lehnte ab und verhandelte nur über die Freilassung Enzios. Uberto Pallavicini aber war auch in andrem erfolgreich. Das Parteigewirre Cremonas brachte er durch eine feste Organisation der Kaiserpartei, die sich dort die „Barbarasi", die Bartlosen nannten, zur Ruhe und bald knüpfte er auch Unterhandlungen an mit Piacenza, der immer kaiserfeindlichen Stadt, die wenig später auch wirklich von Mailand abfiel, um von Uberto Pallavicini, dessen Kraft man fürchtete und traute, regiert zu werden. Und auch die Flotte trat noch einmal in den Kampf ein. Dem neuen Admiral des Königreiches, Peter von Gaëta, glückte es mit seinen Galeeren, bei einem Angriff in der Nähe Savonas siebzehn genuesische Schiffe mit ihren Mannschaften zu erobern.

So sah es um die Sache des Papstes böse aus in Italien und nicht minder in Deutschland, wo König Konrad im Laufe des Sommers 1250 eine große rheinische Heerfahrt gegen Wilhelm von Holland unternommen hatte, die, für die staufischen Waffen glücklich, zu einem Waffenstillstand mit den rheinischen Erzbischöfen führte. Ebenso hatte man in Avignon und Arles trotz der päpstlichen Versuche, diese Gebiete dem Staufer zu entfremden, den kaiserlichen Boten von neuem die Treue geschworen. Papst Innocenz IV. verlor daher allmählich den Atem zu weiterer Kriegführung: Geldmittel wie Streitkräfte der Kirche waren der Erschöpfung nahe und weniger denn je durfte Innocenz noch auf den geringsten Dienst des französischen Königs rechnen. König Ludwig IX. war nämlich bei seinem ägyptischen Kreuzzug nach einigen Anfangserfolgen bei Mansurah fast mit seinem ganzen Heer in Gefangenschaft geraten und er wie zahllose andre gaben die Schuld an dem Unheil lediglich dem Papst. Denn Innocenz hatte allem Ersuchen des Königs zum Trotz dem Kaiser den Frieden verweigert und diesem damit jede Möglichkeit genommen, in die überseeischen Ereignisse „wirksamer als durch Briefe" — wie Friedrich schrieb — einzugreifen. Überdies führte der Papst die mit dem Kreuzeszeichen Versehenen, soweit er konnte, nur noch gegen Friedrich II. und entzog dem großen Unternehmen dadurch Hilfskräfte. Die sich überall durchsetzende Mißstimmung gegen den Papst wußte Friedrich gut zu nutzen. Von allem Anfang hatte er, soweit er dazu in der Lage war, das Unternehmen Ludwigs des Heiligen gefördert und als die Nachricht von der Gefangennahme des Frankenkönigs ihn in Apulien erreichte, schrieb er sofort an den ägyptischen Sultan, den Sohn Al-Kamils und bat um Freilassung König Ludwigs. Der Befehlshaber der sarazenischen Heere war ja Friedrichs alter Freund Fahr-ed-Din, und die Franzosen wunderten sich nicht wenig, als sie in dem Wappenschild des Ungläubigen den römischen Adler erblickten, den Friedrich vor Zeiten dem Freunde verliehen.

Durch einen Thronwechsel in Ägypten war es indessen Ludwig IX. geglückt, auch ohne die Hilfe des Kaisers gegen hohes Lösegeld freizukommen. Er war dann nach Akkon übergefahren.. aber die Hoffnungen Ludwigs selbst wie der Kreuzfahrer richteten sich jetzt doch vornehmlich auf die Hilfe des Kaisers, des berufenen Führers der Kreuzfahrt. Selbst einer der Templer, die Friedrich doch seit Jahren erbittert verfolgte, schrieb damals vom Heiligen Land aus, daß Christen wie Sarazenen der Ansicht seien, der Kaiser hätte solchen Ausgang der Kreuzfahrt verhindert, wenn nicht der Dünkel des Papstes ihn von der Teilnahme am Zuge abgehalten hätte: „Wahrlich, im Busen Friedrichs ruht unser Hoffen" meinte der Templer und ähnlich dachte man auch sonst in der Welt. König Ludwig aber beauftragte seine Brüder, die er aus Akkon nach Frankreich gesandt, vom Papst aufs bestimmteste einen Friedensschluß mit dem Kaiser zu fordern, andernfalls würde ihn Frankreich aus Lyon vertreiben. Der geängstete Innocenz wandte sich darauf an den König von England mit der Bitte, ihm in Bordeaux, das englisch war, Asyl zu gewähren. Aber der englische König zögerte, dem Papst diese Übersiedlung zu gestatten, weil Innocenz IV. in England maßlos verhaßt war.

Friedrich II. schien somit einem seiner Ziele: dem gemeinsamen Kampf aller weltlichen Fürsten gegen den Papst ganz nahe zu sein. Schon seit dem Beginn des Jahres 1250 hatte ihm auch der Griechenkaiser Vatatzes ansehnliche Hilfstruppen zugeschickt und nur die das ganze Abendland erregenden Ereignisse in Ägypten hätten ihn — so schrieb Friedrich dem kastilischen König — vorerst noch in Apulien zurückgehalten, um den Kämpfen näher zu sein. Doch die Fahrt nach Deutschland und ein Zug nach Lyon waren Pläne, die den Kaiser nach wie vor beherrschten. Seine Macht hatte seit vielen Jahren nicht mehr so gefestet dagestanden wie jetzt, da sich überall Sieg um Sieg an seine Zeichen heftete und er eine Frohbotschaft nach der andern an Johann Vatatzes absenden konnte. „Briefen Briefe folgen zu lassen, die hohe Freude bringen über Erfolge, pflegt nicht nur die durch Blutsbande und aufrichtige Liebe Verbundenen froh zu stimmen, sondern jedweden Freund" schrieb Friedrich damals beglückt dem griechischen Kaiser, um dann voller Siegeszuversicht zu schließen: „So also lenkt und leitet unsre göttliche Herrlichkeit, gestählt von des Himmels Voraussicht, das ganze ihr unterworfene Imperium in friedlicher Ordnung..."

In diesem Augenblick fast unverhoffter glänzender Fülle, da der Welt des Reiches Macht ungebrochen, der Imperator selbst tatfroh und kampfbereit in seiner Vollkraft erschien und mit dem kaiserlichen Europa auch das Morgenland wieder erwartungsvoll und gespannt auf den Weltenkönig die Blicke richtete: in diesem plötzlich gesteigerten Glanze sollte der Kaiser den Seinen entschwinden. Am Lucientag, dem 13. Dezember 1250 ist Friedrich II. kurz vor der Vollendung seines 56. Jahres gestorben, ein Lebensalter, das einer bestimmten Gruppe von Heroen und Herrschern zu eignen scheint.

Noch in den ersten Tagen des Dezember hatte der Kaiser, anscheinend völlig gesund trotz mehrfacher leichter Erkrankung im Laufe der letzten Jahre, zu Foggia geweilt. Dann hatte er, vermutlich der Jagd wegen, die Residenz verlassen und spätere Sagen erzählen, er habe jagend den unsichtbar machenden Ring des Priesterkönigs Johann umgedreht und sei den Blicken der Freunde plötzlich entschwunden. Tatsächlich aber hatte der Kaiser, von schwerem Fieber befallen, in dem sonst niemals besuchten Castel Fiorentino Zuflucht gesucht und anscheinend selbst sofort gewußt, daß die Erkrankung: eine Dysenterie, die von ihm unbeachtet und leichtsinnig behandelt in eine fiebrige Darmentzündung überging, zum Tod führen würde. Denn schon nach wenigen Tagen waren, wohl vom Kaiser gerufen, einzelne der großen Würdenträger in Fiorentino erschienen: der Erzbischof Berard von Palermo, der Großhofjustitiar Richard von Montenero und einige Großhofrichter und Notare... Die andern wenigen Getreuen, die noch in den letzten Tagen bei ihrem Kaiser weilten, mochten zur ständigen Umgebung gehören: insbesondere der achtzehnjährige Manfred, damals dem Kaiser der nächste und liebste von allen Söhnen... der Markgraf Berthold von Hohenburg, dessen Freundschaft der Kaiser zuletzt noch den Sohn anempfahl... Pietro Ruffo, der Marstallmeister, mit seinem Neffen Folco Ruffo, einem der jungen Poeten der sizilischen Schule, dem Friedrich gerade in letzter Zeit Gunstbeweise hatte zukommen lassen... dann der Schwiegersohn Graf Richard von Caserta und schließlich der Arzt Johann von Procida, an dessen Namen sich die anjou-feindliche sizilische Vesper knüpft.

Friedrich II. hat Castel Fiorentino nicht mehr verlassen und das Orakel, das ihm bestimmte „sub flore" zu sterben, sollte hier in Erfüllung gehen, nicht in Florenz, das er, „der gegen des Körpers Natur unsterblich sein wollte", angeblich immer gemieden. Die Krankheit währte nur wenige Tage. Kurz vor dem Tode setzte Friedrich II. in Gegenwart der Getreuen das Testament auf, in welchem Konrad zum Erben des Gesamtimperiums, Manfred als Fürst von Tarent zum Statthalter des italisch-sizilischen Staates bestimmt ward. Legate Stiftungen und sonstige Anordnungen folgten. Die Gefangenen sollten freigelassen werden mit Ausnahme der Hochverräter. Der Kirche sollten ihre Besitzungen zurückgegeben werden, aber nur dann, wenn sie dem Imperium gab, was des Imperiums war.. die Fortsetzung des Kampfes durch die Söhne sah also Friedrich voraus. Von den Getreuen wurde das Testament unterzeichnet, an erster Stelle von dem uralten, wohl an achtzigjährigen Erzbischof Berard von Palermo, der schon den Puer Apuliae auf seiner ersten Fahrt nach Deutschland geleitete und jetzt seinem Herrn die letzten Dienste erweisen sollte. Denn: größer als die Giganten Ezzelino und Pallavicini in ihrem Trotz, ließ sich Friedrich II. die Absolution erteilen und nahm, in das graue Gewand der Cisterzienser gehüllt, aus der Hand des Erzbischofs Berard die Sterbesakramente.. die strenge Geschlossenheit, die er im Leben gewahrt, auch im Tode nicht sprengend: die Haltung des römisch-christlichen Kaisers.

Friedrich II. selbst hatte angeordnet, daß die Leichenfeierlichkeiten ohne Gepränge statthaben sollten, und er selbst mag noch den Befehl erlassen haben, seinen Tod solange wie möglich geheimzuhalten, um eine vorschnelle Erschütterung des Reichs zu vermeiden. Dennoch ließ es

Manfred an Ehrungen und Pomp nicht fehlen, als die Leiche zunächst nach Messina, dann nach Palermo überführt wurde. Im Dom zu Palermo, neben den Grabmälern König Rogers II. und denen der Kaisereltern, Heinrichs VI. und der großen Konstanze, ward Friedrich II. eingesenkt in jenen majestätischen Sarkophag von dunkelrotem Porphyr, den er selbst einst aus Cefalù nach Palermo hatte schaffen lassen, schon seit Jahrzehnten bestimmt, dereinst sein Gebein aufzunehmen. Von vier Porphyr-Löwen mit uralt-süditalischen geheimnisvollen Zeichen aus heidnischer Zeit — einen Herakles schützt der eine mit seinen Klauen — wird der Sarkophag getragen, dessen Deckel die Symbole der vier Evangelisten zieren neben dem Bilde des Pantokrators. So ziemte es diesem Herrscher, den jetzt auch nicht mehr das Cisterziensergewand, sondern der Mantel des Weltenregierers umhüllte: ein arabisches Seidengewand mit fremdartigen Schriftzügen und den Symbolen des Weltregiments im Gewebe.

Als Pantokrator war Friedrich II. im vollen Glanze der Kaisermacht entrückt. Die Getreuen erkannten in ihm das „vas electum Dei".. „überwunden allein von der göttlichen Macht, den die Völker der Menschen nicht zu überwinden vermochten", den „Unbesiegten", den „allermachtvollsten Heros": „von des Erdenrunds Fürsten der Größte, das Staunen der Welt und ihr wunderbarer Verwandler". Ohne die sichtbaren Male, die ein Beatus Franciscus zeigen durfte, und ohne Martyrium ging Friedrich II. aus der Welt als der Pantokrator: denn dieses Weltkönigs Amt war, die Welt zu richten, nicht daß sie durch ihn gerichtet werde. Gemäß der Bahn dieses Lebens, das stets dem Verklärten, dem Triumphator und ruhmgekrönten Siegergotte gefolgt, wurde hier die Verklärung bereits zur Entrückung und der Römer letzter Kaiser entschwebte den Seinen in der strahlenden Glorie des imperator invictus noch vor dem grausigen Ende des Hauses — wie denn solches Ende auch des Heilands späteren Bildnern nicht fremd war. In der Tat: das Leben Friedrichs II. schloß mit der „Transfiguration", seiner letzten Gestaltwandlung zum Herrn des Endes.. vielleicht das Kaiser-Dasein, das Kaiser-Leben überhaupt, das keine Kurve beschreibt, keinen Scheitelpunkt, keinen Niedergang kennt, sondern von der Geburt an in pfeilgeradem Aufwärts Stufe um Stufe durchläuft, um sich zuletzt von der Erde zu lösen und einem Kometen gleich, in den Äthern entschwindend, an jedem Zeitende in dem gleichen feurigen Glanz neu zu erscheinen. Schon sehr bald wußte auch die Sibylle zu melden: ER LEBT UND LEBT NICHT.

Mit Friedrich II. ist zum letztenmal ein Kaiser versternt und vergottet worden, nicht als eine durch Bild und Altar stets gegenwärtige, wohl aber als die in Ewigkeit erwartete Kraft, als der Messias, der Herr des Endes, Herrscher im apollinischen Sonnenreich, das die Sibyllen verhießen. Schon zu Lebzeiten huldigte man dem „Sonnenkönig": „Die neue Sonne ist geboren: Friede Ruhm Wegsteig und Hafen" so sang ein Magister und Notar Friedrichs von Antiochien. Man habe die Welt ihrer Sonne berauben wollen, schreibt ein andrer Magister aus Anlaß der großen Verschwörung, und „der Sonnengottheit (deitas solis) habe Satan den Gegenthron zur Seite zu setzen getrachtet". Das sind kaum die allgemeinen naheliegenden Bilder für einen machtvollen Imperator überhaupt, sondern Vergleiche, die einem ganz bestimmten Gedankenkreis angehören. Denn der Poet hält sich immer wieder an die große vergilische Heilandsverkündigung und wenn er des Kaisers „heilige Nachkommenschaft" feiert, die als „strahlende Sonne von der Sonne heranwächst" oder gar Konrad, den künftigen Erben des Reiches preist als den „einenden König, dem die Welt, dem das Erdrund zu Füßen liegt und die Gottheit zulächelt", so gehört das nebst zahllosen andern Wendungen durchaus zu der gleichen Gruppe messianischer Bilder. „Untergegangen ist die Sonne der Welt, die über die Völker geleuchtet, untergegangen die Sonne des Rechts, der Hort des Friedens.." schreibt auch Manfred nach dem Tode des Kaisers an König Konrad. Und kaum einen Monat nach dem Verlöschen dieses Lichtes, nach der „Entrückung" des Kaisers künden Getreue in Tibur in einem prophetischen Schreiben nach Art der tiburtinischen Sibylle, daß „gleichwie die Sonne, wenn sie von der Himmelsachse in das westliche Meer hinabsinkt, so Friedrich II. im Westen den Sonnensohn hinterließ, dessen Frührot schon zu leuchten beginne". Es ist der nie ganz verschüttete, durch die Prophetien neu belebte Kult des Sol invictus, der ein Tausendjahr früher mit dem Heilandskult eins ward und sich nun wieder dem einen Kaiser, Friedrich II., verband, der selbst einen Tag nach der Sonnengeburt und der Geburt des Christ geboren, der im Dezember gestorben war und zu seiner Stunde am Ende der Zeit wiederkehren mußte, das paradiesische Reich zu errichten.

Immer zahlreicher wurden Sibyllensprüche und Vatizinien, die sich mit Friedrich II. beschäftigten. Man wußte daß mit ihm das Römerreich schloß und sagte es oft genug. Aber man glaubte noch nicht, daß er wirklich gestorben. Zu oft hatte der Papst in den letzten Jahren verkündet: der Kaiser sei tot und das Reich erledigt.. und von Friedrich II. erwartete man gemäß den Verheißungen noch so große Taten, daß man eher an eine List des listigen Kaisers als an sein Ende glaubte. Noch viele Jahre nach seinem Tode schloß man in Florenz Wetten ab, ob Friedrich II. am Leben sei oder nicht, da ihm die Propheten ein Leben von zweihundertsiebenundsechzig Jahren verhießen. Und durch Jahrzehnte tauchten Betrüger auf, die sich für den wiedergekehrten Kaiser Friedrich ausgaben, den man da und dort in den Ätna entrückt wähnte. „Mons Gebellus" war für den als Satan gefürchteten Ghibellinenkaiser und kaiserlichen Philosophen gewiß der richtige Aufenthalt: einer der falschen Friedriche nahm dort seinen Sitz und man hieß ihn in Sizilien tatsächlich: Kaiser, verehrte ihn und betete ihn an als den Herrn. Ein sizilischer Mönch aber vom Orden des Heiligen Franziskus erzählte: am Meeresufer ins Gebet versunken habe er plötzlich einen gewaltigen Zug von fünftausend gepanzerten Reitern gesehen, der den Weg zum Ufer nahm und dann ins Meer hineinritt. Da aber habe das Meer aufgezischt, als wären alle die Reiter in feurig-glühendes Erz gewappnet.. und einer der Reiter habe dem erstaunten Mönch gesagt: das ist Kaiser Friedrich gewesen, der mit seinen Mannen in den Ätna einreitet. Dieses Gesicht, das an den Tod des großen Gotenkönigs Dietrich von Bern erinnert, habe der Frate in dem Augenblick gehabt, als Friedrich II. starb.

Das Gerücht einer geheimnisvollen Entrückung des Kaisers fand rasch den Weg auch nach Deutschland. „Mit ihm wird das Reich zu Ende gehen, weil seine Nachfolger, auch wenn er solche hat, des Kaisernamens und des römischen Thrones beraubt sein werden", hatte die Sibylle geweissagt und in den Wirren des Interregnums sah man den Spruch sich wörtlich erfüllen, da Deutschland in Wilhelm von Holland, Alfons von Kastilien, Richard von Cornwallis Könige genug hatte und keinen Herrscher. Das Kontinuitätslose deutschen Geschehens, die Auflösung des stolzesten Baues in ein Nichts, der völlige Zusammenbruch innerhalb kürzester Frist: dies grauenhafte Schauspiel gewahrte die Welt nach dem Tode des Kaisers in solchem Umfang zum ersten Mal, und welches Entsetzen die Deutschen damals gepackt haben muß, zeigt mehr fast als die Geschichte die Kunst: der schöne freie Stolz der glücklichen Stauferzeit war in Deutschland geknickt und zerbrochen.

Hier im Norden der Alpen ward Friedrichs II. Vermächtnis nicht jenes Bild des Terribile zusammen mit dem Maëstoso, das im Süden dem hemmungslosen Einströmen des Seelengottes wehrte. Von diesem Bilde ging in die Deutschen fast nichts ein.. denn von ihnen möchte das Goethewort gelten: sie sähen eher das Gute als das Schöne. Für die Deutschen war Friedrich II. nicht Sol invictus und nicht Apollo, der Gott der Sibyllen und Bringer des apollinischen Reiches.. hier, wo es nur die schlecht gewordene Kirche zu richten galt, wirkte das Schreckensbild

des über die Wolken brausenden Antichrist. Auch in Deutschland glaubte man nicht an den Tod dieses ungeheuren Kaisers, auch hier konnten noch nach Jahrzehnten Betrüger als wiedererstandener Friedrich erscheinen... aber der vorchristliche Gott, mit dem man Friedrich II. vermählte, war Wotan. Als der „Waler" erschien er den Bauern um ihnen zu melden:
er süll noch gewaltig werden
aller Romschen erden...
Die Reformierung der Kirche ersah man als des Erwarteten wichtigstes Amt: die Pfaffen zu geißeln und zu peitschen, daß sie aus Furcht die Tonsuren mit Kuhmist verdeckten. Und so nachhaltig suchte man hier den rettenden Heiland unter den Zeichen des Grausens, daß man nach den Heimsuchungen durch die Pest den furchtbaren Führer des thüringischen Geißlerordens gar ansprach als „Kaiser Friedrich".

Freilich, auch in Deutschland haftete dem Staufer neben Entsetzen und Grauen noch Lichteres an: Weisheit Erhabenheit Majestät und Glanz. Aber alles das Schöne hatte sich nicht wie in Italien auch dem Volk selbst mitgeteilt und auf die lebenden Menschen herabgesenkt, um ungewußt in ihnen weiterzuzeugen, sondern es wurde erwartet am Tage des Endes. Dann werde Friedrich II. wiederkommen, auch wenn er in tausend Stücke zerschnitten oder zu Asche verbrannt wäre, um das römische Reich der Deutschen in Pracht und Herrlichkeit wieder erstehen zu lassen. Dann würde er mit dem Frieden die Gerechtigkeit bringen, würde die Heerscharen über das Meer zum Heiligen Lande führen, und am dürren Baum den Schild aufhängen und die Krone der Welt niederlegen. Bis aber seine Stunde kam, das Strafgericht über die verweltlichte Kirche zu halten und des Reiches Glanz und Macht zu erneuen, wähnte man auch im Norden den Kaiser im Berge entrückt, und wenn sich die Sagen bald auf den thüringischen Kyffhäuser verdichteten, so war wohl einer der Gründe, daß hier bis zum Beginn des vierzehnten Jahrhunderts ein Enkel Friedrichs II. lebte, der Sohn des erlauchten Heinrich von Meißen, Friedrich der Freidige, in dem man den ersehnten Friedrich III. erkennen wollte. Doch was das Kaisertum im Träumen des Volkes noch an Pracht und Herrlichkeit durch die Zeiten bewahrte und als Rest in die späteren Öden hinüberrettete, das rührte doch her von dem abgesetzten, gebannten Fürsten, dem Verfolger der Kirche, dem Antichrist, dem einen gefallenen Engel.

Zweihundertsiebenundsechzig Jahre sollte nach alten Verheißungen Friedrich II. leben und so viele Jahre waren seit seinem Tode vergangen, als in Deutschland die Reformation anbrach. Zwei Jahre später — im Volksbuch von 1519 — ward Friedrich II. erstmals verwechselt mit seinem Ahn Barbarossa. Verfolger der Kirche zu sein verlor für den erwarteten Heilskaiser allmählich den Sinn und wiederum: für Friedrich II. den Antichrist als „Herakles Musagetes" hatte man wohl in Italien, doch fast niemals in Deutschland ein Auge gehabt. Aus Friedrich II. ward allmählich der bärtige Ahn Barbarossa, aus dem Ewigjungen der Greis. Der Traum Deutschlands begann sich zu wandeln: und Mythenwandel spiegelt Leben und Sehnen des alternden oder sich verjüngenden Volkes nur wider. Den Heutigen hat der eisgraue Schläfer, dessen Bart den Tisch durchwachsen, nichts mehr zu sagen: er ist in der Tat schon erlöst, der Greis von dem Greise und von des Reiches größtem Vasallen. Doch der müde Herr des Endes hatte bei seiner Erlösung nichts mehr gemein mit jenem feurigen Herrn des Anfangs, dem Verführer, Berücker, dem Strahlenden, Heiteren, dem Ewig-jungen, dem strengen kraftvollen Richter, dem Gelehrten und Weisen, dem im Helm den Musenreigen führenden Krieger, der nicht schläft sondern sinnt, wie er „das Reich" erneue. Wäre nicht Barbarossas Enkel, so stände der Berg heute leer.. doch der größte Friedrich ist bis heut nicht erlöst, den sein Volk weder faßte noch füllte. „Er lebt und lebt nicht".. nicht mehr den Kaiser: des Kaisers Volk meint der Spruch der Sibylle.

ZEITTAFEL

Die in Klammern ( ) gesetzten Zahlen verweisen auf die Seiten des Buches.

1190.	Barbarossa gestorben. Kaiser Heinrich VI. (12).
1194. Dez. 26.	Friedrich II. zu Jesi geboren (10).
1197. Sept. 28.	Tod Kaiser Heinrichs VI. (17).
1198.	Innocenz III. Papst. Welfisch-staufische Thronwirren (22).
1198. Mai.	Friedrich II. in Palermo zum König von Sizilien gekrönt (20).
1198. Nov. 28.	Tod der Kaiserin Konstanze. Innocenz III. als Verweser Siziliens und Vormund Friedrichs II. (21).
1201.	Markward v. Anweiler, Gewaltherrscher in Palermo (30).
1204.	Eroberung Konstantinopels durch die Kreuzfahrer (40).
1208. Juni 21.	Ermordung Philipps von Schwaben (38).
Dez. 26.	Friedrich II. mündig (34).
1209.	Vermählung mit Konstanze v. Aragon (37). Otto IV. in Rom zum Kaiser gekrönt (46).
1210—11.	Otto IV. im sizilischen Königreich (49).
1211.	Friedrich II. in Deutschland zum König gewählt (51).
1212.	Ankunft des Puer Apuliae in Konstanz (57).
1215.	Krönung in Aachen. Kreuzzugsgelübde (70). Viertes Laterankonzil (68).
1216. Juli 16.	Papst Innocenz III. stirbt zu Perugia (68). Nachfolger: Honorius III. (89).
1218.	Otto IV. stirbt (72).
1220.	Hoftag zu Frankfurt. Königswahl Heinrichs (VII.) (93). Kaiserkrönung (100). Hoftag zu Capua (108).
1221—23.	Unterwerfung Siziliens (108—123).
1224.	Gründung der Universität Neapel (124).
1225.	Kreuzzugsverhandlungen mit der Kurie. Vertrag von San Germano (128). Vermählung mit Isabella v. Jerusalem (130).
1226.	Hoftag zu Cremona (138). Lombardenbund erneuert (138). Deutschordensstaat (86). Franz von Assisi gestorben (150).
1227.	Honorius III. gestorben (153). Papst Gregor IX. (152. 157). Kreuzzugsvorbereitungen (155). Pest in Brindisi (156). Erste Bannung Friedrichs II. (158).
1228—29.	Kreuzzug Friedrichs II.
1229. März.	Krönung in Jerusalem (183). Rückkehr nach Sizilien. Vertreibung der Schlüsselsoldaten (190).
1230.	Friedensschluß mit der Kurie (192).
1231.	Konstitutionen von Melfi. Augustalen. Aufbau der sizilischen Monarchie (Kap. V).
1232.	Besuch von Venedig (345). Friaulischer Hoftag (346). König Heinrich (VII.) (342. 347).
1233.	Bußbewegung in Italien (362).
1235.	König Heinrichs Empörung (367). Friedrichs II. Zug nach Deutschland (369). Gericht zu Worms (371). Vermählung mit Isabella v. England (372). Hoftag von Mainz (375).
1236.	Beisetzung der Heiligen Elisabeth (384). Erster Lombardenzug (393). Eroberung Vicenzas (395). Feldzug gegen Österreich (392). Winterlager zu Wien (396). Königswahl Konrads IV. (397).

1237.	Zweiter Lombardenzug. Cortenuova (398). Triumph in Cremona (401) und Rom (409).
1238.	Dritter Lombardenzug. Ergebnislose Belagerung von Brescia (422). Vermählung Enzios (427).
1239.	Hoflager zu Padua (429). Bannung des Kaisers (430). Vierter Lombardenzug (431). Neuordnung Siziliens (433). Gründung des italischen Staates (442). Einmarsch ins Patrimonium (465).
1240.	Marsch gegen Rom (468). Rückkehr nach Sizilien (469). Feldzug in der Romangna: Eroberung Ravennas (492), Faenza belagert (493).
1241.	Faenza erobert (499). Seeschlacht von Monte Christo, Gefangennahme der Prälaten (500). Tatareneinfall in Schlesien (503). Neuer Feldzug gegen Rom (509). Gregor IX. gestorben (510).
1241—43.	Sedisvakanz.
1243.	Innocenz IV. wird Papst (529). Friedensverhandlung (533). Abfall Viterbos (535).
1244.	Friedensvertrag mit der Kurie (538). Flucht des Papstes nach Lyon (540).
1245.	Konzil von Lyon. Absetzung Friedrichs II. (548).
1246.	Hoflager zu Grosseto. Verschwörung der Vertrauten (577). Heerfahrt ins Königreich Sizilien (579). Heinrich Raspe Gegenkönig in Deutschland (582).
1247.	Neuordnung des italischen Staats (584). Marsch nach Lyon. Abfall von Parma und Erhebung der italischen Guelfen (587). Parma belagert (589). Bau von Victoria (598).
1248.	Niederlage vor Parma (600).
1249.	Verhaftung des Petrus de Vinea (607). Attentat des Arztes (609). König Enzio von den Bolognesen gefangen (614).
1249—50.	Kreuzzug Ludwigs IX. von Frankreich (625).
1250. Dez. 13.	Tod des Kaisers zu Fiorentino (626).
1265. Mai 8.	Dante geboren.
1266.	König Manfred fällt bei Benevent (618).
1268.	Enthauptung Konradins (620).
1272.	Tod König Enzios (621).

REGISTER

Aachen 62. 69ff. 78. 92. 154. 186. 384. 404.
Abälard 77.
Abbassiden 177.
Abdankung 542. 550. 573.
Ablaßhandel 568.
Absalom 407.
Absolutismus 112. 187. **195ff.** 203. 207. 248f. 283. 348ff. 446.
Abu Maschar 328.
Abu Zakaria Jahya 264.
Acerno 136.
Acerra, Grafen v. 47.
Achill 20. 427.
Acquaviva 289. 291. 448.
Adam 221. **235ff.** 320. 362. 462. 476.
Adam von Cremona 330.
Adel, sizilischer **288ff.**
Adelasia von Sardinien 427. 614.
Adelsproblem 294. **319f.**
Admiral, sizilischer 116. 117. 121. 434. 498. 624.
Adolph von Holstein 188.
Adolph, Erzb. v. Köln 22.
Adolph von Nassau 376.
Ägypten 90. 91. 117. 128. 148. 181. 264. 305. 315. 321. 508. 625.
Äneas 311. 523.
Ätna 327. 630.
Aghlabiten 120.
Agnes von Böhmen 343.
Aiguesmortes 607.
Aimeric v. Peguilain 60.
Ajello 108.
Akademie 318f.
Akkon 20. 82. 130. 167f. 172. 189. 625.
Alaman da Costa **115f.** 133.
Alarich 24.
Al-Asraf, Sultan v. Damaskus 168f.
Alberich da Romano 355. 428. 560. 590.
Albert, Patriarch v. Antiochien 358. 541f.
Albert v. Böhmen 566.
Albertus Magnus 314. 335f. 380.
Albigenser 40. 151.
Albrecht v. Halberstadt 76.
Albrecht, EB. v. Magdeburg 162.
Albrecht v. Österreich, röm. Kg. 376.
Albrecht, Hzg. v. Sachsen 188. 622.
Alchimie 327. 464.

Alexander d. Große 60. 95. 151. 181. 191. 311. 312. 317. 329. 375. 391. 422. 450.
Alexander III., Papst 42. 208.
Alexander v. Aphrodisias 321.
Alexandrien 261. 264f.
Alexius III., Ks. v. Byzanz 14.
Al-Farabi 312.
Al-Fargani 317. 328.
Alfons v. Kastilien, röm. Kg. 630.
Alfons VIII. v. Kastilien 84.
Alfons, Grf. v. Provence 37f.
Al-Hanifi 315.
Alife 108.
Al-Kamil, Sult. v. Ägypten 91. **168f.** **171ff.** 177. 264. 315. 323. 330f. 382. 422. 508. 577. 625.
Alkamo 299.
Al-Kindi 312.
Allegorie 310f.
„Almagest" 328.
Almohaden 14. 264. 321.
Alpetragius 313.
Alpetronius 317.
Altavilla 579.
Amadeus v. Savoyen 584.
Amalfi 114. 264.
Amalrich v. Lusignan, Kg. v. Cypern 15. 166.
Amidei, florent. Geschl. 66.
Anagni 156. 194. 365. 528.
Andernach 69.
Andreas v. Cicala 434. 575f. 578.
Anjou 268. 287. 292. 298. 618f.
Ansaldus de Mari, Admiral 498. 530.
Anselm v. Justingen 52.
Antichrist 10. 151. 154. 182. 363. 425. 454ff. 458. 468ff. 471f. 502. 543ff. 549. **550ff. 555ff.** 631.
Antike 77. 202. 205f. 221. 226. 241. 277ff. 283. 296. **309ff.** 328f. 335. 341. 390. 397. 400f. **402ff.** 415f. 463. 469. 481ff. 524.
Antiochien 315.
Antonius v. Padua 361ff.
Apollon 131. 186. 629ff.
Apostasie 246f.
Apulejus 311.
Apulien **199ff. 295ff.**
Aquila 258. 598.

635

Aquileja 345 ff. 358. 369. 424. 548.
Aquino (Familie) 107. 188. 289. 291. 304. 448.
Arabien 181. 334.
Aragon 14. 34. 35. 37 f. 249. 287. 305. 498. 518.
Arat 328.
Arcole 395.
Arduin, B. von Cefalù 132.
Arezzo 306.
Ariost 174.
Aristoteles 31. 217. 221. 224. 226. 232. 274. 311 ff. 314 ff. 319 ff. 321. 329. 334.
Arius, Arianer 247.
Arkadius 403.
Arktis 333.
Armenien 15.
Armen v. Lyon 151.
Arnaldus, Magister 274.
Arnold, Dominikaner 564.
Arnsberg, Grf. v. 367.
Arrigo Testa 306. 588.
Artus 375.
Assassinen 178 f. 356. 490. 541.
Assisi 11. 464 f.
Asti 55.
Astrologie 10. 154. 181. 228. 313. **315 ff.** 323. **327 ff.** 373. 586. 598. 601.
Astronomie 177. 310. **316 f.** 327. 370.
Athen 260.
Atia 10.
Atina 107.
Attila 552.
Aufklärung 226 f.
Augsburg 64. 73. 346. 381.
Augusta 257. 598.
Augustalen **204 ff.** 338 f. 462. 482. 494.
Augustin 207. 210.
Augustus 9. 10. 203. **204 ff.** 222. 309. 389 f. 404. 407 f. 411. 414. 461 f. 509. 558. 563.
Aurea aetas, s. Endreich.
Auvergne 301.
Averroes 226. 312. 314. 317. 322. 380.
Aversa 50. 108. 136.
Avicenna 226. 312. 314. 322.
Avignon 430. 540.
Azzo v. Este 396. 428. 431 f.
Babenberger 352. 547.
Bagdad 173. 315.
Bagnacavallo, Grfn. 623.
Balduin II. v. Flandern, Ks. v. Konstantinopel 507. 536. 538.

Bamberg 38. 73. **76 f.** 581. 606.
Barbarossa 10 ff. 16 f. 24. 40. 62. 64. 70. 73. 80. 84. 87. 102. 115. 125. 138. 140. 154 f. 180. 187. 202. 208. 215. 337 f. 340. 374. 375. 390. 403. 405. 411 ff. 419. 428. 449. 515. 524. 593. 615. 632.
Bari 50. 57. 137. 151.
Barlaam 281.
Barletta 50. 163. 190. 296. 433.
Bartholomäus v. Foggia 488.
Bartholomäus Pignatellus 274.
Basel 57 f. 88. 381.
Batu 504.
Baukunst 177.
Bauten 80. 110. **112 f. 296 f.**
Bayern 56. 62. 69. 566.
Beamte 214. **249 ff. 270 ff.** 442. **446 ff.**
Beamtenalter 284. 292.
Beamtenauswahl 285 f. 288 ff.
Beamtenerziehung 277 ff. 289 ff. 291 ff.
Beamtenlaufbahn 270 ff.
Beatrix v. Burgund, Gem. Barbarossas 14. 73. 374.
Beatrix, Tochter Philipps v. Schwaben 46. 63.
Beatrix, Gem. Rogers II. 10.
Beatrix, Tochter Manfreds 618.
Bela IV., Kg. v. Ungarn 389. 421. 422. 504.
Belisar 199.
Benediktiner 79.
Benevent 302. 439 f. 486. 500. 618.
Berard v. Acquaviva 292.
Berard v. Castacca, EB. v. Palermo 57. 68. 134 f. 165. 168. 272 f. 275. 278. 341. 428. 433. 437 f. 490. 534. 547. 627.
Berard, EB. v. Messina 273.
Berechet 380.
Bergamo 395. 398.
Bernardo Orlando di Rossi 423. 530. 574. 577 f. 581. 587 f. 594. 602.
Bernhard v. Clairvaux 69. 78. 81 ff. 154 f. 238.
Bernhard II. v. Kärnten 290.
Bethlehem 11. 172. 467. 475. 524.
Berthold, MGrf. v. Hohenburg 292. 293. 318. 448. 604. 627.
Berthold v. Regensburg 370.
Berthold v. Tannenrode 84.
Bettelorden 79. 84. 145 f. 270. 305. 363 ff. 437. 564. 568. 580. 593. 597 f.
Bianca Lancia 584.
Bilderdienst 487.
Bildhauerschule 308. 479 ff. **483 ff.**

Bischofswahlen 36 f. 41 f. 46. 133 ff. 145 f.
193. 272.
Blasphemien 284 f. 543. 553.
Boccaccio 66. 281. 524.
Bologna 39. 98. 101 f. 125. 147. 207. 231.
273. 275. 280. 302. 306. 313. 319. 364.
420. 432 f. 443. 448. 492. 494. 530. 586.
589 f. 594. 614 ff. 621. 623 f.
Boemund v. Antiochien 15.
Boemund v. Tarent 154.
Boethius 311. 313. 328.
Bojano 109.
Böhmen 57. 61 f. 352. 392. 504. 524. 566.
Bonagiunta di Lucca 307.
Bonifaz VIII. 39. 225. 402. 527. 618.
Boppard 368.
Botanik 310. 327.
Bordeaux 626.
Borgia 416. 450. 559.
Borgo San Donnino 600. 610.
Bouvines 67. 69. 514.
Brabant 66. 69.
Brahmanen 322.
Braunschweig-Lüneburg 377.
Breisach 58.
Brenner 56. 97. 147. 381. 432. 559. 586.
Brescia 394. 399. 420. 422 f. 493. 520. 588.
Brindisi 114. 130. 136. 155 ff. 163. 190 f.
Brixen 566.
Brunetto Latini 286. 327. 405.
Brutöfen 530.
Brutus 608.
Bulgarien 333.
Buondelmonti, florent. Geschl. 66.
Burgund 14. 61. 79. 92. 147. 348. 356.
358 f. 443. 585.
Bußbewegung 361 ff.
Bußbruderschaften 153.
Busseto 561.
Byzanz 14 f. 31. 40. 63. 134. 140. 199. 215.
241. 259 f. 310. 312. 313. 341. 391. 394.
403. 473. 475. 479. 484.
Caesar, Julius 146. 187. 203. 206. 212.
224. 301. 339. 375. 391. 402. 404. 407 f.
414. 427. 523. 558. 559. 612.
Caesarea 598.
Caesaren, caesarisch 55. 182. 200. 201 ff.
278. 390 f. 397. 400 f. 403 ff. 429. 444.
475 f. 479. 482. 523 f. 546. 555. 586.
Caesarius v. Heisterbach 13. 80.
Cajazzo 107. 108.
Calamandrinus 422 f.

Calatrava 81. 84.
Cambrai 88.
Campanella 224.
Canosa 285.
Canterbury 313.
Capaccio 579.
Capitanata 80. 103. 122. 295 ff.
Capizzi 257.
Capua 107 ff. 110. 113. 124. 132. 136. 188.
190. 256. 275 ff. 279 f. 376. 483 ff. 489.
Capuaner Triumphtor 277. ?38. 410.
483 ff. 614.
Caraccioli, neapl. Geschl. 289. 291. 294.
448.
Carinola 132.
Caserta, campan. Geschl. 289. 291.
Cassiodor 274. 408.
Castel del Monte 296 f. 483. 500 620.
Catania 37. 50. 130.
Catilina 146.
Cato 203.
Cefalù 628.
Celano 109. 122.
Cencius Savelli, s. Honorius III.
Centorbi 257.
Ceperano 193. 343.
Cesare Borgia 470. 559.
Ceuta 321.
Chalkidius 313.
Chambery 587.
Chartres 77.
Chioggia 345.
Chorasmier 541.
Chur 56.
Cicala, apul. Geschl. 107. 289.
Cicero 278. 310.
Cisapaß 464. 586. 590. 602. 623 f.
Cisterzienser 78 ff. 86. 87. 262. 556.
Citeaux 79. 501.
Cividale 346 f. 367.
Civitavecchia 501. 540.
Clairvaux 78. 501.
Claudius 410.
Cluny 501.
Coelestin III. 15. 16.
Coelestin IV. 526 f.
Coelestin V. 527.
Colbert 263.
Colonna 411. 509. 527.
Comacchio 345.
Como 432.
Conza 137.
Cornelier 414.

637

Cortenuova 399 ff. 403. 406. 408 ff. 416 f.
468. 480. 523. 555.
Cosenza 372. 618.
Crema 140. 561.
Cremona 55 f. 138 f. 140 ff. 149. 161. 259.
273. 284. 286. 335. 338. 341. 394 f.
398 ff. 401. 408. 418. 422. 425. 427. 432.
443. 561. 572. 586 ff. 601. 607. 614. 624.
Cypern 15. 166 f. 292. 357.
Dänemark 13. 67. 86. 149. 495.
Damiette 90. 91. 128. 159.
Damon 304.
Dante 10. 19. 39. 66. 78. 134. 152. 174.
203. 207. 208. 220. 225 ff. 228. 233 f.
237 f. 248. 274. 280. 286. 299. 300 ff.
303 ff. 307. 309. 313. 316. 319 f. 325 ff.
337. 360. 362. 406. 416. 450. 462. 464.
484 f. 492. 513 f. 522 f. 527. 558 f. 563.
591. 594 f. 611 ff. 618. 624.
David 44. 59. 71. 185 f. 195. 370. 386. 397.
404. 407. 459. 474. 503. 557.
Dekretalen 42. 208. 274. 377. 530.
Denunziationen 255. 439. 596.
Deutsche Bischöfe 48 f. 95 ff. 567 f.
Deutsche Fürsten 11 f. 15 ff. 20. 22. 46.
48 f. 51 ff. 60 f. 68. 73 f. 83. 88 f. 93.
95 ff. 138 f. 148 f. 161. 164. 192. 341 ff.
345 f. 347—355. 367 ff. 375 ff. 381. 397.
416 f. 456 f. 489 ff. 515. 538. 542. 547.
604. 620.
Deutschenhaß 17.
Deutsche Kirche 567 ff.
Deutsche Sprache 377.
Deutsches Städtetum 88 f. 583.
Deutsche Verfassung 347 ff.
Deutschordensmeister (s. auch Hermann
v. Salza, Konrad v. Thüringen, Gerhard v. Malperg) 84. 87. 134. 250. 489.
Deutschordensstaat 86 f. 113. 250.
Deutschritterorden 82 ff. 108. 130. 149.
167. 250. 261. 385. 398.
Dichterkrönung 298.
Dichterschule 298—308.
Dichtung (griechische) 281. 272 f. 472.
(lateinische) 281 f. (sizilische) 104. 131.
298—308. 488.
Diepold v. Schweinspeunt 28. 47. 49. 52.
108.
Dietrich v. Bern 17. 75. 408. 606. 630.
Diogenes, Zyniker 151.
Diokletian 100.
Dionysius v. Syrakus 259.
Dioskorides 327.

Dominikaner 123. 145. 361 ff. 439. 502.
564.
Dominikus, Hlg. 362 f.
Dominikus, Magister 148. 315.
Domitius 146.
Donat proensal 305.
Donatello 606.
Dorotheus 328.
Drei Betrüger 455. 470. 554.
Drei Könige 70.
Dschingis-Khan 182. 284. 503 f.
Eboli (campan. Geschl.) 107. 289. 448.
Ebrach 78.
Edelsteine 327.
Egeno v. Urach 72.
Eger 67.
Ehegesetze 111. 225. 251. 267 f.
Eisenach 384.
Elba 501.
Elisabeth v. Bayern 582. 619.
Elisabeth v. Thüringen, Hlge. 155. 384 ff.
Elisäus, Hlg. 342.
Elsaß 58 .63. 69. 72. 84. 380.
Endkaiser (s. a. Messias, Kaisersage)
9 ff. 154 ff. 167. 182 f. 204. 222. 236.
385. 389. 405. 451. 459. 460 ff. 465 ff.
471 ff. 502. 505. 551. 562. 629 ff.
Endreich 204 f. 220. 235 ff. 237. 320 f.
363. 405 f. 451 ff. 463. 465 ff. 476 ff.
484. 551. 562. 629.
Engelbert, EB. v. Köln 97. 148. 342.
Engelscharakter 183 f. 228. 236.
Engelspapst 360. 460. 511. 527. 551. 563.
England, Engländer 13. 48. 61. 63 f. 66 f.
155. 167. 282. 333. 372 ff. 417. 423. 452.
457. 496. 500. 514. 516 ff. 526. 547. 569.
597. 625.
Enzio, Kg. v. Sardinien 293. 296. 302.
306. 335 f. 427 f. 446. 448. 466. 468. 494.
500 f. 512. 547. 572 f. 577. 579. 581. 584 f.
587 ff. 599 f. 601 f. 614—621. 622 f.
Epidaurus 14.
Epikuräer 237. 244. 591 f. 594.
Ernst, Hzg. v. Schwaben 59. 76.
Eriugena 77.
Erythraea 312.
Erzpoet 390. 405.
Estland 86.
Eugen v. Palermo 312.
Euklid 312. 317. 318.
Eunuchen 285 ff. 373. 601.
Ewigkeit der Welt 228 f. 321.
Experimente 330.

Ezzelino da Romano 284. 355. 360. 361.
365. 394 ff. 398. 422. 428. 431. 448 f.
546. 559 ff. 579. 581. 584. 587 ff. 599.
603. 614. 622. 624. 627.
Fabier 414.
Faenza 148. 335. 420. 492 ff. 497 ff. 508.
537. 598. 616.
Färbereimonopol 246. 259 f.
Fahnenwagen, Mailänder 400 f. 408 f.
418.
Fahr-ed-Din 168 f. 170 f. 174. 177. 190.
216. 625.
Familiarenkolleg 21. 27 f. 433 f.
Falkenbuch 291. 293. 314. 328 f. 332—36.
Falkenjagd 177. 252. 290 f. 294. 296. 320.
331—36. 366. 495. 577. 600.
Falkner 284. 291. 331.
Farinata degli Uberti 594.
Fasces 415.
Feirefiß 174.
Ferentino 128.
Ferrara 365. 396. 590. 612.
Festlichkeit 297. 301 ff.
Filangieri, camp. Geschl. 289. 291. 448.
Finanzoperationen 440 f. 493 f. 603.
Fiorentino 626 f.
Firdusi 174.
Flagella 258.
Florenz 66. 143. 261. 306. 364. 407. 418.
500. 572. 574. 577 f. 584. 586. 591.
593 ff. 612. 623 f. 627. 630.
Flotte, sizilische 116 f. 121. 264 f. 497 ff.
512. 593. 624.
Foggia 108. 295 ff. 331. 341. 489. 617.
626.
Folco Ruffo 305. 627.
Foligno 11. 16 f. 467 f.
Folter 596 f.
Fondaco 114. 260 f.
Fortuna Augusti 408. 500. 587. 601. 603.
614 f.
Fossalta 614. 621.
Fra Corneto 364
Fra Elia v. Cortona 423. 464 f.
Fragen 323 ff.
Fra Gerardo 364 f.
Fra Leo von Bologna 364.
Frangipani 161. 411. 414.
Frankreich 13. 41. 48. 51. 60. 61. 66 f.
154. 167. 200. 249. 265. 268. 287. 298 ff.
302. 372. 495 f. 500. 514. 516 ff. 547.
569. 617. 625 f.

Frankfurt 52. 61. 93. 368. 582.
Franziskaner 68. 145. 151 ff. 164. 167.
189. 298. 361 ff. 372. 384 ff. 423. 461.
464 f. 527. 563 f. 598. 630.
Franziskus 10. 46. 68. 91. 145. 150 ff.
157. 186 f. 218. 234. 238. 301. 309. 336 f.
361 f. 384 f. 452. 460. 464 f. 489. 511.
558. 561 ff. 628.
Französische Sprache 298 f.
Freidank 171. 182.
Freising 566.
Friaul 347 ff. 360.
Friedefürst s. Endkaiser.
Friedrich v. Antiochien 177. 293. 302.
306. 412. 448. 547. 577. 584 ff. 589.
594 f. 603. 617. 623. 629.
Friedrich v. Baden u. Österreich 619 f.
Friedrich der Freidige 631.
Friedrich, Sohn Kg. Heinrichs (VII.)
585. 593.
Friedrich v. Kastilien 293. 619.
Friedrich Lancia 619 f.
Friedrich II. v. Preußen 332.
Friedrich II. v. Sizilien, Aragonese 303.
Friedrich v. Staufen, Hzg. v. Schwaben 108.
Friedrich II., der Streitbare, v. Österreich 352. 392. 396 f.
Friedrich, falscher 370. 630 f.
Friesland 349.
Fulda 378.
Fulgentius 328.
Fürsten, s. Deutsche Fürsten.
Gaeta 108. 498.
Galen 329.
Galla Placidia 341 f.
St. Gallen 56 f.
Galvano Lancia 448. 619.
Gebhard v. Arnstein 342. 382. 394.
396. 398. 418.
Geburtstagsfeier 206. 465.
Gegenkönige 163. 490. 495 f. 581 ff. 604.
Geheimwissenschaften 327 f. 380.
Geiseln 438 f. 571. 596.
Generalvikare 288. 443 ff. 584 f.
Generalvikariate 443 f.
Genua 14. 29. 55. 77. 98. 114 ff. 118. 120.
139. 167. 261. 263. 306. 344 f. 346. 425.
428. 433. 436. 441 f. 453. 497 ff. 507.
511 f. 529. 534. 540. 547. 589. 593. 624.
Georg, d. Hlg. 605 f.
Georgios v. Gallipoli 281.
Gerbert v. Reims 309.

639

Gerhard v. Cremona 312.
Gerhard v. Malperg 530.
Germanicus-Scholien 328.
Gerold, Patriarch v. Jerusalem 156. 168. 172 f. 174. 182. 189. 357 f.
Gertrud v. Österreich 547.
Gervasius v. Tilbury 39.
Geschichtssinn 266. 407.
Geschlechterfluch 524. 621.
Getreidehandel 114. 118 f. 262 f. 441.
Gewissen 563 f.
Gherardeschi, pisan. Geschl. 465. 621
Ghibellinen 65 f. 424.
Giacomo da Lentini 307.
Giacomino Pugliese, s. Jacob v. Morra.
Giftattentat 609 f.
Giglio, Insel 501.
Giotto 86. 328.
Girgenti 120.
Giron de Courtois 298.
Gnostik 328.
Goethe 199. 235. 292. 303. 333. 532. 630.
Gonzaga 449.
Gotik 78. 80 f. 113. 297. 487. 606.
Gottesgnadentum 231. 239 f.
Gottesurteile 230.
Gottfried v. Bouillon 154. 183.
Gottfried v. Hohenburg 292. 448.
Gottfried v. Morra 578.
Gottfried v. St. Omer 81.
Gottfried v. Sabina, Kardinalb. s. Coelestin IV.
Gottfried v. Straßburg 76. 375.
Gottfried v. Viterbo 9. 31.
Gotthardpaß 381. 432.
Gottunmittelbarkeit (d. Ks.) 99 ff. 183 ff. 248. 360. (d. Kge.) 516.
Grabeskirche 182 f.
Granada, Kalif v. 264.
Gratian 208.
Gregor VII. 39. 43. 99. 402. 453.
Gregor IX. 80. 101. 143. 152 f. 155. 156 ff. 168. 173. 182 f. 189 ff. 208. 238 ff. 323. 340 ff. 347. 356—61. 365 ff. 369. 372. 377. 381 ff. 385 ff. 393 ff. 398. 411. 416 ff. 423 ff. 433. 437 f. 439. 442. 451 ff. 464 ff. 469 f. 471. 490 ff. 501 f. 506 ff. 509 ff. 519. 525. 527. 530 ff. 540. 542 f. 548. 572. 581. 586.
Gregor v. Montelongo 424. 492. 529. 588. 592 f. 602.
Griechen (s. auch Byzanz) 31. 123. 206. 266.

Griechenland 148. 314.
Griechische Sprache 281 f. 313 f.
Grönland 333.
Grosseto 577 ff.
Guastalla 590.
Gubbio 467.
Guelfen 65 f. 424.
Gudrunlied 75.
Guido v. Arezzo 328.
Guido Bonatti 560—78.
Guido Cavalcanti 327.
Guido Colonna 307.
Guido Guerra 492.
Guido Guinizelli 306.
Guido v. Sessa 560.
Gundissalinus 312.
Günther v. Rethel 10.
Gunzelin v. Wolfenbüttel 129 f.
Habsburg 352.
Hafenverwaltung 258.
Hagenau 58. 73. 378 ff.
Halleluja, d. Große 361 ff. 463.
Handel, sizil. 114 ff. 118 ff. 258 ff.
Handelsverträge 264.
Hannibal 391. 510. 525.
Hanse 261.
Harem 123. 285 ff. 308. 317. 374. 549 601.
Hartmann v. Aue 76.
Harzburg 65. 72.
Hassan Sabbah 178.
Hausmacht 197. 341. 351 f. 396.
Hebräisch 314. 317 f.
Heerwesen, s. a. Soldritter 254. 391 f. 422. 493.
Hedwig, Hlge. 504.
Heidelberg 371.
Heinrich II., röm. Ks. 374.
Heinrich VI., röm. Ks. 9—17. 18 ff. 25 ff. 39. 46 f. 51. 62. 83. 105. 139. 150. 155. 166. 180. 199. 202. 356. 403. 515. 628.
Heinrich (VII.), röm. Kg. 52. 54. 92. 93 f. 97. 138. 147 f. 164. 302. 342 ff. 346 f. 356 ff. 366—372. 376. 381. 394. 407. 425. 544.
Heinrich IV. v. Frankreich 302.
Heinrich, Kg., Sohn d. Isabella v. Engl. 415. 448. 584 f. 617.
Heinrich III., Kg. v. Engl. 372 ff. 379. 388. 417. 422. 508. 516. 521 f. 626.
Heinrich Aristipp 312.
Heinrich v. Avranches 282. 377. 404.
Heinrich Baum 440.

Heinrich v. Kastilien 293. 619f.
Heinrich, Scholaster v. Köln 314.
Heinrich, Hzg. v. Liegnitz 504.
Heinrich d. Löwe 64f.
Heinrich v. Malta, Admiral 117. 121.
128. 159. 165. 189.
Heinrich, Mgrf. v. Meißen 631.
Heinrich v. Morra, Großhof-Justitiar
188f. 305. 359. 431. 433. 578.
Heinrich Raspe, Ldgrf. v. Thüringen
397. 582f. 585f.
Heinrich v. Sayn 367.
Heinrich d. Stolze 65.
Heinrich v. Veldeke 76. 375.
Heilbronn 281.
Heiterkeit 301f.
Helena, Gem. Manfreds 618.
Heliand 186. 557.
Henricus Abbas 264.
Herakles 337. 628. 632.
Herat 503.
Hermann, Ldgrf. v. Thüringen 76.
Hermann v. Salza, Dt. OrdM. 84ff. 99.
128ff. 134. 155f. 165. 168. 172. 183f.
192. 194. 342. 369. 382. 394. 398. 426.
430. 521.
Hermes 316. 328.
Hero v. Alexandrien 313.
Herodes 460f.
Heruler 63.
Herzeloide 10.
Hierarchie, krchl. 40ff.
Hippiatrik 336.
Hippokrates 329.
Hochgericht 215. 219. 275. 468. 479ff
Hofjustitiar, dtsch. 376.
Hofstaat 286f. 370f.
Hohenburg, Mgrfn. v. 292.
Hohenlohe 84. 165. 368.
Holland 103.
Homer 312.
Homo Dei 187. 235ff. 238. 286.
Honorius, röm. Ks. 403.
Honorius III. 89ff. 95. 98ff. 104. 127—
137. 139. 145ff. 153. 159. 193. 208.
365.
Hugdietrich 76.
Hugo Boterius 530. 589.
Hugo Novellus 593. 602.
Hugo, Dekan zu Capua 136.
Hugo v. Ostia, s. Gregor IX.
Hugo v. Payens 81.
Huguccio v. Pisa 13.

Humanismus 276ff. 281f. 319.
Humanum 237. 462.
Hydrologie 326.
Hygin 328.
Jacob v. Aquino 304f.
Jacob ben Abbamari 317f.
Jacob, EB. v. Capua 165. 239. 273.
Jacob v. Caretto 448. 497. 584. 593.
Jacob v. Morra 305. 431. 578. 602.
Jacob v. Palestrina, Kard. 398. 501.
528f.
Jacob v. San Severino 107. 109. 133.
Jacob Tiepolo, Doge von Venedig 346.
Jacobinertum 421.
Jacopo Mostacci 305.
Jaffa 169. 172. 176. 184.
Janitscharen 123.
Jato 120.
Ibn Abbad, sarazen. Emir 120f. 338.
Ibn Sabin v. Ceuta 321f.
Idealstaat 233.
Jeremias 362. 476.
Jerusalem 68. 71. 90. 130f. 154ff. 167ff.
172ff. 175ff. 182ff. 195. 357. 403. 410.
459. 460f. 466. 503. 508f. 541. 555.
Jesaias 362. 391.
Jesi 11. 467f. 474. 523.
Ilia 10.
Illegitimität 612f.
Indien 148. 265. 318. 322. 328. 333.
Individuum 228. 232.
Innocenz III. 17ff. 23f. 26ff. 31ff.
39—45. 46ff. 59. 61. 64. 67ff. 71. 82.
89ff. 96. 108. 120. 133f. 151. 153. 160.
183. 186. 208. 215. 219. 230. 236.
242. 278. 312. 356. 402. 417. 437. 460.
490. 513. 535. 547. 567.
Innocenz IV. 208. 242. 288. 432. 518.
529ff. 539ff. 550. 564. 566ff. 580ff.
586f. 591. 597f. 607. 610. 624ff.
Inquisitionsprozeß 218f.
Interregnum 430. 630.
Investiturstreit 41.
Invokation 218.
Joachim v. Fiore 10. 150. 153. 309. 362f.
452. 461f. 527.
Johann v. Brienne, titl. Kg. v. Jerusalem 130f. 133. 188. 293. 304.
Johann v. Capua 279.
Johann Colonna, Krd. 417. 466. 509.
525. 527ff.
Johann Ibelin 166f. 292. 357.

Johann „ohne Land", Kg. v. Engl. 48 f. 66 f.
Johannes Morus 288. 617.
Johann v. Otranto 281.
Johann v. Palermo 148. 315.
Johann v. Polo 411 f.
Johann, Priesterkönig 182. 286. 298. 327. 503. 626.
Johann v. Procida 627.
Johann v. Salisbury 13. 282.
Johann v. Trajetto 136.
Johann Vatatzes, Ks. v. Nikäa 281. 403. 422. 494. 549. 604. 613. 626.
Johann v. Vicenza 364 ff.
Johannes, Evangelist 362, 484.
Johanniter 82 f. 167 f. 191. 193. 250. 426. 508.
Jordan, Marschall 605 f.
Jordanus, Minorit 465.
Jordanus Ruffus 336.
Irak 181. 321.
Irene, Gem. Phil. v. Schwab. 22.
Irnerius 208.
Isabella v. England, Kaiserin 372 ff. 617.
Isabella v. Jerusalem, Kaiserin 130 f. 146. 177. 617.
Isidor v. Sevilla 310.
Island 333.
Italischer Staat 233 f. 288. 292. 396. 404 ff. 414 ff. 425. 442—450.
Juda ben Salomon Cohen 317 f.
Juden 31. 113. 121. 123. 206. 244 ff. 260. 317 ff. 328. 378 ff. 503.
Judenprozeß 378 ff.
Julius II. 402. 613.
Juristen, s. Laienbildung.
Justinian 202. 203 ff. 208. 210. 241 f. 275. 412. 467.
Justitia 44. 106. 207—238. 249 ff. 269. 320. 372. 387 ff. 405 f. 415. 421. 461 ff. 473 f. 477 ff. 485 f. 501. 551. 608. 613.
Justitiare 124. 249 ff. 271. 288 f.
Justitiar der Scholaren 274. 292.
Ivo v. Chartres 77.
Kairo 121. 128. 171. 305.
Kaiserinnen 374.
Kaiserkult 183 ff. 199. 206. 209. 215 f. 472 ff. 544 f. 628 f.
Kaisersage 9 f. 154 f. 167. 182. 353. 370. 388. 461. 565 f. 630 ff.
Kammern 285 ff. 290. 370.

Kanzlei 105. 244. 270 ff. 274 ff. 277 ff. 301. 434.
Kapitol 162. 403. 410 f. 418. 619.
Kardinäle 158. 160. 192. 365. 388. 398. 416 ff. 429 f. 452 f. 458 f. 469. 495. 525 ff. 535. 538.
Karl d. Große 70 f. 87. 154. 185. 209. 265. 340. 370. 384. 394. 403 f. 475. 495. 574. 612.
Karl V. 103. 117. 197. 514.
Karl II. Anjou 303.
Karl August v. Weimar 303.
Karthago 161. 390.
Kastelle 80. 107. 108. 112 f. 117. 258. 436.
Kastilien 14. 249. 293. 422. 626.
Ketzer, Ketzerei 40. 42. 66. 101. 138 f. 143 ff. 150 ff. 158. 194. 204. 219. 240 ff. 247 f. 257. 321. 341. 359 ff. 367 f. 419. 429. 453 ff. 507. 543. 555.
Kinderkreuzzug 58. 69. 121.
Klinschor 25.
Koblenz 66.
Köln 58. 69. 72. 80. 373. 380. 566.
Kollekte 119. 264. 440. 603.
Kolosseum 411.
Komödiendichtung 281.
Kondottieren 391. 611.
Könige, christl. Europas 161. 191. 389. 405. 420 ff. 459. 513—523. 562.
Königsgenossenschaft 516 ff. 522.
Konklave 525 ff.
Konkordat 21. 36 f. 54. 135 f. 193.
Konrad III., röm Ks. 154. 403. 412.
Konrad IV., röm. Kg. 131. 141. 179. 288. 293 f. 316. 366. 370. 372. 387. 397. 422. 426. 504. 523 f. 538. 542. 546 f. 565. 581 ff. 617. 619. 622. 624. 627. 629.
Konrad v. Antiochien 619 f.
Konrad, B. v. Hildesheim 24. 76. 311.
Konrad v. Hochstaden, EB. v. Köln 566 f.
Konrad v. Marburg 367. 384 f.
Konrad, Hzg. v. Masovien 86.
Konrad, EB. v. Metz 98.
Konrad v. Solimburg 616.
Konrad v. Thüringen, Dt. OM. 385. 489. 491.
Konradin, Kg. v. Sizilien 24. 197. 302. 619 ff.
Konradin, nat. Sohn Konrads IV. 620.
Konradin v. Caserta 619 f.
Konstantin d. Große 15. 309. 393 f. 403. 411 f. 509.

Konstantinische Schenkung 393 f. 402.
459.
Konstantinopel 40. 68. 134. 507.
Konstanz 57 f. 61 f. 134. 138. 370.
Konstanze I., Gem. Heinrichs VI. 10 ff.
16. 18 ff. 24 f. 27. 34. 38. 54. 99. 135.
193. 374. 467. 499. 524. 628.
Konstanze II., Gem. Friedrichs II. 35.
37. 52. 97. 100 f. 130. 483.
Konstitutionen v. Melfi, s. liber augustalis.
Konsulat 114. 264.
Konzil v. Lyon 541 ff. 547 ff. 604.
Konzilsfrage 453. 495 ff. 515.
Korinth 260.
Korsaren 115.
Korsika 114.
Kreta 115.
Kreuzzug 15 ff. 58. 69 ff. 81. 83. 87.
90 ff. 101. 117. 127 ff. 138. 143 f. 146 ff.
154 ff. 274. 382 ff. 421. 426. 454. 506 ff.
521. 568. 606. 625.
Krönungszeremoniell 100 f.
Kunigunde, röm. Kaiserin 374.
Kyffhäuser 631.
Laienbildung 125. 269 ff. 307.
Landfrieden, Mainzer 376 f.
Landolf, B. v. Worms 371.
Landolfo Caraccioli 292. 294.
Landulf v. Aquino 107.
Landwirtschaft 262 f.
Langobarden 289.
Lanzelot 298.
Lateinisches Kaiserreich 40. 346. 507.
Laterankonzil, viertes 68. 114. 134.
Laurin 76.
Lecce, Grfschaft 26 f.
Ledergeld 494.
Lehenswesen, sizil. 110 ff. 254. 288.
Leo XIII. 612.
Leonardo Fibonacci v. Pisa 148. 313. 315.
Lex regia 212. 227. 413 ff.
Liber augustalis 203 ff. 207 f. 210 ff.
220 ff. 238 ff. 257. 273. 275 f. 280 f. 376.
Prooemium 204. 220. 236. 241. 265. 321.
Liber censuum 90.
Liegnitz 504.
Limassol 166.
Limousin 301.
Lionardo da Vinci 330.
Liparen 327.

Liutprant v. Cremona 310.
Literaten 277 ff. 288.
Livius 279.
Livland 85 f.
Lodi 52. 418 f.
Logothet 215. 275.
Lombardei, Lombarden, 11. 98. 125.
127. 129. 137—153. 158 ff. 164. 181.
190. 194. 251. 257. 259. 265. 341 ff.
348 f. 355. 358 ff. 365 ff. 369. 381 ff.
387 ff. 393. 398 ff. 404 f. 412. 416. 418 ff.
451 ff. 463. 491. 496 f. 507. 512 ff. 520.
534 f. 538 f. 542. 561. 612. 614. 623.
Lombardenbund 138 ff. 144. 146 ff. 191.
194. 273. 341. 344 f. 361. 368. 382.
387 ff. 492.
London 372 f.
Loretto 11.
Lorsch 567.
Lothringen 58. 72.
Lübeck 86. 291.
Lucas Savelli 366.
Lucca 306. 572.
Lucera 121 ff. 170. 175. 245. 285. 288.
331. 383. 483. 619.
Lucia Viadagola 616.
Ludwig d. Bayer, Ks. 612.
Ludwig, Hzg. v. Bayern 148. 342. 392.
Ludwig IX. v. Frankreich, d. Heilige
356. 420. 422. 495. 501. 520 f. 538. 542.
568. 586 f. 606 f. 625.
Ludwig XIV. 495. 520.
Ludwig, Lgrf. v. Thüringen 155 f. 159.
384. 454.
Lukan 407.
Lukrez 311.
Lüttich 343.
Luziferianer 371. 367.
Lyon 287. 452. 540 ff. 548 f. 569. 572.
580. 583. 586 ff. 593. 606 f. 625 f.
Macchiavelli 105. 110. 223 f. 570. 613.
Maestoso 611. 630.
Magdeburg 22. 77. 606.
Magna charta 67. 522.
Magnetnadel 327.
Majestätsverbrechen 147. 219. 221. 230.
242 ff. 548 f.
Mailand 52. 55 f. 70. 98. 138 ff. 162. 181.
259. 344. 364. 368 f. 381. 390. 400 f.
409. 414. 419 f. 432. 443. 450. 453.
456. 463. 496. 506. 534. 561. 574. 577.
582. 588. 592 f. 603. 615. 624.
Maimonides 316 f. 321 f.

643

Mainz 404.
Mainzer Hoftag 375 ff.
Malabranca 414. 418.
Malaspina 590.
Malek Saleh 508.
Malerei 328. 489.
Malta 115. 121. 291. 330. 438.
Manfred, Kg. v. Sizilien 175. 224. 227. 230. 276. 288. 292 f. 298. 302 ff. 314. 316. 318. 320. 332. 335 f. 448. 523. 547. 559. 584 f. 586. 600. 605. 617 ff. 627 f. 629.
Manfred Lancia 448. 584. 590. 600. 602.
Manfred Maletta 306. 618.
Manfredonia 295.
Mansurah 625.
Mantua 56. 365. 394 f. 398. 572. 590.
Marburg 384 ff. 398.
Marcellin v. Arezzo 593. 597.
San Marco 346.
Marco Polo 178. 265.
Margarete v. Meißen 524.
Margarete v. Österreich, Gem. Heinrichs (VII.) 343.
Marinus v. Eboli 500. 579. 614.
Marinus Filangieri 137.
Markward v. Anweiler 19. 27 ff. 32. 34 f. 47.
Marokko 14. 181. 264. 321.
Martianus Capella 328.
Marzuch 287.
Materie, s. Urstoff.
Mathematik 148. 177. 228. 310. 315. 323. 370.
Matheus Curialis 256.
Matheus Fasanella 602.
Matheus Orsini 525 ff.
Mathilde v. Toscana 46. 140.
Maulbronn 78.
Medici 309. 416. 450. 592.
Medizin 124. 312. 315. 329 f.
Medor 174.
„Meißner" 620.
Meistersang 307.
Melchisedech, Kg. v. Salem 44. 236.
Melfi 203. 285. 371. 536.
Meran 56.
Merkantilismus 263.
Merlin 10. 298. 323. 363. 408.
Messias 237. 317. 362. 388. 389. 391. 461. 466 f. 471 ff. 503. 555 f. 631.
Messina 17. 37. 50. 54. 113. 256 f. 295. 358. 617. 628.

Meyer, Conr. Ferd. 274.
Michael Comnenus 290.
Michael Scotus 148. 298. 313 ff. 318. 323 ff. 329 f. 336. 363. 537.
Minnesänger 61. 76. 298 f. 307. 342. 375. 620.
Missionstheorie, kaiserl. 70. 87.
Mithras 213.
Moamin, Falkner 335 f.
Modena 98. 394. 589 f. 614. 623.
Mohammed 131. 177. 179. 193. 356. 455 f. 503.
Monaldo Aquino 304.
Monarchenbund 516 ff.
„Monarchia" 207. 225 f. 233 f. 319. 612
Mondragone 107.
Mongolen 503 ff. 566.
Monopole 246. 259 f. 440.
Monreale 120.
Montaperti 594. 605. 618.
Monte-Albona 257.
Monte Cassino 35. 107. 191. 290. 436.
Monte Christo 501. 572.
Montefeltre 450.
Montefiascone 468.
Montefusculo 289.
Montenero 289. 306.
Montepulciano 326.
Montferrat, Mgrfn. v. 60. 284. 298. 418. 593. 615.
Morra, campan. Geschl. 288. 291. 448.
Moses 155. 318. 322. 455. 477. 545. 609.
Moses ben Salomon 318.
Mossul 315. 323.
Münzwesen 119. 204 ff. 262. 440. 604.
Musca 287.
Musikanten 287.
Musiklehren 328.
Nablus 169.
Napoleon 73. 96. 176. 197. 200. 249. 254. 265. 332. 339. 407. 444. 449. 463. 478. 495. 518. 531. 552. 573. 575. 613.
Nationalbewußtsein 133. 266. 299. 416 515 ff.
Naturgefühl 296. 310. 336.
Naturrecht 209 ff. 220 ff.
Naturwissenschaft 176. 226 f. 230. 274. 283. 308—337.
Naumburg 76.
Navarra 13. 507.
Nazareth 11. 172. 208.
Neapel 108. 112. 124 ff. 207. 216. 256.

269 ff. 373 ff. 281. 292. 317 ff. 435.
480 ff. 486. 498. 614. 620.
Necessitas 221. 223 ff. 264. 268. 283. 304.
  308. 372. 523.
Nepotismus, kaiserlicher 484 f.
Nestor, Nestorianer 182. 247.
Neu-Manichäismus 321.
Neu-Platonismus 232. 311 f.
Nibelungenlied 75.
Nicastro 371 f.
Nicolaus v. Ajello, EB. v. Salerno 136.
Nicolaus Peripateticus 314.
Nicolaus v. Rocca 277.
Nicolaus Spinola, Adm. 498.
Nicolaus, EB. v. Tarent 132.
Nicolaus v. Trani 292.
Niccolo Pisano 488.
Nicosia 37. 257.
Nietzsche 330. 355. 550.
Nigidius 328.
Nola 136.
Nordalbingien 149.
Normandie 13.
Normannen 10 ff. 19. 21. 26. 31. 45. 55.
  102. 105. 110 f. 114. 116. 118. 120. 134.
  199. 202 f. 210. 213. 244. 246. 259. 266 f.
  288 f. 295. 300. 312 f. 612.
Norwegen 327. 333.
Notare 255 f. 270. 271 f. 277 ff.
Notker 76.
Novara 418.
Nürnberg 51. 73.
Oberrechnungshof 441.
Occursius 302.
Odo v. Montbeliard 168.
Odysseus 311.
Ogotai 504.
Olympias 10.
Optik 329.
Orleans 77.
Orosius 198.
Orsini 414. 525 ff.
Orta 468.
Ortnit 76. 130. 174.
Österreich 348. 352. 392. 396 f. 546 f. 560.
  582 f.
Otranto 156 f.
Ottaviano degli Ubaldini, Kard. 591 ff.
  594. 602. 617.
Otto I., Kaiser 310. 340.
Otto II., Kaiser 310.
Otto III., Kaiser 140. 196 f. 309. 403.
Otto IV., Kaiser, Hzg. v. Braunschweig
  17. 22. 45 ff. 51 ff. 53. 57 f. 61 f. 63 ff.
  66 ff. 72. 80. 90. 97. 102. 106. 114 f.
  136. 160. 164. 377. 490.
Otto v. Braunschweig-Lüneburg 377 ff.
Otto v. St. Nikolaus, Kard. 528 f. 536 ff.
Otto v. Wittelsbach 125.
Otto, Pfalzgrf. v. Wittelsbach 38. 45 f.
Otto Visconti 592.
Ovid 76. 282. 311.
Ovindoli 109.
Padua 365. 394. 428 ff. 443. 559 f.
Palamedes 298.
Palastkapelle 272.
Palermo 10 ff. 18. 20. 25. 30 ff. 36 ff. 47.
  50. 52. 54. 103. 116. 119 f. 134. 260. 268.
  295 ff. 300. 312. 364. 404. 622. 628.
Pandulf v. Fasanella 577 ff. 602.
Paquera 366.
Paris 39. 77. 314. 455.
Parma 142. 281. 306. 331. 335. 338. 394.
  423. 428. 432. 440. 530. 532. 546. 561.
  573 f. 577 f. 581. 586. 587—603. 604 ff.
  610. 614. 624.
Parzival 20. 76. 174.
Passauer Bund 566.
Paßzwang 436. 544.
Patarener 248 f.
Patrimonium 11. 14. 20. 35. 46. 49. 94.
  103. 144 f. 157. 192. 356. 381. 434.
  442 ff. 464. 466 ff. 489 ff. 509 f. 513. 529.
  534. 539. 542.
Paul v. Bagdad 560.
Paulus Traversarius 432. 439. 492.
Pavia 55 f. 142. 418. 443. 561. 587. 589.
  601. 607. 619.
Pelagius, Legat 191.
Percival Doria 306. 448.
Perronus, Magister 136.
Persien 174. 328. 335.
Perugia 68. 145.
Peter II. v. Aragon 35.
Peter Capoccio, Kard. 623.
Petrarca 277. 281. 299.
Petrus, Apostel 39. 40. 44. 100 f. 280.
  429. 455. 460. 470. 477 f. 609.
Petrus Capuanus v. Amalfi 264.
Petrus v. Eboli 9. 16.
Peter v. Gaëta, Admiral 624.
Petrus v. Hibernia 274. 318. 320 f.
Petrus Hispanus 315.
Petrus Martyr 364. 597.
Petrus Murrone, s. Coelestin V.
Petrus, B. v. Ravello 273.

Petrus de Vinea 135. 235f. 274ff. 282.
304. 307. 315. 319. 336. 359. 372. 382.
391. 406. 408. 410. 430f. 432. 434. 451.
468. 474ff. 479ff. 485f. 510. 530. 534.
536. 538. 543. 546. 556. 574f. 585f.
607ff. 614. 622.
Pfäffers 57.
Pharsalus 187.
Philipp II. Augustus v. Frankr. 13. 48f.
51. 53. 60f. 66f. 73.
Philipp v. Schwaben, röm. Kg. 17f. 21.
22ff. 26. 28. 38. 45f. 48. 62. 524.
Physiognomik 330.
Physiologus 310.
Piacenza 55f. 142. 259. 364. 388. 391.
394. 398. 420. 432. 443. 463. 534. 561.
574. 589. 624.
Pietro Asinelli 616. 621.
Pietro Ruffo 627.
Pietro Tiepolo 400f. 425. 439. 494.
Piombino 501.
Pilatus 460.
Pisa 29. 47. 50. 55. 77. 114ff. 118. 139.
148. 167. 190. 261. 263. 286. 306. 313.
315. 428. 435. 441. 465f. 488. 498ff.
540. 572. 586. 611. 619. 621.
Plastik (deutsche) 76f. 104. 374. (sizil.)
296. 479ff.
Platon 109. 233f. 312f. 322.
Plinius 310f. 328. 334.
Plotin 233.
Podestàwahl 446ff.
Polen 13. 86.
Poli 414.
Polizei 254f.
Pompejus 206. 407.
Pontevico 399f.
Pontoglio 400.
Pontremoli 586. 590. 602.
Popularen 55. 142f. 594.
Pordenone 347.
Porphyrius 317.
Pozzuoli 157. 290.
Prato 500.
Premontre 501.
Preußen 78f. 86ff. 113. 149. 507.
Privatrecht 258.
Privilegiengesetz 104ff. 114f. 116. 138.
Proklus 313.
Provence 114. 151. 298ff. 358f. 422.
Provenzalen 298ff.
Provisionen, kirchl. 567.
Pseudoaristoteles 311. 314. 333.

Ptolemäus 312. 313. 317. 328.
Puer Apuliae 58ff. 476f.
Radicofani 17.
Rafael 11.
Raimund v. Toulouse 536. 538.
Rainald v. Aquino 304f. 307.
Rainald v. Dassel 125. 274.
Rainald v. Montenero 306.
Rainald v. Palermo 305.
Rainald v. Urslingen, Hzg. v. Spoleto
163f. 188ff.
Rainer v. Manente 104.
Rainer v. Palermo 305.
Rainer v. Viterbo, Kard. 535ff. 542ff.
554. 556. 579. 581. 597.
Rationalismus 231. 263.
Ravenna 161. 259. 341f. 344f. 366. 432.
439. 492. 602. 612. 623.
Rebellen 240ff. 420ff. 516.
Recht (kanonisch) 42. 208. 272. 275.
(römisch) 12. 76. 98. 101f. 143. 202ff.
208ff. 231f. 243f. 253. 258. 390. 402ff.
445. 464. 580.
Rechtswissenschaft 207ff. 328.
Reformmanifest 561ff.
Regensburg 62. 369. 566. 617.
Reggio 394. 572. 577. 589f. 614.
Reichenau 57.
Reichsgesetzsammlung 351. 377.
Reichslegaten 445ff.
Rekuperationen 46. 51. 67. 129. 132.
144f.
Renaissance 205. 207f. 218. 224. 232ff.
278. 281. 297. 303. 316. 318. 328. 401.
410ff. 415f. 444ff. 448. 462. 479. 558.
570. 605f. 611ff.
Renovatio 388. 389f. 402—416. 444ff.
509f. 512. 552.
Reorganisation Siziliens 433ff.
Richard v. Ajello 107. 136.
Richard, Grf. v. Caserta 292. 448. 537.
577f. 585. 608. 627.
Richard v. Celano 107.
Richard v. Cornwallis 297f. 508f. 522.
630.
Richard v. Fasanella 578.
Richard I. Filangieri 137. 163. 165. 168.
357. 508.
Richard II. Filangieri 292.
Richard, Kämmerer 165. 437.
Richard Löwenherz 13. 173f.
Richard v. Montenero 585. 627.
Richard v. San Bonifacio 399.

Richard v. San Germano 281.
Richard v. Theate 448. 584. 593. 602. 614.
Richard v. Venusia 281.
Richter, sizil. 255 f. 270f.
Rieti 161. 365 f. 369. 510.
Rimini 86. 88. 149. 369.
Rispampani 366.
Ritterpartei 142. 145.
Rittertum 174. 295. 521.
Ritterorden 78. 81 ff. 84. 250. 541.
Robert v. Artois 495 f.
Robert v. Castiglione 593.
Robert v. Fasanella 578.
Robert Guiscard 14. 198. 403. 404.
Robert v. Somercote, Kard. 526.
Rocca d'Arce 108.
Rocca d'Evandro 107.
Rocca San Felice 371.
Rocca Mandolfi 109.
Roffred v. Benevent 98. 108. 126. 162. 207. 210. 274. 277. 411.
Roger II., Kg. v. Sizilien 10. 14. 25. 102. 208. 215. 260. 628.
Roger de Amicis 305. 434. 508. 578.
Roger v. Aquila 106 ff. 133.
Roger Bacon 336.
Romanus v. Porto, Kard. 526. 528.
Rom 10. 14. 54 f. 69. 99 ff. 103. 109. 132. 139. 156. 161. 162. 193. 254. 278. 357. 368. 389 f. 393 f. 397 f. 400 f. 402—416. 425. 437 f. 442. 458. 462. 468 ff. 472 f. 504. 509 ff. 525 ff. 540. 572. 619.
Römer (-Deutsche) 75. 397. (Stadtrömer) 54. 139. 156. 161 f. 196. 263. 357 ff. 365 f. 389 f. 397 f. 400 f. 402 f. 408 ff. 411 ff. 426. 440. 469 f. 515. 519. 528. 538. 581. 619.
Römischer Senat 54. 162. 393. 402 f. 408 ff. 412 ff. Senator 366. 397. 412. 458. 525 ff. 538. 619.
Römische Vorbilder, s. a. Caesaren 45. 54 f. 75. 196. 202. 212. 251. 266. 357. 387 ff. 397 f. 400 f. 402 ff. 469. 582.
Romulus 414 f.
Rosa, Hlge. 597.
Rosette 264.
Rudolf v. Habsburg, Grf. 57. röm. Kg. 72. 88. 370. 376. 509. 620.
Ruffi, kalabr. Geschl. 289. 305.
Ruhm 211. 279. 410. 415.
Rußland 380. 504.
Sala 579.

Saladin 155. 168. 172 f. 174 f.
Salerno 124. 136. 256. 290. 318. 329. 426. 430.
Salimbene v. Parma 364. 574. 593.
Salinguerra 396. 560.
Sallust 574.
Saluzzo 298.
Salzburg 566.
Salzmonopol 259 f.
Samniten 107.
San Bonifacio 395 f.
San Germano 35. 38. 128. 138. 158. 191. 193. 206.
San Miniato 501. 586. 611.
San Severino, Grf. v. 578.
Sancha v. Aragon 35.
Sancho II. v. Portugal· 522.
Sappho 282.
Saragossa 37.
Sarazenen 12. 29. 31. 50. 109. 117. 119. 120 ff. 128. 164. 165. 168 ff. 188. 190. 206. 244 f. 264. 285. 288. 310 ff. 357. 370. 383. 398. 400. 428. 466. 507 f. 536. 543. 549. 554. 596 f. 619.
Sardinien 114. 306. 427.
Sarno 137.
Satiren 452.
Savonarola 365. 624.
Savoyen 418. 587.
della Scala 450.
Schams-ed-Din 175.
Schihab-ed-Din 329.
Schlösser 296 f.
Schlüsselsoldaten 162. 164. 188. 190 f.
Scholaren 125 f. 273 f. 319.
Scholastik 309 f. 325. 328.
Schottland 63.
Schwaben 62 f.
Schwäbisch-Hall 564.
Scipio 203. 574.
Seeräuber 356. 494.
Sedisvakanz 512. 525 ff.
Seidenmonopol 246. 259 f.
Selvaggia 428.
Semprebene da Bologna 306.
Septizonium des Severus 411. 525 f.
Sibyllen 9 ff. 154. 187. 237. 310. 363. 408. 461. 524. 628 ff.
Sidrach 323.
Siena 142 f. 306. 440. 574. 586. 594. 606. 619.
Sigfrid II., EB. v. Mainz 70.
Sigfrid III., EB. v. Mainz 397. 567. 582 f.

647

Sigilgaita 488.
Sigismondo Malatesta 559.
Simon v. Tournai 455.
Simonides 457.
Sinibald Fiesco, s. Innozenz IV.
Sizilische Barone 29. 38. 47. 49. 104. 106. **107ff.** 124.
Sizilischer Klerus 132f. 146. 149. 162. 193. 272. 383. **437f.** 441.
Sklaven 285 ff.
Sodomie 288.
Sol invictus 629.
Söldner, Soldritter 197. 254. 291. 391. 493f. 593. **604ff.**
Solms, Grfn. 367.
Sonett 307.
Sora 107f. **191.**
Spanien, Spanier 29. 35. 37f. 81. 103. 124. 148. 154. 181. 264. 312. 333. 380. 390. 496. 500. 547. 569.
Speyer 73. 397.
Spielleute 113f. 126. 303.
Sprachen 165. 170. 281. **298ff.** 317. 325. 556.
Squillace 132.
Staatsphilosophie **207—238.** 445.
Staufer 62ff. **523ff.**
Steiermark 352.
Stilisten 278ff. 288.
Stilistenschule v. Capua 278f.
Stilkunst 272. **275ff.** 278.
Stirps regia 62ff. 523.
Straßensperre 496.
Stromboli 327.
Suessa 107.
Sündenfall 207. 220ff. 235.
Suprematie, päpstl. 43ff. **393f.**
Sutri 468f.
Syrakus 115f. 120. 257. 349. 433.
Syrien 117. 148. 163. **167ff.** 264. 286. 321. 357. 370. 388. 404. 438. 441. 507. 521. 542. 573.
Sylvester II., s. Gerbert v. Reims.
Tacitus 140.
Tagliacozzo 619.
Talmud 318. 380.
Tankred, Kg. d. Normannen in Sizil. 26. 28.
Tarent 26.
Tatarenmanifest 505f.
Teano 107.
Templer 81f. 83. 167f. **174.** 181. 191. 193. 250. 426. 439. 508. 521. 625.

Terenz 311.
Terracina 131.
Terribile 558. 611. 630.
Terrisius v. Atina 274. 281.
Tertullian 243.
Teukros v. Babylon 328.
Thaddeus v. Suessa 271. 319. 428. 434. 485. 530. 534. 538. **564ff.** 600. 614.
Theben 261.
Theodor, Mag. u. Hofphilosoph 148. 263. **314.** 329. 335. 495.
Theodosius II. 342.
Theophano 403.
Theophrast 317.
Thessalonich 14.
Thomas I. v. Aquino, Grf. v. Acerra 107f. 155. 165. 168. 170. 190. 341. 345. 428. 433.
Thomas II. v. Aquino 292. 448. **585.** 619f.
Thomas v. Aquino, Hlg. 41. 273f. 289f. 304.
Thomas Becket 274.
Thomas v. Capua, Kard. 106.
Thomas v. Celano, Grf. v. Molise 106. 108f. 132.
Thomas v. Celano, Franziskaner 109.
Thomas v. Gaeta 110.
Thomas v. Montenero 256.
Thomas v. Savoyen 448. **584ff.**
Tibald Franziskus 578. 580ff.
Tiberius 205.
Tiburtina 9. 629.
Tierpark 286. 331. 370. 422. 556. 599. 601.
Tirol 348.
Titusbogen 411.
Tivoli 468.
Toledo 154. 312. 313.
Toleranz 244ff.
Tortona 398. 561.
Totila 288.
Trajan 203. 486.
Traina 257.
Translationslehre 394.
Transsubstantiationslehre 43.
Trapani 116.
Treviso 365. 394. 431.
Tribonian 275.
Trifels 25. 371.
Tripolis 14. 264.
Tristan 76. 298.
Trient 56. 97. 147.
Triumphe 182ff. 186. **401. 408ff.** 480ff.

Trojaner 62. 75. 397.
Troubadours 60. 78. 98. 193. 284. 298. 308. 319. 371. 375. 620.
Tullier 414.
Tunis 117. 120f. 263f. 315. 323. 441. 494. 521.
Turin 418. 422. 547ff. 587. 593.
Überlingen 57.
Übersetzungen 312ff.
Uberti, florent. Geschl. 594.
Uberto, Mgrf. Pallavicini 448f. 500. 560f. 584. 590. 593. 623f. 627.
Uc de St. Circ 305.
Udine 347.
Ugolino della Gherardesca 621.
Ulemas 216.
Ulm 73.
Ulrich v. Kiburg 57.
Ungarn 35. 86. 352. 388. 421. 504. 566.
Universität 124ff. 147. 207. 216. 252. 269ff. 273f. 281. 292. 314. 318f.
Unsterblichkeitsdogma 176. 220. 321ff. 487. 554.
Urbino 612.
Uri 381.
Urkirche 150. 309. 461f. 527. 561ff.
Urstoff 228f. 236. 242. 321.
Valets 289ff. 304ff. 448.
Vasari 488.
Vaucouleurs 61.
Vegetius 311.
Veitshöchheim 582.
Venedig 77. 114f. 117. 119. 132. 140. 148. 159. 261. 342. 345f. 394. 396. 398. 425. 433. 436. 439. 441f. 453. 492. 494. 507. 534. 583. 620.
Vercelli 418. 529. 561. 593. 603. 607.
Vergil 9. 24. 76. 237. 309. 311. 408. 462. 476f. 558.
Verhängnis 96. 179. 226ff. 555ff.
Vernunft 225. 229ff. 283. 408.
Veroli 128.
Verona 56. 97. 147. 356. 360. 365f. 382. 394ff. 398. 422. 428. 438. 546f. 559. 586. 604. 619.
Veroneser Klause 147. 149. 160f. 341f. 344f. 356. 360. 395.
Verschwörung d. Beamten 574ff.
Verweltlichung der Kirche 452ff. 477f. 513. 561ff. 631.
Vesper, sizil. 268. 618. 620. 627.
Veterinärkunde 336.

Vicenza 338. 364f. 394ff. 399. 431. 559.
Victoria 598ff. 624.
Vienne 587.
Villard de Honnecourt 287.
Visconti 449f. 465. 592.
Viterbo 325. 357. 366. 443. 468f. 510. 535ff. 542f. 554. 584. 597.
Vivarium 331.
Vogt d. Kirche 240ff. 248. 366. 458.
Vulkane 326f.
Wahldekret Konrads IV. 397.
Waiblinger 62f. 377f. 523.
Waldemar, Kg. v. Dänemark 86.
Walther v. Ascoli 274.
Walther v. Brienne 26. 28f.
Walther v. Manupello 584.
Walther v. Ocra 272.
Walther v. Pagliara 19. 21. 27ff. 32. 49. 128. 132.
Walther v. d. Vogelweide 13. 22. 53. 64. 76. 97. 375.
Weihnachtsfeier zu Pisa 465f.
Weimar 333.
Weingarten 64.
Welfen 63ff. 377f.
Weltvernichtung 221ff. 227. 234ff. 518.
Werner v. Urslingen 605.
Westminster 373.
Wien 292. 396f. 440f. 504.
Wilhelm II., Kg. v. Sizil. 105.
Wilhelm Capparone 28.
Wilhelm I. Franziskus 30f.
Wilhelm II. Franziskus 578.
Wilhelm v. Holland 583. 624. 630.
Wilhelm Porcus 116.
Wimpfen 371.
Windsor 379.
Wirtschaft, sizil. 118ff. 259ff.
Wolfram v. Eschenbach 25. 76. 375.
Wotan 631.
Würzburg 73. 582. 597.
Zahlenmystik 328.
Zara 494.
Zeichnungen 334f.
Zeitbegriff 315.
Zinsverbot 245.
Zollwesen 260ff.
Zoologie 310. 314. 332.
Zweck in d. Natur 320.
Zweilichterlehre 248. 457f. 513.
Zweischwerterlehre 359ff.
Zynismus 284f.

Die zwei Leben des Ernst Kantorowicz

Alain Boureau:

Kantorowicz

Geschichten eines Historikers

Nachwort von Eckhart Grünewald
Aus dem Französischen übersetzt von Annette Holoch
Ca. 138 Seiten, Leinen mit Schutzumschlag
(Original: Histoires d'un historien, Kantorowicz, Gallimard, Paris 1990)

»Zwei Leben, zwei Bücher. Das war, so scheint es, das Leben von Ernst Kantorowicz« (FAZ). Der erste Kantorowicz schreibt 1927, unter dem Einfluß Stefan Georges, eines der großen Werke der erzählenden Geschichtswissenschaft: Friedrich II., eine akademische Heldensage. Der zweite Kantorowicz, ein amerikanischer Professor, veröffentlicht dreißig Jahre später eine minutiöse Studie zur mittelalterlichen Monarchie, über die Fiktionen, die Herrschern zu sterben erlaubten, während doch die Herrschaft ewig währte: »Die zwei Körper des Königs«.
Der erste Kantorowicz war Frontkämpfer des Ersten Weltkriegs und Freiwilliger bei den Weißen Bataillonen, kämpfte gegen die Spartakisten wie gegen die Münchner Räterepublik. Der zweite verweigerte 1949 den antikommunistischen Loyalitätseid, der von den Professoren der Universität von Kalifornien in Berkeley verlangt wurde. Dazwischen lag der Verlust seines Lehrstuhls in Frankfurt, die Flucht aus Deutschland und der Zusammenbruch des Dritten Reiches.

Alain Boureau legt mit diesem Buch die erste vollständige Biographie von Ernst Kantorowicz vor. Glänzend geschrieben, spannend zu lesen, entwirft es ein schillerndes Bild des Historikers, ergänzt um literarische Zeugnisse des intellektuellen Umfelds – Romane von Perutz und Solomon oder Essays von Ernst Jünger und Carl Schmitt. Ein sehr französisches Buch und eine Hommage an einen der bedeutendsten deutschen Historiker.

Erscheinungstermin: September 1991

Der Autor:
Alain Boureau, französischer Mediävist und Direktor an der Ecole des Hautes Etudes en Sciences Sociales.

Klett-Cotta